DES-980128 —

Bibliographie de la critique de la littérature québécoise et canadienne-française dans les revues canadiennes (1979-1982)

DES MÊMES AUTEURS

DE RENÉ DIONNE

Antoine Gérin-Lajoie, homme de lettres, Sherbrooke, Naaman, 1978, 435 p. (Prix littéraire Champlain.)

Bibliographie de la littérature outaouaise et franco-ontarienne, Ottawa, CRCCF, 1978, 91 p. ; 2ᵉ éd. révisée et augmentée, 1981, viii, 284 p.

La Patrie littéraire, 1760-1895, Montréal, La Presse, 1978, xii, 516 p. ; avec Gabrielle Poulin, *L'Age de l'interrogation, 1937-1952,* 1979, vii, 463 p. [Tomes 2 et 4 de l'*Anthologie de la littérature québécoise* sous la direction de Gilles Marcotte.] (Prix littéraire *La Presse.*)

Répertoire des professeurs et chercheurs (littérature québécoise ou canadienne-française), Ottawa, CRCCF, 1978, 120 p. ; 2ᵉ éd. revue et augmentée, Sherbrooke, Naaman, 1980, 119 p.

(Édit.) *Propos littéraires,* Ottawa, Éditions de l'Université d'Ottawa, 1973, 128 p.

(Édit.) Antoine Gérin-Lajoie, *Jean Rivard,* Montréal, Hurtubise HMH, 1977, 400 p.

(Édit.) *Situation de l'édition et de la recherche,* Ottawa, CRCCF, 1978, 182 p.

(Édit.) *Propos sur la littérature outaouaise et franco-ontarienne,* 4 vol., Ottawa, CRCCF (vol. 1, 3 et 4) et Société des écrivain canadiens (vol. 2), 1978-1983.

(Édit.) *Quatre Siècles d'identité canadienne,* Montréal, Éditions Bellarmin, 1983, 176 p.

(Édit.) *Le Québécois et sa littérature,* Sherbrooke, Naaman, et Paris, Agence de coopération culturelle et technique, 1984, 462 p.

(Dir.) *Revue d'histoire littéraire du Québec et du Canada français,* Montréal, Bellarmin, 1979-1982, vol. 1-4, et Ottawa, les Presses de l'Université d'Ottawa, 1983-1987, vol. 5-14.

La Littérature canadienne de langue française/Canadian Literature in French, Ottawa, Secrétariat d'État du Canada/ Department of the Secretary of State of Canada, 1988, [viii], 35/[viii], 31 p.

DE RENÉ DIONNE ET PIERRE CANTIN

Bibliographie de la critique de la littérature québécoise et canadienne-françaises dans les revues canadiennes (1974-1978), Ottawa, les Presses de l'Université d'Ottawa, 1988, [viii], 480 p.

DE PIERRE CANTIN

Avec Normand Harrington et Jean-Paul Hudon, *Bibliographie de la critique de la littérature québécoise dans les revues des XIXᵉ et XXᵉ siècle,* 5 vol., Ottawa, CRCCF, 1979, x, 1254 p.

Jacques Ferron, polygraphe, Essai de bibliographie suivi d'une chronologie, Montréal, Bellarmin, 1984, 548 p.

(Édit., avec Marie Ferron et Paul Lewis), Jacques Ferron, *Les Lettres aux journaux,* Montréal, VLB éditeur, 1985, 592 p. ; *L'Amélanchier,* 1986, 207 p. ; *La Conférence inachevée. Le Pas de Gamelin et autres récits,* 1987, 239 p. ; *Les Roses sauvages,* 1990, 246 p.

(Édit., avec Marie Ferron), Julien Bigras et Jacques Ferron, *Le Désarroi. Correspondance,* Montréal, VLB éditeur, 1988, 176 p.

René Dionne et Pierre Cantin

Bibliographie de la critique de la littérature québécoise et canadienne-française dans les revues canadiennes (1979-1982)

Les Presses de l'Université d'Ottawa

Données de catalogage avant publication (Canada)

Dionne, René, 1929-
    Bibliographie de la critique de la littérature québécoise et canadienne-françaises dans les revues canadiennes

(Histoire littéraire du Québec et du Canada français)
Comprend des références bibliographiques et un index.
Sommaire : v. 1. 1974-1978 – v. 2. 1979-1982.
ISBN 2-7603-0147-8 (v.1). – ISBN 2-7603-0298-9 (v.2)

1. Littérature canadienne-française–Histoire et critique–Bibliographie. I. Cantin, Pierre, 1944-
II. Titre.   III. Collection.

Z1375.D46 1988   016.84'09   C88-090136-5

 UNIVERSITÉ D'OTTAWA
UNIVERSITY OF OTTAWA

Les recherches qui ont abouti à la publication de ce deuxième volume (1979-1982) de la *Bibliographie de la critique de littérature québécoise et canadienne-française* (projet BCQCF) ont été subventionnées par le Conseil de recherches en sciences humaines du Canada et l'Université d'Ottawa (le Centre de recherche en civilisation canadienne-française et le Département des lettres françaises).

TABLE DES MATIÈRES

REMERCIEMENTS

Nous exprimons notre reconnaissance à notre assistante, Josée Therrien : elle a accompli son travail non seulement avec méthode et minutie, mais également avec beaucoup d'initiative, de dynamisme et de dévouement ; sa collaboration intelligente et constante nous a été précieuse à toutes les étapes du projet.

Nous offrons aussi nos remerciements à Monsieur Roland Serrat, analyste du Centre d'informatique (enseignement et recherche) de l'Université d'Ottawa, qui a été pour nous un collaborateur indispensable depuis neuf ans, et à Monsieur René Lupien, de l'École des études supérieures et de la recherche de l'Université d'Ottawa, administrateur efficace, ainsi qu'à tous ceux qui, d'une façon ou d'une autre, nous ont aidés dans nos recherches et nos travaux, entre autres à Suzanne Bossé-Caron, qui a participé, comme assistante, à la première étape du projet, et aux personnes suivantes de la Bibliothèque de l'Université d'Ottawa : le Père Maurice Robitaille, O.M.I., bibliothécaire « senior » de référence (maintenant à la retraite), et Madame Krystyna Miedzinska, responsable (maintenant à la retraite) du service des périodiques ; de la Bibliothèque nationale du Canada : Madame Francine Mailhot, chef de la section des périodiques, Monsieur Danny Kostiew et Madame Hélène Bélanger ; de la Bibliothèque du Collège de l'Outaouais : Monsieur Jean Walther-Wittenheim, directeur, Madame Martine Boudreault et Monsieur Denis Fillion ; de l'Université de Moncton, Madame Marguerite Maillet, titulaire de la chaire d'études acadiennes, qui a vérifié les listes d'inscriptions des auteurs acadiens.

Nous tenons à remercier d'une façon spéciale les personnes suivantes qui nous ont encouragés à poursuivre nos recherches et incités à publier les résultats en livres : Monsieur Pierre Savard, du Département d'histoire de l'Université d'Ottawa ; Monsieur Réal Bosa, de la Bibliothèque nationale du Québec ; Monsieur Fernand Dumont, directeur de l'institut québécois de recherche sur la culture ; Monsieur Ralph Hodgson et Monsieur Toivo Roht, ex-directeurs, Monsieur Jean-Paul Morisset, ex-éditeur français, Paula Koundakjian, chef de production, Madame Thérèse Durdin et Madame Marie-Joëlle Auclair, des Presses de l'Université d'Ottawa.

AVANT-PROPOS

Ce volume est le deuxième d'une série qui répertorie les textes de critique que les revues canadiennes ont publiés sur la littérature du Québec et du Canada français depuis 1760. Fruit du dépouillement de 354 revues publiées de 1979 à 1982, il contient 10 156 inscriptions classées selon un plan que la table des matières reproduit. Il fait suite à celui que nous avons fait paraître en 1988 et qui portait sur les années 1974-1978. Un troisième (1760-1899) sera bientôt remis à l'éditeur. La préparation du quatrième (1983-1986) est en cours ; le répertoire des années 1983 et 1984 est déjà terminé. Nous avons toujours l'intention de dépouiller les revues qui ont paru de 1900 à 1973 et de 1987 à 1990, dans la mesure et au rythme où nous pourrons obtenir l'aide financière requise à cette fin.

Pour en savoir davantage sur l'histoire et les buts de ce projet que nous avons entrepris en 1979, on pourra lire l'« Introduction » (pp. 1-5) du premier volume (1974-1978). Nous avons cru nécessaire, cependant, de reproduire intégralement, ci-après, les « Précisions méthodologiques » qui suivaient cette introduction (pp. 7-12) ; elles n'ont pas changé.

*Les dernières pages des deux volumes contiennent la liste des revues dépouillées (le lieu de publication est indiqué entre parenthèses à la suite du titre), la liste des revues qui ont cessé de paraître ou qui n'ont pas paru au cours des périodes répertoriées (1974-1978 et 1979-1982) et la liste des numéros non dépouillés. Nous comptons sur l'aide des utilisateurs de la **Bibliographie** pour mettre la main sur ces numéros que nous n'avons pu trouver. Nous leur saurions gré aussi de nous indiquer obligeamment les omissions et les erreurs qu'il leur arriverait de remarquer dans les deux ouvrages. Plus ces ouvrages et les suivants seront complets et précis, plus ils rendront service. Nous vous remercions à l'avance des commentaires et des remarques que vous nous ferez tenir à cette fin.*

PRÉCISIONS MÉTHODOLOGIQUES

Divisions du répertoire

Le répertoire proprement dit comprend trois grandes parties, qui englobent un nombre plus ou moins considérable de divisions et de subdivisions. La première (**1 GÉNÉRALITÉS**) inclut les textes qui traitent de la littérature québécoise et canadienne-française en général : histoire, théorie de la littérature, langue, culture, enseignement, édition, etc. ; la deuxième (**2 GENRES**), les textes qui se rapportent aux genres suivants : roman, poésie, conte et nouvelle, essai, presse (journalisme), littérature orale ; la troisième (**3 AUTEURS**), les textes qui concernent un auteur en particulier.

Nature des textes répertoriés

Les textes du répertoire proviennent de revues canadiennes (françaises ou anglaises), sauf, pour des raisons historiques, dans le cas de la revue *Sub-Stance,* qui est publiée à Madison (Wisconsin, U.S.A.), et, exceptionnellement, dans le cas des revues *Pacific Northwest Quarterly, Bulletin of Canadian Studies* et *Journal of Commonwealth Literature.* De ces revues, nous avons répertorié les textes (études, chroniques, articles de genres divers, notices, nécrologies, comptes rendus, etc.) suivants :

— tout texte qui traite de la littérature (écrite ou orale) du Québec et du Canada français, de son histoire, de sa diffusion, de ses auteurs et de leur condition d'écrivain ;

— tout texte théorique portant sur la littérature et sur les genres littéraires et ayant pour auteur un francophone du Québec ou du Canada français, à l'exclusion des comptes rendus d'essais consacrés à des auteurs étrangers (français, belges...) ;

— tout texte portant globalement sur la presse périodique du Québec et du Canada français ou sur les différentes revues dépouillées pour les fins du présent ouvrage ;

— tout texte portant sur un aspect social ou idéologique de la culture et de la langue considérées comme reflets de la réalité francophone du Québec et du Canada français, à l'exclusion des études, articles, comptes rendus d'ouvrages, etc., consacrés spécifiquement à des aspects limités ou restrictifs de la langue (*v.g.* la syntaxe, la sémantique, la phonétique, le vocabulaire, etc. ; en somme, ce qui relève de la grammaire et de la linguistique en général et en particulier).

Nature des inscriptions

Les inscriptions sont de deux sortes :

— les *articles* proprement dits (études, notices, reportages, etc.) sur la littérature québécoise et canadienne-française, les genres littéraires et les auteurs francophones du Québec et du Canada français ;

— les *comptes rendus* (on les reconnaît à l'astérisque placé devant le nom de leur auteur) ; pour les fins de présentation du répertoire, nous avons considéré comme comptes rendus les textes suivants :

1) les comptes rendus d'ouvrages, de numéros de revue et de représentations théâtrales ;

2) les textes de caractère signalétique concernant la parution ou le contenu d'un ouvrage ou d'un numéro de revue et ceux de même nature concernant une représentation théâtrale ;

3) les passages (on indique alors uniquement les pages où se trouvent ces passages) qui, dans un article long ou général (*v.g.* un bilan annuel, un article sur un ensemble d'œuvres, etc.), portent spécifiquement sur une œuvre ; dans ces cas, le titre de l'œuvre, placé entre [ ], devient celui de l'inscription.

Remarques particulières sur quelques sections

1.1 *Études générales* : nous incluons ici, en plus des articles de caractère général, ceux qui n'ont pu trouver place ailleurs ; ces derniers sont relativement peu nombreux et certains de leurs passages peuvent être signalés dans d'autres sections.

1.2.1 *Périodes* : cette section ne comprend que les articles qui traitent globalement de la littérature québécoise et canadienne-française d'une période donnée, y compris les bilans ; ceux qui ont trait à un genre particulier sont répertoriés dans la deuxième partie du répertoire (*Genres*).

1.2.2 *Mouvements, écoles, sociétés* : cette section contient les articles consacrés à des mouvements, des « écoles » (au sens du XIXe siècle), des sociétés littéraires, des associations, etc., à l'exclusion des groupes qui pratiquent un genre en particulier (*v.g.* les textes portant sur un groupe de poètes sont classés dans la section 2.2.1).

1.2.3 *Prix et concours littéraires* : les notices qui signalent l'attribution des prix se retrouvent aussi sous le nom des lauréats.

1.2.4 *Comptes rendus d'essais, de manuels, d'anthologies* : sont inscrits dans cette section les comptes rendus des ouvrages collectifs dont le directeur ou la personne responsable n'est pas facilement identifiable (*v.g.* Sœurs de Sainte-Anne, une maison d'édition, etc.) et ceux des numéros de revues étrangères et des ouvrages de Canadiens anglais ou d'auteurs étrangers (français, belges …) consacrés, au complet ou en grande partie, à la littérature du Québec et du Canada français (si le numéro de revue ou l'ouvrage ne porte que sur un genre ou sur un auteur, c'est dans la section appropriée, soit de la partie **2**, soit de la partie **3**, que l'on trouvera l'inscription du compte rendu).

1.3.1 *Théorie de la littérature* : ne sont relevés que les articles signés par des critiques du Québec et du Canada français.

1.3.2 *L'écrivain et l'écriture* : cette section est réservée aux articles dans lesquels les auteurs réfléchissent sur leur condition d'écrivain et sur les rapports qu'ils entretiennent avec le monde de l'écriture (si le texte permet plutôt de connaître la personnalité de l'écrivain et certains éléments de sa biographie, il est rangé sous le nom de l'écrivain dans la partie **3**).

1.3.3 *La critique* : ne sont inclus ici que les articles qui traitent de la fonction, de la nature et du rôle de la critique.

1.4 *La langue* : sous cette rubrique, nous mentionnons, outre les textes qui ont trait à un aspect social ou idéologique de la langue française au Québec et au Canada français, les comptes rendus de certains ouvrages plus proprement linguistiques, tels les dictionnaires, les lexiques, les glossaires, etc.

1.5.1 *Culture* : ce titre coiffe les textes de Québécois et de Canadiens français qui considèrent la culture en général et ceux de tout auteur, peu importe son origine, qui traite de la culture québécoise ou canadienne-française ou des minorités francophones du Canada.

1.5.2 *Enseignement et littérature* : sont inclus les textes qui touchent à l'enseignement de la littérature, exclus ceux qui portent sur l'enseignement de la langue française.

1.5.3 *Diffusion de la littérature* : se rangent dans cette section les textes sur les maisons d'édition, la commercialisation du livre, les organismes et institutions voués à la diffusion du livre (salons du livre, bibliothèques, librairies, etc.), les subventions à l'édition, la lecture, etc., et les comptes rendus d'ouvrages portant sur ces sujets.

1.5.4 *Jeunesse et littérature* : la littérature de jeunesse s'entend ici de toute la gamme des livres pour adolescents et enfants qui peuvent s'inscrire dans un genre littéraire (conte, nouvelle, roman, poésie, théâtre, essai), mais ni des livres de lecture assimilables à des manuels scolaires ni des albums dans lesquels l'illustration a priorité sur le texte ; appartiennent aussi à cette section les essais consacrés à la littérature de jeunesse et les comptes rendus d'anthologies et d'ouvrages collectifs destinés aux jeunes.

2.1.1 ; 2.2.1 ; 2.3.1 ; 2.4.1 ; 2.5 *Études* sur un genre (*roman, poésie, théâtre, conte et nouvelle, essai*) : en plus des articles signés par des francophones du Québec et du Canada français, sont retenus ceux qui, écrits par des Canadiens anglais ou des étrangers, traitent des genres dans une perspective québécoise ou canadienne-française.

2.1.2 ; 2.2.2 ; 2.3.4 ; 2.4.2 ; 2.6.2 *Comptes rendus d'anthologies, de manuels, d'ouvrages collectifs* : c'est dans ces sections que nous plaçons, selon les cas, les comptes rendus des ouvrages consacrés à un genre, soit par un collectif, soit par un auteur canadien-anglais ou étranger ; ainsi l'on mettrait dans la section 2.3.4 une anthologie du théâtre québécois préparée par un Canadien anglais.

2.3.2 *Troupes, compagnies, associations* : l'on trouve dans cette section trois sortes de textes :

a) les articles sur un groupe, lequel est identifié, au besoin, entre [ ] à la suite du titre du texte, *v.g.* « Un théâtre hyperréaliste [Les Enfants du Paradis] » ;

b) les comptes rendus de représentations théâtrales (créations, productions) et de publications qui sont l'œuvre d'un collectif de théâtre ; comme dans le cas précédent, on complète le titre, si nécessaire, *v.g.* « *La Parole et la loi* [Création de la Corvée] » ;

c) les comptes rendus de représentations de pièces d'auteurs étrangers par des groupes francophones du Québec et du Canada, à la condition que ces comptes rendus traitent spécifiquement du travail de création ou de production du groupe et non pas surtout de l'auteur et de sa pièce.

2.3.3 *Théâtre radiophonique et télévisuel* : sont inscrits ici les articles qui portent sur les créations dramatiques à la radio et à la télévision, y compris les radioromans et les téléromans ; cependant, lorsqu'il s'agit de l'œuvre d'un auteur déjà connu pour sa production littéraire (*v.g.* Yves Thériault, Jacques Languirand, Claude Jasmin...), c'est sous le nom de cet auteur, dans la partie **3**, que le texte est signalé.

2.5 *Essai* : cette section est réservée aux articles qui traitent de l'essai comme genre (mémoires, journal intime, autobiographie, pamphlet, manifeste, correspondance, etc.).

2.6.2 *Études particulières* [sur la presse] : trois sortes de textes se rangent sous cette rubrique :

a) les articles qui portent sur un ou plusieurs périodiques ;

b) les comptes rendus d'un ou plusieurs numéros de revue ;

c) les présentations soit de la politique éditoriale d'une revue, soit d'un numéro spécial ou thématique, etc.

2.7 *Littérature orale* : se classe sous ce titre tout article ou compte rendu qui traite du folklore (conte, chanson traditionnelle, etc.).

3 *Auteurs* : le nom s'entend d'abord ici de ceux qui pratiquent un genre littéraire (roman, poésie, conte, nouvelle, théâtre, essai, etc.), puis des critiques[*] et historiens de la littérature (éditeurs de textes, bibliographes, compilateurs de textes...). Certains de ces littéraires sont aussi historiens (Lionel Groulx, Marcel Trudel...), essayistes en des genres autres que littéraires, journalistes (Jean-Charles Harvey...), voire « bêtes de scène » (Gilles Vigneault, Raoul Duguay, Marc Favreau, Lucien Francœur...) ; des textes consacrés à ces derniers, ne sont retenus que ceux qui traitent de leurs ouvrages littéraires ou

[*] On trouvera donc, sous le nom de Jacques Blais, et non sous celui d'Alain Grandbois, les articles ou comptes rendus concernant l'ouvrage de Jacques Blais, *Présence d'Alain Grandbois*.

ont un intérêt littéraire et ceux qui fournissent des éléments biographiques. Sont également répertoriés les textes qui traitent des adaptations cinématographiques d'ouvrages littéraires québécois et canadiens-français (*v.g. Maria Chapdelaine, Un homme et son péché*, etc.).

Classement des inscriptions

À l'intérieur de chacune des divisions et subdivisions des trois parties du répertoire, les inscriptions se suivent selon l'ordre chronologique de parution des textes, c'est-à-dire selon le jour du mois et de l'année ; la seule mention du mois sur un numéro de revue a fait ranger les textes de ce numéro au premier jour de ce mois ; la mention de deux mois ou plus, au premier jour du premier mois mentionné ; la mention de la saison, au premier jour de cette saison : 21 mars, 21 juin, 21 septembre, 21 décembre (à moins qu'il ne s'agisse du premier numéro de l'année suivante, auquel cas ce numéro est classé au premier janvier) ; la mention de l'année seulement, après le dernier jour de ladite année. Lorsque deux ou plusieurs textes ont la même date de parution, ils sont d'abord classés selon l'ordre alphabétique des titres de revues, puis, à l'intérieur d'un même numéro de revue, selon l'ordre alphabétique des noms de leurs auteurs.

Remarques diverses

1. Les titres

a) Pour l'emploi des majuscules, l'accord du verbe et de l'adjectif et l'usage des contractions dans les titres d'ouvrages et de périodiques, nous avons suivi les règles énoncées par Adolphe-V. Thomas dans son *Dictionnaire des difficultés de la langue française* (Paris, Librairie Larousse, 1956, pp. 406-407) ; on trouve aussi ces règles dans Jean Girodet, *Dictionnaire du bon français* (Paris, Bordas, 1981, pp. 870-871). Nous avons suivi les mêmes règles pour les titres des textes.

b) Les titres des textes se trouvent entre des guillemets doubles (*v.g.* « Est-ce le chef-d'œuvre de l'année ? ») ; les ajouts à un titre, entre [ ] à l'intérieur des guillemets (*v.g.* « Une bonne production [du Théâtre] du CNA ») ; les titres de notre composition, entre [ ] sans guillemets (*v.g.* [Sur un texte de Jacques Godbout]).

c) Les éléments séquentiels d'un titre sont inscrits dans l'ordre de leur disposition graphique. Ils sont habituellement séparés par un point (*v.g.* « Une aventure au pays des romans. Le roman québécois de 1950 à 1965 » ; « Le Bilinguisme. Son mythe. Ses dangers ». Les deux points sont utilisés lorsque le titre se présente sous la forme d'une interrogation ou d'une alternative (*v.g.* « Le Joual : un jargon ou un dialecte ? »), lorsqu'une assertion suit plusieurs noms de personnes qu'elles qualifient (*v.g.* « Ryan, Scully, Beaulieu : un même langage de l'immobilité ») et lorsque l'auteur publie son texte en une série d'articles numérotés (*v.g.* « Pour une langue québécoise, 2 : l'Établissement de critères solides » ; « Bilan de la critique, 3 : Un théâtre d'ici bien vivant »). L'apposition est précédée d'une virgule (*v.g.* « La Langue, un problème économique » ; « Le Joual, concept-bidon » ; « Pierre Billon, romancier »).

d) Au titre d'une chronique régulière, nous avons préféré le sous-titre (ou un titre de notre création, mis entre [ ]) qui donne une idée précise du contenu du texte : nous l'avons cependant conservé dans le cas d'une chronique comme « le Théâtre qu'on joue » (*Lettres québécoises*), afin de bien marquer qu'il s'agit du compte rendu de la représentation théâtrale et non pas de l'œuvre imprimée (*v.g.* « Le Théâtre qu'on joue : *Zone* »).

e) Lorsque le titre d'un compte rendu contient deux titres d'œuvres (ou plus) d'un même auteur publiées en un même livre, les titres de ces œuvres sont séparés par une oblique (*v.g.* *Mailhot, Laurent, « *Goglu / Solange* »); lorsqu'il s'agit d'œuvres publiées dans des livres différents, le tiret marque la division (*v.g.* *Pontaut, Alain, « *Zone — Un simple soldat — Le Temps des lilas* »). L'oblique sert aussi à séparer le titre français et le titre anglais d'une publication bilingue (*v.g.* *Revue de l'Université d'Ottawa/University of Ottawa Quarterly*).

f) Le titre du compte rendu d'un ouvrage qui n'est pas de l'auteur sous le nom duquel il est placé dans la partie **3** et le titre de tout compte rendu rangé dans les parties **1** et **2** comportent le nom de l'auteur de l'ouvrage.

2. Les prénoms

Les prénoms composés des francophones sont reliés par des traits d'union. Chaque fois que cela a été possible, les noms et les prénoms des signataires qui ont utilisé des initiales ont été complétés entre [ ] (*v.g.* Vachon, G[eorges]-A[ndré]).

3. Les pseudonymes

Dans la partie 3, l'on trouvera à la fois sous le pseudonyme et sous le nom de l'auteur les textes qui ont trait à cet auteur et à son œuvre.

4. Les guillemets simples

À l'intérieur d'une séquence intercalée entre guillemets doubles, nous avons utilisé des guillemets simples pour encadrer ce qui aurait dû être placé normalement entre guillemets doubles (*v.g.* « Les Éditions Paulines. La Collection 'Jeunesse-Pop' »).

Bibliographie
de la critique
de la littérature
québécoise et
canadienne-française
dans les revues
canadiennes
(1979-1982)

1 GÉNÉRALITÉS

1.1 ÉTUDES GÉNÉRALES

1. HAYNE, David M. et Antoine SIROIS, « Preliminary Bibliography of Comparative Canadian Literature (English-Canadian and French-Canadian) : Third Supplement, 1977-78 », *Canadian Review of Comparative Literature/Revue canadienne de littérature comparée*, Vol. 6, No. 1, Winter 1979, p. 75-81.

2. NAAMAN, Antoine, « Sherbrooke et la francophonie littéraire internationale », *Forces*, nᵒ 46-47, 1ᵉʳ-2ᵉ trimestres 1979, p. 76-83.

3. JAHJAH, Maher, « Éditorial », *Pour ta belle gueule d'ahuri*, vol. 1, nᵒ 1, [1979], p. 4-5.

4. ALLARD, Jacques, « Les Sujets de thèses en littérature québécoise et canadienne-française », *Revue de l'Université d'Ottawa/University of Ottawa Quarterly*, vol. 49, nᵒ 1-2, janvier-avril 1979, p. 99-103.

5. ARBOUR, Roméo, « Colloque sur l'édition critique de textes québécois et canadiens-français », *Revue de l'Université d'Ottawa/University of Ottawa Quarterly*, vol. 49, nᵒ 1-2, janvier-avril 1979, p. 259-267.

6. DIONNE, René et Pierre CANTIN, « Bibliographie de la critique. Livres (1978) — Revues (1974-1975) », *Revue de l'Université d'Ottawa/University of Ottawa Quarterly*, vol. 49, nᵒ 1-2, janvier-avril 1979, p. 130-258.

7. HAYNE, David M., « État actuel des études bibliographiques de la littérature canadienne-française (avant 1945) », *Revue de l'Université d'Ottawa/University of Ottawa Quarterly*, vol. 49, nᵒ 1-2, janvier-avril 1979, p. 14-25.

8. PARÉ, Jean, « Chassez le surnaturel, il revient au galop », *L'Actualité*, vol. 4, n° 2, février 1979, p. 5.

9. [ANONYME], « Quebec and Cultural Isolation », *Books in Canada*, Vol. 8, No. 2, February 1979, p. 4.

10. CARRIER, Roch, « The Party Is the Pen », *Books in Canada*, Vol. 8, No. 2, February 1979, p. 14-15.

11. GODBOUT, Jacques, Gilles Marcotte, Yves Thériault et AUTRES, « Le Meilleur Ami de l'homme », *L'Actualité*, vol. 4, n° 3, mars 1979, p. 27-34.

12. BLODGETT, E.D., « Canadian as Comparative Literature », *Canadian Review of Comparative Literature/Revue canadienne de littérature comparée*, Vol. 6, No. 2, Spring 1979, p. 127-130.

13. HAYNE, David M., « Preliminary Bibliography of the Literary Relations between Quebec and the Francophone World », *Canadian Review of Comparative Literature/Revue canadienne de littérature comparée*, Vol. 6, No. 2, Spring 1979, p. 206-218.

14. STRATFORD, Philip, « Canada's Two Literature : A Search for Emblems », *Canadian Review of Comparative Literature/Revue canadienne de littérature comparée*, Vol. 6, No. 2, Spring 1979, p. 131-138.

15. THÉRIO, Adrien, « Nos écrivains à l'écran. Pourquoi Radio-Canada et Radio-Québec refusent-elles de bouger ? », *Lettres québécoises*, n° 14, avril-mai 1979, p. 4.

16. MacLULICH, T.D., « Canadian Exploration as Literature », *Canadian Literature*, No. 81, Summer 1979, p. 72-85.

17. BLODGETT, E.D., « The Canadian Literatures in a Comparative Perspective », *Essays on Canadian Writing*, No. 15, Summer 1979, p. 5-24.

18. SHOULDICE, Larry, « Chacun son mishigos : The Translator as Comparatist », *Essays on Canadian Writing*, No. 15, Summer 1979, p. 25-32.

19. THÉRIEN, Gilles, « Le Pays littéraire et son image cinématographique », *Studies in Canadian Literature*, Vol. 4, No. 2, Summer 1979, p. 83-90.

20. ESCOMEL, Gloria, « La Science-Fiction. Sois bionique et tais-toi », *Châtelaine*, vol. 20, n° 7, juillet 1979, p. 36-38, 90-95.

21. RICARD, François, « Le Problème posé. Littérature québécoise », *Écriture française*, vol. 1, n° 2, 1979, p. 51-52.

22. GIROUX, Robert, « Notion et/ou fonctions de la littérature (nationale québécoise) au xxe siècle », *Voix et images*, vol. 5, n° 1, automne 1979, p. 87-116.

23. SOUFI, Taïb, « Le Verbe des Prairies », *Bulletin du Centre d'études franco-canadiennes de l'Ouest*, n° 3, octobre 1979, p. 19-37.

24. DEMERS, Pierre, « Les Enfants d'Octobre 70 », *Focus*, n° 27, octobre 1979, p. 25.

25. ALBERT, Walter E., « Les Sectes littéraires », *Grimoire*, vol. 2, n° 11, octobre 1979, p. 4-5.

26. MAY, Cedric, « Canadian Writing : Beautiful Losers in Presqu'Amérique », *Bulletin of Canadian Studies*, Vol. 3, No. 2, November 1979, p. 5-18.

27. BENAZON, Michael, « Quebec's Last Anglo Enclave », *Quill and Quire*, Vol. 45, No. 13, November 1979, p. 17-18.

28. BACHAND, Jacques, « La Littérature régionale, mets indigeste ? », *Bulletin de la Société des écrivains canadiens*, vol. 10, n° 2, décembre 1979, p. 24-29.

29. SAVARD, Pierre, « Montalembert au Canada français. Un aspect des relations culturelles des deux mondes (1830-1930) », *Canadian Literature*, No. 83, Winter 1979, p. 32-49.

30. ALLARD, Jacques, « Les Sujets de thèse en littérature québécoise et canadienne-française », *Histoire littéraire du Québec*, n° 1, 1979, p. 99-103.

31. ARBOUR, Roméo, « Colloque sur l'édition critique de textes québécois et canadiens-français », *Histoire littéraire du Québec*, n° 1, 1979, p. 259-267.

32. DIONNE, René et Pierre CANTIN, « Bibliographie de la critique. Livres (1978) — Revues (1974-1975) », *Histoire littéraire du Québec*, n° 1, 1979, p. 130-257.

33. HAYNE, David M., « État actuel des études bibliographiques de la littérature canadienne-française (avant 1945) », *Histoire littéraire du Québec*, n° 1, 1979, p. 14-25.

34. [ANONYME], « Études de littérature québécoise parues dans les revues en 1979 », *Livres et auteurs québécois, 1979*, p. 351-364.

35. [ANONYME], « Liste des thèses soutenues en français dans les universités québécoises et canadiennes », *Livres et auteurs québécois, 1979*, p. 343-349.
36. LeBlanc, René, « Aspects d'une enquête sur les sources littéraires de la musique », *Revue de l'Université Sainte-Anne*, 1979, p. 22-30.
37. Kröller, Eva-Marie, « Walter Scott in America, English Canada, and Québec : A Comparison », *Canadian Review of Comparative Literature/Revue canadienne de littérature comparée*, Vol. 7, No. 1, Winter 1980, p. [32]-46.
38. Cotnoir, Louise, « Contribution des femmes-écrivains du continent américain à la littérature », *Revue de l'Université d'Ottawa/University of Ottawa Quarterly*, vol. 50, no 1, janvier-mars 1980, p. 30-33.
39. Gagnon, Daniel, « Des femmes écrivent », *L'Estrie*, vol. 2, no 3, février 1980, p. 24-26.
40. Belleau, André, « Préface [sur le fantastique] », *La Nouvelle Barre du jour*, no 89, avril 1980, p. 5-6.
41. Vaillancourt, Claude, « Jazz et littérature », *Prétexte*, [vol. 1], no 1, 2e trimestre 1980, p. 33-36.
42. Vanasse, André, « Débusquer l'Indien de la forêt du littéraire », *Recherches amérindiennes au Québec*, vol. 10, no 1-2, [avril] 1980, p. 70-71.
43. Bélil, Michel, « Boréal 80 est mort », *Le Bulletin Pantoute*, no 2, juin-juillet-août 1980, p. 45.
44. Thério, Adrien, « Pourquoi des subventions à la création ? », *Lettres québécoises*, no 18, été 1980, p. 6.
45. Morin, Jeanne, « Nomades et sédentaires. À l'assaut des forces hostiles du pays », *Revue d'ethnologie du Québec*, vol. 6, no 2, 1980, p. 21-37.
46. Simon, Sherry, « Feminist Writing in Quebec », *The Canadian Forum*, Vol. 60, No. 701, August 1980, p. 5-8.
47. Vasseur, François, « Dix Écrivains de la région de Québec », *Le Bulletin Pantoute*, no 3, septembre-octobre-novembre 1980, p. 15.
48. Bosco, Monique, « Contrainte manifeste », *Études françaises*, vol. 16, no 3-4, octobre 1980, p. [119]-129.
49. Gauvin, Lise, « De l'impromptu ou des enjeux d'une poétique », *Études françaises*, vol. 16, no 3-4, octobre 1980, p. [105]-118.
50. Poliquin-Bourassa, Diane et Daniel Latouche, « Les Manifestes politiques québécois : médium ou message ? », *Études françaises*, vol. 16, no 3-4, octobre 1980, p. [31]-42.
51. [ANONYME], « Littérature amérindienne », *Grimoire*, vol. 3, no 9, octobre-novembre 1980, p. 8.
52. Sorfleet, John R., « Les Romanciers québécois. Le Fait anglais », *Journal of Canadian Fiction*, No. 30, 1980, p. 5-6.
53. [ANONYME], « Littérature québécoise en fascicules (1940-1970) », *Communication information*, vol. 3, no 3, novembre 1980, p. 197-201.
54. Dionne, René et Pierre Cantin, « Bibliographie de la critique », *Revue d'histoire littéraire du Québec et du Canada français*, no 2, 1980-1981, p. 180-295.
55. Buss, Andreas, « World Literature from a Canadian Point of View ? », *Revue de l'Université Sainte-Anne*, 1980, p. 16-17.
56. Eddie, Christine, « La Lutte féministe. Une parole qui s'impose », *Dérives*, no 27, 1er trimestre 1981, p. 58-67.
57. Ouellette-Michalska, Madeleine, « Mythe et idéologie. De l'être de chair à l'être de parole », *Dérives*, no 27, 1er trimestre 1981, p. 3-21.
58. Beaudry, Jacques, « Trois Fragments pour une philosophie authentique », *Philocritique*, no 1, hiver 1981, p. 146-160.
59. Kattan, Naïm, « Garnisons du Canada, entre la mémoire et la promesse [bref panorama de la littérature au Canada] », *Voix et images*, vol. 6, no 2, hiver 1981, p. 235-244.
60. Belleau, André, « Le Conflit des codes dans l'institution littéraire québécoise », *Liberté*, vol. 23, no 2, mars-avril 1981, p. 15-20.
61. Marcotte, Gilles, « Institution [littéraire québécoise] et courants d'air », *Liberté*, vol. 23, no 2, mars-avril 1981, p. 5-14.

62. RICARD, François, « L'Inventaire. Reflet et création », *Liberté*, vol. 23, n° 2, mars-avril 1981, p. 32-37.

63. [ANONYME], « Colloque international sur la littérature québécoise », *Québec Hebdo*, vol. 3, n° 8, 9 mars 1981, p. 4.

64. CADORET DE MARTIGNY, Danielle, « ... à vous », *L'Avenir*, vol. 2, n° 2, 13 mars 1981, p. [3-6].

65. N., W., « Of Quebec, Lately », *Canadian Literature*, No. 88, Spring 1981, p. 2-5.

66. DORAIS, Fernand, « Déréliction du divin dans l'imaginaire québécois », *Critère*, n° 30, printemps 1981, p. 213-224.

67. GADBOIS, Vital, « Du bon usage de la science-fiction », *Québec français*, n° 42, mai 1981, p. 57.

68. JANELLE, Claude, « La SF au Québec », *Québec français*, n° 42, mai 1981, p. 66-69.

69. SPEHNER, Norbert, « 50 Voyages dans le futur. Petite Bibliothèque idéale de l'amateur de science-fiction », *Québec français*, n° 42, mai 1981, p. 84-85.

70. SPEHNER, Norbert, « Une voie royale de l'imaginaire », *Québec français*, n° 42, mai 1981, p. 58-65.

71. ATALA, Charles, « L'Atlantique va-t-il disparaître ? [Entrevue] avec Pierre de Boisdeffre, critique de la *Revue des Deux Mondes* », *Lettres québécoises*, n° 22, été 1981, p. 69-70.

72. THÉRIO, Adrien, « Commentaires [sur l'article d'Atala, p. 69-70] », *Lettres québécoises*, n° 22, été 1981, p. 70-71.

73. ATKINSON, David W., « Canadian Historical Fiction : A Survey », *Canadian Children's Literature*, No. 23-24, [3rd and 4th Trimesters] 1981, p. 28-39.

74. LEMIEUX-MICHAUD, Denise, « Religion et littérature. Littérature et imaginaire religieux. Une coexistence insolite », *Critère*, n° 32, automne 1981, p. 185-188.

75. BOYNARD-FROT, Janine, « Les Écrivaines dans l'histoire littéraire québécoise », *Voix et images*, vol. 7, n° 1, automne 1981, p. 147-167.

76. GAUTHIER, Suzanne, « La Part des femmes ; il faut la dire. Enfin ! », *Liaison*, n° 18, octobre-novembre 1981, p. 39.

77. GOUIN, Jacques, « Littérature des pays d'en haut », *Cahiers d'histoire des pays d'en haut*, vol. 3, n° 12, novembre 1981, p. 30-37.

78. HÉBERT, Pierre, « Une littérature en quête d'un nom. Le Cas du Québec », *Écriture française dans le monde*, vol. 3, n° 2-3, décembre 1981, p. 6-8.

79. ATALA, Charles, « L'Atlantique va-t-il disparaître ? [Lettre ouverte à Adrien Thério] », *Lettres québécoises*, n° 24, hiver 1981-1982, p. 10.

80. COSSETTE, Gilles, « Science-Fiction et fantastique. Des écrivains d'ici en savent long sur le sujet », *Lettres québécoises*, n° 24, hiver 1981-1982, p. 28-35.

81. KROETSCH, Robert, Tamara J. Palmer et Beverley J. RASPORICH, « Introduction. Ethnicity and Canadian Literature », *Canadian Ethnic Studies/Études ethniques au Canada*, Vol. 14, No. 1, 1982, p. iii-vii.

82. CÔTÉ, Jacques, « La Vie littéraire en Estrie », *Grimoire*, vol. 5, n° 1, janvier 1982, p. 8.

83. CHARRON, François, « Religion et nationalisme. Le Corps des croyances », *Les Herbes rouges*, n° 99-100, janvier 1982, p. 11-20.

84. DIONNE, René et Pierre CANTIN, « Bibliographie de la critique », *Revue d'histoire littéraire du Québec et du Canada français*, n° 3, hiver-printemps 1982, p. 151-266.

85. DIONNE, René, « La Littérature régionale. Définition et problèmes », *Revue d'histoire littéraire du Québec et du Canada français*, n° 3, hiver-printemps 1982, p. 10-16.

86. ROUSSEAU, Guildo, « La Mauricie et ses romanciers », *Revue d'histoire littéraire du Québec et du Canada français*, n° 3, hiver-printemps 1982, p. 47-62.

87. HANCOCK, Geoff, « From a Certain Country », *Books in Canada*, Vol. 11, No. 2, February 1982, p. 3-8.

88. VOLDENG, Évelyne, « L'Intertextualité dans les écrits féminins d'inspiration féministe », *Voix et images*, vol. 7, n° 3, printemps 1982, p. 523-530.

89. HAYNE, David M. et Antoine SIROIS, « Preliminary Bibliography of Comparative Canadian Literature (English-Canadian and French-Canadian) : Sixth Supplement,

1980-1 », *Canadian Review of Comparative Literature/Revue canadienne de littérature comparée*, Vol. 9, No. 2, June 1982, p. [233]-240.

90. APRIL, Jean-Pierre, « L'Apparition de la science-fiction au Québec », *Protée*, vol. 10, n⁰ 2, été 1982, p. 49-51.

91. BERNARD, Évelyne, « Spécificité nationale de la science-fiction », *Protée*, vol. 10, n⁰ 2, été 1982, p. 61-77.

92. DIONNE, René et Pierre CANTIN, « Bibliographie de la critique », *Revue d'histoire littéraire du Québec et du Canada français*, n⁰ 4, été-automne 1982, p. 117-234.

93. MAILLET, Marguerite, « Développement de la littérature écrite en Acadie (1604-1957) », *Revue d'histoire littéraire du Québec et du Canada français*, n⁰ 4, été-automne 1982, p. 114-116.

94. PROVOST, Sylvie, « Avez-vous déjà lu IXE-13, Albert Brien, Guy Verchères... ? », *Études littéraires*, vol. 15, n⁰ 2, août 1982, p. 133-164.

95. KRÖLLER, Eva-Marie, « Jacobites in Canadian Literature », *Canadian Literature*, No. 94, Autumn 1982, p. 169-172.

96. [ANONYME], « 'Boréal et compagnie'. Un congrès éclectique sur la science-fiction et le fantastique », *Lettres québécoises*, n⁰ 27, automne 1982, p. 14.

97. BENOIT, Jacques et Jacqueline LAMOTHE, « Le Langage des femmes », *Québec français*, n⁰ 47, octobre 1982, p. 28-29.

98. BOIVIN, Aurélien, « Des proses et des femmes au Québec, des origines à 1970 », *Québec français*, n⁰ 47, octobre 1982, p. 22-25.

99. DUMONT-JOHNSON, Micheline, « Petit Panorama des luttes féministes actuelles », *Québec français*, n⁰ 47, octobre 1982, p. 26-27.

100. VANDENDORPE, Christian, « Élargir les nouveaux dialogues », *Québec français*, n⁰ 47, octobre 1982, p. 18.

101. GAGNON, Claude-Marie, « Littérature et paralittérature au Québec », *Questions de culture*, n⁰ 3, 4ᵉ trimestre 1982, p. [55]-65.

102. VONARBURG, Élisabeth, « L'Imaginaire au pouvoir », *Réseau*, vol. 14, n⁰ 2, octobre 1982, p. 10-12.

103. PARÉ, François, « La littérature québécoise serait-elle en perte de popularité ? », *Bulletin du Centre de recherche en civilisation canadienne-française*, n⁰ 25, décembre 1982, p. 7-9.

104. CAMERON, William J., « The Creation of Canadian-Based Bibliographies of Early Books », *Papers of the Bibliographical Society of Canada/Cahiers de la Société bibliographique du Canada*, Vol. 21, 1982, p. [60]-66.

105. CHANTAL, René de, « Image rétrospective du rôle d'une académie des lettres », *Transactions of the Royal Society of Canada/Mémoires de la Société royale du Canada*, Fourth Series, Vol. 20, 1982, p. 189-191.

106. DUHAMEL, Roger, « Image rétrospective du rôle d'une académie des lettres », *Transactions of the Royal Society of Canada/Mémoires de la Société royale du Canada*, Fourth Series, Vol. 20, 1982, p. 187-189.

107. GÉLINAS, Gratien, « Image rétrospective du rôle d'une académie des lettres », *Transactions of the Royal Society of Canada/Mémoires de la Société royale du Canada*, Fourth Series, Vol. 20, 1982, p. 192-194.

108. KATTAN, Naïm, « Image rétrospective du rôle d'une académie des lettres », *Transactions of the Royal Society of Canada/Mémoires de la Société royale du Canada*, Fourth Series, Vol. 20, 1982, p. 191.

109. MAJOR, Jean-Louis, « Image rétrospective du rôle d'une académie des lettres », *Transactions of the Royal Society of Canada/Mémoires de la Société royale du Canada*, Fourth Series, Vol. 20, 1982, p. [183]-187.

1.2 ÉTUDES PARTICULIÈRES

1.2.1 PÉRIODES

110. DIONNE, René, « Ce bon vieux dix-neuvième siècle », *Relations*, vol. 39, n⁰ 444, janvier 1979, p. 28-30.

111. OUELLET, Réal, « Oeuvres de la Nouvelle-France à rééditer », *Revue de l'Université d'Ottawa/University of Ottawa Quarterly*, vol. 49, n⁰ 1-2, janvier-avril 1979, p. 26-29.

112. SAVARD, Pierre, « Des livres, des idées et des hommes d'ici au XIXᵉ siècle », *Revue de l'Université d'Ottawa/University of Ottawa Quarterly*, vol. 49, n⁰ 1-2, janvier-avril 1979, p. 117-123.

113. FECTEAU, Hélène, « Histoire d'une décennie : 1939-1949 », *Ici Radio-Canada. Télévision*, vol. 13, n⁰ 15, 7-13 avril 1979, p. 5.

114. O'CONNOR, John [J.], « Letters in Canada 1978 : Translations », *University of Toronto Quarterly*, Vol. 48, No. 4, Summer 1979, p. 379-394.

115. PAGÉ, Raymond, « Québec Literature : Fifth Annual Survey, Part I », *Chelsea Journal*, Vol. 5, No. 4, July-August 1979, p. 187-189.

116. GODBOUT, Jacques, « Les Nouveaux Écrivains du bric-à-brac... », *L'Actualité*, vol. 4, n⁰ 8, août 1979, p. 58.

117. HAYNE, David M., « Un 'stupide XIXᵉ siècle' au Québec ? », *Relations*, vol. 39, n⁰ 451, septembre 1979, p. 252-254.

118. LAPOINTE, Roger, « L'Ultramontanisme au Québec ou Quand la doctrine se trouve décalée au rang d'une idéologie », *Studies in Religion/Sciences religieuses*, Vol. 8, No. 4, 1979, p. 419-430.

119. LE MOINE, Roger, « La Littérature québécoise du XIXᵉ siècle. Travaux accomplis et à l'étude », *Bulletin du Centre de recherche en civilisation canadienne-française*, n⁰ 19, décembre 1979, p. 30-31.

120. OUELLET, Réal, « Oeuvres de la Nouvelle-France à rééditer », *Histoire littéraire du Québec*, n⁰ 1, 1979, p. 26-29.

121. SAVARD, Pierre, « Des livres, des idées et des hommes d'ici au XIXᵉ siècle », *Histoire littéraire du Québec*, n⁰ 1, 1979, p. 117-123.

122. LEBEL, Maurice, « Apport de la Société royale du Canada à la vie intellectuelle du pays dans le domaine des humanités et des sciences sociales (1882-1978) », *Transactions of the Royal Society of Canada/Mémoires de la Société royale du Canada*, Fourth Series, Vol. 17, 1979, p. 3-15.

123. MAJOR, Robert, « 'Le Grand Siècle, Messieurs...' », *Incidences*, vol. 4, n⁰ 1, janvier-avril 1980, p. 5-7.

124. BARRETT, Caroline et Marie-José DES RIVIÈRES, « La Femme dans la littérature québécoise (1945-1966) », *Revue de l'Université d'Ottawa/University of Ottawa Quarterly*, vol. 50, n⁰ 1, janvier-mars 1980, p. 99-108.

125. TRÉPANIER, Pierre et Lise TRÉPANIER, « Rameau de Saint-Père et l'histoire de la colonisation française en Amérique », *Acadiensis*, vol. 9, n⁰ 2, printemps 1980, p. 40-55.

126. COLLET, Paulette, « Les Romancières québécoises des années 60 face à la maternité », *Atlantis*, Vol. 5, No. 2, Spring 1980, p. 131-141.

127. NEPVEU, Pierre, « Les Années soixante-dix, du commencement à la fin », *Lettres québécoises*, n⁰ 17, printemps 1980, p. 26-29.

128. BRODEUR, Léo-A[rthur], « Contribution à la périodisation de la littérature québécoise. Le Tournant idéologique de 1960 (un modèle dialectique historique) », *Présence francophone*, n⁰ 21, automne 1980, p. 95-117.

129. ALLARD, Jacques, « Les Lettres québécoises depuis 1930 », *University of Toronto Quarterly*, Vol. 50, No. 1, Fall 1980, p. 102-115.

130. CHOUINARD, Daniel, « Sur la préhistoire du manifeste littéraire (1500-1828) », *Études françaises*, vol. 16, no 3-4, octobre 1980, p. [21]-29.

131. BÉLIL, Michel, « Le Fantastique québécois au XIXᵉ siècle », *Imagine*, vol. 2, n⁰ 2, décembre 1980, p. 77-90, 99.

132. TREMBLAY, Denis, « Le Mouvement littéraire des années trente dans les Cantons de l'Est », *Ellipse*, no 25-26, 1980, p. 74-83.

133. BLAIS, Jacques, « Problématique d'une recherche sur le groupe des poètes artistes (1910-1930) », *Revue d'histoire littéraire du Québec et du Canada français*, no 2, 1980-1981, p. 60-66.

134. HAYNE, David M., « Problèmes d'histoire littéraire du XIXe siècle », *Revue d'histoire littéraire du Québec et du Canada français*, no 2, 1980-1981, p. 44-52.

135. OUELLET, Réal, « Problème de recherche sur les écrits du Régime français », *Revue d'histoire littéraire du Québec et du Canada français*, no 2, 1980-1981, p. 33-43.

136. *OUELLET, Réal, « L'Entreprise anthologique [Michel Allard *et al.*, *La Nouvelle-France, 1534-1713 — La Nouvelle-France, 1713-1760*] », *Lettres québécoises*, no 24, hiver 1981-1982, p. 77-79.

137. GAGNON, François-Marc, «*Experientia est rerum magistra*. Savoir empirique et culture savante chez les premiers voyageurs au Canada », *Questions de culture*, no 1, 4e trimestre 1981, p. 47-61.

138. LEMIRE, Maurice, « Savoir et pouvoir. Le Cas du Bas-Canada [Discours social et discours littéraire] », *Questions de culture*, no 1, 4e trimestre 1981, p. [63]-79.

139. BOYNARD-FROT, Janine, « Le Régionalisme des années trente », *Revue d'histoire littéraire du Québec et du Canada français*, no 3, hiver-printemps 1982, p. 37-41.

140. GALLANT, Melvin, « Les Nouveaux Romanciers acadiens et le retour aux sources », *Revue d'histoire littéraire du Québec et du Canada français*, no 3, hiver-printemps 1982, p. 106-111.

141. SIROIS, Antoine, « La Littérature des Cantons de l'Est dans les années vingt et trente », *Revue d'histoire littéraire du Québec et du Canada français*, no 3, hiver-printemps 1982, p. 32-33.

142. [THÉRIO, Adrien], « La Littérature québécoise de 1970 à 1980 », *Lettres québécoises*, no 25, printemps 1982, p. 9-10.

143. SMART, Patricia, « Culture, Revolution and Politics in Quebec », *The Canadian Forum*, Vol. 62, No. 718, May 1982, p. 7-10.

144. DES RIVIÈRES, Marie-José, « Quelle littérature lisait-on dans *Châtelaine* (1960-1975) ? », *Études littéraires*, vol. 15, no 2, août 1982, p. 201-214.

1.2.2 MOUVEMENTS, ÉCOLES, SOCIÉTÉS

145. MARCHESSAULT, Jovette, « Nous n'écrivons plus pour les fonds de tiroirs », *Châtelaine*, vol. 20, no 1, janvier 1979, p. 48-49, 66-71.

146. MAILLET, Marguerite, « Littérature acadienne. Instruments de travail », *Revue de l'Université d'Ottawa/University of Ottawa Quarterly*, vol. 49, no 1-2, janvier-avril 1979, p. 94-96.

147. MAILLET, Marguerite, « Littérature acadienne, (1874-1960). Les Oeuvres (liste chronologique) », *Revue de l'Université d'Ottawa/University of Ottawa Quarterly*, vol. 49, no 1-2, janvier-avril 1979, p. 92-94.

148. MAILLET, Marguerite, « Travaux de recherches sur la littérature acadienne », *Revue de l'Université d'Ottawa/University of Ottawa Quarterly*, vol. 49, no 1-2, janvier-avril 1979, p. 96-99.

149. MAILLET, Marguerite, « Rééditions d'oeuvres littéraires acadiennes (de la Renaissance acadienne à 1960) », *Revue de l'Université d'Ottawa/University of Ottawa Quarterly*, vol. 49, no 1-2, janvier-avril 1979, p. 89-92.

150. ABRASSART, Jean-Claude, « Le Manifeste Ultrasens », *L'Esplumoir*, vol. 1, no 1, février 1979, p. 17-18.

151. DIONNE, René, « Le GIEFO à l'Université d'Ottawa », *Bulletin du Centre de recherche en civilisation canadienne-française*, no 18, avril 1979, p. 5-6.

152. DIONNE, René, « GIEFO (Groupe interuniversitaire d'études franco-ontariennes) », *Bulletin du Centre de recherche en civilisation canadienne-française*, n° 18, avril 1979, p. 1-4.

153. COTNOIR, Louise, « Au dire des frontalières », *La Nouvelle Barre du jour*, n° 78, mai 1979, p. 64-83.

154. ABRASSART, Jean-Claude, « La Catharsis », *Trajectoires*, vol. 1, n° 1, mai 1979, p. 2-3.

155. ABRASSART, Jean-Claude, « Ultrasens. L'Obstacularité », *Trajectoires*, n° 2, juin-juillet-août 1979, p. 41-42.

156. HAECK, Philippe, « Poétique des *Herbes rouges* », *Dérives*, n° 19, [3e trimestre] 1979, p. 39-53.

157. [ANONYME], « Le Surréalisme », *Ici Radio-Canada. Télévision*, vol. 13, n° 30, 21-27 juillet 1979, p. 5.

158. ARROBAS, Jérémie, « De l'ombre à l'écriture [Ultrasens] », *Trajectoires*, n° 3, 10 septembre-10 octobre 1979, p. 33-34.

159. ABRASSART, Jean-Claude, « Cosmolittéralité [Ultrasens] », *Trajectoires*, n° 4, 20 septembre-20 octobre 1979, p. 35-36.

160. COLLETTE, Jean-Yves, « La Solidarité, connais pas ? », *Union des écrivains québécois*, vol. 1, n° 0, 15 novembre 1979, p. 1, 3.

161. ABRASSART, Jean-Claude, « Clepsydres, sabliers et pendules [Ultrasens] », *Trajectoires*, n° 5, 20 novembre-20 décembre 1979, p. 40-41.

162. LACROIX, Georgette, « De Québec, la littérature régionale », *Bulletin de la Société des écrivains canadiens*, vol. 10, n° 2, décembre 1979, p. 8-10.

163. FRÉMONT, Gabrielle, « Casse-Texte », *Études littéraires*, vol. 12, n° 3, décembre 1979, p. 315-330.

164. LAPOINTE, Jeanne, « Du discours de domination », *Études littéraires*, vol. 12, n° 3, décembre 1979, p. 351-356.

165. BERNIER, André, « Rapport du Président de l'AACE », *Grimoire*, vol. 2, n° 13, décembre 1979, p. 7-10.

166. LEBEL, Maurice, « La Société royale du Canada », *Canadian Literature*, No. 83, Winter 1979, p. 214-224.

167. BAYARD, Caroline, « Deux Pièces difficiles pour une même main [*La Barre du jour*] », *Ellipse*, n° 23-24, 1979, p. 156-173.

168. MAILLET, Marguerite, « Travaux de recherches sur la littérature acadienne », *Histoire littéraire du Québec*, n° 1, 1979, p. 96-99.

169. MAILLET, Marguerite, « Rééditions d'oeuvres littéraires acadiennes (de la Renaissance acadienne à 1960) », *Histoire littéraire du Québec*, n° 1, 1979, p. 89-92.

170. MAILLET, Marguerite, « Littérature acadienne. Instruments de travail », *Histoire littéraire du Québec*, n° 1, 1979, p. 94-96.

171. MAILLET, Marguerite, « Littérature acadienne (1874-1960). Les Oeuvres (liste chronologique) », *Histoire littéraire du Québec*, n° 1, 1979, p. 92-94.

172. PAINCHAUD, Clotilde T.-L., « Des femmes et l'écriture [Mercredi de la Galerie, Université de Sherbrooke] », *Grimoire*, vol. 3, n° 1, janvier 1980, p. 8.

173. [ANONYME], « Le Fantôme du PEN Club », *Union des écrivains québécois*, vol. 1, n° 3, mai 1980, p. [6].

174. ATALA, Charles, « Sartre et l'existentialisme dans le monde », *Libre Magazine*, n° 5, juin 1980, p. 32.

175. ATALA, Charles, [Parti pris], *Libre Magazine*, n° 5, juin 1980, p. 32.

176. GODIN, Jean-Cléo, « Opening Address [Société d'histoire du théâtre du Québec] », *Association for Canadian Theatre History/Association d'histoire du théâtre au Canada*, Vol. 4, No. 1, September 1980, p. 4-6.

177. GAREAU-DES BOIS, Louise, « Le P.E.N. Club répond », *Union des écrivains québécois*, vol. 1, n° 4, octobre 1980, p. [2].

178. AQUIN, Pierre-Stéphane, « La Semaine des écrivains de Québec », *Le Bulletin Pantoute*, n° 4, décembre 1980-janvier-février 1981, p. 4.

179. ROSENFELD, Marthe, « Textes lesbiens. Langage et vision utopique des nouvelles écrivaines du Québec », *Le Berdache*, n⁰ 19, avril 1981, p. 40-44.
180. GAUVIN, Lise, «*Parti pris* et après. De la revue à la prose narrative », *Possibles*, vol. 5, n⁰ 3-4, [2ᵉ trimestre] 1981, p. 199-207.
181. CLÈRE, René[-A.] le, « Mais qui donc a fondé la Société des écrivains canadiens ? », *Lettres québécoises*, n⁰ 22, été 1981, p. 68.
182. BERNATCHEZ, Ginette, « La Société littéraire et historique de Québec (The Literary and Historical Society of Quebec) 1824-1890 », *Revue d'histoire de l'Amérique française*, vol. 35, n⁰ 2, septembre 1981, p. 179-192.
183. MARTEL, Ronald, « L'Édition, un sujet de discorde [à l'AACE] », *Grimoire*, vol. 5, n⁰ 1, janvier 1982, p. 4.
184. [ANONYME], « 1977-1982. L'Union a 5 ans [UNEQ] », *Littérature du Québec*, n⁰ 1, [1ᵉʳ semestre] 1982, p. [1]-4.
185. BONENFANT, Joseph, « Le Mouvement littéraire des Cantons de l'Est », *Revue d'histoire littéraire du Québec et du Canada français*, n⁰ 3, hiver-printemps 1982, p. 34-36.
186. GIGUÈRE, Richard, « La Réception critique du 'Mouvement littéraire des Cantons de l'Est', de 1930 à 1935 », *Revue d'histoire littéraire du Québec et du Canada français*, n⁰ 3, hiver-printemps 1982, p. 42-46.
187. [ANONYME], « Fondation de la Fédération internationale des écrivains de langue française », *Lettres québécoises*, n⁰ 27, automne 1982, p. 14.
188. [ANONYME], [2ᵉ Congrès de l'UNEQ], *Québec Hebdo*, vol. 4, n⁰ 35, 1ᵉʳ novembre 1982, p. 4.
189. CÔTÉ, Jacques, « Cinq Ans de vie littéraire [L'AACE] », *Grimoire*, vol. 5, n⁰ 9, décembre 1982, p. 3.
190. [ANONYME], « Élections à l'UNEQ », *Lettres québécoises*, n⁰ 28, hiver 1982-1983, p. 12.
191. BRUNET-LAMARCHE, Anita, « Prise de parole, 1972-1982. Auteurs et oeuvres. Biobibliographie », *Revue du Nouvel Ontario*, n⁰ 4, 1982, p. 21-43.
192. DICKSON, Robert, « Prise de parole, 1972-1982. L'Espace à créer et l'espace qui reste », *Revue du Nouvel Ontario*, n⁰ 4, 1982, p. 45-80.
193. GRISÉ, Yolande, « Prise de parole, 1972-1982. Ontarois, une prise de parole », *Revue du Nouvel Ontario*, n⁰ 4, 1982, p. 81-88.
194. HESBOIS, Laure, « Prise de parole, 1972-1982. La Littérature franco-ontarienne : réalité ou mirage ? », *Revue du Nouvel Ontario*, n⁰ 4, 1982, p. 103-114.
195. PARÉ, François, « Prise de parole, 1972-1982. Conscience et oubli. Les Deux Misères de la parole franco-ontarienne », *Revue du Nouvel Ontario*, n⁰ 4, 1982, p. 89-102.

1.2.3 PRIX ET CONCOURS LITTÉRAIRES

196. [ANONYME], « Trois Concours de création », *Écriture française*, vol. 1, n⁰ 1, 1979, p. 80.
197. CIVIL, Jean, « Prix littéraires 1978 », *Grimoire*, vol. 2, n⁰ 1, 11 janvier 1979, p. 9-12.
198. CIVIL, Jean, « Médaille d'argent à Daniel Roy », *Grimoire*, vol. 2, n⁰ 1, 11 janvier 1979, p. 14.
199. [ANONYME], [Le Prix littéraire de la Fondation de la Vocation à Walter Prévost], *Lettres québécoises*, n⁰ 13, février 1979, p. 64.
200. [ANONYME], « Le Prix Duvernay 1978 [à Jacques Brault] », *Lettres québécoises*, n⁰ 13, février 1979, p. 64.
201. [ANONYME], « Prix Dagon 1978 [à Élisabeth Vonarburg] », *Lettres québécoises*, n⁰ 13, février 1979, p. 64.
202. [ANONYME], « Les Cinq Gagnants des prix du Québec. Anne Hébert, Prix David », *Le Québec en bref*, vol. 13, n⁰ 2-3, février-mars 1979, p. 10.
203. [ANONYME], « Le Prix littéraire Gibson [à Denys Chabot] », *Lettres québécoises*, n⁰ 14, avril-mai 1979, p. 60.
204. [ANONYME], « Les Prix du Gouverneur général 1978. Roman [à Jacques Poulin] », *Lettres québécoises*, n⁰ 14, avril-mai 1979, p. 57.

205. [ANONYME], « Les Prix du Gouverneur général 1978. Poésie [à Gilbert Langevin] », *Lettres québécoises*, n⁰ 14, avril-mai 1979, p. 57.

206. [ANONYME], « Les Prix du Gouverneur général 1978. Essais [à François-Marc Gagnon] », *Lettres québécoises*, n⁰ 14, avril-mai 1979, p. 57.

207. [ANONYME], « Le Grand Prix littéraire de la Ville de Montréal [à Pierre Vadeboncoeur] », *Lettres québécoises*, n⁰ 14, avril-mai 1979, p. 60.

208. [ANONYME], « Invitation aux auteurs francophones à concourir pour le prix Champlain », *Vie française*, vol. 33, n⁰ 4-5-6, avril-mai-juin 1979, p. 11.

209. [ANONYME], « Grand Prix littéraire de Montréal à Pierre Vadeboncoeur », *Québec Hebdo*, vol. 1, n⁰ 10, 23 avril 1979, p. 4.

210. [ANONYME], « Prix... [à Ginette Anfousse] », *Grimoire*, vol. 2, n⁰ 7, 17 mai 1979, p. 17.

211. [ANONYME], « Contes et nouvelles de langue française. Concours 6 », *Écriture française*, vol. 1, n⁰ 2, 1979, p. 82.

212. [ANONYME], « Trois Concours de création », *Écriture française*, vol. 1, n⁰ 2, 1979, p. 81.

213. [ANONYME], « Prix littéraire Air-Canada », *Écriture française*, vol. 1, n⁰ 2, 1979, p. 76.

214. [ANONYME], [Le Prix France-Acadie à Louis Haché], *Écriture française*, vol. 1, n⁰ 2, 1979, p. 62.

215. FLAMAND, Jacques, « Le Conte aujourd'hui. En marge du Prix littéraire Air-Canada 1979 », *Écriture française*, vol. 1, n⁰ 2, 1979, p. 64-65.

216. [ANONYME], « Prix littéraire à Isabelle Delisle Lapierre », *Grimoire*, vol. 2, n⁰ 9, juillet 1979, p. 14.

217. [ANONYME], « Le Prix Champlain à une oeuvre sur Louis Riel », *Vie française*, vol. 33, n⁰ 7-8-9, juillet-août-septembre 1979, p. 3-4.

218. [ANONYME], « Le Prix France-Québec [à Jean-Aubert Loranger] », *Lettres québécoises*, n⁰ 15, août-septembre 1979, p. 5.

219. [ANONYME], « Prix Benson & Hedges [à Lise Lacasse] », *Lettres québécoises*, n⁰ 15, août-septembre 1979, p. 6.

220. [ANONYME], « Prix Robert-Cliche 1979-80 », *Lettres québécoises*, n⁰ 15, août-septembre 1979, p. 6.

221. [ANONYME], « Les Cinq Lauréats des prix du gouvernement [Prix Athanase-David] », *Québec Hebdo*, vol. 1, n⁰ 36, 22 octobre 1979, p. 3.

222. [ANONYME], « Le Prix Paul-Hébert », *Québec Hebdo*, vol. 1, n⁰ 37, 29 octobre 1979, p. 4.

223. ALLEN, Patrick, « Au fil de l'actualité. Les Prix du Québec : course vers l'excellence », *L'Action nationale*, vol. 69, n⁰ 4, décembre 1979, p. 324.

224. [ANONYME], « Le Prix de *la Presse* », *Québec Hebdo*, vol. 1, n⁰ 42, 3 décembre 1979, p. 4.

225. [ANONYME], « Attribution du prix Émile-Nelligan à François Charron », *Québec Hebdo*, vol. 1, n⁰ 43, 10 décembre 1979, p. 4.

226. [ANONYME], « Le Prix Esso [à Normand Rousseau] », *Québec Hebdo*, vol. 1, n⁰ 44, 17 décembre 1979, p. 3.

227. [ANONYME], « Choix du libraire », *Québec Hebdo*, vol. 1, n⁰ 44, 17 décembre 1979, p. 4.

228. [ANONYME], « Le Prix France-Acadie [à Louis Haché] », *Lettres québécoises*, n⁰ 16, hiver 1979-1980, p. 11.

229. [ANONYME], « Prix Esso du Cercle du Livre de France [à Normand Rousseau] », *Lettres québécoises*, n⁰ 16, hiver 1979-1980, p. 11.

230. [ANONYME], « Prix littéraires 1979 », *Livres et auteurs québécois, 1979*, p. 341-342.

231. ALLEN, Patrick, « À Antonine Maillet, le prix Goncourt 1979 », *L'Action nationale*, vol. 69, n⁰ 5, janvier 1980, p. 409-410.

232. [ANONYME], [Le Prix de *la Presse* à René Dionne, François Hébert, Léopold LeBlanc, Gilles Marcotte et Gabrielle Poulin], *Grimoire*, vol. 3, n⁰ 1, janvier 1980, p. 3.

233. W[ALKER], S[usan], « Maillet Wins Prix Goncourt », *Quill and Quire*, Vol. 46, No. 1, January 1980, p. 1, 13.

234. [ANONYME], [Antonine Maillet, Prix Goncourt], *The Canadian Reader*, Vol. 21, No. 2, [February] 1980, p. [13-14].

235. [ANONYME], « Prix littéraire France-Québec Jean-Hamelin [à Robert Major] », *Union des écrivains québécois*, vol. 1, n⁰ 2, 15 février 1980, p. [4].

236. SHEK, Ben-Z[ion], « Antonine Maillet and the Prix Goncourt », *The Canadian Modern Language Review/La Revue canadienne des langues vivantes*, Vol. 36, No. 3, March 1980, p. [392]-396.

237. WARWICK, Jack, « Yves Thériault and the Prix David », *The Canadian Modern Language Review/La Revue canadienne des langues vivantes*, Vol. 36, No. 3, March 1980, p. [383]-391.

238. [ANONYME], « Prix Dagon 1979 [*Les Ancêtres*] », *Grimoire*, vol. 3, n⁰ 3, mars 1980, p. 22.

239. BOURGEOIS, Jean-Marc, « Prix littéraire de la Bibliothèque centrale de prêt du Saguenay-Lac-Saint-Jean [à Yvon Paré] », *Nouvelles de l'ASTED*, n⁰ 125, mars-avril-mai-juin 1980, p. 42-43.

240. [ANONYME], « Prix Dagon 1979 [à Camille Bouchard] », *Lettres québécoises*, n⁰ 17, printemps 1980, p. 7.

241. [ANONYME], « Le Prix littéraire de *la Presse* [à René Dionne, François Hébert, Léopold LeBlanc, Gilles Marcotte et Gabrielle Poulin] », *Lettres québécoises*, n⁰ 17, printemps 1980, p. 7.

242. [ANONYME], « Prix Jean-Béraud-Molson du Cercle du Livre de France [à Jacques Lamarche] », *Lettres québécoises*, n⁰ 17, printemps 1980, p. 8.

243. [ANONYME], « Le Prix France-Canada [à Victor-Lévy Beaulieu] », *Lettres québécoises*, n⁰ 17, printemps 1980, p. 7.

244. [ANONYME], « Le Prix de poésie Émile-Nelligan [à François Charron] », *Lettres québécoises*, n⁰ 17, printemps 1980, p. 7.

245. SMITH, Donald, « Yves Thériault, Prix David 1979. Entrevue », *Lettres québécoises*, n⁰ 17, printemps 1980, p. 51-59.

246. CIVIL, Jean, « Au nom de la culture [Prix Alfred-Desrochers] », *Grimoire*, vol. 3, n⁰ 4, avril 1980, p. 4-5.

247. PRÉVOS, André, «*Pélagie-la-Charrette*, prix Goncourt », *Journal of Canadian Fiction*, No. 28-29, 1980, p. 204-206.

248. [ANONYME], « Quatre Écrivains québécois consacrés au Canada », *Québec Hebdo*, vol. 2, n⁰ 16, 28 avril 1980, p. 4.

249. [ANONYME], « Prix Octave-Crémazie à une jeune fille de Windsor [Lili Côté] », *Grimoire*, vol. 3, n⁰ 5, mai 1980, p. 18.

250. [ANONYME], [Governor General's Literary Awards. Marie-Claire Blais], *Quill and Quire*, Vol. 46, No. 5, May 1980, p. 1.

251. [ANONYME], [Governor General's Literary Awards. Robert Mélançon], *Quill and Quire*, Vol. 46, No. 5, May 1980, p. 1.

252. [ANONYME], « Le Prix Duvernay à Michèle Lalonde », *Union des écrivains québécois*, vol. 1, n⁰ 3, mai 1980, p. [7].

253. [ANONYME], « Prix littéraire[s] du Gouverneur général [à Marie-Claire Blais, Robert Mélançon, Dominique Clift, Sheila McLeod-Arnopoulos] », *Union des écrivains québécois*, vol. 1, n⁰ 3, mai 1980, p. [7].

254. [ANONYME], « Prix Dagon 1980 [à René Beaulieu] », *Union des écrivains québécois*, vol. 1, n⁰ 3, mai 1980, p. [7].

255. [ANONYME], « Prix littéraire Canada-Suisse », *Union des écrivains québécois*, vol. 1, n⁰ 3, mai 1980, p. [7].

256. [ANONYME], « Quelques Nouvelles d'Acadie. [Prix littéraire du Canton de Berne, Suisse à Henri-Dominique Paratte] », *Union des écrivains québécois*, vol. 1, n⁰ 3, mai 1980, p. [4].

257. HOPKINS, Thomas, « Still a Few Steps from the Limelight [Governor General's Literary Award] », *Maclean's*, Vol. 93, No. 20, May 19, 1980, p. 61.

258. GRÉGOIRE, Constance, « Nos prix littéraires [Prix littérature de jeunesse du Conseil des arts du Canada ; Prix Alvine-Bélisle ; Prix ACELF] », *Des livres et des jeunes*, vol. 2, n⁰ 6, juin 1980, p. 46-47.

259. [ANONYME], « Prix littéraires France-Québec et France-Acadie [à Robert Major et Léonard Forest] », *Québec Hebdo*, vol. 2, n⁰ 22, 9 juin 1980, p. 3.

260. [ANONYME], « Michèle Lalonde, Prix Duvernay 1980 », *Lettres québécoises*, n⁰ 18, été 1980, p. 14.

261. [ANONYME], « Michèle Lalonde, Prix Duvernay 1980 », *Québec Hebdo*, vol. 2, n⁰ 25, 30 juin 1980, p. 4.

262. [ANONYME], « Le Prix Champlain 1979. *Cogne la Caboche* de Gabrielle Poulin », *Vie française*, vol. 34, n⁰ 7-8-9, juillet-août-septembre 1980, p. 24.

263. CROTEAU, Marcellin, « Nos prix littéraires [Prix ACELF 1980 à Cécile Gagnon] », *Des livres et des jeunes*, vol. 3, n⁰ 7, automne 1980, p. 49.

264. [ANONYME], « Prix France-Acadie [à Léonard Forest] », *Lettres québécoises*, n⁰ 19, automne 1980, p. 9.

265. [ANONYME], « Grand Prix littéraire de la Ville de Montréal [à Roch Carrier] », *Lettres québécoises*, n⁰ 19, automne 1980, p. 9.

266. [ANONYME], « Prix Esdras-Minville [à Fernand Dumont] », *Lettres québécoises*, n⁰ 19, automne 1980, p. 9.

267. [ANONYME], « Prix du Gouverneur général 19[79] [à Marie-Claire Blais, Robert Mélançon, Dominique Clift et Sheila McLeod-Arnopoulos] », *Lettres québécoises*, n⁰ 19, automne 1980, p. 7.

268. [ANONYME], « Prix France-Québec Jean-Hamelin [à Robert Major] », *Lettres québécoises*, n⁰ 19, automne 1980, p. 9.

269. [ANONYME], « Prix de l'Association des professeurs de français des universités canadiennes [à Patrick Imbert] », *Lettres québécoises*, n⁰ 19, automne 1980, p. 8.

270. THÉRIO, Adrien, « Lettre aux organismes qui décernent des prix littéraires », *Lettres québécoises*, n⁰ 19, automne 1980, p. 79.

271. CHOUL, Jean-Claude et Michel de SMET, « Des romans bien tranquilles. Les Prix du Cercle du Livre de France (1960-1965) », *Voix et images*, vol. 6, n⁰ 1, automne 1980, p. 127-145.

272. [ANONYME], [Prix littéraire Canada-Suisse], *Écriture française dans le monde*, vol. 2, n⁰ 1-2, octobre 1980, p. 115.

273. [ANONYME], « Quatre Écrivains québécois consacrés au Canada [Prix du Gouverneur général à Marie-Claire Blais, Robert Mélançon, Dominique Clift et Sheila McLeod-Arnopoulos] », *Écriture française dans le monde*, vol. 2, n⁰ 1-2, octobre 1980, p. 101.

274. [ANONYME], « Robert Matteau [Prix Alfred-DesRochers] et Robert Yergeau honorés [Prix Gaston-Gouin] », *Grimoire*, vol. 3, n⁰ 9, octobre-novembre 1980, p. 11-12.

275. [ANONYME], « Prix et mentions. Le Choix du libraire [à Jean-Yves Soucy et Gilbert Tarrab] », *Union des écrivains québécois*, vol. 1, n⁰ 4, octobre 1980, p. [3].

276. [ANONYME], « Prix littéraires, taxes et impôts », *Union des écrivains québécois*, vol. 1, n⁰ 4, octobre 1980, p. [4].

277. [ANONYME], « Prix et mentions. Prix Robert-Cliche [à Madeleine Monette] », *Union des écrivains québécois*, vol. 1, n⁰ 4, octobre 1980, p. [3].

278. [ANONYME], « Prix et mentions. Prix Esdras-Minville [à Fernand Dumont] », *Union des écrivains québécois*, vol. 1, n⁰ 4, octobre 1980, p. [3].

279. [ANONYME], « Prix et mentions. Grand Prix littéraire de la Ville de Montréal [à Roch Carrier] », *Union des écrivains québécois*, vol. 1, n⁰ 4, octobre 1980, p. [3].

280. [ANONYME], [Le Grand Prix littéraire du *Journal de Montréal* à Michel Beaulieu], *Grimoire*, vol. 3, n⁰ 10, décembre 1980, p. 17.

281. [ANONYME], « Le Prix Athanase-David. Gérard Bessette », *Québec Hebdo*, vol. 2, n⁰ 46, 8 décembre 1980, p. 3.

282. [ANONYME], « Le Grand Prix littéraire du *Journal de Montréal* [à Michel Beaulieu] », *Lettres québécoises*, n⁰ 20, hiver 1980-1981, p. 11.

283. [ANONYME], «*L'Emprise* de Gaétan Brulotte [Prix Robert-Cliche] », *Lettres québécoises*, n⁰ 20, hiver 1980-1981, p. 10.

284. LAPIERRE, René, « La Politique des bas prix », *Liberté*, vol. 23, n⁰ 2, mars-avril 1981, p. 53-56.

285. [RÉDACTION, La], [Le Rôle de l'État dans la vie littéraire. Enquête], *Liberté*, vol. 23, n⁰ 2, mars-avril 1981, p. 103-106.

286. SMITH, Donald, « Maillet & the Prix Goncourt », *Canadian Literature*, No. 88, Spring 1981, p. 157-161.

287. [ANONYME], [Prix Jean-Béraud-Molson à Donald Alarie], *Lettres québécoises*, no 21, printemps 1981, p. 10.

288. [ANONYME], « Le Prix Dagon 1980 [à René Beaulieu] », *Lettres québécoises*, no 21, printemps 1981, p. 10.

289. [ANONYME], « Le Prix Alfred-DesRochers 1980 [à Robert Matteau] », *Lettres québécoises*, no 21, printemps 1981, p. 10.

290. [ANONYME], « Le Prix Lionel-Groulx 1980 [à Jacques Rouillard] », *Lettres québécoises*, no 21, printemps 1981, p. 10.

291. [ANONYME], « Le Prix de la revue *Études françaises* ou prix de la francité [à Makombo Bamboté pour *Nouvelles de Banguî*] », *Lettres québécoises*, no 21, printemps 1981, p. 10.

292. [ANONYME], « Le Grand Prix littéraire de *la Presse* [à Paul-Marie Lapointe] », *Lettres québécoises*, no 21, printemps 1981, p. 11.

293. [ANONYME], « Le Prix Émile-Nelligan [à Claude Beausoleil] », *Lettres québécoises*, no 21, printemps 1981, p. 11.

294. [ANONYME], « Le Prix Esso du Cercle du Livre de France [à Françoise Dumoulin-Tessier] », *Lettres québécoises*, no 21, printemps 1981, p. 10.

295. [ANONYME], « Prix Jules-Fournier [à Gaëtan Lévesque] », *Lettres québécoises*, no 21, printemps 1981, p. 13.

296. [ANONYME], « Les Prix littéraires du *Journal de Montréal* [à Michel Beaulieu et Yolande Villemaire] », *Lettres québécoises*, no 21, printemps 1981, p. 11.

297. LÉVESQUE, Gaëtan, « Prix Jules-Fournier », *Lettres québécoises*, no 21, printemps 1981, p. 13.

298. THÉRIO, Adrien, « Gérard Bessette, Prix David 1980 », *Lettres québécoises*, no 21, printemps 1981, p. 65.

299. LAGUEUX, Denis, « Prix littéraire du Gouverneur général pour les auteurs dramatiques », *CEAD. Dramaturgies nouvelles*, vol. 2, no 4, avril 1981, p. 5.

300. [ANONYME], « Finalistes des prix littéraires du Gouverneur général pour l'année 1980 », *Grimoire*, vol. 4, no 4, avril 1981, p. 18-19.

301. [ANONYME], « Prix littéraire à Yves Beauchesne », *Loisirs et sports*, no 104-105, avril-mai 1981, p. [39].

302. [ANONYME], [Le Prix Biguet de l'Académie française à François Gendron], *Écriture française dans le monde*, vol. 3, no 1, mai 1981, p. 97.

303. [ANONYME], [Prix littéraire France-Québec Jean-Hamelin], *Écriture française dans le monde*, vol. 3, no 1, mai 1981, p. 97.

304. [ANONYME], [Le Prix littéraire Belgique-Canada à Victor-Lévy Beaulieu], *Écriture française dans le monde*, vol. 3, no 1, mai 1981, p. 96.

305. [ANONYME], « À l'honneur [Gabrielle Roy] », *Écriture française dans le monde*, vol. 3, no 1, mai 1981, p. 98.

306. [ANONYME], « À l'honneur [Séraphin Marion] », *Écriture française dans le monde*, vol. 3, no 1, mai 1981, p. 97-98.

307. [ANONYME], [Prix littéraire France-Québec Jean-Hamelin à Robert Major], *Écriture française dans le monde*, vol. 3, no 1, mai 1981, p. 97.

308. [ANONYME], « Prix de littérature de jeunesse [Lauréats du Conseil des arts] », *Grimoire*, vol. 4, no 5, mai 1981, p. 17.

309. [ANONYME], « 1980 Governor General's Literary Awards », *Parallelogramme*, Vol. 6, No. 5, May-June 1981, p. 33.

310. [ANONYME], « Gaston Miron, Prix Apollinaire 1981 », *Québec Hebdo*, vol. 3, no 20, 1er juin 1981, p. 4.

311. [ANONYME], « Governor General's Award Winners », *Quill and Quire*, Vol. 47, No. 6, June 1981, p. 19.

312. [ANONYME], « The Air Canada Award », *Canadian Author and Bookman*, Vol. 56, No. 4, Summer 1981, p. 20.

313. [ANONYME], « Prix du Gouverneur général 198[0] [à Maurice Champagne-Gilbert] », *Lettres québécoises*, no 22, été 1981, p. 71.

314. [ANONYME], « Le Prix Gaston-Gouin [à Robert Yergeau] », *Lettres québécoises*, n° 22, été 1981, p. 12.

315. [ANONYME], « Prix du Gouverneur général 198[0] [à Michel Van Schendel] », *Lettres québécoises*, n° 22, été 1981, p. 71.

316. [ANONYME], « Prix du Gouverneur général 198[0] [à Pierre Turgeon] », *Lettres québécoises*, n° 22, été 1981, p. 71.

317. [ANONYME], « Prix Duvernay 198[0]. Prix France-Canada 1981 [à Claude Jasmin] », *Lettres québécoises*, n° 22, été 1981, p. 13.

318. M[ARIE]-M[ICHÈLE], « Le Prix France-Acadie à Clarence Comeau », *Le Berdache*, n° 22, juillet-août 1981, p. 18.

319. [ANONYME], « Canada Council Awards and Prizes », *Quill and Quire*, Vol. 47, No. 7, July 1981, p. 50.

320. [ANONYME], « Le répertoire des prix littéraires est maintenant disponible », *Québec Hebdo*, vol. 3, n° 28, 27 juillet 1981, p. 4.

321. [ANONYME], « Le Poète Van Schendel, Prix du Gouverneur général », *Réseau*, vol. 13, n° 1, septembre 1981, p. 6.

322. [ANONYME], « Prix France-Québec [à Michel Tremblay] », *Lettres québécoises*, n° 23, automne 1981, p. 11.

323. [ANONYME], « Prix littéraire du magazine *Le Troisième Âge* [à Ève Bélisle] », *Lettres québécoises*, n° 23, automne 1981, p. 12.

324. [ANONYME], « Robert Lalonde, Prix Robert-Cliche », *Lettres québécoises*, n° 23, automne 1981, p. 10.

325. [ANONYME], « Prix France-Acadie [à Clarence Comeau] », *Lettres québécoises*, n° 23, automne 1981, p. 13.

326. [ANONYME], « Prix France-Acadie [à Dyane Léger] », *Lettres québécoises*, n° 23, automne 1981, p. 13.

327. [ANONYME], « Prix Adrienne-Choquette [à Gaétan Brulotte] », *Lettres québécoises*, n° 23, automne 1981, p. 10.

328. [ANONYME], « Prix Champlain 198[0] [à René Dionne] », *Lettres québécoises*, n° 23, automne 1981, p. 10.

329. [ANONYME], « Gaston Miron, Prix Apollinaire de l'Académie des beaux-arts française », *Lettres québécoises*, n° 23, automne 1981, p. 11.

330. [ANONYME], « Prix de littérature de jeunesse [à Bertrand Gauthier] », *Lettres québécoises*, n° 23, automne 1981, p. 13.

331. THÉRIO, Adrien, « Un Conseil des arts qui n'en est pas tout à fait un [Celui de la Communauté urbaine de Montréal] », *Lettres québécoises*, n° 23, automne 1981, p. 9.

332. *VANASSE, André, « Les Prix littéraires. Un détective pour le Gouverneur et un amoureux pour Robert-Cliche [Pierre Turgeon et Robert Lalonde] », *Lettres québécoises*, n° 23, automne 1981, p. 21-23.

333. [ANONYME], « Les Nouveaux Prix du Québec [Gilles Archambault reçoit le prix David] », *Québec Hebdo*, vol. 3, n° 41, 26 octobre 1981, p. 3.

334. ALLEN, Patrick, « Jean-Charles Falardeau reçoit le prix Esdras-Minville », *L'Action nationale*, vol. 71, n° 3, novembre 1981, p. 388-389.

335. [ANONYME], « Prix pour auteurs estriens », *Grimoire*, vol. 4, n° 8, novembre 1981, p. 21-22.

336. *BESSETTE, Julien, « Gaétan Brulotte [Prix Adrienne-Choquette] », *Grimoire*, vol. 4, n° 8, novembre 1981, p. 20-21.

337. *CÔTÉ, Jacques, « Lise Blouin, Prix Esso », *Grimoire*, vol. 4, n° 8, novembre 1981, p. 21.

338. *[ANONYME], «*Souvenirs d'un enfant de choeur* [Prix du Cercle du Livre de France à Jean-Pierre Boucher] », *Québec Hebdo*, vol. 3, n° 44, 16 novembre 1981, p. 4.

339. [ANONYME], « Remise du prix France-Québec Jean-Hamelin 1981 à M. Michel Tremblay », *Québec Hebdo*, vol. 3, n° 45, 23 novembre 1981, p. 4.

340. [ANONYME], [Le Grand Prix des Muses 1980 à Pierre Cabiac], *Écriture française dans le monde*, vol. 3, n° 2-3, décembre 1981, p. 70.

341. [ANONYME], [Le Prix Molson à Marcel Trudel], *Écriture française dans le monde*, vol. 3, n° 2-3, décembre 1981, p. 69.

342. [ANONYME], [Le Prix Duvernay 1980 à Claude Jasmin], *Écriture française dans le monde*, vol. 3, n° 2-3, décembre 1981, p. 72.

343. [ANONYME], « Prix Molson 1981 [à Marcel Trudel] », *Lettres québécoises*, n° 24, hiver 1981-1982, p. 13.

344. [ANONYME], « Le Prix Victor-Morin [à Louis-Georges Carrier] », *Lettres québécoises*, n° 24, hiver 1981-1982, p. 12.

345. [ANONYME], « Le Prix Esso-CLF 1981 [à Lise Blouin] », *Lettres québécoises*, n° 24, hiver 1981-1982, p. 13.

346. [ANONYME], « Le Prix Esdras-Minville [à Jean-Charles Falardeau] », *Lettres québécoises*, n° 24, hiver 1981-1982, p. 12.

347. [ANONYME], « Prix Jules-Fournier [à Nathalie Petrowski] », *Lettres québécoises*, n° 24, hiver 1981-1982, p. 35.

348. [ANONYME], « Le Prix Solaris 1981 [à Jean-François Somcynsky] », *L'Écrilu*, vol. 1, n° 4, janvier 1982, p. 18.

349. [ANONYME], « La Pertinence des prix littéraires », *L'Écrilu*, vol. 1, n° 4, janvier 1982, p. 4.

350. LEFEBVRE, Paul, « Retombées de boucane Du Maurier », *Jeu*, n° 22, 1er trimestre 1982, p. 171.

351. MARCOTTE, Gilles, « Le Prix David. Un choix au-dessus de tout soupçon [Gilles Archambault] », *L'Actualité*, vol. 7, n° 2, février 1982, p. 85.

352. [ANONYME], [Le Prix Duvernay à Victor-Lévy Beaulieu], *Québec Hebdo*, vol. 4, n° 6, 22 février 1982, p. 4.

353. [ANONYME], « Prix Alvine-Bélisle 1981 (ASTED) [à Robert Soulières] », *L'Écrilu*, vol. 1, n° 5, mars 1982, p. 17.

354. [ANONYME], « Prix Communication-Jeunesse 1981 [à l'ouvrage collectif] *Crapauds et autres animaux* », *Lettres québécoises*, n° 25, printemps 1982, p. 16.

355. [ANONYME], « Grand Prix littéraire du *Journal de Montréal* et Prix littéraire Canada-Suisse [à Gilbert LaRocque] », *Lettres québécoises*, n° 25, printemps 1982, p. 15.

356. [ANONYME], « Prix Émile-Nelligan [à Jean-Yves Collette] », *Lettres québécoises*, n° 25, printemps 1982, p. 15.

357. [ANONYME], « Le Prix Solaris [à Jean-François Somcynsky] », *Lettres québécoises*, n° 25, printemps 1982, p. 16.

358. [ANONYME], « Prix France-Canada [à Laurent Mailhot et Pierre Nepveu] », *Lettres québécoises*, n° 25, printemps 1982, p. 17.

359. [ANONYME], « Prix des Éditions [*sic*] La Presse [à Madeleine Ferron] », *Lettres québécoises*, n° 25, printemps 1982, p. 15.

360. [ANONYME], « Prix des jeunes écrivains du *Journal de Montréal* [à Yves Beauchemin] », *Lettres québécoises*, n° 25, printemps 1982, p. 15.

361. [ANONYME], « Prix Alvine-Bélisle [à Robert Soulières] », *Lettres québécoises*, n° 25, printemps 1982, p. 16.

362. [ANONYME], « Prix France-Québec [à Michel Tremblay] », *Lettres québécoises*, n° 25, printemps 1982, p. 15.

363. [ANONYME], « Prix France-Canada 1981 [à Laurent Mailhot et Pierre Nepveu] », *Bulletin de la Société de philosophie du Québec*, vol. 8, n° 1, avril 1982, p. 6.

364. [ANONYME], « Prix Victor-Morin [à Louis-Georges Carrier] », *Bulletin de la Société de philosophie du Québec*, vol. 8, n° 1, avril 1982, p. 6.

365. SLOPEN, Beverley, « The Literary Oscar... Is the Affair of Fawcett Major ? [Antonine Maillet] », *Quill and Quire*, Vol. 48, No. 4, April 1982, p. 21.

366. TURBIDE, Diane, « Hughues, Martel Top Children's Writers [Suzanne Martel] », *Quill and Quire*, Vol. 48, No. 6, June 1982, p. 25.

367. [ANONYME], « Prix Vincent. M. Gilles Marcotte », *Bulletin de l'ACFAS*, vol. 4, n° 1, été 1982, p. 3.

368. [ANONYME], « Le Prix littéraire de l'Outaouais [à Jacques Michaud] », *Lettres québécoises*, n° 26, été 1982, p. 13.

369. [ANONYME], « Le Prix Duvernay [à Victor-Lévy Beaulieu] », *Lettres québécoises*, n° 26, été 1982, p. 13.

370. [ANONYME], «*Les lilas fleurissent à Varsovie* [Prix européen 1982 de l'Association des écrivains de langue française à Alice Parizeau] », *Québec Hebdo*, vol. 4, n° 25, 12 juillet 1982, p. 4.

371. [ANONYME], [Prix du livre de l'été de Cannes à Yves Beauchemin], *Québec Hebdo*, vol. 4, n° 27, 26 juillet 1982, p. 3-4.

372. [ANONYME], « Prix France-Canada 1981 [à Laurent Mailhot et Pierre Nepveu] », *Écriture française dans le monde*, vol. 4, n° 1, août 1982, p. 64-65.

373. [ANONYME], « Prix Solaris 1981 [à Jean-François Somcynsky] », *Écriture française dans le monde*, vol. 4, n° 1, août 1982, p. 66.

374. [ANONYME], « Prix Champlain 1980 [à René Dionne] », *Écriture française dans le monde*, vol. 4, n° 1, août 1982, p. 64.

375. [ANONYME], « Prix littéraire Canada-Suisse [à Gilbert LaRocque] », *Écriture française dans le monde*, vol. 4, n° 1, août 1982, p. 66-67.

376. [ANONYME], « Prix littéraires du Gouverneur général 1981 », *Grimoire*, vol. 5, n° 6, août-septembre 1982, p. 19.

377. [ANONYME], « Prix de littérature de jeunesse du Conseil des arts du Canada [à Suzanne Martel et Joanne Ouellet] », *Grimoire*, vol. 5, n° 6, août-septembre 1982, p. 19.

378. HOMEL, David [Toby], « Quebec G. G. Winner : Utopian Feminist Among the Phallocrats [Madeleine Ouellette-Michalska] », *Quill and Quire*, Vol. 48, No. 8, August 1982, p. 29.

379. [ANONYME], « Prix Robert-Cliche [à Jean-Jacques Pelletier] », *Bulletin de la Société de philosophie du Québec*, vol. 8, n° 2, septembre 1982, p. 5.

380. LÉVESQUE, Gaëtan, « Le Prix Adrienne-Choquette », *L'Écrilu*, vol. 2, n° 2, septembre 1982, p. 3.

381. BÉLISLE, Alvine, « Prix ACELF 1983 [à Andrée Poulin et Raymond Plante] », *Des livres et des jeunes*, vol. 5, n° 13, automne 1982, p. 44.

382. [ANONYME], « Le Prix Robert-Cliche [à Chrystine Brouillet] », *Lettres québécoises*, n° 27, automne 1982, p. 15.

383. [ANONYME], « Prix du Gouverneur général 198[1] [à Denys Chabot, Marie Laberge, Madeleine Ouellette-Michalska et Michel Beaulieu] », *Lettres québécoises*, n° 27, automne 1982, p. 15.

384. [ANONYME], [Prix européen de l'Association des écrivains de langue française à Alice Parizeau], *Lettres québécoises*, n° 27, automne 1982, p. 16.

385. [ANONYME], « Prix France-Québec [à] Louis Caron », *Lettres québécoises*, n° 27, automne 1982, p. 16.

386. [ANONYME], [Prix du 10e Concours d'oeuvres dramatiques radiophoniques de Radio-Canada à Hélène Ouvrard], *Lettres québécoises*, n° 27, automne 1982, p. 16.

387. [ANONYME], « Élisabeth Vonarburg [Grand Prix littéraire de la science-fiction française] », *Lettres québécoises*, n° 27, automne 1982, p. 15.

388. [ANONYME], « Le Grand Prix littéraire de la Communauté urbaine de Montréal [à Yves Beauchemin] », *Lettres québécoises*, n° 27, automne 1982, p. 15.

389. [ANONYME], « Prix du Conseil des arts du Canada [à Suzanne Martel] », *Lurelu*, vol. 5, n° 2, automne 1982, p. 23.

390. [ANONYME], « Prix belgo-québécois [à Raymond Plante] », *Lurelu*, vol. 5, n° 2, automne 1982, p. 23.

391. *JANOËL, André, «*L'Homme du pire-vire* [de Henriette Grégoire, prix du troisième concours littéraire du mensuel *Le Troisième Âge*] », *Nos livres*, vol. 13, octobre 1982, n° 387.

392. BASTIN, Agnès, « À quel point les prix stimulent-ils les écrivains ? », *Grimoire*, vol. 5, n° 8, novembre 1982, p. 8.

393. BÉGIN, Jean-Jacques, « Jeudi 14 octobre, journée des auteurs estriens [Prix Gaston-Gouin à Sylvie Cloutier et Alfred-DesRochers à Lise Lacasse] », *Grimoire*, vol. 5, n° 8, novembre 1982, p. 7.

394. CÔTÉ, Jacques, « Prix littéraires du *Journal de Montréal* [à Philippe Haeck et Pauline Harvey] », *Grimoire*, vol. 5, n° 8, novembre 1982, p. 9.

395. [ANONYME], [Anne Hébert, Prix Fémina 1982], *Écriture française dans le monde*, vol. 4, n° 2-3, décembre 1982, p. 65.

396. [ANONYME], « La Saison des prix », *Livre d'ici*, vol. 8, n° 2, décembre 1982, p. 19.

397. RIGHTON, Barbara, [Anne Hébert, Prix Fémina], *Maclean's*, Vol. 95, No. 49, December 6, 1982, p. 30.

398. [ANONYME], [Le Prix Fémina 1982 à Anne Hébert], *Québec Hebdo*, vol. 4, n° 40, 6 décembre 1982, p. 4.

399. [ANONYME], « Remise des Prix du Québec 1982 [Le Prix David à Marie-Claire Blais] », *Québec Hebdo*, vol. 4, n° 41, 13 décembre 1982, p. 3.

400. [ANONYME], «*Déménagement* de Michel Bélil [Prix Boréal 1982] », *Lettres québécoises*, n° 28, hiver 1982-1983, p. 13.

401. [ANONYME], « Prix Molson du Conseil des arts du Canada [à Gilles Vigneault] », *Lettres québécoises*, n° 28, hiver 1982-1983, p. 12.

402. [ANONYME], « Finalistes du Grand Prix littéraire du *Journal de Montréal* [Philippe Haeck, Marie-Claire Blais, André Major] », *Lettres québécoises*, n° 28, hiver 1982-1983, p. 12.

403. [ANONYME], « Finalistes au prix des jeunes écrivains du *Journal de Montréal* [Monique LaRue, Pauline Harvey, Marcelle Roy] », *Lettres québécoises*, n° 28, hiver 1982-1983, p. 12.

1.2.4 COMPTES RENDUS D'ESSAIS, DE MANUELS, D'ANTHOLOGIES

404. *DUMONT, Fernand, «*Folklore français d'Amérique. Mélanges en l'honneur de Luc Lacourcière* [sous la direction de Jean-Claude Dupont] », *Recherches sociographiques*, vol. 20, n° 1, janvier-avril 1979, p. 137-138.

405. *TOUPIN, Robert, «*Hommage à Lionel Groulx* [sous la direction de Maurice Filion] », *Relations*, vol. 39, n° 445, février 1979, p. 63.

406. *BELLEMARE, Madeleine, «*Mélanges en l'honneur de Luc Lacourcière* [sous la direction de Jean-Claude Dupont] », *Nos livres*, vol. 10, mars 1979, n° 97.

407. *BELLEMARE, Madeleine, « Antoine Naaman [avec la collaboration de Léo-A. Brodeur], *Répertoire des thèses littéraires canadiennes de 1921 à 1976* », *Nos livres*, vol. 10, mars 1979, n° 113.

408. *LAPRÉS, Raymond, «*Mélanges d'histoire du Canada français offerts au professeur Marcel Trudel* [Pierre Savard, éd.] », *Nos livres*, vol. 10, mars 1979, n° 96.

409. *MATHIEU, Jacques, «*Mélanges d'histoire du Canada français offerts au professeur Marcel Trudel* [Pierre Savard, éd.] », *Revue d'histoire de l'Amérique française*, vol. 32, n° 4, mars 1979, p. 637-639.

410. *PACHE, Walter, « Ronald Sutherland, *The New Hero : Essays in Comparative Quebec/Canadian Literature* », *Canadian Review of Comparative Literature/Revue canadienne de littérature comparée*, Vol. 6, No. 2, Spring 1979, p. 219-222.

411. *POLLOCK, Zailig, [Ronald Sutherland, *The New Hero : Essays in Comparative Quebec/Canadian Literature*], *Journal of Canadian Studies/Revue d'études canadiennes*, Vol. 14, No. 1, Spring 1979, p. 114-121.

412. *PIVATO, Joseph, « Variations on a Theme : *The New Land : Studies in a Literary Theme* [de Richard Chadbourne et Hallvard Dahlie] », *Books in Canada*, Vol. 8, No. 4, April 1979, p. 17-18.

413. *TALBOT, Émile-J., « Yves Brunelle, *French Canadian Prose Masters : The Nineteenth Century* », *Quill and Quire*, Vol. 45, No. 5, April 1979, p. 27.

414. *PRITCHARD, James, «*Mélanges d'histoire du Canada français offerts au professeur Marcel Trudel* [Pierre Savard, éd.] », *Histoire sociale/Social History*, vol. 12, n° 23, mai 1979, p. 240-241.

415. *BEAUDOIN, Léo, «*Hommage à Lionel Groulx* [sous la direction de Maurice Filion] », *Nos livres*, vol. 10, juin-juillet 1979, n⁰ 213.

416. *MONK, Patricia, « Ronald Sutherland, *The New Hero : Essays in Comparative Quebec/ Canadian Literature* », *The Humanities Association Review*, Vol. 30, No. 3, Summer 1979, p. 232-233.

417. *COTNAM, Jacques, «*Mélanges de civilisation canadienne-française offerts au professeur Paul Wyczynski* [Pierre Savard, éd.] », *University of Toronto Quarterly*, Vol. 48, No. 4, Summer 1979, p. 454-458.

418. *BRAULT, Jean-Rémi, «*Petit Dictionnaire des écrivains* », *Nouvelles de l'ASTED*, n⁰ 121, juillet-août 1979, p. 34.

419. *DUSSAULT, Gilles, «*Hommage à Lionel Groulx* [sous la direction de Maurice Filion] », *Recherches sociographiques*, vol. 20, n⁰ 3, septembre-décembre 1979, p. 416-417.

420. *ROSS, Catherine, « Five Looks at Canadian Literature [Ronald Sutherland, *The New Hero : Essays in Comparative Quebec/Canadian Literature*] », *Brick*, No. 7, Fall 1979, p. 42.

421. KERTZER, J.M., « L'Avarice de la terre [Richard Chadbourne et Hallvard Dahlie, *The New Land : Studies in a Literary Theme*] », *Canadian Poetry*, No. 5, Fall-Winter 1979, p. 124-127.

422. *DIXON, Michael, « Anthologies : Protocol or Bullram ? [Douglas Raymond et Leslie Monkman, *Literature in Canada*, Vol. 1 et 2] », *Essays on Canadian Writing*, No. 16, Fall-Winter 1979, p. 248-252.

423. *STEPHENS, Donald, « Range and Spunk [*Figures in a Ground : Canadian Essays or Modern Literature Collected in Honor of Sheila Watson*] », *Essays on Canadian Writing*, No. 16, Fall-Winter 1979, p. 253-256.

424. *SAWYER, Deborah C., « Antoine Naaman [avec la collaboration de Léo-A. Brodeur], *Répertoire des thèses littéraires canadiennes de 1921 à 1976* », *Papers of the Bibliographical Society of Canada/Cahiers de la Société bibliographique du Canada*, Vol. 18, 1979, p. 119-120.

425. *KIRLEY, Kevin, [*French Canadian Prose Masters : the Nineteenth Century*, par Yves Brunelle], *Chelsea Journal*, Vol. 6, No. 1, January-February 1980, p. 31.

426. *SHEK, Ben-Z[ion], [*Mélanges de civilisation canadienne-française offerts au professeur Paul Wyczynski*], *The Canadian Historical Review*, Vol. 61, No. 1, March 1980, p. 101-103.

427. *HUDON, Michèle, [*Petit Dictionnaire des écrivains* par l'Union des écrivains québécois], *Documentation et bibliothèques*, vol. 26, n⁰ 1, mars 1980, p. 55-56.

428. *AMPRIMOZ, Alexandre L., [Antoine Naaman, avec la collaboration de Léo-Arthur Brodeur, *Répertoire des thèses littéraires canadiennes de 1921 à 1976*], *Canadian Literature*, No. 84, Spring 1980, p. 97-98.

429. COSSETTE, Gilles, «*Anthologie de textes littéraires acadiens* de Marguerite Maillet, Gérard LeBlanc et Bernard Émont », *Lettres québécoises*, n⁰ 17, printemps 1980, p. 67-68.

430. *A[LLARD], J[acques], [Bernard Émont, Marguerite Maillet et Gérard LeBlanc, *Anthologie de textes littéraires acadiens, 1606-1975*], *Voix et images*, vol. 5, n⁰ 3, printemps 1980, p. 621.

431. *GRADY, Wayne, « Cerebral Seismographs [*Les Stratégies du réel/The Story so far, 6*] », *Books in Canada*, Vol. 9, No. 5, May 1980, p. 15.

432. *SHEK, Ben-Z[ion], [Robert Vigneault, *Langue, littérature, culture au Canada français*], *University of Toronto Quarterly*, Vol. 49, No. 4, Summer 1980, p. 470.

433. *SIMON, Sherry, « Plus ça change... [*Contemporary Quebec Criticism* de Larry Shouldice] », *Books in Canada*, Vol. 9, No. 7, August-September 1980, p. 18-19.

434. *[ANONYME], «*Bibliographie du Québec, 1821-1967*, [t. 1] », *Écriture française dans le monde*, vol. 2, n⁰ 1-2, octobre 1980, p. 101.

435. *GADBOIS, Vital, « 'Québec', numéro spécial de *The French Review* », *Québec français*, n⁰ 39, octobre 1980, p. 14.

436. *THÉRIO, Adrien, «*Petit Dictionnaire Héritage des citations* de Gilbert Forest », *Lettres québécoises*, n⁰ 20, hiver 1980-1981, p. 97-98.

437. *DIONNE, René, « [Antoine Naaman, avec la collaboration de Léo-A. Brodeur], *Répertoire des thèses littéraires canadiennes de 1921 à 1976* », *Revue d'histoire littéraire du Québec et du Canada français*, n° 2, 1980-1981, p. 166-167.

438. *CIMON, Renée, « René Dionne, *Répertoire des professeurs et des chercheurs (littérature québécoise et canadienne-française)* », *Nos livres*, vol. 12, février 1981, n° 69.

439. *BAYARD, Caroline, « A Mirror with no Cracks [*Contemporary Quebec Criticism* de Larry Shouldice] », *The Canadian Forum*, Vol. 60, No. 707, March 1981, p. 33.

440. *VAN DER BELLEN, Liana, « Bibliothèque nationale du Québec, *Bibliographie du Québec, 1821-1967* », *Documentation et bibliothèques*, vol. 27, n° 1, mars 1981, p. 35-36.

441. *[GOUANVIC, Jean-Marc], [John Robert Colombo, ed., *Other Canadas : An Anthology of Science Fiction and Fantasy]*, *Imagine*, vol. 2, n° 3, mars 1981, p. 57-59.

442. *RUSSELL, D.W., «*Contemporary Quebec Criticism* [de Larry Shouldice] », *Queen's Quarterly*, Vol. 88, No. 1, Spring 1981, p. 181-182.

443. *MARTEL, Ronald, «*L'Écriture, ce vaste lieu* [de l'Association des auteurs de l'Outaouais québécois] », *Grimoire*, vol. 4, n° 4, avril 1981, p. 7.

444. *GADBOIS, Vital, « [Bernard Dupriez], *Gradus. Les Procédés littéraires* », *Québec français*, n° 42, mai 1981, p. 19.

445. *MCGRATH, Joan, «*Profiles in Canadian Literature*, [Jeffrey M. Heath, editor] », *Quill and Quire*, Vol. 47, No. 5, May 1981, p. 15.

446. *MAILLOUX, Monique, « Jean-Jacques Messier, *Bibliographie relative à la Nouvelle-France* », *Canadian Journal of Political Science/Revue canadienne de science politique*, Vol. 14, No. 2, June 1981, p. 426-428.

447. *VIGNEAULT, Robert, « Deux Recueils importants sur la vitalité littéraire et culturelle du Québec. [...] *Dix Ans de recherche québécoise sur la littérature française* [de Guy Laflèche, éd.] », *Lettres québécoises*, n° 22, été 1981, p. 61-63.

448. *GOUIN, Jacques, « L'Appel des 'pays d'en haut' [*L'Appel du Nord dans la littérature canadienne-française* de Jack Warwick] », *Cahiers d'histoire des pays d'en haut*, vol. 3, n° 11, septembre 1981, p. 48-49.

449. *ANCTIL, Pierre, « [Richard Santerre], *Anthologie de la littérature franco-américaine de la Nouvelle-Angleterre* », *Revue d'histoire de l'Amérique française*, vol. 35, n° 2, septembre 1981, p. 270-273.

450. *CAVELL, Richard A., « Luca Codignola, *Canadiana : aspetti della storia e della letteratura canadese* », *Canadian Review of Comparative Literature/Revue canadienne de littérature comparée*, Vol. 8, No. 4, December 1981, p. 572-576.

451. *[ANONYME], [René Dionne, *Répertoire des professeurs et des chercheurs (littérature québécoise et canadienne-française)]*, *Lettres québécoises*, n° 24, hiver 1981-1982, p. 13.

452. THÉRIO, Adrien, « Les Mots et les signes. *Au fond des yeux. Vingt-Cinq Québécoises qui écrivent* de Kèro », *Lettres québécoises*, n° 24, hiver 1981-1982, p. 80-81.

453. *MCMULLEN, Lorraine, « Women's Studies in the High Schools [M.G. McClung, *Women in Canadian Literature* — The Atlantic Work Group, *Women in Canadian Literature ; A Resource Guide for the Teaching of Canadian Literature*] », *Canadian Children's Literature*, No. 25, [1rst Trimester] 1982, p. 33-36.

454. *BAUWMAN, Arlene, «*The Canadian Writer's Guide* », *Cross-Canada Writers' Quarterly*, Vol. 4, No. 1, Winter 1982, p. 19-20.

455. *HUBERT, Jean, « Au fil des livres [René Bouchard, *Culture populaire et littéraire au Québec*] », *Vie française*, vol. 36, n° 1-2-3, janvier-février-mars 1982, p. 51.

456. *SIMARD-OEZIMER, Françoise, « [Marcelle Brisson, Serge Fleury et Louise Poissant, éd.], *Célibataire, pourquoi pas ?* », *La Gazette des femmes*, vol. 3, n° 6, février 1982, p. 4.

457. *YANACOPOULO, Andrée, « Kèro, *Au fond des yeux. Vingt-Cinq Québécoises qui écrivent* », *Nos livres*, vol. 13, février 1982, n° 66.

458. *MEZEI, Kathy, « Larry Shouldice, *Contemporary Quebec Criticism* », *Canadian Review of Comparative Literature/Revue canadienne de littérature comparée*, Vol. 9, No. 1, March 1982, p. 133-136.

459. *YERGEAU, Robert, « Ô l'édition mes amours ! [Agathe Génois, *Le Manifeste des Éditions à maison*] », *Grimoire*, vol. 5, n° 3, mars 1982, p. 5.

460. *VANDENDORPE, Christian, « Kèro, *Au fond des yeux. Vingt-Cinq Québécoises qui écrivent* », *Québec français*, n⁰ 45, mars 1982, p. 16.

461. *L[ÉVESQUE], G[aëtan], « [UNEQ], *Le Métier d'écrivain. Guide pratique pour ceux et celles qui veulent vivre de leur plume au Québec* », *Lettres québécoises*, n⁰ 25, printemps 1982, p. 93.

462. *C[ACCIA], F[ulvio], « Marie-Évangéline Arsenault, *Écrire* », *Moebius*, n⁰ 14, printemps 1982, p. 55.

463. *STANTON, Julie, « Kèro, *Au fond des yeux. Vingt-Cinq Québécoises qui écrivent* », *La Gazette des femmes*, vol. 4, n⁰ 1, mai-juin 1982, p. 4.

464. *L[ÉVESQUE], G[aëtan], «*Écrire. Vade-Mecum à l'usage des écrivains, journalistes et pigistes* de Marie-Évangéline Arsenault », *Lettres québécoises*, n⁰ 26, été 1982, p. 92.

465. *O'CONNOR, John J., [Larry Shouldice, *Contemporary Quebec Criticism*], *University of Toronto Quarterly*, Vol. 51, No. 4, Summer 1982, p. 393.

466. *PELLETIER, Rosaire, [Marie-Évangéline Arsenault, *Écrire. Vade-Mecum à l'usage des écrivains, journalistes et pigistes*], *Nouvelles de l'ASTED*, vol. 1, n⁰ 3, juillet-août-septembre 1982, p. 4.

467. *BELLEMARE, Madeleine, « Union des écrivains québécois, *Le Métier d'écrivain. Guide pratique pour ceux et celles qui veulent vivre de leur plume au Québec* », *Nos livres*, vol. 13, août-septembre 1982, n⁰ 355.

468. *BELLEMARE, Madeleine, « Marie-Évangéline Arsenault, *Écrire. Vade-Mecum à l'usage des écrivains, journalistes et pigistes* », *Nos livres*, vol. 13, août-septembre 1982, n⁰ 318.

469. *BOIVIN, Aurélien, [*Brochures québécoises, 1764-1972*], *Recherches sociographiques*, vol. 23, n⁰ 3, septembre-décembre 1982, p. 461-462.

470. *TH[ÉRIO], A[drien], «*Anthologie 80. 10 Ans d'expression poétique. France — Belgique — Québec* », *Lettres québécoises*, n⁰ 27, automne 1982, p. 99.

471. *HARE, John E[llis], «*Brochures québécoises, 1764-1972* », *Documentation et bibliothèques*, vol. 28, n⁰ 4, octobre-décembre 1982, p. 170-171.

472. *VANDENDORPE, Christian, « Marie-Évangéline Arsenault, *Écrire. Vade-Mecum à l'usage des écrivains, journalistes et pigistes* », *Québec français*, n⁰ 48, décembre 1982, p. 9.

473. *OUELLET, Réal, « Bernard Beugnot, José-Michel Moureaux, *Manuel bibliographique des études littéraires. Les Bases de l'histoire littéraire. Les Voies nouvelles de l'analyse critique* », *Lettres québécoises*, n⁰ 28, hiver 1982-1983, p. 76-77.

474. *HAYNE, David M., « [James Huston], *Répertoire national* », *Livres et auteurs québécois, 1982*, p. 297-300.

475. *MOISAN, Clément, « [Jean-Cléo Godin, éd.], *Lectures européennes de la littérature québécoise* », *Livres et auteurs québécois, 1982*, p. 201-203.

1.3 ÉTUDES THÉORIQUES

1.3.1 THÉORIE DE LA LITTÉRATURE

476. BÉLANGER, Marcel, « La Poésie telle qu'on la mystifie », *Liberté*, vol. 21, n⁰ 1, janvier-février 1979, p. 76-95.

477. ROBITAILLE, Claude, « Métamorphose du texte, il bouge, il bouge ! ! ! », *Poésie*, vol. 18, hiver 1979, p. 48-52.

478. ROY, Jacques, « Quand les mots interrogent les idées », *Poésie*, vol. 18, hiver 1979, p. 61-63.

479. LONGUEMARE, Maurice, « Pour une poésie différente », *L'Esplumoir*, vol. 1, n⁰ 1, février 1979, p. 20.

480. BÉLANGER, Marcel, «*La Toile et la page* », *Liberté*, vol. 21, n⁰ 2, mars-avril 1979, p. 17-27.

481. GIGUÈRE, Roland, « Hors cadre », *Liberté*, vol. 21, n⁰ 2, mars-avril 1979, p. 50-52.

482. NEPVEU, Pierre, « Petit Éloge de la représentation », *Liberté*, vol. 21, n⁰ 2, mars-avril 1979, p. 92-97.

483. BONIN, Jean, « Glacis d'une posture familière », *Versance*, vol. 1, n° 1, avril 1979, p. 39-42.
484. HÉBERT, Pierre, « Rhétorique de l'histoire. Essai de modèle », *Voix et images*, vol. 4, n° 3, avril 1979, p. 492-505.
485. CIVIL, Jean, « Contrôle et moyen de contrôle », *Grimoire*, vol. 2, n° 7, 17 mai 1979, p. 4-5.
486. DES ROCHES, Roger, « Les Faits réels (En guise d'introduction) », *La Nouvelle Barre du jour*, n° 79-80, juin 1979, p. 11-17.
487. HÉBERT, Louis-Philippe, « La Fiction-Science », *La Nouvelle Barre du jour*, n° 79-80, juin 1979, p. 5-10.
488. LAMIRANDE, Claire de, « Les écrivains d'ici ont-ils des droits ? », *Journal of Canadian Fiction*, No. 25-26, 1979, p. 79-88.
489. ARCHAMBAULT, Gilles, « 'Littérature et réalité'. Quatrième Séance. Débats [Intervention de Gilles Archambault] », *Liberté*, vol. 21, n° 4-5, juillet-octobre 1979, p. 159.
490. BELLEAU, André, « 'Littérature et réalité'. Première Séance. Débats [Intervention d'André Belleau] », *Liberté*, vol. 21, n° 4-5, juillet-octobre 1979, p. 19, 28-29.
491. CARON, Louis, « 'Littérature et réalité'. Quatrième Séance. Débats [Intervention de Louis Caron] », *Liberté*, vol. 21, n° 4-5, juillet-octobre 1979, p. 156.
492. FOLCH-RIBAS, Jacques, « 'Littérature et réalité'. Première Séance. Débats [Intervention de Jacques Folch-Ribas] », *Liberté*, vol. 21, n° 4-5, juillet-octobre 1979, p. 24-25.
493. GODBOUT, Jacques, « 'Littérature et réalité'. Deuxième Séance. Débats [Intervention de Jacques Godbout] », *Liberté*, vol. 21, n° 4-5, juillet-octobre 1979, p. 78.
494. GODBOUT, Jacques, « 'Littérature et réalité'. Cinquième Séance. Débats [Intervention de Jacques Godbout] », *Liberté*, vol. 21, n° 4-5, juillet-octobre 1979, p. 221, 222.
495. HÉBERT, François, « 'Littérature et réalité'. Quatrième Séance. Débats [Intervention de François Hébert] », *Liberté*, vol. 21, n° 4-5, juillet-octobre 1979, p. 170-171.
496. HÉBERT, Louis-Philippe, « 'Littérature et réalité'. Cinquième Séance [Présentation de Louis-Philippe Hébert] », *Liberté*, vol. 21, n° 4-5, juillet-octobre 1979, p. 198-202.
497. HÉBERT, Louis-Philippe, « 'Littérature et réalité'. Deuxième Séance. Débats [Intervention de Louis-Philippe Hébert] », *Liberté*, vol. 21, n° 4-5, juillet-octobre 1979, p. 78-79.
498. HÉBERT, Louis-Philippe, « 'Littérature et réalité'. Cinquième Séance. Débats [Interventions de Louis-Philippe Hébert] », *Liberté*, vol. 21, n° 4-5, juillet-octobre 1979, p. 213, 216-217.
499. KATTAN, Naïm, « 'Littérature et réalité'. Troisième Séance. Débats [Intervention de Naïm Kattan] », *Liberté*, vol. 21, n° 4-5, juillet-octobre 1979, p. 118-120.
500. KATTAN, Naïm, « 'Littérature et réalité'. Deuxième Séance. Débats [Intervention de Naïm Kattan] », *Liberté*, vol. 21, n° 4-5, juillet-octobre 1979, p. 67-69.
501. LALONDE, Michèle, « 'Littérature et réalité'. Cinquième Séance. Débats [Interventions de Michèle Lalonde] », *Liberté*, vol. 21, n° 4-5, juillet-octobre 1979, p. 183-184, 186-187, 216-217.
502. LALONDE, Michèle, « 'Littérature et réalité'. Quatrième Séance. Débats [Intervention de Michèle Lalonde] », *Liberté*, vol. 21, n° 4-5, juillet-octobre 1979, p. 158-159.
503. LEMAIRE, Michel, « 'Littérature et réalité'. Troisième Séance. Débats [Intervention de Michel Lemaire] », *Liberté*, vol. 21, n° 4-5, juillet-octobre 1979, p. 112.
504. LEMOINE, Wilfrid, « 'Littérature et réalité'. Première Séance [Présentation de Wilfrid Lemoine] », *Liberté*, vol. 21, n° 4-5, juillet-octobre 1979, p. 6-8.
505. MARTEAU, Robert, « 'Littérature et réalité'. Troisième Séance [Présentation de Robert Marteau] », *Liberté*, vol. 21, n° 4-5, juillet-octobre 1979, p. 86-89.
506. PAQUETTE, Jean-Marcel, « 'Littérature et réalité'. Troisième Séance [Présentation de Jean-Marcel Paquette] », *Liberté*, vol. 21, n° 4-5, juillet-octobre 1979, p. 101-104.
507. PAVEL, Thomas, « 'Littérature et réalité'. Cinquième Séance [Présentation de Thomas Pavel] », *Liberté*, vol. 21, n° 4-5, juillet-octobre 1979, p. 187-189.
508. RICARD, François, « 'Littérature et réalité'. Première Séance. Débats [Intervention de François Ricard] », *Liberté*, vol. 21, n° 4-5, juillet-octobre 1979, p. 30.
509. RIVARD, Yvon, « 'Littérature et réalité'. Première Séance. Débats [Intervention d'Yvon Rivard] », *Liberté*, vol. 21, n° 4-5, juillet-octobre 1979, p. 21-23.

510. RIVARD, Yvon, « 'Littérature et réalité'. Troisième Séance. Débats [Interventions d'Yvon Rivard] », *Liberté*, vol. 21, n⁰ 4-5, juillet-octobre 1979, p. 113, 114.

511. RIVARD, Yvon, « 'Littérature et réalité'. Première Séance [Présentation d'Yvon Rivard] », *Liberté*, vol. 21, n⁰ 4-5, juillet-octobre 1979, p. 8-13.

512. MILOT, Louise, « Claude Lévi-Strauss avait-il tout compris de la transformation ? », *Études littéraires*, vol. 12, n⁰ 2, août 1979, p. 185-202.

513. PORCHER, Louis, « Du texte considéré comme une image », *Canadian Journal of Research in Semiotics/Journal canadien de recherche sémiotique*, Vol. 7, No. 1, Fall/Spring 1979, p. 239-248.

514. GIROUX, Robert, « Notion et/ou fonctions de la littérature (québécoise nationale) au xxᵉ siècle », *Voix et images*, vol. 5, n⁰ 1, automne 1979, p. 87-116.

515. FLAMAND, Jacques, « De l'Outaouais, la création littéraire », *Bulletin de la Société des écrivains canadiens*, vol. 10, n⁰ 2, décembre 1979, p. 13-16.

516. LACROIX, Georgette, « De Québec, la littérature régionale », *Bulletin de la Société des écrivains canadiens*, vol. 10, n⁰ 2, décembre 1979, p. 8-10.

517. PORTAL, Marcel, « Du Saguenay-Lac St-Jean, la littérature régionale », *Bulletin de la Société des écrivains canadiens*, vol. 10, n⁰ 2, décembre 1979, p. 11-13.

518. ROBILLARD, Edmond, « Littérature et régionalisme », *Bulletin de la Société des écrivains canadiens*, vol. 10, n⁰ 2, décembre 1979, p. 6-8.

519. LAPOINTE, Jeanne, « Du discours de domination », *Études littéraires*, vol. 12, n⁰ 3, décembre 1979, p. 351-356.

520. MAERTENS, Jean-Thierry, « Écrire le corps », *Études littéraires*, vol. 12, n⁰ 3, décembre 1979, p. 339-350.

521. MAERTENS, Jean-Thierry, « Réplique de Jean-Thierry Maertens », *Études littéraires*, vol. 12, n⁰ 3, décembre 1979, p. 357-362.

522. SAILLANT, Francine, « Un corps de l'autre... », *Études littéraires*, vol. 12, n⁰ 3, décembre 1979, p. 331-338.

523. APRIL, Jean-Pierre, « Perspectives de la science-fiction québécoise », *Imagine*, vol. 1, n⁰ 2, décembre 1979-janvier-février 1980, p. 82-94.

524. BEAUDET, André, [Sans titre/Extrait], *Ellipse*, n⁰ 23-24, 1979, p. 32-43.

525. BEAUSOLEIL, Claude, « Extrait : Du texte et du doute (essai fictionnel) », *Ellipse*, n⁰ 23-24, 1979, p. 68-72.

526. BROSSARD, Nicole et Roger SOUBLIÈRE, « De notre écriture en sa résistance », *Ellipse*, n⁰ 23-24, 1979, p. 20-26.

527. BROSSARD, Nicole, « La Prose maintenant », *Ellipse*, n⁰ 23-24, 1979, p. 28, 30.

528. SAINT-PIERRE, Marcel, « D'une mise au point », *Ellipse*, n⁰ 23-24, 1979, p. 16, 18.

529. RICARD, François, « Éloge de la littérature », *Liberté*, vol. 22, n⁰ 1, janvier-février 1980, p. 11-18.

530. BERSIANIK, Louky, « Tradition féminine en littérature », *Revue de l'Université d'Ottawa/University of Ottawa Quarterly*, vol. 50, n⁰ 1, janvier-mars 1980, p. 24-27.

531. BROSSARD, Nicole, « Existe-t-il une voix féminine en littérature ? », *Revue de l'Université d'Ottawa/University of Ottawa Quarterly*, vol. 50, n⁰ 1, janvier-mars 1980, p. 9-10.

532. FÉRAL, Josette, « Du texte au sujet », *Revue de l'Université d'Ottawa/University of Ottawa Quarterly*, vol. 50, n⁰ 1, janvier-mars 1980, p. 39-46.

533. GAGNON, Madeleine, « La Tradition féminine en littérature », *Revue de l'Université d'Ottawa/University of Ottawa Quarterly*, vol. 50, n⁰ 1, janvier-mars 1980, p. 28-29.

534. LAMY, Suzanne, « Voyage autour d'une écriture », *Revue de l'Université d'Ottawa/University of Ottawa Quarterly*, vol. 50, n⁰ 1, janvier-mars 1980, p. 34-38.

535. THÉORET, France, « Y a-t-il une voix spécifiquement féminine en littérature ? », *Revue de l'Université d'Ottawa/University of Ottawa Quarterly*, vol. 50, n⁰ 1, janvier-mars 1980, p. 11-12.

536. ARROBAS, Jérémie, « Écrire miroir pour se réfléchir », *Trajectoires*, n⁰ 6, 15 janvier-15 février 1980, p. 36-37.

537. DESROSIERS, Rachel, « Écriture et jeu figuratif », *Québec français*, n⁰ 37, mars 1980, p. 34-36.

538. ABRASSART, Jean-Claude, « Mythomnésie. Assumer une tradition », *Trajectoires*, n° 7, 1er mars-1er avril 1980, p. 38-40.

539. ABRASSART, Jean-Claude, « Utopie, pouvoir et poésie », *Trajectoires*, n° 7, 1er mars-1er avril 1980, p. 2-4.

540. BABY, François, « Du littéraire au cinématographique. Une problématique de l'adaptation », *Études littéraires*, vol. 13, n° 1, avril 1980, p. 11-41.

541. BEAUDET, André, « L'Imposture généralisée (extrait) », *La Nouvelle Barre du jour*, n° 90-91, mai 1980, p. 101-106.

542. BEAULIEU, Victor-Lévy, « L'Émergence du refus », *La Nouvelle Barre du jour*, n° 90-91, mai 1980, p. 33-46.

543. BEAUSOLEIL, Claude, « Le Désir d'écrire », *La Nouvelle Barre du jour*, n° 90-91, mai 1980, p. 109-116.

544. BROSSARD, Nicole, « L'Épreuve de la modernité », *La Nouvelle Barre du jour*, n° 90-91, mai 1980, p. 55-68.

545. CHARRON, François, « L'écriture commence par un rêve », *La Nouvelle Barre du jour*, n° 90-91, mai 1980, p. 11-32.

546. [COLLECTIF], « Plaisir et institution », *La Nouvelle Barre du jour*, n° 90-91, mai 1980, p. 47-54.

547. CORRIVEAU, Hugues, « Appellation contrôlée », *La Nouvelle Barre du jour*, n° 90-91, mai 1980, p. 119-126.

548. DE BELLEFEUILLE, Normand, « La Gageure du lisible », *La Nouvelle Barre du jour*, n° 90-91, mai 1980, p. 145-151.

549. DES ROCHES, Roger, « Le Métier et les pièges », *La Nouvelle Barre du jour*, n° 90-91, mai 1980, p. 153-161.

550. HAECK, Philippe, « De la curiosité », *La Nouvelle Barre du jour*, n° 90-91, mai 1980, p. 71-98.

551. SAILLANT, Francine, « 'D'écrire' ça », *La Nouvelle Barre du jour*, n° 90-91, mai 1980, p. 129-136.

552. THÉORET, France, « L'Implicite et l'explicite de la nouvelle écriture », *La Nouvelle Barre du jour*, n° 90-91, mai 1980, p. 163-170.

553. VAILLANCOURT, Marie-Claire, « Les Agissements en rupture d'une écriture continue : sans discernement », *La Nouvelle Barre du jour*, n° 90-91, mai 1980, p. 139-142.

554. HÉBERT, Louis-Philippe, « Pour une machine à lire », *Hobo-Québec*, n° 41-42, été 1980, p. 27-30.

555. BOUCHARD, Guy, « Sémiologie et symbolique selon Tzvetan Todorov », *Dialogue*, Vol. 19, No. 3, September 1980, p. 396-421.

556. GOMEZ-MORIANA, Antonio, « Spécificité du texte vs vocation universelle de la littérature », *Transactions of the Royal Society of Canada/Mémoires de la Société royale du Canada*, Fourth Series, Vol. 18, 1980, p. 171-185.

557. KATTAN, Naïm, « Littérature mondiale, littérature des nations », *Transactions of the Royal Society of Canada/Mémoires de la Société royale du Canada*, Fourth Series, Vol. 18, 1980, p. 161-164.

558. DUSSAULT, Danielle, « La Li-terre-rature », *Grimoire*, vol. 4, n° 2, février 1981, p. 3.

559. VONARBURG, Élisabeth, « Écrire de la fiction », *Solaris*, vol. 7, n° 1, février 1981, p. 24-26.

560. BONENFANT, Joseph, « Mots en errance », *Grimoire*, vol. 4, n° 3, mars 1981, p. 3.

561. FRANCOEUR, Louis, « 'Quand écrire c'était agir'. La Série culturelle québécoise au XIXe siècle », *Voix et images*, vol. 6, n° 3, printemps 1981, p. 453-463.

562. LEMELIN, Jean-Marc, « L'Institution littéraire et la signature », *Voix et images*, vol. 6, n° 3, printemps 1981, p. 409-433.

563. BRODEUR, Léo-A[rthur], « Régionalisme et vases communicants », *Grimoire*, vol. 4, n° 4, avril 1981, p. 5-6.

564. MEUNIER, Pierre, « En passant par le spectacle de poésie... », *Grimoire*, vol. 4, n° 4, avril 1981, p. 13-14.

565. TÉTU, Pierre, « Qu'est-ce qu'un sémiologue ? », *Réseau*, vol. 12, n° 8, avril 1981, p. 17-19.

566. VONARBURG, Élisabeth, « Écrire de la fiction », *Solaris*, vol. 7, n° 2, avril 1981, p. 16-17.

567. DUPUIS, Gilbert, « Lettre ouverte à nous-mêmes à propos de l'espoir et de la poésie », *Urgences*, n⁰ 1, 2ᵉ trimestre 1981, p. 5-9.

568. BOURQUE, André, « L'Économie infratextuelle », *La Nouvelle Barre du jour*, n⁰ 103, mai 1981, p. 81-104.

569. GERVAIS, André, « De l'angrais Duchamp de l'infratexte », *La Nouvelle Barre du jour*, n⁰ 103, mai 1981, p. 57-77.

570. GERVAIS, André, Jean-Pierre Vidal et Ghislain BOURQUE, « Propositions initiales [L'Infratexte] », *La Nouvelle Barre du jour*, n⁰ 103, mai 1981, p. 7-15.

571. VIDAL, Jean-Pierre, « L'Infratexte, mode du génotexte ou fantasme de lecture », *La Nouvelle Barre du jour*, n⁰ 103, mai 1981, p. 19-54.

572. TRÉPANIER, Pierre, « Plaidoyer pour l'histoire comme genre littéraire », *L'Action nationale*, vol. 70, n⁰ 10, juin 1981, p. 811-821.

573. THÉRIEN, Gilles, « Réflexions sur l'avenir d'une théorie générale de la sémiologie », *Recherches sémiotiques/Semiotic Inquiry*, vol. 1, n⁰ 2, [juin] 1981, p. 101-120.

574. BERGERON, Réal, « L'Acte de lecture du texte littéraire », *Protée*, vol. 9, n⁰ 2, été 1981, p. 22-28.

575. BIGRAS, Julien, « 'Le Sacré, la littérature et le profane'. Deuxième Séance. Débats [Intervention de Julien Bigras] », *Liberté*, vol. 23, n⁰ 4, juillet-août 1981, p. 70-71.

576. BIGRAS, Julien, « 'Le Sacré, la littérature et le profane'. Deuxième Séance [Communication de Julien Bigras : 'L'Inceste et le retour du sacré'] », *Liberté*, vol. 23, n⁰ 4, juillet-août 1981, p. 58-62.

577. BIGRAS, Julien, « 'Le Sacré, la littérature et le profane'. Première Séance. Débats [Intervention de Julien Bigras] », *Liberté*, vol. 23, n⁰ 4, juillet-août 1981, p. 30-31.

578. BROSSARD, Nicole, « 'Le Sacré, la littérature et le profane'. Première Séance. Débats [Intervention de Nicole Brossard] », *Liberté*, vol. 23, n⁰ 4, juillet-août 1981, p. 32.

579. DUSSAULT, Jean-Claude, « 'Le Sacré, la littérature et le profane'. Ateliers. Écrivain croyant : pléonasme ou contradiction [Communication de Jean-Claude Dussault] », *Liberté*, vol. 23, n⁰ 4, juillet-août 1981, p. 89-91.

580. DUSSAULT, Jean-Claude, « 'Le Sacré, la littérature et le profane'. Deuxième Séance. Débats [Intervention de Jean-Claude Dussault] », *Liberté*, vol. 23, n⁰ 4, juillet-août 1981, p. 72, 73, 82.

581. FOLCH-RIBAS, Jacques, « 'Le Sacré, la littérature et le profane'. Deuxième Séance. Débats [Intervention de Jacques Folch-Ribas] », *Liberté*, vol. 23, n⁰ 4, juillet-août 1981, p. 74, 80, 81-84.

582. FOLCH-RIBAS, Jacques, « 'Le Sacré, la littérature et le profane'. Première Séance. Débats [Intervention de Jacques Folch-Ribas] », *Liberté*, vol. 23, n⁰ 4, juillet-août 1981, p. 29, 30.

583. HÉBERT, François, « 'Le Sacré, la littérature et le profane'. Deuxième Séance. Débats [Intervention de François Hébert] », *Liberté*, vol. 23, n⁰ 4, juillet-août 1981, p. 86.

584. HÉBERT, François, « 'Le Sacré, la littérature et le profane'. Première Séance. Débats [Intervention de François Hébert] », *Liberté*, vol. 23, n⁰ 4, juillet-août 1981, p. 27, 28.

585. HÉBERT, François, « 'Le Sacré, la littérature et le profane'. Première Séance [Communication de François Hébert] », *Liberté*, vol. 23, n⁰ 4, juillet-août 1981, p. 15-20.

586. KATTAN, Naïm, « 'Le Sacré, la littérature et le profane'. Première Séance. Débats [Intervention de Naïm Kattan] », *Liberté*, vol. 23, n⁰ 4, juillet-août 1981, p. 30.

587. KATTAN, Naïm, « 'Le Sacré, la littérature et le profane'. Première Séance [Communication de Naïm Kattan] », *Liberté*, vol. 23, n⁰ 4, juillet-août 1981, p. 5-11.

588. KATTAN, Naïm, « 'Le Sacré, la littérature et le profane'. Troisième Séance. Débats [Intervention de Naïm Kattan] », *Liberté*, vol. 23, n⁰ 4, juillet-août 1981, p. 119.

589. KATTAN, Naïm, « 'Le Sacré, la littérature et le profane'. Deuxième Séance. Débats [Intervention de Naïm Kattan] », *Liberté*, vol. 23, n⁰ 4, juillet-août 1981, p. 71, 76-77.

590. LAROCHE, Maximilien, « 'Le Sacré, la littérature et le profane'. Ateliers. Écrivain croyant : pléonasme ou contradiction [Communication de Maximilien Laroche] », *Liberté*, vol. 23, n⁰ 4, juillet-août 1981, p. 91-94.

591. LAROCHE, Maximilien, « 'Le Sacré, la littérature et le profane'. Deuxième Séance. Débats [Intervention de Maximilien Laroche] », *Liberté*, vol. 23, n⁰ 4, juillet-août 1981, p. 77.

592. OUELLETTE-MICHALSKA, Madeleine, « 'Le Sacré, la littérature et le profane'. Deuxième Séance. Débats [Intervention de Madeleine Ouellette-Michalska] », *Liberté*, vol. 23, n° 4, juillet-août 1981, p. 68-69, 72, 87.

593. OUELLETTE-MICHALSKA, Madeleine, « 'Le Sacré, la littérature et le profane'. Première Séance. Débats [Intervention de Madeleine Ouellette-Michalska] », *Liberté*, vol. 23, n° 4, juillet-août 1981, p. 27, 28.

594. OUELLETTE-MICHALSKA, Madeleine, « 'Le Sacré, la littérature et le profane'. Ateliers. L'Écrivain d'aujourd'hui devant la société [Communication de Madeleine Ouellette-Michalska] », *Liberté*, vol. 23, n° 4, juillet-août 1981, p. 39-42.

595. RICARD, André, « 'Le Sacré, la littérature et le profane'. Ateliers. L'Écrivain d'aujourd'hui devant la société [Communication d'André Ricard] », *Liberté*, vol. 23, n° 4, juillet-août 1981, p. 42-46.

596. RICARD, François, « 'Le Sacré, la littérature et le profane'. Première Séance. Débats [Intervention de François Ricard] », *Liberté*, vol. 23, n° 4, juillet-août 1981, p. 34, 35.

597. RICARD, François, « 'Le Sacré, la littérature et le profane'. Deuxième Séance. Débats [Intervention de François Ricard] », *Liberté*, vol. 23, n° 4, juillet-août 1981, p. 80, 81.

598. RIVARD, Yvon, « 'Le Sacré, la littérature et le profane'. Première Séance. Débats [Intervention d'Yvon Rivard] », *Liberté*, vol. 23, n° 4, juillet-août 1981, p. 35.

599. VILLEMAIRE, Yolande, « 'Le Sacré, la littérature et le profane'. Deuxième Séance [Communication de Yolande Villemaire : 'Du côté hiéroglyphe de ce qu'on appelle le réel'] », *Liberté*, vol. 23, n° 4, juillet-août 1981, p. 62-68.

600. VILLEMAIRE, Yolande, « 'Le Sacré, la littérature et le profane'. Deuxième Séance. Débats [Intervention de Yolande Villemaire] », *Liberté*, vol. 23, n° 4, juillet-août 1981, p. 71-72, 76, 78, 82-83.

601. BOUCHARD, Guy, « L'Objet de la sémiologie : seulement les signes, mais tous les signes », *Recherches sémiotiques/Semiotic Inquiry*, vol. 1, n° 3, [septembre] 1981, p. 197-213.

602. VONARBURG, Élisabeth, « Écrire de la fiction », *Solaris*, vol. 7, n° 4, septembre 1981, p. 32-33.

603. BOUCHARD, Jacques-B., « Pour ingénument proposer la littérature comme langage », *Protée*, vol. 9, n° 3, automne 1981, p. 48-49.

604. VONARBURG, Élisabeth, « Écrire de la fiction », *Solaris*, vol. 7, n° 5, octobre 1981, p. 12-15.

605. BELLEAU, André, « Relire le jeune Lukacs », *Liberté*, vol. 23, n° 6, novembre-décembre 1981, p. 105-115.

606. VONARBURG, Élisabeth, « Écrire de la fiction », *Solaris*, vol. 7, n° 6, décembre 1981, p. 6-10.

607. LACROIX, Benoît, « Imaginaire, merveilleux et sacré avec Jean-Charles Falardeau », *Recherches sociographiques*, vol. 23, n° 1-2, janvier-août 1982, p. [109]-124.

608. LEMIRE, Maurice, « En quête d'un imaginaire québécois », *Recherches sociographiques*, vol. 23, n° 1-2, janvier-août 1982, p. [175]-186.

609. PAQUETTE, Jean-Marcel, « Réflexions sur la notion de 'valeur esthétique' dans la socio-critique de Lucien Goldmann », *Recherches sociographiques*, vol. 23, n° 1-2, janvier-août 1982, p. [95]-108.

610. VONARBURG, Élisabeth, « Écrire de la fiction », *Solaris*, vol. 8, n° 1, janvier-février 1982, p. 20-25.

611. BEVAN, David, « Littérature et cinéma, deux écritures qui se cherchent », *Humanities Association of Canada Newsletter/Bulletin de l'Association canadienne des humanités*, Vol. 10, No. 3, March 1982, p. 25-33.

612. MILOT, Jean-Guy, « Comment situer le texte littéraire dans la dynamique de la communication ? », *Québec français*, n° 45, mars 1982, p. 72-73.

613. VANDENDORPE, Christian, « Et pourtant le lecteur... », *Québec français*, n° 45, mars 1982, p. 74.

614. VONARBURG, Élisabeth, « Écrire de la fiction », *Solaris*, vol. 8, n° 2, mars-avril 1982, p. 22, 24-25.

615. MAJOR, Jean-Louis, « Structure. Symbole », *Carrefour*, vol. 4, n° 1, printemps 1982, p. 98-100.

616. BOUCHARD, Guy, « La Science-Fiction : 'littérature' ou 'paralittérature' ? », *Protée*, vol. 10, n⁰ 1, printemps 1982, p. 10-23.

617. GOUANVIC, Jean-Marc, « La Science-Fiction et la littérature 'expérimentale'. Quelques Avenues actuelles », *Protée*, vol. 10, n⁰ 1, printemps 1982, p. 49-58.

618. HÉBERT, Louis-Philippe, « L'Effet hézèphe », *Protée*, vol. 10, n⁰ 1, printemps 1982, p. 24-26.

619. SUVIN, Darko, « Logique narrative, idéologie, et portée de la SF », *Protée*, vol. 10, n⁰ 1, printemps 1982, p. 3-9.

620. VONARBURG, Élisabeth, « Automatisation et désautomatisation dans les machines conjecturales, ou 'Jusqu'où peut-on aller ailleurs ?' », *Protée*, vol. 10, n⁰ 1, printemps 1982, p. 59-68.

621. YERGEAU, Robert, « L'Échappée restreinte », *Grimoire*, vol. 5, n⁰ 5, mai-juin 1982, p. 4.

622. ALVAREZ, Gerardo, « Les Mécanismes linguistiques de l'humour », *Québec français*, n⁰ 46, mai 1982, p. 24-27.

623. BOUCHARD, Guy, « La Néantisation de la science-fiction. '... il n'existe rien de tel que la SF' », *Protée*, vol. 10, n⁰ 2, été 1982, p. 46-48.

624. GUILMETTE, Armand, « L'Édition critique. Théorie et pratique », *Revue d'histoire littéraire du Québec et du Canada français*, n⁰ 4, été-automne 1982, p. 49-53.

625. AMPRIMOZ, Alexandre L., « Sémiosis du tactile. Exemples de *Kamouraska* », *Incidences*, vol. 6, n⁰ 3, septembre-décembre 1982, p. 81-88.

626. GOUANVIC, Jean-Marc, « La Science-Fiction, une poétique de l'altérité », *Imagine*, vol. 4, n⁰ 1, automne 1982, p. 106-111.

627. BERGERON, Réal et Benoît HARVEY, « De la production littéraire : théorie-pratique-pédagogie », *Protée*, vol. 10, n⁰ 3, automne 1982, p. 16-37.

628. BOURQUE, Ghislain, « La Modulation en volets », *Protée*, vol. 10, n⁰ 3, automne 1982, p. 66-83.

629. BROSSARD, Nicole, « En effets », *Protée*, vol. 10, n⁰ 3, automne 1982, p. 10-13.

630. MORENCY, Robert, « Rien, une pédagogie des effets », *Protée*, vol. 10, n⁰ 3, automne 1982, p. 44-63.

631. HÉBERT, Pierre, « Vers une typologie des analepses », *Voix et images*, vol. 8, n⁰ 1, automne 1982, p. 97-109.

632. LALONDE, Michèle, « Régionalisme-internationalisme. Un rapport de forces [Débat] », *Possibles*, vol. 7, n⁰ 1, [4ᵉ trimestre] 1982, p. 50-52, 54-57, 59-66, 70-75.

633. VILLEMAIRE, Yolande, « Régionalisme-internationalisme. Un rapport de forces [Débat] », *Possibles*, vol. 7, n⁰ 1, [4ᵉ trimestre] 1982, p. 53-54, 56, 60-62, 64, 66-71.

1.3.2 L'ÉCRIVAIN ET L'ÉCRITURE

634. DUBÉ, Marcel, « Naître à l'écriture pour accéder à ses appartenances et reculer les frontières de la mort », *Forces*, n⁰ 46-47, 1er-2ᵉ trimestres 1979, p. 58-75.

635. CORRIVEAU, Hugues, « L'Écriture et la conséquence », *Poésie*, vol. 18, hiver 1979, p. 2-8.

636. CHAMBERLAND, Paul, « La Dégradation de la vie », *Possibles*, vol. 3, n⁰ 2, hiver 1979, p. 69-97.

637. GUAY, Jean-Pierre, « Journal d'un écrivain (extrait) », *Possibles*, vol. 3, n⁰ 2, hiver 1979, p. 122-123.

638. SAVOIE, Roger, « Phagie. Petit Traité de cannibalisme », *La Nouvelle Barre du jour*, n⁰ 76, mars 1979, p. 56-71.

639. BERTHIAUME, André, « 'Littérature et réalité'. Troisième Séance. Débats [Intervention d'André Berthiaume] », *Liberté*, vol. 21, n⁰ 4-5, juillet-octobre 1979, p. 123-124.

640. BOURNEUF, Roland, « 'Littérature et réalité'. Deuxième Séance [Présentation de Roland Bourneuf] », *Liberté*, vol. 21, n⁰ 4-5, juillet-octobre 1979, p. 56-61.

641. FOLCH-RIBAS, Jacques, « 'Littérature et réalité'. Deuxième Séance. Débats [Intervention de Jacques Foch-Ribas] », *Liberté*, vol. 21, n⁰ 4-5, juillet-octobre 1979, p. 65.

642. GODBOUT, Jacques, « 'Littérature et réalité'. Première Séance. Débats [Interventions de Jacques Godbout] », *Liberté*, vol. 21, n⁰ 4-5, juillet-octobre 1979, p. 18-19, 28, 38.

643. GODBOUT, Jacques, « 'Littérature et réalité'. Troisième Séance. Débats [Interventions de Jacques Godbout] », *Liberté*, vol. 21, n⁰ 4-5, juillet-octobre 1979, p. 115-117, 128.

644. KATTAN, Naïm, « 'Littérature et réalité'. Première Séance. Débats [Interventions de Naïm Kattan] », *Liberté*, vol. 21, n⁰ 4-5, juillet-octobre 1979, p. 19-21, 29-30.

645. LEMAIRE, Michel, « 'Littérature et réalité'. Première Séance. Débats [Interventions de Michel Lemaire] », *Liberté*, vol. 21, n⁰ 4-5, juillet-octobre 1979, p. 20, 22, 34-35.

646. MARTEAU, Robert, « 'Littérature et réalité'. Troisième Séance. Débats [Intervention de Robert Marteau] », *Liberté*, vol. 21, n⁰ 4-5, juillet-octobre 1979, p. 126.

647. NEPVEU, Pierre, « 'Littérature et réalité'. Troisième Séance. Débats [Intervention de Pierre Nepveu] », *Liberté*, vol. 21, n⁰ 4-5, juillet-octobre 1979, p. 122-123.

648. [ANONYME], « Basile, Jean, Bersianik, Louky, Blais, Marie-Claire, Chamberland, Paul, Navarre, Yves participent pour *le Berdache* à une table ronde : 'Y a-t-il une écriture homosexuelle ?' », *Le Berdache*, n⁰ 5, novembre 1979, p. 25-39.

649. CARON, Louis, « Professionnaliser la littérature québécoise », *Union des écrivains québécois*, vol. 1, n⁰ 0, 15 novembre 1979, p. 2-3.

650. GAGNON, Madeleine, « Écriture, sorcellerie, féminité », *Études littéraires*, vol. 12, n⁰ 3, décembre 1979, p. 357-362.

651. SAILLANT, Francine, « Un corps de l'autre... », *Études littéraires*, vol. 12, n⁰ 3, décembre 1979, p. 331-338.

652. BROSSARD, Nicole, « 'E' muet mutant (extrait) », *Ellipse*, n⁰ 23-24, 1979, p. 44-62.

653. BERTHIAUME, André, « Écrire, enseigner », *Livres et auteurs québécois, 1979*, p. 9-13.

654. BEAUDOIN, Réjean, « La vie est ici », *Liberté*, vol. 22, n⁰ 1, janvier-février 1980, p. 39-46.

655. HÉBERT, François, « Je vois, dit l'aveugle », *Liberté*, vol. 22, n⁰ 1, janvier-février 1980, p. 19-23.

656. LAPIERRE, René, « Écrivain, funambule », *Liberté*, vol. 22, n⁰ 1, janvier-février 1980, p. 47-56.

657. MÉLANÇON, Robert, « Marge », *Liberté*, vol. 22, n⁰ 1, janvier-février 1980, p. 25-29.

658. RIVARD, Yvon, « L'Enfant prodigue », *Liberté*, vol. 22, n⁰ 1, janvier-février 1980, p. 35-37.

659. DUPRÉ, Louise, « L'Écriture féminine dans *les Herbes rouges* », *Revue de l'Université d'Ottawa/University of Ottawa Quarterly*, vol. 50, n⁰ 1, janvier-mars 1980, p. 89-94.

660. SAINT-DENIS, Janou, « Femmes écrivains et société », *Revue de l'Université d'Ottawa/University of Ottawa Quarterly*, vol. 50, n⁰ 1, janvier-mars 1980, p. 12-14.

661. *BUCKLEY, Margaret, « Des Volkswagens et des trous noirs », *Trajectoires*, n⁰ 6, 15 janvier-15 février 1980, p. 37.

662. SERNINE, Daniel, « Écrire pour son plaisir », *Solaris*, vol. 6, n⁰ 1, février 1980, p. 14-15.

663. GHANEM, Hanna (Jean), « Comment et pourquoi j'écris », *Grimoire*, vol. 3, n⁰ 3, mars 1980, p. 2.

664. DUGAS, Laurier et Raymond ALLARD, « Droit d'auteur, dépôt légal et numéros ISSN-ISBN : des synonymes ? », *Loisirs et sports*, n⁰ 92, avril 1980, p. 7-8.

665. ANCTIL, Pierre, « L'Anthropologue écrivain », *Recherches amérindiennes au Québec*, vol. 10, n⁰ 1-2, [avril] 1980, p. 3.

666. [ANONYME], « Dialogue avec Yves Thériault [sur les romans Harlequin] », *L'Actualité*, vol. 5, n⁰ 5, mai 1980, p. 54.

667. BEAULIEU, Victor-Lévy, « L'Émergence du refus », *La Nouvelle Barre du jour*, n⁰ 90-91, mai 1980, p. 33-46.

668. TANGUAY, Anne-Lynne, « Écrire », *Grimoire*, vol. 3, n⁰ 6, juin 1980, p. 2.

669. DUMAS, Hélène et Colette TOUGAS, « Sous forme d'entretien... », *Jeu*, n⁰ 16, [3e trimestre] 1980, p. 196-197.

670. GÉLINAS, Gratien, « Le Credo professionnel d'un homme de théâtre », *University of Toronto Quarterly*, Vol. 50, No. 1, Fall 1980, p. 81-89.

671. LALONDE, Michèle, « Petit Testament », *University of Toronto Quarterly*, Vol. 50, No. 1, Fall 1980, p. 66-68.

672. MAJOR, Robert, « Écriture et engagement », *Liaison*, vol. 3, n⁰ 13, décembre 1980, p. 17.

673. *LE BLANC, Alonzo, «*Les Fridolinades, 1945 et 1946* », *Livres et auteurs québécois, 1980*, p. 160-162.

674. THÉORET, France, « Quand la mémoire dérive trop », *Estuaire*, n⁰ 18, hiver 1981, p. 121-130.

675. DES MARCHAIS, Gilles, « Propos sur l'écriture », *Grimoire*, vol. 4, n⁰ 1, janvier 1981, p. 2, 17-19.

676. BOURNEUF, Roland, « Écrire, au cinéma », *Liberté*, vol. 23, n⁰ 1, janvier-février 1981, p. 109-113.

677. DUGAS, Laurier et Raymond ALLARD, « Le Droit d'auteur », *Loisirs et sports*, n⁰ 101, janvier 1981, p. 27.

678. [ANONYME], « Énoncé de politique du gouvernement du Québec en matière de droit d'auteur. 'La Juste Part des créateurs' », *La Revue canadienne du droit d'auteur*, vol. 1, n⁰ 2, 1ᵉʳ trimestre 1981, p. 41-47.

679. BRUNET, Claude, « La Loi du droit d'auteur canadienne. -L'Impossible Révision (2) », *La Revue canadienne du droit d'auteur*, vol. 1, n⁰ 2, 1ᵉʳ trimestre 1981, p. 33-37.

680. COLAS, Émile, « Les Recours de l'artiste, en cas de destruction de son oeuvre », *La Revue canadienne du droit d'auteur*, vol. 1, n⁰ 2, 1ᵉʳ trimestre 1981, p. 5-32.

681. STANTON, Julie, « L'Écriture des femmes, un ghetto ? », *La Gazette des femmes*, vol. 2, n⁰ 7, février 1981, p. 6-7.

682. DUGAS, Laurier et Raymond ALLARD, « Le Droit d'auteur (suite) », *Loisirs et sports*, n⁰ 102, février 1981, p. 30.

683. *BELLEMARE, Madeleine, « [Normand Lafleur], *Écriture et créativité* », *Nos livres*, vol. 12, février 1981, n⁰ 82.

684. MARTEL, Ronald, « Le Livre blanc sur la juste part des créateurs. Une politique minimale », *Grimoire*, vol. 4, n⁰ 3, mars 1981, p. 12-13, 18.

685. BEAUDET, André, « Déchéance de la chose écrite », *Liberté*, vol. 23, n⁰ 2, mars-avril 1981, p. 119-127.

686. DESAUTELS, Denise, « Le Beau Pétrin », *Liberté*, vol. 23, n⁰ 2, mars-avril 1981, p. 128-129.

687. HÉBERT, François, « L'Hypocrite », *Liberté*, vol. 23, n⁰ 2, mars-avril 1981, p. 43-46.

688. [RÉDACTION, La], [L'Institution littéraire au Québec. Enquête auprès des écrivains], *Liberté*, vol. 23, n⁰ 2, mars-avril 1981, p. 109-115.

689. THÉRIAULT, Marie-José, « Statut et rôle de l'écriture féminine dans l'institution littéraire québécoise ou l'Art de contourner la difficulté », *Liberté*, vol. 23, n⁰ 2, mars-avril 1981, p. 79-82.

690. AUDET, Noël, « Pourquoi parlent-ils ? », *Québec français*, n⁰ 41, mars 1981, p. 32-33.

691. GIGUÈRE, Roland, « Ivre d'images », *Cahiers des arts visuels du Québec*, vol. 3, n⁰ 9, printemps 1981, p. 9.

692. PAGEAU, René, « Écrire pour vivre », *Les Cahiers de Cap-Rouge*, vol. 9, n⁰ 2, [2ᵉ trimestre] 1981, p. 67-73.

693. *MARTEL, Ronald, «*L'Écriture, ce vaste lieu* [de l'Association des auteurs de l'Outaouais québécois] », *Grimoire*, vol. 4, n⁰ 4, avril 1981, p. 7.

694. CARON, Louis, « Écrire et en vivre », *Possibles*, vol. 5, n⁰ 3-4, [2ᵉ trimestre] 1981, p. 39-44.

695. BRUNET, Claude, « La Loi du droit d'auteur canadienne. -L'Impossible Révision (3) », *La Revue canadienne du droit d'auteur*, vol. 1, n⁰ 3, 2ᵉ trimestre 1981, p. 33-36.

696. CHENARD, Pierre et Michèle PAQUETTE, « Le Droit d'auteur face à l'ordinateur », *La Revue canadienne du droit d'auteur*, vol. 1, n⁰ 3, 2ᵉ trimestre 1981, p. 4-17.

697. TORNO, Barry, « Le Droit d'auteur de la Couronne au Canada. Un héritage embrouillé », *La Revue canadienne du droit d'auteur*, vol. 1, n⁰ 3, 2ᵉ trimestre 1981, p. 18-32.

698. KARAMÉ, Antoine, « La Liberté dans l'art d'écrire », *Écriture française dans le monde*, vol. 3, n⁰ 1, mai 1981, p. 83-84.

699. OUELLETTE-MICHALSKA, Madeleine, « Pourquoi elles écrivent », *Québec français*, n⁰ 42, mai 1981, p. 36-37.

700. VONARBURG, Élisabeth, « À Chicoutimi. Un atelier d'écriture pour la SF », *Québec français*, n⁰ 42, mai 1981, p. 82-83.

701. HÉBERT, Louis-Philippe, « La Mécanisation de l'écriture », *La Nouvelle Barre du jour*, n⁰ 104, juin 1981, p. 67-87.

702. OUELLETTE-MICHALSKA, Madeleine, « 9ᵉ Rencontre québécoise internationale des écrivains. Festin du sacré et du profane au Château Frontenac », *Lettres québécoises*, n⁰ 22, été 1981, p. 14-15.

703. VANASSE, André, « Écrire et... mourir de faim », *Lettres québécoises*, n⁰ 22, été 1981, p. 9.

704. [ANONYME], « L'Écriture, un produit comme les autres ? », *L'Écrilu*, vol. 1, n⁰ 2, septembre 1981, p. 6.

705. GODBOUT, Jacques, « Le Réformiste », *Liberté*, vol. 23, n⁰ 5, septembre-octobre 1981, p. 57-61.

706. SYLVESTRE, Martin, « De nulle part, écrivain », *Liberté*, vol. 23, n⁰ 5, septembre-octobre 1981, p. 37-39.

707. MATHIEU, Francine, « Derrière l'arc-en-ciel », *Des livres et des jeunes*, vol. 4, n⁰ 10, automne 1981, p. 26-27.

708. STRARAM, Patrick, « Blues clair. Demande d'emploi. Aux quatre coins », *Estuaire*, n⁰ 21, automne 1981, p. 66-71.

709. CANTIN, Léonce, « L'écriture peut-elle survivre au pouvoir ? », *Québec français*, n⁰ 43, octobre 1981, p. 34-35.

710. POULIN, Gabrielle, « Autoportrait. Miroir, dis-moi... », *Québec français*, n⁰ 43, octobre 1981, p. 36-37.

711. PARÉ, Michel, « La Loi du droit d'auteur canadienne. -L'Impossible Révision. Où il est exposé que l'on parle beaucoup de droit d'auteur au Canada », *La Revue canadienne du droit d'auteur*, vol. 1, n⁰ 4, 4ᵉ trimestre 1981, p. 4-7.

712. BEAUDET, André, « Mise en demeure », *Les Herbes rouges*, n⁰ 97-98, novembre-décembre 1981, p. 51-58.

713. CHARRON, François, « L'Imagination extérieure », *La Nouvelle Barre du jour*, n⁰ 107, novembre 1981, p. 77-87.

714. PARENT, Henriette, « Les Droits d'auteurs à Radio-Canada », *Archives*, vol. 13, n⁰ 3, décembre 1981, p. 53-56.

715. THIBEAULT, Pierre et Walker MARTINEAU, « La Loi sur le droit d'auteur au Canada », *Archives*, vol. 13, n⁰ 3, décembre 1981, p. 49-51.

716. ROBERT, Lucie, « Les Écrivains et leurs études. Comment on fabrique les génies », *Études littéraires*, vol. 14, n⁰ 3, décembre 1981, p. 527-539.

717. LABERGE, Marie, « Autoportrait. L'Enfant derrière la porte », *Québec français*, n⁰ 44, décembre 1981, p. 32-33.

718. CHARRON, François, « D'une conception utilitariste de la littérature », *Les Herbes rouges*, n⁰ 99-100, janvier 1982, p. 21-35.

719. CHARRON, François, « La Liberté des souffles », *Les Herbes rouges*, n⁰ 99-100, janvier 1982, p. 4-10.

720. CHARRON, François, « Les Devoirs de l'écrivain », *Les Herbes rouges*, n⁰ 99-100, janvier 1982, p. 36-48.

721. MARIE-MICHÈLE, « Les Femmes et la création », *Le Berdache*, n⁰ 28, mars 1982, p. 26-28.

722. PAQUET, Michel, « Écrire, s'écrire... », *Grimoire*, vol. 5, n⁰ 3, mars 1982, p. 4.

723. BIGRAS, Julien, « L'Écriture et l'amour fou ou Pourquoi j'écris », *Québec français*, n⁰ 45, mars 1982, p. 70.

724. TORNO, Barry, « Le Droit d'auteur de la couronne au Canada, un héritage embrouillé », *La Revue canadienne du droit d'auteur*, vol. 2, n⁰ 1, [mars] 1982, p. 14-25.

725. FRANCOEUR, Lucien, « Résolument moderne », *Arcade*, [vol. 1], n⁰ 1, printemps 1982, p. 21-24.

726. NEPVEU, Pierre, « L'écriture ne se raconte pas », *Estuaire*, n⁰ 23, printemps 1982, p. 108-112.

727. LECOURS, André-Roch et Jean-Luc NESPOULOS, « Biologie de l'écriture », *Études françaises*, vol. 18, n⁰ 1, printemps 1982, p. 33-45.

728. NAVET, Michèle, Huynh Lavallée et André-Roch LECOURS, « La Schizographie ou l'Écriture indocile », *Études françaises*, vol. 18, n⁰ 1, printemps 1982, p. 61-91.

729. THÉRIEN, Gilles, « Petite Sémiologie de l'écrire », *Études françaises*, vol. 18, n⁰ 1, printemps 1982, p. 5-19.

730. MORRISSET, Micheline, « Écritures », *Urgences*, n⁰ 4, 2ᵉ trimestre 1982, p. 55-58.

731. BEAUSOLEIL, Claude, « Écritures insoumises », *La Nouvelle Barre du jour*, n⁰ 114, mai 1982, p. 55-71.

732. BERTRAND, Raymonde, « Pour une écriture non programmée », *Cahiers des arts visuels du Québec*, vol. 4, n⁰ 14, été 1982, p. 25.

733. GAY, Michel, « Écrire en l'an 2000. La 10ᵉ Rencontre internationale des écrivains », *Lettres québécoises*, n⁰ 26, été 1982, p. 17-18.

734. BONENFANT, Joseph, « Souches d'écrits », *Grimoire*, vol. 5, n⁰ 6, août-septembre 1982, p. 4.

735. CARRIÈRE, Fernan, « Les écrivains ontarois se rencontrent. Le Plaisir de se découvrir », *Liaison*, n⁰ 23, août-septembre 1982, p. 33-34.

736. BONENFANT, Joseph, « L'Atelier d'écriture », *Arcade*, [vol. 1], n⁰ 2, automne 1982, p. 51-55.

737. FRANCOEUR, Lucien, « De la création avant toute chose », *Arcade*, [vol. 1], n⁰ 2, automne 1982, p. 36-50.

738. ROY, Bruno, « Imaginer pour écrire », *Arcade*, [vol. 1], n⁰ 2, automne 1982, p. 14-25.

739. ANFOUSSE, Ginette, « Les Livres que j'écris, comment et pourquoi », *Des livres et des jeunes*, vol. 5, n⁰ 13, automne 1982, p. 5-8.

740. BÉLANGER, Marcel, « L'Esprit de contradiction ou la Pensée à l'infinitif », *Estuaire*, n⁰ 25, automne 1982, p. 59-82.

741. THÉORET, France, « L'écriture est lenteur », *Dérives*, n⁰ 35, 4ᵉ trimestre 1982, p. 57-60.

742. BERSIANIK, Louky, « Pourquoi j'écris », *Québec français*, n⁰ 47, octobre 1982, p. 30.

743. BROSSARD, Nicole, « Pourquoi j'écris », *Québec français*, n⁰ 47, octobre 1982, p. 31.

744. CHARBONNEAU-TISSOT, Claudette, « Pourquoi j'écris », *Québec français*, n⁰ 47, octobre 1982, p. 31.

745. GAGNON, Madeleine, « Pourquoi j'écris », *Québec français*, n⁰ 47, octobre 1982, p. 32.

746. LE BLANC, Huguette, « Pourquoi j'écris », *Québec français*, n⁰ 47, octobre 1982, p. 32.

747. MARCHESSAULT, Jovette, « Pourquoi j'écris », *Québec français*, n⁰ 47, octobre 1982, p. 33.

748. OUVRARD, Hélène, « Pourquoi j'écris », *Québec français*, n⁰ 47, octobre 1982, p. 33.

749. THÉORET, France, « Prendre la parole quand on est femme », *Québec français*, n⁰ 47, octobre 1982, p. 36-37.

750. VILLEMAIRE, Yolande, « Pourquoi j'écris », *Québec français*, n⁰ 47, octobre 1982, p. 33.

751. ARCHAMBAULT, Gilles, « L'écrivain est un... cadeau », *Livre d'ici*, vol. 8, n⁰ 2, décembre 1982, p. 2.

752. [ANONYME], « 'L'Écrivain devant sa langue' [Colloque] », *Réseau*, vol. 14, n⁰ 4, décembre 1982, p. 4.

1.3.3 LA CRITIQUE

753. HOUDE, Christiane, « Essai critique au féminin », *La Nouvelle Barre du jour*, n⁰ 74, janvier 1979, p. 52-63.

754. RICARD, François, « L'Amitié critique ou la Demi-Métamorphose (MVL, VLB, PV) », *Liberté*, vol. 21, n⁰ 2, mars-avril 1979, p. 113-123.

755. HAYNE, David M., « Literary Movements in Canada », *Canadian Review of Comparative Literature/Revue canadienne de littérature comparée*, Vol. 6, No. 2, Spring 1979, p. 121-123.

756. MOISAN, Clément, « Quelques Propositions », *Canadian Review of Comparative Literature/Revue canadienne de littérature comparée*, Vol. 6, No. 2, Spring 1979, p. 117-119.

757. SIROIS, Antoine, « La Périodisation dans les littératures du Canada », *Canadian Review of Comparative Literature/Revue canadienne de littérature comparée*, Vol. 6, No. 2, Spring 1979, p. 119-121.

758. VANASSE, André, « Réponse à François Ricard », *Liberté*, vol. 21, n⁰ 3, mai-juin 1979, p. 112-114.

759. ARCHAMBAULT, Gilles, « 'Littérature et réalité'. Troisième Séance. Débats [Intervention de Gilles Archambault] », *Liberté*, vol. 21, n⁰ 4-5, juillet-octobre 1979, p. 131.

760. BELLEAU, André, « 'Littérature et réalité'. Troisième Séance. Débats [Intervention d'André Belleau] », *Liberté*, vol. 21, n⁰ 4-5, juillet-octobre 1979, p. 130.

761. HÉBERT, Louis-Philippe, « 'Littérature et réalité'. Troisième Séance. Débats [Interventions de Louis-Philippe Hébert] », *Liberté*, vol. 21, n⁰ 4-5, juillet-octobre 1979, p. 127-128, 131.

762. POUPART, Jean-Marie, « 'Littérature et réalité'. Troisième Séance. Débats [Intervention de Jean-Marie Poupart] », *Liberté*, vol. 21, n⁰ 4-5, juillet-octobre 1979, p. 127.

763. ARCHAMBAULT, Gilles, « Je te plumerai la tête », *L'Actualité*, vol. 4, n⁰ 11, novembre 1979, p. 96.

764. MALETTE, Yvon, « La Méthode structuraliste génétique en histoire de la littérature », *Parallèles et convergences*, n⁰ 2, novembre 1979, p. 65-80.

765. MALENFANT, Paul-Chanel, « De la poésie à la critique, un discours en ébullition », *Livres et auteurs québécois, 1979*, p. 89-91.

766. CHASSAY, Jean-François, « À propos d'une certaine critique », *Prétexte*, [vol. 1], n⁰ 1, 2ᵉ trimestre 1980, p. 30-32.

767. COTNOIR, Louise, « Un autre mouvement », *Spirale*, n⁰ 11, septembre 1980, p. 10-11.

768. DUPRÉ, Louise, « Des textes qui témoignent », *Spirale*, n⁰ 11, septembre 1980, p. 9.

769. LAMY, Suzanne, « Comment commencer ? », *Spirale*, n⁰ 11, septembre 1980, p. 8.

770. MARTIN, Agathe, « Miroir et médiation », *Spirale*, n⁰ 11, septembre 1980, p. 11, 6.

771. SCOTT, Gail, « À l'ombre, les jeunes filles », *Spirale*, n⁰ 11, septembre 1980, p. 8-9.

772. SCOTT, Gail, « Critique théâtrale », *Spirale*, n⁰ 11, septembre 1980, p. 10.

773. THÉORET, France, « La Transparence », *Spirale*, n⁰ 11, septembre 1980, p. 10.

774. FISETTE, Jean, « La diversification est signe de bonne santé », *Livres et auteurs québécois, 1980*, p. 179-180.

775. HAYNE, David M., « Problèmes d'histoire littéraire du XIXᵉ siècle », *Revue d'histoire littéraire du Québec et du Canada français*, n⁰ 2, 1980-1981, p. 44-52.

776. JARRY, Marie-Hélène et Joseph BLAIN, « [Présentation de leur thèse de maîtrise], La Critique littéraire au Québec de 1928 à 1936. Analyse idéologique et rhétorique », *Revue d'histoire littéraire du Québec et du Canada français*, n⁰ 2, 1980-1981, p. 173-177.

777. LEMIRE, Maurice, « Les Difficultés d'écrire l'histoire littéraire au Québec », *Revue d'histoire littéraire du Québec et du Canada français*, n⁰ 2, 1980-1981, p. 25-32.

778. MÉLANÇON, Robert, « L'Histoire littéraire aujourd'hui. Perspectives théoriques », *Revue d'histoire littéraire du Québec et du Canada français*, n⁰ 2, 1980-1981, p. 11-24.

779. ROBERT, Lucie, « Histoire et critique dans le *Manuel* de Camille Roy », *Revue d'histoire littéraire du Québec et du Canada français*, n⁰ 2, 1980-1981, p. 53-59.

780. THÉRIEN, Gilles, « Recevoir les oeuvres aujourd'hui », *Revue d'histoire littéraire du Québec et du Canada français*, n⁰ 2, 1980-1981, p. 99-107.

781. CHARRON, François, « Une question sans fin posée à la langue et au monde », *Liberté*, vol. 23, n⁰ 2, mars-avril 1981, p. 115-118.

782. MÉLANÇON, Robert, « Ne tirez pas sur la critique ! », *Liberté*, vol. 23, n⁰ 2, mars-avril 1981, p. 83-85.

783. [RÉDACTION, La], [Relations entre le livre et la critique. Enquête], *Liberté*, vol. 23, n⁰ 2, mars-avril 1981, p. 98-103.

784. PROVOST, Michelle, « Quand la critique sert l'animation... », *Des livres et des jeunes*, vol. 4, n⁰ 10, automne 1981, p. 45-48.

785. CORRIVEAU, Hugues, « La Circulation critique », *Dérives*, n⁰ 29-30, 4ᵉ trimestre 1981, p. 59-63.

786. GAGNON, Odette et Michelle DESHAIES, « D'accord, je passe, mais c'est une larme », *Liaison*, n⁰ 18, octobre-novembre 1981, p. 17-18.

787. GENDRON, Marc, « Quand la critique se veut créatrice », *Liaison*, n⁰ 18, octobre-novembre 1981, p. 19-21.

788. TRUAX, Denise, « Les Critiques, des ratés sympathiques, hein ? », *Liaison*, n⁰ 18, octobre-novembre 1981, p. 13.

789. LAFON[-WEISS], Dominique, « Critique littéraire », *Livres et auteurs québécois, 1981*, p. [199].

790. WARREN, Louise, « Le Livre pour la jeunesse et sa critique », *Livres et auteurs québécois, 1981*, p. [233]-238.

791. BARCELO, François, [Lettre ouverte à *Lettres québécoises*], *Lettres québécoises*, n⁰ 26, été 1982, p. 15.

792. ARBOUR, Roméo, Jean-Louis Major et Laurent MAILHOT, « Protocole d'édition critique », *Revue d'histoire littéraire du Québec et du Canada français*, n⁰ 4, été-automne 1982, p. 235-245.

793. LAMY, Suzanne, « L'Autre Lecture », *Québec français*, n⁰ 47, octobre 1982, p. 34-35.

794. LAROCHE, Maximilien, « Une critique qui prend de l'assurance », *Livres et auteurs québécois, 1982*, p. [191]-192.

795. WYCZYNSKI, Paul, « Perspectives d'avenir des lettres et des sciences morales », *Transactions of the Royal Society of Canada/Mémoires de la Société royale du Canada*, Fourth Series, Vol. 20, 1982, p. 216-222.

1.4 LA LANGUE

796. BOUTHILLIER, Jean, « L'An 1 de la loi 101 », *L'Action nationale*, vol. 68, n⁰ 5, janvier 1979, p. 416-423.

797. PIOU, Nanie, « Linguistique et idéologie. Ces langues appelées créoles », *Dérives*, n⁰ 16, [1er trimestre] 1979, p. 13-30.

798. DUBÉ, Marcel, « Naître à l'écriture pour accéder à ses appartenances et reculer les frontières de la mort », *Forces*, n⁰ 46-47, 1er-2e trimestres 1979, p. 58-75.

799. FALARDEAU, Jean-Charles, « La Langue française : la leur ou la nôtre ? », *Forces*, n⁰ 46-47, 1er-2e trimestres 1979, p. 4-17.

800. LÉGER, Jean-Marc, « Le français est devenu le garant de la diversité culturelle dans le monde », *Forces*, n⁰ 46-47, 1er-2e trimestres 1979, p. 4-17.

801. JOUSSELIN, Jean-Pierre, « [Présentation de sa thèse de maîtrise], Vocabulaire politique en usage en 1867 dans *l'Union des Cantons de l'Est* et le *Défricheur* », *Revue de l'Université d'Ottawa/University of Ottawa Quarterly*, vol. 49, n⁰ 1-2, janvier-avril 1979, p. 124-128.

802. BESSETTE, Émile, « L'Apprentissage précoce des langues secondes, 3 », *Québec français*, n⁰ 33, mars 1979, p. 72-76.

803. DORAIS, Louis-Jacques, « Langue et question nationale », *Anthropologie et sociétés*, vol. 3, n⁰ 2, printemps 1979, p. 165-180.

804. SAINT-GELAIS, Yves, « La Lente Émergence d'une norme linguistique québécoise », *Protée*, vol. 7, n⁰ 1, printemps 1979, p. 153-159.

805. BOURGAULT, Pierre, « Une simple question de passion et plaisir », *L'Actualité*, vol. 4, n⁰ 5, mai 1979, p. 24.

806. BERTRAND, Gabriel, « La Triglossie ou l'Écartèlement linguistique au Manitoba français », *Bulletin du Centre d'études franco-canadiennes de l'Ouest*, n⁰ 2, mai 1979, p. 2-7.

807. *LAPRÉS, Raymond, « [Jacques Laurin,] *Notre français et ses pièges* », *Nos livres*, vol. 10, mai 1979, n⁰ 184.

808. BOURGAULT, Pierre, « Mesdames et messieurs, parlez-vous le babel ? », *L'Actualité*, vol. 4, n⁰ 6, juin 1979, p. 18.

809. BELLEAU, André, « 'Littérature et réalité'. Première Séance. Débats [Intervention d'André Belleau] », *Liberté*, vol. 21, n⁰ 4-5, juillet-octobre 1979, p. 35-36.

810. LALONDE, Michèle, « 'Littérature et réalité'. Quatrième Séance [Présentation de Michèle Lalonde] », *Liberté*, vol. 21, n⁰ 4-5, juillet-octobre 1979, p. 144-152.

811. BOURGAULT, Pierre, « On est 180 millions, faut se comprendre », *L'Actualité*, vol. 4, n⁰ 8, août 1979, p. 15.

812. BOURGAULT, Pierre, « La Tour de Babel, c'est la créativité ! », *L'Actualité*, vol. 4, n° 9, septembre 1979, p. 76.

813. DUGAS, Jean-Yves, « Les Canadianismes au *Petit Robert* 1978 », *Meta*, vol. 24, n° 3, septembre 1979, p. 395-410.

814. LAPIERRE, André, « Situation du français ontarien », *Protée*, vol. 7, n° 2, automne 1979, p. 133-139.

815. LAVOIE, Thomas, « Le Français des régions de Charlevoix, du Saguenay-Lac St-Jean et de la Côte-Nord », *Protée*, vol. 7, n° 2, automne 1979, p. 83-116.

816. LAVOIE, Thomas, « Le Projet dialectologique de la Société du parler français au Canada », *Protée*, vol. 7, n° 2, automne 1979, p. 11-45.

817. LORENT, Maurice, « Contribution à l'étude du parler rural de la Beauce », *Protée*, vol. 7, n° 2, automne 1979, p. 71-82.

818. GÉRIN, Pierre et Pierre-M. GÉRIN, « Éléments de la morphologie d'un parler franco-acadien. Remarques sur la langue de Marichette », *Si que*, n° 4, automne 1979, p. 79-110.

819. BOURGAULT, Pierre, « Un comme ça, un comme ça, pis un comme ça... », *L'Actualité*, vol. 4, n° 10, octobre 1979, p. 96.

820. GAGNON, Lysiane, « La Plaie universelle de l'écriture disco... », *L'Actualité*, vol. 4, n° 10, octobre 1979, p. 26.

821. LAPIERRE, André, « L'Orthographe de la langue maternelle. Le Cas des Franco-Ontariens », *The Canadian Modern Language Review/La Revue canadienne des langues vivantes*, Vol. 36, No. 1, October 1979, p. 10-23.

822. ARGUIN, Maurice, « Le Joual les quat'fers en l'air », *Québec français*, n° 35, octobre 1979, p. 56-58.

823. *BOISSONNAULT, René, « Jacques Leclerc, *Qu'est-ce que la langue ?* », *Québec français*, n° 35, octobre 1979, p. 9.

824. BOURGAULT, Pierre, « Oui, la grammaire a un sexe... », *L'Actualité*, vol. 4, n° 11, novembre 1979, p. 105.

825. *DIONNE, René, « Normand Beauchemin et Pierre Martel, *Échantillon de textes libres, no IV — Vocabulaire fondamental du québécois parlé. Index de fréquence* », *Relations*, vol. 39, n° 453, novembre 1979, p. 319.

826. DUVAL, Monique, « Hommage à Gérald Belle-Isle », *Bulletin de la Société des écrivains canadiens*, vol. 10, n° 2, décembre 1979, p. 30.

827. VILLERS, Marie-Èva de, « Des titres et des femmes », *Études littéraires*, vol. 12, n° 3, décembre 1979, p. 387-392.

828. VANDENDORPE, Christian, « La Qualité de la langue... après la loi 101 », *Québec français*, n° 36, décembre 1979, p. 60.

829. JOUSSELIN, Jean-Pierre, « [Présentation de sa thèse de maîtrise], Vocabulaire politique en usage en 1867 dans *l'Union des Cantons de l'Est* et *le Défricheur* », *Histoire littéraire du Québec*, n° 1, 1979, p. 124-128.

830. BÉGUIN, Louis-Paul, « Plaidoyer pour un français de qualité », *Libre Magazine*, n° 2, mars 1980, p. 15, 26.

831. CARTWRIGHT, Don, « Language Legislation and the Potential for Redistribution of the Anglophone Population in Quebec », *Ontario Geography*, No. 15, [Spring] 1980, p. 65-81.

832. *LEBEL, Maurice, « [Louis-Alexandre Bélisle], *Dictionnaire nord-américain de la langue française* », *L'Action nationale*, vol. 69, n° 8, avril 1980, p. 651-656.

833. BÉGUIN, Louis-Paul, « Quelques Réflexions sur la récupération marxiste du joual », *Libre Magazine*, n° 3, avril 1980, p. 23-24.

834. SHYMKO, Yuri, « Multiculturalism and the French and English Minorities Issue : a Background Analysis », *Multiculturalism*, Vol. 4, No. 1, July-September 1980, p. 36-39.

835. SNOW, Gérard, « Du bilinguisme officiel à l'égalité linguistique », *Égalité*, vol. 1, n° 1, 1980, p. 63-77.

836. BRETON, Yves, « Sports, loisirs et langue française. Un aperçu du désordre établi », *Revue de l'ACELF*, vol. 9, n° 1, octobre 1980, p. 9-10.

837. MONNIER, Daniel, « Les Québécois, la langue et les media », *Revue de l'ACELF*, vol. 9, n° 3, décembre 1980, p. 11-16.

838. *[ANONYME], « [Léandre Bergeron], *Dictionnaire de la langue québécoise* », *Québec Hebdo*, vol. 2, n⁰ 47, 15 décembre 1980, p. 4.

839. *LATRAVERSE, François, « [Léandre Bergeron], *Dictionnaire de la langue québécoise* », *Livres et auteurs québécois, 1980*, p. 249-254.

840. DEVEAU, Alphonse, « Les Conditions socio-économiques des Acadiens et leur influence sur le parler », *Revue de l'Université Sainte-Anne*, 1980, p. 30-34.

841. HOLDER, Maurice A., « Aperçu d'études récentes en sociolinguistique aux États-Unis et en Grande-Bretagne. Applicabilité à la situation acadienne », *Revue de l'Université Sainte-Anne*, 1980, p. 24-26.

842. ROGERS, D[avid] F., « Le Français au Canada », *Revue de l'Université Sainte-Anne*, 1980, p. 18-23.

843. LANDRY, Rodrigue, « Les Acadiens sont-ils des 'semilingues' ? Réflexions sur quelques théories concernant le bilinguisme », *Revue de l'Université de Moncton*, vol. 14, n⁰ 1, janvier-mars 1981, p. [9]-42.

844. *LAMARRE, André, « Ni Henri, ni Léandre [Léandre Bergeron, *Dictionnaire de la langue québécoise*] », *Spirale*, n⁰ 15, janvier 1981, p. 16.

845. *BELLEMARE, Madeleine, « Gilles Charest, *Sacres et blasphèmes québécois* », *Nos livres*, vol. 12, février 1981, n⁰ 62.

846. BEAUPRÉ, Viateur, « Culture, politique et langue », *L'Action nationale*, vol. 70, n⁰ 7, mars 1981, p. 574-580.

847. LAROSE, Jean, « Sur l'idéologie dans le *Dictionnaire de la langue québécoise* de Léandre Bergeron », *Liberté*, vol. 23, n⁰ 2, mars-avril 1981, p. 21-29.

848. *LEFEBVRE, Gilles, « Léandre Bergeron, *Dictionnaire de la langue québécoise* », *Québec français*, n⁰ 41, mars 1981, p. 10.

849. SANTERRE, Laurent, « Le Français québécois : langue ou dialecte ? », *Québec français*, n⁰ 41, mars 1981, p. 26-27.

850. *ALMÉRAS, Diane, « [Léandre Bergeron], *Dictionnaire de la langue québécoise* », *Relations*, vol. 41, n⁰ 468, mars 1981, p. 91.

851. *CZARNECKI, Mark, « Struggling Free of an Old Yoke [Léandre Bergeron, *Dictionnaire de la langue québécoise*] », *Maclean's*, Vol. 94, No. 11, March 16, 1981, p. 52-53.

852. *DESHAIES, Denise, « Pierrette Thibault, *Le Français parlé. Études sociolinguistiques* », *Bulletin de l'ACLA/Bulletin of the CAAL*, vol. 3, n⁰ 1, printemps 1981, p. 200.

853. *LIGIER, Françoise, « Jacques Leclerc, *Qu'est-ce que la langue ?* », *Bulletin de l'ACLA/ Bulletin of the CAAL*, vol. 3, n⁰ 1, printemps 1981, p. 183-184.

854. *ROY, Jean-Marie, « [Réjean Lachapelle et Jacques Henripin], *La Situation démolinguistique au Canada* », *The Canadian Geographer/Le Géographe canadien*, Vol. 25, No. 1, Spring 1981, p. 101-104.

855. *BOISVERT, Marcel, [Benoît Cazabon et Normand Frenette, *Le Français parlé en situation minoritaire, vol. 2*], *Revue des sciences de l'éducation*, vol. 7, n⁰ 2, printemps 1981, p. 370-371.

856. *GAGNÉ, Gilles, [Jean-Claude Corbeil, *L'Aménagement linguistique du Québec*], *Revue des sciences de l'éducation*, vol. 7, n⁰ 2, printemps 1981, p. 546-548.

857. *TIFFAU, Étienne, [Louis-Alexandre Bélisle, *Dictionnaire nord-américain de la langue française*], *Revue des sciences de l'éducation*, vol. 7, n⁰ 2, printemps 1981, p. 361-363.

858. *MARCOTTE, Gilles, « Le Dictionnaire du friforâle et de savants jurons [Léandre Bergeron, *Dictionnaire de la langue québécoise*] », *L'Actualité*, vol. 6, n⁰ 4, avril 1981, p. 114.

859. *BELLEMARE, Madeleine, « Jean-Pierre Pichette, *Le Guide raisonné des jurons* », *Nos livres*, vol. 12, avril 1981, n⁰ 210.

860. *DESHAIES, Denise, [Actes du colloque « *La Qualité de la langue... après la loi 101* », 30 septembre-3 octobre 1979], *Recherches sociographiques*, vol. 22, n⁰ 2, mai-août 1981, p. 283-285.

861. *DESHAIES, Denise, [Claude Saint-Germain, *La Situation linguistique dans les écoles primaires et secondaires*], *Recherches sociographiques*, vol. 22, n⁰ 2, mai-août 1981, p. 285-287.

862. *[ANONYME], « Jean-Pierre Pichette, *Le Guide raisonné des jurons. Langue, littérature, histoire et dictionnaire des jurons* », *L'Atulu*, vol. 3, n⁰ 6, juin 1981, p. 9.

863. *DUBUC, Robert, [Léandre Bergeron, *Dictionnaire de la langue québécoise*], *Meta*, vol. 26, n⁰ 2, juin 1981, p. [193]-195.

864. BÉLANGER, Mario, « La Publication des recherches : en anglais ou en français ? », *Universités*, vol. 2, n⁰ 2, juin-août 1981, p. 9-10.

865. DRAPEAU, Arnold J., « Le Français scientifique, une relance devenue impérieuse », *Universités*, vol. 2, n⁰ 2, juin-août 1981, p. 7-9.

866. DUMAS, Denis, «*Dictionnaire de la langue québécoise* de Léandre Bergeron », *Lettres québécoises*, n⁰ 22, été 1981, p. 73, 75.

867. *LEMIEUX, Monique, «*Vingt-Cinq Ans de linguistique au Canada. Hommage à Jean-Paul Vinay par ses anciens élèves* », *Lettres québécoises*, n⁰ 22, été 1981, p. 76.

868. *McLAUGHLIN, Anne, « Louis-Alexandre Belisle, *Dictionnaire nord-américain de la langue française* », *Lettres québécoises*, n⁰ 22, été 1981, p. 72-73.

869. *WOOLDRIDGE, Terence Russon, [Jean-Pierre Pichette, *Le Guide raisonné des jurons. Langue, littérature, histoire et dictionnaire des jurons*], *University of Toronto Quarterly*, Vol. 50, No. 4, Summer 1981, p. 199-200.

870. *WOOLDRIDGE, Terence Russon, [Léandre Bergeron, *Dictionnaire de la langue québécoise*], *University of Toronto Quarterly*, Vol. 50, No. 4, Summer 1981, p. 198.

871. *WOOLDRIDGE, Terence Russon, [Louis-Alexandre Bélisle, *Dictionnaire nord-américain de la langue française*], *University of Toronto Quarterly*, Vol. 50, No. 4, Summer 1981, p. 195-198.

872. DRAPEAU, Arnold J. et Pierre DEMERS, « La Langue française dans les publications et communications scientifiques », *Forces*, n⁰ 56, 3ᵉ trimestre 1981, p. 4-13.

873. *BELLEMARE, Madeleine, « Oscar Dunn, *Glossaire franco-canadien et vocabulaire de locutions vicieuses usitées au Canada* », *Nos livres*, vol. 12, août-septembre 1981, n⁰ 340.

874. *BELLEMARE, Madeleine, « Léandre Bergeron, *Dictionnaire de la langue québécoise* », *Nos livres*, vol. 12, août-septembre 1981, n⁰ 324.

875. *LANGEVIN, Lysanne, « Lire le dictionnaire [Jacqueline Feldman, *Le Jeu du dictionnaire*] », *Spirale*, [n⁰ 21], septembre 1981, p. 10.

876. [COLLECTIF], « Le Français, langue scientifique ? », *Universités*, vol. 2, n⁰ 3-4, septembre 1981-janvier 1982, p. 27-29.

877. *BEAUCHEMIN, Normand, « Gaston Dulong et Gaston Bergeron, *Le Parler populaire du Québec et de ses régions voisines* », *The Canadian Journal of Linguistics/La Revue canadienne de linguistique*, Vol. 26, No. 2, Fall 1981, p. 230-231.

878. [ANONYME], « Gérard Dagenais, 1913-1981 », *Lettres québécoises*, n⁰ 23, automne 1981, p. 12.

879. MARCHAND, Clément, « Le Profil du langage québécois et ses rapports avec la culture ou le style de vie », *L'Action nationale*, vol. 71, n⁰ 2, octobre 1981, p. 173-179.

880. *BIBEAU, Gilles, « Sacrées affaires de jurons ! Jean-Pierre Pichette, *Le Guide raisonné des jurons. Langue, littérature, histoire et dictionnaire des jurons* », *Québec français*, n⁰ 43, octobre 1981, p. 19.

881. DUBOURG, Gérard, « Féminisme et économie linguistique », *Québec français*, n⁰ 43, octobre 1981, p. 22-24.

882. QUINTIN, Claude, « La Situation de l'éducation et de la culture françaises. Québec », *Revue de l'ACELF*, vol. 10, n⁰ 1, octobre 1981, p. 13-37.

883. [DUPUIS, Yvan], « 'Un langage ben de chez nous' », *L'Avenir*, vol. 3, n⁰ 1, 13 octobre 1981, p. [36].

884. *[ANONYME], « Normand Beauchemin et Pierre Martel, *Échantillon de textes libres, I, II, III, IV* », *Écriture française dans le monde*, vol. 3, n⁰ 2-3, décembre 1981, p. 110.

885. *[ANONYME], « Gaston Bergeron et Gaston Dulong, *Le Parler populaire du Québec et de ses régions voisines* », *Écriture française dans le monde*, vol. 3, n⁰ 2-3, décembre 1981, p. 110.

886. *[ANONYME], « Normand Beauchemin, Pierre Martel et Michel Théoret, *Échantillon de textes libres, V* », *Écriture française dans le monde*, vol. 3, n⁰ 2-3, décembre 1981, p. 110.

887. [ANONYME], « Jean-Claude Corbeil, *L'Aménagement linguistique du Québec* », *Écriture française dans le monde*, vol. 3, n⁰ 2-3, décembre 1981, p. 113.

888. *[ANONYME], « [Léandre Bergeron], *Dictionnaire de la langue québécoise* », *Écriture française dans le monde*, vol. 3, n⁰ 2-3, décembre 1981, p. 110-111.

889. ROBERT, Lucie, « Les Femmes et la langue », *Québec français*, n⁰ 44, décembre 1981, p. 24-25.

890. LAPIERRE, André, « Le Manuel de l'abbé Thomas Maguire et la langue québécoise au XIXᵉ siècle », *Revue d'histoire de l'Amérique française*, vol. 35, n⁰ 3, décembre 1981, p. 337-354.

891. *MAURY, N., « J[ean]-M[arie] Klinkenberg, D[anielle] Racelle-Lantin et G. Connolly, *Langages et collectivités. Le Cas du Québec* », *Livres et auteurs québécois, 1981*, p. 298-299.

892. *PRAIRIE, Michel, « Jean-Claude Corbeil, *L'Aménagement linguistique au Québec* », *Livres et auteurs québécois, 1981*, p. 272-273, 275-276.

893. *PRAIRIE, Michel, « R[aymond] Breton et G. Grant, *La Langue de travail au Québec* », *Livres et auteurs québécois, 1981*, p. 272, 274-275.

894. PAQUET, Jacques, « La Grande Carence linguistique, un cercle vicieux ? », *Revue de l'Université Sainte-Anne*, 1981, p. 31-32.

895. AMYOT, Michel, « La Langue de publication des chercheurs québécois et français selon les données de l'Institute for Scientific Information, 1974 à 1980 », *Bulletin de l'ACFAS*, vol. 3, n⁰ 3, hiver 1982, p. 3-5.

896. ARBOUR, Guy, « Le Français scientifique, un problème de masse critique », *Bulletin de l'ACFAS*, vol. 3, n⁰ 3, hiver 1982, p. 9-11.

897. DESNOYERS, Jacques-E., « Pour une présence accrue du français dans les publications et les communications scientifiques », *Bulletin de l'ACFAS*, vol. 3, n⁰ 3, hiver 1982, p. 21-22.

898. HAMELIN, Louis-Edmond, « La Promotion du français scientifique pour une meilleure participation des parlers francophones », *Bulletin de l'ACFAS*, vol. 3, n⁰ 3, hiver 1982, p. 17-20.

899. PÉRONNET, Louise, « La Langue acadienne », *Revue d'histoire littéraire du Québec et du Canada français*, n⁰ 3, hiver-printemps 1982, p. 136-138.

900. [ANONYME], « Le Français populaire réhabilité », *Réseau*, vol. 13, n⁰ 6, février 1982, p. 5.

901. POIRIER, Claude, « Chronique du *Trésor de la langue française au Québec*. Place à l'utilisateur du dictionnaire », *Québec français*, n⁰ 45, mars 1982, p. 21-22.

902. ÉTIENNE, Gérard, « La Langue française au Nouveau-Brunswick », *Égalité*, vol. 3, n⁰ 5, printemps 1982, p. 107-120.

903. *THÉRIO, Adrien, «*Dictionnaire de la langue québécoise (supplément 1981)* précédé de *La Charte de la langue québécoise* de Léandre Bergeron », *Lettres québécoises*, n⁰ 25, printemps 1982, p. 86.

904. GESNER, B. Edward, « Remarques sur les thèmes verbaux du parler acadien de la Baie Sainte-Marie, Nouvelle-Écosse », *Si que*, n⁰ 5, printemps 1982, p. 5-23.

905. *PHILIPPONNEAU, Catherine, « Gaston Dulong et Gaston Bergeron, *Le Parler populaire du Québec et de ses régions voisines. Atlas linguistique de l'Est du Canada* », *Si que*, n⁰ 5, printemps 1982, p. 135-138.

906. LAMBER, Ronald D. et James E. CURTIS, « The French and English-Canadian Language Communities and Multicultural Attitudes », *Canadian Ethnic Studies/Études ethniques au Canada*, Vol. 14, No. 2, 1982, p. 43-58.

907. TAYLOR, Donald M. et Ronald J. SIGAL, « Defining 'Québécois'. The Role of Ethnic Heritage, Language, and Political Orientation », *Canadian Ethnic Studies/Études ethniques au Canada*, Vol. 14, No. 2, 1982, p. 59-70.

908. LEFEBVRE, Claire, « Le Français parlé en milieu populaire », *Vie pédagogique*, n⁰ 18, avril 1982, p. 12-15.

909. ROBILLARD, Jean-D., « 'Je me souviens'. La Langue française au Québec », *L'Action nationale*, vol. 71, n⁰ 9-10, mai-juin 1982, p. 939-957.

910. *ALVAREZ, Gerardo, « Édith Bédard, Daniel Monnier et Pierre Georgeault, *Conscience linguistique des jeunes Québécois*, t. 1 et 2 », *Québec français*, n⁰ 46, mai 1982, p. 13.

911. [COLLECTIF], « Le Complexe des différents, trois ans après... [chez les Franco-Ontariens] », *Liaison*, nᵒ 22, juin-juillet 1982, p. 23-24.

912. BERGERON, Léandre, « Peuple québécois. Langue québécoise », *Anthropologie et sociétés*, vol. 6, nᵒ 2, 1982, p. 5-15.

913. *GUILLOTON, Noëlle, « Louis-Alexandre Bélisle, *Dictionnaire nord-américain de la langue française* », *Documentation et bibliothèques*, vol. 28, nᵒ 3, juillet-septembre 1982, p. 135-136.

914. *COSTISELLA, Robert, «*Parlure de l'Est* [de Bernard Proulx] », *Gaspésie*, vol. 20, nᵒ 3, juillet-septembre 1982, p. 42.

915. *KEMP, Johanne, « Le français est-il viable hors du Québec ? [Sheila McLeod-Arnopoulos, *Hors du Québec, point de salut ?*] », *Liaison*, nᵒ 23, août-septembre 1982, p. 35-36.

916. GAGNÉ, Jean, « Langue et culture », *Revue de l'ACELF*, vol. 11, nᵒ 1, août 1982, p. 25-27.

917. LUSSIER, Doris, « La Langue, signe et ciment de la nation », *Revue de l'ACELF*, vol. 11, nᵒ 1, août 1982, p. 14-16.

918. VAILLANCOURT, François, « Le Statut socio-économique des francophones et du français au Québec à la fin des années 1970 », *Revue de l'ACELF*, vol. 11, nᵒ 1, août 1982, p. 9-13.

919. *DESHAIES, Denise, J[ean]-M[arie] Klinkenberg, D[anielle] Racelle-Lantin, G. Connoly, [*Langages et collectivités. Le Cas du Québec*], *Recherches sociographiques*, vol. 23, nᵒ 3, septembre-décembre 1982, p. 458-461.

920. *SEUTIN, Émile, « Léandre Bergeron, *Dictionnaire de la langue québécoise* », *The Canadian Journal of Linguistics/La Revue canadienne de linguistique*, Vol. 27, No. 2, Fall 1982, p. 191-193.

921. GAUTHIER, Hubert, « Les francophones hors Québec ont-ils un avenir ? », *Langue et société/Language and Society*, nᵒ 8, automne 1982, p. 3-7.

922. GAGNON, Claude, « Langue et nation ou Langue et région », *La Petite Revue de philosophie*, vol. 4, nᵒ 1, automne 1982, p. 127-156.

923. [ANONYME], « Congrès sur la langue et la société au Québec », *Québec Hebdo*, vol. 4, nᵒ 32, 27 septembre 1982, p. 4.

924. [ANONYME], « Langue et société au Québec », *La Francisation en marche*, vol. 3, nᵒ 4, octobre 1982, p. 8.

925. POIRIER, Claude, « Le Trésor de la langue française au Québec », *Québec français*, nᵒ 47, octobre 1982, p. 15.

926. TURCOTTE, Denis, « Pour le français, langue scientifique québécoise », *Québec français*, nᵒ 47, octobre 1982, p. 16-17.

927. [ANONYME], [Table ronde sur l'enseignement postsecondaire en langue française dans la région de l'Ouest], *Revue de l'ACELF*, vol. 11, nᵒ 2, novembre 1982, p. 2-26.

928. SILVER, Arthur I., « Le Problème de la langue dans l'enseignement de l'histoire », *Bulletin du Centre de recherche en civilisation canadienne-française*, nᵒ 25, décembre 1982, p. 10-13.

929. WALKER, David, « Pour un cours obligatoire de langue et de linguistique franco-canadienne », *Bulletin du Centre de recherche en civilisation canadienne-française*, nᵒ 25, décembre 1982, p. 14-16.

930. PÉPIN, Lorraine, « L'État du français écrit chez les étudiants de niveau universitaire », *Québec français*, nᵒ 48, décembre 1982, p. 54-57.

931. [ANONYME], « Table ronde [sur l'enseignement postsecondaire en langue française en Ontario] », *Revue de l'ACELF*, vol. 11, nᵒ 3, décembre 1982, p. 2-39.

932. *TOUSIGNANT, Claude, « Léandre Bergeron, *La Charte de la langue québécoise* », *Livres et auteurs québécois, 1982*, p. 215.

933. *TOUSIGNANT, Claude, « Jean Marcel, *Le Joual de Troie* », *Livres et auteurs québécois, 1982*, p. 215-216.

1.5 ÉTUDES DIVERSES

1.5.1 CULTURE

934. *SAINT-PIERRE, Madeleine, « E. Snyder et A. Valdman, *Identité culturelle et francophonie dans les Amériques* », *Canadian Ethnic Studies/Études ethniques au Canada*, Vol. 11, No. 1, 1979, p. 166-168.

935. LAURIN, Camille, « English Theatre and Quebec Culture », *Canadian Theatre Review*, No. 21, Winter 1979, p. 124-126.

936. MENDENHALL, Vance, « L'Art, la culture, la politique. En marge du kitche quotidien », *Carrefour*, vol. 1, n⁰ 1, 1ᵉʳ trimestre 1979, p. 96-100.

937. POULET, Denis, « La Culture, l'industrie et l'État », *Loisir plus*, n⁰ 77, janvier 1979, p. 27-28.

938. BLAIS, Jean-Éthier, « L'Être français minoritaire. Arrêter l'érosion de la culture française », *Relations*, vol. 39, n⁰ 444, janvier 1979, p. 20-23.

939. *DIONNE, René, « Camille Bronsard, *Économie et culture* », *Relations*, vol. 39, n⁰ 444, janvier 1979, p. 31.

940. CREAN, S.M., « Static on the Official Line », *Books in Canada*, Vol. 8, No. 2, February 1979, p. 27-28.

941. [ANONYME], « Création du Centre [d'études franco-canadiennes de l'Ouest] », *Bulletin du Centre d'études franco-canadiennes de l'Ouest*, n⁰ 1, février 1979, p. 1.

942. TREMBLAY, Pierre-C., « De la notion de culture », *Considérations*, vol. 2, n⁰ 2, février 1979, p. 41-81.

943. DAOUST, Gaétan, « Développement culturel ou scolarisation généralisée ? », *Prospectives*, vol. 15, n⁰ 1, février 1979, p. 11-23.

944. *DICKINSON, John A., « Thomas R. Maxwell, *The Invisible French : The French in Metropolitan Toronto* », *Ontario History*, Vol. 71, No. 1, March 1979, p. 64-65.

945. CANTIENI, Graham, « Contre la droite », *Cahiers*, vol. 1, n⁰ 1, printemps 1979, p. 10-11.

946. RIOUX, Marcel, « Quelle éducation ? Quelle culture ? », *Possibles*, vol. 3, n⁰ 3-4, printemps-été 1979, p. 203-210.

947. GIROUX, Antoine, « La Culture québécoise avec ou sans l'école », *Éducation Québec*, vol. 9, n⁰ 6, avril 1979, p. 4-9.

948. WOLFE, Patrick, «*Quebec : The People Speak* : A Review Essay », *Humanist in Canada*, Vol. 12, No. 2, 1979, p. 18-19.

949. DUMONT, Fernand, « De l'absence de la culture à l'absence de l'Église », *Relations*, vol. 39, n⁰ 447, avril 1979, p. 121-127.

950. DUMONT, Fernand, « L'Idée de développement culturel. Esquisse pour une psychanalyse », *Sociologie et sociétés*, vol. 11, n⁰ 1, avril 1979, p. 7-31.

951. FOURNIER, Marcel, « Discours sur la culture et intérêts sociaux », *Sociologie et sociétés*, vol. 11, n⁰ 1, avril 1979, p. 65-84.

952. RIOUX, Marcel, « Pour une sociologie critique de la culture », *Sociologie et sociétés*, vol. 11, n⁰ 1, avril 1979, p. 49-55.

953. SAVARD, Rémi, « À la recherche d'une culture perdue... », *Sociologie et sociétés*, vol. 11, n⁰ 1, avril 1979, p. 57-63.

954. [ANONYME], « Un institut de recherche sur la culture », *Québec Hebdo*, vol. 1, n⁰ 7, 2 avril 1979, p. 3.

955. [ANONYME], « L'Ontario, le Québec et la culture », *Québec Hebdo*, vol. 1, n⁰ 7, 2 avril 1979, p. 2.

956. MUIR, Pearl, « Canadian Identity : Who Needs It ? », *The ATA Magazine*, Vol. 59, No. 4, May 1979, p. 4-7.

957. GODBOUT, Jacques, « Petite Introduction à la culture québécoise », *Québec français*, n⁰ 34, mai 1979, p. 58-60.

958. BEAUDRY, Jacques, « Discours idéologique et dialectique du culturel », *Considérations*, vol. 2, n⁰ 3, juin 1979, p. 5-34.

959. GAUTHIER, Ninon, « La Politique culturelle des gouvernements québécois et canadien », *Cahiers*, vol. 1, n° 2, été 1979, p. 12-15.

960. LAVIGNE, [Louis-]Dominique, Simon Leblanc et Lise ROY, « Livre blanc sur *la Politique québécoise du développement culturel*, un texte habile... trop habile », *Jeu*, n° 12, été 1979, p. 243-247.

961. LEMERISE, Suzanne, Claude Sabourin et Jacques-Albert WALLOT, « L'Enseignement des arts dans les écoles, situation actuelle et perspective de changements », *La Grande Réplique*, n° 7, [1979], p. 61-68.

962. KATTAN, Naïm, « 'Littérature et réalité'. Quatrième Séance. Débats [Intervention de Naïm Kattan] », *Liberté*, vol. 21, n° 4-5, juillet-octobre 1979, p. 162-163.

963. LALIBERTÉ, Anne et Daniel MARCHAND, « Une politique culturelle de retour aux sources », *L'Écritoire*, vol. 2, n° 1, septembre 1979, p. 10-13.

964. BÉGIN, François, « Musée d'élite et culture populaire », *Intervention*, vol. 1, n° 5, automne 1979, p. 10-12.

965. GAGNON, Jean-Claude, « La Culture de quoi — à l'école de qui ? », *Revue de l'ACELF*, vol. 8, n° 2, septembre 1979, p. 28-32.

966. BRODEUR, Léo-A[rthur], « Le Balancier qui fait l'Histoire. De Jacques Cartier au CEFCO », *Bulletin du Centre d'études franco-canadiennes de l'Ouest*, n° 3, octobre 1979, p. 2-6.

967. MEUNIER, J[ean]-G[uy], « Le Livre blanc de *la Politique québécoise du développement culturel*. Esquisse critique d'une philosophie de la culture », *Philosophiques*, vol. 6, n° 2, octobre 1979, p. 347-360.

968. [ANONYME], « Les Habitudes de lecture des Québécois », *Québec Hebdo*, vol. 1, n° 36, 22 octobre 1979, p. 3.

969. LORIMER, James, « Cultural Politics : What Books Mean for Québec... and What They Could Mean for the Rest of Us », *Quill and Quire*, Vol. 45, No. 13, November 1979, p. 20.

970. PAUL, Pierre, « L'Homme québécois à la recherche de sa cohérence », *Trajectoires*, n° 5, 20 novembre-20 décembre 1979, p. 28-29.

971. TREMBLAY, Marc-Adélard, « Les Constructions parallèles de l'identité québécoise et l'acculturation », *Transactions of the Royal Society of Canada/Mémoires de la Société royale du Canada*, Fourth Series, Vol. 17, 1979, p. 71-82.

972. VONARBURG, Élisabeth, « Lecteurs québécois de S-F, qui êtes-vous ? », *Solaris*, vol. 6, n° 1, février 1980, p. 22-27.

973. BOUTET, Odina, « Le Grand Trou culturel », *L'Action nationale*, vol. 69, n° 7, mars 1980, p. 562-570.

974. BOULIZON, Guy, « La Création au Québec... Genèse prophétique et incertitudes d'une explosion créatrice », *Critère*, n° 27, printemps 1980, p. 13-27.

975. DIONNE, René, « Pour un enseignement canadien des réalités québécoises », *Bulletin du Centre de recherche en civilisation canadienne-française*, n° 20, avril 1980, p. 26-30.

976. [ANONYME], « Les Habitudes culturelles des gens d'ici », *Loisirs et sports*, n° 92, avril 1980, p. 32.

977. TRUAX, Denise, « Pssst ! Savais-tu que... ? [Culture franco-ontarienne] », *Liaison*, vol. 3, n° 10, [mai] 1980, p. [1].

978. DUSSAULT, Gabriel, « La Notion de culture en contexte d'intervention culturelle étatique et ses corrélats structurels », *Recherches sociographiques*, vol. 21, n° 3, septembre-décembre 1980, p. 317-327.

979. TISSOT, Georges, « Questions sur la culture québécoise », *Carrefour*, vol. 2, n° 2, automne 1980, p. 53-63.

980. PARATTE, Henri-Dominique, « L'Égalité ? Pourquoi faire ? », *Égalité*, vol. 1, n° 1, 1980, p. 21-39.

981. SAINT-LOUIS, Michel, « Nation, peuple et culture », *Égalité*, vol. 1, n° 1, 1980, p. 135-140.

982. ROCHER, Guy, « Un demi-siècle d'évolution culturelle au Québec », *University of Toronto Quarterly*, Vol. 50, No. 1, Fall 1980, p. 15-28.

983. BLAIS, Roger, « Les Média et la culture. L'Acculturation de la société », *Revue de l'ACELF*, vol. 9, n° 1, octobre 1980, p. 15-18.

984. GAUTIER, Gérard, « La Culture française, les franco-protestants et les media », *Revue de l'ACELF*, vol. 9, n⁰ 1, octobre 1980, p. 11-14.

985. ROQUET, Ghislaine, « La Survie de la culture française, choix personnel ou choix collectif ? », *Revue de l'ACELF*, vol. 9, n⁰ 1, octobre 1980, p. 5-6.

986. FOURNIER, Marcel et Gilles HOULE, « La Sociologie québécoise et son objet. Problématiques et débats », *Sociologie et sociétés*, vol. 12, n⁰ 2, octobre 1980, p. 21-43.

987. DE BONO, Edward, « L'Indéfini conceptuel », *Langue et société/Language and Society*, n⁰ 4, hiver 1981, p. 7-9.

988. HENRIPIN, Jacques, « L'An 2001 ou la Territorialisation des deux solitudes », *Langue et société/Language and Society*, n⁰ 4, hiver 1981, p. 15-18.

989. BEAUPRÉ, Viateur, « Culture, politique et langue », *L'Action nationale*, vol. 70, n⁰ 7, mars 1981, p. 574-580.

990. RACINE, Louis, « La Religion comme substance de la culture », *Critère*, n⁰ 31, printemps [sic] 1981, p. 75-81.

991. LAROSE, Jean, « Événements », *Liberté*, vol. 23, n⁰ 5, septembre-octobre 1981, p. 62-74.

992. DUMONT, Fernand, « La Religion dans une culture en mutation », *Critère*, n⁰ 32, automne 1981, p. 99-113.

993. MARCHAND, Clément, « Le Profil du langage québécois et ses rapports avec la culture ou le style de vie », *L'Action nationale*, vol. 71, n⁰ 2, octobre 1981, p. 173-179.

994. VANDENDORPE, Christian, « Vous avez dit 'Culture canadienne' ? », *Québec français*, n⁰ 43, octobre 1981, p. 20-21.

995. DUMONT, Fernand, « La Culture savante. Reconnaissance du terrain », *Questions de culture*, n⁰ 1, 4ᵉ trimestre 1981, p. [17]-34.

996. BEAUCHAMP, Liliane, « La Situation de l'éducation et de la culture françaises en Ontario », *Revue de l'ACELF*, vol. 10, n⁰ 1, octobre 1981, p. 38-55.

997. HALLIDAY, Marie-Christine et René ENGUEHARD, « La Situation de l'éducation et de la culture françaises à Terre-Neuve », *Revue de l'ACELF*, vol. 10, n⁰ 1, octobre 1981, p. 2-4.

998. LAURENCELLE, Alfred, « La Situation de l'éducation et de la culture françaises pour la région de l'Ouest », *Revue de l'ACELF*, vol. 10, n⁰ 1, octobre 1981, p. 56-60.

999. LAVOIE, Eudore, « La Situation de l'éducation et de la culture françaises au Nouveau-Brunswick », *Revue de l'ACELF*, vol. 10, n⁰ 1, octobre 1981, p. 9-12.

1000. MATHIEU, Grégoire, « La Situation de l'éducation et de la culture françaises en Nouvelle-Écosse », *Revue de l'ACELF*, vol. 10, n⁰ 1, octobre 1981, p. 7-8.

1001. MATHIEU, Grégoire, « La Situation de l'éducation et de la culture françaises à l'Île-du-Prince-Édouard », *Revue de l'ACELF*, vol. 10, n⁰ 1, octobre 1981, p. 5-6.

1002. QUINTIN, Claude, « La Situation de l'éducation et de la culture françaises. Québec », *Revue de l'ACELF*, vol. 10, n⁰ 1, octobre 1981, p. 13-37.

1003. TOURANGEAU, Jean, « Entre la fête et le drame... [dans la société québécoise] », *Parallelogramme*, Vol. 7, No. 2, December 1981-January 1982, p. 13-14.

1004. CIVIL, Jean, « La Vie culturelle en Estrie », *Lettres québécoises*, n⁰ 24, hiver 1981-1982, p. 90-91.

1005. GAUDET, Gérald, « La Vie culturelle en Mauricie », *Lettres québécoises*, n⁰ 24, hiver 1981-1982, p. 92-93.

1006. FALARDEAU, Jean-Charles, « Savoirs savants et savoirs populaires », *Questions de culture*, n⁰ 1, 4ᵉ trimestre 1981, p. 35-46.

1007. FOURNIER, Marcel, « La Culture savante comme style de vie. Les Intellectuels dans le Québec de naguère », *Questions de culture*, n⁰ 1, 4ᵉ trimestre 1981, p. [131]-165.

1008. GAGNON, François-Marc, «*Experientia est rerum magistra*. Savoir empirique et culture savante chez les premiers voyageurs au Canada », *Questions de culture*, n⁰ 1, 4ᵉ trimestre 1981, p. 47-61.

1009. LEMIRE, Maurice, « Savoir et pouvoir. Le Cas du Bas-Canada [Discours social et discours littéraire] », *Questions de culture*, n⁰ 1, 4ᵉ trimestre 1981, p. [63]-79.

1010. SAVARY, Claude, « D'un malaise dans la culture savante. Destin de la philosophie dans la culture québécoise », *Questions de culture*, n⁰ 1, 4ᵉ trimestre 1981, p. [113]-129.

1011. BOSHER, J.F., « French Colonial Society in Canada », *Transactions of the Royal Society of Canada/Mémoires de la Société royale du Canada*, Fourth Series, Vol. 19, 1981, p. 147-164.

1012. INCE, Judith, « The Vocabulary of Freedom in 1948 : The Politics of the Montréal Avant-Garde », *Journal of Canadian Art History/Annales d'histoire de l'art canadien*, vol. 6, no 1, 1982, p. 36-63.

1013. BEAUPRÉ, Viateur, « Une culture peut-elle être autonome sans souveraineté culturelle ? », *L'Action nationale*, vol. 71, no 7, mars 1982, p. 735-743.

1014. BRONSARD, Camille, « L'Industrie canadienne de l'uniformisation culturelle », *L'Action nationale*, vol. 71, no 7, mars 1982, p. 707-711.

1015. LAMBER, Ronald D. et James E. CURTIS, « The French and English-Canadian Language Communities and Multicultural Attitudes », *Canadian Ethnic Studies/Études ethniques au Canada*, Vol. 14, No. 2, 1982, p. 43-58.

1016. TAYLOR, Donald M. et Ronald J. SIGAL, « Defining 'Québécois'. The Role of Ethnic Heritage, Language, and Political Orientation », *Canadian Ethnic Studies/Études ethniques au Canada*, Vol. 14, No. 2, 1982, p. 59-70.

1017. FORTIN, Andrée, « Quand l'alternative se fait politique », *Possibles*, vol. 6, no 3-4, [2e trimestre] 1982, p. 37-50.

1018. SMART, Patricia, « Culture, Revolution and Politics in Quebec », *The Canadian Forum*, Vol. 62, No. 718, May 1982, p. 7-10.

1019. [ANONYME], « Études franco-ontariennes à Sudbury », *Universités*, vol. 3, no 2, mai-juillet 1982, p. 18-19.

1020. DESHAIES, Michelle, « Tu crois que j'suis pas insécure ? Que je crée sans angoisse ? », *Liaison*, no 22, juin-juillet 1982, p. 12-13.

1021. HAENTJENS, Brigitte, « Quelle place pour les artistes ? Quest for Art », *Liaison*, no 22, juin-juillet 1982, p. 14, 34.

1022. JOUBERT, Suzanne, « Le Pauvre Statut du travailleur culturel », *Liaison*, no 22, juin-juillet 1982, p. 15-16.

1023. THÉRIO, Adrien, « De la culture avant toute chose », *Lettres québécoises*, no 26, été 1982, p. 9.

1024. BEAUCHESNE, Yves, « Réflexion. Pour l'adulte aussi le plaisir de lire ! », *Des livres et des jeunes*, vol. 5, no 13, automne 1982, p. 13-17.

1025. DESCHÂTELETS, Louise, « Dialogue de sourds ? », *Pratiques théâtrales*, no 16, automne 1982, p. 3-9.

1026. LENOIR, Roger, « Le Management des cultures », *Possibles*, vol. 7, no 1, [4e trimestre] 1982, p. 79-82.

1027. PAQUIN, Jean, « La Culture face au pouvoir », *Possibles*, vol. 7, no 1, [4e trimestre] 1982, p. 17-27.

1028. CHABOT, Marc, « Lecture et sexisme », *Québec français*, no 47, octobre 1982, p. 40-41.

1029. DESROCHERS, Irénée, « Culture et souveraineté. Ottawa vs Québec », *Relations*, vol. 42, no 484, octobre 1982, p. 264-268.

1030. PROVOST, Michelle, « Les Enfants et les adultes devant le choix de livres », *Vie pédagogique*, no 21, novembre 1982, p. 42-45.

1.5.2 ENSEIGNEMENT ET LITTÉRATURE

1031. CAZABON, Benoît, « Les Études franco-ontariennes à l'Université Laurentienne. Trois Années de travail », *Bulletin du Centre de recherche en civilisation canadienne-française*, no 18, avril 1979, p. 7-9.

1032. [COLLECTIF], « Les Processus de formation littéraire dans l'enseignement classique au Québec, de 1852 à 1968 », *Bulletin du Centre de recherche en civilisation canadienne-française*, no 18, avril 1979, p. 27-29.

1033. BEAUDOIN, Paul et AUTRES, « La Littérature au collégial. Didactique et pédagogie. Amorce d'une réflexion », *Québec français*, no 34, mai 1979, p. 53-54.

1034. DUBÉ, Cécile et James ROUSSELLE, « Au secondaire, littérature et lecture ou Littérature et rupture », *Québec français*, n⁰ 34, mai 1979, p. 18-21.

1035. GAULIN, André, « Une entrevue avec Jean-Hugues Malineau. Enseigner la poésie ? », *Québec français*, n⁰ 34, mai 1979, p. 22-23.

1036. MALTAIS, Marcel, « Initier à la poésie », *Québec français*, n⁰ 34, mai 1979, p. 24-26.

1037. BÉLANGER, Marcel, « 'Littérature et réalité'. Quatrième Séance. Débats [Intervention de Marcel Bélanger] », *Liberté*, vol. 21, n⁰ 4-5, juillet-octobre 1979, p. 168-169.

1038. BELLEAU, André, « 'Littérature et réalité'. Quatrième Séance. Débats [Intervention d'André Belleau] », *Liberté*, vol. 21, n⁰ 4-5, juillet-octobre 1979, p. 160-161.

1039. GODBOUT, Jacques, « 'Littérature et réalité'. Quatrième Séance. Débats [Intervention de Jacques Godbout] », *Liberté*, vol. 21, n⁰ 4-5, juillet-octobre 1979, p. 161-162.

1040. LACHAPELLE, Nicole, « La Place de notre écriture au module », *L'Écritoire*, vol. 2, n⁰ 1, septembre 1979, p. 18-19.

1041. RICARD, Yvon, « L'Adolescent et la lecture », *Grimoire*, vol. 2, n⁰ 11, octobre 1979, p. 12-13.

1042. BEAULIEU, Georges et Michel PAQUIN, « La Dynamique de la situation de communication dans l'enseignement du français au collégial », *Québec français*, n⁰ 35, octobre 1979, p. 46-47.

1043. LAMARRE, Marcel, « Trois Façons d'exploiter le discours théâtral », *Québec français*, n⁰ 35, octobre 1979, p. 48-50.

1044. DORION, Gilles, « Et la littérature... », *Québec français*, n⁰ 36, décembre 1979, p. 14.

1045. MARTIN, Suzanne et Marcel PENNORS, « Enseigner la nouvelle littéraire », *Québec français*, n⁰ 36, décembre 1979, p. 44-47.

1046. BERTHIAUME, André, « Écrire, enseigner », *Livres et auteurs québécois, 1979*, p. 9-13.

1047. BELLEAU, André, « Portrait du prof en jeune littératurologue (*circa* 1979, détails) », *Liberté*, vol. 22, n⁰ 1, janvier-février 1980, p. 29-33.

1048. BEAUCHAMP[-RANK], Hélène, « Quand une troupe de théâtre vient à l'école », *Vie pédagogique*, n⁰ 6, février 1980, p. 16-20.

1049. LESSARD, Odile, « Une expérience d'enseignement de la poésie au secondaire », *Vie pédagogique*, n⁰ 6, février 1980, p. 10-15.

1050. BEAUPRÉ, Viateur, « Le Nouveau Programme de français au collégial », *Québec français*, n⁰ 37, mars 1980, p. 54-56.

1051. PAGÉ, Michel et Jean-Pierre BÉLAND, « L'Objectivation des pratiques de communication », *Québec français*, n⁰ 37, mars 1980, p. 16-18.

1052. PLESSIS-BÉLAIR, Ginette, Suzanne Francoeur-Bellavance et Élizabeth PANISSET-ROUSSEL, « Les Contes et les légendes au primaire », *Québec français*, n⁰ 37, mars 1980, p. 45-48.

1053. BELZILE, Thérèse et Vital GADBOIS, « Après ça, le déluge ? La Perspective du collégial », *Québec français*, n⁰ 38, mai 1980, p. 66-68.

1054. MONETTE, Michel, « Les Pièges du fonctionnement de la langue et des discours », *Québec français*, n⁰ 38, mai 1980, p. 52-60.

1055. PARMENTIER, Francis, « Plaidoyer pour un enseignement de la littérature », *Québec français*, n⁰ 38, mai 1980, p. 80-82.

1056. SAINT-JEAN, Réginald et Jean-Guy MILOT, « La Structure du nouveau programme », *Québec français*, n⁰ 38, mai 1980, p. 18-21.

1057. MELANÇON, Joseph, « La Formation littéraire dans l'enseignement classique au Québec de 1852 à 1968 », *Revue d'histoire littéraire du Québec et du Canada français*, n⁰ 2, 1980-1981, p. 84-92.

1058. ROY, Max, « Résultats partiels d'une analyse du discours des étudiants de 1852 à 1880 », *Revue d'histoire littéraire du Québec et du Canada français*, n⁰ 2, 1980-1981, p. 93-98.

1059. HOULD, Raymond, « Principes pour une pédagogique renouvelée de la lecture », *Vie pédagogique*, n⁰ 11, février 1981, p. 22-26.

1060. GAREAU[-DES BOIS], Louise, « L'Art dramatique au primaire », *Vie pédagogique*, n⁰ 12, avril 1981, p. 12-16.

1061. FORTIN, Suzanne, « Le Récit de SF au primaire... pourquoi pas ? », *Québec français*, n⁰ 42, mai 1981, p. 70-73.

1062. Bourque, Ghislain, « L'Enseignement de la littérature. Des enjeux théoriques et idéologiques », *Protée*, vol. 9, n° 2, été 1981, p. 6-12.

1063. Fadin, Max, « Faut-il enseigner la littérature ? ou l'Aventure de didacticiens en poésie/ poétique », *Protée*, vol. 9, n° 2, été 1981, p. 13-16.

1064. Harvey, Benoît, « Quelques Aspects de l'idéologie scolaire dominante en matière d'enseignement de la littérature », *Protée*, vol. 9, n° 2, été 1981, p. 17-21.

1065. Nolet, Michel, « Atelier d'écriture 81 [science-fiction] », *Solaris*, vol. 7, n° 4, septembre 1981, p. 27.

1066. Le Pailleur-Leduc, Monique, « La Lecture, une réécriture », *Des livres et des jeunes*, vol. 4, n° 10, automne 1981, p. 3-5.

1067. Gouanvic, Jean-Marc, « Pour une pédagogie de l'imaginaire. La Science-Fiction », *Québec français*, n° 43, octobre 1981, p. 70-71.

1068. Melançon, Joseph, « Le Discours didactique littéraire », *Études littéraires*, vol. 14, n° 3, décembre 1981, p. 373-385.

1069. Moisan, Clément, « La Rhétorique comme instrument de pouvoir », *Études littéraires*, vol. 14, n° 3, décembre 1981, p. 387-413.

1070. Renaud, Normand, « Le Collège classique. La Maison d'enseignement, le milieu d'études, les fins et les moyens », *Études littéraires*, vol. 14, n° 3, décembre 1981, p. 415-438.

1071. Roy, Max, « Les Pratiques littéraires des étudiants du cours classique », *Études littéraires*, vol. 14, n° 3, décembre 1981, p. 439-462.

1072. Gadbois, Vital, « L'Enseignement de la littérature », *Québec français*, n° 45, mars 1982, p. 55.

1073. Gadbois, Vital, « La Fonction thérapeutique de l'écriture et de la lecture. Une entrevue avec Julien Bigras », *Québec français*, n° 45, mars 1982, p. 71.

1074. Lavoie, Claude, « Réflexions sur l'enseignement de la littérature au collégial », *Québec français*, n° 45, mars 1982, p. 76-77.

1075. Major, Henriette, « La Littérature à l'école. Un point de vue d'auteur », *Québec français*, n° 45, mars 1982, p. 56-57.

1076. Thério, Adrien, « La Littérature québécoise dans les universités canadiennes-anglaises. [Entrevue avec] David M. Hayne », *Lettres québécoises*, n° 25, printemps 1982, p. 70-71.

1077. Thério, Adrien, « La Littérature québécoise dans les universités canadiennes-anglaises. [Entrevue avec] Gérard Tougas », *Lettres québécoises*, n° 25, printemps 1982, p. 67-70.

1078. Dionne, René, « Pourquoi étudier la littérature franco-ontarienne ? », *Bulletin du Centre de recherche en civilisation canadienne-française*, n° 24, avril 1982, p. 1-4.

1079. Charette, Christiane, « Édition scolaire et lecture », *Lurelu*, vol. 5, n° 2, automne 1982, p. 3-7.

1080. Niedoba, Arlette, « Comment j'ai vécu l'application du nouveau programme de français », *Québec français*, n° 47, octobre 1982, p. 51-57.

1081. LeBlanc, René, « Réflexions sur des structures de cours en textes acadiens », *Revue de l'Université Sainte-Anne*, 1982, p. 29-39.

1.5.3 DIFFUSION DE LA LITTÉRATURE

1082. Naaman, Antoine, « Sherbrooke et la francophonie littéraire internationale », *Forces*, n° 46-47, 1er-2e trimestres 1979, p. 76-83.

1083. Beausoleil, Claude, « Lire aujourd'hui. Les Écritures en marge [Les Éditions Cul-Q] », *Hobo-Québec*, n° 36-37, janvier-mars 1979, p. 28-30.

1084. Arbour, Roméo, « Colloque sur l'édition critique de textes québécois et canadiens-français », *Revue de l'Université d'Ottawa/University of Ottawa Quarterly*, vol. 49, n° 1-2, janvier-avril 1979, p. 259-267.

1085. Ouellet, Réal, « Réflexions préliminaires sur l'édition d'un corpus québécois », *Revue de l'Université d'Ottawa/University of Ottawa Quarterly*, vol. 49, n° 1-2, janvier-avril 1979, p. 8-13.

1086. THÉRIO, Adrien, « Léopold Lanctôt, directeur des éditions de l'Université d'Ottawa », *Lettres québécoises*, n⁰ 13, février 1979, p. 60-63.

1087. [ANONYME], « Collection de 'L'Astrolabe' », *Liaison*, n⁰ 4, février 1979, p. 14.

1088. [ANONYME], « Adrien Thério a-t-il raison ? », *Grimoire*, vol. 2, n⁰ 3, 22 février 1979, p. 10.

1089. MORNOIRE, Normand, « Vers une politique réaliste », *Grimoire*, vol. 2, n⁰ 3, 22 février 1979, p. 4-5.

1090. BELLEMARE, Madeleine, « Collection 'Contes de ma maison' », *Nos livres*, vol. 10, mars 1979, n⁰ 107.

1091. CIVIL, Jean, « Le Mur métropolitain », *Grimoire*, vol. 2, n⁰ 4, 15 mars 1979, p. 4-5.

1092. JONNI, « L'Édition à Québec », *Intervention*, vol. 1, n⁰ 4, [printemps] 1979, p. 36-37.

1093. HARDY, Diane, « Le Théâtre des livres vivants », *Lurelu*, vol. 2, n⁰ 1, printemps 1979, p. 7.

1094. ROWAN, Renée, « La Commercialisation du livre de jeunesse québécois. Une lueur au bout du tunnel », *Lurelu*, vol. 2, n⁰ 1, printemps 1979, p. 3-6.

1095. WACHTEL, Eleanor, « Downhill All the Way », *Books in Canada*, Vol. 8, No. 4, April 1979, p. 20-22.

1096. DIONNE, René, « Projet ALCQ-ECQF. Éditions critiques de textes québécois et canadiens-français », *Lettres québécoises*, n⁰ 14, avril-mai 1979, p. 43-45.

1097. THÉRIO, Adrien, « Le Festival national du livre de Sherbrooke, une bouffonnerie ! », *Lettres québécoises*, n⁰ 14, avril-mai 1979, p. 37.

1098. CHASSAY, Jean-François, « Du danger de lire », *Versance*, vol. 1, n⁰ 1, avril 1979, p. 6.

1099. GAGNON, Jean, « L'Édition à Québec », *Intervention*, vol. 1, n⁰ 4, [printemps] 1979, p. 36-37.

1100. BOURASSA, André-Gilles, « Prendre la parole pour se (faire) connaître [Les Éditions Prise de parole] », *Liaison*, n⁰ 5-6, mai 1979, p. 19.

1101. FAUSSURIER, Alain et Denis ROUSSEL, « Des livres et nous », *Panorama*, vol. 2, n⁰ 6, mai 1979, p. 37-38.

1102. HARDY, Diane, « La Balade des livres ouverts », *Lurelu*, vol. 2, n⁰ 2, été 1979, p. 16-17.

1103. [ANONYME], « Un projet de loi sur le livre », *Québec Hebdo*, vol. 1, n⁰ 19, 25 juin 1979, p. 3.

1104. MONAST, Serge, « Communiqué [Manifeste des Éditions de l'Aube] », *Grimoire*, vol. 2, n⁰ 9, juillet 1979, p. 7-10.

1105. [COLLECTIF], « Loi sur le développement des entreprises québécoises dans le domaine du livre. Mémoire soumis par l'Association des bibliothécaires du Québec, l'Association pour l'avancement des sciences et des techniques de la documentation et la Corporation des bibliothécaires professionnels du Québec », *Nouvelles de l'ASTED*, n⁰ 121, juillet-août 1979, p. 16-23.

1106. THÉRIO, Adrien, « Lettre à nos lecteurs », *Lettres québécoises*, n⁰ 15, août-septembre 1979, p. 4.

1107. PERRIER, Alain, « Étude de l'édition de livres au Québec, 1969-1977 », *Documentation et bibliothèques*, vol. 25, n⁰ 3, septembre 1979, p. 139-150.

1108. LEBRUN, Denis, « L'Édition du livre scolaire au Québec : un tournant », *Éducation Québec*, vol. 10, n⁰ 2, octobre 1979, p. 10-17.

1109. GAGNON, Daniel, « Un beau moyen âge à vivre », *L'Estrie*, vol. 1, n⁰ 11, octobre 1979, p. 26-27.

1110. BRODEUR, Léo-A[rthur], « Distributrice de livres ?... », *Grimoire*, vol. 2, n⁰ 11, octobre 1979, p. 6-7.

1111. CORRIVEAU, Hugues, « Le Biocreux : où l'écriture se livre », *La Nouvelle Barre du jour*, n⁰ 82, octobre 1979, p. 92-95.

1112. [ANONYME], « Les Livres en paroles », *Québec Hebdo*, vol. 1, n⁰ 36, 22 octobre 1979, p. 4.

1113. CIVIL, Jean, « Le Livre aussi ! », *Grimoire*, vol. 2, n⁰ 12, novembre 1979, p. 4-5.

1114. BEAULIEU, Michel, « Miron, the Publisher-Poet », *Quill and Quire*, Vol. 45, No. 13, November 1979, p. 8.

1115. DÉRI, Thomas, « Québec Trade Regroups for the 80s », *Quill and Quire*, Vol. 45, No. 13, November 1979, p. 13-14.

1116. DUBÉ, Yves, « Éditions Leméac Is Twenty-Two », *Quill and Quire*, Vol. 45, No. 13, November 1979, p. 3.

1117. FRASER, Graham, « Campaigning for Québec Culture », *Quill and Quire*, Vol. 45, No. 13, November 1979, p. 10-11.

1118. REID, Malcolm, « Fortin Balances the Books », *Quill and Quire*, Vol. 45, No. 13, November 1979, p. 6-7.

1119. STRATFORD, Philip, « Reconciling the Two Solitudes », *Quill and Quire*, Vol. 45, No. 13, November 1979, p. 12-14.

1120. TRUDEL, Clément, « Yves Dubé and the Noisy Revolution », *Quill and Quire*, Vol. 45, No. 13, November 1979, p. 4-6.

1121. [ANONYME], « Progrès de l'édition québécoise », *Québec Hebdo*, vol. 1, nº 41, 26 novembre 1979, p. 3.

1122. OLIVIER, Daniel, « La Bibliophilie québécoise à la fin du XIXᵉ siècle. L'Exemple de Philéas Gagnon », *Documentation et bibliothèques*, vol. 25, nº 4, décembre 1979, p. 201-211.

1123. ALACOQUE, Roger, « Ratures », *Grimoire*, vol. 2, nº 13, décembre 1979, p. 2-3, 5.

1124. MCFADDEN, Lynn, « Sidelines for Struggling Magazines », *Quill and Quire*, Vol. 45, No. 14, December 1979, p. 22.

1125. STRATFORD, Philip, « Quebec Writers and Translators Meet », *Quill and Quire*, Vol. 45, No. 14, December 1979, p. 14.

1126. [ANONYME], « SOGIDES achète les Éditions Quinze », *Québec Hebdo*, vol. 1, nº 42, 3 décembre 1979, p. 3.

1127. POUPART, Jean-Marie, « Lettre ouverte à mes éditeurs ! », *Union des écrivains québécois*, vol. 1, nº 1, 15 décembre 1979, p. 1-2.

1128. ROUSSEAU, Normand, [Lettre à Jean-Claude Rinfret], *Lettres québécoises*, nº 16, hiver 1979-1980, p. 67.

1129. THÉRIO, Adrien, « Un déblocage [sic] à Radio-Québec », *Lettres québécoises*, nº 16, hiver 1979-1980, p. 68.

1130. VANASSE, André, « Comment sortir du ghetto ? », *Lettres québécoises*, nº 16, hiver 1979-1980, p. 4.

1131. ARBOUR, Roméo, « Colloque sur l'édition critique de textes québécois et canadiens-français », *Histoire littéraire du Québec*, nº 1, 1979, p. 259-267.

1132. OUELLET, Réal, « Réflexions préliminaires sur l'édition d'un corpus québécois », *Histoire littéraire du Québec*, nº 1, 1979, p. 8-13.

1133. DUQUETTE, Jean-Pierre, « Sous bénéfice d'inventaire [Le Biocreux] », *Livres et auteurs québécois, 1979*, p. 17.

1134. HAECK, Philippe, « L'Apprentissage de l'écriture », *Livres et auteurs québécois, 1979*, p. 167.

1135. GALARNEAU, Claude, « Livre, culture et société », *Société royale du Canada. Présentation*, nº 35, 1979-1980, p. 109-114.

1136. [ANONYME], « Des subventions du MAC pour les livres », *Loisirs et sports*, nº 89, janvier 1980, p. 32.

1137. TRUDEL, Clément, « Quinze Changes Hands », *Quill and Quire*, Vol. 46, No. 1, January 1980, p. 1, 13.

1138. [ANONYME], « Un éditeur bien différent », *L'Actualité*, vol. 5, nº 2, février 1980, p. 60.

1139. [ANONYME], « Cachets », *Union des écrivains québécois*, vol. 1, nº 2, 15 février 1980, p. [3].

1140. BEAULIEU, Michel, « Contrat d'édition. L'AEC refuse de signer le protocole d'entente », *Union des écrivains québécois*, vol. 1, nº 2, 15 février 1980, p. [1-3].

1141. GARNEAU, Jacques, « Lettre de Jacques Garneau », *Union des écrivains québécois*, vol. 1, nº 2, 15 février 1980, p. [2].

1142. GODBOUT, Jacques, « Les Sables mouvants de l'édition québécoise », *L'Actualité*, vol. 5, nº 3, mars 1980, p. 76.

1143. MAILLOUX, Pierre, « La Définition de l'édition et les AACR 2 », *Documentation et bibliothèques*, vol. 26, nº 1, mars 1980, p. 29-34.

1144. CIVIL, Jean, « Le Festival national du livre », *Grimoire*, vol. 3, nº 3, mars 1980, p. 4.

1145. BOURGEOIS, Jean-Marc, « La Bibliothèque centrale de prêt du Saguenay-Lac-Saint-Jean et la littérature régionale », *Nouvelles de l'ASTED*, n⁰ 125, mars-avril-mai-juin 1980, p. 42.

1146. [ANONYME], « Disparition des Éditions Quinze », *Lettres québécoises*, n⁰ 17, printemps 1980, p. 9.

1147. BOURASSA, André-G[illes], « Parole donnée aux Éditions Prise de parole », *Lettres québécoises*, n⁰ 17, printemps 1980, p. 83-84.

1148. WYL, Jean-Michel, « L'Édition québécoise souvent victime de ses minables », *Lettres québécoises*, n⁰ 17, printemps 1980, p. 84-85.

1149. CHARBONNEAU, Hélène, « La Bibliothèque idéale des jeunes Québécois », *Lurelu*, vol. 3, n⁰ 1, printemps 1980, p. 3-7.

1150. HUARD, Michèle, « Petite Enquête sur la disponibilité des livres pendant la période des Fêtes », *Lurelu*, vol. 3, n⁰ 1, printemps 1980, p. 17-18.

1151. TRUDEL, Clément, « P.-A. Martin, éditeur. Fides, plus de quarante années de ressourcement intellectuel et spirituel », *Antennes*, vol. 5, n⁰ 18, 2ᵉ trimestre 1980, p. 41-45.

1152. BOUDREAU, Diane, « Les Presses étudiantes du Cégep de Sherbrooke », *Grimoire*, vol. 3, n⁰ 4, avril 1980, p. 7-8.

1153. [ANONYME], « 11th Hour Reprieve for VLB », *Quill and Quire*, Vol. 46, No. 4, April 1980, p. 1, 17.

1154. [ANONYME], « Maison d'édition française à Toronto », *Entre nous*, vol. 12, n⁰ 5, mai 1980, p. 2.

1155. DELISLE-LAPIERRE, Isabelle, « Un auteur face à un éditeur », *Grimoire*, vol. 3, n⁰ 5, mai 1980, p. 14-15.

1156. TRUAX, Denise, « Une année de cinéma, d'édition et de musique franco-ontariens », *Liaison*, vol. 3, n⁰ 10, [mai] 1980, p. 4.

1157. CORRIVEAU, Hugues, « Qu'à cela ne tienne (Le Biocreux — 2) », *La Nouvelle Barre du jour*, n⁰ 90-91, mai 1980, p. 197-204.

1158. BEAULIEU, Michel, « L'Assemblée générale du 24 mars 1980 », *Union des écrivains québécois*, vol. 1, n⁰ 3, mai 1980, p. [1-3].

1159. BEAULIEU, Ginette, « Le Livre, une priorité politique », *Le Bulletin Pantoute*, n⁰ 2, juin-juillet-août 1980, p. 2.

1160. TRÉPANIER, Marie-Claude, « Book Club [entrevue avec Paul-André Bourque] », *Le Bulletin Pantoute*, n⁰ 2, juin-juillet-août 1980, p. 4.

1161. GAUTHIER, Bertrand, « L'Édition québécoise, un défi collectif », *Des livres et des jeunes*, vol. 2, n⁰ 6, juin 1980, p. 15-17.

1162. SLOPEN, Beverley, « Quebec : a Direct Route to Europe », *Quill and Quire*, Vol. 46, No. 6, June 1980, p. 6.

1163. [ANONYME], « Le Salon du livre franco-ontarien », *Lettres québécoises*, n⁰ 18, été 1980, p. 7.

1164. HUARD, Michèle, « Orientations nouvelles aux Éditions Paulines », *Lurelu*, vol. 3, n⁰ 2, été 1980, p. 16-17.

1165. BRUNET, Lise, « Les Tendances de la recherche sur les habitudes de lecture au Québec », *Documentation et bibliothèques*, vol. 26, n⁰ 3, septembre 1980, p. 161-167.

1166. CAU, Ignace, « Positions et stratégies des éditeurs dans le champ éditorial québécois », *Documentation et bibliothèques*, vol. 26, n⁰ 3, septembre 1980, p. 139-149.

1167. [ANONYME], « Livres. L'Ontario plus démocratique que le Québec ? », *Loisirs et sports*, n⁰ 97, septembre 1980, p. 6.

1168. CLAVET, Roger, « À l'usage des handicapés visuels, des 'livres parlés' », *Perception*, Vol. 4, No. 1, September-October 1980, p. 16-18.

1169. MAREUIL, André, « Le Rôle des bibliothèques », *Des livres et des jeunes*, vol. 3, n⁰ 7, automne 1980, p. 9-12.

1170. ASSELIN, Olivier, « Anatomie d'une prise de parole », *Liaison*, vol. 3, n⁰ 12, octobre 1980, p. 22.

1171. BÉLAND, Daniel, « Opération prise de parole », *Liaison*, vol. 3, n⁰ 12, octobre 1980, p. 23.

1172. BOULET-WERNHAM, Monique, « Le Centre de recherche en civilisation canadienne-française de l'Université d'Ottawa », *Liaison*, vol. 3, n⁰ 12, octobre 1980, p. 11-12.

1173. [ANONYME], « Lecture. Ce qui est publié au Québec », *Loisirs et sports*, n⁰ 98, octobre 1980, p. 32.

1174. DES ROCHES, Roger, « La Vie de château [Littérature québécoise d'aujourd'hui. Situations et formes — Colloque de Cerisy-la-Salle (France)] », *Spirale*, n⁰ 12, octobre 1980, p. 1, 4.

1175. MONIÈRE, Denis, « Les Écrivains et la télématique », *Union des écrivains québécois*, vol. 1, n⁰ 4, octobre 1980, p. [1].

1176. [ANONYME], « The Bill That Drove Hachette from Quebec », *Quill and Quire*, Vol. 46, No. 11, November 1980, p. 17.

1177. HORNBECK, Paul, « Bookstore Chain Bailed Out by PQ », *Quill and Quire*, Vol. 46, No. 11, November 1980, p. 16.

1178. LA FORCE, Gina, « Archives and Copyright in Canada : An Outsider's View », *Archivaria*, No. 11, Winter 1980, p. 37-51.

1179. CÔTÉ, Jacques, [Lettre à Richard Giguère au sujet des Éditions Naaman], *Lettres québécoises*, n⁰ 20, hiver 1980-1981, p. 106.

1180. GAGNON, Jean, « Les Livres de récompense et la diffusion de nos auteurs de 1856 à 1931 », *Cahiers de bibliologie*, n⁰ 1, 1980, p. 3-24.

1181. GIGUÈRE, Richard, « Le Noroît en 1980. Dix Livres pour célébrer son dixième anniversaire », *Livres et auteurs québécois, 1980*, p. 126-129.

1182. GIRARD, Gilles, « Le Théâtre et les 'boules à mythes' », *Livres et auteurs québécois, 1980*, p. 147-148.

1183. HOUDE, Roland, « Le Livre en crise », *Antennes*, n⁰ 21, 1ᵉʳ semestre 1981, p. 52-54.

1184. DUGAS, Laurier et Raymond ALLARD, « Le Droit d'auteur », *Loisirs et sports*, n⁰ 101, janvier 1981, p. 27.

1185. *PELLETIER, Rosaire, [*Rapport d'enquête sur les habitudes de lecture des élèves du secondaire*, première partie : *Description des habitudes de lecture* par Raymond Hould], *Nouvelles de l'ASTED*, n⁰ 128, janvier-février 1981, p. 26.

1186. *PELLETIER, Rosaire, [Françoise Biron et autres, *Le Livre et l'éveil au monde des perceptions*], *Nouvelles de l'ASTED*, n⁰ 128, janvier-février 1981, p. 27.

1187. [ANONYME], « Énoncé de politique du gouvernement du Québec en matière de droit d'auteur. 'La Juste Part des créateurs' », *La Revue canadienne du droit d'auteur*, vol. 1, n⁰ 2, 1ᵉʳ trimestre 1981, p. 41-47.

1188. BRUNET, Claude, « La Loi du droit d'auteur canadienne. -L'Impossible Révision (2) », *La Revue canadienne du droit d'auteur*, vol. 1, n⁰ 2, 1ᵉʳ trimestre 1981, p. 33-37.

1189. COLAS, Émile, « Les Recours de l'artiste, en cas de destruction de son oeuvre », *La Revue canadienne du droit d'auteur*, vol. 1, n⁰ 2, 1ᵉʳ trimestre 1981, p. 5-32.

1190. ASSELIN, Olivier, « Les Éditions de l'Université d'Ottawa », *Liaison*, n⁰ 14, février 1981, p. 36.

1191. DUGAS, Laurier et Raymond ALLARD, « Le Droit d'auteur (suite) », *Loisirs et sports*, n⁰ 102, février 1981, p. 30.

1192. COLLECTIF DE L'ANDROGYNE, Le, « L'Adrogyne se définit. Une première déclaration du collectif », *Le Berdache*, n⁰ 18, mars 1981, p. [36]-37.

1193. MARTEL, Ronald, « Visite des Éditions Leméac dans les Cantons de l'Est », *Grimoire*, vol. 4, n⁰ 3, mars 1981, p. 11.

1194. GOUANVIC, Jean-Marc, « 'Chroniques du futur'. La Nouvelle Collection québécoise de SF est lancée aux éditions Le Préambule », *Imagine*, vol. 2, n⁰ 3, mars 1981, p. 79-80.

1195. ARCHAMBAULT, Gilles, « Prenez le tour du Québec », *Liberté*, vol. 23, n⁰ 2, mars-avril 1981, p. 74-78.

1196. [COLLECTIF], [Sur l'édition au Québec. Enquête], *Liberté*, vol. 23, n⁰ 2, mars-avril 1981, p. 94-98.

1197. GODBOUT, Jacques, « La Bourse ou la vie », *Liberté*, vol. 23, n⁰ 2, mars-avril 1981, p. 57-61.

1198. [Rédaction, La], [Le Rôle de l'État dans la vie littéraire. Enquête], *Liberté*, vol. 23, n° 2, mars-avril 1981, p. 103-106.

1199. [Rédaction, La], [La littérature québécoise a-t-elle l'institution littéraire qu'elle mérite ? Enquête], *Liberté*, vol. 23, n° 2, mars-avril 1981, p. 106-108.

1200. Rivard, Yvon, « Siècle à mains », *Liberté*, vol. 23, n° 2, mars-avril 1981, p. 66-69.

1201. Leclerc, Jacques, « Enquête sur les habitudes de lecture au collégial », *Québec français*, n° 41, mars 1981, p. 76-79.

1202. Provost, Michelle, « La Variété des lectures et des livres québécois », *Québec français*, n° 41, mars 1981, p. 50-58.

1203. Bonenfant, René, « Image et verbe [Les Éditions du Noroît] », *Cahiers des arts visuels du Québec*, vol. 3, n° 9, printemps 1981, p. 10-11.

1204. Ouvrard, Hélène, « Poème/Gravure. Les Éditions de la Maison », *Cahiers des arts visuels du Québec*, vol. 3, n° 9, printemps 1981, p. 12-13.

1205. Th[ério], A[drien], « Le Troisième Festival du livre », *Lettres québécoises*, n° 21, printemps 1981, p. 67.

1206. [Anonyme], « Lecture. Une remontée », *Loisirs et sports*, n° 104-105, avril-mai 1981, p. 52.

1207. Brunet, Claude, « La Loi du droit d'auteur canadienne. -L'Impossible Révision (3) », *La Revue canadienne du droit d'auteur*, vol. 1, n° 3, 2e trimestre 1981, p. 33-36.

1208. Chenard, Pierre et Michèle Paquette, « Le Droit d'auteur face à l'ordinateur », *La Revue canadienne du droit d'auteur*, vol. 1, n° 3, 2e trimestre 1981, p. 4-17.

1209. Torno, Barry, « Le Droit d'auteur de la Couronne au Canada. Un héritage embrouillé », *La Revue canadienne du droit d'auteur*, vol. 1, n° 3, 2e trimestre 1981, p. 18-32.

1210. [Anonyme], « Édition [Union des écrivains québécois] », *Écriture française dans le monde*, vol. 3, n° 1, mai 1981, p. 102.

1211. Civil, Jean, « Pour une coopérative d'édition », *Grimoire*, vol. 4, n° 5, mai 1981, p. 4-5.

1212. [Anonyme], « Le Salon du livre de Québec, un événement d'envergure », *Québec Hebdo*, vol. 3, n° 17, 11 mai 1981, p. 4.

1213. Laliberté, François, « Journées du livre dans l'Est. Une première sous le signe de l'écriture et de la lecture », *Liaison*, n° 16, juin 1981, p. 34.

1214. [Anonyme], « À la Bibliothèque nationale du Québec, le 'Frolic littéraire d'Acadie' », *Lettres québécoises*, n° 22, été 1981, p. 12.

1215. *Pelletier, Rosaire, [*Le Manifeste des Éditions à maison*], *Nouvelles de l'ASTED*, n° 130, juillet-août-septembre-octobre 1981, p. 21.

1216. *Pelletier, Rosaire, [*Projet Progrès : étude sur les bibliothèques publiques canadiennes*, étude menée par Urban Dimensions Group Inc.], *Nouvelles de l'ASTED*, n° 130, juillet-août-septembre-octobre 1981, p. 21.

1217. [Anonyme], « Sensibiliser la population au plaisir de la lecture ! [Entrevue avec Antoine Naaman] », *L'Écrilu*, vol. 1, n° 2, septembre 1981, p. 5.

1218. Leroux, Normand, « Chrono littéraire [Salon du livre de Québec] », *Offensives*, vol. 2, n° 1, septembre-octobre-novembre-décembre 1981, p. 51-52.

1219. Leroux, Normand, « Chrono littéraire [Regroupement des auteurs-éditeurs autonomes] », *Offensives*, vol. 2, n° 1, septembre-octobre-novembre-décembre 1981, p. 51.

1220. Leroux, Normand, « Chrono littéraire [Éditions à maison] », *Offensives*, vol. 2, n° 1, septembre-octobre-novembre-décembre 1981, p. 51.

1221. Frémont, Claude, « Diffusion et distribution du livre universitaire au Québec », *Universités*, vol. 2, n° 3-4, septembre 1981-janvier 1982, p. 51-52.

1222. Frémont, Claude, « Les Presses de l'Université Laval », *Universités*, vol. 2, n° 3-4, septembre 1981-janvier 1982, p. 56.

1223. Clark, Stuart, « Children's Lit. », *Canadian Author and Bookman*, Vol. 57, No. 1, Fall 1981, p. 23.

1224. [Anonyme], « Pour l'édition critique de textes québécois. Une subvention de plus de deux millions du Conseil des arts », *Lettres québécoises*, n° 23, automne 1981, p. 85-86.

1225. THÉRIO, Adrien, « Une nouvelle collection aux Presses Laurentiennes : 'Le Choix de' », *Lettres québécoises*, no 23, automne 1981, p. 83.

1226. PARÉ, Michel, « La Loi du droit d'auteur canadienne. -L'Impossible Révision. Où il est exposé que l'on parle beaucoup de droit d'auteur au Canada », *La Revue canadienne du droit d'auteur*, vol. 1, no 4, 4e trimestre 1981, p. 4-7.

1227. [ANONYME], « Boréal 81 [Congrès. 'Science-fiction et fantastique'] », *L'Écrilu*, vol. 1, no 3, novembre 1981, p. 6.

1228. [ANONYME], « Éditer, c'est donner la parole [Écrits des Forges] », *L'Écrilu*, vol. 1, no 3, novembre 1981, p. 7.

1229. *[ANONYME], [Marcel Migneault et Louis-Guy Gauthier, *Une bibliothèque, un lieu à s'approprier*], *Nouvelles de l'ASTED*, no 131, novembre-décembre 1981, p. 30.

1230. [ANONYME], « Le Salon international du livre de Montréal, un franc succès », *Québec Hebdo*, vol. 3, no 46, 30 novembre 1981, p. 3-4.

1231. PARENT, Henriette, « Les Droits d'auteurs à Radio-Canada », *Archives*, vol. 13, no 3, décembre 1981, p. 53-56.

1232. THIBEAULT, Pierre et Walker MARTINEAU, « La Loi sur le droit d'auteur au Canada », *Archives*, vol. 13, no 3, décembre 1981, p. 49-51.

1233. HAYNE, David M., « A Survey. Quebec Library History », *Canadian Library Journal*, Vol. 38, No. 6, December 1981, p. 355-361.

1234. LAMONDE, Yvan, « Social Origins of the Public Library in Montreal », *Canadian Library Journal*, Vol. 38, No. 6, December 1981, p. 363-370.

1235. ROBINS, Nora, « The Montreal Mechanic's Institute : 1828-1870 », *Canadian Library Journal*, Vol. 38, No. 6, December 1981, p. 373-379.

1236. *GALARNEAU, Claude, « Pierre Tisseyre, Jean-Louis Roy et Marcel Lajeunesse, *L'Évolution du rôle de l'imprimé et de ses agents au Québec* », *Documentation et bibliothèques*, vol. 27, no 4, décembre 1981, p. 157-158.

1237. [ANONYME], « Les 10 Ans du Noroît », *Lettres québécoises*, no 24, hiver 1981-1982, p. 13.

1238. [ANONYME], [Les Écrits des Forges fêtent leur dixième anniversaire], *Lettres québécoises*, no 24, hiver 1981-1982, p. 13.

1239. GERVAIS, André, « L'Écriture et l'institution. À propos des inédits de Nelligan, Gauvreau et Borduas », *Lettres québécoises*, no 24, hiver 1981-1982, p. 87-89.

1240. ROCHER, Guy, « La collection 'Les Cahiers du Québec' a 10 ans », *Lettres québécoises*, no 24, hiver 1981-1982, p. 12.

1241. THÉRIO, Adrien, « Faire l'événement ! Facile à dire... ['Les Écrivains et les media'] », *Lettres québécoises*, no 24, hiver 1981-1982, p. 9.

1242. HUARD, Michèle, « La Librairie des Jeunes Bettina », *Lurelu*, vol. 4, no 4, hiver 1981, p. 17.

1243. G[IROUX], R[obert], « Chroniques », *Moebius*, no 13, hiver 1981-1982, p. 61.

1244. LAROCHE, Maximilien, « 'Le Dur Désir de durer' », *Livres et auteurs québécois, 1981*, p. [9]-11.

1245. BEAUCHESNE, Yves, « Pour une politique vivante de l'écrit... », *L'Écrilu*, vol. 1, no 4, janvier 1982, p. 5.

1246. [ANONYME], « Deux Portraits d'éditeurs [Éditions du Noroît] », *Littérature du Québec*, no 1, [1er semestre] 1982, p. 6.

1247. [ANONYME], « L'Édition au Québec. La Rencontre parfois difficile de deux cultures francophones », *Neuve-France*, vol. 7, no 2, hiver 1982, p. 4-7.

1248. [ANONYME], « La Coédition franco-québécoise, solution d'avenir ? », *Neuve-France*, vol. 7, no 2, hiver 1982, p. 7.

1249. [ANONYME], « La Grande Fête des bouquins [Le Salon du livre de Montréal] », *Neuve-France*, vol. 7, no 2, hiver 1982, p. 8.

1250. MOISAN, Clément, « Les Poésies québécoise et canadienne-anglaise : poésies nationales ou poésies régionales ? », *Revue d'histoire littéraire du Québec et du Canada français*, no 3, hiver-printemps 1982, p. 124-135.

1251. PARÉ, François, « Les Éditions Prise de parole. Littérature et animation », *Revue d'histoire littéraire du Québec et du Canada français*, no 3, hiver-printemps 1982, p. 18-31.

1252. MARTEL, Ronald, « Sondage sur le Salon du livre [de l'Estrie 1981] », *Grimoire*, vol. 5, no 2, février 1982, p. 16.

1253. *[ANONYME], « 10e Rencontre québécoise internationale des écrivains », *Québec Hebdo*, vol. 4, no 6, 22 février 1982, p. 4.

1254. [ANONYME], « Librairie les Mutantes », *Le Berdache*, no 28, mars 1982, p. 38.

1255. LAFLÈCHE, Sylvie, « Librairie des femmes d'ici », *Le Berdache*, no 28, mars 1982, p. 25-26.

1256. BUONO, Yolande, « Imprimerie et diffusion de l'imprimé à Montréal, 1776-1820 », *Documentation et bibliothèques*, vol. 28, no 1, mars 1982, p. 15-25.

1257. [ANONYME], [Henri Tranquille. Entrevue], *L'Écrilu*, vol. 1, no 5, mars 1982, p. 3.

1258. *LAPRÉS, Raymond, « Ignace Cau, *L'Édition au Québec de 1960-1977* », *Nos livres*, vol. 13, mars 1982, no 107.

1259. LAPRÉS, Raymond, « Notre choix. *L'Édition au Québec de 1960 à 1977* de Ignace Cau [Entrevue] », *Nos livres*, vol. 13, mars 1982, [s.p.].

1260. PARÉ, Michel, « L'Impossible Révision révisée », *La Revue canadienne du droit d'auteur*, vol. 2, no 1, [mars] 1982, p. 4-5.

1261. [ANONYME], « L'Intégrale Éditrice », *La Vie en rose*, mars-avril-mai 1982, p. 9.

1262. [ANONYME], « Quatrième Festival national du livre du 26 avril au 21 mai », *Lettres québécoises*, no 25, printemps 1982, p. 16.

1263. *THÉRIO, Adrien, «*L'Édition au Québec de 1960 à 1977* d'Ignace Cau », *Lettres québécoises*, no 25, printemps 1982, p. 84-85.

1264. HUARD, Michèle, « Les Éditions Héritage », *Lurelu*, vol. 5, no 1, printemps-été 1982, p. 19.

1265. HOMEL, David [Toby], « Quebec's Controversial Bill 51 », *Quill and Quire*, Vol. 48, No. 5, May 1982, p. 29.

1266. GAY, Michel, « L'Interculturelle [de l'UNEQ] », *Lettres québécoises*, no 26, été 1982, p. 16.

1267. MATHIEU, André, « André Mathieu et le double métier de romancier et d'éditeur », *Lettres québécoises*, no 26, été 1982, p. 57-58.

1268. ARBOUR, Roméo, Jean-Louis Major et Laurent MAILHOT, « Protocole d'édition critique », *Revue d'histoire littéraire du Québec et du Canada français*, no 4, été-automne 1982, p. 235-245.

1269. *LAJEUNESSE, Marcel, « Ignace Cau, *L'Édition au Québec de 1960 à 1977* », *Documentation et bibliothèques*, vol. 28, no 3, juillet-septembre 1982, p. 127-128.

1270. [ANONYME], « Deux Portraits d'éditeurs [Québec/Amérique] », *Littérature du Québec*, no 2, [2e semestre] 1982, p. 6.

1271. [ANONYME], « Entre la France et le Québec », *Littérature du Québec*, no 2, [2e semestre] 1982, p. 5.

1272. BARRETT, Caroline, « Les Québécois(es) ne lisent pas. Est-ce bien vrai ? », *Études littéraires*, vol. 15, no 2, août 1982, p. 215-220.

1273. GAGNON, Claude-Marie et Sylvie PROVOST, « Présentation », *Études littéraires*, vol. 15, no 2, août 1982, p. 127-132.

1274. LABRIE, Vivian, « La Faim de lire, littéralement », *Études littéraires*, vol. 15, no 2, août 1982, p. 243-264.

1275. [ANONYME], « Que signifient le droit d'auteur, la propriété intellectuelle ? », *Grimoire*, vol. 5, no 6, août-septembre 1982, p. 5.

1276. BASTIN, Agnès, « Colloque international des écrivains de langue française à Québec », *Grimoire*, vol. 5, no 6, août-septembre 1982, p. 11.

1277. [COLLECTIF], « Le Livre, un lien qui rassemble », *Grimoire*, vol. 5, no 7, septembre-octobre 1982, p. 8-9.

1278. CROTEAU, Marcellin, « Subventions [accordées à la revue *Des livres et des jeunes*] », *Des livres et des jeunes*, vol. 5, no 13, automne 1982, p. 44.

1279. DUBOIS, Raoul, « L'Édition documentaire pour les jeunes », *Des livres et des jeunes*, vol. 5, n° 13, automne 1982, p. 18-21.

1280. GAMACHE, Sylvie, « Des Livres pour les Pissenlits », *Des livres et des jeunes*, vol. 5, n° 13, automne 1982, p. 9-11.

1281. DUCIAUME, Jean-Marcel, « Le Livre d'artiste au Québec, contribution à une histoire », *Études françaises*, vol. 18, n° 2, automne 1982, p. 89-98.

1282. GIGUÈRE, Roland, « Une aventure en typographie. Des arts graphiques aux Éditions Erta », *Études françaises*, vol. 18, n° 2, automne 1982, p. 99-104.

1283. MAILHOT, Laurent, « Ouvrir le livre », *Études françaises*, vol. 18, n° 2, automne 1982, p. 5-17.

1284. POPOVIC, Pierre, « Le Livre sans son texte », *Études françaises*, vol. 18, n° 2, automne 1982, p. 61-67.

1285. BOISDEFFRE, Pierre de, [Lettre ouverte à Adrien Thério], *Lettres québécoises*, n° 27, automne 1982, p. 17.

1286. THÉRIO, Adrien, « Pour rafraîchir la mémoire de Jean-Pierre Goyer et de ses acolytes », *Lettres québécoises*, n° 27, automne 1982, p. 9.

1287. GIROUX, Robert, « Y aurait-il trop de revues littéraires ? », *Moebius*, n° 15, automne 1982, p. 63-68.

1288. BAILLARGEON, Danièle et Robert DUFORT, « Les Bibliothèques de collèges confrontées au problème des non-usagers », *Documentation et bibliothèques*, vol. 28, n° 4, octobre-décembre 1982, p. 155-160.

1289. GÉLINAS, René, « Évolution des dépenses pour l'achat de livres de bibliothèques dans les écoles et collèges du Québec de 1978 à 1982 », *Documentation et bibliothèques*, vol. 28, n° 4, octobre-décembre 1982, p. 147-152.

1290. ROY, Jean-Luc, « Des bibliothèques scolaires, pourquoi faire ? », *Prospectives*, vol. 18, n° 3, octobre 1982, p. 119-122.

1291. [ANONYME], « Réévaluation chez Fides », *Livre d'ici*, vol. 8, n° 1, novembre 1982, p. 3.

1292. THÉRIAULT, Jacques, « Cinq Chandelles pour le S.L.M. », *Livre d'ici*, vol. 8, n° 1, novembre 1982, p. 1, 15.

1293. THÉRIAULT, Jacques, « Leméac, un 'grand cru' vieux de 25 ans », *Livre d'ici*, vol. 8, n° 1, novembre 1982, p. 6-7.

1294. ISABELLE, Christine, « Où et comment vendre un livre ? », *Livre d'ici*, vol. 8, n° 2, décembre 1982, p. 14.

1295. LATOUCHE, Daniel, « L'Imprimerie : 'deadline' 1985 ? », *Livre d'ici*, vol. 8, n° 2, décembre 1982, p. 1, 19.

1296. LEBLANC, Gérald, « La Recette des produits Québécor », *Livre d'ici*, vol. 8, n° 2, décembre 1982, p. 17.

1297. ROY, Monique, « Mais... qui donc parle de nos livres ? », *Livre d'ici*, vol. 8, n° 2, décembre 1982, p. 12.

1298. THÉRIAULT, Jacques, « Un tir à rectifier », *Livre d'ici*, vol. 8, n° 2, décembre 1982, p. 2.

1299. THÉRIAULT, Jacques, « Les Grands Bonds en avant des Éditions Libre Expression », *Livre d'ici*, vol. 8, n° 2, décembre 1982, p. 8.

1300. [ANONYME], « Le Livre d'artiste au Québec [*Répertoire des livres d'artistes au Québec, 1900-1980*] », *Lettres québécoises*, n° 28, hiver 1982-1983, p. 13.

1301. HUARD, Michèle, « Les Éditions Pierre Tisseyre », *Lurelu*, vol. 5, n° 3, hiver 1982, p. 22-23.

1302. *BOLDUC, Yves, « Laurent Mailhot et Benoît Melançon, *Le Conseil des arts du Canada* », *Livres et auteurs québécois, 1982*, p. 308-309.

1303. TREMBLAY, Gaston, « Prise de parole, 1972-1982. Genèse d'éditions francophones en Ontario », *Revue du Nouvel Ontario*, n° 4, 1982, p. 1-20.

1.5.4 JEUNESSE ET LITTÉRATURE

1304. Rubio, Mary et John R. Sorfleet, « Canadian Children's Literature 1976 : A Bibliography », *Canadian Children's Literature*, No. 13, 1979, p. 29-50.

1305. Bellemare, Madeleine, « Collection 'Contes de ma maison' », *Nos livres*, vol. 10, mars 1979, n⁰ 107.

1306. Cusson, Chantale, « Des publications en théâtre pour enfants à la hauteur des enfants », *Dérives*, n⁰ 17-18, [2ᵉ trimestre] 1979, p. 75-82.

1307. Monette, Pierre, « Histoires pour enfants, histoire de l'enfance... », *Dérives*, n⁰ 17-18, [2ᵉ trimestre] 1979, p. 39-54.

1308. Sévigny, Marc, « L'Aventure périlleuse de l'édition pour enfants », *Éducation Québec*, vol. 9, n⁰ 6, avril 1979, p. 10-16.

1309. [Sévigny, Marc], « Profil d'un auteur », *Éducation Québec*, vol. 9, n⁰ 6, avril 1979, p. 16-17.

1310. Jean, Georges, « Les Modèles culturels apportés par les livres de jeunesse », *Des livres et des jeunes*, vol. 1, n⁰ 3, mai 1979, p. 38-41.

1311. Lamérand, Raymond, «*Kamouraska*. Pour les adolescents, le roman littéraire », *Des livres et des jeunes*, vol. 1, n⁰ 3, mai 1979, p. 21-22.

1312. [Collectif], « Ce qu'on en pense... de l'édition pour enfants », *Éducation Québec*, vol. 9, n⁰ 7, mai 1979, p. 25.

1313. Durand, Marielle, « Taisez-vous les enfants ! Une analyse de l'autorité dans la littérature enfantine », *Lurelu*, vol. 2, n⁰ 2, été 1979, p. 4-6.

1314. Warren, Louise, « Petite Rétrospective de l'imagerie québécoise du livre pour enfants », *Lurelu*, vol. 2, n⁰ 3, automne 1979, p. 4-7.

1315. Painchaud, Clotilde [T.-L.], « On pense aux enfants », *Grimoire*, vol. 2, n⁰ 11, octobre 1979, p. 10-11.

1316. [Collectif], « Livres pour enfants », *Québec français*, n⁰ 35, octobre 1979, p. 6-7.

1317. [Collectif], « Livres pour enfants », *Québec français*, n⁰ 36, décembre 1979, p. 4-5.

1318. LaRue, Monique, « Écrire pour les enfants. Un délicat dosage de pédagogie et de littérature », *Lurelu*, vol. 2, n⁰ 4, hiver 1979, p. 4-6.

1319. Roberge, Hélène, « La Littérature québécoise pour la jeunesse à l'heure de l'année de l'enfant », *Livres et auteurs québécois, 1979*, p. 251-253.

1320. Paramskas, Dana, « Le Fantastique et l'imaginaire en français », *Canadian Children's Literature*, No. 15-16, 1980, p. 80-[82], 84-85.

1321. Charbonneau, Hélène, « La Bibliothèque idéale des jeunes Québécois », *Lurelu*, vol. 3, n⁰ 1, printemps 1980, p. 3-7.

1322. Soulières, Robert, « Vivre de théâtre et d'eau fraîche », *Lurelu*, vol. 3, n⁰ 1, printemps 1980, p. 15-16.

1323. Painchaud, Clotilde T.-L., « 'Des témoins de l'enfance', une exposition à deux volets », *Grimoire*, vol. 3, n⁰ 4, avril 1980, p. 17.

1324. *Painchaud, Clotilde T.-L., « Deux Revues sur la littérature de jeunesse [*Des livres et des jeunes* — *Lurelu*] », *Grimoire*, vol. 3, n⁰ 5, mai 1980, p. 11.

1325. Khouzam, Monique, « Les Contes québécois et les enfants », *Des livres et des jeunes*, vol. 2, n⁰ 6, juin 1980, p. 23-24, 26-27.

1326. Warren, Louise, « Tout en feuilletant...des romans pour la jeunesse », *Lurelu*, vol. 3, n⁰ 2, été 1980, p. 13-14.

1327. Rubio, Mary et John R. Sorfleet, «*Canadian Children's Literature* 1977 : A Bibliography », *Canadian Children's Literature*, No. 17, 1980, p. 27-55.

1328. Blondeau, Dominique, « Livres », *Nous*, vol. 8, n⁰ 1, septembre-octobre 1980, p. 55, 57-58.

1329. Huard, Michèle, « Des librairies pour enfants dans la région de Montréal », *Lurelu*, vol. 3, n⁰ 3, automne 1980, p. 12.

1330. Warren, Louise, « Des romans historiques », *Lurelu*, vol. 3, n⁰ 3, automne 1980, p. 13.

1331. Beaulieu, Ginette, « Des livres pour enfants édités à Québec », *Le Bulletin Pantoute*, n⁰ 4, décembre 1980-janvier-février 1981, p. 45-46.

1332. ROBERT, Lucie, [La Collection 'Jeunes publics' des Éditions Québec/Amérique], *Livres et auteurs québécois, 1980*, p. 162-165.

1333. WARREN, Louise, « Littérature de jeunesse », *Livres et auteurs québécois, 1980*, p. 213-215.

1334. LAVIGNE, Louis-Dominique, « Le 7e Festival de théâtre pour enfants », *Offensives*, vol. 1, no 2, janvier-février-mars 1981, p. 46.

1335. BROSSARD, Luce, « Enquête sur les habitudes de lecture des élèves du secondaire », *Vie pédagogique*, no 11, février 1981, p. 19-21.

1336. LATREILLE-HUVELIN, France, « Le Livre dans la vie de l'enfant », *Documentation et bibliothèques*, vol. 27, no 1, mars 1981, p. 36-37.

1337. DENIS, Anne, « La Bibliothèque scolaire, un milieu de vie », *Lurelu*, vol. 4, no 1-2, printemps-été 1981, p. 18.

1338. HUARD, Michèle, « Nouveaux Venus dans la littérature pour enfants », *Lurelu*, vol. 4, no 1-2, printemps-été 1981, p. 14-15.

1339. PROVOST, Michelle, « Les enfants lisent et réinventent leurs lectures », *Lurelu*, vol. 4, no 1-2, printemps-été 1981, p. 3-6.

1340. LORTIE, Alain, « La SF pour adolescents », *Québec français*, no 42, mai 1981, p. 77-79.

1341. [ANONYME], « Donner une clé à l'enfant », *L'Écrilu*, vol. 1, no 2, septembre 1981, p. 3, 7.

1342. LEBEAU, Suzanne, « Le Livre, un tremplin pour le jeu dramatique [une expérience avec des enfants] », *Des livres et des jeunes*, vol. 4, no 10, automne 1981, p. 8-11.

1343. LAGUEUX, Denis, « L'Auteur dramatique pour la jeunesse. Un portrait de famille(s) », *Jeu*, no 21, 4e trimestre 1981, p. 16-20.

1344. PROVOST, Michelle, « Outils et techniques. Littérature de jeunesse québécoise, 1979-1980. Une sélection de livres de fiction », *Vie pédagogique*, no 15, novembre 1981, p. 36-45.

1345. *DESROCHERS-BRAZEAU, Aline, « Une collection pour les jeunes ['Jeunes publics', Québec/Amérique] », *Québec français*, no 44, décembre 1981, p. 60.

1346. GUINDON, Ginette, « Noël dans la littérature de jeunesse au Québec », *Lurelu*, vol. 4, no 4, hiver 1981, p. 3-6.

1347. WARREN, Louise, « Le Livre pour la jeunesse et sa critique », *Livres et auteurs québécois, 1981*, p. [233]-238.

1348. *GERVAIS, Flora, « Didier Calvet, *Éveillez votre enfant par des contes* », *Revue des sciences de l'éducation*, vol. 8, no 1, hiver 1982, p. 208-209.

1349. MAREUIL, André, « Du rôle des oeuvres de fiction dans la formation personnelle du jeune lecteur », *Québec français*, no 45, mars 1982, p. 58-60.

1350. BÉGIN, Denis, « Problématique de la question des lectures chez les jeunes du secondaire », *Des livres et des jeunes*, vol. 4, no 11, printemps 1982, p. 15-22.

1351. DUBOIS, Raoul, « Les adolescents lisent aussi », *Des livres et des jeunes*, vol. 4, no 11, printemps 1982, p. 3-9.

1352. THÉRIEN, Michel, « Les Adolescents et la lecture », *Des livres et des jeunes*, vol. 4, no 11, printemps 1982, p. 11-14.

1353. *TH[ÉRIO], A[drien], « Claude Potvin, *Le Canada français et sa littérature de jeunesse* », *Lettres québécoises*, no 25, printemps 1982, p. 93.

1354. POTVIN, Claude, « La littérature de jeunesse acadienne reste à faire », *Lurelu*, vol. 5, no 1, printemps-été 1982, p. 22-23.

1355. PROVOST, Michelle, « Des livres québécois pour les jeunes. 1981, un bon cru », *Vie pédagogique*, no 18, avril 1982, p. 21-29.

1356. COUTURE, Michelle, « Rites of Passage : Kids' CanLit in Transit », *Quill and Quire*, Vol. 48, No. 6, June 1982, p. 3-7.

1357. *PELLETIER, Rosaire, [Claude Potvin, *Le Canada français et sa littérature de jeunesse*], *Nouvelles de l'ASTED*, vol. 1, no 3, juillet-août-septembre 1982, p. 4.

1358. BÉLISLE, Alvine, « Des images, des contes pour les tout-petits de un à six ans », *Des livres et des jeunes*, vol. 5, no 13, automne 1982, p. 28-33.

1359. LATREILLE-HUVELIN, France, « Mine d'or à exploiter. Les Albums pour tout-petits », *Des livres et des jeunes*, vol. 5, no 13, automne 1982, p. 23-27.

1360. PROVOST, Michelle, « De nouvelles voies à explorer », *Québec français*, n° 47, octobre 1982, p. 42-47.

1361. PROVOST, Michelle, « La Force de l'humour dans les livres de jeunesse », *Vie pédagogique*, n° 20, octobre 1982, p. 22-27.

1362. RUDEL-TESSIER, Danièle, « Livres pour enfants, attention ! », *L'Actualité*, vol. 7, n° 12, décembre 1982, p. 115-116.

1363. DEMERS, Dominique, « Les Contes pour enfants. Le charme joue toujours », *Châtelaine*, vol. 23, n° 12, décembre 1982, p. 100-111.

1364. LOUTHOOD, Louise, « Nos livres d'images sont-ils sexistes ? », *Lurelu*, vol. 5, n° 3, hiver 1982, p. 3-8.

1365. LA MOTHE, Jacques, « ... Cette parole confuse qui s'ébauche dans la nuit », *Livres et auteurs québécois, 1982*, p. [221]-222.

1366. *NEPVEU, Denise, « Louise Warren, *Répertoire des ressources en littérature de jeunesse* », *Livres et auteurs québécois, 1982*, p. 239.

2 GENRES

2.1 ROMAN

2.1.1 ÉTUDES

1367. THÉRIAULT, Yves, « Renaissance du roman », *Écriture française*, vol. 1, n° 1, 1979, p. 51-52.

1368. DIONNE, René, « Le Roman du XIXe siècle (1837-1895) », *Revue de l'Université d'Ottawa/ University of Ottawa Quarterly*, vol. 49, n° 1-2, janvier-avril 1979, p. 30-45.

1369. SIROIS, Antoine, « Le Roman (1900-1945). Voies, évolution, recherches », *Revue de l'Université d'Ottawa/University of Ottawa Quarterly*, vol. 49, n° 1-2, janvier-avril 1979, p. 46-55.

1370. BROWN-DÉSY, Marielle, « Le roman à l'eau de rose camoufle une odeur de rance », *Focus*, n° 20, mars 1979, p. 38-39.

1371. BLODGETT, E.D., « Cold Pastorals : A Prolegomenon », *Canadian Review of Comparative Literature/Revue canadienne de littérature comparée*, Vol. 6, No. 2, Spring 1979, p. 166-194.

1372. KRÖLLER, Eva-Marie, « Comparative Canadian Literature : Notes on its Definition and Method », *Canadian Review of Comparative Literature/Revue canadienne de littérature comparée*, Vol. 6, No. 2, Spring 1979, p. 139-150.

1373. POLLOCK, Zailig, « Patterns in Isolation : Three Versions of Canadian Literature and Society », *Journal of Canadian Studies/Revue d'études canadiennes*, Vol. 14, No. 1, Spring 1979, p. 114-121.

1374. AMPRIMOZ, Alexandre L., « La Sémiotique des gestes dans le roman québécois. Problèmes méthodologiques », *Présence francophone*, n° 18, printemps 1979, p. 95-107.

1375. ALLARD, Jacques, « La Figure du pays dans le roman québécois contemporain », *Studies in Canadian Literature*, Vol. 4, No. 2, Summer 1979, p. 74-82.

1376. GAUVIN, Lise, « Letters in Canada 1978. Romans, récits et contes », *University of Toronto Quarterly*, Vol. 48, No. 4, Summer 1979, p. 330-338.

1377. DROLET, Gilbert, « Loin de toi et du pays », *Journal of Canadian Fiction*, No. 25-26, 1979, p. 136-159.

1378. HATHORN, Ramon, « Angles on Saxon : A Study of the Anglo-Saxon in Québec Fiction », *Journal of Canadian Fiction*, No. 25-26, 1979, p. 204-279.

1379. LEMIRE, Maurice, « Le Roman régionaliste au Québec (1900-1940). Essai de classification », *Journal of Canadian Fiction*, No. 25-26, 1979, p. 124-135.

1380. ROUSSEAU, Guildo, « La Ruée vers l'or en Californie dans le roman et le conte québécois », *Journal of Canadian Fiction*, No. 25-26, 1979, p. 99-114.

1381. FOLCH-RIBAS, Jacques, « 'Littérature et réalité'. Troisième Séance. Débats [Intervention de Jacques Folch-Ribas] », *Liberté*, vol. 21, n⁰ 4-5, juillet-octobre 1979, p. 111-112.

1382. DES RIVIÈRES, Marie-José, « Ni Mata Hari, ni Modesty Blaise : Gisèle », *Études littéraires*, vol. 12, n⁰ 2, août 1979, p. 203-234.

1383. VANASSE, André, « Nouveaux Romans ? Jacques Garneau, Madeleine Gagnon, Louis-Philippe Hébert, François Hébert », *Lettres québécoises*, n⁰ 15, août-septembre 1979, p. 14-18.

1384. PAGÉ, Raymond, « Québec Literature : Fifth Annual Survey, Part 2 », *Chelsea Journal*, Vol. 5, No. 5, September-October 1979, p. 232-234.

1385. SUGDEN, Leonard W., « Québec's Revolutionary Novels », *Canadian Literature*, No. 82, Autumn 1979, p. 133-141.

1386. BOURNEUF, Roland, « Literary Form and Social Reality in the Québec Novel », *Essays on Canadian Writing*, No. 16, Fall-Winter 1979, p. 219-228.

1387. BOYNARD-FROT, Janine, « Une lecture féministe des romans du terroir canadien-français de 1860 à 1960 », *Possibles*, vol. 4, n⁰ 1, automne 1979, p. 41-53.

1388. GAGNON, Daniel, « Contes, romans et poésie d'ici », *L'Estrie*, vol. 2, n⁰ 1, novembre 1979, p. 21-29.

1389. GINGRAS, Pierre, « Les Sorties de la rentrée », *Informag*, vol. 1, n⁰ 2, décembre 1979, p. 27-28.

1390. LEMIRE, Maurice, « Le Roman québécois des moeurs urbaines », *Québec français*, n⁰ 36, décembre 1979, p. 56-57.

1391. DIONNE, René, « Le Roman du XIXᵉ siècle (1837-1895) », *Histoire littéraire du Québec*, n⁰ 1, 1979, p. 30-45.

1392. SIROIS, Antoine, « Le Roman (1900-1945). Voies, évolution, recherches », *Histoire littéraire du Québec*, n⁰ 1, 1979, p. 46-55.

1393. DUQUETTE, Jean-Pierre, « Sous bénéfice d'inventaire », *Livres et auteurs québécois, 1979*, p. 17-20.

1394. COUILLARD, Marie, « La Femme et le sacré dans quelques romans québécois contemporains », *Revue de l'Université d'Ottawa/University of Ottawa Quarterly*, vol. 50, n⁰ 1, janvier-mars 1980, p. 74-81.

1395. COLLET, Paulette, « Les Romancières québécoises des années 60 face à la maternité », *Atlantis*, Vol. 5, No. 2, Spring 1980, p. 131-141.

1396. ROBIDOUX, Réjean, « Approaching the Contemporary Poem-Novel », *Essays on Canadian Writing*, No. 17, Spring 1980, p. 127-140.

1397. VONARBURG, Élisabeth, « Écrire de la S-F, 1 : où allez-vous chercher tout ça ? », *Solaris*, vol. 6, n⁰ 2, avril 1980, p. 27-29.

1398. [ANONYME], « Dialogue avec Yves Thériault [sur les romans Harlequin] », *L'Actualité*, vol. 5, n⁰ 5, mai 1980, p. 54.

1399. VONARBURG, Élisabeth, « Écrire de la fiction, 2 : raconte-moi une histoire », *Solaris*, vol. 6, n⁰ 3, juin 1980, p. 17-18.

1400. GAUVIN, Lise, « Romans, récits et contes », *University of Toronto Quarterly*, Vol. 49, No. 4, Summer 1980, p. 336-337.

1401. O'CONNOR, John J., « Translations », *University of Toronto Quarterly*, Vol. 49, No. 4, Summer 1980, p. 383-399.

1402. RICARD, François, « Le Poète et le romancier », *Liberté*, vol. 22, n⁰ 4, juillet-août 1980, p. 83-89.

1403. VONARBURG, Élisabeth, « Écrire de la fiction, 3 », *Solaris*, vol. 6, n⁰ 4, septembre 1980, p. 17-19.

1404. KRYSINSKI, Wladimir, « Sémiotique sur le roman/le roman dans les sémiotiques », *Canadian Journal of Research in Semiotics/Journal canadien de recherche sémiotique*, Vol. 8, No. 1-2, Autumn/Winter 1980-1981, p. 3-13.

1405. BESSETTE, Gérard, « Romancier(s) québécois », *University of Toronto Quarterly*, Vol. 50, No. 1, Fall 1980, p. 42-52.

1406. CHOUL, Jean-Claude et Michel de SMET, « Des romans bien tranquilles. Les Prix du Cercle du Livre de France (1960-1965) », *Voix et images*, vol. 6, n⁰ 1, automne 1980, p. 127-145.

1407. HATHORN, Ramon, « Soldats, patrons et femmes 'fatales'. Figures de l'"Anglais' dans le roman québécois des XIXᵉ et XXᵉ siècles », *Voix et images*, vol. 6, nº 1, automne 1980, p. 97-115.

1408. [ANONYME], « Chronologie de la littérature française de l'Ouest canadien, 3 : oeuvres romanesques », *Bulletin du Centre d'études franco-canadiennes de l'Ouest*, nº 6, octobre 1980, p. 5-12.

1409. BERGERON-HOGUE, Marthe, « Le Romancier québécois et ses lecteurs », *Écriture française dans le monde*, vol. 2, nº 1-2, octobre 1980, p. 13-15.

1410. VONARBURG, Élisabeth, « Écrire de la fiction, 4 », *Solaris*, vol. 6, nº 5, octobre-novembre 1980, p. 22-23.

1411. POULIN, Gabrielle, « Une aventure au pays des romans. Le Roman québécois de 1968 à 1980 », *Québec français*, nº 40, décembre 1980, p. 54-56.

1412. BOURGAULT, Raymond, «*Maria Chapdelaine* démystifiée ? », *Relations*, vol. 40, nº 465, décembre 1980, p. 341-342.

1413. VONARBURG, Élisabeth, « Écrire de la fiction, 5 », *Solaris*, vol. 6, nº 6, décembre 1980, p. 26-29.

1414. DUQUETTE, Jean-Pierre, « Une autre (assez) bonne idée », *Livres et auteurs québécois, 1980*, p. 15-17.

1415. MICHON, Jacques, « Le Discours du récit romanesque au Québec depuis 1940 », *Revue d'histoire littéraire du Québec et du Canada français*, nº 2, 1980-1981, p. 67-73.

1416. SALLENAVE, Pierre, « [Présentation de sa thèse de doctorat], Essai de théorie littéraire. Le Roman canadien-français du XIXᵉ siècle », *Revue d'histoire littéraire du Québec et du Canada français*, nº 2, 1980-1981, p. 177-179.

1417. COUILLARD, Marie, « La Femme écrivain canadienne-française et québécoise face aux idéologies de son temps », *Canadian Ethnic Studies/Études ethniques au Canada*, Vol. 13, No. 1, 1981, p. 43-51.

1418. RUBINGER, Catherine, « Some Pioneer Women Writers of French Canada », *Canadian Women's Studies/Les Cahiers de la femme*, Vol. 3, No. 1, 1981, p. 37-39.

1419. MAILHOT, Laurent, « Romans de la parole (et du mythe) », *Canadian Literature*, No. 88, Spring 1981, p. 84-90.

1420. HÉBERT, Pierre, « La Rupture formelle du roman québécois vers 1960. Jalons d'étude », *Études littéraires*, vol. 14, nº 1, avril 1981, p. 81-103.

1421. LÉARD, Jean-Marcel, « Du sémantique au sémiotique en littérature. La Modernité romanesque au Québec », *Études littéraires*, vol. 14, nº 1, avril 1981, p. 17-60.

1422. MICHON, Jacques, « Fonctions et historicité des formes romanesques », *Études littéraires*, vol. 14, nº 1, avril 1981, p. 61-79.

1423. BERGER, Richard, « Le Titre du roman québécois des années 1940-1960 », *Voix et images*, vol. 7, nº 1, automne 1981, p. 79-93.

1424. ROUSSEAU, Guildo et Lucie GRENIER-NORMAND, « Discours romanesque et discours urbain », *Voix et images*, vol. 7, nº 1, automne 1981, p. 97-117.

1425. THÉRIO, Adrien, «*En marge de la vie* ou le Roman québécois, 1900-1933 », *Voix et images*, vol. 7, nº 1, automne 1981, p. 45-55.

1426. BELLEAU, André, « Relire le jeune Lukacs », *Liberté*, vol. 23, nº 6, novembre-décembre 1981, p. 105-115.

1427. RICARD, François, « Note sur le roman paysan », *Liberté*, vol. 23, nº 6, novembre-décembre 1981, p. 102-104.

1428. SCOTT, Marc, « Le Roman et ses valeurs », *Entre nous*, vol. 14, nº 2, décembre 1981, p. 13-14.

1429. ARGUIN, Maurice, « Symptôme du colonialisme et signes de libération dans le roman québécois », *Québec français*, nº 44, décembre 1981, p. 34-36.

1430. DUQUETTE, Jean-Pierre, « Bilans provisoires », *Livres et auteurs québécois, 1981*, p. [15]-18.

1431. SIROIS, Antoine, « L'Étranger de race et d'ethnie dans le roman québécois », *Recherches sociographiques*, vol. 23, nº 1-2, janvier-août 1982, p. [187]-204.

1432. GALLANT, Melvin, « Les Nouveaux Romanciers acadiens et le retour aux sources », *Revue d'histoire littéraire du Québec et du Canada français*, n⁰ 3, hiver-printemps 1982, p. 106-111.

1433. ROUSSEAU, Guildo et Jean LAPRISE, « Le Discours du sol dans le roman mauricien de 1850 à 1950 », *Cahiers de géographie du Québec*, vol. 26, n⁰ 67, avril 1982, p. 121-137.

1434. HÉBERT, Pierre, « Un problème de sémiotique diachronique. Norme coloniale et évolution des formes romanesques québécoises », *Recherches sémiotiques/Semiotic Inquiry*, vol. 2, n⁰ 3, septembre 1982, p. 211-239.

1435. TASCHEREAU, Yves, « Silence, on tape ! Le cinéma devient-il une 'mine d'or' pour les écrivains et les éditeurs ? », *Livre d'ici*, vol. 8, n⁰ 1, novembre 1982, p. 1, 15.

1436. COLLET, Paulette, « Les Romanciers français et le Canada », *Écriture française dans le monde*, vol. 4, n⁰ 2-3, décembre 1982, p. 22-25.

1437. PELLERIN, Gilles, « Lecture plurielle, bilan partiel. La Littérature narrative de 1982 », *Livres et auteurs québécois, 1982*, p. [13]-20.

1438. RENAUD, Normand, « Romans et nouvelles d'Acadie, d'Ontario et du Manitoba », *Livres et auteurs québécois, 1982*, p. 23-26.

2.1.2 COMPTES RENDUS D'ANTHOLOGIES, DE MANUELS, D'OUVRAGES COLLECTIFS

1439. *BONENFANT, Joseph, «*Social Realism in the French-Canadian Novel* de Ben-Zion Shek ou Notre roman entre les faits et la fiction », *Voix et images*, vol. 4, n⁰ 3, avril 1979, p. 545-547.

1440. *GERSON, Carole, « Three Faces of French Canada : Ben-Zion Shek *Social Realism in the French-Canadian Novel* », *Canadian Literature*, No. 82, Autumn 1979, p. 115-118, p. 115-116.

1441. *SIROIS, Antoine, « [Madeleine Ducrocq-Poirier], *Le Roman canadien de langue française de 1860 à 1958* », *Présence francophone*, n⁰ 20, printemps 1980, p. 184-186.

1442. *PIVATO, Joseph, « Social Realism in French Canada [Ben-Zion Shek, *Social Realism in the French-Canadian Novel*] », *Journal of Canadian Fiction*, No. 31-32, 1981, p. 231-234.

1443. *[ANONYME], «*Romanciers du Québec*», *Écriture française dans le monde*, vol. 3, n⁰ 1, mai 1981, p. 125.

1444. *SHEK, Ben-Z[ion], [Virginia Harger-Grinling et Terry Goldie (ed.), *Violence in the Canadian Novel Since 1960/dans le roman canadien depuis 1960*], *University of Toronto Quarterly*, Vol. 51, No. 4, Summer 1982, p. 476-478.

2.2 POÉSIE

2.2.1 ÉTUDES

1445. PAGEAU, René, « Coup d'oeil sur la poésie québécoise », *Les Cahiers de Cap-Rouge*, vol. 7, n⁰ 1, 1979, p. 64-72.

1446. BEAUSOLEIL, Claude, « Lire aujourd'hui. Les Écritures en marge », *Hobo-Québec*, n⁰ 36-37, janvier-mars 1979, p. 28-30.

1447. MAJOR, Robert, « Lire la poésie », *Incidences*, vol. 2-3, n⁰ 1, janvier-avril 1979, p. 3-4.

1448. BÉLANGER, Marcel, « La Poésie telle qu'on la mythifie », *Liberté*, vol. 21, n⁰ 1, janvier-février 1979, p. 76-95.

1449. PONTBRIAND, Jean-Noël, « La Forme comme mise au monde de la conscience », *Poésie*, vol. 18, hiver 1979, p. 17-21.

1450. BEAULIEU, Michel, « Qui se souviendra de nous ? », *Possibles*, vol. 3, n⁰ 2, hiver 1979, p. 101.

1451. BEAUSOLEIL, Claude, [Quels sont les possibles de la poésie ?], *Possibles*, vol. 3, n⁰ 2, hiver 1979, p. 102-103.

1452. BOISVERT, Yves, « Nous, les artistes du langage », *Possibles*, vol. 3, n⁰ 2, hiver 1979, p. 106-108.

1453. BRAULT, Jacques, [Quels sont les possibles de la poésie ?], *Possibles*, vol. 3, n⁰ 2, hiver 1979, p. 104-105.

1454. CHARRON, François, « La Poésie l'incroyable », *Possibles*, vol. 3, n⁰ 2, hiver 1979, p. 109-111.

1455. CHÂTILLON, Pierre, [Quels sont les possibles de la poésie ?], *Possibles*, vol. 3, n⁰ 2, hiver 1979, p. 112-113.

1456. CLOUTIER, Cécile, [Quels sont les possibles de la poésie ?], *Possibles*, vol. 3, n⁰ 2, hiver 1979, p. 114.

1457. DÉRY, Francine, [Quels sont les possibles de la poésie ?], *Possibles*, vol. 3, n⁰ 2, hiver 1979, p. 115.

1458. FRANCOEUR, Lucien, [Quels sont les possibles de la poésie ?], *Possibles*, vol. 3, n⁰ 2, hiver 1979, p. 116-117.

1459. GAUVIN, Lise et Gaston MIRON, « Petite Histoire d'une question », *Possibles*, vol. 3, n⁰ 2, hiver 1979, p. 99.

1460. GIGUÈRE, Roland, [Quels sont les possibles de la poésie ?], *Possibles*, vol. 3, n⁰ 2, hiver 1979, p. 119.

1461. HAECK, Philippe, « Une petite voix », *Possibles*, vol. 3, n⁰ 2, hiver 1979, p. 120.

1462. HÉNAULT, Gilles, [Quels sont les possibles de la poésie ?], *Possibles*, vol. 3, n⁰ 2, hiver 1979, p. 121.

1463. LAUZON, Dominique, « Repères pour une poésie moderne », *Possibles*, vol. 3, n⁰ 2, hiver 1979, p. 124-125.

1464. LECLERC, Michel, [Quels sont les possibles de la poésie ?], *Possibles*, vol. 3, n⁰ 2, hiver 1979, p. 126-127.

1465. LONGCHAMPS, Renaud, « L'État des surfaces », *Possibles*, vol. 3, n⁰ 2, hiver 1979, p. 128-129.

1466. NEPVEU, Pierre, « Le Possible, le pouvoir », *Possibles*, vol. 3, n⁰ 2, hiver 1979, p. 131.

1467. PARADIS, Suzanne, [Quels sont les possibles de la poésie ?], *Possibles*, vol. 3, n⁰ 2, hiver 1979, p. 132-133.

1468. PERRAULT, Pierre, « On demande des poètes de chair et de sang... », *Possibles*, vol. 3, n⁰ 2, hiver 1979, p. 132-133.

1469. UGUAY, Marie, [Quels sont les possibles de la poésie ?], *Possibles*, vol. 3, n⁰ 2, hiver 1979, p. 147-149.

1470. MAILHOT, Laurent, « La Poésie québécoise jusqu'en 1945 (tableau général de l'édition) », *Revue de l'Université d'Ottawa/University of Ottawa Quarterly*, vol. 49, n⁰ 1-2, janvier-avril 1979, p. 56-58.

1471. D'APOLLONIA, François, « Le Cinéma et la poésie comme circonscription du sens », *24 Images*, n⁰ 1, février 1979, p. 83-88.

1472. OUELLETTE, Fernand, « Tableau et poème (notes) », *Liberté*, vol. 21, n⁰ 2, mars-avril 1979, p. 102-103.

1473. GIGUÈRE, Richard, « Un cas pratique », *Canadian Review of Comparative Literature/Revue canadienne de littérature comparée*, Vol. 6, No. 2, Spring 1979, p. 123-127.

1474. PERSON, A.D., « Thoughts on a Native Land », *The Canadian Forum*, Vol. 59, No. 688, April 1979, p. 13-17.

1475. NEPVEU, Pierre, « La Nouvelle Poésie : Robert Mélançon, Gilles Cyr, Jean Charlebois, Jean-Yves Théberge », *Lettres québécoises*, n⁰ 14, avril-mai 1979, p. 22-25.

1476. FISETTE, Jean, « Qu'est-ce que lire ? Sinon l'entreprise illusoire de colmater les brèches », *Voix et images*, vol. 4, n⁰ 3, avril 1979, p. 506-530.

1477. MAYES, H[ubert] G., « Bibliographie de la poésie franco-canadienne de l'Ouest », *Bulletin du Centre d'études franco-canadiennes de l'Ouest*, n⁰ 2, mai 1979, p. 9-14.

1478. BOURASSA, André-Gilles, « Prendre la parole pour se (faire) connaître », *Liaison*, n⁰ 5-6, mai 1979, p. 19.

1479. GAULIN, André, « Une entrevue avec Jean-Hugues Malineau. Enseigner la poésie ? », *Québec français*, n⁰ 34, mai 1979, p. 22-23.

1480. ABRASSART, Jean-Claude, « La Catharsis », *Trajectoires*, vol. 1, n⁰ 1, mai 1979, p. 2-3.

1481. LORENZO, Charles, « Dignité du poète », *Trajectoires*, vol. 1, n⁰ 1, mai 1979, p. 22.

1482. HÉROUX, Liliane, « La Poésie, le monde et Dieu », *Bulletin de la Société des écrivains canadiens*, vol. 10, n⁰ 1, juin 1979, p. 8-9.

1483. LACROIX, Georgette, « Québec et sa poésie », *Bulletin de la Société des écrivains canadiens*, vol. 10, n⁰ 1, juin 1979, p. 10.

1484. PONTBRIAND, Jean-Noël, « Le Dire poétique et poèmes », *Poésie*, vol. 19, été 1979, p. 10-14.

1485. SIMARD, Micheline, « L'Art régénérateur », *Poésie*, vol. 19, été 1979, p. 4-9.

1486. GIGUÈRE, Richard, « Letters in Canada 1978. Poésie », *University of Toronto Quarterly*, Vol. 48, No. 4, Summer 1979, p. 354-362.

1487. LEMIEUX, Jacqueline, « Conditions d'entrée en poésie », *Les Cahiers de Cap-Rouge*, vol. 7, n⁰ 3, 1979, p. 65-69.

1488. PAGÉ, Raymond, « Québec Literature : Fifth Annual Survey, Part 1 », *Chelsea Journal*, Vol. 5, No. 4, July-August 1979, p. 187-189.

1489. BOURASSA, André-G[illes], « Superpositions », *Lettres québécoises*, n⁰ 15, août-septembre 1979, p. 22-24.

1490. THURBER, Charles, « Poésie, philosophe... silence », *Trajectoires*, n⁰ 3, 10 septembre-10 octobre 1979, p. 3-4.

1491. D'APOLLONIA, François, « Réflexions sur le vers libre », *Trajectoires*, n⁰ 4, 20 septembre-20 octobre 1979, p. 15-16.

1492. GAGNON, Daniel, « Contes, romans et poésie d'ici », *L'Estrie*, vol. 2, n⁰ 1, novembre 1979, p. 21-29.

1493. ABRASSART, Jean-Claude, « Utopie, pouvoir et poésie », *Trajectoires*, n⁰ 5, 20 novembre-20 décembre 1979, p. 2-4.

1494. FLAMAND, Jacques, « De l'Outaouais, la création littéraire », *Bulletin de la Société des écrivains canadiens*, vol. 10, n⁰ 2, décembre 1979, p. 13-16.

1495. GINGRAS, Pierre, « Les Sorties de la rentrée », *Informag*, vol. 1, n⁰ 2, décembre 1979, p. 27-28.

1496. GIRARD, Jocelyne-Anne, « Fleurs de givre », *Les Cahiers de la Société d'étude et de conférences*, n⁰ 2, 1979, p. 9-22.

1497. BROSSARD, Nicole et Roger SOUBLIÈRE, « De notre écriture en sa résistance », *Ellipse*, n⁰ 23-24, 1979, p. 20-26.

1498. DE BELLEFEUILLE, Normand, « Le Corps mineur ou l'Impossible Lyrisme (extrait) », *Ellipse*, n⁰ 23-24, 1979, p. 74-80.

1499. MAILHOT, Laurent, « La Poésie québécoise jusqu'en 1945 (tableau général de l'édition) », *Histoire littéraire du Québec*, n⁰ 1, 1979, p. 56-58.

1500. BOUVIER, Luc, [La Collection 'Poètes de l'Outaouais' des éditions Asticou], *Livres et auteurs québécois, 1979*, p. 116.

1501. MALENFANT, Paul-Chanel, « De la poésie à la critique : un discours en ébullition », *Livres et auteurs québécois, 1979*, p. 89-91.

1502. VOLDENG, Évelyne, « La Poésie contemporaine d'inspiration féministe », *Dérives*, n⁰ 22, [1er trimestre] 1980, p. 3-14.

1503. PAVOT, Henri, « Énergie, matière, information. Poésie et progrès », *L'Esplumoir*, vol. 1, n⁰ 8, janvier 1980, p. 10-11.

1504. BOUCHER, Denise, « La Poésie en tant que moyen de communication dans les oeuvres des femmes poètes », *Revue de l'Université d'Ottawa/University of Ottawa Quarterly*, vol. 50, n⁰ 1, janvier-mars 1980, p. 19-22.

1505. PARADIS, Suzanne, « La Poésie en tant que moyen de communication. Les Oeuvres des femmes poètes », *Revue de l'Université d'Ottawa/University of Ottawa Quarterly*, vol. 50, n⁰ 1, janvier-mars 1980, p. 22-23.

1506. GAGNON, Daniel, « Croire au paradis et à la poésie », *L'Estrie*, vol. 2, n⁰ 4, mars 1980, p. 21-23.

1507. COURTEAU, Bernard, « Poésie québécoise. La Recherche d'une identité », *Critère*, n⁰ 27, printemps 1980, p. 29-54.

1508. ROBIDOUX, Réjean, « Approaching the Contemporary Poem-Novel », *Essays on Canadian Writing*, No. 17, Spring 1980, p. 127-140.

1509. CHARTRAND, Murielle, « Le Thème de l'Indien dans la poésie au 19e siècle », *Recherches amérindiennes au Québec*, vol. 10, no 1-2, [avril] 1980, p. 71-73.

1510. CIVIL, Jean, « Histoire et poésie. Marche irréversible et prophétie », *Grimoire*, vol. 3, no 5, mai 1980, p. 4-5.

1511. OUELLETTE, Fernand, « Communication sur la poésie », *Liberté*, vol. 22, no 3, mai-juin 1980, p. 101-104.

1512. DES ROCHES, Roger, «*La Nuit de Walpurgis* », *Spirale*, no 9, mai 1980, p. 3.

1513. AMPRIMOZ, Alexandre L., « French Poets of Western Canada : A Selected Checklist », *Essays on Canadian Writing*, No. 18-19, Summer/Fall 1980, p. 320-323.

1514. GIGUÈRE, Richard, « Poésie », *University of Toronto Quarterly*, Vol. 49, No. 4, Summer 1980, p. 359-368.

1515. BRAULT, Jacques, « Le Poète et le réel », *Liberté*, vol. 22, no 4, juillet-août 1980, p. 44-45.

1516. CHAMBERLAND, Paul, [Sur la poésie], *Liberté*, vol. 22, no 4, juillet-août 1980, p. 127-128.

1517. CHAMBERLAND, Paul, [Sur la poésie], *Liberté*, vol. 22, no 4, juillet-août 1980, p. 77-78.

1518. MÉLANÇON, Robert, [Sur la poésie], *Liberté*, vol. 22, no 4, juillet-août 1980, p. 126-127.

1519. MÉLANÇON, Robert, « Tendances de la poésie », *Liberté*, vol. 22, no 4, juillet-août 1980, p. 41-43.

1520. RICARD, François, [Débat sur la poésie], *Liberté*, vol. 22, no 4, juillet-août 1980, p. 37-38.

1521. RICARD, François, « Le Poète et le romancier », *Liberté*, vol. 22, no 4, juillet-août 1980, p. 83-89.

1522. RIVARD, Yvon, [Débat sur la poésie], *Liberté*, vol. 22, no 4, juillet-août 1980, p. 34-36.

1523. VAN SCHENDEL, Michel, [Sur la poésie], *Liberté*, vol. 22, no 4, juillet-août 1980, p. 76-77.

1524. PAVOT, Henri, « La Poésie, une tradition sonore », *L'Esplumoir*, vol. 2, no 4, septembre 1980, p. 3.

1525. ARNOLD, Ivor A., « Le Vers libre au Canada. Notes à propos d'un problème de datation », *Studies in Canadian Literature*, Vol. 5, No. 2, Fall 1980, p. 222-235.

1526. DEMERS, Jeanne, « Entre l'art poétique et le poème. Le Manifeste poétique ou la Mort du père », *Études françaises*, vol. 16, no 3-4, octobre 1980, p. [3]-20.

1527. BOISVERT, Anne-Marie, « Poésie et manifeste. Vers octobre », *Prétexte*, vol. 2, no 1, 4e trimestre 1980, p. [24]-31.

1528. CHASSAY, Jean-François, « D'une nuit à l'autre », *Prétexte*, vol. 2, no 1, 4e trimestre 1980, p. 32-38.

1529. BOULAIS, Stéphane-Albert, « Lettre à Pierre Perrault, poète hérétique », *Parallèles et convergences*, no 5, décembre 1980, p. 123-129.

1530. CHAMBERLAND, Roger, « Recueils de poésie aux Éditions Naaman », *Livres et auteurs québécois, 1980*, p. 121-124.

1531. MALENFANT, Paul-Chanel, « La Poésie cette année : de l'écart et de l'éclat », *Livres et auteurs québécois, 1980*, p. 82-84.

1532. NEPVEU, Pierre, « Dennis Lee (trad. Marc Lebel), *Élégies civiles* », *Livres et auteurs québécois, 1980*, p. 116-117.

1533. GIGUÈRE, Richard, « [Présentation de sa thèse de doctorat], Une poésie de dissidence. Étude comparative de l'évolution des poésies québécoise et canadienne modernes à Montréal, 1925-1955 », *Revue d'histoire littéraire du Québec et du Canada français*, no 2, 1980-1981, p. 170-173.

1534. GIROUX, Robert, « Les Critères de poéticité et/ou de modernité dans le corpus poétique québécois », *Revue d'histoire littéraire du Québec et du Canada français*, no 2, 1980-1981, p. 74-83.

1535. *LABINE, Marcel, « Une nuit blanchie ['La Nuit de la poésie 1980'] », *Spirale*, no 15, janvier 1981, p. 5.

1536. DORION, Hélène, « L'Homme, être de/en création », *Considérations*, vol. 4, no 2, mars 1981, p. 11-25.

1537. BEAUDOIN, Réjean, « Le Camion rouge et l'oeil magique [Les Nuits de la poésie] », *Liberté*, vol. 23, no 2, mars-avril 1981, p. 70-73.

1538. GIROUX, Robert et Hélène DAME, « Les Critères de poéticité dans l'histoire de la poésie québécoise (sémiotique littéraire) », *Études littéraires*, vol. 14, nº 1, avril 1981, p. 123-162.

1539. CHAMBERLAND, Paul, « Le Courage de la poésie », *Les Herbes rouges*, nº 90-91, avril 1981, p. 3-40.

1540. [COLLECTIF], [Propos divers sur la poésie], *Prosepectus*, avril 1981, [s.p.].

1541. LAVIGNE, Louis-Dominique, « La Parole aux poètes », *Offensives*, vol. 2, nº 1, septembre-octobre-novembre-décembre 1981, p. 19.

1542. [SMITH, Douglas], « Canadian Poetry and 'Transformative Power' », *Northern Light*, No. 7-8, Fall-Winter 1981, p. 75-78.

1543. GERMAIN, Paul, « Une poésie interdite ? », *Lettres québécoises*, nº 24, hiver 1981-1982, p. 11.

1544. GIROUX, Robert, « Présentation », *Livres et auteurs québécois, 1981*, p. [85]-89.

1545. MAILLET, Marguerite, « La Poésie acadienne contemporaine et la contestation », *Revue d'histoire littéraire du Québec et du Canada français*, nº 3, hiver-printemps 1982, p. 112-123.

1546. MOISAN, Clément, « Les Poésies québécoise et canadienne-anglaise : poésies nationales ou poésies régionales ? », *Revue d'histoire littéraire du Québec et du Canada français*, nº 3, hiver-printemps 1982, p. 124-135.

1547. *GIGUÈRE, Richard, «*La Traduction poétique*, numéro spécial de *Meta* », *Canadian Review of Comparative Literature/Revue canadienne de littérature comparée*, Vol. 9, No. 1, March 1982, p. 124-128.

1548. CHAGNON, Claire, « Réflexions à propos d'activités de poésie », *Québec français*, nº 45, mars 1982, p. 61.

1549. LE PAILLEUR-LEDUC, Monique, « Apprivoiser le poème », *Québec français*, nº 45, mars 1982, p. 62-65.

1550. ROY, Bruno, « Quelle poésie ? Quels critères ? », *Québec français*, nº 45, mars 1982, p. 66-68.

1551. DE BELLEFEUILLE, Normand, « Retournement. (Le Cerveau du poète, dérives sur quelques questions d'antériorité) », *Études françaises*, vol. 18, nº 1, printemps 1982, p. 21-32.

1552. STEVER, Paul, « Place aux poètes (1982) », *Le Berdache*, nº 29, avril 1982, p. 10.

1553. LEDUC, Jean, « Le Livre matériel de poésie au Québec de 1950 à 1970 », *Documentation et bibliothèques*, vol. 28, nº 3, juillet-septembre 1982, p. 105-109.

1554. GIGUÈRE, Richard, « Les Écritures de femmes en 1982. Intériorisation et transformation », *Lettres québécoises*, nº 27, automne 1982, p. 35-38.

1555. BEAUSOLEIL, Claude, « La Poésie en revues depuis 10 ans », *La Petite Revue de philosophie*, vol. 4, nº 1, automne 1982, p. 93-125.

1556. DOWNES, Gwladys, « Women Poets in Quebec Society », *Malahat Review*, No. 63, October 1982, p. 100-110.

1557. GAUDET, Gérald, « Le Geste du poème », *Livres et auteurs québécois, 1982*, p. [89]-92.

2.2.2 COMPTES RENDUS D'ANTHOLOGIES, DE MANUELS, D'OUVRAGES COLLECTIFS

1558. *[ANONYME], « Caroline Bayard et Jack David, *Avant-Postes* », *Lettres québécoises*, nº 14, avril-mai 1979, p. 65.

1559. *O'CONNOR, John J., [F.R. Scott, *Poems of French Canada*], *University of Toronto Quarterly*, Vol. 48, No. 4, Summer 1979, p. 379-383.

1560. *LAMONTAGNE, Gilles, «*Le Périscope* », *Livres et auteurs québécois, 1979*, p. 119-121.

1561. *GIGUÈRE, Richard, « La Poésie acadienne et ontarienne de langue française. Un pari pour la vie [Jean-Guy Rens et Raymond Leblanc, *Acadie/Expérience*] », *Lettres québécoises*, nº 22, été 1981, p. 34.

1562. *RUNTE, Hans R., Nicole LeVert et Jules CHIASSON, «*Plumes d'icitte. La première Acadie s'exprime* », *Écriture française dans le monde*, vol. 3, n° 2-3, décembre 1981, p. 108.

1563. *CIMON, Renée, « [En collaboration], *Crapauds et autres animaux* », *Nos livres*, vol. 12, décembre 1981, n° 485.

1564. *MONETTE, Pierre, « [En collaboration], *Crapauds et autres animaux* », *Livres et auteurs québécois, 1981*, p. 239-240.

1565. [ANONYME], « [Célyne et René Bonenfant], *Petite Anthologie du Noroît* », *L'Écrilu*, vol. 1, n° 4, janvier 1982, p. 19.

1566. *[ANONYME], « Nos poètes en Roumanie [Anthologie de Virgil Teodorescu et Petronela Negasanu] », *Lettres québécoises*, n° 26, été 1982, p. 13.

1567. *BAYARD, Caroline, [Célyne et René Bonenfant, *Petite Anthologie du Noroît*], *University of Toronto Quarterly*, Vol. 51, No. 4, Summer 1982, p. 367.

2.3 THÉÂTRE

2.3.1 ÉTUDES

1568. BOURGET, Élizabeth, « Paul Buissonneau : 'La mise en scène, c'est un métier de concierge' », *Les Cahiers de la Nouvelle Compagnie théâtrale*, vol. 13, n° 2, janvier 1979, p. 16-17.

1569. WAGNER, Anton, « The Uses of Oral History in Canadian Theatre History Research », *Canadian Oral History Association/Société canadienne d'histoire orale. Journal*, Vol. 4, No. 1, 1979, p. 10-13.

1570. BEAUCHAMP, Germain-Guy, « Pour un théâtre 'phénoménal' », *Jeu*, n° 10, hiver 1979, p. 10-15.

1571. BESSETTE, Émile, « Colloque sur le théâtre d'été », *Jeu*, n° 10, hiver 1979, p. 138-139.

1572. DAVID, Gilbert, « Situations/sociétés/signes. Jeune Scénographie québécoise : lieux communs ? », *Jeu*, n° 10, hiver 1979, p. 17-18.

1573. HÉBERT, Lorraine, « Représentations. Au préalable », *Jeu*, n° 10, hiver 1979, p. 82-83.

1574. MEILLEUR, Daniel, «*Les Allumettes qui ne veulent plus s'éteindre* [Création collective des Trésors oubliés] », *Jeu*, n° 10, hiver 1979, p. 84-90.

1575. MEILLEUR, Daniel, « Une pièce de résistance. Un entretien avec Michel Brais », *Jeu*, n° 10, hiver 1979, p. 91-102.

1576. NANTEL, Louise, « Un questionnaire [Le Fonctionnement de l'espace théâtral] et ses réponses », *Jeu*, n° 10, hiver 1979, p. 24-44.

1577. NOËL, Francine, « Questions sur un questionnaire [Le Fonctionnement de l'espace théâtral] », *Jeu*, n° 10, hiver 1979, p. 46-73.

1578. OUAKNINE, Serge, « Objet/métamorphose/espace », *Jeu*, n° 10, hiver 1979, p. 75-81.

1579. OUAKNINE, Serge, « Les Jeux de l'espace », *Jeu*, n° 10, hiver 1979, p. 20-22.

1580. BEAUDRY, Albert, « Le Père Georges-Henri d'Auteuil », *Relations*, vol. 39, n° 444, janvier 1979, p. 8.

1581. MAILHOT, Laurent, « Le Théâtre québécois jusqu'en 1945 (Notes sur l'état de l'édition et de la recherche) », *Revue de l'Université d'Ottawa/University of Ottawa Quarterly*, vol. 49, n° 1-2, janvier-avril 1979, p. 59-62.

1582. JUNEAU, Normande, « Surtout, rentrez pas trop tôt, là ! », *Châtelaine*, vol. 20, n° 2, février 1979, p. 28.

1583. LE DAIN, Anne, « La Querelle du ... *Cid* », *L'Envers du décor*, vol. 11, n° 4, février 1979, p. [7].

1584. CAMPEAU, Nicole, « Le Mouvement pour *Les fées ont soif* », *Bulletin du CSF*, vol. 6, n° 3, mars 1979, p. 14-16.

1585. NANTEL, Louise, « Survol du théâtre québécois depuis 1965 », *Les Cahiers de la Nouvelle Compagnie théâtrale*, vol. 13, n° 3, mars 1979, p. 21-22.

1586. VÉRONNEAU, Pierre, « Du théâtre au cinéma au Québec. Bref Historique », *Canadian Drama/L'Art dramatique canadien*, Vol. 5, No. 1, Spring 1979, p. 25-31.

1587. BARRETTE, Michèle et Lorraine HÉBERT, « Informations », *Jeu*, n° 11, printemps 1979, p. 109-112.

1588. HÉBERT, Lorraine, « Entretien avec Gilles Maheu », *Jeu*, n° 11, printemps 1979, p. 70-79.

1589. ROUSSIN, Claude, « Retour d'Afrique », *Jeu*, n° 11, printemps 1979, p. 10-16.

1590. BEAUCHAMP[-RANK], Hélène, « Le Jeu dramatique au primaire. Approches », *Possibles*, vol. 3, n° 3-4, printemps-été 1979, p. 101-110.

1591. RUBIN, Don, « The Revolution Scripts », *Books in Canada*, Vol. 8, No. 4, April 1979, p. 24-26.

1592. GAUVIN, Lise, « Vers une typologie théâtrale », *Études françaises*, vol. 15, n° 1-2, avril 1979, p. 7-13.

1593. GIRARD, Gilles, « Types et *commedia dell'arte* », *Études françaises*, vol. 15, n° 1-2, avril 1979, p. 109-124.

1594. LEROUX, Normand, « La Farce du moyen-âge », *Études françaises*, vol. 15, n° 1-2, avril 1979, p. 87-108.

1595. CHASSAY, Jean-François, « Le Théâtre pour se détendre ou le Temps de la sclérose », *Versance*, vol. 1, n° 1, avril 1979, p. 14-15.

1596. MAISONNEUVE, Lise, « Le Théâtre en fête », *Versance*, vol. 1, n° 1, avril 1979, p. 13.

1597. LAPORTE, Michel, « Création collective au théâtre et psychodrame », *La Grande Réplique*, vol. 2, n° 3, mai 1979, p. 9-21.

1598. WEISS, William, « Mime et théâtre parlant. Apport technique ou coexistence pacifique », *La Grande Réplique*, vol. 2, n° 3, mai 1979, p. 39-41.

1599. DORAIS, Fernand, « Plaidoyer pour le marginal régional », *Liaison*, n° 5-6, mai 1979, p. 11.

1600. HAENTJENS, Brigitte, « Création collective ou la Transaction d'un collectif accueillant la créativité individuelle/personnelle », *Liaison*, n° 5-6, mai 1979, p. 13-15.

1601. HUOT, François, « Où logent les amateurs ? », *Loisir plus*, n° 81, mai 1979, p. 10-11.

1602. HUOT, François et Antoine GODBOUT, « Jean Duceppe », *Loisir plus*, n° 82, juin 1979, p. 15-17.

1603. RENAUD, Jean-Guy, « 25 Chances de bien s'amuser », *Le Babillard*, vol. 1, n° 14, été 1979, p. 22.

1604. ARMSTRONG, Lise et Johanne MONGEON, « Agit-Prop, le théâtre de l'illusion militante », *Jeu*, n° 12, été 1979, p. 157-165.

1605. BARRET, Gisèle, « Débat. Expression/art dramatique. Expression dramatique. Plaidoyer pour une terminologie ouverte », *Jeu*, n° 12, été 1979, p. 254-260.

1606. BARRETTE, Michèle, « Institution. Jasons esquimau », *Jeu*, n° 12, été 1979, p. 173-175.

1607. BEAUCHAMP[-RANK], Hélène, « Présence/absence [du théâtre pour enfants] », *Jeu*, n° 12, été 1979, p. 13-14.

1608. B[EAUCHAMP-RANK], H[élène], « Modes passagères et gestes créateurs », *Jeu*, n° 12, été 1979, p. 15.

1609. BEAUCHAMP[-RANK], Hélène, « Enfin... l'art dramatique à l'école ! », *Jeu*, n° 12, été 1979, p. 260-267.

1610. BEAUCHAMP[-RANK], Hélène, « Du clownesque », *Jeu*, n° 12, été 1979, p. 25-29.

1611. DAVID, Gilbert, « D'amateurs : un saut qualitatif ? », *Jeu*, n° 12, été 1979, p. 237-242.

1612. DAVID, Gilbert, « Pour les années 80 », *Jeu*, n° 12, été 1979, p. 5-10.

1613. DAVID, Gilbert, « L''Autre' Théâtre français au Québec, 1 : à Montréal », *Jeu*, n° 12, été 1979, p. 82-84.

1614. DES RIVIÈRES, Marie-José, « Le Théâtre pour les jeunes à Québec », *Jeu*, n° 12, été 1979, p. 30-34.

1615. GAUVIN, Lise, « Le Statut antique de la marionnette », *Jeu*, n° 12, été 1979, p. 35-43.

1616. GRUSLIN, Adrien, « Subventions 1978-1979. Un bilan toujours insatisfaisant », *Jeu*, n° 12, été 1979, p. 52-64.

1617. HÉBERT, Lorraine, « Jeune Théâtre, vieille misère... », *Jeu*, n° 12, été 1979, p. 45-51.

1618. MacDUFF, Pierre, « L''Autre' Théâtre français au Québec, 2 : à Hull, Sherbrooke et Québec », *Jeu*, n° 12, été 1979, p. 85-88.

1619. OUAKNINE, Serge, « Un théâtre qui passe à l'acte, dit théâtre de recherche », *Jeu*, nᵒ 12, été 1979, p. 208-212.

1620. POISSANT, Claude, « Écrire pour les petits », *Jeu*, nᵒ 12, été 1979, p. 22-24.

1621. RONFARD, Jean-Pierre, « Contre le théâtre pour », *Jeu*, nᵒ 12, été 1979, p. 248-253.

1622. VAÏS, Michel, « Théâtre-Laboratoire, le théâtre de recherche », *Jeu*, nᵒ 12, été 1979, p. 207.

1623. GIRARD, Gilles, « Letters in Canada 1978. Théâtre », *University of Toronto Quarterly*, Vol. 48, No. 4, Summer 1979, p. 371-379.

1624. USMIANI, Renate, « From the 17th to the 20th Century in Three Decades : The Accelerated Evolution of French Canadian Society as Reflected in Its Theatre », *Ariel*, Vol. 10, No. 3, July 1979, p. 20-37.

1625. PAGÉ, Raymond, « Québec Literature : Fifth Annual Survey, Part 1 », *Chelsea Journal*, Vol. 5, No. 4, July-August 1979, p. 187-189.

1626. LALONDE, Michèle, « 'Littérature et réalité'. Quatrième Séance [Présentation de Michèle Lalonde] », *Liberté*, vol. 21, nᵒ 4-5, juillet-octobre 1979, p. 144-152.

1627. BEAULIEU, François, « À propos du théâtre amateur... », *Loisir plus*, nᵒ 83-84, juillet-août 1979, p. 10-13.

1628. LEGENDRE, Rose-Marie, « Entretien avec Pascal Desgranges », *La Grande Réplique*, nᵒ 7, [1979], p. 7-14.

1629. RACINE, Robert, « L'Action/performance versus Montréal », *La Grande Réplique*, nᵒ 7, [1979], p. 41-48.

1630. ROSSI, Françoise, « Le Discours des personnages dans le théâtre du quotidien », *La Grande Réplique*, nᵒ 7, [1979], p. 49-59.

1631. WEISS, William, « La Dynamique psychanalytique de la musique en expression dramatique », *La Grande Réplique*, nᵒ 7, [1979], p. 69-85.

1632. FORSYTH, Louise [H.], « First Person Feminine Singular : Monologue by Women in General Modern Quebec Plays », *Canadian Drama/L'Art dramatique canadien*, Vol. 5, No. 2, Autumn 1979, p. 189-203.

1633. [COLLECTIF], « Le Comité du 13 septembre », *Jeu*, nᵒ 13, automne 1979, p. 145-149.

1634. [GERMAIN, Jean-Claude], Gilbert David et Francine NOËL, « Entretiens, 1 : théâtre/ histoire », *Jeu*, nᵒ 13, automne 1979, p. 9-31.

1635. [GERMAIN, Jean-Claude], Gilbert David et Francine NOËL, « Entretiens, 3 : un théâtre de liberté », *Jeu*, nᵒ 13, automne 1979, p. 58-81.

1636. [GERMAIN, Jean-Claude], Gilbert David et Francine NOËL, « Entretiens, 2 : un Théâtre d'Aujourd'hui », *Jeu*, nᵒ 13, automne 1979, p. 32-57.

1637. PELLETIER, Pol, « Petite Histoire... », *Possibles*, vol. 4, nᵒ 1, automne 1979, p. 175-187.

1638. CHIASSON, Zénon, « Le Théâtre acadien, quel bilan ? », *Si que*, nᵒ 4, automne 1979, p. 5-15.

1639. G[RAVEL], P[ierre], « Présentation », *Études françaises*, vol. 15, nᵒ 3-4, octobre 1979, p. 3-6.

1640. ROQUE, Georges, « Chasse et pouvoir dans la tragédie », *Études françaises*, vol. 15, nᵒ 3-4, octobre 1979, p. 71-98.

1641. BEAULNE, Pierre, [Lettre à Fernand Dorais], *Liaison*, nᵒ 7, octobre 1979, p. 11-12.

1642. LAMARRE, Marcel, « Trois Façons d'exploiter le discours théâtral », *Québec français*, nᵒ 35, octobre 1979, p. 48-50.

1643. HÉNAULT, Gilles, « Notes liminaires aux poèmes quasi chinois », *Estuaire*, nᵒ 14, décembre 1979, p. 95-98.

1644. TRUAX, Denise, « Théâtre-Vision. À l'heure de la collaboration », *Liaison*, nᵒ 8, décembre 1979-janvier 1980, p. 10.

1645. FÉRAL, Josette, « Les Signes dans le théâtre occidental et la place faite au sujet », *Canadian Journal of Research in Semiotics/Journal canadien de recherche sémiotique*, Vol. 7, No. 2, Winter 1979-1980, p. 21-36.

1646. MAILHOT, Laurent, « Le Théâtre québécois jusqu'en 1945. (Notes sur l'état de l'édition et de la recherche) », *Histoire littéraire du Québec*, nᵒ 1, 1979, p. 59-62.

1647. SABBATH, Lawrence, « Quebec : Coming Through the Storm », *Canadian Theatre Review*, No. 25, Winter 1980, p. 74-78.

1648. BARRETTE, Michèle, « Scénographes actuels : Claire Dé, Michel Demers, Claude Pelletier et Denis Rousseau », *Jeu*, n⁰ 14, [1er trimestre] 1980, p. 79-118.

1649. [COLLECTIF], « $900,000. au Patriote : non ! », *Jeu*, n⁰ 14, [1er trimestre] 1980, p. 20-22.

1650. DAVID, Gilbert, « Vers des états généraux du théâtre professionnel, 1 : vers un potlach ? », *Jeu*, n⁰ 14, [1er trimestre] 1980, p. 5-7.

1651. JOURNAULT, Denyse, « Vers des états généraux du théâtre professionnel, 2 : procès-verbal des délibérations, 3 février 1980 », *Jeu*, n⁰ 14, [1er trimestre] 1980, p. 8-13.

1652. LAVOIE, Pierre, « Informations », *Jeu*, n⁰ 14, [1er trimestre] 1980, p. 181-184.

1653. BOSCO, Monique, « La Femme et la tradition théâtrale », *Revue de l'Université d'Ottawa/University of Ottawa Quarterly*, vol. 50, n⁰ 1, janvier-mars 1980, p. 14-16.

1654. LAFON[-WEISS], Dominique, « L'Image de la femme dans le théâtre québécois », *Revue de l'Université d'Ottawa/University of Ottawa Quarterly*, vol. 50, n⁰ 1, janvier-mars 1980, p. 148-152.

1655. THÉORET, France, « Participation à la table ronde sur le théâtre », *Revue de l'Université d'Ottawa/University of Ottawa Quarterly*, vol. 50, n⁰ 1, janvier-mars 1980, p. 16-19.

1656. [ANONYME], « Coup de théâtre », *Focus*, n⁰ 31, février 1980, p. 20-21.

1657. BEAUCHAMP[-RANK], Hélène, « Quand une troupe de théâtre vient à l'école », *Vie pédagogique*, n⁰ 6, février 1980, p. 16-20.

1658. SOULIÈRES, Robert, « Vivre de théâtre et d'eau fraîche », *Lurelu*, vol. 3, n⁰ 1, printemps 1980, p. 15-16.

1659. PARATTE, Henri-Dominique, « Acadie menacée, symbolique théâtrale et conscience d'autrui. Léonie Poirier et son théâtre dans le contexte néo-écossais », *Présence francophone*, n⁰ 20, printemps 1980, p. 107-120.

1660. BOUCHARD, Jacques-B., « Du théâtre français et occitan en Nouvelle-France en 1606 », *Bulletin du Centre de recherche en civilisation canadienne-française*, n⁰ 20, avril 1980, p. 5-7.

1661. PELLETIER, Pol, « Petite Histoire du théâtre de femmes au Québec », *Canadian Women's Studies/Les Cahiers de la femme*, Vol. 2, No. 2, 1980, p. 85-87.

1662. BEAUCHAMP[-RANK], Hélène, « Annexe 2. Répertoire des festivals de théâtre pour l'enfance et la jeunesse », *Jeu*, n⁰ 15, [2e trimestre] 1980, p. 170-186.

1663. BEAUCHAMP[-RANK], Hélène, « Annexe 1. Répertoire des carrefours et festivals du jeune théâtre 1966-1979 », *Jeu*, n⁰ 15, [2e trimestre] 1980, p. 143-169.

1664. [COLLECTIF], « Malaise(s) — 2 : sept finissants quittent Lionel-Groulx », *Jeu*, n⁰ 15, [2e trimestre] 1980, p. 211-212.

1665. HÉBERT, Lorraine, « L'Animation théâtrale, une profession... », *Jeu*, n⁰ 15, [2e trimestre] 1980, p. 203-204.

1666. HÉBERT, Lorraine, « À propos d'une formation en animation théâtrale. Entretien avec Hervé Dupuis », *Jeu*, n⁰ 15, [2e trimestre] 1980, p. 189-201.

1667. HÉBERT, Lorraine, « Le Temps d'inventer la suite », *Jeu*, n⁰ 15, [2e trimestre] 1980, p. 5-6.

1668. LAVIGNE, Louis-Dominique, « Malaise(s) — 1 : non à la déportation des Arcadiens », *Jeu*, n⁰ 15, [2e trimestre] 1980, p. 209-210.

1669. LAVOIE, Pierre, « Informations », *Jeu*, n⁰ 15, [2e trimestre] 1980, p. 221-224.

1670. SAINT-PIERRE, Annette, « Bibliographie du théâtre français au Manitoba », *Bulletin du Centre d'études franco-canadiennes de l'Ouest*, n⁰ 5, mai 1980, p. 17-18.

1671. LAROCQUE, Marie-Christine, « Un festival, des festivals [franco-ontariens] », *Liaison*, vol. 3, n⁰ 10, [mai] 1980, p. 15.

1672. ROBITAILLE, Pierre, « Le Théâtre francophone à Toronto », *Liaison*, vol. 3, n⁰ 10, [mai] 1980, p. 10-11.

1673. LÉVESQUE, Robert, « La Troisième Bataille du théâtre d'amateurs », *Loisirs et sports*, n⁰ 93, mai 1980, p. 9-12.

1674. BESSAI, Diane, « The Regionalism of Canadian Drama », *Canadian Literature*, No. 85, Summer 1980, p. 7-20.

1675. GIRARD, Gilles, « Théâtre », *University of Toronto Quarterly*, Vol. 49, No. 4, Summer 1980, p. 377-383.

1676. BARRETTE, Michèle, « Dire aux éclats. Festival de créations de femmes », *Jeu*, n° 16, [3e trimestre] 1980, p. 79-94.

1677. BEAUCHAMP[-RANK], Hélène, « Un festival de la maturité », *Jeu*, n° 16, [3e trimestre] 1980, p. 9-11.

1678. BEAUCHAMP[-RANK], Hélène, « Bloc-notes », *Jeu*, n° 16, [3e trimestre] 1980, p. 229-231.

1679. BEAUDIN, Pauline, Marie-José Des Rivières et Chantal HÉBERT, « Rare au féminin », *Jeu*, n° 16, [3e trimestre] 1980, p. 115-125.

1680. DANDURAND, Anne, « Mon long chemin », *Jeu*, n° 16, [3e trimestre] 1980, p. 184-185.

1681. DES RIVIÈRES, Marie-José et Chantal HÉBERT, « Des femmes en coulisses », *Jeu*, n° 16, [3e trimestre] 1980, p. 127-143.

1682. GIONET, Lise et Louise LAHAYE, « Le Théâtre pour enfants, une affaire de femmes ? », *Jeu*, n° 16, [3e trimestre] 1980, p. 193-196.

1683. HÉBERT, Lorraine, « Femmes, au jeu ! », *Jeu*, n° 16, [3e trimestre] 1980, p. 7.

1684. HÉBERT, Lorraine, « Réquisitoires », *Jeu*, n° 16, [3e trimestre] 1980, p. 57-78.

1685. MAGNY, Michèle, « De la mise à vie, à la mise au jeu », *Jeu*, n° 16, [3e trimestre] 1980, p. 177-179.

1686. MARCHESSAULT, Jovette, « Il m'est encore impossible de chanter, mais j'écris », *Jeu*, n° 16, [3e trimestre] 1980, p. 207-210.

1687. NANTEL, Louise, « À nous de jouer ! », *Jeu*, n° 16, [3e trimestre] 1980, p. 205-206.

1688. NOËL, Francine, « Plaidoyer pour mon image », *Jeu*, n° 16, [3e trimestre] 1980, p. 23-56.

1689. N[OËL], F[rancine], « Collectifs de femmes », *Jeu*, n° 16, [3e trimestre] 1980, p. 234-236.

1690. NOISEUX, Hélène, « Avant de passer à l'anonymat », *Jeu*, n° 16, [3e trimestre] 1980, p. 200-201.

1691. PELLERIN, Johane, « Autopsie », *Jeu*, n° 16, [3e trimestre] 1980, p. 186-187.

1692. PRÉGENT, Sylvie, « Le Théâtre au féminin », *Jeu*, n° 16, [3e trimestre] 1980, p. 206-207.

1693. PROULX, Danielle, « Un jeu qui fait mal », *Jeu*, n° 16, [3e trimestre] 1980, p. 180-183.

1694. ROY, Lise, « Histoires d'amour... histoires de théâtre ! », *Jeu*, n° 16, [3e trimestre] 1980, p. 190-192.

1695. TISDALE, Suzanne, « Femme dans l'métier ou l'Métier d'être femme », *Jeu*, n° 16, [3e trimestre] 1980, p. 192-193.

1696. VALLÉE, Manon, « Mais ça, c'est une autre histoire », *Jeu*, n° 16, [3e trimestre] 1980, p. 187-188.

1697. VÉZINA, France, « Les Étiquettes... », *Jeu*, n° 16, [3e trimestre] 1980, p. 204.

1698. RICHARD, Gisèle, « Toujours à propos d'un certain théâtre étudiant... », *Liaison*, vol. 3, n° 11, août 1980, p. 16-17.

1699. THIBODEAU, Guy, « Le Théâtre étudiant : un théâtre communautaire ? », *Liaison*, vol. 3, n° 11, août 1980, p. 16.

1700. GODIN, Jean-Cléo, « Opening Address [Société d'histoire du théâtre du Québec] », *Association for Canadian Theatre History/Association d'histoire du théâtre au Canada*, Vol. 4, No. 1, September 1980, p. 4-6.

1701. CUNNINGHAM, Joyce, « Experimental Theatre in Montreal, 1978-79 », *Canadian Drama/ L'Art dramatique canadien*, Vol. 6, No. 2, Fall 1980, p. 263-264.

1702. RUNTE, Hans R., « L'Acadie dramatique. Le Défi de l'écriture », *Canadian Drama/L'Art dramatique canadien*, Vol. 6, No. 2, Fall 1980, p. 272-276.

1703. ANDRÈS, Bernard, Yves Lacroix et Lorraine HÉBERT, «*Moman*. Itinéraire pour une moman, entretien-montage avec Louisette Dussault », *Jeu*, n° 17, [4e trimestre] 1980, p. 84-95.

1704. FÉRAL, Josette, « Le Carnaval : mise en scène ou mise en crise ? », *Jeu*, n° 17, [4e trimestre] 1980, p. 33-46.

1705. GAGNON, Odette, Lise Leblanc et Denise TRUAX, « Théâtre-Action. Un septième festival franco-ontarien », *Jeu*, n° 17, [4e trimestre] 1980, p. 60-64.

1706. LAVOIE, Pierre, « Bloc-notes », *Jeu*, n° 17, [4e trimestre] 1980, p. 138-145.

1707. VILLEMAIRE, Jules, « Notes fragmentaires... (Quelques Amorces) [Théâtre et photographie] », *Liaison*, vol. 3, n° 12, octobre 1980, p. 38-39.

1708. LÉVESQUE, Robert, « Des guilis-guilis aux petits cobayes », *Loisirs et sports*, n° 98, octobre 1980, p. 2-28.

1709. ROBERT, Lucie, « Vieilles Granges et chaises droites. Bilan d'une saison de théâtre d'été », *Québec français*, n° 39, octobre 1980, p. 54-55.

1710. LAILLOU SAVONA, Jeannette, « Narration et actes de parole dans le texte dramatique », *Études littéraires*, vol. 13, n° 3, décembre 1980, p. 471-493.

1711. CAUCHY, Isabelle, « Théâtre franco-ontarien, théâtre engagé », *Liaison*, vol. 3, n° 13, décembre 1980, p. 7-8.

1712. HAENTJENS, Brigitte, « Engagement à conscientiser ? Engagement à communiquer ? [Table ronde] », *Liaison*, vol. 3, n° 13, décembre 1980, p. 8-10.

1713. LE BLANC, Alonzo, « The Question of Québec Tragedy », *Essays on Canadian Writing*, No. 20, Winter 1980-1981, p. 186-200.

1714. GIRARD, Gilles, « Le Théâtre et les 'boules à mythes' », *Livres et auteurs québécois, 1980*, p. 147-148.

1715. HÉBERT, Bruno, « Partir à la découverte de sa propre nature », *Les Cahiers de Cap-Rouge*, vol. 9, n° 1, [1er trimestre] 1981, p. 47-56.

1716. PRÉMONT, Laurent, « Mon expérience théâtrale au Cégep (1977-1981) », *Les Cahiers de Cap-Rouge*, vol. 9, n° 1, [1er trimestre] 1981, p. 42-46.

1717. TREMBLAY, Jean-Pierre, « Les Pièces jouées au campus depuis le début... », *Les Cahiers de Cap-Rouge*, vol. 9, n° 1, [1er trimestre] 1981, p. 7-41.

1718. LARUE-LANGLOIS, Jacques, « Montréal, métropole des spectacles », *Forces*, n° 54-55, 1er et 2e trimestres 1981, p. [72-76].

1719. HÉBERT, Chantal, « Sur le burlesque. Un théâtre 'fait dans notre langue' », *Jeu*, n° 18, 1er trimestre 1981, p. 19-31.

1720. VAÏS, Michel, « Colloque de Toronto. Écriture et mise en scène », *Jeu*, n° 18, 1er trimestre 1981, p. 5-8.

1721. DEMERS, Dominique et Yves TASCHEREAU, « La Joyeuse Révolution du nouveau théâtre », *L'Actualité*, vol. 6, n° 2, février 1981, p. 56-60.

1722. MORIN, Marie-Thé, « Les Festivals régionaux vus de loin », *Liaison*, n° 14, février 1981, p. 28.

1723. MORIN, Marie-Thé, « Les Festivals régionaux vus de près », *Liaison*, n° 14, février 1981, p. 27.

1724. DAIGLE, Jean-Luc, « Théâtre amateur. AQJT, MLCP, MAC et loisir littéraire », *Loisirs et sports*, n° 103, mars 1981, p. 32-33.

1725. HATHORN, Ramon, « Sarah Bernhardt and the Montreal Fiasco of 1917 », *Canadian Drama/L'Art dramatique canadien*, Vol. 7, No. 1, Spring 1981, p. 29-43.

1726. RUSSELL, D.W., « Le Théâtre de langue française au Canada avant 1945 », *Canadian Drama/L'Art dramatique canadien*, Vol. 7, No. 1, Spring 1981, p. 1-2.

1727. TOURANGEAU, Rémi, « L'Église et le théâtre au Québec ou l'Apparent Paradoxe du clergé », *Canadian Drama/L'Art dramatique canadien*, Vol. 7, No. 1, Spring 1981, p. 19-43.

1728. SOULIÈRES, Robert, « Un peu de théâtre...et de musique ! », *Lurelu*, vol. 4, n° 1-2, printemps-été 1981, p. 19-20.

1729. LAVOIE, Laurent-Guy, « Vie et mort des troupes théâtrales en Acadie », *Spindrift*, Vol. 1, No. 1, Spring 1981, p. 72-99.

1730. [ANONYME], « La Semaine du CEAD, une semaine accueillante pour le public », *CEAD. Dramaturgies nouvelles*, vol. 2, n° 4, avril 1981, p. 2-3.

1731. AUBRY, Suzanne, « En plus que bref. Le 14e Festival québécois du Jeune Théâtre », *CEAD. Dramaturgies nouvelles*, vol. 2, n° 4, avril 1981, p. 3.

1732. L[AVIGNE], [Louis]-D[ominique], « Un premier colloque international sur le nouveau théâtre pour la jeunesse », *CEAD. Dramaturgies nouvelles*, vol. 2, n° 4, avril 1981, p. 3-4.

1733. LAVIGNE, Louis-Dominique, « Quelques Impressions suite à la dernière Assemblée générale », *CEAD. Dramaturgies nouvelles*, vol. 2, n° 4, avril 1981, p. [1]-2.

1734. MacDuff, Pierre, « Au sujet de la couverture des activités du CEAD par la presse écrite », *CEAD. Dramaturgies nouvelles*, vol. 2, n° 4, avril 1981, p. 4-5.

1735. Francoeur, Louis, « Théâtre, culture et sémiotique », *Études littéraires*, vol. 14, n° 1, avril 1981, p. 163-191.

1736. Asselin, Olivier, « Théâtre : écrit ou acte ? », *Liaison*, n° 15, avril 1981, p. 20.

1737. Gareau[-Des Bois], Louise, « L'Art dramatique au primaire », *Vie pédagogique*, n° 12, avril 1981, p. 12-16.

1738. Leblanc, Lise, « Journée mondiale du théâtre », *Liaison*, n° 16, juin 1981, p. 42.

1739. Lévesque, Robert, « L'auteur est mort, vive l'auteur », *Loisirs et sports*, n° 106-107-108, juin-juillet-août 1981, p. 18-20.

1740. Hébert, Lorraine, « Les Risques du close-up », *La Vie en rose*, [vol. 2, n° 2], juin-juillet-août 1981, p. 49.

1741. Larue-Langlois, Jacques, « Où va le théâtre ? », *Forces*, n° 56, 3e trimestre 1981, p. [20-29].

1742. David, Gilbert, « Sauve qui peut le théâtre ! En vue des états généraux du théâtre professionnel au Québec », *Jeu*, n° 20, 3e trimestre 1981, p. 5-12.

1743. Larocque, Pierre-A., « Le Théâtre d'environnement intégral au Québec. Entretien avec Maurice Demers », *Jeu*, n° 20, 3e trimestre 1981, p. 65-83.

1744. Laurence, Gérard, « La Rencontre du théâtre et de la télévision au Québec (1952-1957) », *Études littéraires*, vol. 14, n° 2, août 1981, p. 215-249.

1745. King, Deirdre, « Domination and Resistance : Women Playwrights in Québec », *The Canadian Forum*, Vol. 61, No. 712, September-October 1981, p. 44, 46.

1746. David, Gilbert, « Quinze Ans d'une révolution théâtrale au Québec », *CEAD. Dramaturgies nouvelles*, vol. 3, n° 1, septembre 1981, p. 9-10.

1747. [Anonyme], « Le Théâtre. Semaine de la culture des femmes », *La Gazette des femmes*, vol. 3, n° 3, septembre 1981, p. 5.

1748. Lavigne, Louis-Dominique, « Les États généraux du théâtre professionnel », *Offensives*, vol. 2, n° 1, septembre-octobre-novembre-décembre 1981, p. 47-48.

1749. Bourassa, André[-Gilles], « Vers la modernité de la scène québécoise. Influence des grands courants du théâtre français au Québec (1898-1948) », *Pratiques théâtrales*, n° 13, automne 1981, p. 3-26.

1750. Ronfard, Jean-Pierre, « Plaidoyer présenté à l'Union des artistes en faveur de l'autogestion comme mode de création théâtrale », *Pratiques théâtrales*, n° 13, automne 1981, p. 63-70.

1751. Sabourin, Jean-Guy, « Les Règles de fonctionnement des groupes autogérés », *Pratiques théâtrales*, n° 13, automne 1981, p. 59-62.

1752. Villeneuve, Rodrigue, « Un discours théâtral ? », *Protée*, vol. 9, n° 3, automne 1981, p. 36-42.

1753. Doucette, L[éonard] E., « Les Comédies du statu quo (1834) : Political Theatre and Para-Theatre in French Canada, Part 1 : Dramatized Dialogues Before 1834 », *Theatre History in Canada/Histoire du théâtre au Canada*, Vol. 2, No. 2, Fall 1981, p. 83-92.

1754. Andrès, Bernard, « Discours épistolaire et paroles en jeu », *Voix et images*, vol. 7, n° 1, automne 1981, p. 190-193.

1755. Baillargeon, Noël, « Le Cours des Humanités », *Cahiers d'histoire de l'Université Laval*, n° 25, 4e trimestre 1981, p. 153-175.

1756. Camerlain, Lorraine, « Chronologie fragmentaire des créations québécoises depuis 1975 », *Jeu*, n° 21, 4e trimestre 1981, p. 129-168.

1757. Dutil, Christian, « De la famille Knapp », *Jeu*, n° 21, 4e trimestre 1981, p. 179-186.

1758. Gruslin, Adrien, « Des Enfants de Chénier à la salle Fred Barry [Entrevue avec Jean-Luc Bastien] », *Jeu*, n° 21, 4e trimestre 1981, p. 21-30.

1759. Lagueux, Denis, « L'Auteur dramatique pour la jeunesse. Un portrait de famille(s) », *Jeu*, n° 21, 4e trimestre 1981, p. 16-20.

1760. Vaïs, Michel, « Le Théâtre québécois en Europe », *Jeu*, n° 21, 4e trimestre 1981, p. 115-128.

1761. ASSELIN, Olivier, « Théâtre : écrit ou acte ? Paren(ti)thèse : le : ni écrit, ni acte, ni », *Liaison*, n° 18, octobre-novembre 1981, p. 31.

1762. BEAULIEU, Ginette, « Au collégial, un théâtre qui bouscule », *Québec français*, n° 44, décembre 1981, p. 74-77.

1763. MARÉCHAL, André, « Jeux et enjeux du théâtre pour enfants », *Lettres québécoises*, n° 24, hiver 1981-1982, p. 84-86.

1764. GIRARD, Gilles, « Théâtre 81. La Valse des chiffres », *Livres et auteurs québécois, 1981*, p. [153]-155.

1765. LAFON[-WEISS], Dominique, « Modèle et analyse. De l'application du schéma actantiel au récit théâtral », *Incidences*, vol. 6, n° 1-2, janvier-août 1982, p. 83-91.

1766. NARDOCCHIO, Elaine F., « Espace scénique et société québécoise. De Gratien Gélinas à Denise Boucher », *Incidences*, vol. 6, n° 1-2, janvier-août 1982, p. 39-46.

1767. CAMERLAIN, Lorraine, « Dichotomie et 'statuquomanie' », *Jeu*, n° 22, 1er trimestre 1982, p. 8-10.

1768. COLBERT, François, « Se saborder ou... rester pauvres ? », *Jeu*, n° 22, 1er trimestre 1982, p. 55-62.

1769. CUSSON, Chantale, « Fait divers », *Jeu*, n° 22, 1er trimestre 1982, p. 12-14.

1770. DAVID, Gilbert et Pierre LAVOIE, « À bâtons rompus. Table ronde sur les états généraux du théâtre professionnel au Québec », *Jeu*, n° 22, 1er trimestre 1982, p. 5-28.

1771. DAVID, Gilbert, « Sur un ministre de l'anti-culture », *Jeu*, n° 22, 1er trimestre 1982, p. 15-17.

1772. LAHAYE, Louise, « Le 8e Festival québécois de théâtre pour enfants », *Jeu*, n° 22, 1er trimestre 1982, p. 31-34.

1773. LAVOIE, Pierre, « Dilemne shakespearien ou cornélien ? », *Jeu*, n° 22, 1er trimestre 1982, p. 18-20.

1774. LEFEBVRE, Paul, « Feu l'unanimité ! », *Jeu*, n° 22, 1er trimestre 1982, p. 21-22.

1775. MILJOURS, Diane, « Trois Fois passera et le mythe restera... Entretiens avec Luce Guilbeault, Luc Morissette et Ginette Paris », *Jeu*, n° 22, 1er trimestre 1982, p. 85-100.

1776. BOURASSA, André[-Gilles], « Vers la modernité de la scène québécoise, 2 : les contre-courants, 1901-1951 », *Pratiques théâtrales*, n° 14-15, hiver-printemps 1982, p. 3-31.

1777. DENIS, Ghislain, « Une question de morale en 1930. L'Ouverture des théâtres le dimanche », *Revue d'histoire du Bas-Saint-Laurent*, vol. 8, n° 1, janvier-mars 1982, p. 20-21.

1778. MILLIER-PLANTE, Hélène, « La Vie musicale et théâtrale à Saint-Hilaire de 1928 à 1934 », *Les Cahiers d'histoire de la Société d'histoire de Beloeil-Mont-Saint-Hilaire*, n° 7, février 1982, p. 3-17.

1779. PETERSON, Maureen, « The Future of Quebec Drama », *The Canadian Forum*, Vol. 61, No. 715, February 1982, p. 13-14.

1780. RICHARD, Alain-Martin, « Du divertissement », *Intervention*, n° 14, février 1982, p. 13-14.

1781. LEBLANC, Lise, « Et chez vous, est-ce qu'on fêtera le 27 mars cette année ? », *Liaison*, n° 20, février-mars 1982, p. 8.

1782. O'SULLIVAN, Marc, « Tassez-vous, on joue ! », *Liaison*, n° 20, février-mars 1982, p. 9-10.

1783. GERMAIN, Jean-Claude, « Canada and Quebec : Beginning the Dialogue », *Canadian Theatre Review*, No. 34, Spring 1982, p. 28-33.

1784. WAGNER, Anton, « From Art to Theory : Canada's Critical Tools », *Canadian Theatre Review*, No. 34, Spring 1982, p. 59-76.

1785. WAGNER, Anton, « A Selected Bibliography of Canadian Theatre and Drama Bibliographies and Guides », *Canadian Theatre Review*, No. 34, Spring 1982, p. 77-83.

1786. DE KERCKHOVE, Derrick, « Écriture, théâtre et neurologie », *Études françaises*, vol. 18, n° 1, printemps 1982, p. 109-128.

1787. CHARETTE, Christiane, « Les Pièces de théâtre », *Lurelu*, vol. 5, n° 1, printemps-été 1982, p. 16-17.

1788. DOUCETTE, L[éonard] E., «*Les Comédies du statu quo*, Part 2, and the Fourth Comédie du statu quo (1834)», *Theatre History in Canada/Histoire du théâtre au Canada*, Vol. 3, No. 1, Spring 1982, p. 21-42.

1789. FORTIN, Marcel, « Le Théâtre d'expression française dans l'Outaouais », *Bulletin du Centre de recherche en civilisation canadienne-française*, n⁰ 24, avril 1982, p. 23-25.

1790. CAMERLAIN, Lorraine, Thérèse Marois et Guylaine MASSOUTRE, « Pour un théâtre da la nécessité. Entretien avec Alexandre Hausvater », *Jeu*, n⁰ 23, 2ᵉ trimestre 1982, p. 85-105.

1791. DAVID, Gilbert, « Dossier 'documentation théâtrale' (avant-propos) », *Jeu*, n⁰ 23, 2ᵉ trimestre 1982, p. 161-162.

1792. LEFEBVRE, Paul, « C'est bien beau mais tout dépend de Drapeau », *Jeu*, n⁰ 23, 2ᵉ trimestre 1982, p. 24-26.

1793. VIAU-BRUNET, Françoise, « Du théâtre sans masque », *Liaison*, n⁰ 21, avril-mai 1982, p. 15.

1794. NEIL, Boyd, « Canadian Plays Lacking Ideas and Critics », *Quill and Quire*, Vol. 48, No. 4, April 1982, p. 29.

1795. LAGUEUX, Denis, « Qu'advient-il du théâtre qu'on écrit pour l'enfance et la jeunesse ? », *CEAD. Dramaturgies nouvelles*, vol. 3, n⁰ 4, juin 1982, p. 3-4.

1796. RICHARD, Alain-Martin, « De la mise en boîte à la mise en scène », *Intervention*, n⁰ 15-16, juin 1982, p. 82-86.

1797. COQUEREAU, Patrice, « André Brassard. Pour un théâtre plus sincère », *Liaison*, n⁰ 22, juin-juillet 1982, p. 20.

1798. COQUEREAU, Patrice, « Au Département de théâtre de l'Université d'Ottawa. Quand la théorie et la pratique entrent en contradiction », *Liaison*, n⁰ 22, juin-juillet 1982, p. 19.

1799. BOURASSA, André-G[illes], « Quand les poètes deviennent personnages », *Lettres québécoises*, n⁰ 26, été 1982, p. 45-47.

1800. TURNEY, Carolyn, « Theatre in New Brunswick », *The Atlantic Advocate*, Vol. 72, No. 11, July 1982, p. 20-22.

1801. BARRETTE, Michèle, « Autour des écoles de théâtre », *Jeu*, n⁰ 24, 3ᵉ trimestre 1982, p. 90-92.

1802. GRUSLIN, Adrien, [Subventions allouées au théâtre pour l'année 1981-1982], *Jeu*, n⁰ 24, 3ᵉ trimestre 1982, p. 25-31.

1803. LAFERRIÈRE, Georges, « Théâtre et expression dramatique », *Jeu*, n⁰ 24, 3ᵉ trimestre 1982, p. 15-20.

1804. LEROY, Dominique, « De l'apprentissage. L'Intégration de la formation des artistes du spectacle », *Jeu*, n⁰ 24, 3ᵉ trimestre 1982, p. 75-86.

1805. VILLENEUVE, Rodrigue, « Un discours théâtral ? », *Jeu*, n⁰ 24, 3ᵉ trimestre 1982, p. 57-67.

1806. PELLETIER, Maryse, « La Petite Histoire d'une production », *Le Pays théâtral*, vol. 6, n⁰ 3, saison 1982-1983, p. [2-4].

1807. HÉBERT, Chantal, « Au théâtre burlesque, surtout ne pas désorienter le consommateur ! Sondage et interprétation », *Études littéraires*, vol. 15, n⁰ 2, août 1982, p. 165-183.

1808. S., S., « Théâtre. Rentrée d'automne, quelques pistes », *Le Berdache*, n⁰ 33, septembre 1982, p. 34.

1809. KING, Deirdre, « Big Trouble in Quebec Theatre », *The Canadian Forum*, Vol. 62, No. 721, September 1982, p. 38, 42.

1810. LYNDE, Denyse, « Theatrical Activity in Montreal in the 1830's », *Association for Canadian Theatre History/Association d'histoire du théâtre au Canada*, Vol. 6, No. 1, Fall 1982, p. 15-17.

1811. BOURASSA, André-G[illes], « Une langue pour le lecteur et une pour le spectateur ? », *Lettres québécoises*, n⁰ 27, automne 1982, p. 46-48.

1812. LAPORTE, Michel, «*Musique en dînant*. Du texte secondaire au texte principal », *Pratiques théâtrales*, n⁰ 16, automne 1982, p. 48-55.

1813. OUAKNINE, Serge, « Du rêve de la vraie vie à la réalité impossible. Hommage au Squat Theater », *Pratiques théâtrales*, n⁰ 16, automne 1982, p. 34-43.

1814. PELLETIER, Pol, « Jouer au féminin », *Pratiques théâtrales*, n⁰ 16, automne 1982, p. 11-21.

1815. RONFARD, Jean-Pierre, « Le Démon et le cuisinier. Notes en vrac », *Jeu*, nº 25, 4ᵉ trimestre 1982, p. 25-39.

1816. BERTIN, Raymond, « À la défense du théâtre pour enfants », *Relations*, vol. 42, nº 484, octobre 1982, p. 273-275.

1817. GIRARD, Gilles, « Traits divergents et convergents », *Livres et auteurs québécois, 1982*, p. [153]-154.

2.3.2 TROUPES, COMPAGNIES, ASSOCIATIONS

1818. COLLECTIF DE L'ATTAQ, « Mort de l'Association des travailleurs et travailleuses du théâtre autonome et autogéré du Québec », *Jeu*, nº 10, hiver 1979, p. 139-140.

1819. OUAKNINE, Serge, « Objet/métamorphose/espace [Le Théâtre expérimental de Montréal — L'Eskabel] », *Jeu*, nº 10, hiver 1979, p. 75-81.

1820. VAÏS, Michel, « Autour des rapports de production [de l'Atelier de la NCT] », *Jeu*, nº 10, hiver 1979, p. 116-120.

1821. [ANONYME], « L'Hexagone a l'âge de raison ! », *Prélude*, vol. 1, nº 5, janvier 1979, p. 7, 9.

1822. *ANCTIL, Pierre, «*Contes de la tente des vapeurs* [Le Théâtre sans Fil] », *Recherches amérindiennes au Québec*, vol. 8, nº 3, 1979, p. 245-246.

1823. [ANONYME], « Le Centre national des arts », *Théâtre [CNA]*, vol. 5, nº 5-6, janvier-février-mars-avril 1979, p. [5]-8.

1824. GREFFARD, Madeleine, « L'Aventure du Théâtre-Club », *La Grande Réplique*, vol. 2, nº 2, février 1979, p. 4-11.

1825. [ANONYME], « Festival régional du théâtre [franco-ontarien] », *Liaison*, nº 4, février 1979, p. 3-5.

1826. GALLANT, Louise, « Théâtre de l'Attache », *Liaison*, nº 4, février 1979, p. 9.

1827. LEFEBVRE, Claude, « La Corvée. Une effervescence toujours plus présente ! », *Liaison*, nº 4, février 1979, p. 7-8.

1828. THÉÂTRE ENTRE CHIEN ET LOUP, Le, « Théâtre entre chien et loup en quête de... textes », *Grimoire*, vol. 2, nº 3, 22 février 1979, p. 15.

1829. PÉRUSSE, Michèle, « Le Théâtre des Confettis, un divertissement éducatif », *Bulletin du CSF*, vol. 6, nº 3, mars 1979, p. 20-21.

1830. REICHENBACH, Olivier, « La Nuit des Tribades [Production du TNM] », *L'Envers du décor*, vol. 11, nº 5, mars 1979, p. [3-5].

1831. *ÉTHIER, Jean-René, « Une relecture du *Cid* [Production du TNM] », *Relations*, vol. 39, nº 446, mars 1979, p. 89-91.

1832. ROY, Maurice et Gilbert DUPUIS, « La Troupe des Enchères », *Le Temps fou*, nº 5, mars-avril-mai 1979, p. 50-52.

1833. [ANONYME], « Le Rideau Vert a trente ans », *Québec Hebdo*, vol. 1, nº 3, 5 mars 1979, p. 4.

1834. [ANONYME], « Le Théâtre de Quat'sous à Paris », *Québec Hebdo*, vol. 1, nº 5, 19 mars 1979, p. 4.

1835. ROY, Jean-Pierre, « Le Sakatou », *Intervention*, vol. 1, nº 4, [printemps] 1979, p. 32-33.

1836. *VIGNEAU, Paul, «*On est partis pour rester* [La Troupe Les Gens d'en-bas] », *Intervention*, vol. 1, nº 4, [printemps] 1979, p. 34-35.

1837. ANDRÈS, Bernard et Paul LEFEBVRE, «*Macbeth*. Théâtre de la Manufacture », *Jeu*, nº 11, printemps 1979, p. 80-88.

1838. ARMSTRONG, Lise et Johanne MONGEON, «*Ô travail*. Théâtre Parminou », *Jeu*, nº 11, printemps 1979, p. 89-99.

1839. BONNEVILLE, Lise, «*Le Voyage immobile*. Les Enfants du paradis », *Jeu*, nº 11, printemps 1979, p. 61-69.

1840. CUNNINGHAM, Joyce et Paul LEFEBVRE, « Acteurs. La Ligue nationale d'improvisation », *Jeu*, nº 11, printemps 1979, p. 5-9.

1841. AUBIE, Walter, « The Night They Raided TNM », *Performing Arts in Canada*, Vol. 16, No. 1, Spring 1979, p. 50-51.

1842. ROY, Maurice, «*Un drôle de carnaval* [Production du Théâtre de la Commune] », *Éducation Québec*, vol. 9, n⁰ 6, avril 1979, p. 22-23.

1843. CLOUTIER, Raymond, « Le Grand Cirque ordinaire. Réflexions sur une expérience », *Études françaises*, vol. 15, n⁰ 1-2, avril 1979, p. 187-194.

1844. DAVID, Gilbert, « La Marionnette ou l'Enfance de l'art au Théâtre sans fil », *Études françaises*, vol. 15, n⁰ 1-2, avril 1979, p. 79-86.

1845. GODIN, Jean-Cléo, « Les Gaietés montréalaises. Sketches, revues [Le Théâtre des Variétés] », *Études françaises*, vol. 15, n⁰ 1-2, avril 1979, p. 143-158.

1846. RANGER, Claire, « Manifeste du Théâtre sans fil », *Études françaises*, vol. 15, n⁰ 1-2, avril 1979, p. 195-197.

1847. *DIONNE, André, « Le Théâtre qu'on joue : *Inceste* [Production du Théâtre expérimental de Montréal] », *Lettres québécoises*, n⁰ 14, avril-mai 1979, p. 27.

1848. *DIONNE, André, « Le Théâtre qu'on joue : *Si les ils avaient des elles...* [Production du Théâtre de Carton] », *Lettres québécoises*, n⁰ 14, avril-mai 1979, p. 26.

1849. BACHAND, Denis, « Du privé au public, une expérience divertissante et originale [Le Théâtre du 109] », *L'Estrie*, vol. 1, n⁰ 8, mai 1979, p. 12-13.

1850. [COLLECTIF], « Théâtre [Perds Pas l'Nord Inc.] », *Liaison*, n⁰ 5-6, mai 1979, p. 23.

1851. HAENTJENS, Brigitte, « Festival provincial de théâtre à Rockland », *Liaison*, n⁰ 5-6, mai 1979, p. 5-6.

1852. *DESCÔTEUX, Jean-Marc, « Un événement théâtral : *India Song* à l'Eskabel », *Le Berdache*, n⁰ 1, juin 1979, p. 38.

1853. *ANDRÈS, Bernard, «*Au bord du Gange montréalais* [Le Théâtre de l'Eskabel] », *Trajectoires*, n⁰ 2, juin-juillet-août 1979, p. 21-22.

1854. [ANONYME], « Manifestations théâtrales d'été dans le cadre international de l'enfance [Association québécoise du Jeune Théâtre] », *Le Babillard*, vol. 1, n⁰ 14, été 1979, p. 24.

1855. WELLS, Karin, « Theatre in Ottawa : The Not-So-Natural Growth », *Canadian Theatre Review*, No. 23, Summer 1979, p. 16-21.

1856. [ANONYME], « La Saison du Trident », *Jeu*, n⁰ 12, été 1979, p. 187-191.

1857. BEAULIEU, Michel, « Le Nouveau Monde en question », *Jeu*, n⁰ 12, été 1979, p. 179-185.

1858. BESSETTE, Émile, « Le Café-Théâtre à Québec », *Jeu*, n⁰ 12, été 1979, p. 138-140.

1859. COTNOIR, Diane et Pierre ROUSSEAU, « Fred-Barry. À propos d'une salle », *Jeu*, n⁰ 12, été 1979, p. 118-123.

1860. *COTNOIR, Diane, «*Hé qu'mon chum est platte* [Création collective du Théâtre de ma Blonde est au Boutte] », *Jeu*, n⁰ 12, été 1979, p. 110-112.

1861. *COTNOIR, Diane, «*Si les ils avaient des elles...* [Création collective du Théâtre de Carton] », *Jeu*, n⁰ 12, été 1979, p. 109-111.

1862. *COTNOIR, Diane, « La *Commedia dell'arte* jouée par le Théâtre Pepperoni », *Jeu*, n⁰ 12, été 1979, p. 108-109.

1863. DAVID, Gilbert et AUTRES, « Pour l'AQJT. Lettre au ministre », *Jeu*, n⁰ 12, été 1979, p. 11-12.

1864. *DAVID, Gilbert, «*C'est pour quand le progrès ?* [Création collective du Théâtre à l'Ouvrage] », *Jeu*, n⁰ 12, été 1979, p. 168-171.

1865. *DUMONT, Martine, «*Logement à louer* [Création collective du Théâtre de Quartier] », *Jeu*, n⁰ 12, été 1979, p. 166-168.

1866. *FLEURY, Hélène, «*On est partis pour rester* [Création collective des Gens d'en-bas] », *Jeu*, n⁰ 12, été 1979, p. 113-115.

1867. *GASCON, France, «*Hors-Jeux — 19 Performances* [Productions du Musée d'art contemporain] », *Jeu*, n⁰ 12, été 1979, p. 224-226.

1868. GODIN, Jean-Cléo, « Société d'histoire du théâtre du Québec. L'An II », *Jeu*, n⁰ 12, été 1979, p. 101-102.

1869. *HARDY, Joceline, «*Le Fleuve au coeur* [Production de la Commune à Marie] », *Jeu*, n⁰ 12, été 1979, p. 145-147.

1870. LAFON[-WEISS], Dominique, « Le Théâtre en Outaouais : sous le signe du paradoxe et de l'avenir », *Jeu*, n⁰ 12, été 1979, p. 194-199.

1871. LAGUEUX, Denis, « Centre d'essai des auteurs dramatiques. XIIIᵉ Assemblée générale », *Jeu*, nº 12, été 1979, p. 74-81.

1872. *LAHAYE, Louise, «*Fleur de rosée — Mission spéciale* [Production du Théâtre Soleil] — *Jean Dérangeant* [Production du Théâtre des Pissenlits] — *Tout ça pour des guenilles* [Production du Théâtre Petit à Petit] », *Jeu*, nº 12, été 1979, p. 16-21.

1873. *LAROCQUE, Pierre-A., «*Va et vient* [Production du Pêle-Mêle] », *Jeu*, nº 12, été 1979, p. 227-228.

1874. *LAROCQUE, Pierre-A., «*Parle-moi comme la pluie* [Production de Marthe Mercure] », *Jeu*, nº 12, été 1979, p. 226-227.

1875. LAVIGNE, Louis-Dominique, « Association québécoise du Jeune Théâtre. XXIᵉ Congrès : un dialogue épuisant », *Jeu*, nº 12, été 1979, p. 65-69.

1876. *LE BLANC, Alonzo, « Bois de Coulonge / été 1978. *Tartuffe* », *Jeu*, nº 12, été 1979, p. 183.

1877. LEFEBVRE, Paul, « Du bricolage [Le Théâtre expérimental de Montréal — Le Groupe de la Veillée — Les Enfants du Paradis — L'Eskabel] », *Jeu*, nº 12, été 1979, p. 219-221.

1878. MacDUFF, Pierre, « Quelques Constatations scéniques », *Jeu*, nº 12, été 1979, p. 176-179.

1879. NANTEL, Louise, « Centre d'essai le Conventum », *Jeu*, nº 12, été 1979, p. 124-129.

1880. NOËL, Francine, « Jeune Théâtre, 'garages' et cafés-théâtres. Une morne saison... sous le signe du couple », *Jeu*, nº 12, été 1979, p. 103-107.

1881. *PETRENKO, Daniel, «*La Mère à boire* [Production de la Commune à Marie] », *Jeu*, nº 12, été 1979, p. 150-151.

1882. *PETRENKO, Daniel, «*Abraham et Samuel* [Production du Centre dramatique du Sud] », *Jeu*, nº 12, été 1979, p. 149.

1883. PINTAL, Lorraine, « One Man / Woman Show », *Jeu*, nº 12, été 1979, p. 133-137.

1884. ROUSSEAU, Pierre, « Processus d'une création collective. Théâtre du Cent Neuf », *Jeu*, nº 12, été 1979, p. 130-133.

1885. *ROUSSEAU, Pierre, «*Ce sera pas toujours à recommencer* [Intervention du Théâtre du 1ᵉʳ mai] », *Jeu*, nº 12, été 1979, p. 171-172.

1886. ROUSSEAU, Pierre, « Rencontre. Théâtre et régions. 13ᵉ Festival de l'AQJT », *Jeu*, nº 12, été 1979, p. 69-73.

1887. SIGOUIN, Gérald, « Association des professeurs d'expression dramatique du Québec », *Jeu*, nº 12, été 1979, p. 100-101.

1888. VAÏS, Michel, « Conditions de représentation », *Jeu*, nº 12, été 1979, p. 213-218.

1889. *VILLEMURE, Fernand, «*Sylvie, hôtesse de l'air* [Création présentée au café-théâtre Le Zinc] », *Jeu*, nº 12, été 1979, p. 156.

1890. *VILLEMURE, Fernand, «*Le Cabaret qui pouffe* [Création collective présentée au Théâtre du Vieux-Québec] », *Jeu*, nº 12, été 1979, p. 152-153.

1891. *VILLEMURE, Fernand, «*Aux yeux des hommes* [Production du Théâtre du Vieux-Québec] », *Jeu*, nº 12, été 1979, p. 154-155.

1892. *VILLEMURE, Fernand, «*Les Justes* [Présentation du Café Rimbaud] », *Jeu*, nº 12, été 1979, p. 151-152.

1893. LAMARRE, Marcel, « La Nouvelle Compagnie théâtrale au service du monde de l'éducation », *Points*, vol. 3, nº 2, été 1979, p. 20-21.

1894. *SAINT-JACQUES, Denis, «*Y a rien là !*. La Troupe de théâtre d'Archambault, le théâtre et les opprimés », *Lettres québécoises*, nº 15, août-septembre 1979, p. 29-30.

1895. HUOT, François, « Le Jeune Théâtre des Vieux Trésors ! », *L'Actualité*, vol. 4, nº 9, septembre 1979, p. 14.

1896. BEAUCHAMP[-RANK], Hélène, « Theatre for Young Audiences in Québec », *Association for Canadian Theatre History/Association d'histoire du théâtre au Canada*, Vol. 3, No. 1, September 1979, p. 17-18.

1897. SAINT-PIERRE, Annette, « Le Cercle Molière », *Association for Canadian Theatre History/ Association d'histoire du théâtre au Canada*, Vol. 3, No. 1, September 1979, p. 10.

1898. *CAMPEAU, Nicole, « Le Théâtre expérimental des femmes », *La Gazette des femmes*, vol. 1, nº 1, septembre 1979, p. 6.

1899. [ANONYME], « Le Centre national des arts. Parlons théâtre ou Théâtr... issimo », *Panorama*, vol. 2, n⁰ 10, septembre 1979, p. 5.

1900. [ANONYME], « La Troup'titte », *Reflets*, vol. 1, n⁰ 1, septembre 1979, p. 26.

1901. *VILLEMAIRE, Yolande, « Dire oui à soie. *Alice a la peau rouge et ne se met pas de fond d'teint* [de Trois et 7 le numéro magique] », *Spirale*, n⁰ 1, septembre 1979, p. 13.

1902. BEAULIEU, Michel, « Le Nouveau Monde en question », *Jeu*, n⁰ 13, automne 1979, p. 169-170.

1903. [GERMAIN, Jean-Claude], Gilbert David et Francine NOËL, « Entretiens, 2 : un Théâtre d'Aujourd'hui », *Jeu*, n⁰ 13, automne 1979, p. 32-57.

1904. LEBLANC, Maurice, « Vingt-Cinq Ans de théâtre au collège de Bathurst », *Si que*, n⁰ 4, automne 1979, p. 17-22.

1905. SAINT-PIERRE, Annette, « Le Cercle Molière », *Bulletin du Centre d'études franco-canadiennes de l'Ouest*, n⁰ 3, octobre 1979, p. 7-16.

1906. NANTEL, Louise, « Obaldia au Québec [Les Saltimbanques] », *Les Cahiers de la Nouvelle Compagnie théâtrale*, vol. 14, n⁰ 1, octobre 1979, p. 25-27.

1907. [ANONYME], « L'Acadie au nord du changement », *Liaison*, n⁰ 7, octobre 1979, p. 19.

1908. MALTAIS, Murray, « Le Festival de Théâtre-Action [franco-ontarien]. 'Cultiver sa différence' », *Liaison*, n⁰ 7, octobre 1979, p. 4.

1909. VACHER, Laurent-Michel, « Ce qu'on joue aux enfants. Le VIᵉ Festival du théâtre pour enfants présenté par l'AQJT », *Spirale*, n⁰ 2, octobre 1979, p. 1, 4.

1910. TOUSIGNANT, André, « Ligue nationale d'improvisation », *Le Babillard*, vol. 2, n⁰ 2, novembre 1979, p. 15.

1911. [ANONYME], « Bref Retour historique sur le CEAD », *CEAD. En bref*, vol. 1, n⁰ 1, novembre 1979, p. [1-2].

1912. [ANONYME], «*Le Répertoire théâtral du Québec, 1979-1980*», *CEAD. En bref*, vol. 1, n⁰ 1, novembre 1979, p. 3.

1913. *L[ÉVESQUE], M[icheline], «*Y a rien là !* [Production de la Troupe de théâtre d'Archambault] », *Focus*, n⁰ 28, novembre 1979, p. 63.

1914. [ANONYME], « Théâtre du Cent Neuf », *Reflets*, vol. 1, n⁰ 3, novembre 1979, p. 26.

1915. [ANONYME], « Une banque de textes originaux », *Québec Hebdo*, vol. 1, n⁰ 41, 26 novembre 1979, p. 3.

1916. ROBERGE, Françoy, « Entre Molière et Boum Boum. La Ligue nationale d'improvisation », *Le Babillard*, vol. 2, n⁰ 3, décembre 1979, p. 4-5, 20.

1917. *LAROCHE, Claude, « 'J'ai peur d'avoir toujours peur' [*Les enfants n'ont pas de sexe*, production du Théâtre de Carton] », *Châtelaine*, vol. 20, n⁰ 12, décembre 1979, p. 16, 18.

1918. [ANONYME], «*Les Murs de nos villages* [Création collective du Théâtre de la Vieille 17] », *Liaison*, n⁰ 8, décembre 1979-janvier 1980, p. 4.

1919. DESHAIES, Michelle, « Étudiant, le Festival [franco-ontarien] », *Liaison*, n⁰ 8, décembre 1979-janvier 1980, p. 6-7.

1920. *GILBERT, François, « Il n'y a qu'une parole et une loi [*La Parole et la loi*, production de la Corvée] », *Liaison*, n⁰ 8, décembre 1979-janvier 1980, p. 4.

1921. [ANONYME], «*Acte 1* de la Nouvelle Compagnie théâtrale », *La Revue scolaire*, vol. 30, n⁰ 3, décembre 1979-janvier 1980, p. 26.

1922. ANDRÈS, Bernard, «*Les Émigrés*, une pièce déplacée à la Place des Arts [Production de la Cie Jean Duceppe] », *Spirale*, n⁰ 4, décembre 1979, p. 14.

1923. *DIONNE, André, « Le Théâtre qu'on joue : *La Peur sur tout* au Théâtre expérimental des Femmes », *Lettres québécoises*, n⁰ 16, hiver 1979-1980, p. 31.

1924. *DIONNE, André, « Le Théâtre qu'on joue : *Broue* au Théâtre des Voyagements », *Lettres québécoises*, n⁰ 16, hiver 1979-1980, p. 31.

1925. *LE BEL, Michel, «*Y a rien là !* [La Troupe de théâtre d'Archambault] », *Livres et auteurs québécois, 1979*, p. 203-205.

1926. CUNNINGHAM, Joyce et Paul LEFEBVRE, « Improvisation and the NHL », *Canadian Theatre Review*, No. 25, Winter 1980, p. 79-81.

1927. *ANDRÈS, Bernard, «*On est partis pour rester*, [production des] Gens d'en bas », *Jeu*, n⁰ 14, [1ᵉʳ trimestre] 1980, p. 119-126.

1928. BEAUCHAMP[-RANK], Hélène, « Rencontre avec le Théâtre des Confettis », *Jeu*, n⁰ 14, [1ᵉʳ trimestre] 1980, p. 139-147.

1929. BEAUCHAMP[-RANK], Hélène, « *Un jeu d'enfants* [du Théâtre de Quartier], censuré par la CECM », *Jeu*, n⁰ 14, [1ᵉʳ trimestre] 1980, p. 30-32.

1930. *DES RIVIÈRES, Marie-José, « *La Boîte à malices*, [production du] Théâtre des Confettis », *Jeu*, n⁰ 14, [1ᵉʳ trimestre] 1980, p. 135-138.

1931. DUPLANTIE, Monique, « Théâtrographie [de l'Eskabel] », *Jeu*, n⁰ 14, [1ᵉʳ trimestre] 1980, p. 74-78.

1932. DUPLANTIE, Monique, « L'Eskabel : dix de folie...ou presque. Fragments de la petite histoire de l'Eskabel », *Jeu*, n⁰ 14, [1ᵉʳ trimestre] 1980, p. 43-50.

1933. FLEURY, Hélène, « Entretien avec les Gens d'en bas », *Jeu*, n⁰ 14, [1ᵉʳ trimestre] 1980, p. 127-134.

1934. LEFEBVRE, Paul, « Démarche et productions [l'Eskabel] », *Jeu*, n⁰ 14, [1ᵉʳ trimestre] 1980, p. 51-60.

1935. NANTEL, Louise, « CEAD, quinze ans plus tard... », *Jeu*, n⁰ 14, [1ᵉʳ trimestre] 1980, p. 15-19.

1936. VAÏS, Michel, « *India Song* [production de l'Eskabel], une sonographie », *Jeu*, n⁰ 14, [1ᵉʳ trimestre] 1980, p. 68-70.

1937. VAÏS, Michel, « La Représentation eskabélienne », *Jeu*, n⁰ 14, [1ᵉʳ trimestre] 1980, p. 61-67.

1938. [ANONYME], « Le Théâtre de Carton », *Reflets*, vol. 1, n⁰ 5, janvier 1980, p. 27-28.

1939. ANDRÈS, Bernard, « L'Eskabel, un an après », *Spirale*, n⁰ 5, janvier 1980, p. 3.

1940. *THÉORET, France, « Une histoire de mère et de séparation [*L'Hippocanthrope* au TNM] », *Spirale*, n⁰ 5, janvier 1980, p. 3.

1941. [ANONYME], « La Rubrique, du théâtre d'intervention », *Focus*, n⁰ 31, février 1980, p. 24-25.

1942. [ANONYME], « Ah ! Nostalgie, quand tu nous tiens... [La Marmite de Chicoutimi] », *Focus*, n⁰ 31, février 1980, p. 23-24.

1943. [ANONYME], « Le Théâtre sans fil », *Reflets*, vol. 1, n⁰ 6, février 1980, p. 25-26.

1944. *CIMON, Renée, [*Y a rien là* de la Troupe de théâtre d'Archambault], *Nos livres*, vol. 11, mars 1980, n⁰ 84.

1945. [ANONYME], « Le Théâtre Petit à Petit », *Reflets*, vol. 1, n⁰ 7, mars 1980, p. 25-26.

1946. *ÉTHIER, Jean-René, [*Encore un peu*, production de la Nouvelle Compagnie théâtrale], *Relations*, vol. 40, n⁰ 457, mars 1980, p. 92.

1947. *ÉTHIER, Jean-René, [Au Rideau-Vert, *Butley*], *Relations*, vol. 40, n⁰ 457, mars 1980, p. 91-92.

1948. *ÉTHIER, Jean-René, [Au TNM, *Andorra* et *Don Juan*], *Relations*, vol. 40, n⁰ 457, mars 1980, p. 90-91.

1949. COTNOIR, Diane, « Un théâtre hyperréaliste [Les Enfants du paradis] », *Spirale*, n⁰ 7, mars 1980, p. 10.

1950. *ANDRÈS, Bernard, « L'Adaptation théâtrale : recours obligé ? [La NCT présente *la Scouine* d'Albert Laberge] », *Voix et images*, vol. 5, n⁰ 3, printemps 1980, p. 589-590.

1951. *T., G., « Une création collective du Parminou. L'Information sous les feux de la rampe », *Le 30*, vol. 4, n⁰ 4, avril 1980, p. 3.

1952. *LEQUIN, Lucie, [*La Vrai Vie des masquées*, le Théâtre du Remue-Ménage], *Canadian Women's Studies/Les Cahiers de la femme*, Vol. 2, No. 2, 1980, p. 99.

1953. PELLETIER, Pol, « Petite Histoire du théâtre de femmes au Québec [Le Théâtre des Cuisines — Le Théâtre expérimental des femmes — La Commune à Marie — 3 et 7 le numéro magique — L'Organisation Ô] », *Canadian Women's Studies/Les Cahiers de la femme*, Vol. 2, No. 2, 1980, p. 85-87.

1954. [ANONYME], « Les Subventions du secteur privé, industriel et commercial [TNM] », *L'Envers du décor*, vol. 12, n⁰ 6, avril 1980, p. [11].

1955. BEAUCHAMP[-RANK], Hélène, « [ACTA/AQJT]. Petite Histoire par les textes. Constantes », *Jeu*, n⁰ 15, [2ᵉ trimestre] 1980, p. 29-31.

1956. BEAUCHAMP[-RANK], Hélène, « Annexe 3. Finances de l'organisme [ACTA/AQJT] (1958-1980) », *Jeu*, n⁰ 15, [2e trimestre] 1980, p. 187.

1957. BEAUCHAMP[-RANK], Hélène, « [ACTA/AQJT]. Traces 1976-1979 », *Jeu*, n⁰ 15, [2e trimestre] 1980, p. 96-109.

1958. BEAUCHAMP[-RANK], Hélène, « [ACTA/AQJT]. Traces 1973-1975 », *Jeu*, n⁰ 15, [2e trimestre] 1980, p. 81-88.

1959. BEAUCHAMP[-RANK], Hélène, « [ACTA/AQJT]. Consolidation. Entretien avec Jean Fleury », *Jeu*, n⁰ 15, [2e trimestre] 1980, p. 75-80.

1960. BEAUCHAMP[-RANK], Hélène, « [ACTA/AQJT]. Traces 1967-1972 », *Jeu*, n⁰ 15, [2e trimestre] 1980, p. 59-73.

1961. BEAUCHAMP[-RANK], Hélène, « [ACTA/AQJT]. Traces 1958-1966 », *Jeu*, n⁰ 15, [2e trimestre] 1980, p. 33-47.

1962. BEAUCHAMP[-RANK], Hélène, « [ACTA/AQJT]. Sur un organisme démocratique », *Jeu*, n⁰ 15, [2e trimestre] 1980, p. 123-129.

1963. BEAULNE, Guy, « [ACTA]. Fondation », *Jeu*, n⁰ 15, [2e trimestre] 1980, p. 21-27.

1964. DAVID, Gilbert, « ACTA/AQJT. Un théâtre intervenant (1958-1980) », *Jeu*, n⁰ 15, [2e trimestre] 1980, p. 7-18.

1965. DAVID, Gilbert, « [AQJT]. Là, maintenant, demain. Entretien avec Marie-Hélène Falcon et Marie-Christine Larocque », *Jeu*, n⁰ 15, [2e trimestre] 1980, p. 111-122.

1966. *DUPUIS, Hervé, «*Y'a rien là* [Création collective de la troupe de théâtre d'Archambault] », *Jeu*, n⁰ 15, [2e trimestre] 1980, p. 213-214.

1967. FALCON, Marie-Hélène et Marie-Christine LAROCQUE, « [ACTA]. Présence. Entretien avec Marcelle Ouellette », *Jeu*, n⁰ 15, [2e trimestre] 1980, p. 49-54.

1968. ROUSSEAU, Pierre, « [ACTA/AQJT]. Retour sur une période militante. Entretien avec Claude Couillard, Louise Fugère et Jacques Vézina », *Jeu*, n⁰ 15, [2e trimestre] 1980, p. 89-95.

1969. ROUSSEAU[-CORRIVAULT], Martine, « Carrefour AQJT », *Jeu*, n⁰ 15, [2e trimestre] 1980, p. 205-209.

1970. SABOURIN, Jean-Guy, « [ACTA/AQJT]. À vous », *Jeu*, n⁰ 15, [2e trimestre] 1980, p. 55-57.

1971. [ANONYME], « Le Théâtre de Quartier », *Reflets*, vol. 1, n⁰ 8, avril 1980, p. 25-26.

1972. *[ANONYME], «*Enfin... B'allons-nous s'comprendre !?* [Le Groupe Femmes en mouvement] », *Liaison*, vol. 3, n⁰ 10, [mai] 1980, p. 13.

1973. *GILBERT, François, « Une première : musique, poésie, théâtre — ensemble. *J'ai au creux des mains une chanson* », *Liaison*, vol. 3, n⁰ 10, [mai] 1980, p. 17.

1974. *GILBERT, François, « Après la pièce, le livre *La Parole et la loi* [La Corvée] », *Liaison*, vol. 3, n⁰ 10, [mai] 1980, p. 15.

1975. HAENTJENS, Brigitte, « Pour fêter sa cinquième année... la troupe du P'tit matin a... *Quequ'chose à dire...* », *Liaison*, vol. 3, n⁰ 10, [mai] 1980, p. 13.

1976. HAENTJENS, Brigitte, « Une année de théâtre franco-ontarien 79-80 », *Liaison*, vol. 3, n⁰ 10, [mai] 1980, p. 3.

1977. HAENTJENS, Brigitte, « Perds pas l'Nord Inc. 5 Ans d'existence. D'après une entrevue avec Anne-Marie de Varenne-S. », *Liaison*, vol. 3, n⁰ 10, [mai] 1980, p. 7.

1978. HAENTJENS, Brigitte, « Théâtre-Action. Une année de services pour le développement du théâtre franco-ontarien », *Liaison*, vol. 3, n⁰ 10, [mai] 1980, p. 4-5.

1979. LARIVIÈRE, Jean-Marc, « Meanwhile Back in Toronto : t'as voulu faire du théâtre, ben v'là ! [Le Théâtre du P'tit Bonheur] », *Liaison*, vol. 3, n⁰ 10, [mai] 1980, p. 7.

1980. LAVOIE, Louise, « Théâtre communautaire », *Liaison*, vol. 3, n⁰ 10, [mai] 1980, p. [2].

1981. *LEBLANC, Lise, «*1,2,3... Go !* Spectacle pour enfants signé La Corvée », *Liaison*, vol. 3, n⁰ 10, [mai] 1980, p. 13.

1982. N 15 [HAENTJENS], Marc, « Le Chiffre 7... Toronto 21-28 juin 1980 [7ème Festival du théâtre franco-ontarien] », *Liaison*, vol. 3, n⁰ 10, [mai] 1980, p. 5.

1983. WOODS, Alanna, « La Nuit sur l'étang », *Liaison*, vol. 3, n⁰ 10, [mai] 1980, p. 17.

1984. [ANONYME], « Le Théâtre de l'Atrium », *Reflets*, vol. 1, n⁰ 9, mai 1980, p. 26.

1985. [ANONYME], « Théâtre de la Marmaille », *Reflets*, vol. 1, n⁰ 10, juin 1980, p. 26.

1986. *BEAUDRY, Pauline, «*Les enfants n'ont pas de sexe* [Production du Théâtre de Carton] », *La Revue scolaire*, vol. 30, n⁰ 6, juin-juillet 1980, p. 16-17.

1987. *POTEET, Susan [H.], «*Parce que c'est la nuit* [Le Théâtre expérimental des femmes] », *Fireweed*, No. 7, Summer 1980, p. 84-87.

1988. [ANONYME], « Quebec Puppet Troupe at World Festival [Le Théâtre sans fil] », *Performing Arts in Canada*, Vol. 17, No. 2, Summer 1980, p. 3.

1989. BEAUCHAMP[-RANK], Hélène et Judith RENAUD, « Justement ! oui, encore ! Entretien avec le Théâtre des Cuisines », *Jeu*, n⁰ 16, [3ᵉ trimestre] 1980, p. 97-115.

1990. CHAPDELAINE-DESPERRIER, Hélène et Martine BEAULNE, « Unir le féminin et le masculin, vivre enfin au pluriel [Le Parminou] ! », *Jeu*, n⁰ 16, [3ᵉ trimestre] 1980, p. 188-190.

1991. COTNOIR, Diane, « La LNI, comme dans la 'vraie' vie », *Jeu*, n⁰ 16, [3ᵉ trimestre] 1980, p. 15-20.

1992. D[AVID], G[ilbert], «*Jeu* 15 : correctifs et remarques [sur l'ACTA et l'AQJT] », *Jeu*, n⁰ 16, [3ᵉ trimestre] 1980, p. 233-234.

1993. LAROCQUE, Pierre-A., « Notes complémentaires sur le dossier l'Eskabel », *Jeu*, n⁰ 16, [3ᵉ trimestre] 1980, p. 231-232.

1994. *PELLETIER, Francine, « Cinq Pièces de femmes [*Moman travaille pas, a trop d'ouvrage !*, création du Théâtre des Cuisines - *La Vraie Vie des masquées* - *Si Cendrillon pouvait mourir* - *À ma mère, à ma mère, à ma mère, à ma voisine*, production du Théâtre expérimental des femmes] », *Jeu*, n⁰ 16, [3ᵉ trimestre] 1980, p. 219-224.

1995. GILBERT, François, « Un petit mot sur le Théâtre d'Hyradote », *Liaison*, vol. 3, n⁰ 11, août 1980, p. 30.

1996. *HAENTJENS, Brigitte, « Un show plein de couleurs. Un 'show d'été' [*Un show soleil chaud d'été*] », *Liaison*, vol. 3, n⁰ 11, août 1980, p. 18.

1997. HAENTJENS, Brigitte, « Le Théâtre étudiant, un théâtre vivant », *Liaison*, vol. 3, n⁰ 11, août 1980, p. 13.

1998. *LEBLANC, Lise, «*Sur les grands chemins* ou 'Up & Down' avec la Troupe 'Pourquoi Pas' de Rockland », *Liaison*, vol. 3, n⁰ 11, août 1980, p. 19-20.

1999. MORIN, Marie-Thé, « Les Franco-Fous. La P'tite Histoire d'une troupe trippante de Sudbury... (d'après une entrevue avec Céline Perron) », *Liaison*, vol. 3, n⁰ 11, août 1980, p. 15.

2000. TRUAX, Denise, «*De l'oxygène !* [La Troupe Oxygène] », *Liaison*, vol. 3, n⁰ 11, août 1980, p. 19.

2001. *TRUAX, Denise, « On en aura jamais assez parlé... Quelques Mots sur *J'ai au creux de mes mains une chanson* », *Liaison*, vol. 3, n⁰ 11, août 1980, p. 27.

2002. [ANONYME], « Le Théâtre de la Nouvelle Lune », *Reflets*, vol. 2, n⁰ 1, septembre 1980, p. 25.

2003. SCOTT, Gail, [Le Théâtre expérimental des femmes], *Spirale*, n⁰ 11, septembre 1980, p. 10.

2004. PELLETIER, Francine, « Vu de la première rangée [Le Théâtre des femmes] », *La Vie en rose*, n⁰ 3, septembre-octobre-novembre 1980, p. 30-32.

2005. [ANONYME], « Le Théâtre populaire d'Acadie [de Caraquet] », *Possibles*, vol. 5, n⁰ 1, [automne] 1980, p. 87-90.

2006. ANDRÈS, Bernard, « De *l'Impromptu* à *Plein Chant*, ou l'Art de ne plus tourner en rond [L'Eskabel] », *Voix et images*, vol. 6, n⁰ 1, automne 1980, p. 151-153.

2007. CUSSON, Normand, « L'Atelier continue », *Clin d'oeil*, n⁰ 2, octobre 1980, p. 14.

2008. CUSSON, Normand, « Gros Plan sur Michel Côté », *Clin d'oeil*, n⁰ 2, octobre 1980, p. 14.

2009. [ANONYME], « Un premier coup d'oeil en salle de répétition [TNM] », *L'Envers du décor*, vol. 13, n⁰ 1, octobre 1980, p. 4-5.

2010. ROY, Monique, « Créations de femme [Le Théâtre expérimental des femmes] », *La Gazette des femmes*, vol. 2, n⁰ 5, octobre 1980, p. 5.

2011. *LEFEBVRE, Paul, «*Treize Tableaux*, création collective du Nouveau Théâtre expérimental de Montréal », *Jeu*, n⁰ 17, [4ᵉ trimestre] 1980, p. 108-111.

2012. CADIEUX, Anne-Marie, « Rencontre entre le Théâtre d'la vieille 17, Pince-Farine et le Théâtre de Quartier », *Liaison*, vol. 3, n⁰ 12, octobre 1980, p. 34.

2013. GAGNON, Odette, « 1ʳᵉ Rencontre de théâtre communautaire franco-ontarien », *Liaison*, vol. 3, nᵒ 12, octobre 1980, p. [28].

2014. HAENTJENS, Brigitte, « Et vive le théâtre communautaire ! La Petite Histoire d'un rêve, d'un rêve de projet, qui s'est transporté jusqu'à Sudbury, les 6 et 7 septembre derniers », *Liaison*, vol. 3, nᵒ 12, octobre 1980, p. 26.

2015. TISSOT, Georges, « Strip. Désir. Strip [*Strip*, production du Théâtre de la Corvée] », *Liaison*, vol. 3, nᵒ 12, octobre 1980, p. 32-33.

2016. [ANONYME], « Théâtre de Quartier [Supplément à *Offensives communautaires et culturelles*] », *Offensives communautaires et culturelles*, vol. 1, nᵒ 1, octobre-novembre-décembre 1980, 11 p.

2017. [ANONYME], « Le Théâtre de la Riposte », *Reflets*, vol. 2, nᵒ 2, octobre 1980, p. 24.

2018. LANGEVIN, Lysanne, « Correspondre au monde [Le Théâtre expérimental des femmes] », *Spirale*, nᵒ 12, octobre 1980, p. 7.

2019. HERBIET, Jean, « L'Hexagone [troupe de théâtre] », *Prélude*, vol. 3, nᵒ 2, novembre-décembre 1980, p. 16-19.

2020. [ANONYME], « Le Théâtre du Nouveau Monde », *Reflets*, vol. 2, nᵒ 3, novembre 1980, p. 26-27.

2021. *ALMÉRAS, Diane, [*Avec l'hiver qui s'en vient*, le Théâtre du Vieux-Québec], *Relations*, vol. 40, nᵒ 464, novembre 1980, p. 316.

2022. PETROWSKI, Nathalie, « Du théâtre en culottes courtes [La Marmaille] », *Châtelaine*, vol. 21, nᵒ 12, décembre 1980, p. 58-61, 64-72.

2023. *[ANONYME], [*La Parole et la loi* de La Corvée], *Liaison*, vol. 3, nᵒ 13, décembre 1980, p. 44.

2024. *AUGER, Carole, «*Les Murs de nos villages* [Le Théâtre d'la vieille 17] », *Liaison*, vol. 3, nᵒ 13, décembre 1980, p. 37-38.

2025. [ANONYME], « La Nouvelle Compagnie Théâtrale », *Reflets*, vol. 2, nᵒ 4, décembre 1980, p. 26-27.

2026. CHAREST, Luc, « Le Théâtre sans fil et l'art de la marionnette », *Vie des arts*, vol. 25, nᵒ 101, hiver 1980-1981, p. 82-83.

2027. HÉTU, Lise, « Les Apprentis-Sorciers », *La Grande Réplique*, nᵒ 11, 1980-1981, p. 6-72.

2028. [ANONYME], « Le Théâtre en affiches [Le Théâtre de l'Estoc] », *L'Archiviste*, vol. 8, nᵒ 1, janvier-février 1981, p. 9.

2029. OUELLETTE, Louise, « Théâtre Canada, 1932-1978 [Festival] », *L'Archiviste*, vol. 8, nᵒ 1, janvier-février 1981, p. 7-8.

2030. LONERGAN, David, « La Petite Histoire de Pince-Farine », *Gaspésie*, vol. 19, nᵒ 1, hiver 1981, p. 13-18.

2031. HÉTU, Lise, « Les Apprentis-Sorciers », *La Grande Réplique*, nᵒ 12, [hiver-printemps] 1981, p. 2-76.

2032. *ROUSSEAU, Pierre, «*Une histoire sur not' dos* [Le Théâtre à l'Ouvrage] », *Jeu*, nᵒ 18, 1ᵉʳ trimestre 1981, p. 129-131.

2033. ROUSSEAU-CORRIVAULT, Martine, « [Le Trident] avec Guillermo de Andréa », *Jeu*, nᵒ 18, 1ᵉʳ trimestre 1981, p. 85-98.

2034. VILLEMURE, Fernand, « De la direction artistique [Le Trident] », *Jeu*, nᵒ 18, 1ᵉʳ trimestre 1981, p. 71-84.

2035. VILLEMURE, Fernand, « Le Trident, au compte de dix. De *0-71* aux *Sept Péchés québécois* », *Jeu*, nᵒ 18, 1ᵉʳ trimestre 1981, p. 47-64.

2036. LAMOUREUX, Josée, « Théâtre et lutte des femmes. Le Théâtre des Cuisines », *Offensives*, vol. 1, nᵒ 2, janvier-février-mars 1981, p. 18-20.

2037. LAVIGNE, Louis-Dominique, « L'AQJT organise un carrefour à Trois-Rivières », *Offensives*, vol. 1, nᵒ 2, janvier-février-mars 1981, p. 47.

2038. LAVIGNE, Louis-Dominique, « David Fennario et le Théâtre de Quartier », *Offensives*, vol. 1, nᵒ 2, janvier-février-mars 1981, p. 47.

2039. LAVIGNE, Louis-Dominique, « Le 7ᵉ Festival de théâtre pour enfants », *Offensives*, vol. 1, nᵒ 2, janvier-février-mars 1981, p. 46.

2040. Rousseau, Pierre, «xxiiiième Congrès de l'AQJT », *Offensives*, vol. 1, no 2, janvier-février-mars 1981, p. 46.

2041. [Anonyme], « Le Théâtre du Rideau Vert », *Reflets*, vol. 2, no 5, janvier 1981, p. 24-25.

2042. Goulet, Pierre, « Regroupement théâtral et danse. The Show must go on ! », *Réseau*, vol. 12, no 5, janvier 1981, p. 24.

2043. *Demers, Dominique et Yves Taschereau, « La Joyeuse Révolution du nouveau théâtre [*Le Souffle des montagnes* d'Anne Ancrenat] », *L'Actualité*, vol. 6, no 2, février 1981, p. 58.

2044. Demers, Dominique et Yves Taschereau, « La Joyeuse Révolution du nouveau théâtre [Le Théâtre de l'Éden — La Ligue nationale d'improvisation] », *L'Actualité*, vol. 6, no 2, février 1981, p. 58-59.

2045. [Anonyme], «*Mon héroïne, Adrienne Rich* [Le Théâtre expérimental des femmes] », *Le Berdache*, no 17, février 1981, p. 54.

2046. Morin, Marc, « 'Macho, machoman' », *Le Berdache*, no 17, février 1981, p. 53.

2047. *Cusson, Normand, «*Pourquoi s'mettre tout nu ?* [La Rallonge au Théâtre d'Aujourd'hui] », *Clin d'oeil*, no 5, février 1981, p. 22.

2048. Bélanger, Paul, « Carrefour de Rockland [Rencontre-Atelier. Le Théâtre de Quartier et le Théâtre d'la Vieille 17] », *Liaison*, no 14, février 1981, p. 34.

2049. Bertrand, Denis, « Les nouveaux venus ont fait bonne figure [Le Sablier] », *Liaison*, no 14, février 1981, p. 39-40.

2050. Larochelle, Lucie, « Mise en commun pour mise en valeur. Paul Doucet : le silence d'une tragédie... ou *la Mesure humaine* [Le Théâtre d'la Corvée et d'la Vieille 17] », *Liaison*, no 14, février 1981, p. 32-33.

2051. *Truax, Denise, «*Le jour de l'an n'est p'us là* [de la troupe Souvenirs du bon vieux temps] », *Liaison*, no 14, février 1981, p. 41.

2052. *Dionne, André, «*Un jeu d'enfants* [Le Théâtre de Quartier] », *Nos livres*, vol. 12, février 1981, no 110.

2053. [Anonyme], [Le Théâtre populaire du Québec], *Reflets*, vol. 2, no 6, février 1981, p. 24.

2054. Cusson, Normand, « Place aux marionnettes [Le Théâtre de l'Oeil] », *Clin d'oeil*, no 6, mars 1981, p. 23.

2055. Cusson, Normand, « Place aux marionnettes [Le Théâtre de l'Avant-Pays] », *Clin d'oeil*, no 6, mars 1981, p. 23.

2056. Cusson, Normand, « Place aux marionnettes [Le Théâtre sans Fil] », *Clin d'oeil*, no 6, mars 1981, p. 23.

2057. Girard, Jean-Guy, « Théâtre en région, ou 'Comment se donner de la misère' [Le Théâtre populaire d'Alma] », *Focus*, no 39, mars 1981, p. 42.

2058. Daigle, Jean-Luc, « Théâtre amateur : AQJT, MLCP, MAC et loisir littéraire », *Loisirs et sports*, no 103, mars 1981, p. 32-33.

2059. Le Blanc, Alonzo, « Regards sur une demi-saison de théâtre », *Québec français*, no 41, mars 1981, p. 34-36.

2060. [Anonyme], [La Compagnie Jean-Duceppe], *Reflets*, vol. 2, no 7, mars 1981, p. 24-25.

2061. *É[thier], J[ean]-R[ené], «*Quelle vie ?* On en parle quand même [Production du TNM] », *Relations*, vol. 41, no 468, mars 1981, p. 93.

2062. [Anonyme], « Théâtre expérimental des femmes. Les Lundis de l'histoire des femmes », *La Vie en rose*, [vol. 2, no 1], mars-avril-mai 1981, p. 6.

2063. *Wagner, Anton, «*Y a rien là !* [La Troupe de théâtre d'Archambault] », *Canadian Theatre Review*, No. 30, Spring 1981, p. 124-125.

2064. *Pineault, Chantale et Jules Lemieux, «*Pis la journée fait seulement commencer !* par le Théâtre de Pince-Farine », *Gaspésie*, vol. 19, no 2, printemps 1981, p. 51.

2065. *Soulières, Robert, « Un peu de théâtre...et de musique ! [*Un jeu d'enfants* du Théâtre de Quartier] », *Lurelu*, vol. 4, no 1-2, printemps-été 1981, p. 19.

2066. Lavoie, Laurent-Guy, « Vie et mort des troupes théâtrales en Acadie [Les Productions de l'Étoile ; Le Théâtre populaire d'Acadie ; Le Théâtre amateur de Moncton ; Les Élouèzes ; Les Feux-Chalins ; La Cordée de la Rampe ; Le Théâtre du Collège de

Bathurst ; Le Théâtre de l'Université de Moncton] », *Spindrift*, Vol. 1, No. 1, Spring 1981, p. 74-93.

2067. CHAREST, Luc, « Le Théâtre de création à Montréal en 1980 », *Vie des arts*, vol. 25, nº 102, printemps 1981, p. 77-79.

2068. *BÉDARD, Christian, «*Noces*, Le Théâtre de l'Eskabel », *Le Berdache*, nº 19, avril 1981, p. 54.

2069. KING, Deirdre, « Théâtre engagé [Le Jeune Théâtre] », *The Canadian Forum*, Vol. 60, No. 708, April 1981, p. 36.

2070. CUSSON, Normand, « Un 'Icare' qui vole haut [Le Théâtre des Pissenlits] », *Clin d'oeil*, nº 7, avril 1981, p. 94.

2071. BEAUCHAMP[-RANK], Hélène, Louise Filteau et Marie LASNIER, « Des marionnettes au Québec. Entretien avec le Théâtre de l'Oeil », *Jeu*, nº 19, 2e trimestre 1981, p. 109-118.

2072. BRAIS, Michel, « Théâtre d'animation et formation [Colloque, 27 février-1er mars 1981 à Sherbrooke] », *Jeu*, nº 19, 2e trimestre 1981, p. 29-32.

2073. CAMBRON, Micheline, « Le Théâtre de Face à Trois-Rivières. Un laboratoire au centre-ville », *Jeu*, nº 19, 2e trimestre 1981, p. 83-98.

2074. DAVID, Gilbert, « AQJT. Un congrès de transition », *Jeu*, nº 19, 2e trimestre 1981, p. 25-28.

2075. *DAVID, Gilbert, «*Des quartiers où nous pourrons rester*, Théâtre à l'Ouvrage », *Jeu*, nº 19, 2e trimestre 1981, p. 134-135.

2076. *FILTEAU, Louise, «*Regarde pour voir* [Le Théâtre de l'Oeil] », *Jeu*, nº 19, 2e trimestre 1981, p. 101-108.

2077. LEFEBVRE, Paul, « Et les Trifluviens 'noyautent' la SHTQ », *Jeu*, nº 19, 2e trimestre 1981, p. 166.

2078. LEFEBVRE, Paul, « Trois-Rivières. Une nouvelle troupe et un nouveau lieu théâtral [Le Théâtre du Castelet] », *Jeu*, nº 19, 2e trimestre 1981, p. 165-166.

2079. *SIGOUIN, Gérald, «*Un jeu d'enfants* [Le Théâtre de Quartier] », *Jeu*, nº 19, 2e trimestre 1981, p. 151-152.

2080. *SIGOUIN, Gérald, «*La Parole et la loi* [La Corvée] », *Jeu*, nº 19, 2e trimestre 1981, p. 150-151.

2081. *SIGOUIN, Gérald, «*La Vie à trois étages* [Le Théâtre de la Marmaille] », *Jeu*, nº 19, 2e trimestre 1981, p. 149-150.

2082. COUTURE, Denis, « Le Théâtre d'la Corvée. L'idée ne se brûle pas », *Liaison*, nº 15, avril 1981, p. 12-14.

2083. GAGNON, Odette, « Le Théâtre professionnel en Ontario : un combat permanent ? », *Liaison*, nº 15, avril 1981, p. 8.

2084. *GUINDON, Lise, «*Un coup manqué*, pas manqué », *Liaison*, nº 15, avril 1981, p. 36.

2085. HAENTJENS, Brigitte, « La Vieille 17, une troupe vivante vivant en région », *Liaison*, nº 15, avril 1981, p. 16-17.

2086. POIRIER, Alain, « Théâtre-Action, une vague de fond 'Made in Ontario' », *Liaison*, nº 15, avril 1981, p. 6-7, 29.

2087. TASSÉ, Roch, « Au Bureau franco-ontarien du CAO, réagir aux demandes plutôt qu'orienter le développement culturel », *Liaison*, nº 15, avril 1981, p. 9.

2088. TRUAX, Denise, « Dossier sur le théâtre professionnel », *Liaison*, nº 15, avril 1981, p. 5.

2089. AUBRY, Suzanne, «*O solo mio* [One-Woman Show] », *Le Pays théâtral*, vol. 5, nº 2, saison 1981-1982, p. [2-3].

2090. GAUVIN, Lise, « Sept Ans de théâtre autogéré. Le Parminou », *Possibles*, vol. 5, nº 3-4, [2e trimestre] 1981, p. 147-159.

2091. GODIN, Jean-Cléo, « La Ligue nationale d'improvisation, du 'bon sport' au théâtre », *Possibles*, vol. 5, nº 3-4, [2e trimestre] 1981, p. 235-245.

2092. [ANONYME], « Le Théâtre français du Centre national des arts d'Ottawa », *Reflets*, vol. 2, nº 8, avril 1981, p. 24-25.

2093. *DUMONT, Martine, « Rituel et simulacre [*Requiem* par la troupe Opéra-Fête] », *Spirale*, nº 18, avril 1981, p. 15.

2094. *Cusson, Normand, « Une autre importation de la Compagnie Jean-Duceppe [*Quelque part... un lac*] », *Clin d'oeil*, n⁰ 8, mai 1981, p. 107.

2095. G[irard], J[ean]-G[uy], « Du théâtre d'intervention à une association, il y a un pas... [Le Théâtre de l'Ouvrage] », *Focus*, n⁰ 41, mai 1981, p. 9.

2096. [Collectif], « Théâtre entre Chien et Loup », *Grimoire*, vol. 4, n⁰ 5, mai 1981, p. 17.

2097. *Marchand, Daniel, « La Corvée, la parole et la loi [*La Parole et la loi*] », *Offensives*, vol. 1, n⁰ 3, mai-juin-juillet-août 1981, p. 45.

2098. Hébert, Marjolaine, « Le Théâtre de Marjolaine et ses vingt-deux ans d'histoire », *Reflets*, vol. 2, n⁰ 9, mai 1981, p. 24-25.

2099. *B[édard], C[hristian], «*Cristal* [Le Théâtre de l'Eskabel] », *Le Berdache*, n⁰ 21, juin 1981, p. 54.

2100. Cauchy, Hélène, « Table ronde sur la situation des pigistes en Ontario. Les pigistes s'organisent », *Liaison*, n⁰ 16, juin 1981, p. 20-21, 36.

2101. Gendron, Marc, « Théâtre du Nouvel Ontario. Dix Ans de présence », *Liaison*, n⁰ 16, juin 1981, p. 12-14, 34.

2102. Guillemette, Madeleine, « Les Papillons de velours », *Liaison*, n⁰ 16, juin 1981, p. 41.

2103. Haentjens, Brigitte, « Le Jeune Théâtre du Nouvel Ontario », *Liaison*, n⁰ 16, juin 1981, p. 42.

2104. Haentjens, Marc, « Un théâtre francophone à Ottawa... ou la Petite Histoire d'un grand théâtre », *Liaison*, n⁰ 16, juin 1981, p. 15-16.

2105. Haentjens, Marc, « Et toi, est-ce que tu y vas cette année ? », *Liaison*, n⁰ 16, juin 1981, p. 29-30.

2106. Morin, Marie-Thé, « Stage Fright. Belcourt n'a pas eu peur [Olympiques d'improvisation] », *Liaison*, n⁰ 16, juin 1981, p. 41.

2107. Robitaille, Pierre, « Le Théâtre du P'tit Bonheur », *Liaison*, n⁰ 16, juin 1981, p. 22-23, 26-28.

2108. Truax, Denise, « Sous le signe d'une bonne étoile. Théâtre-Acadie », *Liaison*, n⁰ 16, juin 1981, p. 33.

2109. [Anonyme], « Théâtre. Les Amateurs à l'AQJT », *Loisirs et sports*, n⁰ 106-107-108, juin-juillet-août 1981, p. 35.

2110. Garebian, Keith, « Théâtre du Nouveau Monde. Thirty Years of Creating a New World of Theatre », *Performing Arts in Canada*, Vol. 18, No. 2, Summer 1981, p. 37-40.

2111. *Girard, Gilles, [*La Vie à trois étages*, le Théâtre de la Marmaille], *University of Toronto Quarterly*, Vol. 50, No. 4, Summer 1981, p. 73.

2112. *Girard, Gilles, [*Un jeu d'enfants*, le Théâtre de Quartier], *University of Toronto Quarterly*, Vol. 50, No. 4, Summer 1981, p. 73.

2113. *Stanton, Julie, «*Ben voyons bébé... Y a rien là !* [Le Théâtre Parminou] », *La Gazette des femmes*, vol. 3, n⁰ 2, juillet-août 1981, p. 4-5.

2114. *Camerlain, Lorraine et Chantale Cusson, « Quatorzième Festival québécois du jeune théâtre », *Jeu*, n⁰ 20, 3ᵉ trimestre 1981, p. 17-21.

2115. *Cusson, Chantale, «*As-tu vu ? Les maisons s'emportent !* Théâtre des Cuisines », *Jeu*, n⁰ 20, 3ᵉ trimestre 1981, p. 103-105.

2116. *Cusson, Chantale, Denis Lagueux et Marie Lasnier, « Le Nouveau Théâtre pour la jeunesse. Un colloque international, signe de maturité ? », *Jeu*, n⁰ 20, 3ᵉ trimestre 1981, p. 57-64.

2117. *Lapointe, Gilles, «*Transport mental.* Montréal Transport Limité », *Jeu*, n⁰ 20, 3ᵉ trimestre 1981, p. 115-117.

2118. Lavoie, Pierre, « Ligue nationale d'improvisation/(nouveau) théâtre expérimental (de Montréal). La LNI de l'intérieur ou le Miroir aux alouettes », *Jeu*, n⁰ 20, 3ᵉ trimestre 1981, p. 85-90.

2119. Lavoie, Pierre et Paul Lefebvre, « La LNI vs le bleu-blanc-rouge », *Jeu*, n⁰ 20, 3ᵉ trimestre 1981, p. 91-102.

2120. Lefebvre, Paul, « Madeleine de Verchères à Abidjan [*Ton histoire est une des pas pires*, Théâtre Parminou] », *Jeu*, n⁰ 20, 3ᵉ trimestre 1981, p. 151-152.

2121. [Anonyme], « Enfin, le théâtre en ville ! », *Liaison*, n⁰ 17, août 1981, p. 25-30.

2122. GAUVIN, Sophie, « Et toi, est-ce que t'as été cette année ? [8ᵉ Festival provincial de théâtre] », *Liaison*, nº 17, août 1981, p. 31.

2123. KEMP, Johanne, « Les Acadiens nous ont dit... [Le Festival franco-ontarien 1981] », *Liaison*, nº 17, août 1981, p. 33.

2124. *[ANONYME], «*Passé dû* », *CEAD. Dramaturgies nouvelles*, vol. 3, nº 1, septembre 1981, p. 8.

2125. [ANONYME], « Le Manifeste des auteurs dramatiques », *CEAD. Dramaturgies nouvelles*, vol. 3, nº 1, septembre 1981, p. 5.

2126. DUBOIS, René-Daniel, « Que peuvent espérer retirer les auteurs de la tenue des États généraux du Théâtre professionnel au Québec ? », *CEAD. Dramaturgies nouvelles*, vol. 3, nº 1, septembre 1981, p. 10-11.

2127. K[ATTINI-]MALOUF, Pierre, « Dans tous mes états... généraux », *CEAD. Dramaturgies nouvelles*, vol. 3, nº 1, septembre 1981, p. 11.

2128. DUPUIS, Gilbert, « Récupérera ? Récupérera pas ? ou le 14ᵉ Festival de l'AQJT », *Offensives*, vol. 2, nº 1, septembre-octobre-novembre-décembre 1981, p. 48.

2129. LARIVÉE, Luc, « Un jeu d'enfants ? [Le Théâtre de Quartier, *Un jeu d'enfants*] », *Offensives*, vol. 2, nº 1, septembre-octobre-novembre-décembre 1981, p. 13.

2130. ROUSSEAU, Pierre, « Un jeu d'enfants ? [Le Théâtre de Quartier, *Un jeu d'enfants*] », *Offensives*, vol. 2, nº 1, septembre-octobre-novembre-décembre 1981, p. 13.

2131. ROY, Michel, « Le Théâtre 'La Cannerie' », *Offensives*, vol. 2, nº 1, septembre-octobre-novembre-décembre 1981, p. 48-49.

2132. THÉÂTRE DE QUARTIER, Le, « Un jeu d'enfants ? [Le Théâtre de Quartier, *Un jeu d'enfants*] », *Offensives*, vol. 2, nº 1, septembre-octobre-novembre-décembre 1981, p. 12.

2133. THÉÂTRE DE QUARTIER, Le, « Commentaires critiques », *Offensives*, vol. 2, nº 1, septembre-octobre-novembre-décembre 1981, p. 14.

2134. [ANONYME], « Théâtres d'été », *Lettres québécoises*, nº 23, automne 1981, p. 11.

2135. DUMAS, Hélène, « CEAD. Un mode d'emploi », *Jeu*, nº 21, 4ᵉ trimestre 1981, p. 9-14.

2136. LEFEBVRE, Paul, [Le Théâtre de la Rallonge], *Jeu*, nº 21, 4ᵉ trimestre 1981, p. 211.

2137. [ANONYME], « Journée nationale pour la Corvée [*La Parole et la loi*] », *Liaison*, nº 18, octobre-novembre 1981, p. 33.

2138. BÉLANGER, Bagriana, « Un excellent spectacle à Caraquet : 'Louis Mailloux' [Le Théâtre populaire de l'Acadie] », *Liaison*, nº 18, octobre-novembre 1981, p. 37-38.

2139. [ANONYME], « Les Voyagements [Troupe de théâtre] », *Reflets*, vol. 3, nº 2, octobre 1981, p. 25.

2140. [ANONYME], « Jean-Louis Roux quitte le TNM et Gilles Pelletier la NCT », *Québec Hebdo*, vol. 3, nº 40, 19 octobre 1981, p. 3.

2141. RICHARD, Alain[-Martin], « Les Enfants du Paradis », *Intervention*, nº 13, novembre 1981, p. 44.

2142. *RICHARD, Alain[-Martin], «*Pain blanc* [Les Enfants du Paradis] », *Intervention*, nº 13, novembre 1981, p. 42.

2143. [ANONYME], [Le Théâtre de Quartier], *Reflets*, vol. 3, nº 3, novembre 1981, p. 23, 34.

2144. *ALMÉRAS, Diane, « 'T' comme dans 'Théâtre' [*Marie de l'Incarnation*, le Théâtre du Vieux-Québec] », *Relations*, vol. 41, nº 475, novembre 1981, p. 313-314.

2145. [ANONYME], « M. André Pagé remplace M. Jean-Louis Roux au Théâtre du Nouveau Monde », *Québec Hebdo*, vol. 3, nº 44, 16 novembre 1981, p. 4.

2146. *LAFLÈCHE, Sylvie, «*La Folle du logis* [Le Théâtre expérimental des femmes] », *Le Berdache*, nº 26, décembre 1981, p. 59-60.

2147. *[ANONYME], «*Une nuit, deux chommes* », *CEAD. Dramaturgies nouvelles*, vol. 3, nº 2, décembre 1981, p. 10.

2148. BÉDARD, Christian, « Les Auteurs/es et les États généraux », *CEAD. Dramaturgies nouvelles*, vol. 3, nº 2, décembre 1981, p. 5-6.

2149. COMITÉ ORGANISATEUR DES ÉTATS GÉNÉRAUX, « Communiqué officiel », *CEAD. Dramaturgies nouvelles*, vol. 3, nº 2, décembre 1981, p. 2-3.

2150. DAVID, Gilbert, « Une réunion de famille », *CEAD. Dramaturgies nouvelles*, vol. 3, nº 2, décembre 1981, p. 5.

2151. GRÉGOIRE, Alain, Marie Laberge et Pierre MACDUFF, « Qu'attendiez-vous donc des États généraux ? », *CEAD. Dramaturgies nouvelles*, vol. 3, n⁰ 2, décembre 1981, p. 4-5.

2152. LAGUEUX, Denis, « Le Théâtre québécois d'aujourd'hui ou Une tournée de lectures. Spectacles du CEAD en Europe », *CEAD. Dramaturgies nouvelles*, vol. 3, n⁰ 2, décembre 1981, p. 6-7.

2153. DEBBAS, Danielle, « Marthe Mercure [Entrevue à propos du Théâtre expérimental des femmes] », *Féminin pluriel*, vol. 1, n⁰ 4, décembre 1981-janvier 1982, p. 8-10.

2154. *[ANONYME], «*Premier ! Premier !* Juste pour les enfants ? [Le Théâtre d'la Vieille 17] », *Liaison*, n⁰ 19, décembre 1981-janvier 1982, p. 37-38.

2155. [ANONYME], « Au Théâtre du Nouvel Ontario », *Liaison*, n⁰ 19, décembre 1981-janvier 1982, p. 35.

2156. BERNIER, Hélène, « Cé quoi ta job ? [Le Théâtre d'animation] », *Liaison*, n⁰ 19, décembre 1981-janvier 1982, p. 29, 34.

2157. HAENTJENS, Brigitte, « Théâtre d'animation plutôt qu'animation théâtrale », *Liaison*, n⁰ 19, décembre 1981-janvier 1982, p. 29.

2158. O'SULLIVAN, Marc, « Vive le communautaire ! [Théâtre-Action] », *Liaison*, n⁰ 19, décembre 1981-janvier 1982, p. 25-26.

2159. *DESROCHERS-BRAZEAU, Aline, « Le Théâtre de Carton, *Les enfants n'ont pas de sexe ?* », *Québec français*, n⁰ 44, décembre 1981, p. 61.

2160. *DESROCHERS-BRAZEAU, Aline, « Le Théâtre de l'Oeil, *Regarde pour voir* », *Québec français*, n⁰ 44, décembre 1981, p. 60.

2161. [ANONYME], [Le Théâtre Petit à Petit], *Reflets*, vol. 3, n⁰ 4, décembre 1981, p. 27.

2162. *MARÉCHAL, André, « Jeux et enjeux du théâtre pour enfants [Le Théâtre de Carton, *Les Enfants n'ont pas de sexe ?*] », *Lettres québécoises*, n⁰ 24, hiver 1981-1982, p. 85.

2163. *MARÉCHAL, André, « Jeux et enjeux du théâtre pour enfants [Le Théâtre de l'Oeil, *Regarde pour voir*] », *Lettres québécoises*, n⁰ 24, hiver 1981-1982, p. 85.

2164. *MARÉCHAL, André, « Jeux et enjeux du théâtre pour enfants [Le Théâtre de Quartier, *Un jeu d'enfants*] », *Lettres québécoises*, n⁰ 24, hiver 1981-1982, p. 86.

2165. [ANONYME], « L'Hexagone Tour », *Performing Arts in Canada*, Vol. 18, No. 4, Winter 1981, p. 8.

2166. *BARRETT, Caroline, «*As-tu vu ? Les maisons s'emportent !* [Le Théâtre des Cuisines] », *Livres et auteurs québécois, 1981*, p. 194.

2167. *BARRETT, Caroline, «*Les enfants n'ont pas de sexe ?* [Le Théâtre de Carton] », *Livres et auteurs québécois, 1981*, p. 162.

2168. *BARRETT, Caroline, «*Regarde pour voir* [Le Théâtre de l'Oeil] », *Livres et auteurs québécois, 1981*, p. 162-163.

2169. *FILTEAU, Louise, [*Un jeu d'enfants* par le Théâtre de Quartier], *Canadian Children's Literature*, No. 25, [1rst Trimester] 1982, p. 62.

2170. *FILTEAU, Louise, [*Regarde pour voir* par le Théâtre de l'Oeil], *Canadian Children's Literature*, No. 25, [1rst Trimester] 1982, p. 65-66.

2171. *FILTEAU, Louise, [*Les enfants n'ont pas de sexe ?* par le Théâtre de Carton], *Canadian Children's Literature*, No. 25, [1rst Trimester] 1982, p. 64, 66.

2172. *DUPUIS, Hervé, «*Les enfants n'ont pas de sexe ?* [Le Théâtre de Carton] », *Jeu*, n⁰ 22, 1ᵉʳ trimestre 1982, p. 141-142.

2173. *LEFEBVRE, Claude, «*Transvivance ou Marlin, la bête à sept têtes* [Production du Groupe de la Veillée] », *Jeu*, n⁰ 22, 1ᵉʳ trimestre 1982, p. 115-117.

2174. LEFEBVRE, Paul, [Théâtre Petit à Petit], *Jeu*, n⁰ 22, 1ᵉʳ trimestre 1982, p. 176-177.

2175. WOOLLEY, Yannick, « Le Théâtre Petit à Petit, autre victime de la CECM », *Jeu*, n⁰ 22, 1ᵉʳ trimestre 1982, p. 34-36.

2176. [COLLECTIF], « Le Théâtre de la Grande Réplique », *Pratiques théâtrales*, n⁰ 14-15, hiver-printemps 1982, p. 50-55.

2177. MERCURE, Marthe, « L'Atelier-Studio Kaléidoscope », *Pratiques théâtrales*, n⁰ 14-15, hiver-printemps 1982, p. 48-49.

2178. T., P., « Le Théâtre de la Manufacture », *Pratiques théâtrales*, n⁰ 14-15, hiver-printemps 1982, p. 39-40.

2179. T., P., « Le Théâtre de Carton », *Pratiques théâtrales*, n⁰ 14-15, hiver-printemps 1982, p. 43-47.

2180. T., P., « Les Pichoux », *Pratiques théâtrales*, n⁰ 14-15, hiver-printemps 1982, p. 41-42.

2181. [ANONYME], [L'Hexagone, troupe de théâtre], *Reflets*, vol. 3, n⁰ 5, janvier 1982, p. 25.

2182. CAPPIELLO, Pierre, « Le Théâtre de Carton. Quand théâtre et vie s'accordent », *Le Temps fou*, n⁰ 18, janvier 1982, p. 45.

2183. *ESCOMEL, Gloria, « Conférences du Théâtre expérimental des femmes, *Mon héroïne* », *Féminin pluriel*, vol. 2, n⁰ 1, février 1982, p. 48.

2184. *SIMARD-OEZIMER, Françoise, « Conférences du Théâtre expérimental des femmes, *Mon Héroïne. Les Lundis de l'histoire des femmes, an 1* », *La Gazette des femmes*, vol. 3, n⁰ 6, février 1982, p. 4.

2185. *SIMARD-OEZIMER, Françoise, «*As-tu vu ? Les maisons s'emportent ?* [Le Théâtre des Cuisines] », *La Gazette des femmes*, vol. 3, n⁰ 6, février 1982, p. 4.

2186. ROUSSEAU, Pierre, « Les États généraux du théâtre professionnel au Québec », *Intervention*, n⁰ 14, février 1982, p. 11.

2187. *YANACOPOULO, Andrée, «*Mon héroïne. Les Lundis de l'histoire des femmes, an 1* », *Nos livres*, vol. 13, février 1982, n⁰ 63.

2188. [ANONYME], [Le Théâtre de l'Île], *Reflets*, vol. 3, n⁰ 6, février 1982, p. 24.

2189. MARIE-[MICHÈLE], « Théâtre expérimental des femmes », *Le Berdache*, n⁰ 28, mars 1982, p. 39-40.

2190. CUSSON, Normand, « Théâtre hors conventions [Le Théâtre de l'Eskabel] », *Clin d'oeil*, n⁰ 18, mars 1982, p. 12.

2191. *CUSSON, Normand, « Théâtre hors conventions [*Vie privée* des Enfants du paradis] », *Clin d'oeil*, n⁰ 18, mars 1982, p. 12.

2192. [ANONYME], [Le Théâtre du Trident], *Reflets*, vol. 3, n⁰ 7, mars 1982, p. 25.

2193. ROUSSEAU, Pierre, « Le Jeune Théâtre [24ᵉ Congrès de l'AQJT] », *Relations*, vol. 42, n⁰ 478, mars 1982, p. 47.

2194. *ANDRÈS, Bernard, « Poésie du cirque en scène [*Les Trapézistes* par les Productions Le Tournevent] », *Spirale*, n⁰ 23, mars 1982, p. 15.

2195. [ANONYME], « Deuxième Festival de créations de femmes, du 3 au 7 juin 1982 », *La Vie en rose*, mars-avril-mai 1982, p. 8.

2196. *PARISEAU, Monique, « Conférences du Théâtre expérimental des femmes, *Mon héroïne* », *La Vie en rose*, mars-avril-mai 1982, p. 66.

2197. *FILTEAU, Louise, «*Un jeu d'enfants* [Le Théâtre de Quartier] », *Canadian Theatre Review*, No. 34, Spring 1982, p. 203.

2198. *FILTEAU, Louise, «*Les enfants n'ont pas de sexe ?* [Le Théâtre de Carton] », *Canadian Theatre Review*, No. 34, Spring 1982, p. 204.

2199. *FILTEAU, Louise, «*Regarde pour voir* [Le Théâtre de l'Oeil] », *Canadian Theatre Review*, No. 34, Spring 1982, p. 204.

2200. *DIONNE, André, « Le Théâtre qu'on joue : *La Déprime* », *Lettres québécoises*, n⁰ 25, printemps 1982, p. 50.

2201. *CHARETTE, Christiane, [*Les enfants n'ont pas de sexe ?* par le Théâtre de Carton], *Lurelu*, vol. 5, n⁰ 1, printemps-été 1982, p. 17.

2202. *CHARETTE, Christiane, [*Un jeu d'enfants* par le Théâtre de Quartier], *Lurelu*, vol. 5, n⁰ 1, printemps-été 1982, p. 17.

2203. *CHARETTE, Christiane, [*Regarde pour voir* par le Théâtre de l'Oeil], *Lurelu*, vol. 5, n⁰ 1, printemps-été 1982, p. 17.

2204. *QUESNEL, Pierre, « Fuir l'insoutenable vérité. Une pathétique figure d'homosexuel [*La Chatte sur un toit brûlant* par la Compagnie Jean Duceppe] », *Le Berdache*, n⁰ 29, avril 1982, p. 41-42.

2205. *[ANONYME], «*Il était une fois en Neuve-France* », *CEAD. Dramaturgies nouvelles*, vol. 3, n⁰ 3, avril 1982, [s.p.].

2206. *OUELLETTE-MICHALSKA, Madeleine, « Incursions au royaume de l'histoire [*Mon héroïne* par le Théâtre expérimental des femmes] », *Châtelaine*, vol. 23, n⁰ 4, avril 1982, p. 28.

2207. Cusson, Chantale, « Un tremplin pour l'écriture après la semaine du CEAD », *Jeu*, n° 23, 2ᵉ trimestre 1982, p. 17-23.

2208. *Cusson, Normand, «*Surfil* [produit par les Enfants du Paradis] », *Jeu*, n° 23, 2ᵉ trimestre 1982, p. 138-139.

2209. Lavoie, Richard, « Entretien avec la Marmaille », *Jeu*, n° 23, 2ᵉ trimestre 1982, p. 47-53.

2210. Lavoie, Richard, « La Marmaille au grand Nord », *Jeu*, n° 23, 2ᵉ trimestre 1982, p. 45-46.

2211. Lefebvre, Paul, «*Ils étaient venus pour....* La Tournée européenne du CEAD », *Jeu*, n° 23, 2ᵉ trimestre 1982, p. 71-83.

2212. Lefebvre, Paul, « C'est bien beau mais tout dépend de Drapeau », *Jeu*, n° 23, 2ᵉ trimestre 1982, p. 24-26.

2213. Pavlovic, Diane, « Les Femmes et le théâtre [Le Théâtre expérimental des femmes] », *Jeu*, n° 23, 2ᵉ trimestre 1982, p. 5-8.

2214. *Robert, Lucie, « Du théâtre de recherche au Dansepartout [*Transvivance ou Marlin, la bête à sept têtes* produit par le Groupe de la Veillée] », *Jeu*, n° 23, 2ᵉ trimestre 1982, p. 13-14.

2215. Robert, Lucie, « Du théâtre de recherche au Dansepartout », *Jeu*, n° 23, 2ᵉ trimestre 1982, p. 9-16.

2216. O'Sullivan, Marc, « Les Corvéables. Une expérience en animation [Le Théâtre de la Corvée] », *Liaison*, n° 21, avril-mai 1982, p. 11.

2217. Beaulieu, Jocelyne, « Rencontre avec Claude Binet du Théâtre de 'La Bordée' », *Le Pays théâtral*, vol. 6, n° 2, saison 1982-1983, p. [2-3].

2218. Spickler, Robert, « Déménagera ? Déménagera pas ? [Le Théâtre d'Aujourd'hui] », *Le Pays théâtral*, vol. 6, n° 2, saison 1982-1983, p. 1.

2219. [Anonyme], « Le Théâtre sans fil », *Reflets*, vol. 3, n° 9, mai 1982, p. 28.

2220. *Andrès, Bernard, « Le Cabaret surréaliste des Enfants du Paradis [*Vies privées*] », *Spirale*, n° 25, mai 1982, p. 15.

2221. *Andrès, Bernard, « Feu (sur) l'Eskabel ? », *Spirale*, n° 25, mai 1982, p. 12.

2222. *Cusson, Normand, [*La Chaire* par le Théâtre du Bois de Coulonge], *Clin d'oeil*, n° 21, juin 1982, p. 48.

2223. *Bergeron, François, « Le boulevard du T[héâtre du] P['tit] B[onheur] est pavé de bonnes intentions », *Liaison*, n° 22, juin-juillet 1982, p. 40.

2224. Haentjens, Marc, « École théâtrale d'été (an 2) [Théâtre-Action] », *Liaison*, n° 22, juin-juillet 1982, p. 21.

2225. Poirier, Alain, « Lise Leblanc : 'Je vous aime d'amour' [Théâtre-Action] », *Liaison*, n° 22, juin-juillet 1982, p. 11, 34.

2226. *Dionne, André, « Le Théâtre qu'on joue : *Divine Sarah* [Production du TNM] », *Lettres québécoises*, n° 26, été 1982, p. 49.

2227. [Anonyme], « Olivier Reichenbach a succédé à Jean-Louis Roux au poste de directeur du théâtre [TNM] », *Québec Hebdo*, vol. 4, n° 22, 21 juin 1982, p. 3.

2228. *Girard, Gilles, [*As-tu vu ?* par le Théâtre des Cuisines], *University of Toronto Quarterly*, Vol. 51, No. 4, Summer 1982, p. 388.

2229. *Charest, Luc, « Les Tréteaux de la fantaisie [Les Productions Le Tournevent] », *Vie des arts*, vol. 27, n° 107, été 1982, p. 78.

2230. *Charest, Luc, « Les Tréteaux de la fantaisie [Les Productions Ubu] », *Vie des arts*, vol. 27, n° 107, été 1982, p. 78.

2231. *Cusson, Normand, [*Oncle Vania* au Théâtre du Bois de Coulonge], *Clin d'oeil*, n° 22, juillet 1982, p. 63.

2232. Barret, Gisèle, « Festival international de théâtre pour enfants à Toronto », *Jeu*, n° 24, 3ᵉ trimestre 1982, p. 33-34.

2233. David, Gilbert, «*Mémoire* de l'ADT. Un discours d'homologues », *Jeu*, n° 24, 3ᵉ trimestre 1982, p. 7-12.

2234. *Dumas, Hélène et René Gingras, [*Enfin duchesse des Folles Alliées*], *Jeu*, n° 24, 3ᵉ trimestre 1982, p. 39.

2235. DUMAS, Hélène et René GINGRAS, « Carrefour-Festival du théâtre d'amateurs ou le Vrai Théâtre vs la vraie vie [AQJT] », *Jeu*, n° 24, 3ᵉ trimestre 1982, p. 37-41.

2236. *LÉPINE, Stéphane, «*Tourist Room* [Les Productions Germaine Larose] », *Jeu*, n° 24, 3ᵉ trimestre 1982, p. 109-111.

2237. [ANONYME], « Le Centre d'essai des auteurs dramatiques. Un mode d'emploi de la dramaturgie québécoise », *Littérature du Québec*, n° 2, [2ᵉ semestre] 1982, p. 3.

2238. [ANONYME], « Du Théâtre d'Aujourd'hui au Conseil des arts... Robert Spickler », *Le Pays théâtral*, vol. 6, n° 3, saison 1982-1983, p. [1].

2239. PELLETIER, Maryse, « Du Théâtre d'Aujourd'hui au Conseil des arts... Robert Spickler », *Le Pays théâtral*, vol. 6, n° 3, saison 1982-1983, p. [1].

2240. [ANONYME], « Le Défi du théâtre [Le Cabano et les Franco-Folles] », *Liaison*, n° 23, août-septembre 1982, p. 9-10.

2241. O'SULLIVAN, Marc, « De nouvelles venues théâtrales [Le Théâtre de la Veilleuse] », *Liaison*, n° 23, août-septembre 1982, p. 41.

2242. BRETON, Michel, « Atelier de théâtre gai », *Le Berdache*, n° 33, septembre 1982, p. 32.

2243. [ANONYME], « Le Théâtre [dans le cadre de la] Semaine de la culture des femmes », *La Gazette des femmes*, vol. 4, n° 3, septembre 1982, p. 5.

2244. *LATIF-GHATTAS, Mona, «*Musique en dînant.* Un mouvement pour ou contre la mort [Le Théâtre de la Grande Réplique] », *Pratiques théâtrales*, n° 16, automne 1982, p. 44-47.

2245. *TREMBLAY, Larry, « Perspective sur le Décaméron [Le Théâtre de l'Échiquier] », *Pratiques théâtrales*, n° 16, automne 1982, p. 30-33.

2246. *ANDRÈS, Bernard, « Post-Mortem pour l'Eskabel ? », *Voix et images*, vol. 8, n° 1, automne 1982, p. 147-148.

2247. DEMERS, Dominique, « Théâtre expérimental des femmes. La Révolte sur scène », *Châtelaine*, vol. 23, n° 10, octobre 1982, p. 192-200.

2248. [ANONYME], « Répertoire 1978-83 [Le Théâtre d'Aujourd'hui] », *Le Pays théâtral*, vol. 6, n° 4, saison 1982-1983, [s.p.].

2249. *ANDRÈS, Bernard, « La Peur des enfants [*Imago — Une lune entre deux maisons* par le Carrousel et Circus] », *Spirale*, n° 28, octobre 1982, p. 10.

2250. CUSSON, Normand, « Théâtre pour tous les goûts [Le Théâtre sans fil] », *Clin d'oeil*, n° 26, novembre 1982, p. [64].

2251. *STANTON, Julie, « Au Théâtre de Quartier [*Un vrai conte de fées*] », *La Gazette des femmes*, vol. 4, n° 5, novembre-décembre 1982, p. 5.

2252. *DIONNE, André, « Le Théâtre qu'on joue : *Tournez la plage*, une production du Théâtre Petit à Petit », *Lettres québécoises*, n° 28, hiver 1982-1983, p. 56.

2253. POULIN, Monique, « Un, deux, trois... rideau [9ᵉ Festival de théâtre pour enfants de l'AQJT] », *Lurelu*, vol. 5, n° 3, hiver 1982, p. 24-25.

2254. BRUNET-LAMARCHE, Anita, « Prise de parole, 1972-1982. Auteurs et oeuvres. Biobibliographie [Le Théâtre d'la Corvée] », *Revue du Nouvel Ontario*, n° 4, 1982, p. 38-39.

2255. GRISÉ, Yolande, « Prise de parole, 1972-1982. Ontarois, une prise de parole [Le Théâtre d'la Corvée, *La Parole et la loi*] », *Revue du Nouvel Ontario*, n° 4, 1982, p. 82.

2.3.3 THÉÂTRE RADIOPHONIQUE ET TÉLÉVISUEL

2256. LAVOIE, Pierre, « 'Ici Radio-Canada' », *Jeu*, n° 12, été 1979, p. 89-93.

2257. LAVOIE, Pierre, « Entrevue avec Claude Desorcy », *Jeu*, n° 12, été 1979, p. 93-99.

2258. EDDIE, Christine, « L'Évolution de l'image de la femme à travers le téléroman *Rue des Pignons* », *Communication information*, vol. 3, n° 1, automne 1979, p. 109-111.

2259. *EDDIE, Christine et Gérard LAURENCE, « Société Radio-Canada, *Vingt-Cinq Ans de dramatiques à la télévision de Radio-Canada, 1952-1977* », *Communication information*, vol. 3, n° 1, automne 1979, p. 142-147.

2260. MOREAU, Jean-Paul, « Le Théâtre québécois à la radio », *L'Archiviste*, vol. 8, n° 1, janvier-février 1981, p. 1-4.

2261. LAURENCE, Gérard, « La Rencontre du théâtre et de la télévision au Québec (1952-1957) », *Études littéraires*, vol. 14, n° 2, août 1981, p. 215-249.

2262. DUQUETTE, Jean-Pierre, « Le 'Réveil rural'...? », *Voix et images*, vol. 7, n° 1, automne 1981, p. 195-197.

2.3.4 COMPTES RENDUS D'ANTHOLOGIES, DE MANUELS, D'OUVRAGES COLLECTIFS

2263. *HUISMAN, Grace, «*Stage Voices : 12 Canadian Playwrights Talk about their Lives and Work* », *Brick*, No. 6, Spring 1979, p. 14-19.

2264. *STEPHENSON, Tony, «*A Collection of Canadian Plays*, Vol. 5 : *Seven Authors from Québec* », *Canadian Theatre Review*, No. 23, Summer 1979, p. 114-115.

2265. *MONK, Patricia, «*Stage Voices : 12 Canadian Playwrights Talk about their Lives and Work* », *The Humanities Association Review*, Vol. 30, No. 3, Summer 1979, p. 231-232.

2266. *NOONAN, James, «*Stage Voices : 12 Canadian Playwrights Talk about their Lives and Work* », *Queen's Quarterly*, Vol. 86, No. 2, Summer 1979, p. 362-364.

2267. *BEAUCHAMP[-RANK], Hélène, « Jean-Pierre Ryngaert, *Le Jeu dramatique en milieu scolaire* », *Jeu*, n° 13, automne 1979, p. 157-160.

2268. *FILTEAU, Louise, «*Canada on Stage 1978* », *Jeu*, n° 13, automne 1979, p. 155-157.

2269. *GOLDHAR, Eleanor R., [*Canada's Lost Plays*, Vol. 1 : *The Nineteenth Century* — *Canada's Lost Plays*, Vol. 2 : *Women Pioneers*], *Canadian Drama/L'Art dramatique canadien*, Vol. 6, No. 1, Spring 1980, p. 162-164.

2270. *JOHNSON, Christopher, [John Ball and Richard Plant, *A Bibliography of Canadian Theatre History : 1583-1975/The Bibliography of Canadian Theatre History Supplement : 1975-1976*], *Theatre History in Canada/Histoire du théâtre au Canada*, Vol. 1, No. 1, Spring 1980, p. 75-77.

2271. *DIONNE, André, «*Si Cendrillon pouvait mourir!* », *Nos livres*, vol. 11, juin-juillet 1980, n° 220.

2272. *GODIN, Normand, «*Si que*, n° 4 'Dossier. Le Théâtre acadien' », *Jeu*, n° 17, [4e trimestre] 1980, p. 128-130.

2273. *FÉRAL, Josette, « La Corvée, *La Parole et la loi* », *Livres et auteurs québécois, 1980*, p. 153-154.

2274. *RENÉ, Michel, « Théâtre de la Marmaille, *La Vie à trois étages* », *Livres et auteurs québécois, 1980*, p. 171-173.

2275. *ROBERT, Lucie, « Théâtre de Quartier, *Un jeu d'enfants* », *Livres et auteurs québécois, 1980*, p. 164-165.

2276. *SAWYER, Deborah C., [*Théâtre québécois. Bibliographies de travail*], *Papers of the Bibliographical Society of Canada/Cahiers de la Société bibliographique du Canada*, Vol. 19, 1980, p. 115-116.

2277. *MACDUFF, Pierre, «*Théâtres au Canada* [Cahier n° 7 du CERT et du CIRCE, Université de Bordeaux III, juillet 1980] », *Jeu*, n° 18, 1er trimestre 1981, p. 133-135.

2278. *NOONAN, James, «*A Collection of Canadian Plays*, Vol. 5 : *Seven Authors from Quebec* [de Rolf Kalman] », *Queen's Quarterly*, Vol. 88, No. 1, Spring 1981, p. 190-193.

2279. *[ANONYME], «*Répertoire théâtral du Québec 1981* », *Lettres québécoises*, n° 22, été 1981, p. 13.

2280. *[ANONYME], « [Diane Bouchard et autres], *La couleur chante un pays* », *L'Atulu*, vol. 4, n° 1, janvier 1982, p. 3.

2281. *MILJOURS, Diane, « Les absents ont-ils toujours tort ? [Comité organisateur, *Les États généraux du théâtre professionnel au Québec*] », *Jeu*, n° 22, 1er trimestre 1982, p. 24.

2282. *BELLEMARE, Madeleine, « [La Société historique de Saint-Boniface], *Chapeau bas. Réminiscences de la vie théâtrale et musicale du Manitoba français* », *Nos livres*, vol. 13, janvier 1982, n° 14.

2283. *DALLAIRE, Hélène, « Enfin un outil pratique... [Théâtre-Action, *La Trousse d'expression dramatique*] », *Liaison*, n° 20, février-mars 1982, p. 31.

2284. *LÉVESQUE, Gaëtan, « [La Société historique de Saint-Boniface], *Chapeau bas*. Survol de la vie théâtrale et musicale au Manitoba français », *Lettres québécoises*, n° 25, printemps 1982, p. 91.

2285. *GRUSLIN, Adrien, «*Répertoire des textes du Centre d'essai des auteurs dramatiques*», *Jeu*, n° 23, 2ᵉ trimestre 1982, p. 167-168.

2286. *ROUSSEAU, Pierre, « [Collectif d'animation et d'analyse en loisir], *Loisir et pouvoir populaire au Québec* », *Jeu*, n° 23, 2ᵉ trimestre 1982, p. 169-170.

2287. *DUMAS, Hélène, « Centre d'essai des auteurs dramatiques, *Le Théâtre et le droit d'auteur* », *CEAD. Dramaturgies nouvelles*, vol. 3, n° 4, juin 1982, p. [5].

2288. *[BOURASSA, André-Gilles], « Une nouvelle collection en théâtre, 'Guides bibliographiques du théâtre québécois' », *Lettres québécoises*, n° 26, été 1982, p. 91.

2289. *DOUCETTE, L[éonard] E., [La Société historique de Saint-Boniface, *Chapeau bas*. *Réminiscences de la vie théâtrale et musicale du Manitoba français*], *University of Toronto Quarterly*, Vol. 51, No. 4, Summer 1982, p. 485.

2290. *KING, Deirdre, [François Colbert, *Le Marché québécois du théâtre*], *The Canadian Forum*, Vol. 62, No. 721, September 1982, p. 38, 42.

2291. *JOUBERT, Ingrid, « La Société historique de Saint-Boniface. *Chapeau bas. Réminiscences de la vie théâtrale et musicale du Manitoba français* », *Journal of Canadian Studies/Revue d'études canadiennes*, Vol. 17, No. 3, Fall 1982, p. 149-151.

2.4 CONTE ET NOUVELLE

2.4.1 ÉTUDES

2292. BERTHIAUME, André, « Notes sur un genre présumé mineur », *La Nouvelle Barre du jour*, n° 74, janvier 1979, p. 38-50.

2293. BOIVIN, Aurélien, « Rééditions de recueils de contes québécois (1835-1945) (fragments...) », *Revue de l'Université d'Ottawa/University of Ottawa Quarterly*, vol. 49, n° 1-2, janvier-avril 1979, p. 63-66.

2294. BOIVIN, Aurélien, « Bibliographie (1900-1945) du conte et de la nouvelle », *Revue de l'Université d'Ottawa/University of Ottawa Quarterly*, vol. 49, n° 1-2, janvier-avril 1979, p. 67-69.

2295. LACOURCIÈRE, Luc, « Le Conte populaire français en Amérique du Nord », *Des livres et des jeunes*, vol. 1, n° 2, février 1979, p. 13-16.

2296. LEMIEUX, Germain, « Renaissance du conte populaire franco-ontarien », *Des livres et des jeunes*, vol. 1, n° 2, février 1979, p. 17-18.

2297. MAREUIL, André, « Les Contes dans la vie de l'enfant », *Des livres et des jeunes*, vol. 1, n° 2, février 1979, p. 7-11.

2298. THÉORET, Michel, « Un domaine à ne pas oublier, les contes et légendes antiques », *Des livres et des jeunes*, vol. 1, n° 2, février 1979, p. 25-27.

2299. DU BERGER, Jean, « Chasse-Galerie et voyage », *Studies in Canadian Literature*, Vol. 4, No. 2, Summer 1979, p. 35-43.

2300. GAUVIN, Lise, « Letters in Canada 1978. Romans, récits et contes. De la légende à l'histoire et à l'histoire de soi », *University of Toronto Quarterly*, Vol. 48, No. 4, Summer 1979, p. 330-338.

2301. FLAMAND, Jacques, « Le Conte aujourd'hui. En marge du Prix littéraire Air-Canada 1979 », *Écriture française*, vol. 1, n° 2, 1979, p. 64-65.

2302. ROUSSEAU, Guildo, « La Ruée vers l'or en Californie dans le roman et le conte québécois », *Journal of Canadian Fiction*, No. 25-26, 1979, p. 99-114.

2303. DÉBIEN, Johanne, «*Le Diable gris* de Benjamin Sulte », *Revue d'ethnologie du Québec*, vol. 5, n° 1, 1979, p. 61-81.

2304. PETROWSKI, Nathalie, « Geneviève Mauffette et les contes de fées », *Le Compositeur canadien/The Canadian Composer*, n° 145, novembre 1979, p. 33-35.

2305. GAGNON, Daniel, « Contes, romans et poésie d'ici », *L'Estrie*, vol. 2, n° 1, novembre 1979, p. 21-29.

2306. BOIVIN, Aurélien, « Un choix de nouvelles québécoises », *Québec français*, n° 36, décembre 1979, p. 46.

2307. BOIVIN, Aurélien, « Bibliographie (1900-1945) du conte et de la nouvelle », *Histoire littéraire du Québec*, n° 1, 1979, p. 67-69.

2308. BOIVIN, Aurélien, « Rééditions de recueils de contes québécois (1835-1945) (fragments...) », *Histoire littéraire du Québec*, n° 1, 1979, p. 63-66.

2309. PLESSIS-BÉLAIR, Ginette, Suzanne Francoeur-Bellavance et Élizabeth PANISSET-ROUSSEL, « Les Contes et les légendes au primaire », *Québec français*, n° 37, mars 1980, p. 45-48.

2310. VONARBURG, Élisabeth, « Écrire de la S-F, 1 : où allez-vous chercher tout ça ? », *Solaris*, vol. 6, n° 2, avril 1980, p. 27-29.

2311. KHOUZAM, Monique, « Les Contes québécois et les enfants », *Des livres et des jeunes*, vol. 2, n° 6, juin 1980, p. 23-24, 26-27.

2312. GAUVIN, Lise, « Romans, récits et contes », *University of Toronto Quarterly*, Vol. 49, No. 4, Summer 1980, p. 336-337.

2313. COSSETTE, Gilles, « Tranches de vie, tranches de néant. Le Conte et la nouvelle au Québec en 1981 », *Lettres québécoises*, n° 23, automne 1981, p. 24-29.

2314. DU BERGER, Jean, « Folklore et littérature enfantine », *Lurelu*, vol. 4, n° 3, automne 1981, p. 3-5.

2315. DE LA FONTAINE, Gilles, « Le Mythe de l'Iroquoise dans le conte écrit de la Mauricie », *Revue d'histoire littéraire du Québec et du Canada français*, n° 3, hiver-printemps 1982, p. 63-75.

2316. LAMONTAGNE, Gilles, « Le Conte dans l'est du Québec. Éléments de bibliographie critique », *Revue d'histoire littéraire du Québec et du Canada français*, n° 3, hiver-printemps 1982, p. 76-87.

2317. RENAUD, Normand, « Romans et nouvelles d'Acadie, d'Ontario et du Manitoba », *Livres et auteurs québécois, 1982*, p. 23-26.

2.4.2 COMPTES RENDUS D'ANTHOLOGIES, DE MANUELS, D'OUVRAGES COLLECTIFS

2318. *ABLEY, Mark, « Short Orders, Tall Bills. *Canadian Short Stories* Third Series — The Best Modern Canadian Short Stories », *Books in Canada*, Vol. 8, No. 1, January 1979, p. 11-12.

2319. *HORNE, Lewis, « Reading 'The Best' [*78 Best Canadian Stories* — *Canadian Short Stories* Third Series] », *The Ontario Review*, No. 10, Spring-Summer 1979, p. 95-98.

2320. *[ANONYME], [*Les Comptines populaires du Québec*], *La Revue scolaire*, vol. 30, n° 5, avril-mai 1980, p. 24.

2321. *CLERMONT, Norman, «*Contes indiens de la basse Côte nord du Saint-Laurent* [Rémi Savard, éd.] », *Recherches amérindiennes au Québec*, vol. 10, n° 4, 1er trimestre 1981, p. 290.

2322. *FRENCH, William, « Il était une fois... une histoire abrégée du conte [Philip Stratford, *Stories from Québec*] », *La Revue*, vol. 66, n° 2, 1982, p. 18-21.

2323. *CÔTÉ, Claire, «*Fuites et poursuites* », *Nuit blanche*, n° 7, automne 1982, p. 54.

2324. COSSETTE, Gilles, «*Fuites et poursuites* », *Lettres québécoises*, n° 28, hiver 1982-1983, p. 32-33.

2325. *BARRETT, Caroline, «*Fuites poursuites* », *Livres et auteurs québécois, 1982*, p. 22-23.

2.5 ESSAI

2326. GIROUARD, André, « Rééditions d'essais québécois du XIXe siècle (1760-1895) », *Revue de l'Université d'Ottawa/University of Ottawa Quarterly*, vol. 49, n° 1-2, janvier-avril 1979, p. 70-76.

2327. ROUX, Françoise, « La Littérature intime au Québec de 1760 à 1945 », *Revue de l'Université d'Ottawa/University of Ottawa Quarterly*, vol. 49, n⁰ 1-2, janvier-avril 1979, p. 82-83.

2328. ROUX, Françoise, « La Littérature intime au Québec. Éléments de bibliographie », *Revue de l'Université d'Ottawa/University of Ottawa Quarterly*, vol. 49, n⁰ 1-2, janvier-avril 1979, p. 84-88.

2329. VIGNEAULT, Robert, « L'Essai au Québec de 1895 à 1945 », *Revue de l'Université d'Ottawa/University of Ottawa Quarterly*, vol. 49, n⁰ 1-2, janvier-avril 1979, p. 77-81.

2330. VIGNEAULT, Robert, « The Québec Essay : The Birth of Indigenous Thought », *Essays on Canadian Writing*, No. 15, Summer 1979, p. 33-50.

2331. GIROUARD, André, « Rééditions d'essais québécois du XIXᵉ siècle (1760-1895) », *Histoire littéraire du Québec*, n⁰ 1, 1979, p. 70-76.

2332. ROUX, Françoise, « La Littérature intime de 1760 à 1945 », *Histoire littéraire du Québec*, n⁰ 1, 1979, p. 82-83.

2333. ROUX, Françoise, « La Littérature intime au Québec. Éléments de bibliographie », *Histoire littéraire du Québec*, n⁰ 1, 1979, p. 84-88.

2334. VIGNEAULT, Robert, « L'Essai au Québec de 1895 à 1945 », *Histoire littéraire du Québec*, n⁰ 1, 1979, p. 77-81.

2335. MICHON, Jacques, « Sortir des sentiers battus », *Livres et auteurs québécois, 1979*, p. 209-210.

2336. VIDRICAIRE, André, « Pour une politique de l'essai en littérature », *Livres et auteurs québécois, 1979*, p. 275-282.

2337. BELLEAU, André, « Approches et situation de l'essai québécois », *Voix et images*, vol. 5, n⁰ 3, printemps 1980, p. 537-543.

2338. MARCOTTE, Gilles, « Les Années trente. De Monseigneur Camille à *la Relève* », *Voix et images*, vol. 5, n⁰ 3, printemps 1980, p. 515-524.

2339. VIGNEAULT, Robert, « Essayistes d'une Cité (plus inquiète que) libre », *Voix et images*, vol. 5, n⁰ 3, printemps 1980, p. 525-536.

2340. VIDRICAIRE, André, « Les Genres en littérature, en histoire, en art, etc. Un conflit de disciplines », *Livres et auteurs québécois, 1980*, p. 241-246.

2341. SIMARD, Sylvain, « L'Essai québécois au XIXᵉ siècle », *Voix et images*, vol. 6, n⁰ 2, hiver 1981, p. 261-268.

2342. L'HÉRAULT, Pierre, « L'Essai. Du divers et de l'envers », *Livres et auteurs québécois, 1981*, p. [259]-260.

2343. L'HÉRAULT, Pierre, « Essai 1982 », *Livres et auteurs québécois, 1982*, p. [245]-249.

2.6 PRESSE (JOURNALISME)

2.6.1 ÉTUDES GÉNÉRALES

2344. AUBIN, Benoît, « Rien de tel qu'une bonne guerre ? », *L'Actualité*, vol. 4, n⁰ 3, mars 1979, p. 86.

2345. DEMERS, Pierre, « La Place des lecteurs dans nos journaux », *Focus*, n⁰ 21, avril 1979, p. 48-49.

2346. GODIN, Pierre, « Qui vous informe », *L'Actualité*, vol. 4, n⁰ 5, mai 1979, p. 31-40.

2347. MAJOR, Henriette, « L'Enfant et la presse », *L'Église canadienne*, vol. 12, n⁰ 17, 3 mai 1979, p. 533.

2348. CLOUTIER, Sylvie, « Compte rendu [L'AACE s'instruit des trucs du métier de journaliste] », *Grimoire*, vol. 2, n⁰ 7, 17 mai 1979, p. 6-8.

2349. BARNARD, Jacques, « À l'ère Gutenberg ? », *L'Église canadienne*, vol. 12, n⁰ 19, 31 mai 1979, p. 578.

2350. DEMERS, Pierre, « Quelques Beaux Cas parmi tant d'autres », *Focus*, n⁰ 23, juin 1979, p. 19-20.

2351. MAJOR, Monique, « Colloque sur la presse parallèle », *Focus*, n⁰ 23, juin 1979, p. 17-18.

2352. MAJOR, Monique, « Notre droit à l'information », *Focus*, n° 23, juin 1979, p. 14-15.

2353. PAGÉ, Jocelyn, « Information culturelle régionale et liberté de la presse », *Focus*, n° 23, juin 1979, p. 16.

2354. SAVARD, Andrée, « La Presse étudiante hier et aujourd'hui », *Focus*, n° 23, juin 1979, p. 21-24.

2355. VIENS, Jacques, « Dans la presse, on n'écrit pas n'importe quoi ! », *Focus*, n° 23, juin 1979, p. 27-28.

2356. DE LA GARDE, Roger, « Le Journal universitaire », *Communication information*, vol. 3, n° 1, automne 1979, p. 114-118.

2357. FRANCOEUR, Pierre, « Quelques Heures avec Alfred DesRochers », *Les Cahiers du hibou*, [vol. 1], n° 3, [4e trimestre] 1979, p. 35-45.

2358. PELLETIER-BAILLARGEON, Hélène, « Une information myope et futile », *Châtelaine*, vol. 20, n° 11, novembre 1979, p. 8.

2359. J[ONES], D.G., « Avant-Propos », *Ellipse*, n° 23-24, 1979, p. 4-6.

2360. GAGNON, Lysiane, « Les Futurs Journalistes : 't'sé veux dire... !' », *L'Actualité*, vol. 5, n° 1, janvier 1980, p. 12.

2361. GODBOUT, Jacques, « Grande Illusion : l'objectivité des media », *L'Actualité*, vol. 5, n° 1, janvier 1980, p. 20.

2362. LEBLANC, Gérald, « Un organisme à l'image de la démocratie. Imparfait, mais irremplaçable [Conseil de presse du Québec] », *Antennes*, vol. 5, n° 17, 1er trimestre 1980, p. 24-36.

2363. CARDINAL, Mario, « Perspective canadienne et québécoise », *Communication information*, vol. 3, n° 2, hiver 1980, p. 97-99.

2364. VERGARA, Éduardo, « Le Monde dans la presse québécoise », *Communication information*, vol. 3, n° 2, hiver 1980, p. 211-220.

2365. TEXIER, Catherine et Marie-Odile VÉZINA, « La Crise de l'information », *L'Actualité*, vol. 5, n° 2, février 1980, p. 36-40, 66.

2366. FOURNIER, Louis, « La Première Concentration de presse. Dans les années 30, le Parti libéral possédait sa chaîne de journaux », *Le 30*, vol. 4, n° 4, avril 1980, p. 22.

2367. GOURD, Daniel, « Les journalistes francophones sont-ils immunisés contre le 'Watergate Syndrome' ? », *Le 30*, vol. 4, n° 4, avril 1980, p. 8-9.

2368. *BEAULIEU, G[inette], *Les Journalistes*, *Le Bulletin Pantoute*, n° 1, avril 1980, p. 28.

2369. *[ANONYME], « [Jean-Paul De Lagrave], *Histoire de l'information au Québec* », *L'Atulu*, vol. 2, n° 8, août 1980, p. 5.

2370. BLAIS, Roger, « Les Media et la culture. L'Acculturation de la société », *Revue de l'ACELF*, vol. 9, n° 1, octobre 1980, p. 15-18.

2371. FOURNIER, Louis, « L'État et la concentration de la presse : un 'scandale' qui dure depuis dix ans », *Le 30*, vol. 4, n° 9, novembre 1980, p. 12-14.

2372. GUAY, Jacques et François DEMERS, « Les Journalistes, la liberté de presse, et le respect des règles de l'art », *Le 30*, vol. 4, n° 9, novembre 1980, p. 20, 22.

2373. GAGNON, Yves, « Les Quotidiens québécois et le référendum. Analyse commentée », *Communication information*, vol. 3, n° 3, novembre 1980, p. 170-181.

2374. MONNIER, Daniel, « Les Québécois, la langue et les media », *Revue de l'ACELF*, vol. 9, n° 3, décembre 1980, p. 11-16.

2375. GIROUX, Guy, « Le Journaliste, manipulateur ou manipulé ? », *Antennes*, n° 21, 1er semestre 1981, p. 59-61.

2376. LÉPINE, Jean-François, « Le Journalisme qui s'enseigne », *Antennes*, n° 21, 1er semestre 1981, p. 7-11.

2377. BÉRUBÉ, Adrien, « Le Nationalisme et la situation paradoxale des media acadiens », *Égalité*, vol. 1, n° 2, hiver 1981, p. 17-33.

2378. FOURNIER, Louis, « Un réseau d'information alternative : l'Agence de Presse libre du Québec », *Le Temps fou*, n° 13, février-mars 1981, p. 28-33.

2379. CAMPEAU, Nicole, « Assignation : l'éducation. La Couverture de l'éducation dans les mass media », *Éducation Québec*, vol. 11, n° 5, mars 1981, p. 26-30.

2380. BERNIER, André, « Journalisme et littérature », *Grimoire*, vol. 4, n° 3, mars 1981, p. 9.

2381. NEPVEU, Pierre, « De l'empire du sens au fait divers », *Liberté*, vol. 23, n° 2, mars-avril 1981, p. 47-52.

2382. FOURNIER, Louis, « Y a-t-il un avenir pour une presse de gauche au Québec ? », *Le 30*, vol. 5, n° 5, mai 1981, p. 13-14.

2383. VENNAT, Pierre, « Les Revues socio-politiques : pourquoi les journalistes n'y sont pas ? », *Le 30*, vol. 5, n° 5, mai 1981, p. 15-16.

2384. DESBIENS, Jean-Paul, « Et les périodiques catholiques ? », *Les Cahiers de Cap-Rouge*, vol. 9, n° 3, [3e trimestre] 1981, p. 68-80.

2385. DASSAS, Véronique, « Pas de pitié ! », *Le Temps fou*, n° 16, septembre-octobre 1981, p. 6-7.

2386. *L[ÉVESQUE], G[aëtan], [Jean-Paul De Lagrave, *Histoire de l'information au Québec*], *Lettres québécoises*, n° 23, automne 1981, p. 87.

2387. VIGNEAULT, Robert, « Le Piège des mythes. *Le Journal piégé ou l'Art de trafiquer l'information* de Pierre Berthiaume », *Lettres québécoises*, n° 23, automne 1981, p. 71-72.

2388. *S[AVARD], A[ndrée], « [Pierre Berthiaume,] *Le Journal piégé ou l'Art de trafiquer l'information* », *Focus*, n° 45, octobre 1981, p. 71.

2389. AZER, Nadia, « La 'Business' de l'information », *Relations*, vol. 41, n° 474, octobre 1981, p. 263-264.

2390. *CHAMPAGNE, Paule B., « Ouvrage piégé où le mensonge le dispute à l'ignorance [Pierre Berthiaume, *Le Journal piégé ou l'Art de trafiquer l'information*] », *Le 30*, vol. 5, n° 9, novembre 1981, p. 15.

2391. *CHAMPAGNE, Paule B., « Ouvrage piégé où le mensonge le dispute à l'ignorance [Pierre Berthiaume, *Le Journal piégé ou l'Art de trafiquer l'information*] », *Le 30*, vol. 5, n° 9, novembre 1981, p. 15.

2392. GAGNON, Camille, « 'Des mots pour le dire'. Le Discours de pouvoir adressé à la femme », *Réseau*, vol. 13, n° 3, novembre 1981, p. 12-13.

2393. GUAY, Jacques, « Le Journalisme d'enquête, une mode, un mythe ou une impossibilité ? », *Focus*, n° 46-47, décembre 1981-janvier 1982, p. 47-49.

2394. SAVARD, Andrée, « Les Femmes et l'information », *Focus*, n° 46-47, décembre 1981-janvier 1982, p. 52-54.

2395. *CHAMBERLAND, Roger, « Pierre Berthiaume, *Le Journal piégé ou l'Art de trafiquer l'information* », *Québec français*, n° 44, décembre 1981, p. 17.

2396. *[ANONYME], [Pierre Godin, *La Lutte pour l'information*], *Québec Hebdo*, vol. 3, n° 47, 7 décembre 1981, p. 4.

2397. DE LA GARDE, Roger, « L'Information internationale dans les media québécois et anglo-canadiens. La Fenêtre américaine », *Communication information*, vol. 4, n° 1, [1981], p. 7-31.

2398. LESSARD, Denis, « La Presse écrite québécoise et le Symposium de sculpture de Chicoutimi, été 1980 », *Communication information*, vol. 4, n° 1, [1981], p. 127-135.

2399. REPENTIGNY, Michel de, « Le Discours de presse : ... le discours de qui ? », *Communication information*, vol. 4, n° 1, [1981], p. 47-59.

2400. *SAUVAGEAU, Florian, « Pierre Berthiaume, *Le Journal piégé ou l'Art de trafiquer l'information* », *Livres et auteurs québécois, 1981*, p. 265-267.

2401. *SAUVAGEAU, Florian, « Pierre Godin, *La Lutte pour l'information* », *Livres et auteurs québécois, 1981*, p. 284-285.

2402. *[ANONYME], [Pierre Godin, *La Lutte pour l'information. Histoire de la presse écrite au Québec*], *Reflets*, vol. 3, n° 5, janvier 1982, p. 20.

2403. SIMON, Sherry, « Reading Culture Periodically in Quebec », *The Canadian Forum*, Vol. 61, No. 715, February 1982, p. 10-12.

2404. *ESCOMEL, Gloria, « Pierre Berthiaume, *Le Journal piégé ou l'Art de trafiquer l'information* », *Féminin pluriel*, vol. 2, n° 1, février 1982, p. 48.

2405. SYLVESTRE, Paul-François, « La Presse francophone en Ontario. L'Écho d'un cri séculaire », *Liaison*, n° 20, février-mars 1982, p. 12-13.

2406. TRUDEL, Jeannot, « Écrire c'est dire », *Liaison*, n° 20, février-mars 1982, p. 17-18.

2407. VACHON, Marc, « Suite au colloque 'les Femmes et l'information', 'Je n'aborderai plus la nouvelle de la même façon' [Entrevue avec Gisèle Gaudreault] », *Liaison*, n⁰ 20, février-mars 1982, p. 16.

2408. VACHON, Marc, « Et si c'était [*sic*] les hommes qui nous disaient quoi dire dans les media ? », *Liaison*, n⁰ 20, février-mars 1982, p. 15, 40.

2409. *LEFEBVRE, Gordon, « Le Pouvoir de la presse [Pierre Berthiaume, *Le Journal piégé ou l'Art de trafiquer l'information*] », *Spirale*, n⁰ 23, mars 1982, p. 6.

2410. [ANONYME], « L'État du journalisme en Acadie », *Égalité*, vol. 3, n⁰ 5, printemps 1982, p. 161-171.

2411. *LAPRÉS, Raymond, « Pierre Berthiaume, *Le Journal piégé ou l'Art de trafiquer l'information* », *Nos livres*, vol. 13, avril 1982, n⁰ 146.

2412. PAQUETTE, Martin, « Presse étudiante, 1943-1977 », *Le 30*, vol. 6, n⁰ 5, mai 1982, p. 17-19.

2413. TH[ÉRIO], A[drien], « Aide à la promotion des périodiques littéraires et artistiques », *Lettres québécoises*, n⁰ 26, été 1982, p. 14.

2414. [ANONYME], « Discriminées en information, une étude le confirme [GREF, *La Presse féminine québécoise*] », *La Gazette des femmes*, vol. 4, n⁰ 3, septembre 1982, p. 6.

2415. IMBERT, Patrick, « Les Media imprimés et le règne de la contradiction », *Communication information*, vol. 5, n⁰ 1, automne 1982, p. 8-32.

2416. BEAUSOLEIL, Claude, « La Poésie en revues depuis 10 ans », *La Petite Revue de philosophie*, vol. 4, n⁰ 1, automne 1982, p. 93-125.

2417. DEMERS, François, « L'Électronisation du journalisme écrit, plus de continuité que de révolution », *Le 30*, vol. 6, n⁰ 8, décembre 1982, p. 8-11.

2.6.2 ÉTUDES PARTICULIÈRES

2418. GENEST, Jean, « Soucis d'administration », *L'Action nationale*, vol. 68, n⁰ 5, janvier 1979, p. 355-357.

2419. CÔTÉ, Diane-Jocelyne, « Les Revues d'art au Québec », *Intervention*, vol. 1, n⁰ 3, 1979, p. 14-16.

2420. BEAUCHAMP-FORGET, Jacques, «*Livres et auteurs québécois, 1977* », *Nos livres*, vol. 10, janvier 1979, n⁰ 31.

2421. *BEAUDOIN, Léo, « Joseph Bourdon, *Montréal-Matin : son histoire, ses histoires* », *Nos livres*, vol. 10, janvier 1979, n⁰ 3.

2422. RIOUX, Marcel, « Les Turbulences idéologiques et le Québec [*Possibles*] », *Possibles*, vol. 3, n⁰ 2, hiver 1979, p. 63-68.

2423. *FALARDEAU, Jean-Charles, [*Cahiers de l'Académie canadienne-française, 15, Victor Barbeau : hommages et tributs*], *Recherches sociographiques*, vol. 20, n⁰ 1, janvier-avril 1979, p. 119-124.

2424. [ANONYME], «*Voix et images* [vol. 4, n⁰ 1] », *Réseau*, vol. 10, n⁰ 5, janvier 1979, p. 24.

2425. DIONNE, René, « Avant-Propos [à *Histoire littéraire du Québec*] », *Revue de l'Université d'Ottawa/University of Ottawa Quarterly*, vol. 49, n⁰ 1-2, janvier-avril 1979, p. 5-7.

2426. JOUSSELIN, Jean-Pierre, « [Présentation de sa thèse de maîtrise], Vocabulaire politique en usage en 1867 dans *l'Union des Cantons de l'Est* et *le Défricheur* », *Revue de l'Université d'Ottawa/University of Ottawa Quarterly*, vol. 49, n⁰ 1-2, janvier-avril 1979, p. 124-128.

2427. *THÉRIO, Adrien, « Des choses à dire, 4 : *Livres et auteurs québécois, 1977* », *Lettres québécoises*, n⁰ 13, février 1979, p. 72.

2428. *GHALEM, Nadia, [*Sorcières*, n⁰ 14], *Canadian Women's Studies/Les Cahiers de la femme*, Vol. 1, No. 3, Spring 1979, p. 112.

2429. R., G., «*Le Collectionneur* [vol. 1, n⁰ 1] », *Vie des arts*, vol. 23, n⁰ 94, printemps 1979, p. 88.

2430. MAILHOT, Laurent, « Quinze Ans après », *Études françaises*, vol. 15, n⁰ 1-2, avril 1979, p. 3-6.

2431. *D[EMERS], P[ierre], «*Monongahéla* [vol. 1, n⁰ 1] », *Focus*, n⁰ 21, avril 1979, p. 54.

2432. *D[EMERS], P[ierre], «*Protée*, no art-série », *Focus*, n⁰ 22, mai 1979, p. 58.

2433. *GAULIN, André, «*Les Herbes rouges*, janvier 1979 », *Québec français*, n⁰ 34, mai 1979, p. 8-9.

2434. [CIVIL, Jean], « Guipures [*Les Cahiers du hibou*] », *Grimoire*, vol. 2, n⁰ 7, 17 mai 1979, p. 3, 15.

2435. COLLETTE, Jean-Yves, « Courrier [*La Nouvelle Barre du jour*] », *Grimoire*, vol. 2, n⁰ 7, 17 mai 1979, p. 16.

2436. ALLARD, Gaétan et AUTRES, « Où s'en va-t-on avec *le Temps fou*? », *Le Temps fou*, n⁰ 6, juin-juillet-août 1979, p. 7.

2437. ABRASSART, Jean-Claude, « La *Nouvelle Barre du jour* [n⁰ˢ 76 et 77]. Une analyse », *Trajectoires*, n⁰ 2, juin-juillet-août 1979, p. 8-13.

2438. [COLLECTIF], « Éditorial », *Trajectoires*, n⁰ 2, juin-juillet-août 1979, p. 2-3.

2439. [ANONYME], «*Les Cahiers du hibou* », *Grimoire*, vol. 2, n⁰ 8, 7 juin 1979, p. 6.

2440. [ANONYME], «*Jeu*. Cahiers de théâtre », *Points*, vol. 3, n⁰ 2, été 1979, p. 22.

2441. TOURANGEAU, Jean, « Une intervention globale [*Intervention*, n⁰ 3] », *Vie des arts*, vol. 24, n⁰ 95, été 1979, p. 79.

2442. DEMERS, Pierre, «*Focus*, un mensuel régional indépendant », *Antennes*, vol. 4, n⁰ 15-16, 3e-4e trimestres 1979, p. 29-31.

2443. N[AAMAN], A[ntoine], « Réception de la revue *Écriture française* », *Écriture française*, vol. 1, n⁰ 2, 1979, p. 89-92.

2444. *D[EMERS], P[ierre], «*Intervention*, n⁰ 4, 1979 », *Focus*, n⁰ 24-25, juillet-août 1979, p. 120.

2445. *DIONNE, René, «*Écriture française*, n⁰ 1, 1979 », *Relations*, vol. 39, n⁰ 450, août 1979, p. 223.

2446. [ANONYME], «*Écriture française* », *Québec Hebdo*, vol. 1, n⁰ 26, 13 août 1979, p. 4.

2447. [COLLECTIF], « Présentation », *L'Écritoire*, vol. 2, n⁰ 1, septembre 1979, p. 2-3.

2448. DEMERS, Pierre, « Vous lisez *le Lingot*? », *Focus*, n⁰ 26, septembre 1979, p. 51.

2449. SPEHNER, Norbert, «*La Nouvelle Barre du jour*, n⁰ 79-80 », *Solaris*, vol. 5, n⁰ 4, septembre 1979, p. 17.

2450. *[ANONYME], «*Lettres québécoises* [n⁰ 15] », *Québec Hebdo*, vol. 1, n⁰ 29, 3 septembre 1979, p. 4.

2451. *GOOD, Graham, [*Études françaises*, vol. 13, n⁰ 1-2], *Canadian Literature*, No. 82, Autumn 1979, p. 106.

2452. *DE BONVILLE, Jean, « Multi-Réso Inc., *La Presse écrite au Québec. Bilan et prospective* », *Communication information*, vol. 3, n⁰ 1, automne 1979, p. 132-139.

2453. ST-HILAIRE, Jean-Claude, «*Cro(c)* yez-moi ou non? », *Intervention*, vol. 1, n⁰ 5, automne 1979, p. 42-43.

2454. BESSETTE, Émile, «*Le Pays théâtral* », *Jeu*, n⁰ 13, automne 1979, p. 101-104.

2455. DAVID, Gilbert, «*Jeu*, après quatre ans... », *Jeu*, n⁰ 13, automne 1979, p. 143-145.

2456. *LAFON[-WEISS], Dominique, « 'Théâtre des commencements'. *Études françaises*, vol. 15, n⁰ 1-2 », *Jeu*, n⁰ 13, automne 1979, p. 153-155.

2457. V[AÏS], M[ichel], « Mises au point [sur *Livres et auteurs québécois, 1978*] », *Jeu*, n⁰ 13, automne 1979, p. 169.

2458. *LESSARD, Claude, «*Possibles*, printemps-été 1979 », *Revue des sciences de l'éducation*, vol. 5, n⁰ 3, automne 1979, p. 487-488.

2459. *D[EMERS], P[ierre], «*Parachute*, n⁰ 15 », *Focus*, n⁰ 27, octobre 1979, p. 55.

2460. D[EMERS], P[ierre], «*Spirale*, n⁰ 1 », *Focus*, n⁰ 27, octobre 1979, p. 55.

2461. *BELLEMARE, Madeleine, «*Écriture française*, n⁰ 1 », *Nos livres*, vol. 10, octobre 1979, n⁰ 335.

2462. *BELLEMARE, Madeleine, «*Écrits du Canada français*, n⁰ 42 », *Nos livres*, vol. 10, octobre 1979, n⁰ 306.

2463. *CHARTIER, Monique, « 'Théâtre des commencements' [*Études françaises*, vol. 15, n⁰ 1-2] », *Nos livres*, vol. 10, octobre 1979, n⁰ 337.

2464. *GAULIN, André, «*Poésie*, vol. 18, 19 », *Québec français*, n⁰ 35, octobre 1979, p. 13-14.

2465. *ZABETH, Lili et Yvonne ARTBERT, « Magazines, Fanzines et autres Zines... [*Imagine*, vol. 1, n⁰ 1] », *Solaris*, vol. 5, n⁰ 5, octobre-novembre 1979, p. 26-28.

2466. ESCOMEL, Gloria, « Sois belle et achète ! Le Ghetto des magazines féminins », *La Gazette des femmes*, vol. 1, nᵒ 2, novembre 1979, p. 6, 19.

2467. VIGNY, Georges, « Ce point sur le 'i' [Éditorial] », *Informag*, vol. 1, nᵒ 1, novembre 1979, p. 3.

2468. [COLLECTIF], « Notes de gérance », *Liberté*, vol. 21, nᵒ 6, novembre-décembre 1979, p. 3-4.

2469. *BOIVIN, Aurélien, «*Études littéraires*, vol. 12, nᵒ 1 », *Québec français*, nᵒ 36, décembre 1979, p. 13.

2470. *ÉMOND, Maurice, «*Écrits du Canada français*, nᵒ 42 », *Québec français*, nᵒ 36, décembre 1979, p. 13.

2471. FRENETTE, Yves, « Les Éditoriaux de *la Presse*, 1934-1936 : une défense de la démocratie libérale », *Revue d'histoire de l'Amérique française*, vol. 33, nᵒ 3, décembre 1979, p. 451-462.

2472. *BILLARD, Jean-Antonin, « Les Pluralités du mouvement des femmes [*Des luttes et des dires de femmes*, vol. 3, nᵒ 1] », *Spirale*, nᵒ 4, décembre 1979, p. 13.

2473. *DE BELLEFEUILLE, Normand, « Une vigie de la différence [*Hobo-Québec*, nᵒ 38-39] », *Spirale*, nᵒ 4, décembre 1979, p. 13.

2474. *L[AMONTAGNE], C[hristian], «*Solaris* », *Le Temps fou*, nᵒ 8, décembre 1979-janvier-février 1980, p. 66.

2475. *V[ALLIÈRES], C[arole], «*Spirale* », *Le Temps fou*, nᵒ 8, décembre 1979-janvier-février 1980, p. 66.

2476. VANASSE, André, « Comment sortir du ghetto ? », *Lettres québécoises*, nᵒ 16, hiver 1979-1980, p. 4.

2477. BROSSARD, Nicole et Roger SOUBLIÈRE, « De notre écriture en sa résistance [*La Barre du jour*] », *Ellipse*, nᵒ 23-24, 1979, p. 20-26.

2478. [COLLECTIF], «*La Nouvelle Barre du jour*. Séminaire », *Ellipse*, nᵒ 23-24, 1979, p. 64, 66.

2479. [COLLECTIF], «*La Barre du jour*. Présentation », *Ellipse*, nᵒ 23-24, 1979, p. 10.

2480. GODARD, Barbara, « The Avant-Garde in Canada : *Open Letter* and *La Barre du jour* », *Ellipse*, nᵒ 23-24, 1979, p. 98-113.

2481. SAINT-PIERRE, Marcel, « Éditorial [*La Barre du jour*] », *Ellipse*, nᵒ 23-24, 1979, p. 12, 14.

2482. VAILLANCOURT, Marie-Claire, « En d'autres mots [*La Barre du jour*] », *Ellipse*, nᵒ 23-24, 1979, p. 96-97.

2483. DIONNE, René, « Avant-Propos », *Histoire littéraire du Québec*, nᵒ 1, 1979, p. 5-7.

2484. JOUSSELIN, Jean-Pierre, « [Présentation de sa thèse de maîtrise], Vocabulaire politique en usage en 1867 dans *l'Union des Cantons de l'Est* et *le Défricheur* », *Histoire littéraire du Québec*, nᵒ 1, 1979, p. 124-128.

2485. GIGUÈRE, Richard, [*Les Herbes rouges*], *Livres et auteurs québécois, 1979*, p. 104, 107.

2486. CREERY, Tim, « Les géants meurent aussi. La Disparition du *Montreal Star* : un salutaire avertissement », *Antennes*, vol. 5, nᵒ 17, 1ᵉʳ trimestre 1980, p. 4-7.

2487. LEFEBVRE, Paul, «*Le Baroque* [cahiers de la troupe l'Eskabel] ou la Courbe interrompue », *Jeu*, nᵒ 14, [1ᵉʳ trimestre] 1980, p. 71-73.

2488. DUPRÉ, Louise, « L'Écriture féminine dans *les Herbes rouges* », *Revue de l'Université d'Ottawa/University of Ottawa Quarterly*, vol. 50, nᵒ 1, janvier-mars 1980, p. 89-94.

2489. *[ANONYME], [*Liberté*, vol. 20, nᵒ 6 et vol. 21, nᵒˢ 1 à 3 ; *Lettres québécoises*, nᵒ 14 et nᵒ 15 ; *Québec français*, nᵒ 33 à 35 ; *Estuaire*, nᵒ 9-10 ; *Ellipse*, nᵒ 22 ; *Écriture française*, nᵒ 1 ; *Écrits du Canada français*, nᵒ 42 ; *La Nouvelle Barre du jour*, nᵒˢ 74 à 80], *Voix et images*, vol. 5, nᵒ 2, hiver 1980, p. 422-427.

2490. *[ANONYME], [*Reflets*], *La Revue scolaire*, vol. 30, nᵒ 4, février-mars 1980, p. 24.

2491. *PROVOST, Michelle, [*Lurelu/Des livres et des jeunes*], *Vie pédagogique*, nᵒ 6, février 1980, p. 24-25.

2492. [ANONYME], [*L'Actualité* ; *Livres et auteurs québécois, 1978* ; *Le Temps fou* ; *Châtelaine* ; *Lettres québécoises*], *Québec Hebdo*, vol. 2, nᵒ 7, 25 février 1980, p. 4.

2493. *[ANONYME], [*Les Cahiers de Cap-Rouge*, vol. 7, nᵒ 3 ; *Critère*, nᵒ 26 ; *Dialogue*, vol. 18, nᵒ 4 ; *Carrefour*, vol. 1, nᵒ 2 ; *Études françaises*, vol. 15, nᵒ 3-4 ; *Philosophiques*, vol. 6, nᵒ 2 ;

Spirale, n⁰ 5 ; *Trajectoires*, n⁰ 4], *Bulletin de la Société de philosophie du Québec*, vol. 6, n⁰ 1, mars 1980, p. 17-25.

2494. *BOTHWELL, Robert et David J. BERCUSON, «*The Canadian Historical Review* and the State of the Profession : A View on our Sixtieth Birthday », *The Canadian Historical Review*, Vol. 61, No. 1, March 1980, p. 1-2.

2495. *[ANONYME], « Dans *Lettres québécoises* », *Grimoire*, vol. 3, n⁰ 3, mars 1980, p. 21.

2496. *[ANONYME], [Jean Jonassaint, *Répertoire des périodiques culturels québécois, 1979-1980*], *Grimoire*, vol. 3, n⁰ 3, mars 1980, p. 20.

2497. *GAULIN, André, «*Les Cahiers du hibou*, n⁰ˢ 1-2-3 », *Québec français*, n⁰ 37, mars 1980, p. 13.

2498. *GASKELL, Ian, [*Canada on Stage : Canadian Theatre Review Yearbook, 1978*], *Canadian Drama/L'Art dramatique canadien*, Vol. 6, No. 1, Spring 1980, p. 167-168.

2499. *LELIÈVRE, Denys, « Littérature. Des femmes et des luttes [*Possibles*, vol. 4, n⁰ 1, automne 1979] », *Intervention*, n⁰ 7, [printemps] 1980, p. 50-51.

2500. THÉRIO, Adrien, «*Le Soleil* et les écrivains québécois », *Lettres québécoises*, n⁰ 17, printemps 1980, p. 6.

2501. *[ANONYME], «*Dérives*, n⁰ˢ 20-21 », *Parachute*, n⁰ 18, printemps 1980, p. 52-53.

2502. *FORTIN, Jean-Louis, [*Critère*, n⁰ 26], *Revue des sciences de l'éducation*, vol. 6, n⁰ 2, printemps 1980, p. 422-423.

2503. *PETITAT, André, [*Sociologie et sociétés*, vol. 10, n⁰ 1], *Revue des sciences de l'éducation*, vol. 6, n⁰ 2, printemps 1980, p. 423-425.

2504. *A[LLARD], J[acques], [*Lettres québécoises*, n⁰ˢ 13 à 16 ; *Liberté*, vol. 20, n⁰ 6 et vol. 21, n⁰ˢ 1 à 6 ; *Études littéraires*, 12/2 ; *Incidences*, 1/1-2-3 ; *Québec français*, n⁰ 36], *Voix et images*, vol. 5, n⁰ 3, printemps 1980, p. 611-616.

2505. *A[NDRÈS], B[ernard], [*Jeu*, n⁰ˢ 6-12 ; *Études françaises*, 15/3-4], *Voix et images*, vol. 5, n⁰ 3, printemps 1980, p. 611-613.

2506. BEAUCHAMP[-RANK], Hélène et Marie-Christine LAROCQUE, « Publications de l'organisme [*Cahiers de l'ACTA — Jeune Théâtre*]. Bref Survol », *Jeu*, n⁰ 15, [2ᵉ trimestre] 1980, p. 131-141.

2507. [ANONYME], « L'Affaire 'Liberté-Magazine'. Injonction et outrage au tribunal », *Libre Magazine*, n⁰ 3, avril 1980, p. 4, 14.

2508. L[EMIEUX], P[ierre], « L'Égalité d'expression [l'affaire 'Liberté-Magazine'] », *Libre Magazine*, n⁰ 3, avril 1980, p. 27.

2509. LEMIEUX, Pierre, « Après vingt ans de révolution tranquille... [l'affaire 'Liberté-Magazine'] », *Libre Magazine*, n⁰ 3, avril 1980, p. 17.

2510. *PAINCHAUD, Clotilde T.-L., « Deux Revues sur la littérature de jeunesse [*Des livres et des jeunes — Lurelu*] », *Grimoire*, vol. 3, n⁰ 5, mai 1980, p. 11.

2511. BROUILLET, Guy, «*Le Devoir* et l'affaire de 'Liberté-Magazine' », *Libre Magazine*, n⁰ 4, mai 1980, p. 21.

2512. OUELLETTE-MICHALSKA, Madeleine, [*La Gazette des femmes — Possibles*, vol. 4, n⁰ 1], *Châtelaine*, vol. 21, n⁰ 6, juin 1980, p. 8.

2513. *BÉLISLE, Alvine, [*Vidéo-Presse*], *Des livres et des jeunes*, vol. 2, n⁰ 6, juin 1980, p. 44.

2514. *CHABOT, Jean-Pierre, [*Lurelu — Des livres et des jeunes*], *Documentation et bibliothèques*, vol. 26, n⁰ 2, juin 1980, p. 119-122.

2515. JUTRAS, Jean-Gilles, « Au revoir ! [*La Revue scolaire*] », *La Revue scolaire*, vol. 30, n⁰ 6, juin-juillet 1980, p. 5.

2516. *JANELLE, Claude, [*La Nouvelle Barre du jour*, n⁰ˢ 79-80 et 89], *Solaris*, vol. 6, n⁰ 3, juin 1980, p. 24-26.

2517. GODBOUT, Jacques, « Jean-Guy Pilon et *Liberté*, plus de vingt ans au service de nos lettres », *Lettres québécoises*, n⁰ 18, été 1980, p. 75-76.

2518. BINET, Jean-Léonard, « Le Hibou de Sherbrooke [*Les Cahiers du hibou*] », *Grimoire*, vol. 3, n⁰ 7, juillet-août 1980, p. 6.

2519. PELLETIER, Francine, «*Les Têtes de pioche* », *Jeu*, n⁰ 16, [3ᵉ trimestre] 1980, p. 224-225.

2520. *GRANATSTEIN, J.L., [*Canadian Annual Review of Politics and Public Affairs*], *Quill and Quire*, Vol. 46, No. 7, July 1980, p. 59.

2521. *JANOËL, André, «*Les Cahiers du hibou*, vol. 1, n⁰ 4-5 », *Nos livres*, vol. 11, août-septembre 1980, n⁰ 248.

2522. *MCFADDEN, Lynn, « Image Building amongst the Literary Magazines [*Prism International*] », *Quill and Quire*, Vol. 46, No. 8, August 1980, p. 23.

2523. *P[ATAR], B[enoît], «*Études littéraires*, vol. 13, n⁰ 1 », *24 Images*, n⁰ 6, septembre-octobre 1980, p. 78.

2524. *[ANONYME], [*Les Cahiers de Cap-Rouge*, vol. 8, n⁰ 1], *Bulletin de la Société de philosophie du Québec*, vol. 6, n⁰ 3, septembre 1980, p. 11.

2525. *[ANONYME], [*Philosophiques*, vol. 7, n⁰ 1], *Bulletin de la Société de philosophie du Québec*, vol. 6, n⁰ 3, septembre 1980, p. 11.

2526. *[ANONYME], [*Carrefour*, vol. 2, n⁰ 1], *Bulletin de la Société de philosophie du Québec*, vol. 6, n⁰ 3, septembre 1980, p. 12.

2527. [ANONYME], [*Le Bulletin Pantoute*], *Bulletin de la Société de philosophie du Québec*, vol. 6, n⁰ 3, septembre 1980, p. 15.

2528. *[ANONYME], [*Dialogue*, vol. 9, n⁰ 1], *Bulletin de la Société de philosophie du Québec*, vol. 6, n⁰ 3, septembre 1980, p. 13-14.

2529. *[ANONYME], [*Critère*, n⁰ˢ 27 et 28], *Bulletin de la Société de philosophie du Québec*, vol. 6, n⁰ 3, septembre 1980, p. 12-13.

2530. BOUCHARD, Guy, « Un cas concret, la revue *Philosophiques* », *Bulletin de la Société de philosophie du Québec*, vol. 6, n⁰ 3, septembre 1980, p. 56-58.

2531. BEAUSOLEIL, Claude, «*Hobo-Québec*», *Le Bulletin Pantoute*, n⁰ 3, septembre-octobre-novembre 1980, p. 7.

2532. *MARIER, Yves-Érick, « Un théâtre 'intervenant' [*Jeu*, n⁰ 15] », *Le Bulletin Pantoute*, n⁰ 3, septembre-octobre-novembre 1980, p. 10.

2533. BONENFANT, Joseph, « La Revue des revues [*Les Cahiers du hibou*, vol. 1, n⁰ 4-5] », *Grimoire*, vol. 3, n⁰ 8, septembre 1980, p. 7.

2534. *[ANONYME], « Revue *Possibles*, autogestion et poésie [vol. 4, n⁰ 3-4] », *Québec Hebdo*, vol. 2, n⁰ 33, 8 septembre 1980, p. 4.

2535. BASTARACHE, Michel, « Pour une revue politique en Acadie », *Égalité*, vol. 1, n⁰ 1, 1980, p. 15-18.

2536. GALLANT, Melvin, « À l'abordage ! », *Égalité*, vol. 1, n⁰ 1, 1980, p. 11-14.

2537. *NEPVEU, Pierre, « 'Poésie 80' — 'Inconnu pluriel' ; *La Nouvelle Barre du jour*, n⁰ 92-93 ; *Liberté*, vol. 22, n⁰ 3 », *Lettres québécoises*, n⁰ 19, automne 1980, p. 76.

2538. *TH[ÉRIO], A[drien], «*Le Bulletin Pantoute* », *Lettres québécoises*, n⁰ 19, automne 1980, p. 75-76.

2539. *TH[ÉRIO], A[drien], «*The French Review* [May 1980, 'Québec'] », *Lettres québécoises*, n⁰ 19, automne 1980, p. 75.

2540. *TH[ÉRIO], A[drien], «*Histoire littéraire du Québec* », *Lettres québécoises*, n⁰ 19, automne 1980, p. 74.

2541. *GERVAIS, Flora, [*Dérives*, n⁰ 17-18 ; *Lurelu*], *Revue des sciences de l'éducation*, vol. 6, n⁰ 3, automne 1980, p. 618-620.

2542. *TOURANGEAU, Jean, [*Dérives*], *Vie des arts*, vol. 25, n⁰ 100, automne 1980, p. 79.

2543. *[ANONYME], «*Les Cahiers du hibou* [vol. 1, n⁰ 4-5] », *Écriture française dans le monde*, vol. 2, n⁰ 1-2, octobre 1980, p. 133.

2544. MOISAN, Clément, « Intentions manifestes/cachées. Présentations, déclarations et liminaires de revues littéraires », *Études françaises*, vol. 16, no 3-4, octobre 1980, p. [131]-146.

2545. *LEFEBVRE, Paul, «*La Grande Réplique* (n⁰ˢ 7 et 8) », *Jeu*, n⁰ 17, [4ᵉ trimestre] 1980, p. 130-132.

2546. *BELLEMARE, Madeleine, «*Histoire littéraire du Québec*, 1, 1979 : *Situation de l'édition et de la recherche* », *Nos livres*, vol. 11, octobre 1980, n⁰ 297.

2547. *[ANONYME], [*Jeu*, n⁰ 15], *Offensives communautaires et culturelles*, vol. 1, n⁰ 1, octobre-novembre-décembre 1980, p. 26, 28.

2548. *GAULIN, André, «*Études françaises*, vol. 16, n⁰ 2 », *Québec français*, n⁰ 39, octobre 1980, p. 14.

2549. *GAULIN, André, «*Voix et images*, vol. 5, n⁰ 3 », *Québec français*, n⁰ 39, octobre 1980, p. 14.

2550. *[ANONYME], «*Voix et images* [vol. 5, n⁰ 3] », *Réseau*, vol. 12, n⁰ 2, octobre 1980, p. 27.

2551. *BONNEVILLE, Léo, [*Études littéraires*, vol. 13, n⁰ 1], *Séquences*, n⁰ 102, octobre 1980, p. 47.

2552. TREMBLAY, Réjean, [*Châtelaine*], *Le 30*, vol. 4, n⁰ 9, novembre 1980, p. 18-19.

2553. *AQUIN, Pierre-Stéphane, « Et la poésie. *Liberté*, n⁰ 130 », *Le Bulletin Pantoute*, n⁰ 4, décembre 1980-janvier-février 1981, p. 6.

2554. AQUIN, Pierre-Stéphane, « 'Poésie 1980'. *La Nouvelle Barre du jour*, n⁰ 92-93 », *Le Bulletin Pantoute*, n⁰ 4, décembre 1980-janvier-février 1981, p. 6.

2555. GOUANVIC, Jean-Marc, [*Les Lettres québécoises*], *Imagine*, vol. 2, n⁰ 2, décembre 1980, p. 29-30.

2556. *GAULIN, André, «*Hobo-Québec*, n⁰ 41-42 ; *La Nouvelle Barre du jour*, n⁰ˢ 92-93 ; *Vie française*, 1980 », *Québec français*, n⁰ 40, décembre 1980, p. 16-17.

2557. *LANGLOIS, Michelle, «*Reflets*, [vol. 2, n⁰ 1] », *Québec français*, n⁰ 40, décembre 1980, p. 9.

2558. *S[ANSFAÇON], J[ean]-R[obert], [*Possibles*, n⁰ 3-4], *Le Temps fou*, n⁰ 12, décembre 1980-janvier-février 1981, p. 67.

2559. *TH[ÉRIO], A[drien], «*Voix et images*, vol. 5, n⁰ 3 », *Lettres québécoises*, n⁰ 20, hiver 1980-1981, p. 103.

2560. THÉRIO, Adrien, «*Lettres québécoises* : cinq années difficiles !... », *Lettres québécoises*, n⁰ 20, hiver 1980-1981, p. 9.

2561. *HUARD, Michèle, « Librairie et revue *Pantoute* », *Lurelu*, vol. 3, n⁰ 4, hiver 1980, p. 15.

2562. LAROCHE, Maximilien, «*Livres et auteurs québécois*, vingt ans après », *Livres et auteurs québécois, 1980*, p. 9-12.

2563. DIONNE, René, « Avant-propos », *Revue d'histoire littéraire du Québec et du Canada français*, n⁰ 2, 1980-1981, p. 7-10.

2564. *DIONNE, René, «*Études canadiennes/Canadian Studies* », *Revue d'histoire littéraire du Québec et du Canada français*, n⁰ 2, 1980-1981, p. 167-169.

2565. BÉLISLE, Jacinthe, «*La Tribune*, hier et aujourd'hui », *Antennes*, n⁰ 21, 1ᵉʳ semestre 1981, p. 55-58.

2566. MARQUIS, Sylvia, « Ça continue [*Écrits*] », *Gaspésie*, vol. 19, n⁰ 1, hiver 1981, p. 19.

2567. CIVIL, Jean, « Notre orientation pour 1981 », *Grimoire*, vol. 4, n⁰ 1, janvier 1981, p. 4-5.

2568. L[ACROIX], P[ierre] D[jada], «*Imagine*, n⁰ 6 », *Infos*, n⁰ 2, janvier 1981, p. 20.

2569. L[ACROIX], P[ierre] D[jada], «*Solaris*, n⁰ 35 », *Infos*, n⁰ 2, janvier 1981, p. 8.

2570. LAVERGNE, Guy, « Présentation », *Philocritique*, n⁰ 1, hiver 1981, p. 3-16.

2571. *A[LLARD], J[acques], « [Jacques Rivet], *Grammaire du journal politique (à travers 'le Devoir' et 'le Jour')* », *Voix et images*, vol. 6, n⁰ 2, hiver 1981, p. 347.

2572. *A[LLARD], J[acques], «*Histoire littéraire du Québec*, 1-1979 : ['Situation de l'édition et de la recherche'] », *Voix et images*, vol. 6, n⁰ 2, hiver 1981, p. 341-342.

2573. *GUÉNETTE, Françoise, « Les Unes les autres [*La Vie en rose*, n⁰ 5] », *La Gazette des femmes*, vol. 2, n⁰ 7, février 1981, p. 24.

2574. CIVIL, Jean, « Du vent dans les voiles », *Grimoire*, vol. 4, n⁰ 2, février 1981, p. 4-5.

2575. L[AMONTAGNE], C[hristian], «*Offensives communautaires et culturelles* », *Le Temps fou*, n⁰ 13, février-mars 1981, p. 67.

2576. MAHEU, Pierre, «*Parti pris* : ce n'était pas un programme politique mais un besoin », *Le Temps fou*, n⁰ 13, février-mars 1981, p. 22-27.

2577. *M[ARTEL], S[erge], «*Presse libre* », *Le Temps fou*, n⁰ 13, février-mars 1981, p. 67.

2578. *[ANONYME], «*Histoire littéraire du Québec*, 1-1979 : 'Situation de l'édition et de la recherche' », *Québec Hebdo*, vol. 3, n⁰ 4, 2 février 1981, p. 4.

2579. *DE BONVILLE, Jean, « Jean Bourdon, *Montréal-Matin*, son histoire, ses histoires », *Canadian Journal of Political Science/Revue canadienne de science politique*, Vol. 14, No. 1, March 1981, p. 145-148.

2580. [ANONYME], « Consistency or Constituency ? [*Fireweed — Impulse*] », *Fuse*, Vol. 5, No. 2-3, March-April 1981, p. 50-51.

2581. *Civil, Jean, « En lisant *Lettres québécoises* [n° 21] », *Grimoire*, vol. 4, n° 3, mars 1981, p. 4-5.

2582. Nepveu, Pierre, « De l'empire du sens au fait divers », *Liberté*, vol. 23, n° 2, mars-avril 1981, p. 47-52.

2583. *Laurin, Michel, «*Revue d'ethnologie du Québec*, n° 11 [vol. 6, n° 1] », *Nos livres*, vol. 12, mars 1981, n° 131.

2584. *Moreau, Jean-Marie, «*Imagine*, n° 6 [vol. 2, n° 2] », *Nos livres*, vol. 12, mars 1981, n° 130.

2585. *Pelletier, Rosaire, [*La Revue canadienne du droit d'auteur*], *Nouvelles de l'ASTED*, n° 129, mars-avril-mai-juin 1981, p. 29.

2586. *Boivin, Aurélien, «*Livres et auteurs québécois, 1979* », *Québec français*, n° 41, mars 1981, p. 16.

2587. *Milot, Jean-Guy, «*Liberté*, n° 132 », *Québec français*, n° 41, mars 1981, p. 19.

2588. *[Anonyme], «*Descant, No. 29* », *Canadian Author and Bookman*, Vol. 56, No. 3, Spring 1981, p. 42.

2589. Lemieux, Jules, «*Urgences* : une nouvelle revue littéraire », *Gaspésie*, vol. 19, n° 2, printemps 1981, p. 55.

2590. *De Grosbois, Robert, « Pour le futur des femmes conjugué au présent [*Jeu*, n° 16] », *Le Berdache*, n° 19, avril 1981, p. 55.

2591. Martel, Claude, « Revues [*L'Esplumoir — Moebius — L'Estuaire — Liberté — La Nouvelle Barre du jour — Les Herbes rouges*] », *Focus*, n° 40, avril 1981, p. 34-35.

2592. Lavoie, Pierre, « Pour la suite du *Jeu* », *Jeu*, n° 19, 2e trimestre 1981, p. 5-10.

2593. *Robert, Lucie, «*Theatre History in Canada/Histoire du théâtre au Canada* [Vol. 1, No. 1] », *Jeu*, n° 19, 2e trimestre 1981, p. 155-156.

2594. Truax, Denise, « Trois années et quatre appuis égalent une meilleure diffusion culturelle », *Liaison*, n° 15, avril 1981, p. [4].

2595. *Janoël, André, «*Écriture française*, vol. 1, n° 2, 1979 », *Nos livres*, vol. 12, avril 1981, n° 189.

2596. *Laurin, Michel, «*Vidéo-Presse*, vol. 9 », *Nos livres*, vol. 12, avril 1981, n° 191.

2597. Fortin, Andrée, « L'Autogestion en revue(s) [*Dérives; Focus; Jeu; Intervention; Spirale; Le Temps fou*] », *Possibles*, vol. 5, n° 3-4, [2e trimestre] 1981, p. 162-167.

2598. Gauvin, Lise, [*Estuaire; Les Herbes rouges; La Nouvelle Barre du jour*], *Possibles*, vol. 5, n° 3-4, [2e trimestre] 1981, p. 207-212.

2599. Gauvin, Lise, «*Parti pris* et après. De la revue à la prose narrative », *Possibles*, vol. 5, n° 3-4, [2e trimestre] 1981, p. 199-207.

2600. Laplante, Robert, «*Urgences* vient de paraître », *Possibles*, vol. 5, n° 3-4, [2e trimestre] 1981, p. 327-328.

2601. Melançon, Benoît, «*Mainmise*. La Recherche d'une alternative », *Possibles*, vol. 5, n° 3-4, [2e trimestre] 1981, p. 187-197.

2602. [Rédaction, La], « Questions d'*Urgences* », *Urgences*, n° 1, 2e trimestre 1981, p. 3-4.

2603. Bordeleau, Christian, « Les Deux Ans du *Berdache* », *Le Berdache*, n° 20, mai 1981, p. 54.

2604. *[Anonyme], « La Tribune des francophones [*Écriture française dans le monde*, n° 5] », *Grimoire*, vol. 4, n° 5, mai 1981, p. 16.

2605. [Anonyme], « Des revues enfin disponibles grâce à Diffusion Parallèle Inc. », *Parallelogramme*, Vol. 6, No. 5, May-June 1981, p. 35.

2606. *Chamberland, Roger, «*La Nouvelle Barre du jour*, n° 99 », *Québec français*, n° 42, mai 1981, p. 25.

2607. *Gadbois, Vital, « 'Les Jeunes et le travail', *Critère*, n° 29 », *Québec français*, n° 42, mai 1981, p. 25.

2608. [Rédaction, La], [*L'Avenir* a un an], *L'Avenir*, vol. 2, n° 3, 13 mai 1981, p. [3-4].

2609. [Anonyme], «*Histoire littéraire du Québec*, 1-1979 : 'Situation de l'édition et de la recherche' », *Québec Hebdo*, vol. 3, n° 18, 18 mai 1981, p. 4.

2610. Yvon, Josée, « L'Urbain au féminin. *La Nouvelle Barre du jour*, n° 102 », *Le Berdache*, n° 21, juin 1981, p. 49.

2611. LAJEUNESSE, Marcel et Lise WILSON, « Vingt-Cinq Ans de publication périodique en bibliothéconomie au Québec. Analyse quantitative du *Bulletin de l'ACBLF/ Documentation et bibliothèques (1955-1979)* », *Documentation et bibliothèques*, vol. 27, n° 2, juin 1981, p. 53-67.

2612. *JANOËL, André, «*Écriture française dans le monde*, vol. 2, n°s 1 et 2, 1980. La Tribune des francophones », *Nos livres*, vol. 12, juin-juillet 1981, n° 282.

2613. *VACHER, Laurent-Michel, « Progression en spirale », *Spirale*, [n° 20], juin 1981, p. 24.

2614. *PHILP, Ruth et Beth GREENWOOD, «*Grain*, Vol. 8, No. 3 », *Canadian Author and Bookman*, Vol. 56, No. 4, Summer 1981, p. 35.

2615. *BOUCHARD, Christian, «*Les Herbes rouges*. Refaire l'histoire », *Estuaire*, n° 20, été 1981, p. 124-125.

2616. *N[EPVEU], P[ierre], «*La Nouvelle Barre du jour*, n° 100-101 », *Lettres québécoises*, n° 22, été 1981, p. 79.

2617. *BAYARD, Caroline, [*La Nouvelle Barre du jour*, n° 90-91], *University of Toronto Quarterly*, Vol. 50, No. 4, Summer 1981, p. 41-42.

2618. *GIRARD, Gilles, [*Études littéraires*, vol. 13, n° 3], *University of Toronto Quarterly*, Vol. 50, No. 4, Summer 1981, p. 74.

2619. *GIRARD, Gilles, [*Jeu*, n° 15-16], *University of Toronto Quarterly*, Vol. 50, No. 4, Summer 1981, p. 73-74.

2620. LEFEBVRE, Paul, « Aide aux périodiques 1980-81 », *Jeu*, n° 20, 3e trimestre 1981, p. 155.

2621. MOREAU, Jean-François, « Dix Ans de *Recherches amérindiennes au Québec* », *Recherches amérindiennes au Québec*, vol. 11, n° 2, 3e trimestre 1981, p. 155-160.

2622. [ANONYME], « Discriminées en information, une étude le confirme [GREF, *La Presse féminine québécoise*] », *La Gazette des femmes*, vol. 3, n° 3, septembre 1981, p. 6.

2623. *PAINCHAUD, Clotilde T.-L., «*Ellipse* : un délice ! [n° 25-26] », *Grimoire*, vol. 4, n° 7, septembre-octobre 1981, p. 7-8.

2624. LEROUX, Normand, « Chrono littéraire [*Hobo-Québec*, n° 44-45 — *Urgences*] », *Offensives*, vol. 2, n° 1, septembre-octobre-novembre-décembre 1981, p. 51.

2625. *LANDRY, Kenneth, [*Histoire littéraire du Québec*, 1-1979 : 'Situation de l'édition et de la recherche'], *Recherches sociographiques*, vol. 22, n° 3, septembre-décembre 1981, p. 434-435.

2626. *DE BELLEFEUILLE, Normand, [*Voix et images*, vol. 4, n° 3], *Spirale*, [n° 21], septembre 1981, p. 4-5.

2627. PARÉ, Jean, «*L'Actualité* nous écrit », *Le Temps fou*, n° 16, septembre-octobre 1981, p. 4.

2628. [ANONYME], [*Québec français*], *Universités*, vol. 2, n° 3-4, septembre 1981-janvier 1982, p. 39.

2629. [RÉDACTION, La], « Les Mots de désordre », *La Vie en rose*, [vol. 2, n° 3], septembre-octobre-novembre 1981, p. 5.

2630. MILOT, Pierre et Jean-Guy LACROIX, « Les Cahiers, les revues, la conjoncture », *Les Cahiers du socialisme*, n° 8, automne 1981, p. [4]-11.

2631. BASTARACHE, Michel, « Nos priorités », *Égalité*, vol. 2, n° 4, automne 1981, p. 11-16.

2632. *GILBERT, Bernard, « Pour un générique du texte [*La Nouvelle Barre du jour*, n°s 100-102] », *Estuaire*, n° 21, automne 1981, p. 87-89.

2633. [ANONYME], «*Urgences* », *Lettres québécoises*, n° 23, automne 1981, p. 12.

2634. *LÉVESQUE, Gaëtan, «*Moebius*, n° 10-11 », *Lettres québécoises*, n° 23, automne 1981, p. 86.

2635. *VALLIÈRES, Pierre, « Homosexuels et lesbiennes en mouvement [*Le Temps fou*, septembre-octobre-novembre 1981] », *Le Berdache*, n° 24, octobre 1981, p. 50.

2636. DEMERS, Pierre, [*Séquences* — *24 Images* — *Copie zéro*], *Focus*, n° 45, octobre 1981, p. 47-48.

2637. *LATRAVERSE, Jean-Sébastien, « Repousser les limites de la réflexion sur les bords de l'action », *Liaison*, n° 18, octobre-novembre 1981, p. 22.

2638. FORTIN, Andrée, « Cinq Ans déjà... le risque de continuer », *Possibles*, vol. 6, n° 1, [4e trimestre] 1981, p. 7-15.

2639. LENOIR, Roger, « Persévérance », *Possibles*, vol. 6, n° 1, [4e trimestre] 1981, p. 49-60.

2640. *ROBERT, Lucie, «*Voix et images*, vol. 6, n° 2 », *Québec français*, n° 43, octobre 1981, p. 16.

2641. *KUIZENGA, Donna, [*Études françaises*, vol. 15, n° 3-4], *Sub-Stance*, No. 32, 1981, p. 82-83.

2642. [ANONYME], «*Anthropologie et sociétés* », *Écriture française dans le monde*, vol. 3, n° 2-3, décembre 1981, p. 73.

2643. BENARROSH, Penny et Victor TEBOUL, « Gérald Godin : 'Il y a 80 nations au Québec' [*Parti pris*] », *Jonathan*, n° 2, décembre 1981, p. 8.

2644. *JANOËL, André, «*Écriture française dans le monde*, vol. 3, n° 1 », *Nos livres*, vol. 12, décembre 1981, no.

2645. *CHAMBERLAND, Roger, «*Voix et images*, vol. 6, n° 3 », *Québec français*, n° 44, décembre 1981, p. 16.

2646. *GADBOIS, Vital, « Deux Revues québécoises de SF : *Imagine* et *Solaris* », *Québec français*, n° 44, décembre 1981, p. 16.

2647. *MILOT, Jean-Guy, «*Vie pédagogique*, n° 14 », *Québec français*, n° 44, décembre 1981, p. 18.

2648. GAGNON, Camille, «*Québec-Presse* : cinq ans de liberté », *Réseau*, vol. 13, n° 4, décembre 1981, p. 18-20.

2649. [ANONYME], «*Livres et auteurs québécois, 1980* », *Québec Hebdo*, vol. 3, n° 47, 7 décembre 1981, p. 4.

2650. *WATSON, J. Wreford, « The Development of Canadian Geography : The First Twenty-Five Volumes of *The Canadian Geographer* », *The Canadian Geographer/Le Géographe canadien*, Vol. 25, No. 4, Winter 1981, p. 391-398.

2651. *LEBEL, Maurice, [*Rencontre des peuples francophones, 1979*], *Canadian Literature*, No. 91, Winter 1981, p. 159-160.

2652. *GOUANVIC, Jean-Marc, « Pédagogie. La Science-Fiction [*Québec français*, n° 42] », *Imagine*, vol. 3, n° 2, hiver 1981, p. 153-154.

2653. [ANONYME], « Boréal 81 [*Solaris*, n° 40-*Imagine*, n° 10] », *Lettres québécoises*, n° 24, hiver 1981-1982, p. 12.

2654. THÉRIO, Adrien, «*Incidences* », *Lettres québécoises*, n° 24, hiver 1981-1982, p. 82.

2655. *TH[ÉRIO], A[drien], «*Vidéo-Presse*, un magazine pour la jeunesse », *Lettres québécoises*, n° 24, hiver 1981-1982, p. 95.

2656. *GÉLINAS, Michèle, «*Vidéo-Presse* [vol. 10] », *Lurelu*, vol. 4, n° 4, hiver 1981, p. 14.

2657. DUMONT, Fernand, « Présentation », *Questions de culture*, n° 1, 4e trimestre 1981, p. [9]-11.

2658. *HEALY, J.J., «*Canadian Fiction Magazine*, No. 36-37 », *Canadian Ethnic Studies/Études ethniques au Canada*, Vol. 14, No. 1, 1982, p. 164-170.

2659. HANCOCK, Geoff, « A Ten Year History of *Canadian Fiction Magazine* », *Canadian Fiction Magazine*, No. 42, 1982, p. 122-130.

2660. [ANONYME], « Une revue vivante [*Voix et images*, vol. 7, n° 1] », *L'Écrilu*, vol. 1, n° 4, janvier 1982, p. 4.

2661. [ANONYME], « Deux Portraits d'éditeurs [*Les Herbes rouges*] », *Littérature du Québec*, n° 1, [1er semestre] 1982, p. 6.

2662. *BELLEMARE, Madeleine, «*Livres et auteurs québécois, 1980* », *Nos livres*, vol. 13, janvier 1982, n° 15.

2663. [ANONYME], «*La Presse*, le plus grand quotidien français d'Amérique », *Reflets*, vol. 3, n° 5, janvier 1982, p. 18-20.

2664. *[ANONYME], «*Voix et images* [vol. 7, n° 1] », *Réseau*, vol. 13, n° 5, janvier 1982, p. 27.

2665. LECHASSEUR, Antonio, « Pour sortir de la crise », *Revue d'histoire du Bas-Saint-Laurent*, vol. 8, n° 1, janvier-mars 1982, p. 1-2.

2666. *GERVAIS, Flora, « Revue québécoise de littérature de jeunesse [*Des livres et des jeunes*] », *Revue des sciences de l'éducation*, vol. 8, n° 1, hiver 1982, p. 211-212.

2667. ARCAND, T[atiana], « Réflexions au sujet d'une nouvelle publication [*Les Moissons*] », *Bulletin du Centre d'études franco-canadiennes de l'Ouest*, n° 10, février 1982, p. 16-17.

2668. *BOUDREAU, Diane, «*Recherches amérindiennes au Québec* [vol. 11, n⁰ 4]», *Grimoire*, vol. 5, n⁰ 2, février 1982, p. 7.

2669. D[URAND], G[uy], «*Possibles — Focus*», *Intervention*, n⁰ 14, février 1982, p. 52.

2670. D[URAND], G[uy], «*Parachute*», *Intervention*, n⁰ 14, février 1982, p. 52-53.

2671. *LALIBERTÉ, Jacques, « En bref [*Québec français*, n⁰ 45]», *Prospectives*, vol. 18, n⁰ 1-2, février-avril 1982, p. 79.

2672. MARIE-[MICHÈLE], «*La Vie en rose*. Entrevue avec Ariane Émond et Lise Moisan», *Le Berdache*, n⁰ 28, mars 1982, p. 32-34.

2673. [ANONYME], « L'Enfant, le livre, l'école... [*Liaison*, n⁰ 19]», *L'Écrilu*, vol. 1, n⁰ 5, mars 1982, p. 17.

2674. LÉVESQUE, Gaëtan, «*Moebius* et la création littéraire [n⁰ 12]», *L'Écrilu*, vol. 1, n⁰ 5, mars 1982, p. 4.

2675. *R[ICARD], F[rançois], [*Voix et images*, vol. 7, n⁰ 1], *Liberté*, vol. 24, n⁰ 2, mars-avril 1982, p. 97-98, 102-103, 107-109.

2676. [ANONYME], «*Présence francophone*», *Universités*, vol. 3, n⁰ 1, mars-avril 1982, p. 58.

2677. *TÉTREAULT, Raymond, «*Vidéo-Presse*, 'le magazine du plaisir et de la liberté d'apprendre'», *Des livres et des jeunes*, vol. 4, n⁰ 11, printemps 1982, p. 28-29.

2678. *G[OUANVIC], J[ean]-M[arc], «*La Nouvelle Barre du jour* de la bande dessinée», *Imagine*, vol. 3, n⁰ 3, printemps 1982, p. 79-81.

2679. *IMBERT, Patrick, « 'Sémiotique textuelle et histoire littéraire du Québec'. *Études littéraires*, vol. 14, n⁰ 1 », *Lettres québécoises*, n⁰ 25, printemps 1982, p. 78.

2680. THÉRIO, Adrien, « Présentation », *Lettres québécoises*, n⁰ 25, printemps 1982, p. 11.

2681. *TH[ÉRIO], A[drien], « Les Humanités face aux années 80 [*Mémoires de la Société royale du Canada/Transactions of the Royal Society of Canada*, 4ᵉ série, t. 18] », *Lettres québécoises*, n⁰ 25, printemps 1982, p. 93.

2682. [ANONYME], « La Revue des revues », *Neuve-France*, vol. 7, n⁰ 3, printemps 1982, p. 12-13.

2683. BERNIER, André, « Presque mille pages », *Grimoire*, vol. 5, n⁰ 4, avril 1982, p. 14.

2684. *DELL'OLIO, Vesna, [*Solaris*], *Offensives*, vol. 2, n⁰ 2, avril-mai-juin-juillet 1982, p. 46.

2685. LECHASSEUR, Antonio, « Le Fin Mot de l'histoire... régionale », *Revue d'histoire du Bas-Saint-Laurent*, vol. 8, n⁰ 2, avril-septembre 1982, p. 29.

2686. *CAUCHON, Paul, « B[ande] d[essinée] : quelques espoirs de plus [*La Nouvelle Barre du jour*, n⁰ 110-111] », *Spirale*, n⁰ 24, avril 1982, p. 12.

2687. *LAURIN, Michel, «*Vidéo-Presse*, [vol. 10]», *Nos livres*, vol. 13, mai 1982, n⁰ 205.

2688. *[ANONYME], «*Voix et images* [vol. 7, n⁰ 2]», *Réseau*, vol. 13, n⁰ 9, mai 1982, p. 35.

2689. [ANONYME], «*La Revue du Nouvel Ontario*», *Universités*, vol. 3, n⁰ 2, mai-juillet 1982, p. 60.

2690. MORISSETTE, Rodolphe, «*L'Évangéline*», *Le 30*, vol. 6, n⁰ 6, juin 1982, p. 8-9, 11.

2691. D'ALFONSO, Antonio, «*Moebius, 13*», *Nos livres*, vol. 13, juin-juillet 1982, n⁰ 260.

2692. *DE GUISE, Anne, «*La Nouvelle Barre du jour*, n⁰ 112, mars 1982 », *La Vie en rose*, juin-juillet-août 1982, p. 68.

2693. *LEMIEUX, Jacques, «*Cette culture qu'on appelle savante*», *Communication information*, vol. 4, n⁰ 3, été 1982, p. 243-244.

2694. *[ANONYME], «*Québec français*, n⁰ 45 », *Lettres québécoises*, n⁰ 26, été 1982, p. 13.

2695. *[ANONYME], « Une nouvelle revue littéraire [*Outaouais*] », *Lettres québécoises*, n⁰ 26, été 1982, p. 14.

2696. *BÉLISLE, Jacques, «*La Nouvelle Barre du jour*, n⁰ 112 », *Lettres québécoises*, n⁰ 26, été 1982, p. 92.

2697. *BOURASSA, André-G[illes], [*Jeu*, n⁰ 21, 1981], *Lettres québécoises*, n⁰ 26, été 1982, p. 45.

2698. *L[ÉVESQUE], G[aëtan], «*Lurelu*, vol. 4, n⁰ 4 », *Lettres québécoises*, n⁰ 26, été 1982, p. 93.

2699. *SALESSE, Michèle, «*Revue du Nouvel Ontario*, n⁰ 3, 1982 », *Lettres québécoises*, n⁰ 26, été 1982, p. 93.

2700. *FADIN, Max, «*Études littéraires*, décembre 1981. Une didactique passée au peigne fin », *Protée*, vol. 10, n⁰ 2, été 1982, p. 112-113.

2701. *SHEK, Ben-Z[ion], [*Études littéraires*, vol. 14, n⁰ 1], *University of Toronto Quarterly*, Vol. 51, No. 4, Summer 1982, p. 471-473.

2702. [ANONYME], « Deux Portraits d'éditeurs [*Liberté*] », *Littérature du Québec*, n⁰ 2, [2ᵉ semestre] 1982, p. 6.

2703. [ANONYME], «*Livre d'ici*, une expérience concluante », *Littérature du Québec*, n⁰ 2, [2ᵉ semestre] 1982, p. [1]-3.

2704. [ANONYME], « Awards [to *L'Actualité* and *Saturday Night*] », *Quill and Quire*, Vol. 48, No. 7, July 1982, p. 52.

2705. DES RIVIÈRES, Marie-José, « Quelle littérature lisait-on dans *Châtelaine* (1960-1975) ? », *Études littéraires*, vol. 15, n⁰ 2, août 1982, p. 201-214.

2706. *PROVOST, Sylvie, « Faut voir ça ? *Liberté*, [vol. 24, n⁰ 3] », *Études littéraires*, vol. 15, n⁰ 2, août 1982, p. 271-273.

2707. [ANONYME], «*L'Axe* », *Universités*, vol. 3, n⁰ 3-4, août-décembre 1982, p. 54.

2708. *GOUIN, Jacques, « Littérature québécoise et poésie française [*Revue d'histoire littéraire du Québec et du Canada français*] », *Cahiers d'histoire des pays d'en haut*, vol. 4, n⁰ 15, septembre 1982, p. 49-50.

2709. *[ANONYME], «*Lurelu*, une revue pour les jeunes », *L'Écrilu*, vol. 2, n⁰ 2, septembre 1982, p. 3.

2710. ATHÉ [ADRIEN THÉRIO], « Jean Royer ou la Satisfaction du travail bien fait », *Lettres québécoises*, n⁰ 27, automne 1982, p. 89-90.

2711. THÉRIO, Adrien, « Présentation. Littérature féministe, littérature au féminin », *Lettres québécoises*, n⁰ 27, automne 1982, p. 11.

2712. *TH[ÉRIO], A[drien], «*Arcade* [n⁰ 1] », *Lettres québécoises*, n⁰ 27, automne 1982, p. 99.

2713. *THÉRIO, Adrien, «*Revue d'histoire littéraire du Québec et du Canada français*, [2 : 1980-1981] », *Lettres québécoises*, n⁰ 27, automne 1982, p. 95.

2714. CLOUTIER, Guy, « Arrive en ville ! [*Les Herbes rouges — La Nouvelle Barre du jour*] », *Nuit blanche*, n⁰ 7, automne 1982, p. 7.

2715. *FORTIN, Andrée, [*Le Temps fou*, automne 1982], *Nuit blanche*, n⁰ 7, automne 1982, p. 62.

2716. BEAUSOLEIL, Claude, [*L'Atelier de production littéraire de la Mauricie* ; *Estuaire* ; *Les Herbes rouges* ; *Hobo-Québec* ; *Liberté* ; *Moebius* ; *La Nouvelle Barre du jour*], *La Petite Revue de philosophie*, vol. 4, n⁰ 1, automne 1982, p. 104-108.

2717. *WOLFE, Morris, « Grave Consequences : A Social History of Death, the Death of Trudeau's Canada, and a Literary Magazine Dies a Temporary Death. The Current Issue of *The Malahat Review*, No. 62 », *Books in Canada*, Vol. 11, No. 8, October 1982, p. 30.

2718. *DUBOIS, Michelle, [*Résistances*, n⁰ 1 ; n⁰ 2], *Urgences*, n⁰ 6, 4ᵉ trimestre 1982, p. 93-94.

2719. *LONGPRÉ, Anselme, «*Critère*, n⁰ 32 », *L'Église canadienne*, vol. 16, n⁰ 3, 7 octobre 1982, p. 95.

2720. THÉRIAULT, Jacques, « Volume 8, numéro 1 », *Livre d'ici*, vol. 8, n⁰ 1, novembre 1982, p. 2.

2721. *MOREAU, Jean-Marie, «*Imagine* [vol. 3, n⁰ 3 et n⁰ 4] », *Nos livres*, vol. 13, novembre 1982, n⁰ 418.

2722. *L[EPAGE], J[ocelyne], [*Lettres québécoises*, n⁰ 27], *La Vie en rose*, novembre-décembre 1982, p. 69.

2723. [COLLECTIF], « La *Revue québécoise de psychologie*, nouvelle orientation », *Les Cahiers du psychologue québécois*, vol. 4, n⁰ 5, décembre 1982, p. 1, 4.

2724. ROY, Muriel K., « Un nouveau bulletin est lancé ! », *Contact-Acadie*, n⁰ 1, décembre 1982, p. 3-4.

2725. *FORTIN, Claude, « La *NBJ* parle BD », *Grimoire*, vol. 5, n⁰ 9, décembre 1982, p. 7.

2726. *BIBEAU, Gilles, «*Langues et linguistique*, n⁰ 8, t. 1 et 2 », *Québec français*, n⁰ 48, décembre 1982, p. 9-10.

2727. BLACK, Larry, « Quebec's Daily Forum [*Le Devoir*] », *Saturday Night*, Vol. 97, No. 12, December 1982, p. 38-47.

2728. *LARUE, Monique, «*Arcade*, revue littéraire, n⁰ 1-2 », *Spirale*, n⁰ 30, décembre 1982, p. 14.

2729. [COLLECTIF], [Lettre ouverte de la revue *Imagine*], *Lettres québécoises*, n⁰ 28, hiver 1982-1983, p. 14.

2730. LORD, Michel, « En réponse à la lettre ouverte du collectif d'*Imagine* », *Lettres québécoises*, n⁰ 28, hiver 1982-1983, p. 14.

2731. LAROCHE, Maximilien, « De l'orgueil de la parole à l'assurance de la réalisation », *Livres et auteurs québécois, 1982*, p. [9]-10.

2.7 LITTÉRATURE ORALE

2732. *SAVARD, Pierre, [Maurice Carrier et Monique Vachon, *Chansons politiques du Québec*, t. 1 : *1765-1833*], *Revue de l'Université d'Ottawa/University of Ottawa Quarterly*, vol. 49, n⁰ 1-2, janvier-avril 1979, p. 118-119.

2733. LACROIX, Benoît et Conrad LAFORTE, « Religion traditionnelle et les chansons de coureurs de bois », *Laurentian University Review/Revue de l'Université Laurentienne*, Vol. 12, No. 1, November 1979, p. 11-42.

2734. CHIASSON, Anselme, « L'Évolution historique du folklore en Acadie depuis un siècle », *Les Cahiers de la Société historique acadienne*, vol. 10, n⁰ 4, décembre 1979, p. 170-175.

2735. CORMIER, Charlotte, « Les Chansons d'amour dans la tradition orale acadienne », *Les Cahiers de la Société historique acadienne*, vol. 10, n⁰ 4, décembre 1979, p. 186-194.

2736. *SAVARD, Pierre, [Maurice Carrier et Monique Vachon, *Chansons politiques du Québec*, t. 1 : *1765-1833*], *Histoire littéraire du Québec*, n⁰ 1, 1979, p. 118-119.

2737. PLESSIS-BÉLAIR, Ginette, Suzanne Francoeur-Bellavance et Élizabeth PANISSET-ROUSSEL, « Les Contes et les légendes au primaire », *Québec français*, n⁰ 37, mars 1980, p. 45-48.

2738. LECLERC, Christian, « La Légende de l'Île du Diable », *Revue d'histoire du comté de Shefford*, vol. 1, n⁰ 2, 2ᵉ trimestre 1980, p. 53-58.

2739. *LAURIN, Michel, « [Benoît Lacroix,] *Folklore de la mer et religion* », *Nos livres*, vol. 11, décembre 1980, n⁰ 396.

2740. THOMAS, Gerald, « Effets réciproques entre conteur et assistance dans un contexte narratif franco-terreneuvien », *Culture & Tradition*, Vol. 5, 1980, p. 33-42.

2741. DESAUTELS, Yvon, « Les Coutumes de nos ancêtres. Les Conteurs », *Vidéo-Presse*, vol. 10, n⁰ 5, janvier 1981, p. 32.

2742. *LAURIN, Michel, « [Nicole Guilbault], *Henri Julien et la tradition orale* », *Nos livres*, vol. 12, mars 1981, n⁰ 138.

2743. *VOISINE, Nive, « Benoît Lacroix, *Folklore de la mer et religion* », *Revue d'histoire de l'Amérique française*, vol. 35, n⁰ 1, juin 1981, p. 118.

2744. *KEALY, Kieran, « [Marius Barbeau, Retold by Michael Hornyansky], *The Golden Phoenix and Other Fairy Tales from Quebec* », *Canadian Literature*, No. 89, Summer 1981, p. 149-152.

2745. *CHAMPAGNE, Édith, [Maurice Carrier et Monique Vachon, *Chansons politiques du Québec*, t. 2 : *1834-1858*], *Revue d'histoire de l'Amérique française*, vol. 35, n⁰ 2, septembre 1981, p. 274-275.

2746. *LACROIX, Benoît, [Nicole Guilbault, *Henri Julien et la tradition orale*], *Revue d'histoire de l'Amérique française*, vol. 35, n⁰ 3, décembre 1981, p. 419.

2747. BÉRUBÉ-SASSEVILLE, Jocelyne, « Un conteur de Saint-Donat, Ernest Deschênes », *Revue d'histoire du Bas-Saint-Laurent*, vol. 8, n⁰ 1, janvier-mars 1982, p. 8-17.

2748. LÉGER, Lauraine, « La Littérature orale en Acadie », *Revue d'histoire littéraire du Québec et du Canada français*, n⁰ 3, hiver-printemps 1982, p. 101-105.

2749. *THOMAS, Gerald, « Alice Michaud-Latrémouille, *Chansons de Grand'Mère* », *Canadian Literature*, No. 92, Spring 1982, p. 132.

2750. *LAURIN, Michel, « Donald Deschênes, *C'était la plus jolie des filles.* Répertoire des chansons d'Angélina Paradis-Fraser », *Nos livres*, vol. 13, mai 1982, n⁰ 200.

2751. CANTIN, Léonce, « Le Pays qui se fait... par la chanson », *Québec français*, n⁰ 46, mai 1982, p. 40-41.

2752. D'AMOURS, Réal, André Gaulin et Pierre HÉTU, « Pour une thématique de la chanson de notre temps », *Québec français*, n⁰ 46, mai 1982, p. 34-36.

2753. GAULIN, André, « La Chanson comme genre », *Québec français*, n⁰ 46, mai 1982, p. 37-39.

2754. WARREN, Paul, « Sylvain Lelièvre. Propos sur la chanson québécoise », *Québec français*, n⁰ 46, mai 1982, p. 42-43, 45.

2755. LALIBERTÉ, François, « Domino, le calleur a chaud », *Liaison*, n⁰ 22, juin-juillet 1982, p. 36.

2756. BÉLANGER, Guy, « L'Histoire orale », *Cahiers d'histoire*, vol. 3, n⁰ 1, automne 1982, p. 47-52.

2757. RUSSELL, D.W., « Quatre Versions d'une légende canadienne », *Canadian Literature*, No. 94, Autumn 1982, p. 172-178.

2758. *LABELLE, Ronald, « Madeleine Béland, *Chansons de voyageurs, coureurs de bois et forestiers* », *Livres et auteurs québécois, 1982*, p. 251-253.

2759. LAFORTE, Conrad, « Le Répertoire authentique des chansons d'aviron de nos anciens canotiers (voyageurs, engagés, coureurs de bois) », *Société royale du Canada. Présentation*, n⁰ 38, 1982-1983, p. 144-159.

3 AUTEURS

ALARIE, Donald

2760. *DORION, Gilles, *«Jérôme et les mots»*, *Québec français*, n⁰ 41, mars 1981, p. 14.

2761. [ANONYME], [Prix Jean-Béraud-Molson à Donald Alarie], *Lettres québécoises*, n⁰ 21, printemps 1981, p. 10.

2762. *CORRIVEAU, Hugues, « Des mots et des prix [*Jérôme et les mots*] », *Spirale*, n⁰ 18, avril 1981, p. 12.

2763. *COSSETTE, Gilles, « Tranches de vie, tranches de néant. Le Conte et la nouvelle au Québec en 1981 [*Jérôme et les mots*] », *Lettres québécoises*, n⁰ 23, automne 1981, p. 25-26.

2764. ALARIE, Donald, [Lettre ouverte à Gilles Cossette], *Lettres québécoises*, n⁰ 24, hiver 1981-1982, p. 11.

ALBERT, Pierre

2765. *POIRIER, Jacques, *«Le Départ de 89. Se prendre en main »*, *Liaison*, vol. 3, n⁰ 10, [mai] 1980, p. 13.

ALIOCHA [pseud. de Dominique Lévy-Chédeville]

2766. *DESJARDINS, Normand, *«L'Homme aux passions tristes»*, *Nos livres*, vol. 13, juin-juillet 1982, n⁰ 283.

2767. *DORION, Gilles, *«L'Homme aux passions tristes»*, *Québec français*, n⁰ 47, octobre 1982, p. 7.

ALLAIRE-B[OIVIN], Émilia

2768. MORIN-BERNATCHEZ, Lucette, « Émilia B. Allaire et l'expression littéraire », *Bulletin de la Société des écrivains canadiens*, vol. 10, n⁰ 1, juin 1979, p. 22.

ALLARD, Lionel

2769. *DESJARDINS, Normand, *«Mademoiselle Hortense ou l'École du septième rang»*, *Nos livres*, vol. 12, août-septembre 1981, n⁰ 320.

2770. *THÉRIO, Adrien, « Un hommage à l'ancienne maîtresse d'école ou Un hommage aux enfants d'école d'autrefois ? *Mademoiselle Hortense ou l'École du septième rang* de Lionel Allard », *Lettres québécoises*, n° 23, automne 1981, p. 84.

2771. *[ANONYME], «*Mademoiselle Hortense ou l'École du septième rang* », *L'Atulu*, vol. 3, n° 8 [sic], octobre 1981, p. 9-10.

2772. *LAVERDIÈRE, Jean-Louis, «*Mademoiselle Hortense ou l'École du septième rang* », *Québec français*, n° 43, octobre 1981, p. 11.

2773. *LE BLANC, Alonzo, «*Mademoiselle Hortense ou l'École du septième rang* », *Livres et auteurs québécois, 1981*, p. [19].

2774. *COLLET, P[aulette], «*Mademoiselle Hortense ou l'École du septième rang* », *Canadian Literature*, No. 93, Summer 1982, p. 122-126.

ALLARD, Michel

2775. *OUELLET, Réal, « L'Entreprise anthologique [*La Nouvelle-France, 1534-1713 — La Nouvelle-France, 1713-1760*] », *Lettres québécoises*, n° 24, hiver 1981-1982, p. 77-79.

ALLARD, Yvon

2776. *SPEHNER, Norbert, «*Paralittératures* », *Requiem*, vol. 5, n° 2, avril 1979, p. 16-17.

2777. *SAINT-JACQUES, Denis, «*Paralittératures* », *Livres et auteurs québécois, 1979*, p. 211-212.

ALONZO, Anne-Marie

2778. *MARCOTTE, Gilles, « Trois Complaintes du mal de vivre... [*Geste*] », *L'Actualité*, vol. 5, n° 4, avril 1980, p. 94.

2779. *COTNOIR, Louise, « Le Geste, la parole [*Geste*] », *Spirale*, n° 9, mai 1980, p. 7, 2.

2780. *ESCOMEL, Gloria, «*Geste*, Anne-Marie Alonzo », *Le Berdache*, n° 11, juin 1980, p. 33-34.

2781. *CUSSON, Normand, « Rêve et affabulation [*Veille*] », *Clin d'oeil*, n° 9, juin 1981, p. [94].

2782. LARRIVÉE, Francine, « Anne-Marie Alonzo : 'Je n'ai pas écrit pour, j'ai écrit point' », *La Gazette des femmes*, vol. 3, n° 1, juin 1981, p. 14-15.

2783. *LA PALME-REYES, Marie, «*Geste* », *Canadian Women's Studies/Les Cahiers de la femme*, Vol. 3, No. 2, 1981, p. 116.

2784. *DUMONT, Martine, « Le Corps vécu [*Veille*] », *Spirale*, [n° 21], septembre 1981, p. 15.

2785. LATIF-GHATTAS, Mona, « À la recherche du geste-image dans la mise en scène de *Veille*, d'Anne-Marie Alonzo », *Pratiques théâtrales*, n° 13, automne 1981, p. 27-31.

2786. *STANTON, Julie, «*Veille* [Le Théâtre expérimental des femmes] », *La Gazette des femmes*, vol. 3, n° 4, octobre 1981, p. 4.

2787. *MICHAUD, Ginette, «*Veille* », *Jeu*, n° 21, 4e trimestre 1981, p. 189-193.

2788. *CUSSON, Normand, « Théâtre hors conventions [*Veille*] », *Clin d'oeil*, n° 18, mars 1982, p. 12.

2789. PRÉVOST, Francine, « À la recherche de 'l'imaginaire féminin' [*Veille*] », *Féminin pluriel*, vol. 2, n° 3, juin 1982, p. 39.

2790. *CHAREST, Luc, « Libérer le corps de la forme [*Veille*] », *Vie des arts*, vol. 27, n° 108, automne 1982, p. 76.

AMPRIMOZ, Alexandre L.

2791. *BILLINGS, Robert, [*Selected Poems*], *Waves*, Vol. 8, No. 1, Fall 1979, p. 75.

2792. *MOISAN, Clément, «*10/11* », *Livres et auteurs québécois, 1979*, p. 92.

2793. BOURASSA, André-G[illes], [*10/11*], *Lettres québécoises*, n° 17, printemps 1980, p. 83.

2794. *GIGUÈRE, Richard, « En d'autres lieux (de poésie) [*10/11*] », *Lettres québécoises*, n° 17, printemps 1980, p. 31-32.

2795. *BRODEUR, Léo-A[rthur], «*Chant solaire* », *Revue de l'Université de Moncton*, vol. 14, n° 1, janvier-mars 1981, p.[113]-116.

2796. *BELL, John, « Alexandre L. Amprimoz, *Other Realities* », *Quarry*, Vol. 30, No. 2, Spring 1981, p. 65-66.

2797. *RICOU, Henriette, «*Changements de tons* », *Bulletin du Centre d'études franco-canadiennes de l'Ouest*, n° 8, mai 1981, p. 35-37.

2798. *BILLINGS, Robert, « The Poet as Critic [*Other Realities*] », *Poetry Toronto*, No. 67-68, July-August 1981, p. [19-20].

2799. *CLÉMENT, Michel, «*Changements de tons* », *Livres et auteurs québécois, 1981*, 118-119.

2800. *MATTEAU, Robert, «*Changements de tons* », *Nos livres*, vol. 13, août-septembre 1982, n° 317.

2801. BRUNET-LAMARCHE, Anita, « Prise de parole, 1972-1982. Auteurs et oeuvres. Biobibliographie », *Revue du Nouvel Ontario*, n° 4, 1982, p. 22-24.

AMUSART, Joseph [pseud. de Benjamin Sulte]

2802. DÉBIEN, Johanne, «*Le Diable gris* de Benjamin Sulte », *Revue d'ethnologie du Québec*, vol. 5, n° 1, 1979, p. 72-81.

AMYOT, Geneviève

2803. CORRIVEAU, Hugues, « La Passion d'écrire », *La Nouvelle Barre du jour*, n° 76, mars 1979, p. 75-77.

2804. *VANASSE, André, « Un bestiaire, quelques bananes et un journal qui s'écrit à l'envers [*Journal de l'année passée*] », *Lettres québécoises*, n° 14, avril-mai 1979, p. 16-17.

2805. *LACHAPELLE, Nicole, «*Journal de l'année passée* », *Le Temps fou*, n° 6, juin-juillet-août 1979, p. 65.

2806. PONTBRIAND, Jean-Noël et Micheline SIMARD, « Rencontre avec Geneviève Amyot », *Poésie*, vol. 19, été 1979, p. 56-61.

2807. *GAUVIN, Lise, [*Journal de l'année passée*], *University of Toronto Quarterly*, Vol. 48, No. 4, Summer 1979, p. 337.

2808. FORSYTH, Louise [H.], « L'Écriture au féminin. *L'Euguélionne* de Louky Bersianik, *L'Absent aigu* de Geneviève Amyot, *L'Amèr* de Nicole Brossard », *Journal of Canadian Fiction*, No. 25-26, 1979, p. 199-211.

2809. *BOUGÉ, Réjane, [*Journal de l'année passée*], *Canadian Women's Studies/Les Cahiers de la femme*, Vol. 2, No. 1, 1980, p. 91-92.

2810. CÔTÉ, Claire, « Fragments d'une conversation avec Geneviève Amyot », *Le Bulletin Pantoute*, n° 3, septembre-octobre-novembre 1980, p. 19.

2811. PONTBRIAND, Jean-Noël, « L'Oeuvre de Geneviève Amyot », *Le Bulletin Pantoute*, n° 3, septembre-octobre-novembre 1980, p. 18.

2812. *DUPRÉ, Louise, « Du corps et de l'effet [*Dans la pitié des chairs*] », *Spirale*, n° 27, septembre 1982, p. 16.

2813. *CORRIVEAU, Hugues, «*Dans la pitié des chairs* », *Lettres québécoises*, n° 27, automne 1982, p. 39-40.

2814. *CLOUTIER, Guy, « Arrive en ville ! [*Dans la pitié des chairs*] », *Nuit blanche*, n° 7, automne 1982, p. 7.

2815. *PARADIS, Suzanne, «*Dans la pitié des chairs* », *Livres et auteurs québécois, 1982*, p. 93-94.

ANAOUÏL, Louise [pseud. : Louise Aylwin]

2816. [ANONYME], « Viva Mexico ! », *Littérature du Québec*, n° 2, [2e semestre] 1982, p. 5.

ANCRENAT, Anne

2817. *DUMONT, Martine, « La Mémoire des femmes [*Le Souffle des montagnes* d'Anne Ancrenat, (par le) Théâtre de l'Eskabel] », *Spirale*, n° 16, février 1981, p. 12.

ANDERSON, Éric

2818. *DIONNE, André, « Le Théâtre qu'on joue : *La Famille Toucourt en solo ce soir* au Théâtre de Quat'Sous », *Lettres québécoises*, n° 17, printemps 1980, p. 38.

2819. *MACDUFF, Pierre, «*La Famille Toucourt en solo ce soir* », *Jeu*, n° 17, [4e trimestre] 1980, p. 105-108.

2820. *GODIN, Jean-Cléo, «*La Famille Toucourt en solo ce soir* », *Jeu*, n° 18, 1er trimestre 1981, p. 125-129.

2821. *DESJARDINS, Normand, «*La Famille Toucourt en solo ce soir* », *Nos livres*, vol. 12, juin-juillet 1981, n° 260.

2822. CUSSON, Normand, « Pour votre mère... et pour vous [*La Famille Toucourt en solo ce soir*] », *Clin d'oeil*, n° 13, octobre 1981, p. 88.

2823. *ROBERT, Lucie, «*La Famille Toucourt en solo ce soir* », *Québec français*, n° 43, octobre 1981, p. 14.

2824. *CARON, Louis-Marie, «*La Famille Toucourt en solo ce soir* », *Livres et auteurs québécois, 1981*, p. 156-157.

ANFOUSSE, Ginette

2825. *B[IRON], H[élène] et Pierre C[ATALANO], [*La Varicelle — La Chicane*], *Des livres et des jeunes*, vol. 1, n° 2, février 1979, p. 31.

2826. *WARREN, Louise, «*Mon ami Pichou — La Cachette — La Chicane — La Varicelle* », *Dérives*, n° 17-18, [2e trimestre] 1979, p. 97.

2827. [ANONYME], « Prix... », *Grimoire*, vol. 2, n° 7, 17 mai 1979, p. 17.

2828. CHARBONNEAU, Hélène, «*La Varicelle — La Chicane* », *Lurelu*, vol. 2, n° 2, été 1979, p. 7.

2829. ROBIN, Marie-Jeanne, « Rencontre avec Ginette Anfousse », *Lurelu*, vol. 2, n° 4, hiver 1979, p. 12-13.

2830. *FERRON-GODIN, Lysanne, [*La Cachette*], *Des livres et des jeunes*, vol. 2, n° 6, juin 1980, p. 34.

2831. *FERRON-GODIN, Lysanne, [*Mon ami Pichou*], *Des livres et des jeunes*, vol. 2, n° 6, juin 1980, p. 34.

2832. *MORRIS, Joan G., « A Prize-Winning Quartet [*My Friend Pichou — Hide and Seek — Chicken Pox — The Fight*] », *Canadian Children's Literature*, No. 17, 1980, p. 66-68.

2833. *DAVID, Carole, «*Le Savon — L'Hiver ou le Bonhomme Sept-Heures* », *Livres et auteurs québécois, 1980*, p. 216-217.

2834. *R[OY]-G[RÉGOIRE], C[onstance], [*Le Savon — L'Hiver ou le Bonhomme Sept-Heures*], *Des livres et des jeunes*, vol. 3, n° 8, hiver 1981, p. 40.

2835. *CHARTIER, Monique, «*Le Savon* », *Nos livres*, vol. 12, février 1981, n° 55.

2836. *LAURIN, Michel, «*L'Hiver ou le Bonhomme Sept-Heures* », *Nos livres*, vol. 12, février 1981, n° 54.

2837. *FOURNIER, Pierre, [*L'Hiver ou le Bonhomme Sept-Heures — Le Savon*], *Intervention*, n° 10-11, mars 1981, p. 82.

2838. *FOURNIER, Pierre, [*Le Savon*], *Intervention*, n° 10-11, mars 1981, p. 82.

2839. *CHARETTE, Christiane, «*Le Savon — L'Hiver ou le Bonhomme Sept-Heures* », *Lurelu*, vol. 4, n° 1-2, printemps-été 1981, p. 7.

2840. *CHARETTE, Christiane, « Contes et légendes du Québec, 1 : les albums [*L'Hiver ou le Bonhomme Sept-Heures*] », *Lurelu*, vol. 4, n° 1-2, printemps-été 1981, p. 20.

2841. *WIEN, Carol Anne, « New Picture Books [*Winter — The Bath*] », *Canadian Children's Literature*, No. 25, [1rst Trimester] 1982, p. 52.

2842. ANFOUSSE, Ginette, « Les Livres que j'écris, comment et pourquoi », *Des livres et des jeunes*, vol. 5, n° 13, automne 1982, p. 5-8.

2843. *PIGEON, Monique, «*Fabien 2. Une nuit au pays des malices* », *Livres et auteurs québécois, 1982*, p. 223-224.

ANGENOT, Marc

2844. Gouanvic, Jean-Marc, « L'Uchronie, histoire alternative et science-fiction. Rencontre avec Marc Angenot, Darko Suvin et Jean-Marc Gouanvic (animateur) », *Imagine*, vol. 4, n⁰ 1, automne 1982, p. 28-34.

2845. *Bouchard, Guy, «*La Parole pamphlétaire*», *Livres et auteurs québécois, 1982*, p. 193-195.

ANGERS, Félicité [pseud. : Laure Conan]

2846. Heidenreich, Rosmarin, « Narrative Strategies in Laure Conan's *Angéline de Montbrun* », *Canadian Literature*, No. 81, Summer 1979, p. 37-46.

2847. Gallays, François, «*Angéline de Montbrun*. Reflets et redoublements. L'Infra-textuel », *Incidences*, vol. 4, n⁰ 1, janvier-avril 1980, p. 51-66.

2848. *Laprés, Raymond, «*Angéline de Montbrun*», *Nos livres*, vol. 11, juin-juillet 1980, n⁰ 216.

2849. Couillard, Marie, « La Femme écrivain canadienne-française et québécoise face aux idéologies de son temps [*Angéline de Montbrun*] », *Canadian Ethnic Studies/Études ethniques au Canada*, Vol. 13, No. 1, 1981, p. 44-47.

2850. Perreault, Claude-Élizabeth, « Qualités et rôles de la femme selon Laure Conan », *Mimésis*, vol. 3, n⁰ 2, avril 1981, p. 67-74.

2851. Poulin, Gabrielle, « Pour célébrer les cent ans d'*Angéline de Montbrun*. Des idoles au Dieu de Jésus-Christ », *Lettres québécoises*, n⁰ 24, hiver 1981-1982, p. 14-18.

ANGUELOVA, Sonya

2852. *Dubois, Michelle, «*Ni vraiment d'ici ni tellement d'ailleurs*», *Urgences*, n⁰ 5, 3ᵉ trimestre 1982, p. 87-89.

[ANONYME]

2853. *Breton, Gaétan, « [Éditions de la Lune occidentale, Montréal], *La Ville : Vénus et la mélancolie* », *Livres et auteurs québécois, 1981*, p. 106-107.

2854. *Lamarre, André, « [Éditions Ovale, Sillery], *Été et hiver* », *Livres et auteurs québécois, 1981*, p. 248-249.

APRIL, Jean-Pierre

2855. [Anonyme], « Jean-Pierre April, auteur », *Infos*, n⁰ 2, janvier 1981, p. 11-13.

2856. *Janelle, Claude, « Science-Fiction et fantastique au Québec [*La Machine à explorer la fiction*] », *Solaris*, vol. 7, n⁰ 1, février 1981, p. 14-17.

2857. *Gouanvic, Jean-Marc, «*La Machine à explorer la fiction*», *Imagine*, vol. 2, n⁰ 3, mars 1981, p. 82-83.

2858. *Gadbois, Vital, «*La Machine à explorer la fiction*», *Québec français*, n⁰ 42, mai 1981, p. 12.

2859. *Moreau, Jean-Marie, «*La Machine à explorer la fiction*», *Nos livres*, vol. 12, novembre 1981, n⁰ 429.

2860. *Cossette, Gilles, « Science-Fiction et fantastique. Des écrivains d'ici en savent long sur le sujet [*La Machine à explorer la fiction*] », *Lettres québécoises*, n⁰ 24, hiver 1981-1982, p. 28, 31-33.

2861. *Gouanvic, Jean-Marc, « La Science-Fiction irrévérencieuse de Jean-Pierre April [*La Machine à explorer la fiction*] », *Voix et images*, vol. 7, n⁰ 2, hiver 1982, p. 421-422.

2862. *Dell'Olio, Vesna, [*La Machine à explorer la fiction*], *Offensives*, vol. 2, n⁰ 2, avril-mai-juin-juillet 1982, p. 46.

AQUIN, Hubert

2863. DE LA FONTAINE, Gilles, « Entre l'art et la vie. Hubert Aquin », *Écriture française*, vol. 1, n° 1, 1979, p. 7-9.

2864. *BONENFANT, Joseph, *«Neige noire»*, *Grimoire*, vol. 2, n° 3, 22 février 1979, p. 24.

2865. MERIVALE, Patricia, « Neo-Modernism in the Canadian Artist-Parable : Hubert Aquin and Brian Moore », *Canadian Review of Comparative Literature/Revue canadienne de littérature comparée*, Vol. 6, No. 2, Spring 1979, p. 195-205.

2866. *HOMEL, David Toby, *«Hamlet's Twin»*, *Quill and Quire*, Vol. 45, No. 5, April 1979, p. 29.

2867. *CZARNECKI, Mark, « Last Exit to Suicide [*Hamlet's Twin*] », *Maclean's*, Vol. 92, No. 21, May 1979, p. 57-58.

2868. BEAUDRY, Jacques, « Discours idéologique et dialectique du culturel », *Considérations*, vol. 2, n° 3, juin 1979, p. 5-34.

2869. GRADY, Wayne, « To be, and not to be : *Hamlet's Twin* », *Books in Canada*, Vol. 8, No. 7, August-September 1979, p. 11-12.

2870. *LEITH, Linda, « Rights of Memory : *Hamlet's Twin*, Hubert Aquin », *The Canadian Forum*, Vol. 59, No. 692, September 1979, p. 28-29.

2871. *RUSSELL, D.W., « Recent Quebec Books in Translation : Hubert Aquin *Hamlet's Twin* », *Journal of Canadian Studies/Revue d'études canadiennes*, Vol. 14, No. 3, Autumn 1979, p. 142-144.

2872. ARSENEAULT, Pauline, « Le Temps et l'écriture dans *Prochain Épisode* d'H. Aquin », *Si que*, n° 4, automne 1979, p. 111-112.

2873. TASCHEREAU, Yves, « Quand le théâtre crève l'écran... », *L'Actualité*, vol. 4, n° 12, décembre 1979, p. 92.

2874. *BONNEVILLE, Léo, *«Deux Épisodes dans la vie d'Hubert Aquin* [film] », *Séquences*, n° 99, janvier 1980, p. 19-20.

2875. MACCABÉE-IQBAL, Françoise, « L'Appel du Nord dans *Neige noire*. La Quête de Narcisse », *Voix et images*, vol. 5, n° 2, hiver 1980, p. 365-377.

2876. SIMON, Sherry, « Hubert Aquin : Hamlet in Quebec », *The Canadian Forum*, Vol. 59, No. 696, February 1980, p. 18-21.

2877. RICARD, François, « Un cas étrange », *Liberté*, vol. 22, n° 2, mars-avril 1980, p. 18-20.

2878. YANACOPOULO, Andrée, *«Deux Épisodes dans la vie d'Hubert Aquin»*, *La Nouvelle Barre du jour*, n° 88, mars 1980, p. 5-14.

2879. VISWANATHAN, Jacqueline, « Le Roman-Scénario. Étude d'une forme romanesque [*Neige noire*] », *Canadian Journal of Research in Semiotics/Journal canadien de recherche sémiotique*, Vol. 7, No. 3, Spring/Summer 1980, p. 125-143.

2880. *MEZEI, Kathy, *«Hamlet's Twin»*, *Queen's Quarterly*, Vol. 87, No. 1, Spring 1980, p. 162-163.

2881. BRIND'AMOUR, Lucie, « Sur *Trou de mémoire*. Le Révolutionnaire pris au piège », *Voix et images*, vol. 5, n° 3, printemps 1980, p. 557-567.

2882. *MERIVALE, Patricia, « Chiaroscure : *Neige noire* — *Hamlet's Twin* », *Dalhousie Review*, Vol. 60, No. 2, Summer 1980, p. 318-333.

2883. *O'CONNOR, John J., [*Hamlet's Twin*], *University of Toronto Quarterly*, Vol. 49, No. 4, Summer 1980, p. 385-386.

2884. HODGSON, Richard-G., « Un roman à métamorphose. Éléments baroques dans *Neige noire* d'Hubert Aquin », *Présence francophone*, n° 21, automne 1980, p. 131-136.

2885. *HATHORN, Ramon, [*Trou de mémoire*], *Voix et images*, vol. 6, n° 1, automne 1980, p. 112.

2886. [ANONYME], « Projet d'édition critique de l'oeuvre d'Hubert Aquin », *Union des écrivains québécois*, vol. 1, n° 4, octobre 1980, p. [2].

2887. RICOU, Laurie, « Never Cry Wolfe : Benjamin West's *The Death of Wolfe* in *Prochain Épisode* and *The Deviners*», *Essays on Canadian Writing*, No. 20, Winter 1980-1981, p. 171-185.

2888. [ANONYME], « Édition critique de l'oeuvre d'Hubert Aquin », *Lettres québécoises*, n⁰ 20, hiver 1980-1981, p. 11.

2889. MACCABÉE-IQBAL, Françoise, « Violence et viol chez Aquin. *Don Juan ensorcelé* », *Canadian Literature*, No. 88, Spring 1981, p. 52-60.

2890. *ROGERS, Linda, *«Hamlet's Twin »*, *Canadian Literature*, No. 88, Spring 1981, p. 104-105.

2891. DE LA FONTAINE, Gilles, « Le Mal de vivre chez Hubert Aquin », *Présence francophone*, n⁰ 22, printemps 1981, p. [121]-130.

2892. LÉARD, Jean-Marcel, « Du sémantique au sémiotique en littérature. La Modernité romanesque au Québec », *Études littéraires*, vol. 14, n⁰ 1, avril 1981, p. 41-49.

2893. MICHON, Jacques, « Fonctions et historicité des formes romanesques », *Études littéraires*, vol. 14, n⁰ 1, avril 1981, p. 66-69, 70-74.

2894. L[APIERRE], R[ené], « 'Obombre' (roman) », *Liberté*, vol. 23, n⁰ 3, mai-juin 1981, p. 15-16.

2895. ALLARD, Jacques, « Un communiqué de groupe, ÉDAQ. Édition critique de l'oeuvre d'Hubert Aquin », *Lettres québécoises*, n⁰ 22, été 1981, p. 11.

2896. AQUIN, Pierre-Stéphane et Philippe AQUIN, « Édition de l'oeuvre d'Aquin », *Lettres québécoises*, n⁰ 22, été 1981, p. 11.

2897. *THÉRIEN, Gilles, « La Réussite et l'échec. Lemelin, Aquin », *Voix et images*, vol. 7, n⁰ 2, hiver 1982, p. 409-411.

2898. LA BOSSIÈRE, Camille-R., « Of Renaissance and Solitude in Quebec : A Recollection of the Sixties », *Studies in Canadian Literature*, Vol. 7, No. 1, Spring 1982, p. 111.

2899. ROY-GANS, Monique, « 'Le Québec est en creux'. *Neige noire* de Hubert Aquin », *Voix et images*, vol. 7, n⁰ 3, printemps 1982, p. 553-569.

2900. GIBSON, Paul, « Two Films Put the Private Lives of Two Writers into a Public Context », *Books in Canada*, Vol. 11, No. 5, May 1982, p. 3.

2901. SMART, Patricia, « Culture, Revolution and Politics in Quebec », *The Canadian Forum*, Vol. 62, No. 718, May 1982, p. 7-10.

2902. WHITFIELD, Agnès, «*Prochain Épisode* ou la Confession manipulée », *Voix et images*, vol. 8, n⁰ 1, automne 1982, p. 111-126.

ARBEZ, Maria

2903. *VIEN, Rossel, [*Pour l'enfant que j'ai fait*], *Bulletin du Centre d'études franco-canadiennes de l'Ouest*, n⁰ 4, février 1980, p. 47-48.

ARBOUR, Roméo

2904. WYCZYNSKI, Paul, « Présentation du Révérend Père Roméo Arbour, O.M.I. », *Société royale du Canada. Présentation*, n⁰ 36, 1980-1981, p. 9-14.

ARCAND, Denys

2905. ANGERS, François-Albert, « La dramatisation de Duplessis à Radio-Canada respecte-t-elle la vérité ? », *L'Action nationale*, vol. 68, n⁰ 5, janvier 1979, p. 406-415.

2906. *BEAUDOIN, Léo, «*Duplessis* », *Nos livres*, vol. 10, février 1979, n⁰ 49.

2907. *GIRARD, Gilles, [*Duplessis*], *University of Toronto Quarterly*, Vol. 48, No. 4, Summer 1979, p. 373-375.

2908. *[CLOUTIER, Raymond], [*Les Sept Péchés québécois*], *Théâtre/Le Trident*, n⁰ 18, [septembre 1980], p. 8.

2909. [CLOUTIER, Raymond], « Denys Arcand », *Théâtre/Le Trident*, n⁰ 18, [septembre 1980], p. 8.

2910. *STANTON, Julie, «*Mousse*. Entre les laveuses et les sécheuses... la fantaisie et le rire ! », *La Gazette des femmes*, vol. 2, n⁰ 7, février 1981, p. 5.

2911. *DIONNE, André, « Le Théâtre qu'on joue : *Mousse* au Théâtre des Voyagements », *Lettres québécoises*, n⁰ 21, printemps 1981, p. 34.

2912. CUSSON, Normand, [*Mousse*], *Clin d'oeil*, n⁰ 12, septembre 1981, p. 16.

2913. *CAMERLAIN, Lorraine, «*Mousse* : 'leurre' humour », *La Vie en rose*, [vol. 2, n⁰ 4], décembre 1981-janvier-février 1982, p. 55.

ARCHAMBAULT, Gilles

2914. *BELLEMARE, Madeleine, «*Des cendres pour Cendrillon* », *Nos livres*, vol. 10, avril 1979, n⁰ 143.

2915. *DIONNE, René, « Beauté froide [*Stupeurs*] », *Relations*, vol. 39, n⁰ 453, novembre 1979, p. 318-319.

2916. *TH[ÉRIO], A[drien], «*Stupeurs* », *Lettres québécoises*, n⁰ 16, hiver 1979-1980, p. 73.

2917. *BELLEMARE, Madeleine, «*Parlons de moi* », *Nos livres*, vol. 11, février 1980, n⁰ 52.

2918. *L'HOSTIE, Monique, « Voulez-vous monter avec eux ? [*Les Plaisirs de la mélancolie*] », *Focus*, n⁰ 34-35, mai-juin 1980, p. 38.

2919. *MARCOTTE, Gilles, [*Les Plaisirs de la mélancolie — Parlons de moi*], *L'Actualité*, vol. 5, n⁰ 6, juin 1980, p. 82-83.

2920. *CÔTÉ, Claire, «*Les Plaisirs de la mélancolie* », *Le Bulletin Pantoute*, n⁰ 2, juin-juillet-août 1980, p. 8.

2921. *ROY, Michèle, «*Les Pins parasols* », *Le Bulletin Pantoute*, n⁰ 3, septembre-octobre-novembre 1980, p. 8.

2922. DIONNE, René, « Le Moraliste, le témoin et l'intime. *Les Plaisirs de la mélancolie* de Gilles Archambault », *Lettres québécoises*, n⁰ 19, automne 1980, p. 61-63.

2923. *LEROUX, Georges, «*Les Plaisirs de la mélancolie* », *Livres et auteurs québécois, 1980*, p. 247-248.

2924. *PELLERIN, Gilles, «*Parlons de moi* », *Livres et auteurs québécois, 1980*, p. 18.

2925. *SIMON, Sherry, « Pitiless Women, Desperate Men [*The Umbrella Pines — The Ceremony*] », *Books in Canada*, Vol. 10, No. 5, May 1981, p. 24-25.

2926. *O'CONNOR, John J., [*The Umbrella Pines*], *University of Toronto Quarterly*, Vol. 50, No. 4, Summer 1981, p. 88-89.

2927. [ANONYME], « Les Nouveaux Prix du Québec [Gilles Archambault reçoit le prix David] », *Québec Hebdo*, vol. 3, n⁰ 41, 26 octobre 1981, p. 3.

2928. *[ANONYME], «*Le Voyageur distrait* », *Québec Hebdo*, vol. 3, n⁰ 46, 30 novembre 1981, p. 4.

2929. BRAULT, Jacques, « Gilles Archambault, Prix David 1981. Hommage », *Lettres québécoises*, n⁰ 24, hiver 1981-1982, p. 67.

2930. TRANQUILLE, Henri, « Est-ce un bon romancier ? », *Les Cahiers d'arts et lettres du Québec*, n⁰ 2, 1981, p. 23.

2931. *LAPIERRE, René, «*Le Voyageur distrait* », *Livres et auteurs québécois, 1981*, p. [19]-21.

2932. *LAPIERRE, René, « La Maison qui m'est retraite [*Le Voyageur distrait*] », *Liberté*, vol. 24, n⁰ 1, janvier-février 1982, p. 97-98.

2933. MARCOTTE, Gilles, « Le Prix David. Un choix au-dessus de tout soupçon », *L'Actualité*, vol. 7, n⁰ 2, février 1982, p. 85.

2934. *GERMAIN, Georges-Hébert, « Naviguer à bord de quatre romans d'ici [*Le Voyageur distrait*] », *Clin d'oeil*, n⁰ 17, février 1982, p. 38-39.

2935. *BELLEMARE, Madeleine, «*La Vie à trois* », *Nos livres*, vol. 13, février 1982, n⁰ 50.

2936. BOIVIN, Aurélien, Roger Chamberland et André GAULIN, « Gilles Archambault. Hommage », *Québec français*, n⁰ 45, mars 1982, p. 38-39.

2937. VANASSE, André, « L'Âge de la tendresse. *Le Voyageur distrait* », *Lettres québécoises*, n⁰ 25, printemps 1982, p. 21-22.

2938. *VANASSE, André, « De la marginalité [*Le Voyageur distrait*] », *Voix et images*, vol. 7, n⁰ 3, printemps 1982, p. [597]-598.

2939. *MICHON, Jacques, [*Le Voyageur distrait*], *University of Toronto Quarterly*, Vol. 51, No. 4, Summer 1982, p. 343.

2940. *KING, Deirdre, «*One for the Road* », *Quill and Quire*, Vol. 48, No. 10, October 1982, p. 31-32.

ARSENAULT, Georges

2941. *Laurin, Michel, «Complaintes acadiennes de l'Île-du-Prince-Édouard», Nos livres, vol. 11, décembre 1980, n° 368.

2942. *Thomas, Gerald, «Complaintes acadiennes de l'Île-du-Prince-Édouard», Canadian Literature, No. 92, Spring 1982, p. 131-132.

2943. *Labelle, Ronald, «Complaintes acadiennes de l'Île-du-Prince-Édouard», Si que, n° 5, printemps 1982, p. 154-157.

ARSENAULT, Guy

2944. Maillet, Marguerite, « La Poésie acadienne contemporaine et la contestation », Revue d'histoire littéraire du Québec et du Canada français, n° 3, hiver-printemps 1982, p. 112-115.

ASPIROT, Donald

2945. *Bélisle, Marie, «Le Village intérieur», Urgences, n° 2, 3e trimestre 1981, p. 85-86.

2946. *[Anonyme], «Le Village intérieur», Réseau, vol. 13, n° 2, octobre 1981, p. [27].

ASSATHIANY, Sylvie

2947. *La Mothe, Jacques, «J'aime Claire — Pipi dans le pot — Dors petit ours — Mes cheveux», Livres et auteurs québécois, 1982, p. 224.

ASSELIN, Claude

2948. *Chartier, Monique, «Rose», Nos livres, vol. 10, novembre 1979, n° 369.

ASSELIN, Olivar

2949. Beaulieu, Paul, « Trois Correspondants contemporains de Louis Dantin », Écrits du Canada français, n° 44-45, 1982, p. 110-142.

ASSINIWI, Bernard

2950. *Boudreau, Diane, [Anish-Nah-Be — Sagana], Grimoire, vol. 3, n° 10, décembre 1980, p. 6-7.

2951. *Boudreau, Diane, «Le Bras coupé», Grimoire, vol. 4, n° 5, mai 1981, p. 6.

AUBERT DE GASPÉ, Philippe-Ignace-François

2952. Berthiaume, Pierre, «L'Influence d'un livre. De la région à la lutte des classes », Incidences, vol. 4, n° 1, janvier-avril 1980, p. 9-17.

2953. Nadeau, Jean-Guy, « Joseph-Charles Taché. Quelques Aspects de sa contribution à l'histoire littéraire du Québec», Revue d'histoire littéraire du Québec et du Canada français, n° 3, hiver-printemps 1982, p. 91.

2954. *Chartier, Monique, «Le Chercheur de trésors ou l'Influence d'un livre», Nos livres, vol. 13, avril 1982, n° 144.

AUBERT DE GASPÉ, Philippe-Joseph

2955. Hathorn, Ramon, « Angles on Saxons : A Study of the Anglo-Saxon in Québec Fiction », Journal of Canadian Fiction, No. 25-26, 1979, p. 266-268.

2956. Allard, Jacques, « L'Idéologie du pays dans le roman québécois contemporain. Il n'y a pas de pays sans grand-père et l'intertexte national », Voix et images, vol. 5, n° 1, automne 1979, p. 129.

2957. REANEY, James, « Tales of the Great River : Aubert de Gaspé and John Richardson », *Transactions of the Royal Society of Canada/Mémoires de la Société royale du Canada*, Fourth Series, Vol. 17, 1979, p. 159-171.

2958. *LENNOX, John W., [*Les Anciens Canadiens*], *Studies in Canadian Literature*, Vol. 5, No. 1, Spring 1980, p. 51-52.

2959. *HATHORN, Ramon, [*Les Anciens Canadiens*], *Voix et images*, vol. 6, n° 1, automne 1980, p. 99-100.

2960. MATTEAU, Robert, « Rencontre avec... Philippe Aubert de Gaspé », *Grimoire*, vol. 3, n° 9, octobre-novembre 1980, p. 9-11.

2961. RAUDSEPP, Enn, « Patriotism & Class Interest in *Les Anciens Canadiens* », *Journal of Canadian Fiction*, No. 30, 1980, p. 106-113.

2962. HARE, John E[llis], «*Journal du voyage de M. Saint-Luc de La Corne dans le navire l'"Auguste" en l'an 1761*. Édition critique», *Revue d'histoire littéraire du Québec et du Canada français*, n° 2, 1980-1981, p. 136-143.

AUBIN, Denis

2963. *BÉLISLE, Jacques, « Du plaisir (de) d'énoncer [*Éros brun, pour en finir avec la merde — Histoire de vendre*] », *L'Écrilu*, vol. 2, n° 1, juillet 1982, p. 15.

AUBRY, Claude

2964. HORNBECK, Paul, « The Two Careers of Claude Aubry », *Quill and Quire*, Vol. 45, No. 7, June 1979, p. 32.

2965. *[THÉRIAULT-]HOULE, Mariette, «*Le Loup de Noël* », *Lurelu*, vol. 2, n° 4, hiver 1979, p. 9.

2966. EVANS, Gwyneth, [*The King of the Thousand Islands*], *Canadian Children's Literature*, No. 15-16, 1980, p. 15-30.

2967. GOUIN, Jacques, « Claude Aubry (1914-) », *Cahiers d'histoire des pays d'en haut*, vol. 3, n° 10, mai 1981, p. 23-28.

2968. *LAURIN, Michel, «*Agouhanna* », *Nos livres*, vol. 12, août-septembre 1981, n° 321.

2969. L[ÉVESQUE], G[aëtan], «*Agouhanna de Claude Aubry* », *Lettres québécoises*, n° 24, hiver 1981-1982, p. 94.

2970. GOUIN, Jacques, « Un écrivain natif de Morin Heights traduit en Chine », *Cahiers d'histoire des pays d'en haut*, vol. 4, n° 16, décembre 1982, p. 26.

AUBRY, Robert

2971. *[ANONYME], «*Le Procès* », *CEAD. Dramaturgies nouvelles*, vol. 4, n° 1, novembre 1982, [s.p.].

AUBRY, Suzanne

2972. *DIONNE, André, « Le Théâtre qu'on joue : *J'te l'parle mieux quand j'te l'écris* », *Lettres québécoises*, n° 23, automne 1981, p. 40.

2973. *[ANONYME], «*La Nuit des p'tits couteaux* », *CEAD. Dramaturgies nouvelles*, vol. 4, n° 1, novembre 1982, [s.p.].

2974. *ANDRÈS, Bernard, « Mon homme, quel homme ? [*Mon homme*] », *Spirale*, n° 29, novembre 1982, p. 11.

2975. *DIONNE, André, « Le Théâtre qu'on joue : *Mon homme* », *Lettres québécoises*, n° 28, hiver 1982-1983, p. 54.

AUBRY-MORIN, Jacqueline

2976. *LAPRÉS, Raymond, «*Molliger. Le Triomphe du temps sur la mort* », *Nos livres*, vol. 10, octobre 1979, n° 35.

2977. *Janelle, Claude, « Une histoire sentimentale, bourrée de stéréotypes [*La Filière du temps (L'Histoire de Dancy Riverside)*] », *Solaris*, vol. 7, nᵒ 3, juin 1981, p. 28-29.

AUCOIN, Gérald-E.

2978. *Laurin, Michel, «*L'Oiseau de la vérité et autres contes des pêcheurs acadiens de l'île du Cap-Breton*», *Nos livres*, vol. 12, avril 1981, nᵒ 168.

AUDET, Noël

2979. *Marcotte, Gilles, [*Quand la voile faseille*], *L'Actualité*, vol. 5, nᵒ 9, septembre 1980, p. 80.

2980. *Ouellette-Michalska, Madeleine, [*Quand la voile faseille*], *Châtelaine*, vol. 21, nᵒ 9, septembre 1980, p. 22.

2981. Vanasse, André, « La Tendresse et l'eau salée. *Quand la voile faseille* », *Lettres québécoises*, nᵒ 19, automne 1980, p. 25-27.

2982. *Laprés, Raymond, «*Quand la voile faseille* », *Nos livres*, vol. 11, octobre 1980, nᵒ 284.

2983. *Chamberland, Roger, «*Quand la voile faseille* », *Québec français*, nᵒ 39, octobre 1980, p. 10-11.

2984. *Ménard, Lucie, « Quand la voile quoi ? [*Quand la voile faseille*] », *Spirale*, nᵒ 13, novembre 1980, p. 4.

2985. *Beaudoin, Réjean, «*Quand la voile faseille* », *Livres et auteurs québécois, 1980*, p. 19-20.

2986. *Nérisson, André-P., «*Quand la voile faseille* », *Gaspésie*, vol. 19, nᵒ 1, hiver 1981, p. 68-69.

2987. *Brochu, André, «*Quand la voile faseille* », *Voix et images*, vol. 6, nᵒ 2, hiver 1981, p. 323-325.

2988. Audet, Noël, « Pourquoi parlent-ils ? », *Québec français*, nᵒ 41, mars 1981, p. 32-33.

2989. *Bourque, Paul-André, [*Quand la voile faseille*], *University of Toronto Quarterly*, Vol. 50, No. 4, Summer 1981, p. 25.

2990. [Anonyme], « Voici ce que quelques écrivains... écrivent... au sujet de l'écriture et de la lecture... », *L'Écrilu*, vol. 1, nᵒ 2, septembre 1981, p. 11.

2991. *Berthiaume, André, «*Ah, l'amour l'amour* », *Livres et auteurs québécois, 1981*, p. 22-23.

2992. *LaRue, Monique, « Incursion chez les romanciers [*Ah, l'amour l'amour*] », *Spirale*, nᵒ 23, mars 1982, p. 2-3.

2993. *Janoël, André, «*Ah, l'amour l'amour* », *Nos livres*, vol. 13, avril 1982, nᵒ 145.

2994. *Chamberland, Roger, «*Ah, l'amour l'amour* », *Québec français*, nᵒ 46, mai 1982, p. 8.

2995. *Poulin, Gabrielle, « Une voi(x)e de belle-mer. *Ah, l'amour l'amour* de Noël Audet », *Lettres québécoises*, nᵒ 26, été 1982, p. 19-21.

2996. *Costisella, Robert, «*Ah, l'amour l'amour* », *Gaspésie*, vol. 20, nᵒ 3, juillet-septembre 1982, p. 41.

2997. *Lévesque, Gaëtan, « Regards lucides sur la société [*Ah, l'amour l'amour*] », *Voix et images*, vol. 8, nᵒ 1, automne 1982, p. 156-157.

2998. *Hodgson, Richard-G., «*Quand la voile faseille* », *Canadian Literature*, No. 95, Winter 1982, p. 153-154.

AYLWIN, Louise [pseud. de Louise Anaouïl]

2999. [Anonyme], « Viva Mexico ! », *Littérature du Québec*, nᵒ 2, [2ᵉ semestre] 1982, p. 5.

BABOULÈNE, Fernand

3000. Rousseau, Guildo, « La Mauricie et ses romanciers », *Revue d'histoire littéraire du Québec et du Canada français*, nᵒ 3, hiver-printemps 1982, p. 52.

BAILLE, Sylvie

3001. *LÉPINE, Stéphane, «*Les Maux de renaissance* [de Marie-Anne Poggi] suivi de *L'Obsidienne* [de Sylvie Baille] », *Nos livres*, vol. 12, novembre 1981, n° 452.

BAILLIE, Robert

3002. *PAUL, Raymond, «*La Couvade* », *Livres et auteurs québécois, 1980*, p. 20-21.
3003. *OUELLETTE-MICHALSKA, Madeleine, « Grève des supermen et des femmes de chambre [*La Couvade*] », *Châtelaine*, vol. 22, n° 2, février 1981, p. 31.
3004. *MONETTE, Pierre, « Tel père, tel fils [*La Couvade*] », *Spirale*, n° 16, février 1981, p. 14.
3005. *DESJARDINS, Normand, «*La Couvade* », *Nos livres*, vol. 12, mai 1981, n° 219.

BAMBOTÉ, Makombo

3006. *CORRIVEAU, Hugues, « Des mots et des prix [*Nouvelles de Bangui*] », *Spirale*, n° 18, avril 1981, p. 12.

BARABAS [pseudonyme]

3007. *BAYARD, Caroline, [*La Race contredite*], *University of Toronto Quarterly*, Vol. 51, No. 4, Summer 1982, p. 370.

BARBEAU, Jean

3008. [ANONYME], «*Citrouille* », *Les Cahiers de la Nouvelle Compagnie théâtrale*, vol. 13, n° 3, mars 1979, p. 27.
3009. [ANONYME], « Un p'tit gars de Saint-Romuald, P.Q. », *Les Cahiers de la Nouvelle Compagnie théâtrale*, vol. 13, n° 3, mars 1979, p. 2-5.
3010. BARBEAU, Jean, « L'Aventure du théâtre », *Les Cahiers de la Nouvelle Compagnie théâtrale*, vol. 13, n° 3, mars 1979, p. 6-10.
3011. MACDUFF, Pierre, «*Ben-Ur* ou À la recherche perdue du père québécois », *Les Cahiers de la Nouvelle Compagnie théâtrale*, vol. 13, n° 3, mars 1979, p. 24-26.
3012. NANTEL, Louise, « Des jeunes Québécois d'aujourd'hui et leurs héros [*Ben-Ur*] », *Les Cahiers de la Nouvelle Compagnie théâtrale*, vol. 13, n° 3, mars 1979, p. 17-18.
3013. *DIONNE, André, « Le Théâtre qu'on joue : *Ben-Ur* », *Lettres québécoises*, n° 14, avril-mai 1979, p. 28.
3014. *LE BLANC, Alonzo, « Bois de Coulonge/été 78. *Citrouille* », *Jeu*, n° 12, été 1979, p. 191-193.
3015. BOIVIN, Aurélien, « Biographie », *Québec français*, n° 35, octobre 1979, p. 35.
3016. BOIVIN, Aurélien, « Bibliographie », *Québec français*, n° 35, octobre 1979, p. 37.
3017. BOIVIN, Aurélien et André GAULIN, « Entrevue. Jean Barbeau », *Québec français*, n° 35, octobre 1979, p. 33-35.
3018. DUBÉ, Cécile, « Lire/voir *Ben-Ur* », *Québec français*, n° 35, octobre 1979, p. 36.
3019. LE BLANC, Alonzo, « L'Oeuvre de Jean Barbeau », *Québec français*, n° 35, octobre 1979, p. 38-40.
3020. *BELLEMARE, Madeleine, «*Une marquise de Sade et un lézard nommé King-Kong* », *Nos livres*, vol. 10, novembre 1979, n° 343.
3021. *CHARTIER, Monique, «*Émile et une nuit* », *Nos livres*, vol. 10, novembre 1979, n° 342.
3022. *BELLEMARE, Madeleine, «*Le Théâtre de la maintenance* », *Nos livres*, vol. 10, décembre 1979, n° 390.
3023. *BELLEMARE, Madeleine, «*Le Jardin de la maison blanche* », *Nos livres*, vol. 10, décembre 1979, n° 389.
3024. *ROBERT, Lucie, «*Une marquise de Sade et un lézard nommé King-Kong* », *Québec français*, n° 36, décembre 1979, p. 10.

3025. *DIONNE, André, « Le Théâtre qu'on joue : *Émile et une nuit* », *Lettres québécoises*, n⁰ 16, hiver 1979-1980, p. 29.

3026. *SAINT-JACQUES, Denis, « Nouvelles Pièces de Jean Barbeau [*Le Théâtre de la maintenance — Le Jardin de la maison blanche — Une marquise de Sade et un lézard nommé King-Kong*] », *Lettres québécoises*, n⁰ 16, hiver 1979-1980, p. 26-28.

3027. *ROBERT, Lucie, «*Émile et une nuit — Une marquise de Sade et un lézard nommé King-Kong — Le Théâtre de la maintenance — Le Jardin de la maison blanche*», *Livres et auteurs québécois, 1979*, p. 183-185.

3028. *DAVID, Gilbert, «*Émile et une nuit*», *Jeu*, n⁰ 14, [1ᵉʳ trimestre] 1980, p. 174-175.

3029. *LAROCHE, Maximilien, «*Le Théâtre de la maintenance — Le Jardin de la maison blanche — Une marquise de Sade et un lézard nommé King-Kong*», *Jeu*, n⁰ 14, [1ᵉʳ trimestre] 1980, p. 171-174.

3030. *ROBERT, Lucie, «*Émile et une nuit*», *Québec français*, n⁰ 37, mars 1980, p. 9-10.

3031. *A[NDRÈS], B[ernard], [*Le Théâtre de la maintenance — Le Jardin de la maison blanche — Une marquise de Sade et un lézard nommé King-Kong — Émile et une nuit*], *Voix et images*, vol. 5, n⁰ 3, printemps 1980, p. 622-623.

3032. *GIRARD, Gilles, [*Le Théâtre de la maintenance*], *University of Toronto Quarterly*, Vol. 49, No. 4, Summer 1980, p. 378.

3033. *GIRARD, Gilles, [*Le Jardin de la maison blanche — Une marquise de Sade et un lézard nommé King-Kong — Le Théâtre de la maintenance*], *University of Toronto Quarterly*, Vol. 49, No. 4, Summer 1980, p. 378-379.

3034. *BARBEAU, Jean, [*Les Sept Péchés québécois*], *Théâtre/Le Trident*, n⁰ 18, [septembre 1980], p. 11.

3035. *[CLOUTIER, Raymond], « Jean Barbeau [*Les Sept Péchés québécois*] », *Théâtre/Le Trident*, n⁰ 18, [septembre 1980], p. 11.

3036. *DIONNE, André, « Le Théâtre qu'on joue : *Une marquise de Sade et un lézard nommé King-Kong* de Jean Barbeau », *Lettres québécoises*, n⁰ 19, automne 1980, p. 42.

3037. *RIÈSE, Laure, «*Le Théâtre de la maintenance — Le Jardin de la maison blanche — Une marquise de Sade et un lézard nommé King-Kong*», *Canadian Theatre Review*, No. 30, Spring 1981, p. 126-127.

3038. FRANCŒUR, Louis, « Théâtre, culture et sémiotique », *Études littéraires*, vol. 14, n⁰ 1, avril 1981, p. 173-178, 184, 189.

3039. *CUSSON, Normand, « Théâtre pour tous les goûts [*Le Grand Poucet. Le Grand Poucet*] », *Clin d'oeil*, n⁰ 26, novembre 1982, p. [65].

BARBEAU, Marius

3040. *BELLEMARE, Madeleine, «*Le rossignol y chante*», *Nos livres*, vol. 10, octobre 1979, n⁰ 325.

3041. *D[EMERS], P[ierre], «*Le rossignol y chante*», *Focus*, n⁰ 28, novembre 1979, p. 62.

3042. *KEALY, Kieran, « [Retold by Michael Hornyansky,] *The Golden Phoenix and Other Fairy Tales from Quebec* », *Canadian Literature*, No. 89, Summer 1981, p. 149-152.

3043. *CHARETTE, Christiane, « Contes et légendes du Québec, 2 : les recueils [*Il était une fois*] », *Lurelu*, vol. 4, n⁰ 3, automne 1981, p. 18.

3044. LAMONTAGNE, Gilles, « Le Conte dans l'est du Québec. Éléments de bibliographie critique », *Revue d'histoire littéraire du Québec et du Canada français*, n⁰ 3, hiver-printemps 1982, p. 77.

BARBEAU, Victor

3045. *FALARDEAU, Jean-Charles, [*La Tentation du passé. Ressouvenirs*], *Recherches sociographiques*, vol. 20, n⁰ 1, janvier-avril 1979, p. 124-126.

3046. DIONNE, René, « Éloge de Victor Barbeau. À l'enseigne de la fierté et du respect de soi », *Lettres québécoises*, n⁰ 13, février 1979, p. 49-52.

3047. *Gaulin, André, «Le Choix de Victor Barbeau dans l'oeuvre de Victor Barbeau », Québec français, n° 43, octobre 1981, p. 16.

3048. *Bellemare, Madeleine, «Le Choix de Victor Barbeau dans l'oeuvre de Victor Barbeau », Nos livres, vol. 13, octobre 1982, n° 360.

BARBERIS, Robert

3049. *Boivin, Aurélien, «La Fin du mépris. Écrits politiques et littéraires (1966-1976) », Québec français, n° 33, mars 1979, p. 13.

3050. *Beaudoin, Léo, «La Fin du mépris. Écrits politiques et littéraires (1966-1976) », Nos livres, vol. 10, mai 1979, n° 169.

BARCELO, François

3051. *Robillard, Monic, « Agénor, P.Q. [Agénor, Agénor, Agénor et Agénor] », Clin d'oeil, n° 8, mai 1981, p. 6.

3052. *A[pril], J[ean]-P[ierre], «Agénor, Agénor, Agénor et Agénor. Encore ! », Imagine, vol. 2, n° 4, été 1981, p. 168-170.

3053. *Desjardins, Normand, «Agénor, Agénor, Agénor et Agénor », Nos livres, vol. 12, août-septembre 1981, n° 322.

3054. *Rudel-Tessier, Danièle, « De beaux livres pour Noël... [Agénor, Agénor, Agénor et Agénor] », L'Actualité, vol. 6, n° 12, décembre 1981, p. 136.

3055. *Janelle, Claude, « Un roman inventif et plein d'humour [Agénor, Agénor, Agénor et Agénor] », Solaris, vol. 7, n° 6, décembre 1981, p. 28-29.

3056. *Bouchard, Christian, «Agénor, Agénor, Agénor et Agénor », Livres et auteurs québécois, 1981, p. 23-25.

3057. *Bouchard, Christian, «La Tribu », Livres et auteurs québécois, 1981, p. 25-26.

3058. *Lévesque, Gaëtan, «Agénor, Agénor, Agénor et Agénor de François Barcelo », Voix et images, vol. 7, n° 2, hiver 1982, p. 423-424.

3059. *Desjardins, Normand, «La Tribu », Nos livres, vol. 13, mars 1982, n° 96.

3060. *Bélil, Michel, « Barcelo et Beauchemin, romanciers de la littérature générale [La Tribu] », Imagine, vol. 3, n° 3, printemps 1982, p. 55-56.

3061. *Corriveau, Hugues, « Une critique positive [La Tribu] », Spirale, n° 24, avril 1982, p. 4.

3062. *Godbout, Jacques, « Où est passé le Barcelo d'Agénor ? [La Tribu] », L'Actualité, vol. 7, n° 5, mai 1982, p. 129.

3063. *Pavel, Thomas, «Agénor, Agénor, Agénor et Agénor — La Tribu », Lettres québécoises, n° 26, été 1982, p. 34-36.

3064. *Michon, Jacques, [La Tribu], University of Toronto Quarterly, Vol. 51, No. 4, Summer 1982, p. 336-337.

BARONET, Robert

3065. *Ruel, Ginette, «Les Rêves de Sarah », Lurelu, vol. 5, n° 2, automne 1982, p. 8.

BARRETTE, Jacqueline

3066. *Lépine, Stéphane, «Oh ! Gerry Oh ! », Nos livres, vol. 13, décembre 1982, n° 445.

3067. *René, Michel, «Oh ! Gerry Oh ! », Livres et auteurs québécois, 1982, p. 155.

BARRY, Robertine [pseud. : Françoise]

3068. Lamontagne, Gilles, « Le Conte dans l'est du Québec. Éléments de bibliographie critique », Revue d'histoire littéraire du Québec et du Canada français, n° 3, hiver-printemps 1982, p. 83.

BASILE, Jean [pseud. de Jean Bezroudnoff]

3069. [ANONYME], « Basile, Jean, Bersianik, Louky, Blais, Marie-Claire, Chamberland, Paul, Navarre, Yves participent pour *le Berdache* à une table ronde : 'Y a-t-il une écriture homosexuelle ?' », *Le Berdache*, n⁰ 5, novembre 1979, p. 25-39.

BEAUCHAMP, André

3070. *KRÖLLER, Eva-Marie, «*J'ai tant cherché le soleil*», *Canadian Literature*, No. 87, Winter 1980, p. 133-134.

BEAUCHAMP[-RANK], Hélène

3071. *MARÉCHAL, André, «*Le Théâtre à la p'tite école*», *Jeu*, n⁰ 11, printemps 1979, p. 104-106.
3072. *LAVOIE, Pierre, «*Le Théâtre à la p'tite école*», *Canadian Drama/L'Art dramatique canadien*, Vol. 5, No. 2, Autumn 1979, p. 232-233.

BEAUCHEMIN, Nérée

3073. GUILMETTE, Armand, « L'Édition critique. Théorie et pratique », *Revue d'histoire littéraire du Québec et du Canada français*, n⁰ 4, été-automne 1982, p. 51-53.

BEAUCHEMIN, Yves

3074. SUGDEN, Leonard W., « Québec's Revolutionary Novels », *Canadian Literature*, No. 82, Autumn 1979, p. 133-141, 137.
3075. *MAISONNEUVE, Lise, « Trois Romans d'octobre [*L'Enfirouapé*] », *Prétexte*, vol. 2, n⁰ 1, 4ᵉ trimestre 1980, p. 16-23.
3076. *[ANONYME], «*Le Matou*», *L'Atulu*, vol. 3, n⁰ 7, juillet 1981, p. 12.
3077. *ALMÉRAS, Diane, [*Le Matou*], *Relations*, vol. 41, n⁰ 472, juillet-août 1981, p. 219-220.
3078. *MARCOTTE, Gilles, « Une sacrée bonne année littéraire [*Le Matou*] », *L'Actualité*, vol. 6, n⁰ 8, août 1981, p. 58.
3079. DESJARDINS, Normand, «*Le Matou* d'Yves Beauchemin [Entrevue] », *Nos livres*, vol. 12, août-septembre 1981, [s.p.].
3080. *DESJARDINS, Normand, «*Le Matou*», *Nos livres*, vol. 12, août-septembre 1981, n⁰ 323.
3081. *CORRIVEAU, Hugues, « Mistigri ou le Roman parfait [*Le Matou*] », *Spirale*, [n⁰ 21], septembre 1981, p. 10.
3082. POULIN, Gabrielle, « Le père est mort ; vive le parrain ! *Le Matou* de Yves Beauchemin », *Lettres québécoises*, n⁰ 23, automne 1981, p. 17-19.
3083. *PÉLOQUIN, Ginette, «*Le Matou*», *Focus*, n⁰ 45, octobre 1981, p. 64.
3084. *DORION, Gilles, «*Le Matou*», *Québec français*, n⁰ 43, octobre 1981, p. 10.
3085. *RUDEL-TESSIER, Danièle, « De beaux livres pour Noël... [*Le Matou*] », *L'Actualité*, vol. 6, n⁰ 12, décembre 1981, p. 136.
3086. *VANASSE, André, «*Le Matou*», *Livres et auteurs québécois, 1981*, p. 26-28.
3087. *VANASSE, André, « Turgeon, Beauchemin, Tremblay et les autres... [*Le Matou*] », *Voix et images*, vol. 7, n⁰ 2, hiver 1982, p. 418.
3088. *GENUIST, Monique, «*Le Matou*», *Canadian Literature*, No. 92, Spring 1982, p. 111-112.
3089. *BÉLIL, Michel, « Barcelo et Beauchemin, romanciers de la littérature générale [*Le Matou*] », *Imagine*, vol. 3, n⁰ 3, printemps 1982, p. 56.
3090. [ANONYME], « Prix des jeunes écrivains du *Journal de Montréal* », *Lettres québécoises*, n⁰ 25, printemps 1982, p. 15.
3091. CÔTÉ, Claire, «*Le Matou*», *Nuit blanche*, n⁰ 6, printemps-été 1982, p. 5-6.
3092. *MICHON, Jacques, [*Le Matou*], *University of Toronto Quarterly*, Vol. 51, No. 4, Summer 1982, p. 340-341.
3093. *MÉLANÇON, Robert, «*Le Matou*», *Liberté*, vol. 24, n⁰ 4, juillet-août 1982, p. 82-83.

3094. [ANONYME], « Deux Portraits d'écrivains », *Littérature du Québec*, n° 2, [2e semestre] 1982, p. 7.

3095. [ANONYME], [Prix du livre de l'été de Cannes], *Québec Hebdo*, vol. 4, n° 27, 26 juillet 1982, p. 3-4.

3096. [ANONYME], « Le Grand Prix littéraire de la Communauté urbaine de Montréal », *Lettres québécoises*, n° 27, automne 1982, p. 15.

3097. [ANONYME], « Un style en or massif, Yves Beauchemin », *Livre d'ici*, vol. 8, n° 1, novembre 1982, p. 3.

3098. TASCHEREAU, Yves, « Silence, on tape ! Le cinéma devient-il une 'mine d'or' pour les écrivains et les éditeurs ? », *Livre d'ici*, vol. 8, n° 1, novembre 1982, p. 1, 15.

3099. *COSSETTE, Gilles, «*Fuites et poursuites*», *Lettres québécoises*, n° 28, hiver 1982-1983, p. 32-33.

BEAUCHEMIN-GARCEAU, Corinne P. [pseud. : Moïsette Olier]

3100. ROUSSEAU, Guildo, « La Mauricie et ses romanciers », *Revue d'histoire littéraire du Québec et du Canada français*, n° 3, hiver-printemps 1982, p. 53.

BEAUCHESNE, Yves

3101. [ANONYME], « Prix littéraire à Yves Beauchesne », *Loisirs et sports*, n° 104-105, avril-mai 1981, p. [39].

BEAUDET, André

3102. BEAUDET, André, « Intervention du parlogue », *La Nouvelle Barre du jour*, n° 76, mars 1979, p. 39-53.

3103. [ANONYME], « Bourses du Conseil des arts du Canada », *Union des écrivains québécois*, vol. 1, n° 3, mai 1980, p. [3].

3104. BEAUDET, André, «*A parte*», *Les Herbes rouges*, n° 88-89, mars 1981, p. 7-8.

3105. BEAUDET, André, « Mise en demeure », *Les Herbes rouges*, n° 97-98, novembre-décembre 1981, p. 51-58.

3106. *PAYANT, René, «*Vers les îles de la lumière*», *Livres et auteurs québécois, 1981*, p. 263-265.

3107. *PAYANT, René, «*La Désespérante Expérience. Borduas*», *Livres et auteurs québécois, 1981*, p. 262-263.

3108. *LABINE, Marcel, « Le Jour et la nuit [*Dans l'expectative de la nuit des temps*] », *Spirale*, [n° 22], février 1982, p. 15.

3109. *CHAMBERLAND, Roger, «*Dans l'expectative de la nuit des temps*», *Québec français*, n° 46, mai 1982, p. 11.

BEAUDET, Henri [pseud. : Henryvonne]

3110. *JANOËL, André, «*Glanures*», *Nos livres*, vol. 11, janvier 1980, n° 26.

BEAUDIN-BEAUPRÉ, Aline

3111. *BOUCHARD, Jacques-B., «*L'Aventure de Blanche Morti*», *Protée*, vol. 9, n° 1, printemps 1981, p. 98.

3112. *L[APIERRE], R[ené], «*L'Aventure de Blanche Morti*», *Liberté*, vol. 23, n° 5, septembre-octobre 1981, p. 115-116.

3113. DESJARDINS, Normand, «*L'Aventure de Blanche Morti* de Aline Beaudin-Beaupré [Entrevue] », *Nos livres*, vol. 12, octobre 1981, [s.p.].

3114. *DESJARDINS, Normand, «*L'Aventure de Blanche Morti*», *Nos livres*, vol. 12, octobre 1981, n° 372.

3115. *ROBILLARD, Monic, «*L'Aventure de Blanche Morti*», *Clin d'oeil*, n° 14, novembre 1981, p. 8.
3116. *MARCOTTE, Gilles, « Ça crie, ça geint... [*L'Aventure de Blanche Morti*] », *L'Actualité*, vol. 6, n° 12, décembre 1981, p. 140.
3117. *CANTIN, Léonce, «*L'Aventure de Blanche Morti*», *Québec français*, n° 44, décembre 1981, p. 9.
3118. *VANASSE, André, «*L'Aventure de Blanche Morti*», *Livres et auteurs québécois, 1981*, p. 28-29.
3119. *OUELLETTE-MICHALSKA, Madeleine, « Cette fragile adolescence [*L'Aventure de Blanche Morti*] », *Châtelaine*, vol. 23, n° 2, février 1982, p. 22.
3120. *[ANONYME], «*L'Aventure de Blanche Morti*», *L'Atulu*, vol. 4, n° 3, mars 1982, p. 3.
3121. *VANASSE, André, « De la marginalité [*L'Aventure de Blanche Morti*] », *Voix et images*, vol. 7, n° 3, printemps 1982, p. 598-599.

BEAUDRY, Jean

3122. *LAPRÉS, Raymond, «*Mamba*», *Nos livres*, vol. 11, février 1980, n° 30.

BEAUDRY, Marguerite

3123. *HAYWARD, Annette, «*Le Rendez-Vous de Samarcande*», *Québec français*, n° 45, mars 1982, p. 11.
3124. *MAILHOT, Michèle, «*Le Rendez-Vous de Samarcande*», *Lettres québécoises*, n° 26, été 1982, p. 25-26.

BEAUGRAND, Honoré

3125. *BERGENS, Andrée, «*La Chasse-Galerie*», *Livres et auteurs québécois, 1979*, p. 21.
3126. *CIMON, Renée, «*La Chasse-Galerie*», *Nos livres*, vol. 11, mars 1980, n° 97.
3127. *LEMIRE, Maurice, «*Jeanne la fileuse*», *Québec français*, n° 40, décembre 1980, p. 58.
3128. THÉRIO, Adrien, « Un journaliste qui devient conteur et romancier. Honoré Beaugrand, père de *Jeanne la fileuse*», *Lettres québécoises*, n° 20, hiver 1980-1981, p. 94-96.
3129. *POTEET, Maurice, «*Jeanne la fileuse*», *Livres et auteurs québécois, 1980*, p. 21-23.
3130. POTEET, Maurice, « Notre premier roman 'bourgeois'? [*Jeanne la fileuse*] », *Voix et images*, vol. 6, n° 2, hiver 1981, p. 327-331.
3131. *WARWICK, Jack, «*Jeanne la fileuse*», *Canadian Literature*, No. 93, Summer 1982, p. 137-138.

BEAULAC, Michel

3132. *WARREN, Louise, «*Les Loups-Garous*», *Livres et auteurs québécois, 1981*, p. 253.
3133. *LAVIGNE, Michèle, «*Les Loups-Garous*», *Lurelu*, vol. 5, n° 2, automne 1982, p. 15.

BEAULIEU, André

3134. *RUTHERFORD, Paul, «*La Presse québécoise des origines à nos jours, 3 : 1880-1895* », *The Canadian Historical Review*, Vol. 60, No. 1, March 1979, p. 87-89.
3135. *HAYNE, David M., «*La Presse québécoise des origines à nos jours, 3 : 1880-1895* », *Papers of the Bibliographical Society of Canada/Cahiers de la Société bibliographique du Canada*, Vol. 18, 1979, p. 103-105.
3136. *DÉSILETS, Andrée, «*La Presse québécoise des origines à nos jours* », *Revue d'histoire de l'Amérique française*, vol. 36, n° 3, décembre 1982, p. 427.
3137. *HAYNE, David M., «*La Presse québécoise des origines à nos jours*, t. 5 : *1911-1919* », *Papers of the Bibliographical Society of Canada/Cahiers de la Société bibliographique du Canada*, Vol. 21, 1982, p. 87-88.

BEAULIEU, Danielle

3138. Thério, Adrien, « L'Esclavage ou la Libération des femmes selon Roger Fournier et Danielle Beaulieu », *Lettres québécoises*, n° 17, printemps 1980, p. 23-25.
3139. *[Anonyme], « Danielle Beaulieu [*Il neige sur les frangipaniers*] », *Grimoire*, vol. 3, n° 5, mai 1980, p. 18-19.
3140. *Côté, Jacques, [*Les Coquelicots*], *Grimoire*, vol. 4, n° 1, janvier 1981, p. 6-7.
3141. *Laprés, Raymond, «*Les Coquelicots*», *Nos livres*, vol. 12, mars 1981, n° 114.

BEAULIEU, François

3142. *Hardy, Joceline, «*La Fête au milieu du lit*», *Jeu*, n° 12, été 1979, p. 140-141.
3143. Andrès, Bernard, «*La Collection de Madame Suzanne — La Scouine* : deux conceptions du théâtre », *Spirale*, n° 3, novembre 1979, p. 3.
3144. *Dionne, André, « Le Théâtre qu'on joue : *La Collection de Madame Suzanne* », *Lettres québécoises*, n° 16, hiver 1979-1980, p. 30.
3145. *Dionne, André, « Le Théâtre qu'on joue : *Les Filles de l'amour divin* à la Salle Fred-Barry », *Lettres québécoises*, n° 18, été 1980, p. 36.

BEAULIEU, Georges

3146. *Thério, Adrien, «*Dans les brumes de la Sénescoupe* », *Lettres québécoises*, n° 27, automne 1982, p. 92-93.

BEAULIEU, Germain

3147. Beaulieu, Paul, « Trois Correspondants contemporains de Louis Dantin », *Écrits du Canada français*, n° 44-45, 1982, p. 33-78.

BEAULIEU, Germaine

3148. *Côté, Claire, «*Sortie d'elle(s) mutante* », *Le Bulletin Pantoute*, n° 2, juin-juillet-août 1980, p. 6.
3149. *Alonzo, Anne-Marie, «*Sortie d'elle(s) mutante* », *La Gazette des femmes*, vol. 2, n° 3, juillet-août 1980, p. 4.
3150. *Beausoleil, Claude, «*Sortie d'elle(s) mutante* », *Livres et auteurs québécois, 1980*, p. 85-86.

BEAULIEU, Jocelyne

3151. *Andrès, Bernard, « Devenir sage et femme [*J'ai beaucoup changée* (sic) *depuis*] », *Spirale*, n° 13, novembre 1980, p. 11.
3152. *Dionne, André, « Le Théâtre qu'on joue : *J'ai beaucoup changée* [sic] *depuis* », *Lettres québécoises*, n° 20, hiver 1980-1981, p. 36.
3153. *Frémont, Gabrielle, «*J'ai beaucoup changée* [sic] *depuis* », *Livres et auteurs québécois, 1981*, p. 158.
3154. *Lépine, Stéphane, «*J'ai beaucoup changée* [sic] *depuis...* », *Nos livres*, vol. 13, mars 1982, n° 97.
3155. *Marois, Thérèse, «*J'ai beaucoup changée* [sic] *depuis...* », *Jeu*, n° 23, 2e trimestre 1982, p. 150-153.
3156. *Girard, Gilles, [*J'ai beaucoup changée* (sic) *depuis...*], *University of Toronto Quarterly*, Vol. 51, No. 4, Summer 1982, p. 388.
3157. *Cusson, Normand, « Un théâtre de réflexion [*J'pogne-tu ou chus pogné ?*] », *Clin d'oeil*, n° 23, août 1982, p. 102.
3158. *Dionne, André, « Le Théâtre qu'on joue : *J'pogne-tu ou chus pogné ?* », *Lettres québécoises*, n° 27, automne 1982, p. 50.

3159. *[ANONYME], «*J'ai beaucoup changée [sic] depuis...* », *CEAD. Dramaturgies nouvelles*, vol. 4, n⁰ 1, novembre 1982, [s.p.].

BEAULIEU, Michel

3160. *GAUDET, Gérald, «*Oracle des ombres* », *Livres et auteurs québécois, 1979*, p. 94-95.
3161. *BEAUSOLEIL, Claude, [*Oracle des ombres*], *La Nouvelle Barre du jour*, n⁰ 86, janvier 1980, p. 75.
3162. *CLOUTIER, Guy, « Dans l'espoir que rien ne demeure [*Oracle des ombres*] », *La Nouvelle Barre du jour*, n⁰ 86, janvier 1980, p. 77-80.
3163. *ROY, Michèle, «*Desseins* », *Le Bulletin Pantoute*, n⁰ 2, juin-juillet-août 1980, p. 6.
3164. *DE BELLEFEUILLE, Normand, « La Tentation de l'Histoire [*Desseins*] », *Spirale*, n⁰ 10, juin 1980, p. 11.
3165. *NEPVEU, Pierre, « De l'"importance' de la littérature [*Desseins*] », *Lettres québécoises*, n⁰ 19, automne 1980, p. 30-31.
3166. *DIONNE, André, «*Desseins* », *Nos livres*, vol. 11, novembre 1980, n⁰ 320.
3167. [ANONYME], [Le Grand Prix littéraire du *Journal de Montréal*], *Grimoire*, vol. 3, n⁰ 10, décembre 1980, p. 17.
3168. *GAULIN, André, «*Desseins* », *Québec français*, n⁰ 40, décembre 1980, p. 15.
3169. *PARADIS, Suzanne, «*Desseins* », *Livres et auteurs québécois, 1980*, p. 86-88.
3170. [ANONYME], « Les Prix littéraires du *Journal de Montréal* », *Lettres québécoises*, n⁰ 21, printemps 1981, p. 11.
3171. *D'ALFONSO, Antonio, «*Oracles des ombres* », *Nos livres*, vol. 12, juin-juillet 1981, n⁰ 263.
3172. *BEAUSOLEIL, Claude, «*Visages* », *Livres et auteurs québécois, 1981*, p. 111-112.
3173. *THOMAS, Renée, «*Visages* », *Nos livres*, vol. 13, mars 1982, n⁰ 98.
3174. *CHAMBERLAND, Roger, «*Visages* », *Québec français*, n⁰ 45, mars 1982, p. 16.
3175. *BROCHU, André, « Rétrospectives et prospectives [*Desseins*] », *Voix et images*, vol. 7, n⁰ 3, printemps 1982, p. 585-586.
3176. *MÉLANÇON, Robert, «*Visages* », *Liberté*, vol. 24, n⁰ 3, mai-juin 1982, p. 118-120.
3177. *BAYARD, Caroline, [*Visages*], *University of Toronto Quarterly*, Vol. 51, No. 4, Summer 1982, p. 366.
3178. [ANONYME], « Prix littéraires du Gouverneur général 1981 », *Grimoire*, vol. 5, n⁰ 6, août-septembre 1982, p. 19.
3179. *BOUCHARD, Christian, «*Visages* », *Estuaire*, n⁰ 25, automne 1982, p. 86-87.
3180. [ANONYME], « Prix du Gouverneur général 198[1] », *Lettres québécoises*, n⁰ 27, automne 1982, p. 15.

BEAULIEU, René

3181. [ANONYME], « Prix Dagon 1980 », *Union des écrivains québécois*, vol. 1, n⁰ 3, mai 1980, p. [7].
3182. [ANONYME], « René Beaulieu, auteur », *Infos*, n⁰ 2, janvier 1981, p. 23-24.
3183. [ANONYME], « Le Prix Dagon 1980 », *Lettres québécoises*, n⁰ 21, printemps 1981, p. 10.
3184. *JANELLE, Claude, « L'Éloge de la différence et de la tendresse [*Légendes de Virnie*] », *Solaris*, vol. 7, n⁰ 5, octobre 1981, p. 24-25.
3185. *COSSETTE, Gilles, « Science-Fiction et fantastique. Des écrivains d'ici en savent long sur le sujet [*Légendes de Virnie*] », *Lettres québécoises*, n⁰ 24, hiver 1981-1982, p. 34-35.
3186. *MOREAU, Jean-Marie, «*Légendes de Virnie* », *Nos livres*, vol. 13, février 1982, n⁰ 51.
3187. *DELL'OLIO, Vesna, [*Légendes de Virnie*], *Offensives*, vol. 2, n⁰ 2, avril-mai-juin-juillet 1982, p. 46-47.
3188. *GENDRON, Pierre, «*Légendes de Virnie* », *Québec français*, n⁰ 46, mai 1982, p. 6.

BEAULIEU, Victor-Lévy

3189. *Valgardson, W.D., «*Don Quixote in Nighttown*», *Canadian Fiction Magazine*, No. 30-31, 1979, p. 225-226.

3190. *Godbout, Jacques, « Une sombre histoire de baleines [*Monsieur Melville*] », *L'Actualité*, vol. 4, nº 3, mars 1979, p. 66.

3191. Ricard, François, « L'Amitié critique ou la Demi-Métamorphose (MVL, VLB, PV) », *Liberté*, vol. 21, nº 2, mars-avril 1979, p. 113-123.

3192. *Vigeant, Louise, «*Monsieur Melville*», *Nos livres*, vol. 10, mars 1979, nº 86.

3193. *Robert, Lucie, «*Monsieur Melville*», *Québec français*, nº 33, mars 1979, p. 8.

3194. Robinson, John W., « Personal Obsession : *Jack Kerouac : A Chicken-Essay*», *Canadian Literature*, No. 80, Spring 1979, p. 71-72.

3195. *Dionne, André, « Le Théâtre qu'on joue : *La Tête de monsieur Ferron ou les Chians*», *Lettres québécoises*, nº 14, avril-mai 1979, p. 27.

3196. Poulin, Gabrielle, « Voici Monsieur Melville », *Lettres québécoises*, nº 14, avril-mai 1979, p. 5-7.

3197. Vaillancourt, Pierre-Louis, « Victor-Lévy Beaulieu, lecteur », *Lettres québécoises*, nº 14, avril-mai 1979, p. 8-13.

3198. *Czarnecki, Mark, « Of Fat Cats and Fates and Québec's Moby Dick [*Monsieur Melville*] », *Maclean's*, Vol. 92, No. 14, April 2, 1979, p. 42-44.

3199. *Janoël, André, «*Cérémonial pour l'assassinat d'un ministre*», *Nos livres*, vol. 10, mai 1979, nº 192.

3200. *O'Connor, John J., [*Don Quixote in Nighttown*], *University of Toronto Quarterly*, Vol. 48, No. 4, Summer 1979, p. 386-388.

3201. Whitfield, Agnès, «*Blanche forcée* ou la Problématique du voyage chez Beaulieu », *Voix et images*, vol. 5, nº 1, automne 1979, p. 165-176.

3202. *Pagé, Raymond, [*Sagamo Job J.*], *Chelsea Journal*, Vol. 5, No. 5, September-October 1979, p. 232.

3203. *[Anonyme], [*Don Quixote in Nighttown*], *Malahat Review*, No. 52, October 1979, p. 142.

3204. May, Cedric, « Canadian Writing : Beautiful Loser in Presqu'Amérique », *Bulletin of Canadian Studies*, Vol. 3, No. 2, November 1979, p. 13-16.

3205. *Cimon, Renée, «*Les Grands-Pères*», *Nos livres*, vol. 10, décembre 1979, nº 405.

3206. *Le Blanc, Alonzo, «*La Tête de monsieur Ferron ou les Chians*», *Livres et auteurs québécois, 1979*, p. 185-187.

3207. *Poulin, Gabrielle, «*Race de monde* fait peau neuve », *Livres et auteurs québécois, 1979*, p. 22-23.

3208. *Bonenfant, Joseph, « Le *Melville* total de VLB », *Voix et images*, vol. 5, nº 2, hiver 1980, p. 395-397.

3209. Michon, Jacques, « Les Avatars de l'histoire. *Les Grands-Pères* de Victor-Lévy Beaulieu », *Voix et images*, vol. 5, nº 2, hiver 1980, p. 307-317.

3210. *Benazon, Michael, « A Canadian Nightmare [*A Québécois Dream*] », *The Canadian Forum*, Vol. 59, No. 696, February 1980, p. 34.

3211. Chamberlain, Raymond, « VLB : Writer, Publisher, Mystic », *The Canadian Forum*, Vol. 59, No. 696, February 1980, p. 15-17.

3212. *Simon, Sherry, « Pour saluer Abel Beauchemin [*Monsieur Melville*] », *The Canadian Forum*, Vol. 59, No. 696, February 1980, p. 35-36.

3213. *Lefebvre, Gordon, « Relire, revoir [*Monsieur Melville*] », *Spirale*, nº 6, février 1980, p. 16.

3214. *Cimon, Renée, «*Monsieur Zéro*», *Nos livres*, vol. 11, mars 1980, nº 98.

3215. *Dorion, Gilles, «*Race de monde*», *Québec français*, nº 37, mars 1980, p. 7-8.

3216. *Chamberlain, Raymond, « Beaulieu : His *Dream* », *Brick*, No. 9, Spring 1980, p. 33-35.

3217. Leney, Jane, « Seven Cuts », *Brick*, No. 9, Spring 1980, p. 31-33.

3218. [Anonyme], « Le Prix France-Canada », *Lettres québécoises*, nº 17, printemps 1980, p. 7.

3219. *GIRARD, Gilles, [*La Tête de monsieur Ferron ou les Chians*], *University of Toronto Quarterly*, Vol. 49, No. 4, Summer 1980, p. 382.

3220. [ANONYME], [Profil], *Écriture française dans le monde*, vol. 2, n⁰ 1-2, octobre 1980, p. 78.

3221. *MAISONNEUVE, Lise, « Trois Romans d'octobre [*Un rêve québécois*] », *Prétexte*, vol. 2, n⁰ 1, 4ᵉ trimestre 1980, p. 16-23.

3222. *LANGEVIN, Lysanne, « La Dernière-Née [*Una*] », *Spirale*, n⁰ 14, décembre 1980, p. 11.

3223. *VANASSE, André, «*Una*», *Livres et auteurs québécois, 1980*, p. 24-25.

3224. GAUVIN, Lise et Robert LAPLANTE, « Une entrevue avec Victor-Lévy Beaulieu. L'Irlande trop tôt », *Possibles*, vol. 5, n⁰ 2, [1ᵉʳ trimestre] 1981, p. 87-98.

3225. *ALMÉRAS, Diane, «*Una*», *Relations*, vol. 41, n⁰ 467, février 1981, p. 61.

3226. *KRÖLLER, Eva-Marie, «*Les Grands-Pères*», *Canadian Literature*, No. 88, Spring 1981, p. 95-96.

3227. *MERIVALE, Patricia, «*Race de monde*», *Canadian Literature*, No. 88, Spring 1981, p. 129.

3228. *PETERMAN, Michael A., «*Don Quixote in Nighttown*», *Canadian Literature*, No. 88, Spring 1981, p. 102-104.

3229. *WAGNER, Anton, «*La Tête de monsieur Ferron ou les Chians*», *Canadian Theatre Review*, No. 30, Spring 1981, p. 124-125.

3230. *POULIN, Gabrielle, « Tel père, telle fille. *Una*, le dernier livre des 'Voyageries' de Victor-Lévy Beaulieu », *Lettres québécoises*, n⁰ 21, printemps 1981, p. 18-19.

3231. *OUELLETTE-MICHALSKA, Madeleine, « Voyageries intérieures [*Una*] », *Châtelaine*, vol. 22, n⁰ 4, avril 1981, p. 32.

3232. MICHON, Jacques, « Fonctions et historicité des formes romanesques », *Études littéraires*, vol. 14, n⁰ 1, avril 1981, p. 66-69, 72-74.

3233. *MARCOTTE, Gilles, « Le Viol d'une petite fille douce [*Una*] », *L'Actualité*, vol. 6, n⁰ 5, mai 1981, p. 106-108.

3234. [ANONYME], [Le Prix littéraire Belgique-Canada], *Écriture française dans le monde*, vol. 3, n⁰ 1, mai 1981, p. 96.

3235. POULIN, Gabrielle, « Tel père, telle fille. *Una*. La Trinité paternelle », *Lettres québécoises*, n⁰ 22, été 1981, p. 20-21.

3236. *O'CONNOR, John J., [*A Québécois Dream*], *University of Toronto Quarterly*, Vol. 50, No. 4, Summer 1981, p. 78-79.

3237. GERMAIN, Georges-Hébert, « V.-L. Beaulieu, race d'écrivain », *L'Actualité*, vol. 6, n⁰ 7, juillet 1981, p. 34-38.

3238. CÔTÉ, Jacques, « Rencontre avec le parrain ou la Vélybémanie », *Grimoire*, vol. 4, n⁰ 8, novembre 1981, p. 13-14.

3239. *KRÖLLER, Eva-Marie, «*Una*», *Canadian Literature*, No. 91, Winter 1981, p. 127-128.

3240. *MELANÇON, Benoît, «*Satan Belhumeur*», *Livres et auteurs québécois, 1981*, p. 29-31.

3241. *LAURIN, Michel, «*Satan Belhumeur*», *Nos livres*, vol. 13, janvier 1982, n⁰ 3.

3242. *[ANONYME], «*Satan Belhumeur*», *L'Atulu*, vol. 4, n⁰ 2, février 1982, p. 14.

3243. *GERMAIN, Georges-Hébert, « Naviguer à bord de quatre romans d'ici [*Satan Belhumeur*] », *Clin d'oeil*, n⁰ 17, février 1982, p. 38.

3244. [ANONYME], [Le Prix Duvernay à Victor-Lévy Beaulieu], *Québec Hebdo*, vol. 4, n⁰ 6, 22 février 1982, p. 4.

3245. *MARCOTTE, Gilles, « Maillet et Beaulieu, deux auteurs au long cours [*Satan Belhumeur*] », *L'Actualité*, vol. 7, n⁰ 3, mars 1982, p. 95.

3246. BOIVIN, Aurélien, « Biographie », *Québec français*, n⁰ 45, mars 1982, p. 54.

3247. BOIVIN, Aurélien, « Bibliographie », *Québec français*, n⁰ 45, mars 1982, p. 54.

3248. BOUCHARD, Christian, « Le Théâtre de Victor-Lévy Beaulieu et la folle du logis », *Québec français*, n⁰ 45, mars 1982, p. 52-53.

3249. DORION, Gilles, « Victor-Lévy Beaulieu. Le Pouvoir des mots », *Québec français*, n⁰ 45, mars 1982, p. 47-49.

3250. DORION, Gilles, « Entrevue. Victor-Lévy Beaulieu », *Québec français*, n⁰ 45, mars 1982, p. 43-46.

3251. LANDRY, Kenneth, « Victor-Lévy Beaulieu, biographe et amateur de 'lecture-fiction' », *Québec français*, n° 45, mars 1982, p. 50-51.
3252. *LANGEVIN, Lysanne, « La Lassitude de la répétition [*Satan Belhumeur*] », *Spirale*, n° 23, mars 1982, p. 9.
3253. *BRUNETTE, Suzanne, «*Satan Belhumeur* », *Nuit blanche*, n° 6, printemps-été 1982, p. 5.
3254. [ANONYME], « Le Prix Duvernay », *Lettres québécoises*, n° 26, été 1982, p. 13.
3255. *MAILHOT, Michèle, «*Satan Belhumeur* », *Lettres québécoises*, n° 26, été 1982, p. 22-24.
3256. *MICHON, Jacques, [*Satan Belhumeur*], *University of Toronto Quarterly*, Vol. 51, No. 4, Summer 1982, p. 341-342.
3257. *MELANÇON, Benoît, «*Moi Pierre Leroy, prophète, martyr et un peu fêlé du chaudron* », *Livres et auteurs québécois, 1982*, p. 26-27.

BEAUPRÉ, Paul

3258. *VEILLEUX, Évangéline, «*Émilien. Illustration d'une éducation au Québec* », *Nos livres*, vol. 12, mars 1981, n° 115.
3259. *LÉPINE, Stéphane, «*Poèmes enchaînés* », *Nos livres*, vol. 12, décembre 1981, n° 463.

BEAUPRÉ, Viateur

3260. *GAULIN, André, «*Québécois ou Francofuns* », *Québec français*, n° 33, mars 1979, p. 12.
3261. *GAULIN, André, «*Pierres vives/archipel Mingan* », *Québec français*, n° 39, octobre 1980, p. 13.
3262. *BOISSONNAULT, Pierre, «*Paroles allant droit, paroles allant vers* », *Québec français*, n° 46, mai 1982, p. 14.

BEAUSOLEIL, Claude

3263. *CORRIVEAU, Hugues, «*La Surface du paysage* », *Livres et auteurs québécois, 1979*, p. 95-97.
3264. *DIONNE, André, «*La Surface du paysage* », *Nos livres*, vol. 11, mai 1980, n° 153.
3265. *DE BELLEFEUILLE, Normand, « Choisir la fiction [*La Surface du paysage*] », *Spirale*, n° 10, juin 1980, p. 12.
3266. NEPVEU, Pierre, « La Poésie entre le nouveau et l'ancien [*La Surface du paysage*] », *Lettres québécoises*, n° 18, été 1980, p. 27-28.
3267. *CHAMBERLAND, Roger, «*La Surface du paysage* », *Québec français*, n° 40, décembre 1980, p. 15.
3268. *CORRIVEAU, Hugues, «*Au milieu du corps l'attraction s'insinue* », *Livres et auteurs québécois, 1980*, p. 88-90.
3269. *DAVID, Carole, « Écrire est une passion [*Au milieu du corps l'attraction s'insinue*] », *Spirale*, n° 16, février 1981, p. 8-9.
3270. [ANONYME], « Le Prix Émile-Nelligan », *Lettres québécoises*, n° 21, printemps 1981, p. 11.
3271. *NEPVEU, Pierre, « L'Écriture à la première personne. [...] Beausoleil [*Au milieu du corps l'attraction s'insinue*] », *Lettres québécoises*, n° 21, printemps 1981, p. 28.
3272. *BONENFANT, Joseph, « Notes sur la poésie [*Au milieu du corps l'attraction s'insinue*] », *Voix et images*, vol. 6, n° 3, printemps 1981, p. 481.
3273. *D'ALFONSO, Antonio, «*Au milieu du corps l'attraction s'insinue* », *Nos livres*, vol. 12, juin-juillet 1981, n° 264.
3274. *BAYARD, Caroline, [*Au milieu du corps l'attraction s'insinue*], *University of Toronto Quarterly*, Vol. 50, No. 4, Summer 1981, p. 46-47.
3275. [ANONYME], « Claude Beausoleil », *Arcade*, [vol. 1], n° 1, printemps 1982, p. 3.
3276. *BAYARD, Caroline, « Dans la modernité, l'un change et l'autre tourne. Beausoleil et Charron [*Dans la matière rêvant comme d'une émeute*] », *Lettres québécoises*, n° 28, hiver 1982-1983, p. 39-40.

3277. *MALENFANT, Paul-Chanel, «*Dans la matière rêvant comme d'une émeute* », *Livres et auteurs québécois, 1982*, p. 95-97.

BÉDARD, Christian

3278. [ANONYME], «*Hors-la-loi* », *CEAD. En bref*, vol. 1, n° 1, novembre 1979, p. [5].
3279. *CARRIÈRE, Daniel, «*Le Duel* », *Le Berdache*, n° 21, juin 1981, p. 52-53.
3280. BÉDARD, Christian, «*Le Duel, un éloge à la violence*? Mon cul! », *Le Berdache*, n° 22, juillet-août 1981, p. 51-52.
3281. *[ANONYME], «*Jello aux fraises pas de fraises* », *CEAD. Dramaturgies nouvelles*, vol. 3, n° 1, septembre 1981, p. 7.
3282. *[ANONYME], «*Écoutez le vent* », *CEAD. Dramaturgies nouvelles*, vol. 3, n° 3, avril 1982, [s.p.].

BÉDARD, Nicole

3283. *COTNOIR, Louise, «*L'En deçà* », *Livres et auteurs québécois, 1979*, p. 97-101.
3284. NEPVEU, Pierre, « La Poésie entre le nouveau et l'ancien [*L'En deçà*] », *Lettres québécoises*, n° 18, été 1980, p. 28-29.

BÉGIN, Diane

3285. *CHAMBERLAND, Roger, [*Chair aux enchères*], *Livres et auteurs québécois, 1980*, p. 122.

BÉGIN, Jean-Jacques

3286. *JANOËL, André, «*Sans bon sang* », *Nos livres*, vol. 13, février 1982, n° 52.

BÉIQUE, Marie

3287. *STANTON, Julie, «*Derrière les murs* », *La Gazette des femmes*, vol. 3, n° 3, septembre 1981, p. 5.

BÉLAND, Madeleine

3288. *LABELLE, Ronald, «*Chansons de voyageurs, coureurs de bois et forestiers* », *Livres et auteurs québécois, 1982*, p. 251-253.

BÉLANGER, André-J.

3289. *DORSINVILLE, Max, [*Ruptures et constantes*], *Canadian Literature*, No. 84, Spring 1980, p. 84-87.

BÉLANGER, Denis

3290. *DIONNE, André, « Le Théâtre qu'on joue : *Lunes de miel* au Conventum », *Lettres québécoises*, n° 18, été 1980, p. 38.
3291. *CUSSON, Normand, «*Le Grand Écart* », *Clin d'oeil*, n° 17, février 1982, p. 8.
3292. *DIONNE, André, « Le Théâtre qu'on joue : *Le Grand Écart* », *Lettres québécoises*, n° 26, été 1982, p. 49.
3293. *CHAREST, Luc, « Les Tréteaux de la fantaisie [*Le Grand Écart*] », *Vie des arts*, vol. 27, n° 107, été 1982, p. 78.

BÉLANGER, Marcel

3294. *GAULIN, André, «*Migrations* », *Québec français*, n° 36, décembre 1979, p. 10.
3295. *GUÈVREMONT, Lise, «*Migrations* », *Livres et auteurs québécois, 1979*, p. 101-102.

3296. AQUIN, Pierre-Stéphane, « Marcel Bélanger... poète rigoureusement », *Le Bulletin Pantoute*, no 3, septembre-octobre-novembre 1980, p. 21.

3297. BÉLANGER, Marcel, « L'Esprit de contradiction ou la Pensée à l'infinitif », *Estuaire*, no 25, automne 1982, p. 59-82.

BELCOURT, Claude

3298. BRUNET-LAMARCHE, Anita, « Prise de parole, 1972-1982. Auteurs et oeuvres. Biobibliographie », *Revue du Nouvel Ontario*, no 4, 1982, p. 24.

3299. *DICKSON, Robert, [*Les Communords*], *Revue du Nouvel Ontario*, no 4, 1982, p. 48-50.

BÉLIL, Michel

3300. *JANELLE, Claude, « Le Fantastique tapi dans le quotidien [*Déménagement*] », *Solaris*, vol. 7, no 2, avril 1981, p. 7-8.

3301. *PETTIGREW, Jean, « Petit Journal trouvé dans l'ailleurs [*Déménagement*] », *Imagine*, vol. 2, no 4, été 1981, p. 121-123.

3302. *JANELLE, Claude, « Un roman hybride [*Greenwich*] », *Solaris*, vol. 7, no 5, octobre 1981, p. 23.

3303. *LÉPINE, Stéphane, «*Greenwich* », *Nos livres*, vol. 12, décembre 1981, no 464.

3304. *LAVERDIÈRE, Jean-Louis, «*Greenwich* », *Québec français*, no 44, décembre 1981, p. 10.

3305. *COSSETTE, Gilles, « Science-Fiction et fantastique. Des écrivains d'ici en savent long sur le sujet [*Greenwich*] », *Lettres québécoises*, no 24, hiver 1981-1982, p. 30-31.

3306. *LEGRIS, Nadia, «*Déménagement* », *Nos livres*, vol. 13, mars 1982, no 99.

3307. *ROCHETTE, Lise, «*Greenwich* », *Canadian Literature*, No. 94, Autumn 1982, p. 158-161.

3308. *LÉVESQUE, Gaëtan, « Regards lucides sur la société [*Greenwich*] », *Voix et images*, vol. 8, no 1, automne 1982, p. 157-158.

3309. [ANONYME], «*Déménagement* de Michel Bélil [Prix Boréal 1982] », *Lettres québécoises*, no 28, hiver 1982-1983, p. 13.

BÉLISLE, Ève

3310. [ANONYME], « Prix littéraire du magazine Le Troisième Âge », *Lettres québécoises*, no 23, automne 1981, p. 12.

3311. MAJOR, Jean-Louis, « La Mémoire du coeur. *La Petite Maison du bord-de-l'eau* de Ève Bélisle », *Lettres québécoises*, no 23, automne 1981, p. 62-63.

3312. *[ANONYME], «*La Petite Maison du bord-de-l'eau* », *L'Avenir*, vol. 3, no 1, 13 octobre 1981, p. [45].

3313. *LAPRÉS, Raymond, «*La Petite Maison du bord-de-l'eau* », *Nos livres*, vol. 12, décembre 1981, no 465.

3314. LAPRÉS, Raymond, «*La Petite Maison du bord-de-l'eau* de... [Entrevue] », *Nos livres*, vol. 12, décembre 1981, [s.p.].

BÉLIVEAU, Louis-Joseph

3315. WYCZYNSKI, Paul, « Louis-Joseph Béliveau », *Bulletin du Centre de recherche en civilisation canadienne-française*, no 23, décembre 1981, p. 1-14.

BELLEAU, André

3316. *[ANONYME], «*Le Romancier fictif* », *Québec Hebdo*, vol. 2, no 9, 10 mars 1980, p. 4.

3317. *[ANONYME], «*Le Romancier fictif* », *Réseau*, vol. 11, no 8, avril 1980, p. 23.

3318. MICHON, Jacques, «*Le Romancier fictif*. Problématique de la culture au Québec », *Lettres québécoises*, no 18, été 1980, p. 56-57.

3319. *MAJOR, Jean-Louis, « Profession : écrivain (fictif) [*Le Romancier fictif*] », *Relations*, vol. 40, no 462, septembre 1980, p. 251-252.

3320. *NEPVEU, Pierre, [*Le Romancier fictif*], *Voix et images*, vol. 6, n⁰ 1, automne 1980, p. 147-149.

3321. *MEZEI, Kathy, «*Le Romancier fictif*», *Queen's Quarterly*, Vol. 87, No. 4, Winter 1980, p. 744-746.

3322. *MICHAUD, Ginette, «*Le Romancier fictif*», *Livres et auteurs québécois, 1980*, p. 180-183.

3323. *DANSEREAU, Estelle, «*Le Romancier fictif*», *Canadian Literature*, No. 88, Spring 1981, p. 116-117.

3324. *SHEK, Ben-Z[ion], [*Le Romancier fictif. Essai sur la représentation de l'écrivain dans le roman québécois*], *University of Toronto Quarterly*, Vol. 51, No. 4, Summer 1982, p. 473-474.

BENOIT, Jacques

3325. *LEITH, Linda, [*The Princes*], *Canadian Literature*, No. 82, Autumn 1979, p. 120-122.

3326. *CIMON, Renée, «*Jos Carbone*», *Nos livres*, vol. 11, août-septembre 1980, n⁰ 238.

3327. *VANASSE, André, «*Jos Carbone*», *Livres et auteurs québécois, 1980*, p. 25-26.

3328. DANSEREAU, Estelle, « Le Fantastique chez Roch Carrier et Jacques Benoit », *Canadian Literature*, No. 88, Spring 1981, p. 39-45.

3329. *BELLEMARE, Madeleine, «*Les Princes*», *Nos livres*, vol. 12, avril 1981, n⁰ 171.

3330. *BELLEMARE, Madeleine, «*Les Voleurs*», *Nos livres*, vol. 12, décembre 1981, n⁰ 466.

3331. *GILBERT, Bernard, «*Gisèle et le serpent*», *Québec français*, n⁰ 44, décembre 1981, p. 9.

3332. *COSSETTE, Gilles, « Science-Fiction et fantastique. Des écrivains d'ici en savent long sur le sujet [*Gisèle et le serpent*] », *Lettres québécoises*, n⁰ 24, hiver 1981-1982, p. 29-30.

3333. *[ANONYME], «*Gisèle et le serpent*», *Québec Hebdo*, vol. 3, n⁰ 49, 21 décembre 1981, p. 4.

3334. *ALLARD, Jacques, «*Gisèle et le serpent*», *Livres et auteurs québécois, 1981*, p. 31-35.

3335. *B[EAUDOIN], R[éjean], [*Gisèle et le serpent*], *Liberté*, vol. 24, n⁰ 1, janvier-février 1982, p. 119.

3336. *GERMAIN, Georges-Hébert, « Naviguer à bord de quatre romans d'ici [*Gisèle et le serpent*] », *Clin d'oeil*, n⁰ 17, février 1982, p. 38.

3337. *JANELLE, Claude et Élisabeth VONARBURG, « Science-Fiction et fantastique au Québec. Le Retour en force de Jacques Benoit [*Gisèle et le serpent*] », *Solaris*, vol. 8, n⁰ 2, mars-avril 1982, p. 6.

3338. *MICHON, Jacques, [*Gisèle et le serpent*], *University of Toronto Quarterly*, Vol. 51, No. 4, Summer 1982, p. 338-339.

3339. *BELLEMARE, Madeleine, «*Gisèle et le serpent*», *Nos livres*, vol. 13, août-septembre 1982, n⁰ 321.

BENOÎT, Réal

3340. HÉBERT, Pierre, « La Rupture formelle du roman québécois vers 1960. Jalons d'étude », *Études littéraires*, vol. 14, n⁰ 1, avril 1981, p. 88-93, 99-103.

BER, André

3341. *LEWIS, Jocelyne, «*La Cage aux fauves*», *Nos livres*, vol. 13, juin-juillet 1982, n⁰ 240.

BERGERON, Alain

3342. *SPEHNER, Norbert, « Science-Fiction et fantastique au Québec. *Un été de Jessica*», *Requiem*, vol. 5, n⁰ 1, février 1979, p. 16-17.

3343. *MOREAU, Jean-Marie, «*Un été de Jessica*», *Nos livres*, vol. 10, avril 1979, n⁰ 123.

3344. *GAUVIN, Lise, [*Un été de Jessica*], *University of Toronto Quarterly*, Vol. 48, No. 4, Summer 1979, p. 333.

3345. *SPEHNER, Norbert, « Trois Voyages dans l'imaginaire [*Un été de Jessica*] », *Lettres québécoises*, n⁰ 15, août-septembre 1979, p. 49-50.

BERGERON, Bertrand

3346. *BOIVIN, Aurélien, «*Les Barbes-Bleues. Contes et récits du Lac-Saint-Jean*», *Québec français*, n⁰ 39, octobre 1980, p. 11.
3347. *LAURIN, Michel, «*Les Barbes-Bleues. Contes et récits du Lac-Saint-Jean*», *Nos livres*, vol. 12, avril 1981, n⁰ 172.

BERGERON, Gérard

3348. *BRUNELLE, Dorval, «*Incertitudes d'un certain pays*», *Canadian Ethnic Studies/Études ethniques au Canada*, Vol. 11, No. 2, 1979, p. 124-125.
3349. *WARREN, Paul, «*De l'autre côté de l'action*», *Québec français*, n⁰ 47, octobre 1982, p. 13.

BERGERON, Jean-Pierre

3350. *CUSSON, Normand, « Théâtres d'été [*Vendredi soir*] », *Clin d'oeil*, n⁰ 23, août 1982, p. 102.
3351. *CUSSON, Normand, «*Vendredi soir*, une pièce qui dure », *Clin d'oeil*, n⁰ 24, septembre 1982, p. [149].

BERGERON-HOGUE, Marthe

3352. *CHARTIER, Monique, «*C'était dimanche*», *Nos livres*, vol. 10, novembre 1979, n⁰ 344.
3353. *[ANONYME], «*C'était dimanche*», *Québec Hebdo*, vol. 1, n⁰ 39, 12 novembre 1979, p. 4.
3354. [ANONYME], « Marthe B.-Hogue », *Écriture française dans le monde*, vol. 2, n⁰ 1-2, octobre 1980, p. 118-119.
3355. *RAOUL, Valérie, «*C'était dimanche*», *Canadian Literature*, No. 88, Spring 1981, p. 106-107.

BERNARD, Harry

3356. MARCHAND, Clément, « Harry Bernard — 1979 », *Proceedings of the Royal Society of Canada/Délibérations de la Société royale du Canada*, Fourth Series, Vol. 17, 1979, p. 63-66.

BERNARD, Marielle

3357. *STANTON, Julie, «*Mousse. Entre les laveuses et les sécheuses... la fantaisie et le rire* ! », *La Gazette des femmes*, vol. 2, n⁰ 7, février 1981, p. 5.
3358. *DIONNE, André, « Le Théâtre qu'on joue : *Mousse* au Théâtre des Voyagements », *Lettres québécoises*, n⁰ 21, printemps 1981, p. 34.
3359. CUSSON, Normand, [*Mousse*], *Clin d'oeil*, n⁰ 12, septembre 1981, p. 16.
3360. *CAMERLAIN, Lorraine, «*Mousse* : 'leurre' humour », *La Vie en rose*, [vol. 2, n⁰ 4], décembre 1981-janvier-février 1982, p. 55.

BERNIER, Alice-Jovette

3361. [ANONYME], « Jovette Bernier, 1900-1981 », *Lettres québécoises*, n⁰ 25, printemps 1982, p. 16.

BERNIER, André

3362. *BASTIN, Agnès, [*Les Jambes*], *Grimoire*, vol. 3, n⁰ 2, février 1980, p. 9-10.
3363. *BEAUCHEMIN, Louise, [*Les Jambes*], *Grimoire*, vol. 3, n⁰ 3, mars 1980, p. 9-11.
3364. *FÉRAL, Josette, «*Les Jambes*», *Livres et auteurs québécois, 1980*, p. 149.
3365. *LAFORTUNE, Aline, «*Les Jambes*», *Nos livres*, vol. 12, avril 1981, n⁰ 173.

3366. *CÔTÉ, Jacques, « Des jambes en suspens [*Les Jambes*] », *Grimoire*, vol. 4, n° 9, décembre 1981, p. 6-8.

BERNIER, Thomas-Alfred [pseud. : Jean Berthos]

3367. RÉMI-MAURE, «*Eutopia*... ou la Cité de Dieu au Québec », *Solaris*, vol. 7, n° 2, avril 1981, p. 14-15.

BERSIANIK, Louky [pseud. de Lucile Durand]

3368. [ANONYME], [Présentation de *l'Euguélionne*], *Canadian Women's Studies/Les Cahiers de la femme*, Vol. 1, No. 3, Spring 1979, p. 71-75.
3369. FORSYTH, Louise [H.], « L'Écriture au féminin. *L'Euguélionne* de Louky Bersianik, *L'Absent aigu* de Geneviève Amyot, *L'Amèr* de Nicole Brossard », *Journal of Canadian Fiction*, No. 25-26, 1979, p. 199-211.
3370. [ANONYME], « Basile, Jean, Bersianik, Louky, Blais, Marie-Claire, Chamberland, Paul, Navarre, Yves participent pour *le Berdache* à une table ronde : 'Y a-t-il une écriture homosexuelle ?' », *Le Berdache*, n° 5, novembre 1979, p. 25-39.
3371. *FRÉMONT, Gabrielle, «*Le Pique-Nique sur l'Acropole*. *Cahiers d'Ancyl* », *Livres et auteurs québécois, 1979*, p. 283-285.
3372. CLOUTIER, Cécile, «*L'Euguélionne*. Texte et significations », *Revue de l'Université d'Ottawa/University of Ottawa Quarterly*, vol. 50, n° 1, janvier-mars 1980, p. 95-98.
3373. *THÉORET, France, « Entre l'excès du verbe et de la communication [*Le Pique-Nique sur l'Acropole*] », *Spirale*, n° 6, février 1980, p. 7.
3374. *MARCOTTE, Gilles, « Un romancier à nu et des dames entre elles [*Le Pique-Nique sur l'Acropole*] », *L'Actualité*, vol. 5, n° 3, mars 1980, p. 76.
3375. *OUELLETTE-MICHALSKA, Madeleine, [*Le Pique-Nique sur l'Acropole*], *Châtelaine*, vol. 21, n° 3, mars 1980, p. 36.
3376. *VANDENDORPE, Christian, «*Le Pique-Nique sur l'Acropole* », *Québec français*, n° 37, mars 1980, p. 8.
3377. *V[ALLIÈRES], C[arole], [*Le Pique-Nique sur l'Acropole*], *Le Temps fou*, n° 9, mars-avril-mai 1980, p. 64.
3378. VANASSE, André, « Du politique. *L'Affrontement* d'Henri Lamoureux et *le Pique-Nique sur l'Acropole* de Louky Bersianik », *Lettres québécoises*, n° 17, printemps 1980, p. 18-22.
3379. AHMED, Maroussia, « 'Transgresser, c'est progresser' », *Incidences*, vol. 4, n° 2-3, mai-décembre 1980, p. 119-127.
3380. *GAUVIN, Lise, [*Le Pique-Nique sur l'Acropole*], *University of Toronto Quarterly*, Vol. 49, No. 4, Summer 1980, p. 343.
3381. *WAELTI-WALTERS, Jennifer, « The Food of Love : Plato's Banquet and Bersianik's Picnic [*Le Pique-Nique sur l'Acropole* — *L'Euguélionne*] », *Atlantis*, Vol. 6, No. 1, Fall 1980, p. 96-103.
3382. BERSIANIK, Louky, « Mon engagement féministe », *Canadian Women's Studies/Les Cahiers de la femme*, Vol. 2, No. 4, 1980, p. 14.
3383. *PAYEUR-MINOT, Gaétane, «*Le Pique-Nique sur l'Acropole* », *Nos livres*, vol. 11, novembre 1980, n° 323.
3384. *FRÉMONT, Gabrielle, «*Maternative. Les Pré-Ancyl* », *Livres et auteurs québécois, 1980*, p. 254-255.
3385. *RANCOURT, Guy, «*Maternative. Les Pré-Ancyl* », *Livres et auteurs québécois, 1980*, p. 90-94.
3386. *KRÖLLER, Eva-Marie, « Looking at *L'Euguélionne* », *Room of One's Own*, Vol. 6, No. 1-2, 1981, p. 111-113.
3387. OUVRARD, Hélène, « Poème/Gravure. Les Éditions de la Maison », *Cahiers des arts visuels du Québec*, vol. 3, n° 9, printemps 1981, p. 12-13.
3388. *MERIVALE, Patricia, «*Le Pique-Nique sur l'Acropole* », *Canadian Literature*, No. 88, Spring 1981, p. 130-131.

3389. *MARTEL, Claude, «*Le Pique-Nique sur l'Acropole*», *Focus*, n° 40, avril 1981, p. 53.

3390. *BAYARD, Caroline, [*Maternative*], *University of Toronto Quarterly*, Vol. 50, No. 4, Summer 1981, p. 52.

3391. ESCOMEL, Gloria, « Louky Bersianik. Interview », *Féminin pluriel*, vol. 1, n° 3, novembre 1981, p. 43-45.

3392. [ANONYME], « Expositions en janvier », *Parallelogramme*, Vol. 7, No. 2, December 1981-January 1982, p. 44-45.

3393. *WILSON, Paul, « Life after Man [*The Euguelionne : A Triptych Novel*] », *Books in Canada*, Vol. 11, No. 2, February 1982, p. 11, 13.

3394. *ÉMOND, Ariane, «*Les Agénésies du vieux monde*», *La Vie en rose*, mars-avril-mai 1982, p. 66.

3395. SMART, Patricia, « Culture, Revolution and Politics in Quebec », *The Canadian Forum*, Vol. 62, No. 718, May 1982, p. 7-10.

3396. *DUPRÉ, Louise, « La Mémoire longue [*Les Agénésies du vieux monde*] », *Spirale*, n° 25, mai 1982, p. 4.

3397. DURAND, Lucile, « Lucile Durand interviewe Louky Bersianik », *Lettres québécoises*, n° 26, été 1982, p. 53-55.

3398. *O'CONNOR, John J., [*The Euguelionne*], *University of Toronto Quarterly*, Vol. 51, No. 4, Summer 1982, p. 402-403.

3399. SMITH, Donald, « Louky Bersianik et la mythologie du futur. De la théorie-fiction à l'émergence de la femme positive », *Lettres québécoises*, n° 27, automne 1982, p. 60-69.

3400. BERSIANIK, Louky, « Pourquoi j'écris », *Québec français*, n° 47, octobre 1982, p. 30.

BERTHIAUME, André

3401. *BÉLIL, Michel, «*Le Mot pour vivre*», *Imagine*, vol. 3, n° 2, hiver 1981, p. 49-50.

BERTHIAUME, Pierre

3402. VIGNEAULT, Robert, « Le Piège des mythes. *Le Journal piégé ou l'Art de trafiquer l'information* de Pierre Berthiaume », *Lettres québécoises*, n° 23, automne 1981, p. 71-72.

3403. *S[AVARD], A[ndrée], «*Le Journal piégé ou l'Art de trafiquer l'information*», *Focus*, nᵛ 45, octobre 1981, p. 71.

3404. *CHAMPAGNE, Paule B., « Ouvrage piégé où le mensonge le dispute à l'ignorance [*Le Journal piégé ou l'Art de trafiquer l'information*] », *Le 30*, vol. 5, n° 9, novembre 1981, p. 15.

3405. *CHAMPAGNE, Paule B., « Ouvrage piégé où le mensonge le dispute à l'ignorance [*Le Journal piégé ou l'Art de trafiquer l'information*] », *Le 30*, vol. 5, n° 9, novembre 1981, p. 15.

3406. *CHAMBERLAND, Roger, «*Le Journal piégé ou l'Art de trafiquer l'information*», *Québec français*, n° 44, décembre 1981, p. 17.

3407. *SAUVAGEAU, Florian, «*Le Journal piégé ou l'Art de trafiquer l'information*», *Livres et auteurs québécois, 1981*, p. 265-267.

3408. *ESCOMEL, Gloria, «*Le Journal piégé ou l'Art de trafiquer l'information*», *Féminin pluriel*, vol. 2, n° 1, février 1982, p. 48.

3409. *LEFEBVRE, Gordon, « Le Pouvoir de la presse [*Le Journal piégé ou l'Art de trafiquer l'information*] », *Spirale*, n° 23, mars 1982, p. 6.

3410. *LAPRÉS, Raymond, «*Le Journal piégé ou l'Art de trafiquer l'information*», *Nos livres*, vol. 13, avril 1982, n° 146.

BERTHOS, Jean [pseud. de Thomas-Alfred Bernier]

3411. RÉMI-MAURE, «*Eutopia... ou la Cité de Dieu au Québec*», *Solaris*, vol. 7, n° 2, avril 1981, p. 14-15.

BERTRAND, Claude

3412. *JANOËL, André, «*Le Territoire imaginaire de la culture*», *Nos livres*, vol. 10, novembre 1979, n° 358.
3413. *TURGEON, Marc, «*Le Territoire imaginaire de la culture*», *Livres et auteurs québécois, 1979*, p. 285-287.
3414. *LÉVY, Bernard, « Espace, imagination : culture [*Le Territoire imaginaire de la culture*] », *Vie des arts*, vol. 25, n° 100, automne 1980, p. 78-79.
3415. *HUTCHISON, Linda, «*Le Territoire imaginaire de la culture*», *Canadian Literature*, No. 87, Winter 1980, p. 147-148.
3416. PAQUETTE, Jean-Marcel, « De l'Ordre souverain de Malte [*Le Territoire imaginaire de la culture*] », *Liberté*, vol. 23, n° 1, janvier-février 1981, p. 15-20.
3417. RICARD, François, « L'Autre Phase de notre cyclothymie [*Le Territoire imaginaire de la culture*] », *Liberté*, vol. 23, n° 1, janvier-février 1981, p. 21-29.

BERTRAND, Janette

3418. TASCHEREAU, Yves, « Comment on devient Jean et Jeannette », *L'Actualité*, vol. 4, n° 8, août 1979, p. 21-27.
3419. BERTRAND, Janette, « Montréal pour moi... », *Nous*, vol. 7, n° 7, décembre 1979, p. 32.
3420. *CUSSON, Normand, « Raymond Legault, un Tarzan qui veut dire des choses [*Moi Tarzan, toi Jane*] », *Clin d'oeil*, n° 8, mai 1981, p. 107.
3421. PELLETIER, Francine, « Déranger sans choquer [Entrevue] », *La Vie en rose*, [vol. 2, n° 3], septembre-octobre-novembre 1981, p. 25.
3422. *DIONNE, André, « Le Théâtre qu'on joue : *Moi Tarzan, toi Jane* », *Lettres québécoises*, n° 23, automne 1981, p. 41.
3423. *STANTON, Julie, «*Moi Tarzan, toi Jane*», *La Gazette des femmes*, vol. 3, n° 6, février 1982, p. 4-5.
3424. *GIRARD, Gilles, [*Moi Tarzan, toi Jane*], *University of Toronto Quarterly*, Vol. 51, No. 4, Summer 1982, p. 388.

BÉRUBÉ, Ghyslain

3425. *CORMIER, Jean-Marc, «*Des ires réelles*», *Urgences*, n° 6, 4e trimestre 1982, p. 90-92.

BESSETTE, Gérard

3426. *PATERSON, Janet M., « The Adventures of *Les Anthropoïdes* », *Journal of Canadian Fiction*, No. 24, 1979, p. 127-130.
3427. *AMPRIMOZ, Alexandre L., «*La Commensale — Les Anthropoïdes — Mes romans et moi*», *Canadian Fiction Magazine*, No. 32-33, 1979-1980, p. 167-171.
3428. *LASNIER, Louis, «*Mes romans et moi*», *Nos livres*, vol. 10, mai 1979, n° 170.
3429. *GODBOUT, Jacques, [*Mes romans et moi*], *L'Actualité*, vol. 4, n° 6, juin 1979, p. 94.
3430. *[ANONYME], [*Mes romans et moi*], *Points*, vol. 3, n° 2, été 1979, p. 7.
3431. BESSETTE, Gérard et Arsène LAUZIÈRE, « Gérard Bessette. L'Art de préciser pour (s') (m') (l') expliquer », *Journal of Canadian Fiction*, No. 25-26, 1979, p. 11-25.
3432. *ROBIDOUX, Réjean, «*Mes romans et moi ou Gérard Bessette auto-bio-psycho-critique* », *Lettres québécoises*, n° 15, août-septembre 1979, p. 42-43.
3433. *PAGÉ, Raymond, [*Les Anthropoïdes*], *Chelsea Journal*, Vol. 5, No. 5, September-October 1979, p. 232.
3434. *JANELLE, Claude, [*Les Anthropoïdes*], *Solaris*, vol. 5, n° 4, septembre 1979, p. 15-16.
3435. MAY, Cedric, « Canadian Writing : Beautiful Losers in Presqu'Amérique », *Bulletin of Canadian Studies*, Vol. 3, No. 2, November 1979, p. 10.
3436. *BROCHU, André, «*Mes romans et moi*», *Livres et auteurs québécois, 1979*, p. 287-289.
3437. *VANASSE, André, «*Le Semestre*», *Livres et auteurs québécois, 1979*, p. 24-26.
3438. *[ANONYME], «*Le Semestre*», *L'Atulu*, vol. 2, n° 1, janvier 1980, p. 8.

3439. *CORRIVEAU, Hugues, « La Gophorrée d'un écrivain [*Le Semestre*] », *Spirale*, nᵒ 6, février 1980, p. 11.

3440. *MARCOTTE, Gilles, « Un romancier à nu et des dames entre elles [*Le Semestre*] », *L'Actualité*, vol. 5, nᵒ 3, mars 1980, p. 80.

3441. GOUANVIC, Jean-Marc, « Entrevue avec Gérard Bessette », *Imagine*, vol. 1, nᵒ 3, mars-avril-mai 1980, p. 103-107.

3442. *LAPIERRE, René, «*Le Semestre* de Gérard Bessette. L'Illusion corrosive du réel », *Liberté*, vol. 22, nᵒ 2, mars-avril 1980, p. 79-81.

3443. [LASNIER, Louis], «*Le Semestre* », *Nos livres*, vol. 11, mars 1980, nᵒ 77.

3444. LASNIER, Louis, [Entrevue], *Nos livres*, vol. 11, mars 1980, p. [3-6].

3445. *JACQUES, Henri-Paul, [*Mes romans et moi*], *Voix et images*, vol. 5, nᵒ 3, printemps 1980, p. 593-595.

3446. *BELLEMARE, Madeleine, «*Le Cycle* », *Nos livres*, vol. 11, juin-juillet 1980, nᵒ 213.

3447. *GAUVIN, Lise, [*Le Semestre*], *University of Toronto Quarterly*, Vol. 49, No. 4, Summer 1980, p. 345-346.

3448. *LEDUC-PARK, Renée, [*Mes romans et moi*], *University of Toronto Quarterly*, Vol. 49, No. 4, Summer 1980, p. 476-478.

3449. *ROBIDOUX, Réjean, « Les Bilans d'écriture de Gérard Bessette [*Le Semestre*] », *Relations*, vol. 40, nᵒ 461, juillet-août 1980, p. 219-221.

3450. *LASNIER, Louis, «*La Garden-Party de Christophine* », *Nos livres*, vol. 11, août-septembre 1980, nᵒ 239.

3451. ROBIDOUX, Réjean, «*Le* (dernier) *Semestre* du professeur Gérard (Omer Marin) Bessette et la suite », *Lettres québécoises*, nᵒ 19, automne 1980, p. 23-25.

3452. BESSETTE, Gérard, « Romancier(s) québécois », *University of Toronto Quarterly*, Vol. 50, No. 1, Fall 1980, p. 47-52.

3453. *VANDENDORPE, Christian, «*Le Semestre* — *La Garden-party de Christophine* », *Québec français*, nᵒ 39, octobre 1980, p. 8.

3454. BOIVIN, Aurélien, « Bibliographie », *Québec français*, nᵒ 40, décembre 1980, p. 40.

3455. CANTIN, Léonce, « Biographie », *Québec français*, nᵒ 40, décembre 1980, p. 40.

3456. CANTIN, Léonce, « Gérard Bessette. Un micro-univers en ébullition », *Québec français*, nᵒ 40, décembre 1980, p. 37-39.

3457. CANTIN, Léonce et Gilles DORION, « Gérard Bessette. Entrevue », *Québec français*, nᵒ 40, décembre 1980, p. 33-36.

3458. [ANONYME], « Le Prix Athanase-David. Gérard Bessette », *Québec Hebdo*, vol. 2, nᵒ 46, 8 décembre 1980, p. 3.

3459. *CANTIN, Léonce, «*La Garden-party de Christophine* », *Livres et auteurs québécois, 1980*, p. 26-28.

3460. *OUELLETTE-MICHALSKA, Madeleine, «*La Garden-Party de Christophine* », *Châtelaine*, vol. 22, nᵒ 1, janvier 1981, p. 24.

3461. EDWARDS, Mary Jane, « Gérard Bessette. A Tribute », *Canadian Literature*, No. 88, Spring 1981, p. 6-18.

3462. *MAILHOT, Laurent, «*Mes romans et moi* », *Canadian Literature*, No. 88, Spring 1981, p. 110-112.

3463. ROBIDOUX, Réjean, « Colloque Gérard Bessette », *Lettres québécoises*, nᵒ 21, printemps 1981, p. 12.

3464. THÉRIO, Adrien, « Gérard Bessette, Prix David 1980 », *Lettres québécoises*, nᵒ 21, printemps 1981, p. 65.

3465. MICHON, Jacques, « Fonctions et historicité des formes romanesques », *Études littéraires*, vol. 14, nᵒ 1, avril 1981, p. 72-74.

3466. DESROCHES, Antoine, « Gérard Bessette [*Les Anthropoïdes*] et Jean-Michel Wyl [*L'Exil*] », *Lettres québécoises*, nᵒ 22, été 1981, p. 11.

3467. *EDWARDS, Mary Jane, «*Le Cycle* — *La Garden-Party de Christophine* », *Canadian Literature*, No. 91, Winter 1981, p. 117-120.

3468. KWATERKO, Józef, « Le Sarcasme dissident. Une lecture politique du *Libraire* », *Voix et images*, vol. 7, nᵒ 2, hiver 1982, p. 385-393.

3469. MONTAUT, Annie, « La Parenthèse du corps sémiotique », *Incidences*, vol. 6, n° 3, septembre-décembre 1982, p. 69-79.

BEZROUDNOFF, Jean [pseud. : Jean Basile]

3470. [ANONYME], « Basile, Jean, Bersianik, Louky, Blais, Marie-Claire, Chamberland, Paul, Navarre, Yves participent pour *le Berdache* à une table ronde : 'Y a-t-il une écriture homosexuelle ?' », *Le Berdache*, n° 5, novembre 1979, p. 25-39.

BIBEAU, Paul-André

3471. *JANOËL, André, «*Le Fou de Bassan* », *Nos livres*, vol. 11, juin-juillet 1980, n° 214.

BIGRAS, Julien

3472. HAECK, Philippe, « De la curiosité », *La Nouvelle Barre du jour*, n° 90-91, mai 1980, p. 77-97.
3473. TASCHEREAU, Yves, « Les fils de Freud sont fatigués », *L'Actualité*, vol. 5, n° 8, août 1980, p. 7-9.
3474. *ALMÉRAS, Diane, [*Kati, of course*], *Relations*, vol. 40, n° 464, novembre 1980, p. 316-317.
3475. *MARCOTTE, Gilles, « Le Psychanalyste romancier [*Kati, of course*] », *L'Actualité*, vol. 5, n° 12, décembre 1980, p. 94.
3476. *GILBERT, Bernard, «*Kati, of course* [suivi de] *La Petite Fille du moulin* [d'Anne-Marie Arrial-Duhau] », *Le Bulletin Pantoute*, n° 4, décembre 1980-janvier-février 1981, p. 7-8.
3477. *BROCHU, André, «*Kati, of course* », *Livres et auteurs québécois, 1980*, p. 28-30.
3478. *THÉORET, France, « Le Réalisme de l'inconscient [*Kati, of course*] », *Spirale*, n° 16, février 1981, p. 3.
3479. *VACHER, Laurent-Michel, « Abus de langage [*Le Choc des oeuvres d'art*] », *Spirale*, n° 16, février 1981, p. 3.
3480. PAYANT, René, « J'ai mal à ma mère. *Le Choc des oeuvres d'art* de Julien Bigras », *Lettres québécoises*, n° 22, été 1981, p. 77-78.
3481. *BÉDARD, Nicole, «*Premier Bal* », *Livres et auteurs québécois, 1981*, p. 35-36.
3482. BIGRAS, Julien, « L'Écriture et l'amour fou ou Pourquoi j'écris », *Québec français*, n° 45, mars 1982, p. 70.
3483. GADBOIS, Vital, « La Fonction thérapeutique de l'écriture et de la lecture. Une entrevue avec Julien Bigras », *Québec français*, n° 45, mars 1982, p. 71.

BILLON, Pierre

3484. *CANTIN, Léonce, « Québec, territoire de l'imaginaire. *La Chausse-Trappe* ou les Piégeurs piégés », *Neuve-France*, vol. 6, n° 4, avril-été 1981, p. 19-20.
3485. *[ANONYME], «*La Chausse-Trappe* », *L'Atulu*, vol. 3, n° 9 [*sic*], novembre-décembre 1981, p. 19.
3486. *LAURIN, Michel, «*L'Enfant du cinquième nord* », *Nos livres*, vol. 13, juin-juillet 1982, n° 243.
3487. *GOUANVIC, Jean-Marc, «*L'Enfant du cinquième nord* », *Imagine*, vol. 3, n° 4, été 1982, p. 112-113.
3488. *MARCOTTE, Gilles, « Une science-fiction en mesure d'affronter la concurrence internationale [*L'Enfant du cinquième nord*] », *L'Actualité*, vol. 7, n° 9, septembre 1982, p. 102.
3489. *[ANONYME], «*L'Enfant du cinquième nord* », *L'Atulu*, vol. 4, n° 7, septembre 1982, p. 2.
3490. *JANELLE, Claude, «*L'Enfant du cinquième nord* », *Nuit blanche*, n° 7, automne 1982, p. 33.
3491. *LANDRY, Kenneth, «*L'Enfant du cinquième nord* », *Québec français*, n° 47, octobre 1982, p. 10.

3492. *Janelle, Claude, « Max Sieber, l'enfant-radiations [*L'Enfant du cinquième nord*] », *Solaris*, vol. 8, n⁰ 6, novembre-décembre 1982, p. 10-11.
3493. *Lord, Michel, « Du désenchantement. *L'Enfant du cinquième nord* », *Lettres québécoises*, n⁰ 28, hiver 1982-1983, p. 36.
3494. *Côté, Denis, «*L'Enfant du cinquième nord* », *Livres et auteurs québécois, 1982*, p. 28.

BILODEAU, Camille [pseud. de Wilfrid Lemoine]

3495. *Bayard, Caroline, «*The Rope-Dancer*», *Quill and Quire*, Vol. 45, No. 8, July 1979, p. 50.
3496. *Ouellette-Michalska, Madeleine, [*Une ombre derrière le coeur*], *Châtelaine*, vol. 20, n⁰ 9, septembre 1979, p. 8.
3497. *Roy, Jean-Philippe, « Ces ombres du passé [*Une ombre derrière le coeur*] », *Trajectoires*, n⁰ 4, 20 septembre-20 octobre 1979, p. 8-9.
3498. *Godard, Barbara, «*The Rope-Dancer* », *The Fiddlehead*, No. 123, Fall 1979, p. 116-117.
3499. *Émond, Maurice, «*Une ombre derrière le coeur* », *Québec français*, n⁰ 35, octobre 1979, p. 12.
3500. *Chartier, Monique, «*Une ombre derrière le coeur* », *Nos livres*, vol. 10, novembre 1979, n⁰ 370.
3501. *Th[ério], A[drien], «*Une ombre derrière le coeur* », *Lettres québécoises*, n⁰ 16, hiver 1979-1980, p. 73.
3502. *L'Hérault, Pierre, «*Une ombre derrière le coeur* », *Livres et auteurs québécois, 1979*, p. 26.
3503. *Brault, Jacques, [*Une ombre derrière le coeur*], *Spirale*, n⁰ 7, mars 1980, p. 13.

BIRON, Hervé

3504. Rousseau, Guildo, « La Ruée vers l'or en Californie dans le roman et le conte québécois », *Journal of Canadian Fiction*, No. 25-26, 1979, p. 104-107.
3505. Rousseau, Guildo, « La Mauricie et ses romanciers », *Revue d'histoire littéraire du Québec et du Canada français*, n⁰ 3, hiver printemps 1982, p. 53.

BISON RAVI, le [pseud. de Patrick Straram]

3506. Haeck, Philippe, « Poéthique des *Herbes rouges* », *Dérives*, n⁰ 19, [3ᵉ trimestre] 1979, p. 39-53, p. 49.
3507. *Janelle, Claude, [*La Faim de l'énigme*], *Solaris*, vol. 5, n⁰ 5, octobre-novembre 1979, p. 6-7.
3508. Théoret, France, « Qu'est-ce qu'écouter ? [Entrevue] », *Spirale*, n⁰ 2, octobre 1979, p. 3, 15.
3509. Straram, Patrick, « Blues clair. Demande d'emploi. Aux quatre coins », *Estuaire*, n⁰ 21, automne 1981, p. 66-71.

BISSONNETTE, Danielle

3510. *Robert, Lucie, «*Le Fleuve au coeur* », *Jeu*, n⁰ 21, 4ᵉ trimestre 1981, p. 203-204.
3511. *Bellemare, Madeleine, «*Le Fleuve au coeur* », *Nos livres*, vol. 12, novembre 1981, n⁰ 433.
3512. *Cantin, Léonce, «*Le Fleuve au coeur* », *Québec français*, n⁰ 44, décembre 1981, p. 15.
3513. *Courcy, Blanche, «*Le Fleuve au coeur* », *Livres et auteurs québécois, 1981*, p. 159-160.
3514. *Girard, Gilles, [*Le Fleuve au coeur*], *University of Toronto Quarterly*, Vol. 51, No. 4, Summer 1982, p. 388.
3515. *Usmiani, Renate, «*Le Fleuve au coeur* », *Canadian Literature*, No. 95, Winter 1982, p. 158-159.

BISSONNETTE, Rosemarie

3516. GAGNÉ, Pierre, « Une bagarre très politique », *Bulletin du Centre d'études franco-canadiennes de l'Ouest*, n⁰ 9, octobre 1981, p. 27-28.

BLACKBURN, Marthe

3517. *CAMERLAIN, Lorraine, *«La Nef des sorcières »*, Jeu*, n⁰ 16, [3ᵉ trimestre] 1980, p. 216-217.

BLAIS, Marie-Claire

3518. *MEZEI, Kathy, « Pauline Archange Revisited [*Dürer's Angel*] », *Journal of Canadian Fiction*, No. 24, 1979, p. 134-137.
3519. HOFSESS, John, « I Am, Simply, a Writer », *Books in Canada*, Vol. 8, No. 2, February 1979, p. 8-10.
3520. *DAVIES, Gillian, *«The Fugitive »*, The Fiddlehead*, No. 121, Spring 1979, p. 163-164.
3521. *NOVACK, Barbara, *«The Fugitive — Nights in the Underground »*, Canadian Fiction Magazine*, No. 32-33, 1979-1980, p. 177-179.
3522. *GAUVIN, Lise, [*Les Nuits de l'Underground*], *University of Toronto Quarterly*, Vol. 48, No. 4, Summer 1979, p. 337-338.
3523. *O'CONNOR, John J., [*The Fugitive*], *University of Toronto Quarterly*, Vol. 48, No. 4, Summer 1979, p. 388-391.
3524. WAELTI-WALTERS, Jennifer, « Beauty and Madness in M.-C. Blais *La Belle Bête* », *Journal of Canadian Fiction*, No. 25-26, 1979, p. 186-198.
3525. *LEITH, Linda, *«Nights in the Underground »*, Quill and Quire*, Vol. 45, No. 8, July 1979, p. 49-50.
3526. *BROWN, Alan, « Toujours gaie, toujours ennuyeuse : *Nights in the Underground* », *Books in Canada*, Vol. 8, No. 7, August-September 1979, p. 16.
3527. *LEITH, Linda, « Rights of Memory : *Nights in the Underground*, Marie-Claire Blais », *The Canadian Forum*, Vol. 59, No. 692, September 1979, p. 28-29.
3528. *PAGÉ, Raymond, [*Les Nuits de l'Underground*], *Chelsea Journal*, Vol. 5, No. 5, September-October 1979, p. 233.
3529. *MANN GIBSON, Shirley, « Inside the Lesbian Underground [*Nights in the Underground*] », *Saturday Night*, Vol. 94, No. 7, September 1979, p. 54, 56-57.
3530. COUILLARD, Marie, « La Femme : d'objet mythique à sujet parlant », *Atlantis*, Vol. 5, No. 1, Autumn 1979, p. 47-50.
3531. *RUSSELL, D.W., « Recent Quebec Books in Translation : Marie-Claire Blais, *Nights in the Underground* », *Journal of Canadian Studies/Revue d'études canadiennes*, Vol. 14, No. 3, Autumn 1979, p. 142-144.
3532. *LAPRÉS, Raymond, *«Le jour est noir suivi de L'Insoumise »*, Nos livres*, vol. 10, octobre 1979, n⁰ 326.
3533. [ANONYME], « Basile, Jean, Bersianik, Louky, Blais, Marie-Claire, Chamberland, Paul, Navarre, Yves participent pour *le Berdache* à une table ronde : 'Y a-t-il une écriture homosexuelle ?' », *Le Berdache*, n⁰ 5, novembre 1979, p. 25-39.
3534. YOUNG, Ian, « Balderdash, Brown », *Books in Canada*, Vol. 8, No. 9, November 1979, p. 32.
3535. MAY, Cedric, « Canadian Writing : Beautiful Losers in Presqu'Amérique », *Bulletin of Canadian Studies*, Vol. 3, No. 2, November 1979, p. 9.
3536. *GOBEIL, Madeleine, « An Innocent Québécois in Decadent Paris [*A Literary Affair*] », *Saturday Night*, Vol. 94, No. 9, November 1979, p. 39-40.
3537. FISETTE, Serge, « Quand, un soir, des écrivains... », *Le Berdache*, n⁰ 6, décembre 1979-janvier 1980, p. 5-6.
3538. BLAIS, Marie-Claire, « Montréal ! Montréal ! La Ville la nuit », *Nous*, vol. 7, n⁰ 7, décembre 1979, p. 26, 28-29.
3539. *GODARD, Barbara, *«Les Nuits de l'Underground »*, Fireweed*, No 5-6, Winter 1979-1980, p. 195-196.

3540. SMITH, Donald, « Les Vingt Années d'écriture de Marie-Claire Blais », *Lettres québécoises*, no 16, hiver 1979-1980, p. 51, 53-58.

3541. *BOURQUE, Paul-André, *« Le jour est noir suivi de L'Insoumise »*, *Livres et auteurs québécois, 1979*, p. 26-27.

3542. *[ANONYME], [*Un joualonais, sa joualonie*], *Québec Hebdo*, vol. 2, no 5, 11 février 1980, p. 4.

3543. *[ANONYME], [*Le Sourd dans la ville*], *Québec Hebdo*, vol. 2, no 5, 11 février 1980, p. 4.

3544. *BELLEMARE, Madeleine, *« Un joualonais, sa joualonie »*, *Nos livres*, vol. 11, mars 1980, no 100.

3545. COLLET, Paulette, « Les Romancières québécoises des années 60 face à la maternité », *Atlantis*, Vol. 5, No. 2, Spring 1980, p. 131-141.

3546. *MEZEI, Kathy, « An Exploration of Love : *Nights in the Underground* », *Queen's Quarterly*, Vol. 87, No. 1, Spring 1980, p. 161-162.

3547. LENNOX, John W., [*La Belle Bête*], *Studies in Canadian Literature*, Vol. 5, No. 1, Spring 1980, p. 59-62.

3548. *CZARNECKI, Mark, « Bloody Clouds of Words [*Le Sourd dans la ville*] », *Maclean's*, Vol. 93, No. 12, March 24, 1980, p. 56-57.

3549. *MARCOTTE, Gilles, « Trois Complaintes du mal de vivre... [*Le Sourd dans la ville*] », *L'Actualité*, vol. 5, no 4, avril 1980, p. 94.

3550. *[ANONYME], *« Le Sourd dans la ville »*, *La Gazette des femmes*, vol. 2, no 2, 2e trimestre 1980, p. 4.

3551. [ANONYME], « Quatre Écrivains québécois consacrés au Canada », *Québec Hebdo*, vol. 2, no 16, 28 avril 1980, p. 4.

3552. *OUELLETTE-MICHALSKA, Madeleine, [*Le Sourd dans la ville*], *Châtelaine*, vol. 21, no 5, mai 1980, p. 8.

3553. AHMED, Maroussia, « 'Transgresser, c'est progresser' », *Incidences*, vol. 4, no 2-3, mai-décembre 1980, p. 119-127.

3554. LEPAGE, Yvan-G., « Sicut enim Narcissus. *La Belle Bête* de Marie-Claire Blais », *Incidences*, vol. 4, no 2-3, mai-décembre 1980, p. 101-108.

3555. MACCABÉE-IQBAL, Françoise, « Sur-vivre et sous-vivre. La Sexualité dans *Une saison dans la vie d'Emmanuel* », *Incidences*, vol. 4, no 2-3, mai-décembre 1980, p. 85-99.

3556. ROCHON, Claire, *« Les Voyageurs sacrés* de Marie-Claire Blais. Une dialectique existentielle de l'imaginaire », *Incidences*, vol. 4, no 2-3, mai-décembre 1980, p. 109-117.

3557. *DORION, Gilles, *« Le Sourd dans la ville »*, *Québec français*, no 38, mai 1980, p. 10.

3558. [ANONYME], [Governor General's Literary Awards. *Le Sourd dans la ville*], *Quill and Quire*, Vol. 46, No. 5, May 1980, p. 1.

3559. *CORRIVEAU, Hugues, « L'Ivraie et le bon grain [*Le Sourd dans la ville*] », *Spirale*, no 9, mai 1980, p. 5.

3560. [ANONYME], « Prix littéraire[s] du Gouverneur général », *Union des écrivains québécois*, vol. 1, no 3, mai 1980, p. [7].

3561. HOPKINS, Thomas, [Governor General's Literary Award], *Maclean's*, Vol. 93, No. 20, May 19, 1980, p. 61.

3562. *ROY, Michèle, *« Le Sourd dans la ville »*, *Le Bulletin Pantoute*, no 2, juin-juillet-août 1980, p. 5-6.

3563. POULIN, Gabrielle, « Un torrent qui se fige. *Le Sourd dans la ville* de Marie-Claire Blais », *Lettres québécoises*, no 18, été 1980, p. 19-21.

3564. *O'CONNOR, John J., [*Nights in the Underground — A Literary Affair*], *University of Toronto Quarterly*, Vol. 49, No. 4, Summer 1980, p. 387-388.

3565. *CAMERLAIN, Lorraine, *« La Nef des sorcières »*, *Jeu*, no 16, [3e trimestre] 1980, p. 216-217.

3566. [ANONYME], « Prix du Gouverneur général 19[79] », *Lettres québécoises*, no 19, automne 1980, p. 7.

3567. MARCOTTE, Gilles, « La Dialectique de l'ancien et du nouveau chez Marie-Claire Blais, Jacques Ferron et Réjean Ducharme », *Voix et images*, vol. 6, no 1, automne 1980, p. 63-73.

3568. [ANONYME], « Quatre Écrivains québécois consacrés au Canada [Prix du Gouverneur général] », *Écriture française dans le monde*, vol. 2, n⁰ 1-2, octobre 1980, p. 101.
3569. *DESJARDINS, Normand, «*Le Sourd dans la ville* », *Nos livres*, vol. 11, novembre 1980, n⁰ 324.
3570. COUILLARD, Marie, « La Femme écrivain canadienne-française et québécoise face aux idéologies de son temps [*Les Nuits de l'Underground*] », *Canadian Ethnic Studies/Études ethniques au Canada*, Vol. 13, No. 1, 1981, p. 49-50.
3571. AMPRIMOZ, Alexandre L., « Reflections on the Novels of Marie-Claire Blais », *Event*, Vol. 10, No. 1, 1981, p. 134-137.
3572. VERDUYN, Christl, « Looking Back to Lot's Wife [*Manuscrits de Pauline Archange — Les Nuits de l'Underground*] », *Atlantis*, Vol. 6, No. 2, Spring 1981, p. 44-45.
3573. WAELTI-WALTERS, Jennifer, « Guilt. The Prison of this World », *Canadian Literature*, No. 88, Spring 1981, p. 47-51.
3574. ROSENFELD, Marthe, « Textes lesbiens. Langage et vision utopique des nouvelles écrivaines du Québec » », *Le Berdache*, n⁰ 19, avril 1981, p. 40-44.
3575. *DESJARDINS, Normand, «*Manuscrits de Pauline Archange* », *Nos livres*, vol. 12, juin-juillet 1981, n⁰ 265.
3576. *DESJARDINS, Normand, «*Les Apparences* », *Nos livres*, vol. 12, juin-juillet 1981, n⁰ 267.
3577. *DESJARDINS, Normand, «*Vivre ! Vivre !* », *Nos livres*, vol. 12, juin-juillet 1981, n⁰ 266.
3578. *STRATFORD, Philip, « Marie-Claire Blais : Prowling the Periphery of Solitude [*Deaf to the City*] », *Quill and Quire*, Vol. 47, No. 6, June 1981, p. 34.
3579. *BOURQUE, Paul-André, [*Le Sourd dans la ville*], *University of Toronto Quarterly*, Vol. 50, No. 4, Summer 1981, p. 21-22.
3580. ESCOMEL, Gloria, « Marie-Claire Blais. Interview », *Féminin pluriel*, vol. 1, n⁰ 1, septembre 1981, p. 40-42.
3581. *CAMERON, Elspeth, « Connoisseur of Calamity [*Deaf to the City*] », *Saturday Night*, Vol. 96, No. 8, September 1981, p. 68-69.
3582. *STUEWE, Paul, « Exploring a Labyrinth of Tongues : From the Folklore of Quebec to a Trenchant Analysis of Soviet Society [*Deaf to the City*] », *Books in Canada*, Vol. 10, No. 8, October 1981, p. 28-29.
3583. BOIVIN, Aurélien, « Bibliographie », *Québec français*, n⁰ 43, octobre 1981, p. 44.
3584. BOIVIN, Aurélien, « Biographie », *Québec français*, n⁰ 43, octobre 1981, p. 44.
3585. CHAMBERLAND, Roger, « Libre Conversation avec Marie-Claire Blais », *Québec français*, n⁰ 43, octobre 1981, p. 39-41.
3586. FRÉMONT, Gabrielle, « Marie-Claire Blais. Au coeur de l'angoisse », *Québec français*, n⁰ 43, octobre 1981, p. 41-43.
3587. [ANONYME], « Expositions en janvier », *Parallelogramme*, Vol. 7, No. 2, December 1981-January 1982, p. 44-45.
3588. MARCHAND, Alain-Bernard, «*Les Manuscrits de Pauline Archange* de Marie-Claire Blais. Éros et Thanatos », *Voix et images*, vol. 7, n⁰ 2, hiver 1982, p. 343-349.
3589. CASTONGUAY, Gilles, « L'Eskabel. *La Belle Bête* de Marie-Claire Blais », *Le Berdache*, n⁰ 28, mars 1982, p. 43-47.
3590. *GERSON, Carole, « Tales of Two Cities [*Deaf to the City*] », *West Coast Review*, Vol. 16, No. 4, Spring 1982, p. 61-62.
3591. *ANDRÈS, Bernard, « Une fidèle trahison de Marie-Claire Blais [*La Belle Bête* par l'Eskabel] », *Spirale*, n⁰ 24, avril 1982, p. 3.
3592. SMART, Patricia, « Culture, Revolution and Politics in Quebec », *The Canadian Forum*, Vol. 62, No. 718, May 1982, p. 7-10.
3593. *[ANONYME], «*Visions d'Anna* », *Québec Hebdo*, vol. 4, n⁰ 18, 24 mai 1982, p. 3.
3594. *O'CONNOR, John J., [*Deaf to the City*], *University of Toronto Quarterly*, Vol. 51, No. 4, Summer 1982, p. 400-402.
3595. *MARCOTTE, Gilles, « Pantagruel et Anna. Meurtres et cauchemar éveillé [*Visions d'Anna*] », *L'Actualité*, vol. 7, n⁰ 8, août 1982, p. 67.
3596. *KING, Deirdre, «*Visions d'Anna* », *Quill and Quire*, Vol. 48, No. 9, September 1982, p. 59-60.

3597. *[ANONYME], «*Visions d'Anna* de Marie-Claire Blais», *Reflets*, vol. 4, n⁰ 1, septembre 1982, p. 25.

3598. *THÉORET, France, « Mères et filles en procès [*Visions d'Anna*] », *Spirale*, n⁰ 27, septembre 1982, p. 7.

3599. *MAILHOT, Michèle, «*Visions d'Anna*», *Lettres québécoises*, n⁰ 27, automne 1982, p. 18-19.

3600. *ANDRÈS, Bernard, « Post-Mortem pour l'Eskabel? [*La Belle Bête*] », *Voix et images*, vol. 8, n⁰ 1, automne 1982, p. 147-148.

3601. *LÉVESQUE, Gaëtan, « Regards lucides sur la société [*Visions d'Anna*] », *Voix et images*, vol. 8, n⁰ 1, automne 1982, p. 154-155.

3602. *CHAMBERLAND, Roger, «*Visions d'Anna*», *Québec français*, n⁰ 47, octobre 1982, p. 6-7.

3603. [ANONYME], « Remise des Prix du Québec 1982 [Le Prix David] », *Québec Hebdo*, vol. 4, n⁰ 41, 13 décembre 1982, p. 3.

3604. [ANONYME], « Finalistes du Grand Prix littéraire du *Journal de Montréal* », *Lettres québécoises*, n⁰ 28, hiver 1982-1983, p. 12.

3605. *GILBERT, Bernard, «*Visions d'Anna*», *Livres et auteurs québécois, 1982*, p. 28-30.

BLANCHET, Michel

3606. *GIGUÈRE, Richard, « L'Emploi d'écrire [*Le coeur signe le souffle*] », *Lettres québécoises*, n⁰ 19, automne 1980, p. 35.

3607. *BERGERON, Bertrand, «*Le coeur signe le souffle*», *Livres et auteurs québécois, 1980*, p. 94-95.

BLANCHET, Michèle

3608. *VÉZINA, Marité, « Michèle Blanchet, *Pop* », *La Gazette des femmes*, vol. 3, n⁰ 4, octobre 1981, p. 22.

3609. *JANOËL, André, «*Mon petit pop*», *Nos livres*, vol. 12, décembre 1981, n⁰ 467.

3610. *PAUL, Raymond, «*Mon petit Pop*», *Livres et auteurs québécois, 1981*, p. 36.

BLANCHETT, Warwick

3611. *BIRON, Hélène, «*Un gâteau à la noix de coco*», *Livres et auteurs québécois, 1980*, p. 218.

3612. *CHARTIER, Monique, «*Un gâteau à la noix de coco*», *Nos livres*, vol. 12, février 1981, n⁰ 57.

3613. *LEPAGE, Françoise, «*Un gâteau à la noix de coco*», *Lurelu*, vol. 4, n⁰ 4, hiver 1981, p. 16.

BLONDEAU, Dominique

3614. *VANASSE, André, «*L'Agonie d'une salamandre*», *Livres et auteurs québécois, 1979*, p. 27-29.

3615. *LASNIER, Louis, «*L'Agonie d'une salamandre*», *Nos livres*, vol. 11, février 1980, n⁰ 31.

3616. *OUELLETTE-MICHALSKA, Madeleine, [*L'Agonie d'une salamandre*], *Châtelaine*, vol. 21, n⁰ 3, mars 1980, p. 36.

3617. *L'HÉRAULT, Pierre, «*Les Funambules*», *Livres et auteurs québécois, 1980*, p. 30-31.

3618. *OUELLETTE-MICHALSKA, Madeleine, « Un châle sur les épaules, un livre sur les genoux [*Les Funambules*] », *Châtelaine*, vol. 22, n⁰ 1, janvier 1981, p. 24.

3619. *CANTIN, Léonce, «*Les Funambules*», *Québec français*, n⁰ 41, mars 1981, p. 12.

3620. *VANASSE, André, « Le Double, le multiple... le même. *Les Funambules* de Dominique Blondeau », *Lettres québécoises*, n⁰ 21, printemps 1981, p. 21-22.

3621. [ANONYME], « À propos de l'article d'André Vanasse sur *les Funambules* », *Lettres québécoises*, n⁰ 22, été 1981, p. 22.

3622. REY, Ghislaine, «*Les Funambules*, un livre difficile?», *Lettres québécoises*, n⁰ 22, été 1981, p. 11.

3623. *Hogue-Lebeuf, Jacqueline, «*Les Funambules*», *Nos livres*, vol. 12, décembre 1981, n⁰ 468.
3624. Belley, Hélène, « Une marginale dans les marginaux : Dominique Blondeau », *Lettres québécoises*, n⁰ 24, hiver 1981-1982, p. 89-90.

BLOUIN, Jean

3625. *Warren, Paul, «*De l'autre côté de l'action*», *Québec français*, n⁰ 47, octobre 1982, p. 13.

BLOUIN, Lise

3626. *Côté, Jacques, « Lise Blouin, Prix Esso », *Grimoire*, vol. 4, n⁰ 8, novembre 1981, p. 21.
3627. *[Anonyme], «*Miroir à deux visages*», *Québec Hebdo*, vol. 3, n⁰ 44, 16 novembre 1981, p. 4.
3628. Bastin, Agnès, « Lise Blouin [Entrevue] », *Grimoire*, vol. 4, n⁰ 9, décembre 1981, p. 20-21.
3629. [Anonyme], « Le Prix Esso-CLF 1981 », *Lettres québécoises*, n⁰ 24, hiver 1981-1982, p. 13.
3630. *Paul, Raymond, «*Miroir à deux visages*», *Livres et auteurs québécois, 1981*, p. 37.
3631. *Yergeau, Robert, « À propos de *Miroir à deux visages* », *Grimoire*, vol. 5, n⁰ 1, janvier 1982, p. 6-7.
3632. *Lépine, Stéphane, «*Miroir à deux visages*», *Nos livres*, vol. 13, février 1982, n⁰ 54.
3633. Côté, Jacques, « Lancement de *Miroir à deux visages* », *Grimoire*, vol. 5, n⁰ 3, mars 1982, p. 10.
3634. *Cantin, Léonce, «*Miroir à deux visages*», *Québec français*, n⁰ 45, mars 1982, p. 11.
3635. *Vanasse, André, « De la marginalité [*Miroir à deux visages*] », *Voix et images*, vol. 7, n⁰ 3, printemps 1982, p. 598.

BLOUIN, Louise

3636. *Doucette, L[éonard] E., [*Répertoire des oeuvres de la littérature radiophonique québécoise, 1930-1970*], *University of Toronto Quarterly*, Vol. 50, No. 4, Summer 1981, p. 178.

BLUTEAU, Gilles [pseud. : Gil Bluteau]

3637. Bluteau, Gil, « La Saison des jeux », *Focus*, n⁰ 24-25, juillet-août 1979, p. 24-25.
3638. *Provost, Guy, « Le Miroir des miroirs [*Meurent les alouettes...*] », *Journal of Canadian Fiction*, No. 31-32, 1981, p. 235-237.

BLUTEAU, Gil [pseud. de Gilles Bluteau]

3639. Bluteau, Gil, « La Saison des jeux », *Focus*, n⁰ 24-25, juillet-août 1979, p. 24-25.
3640. *Provost, Guy, « Le Miroir des miroirs [*Meurent les alouettes...*] », *Journal of Canadian Fiction*, No. 31-32, 1981, p. 235-237.

BOIS, Louis-Édouard

3641. Rousseau, Guildo, « La Mauricie et ses romanciers », *Revue d'histoire littéraire du Québec et du Canada français*, n⁰ 3, hiver-printemps 1982, p. 50.

BOISJOLI, Charlotte

3642. *Stanton, Julie, [*La Chatte blanche*], *La Gazette des femmes*, vol. 3, n⁰ 3, septembre 1981, p. 4.

3643. *[ANONYME], « L'Écriture féminine [*La Chatte blanche*] », *L'Écrilu*, vol. 1, n⁰ 5, mars 1982, p. 4.

3644. THÉRIO, Adrien, «*La Chatte blanche* de Charlotte Boisjoli ou la Femme qui brise ses chaînes et celles des autres », *Lettres québécoises*, n⁰ 25, printemps 1982, p. 23-24.

3645. *STANTON, Julie, [*La Chatte blanche*], *La Gazette des femmes*, vol. 4, n⁰ 3, septembre 1982, p. 4.

BOISMENU, Gérard

3646. *BELLEMARE, Madeleine, «*Le Québec en textes, 1940-1980*», *Nos livres*, vol. 11, novembre 1980, n⁰ 325.

3647. *GUAY, Jacques, «*Le Québec en textes*, [*1940-1980*] », *Le Bulletin Pantoute*, n⁰ 4, décembre 1980-janvier-février 1981, p. 10.

3648. *SAVARD, Pierre, «*Le Québec en textes, 1940-1980*», *Revue d'histoire de l'Amérique française*, vol. 35, n⁰ 2, septembre 1981, p. 273-274.

3649. *OUELLET, Réal, « L'Entreprise anthologique [*Le Québec en textes, 1940-1980*] », *Lettres québécoises*, n⁰ 24, hiver 1981-1982, p. 77-79.

3650. *LEBEL, Maurice, «*Le Québec en textes, 1940-1980*», *Canadian Literature*, No. 93, Summer 1982, p. 135-136.

BOISSONNAULT, Charles-Marie

3651. ALLAIRE-BOIVIN, Émilia, « Une amicale salutation à notre ami Boissonnault », *Bulletin de la Société des écrivains canadiens*, vol. 10, n⁰ 1, juin 1979, p. 6-7.

BOISVERT, Claude

3652. *SPEHNER, Norbert, [*Parendoxe*], *Solaris*, vol. 5, n⁰ 4, septembre 1979, p. 17.

3653. *B[ÉLIL], M[ichel], « Claude Boisvert, un auteur prometteur [*Tranches de néant*] », *Imagine*, vol. 2, n⁰ 3, mars 1981, p. 52-53.

3654. *CHAMBERLAND, Roger, «*Tranches de néant* », *Québec français*, n⁰ 41, mars 1981, p. 14-15.

3655. *JANELLE, Claude, « Un fantastique traversé de spiritualité [*Tranches de néant*] », *Solaris*, vol. 7, n⁰ 2, avril 1981, p. 6-7.

3656. *DESJARDINS, Normand, «*Tranches de néant* », *Nos livres*, vol. 12, juin-juillet 1981, n⁰ 268.

3657. *COSSETTE, Gilles, « Tranches de vie, tranches de néant. Le Conte et la nouvelle au Québec en 1981 [*Tranches de néant*] », *Lettres québécoises*, n⁰ 23, automne 1981, p. 24.

3658. *BÉLIL, Michel, «*Parendoxe* », *Imagine*, vol. 3, n⁰ 2, hiver 1981, p. 50-51.

3659. *RUNTE, Hans R., «*Tranches de néant* », *Canadian Literature*, No. 94, Autumn 1982, p. 144-146.

BOISVERT, Edmond [pseud. : Edmond de Nevers]

3660. TRÉPANIER, Pierre, « Le Québec en Amérique : Edmond de Nevers ou la Quête d'une raison d'être », *L'Action nationale*, vol. 69, n⁰ 4, décembre 1979, p. 278-292.

3661. SIMARD, Sylvain, « L'Essai québécois au XIXᵉ siècle », *Voix et images*, vol. 6, n⁰ 2, hiver 1981, p. 266-267.

BOISVERT, Yves

3662. *HAECK, Philippe, «*Simulacre dictatoriel* », *Livres et auteurs québécois, 1979*, p. 168-169.

3663. *LABINE, Marcel, « Une écriture qui retarde [*Simulacre dictatoriel*] », *Spirale*, n⁰ 6, février 1980, p. 10.

3664. *TROTTIER, Benoît, [*Simulacre dictatoriel*], *Voix et images*, vol. 5, n⁰ 3, printemps 1980, p. 603-605.

3665. *BAYARD, Caroline, [*Simulacre dictatoriel*], *University of Toronto Quarterly*, Vol. 50, No. 4, Summer 1981, p. 54.
3666. *CACCIA, Fulvio, «*Lis : écris ! ?*», *Livres et auteurs québécois, 1981*, p. 127-129.
3667. *DÉRY, Pierre-Justin, «*Vitraux d'éclipse*», *Livres et auteurs québécois, 1981*, p. 139-140.
3668. *GILBERT, Bernard, «*Vitraux d'éclipse*», *Québec français*, n° 45, mars 1982, p. 15-16.
3669. *DIONNE, André, «*Vitraux d'éclipse*», *Nos livres*, vol. 13, avril 1982, n° 148.
3670. *CORRIVEAU, Hugues, «*Vitraux d'éclipse*», *Lettres québécoises*, n° 26, été 1982, p. 42-43.
3671. *BAYARD, Caroline, [*Lis : écris ! ?*], *University of Toronto Quarterly*, Vol. 51, No. 4, Summer 1982, p. 372.

BOIVIN, Aurélien

3672. *TH[ÉRIO], A[drien], «*Littérature du Saguenay-Lac-Saint-Jean. Répertoire des oeuvres et des auteurs*», *Lettres québécoises*, n° 19, automne 1980, p. 74.
3673. *GAULIN, André, «*Littérature du Saguenay-Lac-Saint-Jean — Le Saguenay-Lac-Saint-Jean célèbre Louis Hémon*», *Québec français*, n° 41, mars 1981, p. 19.

BONENFANT, Alain

3674. *MONETTE, Pierre, «*Le Fils du Président*», *Livres et auteurs québécois, 1980*, p. 233.
3675. *MATTEAU, Robert, [*Le Fils du Président*], *Grimoire*, vol. 4, n° 1, janvier 1981, p. 7-8.
3676. *[ANONYME], « Alain Bonenfant. Un roman à 15 ans [*Le Fils du Président*] », *Grimoire*, vol. 4, n° 2, février 1981, p. 18.
3677. *LAFORTUNE, Aline, «*Le Fils du Président*», *Nos livres*, vol. 12, mars 1981, n° 119.
3678. *GÉLINAS, Michèle, «*Le Fils du Président*», *Lurelu*, vol. 4, n° 3, automne 1981, p. 8.

BONENFANT, Joseph

3679. [ANONYME], [Joseph Bonenfant], *Grimoire*, vol. 2, n° 3, 22 février 1979, p. 24.
3680. *DIONNE, René, « Naissance du sang ou les Jalons de la paternité. *Repère* de Joseph Bonenfant », *Lettres québécoises*, n° 15, août-septembre 1979, p. 11-13.
3681. *[ANONYME], « Un hommage bien mérité [*Repère*] », *Grimoire*, vol. 2, n° 10, septembre 1979, p. 12.
3682. *STRATFORD, Gaston-J[ames], « Le Roman de Bonenfant. Repère ou Repaire ? », *Grimoire*, vol. 2, n° 10, septembre 1979, p. 8-9.
3683. *HAECK, Philippe, « Lire la Bible [*Repère*] », *Spirale*, n° 1, septembre 1979, p. 10.
3684. *STRATFORD, Gaston-James, «*Repère* de Joseph Bonenfant : repère ou repaire ? », *Les Cahiers du hibou*, [vol. 1], n° 3, [4e trimestre] 1979, p. 25-26.
3685. *CIVIL, Jean, « Bonenfant m'a dit... », *Grimoire*, vol. 2, n° 11, octobre 1979, p. 8-9.
3686. *DORION, Gilles, «*Repère*», *Québec français*, n° 35, octobre 1979, p. 10.
3687. GAGNON, Daniel, « Contes, romans et poésie d'ici », *L'Estrie*, vol. 2, n° 1, novembre 1979, p. 21-29.
3688. *DUQUETTE, Jean-Pierre, [*Repère*], *Livres et auteurs québécois, 1979*, p. 18-19.
3689. *LAPIERRE, René, «*Repère*», *Livres et auteurs québécois, 1979*, p. 29-32.
3690. *MICHAUD, Jacques, « De Magog à Jérusalem en passant par la Crète [*Repère*] », *Relations*, vol. 40, n° 455, janvier 1980, p. 30-31.
3691. *MOORHEAD, Andrea, [*Repère*], *Waves*, Vol. 8, No. 3, Spring 1980, p. 66-67.
3692. *GAUVIN, Lise, [*Repère*], *University of Toronto Quarterly*, Vol. 49, No. 4, Summer 1980, p. 347.
3693. *RAOUL, Valérie, «*Repère*», *Canadian Literature*, No. 88, Spring 1981, p. 107.

BONENFANT, Réjean

3694. *DORION, Gilles, «*L'Écriveule*», *Livres et auteurs québécois, 1979*, p. 32-33.
3695. *BELLEMARE, Madeleine, «*L'Écriveule*», *Nos livres*, vol. 11, mars 1980, n° 78.

BONVOULOIR-BAYOL, Thérèse

3696. *Laprés, Raymond, «*Les Soeurs d'Io*», *Nos livres*, vol. 10, novembre 1979, no 345.

BORDUAS, Paul-Émile

3697. Nantel, Louise, « 1948. *Le Refus global*», *Les Cahiers de la Nouvelle Compagnie théâtrale*, vol. 13, no 2, janvier 1979, p. 26-27.
3698. *Isaac, Joanna, [Paul-Émile Borduas, *Écrits/Writings, 1942-1958*], *Racar*, vol. 6, no 2, 1979-1980, p. 134-136.
3699. *Isaac, Joanna, «*Écrits/Writings, 1942-1958*», *Dalhousie Review*, Vol. 59, No. 3, Autumn 1979, p. 566-570.
3700. Gagnon, François-Marc, « Paul-Émile Borduas and Modernism : 'I Hate All Nationalisms' », *Arts Canada*, No. 232-233, December 1979-January 1980, p. 15-18.
3701. *Harper, Russell, « Paul-Émile Borduas, *Écrits/Writings*, [*1942-1958*] », *Quill and Quire*, Vol. 45, No. 14, December 1979, p. 24.
3702. *Duquette, Jean-Pierre, « Deux Borduas...? [*Écrits/Writings, 1942-1958*] », *Voix et images*, vol. 5, no 2, hiver 1980, p. 399-401.
3703. *Paradis, Andrée, « Écriture libérante [*Écrits/Writings, 1942-1958*] », *Vie des arts*, vol. 24, no 98, printemps 1980, p. 93.
3704. *Isaac, Joanna, [*Écrits/Writings, 1942-1958*], *Racar*, vol. 7, no 1-2, 1980, p. 134-136.
3705. Beaudet, André, « Du désir de prendre la mer (transitions) », *Les Herbes rouges*, no 88-89, mars 1981, p. 55-70.
3706. Beaudet, André, « D'une peinture en transit », *Les Herbes rouges*, no 88-89, mars 1981, p. 31-41.
3707. Beaudet, André, « La Nuit étoilée de Borduas », *Les Herbes rouges*, no 88-89, mars 1981, p. 20-30.
3708. Beaudet, André, « Ordalie », *Les Herbes rouges*, no 88-89, mars 1981, p. 71-76.
3709. Beaudet, André, « De l'autre côté : par delà les frontières », *Les Herbes rouges*, no 88-89, mars 1981, p. 10-19.
3710. Beaudet, André, « De la peinture du jardin à la caverne peinte (taches) », *Les Herbes rouges*, no 88-89, mars 1981, p. 42-54.
3711. Lavoie, Raymond, « L'Impulsion créatrice du *Refus global* de Borduas », *Écriture française dans le monde*, vol. 3, no 1, mai 1981, p. 7-11.
3712. *Callaghan, Barry, « A Darkness at the Root [*Écrits/Writings, 1942-1958*] », *Brick*, No. 13, Fall 1981, p. 7-9.
3713. *Ellenwood, Ray, « Borduas [*Écrits/Writings, 1942-1958*] », *Brick*, No. 13, Fall 1981, p. 5-7.
3714. Gervais, André, « L'Écriture et l'institution. À propos des inédits de Nelligan, Gauvreau et Borduas », *Lettres québécoises*, no 24, hiver 1981-1982, p. 88.
3715. Charron, François, « La Passion d'autonomie [*Refus global*] », *Les Herbes rouges*, no 99-100, janvier 1982, p. 49-65.
3716. Charron, François, « Tout s'épuise... », *Les Herbes rouges*, no 99-100, janvier 1982, p. 66-68.
3717. Maisonneuve, Lise, «*Refus global*. Borduas et Gauvreau », *Prétexte*, vol. 3, no 2, 2e trimestre 1982, p. 73-80.

BOSCO, Monique

3718. *Gaulin, André, «*Schabbat, 70-77*», *Québec français*, no 33, mars 1979, p. 10.
3719. Collet, Paulette, « Les Romancières québécoises des années 60 face à la maternité », *Atlantis*, Vol. 5, No. 2, Spring 1980, p. 131-141.
3720. Escomel, Gloria, « 'Je suis contre la conscription des femmes' », *La Gazette des femmes*, vol. 2, no 3, juillet-août 1980, p. 6-7.
3721. Verduyn, Christl, « Looking Back to Lot's Wife [*Lot's Wife*] », *Atlantis*, Vol. 6, No. 2, Spring 1981, p. 38-40, 44.

3722. *Alonzo, Anne-Marie, « Le Livre peint [*Portrait de Zeus peint par Minerve*] », *La Nouvelle Barre du jour*, n⁰ 116, septembre 1982, p. 90-91.

3723. *Stanton, Julie, «*Portrait de Zeus peint par Minerve*», *La Gazette des femmes*, vol. 4, n⁰ 4, octobre 1982, p. 4.

3724. *[Anonyme], «*Portrait de Zeus peint par Minerve* », *L'Écrilu*, vol. 2, n⁰ 3, novembre 1982, p. 7.

BOSSUS, Francis

3725. *Berthiaume, Pierre, « Prix Esso du Cercle du livre de France et Prix Jean-Béraud-Molson. *Les Hommes-Taupes* de Négovan Rajic et *l'Enfant et les hommes* de Francis Bossus », *Lettres québécoises*, n⁰ 13, février 1979, p. 13, 15-16.

3726. *Desjardins, Normand, «*Une affaire sociale*», *Nos livres*, vol. 13, juin-juillet 1982, n⁰ 245.

BOUCHARD, Arthur

3727. Rousseau, Guildo, « La Mauricie et ses romanciers », *Revue d'histoire littéraire du Québec et du Canada français*, n⁰ 3, hiver-printemps 1982, p. 52.

BOUCHARD, Camille

3728. [Anonyme], « Prix Dagon 1979 [*Les Ancêtres*] », *Grimoire*, vol. 3, n⁰ 3, mars 1980, p. 21.

3729. [Anonyme], « Prix Dagon 1979 », *Lettres québécoises*, n⁰ 17, printemps 1980, p. 7.

BOUCHARD, Claude

3730. *Labine, Marcel, « Et la vraie mort, bordel ! [*La Mort après la mort*] », *Spirale*, n⁰ 12, octobre 1980, p. 13.

3731. *Lapierre, René, « Ça parle au diable ! [*La Mort après la mort*] », *Liberté*, vol. 22, n⁰ 6, novembre-décembre 1980, p. 63-64.

3732. *[Anonyme], «*La Mort après la mort*», *Réseau*, vol. 12, n⁰ 7, mars 1981, p. 27.

3733. *Dansereau, Estelle, « Duplicité narrative [*La Mort après la mort*] », *Canadian Literature*, No. 92, Spring 1982, p. 85-86.

BOUCHARD, Denis

3734. *Bordeleau, Christian, « Sors-moi donc ! [*La Déprime*] », *Le Berdache*, n⁰ 27, février 1982, p. 63.

BOUCHARD, Denis [né en 1925]

3735. *Purcell, J.M., [*Une lecture d'Anne Hébert. La Recherche d'une mythologie*], *The Antigonish Review*, No. 41, Spring 1980, p. 108-111.

BOUCHARD, Diane

3736. *Paquin, Louise-Odile, «*La couleur chante un pays* », *Nos livres*, vol. 12, août-septembre 1981, n⁰ 343.

3737. *Maréchal, André, « Jeux et enjeux du théâtre pour enfants [*La couleur chante un pays*] », *Lettres québécoises*, n⁰ 24, hiver 1981-1982, p. 84.

3738. *Barrett, Caroline, «*La couleur chante un pays* », *Livres et auteurs québécois, 1981*, p. 162-163.

3739. *Filteau, Louise, [*La couleur chante un pays*], *Canadian Children's Literature*, No. 25, [1rst Trimester] 1982, p. 65-66.

3740. *Gruslin, Adrien, «*La couleur chante un pays* ou l'Histoire de la peinture québécoise », *Jeu*, n⁰ 22, 1ᵉʳ trimestre 1982, p. 145-146.

3741. *Filteau, Louise, «*La couleur chante un pays*», *Canadian Theatre Review*, No. 34, Spring 1982, p. 205.

3742. *[Anonyme], «*Une histoire de marionnettes*», CEAD. *Dramaturgies nouvelles*, vol. 3, n⁰ 3, avril 1982, [s.p.].

3743. *[Anonyme], «*L'Enfant de l'étoile*», CEAD. *Dramaturgies nouvelles*, vol. 3, n⁰ 3, avril 1982, [s.p.].

3744. *[Anonyme], «*La couleur chante un pays*», CEAD. *Dramaturgies nouvelles*, vol. 3, n⁰ 3, avril 1982, [s.p.].

3745. *[Anonyme], «*Le Petit Monde du Père Noël*», CEAD. *Dramaturgies nouvelles*, vol. 3, n⁰ 3, avril 1982, [s.p.].

BOUCHARD, Louise

3746. *Monette, Pierre, « D'une pierre, trois coups. *La Nouvelle Barre du jour* édite [*Des voix la même*] », *Lettres québécoises*, n⁰ 13, février 1979, p. 25, 27.

3747. *Haeck, Philippe, « Tremblement et certitude. *Des voix la même* », *Spirale*, n⁰ 1, septembre 1979, p. 7.

BOUCHARD, Michel-Marc

3748. Couture, Denis, «*La Contre-Nature de Chrysippe Tanguay, écologiste* », *Liaison*, vol. 3, n⁰ 13, décembre 1980, p. 35-36.

BOUCHARD, René

3749. *Vigneault, Robert, « Deux Recueils importants sur la vitalité littéraire et culturelle du Québec. *Culture populaire et littérature au Québec*. [...] », *Lettres québécoises*, n⁰ 22, été 1981, p. 61-63.

3750. *Hubert, Jean, « Au fil des livres [*Culture populaire et littérature au Québec*] », *Vie française*, vol. 36, n⁰ 1-2-3, janvier-février-mars 1982, p. 51.

BOUCHARD, Reynald

3751. *Saint-Amour, Robert, «*La Poétite (pour toute la famille)* », *Livres et auteurs québécois, 1981*, p. 108-109.

BOUCHER, Claudette

3752. *Sauvé, Élaine, «*Jamais plus les chevaux* », *Lurelu*, vol. 4, n⁰ 3, automne 1981, p. 13.

BOUCHER, Denise

3753. Rubin, Don, « Asides », *Canadian Theatre Review*, No. 21, Winter 1979, p. 5-6.

3754. Beaudry, Albert, «*Les fées ont soif*, 1 : de la loi et de l'évangile », *Relations*, vol. 39, n⁰ 444, janvier 1979, p. 3-4.

3755. Éthier, Jean-René, « Fées ou sorcières ? », *Relations*, vol. 39, n⁰ 444, janvier 1979, p. 24-27.

3756. Nadeau, Jean-Guy, «*Les fées ont soif*, 2 : entre deux mythes, la vierge et les fées », *Relations*, vol. 39, n⁰ 444, janvier 1979, p. 4-5.

3757. [Anonyme], «*Les fées ont soif*», *L'Envers du décor*, vol. 11, n⁰ 4, février 1979, p. [7].

3758. [Collectif], « Des Français à la défense de *Les fées ont soif*», *Lettres québécoises*, n⁰ 13, février 1979, p. 52.

3759. *Dionne, André, « Le Théâtre qu'on joue : autour des *Fées*. Le Théâtre de la vie », *Lettres québécoises*, n⁰ 13, février 1979, p. 29-30.

3760. THÉRIO, Adrien, « Heureuse Censure. *Les fées ont soif* », *Lettres québécoises*, n⁰ 13, février 1979, p. 4-6.

3761. *CHÉNARD, Sylvie, *«Cyprine»*, *Focus*, n⁰ 20, mars 1979, p. 54.

3762. [COLLECTIF DES ÉDITIONS DE LA PLEINE LUNE, Le], « La Censure des *Fées* », *Le Temps fou*, n⁰ 5, mars-avril-mai 1979, p. 5.

3763. VALLIÈRES, Luc, « Fées d'hiver », *Le Temps fou*, n⁰ 5, mars-avril-mai 1979, p. 18-21.

3764. AUBIE, Walter, « The Night They Raided TNM », *Performing Arts in Canada*, Vol. 16, No. 1, Spring 1979, p. 50-51.

3765. *AHMED, Maroussia, *«Les fées ont soif»*, *Quill and Quire*, Vol. 45, No. 5, April 1979, p. 34.

3766. ANDRÈS, Bernard, « Imbuvables, les *Fées* ?... Pour qui ? », *Voix et images*, vol. 4, n⁰ 3, avril 1979, p. 540-541.

3767. ROY, Marie-Andrée, « Quand les événements culturels deviennent carrefour de credos [*Les fées ont soif*] », *Communauté chrétienne*, vol. 18, n⁰ 105, mai-juin 1979, p. 283-287.

3768. *AUBIN, Penelope, « '*Les fées ont soif*' Stirs Up the Right Wing in Quebec », *The Last Post*, Vol. 7, No. 4, May 1979, p. 40-44.

3769. *WILLEMIN, Patricia, « Si toutes les fées du monde... », *Trajectoires*, vol. 1, n⁰ 1, mai 1979, p. 38.

3770. *BEAUDOIN, Denise, *«Les fées ont soif»*, *Jeu*, n⁰ 12, été 1979, p. 185-186.

3771. *GIGUÈRE, Richard, [*Cyprine*], *University of Toronto Quarterly*, Vol. 48, No. 4, Summer 1979, p. 359-360.

3772. *GIRARD, Gilles, [*Les fées ont soif*], *University of Toronto Quarterly*, Vol. 48, No. 4, Summer 1979, p. 371-373.

3773. CHABOT, Marc, « L'Affaire '*Les fées ont soif*'. Bibliographie », *Bulletin de la Société de philosophie du Québec*, vol. 5, n⁰ 2, septembre 1979, p. 41-58.

3774. COUILLARD, Marie, « La Femme : d'objet mythique à sujet parlant », *Atlantis*, Vol. 5, No. 1, Autumn 1979, p. 45-47.

3775. FORSYTH, Louise [H.], « First Person Feminine Singular : Monologues by Women in Several Modern Quebec Plays », *Canadian Drama/L'Art dramatique canadien*, Vol. 5, No. 2, Autumn 1979, p. 191.

3776. GOBIN, Pierre [B.], *«Les fées ont soif* de Denise Boucher. Une relecture », *Canadian Drama/L'Art dramatique canadien*, Vol. 5, No. 2, Autumn 1979, p. 220-226.

3777. [ANONYME], *«Les fées ont soif»*, *CEAD. En bref*, vol. 1, n⁰ 1, novembre 1979, p. [5].

3778. LE DAIN, Anne, [*Les fées ont soif*], *L'Envers du décor*, vol. 12, n⁰ 2, novembre 1979, p. [6].

3779. [ANONYME], « Les Fées. Jugement rendu », *L'Envers du décor*, vol. 12, n⁰ 3, décembre 1979, p. 7.

3780. POTEET, Susan H., « An Interview with Denise Boucher », *Fireweed*, No. 5-6, Winter 1979-1980, p. 71-79.

3781. [ANONYME], « Est terminé ! [*Les fées ont soif*] », *L'Envers du décor*, vol. 12, n⁰ 6, avril 1980, p. [2].

3782. CHABOT, Marc, « Bibliographie. *Les fées ont soif* », *Bulletin de la Société de philosophie du Québec*, vol. 6, n⁰ 2, mai 1980, p. 50-52.

3783. [ANONYME], « Bourses du Conseil des arts du Canada », *Union des écrivains québécois*, vol. 1, n⁰ 3, mai 1980, p. [3].

3784. *CAMERLAIN, Lorraine, *«Les fées ont soif»*, *Jeu*, n⁰ 16, [3ᵉ trimestre] 1980, p. 217-218.

3785. FRANCOEUR, Louis, « Théâtre, culture et sémiotique », *Études littéraires*, vol. 14, n⁰ 1, avril 1981, p. 187.

3786. CARON, Anita, Flore Dupriez et M[arie]-A[ndrée] ROY, « La Vierge-Mère, modèle de la femme chrétienne [*Les fées ont soif*] », *Studies in Religion/Sciences religieuses*, Vol. 10, No. 4, Fall 1981, p. 399-419.

3787. NARDOCCHIO, Elaine F., « Espace scénique et société québécoise. De Gratien Gélinas à Denise Boucher », *Incidences*, vol. 6, n⁰ 1-2, janvier-août 1982, p. 39-46.

3788. SMITH, André, « L'Affaire *Les fées ont soif* », *Incidences*, vol. 6, n⁰ 1-2, janvier-août 1982, p. 93-97.

3789. SMITH, André, « Théâtre au féminin. *Encore cinq minutes* et *les fées ont soif* », *Voix et images*, vol. 7, n° 2, hiver 1982, p. 351-365.

3790. SMART, Patricia, « Culture, Revolution and Politics in Quebec », *The Canadian Forum*, Vol. 62, No. 718, May 1982, p. 7-10.

3791. *THOMPSON, Mary Alice, «*The Fairies Are Thirsty* », *Newest Review*, Vol. 7, No. 9, May 1982, p. 15.

BOUCHER, Jean-Pierre

3792. *SHEK, Ben-Z[ion], [*Instantanés de la condition québécoise*], *University of Toronto Quarterly*, Vol. 49, No. 4, Summer 1980, p. 470-471.

3793. *[ANONYME], «*Souvenirs d'un enfant de choeur* [Prix du Cercle du Livre de France] », *Québec Hebdo*, vol. 3, n° 44, 16 novembre 1981, p. 4.

3794. *BOIVIN, Aurélien, «*Souvenirs d'un enfant de choeur* », *Québec français*, n° 44, décembre 1981, p. 10.

3795. *VANASSE, André, «*Souvenirs d'un enfant de choeur* », *Livres et auteurs québécois, 1981*, p. 37-38.

3796. *BONNEVILLE, Léo, «*Souvenirs d'un enfant de choeur* », *Nos livres*, vol. 13, février 1982, n° 55.

3797. *CHAMPAGNE, Guy, «*Thérèse* », *Livres et auteurs québécois, 1982*, p. 30-31.

BOUCHER, Pierre

3798. GAGNON, François-Marc, «*Experientia est rerum magistra*. Savoir empirique et culture savante chez les premiers voyageurs au Canada », *Questions de culture*, n° 1, 4e trimestre 1981, p. 61.

BOUCHER, Yvon

3799. *[ANONYME], [*Petite Rhétorique de nuit*], *L'Atulu*, vol. 1, n° 1, février 1979, p. 2.

3800. *GODBOUT, Jacques, [*Petite Rhétorique de nuit*], *L'Actualité*, vol. 4, n° 4, avril 1979, p. 98.

3801. *LASNIER, Louis, «*Petite Rhétorique de nuit* », *Nos livres*, vol. 10, avril 1979, n° 124.

3802. *VANDENDORPE, Christian, «*Petite Rhétorique de nuit* », *Québec français*, n° 34, mai 1979, p. 8.

3803. *FOURNIER, Claude, « Une catharsis partielle [*Petite Rhétorique de nuit*] », *Journal of Canadian Fiction*, No. 25-26, 1979, p. 305-307.

3804. *LAROCHE, Maximilien, «*Morceaux moisis* », *Livres et auteurs québécois, 1981*, p. 202-204.

3805. *BELLEMARE, Madeleine, «*L'Oulippopotame* suivi de *L'Hapax ou la Leçon d'athléttrisme* », *Nos livres*, vol. 13, mars 1982, n° 103.

3806. *M[ARTIN], R[aymond], «*L'Oulippopotame* », *Moebius*, n° 14, printemps 1982, p. 56-57.

3807. *LASNIER, Louis, «*Morceaux moisis* », *Nos livres*, vol. 13, mai 1982, n° 193.

3808. *MICHON, Jacques, [*Morceaux moisis*], *Lettres québécoises*, n° 26, été 1982, p. 67.

3809. *MELANÇON, Benoît, « Yvon Boucher, *Morceaux moisis* », *Voix et images*, vol. 8, n° 1, automne 1982, p. 152-153.

BOUCHERVILLE, Georges Boucher de

3810. BERTHIAUME, Pierre, «*Une de perdue, deux de trouvées* de Georges Boucher de Boucherville. Rapports actantiels, rapports économiques », *Journal of Canadian Fiction*, No. 25-26, 1979, p. 115-123.

BOUCHETTE, Errol

3811. *HATHORN, Ramon, [*Robert Lozé*], *Voix et images*, vol. 6, n° 1, automne 1980, p. 103-104.

BOUCHETTE-TASCHEREAU-FORTIER, M.-C.-A. [pseud. : Maxine]

3812. *LAURIN, Michel, «*L'Ogre du Niagara*», *Nos livres*, vol. 12, décembre 1981, n° 509.

3813. *L[ATREILLE]-H[UVELIN], F[rance], [*L'Ogre du Niagara*], *Des livres et des jeunes*, vol. 4, n° 12, été 1982, p. 49.

BOUDREAU, Diane

3814. [ANONYME], « Du rire de la mort [*Se foutre du rire de la mort*] », *Grimoire*, vol. 2, n° 10, septembre 1979, p. 13.

3815. *BASTIN, Agnès, [*Se foutre du rire de la mort*], *Grimoire*, vol. 2, n° 11, octobre 1979, p. 17.

3816. *CÔTÉ, Jacques, [*Se foutre du rire de la mort*], *Grimoire*, vol. 3, n° 2, février 1980, p. 7-8.

3817. *CÔTÉ, Jacques, [*Blanche et François*], *Grimoire*, vol. 3, n° 6, juin 1980, p. 6-7.

3818. *LAURIN, Michel, «*Blanche et François*», *Nos livres*, vol. 11, décembre 1980, n° 373.

3819. *[ANONYME], «*Blanche et François*», *Les Cahiers du hibou*, vol. 1, n° 4-5, 1980, p. 114-115.

3820. *CIVIL, Jean, «*N'importe quoi*. Les Mots et la musique », *Grimoire*, vol. 4, n° 4, avril 1981, p. 10.

BOUDREAU, Jules

3821. *DUGUAY, Calixte, «*Cochu et le soleil*», *Si que*, n° 4, automne 1979, p. 183-186.

BOUDREAU, Lise

3822. *[ANONYME], «*Josée, récit d'un inceste*», *L'Écrilu*, vol. 2, n° 1, juillet 1982, p. 18.

3823. *[ANONYME], «*Josée, récit d'un inceste*», *L'Écrilu*, vol. 2, n° 2, septembre 1982, p. 5.

3824. *LÉPINE, Stéphane, «*Josée, récit d'un inceste*», *Nos livres*, vol. 13, octobre 1982, n° 363.

3825. *BOIVIN, Aurélien, «*Josée, récit d'un inceste*», *Québec français*, n° 47, octobre 1982, p. 8.

BOULAIS, Stéphane-Albert

3826. *JANOËL, André, «*Lettres qui n'en sont pas*», *Nos livres*, vol. 12, août-septembre 1981, n° 326.

3827. *CORMIER, Jean-Marc, [*Lettres qui n'en sont pas*], *Urgences*, n° 5, 3e trimestre 1982, p. 92-93.

BOULANGER, André

3828. *LE BEL, Michel, «*Eh! qu'mon chum est platte!*», *Livres et auteurs québécois, 1979*, p. 187-188.

3829. *P[AGÉ], C[laire], «*Eh! qu'mon chum est platte!*», *Focus*, n° 33, avril 1980, p. 46-47.

3830. *ROBERT, Lucie, « Le Théâtre qu'on publie. *Eh! qu'mon chum est platte!* d'André Boulanger et Sylvie Prégent », *Lettres québécoises*, n° 18, été 1980, p. 33-34.

3831. *BELLEMARE, Madeleine, «*Eh! qu'mon chum est platte!*», *Nos livres*, vol. 11, août-septembre 1980, n° 241.

BOULERICE, Jacques

3832. *BONENFANT, Yvon, «*La Boîte à bois*», *Nos livres*, vol. 10, mars 1979, n° 87.

BOULIZON, Guy

3833. ROBIN, Marie-Jeanne, « Rencontre avec Guy Boulizon », *Lurelu*, vol. 2, n° 1, printemps 1979, p. 12-13.

3834. *GÉLINAS, Michèle, «*Alexandre et les prisonniers des cavernes*», *Lurelu*, vol. 2, n° 3, automne 1979, p. 11.

3835. *Chartier, Monique, «*Alexandre et les prisonniers des cavernes* », *Nos livres*, vol. 10, octobre 1979, n° 300.

3836. *B[élisle], A[lvine], «*Alexandre et les prisonniers des cavernes* », *Des livres et des jeunes*, vol. 2, n° 4, novembre 1979, p. 31.

3837. *Bélisle, Alvine, «*Alexandre et les prisonniers des cavernes* », *Livres et auteurs québécois*, *1979*, p. 254-255.

3838. *Bélisle, Alvine, [*Alexandre et les prisonniers des cavernes*], *Des livres et des jeunes*, vol. 2, n° 5, février 1980, p. 32.

3839. *Bélisle, Alvine, «*Alexandre et les prisonniers des cavernes* », *Vidéo-Presse*, vol. 10, n° 3, novembre 1980, p. 47.

3840. *Prud'homme, Johanne, «*La Chaise à Sébastien* », *Livres et auteurs québécois*, *1982*, p. 224-225.

BOURAOUI, Hédi

3841. *Welch, Lilliane, «*Without Boundaries. Sans frontières* », *Dalhousie Review*, Vol. 59, No. 2, Summer 1979, p. 368-370.

BOURASSA, André-Gilles

3842. *Boucher, Yvon, « Surréalisme, littérature québécoise et patchwork [*Surréalisme et littérature québécoise*] », *Journal of Canadian Fiction*, No. 25-26, 1979, p. 308-310.

3843. *Bayard, Caroline, «*Surréalisme et littérature québécoise* », *Canadian Literature*, No. 87, Winter 1980, p. 141-142.

BOURASSA, Henri

3844. *Gowers, Ruth, « Women in Canadian Studies. Susan Mann-Trofimenkoff and Alison Prentice, eds., *The Neglected Majority : Essays in Canadian Women's History* », *Bulletin of Canadian Studies*, Vol. 4, No. 1, April 1980, p. 86.

3845. *Laprés, Raymond, « A. Roy Pétrie, *Henri Bourassa* », *Nos livres*, vol. 13, avril 1982, n° 179.

BOURASSA, Napoléon

3846. *Hathorn, Ramon, [*Jacques et Marie*], *Voix et images*, vol. 6, n° 1, automne 1980, p. 101.

BOURGAULT, Pierre

3847. *Lefebvre, Gordon, « Le Scénario noir [*Écrits polémiques, 1960-1981, 1 : La Politique*] », *Spirale*, n° 30, décembre 1982, p. 4.

3848. *Pelletier, Jacques, «*Écrits polémiques, 1960-1981, 1 : La Politique* », *Livres et auteurs québécois, 1982*, p. 256-257.

BOURGEOIS, Albéric

3849. *Bouchard, Christian, «*Les Voyages de Ladébauche autour du monde* », *Livres et auteurs québécois, 1982*, p. 31-32.

BOURGEOIS, Jean-Marc

3850. *Th[ério], A[drien], «*Littérature du Saguenay-Lac-Saint-Jean. Répertoire des oeuvres et des auteurs* », *Lettres québécoises*, n° 19, automne 1980, p. 74.

3851. *Gaulin, André, «*Littérature du Saguenay-Lac-Saint-Jean — Le Saguenay-Lac-Saint-Jean célèbre Louis Hémon* », *Québec français*, n° 41, mars 1981, p. 19.

BOURGET, Élizabeth

3852. *DIONNE, André, « Le Théâtre qu'on joue : *Le Bonheur d'Henri* », *Lettres québécoises*, nᵒ 15, août-septembre 1979, p. 33.

3853. *CHARTIER, Monique, «*Bernadette et Juliette ou la Vie, c'est comme la vaisselle : c'est toujours à recommencer*», *Nos livres*, vol. 10, novembre 1979, nᵒ 346.

3854. *NADEAU, Vincent, «*Bernadette et Juliette ou la Vie, c'est comme la vaisselle : c'est toujours à recommencer*», *Livres et auteurs québécois, 1979*, p. 188-190.

3855. *ARMSTRONG, Lise et Johanne MONGEON, «*Bernadette et Juliette ou la Vie, c'est comme la vaisselle : c'est toujours à recommencer* [Création des] Pichous », *Jeu*, nᵒ 14, [1ᵉʳ trimestre] 1980, p. 148-157.

3856. NOËL, Francine, « Retour sur un spectacle. Entretien avec les Pichous », *Jeu*, nᵒ 14, [1ᵉʳ trimestre] 1980, p. 158-170.

3857. DES RIVIÈRES, Marie-José, «*Bernadette et Juliette ou la Vie, c'est comme la vaisselle : c'est toujours à recommencer* d'Élizabeth Bourget », *Lettres québécoises*, nᵒ 17, printemps 1980, p. 35-36.

3858. NOËL, Francine, « Plaidoyer pour mon image », *Jeu*, nᵒ 16, [3ᵉ trimestre] 1980, p. 48, 50.

3859. *DIONNE, André, « Le Théâtre qu'on joue : *Fais-moi mal juste un peu* d'Élizabeth Bourget », *Lettres québécoises*, nᵒ 19, automne 1980, p. 42.

3860. *NANTEL, Louise, «*Bonne Fête, maman !* », *Jeu*, nᵒ 17, [4ᵉ trimestre] 1980, p. 114-116.

3861. *BERNARD, Sophie, «*Bernadette et Juliette*, une première production 80-81 du Théâtre du Nouvel Ontario », *Liaison*, vol. 3, nᵒ 13, décembre 1980, p. 38-39.

3862. DIONNE, André, « Entrevue. Élizabeth Bourget, dramaturge », *Lettres québécoises*, nᵒ 20, hiver 1980-1981, p. 75-79.

3863. *DIONNE, André, « Le Théâtre qu'on joue : *Bonne fête maman* d'Élizabeth Bourget », *Lettres québécoises*, nᵒ 20, hiver 1980-1981, p. 35.

3864. CUSSON, Normand, « Élizabeth Bourget [*Songe pour un soir de printemps*] », *Clin d'oeil*, nᵒ 6, mars 1981, p. 22.

3865. *DIONNE, André, « Le Théâtre qu'on joue : *Songe pour un soir de printemps* », *Lettres québécoises*, nᵒ 22, été 1981, p. 46.

3866. *LAVOIE, Chantal, «*Songe pour un soir de printemps*. Les Pichous », *Jeu*, nᵒ 20, 3ᵉ trimestre 1981, p. 108-111.

3867. CUSSON, Chantale, « Élizabeth Bourget », *Jeu*, nᵒ 21, 4ᵉ trimestre 1981, p. 35-43.

3868. *CUSSON, Normand, « Élizabeth Bourget. Rire pour aller plus loin [*Bonne Fête, maman*] », *Clin d'oeil*, nᵒ 16, janvier 1982, p. 20-21.

3869. BOURGET, Élizabeth, « Le Mot de l'auteur », *Prélude*, vol. 4, nᵒ 5, mai-juin 1982, p. P3.

3870. BOURASSA, André-G[illes], [*Bonne Fête, maman*], *Lettres québécoises*, nᵒ 27, automne 1982, p. 47.

3871. *CROFT[-MERCIER], Esther, «*Bonne Fête, maman* », *Québec français*, nᵒ 47, octobre 1982, p. 11.

3872. *CUSSON, Normand, « Théâtre pour tous les goûts [*En ville*] », *Clin d'oeil*, nᵒ 26, novembre 1982, p. [65].

3873. *ANDRÈS, Bernard, « Mon homme, quel homme ? [*Mon homme*] », *Spirale*, nᵒ 29, novembre 1982, p. 11.

3874. *DIONNE, André, « Le Théâtre qu'on joue : *Mon homme* », *Lettres québécoises*, nᵒ 28, hiver 1982-1983, p. 54.

3875. *LEROUX, Normand, «*Bonne Fête, maman* », *Livres et auteurs québécois, 1982*, p. 156-157.

BOURNEUF, Roland

3876. *COSSETTE, Gilles, «*Reconnaissances* », *Lettres québécoises*, nᵒ 26, été 1982, p. 30-31.

3877. *LEMAIRE, Michel, «*Reconnaissances* », *Livres et auteurs québécois, 1982*, p. 33-34.

BOURQUE, Sophie

3878. [ANONYME], « Romancière à 11 ans », *Québec Hebdo*, vol. 1, n° 29, 3 septembre 1979, p. 3.

BOURRET, Marie-Hélène

3879. *LAPLANTE-L'HÉRAULT, Juliette, *«Si Cendrillon pouvait mourir»*, *Canadian Women's Studies/Les Cahiers de la femme*, Vol. 3, No. 2, 1981, p. 117-118.

BOUTIN, Jocelyne

3880. *CHARETTE, Christiane, *«Bougeotte»*, *Lurelu*, vol. 5, n° 3, hiver 1982, p. 14.

BOYNARD-FROT, Janine

3881. *DORION, Gilles, «*Un matriarcat en procès*», *Livres et auteurs québécois, 1982*, p. 195-198.

BRASSARD, France

3882. *GRÉGOIRE, Madeleine, *«Les Petits Pous vaga... bonds»*, *Lurelu*, vol. 5, n° 2, automne 1982, p. 8.

BRASSARD, Pierre

3883. *LAURIN, Michel, *«Les Découvertes des boucaniers»*, *Nos livres*, vol. 13, octobre 1982, n° 397.
3884. *LAURIN, Michel, *«Les Boucaniers d'eau douce»*, *Nos livres*, vol. 13, octobre 1982, n° 395.
3885. *LAURIN, Michel, *«Les Boucaniers et le vagabond»*, *Nos livres*, vol. 13, octobre 1982, n° 396.

BRAULT, Jacques

3886. [ANONYME], « Le Prix Duvernay 1978 », *Lettres québécoises*, n° 13, février 1979, p. 64.
3887. [ANONYME], [Profil], *Écriture française dans le monde*, vol. 2, n° 1-2, octobre 1980, p. 78.
3888. BRAULT, Jacques, « Congé », *Liberté*, vol. 22, n° 6, novembre-décembre 1980, p. 50-54.
3889. *DE BELLEFEUILLE, Normand, [*Trois Fois passera* précédé de *Jour et nuit*], *Spirale*, [n° 21], septembre 1981, p. 4-5.
3890. LEMAIRE, Michel, « Jacques Brault. L'Orfèvre et l'artisan [*Trois Fois passera* précédé de *Jour et nuit*] », *Lettres québécoises*, n° 23, automne 1981, p. 64-65.
3891. *H[ÉBERT], F[rançois], [*Trois Fois passera* précédé de *Jour et nuit*], *Liberté*, vol. 23, n° 6, novembre-décembre 1981, p. 129.
3892. *CORRIVEAU, Hugues, «*Trois Fois passera* précédé de *Jour et nuit* », *Livres et auteurs québécois, 1981*, p. 112-113.
3893. *GIROUX, Robert, «*Trois Fois passera* précédé de *Jour et nuit* », *Livres et auteurs québécois, 1981*, p. 86-87.
3894. *HAECK, Philippe, «*Trois Fois passera* précédé de *Jour et nuit* », *Estuaire*, n° 23, printemps 1982, p. 116-118.
3895. *BROCHU, André, « Rétrospectives et prospectives [*Trois Fois passera* précédé de *Jour et nuit*] », *Voix et images*, vol. 7, n° 3, printemps 1982, p. 586-587.
3896. *BAYARD, Caroline, [*Trois Fois passera* précédé de *Jour et nuit*], *University of Toronto Quarterly*, Vol. 51, No. 4, Summer 1982, p. 357-360.

BRAULT, Micheline

3897. *ALLARD, Diane, *«La Réconciliation»*, *Lurelu*, vol. 4, n° 4, hiver 1981, p. 11.

BRETON, Michel

3898. *P[AUZÉ], Jean, «*Avec l'envie soudaine d'une nuit blanche*», *Le Berdache*, n⁰ 11, juin 1980, p. 31.

3899. BORDELEAU, Christian, [Entrevue], *Le Berdache*, n⁰ 15, novembre 1980, p. 54-56.

3900. *[ANONYME], «*Avec l'envie soudaine d'une nuit blanche*», *CEAD. Dramaturgies nouvelles*, vol. 3, n⁰ 2, décembre 1981, p. 9.

BRIE, Albert

3901. *CIMON, Renée, «*Le Mot du silencieux*», *Nos livres*, vol. 10, décembre 1979, n⁰ 406.

BRIEN, Roger

3902. BRODEUR, Léo-A[rthur], « Roger Brien, titanesque poète québécois (1910-) », *Écriture française*, vol. 1, n⁰ 1, 1979, p. 14-16.

3903. BRODEUR, Léo-A[rthur], « Essai heuristique sur une pré-sémiotique du corps humain en littérature (Claudel-Senghor-Brien) », *Présence francophone*, n⁰ 18, printemps 1979, p. 177-209.

3904. BRODEUR, Léo-A[rthur], « Alfred DesRochers et Roger Brien », *Grimoire*, vol. 3, n⁰ 3, mars 1980, p. 18-20.

BRIÈRE, Luc

3905. *LAPLANTE, Michèle de, [*Dièse et Bémol*], *Grimoire*, vol. 3, n⁰ 8, septembre 1980, p. 13.

BRIÈRE, Marc

3906. *DUMAIS, Alfred, «*Un nouveau contrat social*», *Livres et auteurs québécois, 1980*, p. 264-265.

3907. *MELANSON, Brian et Alain PRONKIN, «*Un nouveau contrat social*», *Nos livres*, vol. 12, février 1981, n⁰ 60.

3908. *RACINE, Jacques, «*Un nouveau contrat social*», *L'Église canadienne*, vol. 14, n⁰ 11, 5 février 1981, p. 351.

BRILLANT, Jacques

3909. *LASNIER, Louis, «*Le soleil se cherche tout l'été*», *Nos livres*, vol. 11, avril 1980, n⁰ 115.

3910. *LAMONTAGNE, Gilles, [*Le soleil se cherche tout l'été*], *Voix et images*, vol. 6, n⁰ 1, automne 1980, p. 165-166.

3911. *LANDRY, Kenneth, «*Le soleil se cherche tout l'été*», *Québec français*, n⁰ 40, décembre 1980, p. 9-10.

3912. *PAUL, Raymond, «*Le soleil se cherche tout l'été*», *Livres et auteurs québécois, 1980*, p. 32.

3913. *HODGSON, Richard-G., «*Le soleil se cherche tout l'été*», *Canadian Literature*, No. 88, Spring 1981, p. 97-98.

BRISEBOIS, Prosper [pseud. de Ubald Paquin]

3914. IMBERT, Patrick, «*Jules Faubert* d'Ubald Paquin et le roman populaire », *Lettres québécoises*, n⁰ 17, printemps 1980, p. 44-45.

BRISSET DES NOS, Pierre

3915. *RICHARD, Alain-Martin, «*Heavy Duty*», *Intervention*, n⁰ 14, février 1982, p. 13-14.

BRISSON, Marcelle

3916. *LASSERRE, Claudette, «*Plus jamais l'amour éternel. Héloïse sans Abélard*», *Québec français*, n⁰ 46, mai 1982, p. 9.

3917. *COTNOIR, Louise, « Où l'auteure s'absente [*Plus jamais l'amour éternel. Héloïse sans Abélard*] », *Spirale*, n⁰ 25, mai 1982, p. 6.

3918. *STANTON, Julie, «*Plus jamais l'amour éternel. Héloïse sans Abélard*», *La Gazette des femmes*, vol. 4, n⁰ 2, juillet-août 1982, p. 4.

3919. POISSANT, Louise, « Lettre ouverte à propos de l'article de Louise Cotnoir », *Spirale*, n⁰ 27, septembre 1982, p. 2.

3920. *M[ICHON], J[acques], «*Plus jamais l'amour éternel. Héloïse sans Abélard*», *Voix et images*, vol. 8, n⁰ 1, automne 1982, p. 178-179.

3921. *LEQUIN, Lucie, «*Plus jamais l'amour éternel. Héloïse sans Abélard*», *Livres et auteurs québécois, 1982*, p. 258-260.

BRISSON, Pierre

3922. *GAULIN, André, «*Exergue*», *Québec français*, n⁰ 33, mars 1979, p. 10.

3923. *CIMON, Renée, «*Exergue*», *Nos livres*, vol. 10, décembre 1979, n⁰ 407.

BROCHU, André

3924. *GODBOUT, Jacques, «*La Littérature et le reste*», *L'Actualité*, vol. 5, n⁰ 10, octobre 1980, p. 110.

3925. *CHABOT, Marc, «*La Littérature et le reste*», *Le Bulletin Pantoute*, n⁰ 4, décembre 1980-janvier-février 1981, p. 9.

3926. POULIN, Gabrielle, « Mais où sont les lettres d'antan. *La Littérature et le reste* d'André Brochu/Gilles Marcotte », *Lettres québécoises*, n⁰ 20, hiver 1980-1981, p. 81-83.

3927. *LAFON[-WEISS], Dominique, «*La Littérature et le reste*», *Livres et auteurs québécois, 1980*, p. 183-186.

3928. *CALABRESE, Giovanni, « La Voie du dialogue [*La Littérature et le reste*] », *Spirale*, n⁰ 15, janvier 1981, p. 12.

3929. *A[LLARD], J[acques], «*La Littérature et le reste*», *Voix et images*, vol. 6, n⁰ 2, hiver 1981, p. 345.

3930. *ALMÉRAS, Diane, «*La Littérature et le reste*», *Relations*, vol. 41, n⁰ 468, mars 1981, p. 90-91.

3931. *MICHON, Jacques, [*La Littérature et le reste*], *University of Toronto Quarterly*, Vol. 50, No. 4, Summer 1981, p. 175-176.

3932. LA BOSSIÈRE, Camille-R., « Of Renaissance and Solitude in Quebec : A Recollection of the Sixties », *Studies in Canadian Literature*, Vol. 7, No. 1, Spring 1982, p. 110.

BROCHU, Yvon

3933. *B[ÉLIL], M[ichel], « Un titre trompeur [*L'Extra-Terrestre*] », *Imagine*, vol. 3, n⁰ 3, printemps 1982, p. 69.

BRODEUR, Hélène

3934. *[ANONYME], «*Chroniques du Nouvel Ontario. La Quête d'Alexandre*», *L'Atulu*, vol. 3, n⁰ 5, mai 1981, p. 10.

3935. *GAY, Paul, «*Chroniques du Nouvel Ontario. La Quête d'Alexandre*», *Liaison*, n⁰ 16, juin 1981, p. 10-11.

3936. POULIN, Gabrielle, « Ce feu qui couve... *Chroniques du Nouvel Ontario. La Quête d'Alexandre*, de Hélène Brodeur », *Lettres québécoises*, n⁰ 24, hiver 1981-1982, p. 19-21.

3937. *LEGRIS, Nadia, «*Chroniques du Nouvel-Ontario. La Quête d'Alexandre*», *Nos livres*, vol. 13, mars 1982, n⁰ 104.

BRODEUR, Léo-Arthur

3938. *AMPRIMOZ, Alexandre L., [*Répertoire des thèses littéraires canadiennes de 1921 à 1976*], *Canadian Literature*, No. 84, Spring 1980, p. 97-98.

BROSSARD, Nicole

3939. LALIBERTÉ, Yves, « Deux Recueils de poèmes où 'supprimer l'excentricité c'est s'abstenir' », *Incidences*, vol. 2-3, n⁰ 1, janvier-avril 1979, p. 77-97.

3940. HÉBERT, François, « L'Ombilic d'une nymphe », *Liberté*, vol. 21, n⁰ 1, janvier-février 1979, p. 124-127.

3941. *BAYARD, Nicole, « Nicole Brossard. La Théorie et la pratique. *Le Centre blanc* », *Lettres québécoises*, n⁰ 13, février 1979, p. 19-22.

3942. SÉGUIN, Lucie, « Nicole Brossard. Les Mots-Étreintes », *Canadian Women's Studies/Les Cahiers de la femme*, Vol. 1, No. 3, Spring 1979, p. 56-59.

3943. DESROSIERS, Diane, « Entrevue avec Nicole Brossard », *Versance*, vol. 1, n⁰ 1, avril 1979, p. 44-47.

3944. *THÉRIAULT, Daniel, «*Le Centre blanc, 1965-1975* », *Québec français*, n⁰ 34, mai 1979, p. 9.

3945. *GIGUÈRE, Richard, [*Le Centre blanc*], *University of Toronto Quarterly*, Vol. 48, No. 4, Summer 1979, p. 355-357.

3946. *PAGÉ, Raymond, [*L'Amèr ou le Chapitre effrité*], *Chelsea Journal*, Vol. 5, No. 4, July-August 1979, p. 183-184.

3947. HAECK, Philippe, « Poéthique des *Herbes rouges* », *Dérives*, n⁰ 19, [3ᵉ trimestre] 1979, p. 48.

3948. FORSYTH, Louise [H.], « L'Écriture au féminin. *L'Euguélionne* de Louky Bersianik, *L'Absent aigu* de Geneviève Amyot, *L'Amèr* de Nicole Brossard », *Journal of Canadian Fiction*, No. 25-26, 1979, p. 199-211.

3949. ROY, André, « La Fiction vive. Entretien avec Nicole Brossard sur sa prose », *Journal of Canadian Fiction*, No. 25-26, 1979, p. 31-40.

3950. *THÉORET, France, « Le Style et le désir. *Le Centre blanc* », *Spirale*, n⁰ 1, septembre 1979, p. 7.

3951. *FISETTE, Jean, « Écrire pour le plaisir. Nicole Brossard, *Le Centre blanc* », *Voix et images*, vol. 5, n⁰ 1, automne 1979, p. 197-201.

3952. BAYARD, Caroline, « Nicole Brossard et l'utopie du langage », *Revue de l'Université d'Ottawa/University of Ottawa Quarterly*, vol. 50, n⁰ 1, janvier-mars 1980, p. 82-88.

3953. BROCHU, André, « 'Gynécophonie-s', suivi de 'Dessins, oblique, profils' », *La Nouvelle Barre du jour*, n⁰ 88, mars 1980, p. 111-132.

3954. *[ANONYME], «*The Story so far, 6* », *Quill and Quire*, Vol. 46, No. 3, March 1980, p. 14.

3955. *BELLEMARE, Madeleine, «*Un livre* », *Nos livres*, vol. 11, avril 1980, n⁰ 139.

3956. NEPVEU, Pierre, « Trois Romans de Nicole Brossard. Une histoire au présent », *Incidences*, vol. 4, n⁰ 2-3, mai-décembre 1980, p. 129-138.

3957. [ANONYME], « Bourses du Conseil des arts du Canada », *Union des écrivains québécois*, vol. 1, n⁰ 3, mai 1980, p. [3].

3958. *L., D., « Femmes fiction [*Le Sens apparent*] », *Le Berdache*, n⁰ 11, juin 1980, p. 34.

3959. *VASSEUR, François, «*Le Sens apparent — Les Passions du samedi* », *Le Bulletin Pantoute*, n⁰ 2, juin-juillet-août 1980, p. 8-9.

3960. *LARUE, Monique, « La Forme ardente de la fiction [*Le Sens apparent*] », *Spirale*, n⁰ 10, juin 1980, p. 1, 6.

3961. *CAMERLAIN, Lorraine, «*La Nef des sorcières* », *Jeu*, n⁰ 16, [3ᵉ trimestre] 1980, p. 216-217.

3962. *N[EPVEU], P[ierre], « Les Stratégies du réel, *The Story So Far, 6* », *Lettres québécoises*, n⁰ 19, automne 1980, p. 76.

3963. *A[LONZO], A[nne]-M[arie], «*Le Sens apparent* », *La Gazette des femmes*, vol. 2, n⁰ 5, octobre 1980, p. 4.

3964. *BELLEMARE, Madeleine, «*Le Sens apparent* », *Nos livres*, vol. 11, octobre 1980, n⁰ 288.

3965. BELLEMARE, Madeleine, [Entrevue], *Nos livres*, vol. 11, octobre 1980, p. [5-6].

3966. *DUPRÉ, Louise, « La Spirale amoureuse [*Amantes*] », *Spirale*, nº 13, novembre 1980, p. 6.

3967. NEPVEU, Pierre, « Nicole Brossard et France Théoret. La Pensée/l'impensable », *Lettres québécoises*, nº 20, hiver 1980-1981, p. 24-27.

3968. *BEAUSOLEIL, Claude, «*Le Sens apparent* — *Amantes* », *Livres et auteurs québécois, 1980*, p. 95-98.

3969. *BEAUSOLEIL, Claude, « Écritures de villes [*Amantes*] », *La Nouvelle Barre du jour*, nº 99, février 1981, p. 77-78.

3970. VASSEUR, François, « J'écris [*Le Sens apparent*] », *La Nouvelle Barre du jour*, nº 99, février 1981, p. 65-70.

3971. OUVRARD, Hélène, « Poème/Gravure. Les Éditions de la Maison », *Cahiers des arts visuels du Québec*, vol. 3, nº 9, printemps 1981, p. 12-13.

3972. *DAURIO, B., « Reading Mosaically. *Les Stratégies du réel/The Story so Far 6* », *Cross-Canada Writers' Quarterly*, Vol. 3, No. 2-3, [Spring-Summer] 1981, p. 37-38.

3973. *HAECK, Philippe, « Écrire, lire, aimer [*Le Sens apparent* — *Amantes*] », *Estuaire*, nº 19, printemps 1981, p. 105-107.

3974. *BONENFANT, Joseph, « Notes sur la poésie [*Amantes* — *Le Sens apparent*] », *Voix et images*, vol. 6, nº 3, printemps 1981, p. 481.

3975. ROSENFELD, Marthe, « Textes lesbiens. Langage et vision utopique des nouvelles écrivaines du Québec », *Le Berdache*, nº 19, avril 1981, p. 40-44.

3976. DURANLEAU, Irène, « Le Texte moderne et Nicole Brossard », *Études littéraires*, vol. 14, nº 1, avril 1981, p. 105-121.

3977. GIROUX, Robert et Hélène DAME, « Les Critères de poéticité dans l'histoire de la poésie québécoise (sémiotique littéraire) », *Études littéraires*, vol. 14, nº 1, avril 1981, p. 154-158.

3978. LÉARD, Jean-Marcel, « Du sémantique au sémiotique en littérature. La Modernité romanesque au Québec », *Études littéraires*, vol. 14, nº 1, avril 1981, p. 50-57.

3979. MICHON, Jacques, « Fonctions et historicité des formes romanesques », *Études littéraires*, vol. 14, nº 1, avril 1981, p. 72-74.

3980. *DIONNE, André, «*Amantes*», *Nos livres*, vol. 12, avril 1981, nº 177.

3981. [ANONYME], « 1980 Governor General's Literary Awards », *Parallelogramme*, Vol. 6, No. 5, May-June 1981, p. 33.

3982. *BAYARD, Caroline, [*Le Sens apparent* — *Amantes*], *University of Toronto Quarterly*, Vol. 50, No. 4, Summer 1981, p. 43.

3983. *O'CONNOR, John J., [*Daydream Mechanics*], *University of Toronto Quarterly*, Vol. 50, No. 4, Summer 1981, p. 91-92.

3984. *O'CONNOR, John J., [*The Story So Far 6* (*Les Stratégies du réel*)], *University of Toronto Quarterly*, Vol. 50, No. 4, Summer 1981, p. 77-78.

3985. MOISAN, Lise, « Nicole Brossard et Adrienne Rich. Conscience lesbienne et littérature », *La Vie en rose*, [vol. 2, nº 3], septembre-octobre-novembre 1981, p. 50-51.

3986. [ANONYME], « Nicole Brossard », *Parallelogramme*, Vol. 7, No. 1, October-November 1981, p. 48-49.

3987. [ANONYME], « Profils », *Écriture française dans le monde*, vol. 3, nº 2-3, décembre 1981, p. 53.

3988. [ANONYME], « Expositions en janvier », *Parallelogramme*, Vol. 7, No. 2, December 1981-January 1982, p. 44-45.

3989. *BEAUCHAMP, Colette, « L'Émergence d'une culture au féminin », *Spirale*, nº 26, juin 1982, p. 15.

3990. [ANONYME], « Deux Portraits d'écrivains », *Littérature du Québec*, nº 2, [2e semestre] 1982, p. 7-8.

3991. BEAUSOLEIL, Claude, « La Poésie en revues depuis 10 ans », *La Petite Revue de philosophie*, vol. 4, nº 1, automne 1982, p. 115.

3992. DOWNES, Gwladys, « Women Poets in Quebec Society », *Malahat Review*, No. 63, October 1982, p. 109.

3993. Brossard, Nicole, « Pourquoi j'écris », *Québec français*, n⁰ 47, octobre 1982, p. 31.

3994. [Anonyme], « Repères biographiques », *La Nouvelle Barre du jour*, n⁰ 118-119, novembre 1982, p. 219-221.

3995. Beausoleil, Claude, « Liminaire », *La Nouvelle Barre du jour*, n⁰ 118-119, novembre 1982, p. 9.

3996. Bersianik, Louky, « Fieffée Désirante », *La Nouvelle Barre du jour*, n⁰ 118-119, novembre 1982, p. 99-112.

3997. Causse, Michèle, « Sub-in-vertere », *La Nouvelle Barre du jour*, n⁰ 118-119, novembre 1982, p. 147-149.

3998. Charron, François, « Nicole Brossard, écrivain classique », *La Nouvelle Barre du jour*, n⁰ 118-119, novembre 1982, p. 71-75.

3999. Cotnoir, Louise, « Lecture tangentielle », *La Nouvelle Barre du jour*, n⁰ 118-119, novembre 1982, p. 121-127.

4000. Cotnoir, Louise et Autres, « Entretien avec Nicole Brossard sur *Picture Theory* réalisé à Montréal le 13 juin 1982 », *La Nouvelle Barre du jour*, n⁰ 118-119, novembre 1982, p. 177-201.

4001. De Bellefeuille, Normand, «*Suite logique*. Pour une grammaire de la différence », *La Nouvelle Barre du jour*, n⁰ 118-119, novembre 1982, p. 91-98.

4002. Dupré, Louise, « Les Utopies du réel », *La Nouvelle Barre du jour*, n⁰ 118-119, novembre 1982, p. 83-89.

4003. Forsyth, Louise [H.], « Regards, reflets, reflux, réflexions, exploration de l'oeuvre de Nicole Brossard », *La Nouvelle Barre du jour*, n⁰ 118-119, novembre 1982, p. 11-25.

4004. Godard, Barbara, « 'Je est un autre'. Nicole Brossard au Canada anglais », *La Nouvelle Barre du jour*, n⁰ 118-119, novembre 1982, p. 150-155.

4005. Lamy, Suzanne, « Glossaire pour Nicole », *La Nouvelle Barre du jour*, n⁰ 118-119, novembre 1982, p. 63-70.

4006. Nepveu, Pierre, « Nicole Brossard. Notes sur une écologie », *La Nouvelle Barre du jour*, n⁰ 118-119, novembre 1982, p. 139-144.

4007. Roy, André, «*La Verge au beau tarif*. La Différenciation signifiante généralisée », *La Nouvelle Barre du jour*, n⁰ 118-119, novembre 1982, p. 113-120.

4008. Saucier, Michèle, « Lectures intimes. *L'Amèr — Le Sens apparent — Amantes*», *La Nouvelle Barre du jour*, n⁰ 118-119, novembre 1982, p. 27-43.

4009. Strachan, Fiona, « Bibliographie », *La Nouvelle Barre du jour*, n⁰ 118-119, novembre 1982, p. 203-217.

4010. Théoret, France, « Le Sens de la formule [*Le Centre blanc*] », *La Nouvelle Barre du jour*, n⁰ 118-119, novembre 1982, p. 77-82.

4011. Vasseur, François, « Soulever les peaux, les décoller/ées », *La Nouvelle Barre du jour*, n⁰ 118-119, novembre 1982, p. 129-138.

4012. Villemaire, Yolande, « Vénus est une jeune femme rouge toujours plus belle [*French Kiss*] », *La Nouvelle Barre du jour*, n⁰ 118-119, novembre 1982, p. 45-61.

4013. Wah, Fred, « Standing and Watching the Writing Writing », *La Nouvelle Barre du jour*, n⁰ 118-119, novembre 1982, p. 156-158.

4014. *Beausoleil, Claude, «*Picture Theory* », *Livres et auteurs québécois, 1982*, p. 97-99.

4015. *Hébert, François, «*Picture Theory* », *Livres et auteurs québécois, 1982*, p. 34-36.

BROUILLARD, Marcel

4016. *Beaudoin, Léo, «*Dana l'Aquitaine* », *Nos livres*, vol. 10, juin-juillet 1979, n⁰ 210.

BROUILLET, Chrystine

4017. *Ouellette-Michalska, Madeleine, « Ma *Chère Voisine* », *Châtelaine*, vol. 23, n⁰ 7, juillet 1982, p. 17.

4018. [Anonyme], « Le Prix Robert-Cliche », *Lettres québécoises*, n⁰ 27, automne 1982, p. 15.

4019. *Lord, Michel, «*Chère Voisine* », *Lettres québécoises*, n⁰ 27, automne 1982, p. 31-32.

4020. *MÉNARD, Lucie, « Chère Spontanéité [*Chère Voisine*] », *Spirale*, n⁰ 28, octobre 1982, p. 9.

4021. *MARCOTTE, Gilles, « Des personnages guère doués pour l'amour [*Chère Voisine*] », *L'Actualité*, vol. 7, n⁰ 11, novembre 1982, p. 130.

4022. *PEDNEAULT, Hélène, «*Chère Voisine*», *La Vie en rose*, novembre-décembre 1982, p. 67.

4023. *BARRETT, Caroline, «*Chère Voisine*», *Livres et auteurs québécois, 1982*, p. 22.

BROWN-DÉSY, Marielle

4024. BROWN-DÉSY, Marielle, « Il était une fois... Jonquière », *Focus*, n⁰ 24-25, juillet-août 1979, p. 28-29.

4025. *MUNGER, Martin, «*Marie-Ange ou Augustine*», *Focus*, n⁰ 24-25, juillet-août 1979, p. 111.

4026. *BOIVIN, Aurélien, «*Marie-Ange ou Augustine*», *Québec français*, n⁰ 35, octobre 1979, p. 12.

4027. *CHARTIER, Monique, «*Marie-Ange ou Augustine*», *Nos livres*, vol. 10, novembre 1979, n⁰ 347.

4028. *THÉRIO, Adrien, «*Marie-Ange ou Augustine* », *Lettres québécoises*, n⁰ 16, hiver 1979-1980, p. 70-71.

4029. *PELLERIN, Gilles, «*Marie-Ange ou Augustine* », *Livres et auteurs québécois, 1979*, p. 34.

BRUCHÉSI, Jean

4030. [ANONYME], « Jean Bruchési », *Lettres québécoises*, n⁰ 16, hiver 1979-1980, p. 10.

BRULOTTE, Gaétan

4031. *[ANONYME], [*L'Emprise*], *L'Atulu*, vol. 1, n⁰ 4, mai 1979, p. 9.

4032. *BERTHIAUME, Pierre, «*L'Emprise* de Gaétan Brulotte, premier prix Robert-Cliche », *Lettres québécoises*, n⁰ 15, août-septembre 1979, p. 19-21.

4033. *CORMIER, Gilles, «*L'Emprise* », *Le Bulletin des agriculteurs*, vol. 62, septembre 1979, p. 55.

4034. *OUELLETTE-MICHALSKA, Madeleine, [*L'Emprise*], *Châtelaine*, vol. 20, n⁰ 9, septembre 1979, p. 8.

4035. *BOIVIN, Aurélien, «*L'Emprise* », *Québec français*, n⁰ 35, octobre 1979, p. 10.

4036. PRUDHOMME, Roland, [Lettre à Adrien Thério], *Lettres québécoises*, n⁰ 16, hiver 1979-1980, p. 67.

4037. *L'HÉRAULT, Pierre, «*L'Emprise* », *Livres et auteurs québécois, 1979*, p. 35-36.

4038. [ANONYME], «*L'Emprise* de Gaétan Brulotte [Prix Robert-Cliche] », *Lettres québécoises*, n⁰ 20, hiver 1980-1981, p. 10.

4039. [ANONYME], [Note biographique — Extrait de *l'Emprise*], *Grimoire*, vol. 4, n⁰ 1, janvier 1981, p. 16-17.

4040. [ANONYME], « Prix Adrienne-Choquette », *Lettres québécoises*, n⁰ 23, automne 1981, p. 10.

4041. *GAUDET, Gérald, «*Écrivains de la Mauricie* », *Lettres québécoises*, n⁰ 23, automne 1981, p. 87.

4042. [ANONYME], « Entrevue avec Gaétan Brulotte. Écrire, c'est créer un espace de plaisir », *L'Écrilu*, vol. 1, n⁰ 3, novembre 1981, p. [1], 5.

4043. *BESSETTE, Julien, « Gaétan Brulotte [Prix Adrienne-Choquette] », *Grimoire*, vol. 4, n⁰ 8, novembre 1981, p. 20-21.

4044. *[ANONYME], «*Écrivains de la Mauricie. Dictionnaire biobibliographique, critique et anthologique* », *Réseau*, vol. 13, n⁰ 6, février 1982, p. 27.

4045. *CHARTIER, Monique, «*Écrivains de la Mauricie. Dictionnaire biobibliographique, critique et anthologique* », *Nos livres*, vol. 13, avril 1982, n⁰ 156.

4046. *BERTHIAUME, André, «*Le Surveillant* », *Livres et auteurs québécois, 1982*, p. 36-37.

BRUNEAU, André

4047. *[ANONYME], [*Adieu Québec*], *L'Atulu*, vol. 1, n⁰ 3, avril 1979, p. 8.
4048. *OUELLETTE-MICHALSKA, Madeleine, [*Adieu Québec*], *Châtelaine*, vol. 20, n⁰ 9, septembre 1979, p. 8.

BRUNEL-ROCHE, Alice

4049. *RECURT, Myriam, [*La Haine entre les dents*], *Canadian Literature*, No. 84, Spring 1980, p. 115-116.

BRUNET, Yves

4050. *YERGEAU, Robert, « Yves Brunet. Une poésie de l'intime [*L'Intime*] », *Grimoire*, vol. 5, n⁰ 4, avril 1982, p. 7.

BUGNET, Georges

4051. *[ANONYME], «*Poèmes*», *Lettres québécoises*, n⁰ 13, février 1979, p. 73.

BUIES, Arthur

4052. *V[IENS], J[acques], «*Lettres sur le Canada*», *Focus*, n⁰ 21, avril 1979, p. 55.
4053. SIMARD, Sylvain, « L'Essai québécois au XIX⁰ siècle », *Voix et images*, vol. 6, n⁰ 2, hiver 1981, p. 264-265.

BUJOLD, Françoise

4054. MAUGER, Louise, « Françoise Bujold, 1933-1981 », *Gaspésie*, vol. 19, n⁰ 2, printemps 1981, p. 9.

BUJOLD, Réal-Gabriel

4055. *LEMIEUX, Jules, «*Le P'tit Ministre-les-pommes*», *Gaspésie*, vol. 19, n⁰ 3, été 1981, p. 40-41.
4056. *N[ADEAU], J[ean]-G[uy], «*Le P'tit Ministre-les-pommes*», *Voix et images*, vol. 7, n⁰ 1, automne 1981, p. 205.
4057. *DESJARDINS, Normand, «*Le P'tit Ministre-les-pommes*», *Nos livres*, vol. 12, octobre 1981, n⁰ 375.
4058. *LE BLANC, Alonzo, «*La Sang-Mêlé d'arrière-pays*», *Livres et auteurs québécois, 1981*, p. 38-39.
4059. *NÉRISSON, André-P., «*La Sang-Mêlé d'arrière-pays*», *Gaspésie*, vol. 20, n⁰ 1, janvier-mars 1982, p. 37.
4060. *DESJARDINS, Normand, «*La Sang-Mêlé d'arrière-pays*», *Nos livres*, vol. 13, mars 1982, n⁰ 105.
4061. *BÉLISLE, Jacques, «*Le P'tit Ministre-les-pommes*», *Lettres québécoises*, n⁰ 27, automne 1982, p. 98.
4062. *DORION, Gilles, «*La Sang-Mêlé d'arrière-pays*», *Québec français*, n⁰ 47, octobre 1982, p. 9-10.
4063. *HODGSON, Richard-G., «*Le P'tit Ministre-les-pommes*», *Canadian Literature*, No. 95, Winter 1982, p. 153.

BUSSIÈRES, Arthur de

4064. WYCZYNSKI, Paul, « Louis-Joseph Béliveau », *Bulletin du Centre de recherche en civilisation canadienne-française*, n⁰ 23, décembre 1981, p. 3.

BUSSIÈRES, Bernadette

4065. *STANTON, Julie, «*N'aie pas peur, c'est beau* », *La Gazette des femmes*, vol. 3, n⁰ 7, mars-avril 1982, p. 5.

BUSSIÈRES, Johanne

4066. *ALLARD, Diane, «*Les Feux follets* », *Lurelu*, vol. 4, n⁰ 4, hiver 1981, p. 12.

BUSSIÈRES, Simone

4067. *HUDON, Michèle, [*Le Petit Sapin qui a poussé sur une étoile*], *Des livres et des jeunes*, vol. 2, n⁰ 6, juin 1980, p. 34.
4068. *RENAUD, Jasmine, «*C'est ta fête* », *Lurelu*, vol. 5, n⁰ 2, automne 1982, p. 10.

BUTEAU, Cécile

4069. *DAVID, Carole, «*Où sont les ballons ?* », *Livres et auteurs québécois, 1981*, p. 244.

BUTLER, Édith

4070. *[ANONYME], «*L'Acadie sans frontières* », *Quill and Quire*, Vol. 45, No. 13, November 1979, p. 3.

CABIAC, Pierre

4071. *[ANONYME], « Étoiles et Feuilles d'érable », *Écriture française dans le monde*, vol. 2, n⁰ 1-2, octobre 1980, p. 133.
4072. *CHAMBERLAND, Roger, [*Étoiles et Feuilles d'érable*], *Livres et auteurs québécois, 1980*, p. 123-124.
4073. *LAPRÉS, Raymond, «*Étoiles et Feuilles d'érable* », *Nos livres*, vol. 12, mars 1981, n⁰ 121.
4074. [ANONYME], [Le Grand Prix des Muses 1980], *Écriture française dans le monde*, vol. 3, n⁰ 2-3, décembre 1981, p. 70.

CADIEU, Pierre

4075. *BELLEMARE, Madeleine, «*Entre voyeur et voyant* », *Nos livres*, vol. 11, décembre 1980, n⁰ 375.

CADIEUX, Pauline

4076. *BEAUDOIN, Léo, «*Flora* », *Nos livres*, vol. 10, janvier 1979, n⁰ 4.
4077. VÉZINA, Marie-Odile, « Pauline Cadieux, redresseuse de torts », *Châtelaine*, vol. 20, n⁰ 4, avril 1979, p. 46-47, 81-86.
4078. *L[ANTHIER], B[enoît], «*Flora* », *Focus*, n⁰ 21, avril 1979, p. 55.
4079. *DORION, Gilles, «*Flora* », *Québec français*, n⁰ 34, mai 1979, p. 6.
4080. KRÖLLER, Eva-Marie, «*La Lampe dans la fenêtre.*The Visualization of Quebec Fiction », *Canadian Literature*, No. 88, Spring 1981, p. 74-82.
4081. *GIROUX, Francine, «*Violences, un climat social* », *La Gazette des femmes*, vol. 4, n⁰ 2, juillet-août 1982, p. 6.

CAILLOUX, André [dit Grand-Père]

4082. *WARREN, Louise, «*Je te laisse une caresse — Mon petit lutin s'endort* », *Dérives*, n⁰ 17-18, [2ᵉ trimestre] 1979, p. 97.
4083. *ROBERGE, Hélène, «*Lune en or — Mon grand-père a un jardin — Fleurs et Frimas* », *Livres et auteurs québécois, 1979*, p. 255-257.

4084. *CHARTIER, Monique, «*Fleurs et Frimas*», *Nos livres*, vol. 11, février 1980, n° 54.
4085. *LEDOUX, Danielle, [*Lune en or — Mon grand-père a un jardin*], *Lurelu*, vol. 3, n° 1, printemps 1980, p. 8.
4086. *DOSTALER, Henriette, [*Mon grand-père a un jardin*], *Des livres et des jeunes*, vol. 2, n° 6, juin 1980, p. 40.
4087. *ROBERGE, Hélène, [*Je te laisse une caresse — Mon petit lutin s'endort — Comptines traditionnelles du Canada français — La Poulette grise*], *Des livres et des jeunes*, vol. 2, n° 6, juin 1980, p. 38-39.
4088. *LECLERC, Rachel, [*Lune en or — Mon grand-père a un jardin*], *Le Temps fou*, n° 10, juin-juillet-août 1980, p. 61.
4089. *LARUE, Monique, «*Les Aventures de Frizelis*», *Livres et auteurs québécois, 1980*, p. 224-225.
4090. *C[ORRIVEAU], B[ernadette], [*Les Aventures de Frizelis*], *Des livres et des jeunes*, vol. 3, n° 8, hiver 1981, p. 42.
4091. *CHARTIER, Monique, «*Les Aventures de Frizelis*», *Nos livres*, vol. 12, janvier 1981, n° 6.
4092. *LEDOUX, Danielle, «*Les Aventures de Frizelis*», *Lurelu*, vol. 4, n° 3, automne 1981, p. 9.
4093. *CHARETTE, Christiane, [*Tombé des étoiles*], *Lurelu*, vol. 5, n° 1, printemps-été 1982, p. 16.

CALVÉ, Pierre

4094. *[ANONYME], «*Vivre en ce pays ou ailleurs*», *Quill and Quire*, Vol. 45, No. 13, November 1979, p. 3.

CAMPEAU, Lucien

4095. OUELLET, Réal, « Retour aux textes fondateurs. *Monumenta Novae Franciae*, t. 2 : [*Établissement à Québec, 1616-1634*], de Lucien Campeau », *Lettres québécoises*, n° 20, hiver 1980-1981, p. 89-93.

CAMPEAU, Sylvain

4096. *JANOËL, André, «*Fleur bleue. Contre-Prostitution (Utopie) ou 'les Dragons de l'Astral'* », *Nos livres*, vol. 10, août-septembre 1979, n° 276.
4097. *D'ALFONSO, Antonio, «*Fleur bleue. Contre-prostitution (Utopie) ou 'les Dragons de l'Astral'* », *Nos livres*, vol. 13, février 1982, n° 56.

CAMPO, Mario

4098. *MONETTE, Pierre, « D'une pierre trois coups. *La Nouvelle Barre du jour* édite [*L'Anovulatoire*] », *Lettres québécoises*, n° 13, février 1979, p. 25-26.
4099. *LABINE, Marcel, « L'Odeur des maîtres. *Coma Laudanum* », *Spirale*, n° 4, décembre 1979, p. 6.
4100. *CORRIVEAU, Hugues, «*Coma Laudanum* », *Livres et auteurs québécois, 1979*, p. 102-103.
4101. NEPVEU, Pierre, « Les Années soixante-dix, du commencement à la fin », *Lettres québécoises*, n° 17, printemps 1980, p. 26-29.
4102. *BONENFANT, Joseph, [*Coma Laudanum*], *Voix et images*, vol. 5, n° 3, printemps 1980, p. 609.
4103. *BONENFANT, Joseph, « Notes sur la poésie [*Insomnies polaroids*] », *Voix et images*, vol. 6, n° 3, printemps 1981, p. 481.
4104. *D'ALFONSO, Antonio, «*Coma Laudanum* », *Nos livres*, vol. 12, juin-juillet 1981, n° 270.
4105. [ANONYME], « Mario Campo », *Arcade*, [vol. 1], n° 1, printemps 1982, p. 5.

CARBET, Marie-Magdeleine

4106. *CIMON, Renée, «*Mini-poèmes sur trois méridiens* », *Nos livres*, vol. 11, mars 1980, n° 102.

4107. *Chartier, Monique, «Contes de Tantana», Nos livres, vol. 11, octobre 1980, n° 289.
4108. *Le Manac'h, Gaétane, [Contes de Tantana], Lurelu, vol. 3, n° 4, hiver 1980, p. 13.
4109. *Dubé, Cécile, «Contes de Tantana», Livres et auteurs québécois, 1980, p. 218-219.
4110. *Guindon, Henri-M., «Au sommet, la sérénité», L'Église canadienne, vol. 14, n° 19, 28 mai 1981, p. 607.

CARON, André

4111. Duquette, Jean-Pierre, « Télévision. Du bon usage du cancer au téléthéâtre [De jour en jour] », Voix et images, vol. 6, n° 3, printemps 1981, p. 511-512.

CARON, Anne

4112. *Bellemare, Madeleine, «Le Père Émile Legault et le théâtre au Québec», Nos livres, vol. 10, janvier 1979, n° 5.
4113. *Dionne, André, «Le Père Émile Legault et le théâtre au Québec», Lettres québécoises, n° 13, février 1979, p. 32.
4114. *Lefebvre, Paul, «Le Père Émile Legault et le théâtre au Québec», Jeu, n° 11, printemps 1979, p. 102-104.
4115. *Saint-Pierre, Annette, [Le Père Émile Legault et le théâtre au Québec], Theatre History in Canada/Histoire du théâtre au Canada, Vol. 1, No. 1, Spring 1980, p. [70]-72.
4116. *Mailhot, Laurent, «Le Père Émile Legault et le théâtre au Québec», Canadian Drama/ L'Art dramatique canadien, Vol. 6, No. 2, Fall 1980, p. 323-324.
4117. *Moore, Mavor, «Le Père Émile Legault et le théâtre au Québec», Canadian Theatre Review, No. 30, Spring 1981, p. 122-123.

CARON, Catherine

4118. *Richard, Alain-Martin, «Strip», Intervention, n° 14, février 1982, p. 12, 13-14.
4119. *[Anonyme], « Théâtre de l'Île, volet femmes. Strip», La Gazette des femmes, vol. 4, n° 4, octobre 1982, p. 4.

CARON, Gaston

4120. *Tousignant, André, «Broue», Le Babillard, vol. 2, n° 2, novembre 1979, p. 15.

CARON, Louis

4121. *Godbout, Jacques, [Le Bonhomme Sept-Heures], L'Actualité, vol. 4, n° 2, février 1979, p. 59.
4122. *Ouellette-Michalska, Madeleine, [Le Bonhomme Sept-Heures], Châtelaine, vol. 20, n° 2, février 1979, p. 12.
4123. Mouffe, [Le Bonhomme Sept-Heures], Nous, vol. 6, n° 9, février 1979, p. 12-14.
4124. *[Anonyme], «Le Bonhomme Sept-Heures», Quill and Quire, Vol. 45, No. 3, February-March 1979, p. 21.
4125. *Poulin, Gabrielle, « Le Gouffre du roman. À propos du Bonhomme Sept-Heures de Louis Caron », Relations, vol. 39, n° 445, février 1979, p. 60-61.
4126. *Bellemare, Madeleine, «Le Bonhomme Sept-Heures», Nos livres, vol. 10, mars 1979, n° 88.
4127. *Dorion, Gilles, «Le Bonhomme Sept-Heures», Québec français, n° 33, mars 1979, p. 7.
4128. *Gauvin, Lise, [Le Bonhomme Sept-Heures], University of Toronto Quarterly, Vol. 48, No. 4, Summer 1979, p. 334-335.
4129. *Pagé, Raymond, [L'Emmitouflé], Chelsea Journal, Vol. 5, No. 5, September-October 1979, p. 233.
4130. *[Anonyme], «Le Bonhomme Sept-Heures», Quill and Quire, Vol. 45, No. 13, November 1979, p. 3.

4131. MAISONNEUVE, Lise, « Entrevue avec Louis Caron », *Prétexte*, [vol. 1], n° 1, 2ᵉ trimestre 1980, p. 54-59.

4132. *[ANONYME], « Louis Caron, un représentant de la jeune littérature québécoise [*Le Bonhomme Sept-Heures*] », *Québec Hebdo*, vol. 2, n° 24, 23 juin 1980, p. 4.

4133. *RAOUL, Valérie, «*Le Bonhomme Sept-Heures* », *Canadian Literature*, No. 88, Spring 1981, p. 108.

4134. CARON, Louis, « Écrire et en vivre », *Possibles*, vol. 5, n° 3-4, [2ᵉ trimestre] 1981, p. 39-44.

4135. *O'CONNOR, John J., [*The Draft Dodger*], *University of Toronto Quarterly*, Vol. 50, No. 4, Summer 1981, p. 83-84.

4136. *CAMPBELL, Barbara, «*The Draft Dodger* », *Quill and Quire*, Vol. 47, No. 7, July 1981, p. 58.

4137. *MARCOTTE, Gilles, « Si les Patriotes nous étaient contés... [*Le Canard de bois*] », *L'Actualité*, vol. 6, n° 9, septembre 1981, p. 118.

4138. *CORMIER, Gilles, «*Le Canard de bois* », *Le Bulletin des agriculteurs*, vol. 64, septembre 1981, p. 68.

4139. *LAPIERRE, René, «*Le Canard de bois* », *Liberté*, vol. 23, n° 5, septembre-octobre 1981, p. 75-79.

4140. *ALMÉRAS, Diane, «*Le Canard de bois* », *Relations*, vol. 41, n° 473, septembre 1981, p. 252-253.

4141. LEMIEUX-MICHAUD, Denise, « Religion et littérature. Littérature et imaginaire religieux. Une coexistence insolite [*Le Bonhomme Sept-Heures*] », *Critère*, n° 32, automne 1981, p. 188.

4142. *[ANONYME], «*Les Fils de la liberté*, t. 1 : *Le Canard de bois* », *L'Atulu*, vol. 3, n° 9 [sic], novembre-décembre 1981, p. 20-21.

4143. *ROBILLARD, Monic, « Retour aux Patriotes [*Le Canard de bois*] », *Clin d'oeil*, n° 14, novembre 1981, p. 8.

4144. *[ANONYME], « Un roman 'Québec' [*Le Canard de bois*] », *L'Écrilu*, vol. 1, n° 3, novembre 1981, p. 4.

4145. *RUDEL-TESSIER, Danièle, « De beaux livres pour Noël... [*Le Canard de bois*] », *L'Actualité*, vol. 6, n° 12, décembre 1981, p. 136.

4146. [ANONYME], « Profils », *Écriture française dans le monde*, vol. 3, n° 2-3, décembre 1981, p. 54.

4147. *DORION, Gilles, «*Le Canard de bois* », *Québec français*, n° 44, décembre 1981, p. 19.

4148. VANASSE, André, « À tire-d'ailes au-dessus des siècles. *Le Canard de bois* de Louis Caron », *Lettres québécoises*, n° 24, hiver 1981-1982, p. 22-24.

4149. *DORION, Gilles, «*Le Canard de bois* », *Livres et auteurs québécois, 1981*, p. 39-41.

4150. *DUMAS, Carmel, « Cinéma et télévision. *Les Fils de la liberté* », *Clin d'oeil*, n° 17, février 1982, p. 98.

4151. *LARUE, Monique, « Le Sens de l'Histoire [*Le Canard de bois*] », *Spirale*, [n° 22], février 1982, p. 10, 2.

4152. *OUELLETTE-MICHALSKA, Madeleine, « Toutes les amours s'écrivent [*Le Canard de bois*] », *Châtelaine*, vol. 23, n° 3, mars 1982, p. 14.

4153. *SÉVIGNY, Marc, «*Le Canard de bois* », *Nuit blanche*, n° 6, printemps-été 1982, p. 5.

4154. *MICHON, Jacques, [*Le Canard de bois*], *University of Toronto Quarterly*, Vol. 51, No. 4, Summer 1982, p. 334-335.

4155. [ANONYME], « Prix France-Québec [à] Louis Caron », *Lettres québécoises*, n° 27, automne 1982, p. 16.

4156. *BÉLANGER, Alain, «*Le Canard de bois* », *Nos livres*, vol. 13, décembre 1982, n° 450.

4157. *BOIVIN, Aurélien, « La Littérature du Québec entre le 'Folio' et le 'Point' [*Le Canard de bois — L'Emmitouflé*] », *Québec français*, n° 48, décembre 1982, p. 15.

4158. *L'HÉRAULT, Pierre, «*La Corne de brume* », *Livres et auteurs québécois, 1982*, p. 37-38.

CARON, Pierre

4159. *Laprés, Raymond, [*La Vraie Vie de Tina Louise*], *Nos livres*, vol. 11, juin-juillet 1980, n⁰ 192.

4160. *S[avard], A[ndrée], «*La Vraie Vie de Tina Louise*», *Focus*, n⁰ 36-37, juillet-août 1980, p. 74.

CARPENTIER, André

4161. *[Anonyme], [*Rue Saint-Denis*], *Points*, vol. 3, n⁰ 1, hiver 1979, p. 18.

4162. *Laprés, Raymond, «*Rue Saint-Denis*», *Nos livres*, vol. 10, mars 1979, n⁰ 89.

4163. *Émond, Maurice, «*Rue Saint-Denis*», *Québec français*, n⁰ 33, mars 1979, p. 8, 10.

4164. *Amprimoz, Alexandre L., «*Rue Saint-Denis*», *Quarry*, Vol. 28, No. 2, Spring 1979, p. 85-87.

4165. *Spehner, Norbert, [*Rue Saint-Denis*], *Requiem*, vol. 5, n⁰ 2, avril 1979, p. 15-16.

4166. *Gauvin, Lise, [*Rue Saint-Denis*], *University of Toronto Quarterly*, Vol. 48, No. 4, Summer 1979, p. 331-332.

4167. *Spehner, Norbert, « Trois Voyages dans l'imaginaire [*Rue Saint-Denis*] », *Lettres québécoises*, n⁰ 15, août-septembre 1979, p. 48-49.

4168. *Rubinger, Catherine, [*L'aigle volera à travers le soleil*], *Canadian Literature*, No. 84, Spring 1980, p. 118-120.

4169. *Desjardins, Normand, «*Du pain des oiseaux*», *Nos livres*, vol. 13, juin-juillet 1982, n⁰ 248.

4170. *Janelle, Claude, « Science-Fiction et fantastique au Québec [*Du pain des oiseaux*] », *Solaris*, vol. 8, n⁰ 4, août 1982, p. 35.

4171. *Corriveau, Hugues, « Du pire et du meilleur [*Du pain des oiseaux*] », *Spirale*, n⁰ 29, novembre 1982, p. 6.

4172. Cossette, Gilles, «*Du pain des oiseaux*», *Lettres québécoises*, n⁰ 28, hiver 1982-1983, p. 29-31.

4173. *Lord, Michel, «*Du pain des oiseaux*», *Livres et auteurs québécois, 1982*, p. 39-40.

CARRIER, Francine

4174. *Chassé, Hélène, «*Mille Cris dans la nuit*», *Urgences*, n⁰ 6, 4ᵉ trimestre 1982, p. 89-90.

CARRIER, Louis-Georges

4175. [Anonyme], « Le Prix Victor-Morin », *Lettres québécoises*, n⁰ 24, hiver 1981-1982, p. 12.

4176. [Anonyme], « Prix Victor-Morin », *Bulletin de la Société de philosophie du Québec*, vol. 8, n⁰ 1, avril 1982, p. 6.

CARRIER, Maurice

4177. *Savard, Pierre, [*Chansons politiques du Québec, 1765-1833*], *Revue de l'Université d'Ottawa/University of Ottawa Quarterly*, vol. 49, n⁰ 1-2, janvier-avril 1979, p. 118-119.

4178. *Savard, Pierre, [*Chansons politiques du Québec, 1765-1833*], *Histoire littéraire du Québec*, n⁰ 1, 1979, p. 118-119.

4179. *Champagne, Édith, [*Chansons politiques du Québec, t. 2 : 1834-1858*], *Revue d'histoire de l'Amérique française*, vol. 35, n⁰ 2, septembre 1981, p. 274-275.

CARRIER, Roch

4180. *Valgardson, W.D., «*The Garden of Delights*», *Canadian Fiction Magazine*, No. 30-31, 1979, p. 226-228.

4181. *[Anonyme], [*Les Enfants du bonhomme dans la lune*], *L'Atulu*, vol. 1, n⁰ 2, mars 1979, p. 2.

4182. AMPRIMOZ, Alexandre L., « Roch Carrier : Between Fantasy and Memory », *The Antigonish Review*, No. 37, Spring 1979, p. 101-104.

4183. BOND, David J., « Carrier's Fiction », *Canadian Literature*, No. 80, Spring 1979, p. 120-131.

4184. *BENAZON, Michael, « Paradise Lost : The Garden of Delights », *Matrix*, No. 9, Spring-Summer 1979, p. 72-74.

4185. *CORMIER, Gilles, «*Les Enfants du bonhomme dans la lune* », *Le Bulletin des agriculteurs*, vol. 62, avril 1979, p. 98.

4186. *MUNGER, Martin, «*Les Enfants du bonhomme dans la lune* », *Focus*, n° 21, avril 1979, p. 47.

4187. *JANOËL, André, «*Les Enfants du bonhomme dans la lune* », *Nos livres*, vol. 10, mai 1979, n° 171.

4188. *DORION, Gilles, «*Les Enfants du bonhomme dans la lune* », *Québec français*, n° 34, mai 1979, p. 7.

4189. *GODBOUT, Jacques, [*Les Enfants du bonhomme dans la lune*], *L'Actualité*, vol. 4, n° 6, juin 1979, p. 94.

4190. O'CONNOR, John J., [*The Garden of Delights*], *University of Toronto Quarterly*, Vol. 48, No. 4, Summer 1979, p. 384-386.

4191. *FÉRAL, Jeanine, « Le Québec : un pays sans grand-père ? [*Il n'y a pas de pays sans grand-père*] », *Journal of Canadian Fiction*, No. 25-26, 1979, p. 280-283.

4192. HATHORN, Ramon, « Angles on Saxons : A Study of the Anglo-Saxons in Québec Fiction », *Journal of Canadian Fiction*, No. 25-26, 1979, p. 275-276.

4193. [ANONYME], « Un peintre et un écrivain », *Ici Radio-Canada. Télévision*, vol. 13, n° 35, 21-27 août 1979, p. 4.

4194. *BENAZON, Michael, « Lunar Gems : Les Enfants du bonhomme dans la lune », *The Canadian Forum*, Vol. 59, No. 692, September 1979, p. 30.

4195. *PAGÉ, Raymond, [*Il n'y a pas de pays sans grand-père*], *Chelsea Journal*, Vol. 5, No. 5, September-October 1979, p. 234.

4196. ALLARD, Jacques, « L'Idéologie du pays dans le roman québécois contemporain. *Il n'y a pas de pays sans grand-père* et l'intertexte national », *Voix et images*, vol. 5, n° 1, automne 1979, p. 117-132.

4197. *DIONNE, René, « À la source de l'écriture [*Les Enfants du bonhomme dans la lune*] », *Relations*, vol. 39, n° 452, octobre 1979, p. 285-287.

4198. *GRADY, Wayne, « Budding Breasts Brooding Beasts : The Hockey Sweater and Other Stories », *Books in Canada*, Vol. 8, No. 9, November 1979, p. 10.

4199. *DORION, Gilles, «*Les Enfants du bonhomme dans la lune* », *Livres et auteurs québécois, 1979*, p. 36-37.

4200. [ANONYME], «*Le Jardin des délices* », *Reflets*, vol. 1, n° 6, février 1980, p. 4-7.

4201. *DIONNE, André, « Le Théâtre qu'on joue : La Céleste Bicyclette au Café de la Place », *Lettres québécoises*, n° 17, printemps 1980, p. 38.

4202. TALBOT, Émile[-J.], « Les Incarnations d'un texte nationaliste : Hémon, Savard, Carrier », *Présence francophone*, n° 20, printemps 1980, p. 137-145.

4203. LENNOX, John W., [*La Guerre, yes Sir !*], *Studies in Canadian Literature*, Vol. 5, No. 1, Spring 1980, p. 59-62.

4204. *GODARD, Barbara, «*The Hockey Sweater and Other Stories* », *Quill and Quire*, Vol. 46, No. 4, April 1980, p. 34.

4205. *L'HOSTIE, Monique, « Voulez-vous monter avec eux ? [*La Céleste Bicyclette*] », *Focus*, n° 34-35, mai-juin 1980, p. 38.

4206. *DIONNE, André, «*La Céleste Bicyclette* », *Nos livres*, vol. 11, mai 1980, n° 188.

4207. *GAUVIN, Lise, [*Les Enfants du bonhomme dans la lune*], *University of Toronto Quarterly*, Vol. 49, No. 4, Summer 1980, p. 344.

4208. *O'CONNOR, John J., [*The Hockey Sweater and Other Stories*], *University of Toronto Quarterly*, Vol. 49, No. 4, Summer 1980, p. 383-384.

4209. [ANONYME], « Grand Prix littéraire de la Ville de Montréal », *Lettres québécoises*, n° 19, automne 1980, p. 9.

4210. *Hathorn, Ramon, [*La Guerre, yes Sir !*], *Voix et images*, vol. 6, n° 1, automne 1980, p. 101-102, 112-113.

4211. *[Anonyme], «*Les fleurs vivent-elles ailleurs que sur la terre ?*», *L'Atulu*, vol. 2, n° 10, octobre 1980, p. 8.

4212. [Anonyme], « À l'honneur », *Écriture française dans le monde*, vol. 2, n° 1-2, octobre 1980, p. 97.

4213. [Anonyme], « Prix et mentions. Grand Prix littéraire de la Ville de Montréal », *Union des écrivains québécois*, vol. 1, n° 4, octobre 1980, p. [3].

4214. Beaulieu, Nicole, « La Littérature, yes Sir ! », *L'Actualité*, vol. 5, n° 11, novembre 1980, p. 68-74.

4215. *Côté, Claire, «*Les fleurs vivent-elles ailleurs que sur la terre ?*», *Le Bulletin Pantoute*, n° 4, décembre 1980-janvier-février 1981, p. 5.

4216. *Corriveau, Hugues, « La Fleur et l'animale [*Les Fleurs vivent-elles ailleurs que sur la terre ?*] », *Spirale*, n° 14, décembre 1980, p. 11.

4217. Vanasse, André, « Roch Carrier. Un nouveau cycle », *Lettres québécoises*, n° 20, hiver 1980-1981, p. 15-17.

4218. *Bérubé, Georges-L., «*La Céleste Bicyclette*», *Livres et auteurs québécois, 1980*, p. 149-151.

4219. *Dorion, Gilles, «*Les fleurs vivent-elles ailleurs que sur la terre ?*», *Livres et auteurs québécois, 1980*, p. 32-34.

4220. *Lamarre, André, «*Les Voyageurs de l'arc-en-ciel*», *Livres et auteurs québécois, 1980*, p. 219-220.

4221. *[Anonyme], «*Les Voyageurs de l'arc-en-ciel*», *L'Atulu*, vol. 3, n° 1, janvier 1981, p. 8.

4222. Demers, Anne-Marie, « Roch Carrier, de Ste-Justine aux sphères célestes », *Théâtre [CNA]*, vol. 7, n° 4, janvier-février-mars 1981, p. 2.

4223. Grenier, Serge, « Serge Grenier rencontre Albert Millaire », *Théâtre [CNA]*, vol. 7, n° 4, janvier-février-mars 1981, p. 3.

4224. *Chartier, Monique, «*Les Voyageurs de l'arc-en-ciel*», *Nos livres*, vol. 12, février 1981, n° 61.

4225. Dansereau, Estelle, « Le Fantastique chez Roch Carrier et Jacques Benoit », *Canadian Literature*, No. 88, Spring 1981, p. 39-45.

4226. *Garebian, Keith, «*The Garden of Delights*», *Canadian Literature*, No. 88, Spring 1981, p. 98-100.

4227. [Anonyme], « Prix de littérature de jeunesse [Lauréats du Conseil des arts] », *Grimoire*, vol. 4, n° 5, mai 1981, p. 17.

4228. Hornbeck, Paul, « The Reel Story of Canadian Writing », *Quill and Quire*, Vol. 47, No. 5, May 1981, p. 13.

4229. *Girard, Gilles, [*La Céleste Bicyclette*], *University of Toronto Quarterly*, Vol. 50, No. 4, Summer 1981, p. 72.

4230. Amprimoz, Alexandre L., « Roch Carrier's Bicycle [*La Céleste Bicyclette*] », *The Antigonish Review*, No. 47, Autumn 1981, p. 91-94.

4231. *Michaud, Robert, [*Les Voyageurs de l'arc-en-ciel*], *Des livres et des jeunes*, vol. 4, n° 10, automne 1981, p. 56.

4232. *Guindon, Ginette, «*Les Voyageurs de l'arc-en-ciel*», *Lurelu*, vol. 4, n° 3, automne 1981, p. 11.

4233. *[Anonyme], «*Les fleurs vivent-elles ailleurs que sur la terre ?*», *Écriture française dans le monde*, vol. 3, n° 2-3, décembre 1981, p. 112.

4234. S[avard], A[ndrée], «*La Dame qui avait des chaînes aux chevilles*», *Focus*, n° 46-47, décembre 1981-janvier 1982, p. 86.

4235. S[avard], A[ndrée], «*La Trilogie de l'âge sombre*», *Focus*, n° 46-47, décembre 1981-janvier 1982, p. 87.

4236. *Bellemare, Madeleine, «*La Trilogie de l'âge sombre, 2 : Floralie, où es-tu ?*», *Nos livres*, vol. 12, décembre 1981, n° 476.

4237. *Bellemare, Madeleine, «*La Trilogie de l'âge sombre, 3 : Il est par là, le soleil*», *Nos livres*, vol. 12, décembre 1981, n° 477.

4238. *BELLEMARE, Madeleine, «*La Trilogie de l'âge sombre*, 1 : *La Guerre, yes Sir !* », *Nos livres*, vol. 12, décembre 1981, n° 475.

4239. *BOIVIN, Aurélien, «*La Dame qui avait des chaînes aux chevilles* », *Québec français*, n° 44, décembre 1981, p. 8.

4240. FOGEL, Stan, « Lost in the Canadian Funhouse », *Queen's Quarterly*, Vol. 88, No. 4, Winter 1981, p. 695-696.

4241. *DORION, Gilles, «*La Dame qui avait des chaînes aux chevilles* », *Livres et auteurs québécois, 1981*, p. 42-43.

4242. *M[ARCOTTE], G[illes], « Carrier, un meurtre raté [*La Dame qui avait des chaînes aux chevilles*] », *L'Actualité*, vol. 7, n° 1, janvier 1982, p. 67-68.

4243. *LENEY, Jane, « Villages of Childhood [*The Hockey Sweater and Other Stories*] », *Brick*, No. 14, Winter 1982, p. 59-60.

4244. [ANONYME], « Mardi littéraire. Roch Carrier », *Grimoire*, vol. 5, n° 1, janvier 1982, p. 9.

4245. *ARCHAMBAULT, Gilles, « Roch Carrier. Un conte en forêt [*La Dame qui avait des chaînes aux chevilles*] », *Reflets*, vol. 3, n° 5, janvier 1982, p. 24.

4246. *[ANONYME], «*La Dame qui avait des chaînes aux chevilles* », *L'Atulu*, vol. 4, n° 2, février 1982, p. 17.

4247. GRADY, Wayne, «*Je me souviens* », *Books in Canada*, Vol. 11, No. 2, February 1982, p. 9-10.

4248. BASTIN, Agnès, « Mardi littéraire. Roch Carrier », *Grimoire*, vol. 5, n° 2, février 1982, p. 8-9.

4249. *CHARTIER, Monique, «*La Dame qui avait des chaînes aux chevilles* », *Nos livres*, vol. 13, mai 1982, n° 195.

4250. CHARTIER, Monique, « Notre choix. *La Dame qui avait des chaînes aux chevilles* de Roch Carrier [Entrevue] », *Nos livres*, vol. 13, mai 1982, [s.p.].

4251. CZARNECKI, Mark, « A Vision that Transcends Borders », *Maclean's*, Vol. 95, No. 21, May 24, 1982, p. [10-11].

4252. *CHARTIER, Monique, «*Le Cirque noir* », *Nos livres*, vol. 13, juin-juillet 1982, n° 249.

4253. *GRUSLIN, Adrien, « Quand les textes dramatiques laissent à désirer [*Le Cirque noir*] », *Spirale*, n° 26, juin 1982, p. 11.

4254. *DIONNE, André, « Le Théâtre qu'on joue : *Le Cirque noir* », *Lettres québécoises*, n° 26, été 1982, p. 48.

4255. *MICHON, Jacques, [*La Dame qui avait des chaînes aux chevilles*], *University of Toronto Quarterly*, Vol. 51, No. 4, Summer 1982, p. 337-338.

4256. *O'CONNOR, John J., [*No Country Without Grandfathers*], *University of Toronto Quarterly*, Vol. 51, No. 4, Summer 1982, p. 393-394.

4257. *CHASSAY, Jean-François, «*La Céleste Bicyclette — Le Cirque noir* », *Jeu*, n° 24, 3e trimestre 1982, p. 128-130.

4258. AMPRIMOZ, Alexandre L., «*La Dame [qui avait...]* de Roch Carrier », *Canadian Literature*, No. 94, Autumn 1982, p. 178-180.

4259. *DANSEREAU, Estelle, «*Les fleurs vivent-elles ailleurs que sur la terre ? — La Céleste Bicyclette* », *Canadian Literature*, No. 94, Autumn 1982, p. 143-144.

4260. *KEENEY SMITH, Patricia, [*The Celestial Bicycle*], *Cross-Canada Writers' Quarterly*, Vol. 4, No. 4, [Fall] 1982, p. 28.

4261. *CHAMBERLAND, Roger, «*Québec à l'été 1950* », *Québec français*, n° 48, décembre 1982, p. 10.

4262. [ANONYME], [Biographie], *Reflets*, vol. 4, n° 4, décembre 1982, p. 5.

4263. *[ANONYME], [*Jolis Deuils*], *Reflets*, vol. 4, n° 4, décembre 1982, p. 5.

4264. *BÉLIL, Michel, « Un conte philosophique. *Les fleurs vivent-elles ailleurs que sur la terre ?* », *Imagine*, vol. 4, n° 2, hiver 1982, p. 114-115.

4265. MAILHOT, Michèle, «*La Dame qui avait des chaînes aux chevilles* », *Lettres québécoises*, n° 28, hiver 1982-1983, p. 19-20.

4266. *CHARETTE, Christiane et Ginette GUINDON, [*Les Voyageurs de l'arc-en-ciel*], *Lurelu*, vol. 5, n° 3, hiver 1982, p. 21.

4267. *BÉRUBÉ, Georges-L., «*Le Cirque noir* », *Livres et auteurs québécois, 1982*, p. 157-159.

CARTIER, Georges

4268. CHOUL, Jean-Claude et Michel de SMET, [*Le Poisson pêché*], *Voix et images*, vol. 6, n⁰ 1, automne 1980, p. 141-142.

CARTIER, Jacques

4269. MÉLANÇON, Robert, « Terre de Caïn, âge d'or, prodiges du Saguenay. Représentations du Nouveau Monde dans les *Voyages* de Jacques Cartier », *Studies in Canadian Literature*, Vol. 4, No. 2, Summer 1979, p. 22-34.

4270. MÉLANÇON, Robert, « Terre de Caïn, âge d'or, prodiges du Saguenay. Le Nouveau Monde dans les *Voyages* de Jacques Cartier », *Voix et images*, vol. 5, n⁰ 1, automne 1979, p. 51-64.

4271. GAGNON, François-Marc, « 'Gens du pays' ou 'Sauvaiges'. Notes sur les désignations de l'Indien chez Jacques Cartier », *Recherches amérindiennes au Québec*, vol. 10, n⁰ 1-2, [avril] 1980, p. 24-36.

4272. GAGNON, François-Marc, «*Experientia est rerum magistra*. Savoir empirique et culture savante chez les premiers voyageurs au Canada », *Questions de culture*, n⁰ 1, 4ᵉ trimestre 1981, p. 47-51.

4273. BIDEAUX, Michel, « Éditer Cartier », *Revue d'histoire littéraire du Québec et du Canada français*, n⁰ 4, été-automne 1982, p. 10-21.

CARTIER, Louise

4274. *GODIN, Jean-Cléo et Marie-Claude LEFEBVRE, «*Noces* [production de l'Eskabel] », *Jeu*, n⁰ 20, 3ᵉ trimestre 1981, p. 105-107.

CASAVANT, Richard

4275. BRUNET-LAMARCHE, Anita, « Prise de parole, 1972-1982. Auteurs et oeuvres. Biobibliographie », *Revue du Nouvel Ontario*, n⁰ 4, 1982, p. 24-25.

4276. *DICKSON, Robert, [*Poèmes, 1960-1975 — Les Sentinelles de l'absence*], *Revue du Nouvel Ontario*, n⁰ 4, 1982, p. 60.

CASGRAIN, Henri-Raymond

4277. HUDON, Jean-Paul, « Henri-Raymond Casgrain et l'inscription du monument de Champlain », *Signum*, Vol. 4, No. 2, [1979], p. 7-18.

CASTELEIN DE LA LANDE, André

4278. [ANONYME], « Le Théâtre de Castelein de la Lande », *Bulletin du Centre d'études franco-canadiennes de l'Ouest*, n⁰ 8, mai 1981, p. 32a.

4279. [ANONYME], « Le Théâtre de Castelein de la Lande », *Bulletin du Centre d'études franco-canadiennes de l'Ouest*, n⁰ 11, mai 1982, p. 18.

CHABOT, Cécile

4280. *C., B., [*Et le cheval vert*], *Des livres et des jeunes*, vol. 3, n⁰ 7, automne 1980, p. 39-40.

4281. *LAFORTUNE, Aline, «*Et le cheval vert* », *Nos livres*, vol. 11, décembre 1980, n⁰ 377.

4282. *COUTU, Danielle, [*Et le cheval vert*], *Lurelu*, vol. 3, n⁰ 4, hiver 1980, p. 11.

4283. *LAFRAMBOISE, Yvon, «*Et le cheval vert* », *Livres et auteurs québécois, 1980*, p. 220.

CHABOT, Denys

4284. [ANONYME], « Le Prix littéraire Gibson », *Lettres québécoises*, n⁰ 14, avril-mai 1979, p. 60.

4285. *GAUVIN, Lise, [*L'Eldorado dans les glaces*], *University of Toronto Quarterly*, Vol. 48, No. 4, Summer 1979, p. 332.

4286. *PATERSON, Janet M., « Les glaces se manifestent [*L'Eldorado dans les glaces*] », *Journal of Canadian Fiction*, No. 25-26, 1979, p. 297-300.

4287. *JANELLE, Claude, [*L'Eldorado dans les glaces*], *Solaris*, vol. 5, no 5, octobre-novembre 1979, p. 7-8.

4288. *RUBINGER, Catherine, [*L'Eldorado dans les glaces*], *Canadian Literature*, No. 84, Spring 1980, p. 118-120.

4289. *STUEWE, Paul, « Exploring a Labyrinth of Tongues : From the Folklore of Quebec to a Trenchant Analysis of Soviet Society [*Eldorado on Ice*] », *Books in Canada*, Vol. 10, No. 8, October 1981, p. 28-29.

4290. *DIONNE, André, «*La Province lunaire*», *Livres et auteurs québécois, 1981*, p. 43-44.

4291. *DANSEREAU, Estelle, « Denys Chabot, *Eldorado on Ice* », *Quarry*, Vol. 31, No. 2, Spring 1982, p. 86-90.

4292. *DESJARDINS, Normand, «*La Province lunaire*», *Nos livres*, vol. 13, avril 1982, no 150.

4293. *MARCOTTE, Gilles, « Vous n'avez jamais rien lu de pareil... [*La Province lunaire*] », *L'Actualité*, vol. 7, no 5, mai 1982, p. 129.

4294. *DORION, Gilles, «*La Province lunaire*», *Québec français*, no 46, mai 1982, p. 6.

4295. *LaRUE, Monique, « Un voyage qui tourne court [*La Province lunaire*] », *Spirale*, no 25, mai 1982, p. 4.

4296. *LORD, Michel, «*La Province lunaire* de Denys Chabot ou Une cosmogonie baroque », *Lettres québécoises*, no 26, été 1982, p. 32-33.

4297. *O'CONNOR, John J., [*Eldorado on Ice*], *University of Toronto Quarterly*, Vol. 51, No. 4, Summer 1982, p. 392.

4298. [ANONYME], « Prix littéraires du Gouverneur général 1981 », *Grimoire*, vol. 5, no 6, août-septembre 1982, p. 19.

4299. [ANONYME], « Prix du Gouverneur général 198[1] », *Lettres québécoises*, no 27, automne 1982, p. 15.

CHABOT, Marc

4300. *LAPRÉS, Raymond, «*Chroniques masculines*», *Nos livres*, vol. 12, août-septembre 1981, no 327.

4301. *ROY, André, «*Chroniques masculines*», *Livres et auteurs québécois, 1981*, p. 267.

CHADEAU, Danielle

4302. *MINOT, René, «*Le Testament de Mamylène*», *Nos livres*, vol. 12, juin-juillet 1981, no 271.

CHAMBERLAND, Paul

4303. *GIGUÈRE, Richard, [*Extrême Survivance, extrême poésie*], *University of Toronto Quarterly*, Vol. 48, No. 4, Summer 1979, p. 358-359.

4304. BÉLANGER, Marcel, « Paul Chamberland. De l'anarchie à l'utopie », *Estuaire*, no 13, septembre 1979, p. 95-100.

4305. [ANONYME], « Basile, Jean, Bersianik, Louky, Blais, Marie-Claire, Chamberland, Paul, Navarre, Yves participent pour *le Berdache* à une table ronde : 'Y a-t-il une écriture homosexuelle ?' », *Le Berdache*, no 5, novembre 1979, p. 25-39.

4306. *LEFEBVRE, Gordon, « Le 'Nous' mondial [*Terre souveraine*] », *Spirale*, no 10, juin 1980, p. 8.

4307. *C[ATELLIER], J[osette], [*Terre souveraine*], *Le Temps fou*, no 10, juin-juillet-août 1980, p. 51-52.

4308. *[ANONYME], «*Terre souveraine*», *Québec Hebdo*, vol. 2, no 32, 1er septembre 1980, p. 4.

4309. *GAULIN, André, «*Terre souveraine*», *Québec français*, no 39, octobre 1980, p. 13.

4310. *SUTHERLAND, Ronald, «Terre souveraine», Canadian Literature, No. 88, Spring 1981, p. 92-93.

4311. CHAMBERLAND, Paul, « Fragments d'art total », Les Herbes rouges, n° 90-91, avril 1981, p. 41-64.

4312. CHAMBERLAND, Paul, « Le Courage de la poésie », Les Herbes rouges, n° 90-91, avril 1981, p. 3-40.

4313. *BÉDARD, Christian, « Merlin l'enchanteur. Émergence de l'adultenfant », Le Berdache, n° 21, juin 1981, p. 47-49.

4314. *BAYARD, Caroline, [Terre souveraine], University of Toronto Quarterly, Vol. 50, No. 4, Summer 1981, p. 50.

4315. CATELLIER, Josette, « La Vie comme art total ou Chamberland lâché lousse », Le Temps fou, n° 16, septembre-octobre 1981, p. 56-57.

4316. GIGUÈRE, Richard, « Chamberland, poète-anthrope », Lettres québécoises, n° 23, automne 1981, p. 34-36.

4317. *DIONNE, André, «Émergence de l'adultenfant », Nos livres, vol. 12, octobre 1981, n° 376.

4318. *CHAMBERLAND, Roger, «Émergence de l'adultenfant — L'Enfant doré — Le Courage de la poésie suivi de Fragments d'art total», Québec français, n° 43, octobre 1981, p. 15.

4319. *DESRUISSEAUX, Pierre, «L'Enfant doré », Livres et auteurs québécois, 1981, p. 93-94.

4320. *GAUDREAU, Lise, «Le Courage de la poésie. Fragments d'art total », Livres et auteurs québécois, 1981, p. 146-147.

4321. *D'ALFONSO, Antonio, «L'Enfant doré », Nos livres, vol. 13, février 1982, n° 59.

4322. *LAMY, Suzanne, « Ligne de crête, ligne de coeur [Le Courage de la poésie. Fragments d'art total] », Spirale, n° 23, mars 1982, p. 14.

4323. *M[ARTIN], R[aymond], «Le Courage de la poésie. Fragments d'art total », Moebius, n° 14, printemps 1982, p. 57.

4324. *BROCHU, André, « Rétrospectives et prospectives [L'Enfant doré] », Voix et images, vol. 7, n° 3, printemps 1982, p. 587.

4325. *BAYARD, Caroline, [Le Courage de la poésie. Fragments d'art total], University of Toronto Quarterly, Vol. 51, No. 4, Summer 1982, p. 357-359.

4326. *BAYARD, Caroline, [L'Enfant doré], University of Toronto Quarterly, Vol. 51, No. 4, Summer 1982, p. 365.

CHAMPAGNE, Édith

4327. *LAURIN, Michel, «Le Vieil Homme aux bulles», Nos livres, vol. 11, mai 1980, n° 157.

CHAMPLAIN, Samuel de

4328. GAGNON, François-Marc, «Experientia est rerum magistra. Savoir empirique et culture savante chez les premiers voyageurs au Canada », Questions de culture, n° 1, 4e trimestre 1981, p. 51-55.

CHAPUT, Hélène

4329. *COMEAULT, Gilbert-L., «Donatien Frémont, journaliste de l'Ouest canadien », Canadian Ethnic Studies/Études ethniques au Canada, Vol. 11, No. 1, 1979, p. 169-170.

4330. *KNUTSON, Simone P., «Donatien Frémont, journaliste de l'Ouest canadien », Canadian Literature, No. 90, Autumn 1981, p. 164-166.

CHAPUT-ARDEZ, Maria

4331. *MINOT, René, «Pour l'enfant que j'ai fait », Nos livres, vol. 11, mai 1980, n° 159.

CHAPUT-ROLLAND, Solange

4332. *GUAY, Jacques, [De l'unité à la réalité], Nuit blanche, n° 6, printemps-été 1982, p. 14-15.

4333. *[ANONYME], «*De l'unité à la réalité* », *Québec Hebdo*, vol. 3, n⁰ 45, 23 novembre 1981, p. 4.

4334. *MAJOR, Jean-Louis, « Des images au mirage, aller et retour. *De l'unité à la réalité* », *Lettres québécoises*, n⁰ 27, automne 1982, p. 78-80.

CHARBONNEAU, Pierre

4335. *DESJARDINS, Normand, «*La Baie heureuse* », *Nos livres*, vol. 13, avril 1982, n⁰ 151.

CHARBONNEAU, Robert

4336. MICHON, Jacques, « Fonctions et historicité des formes romanesques », *Études littéraires*, vol. 14, n⁰ 1, avril 1981, p. 64-65.

CHARBONNEAU-TISSOT, Claudette

4337. *LASNIER, Louis, «*La Chaise au fond de l'oeil* », *Nos livres*, vol. 11, mars 1980, n⁰ 79.

4338. *CLOUTIER, Guy, «*La Chaise au fond de l'oeil* », *Le Bulletin Pantoute*, n⁰ 1, avril 1980, p. 24.

4339. *OUELLETTE-MICHALSKA, Madeleine, [*La Chaise au fond de l'oeil*], *Châtelaine*, vol. 21, n⁰ 5, mai 1980, p. 8.

4340. *CHAMBERLAND, Roger, «*La Chaise au fond de l'oeil* », *Québec français*, n⁰ 38, mai 1980, p. 12.

4341. ROY, Michèle et Claire CÔTÉ, « Une entrevue avec Claudette Charbonneau-Tissot », *Le Bulletin Pantoute*, n⁰ 3, septembre-octobre-novembre 1980, p. 28-29.

4342. CHARBONNEAU-TISSOT, Claudette, « Autoportrait. Claudette Charbonneau-Tissot », *Québec français*, n⁰ 40, décembre 1980, p. 56.

4343. CHARBONNEAU-TISSOT, Claudette, « Pourquoi j'écris », *Québec français*, n⁰ 47, octobre 1982, p. 31.

CHAREST, Luc

4344. *M., M., « Une marginalité bien tranquille [*Autrement*] », *Le Berdache*, n⁰ 4, octobre 1979, p. 39-40.

4345. *MORIN, Marc, « J'irai sur un cheval fou... [*Le Rouquin*] », *Le Berdache*, n⁰ 16, décembre 1980-janvier 1981, p. 43-44.

CHARETTE, Guillaume

4346. *DALE, Stephen, « Home on the Range [*Vanishing Spaces : Memoirs of Louis Goulet*] », *Books in Canada*, Vol. 10, No. 9, November 1981, p. 19-20.

CHARLAND, Jean-Pierre

4347. *WARREN, Louise, «*Les Insurgés de Véga 3* », *Lurelu*, vol. 2, n⁰ 1, printemps 1979, p. 14.

CHARLEBOIS, Gaëtan

4348. *[ANONYME], «*Aléola* », *Quill and Quire*, Vol. 45, No. 10, September 1979, p. 10.

4349. *DIONNE, André, « Le Théâtre qu'on joue : *Aléola* de Gaëtan Charlebois », *Lettres québécoises*, n⁰ 19, automne 1980, p. 43.

4350. *DIONNE, André, « Le Théâtre qu'on joue : *Michaël* de Gaëtan Charlebois », *Lettres québécoises*, n⁰ 20, hiver 1980-1981, p. 36.

4351. LANE, William, « Raising the Curtain on Canadian Drama in Print [*Aléola*] », *Quill and Quire*, Vol. 47, No. 1, January 1981, p. 25.

4352. GERSON, Mark, « Young Charlebois' Battle to Preserve the Written Word », *Performing Arts in Canada*, Vol. 18, No. 1, Spring 1981, p. 47, 49.

4353. *FRASER, Marian, «*Aléola* », *Canadian Literature*, No. 91, Winter 1981, p. 139-141.

CHARLEBOIS, Jean

4354. *JANOËL, André, «*Conduite intérieure* », *Nos livres*, vol. 10, février 1979, n° 68.

4355. *NEPVEU, Pierre, « La Nouvelle Poésie. Jean Charlebois [*Conduite intérieure*] », *Lettres québécoises*, n° 14, avril-mai 1979, p. 24-25.

4356. *CHAMBERLAND, Roger, «*Plaine Lune* suivi de *Corps fou* », *Québec français*, n° 40, décembre 1980, p. 15.

4357. GIGUÈRE, Richard, « L'un chante, l'autre pas », *Lettres québécoises*, n° 20, hiver 1980-1981, p. 28-30.

4358. *GIGUÈRE, Richard, [*Plaine Lune* suivi de *Corps fou*], *Livres et auteurs québécois, 1980*, p. 127-128.

4359. *DIONNE, André, «*Plaine Lune* suivi de *Corps fou* », *Nos livres*, vol. 12, janvier 1981, n° 7.

4360. *BONENFANT, Joseph, « Notes sur la poésie [*Plaine lune* suivi de *Corps fou*] », *Voix et images*, vol. 6, n° 3, printemps 1981, p. 482.

4361. *BAYARD, Caroline, [*Plaine lune* suivi de *Corps fou*], *University of Toronto Quarterly*, Vol. 50, No. 4, Summer 1981, p. 46.

4362. *GIGUÈRE, Richard, « La Mour, l'amort. Jean Charlebois et Alphonse Piché [*La Mour* suivi de *L'Amort*] », *Lettres québécoises*, n° 28, hiver 1982-1983, p. 49-51.

4363. *BOUVIER, Luc, «*La Mour* suivi de *L'Amort* », *Livres et auteurs québécois, 1982*, p. 99-102.

CHARLEVOIX, François-Xavier de

4364. BERTHIAUME, Pierre, « Charlevoix et Challe. Regards sur les Anglais ou l'Histoire au service d'idéologies antagonistes », *Voix et images*, vol. 8, n° 1, automne 1982, p. 83-96.

4365. BERTHIAUME, Pierre, « Le Tremblement de terre de 1663. Les Convulsions du verbe ou la Mystification du logos chez Charlevoix », *Revue d'histoire de l'Amérique française*, vol. 36, n° 3, décembre 1982, p. 375-387.

CHARRON, François

4366. CHARRON, François, « Prendre la mer », *Dérives*, n° 20-21, [4e trimestre] 1979, p. 73-79.

4367. [ANONYME], « Attribution du prix Émile-Nelligan à François Charron », *Québec Hebdo*, vol. 1, n° 43, 10 décembre 1979, p. 4.

4368. *GIGUÈRE, Richard, «*Blessures* », *Livres et auteurs québécois, 1979*, p. 104-105.

4369. *DES ROCHES, Roger, « Le Doute royal [*Blessures*] », *Spirale*, n° 5, janvier 1980, p. 1.

4370. [ANONYME], « Le Prix de poésie Émile-Nelligan », *Lettres québécoises*, n° 17, printemps 1980, p. 7.

4371. NEPVEU, Pierre, « Entrevue. François Charron, l'urgence de l'écriture », *Lettres québécoises*, n° 18, été 1980, p. 40-48.

4372. PAYANT, René, « François C. L'Heureux Prolifique », *Lettres québécoises*, n° 18, été 1980, p. 48-51.

4373. *GIGUÈRE, Richard, [*Peinture automatiste* précédé de *Qui parle dans la théorie ?*], *University of Toronto Quarterly*, Vol. 49, No. 4, Summer 1980, p. 364.

4374. *HAECK, Philippe, «*Peinture automatiste* précédé de *Qui parle dans la théorie ?* », *Livres et auteurs québécois, 1980*, p. 98-99.

4375. *SAINT-MARTIN, Fernande, «*Peinture automatiste. Pluralités 1980* », *Livres et auteurs québécois, 1980*, p. 272-275.

4376. *DE BELLEFEUILLE, Normand, [*1980*], *Spirale*, [n° 21], septembre 1981, p. 4-5.

4377. *NEPVEU, Pierre, « Feu la modernité ? [*1980*] », *Lettres québécoises*, n° 23, automne 1981, p. 32-33.

4378. *LAFRANCE, Hélène, «*Feu* précédé de *Langues — 1980 — Mystère*», *Livres et auteurs québécois, 1981*, p. 147-150.

4379. CHARRON, François, « La Liberté des souffles », *Les Herbes rouges*, n° 99-100, janvier 1982, p. 4-10.

4380. NEPVEU, Pierre, « Haeck et Charron. Travailler à ne pas s'appartenir », *Lettres québécoises*, n° 25, printemps 1982, p. 39.

4381. *M[ARTIN], R[aymond], «*La Passion d'autonomie. Littérature et nationalisme*», *Moebius*, n° 14, printemps 1982, p. 57-58.

4382. *GAULIN, André, «*La Passion d'autonomie. Littérature et nationalisme*», *Québec français*, n° 46, mai 1982, p. 11.

4383. *LEFEBVRE, Gordon, « La 'Liberté des souffles' [*La Passion d'autonomie. Littérature et nationalisme*] », *Spirale*, n° 26, juin 1982, p. 3.

4384. *VIGNEAULT, Robert, « Le Manifeste *Refus global* répercuté par François Charron. *La Passion d'autonomie. Littérature et nationalisme*», *Lettres québécoises*, n° 26, été 1982, p. 71, 73-75.

4385. *BAYARD, Caroline, [*1980* et *Mystère*], *University of Toronto Quarterly*, Vol. 51, No. 4, Summer 1982, p. 361.

4386. BEAUSOLEIL, Claude, « La Poésie en revues depuis 10 ans », *La Petite Revue de philosophie*, vol. 4, n° 1, automne 1982, p. 116.

4387. *BROCHU, André, « En état de poésie [*Mystère*] », *Voix et images*, vol. 8, n° 1, automne 1982, p. 163-164.

4388. *BAYARD, Caroline, « Dans la modernité, l'un change et l'autre tourne. Beausoleil et Charron [*Toute parole m'éblouira*] », *Lettres québécoises*, n° 28, hiver 1982-1983, p. 40-42.

4389. *BLOUIN, Louise, «*Toute parole m'éblouira*», *Livres et auteurs québécois, 1982*, p. 102-103.

4390. *FISETTE, Jean, «*La Passion d'autonomie. Littérature et nationalisme*», *Livres et auteurs québécois, 1982*, p. 266-268.

CHARTRAND, Denise

4391. *CHARETTE, Christiane, «*Bougeotte*», *Lurelu*, vol. 5, n° 3, hiver 1982, p. 14.

CHÂTILLON, Jean

4392. *RUEL, Ginette, «*L'Histoire d'Érik, le petit trille rouge*», *Lurelu*, vol. 2, n° 2, été 1979, p. 10.

4393. PARAMSKAS, Dana, [*L'Histoire d'Érik, le petit trille rouge*], *Canadian Children's Literature*, No. 15-16, 1980, p. 83-84.

CHÂTILLON, Pierre

4394. MOREAU, Jean-Marie, « Notre choix. *Philédor Beausoleil* de Pierre Châtillon », *Nos livres*, vol. 10, avril 1979, [s.p.].

4395. *GAUVIN, Lise, [*Philédor Beausoleil*], *University of Toronto Quarterly*, Vol. 48, No. 4, Summer 1979, p. 333-334.

4396. *GILBERT, Francine, «*Philédor Beausoleil*», *Offensives*, vol. 1, n° 3, mai-juin-juillet-août 1981, p. 46.

4397. *B[ÉLIL], M[ichel], « Une pléiade de héros légendaires [*Philédor Beausoleil*] », *Imagine*, vol. 3, n° 3, printemps 1982, p. 67-68.

CHAURETTE, Normand

4398. *DESJARDINS, Normand, «*Rêve d'une nuit d'hôpital*», *Nos livres*, vol. 11, novembre 1980, n° 329.

4399. *Tétu de Labsade, Françoise, «*Rêve d'une nuit d'hôpital* », *Livres et auteurs québécois, 1980*, p. 151-153.

4400. *Robert, Lucie, «*Rêve d'une nuit d'hôpital* », *Jeu*, n⁰ 18, 1ᵉʳ trimestre 1981, p. 124-125.

4401. *Lamarche, Linda, «*Provincetown Playhouse, juillet 1919, j'avais 19 ans* », *Livres et auteurs québécois, 1981*, p. 163-165.

4402. *Desjardins, Normand, «*Provincetown Playhouse, juillet 1919, j'avais 19 ans* », *Nos livres*, vol. 13, mars 1982, n⁰ 110.

4403. *Weiss, Jonathan M., «*Rêve d'une nuit d'hôpital* », *Canadian Literature*, No. 92, Spring 1982, p. 145-146.

4404. *Lapointe, Gilles, «*Provincetown Playhouse, juillet 1919, j'avais 19 ans* », *Jeu*, n⁰ 23, 2ᵉ trimestre 1982, p. 156-157.

4405. *Gruslin, Adrien, « Quand les textes dramatiques laissent à désirer [*Fêtes d'automne*] », *Spirale*, n⁰ 26, juin 1982, p. 11.

4406. *Bourassa, André-G[illes], [*Rêve d'une nuit d'hôpital*], *Lettres québécoises*, n⁰ 26, été 1982, p. 46.

4407. *Lépine, Stéphane, «*Fêtes d'automne* », *Jeu*, n⁰ 24, 3ᵉ trimestre 1982, p. 120-122.

4408. *Desjardins, Normand, «*Fêtes d'automne* », *Nos livres*, vol. 13, novembre 1982, n⁰ 412.

4409. *Dionne, André, « Le Théâtre qu'on joue : *Provincetown Playhouse, juillet 1919, j'avais 19 ans* », *Lettres québécoises*, n⁰ 28, hiver 1982-1983, p. 56.

4410. *Lazar, Hélène, «*Fêtes d'automne* », *Livres et auteurs québécois, 1982*, p. 159-160.

CHAUVEAU, Pierre-Joseph-Olivier

4411. Imbert, Patrick, «*Charles Guérin* ou le Réalisme critique », *Lettres québécoises*, n⁰ 13, février 1979, p. 33-34.

4412. *Beaudoin, Léo, «*Charles Guérin* », *Nos livres*, vol. 10, avril 1979, n⁰ 147.

4413. Sénécal, André, «*Charles Guérin*. Le Récit et la thèse », *Voix et images*, vol. 5, n⁰ 2, hiver 1980, p. 333-340.

4414. Collet, Paulette, « Les Romancières québécoises des années 60 face à la maternité », *Atlantis*, Vol. 5, No. 2, Spring 1980, p. 131-141.

4415. *Hathorn, Ramon, [*Charles Guérin*], *Voix et images*, vol. 6, n⁰ 1, automne 1980, p. 102-103.

CHÉNARD, Madeleine

4416. *Roberge, Hélène, «*La Chasse-Galerie* », *Livres et auteurs québécois, 1980*, p. 221-222.

4417. *Charette, Christiane, « Contes et légendes du Québec, 1 : les albums [*La Chasse-Galerie*] », *Lurelu*, vol. 4, n⁰ 1-2, printemps-été 1981, p. 20-21.

CHESKINOVA, Catherine

4418. *[Anonyme], [*Si m'agrée* suivi de *Ma survie*], *Voix et images*, vol. 5, n⁰ 3, printemps 1980, p. 607.

CHEVRETTE, Alain

4419. *Desjardins, Normand, «*Le Premier Homme* », *Nos livres*, vol. 13, janvier 1982, n⁰ 8.

CHEVRIER, Michel

4420. *Moreau, Jean-Marie, «*Un bleu éblouissant et autres nouvelles* », *Nos livres*, vol. 10, juin-juillet 1979, n⁰ 211.

4421. *Dionne, André, « Le Théâtre qu'on joue : *Les Dernières Chaleurs* et *Transport en commun* », *Lettres québécoises*, n⁰ 23, automne 1981, p. 39.

CHIASSON, Anselme

4422. LAMONTAGNE, Gilles, « Le Conte dans l'est du Québec. Éléments de bibliographie critique », *Revue d'histoire littéraire du Québec et du Canada français*, n° 3, hiver-printemps 1982, p. 79-80.

CHIASSON, Herménégilde

4423. *BOUDREAU, Raoul, «*Rapport sur l'état de mes illusions* », *Si que*, n° 4, automne 1979, p. 186-189.
4424. *CLERMONT, Ghislain, «*This Is a Very Sentimental Book about Someone Named : Louise — Oscar de la Renta — Blue Book — Book of Ashes* », *Si que*, n° 4, automne 1979, p. 189-191.
4425. ROBICHAUD, Anne-Marie, « Entretien avec Herménégilde Chiasson », *Si que*, n° 4, automne 1979, p. 65-78.
4426. [ANONYME], «*Comme en Florence* de Léonard Forest. *Mourir à Scoudouc* de Herménégilde Chiasson », *Lettres québécoises*, n° 17, printemps 1980, p. 63-67.
4427. MAILLET, Marguerite, « La Poésie acadienne contemporaine et la contestation », *Revue d'histoire littéraire du Québec et du Canada français*, n° 3, hiver-printemps 1982, p. 120-123.

CHOPIN, René

4428. BLAIS, Jacques, « Problématique d'une recherche sur le groupe des poètes artistes (1910-1930) », *Revue d'histoire littéraire du Québec et du Canada français*, n° 2, 1980-1981, p. 60-66.

CHOQUETTE, Adrienne

4429. PARADIS, Suzanne, « Adrienne Choquette lue par Suzanne Paradis », *Bulletin de la Société des écrivains canadiens*, vol. 10, n° 1, juin 1979, p. 9.
4430. GIROUX, Robert, « Notion et/ou fonctions de la littérature (québécoise nationale) au XXᵉ siècle », *Voix et images*, vol. 5, n° 1, automne 1979, p. 92-93.
4431. *JANOËL, André, «*La nuit ne dort pas* », *Nos livres*, vol. 11, février 1980, n° 59.
4432. *JANOËL, André, «*Je m'appelle Pax* », *Nos livres*, vol. 11, février 1980, n° 58.
4433. *RUBINGER, Catherine, [*La Coupe vide*], *Canadian Literature*, No. 84, Spring 1980, p. 118-120.
4434. *LAPRÉS, Raymond, «*Laure Clouet* », *Nos livres*, vol. 11, novembre 1980, n° 331.
4435. *PASCAL, Gabrielle, «*La nuit ne dort pas* », *Voix et images*, vol. 6, n° 3, printemps 1981, p. 499-500.
4436. *PASCAL, Gabrielle, «*Laure Clouet* », *Voix et images*, vol. 6, n° 3, printemps 1981, p. 495-497.

CHOQUETTE, Ernest

4437. ROUSSEAU, Guildo, « La Ruée vers l'or en Californie dans le roman et le conte québécois », *Journal of Canadian Fiction*, No. 25-26, 1979, p. 101-104.
4438. *HATHORN, Ramon, [*La Terre*], *Voix et images*, vol. 6, n° 1, automne 1980, p. 104-105.

CHOQUETTE, Gilbert

4439. *BELLEMARE, Madeleine, «*Un tourment extrême* », *Nos livres*, vol. 11, février 1980, n° 35.
4440. *CORMIER, Gilles, [*Un tourment extrême*], *Le Bulletin des agriculteurs*, vol. 63, mars 1980, p. 120.
4441. *DORION, Gilles, «*Un tourment extrême* », *Québec français*, n° 37, mars 1980, p. 9.

4442. *ROY, Jean-Philippe, « Une singularité extrême [*Un tourment extrême*] », *Trajectoires*, n⁰ 7, 1ᵉʳ mars-1ᵉʳ avril 1980, p. 4-5.

4443. POULIN, Gabrielle, « Une ombre blanche. *Un tourment extrême* de Gilbert Choquette », *Lettres québécoises*, n⁰ 17, printemps 1980, p. 15-17.

4444. *GAUVIN, Lise, [*Un tourment extrême*], *University of Toronto Quarterly*, Vol. 49, No. 4, Summer 1980, p. 346-347.

4445. *STUEWE, Paul, « If the Artificial Ideas of Elias Canetti Get You Down, Why Feel Guilty ? Perhaps It's Time to Curl Up with a Little Simenon [*Wednesday's Child*] », *Books in Canada*, Vol. 11, No. 5, May 1982, p. 29.

4446. *MARTENS, Debra, [*Wednesday's Child*], *The Canadian Forum*, Vol. 62, No. 719, June-July 1982, p. 37.

4447. *O'CONNOR, John J., [*Wednesday's Child*], *University of Toronto Quarterly*, Vol. 51, No. 4, Summer 1982, p. 392.

4448. *OSACHOFF, Margaret Gail, « Killed by His Double [*Wednesday's Child*] », *Waves*, Vol. 11, No. 1, Fall 1982, p. 88-90.

CHOQUETTE, Robert

4449. *GUÉRETTE, Charlotte, [*Le Sorcier d'Anticosti et autres légendes canadiennes*], *Des livres et des jeunes*, vol. 2, n⁰ 6, juin 1980, p. 38.

4450. *[ANONYME], «*Moi, Pétrouchka*», *L'Atulu*, vol. 2, n⁰ 11, novembre 1980, p. 3.

4451. *CHARTIER, Monique, «*Moi, Pétrouchka* », *Nos livres*, vol. 12, janvier 1981, n⁰ 8.

4452. *CHARETTE, Christiane, « Contes et légendes du Québec, 2 : les recueils [*Le Sorcier d'Anticosti*] », *Lurelu*, vol. 4, n⁰ 3, automne 1981, p. 20.

4453. *SICOTTE, Sylvie, «*Le Choix de Robert Choquette dans l'oeuvre de Robert Choquette* », *Livres et auteurs québécois, 1981*, p. 123.

4454. CHOQUETTE, Robert, « Un dialogue littéraire sous le signe de l'amitié. Correspondance, 1927 à 1933 [avec Louis Dantin] », *Écrits du Canada français*, n⁰ 44-45, 1982, p. 147-209.

4455. *BELLEMARE, Madeleine, «*Le Choix de Robert Choquette dans l'oeuvre de Robert Choquette* », *Nos livres*, vol. 13, octobre 1982, n⁰ 364.

CHOUINARD, Denis

4456. *LAURIN, Michel, «*Histoire de Julie qui avait une ombre de garçon* », *Nos livres*, vol. 13, août-septembre 1982, n⁰ 329.

CHOUINARD, Ernest

4457. ROUSSEAU, Guildo, « La Ruée vers l'or en Californie dans le roman et le conte québécois », *Journal of Canadian Fiction*, No. 25-26, 1979, p. 104.

CHOUINARD, Raymond [pseud. : Jacques Normand]

4458. *LÉPINE, Ginette, «*De Québec à Tizi-Ouzon* », *Livres et auteurs québécois, 1980*, p. 305-307.

CIVIL, Jean

4459. *BÉLANGER, Christian, «*Entre deux pays* », *Livres et auteurs québécois, 1979*, p. 107-108.

4460. PIERRE-GILLES, Élie, [*Entre deux pays*], *Grimoire*, vol. 3, n⁰ 1, janvier 1980, p. 5-7.

4461. *GIGUÈRE, Richard, « En d'autres lieux (de poésie) [*Entre deux pays*] », *Lettres québécoises*, n⁰ 17, printemps 1980, p. 33-34.

4462. *GONZALO-FRANCOLI, Yvette, [*Entre deux pays*], *Voix et images*, vol. 5, n⁰ 3, printemps 1980, p. 599-601.

4463. *GAGNON, Daniel, [*Entre deux pays*], *Grimoire*, vol. 3, n⁰ 8, septembre 1980, p. 7.

4464. *[ANONYME], «*Entre deux pays* », *Les Cahiers du hibou*, vol. 1, n⁰ 4-5, 1980, p. 115.

4465. *Bonenfant, Joseph, « Notes sur la poésie [*Entre deux pays*] », *Voix et images*, vol. 6, n⁰ 3, printemps 1981, p. 482.

4466. *Janoël, André, «*Entre deux pays* », *Nos livres*, vol. 12, avril 1981, n⁰ 182.

CLAPIN, Sylva

4467. Thério, Adrien, « Honneur à l'imitateur. *Contes et nouvelles* de Sylva Clapin », *Lettres québécoises*, n⁰ 19, automne 1980, p. 56-58.

4468. *Vandendorpe, Christian, «*Contes et nouvelles* », *Québec français*, n⁰ 39, octobre 1980, p. 11.

4469. *Gay, Paul, «*Contes et nouvelles* », *Livres et auteurs québécois, 1980*, p. 34-36.

4470. *Lépine, Stéphane, «*Alma-Rose* », *Nos livres*, vol. 13, juin-juillet 1982, n⁰ 250.

4471. *Laflèche, Guy, «*Alma-Rose* », *Livres et auteurs québécois, 1982*, p. 40-41.

CLAVEL, Bernard

4472. *Chartier, Monique, «*Félicien, le fantôme* », *Nos livres*, vol. 12, février 1981, n⁰ 63.

4473. *Graham, Mary, « Entre deux âges [*Félicien, le fantôme*] », *Canadian Children's Literature*, No. 23-24, [3rd and 4th Trimesters] 1981, p. 129-133.

CLÉMENT, Catherine

4474. *Corriveau, Hugues, « Quand la flamme meurt trop. *L'Opéra ou la Défaite des femmes* », *Spirale*, n⁰ 4, décembre 1979, p. 7.

CLERMONT, Marie-Andrée

4475. *Gélinas, Michèle, [*Alerte au Lac des Loups*], *Lurelu*, vol. 3, n⁰ 4, hiver 1980, p. 12.

4476. *Tétreault, Raymond, «*Alerte au Lac des Loups* », *Livres et auteurs québécois, 1980*, p. 223.

CLIFT, Dominique

4477. [Anonyme], « Prix littéraire[s] du Gouverneur général », *Union des écrivains québécois*, vol. 1, n⁰ 3, mai 1980, p. [7].

4478. [Anonyme], « Prix du Gouverneur général 19[79] », *Lettres québécoises*, n⁰ 19, automne 1980, p. 7.

4479. *[Anonyme], «*Le Fait anglais au Québec* », *Écriture française dans le monde*, vol. 2, n⁰ 1-2, octobre 1980, p. 133.

4480. [Anonyme], « Quatre Écrivains québécois consacrés au Canada [Prix du Gouverneur général] », *Écriture française dans le monde*, vol. 2, n⁰ 1-2, octobre 1980, p. 101.

CLOUÂTRE, Jean

4481. *Gélinas, Michèle, «*La Planète Guenille* », *Lurelu*, vol. 4, n⁰ 1-2, printemps-été 1981, p. 7.

CLOUTIER, Cécile

4482. [Anonyme], « Est-il facile d'être artiste francophone à Toronto », *Ici Radio-Canada. Télévision*, vol. 13, n⁰ 27, 30 juin-6 juillet 1979, p. 6.

4483. Bellemare, Madeleine, « Notre choix. *Chaleuils* de Cécile Cloutier », *Nos livres*, vol. 10, octobre 1979, [s.p.].

4484. *De Bellefeuille, Normand, « Métaphonite et états d'âme. *Chaleuils* », *Spirale*, n⁰ 4, décembre 1979, p. 6.

4485. *Benoît, Monique, «*Chaleuils* », *Livres et auteurs québécois, 1979*, p. 108-109.

4486. *BOURAOUI, Hédi, [*Chaleuils*], *Waves*, Vol. 8, No. 2, Winter 1980, p. 65-66.
4487. BOURASSA, André-G[illes], « Rapprochements », *Lettres québécoises*, n° 18, été 1980, p. 30-32.

CLOUTIER, Eugène

4488. TH[ÉRIO], A[drien], « Une histoire de fous intelligents. *Les Inutiles* d'Eugène Cloutier », *Lettres québécoises*, n° 24, hiver 1981-1982, p. 94.
4489. *CHARTIER, Monique, «*Les Inutiles* », *Nos livres*, vol. 13, avril 1982, n° 152.

CLOUTIER, Guy

4490. *BONENFANT, Joseph, « De l'autre côté de la métaphore [*La Main nue*] », *La Nouvelle Barre du jour*, n° 83, octobre 1979, p. 80-82.
4491. *CHARTIER, Monique, «*La Main nue* », *Nos livres*, vol. 10, novembre 1979, n° 371.
4492. *CHAMBERLAND, Roger, «*La Main nue* », *Livres et auteurs québécois, 1979*, p. 37-38.
4493. *VASSEUR, François, [*La Main nue*], *Spirale*, n° 7, mars 1980, p. 14.
4494. [ANONYME], « Bourses du Conseil des arts du Canada », *Union des écrivains québécois*, vol. 1, n° 3, mai 1980, p. [3].
4495. COLLETTE, Jean-Yves et François VASSEUR, « Un entretien avec Guy Cloutier », *Le Bulletin Pantoute*, n° 3, septembre-octobre-novembre 1980, p. 27.
4496. *[ANONYME], «*L'Homme de fer* », *CEAD. Dramaturgies nouvelles*, vol. 3, n° 1, septembre 1981, p. 7.
4497. *DE BELLEFEUILLE, Normand, [*Cette profondeur parfois*], *Spirale*, [n° 21], septembre 1981, p. 4.
4498. *NEPVEU, Pierre, « Feu la modernité ? [*Cette profondeur parfois*] », *Lettres québécoises*, n° 23, automne 1981, p. 32.
4499. *BRETON, Gaétan, «*Cette profondeur parfois* », *Livres et auteurs québécois, 1981*, p. 98-99.
4500. *H[ÉBERT], F[rançois], [*Cette profondeur parfois*], *Liberté*, vol. 24, n° 2, mars-avril 1982, p. 98.
4501. *MATTEAU, Robert, «*Cette profondeur parfois* », *Nos livres*, vol. 13, août-septembre 1982, n° 330.
4502. *COSSETTE, Gérard, «*La Statue de fer* », *Nuit blanche*, n° 7, automne 1982, p. 8.
4503. *BROCHU, André, « En état de poésie [*Cette profondeur parfois*] », *Voix et images*, vol. 8, n° 1, automne 1982, p. 164-165.
4504. *LÉPINE, Stéphane, «*La Statue de fer* », *Nos livres*, vol. 13, décembre 1982, n° 453.
4505. *JEAN, André, «*La Statue de fer* », *Livres et auteurs québécois, 1982*, p. 160-161.

CLOUTIER, Raymond

4506. [ANONYME], « Raymond Cloutier et *Les Sept Péchés québécois* », *Théâtre/Le Trident*, n° 18, [septembre 1980], p. 4.
4507. *[CLOUTIER, Raymond], [*Les Sept Péchés québécois*], *Théâtre/Le Trident*, n° 18, [septembre 1980], p. 4.
4508. *[CLOUTIER, Raymond], [*Les Sept Péchés québécois*], *Théâtre/Le Trident*, n° 18, [septembre 1980], p. 12.

CLOUTIER, Sylvie

4509. *D'ALFONSO, Antonio, «*L'Au-Delà poésie* », *Nos livres*, vol. 13, mars 1982, n° 111.
4510. *MUIR, Michel, «*L'Au-Delà poésie*. Quête d'identification spirituelle en mode mineur », *Grimoire*, vol. 5, n° 6, août-septembre 1982, p. 6-7.
4511. BÉGIN, Jean-Jacques, « Jeudi 14 octobre, journée des auteurs estriens [Prix Gaston-Gouin] », *Grimoire*, vol. 5, n° 8, novembre 1982, p. 7.

COLIN, Marcel

4512. *Gaulin, André, «*En écoutant la sève*», *Québec français*, n⁰ 35, octobre 1979, p. 14.
4513. *Plamondon, Gaétan, «*En écoutant la sève*», *Livres et auteurs québécois, 1979*, p. 109-110.

COLLET, Paulette

4514. *Voldeng, É[velyne], [*Marie Le Franc : deux patries, deux exils*], *Journal of Canadian Fiction*, No. 25-26, 1979, p. 287-288.

COLLETTE, Jean-Yves

4515. Beaudet, André, « De la poésie comme à vif [*Le Carnet de Liliane*] », *La Nouvelle Barre du jour*, n⁰ 99, février 1981, p. 72-74.
4516. *Chamberland, Roger, «*La Mort d'André Breton*», *Québec français*, n⁰ 41, mars 1981, p. 14.
4517. *Vasseur, François, « Jean-Yves Collette. Épissures/inscriptions brèves [*La Mort d'André Breton*] », *Estuaire*, n⁰ 19, printemps 1981, p. 110-112.
4518. *D'Alfonso, Antonio, «*La Mort d'André Breton*», *Nos livres*, vol. 13, mars 1982, n⁰ 112.
4519. [Anonyme], « Prix Émile-Nelligan », *Lettres québécoises*, n⁰ 25, printemps 1982, p. 15.
4520. *Giguère, Richard, [*La Mort d'André Breton*], *Lettres québécoises*, n⁰ 25, printemps 1982, p. 41-42.
4521. [Anonyme], « Viva Mexico ! », *Littérature du Québec*, n⁰ 2, [2e semestre] 1982, p. 5.

COMBROUX, Ève

4522. *Joubert, Ingrid, «*Une fugue dans le Grand Nord*», *Bulletin du Centre d'études franco-canadiennes de l'Ouest*, n⁰ 10, février 1982, p. 26.

COMEAU, Clarence

4523. *Morin, Marc, «*Entre amours et silences*», *Le Berdache*, n⁰ 20, mai 1981, p. 60.
4524. *Giguère, Richard, « La Poésie acadienne et ontarienne de langue française. Un pari pour la vie [*Entre amours et silences*] », *Lettres québécoises*, n⁰ 22, été 1981, p. 34.
4525. M[arie]-M[ichèle], « Le Prix France-Acadie à Clarence Comeau », *Le Berdache*, n⁰ 22, juillet-août 1981, p. 18.
4526. [Anonyme], « Prix France-Acadie », *Lettres québécoises*, n⁰ 23, automne 1981, p. 13.

COMEAU, Germaine

4527. *LeBlanc, René, « Germaine Comeau, du théâtre au roman [*L'Été aux puits secs*] », *Revue de l'Université Sainte-Anne*, 1982, p. 48-50.

COMEAU-POIRIER, Léonie [Léonie Poirier]

4528. Paratte, Henri-Dominique, « Acadie menacée, symbolique théâtrale et conscience d'autrui. Léonie Poirier et son théâtre dans le contexte néo-écossais », *Présence francophone*, n⁰ 20, printemps 1980, p. 107-120.

CONAN, Laure [pseud. de Félicité Angers]

4529. Heidenreich, Rosmarin, « Narrative Strategies in Laure Conan's *Angéline de Montbrun* », *Canadian Literature*, No. 81, Summer 1979, p. 37-46.
4530. Gallays, François, «*Angéline de Montbrun*. Reflets et redoublements. L'Infra-textuel », *Incidences*, vol. 4, n⁰ 1, janvier-avril 1980, p. 51-66.

4531. *Laprés, Raymond, «*Angéline de Montbrun*», *Nos livres*, vol. 11, juin-juillet 1980, nº 216.

4532. Couillard, Marie, « La Femme écrivain canadienne-française et québécoise face aux idéologies de son temps [*Angéline de Montbrun*] », *Canadian Ethnic Studies/Études ethniques au Canada*, Vol. 13, No. 1, 1981, p. 44-47.

4533. Perreault, Claude-Élizabeth, « Qualités et rôles de la femme selon Laure Conan », *Mimésis*, vol. 3, nº 2, avril 1981, p. 67-74.

4534. Poulin, Gabrielle, « Pour célébrer les cent ans d'*Angéline de Montbrun*. Des idoles au Dieu de Jésus-Christ », *Lettres québécoises*, nº 24, hiver 1981-1982, p. 14-18.

CONDEMINE, Odette

4535. *Savard, Pierre, [Octave Crémazie, *Oeuvres*, t. 2], *Revue de l'Université d'Ottawa/ University of Ottawa Quarterly*, vol. 49, nº 1-2, janvier-avril 1979, p. 117.

4536. *Savard, Pierre, [Octave Crémazie, *Oeuvres*, t. 2], *Histoire littéraire du Québec*, nº 1, 1979, p. 117.

4537. *Bellemare, Madeleine, «*Octave Crémazie*», *Nos livres*, vol. 12, mars 1981, nº 123.

4538. *Robidoux, Réjean, «*Octave Crémazie*», *Revue d'histoire littéraire du Québec et du Canada français*, nº 4, été-automne 1982, p. 113.

CONSTANTIN-WEYER, Maurice

4539. *Renaud, Normand, [*Un sourire dans la tempête*], *Livres et auteurs québécois, 1982*, p. 25.

COPPENS, Patrick

4540. *Saint-Amour, Robert, «*Ludictionnaire*», *Livres et auteurs québécois, 1981*, p. 109.

4541. *Gaulin, André, «*Ludictionnaire*», *Québec français*, nº 45, mars 1982, p. 15.

4542. *Maugey, Axel, «*Passe*», *Relations*, vol. 42, nº 479, avril 1982, p. 107.

4543. *D'Alfonso, Antonio, «*Passe*», *Nos livres*, vol. 13, mai 1982, nº 197.

4544. *Corriveau, Hugues, «*Passe*», *Lettres québécoises*, nº 26, été 1982, p. 43-44.

4545. *[Anonyme], «*Passe*», *Moebius*, nº 15, automne 1982, p. [69].

4546. *Boivin, Aurélien, «*Bibliothème. Littérature québécoise contemporaine*», *Québec français*, nº 48, décembre 1982, p. 11.

4547. *Th[ério], A[drien], «*Bibliothème. Littérature québécoise contemporaine*», *Lettres québécoises*, nº 28, hiver 1982-1983, p. 83.

CORDELIER, Jeanne

4548. *Bédard, Nicole, «*Premier Bal*», *Livres et auteurs québécois, 1981*, p. 35-36.

CORMIER, Jean-Marc

4549. *Gaulin, André, «*Westernité*», *Québec français*, nº 45, mars 1982, p. 16.

4550. *Sénart, Georgie, « Un vent d'énergies nouvelles souffle sur l'est du Québec [*Westernité*] », *Lettres québécoises*, nº 25, printemps 1982, p. 92.

4551. *Brochu, André, « Rétrospectives et prospectives [*Westernité*] », *Voix et images*, vol. 7, nº 3, printemps 1982, p. 590.

4552. *Dubois, Michelle, «*Westernité*», *Urgences*, nº 4, 2e trimestre 1982, p. 91-94.

CORMIER, Louis-P.

4553. *Marcil, Claude, «*Jean-Baptiste Perrault marchand voyageur, [parti de Montréal le 28e de mai 1783]*», *Le Bulletin Pantoute*, nº 3, septembre-octobre-novembre 1980, p. 8.

CORRIVEAU, Bernadette

4554. *Khouzam, Monique, «*Le Chas de l'aiguille*», *Lurelu*, vol. 2, n⁰ 1, printemps 1979, p. 11.

CORRIVEAU, Hugues

4555. *Bonenfant, Joseph, « La Poésie québécoise. Trois Lectures autrement dites de Hugues Corriveau, Pierre-Hervé Lemieux et Jean-Louis Major [*Gilles Hénault. Lecture de 'Sémaphore'*] », *Lettres québécoises*, n⁰ 13, février 1979, p. 40-41.
4556. *Parmentier, Michel, «*Gilles Hénault. Lecture de 'Sémaphore'* », *University of Toronto Quarterly*, Vol. 48, No. 4, Summer 1979, p. 463-465.
4557. *Gill, Brian, «*Gilles Hénault. Lecture de 'Sémaphore'* », *Canadian Review of Comparative Literature/Revue canadienne de littérature comparée*, Vol. 6, No. 4, Autumn 1979, p. 452-454.
4558. *Giguère, Richard, «*Les Compléments directs — Le Grégoire inefficace* », *Livres et auteurs québécois, 1979*, p. 106.
4559. *Paul, Raymond, «*Rose Marie Berthe* », *Livres et auteurs québécois, 1979*, p. 38-39.
4560. *Lamarre, André, « L'Excès de distanciation [*Rose Marie Berthe*] », *Spirale*, n⁰ 6, février 1980, p. 6.
4561. *Monette, Pierre, « Avoir les moyens [*Le Grégoire inefficace*] », *Spirale*, n⁰ 10, juin 1980, p. 11.
4562. *Gauvin, Lise, [*Rose Marie Berthe*], *University of Toronto Quarterly*, Vol. 49, No. 4, Summer 1980, p. 343.
4563. *Vasseur, François, « L'Âge de l'histoire [*Rose Marie Berthe*] », *La Nouvelle Barre du jour*, n⁰ 96, novembre 1980, p. 66-68.
4564. *De Bellefeuille, Normand, «*Du masculin singulier* », *Livres et auteurs québécois, 1980*, p. 100-101.
4565. *Viswanathan, Jacqueline, [*Gilles Hénault. Lecture de 'Sémaphore'*], *Canadian Literature*, No. 88, Spring 1981, p. 109.
4566. *Chamberland, Roger, «*Du masculin singulier* », *Québec français*, n⁰ 42, mai 1981, p. 17.
4567. *Des Roches, Roger, « La Parole et la résistance [*Du masculin singulier*] », *Spirale*, [n⁰ 20], juin 1981, p. 4-5.
4568. Nepveu, Pierre, « Petites Misères du masculin singulier [*Du masculin singulier*] », *Lettres québécoises*, n⁰ 22, été 1981, p. 29-31.
4569. *De Bellefeuille, Normand, « Deux Textes d'hommes [*Les Taches de naissance*] », *Spirale*, n⁰ 29, novembre 1982, p. 8.
4570. *Malenfant, Paul-Chanel, «*Les Taches de naissance* », *Livres et auteurs québécois, 1982*, p. 103-104.

CORRIVEAU, Monique

4571. *C[atalano], P[ierre], [*La Petite Fille du printemps*], *Des livres et des jeunes*, vol. 1, n⁰ 2, février 1979, p. 33.
4572. *Warren, Louise, «*Patrick et Sophie en fusée* », *Lurelu*, vol. 2, n⁰ 1, printemps 1979, p. 14.
4573. *Warren, Louise, «*Compagnon du soleil* », *Lurelu*, vol. 2, n⁰ 1, printemps 1979, p. 14.
4574. *D[ostaler], H[enriette], [*Le Wapiti*], *Des livres et des jeunes*, vol. 1, n⁰ 3, mai 1979, p. 25-26.
4575. Guindon, Ginette, «*La Petite Fille du printemps* », *Lurelu*, vol. 2, n⁰ 2, été 1979, p. 8.
4576. *Chartier, Monique, «*La Petite Fille du printemps* », *Nos livres*, vol. 10, août-septembre 1979, n⁰ 278.
4577. *Chartier, Monique, «*Le Wapiti* », *Nos livres*, vol. 10, août-septembre 1979, n⁰ 254.
4578. *Claude, Pierre, «*La Petite Fille du printemps* », *Vidéo-Presse*, vol. 9, n⁰ 1, septembre 1979, p. 48-49.
4579. *Cimon, Renée, «*Patrick et Sophie en fusée* », *Nos livres*, vol. 11, avril 1980, n⁰ 140.

4580. Bélisle, Alvine, « Monique Corriveau. Essai de biographie », *Des livres et des jeunes,* vol. 2, n⁰ 6, juin 1980, p. 9-10.

4581. Corriveau, Bernadette, « Monique Corriveau, ma mère », *Des livres et des jeunes,* vol. 2, n⁰ 6, juin 1980, p. 3-6.

4582. Warren, Louise, « Des romans historiques », *Lurelu,* vol. 3, n⁰ 3, automne 1980, p. 13.

4583. *Lafortune, Aline, «*Les Montcorbier,* t. 2 : La Mort des autres 1916-1918 », *Nos livres,* vol. 11, novembre 1980, n⁰ 335.

4584. *Lafortune, Aline, «*Les Montcorbier,* t. 1 : Le Guerrier 1914-1915 », *Nos livres,* vol. 11, novembre 1980, n⁰ 334.

4585. Issalys, Liette, « Monique Corriveau. *Les Montcorbier* (romans posthumes) », *Québec français,* n⁰ 40, décembre 1980, p. 52-53.

4586. Paré, François, « Histoire et narration dans l'oeuvre de Monique Corriveau », *Canadian Children's Literature,* No. 23-24, [3rd and 4th Trimesters] 1981, p. 40-50.

4587. *Laurin, Michel, «*Le Secret de Vanille* », *Nos livres,* vol. 12, août-septembre 1981, n⁰ 331.

4588. *Charette, Christiane, « Les Romans policiers [*Le Secret de Vanille*] », *Lurelu,* vol. 4, n⁰ 4, hiver 1981, p. 20.

4589. *Le Brun, Claire, « La SF aux éditions Héritage. Trois Auteures pour jeunes [*Patrick et Sophie en fusée*] », *Imagine,* vol. 4, n⁰ 2, hiver 1982, p. 88-89.

4590. *Charette, Christiane et Ginette Guindon, [*Compagnon du soleil*], *Lurelu,* vol. 5, n⁰ 3, hiver 1982, p. 21.

CÔTÉ, Jean

4591. *Desjardins, Normand, «*Jos Montferrand le magnifique* », *Nos livres,* vol. 11, novembre 1980, n⁰ 336.

CÔTÉ, Lili

4592. [Anonyme], « Prix Octave-Crémazie à une jeune fille de Windsor », *Grimoire,* vol. 3, n⁰ 5, mai 1980, p. 18.

4593. *Janoël, André, «*Ellipse en mémoire* », *Nos livres,* vol. 11, novembre 1980, n⁰ 337.

4594. *Gaulin, André, «*Ellipse en mémoire* », *Québec français,* n⁰ 40, décembre 1980, p. 15.

4595. *Corriveau, Hugues, «*Ellipse en mémoire* », *Livres et auteurs québécois, 1980,* p. 102.

4596. *Giguère, Richard, « La Relève de la poésie québécoise ? [*Ellipse en mémoire*] », *Lettres québécoises,* n⁰ 21, printemps 1981, p. 29-31.

4597. *Bayard, Caroline, [*Ellipse en mémoire*], *University of Toronto Quarterly,* Vol. 50, No. 4, Summer 1981, p. 51.

CÔTÉ, Louis-Philippe

4598. *Hudon, Michèle, [*Les Huîtres magiques*], *Des livres et des jeunes,* vol. 2, n⁰ 6, juin 1980, p. 34.

CÔTÉ, Mario [pseud. : Mario Cotté]

4599. *Cossette, Jean, «*Plénitudes* », *Urgences,* n⁰ 3, 4ᵉ trimestre 1981, p. 88-90.

4600. *D'Alfonso, Antonio, «*Plénitudes* », *Nos livres,* vol. 13, mars 1982, n⁰ 114.

4601. *Rinfret, Marie-Josée, «*Plénitudes* », *Lettres québécoises,* n⁰ 28, hiver 1982-1983, p. 84.

CÔTÉ, Michel

4602. *Nepveu, Pierre, « Feu la modernité ? [*L'Oeil en fou*] », *Lettres québécoises,* n⁰ 23, automne 1981, p. 31-32.

4603. *Corriveau, Hugues, «*L'Oeil en fou* », *Livres et auteurs québécois, 1981,* p. 114-115.

4604. *Thomas, Réjean, «*L'Oeil en fou* », *Nos livres,* vol. 13, mars 1982, n⁰ 113.

4605. *CHAMBERLAND, Roger, « Trois Fois le Noroît [*L'Oeil en fou*] », *Estuaire*, n° 24, été 1982, p. 80-81.

4606. *BAYARD, Caroline, [*L'Oeil en fou*], *University of Toronto Quarterly*, Vol. 51, No. 4, Summer 1982, p. 372.

COTNOIR, Louise

4607. *LAPLANTE-L'HÉRAULT, Juliette, «*Si Cendrillon pouvait mourir*», *Canadian Women's Studies/Les Cahiers de la femme*, Vol. 3, No. 2, 1981, p. 117-118.

COTTÉ, Mario [pseud. de Mario Côté]

4608. *COSSETTE, Jean, «*Plénitudes*», *Urgences*, n° 3, 4e trimestre 1981, p. 88-90.

4609. *D'ALFONSO, Antonio, «*Plénitudes*», *Nos livres*, vol. 13, mars 1982, n° 114.

4610. *RINFRET, Marie-Josée, «*Plénitudes*», *Lettres québécoises*, n° 28, hiver 1982-1983, p. 84.

COULOMBE, René

4611. *CACCIA, Fulvio, «*Routes*», *Livres et auteurs québécois, 1981*, p. 126.

4612. *BAYARD, Caroline, [*Roulés (sic)*], *University of Toronto Quarterly*, Vol. 51, No. 4, Summer 1982, p. 373.

COULOMBE[-Côté], Pauline

4613. *B[IRON], H[élène], [*L'Île*], *Des livres et des jeunes*, vol. 1, n° 2, février 1979, p. 31-32.

4614. *CIMON, Renée, «*L'Île* », *Nos livres*, vol. 10, avril 1979, n° 148.

4615. *BELLEMARE, Madeleine, «*Le Hibou et l'Écureuil*», *Nos livres*, vol. 10, juin-juillet 1979, n° 233.

4616. *CLAUDE, Pierre, «*L'Île* », *Vidéo-Presse*, vol. 9, n° 2, octobre 1979, p. 48-49.

4617. *BOUCHER, Ginette et Raymonde BOUCHER, «*L'Île* », *Lurelu*, vol. 2, n° 4, hiver 1979, p. 8.

4618. *LAURIN, Michel, «*Mon ami parmi les oiseaux* », *Nos livres*, vol. 11, mai 1980, n° 160.

4619. *LAURIN, Michel, «*La Fleur du désert* », *Nos livres*, vol. 11, mai 1980, n° 189.

4620. *GÉLINAS, Michèle, [*Mon ami parmi les oiseaux — La Fleur du désert*], *Lurelu*, vol. 3, n° 4, hiver 1980, p. 12.

4621. *WARREN, Louise, «*Contes de ma ville* », *Livres et auteurs québécois, 1981*, p. 253.

4622. *MALTAIS, André, «*Contes de ma ville* », *Lurelu*, vol. 5, n° 3, hiver 1982, p. 13.

COURTEAU, Bernard

4623. *BONENFANT, Yvon, «*Les Temples de la nuit* », *Nos livres*, vol. 10, février 1979, n° 52.

4624. *JANOËL, André, «*Un tabou d'errance* », *Nos livres*, vol. 12, février 1981, n° 66.

4625. *GAULIN, André, «*Un tabou d'errance* », *Québec français*, n° 41, mars 1981, p. 15.

4626. *JANOËL, André, «*Pour un plaisir de verbe. Carnets et cahiers d'Émile Nelligan* », *Nos livres*, vol. 13, octobre 1982, n° 365.

COUSTURE, Arlette

4627. *BOIVIN, Aurélien, «*Aussi vrai qu'il y a du soleil derrière les nuages* », *Québec français*, n° 48, décembre 1982, p. 3, 5.

COUTURE, André

4628. *LAPRÉS, Raymond, «*L'Enfer et l'endroit* », *Nos livres*, vol. 12, août-septembre 1981, n° 332.

4629. *Cossette, Gilles, « Tranches de vie, tranches de néant. Le Conte et la nouvelle au Québec en 1981 [*L'Enfer et l'endroit*] », *Lettres québécoises*, n° 23, automne 1981, p. 24-25.

CREAN, Susan

4630. *Vacher, Laurent-Michel, « La Haine du réel [*Deux Pays pour vivre. Un plaidoyer*] », *Spirale*, n° 15, janvier 1981, p. 15.

CRÉMAZIE, Octave

4631. *Savard, Pierre, [Octave Crémazie, *Oeuvres*, t. 2], *Revue de l'Université d'Ottawa/ University of Ottawa Quarterly*, vol. 49, n° 1-2, janvier-avril 1979, p. 117.

4632. *Savard, Pierre, [Octave Crémazie, *Oeuvres*, t. 2], *Histoire littéraire du Québec*, n° 1, 1979, p. 117.

4633. Matteau, Robert, « Rencontre avec... Octave Crémazie », *Grimoire*, vol. 4, n° 1, janvier 1981, p. 11-13.

4634. Lapointe, Roger, « Octave Crémazie et la mort romantique », *Bulletin du Centre de recherche en civilisation canadienne-française*, n° 24, avril 1982, p. 37-47.

4635. Condemine, Odette, « Histoire d'une édition critique. *Oeuvres*, I et II, d'Octave Crémazie », *Revue d'histoire littéraire du Québec et du Canada français*, n° 4, été-automne 1982, p. 39-48.

CRÉPEAU, Jean-François

4636. *Janoël, André, «*Soléitude* », *Nos livres*, vol. 10, avril 1979, n° 149.

CUILLERIER, Marie-Anne-Véronique

4637. Legendre, Ghislaine, « [Présentation de la] *Relations de soeur Cuillerier (1725-1747)* », *Écrits du Canada français*, n° 42, 1979, p. 149-154.

CYPRIEN [pseud. de Louis-Honoré Fréchette]

4638. Fréchette, Denis, « Poèmes », *Les Cahiers nicolétains*, vol. 1, n° 4, décembre 1979, p. 21-50.

4639. Fréchette, Denis, «*Change pour change* », *Les Cahiers nicolétains*, vol. 1, n° 4, décembre 1979, p. 51-53.

4640. Morin, Michel, « Louis-Honoré Fréchette, nicolétain », *Les Cahiers nicolétains*, vol. 1, n° 4, décembre 1979, p. 6-19.

4641. *Bellemare, Madeleine, «*La Noël au Canada* », *Nos livres*, vol. 12, mars 1981, n° 134.

4642. Gobin, Pierre [B.], « Le *Papineau* de Fréchette : absence de tête, absence de chef, absence de pays », *Canadian Drama/L'Art dramatique canadien*, Vol. 7, No. 1, Spring 1981, p. 12-18.

4643. De La Fontaine, Gilles, « Le Mythe de l'Iroquoise dans le conte écrit de la Mauricie », *Revue d'histoire littéraire du Québec et du Canada français*, n° 3, hiver-printemps 1982, p. 66.

4644. Blais, Jacques, « Une lettre inédite de Louis Fréchette à Albert Mérat », *Revue d'histoire littéraire du Québec et du Canada français*, n° 4, été-automne 1982, p. 107-112.

CYR, Gilles

4645. Nepveu, Pierre, « La Nouvelle Poésie. Gilles Cyr [*Sol inapparent*] », *Lettres québécoises*, n° 14, avril-mai 1979, p. 23-24.

4646. *Hébert, François, « Où il n'y a pas de route [*Sol inapparent*] », *Liberté*, vol. 21, n° 3, mai-juin 1979, p. 109-111.

4647. *BELLEMARE, Madeleine, «*Sol inapparent*», *Nos livres*, vol. 10, mai 1979, n° 173.

4648. *CLOUTIER, Guy, « Cette phrase me surprend [*Sol inapparent*] », *La Nouvelle Barre du jour*, n° 78, mai 1979, p. 89-91.

4649. *JANOËL, André, «*Ce lieu*», *Nos livres*, vol. 11, décembre 1980, n° 378.

4650. *CORRIVEAU, Hugues, «*Ce lieu*», *Livres et auteurs québécois, 1980*, p. 103.

4651. [ANONYME], « 1980 Governor General's Literary Awards », *Parallelogramme*, Vol. 6, No. 5, May-June 1981, p. 33.

4652. CYR, Gilles, « Autoportrait surdéterminé », *Québec français*, n° 45, mars 1982, p. 36-37.

CYR, René-Richard

4653. *[ANONYME], «*Dépêche-toé j'ai envie*», *CEAD. Dramaturgies nouvelles*, vol. 3, n° 2, décembre 1981, p. 9.

DAGENAIS, Angèle

4654. *BEAUBIEN, Paul, «*Crise de croissance. Le Théâtre au Québec*», *Livres et auteurs québécois, 1981*, p. 276.

4655. *ROUSSEAU-CORRIVAULT, Martine, «*Crise de croissance. Le Théâtre au Québec*», *Jeu*, n° 22, 1er trimestre 1982, p. 150-152.

4656. *GIRARD, Gilles, [*Crise de croissance. Le Théâtre au Québec*], *University of Toronto Quarterly*, Vol. 51, No. 4, Summer 1982, p. 391.

DAGENAIS, Pierre

4657. *A[NDRÈS], B[ernard], « Le Théâtre qu'on publie : *Isabelle* », *Voix et images*, vol. 7, n° 1, automne 1981, p. 206.

4658. *TÉTU DE LABSADE, Françoise, «*Isabelle*», *Livres et auteurs québécois, 1981*, p. 165-166.

4659. *MOSS, Jane, «*Isabelle*», *Canadian Literature*, No. 92, Spring 1982, p. 122-123.

DAIGLE, Jean

4660. *DIONNE, André, « Le Théâtre qu'on joue : *La Débâcle* », *Lettres québécoises*, n° 15, août-septembre 1979, p. 33.

4661. *BOIVIN, Aurélien, «*La Débâcle*», *Québec français*, n° 35, octobre 1979, p. 12-13.

4662. *LEROUX, Normand, «*La Débâcle — Le Jugement dernier*», *Livres et auteurs québécois, 1979*, p. 190-192.

4663. *DIONNE, André, « Le Théâtre qu'on joue : *Le Jugement dernier* à la Compagnie Jean-Duceppe », *Lettres québécoises*, n° 17, printemps 1980, p. 37.

4664. *BOIVIN, Aurélien, «*Le Jugement dernier*», *Québec français*, n° 38, mai 1980, p. 12.

4665. *GIRARD, Gilles, [*La Débâcle — Le Jugement dernier*], *University of Toronto Quarterly*, Vol. 49, No. 4, Summer 1980, p. 381-382.

4666. *GIROUX, Robert, [*Le Jugement dernier*], *Voix et images*, vol. 6, n° 1, automne 1980, p. 159-160.

4667. *LEROUX, Normand, «*Le Mal à l'âme*», *Livres et auteurs québécois, 1980*, p. 154-156.

4668. *CAMERLAIN, Lorraine, «*Coup de sang — Le Jugement dernier — La Débâcle*», *Jeu*, n° 18, 1er trimestre 1981, p. 119-121.

4669. *ROBERT, Lucie, «*Le Mal à l'âme*», *Québec français*, n° 41, mars 1981, p. 15-16.

4670. *DIONNE, André, « Le Théâtre qu'on joue : *Le Mal à l'âme* de Jean Daigle à la Comédie nationale », *Lettres québécoises*, n° 21, printemps 1981, p. 35.

4671. *GIRARD, Gilles, [*Le Mal à l'âme*], *University of Toronto Quarterly*, Vol. 50, No. 4, Summer 1981, p. 71-72.

4672. *DUMAS, Hélène et René GINGRAS, [*La Débâcle*], *Jeu*, n° 24, 3e trimestre 1982, p. 38.

DAIGLE, Suzanne

4673. CÔTÉ, Jacques, «Fly Baby Fly», Grimoire, vol. 3, n⁰ 9, octobre-novembre 1980, p. 6-7.

DAIGNAULT, Pierre [pseud. : Pierre Saurel]

4674. BABY, François, Louise Milot et Denis SAINT-JACQUES, « Jacques Godbout rencontre IXE-13 ou Du texte au film : quelles transformations ? », Études littéraires, vol. 12, n⁰ 2, août 1979, p. 285-302.

4675. BARRETT, Caroline, «IXE-13, un roman sentimental ? », Études littéraires, vol. 12, n⁰ 2, août 1979, p. 235-243.

4676. BOUCHARD, Guy, « Qu'arrivera-t-il à notre héros ? », Études littéraires, vol. 12, n⁰ 2, août 1979, p. 143-183.

4677. DES RIVIÈRES, Marie-José et Claude-Marie GAGNON, « Résumé du corpus », Études littéraires, vol. 12, n⁰ 2, août 1979, p. 137-142.

4678. DES RIVIÈRES, Marie-José, « Ni Mata Hari, ni Modesty Blaise : Gisèle », Études littéraires, vol. 12, n⁰ 2, août 1979, p. 203-234.

4679. GAGNON, Claude-Marie, «IXE-13 et le mystère de l'Oedipe », Études littéraires, vol. 12, n⁰ 2, août 1979, p. 245-267.

4680. MILOT, Louise, « Claude Lévi-Strauss avait-il tout compris de la transformation ? », Études littéraires, vol. 12, n⁰ 2, août 1979, p. 185-202.

4681. NADEAU, Vincent et Michel RENÉ, « Vingt Ans de commerce et d'industrie culturelle. Jalons pour situer l'importance du tirage des Aventures étranges de l'agent IXE-13 », Études littéraires, vol. 12, n⁰ 2, août 1979, p. 269-284.

4682. RENÉ, Michel, « Notice biobibliographique », Études littéraires, vol. 12, n⁰ 2, août 1979, p. 133-135.

4683. SAINT-JACQUES, Denis, «IXE-13 Is Alive and Well and Living in Photo-Police », Études littéraires, vol. 12, n⁰ 2, août 1979, p. 127-132.

4684. GAGNON, Claude-Marie, « Littérature populaire québécoise. L'Incursion interplanétaire dans les Aventures étranges de l'agent IXE-13, l'as des espions canadiens », Présence francophone, n⁰ 19, automne 1979, p. 133-142.

4685. MILOT, Louise, «L'Imposteur ou Comment la transformation sauve IXE-13 », Canadian Journal of Research in Semiotics/Journal canadien de recherche sémiotique, Vol. 7, No. 2, Winter 1979-1980, p. 81-87.

4686. MICHON, Jacques, « Le Retour d'1XE-13 », Lettres québécoises, n⁰ 17, printemps 1980, p. 41-43.

4687. *MOREAU, Jean-Marie, «Le Manchot. La Chasse à l'héritière », Nos livres, vol. 12, février 1981, n⁰ 105.

4688. *MOREAU, Jean-Marie, «Le Manchot. La mort frappe deux fois », Nos livres, vol. 12, février 1981, n⁰ 104.

4689. *[ANONYME], « Une nouvelle série policière. Le Manchot », Reflets, vol. 2, n⁰ 7, mars 1981, p. 28.

4690. *[ANONYME], «Oeil pour oeil », L'Atulu, vol. 4, n⁰ 1, janvier 1982, p. 16.

DAIGNEAULT, Claire

4691. *CHARTIER, Monique, «L'Amant de Dieu », Nos livres, vol. 10, août-septembre 1979, n⁰ 255.

DALLAIRE, Michel

4692. *ASSELIN, Olivier, « Recueil de poésie. La Souche. Je suis poète », Liaison, n⁰ 16, juin 1981, p. 9.

4693. *LÉPINE, Stéphane, «Regards dans l'eau », Nos livres, vol. 12, décembre 1981, n⁰ 481.

4694. *YERGEAU, Robert, «Regards dans l'eau », Livres et auteurs québécois, 1981, p. 125.

4695. *BEAUREGARD, Chantal, « Vogues et remous d'une destinée [*Regards dans l'eau*] », *Liaison*, n⁰ 20, février-mars 1982, p. 24.

4696. *BAYARD, Caroline, [*Regards dans l'eau*], *University of Toronto Quarterly*, Vol. 51, No. 4, Summer 1982, p. 367-368.

4697. *GIRARD, Madeleine, [*Regards dans l'eau*], *Lettres québécoises*, n⁰ 27, automne 1982, p. 17.

4698. *MARCHILDON, Daniel, « La souche repousse [*La Relève*] », *Liaison*, n⁰ 24, octobre-novembre 1982, p. 41.

4699. BRUNET-LAMARCHE, Anita, « Prise de parole, 1972-1982. Auteurs et oeuvres. Biobibliographie », *Revue du Nouvel Ontario*, n⁰ 4, 1982, p. 25.

4700. *DICKSON, Robert, [*Regards dans l'eau*], *Revue du Nouvel Ontario*, n⁰ 4, 1982, p. 72.

DALPÉ, Jean-Marc

4701. *ASSELIN, Olivier, [*Les Murs de nos villages*], *Liaison*, vol. 3, n⁰ 13, décembre 1980, p. 18.

4702. GAGNON, Odette, « Le Théâtre professionnel en Ontario : un combat permanent ? », *Liaison*, n⁰ 15, avril 1981, p. 8.

4703. *LEGRIS, Nadia, «*Les Murs de nos villages* », *Nos livres*, vol. 12, mai 1981, n⁰ 225.

4704. [ANONYME], «*Quelques Mots au bout d'un crayon*. Entrons dans la danse », *Liaison*, n⁰ 19, décembre 1981-janvier 1982, p. 38.

4705. *YERGEAU, Robert, «*Gens d'ici* », *Livres et auteurs québécois, 1981*, p. 124-125.

4706. *MARCHAND, Micheline, « Les Gens d'ici... en poésie [*Gens d'ici*] », *Liaison*, n⁰ 20, février-mars 1982, p. 25.

4707. *D'ALFONSO, Antonio, «*Gens d'ici* », *Nos livres*, vol. 13, mars 1982, n⁰ 118.

4708. *COQUEREAU, Patrice, «*Hawkesbury Blues*, un spectacle surprenant », *Liaison*, n⁰ 21, avril-mai 1982, p. 37.

4709. *BAYARD, Caroline, [*Gens d'ici*], *University of Toronto Quarterly*, Vol. 51, No. 4, Summer 1982, p. 367-369.

4710. *NADEAU, Vincent, «*Hawkesbury Blues* », *Livres et auteurs québécois, 1982*, p. 169-171.

4711. BRUNET-LAMARCHE, Anita, « Prise de parole, 1972-1982. Auteurs et oeuvres. Biobibliographie », *Revue du Nouvel Ontario*, n⁰ 4, 1982, p. 25-26.

4712. *DICKSON, Robert, [*Hawkesbury Blues*], *Revue du Nouvel Ontario*, n⁰ 4, 1982, p. 59.

4713. *DICKSON, Robert, [*Les Murs de nos villages — Gens d'ici*], *Revue du Nouvel Ontario*, n⁰ 4, 1982, p. 72-74.

DAME, Hélène

4714. *GALLAYS, François, «*Sémiotique de la poésie québécoise* », *Livres et auteurs québécois, 1981*, p. 204-205.

DANDURAND, Anne

4715. DANDURAND, Anne, « Mon long chemin », *Jeu*, n⁰ 16, [3ᵉ trimestre] 1980, p. 184-185.

4716. *STANTON, Julie, [*La Louve-Garou*], *La Gazette des femmes*, vol. 3, n⁰ 3, septembre 1981, p. 4.

4717. *COSSETTE, Gilles, «*La Louve-Garou* », *Lettres québécoises*, n⁰ 27, automne 1982, p. 27-28.

4718. *JANELLE, Claude, « Érotisme et féminisme dans le fantastique [*La Louve-Garou*] », *Solaris*, vol. 8, n⁰ 6, novembre-décembre 1982, p. 8-9.

4719. *MILOT, Louise, «*La Louve-Garou* », *Livres et auteurs québécois, 1982*, p. 42.

DANDURAND, Claire [pseud. : Claire Dé]

4720. *LAGRANDEUR, Benoît, «*Comme un photo-roman d'amour* », *Jeu*, n⁰ 19, 2ᵉ trimestre 1981, p. 130-131.

4721. *STANTON, Julie, [*La Louve-Garou*], *La Gazette des femmes*, vol. 3, n⁰ 3, septembre 1981, p. 4.

4722. *[ANONYME], «*La Trop Grasse Matinée*», *CEAD. Dramaturgies nouvelles*, vol. 3, n⁰ 2, décembre 1981, p.9.

4723. *COSSETTE, Gilles, «*La Louve-Garou*», *Lettres québécoises*, n⁰ 27, automne 1982, p. 27-28.

4724. *JANELLE, Claude, « Érotisme et féminisme dans le fantastique [*La Louve-Garou*] », *Solaris*, vol. 8, n⁰ 6, novembre-décembre 1982, p. 8-9.

4725. *MILOT, Louise, «*La Louve-Garou*», *Livres et auteurs québécois, 1982*, p. 42.

DANSEREAU, Louis-Marie

4726. *CUSSON, Normand, «*La Trousse*», *Clin d'oeil*, n⁰ 5, février 1981, p. 22.

4727. *DESJARDINS, Normand, «*La Trousse*», *Nos livres*, vol. 12, juin-juillet 1981, n⁰ 276.

4728. *A[NDRÈS], B[ernard], « Le Théâtre qu'on publie : *La Trousse*», *Voix et images*, vol. 7, n⁰ 1, automne 1981, p. 206.

4729. *DESJARDINS, Normand, «*Chez Paul-ette, bière, vin, liqueur et nouveautés*», *Nos livres*, vol. 12, octobre 1981, n⁰ 379.

4730. *ROBERT, Lucie, «*La Trousse*», *Québec français*, n⁰ 44, décembre 1981, p. 15.

4731. *ROBERT, Lucie, «*Chez Paul-ette, bière, vin, liqueur et nouveautés*», *Livres et auteurs québécois, 1981*, p. 167-168.

4732. *ROBERT, Lucie, «*La Trousse*», *Livres et auteurs québécois, 1981*, p. 166-167.

4733. *DAOUST, Jean-Paul, «*Chez Paul-ette bière, vin, liqueur et nouveautés*», *Jeu*, n⁰ 22, 1ᵉʳ trimestre 1982, p. 138-139.

4734. *LAVOIE, Chantal, « '*La Trousse*' », *Jeu*, n⁰ 22, 1ᵉʳ trimestre 1982, p. 135-137.

4735. *MOSS, Jane, «*La Trousse*», *Canadian Literature*, No. 92, Spring 1982, p. 122-124.

4736. *DESJARDINS, Normand, «*Ma maudite main gauche veut pus suivre*», *Nos livres*, vol. 13, juin-juillet 1982, n⁰ 252.

4737. *GRUSLIN, Adrien, « Quand les textes dramatiques laissent à désirer [*Ma maudite main gauche veut pus suivre*] », *Spirale*, n⁰ 26, juin 1982, p. 11.

4738. *DIONNE, André, « Le Théâtre qu'on joue : *Ma maudite main gauche veut pus suivre*», *Lettres québécoises*, n⁰ 26, été 1982, p. 50.

4739. *MELANÇON, Benoît, «*Ma maudite main gauche veut pus suivre*», *Jeu*, n⁰ 24, 3ᵉ trimestre 1982, p. 126-127.

4740. *NOËL, Louis-Michel, «*Ma maudite main gauche veut pus suivre*», *Québec français*, n⁰ 47, octobre 1982, p. 11.

4741. *USMIANI, Renate, «*Chez Paul-ette, bière, vin, liqueur et nouveautés*», *Canadian Literature*, No. 95, Winter 1982, p. 158.

4742. *ROY, Lucie, «*Ma maudite main gauche veut pus suivre*», *Livres et auteurs québécois, 1982*, p. 162-163.

DANSEREAU, Pierre

4743. *VACHER, Laurent-Michel, « Parole contre récit [*L'Écologiste aux pieds nus*] », *Spirale*, [n⁰ 20], juin 1981, p. 6.

4744. *[ANONYME], «*Pierre Dansereau. L'Écologiste aux pieds nus*», *Écriture française dans le monde*, vol. 3, n⁰ 2-3, décembre 1981, p. 114.

4745. *L'HÉRAULT, Pierre, «*Pierre Dansereau. L'Écologiste aux pieds nus*», *Livres et auteurs québécois, 1981*, p. 278-279.

DANTIN, Louis [pseud. de Eugène Seers]

4746. BEAULIEU, Paul, « Présence aux autres », *Écrits du Canada français*, n⁰ 44-45, 1982, p. 21-31.

4747. BEAULIEU, Paul, « Situation de Louis Dantin », *Écrits du Canada français*, n⁰ 44-45, 1982, p. 7-11.

4748. BEAULIEU, Paul, « Trois Correspondants contemporains de Louis Dantin », *Écrits du Canada français*, n⁰ 44-45, 1982, p. 33-146.

4749. CHOQUETTE, Robert, « Un dialogue littéraire sous le signe de l'amitié. Correspondance, 1927 à 1933 [avec Louis Dantin] », *Écrits du Canada français*, n⁰ 44-45, 1982, p. 147-209.

4750. DION-LÉVESQUE, Rosaire, « Une rencontre qui perdure au-delà du temps. Correspondance, 1928 à 1944 [avec Louis Dantin] », *Écrits du Canada français*, n⁰ 44-45, 1982, p. 275-321.

4751. GARNEAU, René, « Dantin aujourd'hui », *Écrits du Canada français*, n⁰ 44-45, 1982, p. 13-19.

4752. ROUTIER, Simone, « La Ferveur d'une débutante en poésie. Correspondance, 1929 à 1941 [avec Louis Dantin] », *Écrits du Canada français*, n⁰ 44-45, 1982, p. 211-274.

4753. *DUQUETTE, Jean-Pierre, « Les 'Nouveaux' *Écrits du Canada français* », *Voix et images*, vol. 8, n⁰ 1, automne 1982, p. 149-151.

4754. IMBERT, Patrick, «*Gloses critiques* de Louis Dantin ou Du texte à l'idéologie », *Lettres québécoises*, n⁰ 28, hiver 1982-1983, p. 61-63.

4755. *MICHON, Jacques, « La Correspondance de Louis Dantin [*Écrits du Canada français*, 44-45] », *Lettres québécoises*, n⁰ 28, hiver 1982-1983, p. 58-60.

DAOUST, Charles-Roger

4756. *ROBY, Yves, « Robert B. Perrault, *La Presse américaine et la politique. L'oeuvre de Charles-Roger Daoust* », *Revue d'histoire de l'Amérique française*, vol. 36, n⁰ 1, juin 1982, p. 118-119.

DAOUST, Jean-Paul

4757. FRANCOEUR, Lucien, « Jean-Paul Daoust : *Portrait d'intérieur*. Quand le corps nous crie toute sa tension dionysiaque », *Lettres québécoises*, n⁰ 23, automne 1981, p. 77-78.

4758. *CACCIA, Fulvio, «*Portrait d'intérieur* », *Livres et auteurs québécois, 1981*, p. 137-138.

4759. *ALONZO, Anne-Marie, «*Portrait d'intérieur* », *La Nouvelle Barre du jour*, n⁰ 109, janvier 1982, p. 87-88.

4760. [ANONYME], « Jean-Paul Daoust », *Arcade*, [vol. 1], n⁰ 1, printemps 1982, p. 7.

4761. CARRIÈRE, Daniel, « Jello et apostolat [*Poèmes de Babylone*] », *Le Berdache*, n⁰ 31, juin 1982, p. 25-26.

4762. *LEFEBVRE, Paul, «*City Life* », *Jeu*, n⁰ 24, 3ᵉ trimestre 1982, p. 118.

4763. BEAUSOLEIL, Claude, « La Poésie en revues depuis 10 ans », *La Petite Revue de philosophie*, vol. 4, n⁰ 1, automne 1982, p. 117-118.

4764. *CHAREST, Luc, « Libérer le corps de la forme [*City Life*] », *Vie des arts*, vol. 27, n⁰ 108, automne 1982, p. 76.

4765. [ANONYME], « Bibliographie de Jean-Paul Daoust », *Prétexte*, vol. 4, n⁰ 1, 4ᵉ trimestre 1982, p. 25.

4766. [ANONYME], [Biographie de Jean-Paul Daoust], *Prétexte*, vol. 4, n⁰ 1, 4ᵉ trimestre 1982, p. 26.

4767. PAVLOVIC, Diane, « Entretien avec Jean-Paul Daoust », *Prétexte*, vol. 4, n⁰ 1, 4ᵉ trimestre 1982, p. 13-24.

4768. *DE BELLEFEUILLE, Normand, « Histoire et anamorphose [*Poèmes de Babylone*] », *Spirale*, n⁰ 28, octobre 1982, p. 5.

4769. *DIONNE, André, «*Poèmes de Babylone* », *Nos livres*, vol. 13, novembre 1982, n⁰ 415.

4770. *NEPVEU, Pierre, «*Poèmes de Babylone* », *Livres et auteurs québécois, 1982*, p. 148-149.

D'APOLLONIA, François

4771. *D'ALFONSO, Antonio, «*Le Coeur au clair* », *Nos livres*, vol. 13, juin-juillet 1982, n⁰ 253.

DARGIS, Daniel

4772. *Dorion, Gilles, «Scénario grammatical», *Québec français*, n⁰ 48, décembre 1982, p. 7.
4773. *Yergeau, Robert, «Scénario grammatical», *Livres et auteurs québécois, 1982*, p. 104-105.

DAUNAIS, Jean

4774. *Janoël, André, «Les 12 Coups de mes nuits», *Nos livres*, vol. 11, mars 1980, n⁰ 103.
4775. *Moreau, Jean-Marie, «Le Rose et le noir. Les Aventures d'Arlène Supin», *Nos livres*, vol. 12, avril 1981, n⁰ 183.
4776. *Bellemare, Madeleine, «Le Nippon du soupir. Les Aventures d'Arlène Supin», *Nos livres*, vol. 13, novembre 1982, n⁰ 416.

DAVELUY, Marie-Claire

4777. Croteau, Marcellin, « Marie-Claire Daveluy, centenaire », *Des livres et des jeunes*, vol. 3, n⁰ 7, automne 1980, p. 51.

DAVELUY, Paule

4778. *Mareuil, André, [La Maison des vacances — Rosanne et la vie], *Des livres et des jeunes*, vol. 2, n⁰ 4, novembre 1979, p. 35.
4779. *Cimon, Renée, «La Maison des vacances — Rosanne et la vie », *Nos livres*, vol. 10, décembre 1979, n⁰ˢ 391, 392.
4780. Bélisle, Alvine, « Premières Lectures », *Des livres et des jeunes*, vol. 3, n⁰ 8, hiver 1981, p. 38.
4781. Robin, Marie-Jeanne, « Rencontre avec Paule Daveluy », *Lurelu*, vol. 4, n⁰ 1-2, printemps-été 1981, p. 16-17.
4782. Clark, Stuart, « Children's Lit. », *Canadian Author and Bookman*, Vol. 57, No. 1, Fall 1981, p. 23.
4783. *Laurin, Michel, «Pas encore seize ans... », *Nos livres*, vol. 13, octobre 1982, n⁰ 367.
4784. *Allard, Diane, «Pas encore seize ans... », *Lurelu*, vol. 5, n⁰ 3, hiver 1982, p. 16.

DAVIAU, Diane-Monique

4785. *Chartier, Monique, «Dessins à la plume», *Nos livres*, vol. 10, août-septembre 1979, n⁰ 280.
4786. *Boivin, Aurélien, «Dessins à la plume», *Québec français*, n⁰ 36, décembre 1979, p. 13.
4787. *Paul, Raymond, «Histoires entre quatre murs», *Livres et auteurs québécois, 1981*, p. 44-45.
4788. *Laprés, Raymond, «Histoires entre quatre murs», *Nos livres*, vol. 13, mai 1982, n⁰ 199.
4789. *Cossette, Gilles, «Histoires entre quatre murs», *Lettres québécoises*, n⁰ 26, été 1982, p. 28-29.

DAVIS, Louise

4790. *Laprés, Raymond, «La Maternitude à bras ouverts», *Nos livres*, vol. 12, avril 1981, n⁰ 184.

DÉ, Claire [pseud. de Claire Dandurand]

4791. *Lagrandeur, Benoît, «Comme un photo-roman d'amour», *Jeu*, n⁰ 19, 2ᵉ trimestre 1981, p. 130-131.
4792. *Stanton, Julie, [La Louve-Garou], *La Gazette des femmes*, vol. 3, n⁰ 3, septembre 1981, p. 4.

4793. *[ANONYME], «La Trop Grasse Matinée », CEAD. Dramaturgies nouvelles, vol. 3, n° 2, décembre 1981, p.9.

4794. *COSSETTE, Gilles, «La Louve-Garou», Lettres québécoises, n° 27, automne 1982, p. 27-28.

4795. *JANELLE, Claude, « Érotisme et féminisme dans le fantastique [La Louve-Garou] », Solaris, vol. 8, n° 6, novembre-décembre 1982, p. 8-9.

4796. *MILOT, Louise, «La Louve-Garou», Livres et auteurs québécois, 1982, p. 42.

DE BELLEFEUILLE, Normand

4797. *AQUIN, Pierre-Stéphane, «Pourvu que ça ait mon nom », Le Bulletin Pantoute, n° 3, septembre-octobre-novembre 1980, p. 8.

4798. *NEPVEU, Pierre, « De l'"importance' de la littérature [Pourvu que ça ait mon nom] », Lettres québécoises, n° 19, automne 1980, p. 30.

4799. *BEAUSOLEIL, Claude, «Dans la conversation et la diction des monstres», Livres et auteurs québécois, 1980, p. 120-121.

4800. *BAYARD, Caroline, [Dans la conversation et la diction des monstres], University of Toronto Quarterly, Vol. 50, No. 4, Summer 1981, p. 45.

4801. BEAUSOLEIL, Claude, « La Poésie en revues depuis 10 ans », La Petite Revue de philosophie, vol. 4, n° 1, automne 1982, p. 115.

DE BIE, Pierrette

4802. *LAURIN, Michel, «Une triste visite chez l'oncle Pistache», Nos livres, vol. 12, août-septembre 1981, n° 333.

4803. *LAMOUREUX, Michèle, «Une triste visite chez l'oncle Pistache», Lurelu, vol. 4, n° 4, hiver 1981, p. 10.

DEGUISE, Charles

4804. LAMONTAGNE, Gilles, « Le Conte dans l'est du Québec. Éléments de bibliographie critique», Revue d'histoire littéraire du Québec et du Canada français, n° 3, hiver-printemps 1982, p. 82.

4805. ROUSSEAU, Guildo, « La Mauricie et ses romanciers », Revue d'histoire littéraire du Québec et du Canada français, n° 3, hiver-printemps 1982, p. 49-50.

DE LA FONTAINE, Gilles

4806. *MELANÇON, Joseph, «Hubert Aquin et le Québec», University of Toronto Quarterly, Vol. 48, No. 4, Summer 1979, p. 460-463.

DE LAGRAVE, Jean-Paul

4807. [ANONYME], « Un historien en quête d'éditeur », L'Actualité, vol. 4, n° 7, juillet 1979, p. 56.

4808. *[ANONYME], «Histoire de l'information au Québec», L'Atulu, vol. 2, n° 8, août 1980, p. 5.

4809. *L[ÉVESQUE], G[aëtan], [Histoire de l'information au Québec], Lettres québécoises, n° 23, automne 1981, p. 87.

DELAHAYE, Guy [pseud. de Guillaume Lahaise]

4810. BOUCHER, Yvon, « Hommage à Guy Delahaye », Journal of Canadian Fiction, No. 25-26, 1979, p. 95-98.

4811. BLAIS, Jacques, « Problématique d'une recherche sur le groupe des poètes artistes (1910-1930) », *Revue d'histoire littéraire du Québec et du Canada français*, n⁰ 2, 1980-1981, p. 60-66.

DELISLE, Jeanne-Mance

4812. *DAVID, Gilbert, «*Un reel ben beau, ben triste* », *Jeu*, n⁰ 12, été 1979, p. 116-117.
4813. *ALONZO, Anne-Marie, [*Un reel ben beau, ben triste*], *La Gazette des femmes*, vol. 2, n⁰ 7, février 1981, p. 4.
4814. *COTNOIR, Louise, « La Réalité décantée [*Un reel ben beau, ben triste*] », *Spirale*, n⁰ 16, février 1981, p. 12.
4815. *PAYEUR-MINOT, Gaétane, «*Un reel ben beau, ben triste* suivi de *Y est midi Pierrette* et *Florence-Geneviève-Martha* », *Nos livres*, vol. 12, juin-juillet 1981, n⁰ 277.
4816. BOURASSA, André-G[illes], « Le Temps d'un reel. *Un reel ben beau, ben triste* de Jeanne-Mance Delisle. [...] », *Lettres québécoises*, n⁰ 22, été 1981, p. 37-38.
4817. *GIRARD, Gilles, [*Un reel ben beau, ben triste*], *University of Toronto Quarterly*, Vol. 50, No. 4, Summer 1981, p. 73.
4818. *A[NDRÈS], B[ernard], « Le Théâtre qu'on publie : *Un reel ben beau, ben triste* », *Voix et images*, vol. 7, n⁰ 1, automne 1981, p. 206.
4819. LASNIER, Marie, « Jeanne-Mance Delisle », *Jeu*, n⁰ 21, 4ᵉ trimestre 1981, p. 45-49.
4820. *DIONNE, André, « Le Théâtre qu'on joue : *Un reel ben beau, ben triste* », *Lettres québécoises*, n⁰ 25, printemps 1982, p. 49.

DELISLE-LAPIERRE, Isabelle

4821. [ANONYME], « Prix littéraire à Isabelle Delisle-Lapierre », *Grimoire*, vol. 2, n⁰ 9, juillet 1979, p. 14.

DEMERS-LAROCHE, Louise [pseud. : Jeanne Voidy ; Dersem]

4822. L[ANTHIER], B[enoît], «*Les Contes de la source perdue* », *Focus*, n⁰ 21, avril 1979, p. 54-55.
4823. *LAPRÉS, Raymond, «*Lectures brèves pour le métro* », *Nos livres*, vol. 10, mai 1979, n⁰ 207.
4824. *MEZEI, Kathy, [*Les Contes de la source perdue*], *Canadian Literature*, No. 86, Autumn 1980, p. 119-121.

DENISET, Louis

4825. SOUFI, Taïb, « Le Verbe des Prairies », *Bulletin du Centre d'études franco-canadiennes de l'Ouest*, n⁰ 3, octobre 1979, p. 33-37.

DENISET-BERNIER, Maurice

4826. *CHARTIER, Monique, «*Manito* », *Nos livres*, vol. 10, mars 1979, n⁰ 92.

DEPATIE, François

4827. *CÔTÉ, D[iane]-J[ocelyne], [*Grand Jour*], *Intervention*, vol. 1, n⁰ 1, mars 1979, p. 28.

DEPREZ, Marie-Rose

4828. *GUINDON, Ginette, «*Pitatou et la neige* », *Lurelu*, vol. 2, n⁰ 4, hiver 1979, p. 10.
4829. *PERRAS, Nicole, [*Pitatou et le sport amateur — Pitatou et la neige*], *Des livres et des jeunes*, vol. 2, n⁰ 6, juin 1980, p. 36.

DERSEM [pseud. de Louise Demers-Laroche]

4830. L[ANTHIER], B[enoît], «*Les Contes de la source perdue* », *Focus*, n⁰ 21, avril 1979, p. 54-55.

4831. *Laprés, Raymond, «*Lectures brèves pour le métro* », *Nos livres*, vol. 10, mai 1979, n° 207.

4832. *Mezei, Kathy, [*Les Contes de la source perdue*], *Canadian Literature*, No. 86, Autumn 1980, p. 119-121.

DÉRY, Francine

4833. *Giguère, Richard, [*En beau fusil*], *University of Toronto Quarterly*, Vol. 48, No. 4, Summer 1979, p. 360.

4834. *Pagé, Raymond, [*En beau fusil*], *Chelsea Journal*, Vol. 5, No. 4, July-August 1979, p. 184.

4835. *Giguère, Richard, « L'Emploi d'écrire [*Un train bulgare*] », *Lettres québécoises*, n° 19, automne 1980, p. 33-34.

4836. *Janoël, André, «*Un train bulgare*, suivi de quelques poèmes », *Nos livres*, vol. 11, octobre 1980, n° 292.

4837. *Cotnoir, Louise, «*Un train bulgare* suivi de quelques poèmes », *Livres et auteurs québécois, 1980*, p. 105-106.

4838. *Bonenfant, Joseph, « Notes sur la poésie [*Un train bulgare*] », *Voix et images*, vol. 6, n° 3, printemps 1981, p. 482.

4839. *Bayard, Caroline, [*Un train bulgare*], *University of Toronto Quarterly*, Vol. 50, No. 4, Summer 1981, p. 45-46.

DÉRY, Pierre-Justin

4840. *Labine, Marcel, « Une écriture qui retarde [*Topographies 1*] », *Spirale*, n° 6, février 1980, p. 10.

4841. *Trottier, Benoît, [*Topographies 1*], *Voix et images*, vol. 5, n° 3, printemps 1980, p. 603-605.

DÉSAULNIERS, Joseph

4842. Rousseau, Guildo, « La Mauricie et ses romanciers », *Revue d'histoire littéraire du Québec et du Canada français*, n° 3, hiver-printemps 1982, p. 53.

4843. Rousseau, Guildo et Jean Laprise, « Le Discours du sol dans le roman mauricien de 1850 à 1950 », *Cahiers de géographie du Québec*, vol. 26, n° 67, avril 1982, p. 121-137.

DESAUTELS, Denise

4844. *Giguère, Richard, « L'Emploi d'écrire [*La Promeneuse et l'oiseau* suivi de *Journal de la promeneuse*] », *Lettres québécoises*, n° 19, automne 1980, p. 34-35.

4845. *Bellemare, Madeleine, «*La Promeneuse et l'oiseau* suivi de *Journal de la promeneuse* », *Nos livres*, vol. 11, octobre 1980, n° 293.

4846. *Corriveau, Hugues, « Des voix plurielles [*La Promeneuse et l'oiseau* suivi de *Journal de la promeneuse*] », *Spirale*, n° 12, octobre 1980, p. 12.

4847. *Côté, Claire, «*La Promeneuse et l'oiseau* suivi de *Journal de la promeneuse* », *Le Bulletin Pantoute*, n° 4, décembre 1980-janvier-février 1981, p. 5.

4848. *Cotnoir, Louise, «*La Promeneuse et l'oiseau* suivi de *Journal de la promeneuse* », *Livres et auteurs québécois, 1980*, p. 104-105.

4849. Haeck, Philippe, « Une voix amie [*La Promeneuse et l'oiseau*] », *La Nouvelle Barre du jour*, n° 99, février 1981, p. 63-64.

4850. *Bonenfant, Joseph, « Notes sur la poésie [*La Promeneuse et l'oiseau* suivi de *Journal de la promeneuse*] », *Voix et images*, vol. 6, n° 3, printemps 1981, p. 482.

4851. *Bayard, Caroline, [*La Promeneuse et l'oiseau* suivi de *Journal de la promeneuse*], *University of Toronto Quarterly*, Vol. 50, No. 4, Summer 1981, p. 46.

DESBIENS, Jean-Paul

4852. HÉBERT, Bruno, « Jean-Paul Desbiens raconte l'héritage du Frère Untel », *Les Cahiers de Cap-Rouge*, vol. 7, n⁰ 2, 1979, p. 10-31.

4853. *PAGEAU, René, « Le Cri du coeur [*Les Insolences du Frère Untel*] », *Les Cahiers de Cap-Rouge*, vol. 7, n⁰ 2, 1979, p. 44-48.

4854. DESBIENS, Jean-Paul, « Les Confessions d'un révolutionnaire tranquille », *Liberté-Magazine*, n⁰ 1, février 1980, p. 6-12, 25.

4855. HÉBERT, Bruno, « Il y a vingt ans, le Frère Untel... [Entrevue] », *Libre Magazine*, n⁰ 2, mars 1980, p. 11-14.

4856. DESBIENS, Jean-Paul, « Propos du Nord », *Les Cahiers de Cap-Rouge*, vol. 9, n⁰ 1, [1er trimestre] 1981, p. 57-84.

DESBIENS, Patrice

4857. *MOISAN, Clément, «*L'Espace qui reste* », *Livres et auteurs québécois, 1979*, p. 92-94.

4858. *GIGUÈRE, Richard, « En d'autres lieux (de poésie) [*L'Espace qui reste*] », *Lettres québécoises*, n⁰ 17, printemps 1980, p. 34, 36.

4859. *AQUIN, Pierre-Stéphane, «*L'Espace qui reste* », *Le Bulletin Pantoute*, n⁰ 4, décembre 1980-janvier-février 1981, p. 7.

4860. DESBIENS, Patrice, « Des poètes se prononcent », *Liaison*, vol. 3, n⁰ 13, décembre 1980, p. 21.

4861. *ASSELIN, Olivier, « Recueil de poésie. *La Souche*. Je suis poète », *Liaison*, n⁰ 16, juin 1981, p. 9.

4862. *D'ALFONSO, Antonio, «*L'Homme invisible/The Invisible Man* », *Nos livres*, vol. 13, avril 1982, n⁰ 155.

4863. AUBERT, Rosemary, « New Stars in the Galaxy of Canadian Poetry », *Quill and Quire*, Vol. 48, No. 4, April 1982, p. 30.

4864. *SALESSE, Michèle, «*L'Homme invisible/The Invisible Man*, récit/story de Patrice Desbiens », *Lettres québécoises*, n⁰ 26, été 1982, p. 79-80.

4865. *STUEWE, Paul, [*L'Homme invisible/The Invisible Man*], *Books in Canada*, Vol. 11, No. 7, August-September 1982, p. 34-35.

4866. *DALLAIRE, Michel, « Le Trait d'union, une réalité en soi [*L'Homme invisible/The Invisible Man*] », *Liaison*, n⁰ 23, août-septembre 1982, p. 43-44.

4867. *RENAUD, Normand, [*L'Homme invisible/The Invisible Man*], *Livres et auteurs québécois, 1982*, p. 24.

4868. *RENAUD, Normand, «*L'Homme invisible/The Invisible Man* », *Livres et auteurs québécois, 1982*, p. 43-44.

4869. BRUNET-LAMARCHE, Anita, « Prise de parole, 1972-1982. Auteurs et oeuvres. Biobibliographie », *Revue du Nouvel Ontario*, n⁰ 4, 1982, p. 26-27.

4870. *DICKSON, Robert, [*L'Espace qui reste — Les Conséquences de la vie — L'Homme invisible/The Invisible Man*], *Revue du Nouvel Ontario*, n⁰ 4, 1982, p. 64-71.

4871. *PARÉ, François, [*Les Conséquences de la vie — L'Espace qui reste — L'Homme invisible/The Invisible Man*], *Revue du Nouvel Ontario*, n⁰ 4, 1982, p. 94-101.

DESCHAMPS, Nicole

4872. *[ANONYME], «*Le Mythe de Maria Chapdelaine* », *Québec Hebdo*, vol. 2, n⁰ 40, 27 octobre 1980, p. 4.

4873. *BOIVIN, Aurélien, «*Le Mythe de Maria Chapdelaine* », *Québec français*, n⁰ 40, décembre 1980, p. 16.

4874. *LAFON[-WEISS], Dominique, «*Le Mythe de Maria Chapdelaine* », *Livres et auteurs québécois, 1980*, p. 187-189.

4875. *CZARNECKI, Mark, « Struggling Free of an Old Yoke [*Le Mythe de Maria Chapdelaine*] », *Maclean's*, Vol. 94, No. 11, March 16, 1981, p. 52-53.

4876. *Boynard-Frot, Janine, «*Le Mythe de Maria Chapdelaine* de Deschamps, Héroux, Villeneuve», *Lettres québécoises,* n° 21, printemps 1981, p. 40, 42-43.

4877. *Shek, Ben-Zion, [*Le Mythe de Maria Chapdelaine*], *University of Toronto Quarterly,* Vol. 50, No. 4, Summer 1981, p. 185-188.

4878. *[Anonyme], «*Le Mythe de Maria Chapdelaine*», *Écriture française dans le monde,* vol. 3, n° 2-3, décembre 1981, p. 113.

4879. *Rochette, Lise, «*Le Mythe de Maria Chapdelaine*», *Canadian Literature,* No. 92, Spring 1982, p. 94-95.

DESCHAMPS, Yvon

4880. King, Deirdre, « Yvon Deschamps », *The Canadian Forum,* Vol. 62, No. 719, June-July 1982, p. 49-50.

DESCHÊNES, Donald

4881. *Laurin, Michel, «*C'était la plus jolie des filles.* Répertoire des chansons d'Angélina Paradis-Fraser », *Nos livres,* vol. 13, mai 1982, n° 200.

DESCHÊNES, Josseline

4882. *Warren, Louise, «*L'Autobus à Margo* », *Livres et auteurs québécois, 1981,* p. 252-253.

4883. *D[ostaler], H[enriette], [*L'Autobus à Margo*], *Des livres et des jeunes,* vol. 4, n° 12, été 1982, p. 50.

4884. *Pilon, Marie, «*L'Autobus à Margo* », *Lurelu,* vol. 5, n° 2, automne 1982, p. 11.

4885. *Ayroud, Mouna, «*Barnabé la Berlue. Le Réveil du dragon* », *Livres et auteurs québécois, 1982,* p. 225-226.

DESGENT, Jean-Marc

4886. *Beausoleil, Claude, [*Jardin comestible*], *Hobo-Québec,* n° 36-37, janvier-mars 1979, p. 29.

4887. *Andrès, Bernard, «*Faillite sauvage* », *Livres et auteurs québécois, 1981,* p. 90-91.

4888. *Bayard, Caroline, [*Faillite sauvage*], *University of Toronto Quarterly,* Vol. 51, No. 4, Summer 1982, p. 371.

4889. *Blouin, Louise, «*Transfigurations* », *Livres et auteurs québécois, 1982,* p. 102-103.

DESHAIES, Michelle

4890. Deshaies, Michelle, « Des poètes se prononcent », *Liaison,* vol. 3, n° 13, décembre 1980, p. 20-21.

4891. [Anonyme], « Cinq Dramaturges ontaroises présentent *Parcours, paroles et femmes* », *Liaison,* n° 19, décembre 1981-janvier 1982, p. 38-39.

DÉSILETS, Guy

4892. *Recurt, Myriam, « L'Arme et l'absolu. *O que la vie est ronde* », *Canadian Literature,* No. 80, Spring 1979, p. 98.

DESJARDINS, Lucie

4893. *Matte, Louise, « Un spectacle divertissant [*Du camping chez ma tante Burt*] », *Liaison,* n° 24, octobre-novembre 1982, p. 42.

DESJARDINS, Philémon

4894. LAMONTAGNE, Gilles, « Le Conte dans l'est du Québec. Éléments de bibliographie critique », *Revue d'histoire littéraire du Québec et du Canada français*, n° 3, hiver-printemps 1982, p. 78-79.

DESLONGCHAMPS, Roxanne

4895. *GÉLINAS, Michèle, «*Les Ozerov, 1 : L'Héritier*», *Lurelu*, vol. 2, n° 1, printemps 1979, p. 10.

4896. C[ATALANO], P[ierre], [*Les Ozerov, 1 : L'Héritier*], *Des livres et des jeunes*, vol. 1, n° 3, mai 1979, p. 26.

4897. *BELLEMARE, Madeleine, «*Les Ozerov, 1 : L'Héritier*», *Nos livres*, vol. 10, octobre 1979, n° 303.

DES MARAIS, Claude-Alexandre

4898. *BELLEMARE, Madeleine, «*Marie, d'elle*», *Nos livres*, vol. 10, octobre 1979, n° 331.

DESMARAIS, Lorraine

4899. *CHAREST, Luc, « Les Tréteaux de la fantaisie [*Les Trapézistes*] », *Vie des arts*, vol. 27, n° 107, été 1982, p. 78.

DES MARCHAIS, Gilles

4900. *CIVIL, Jean, [*Demain d'hier l'antan*], *Grimoire*, vol. 4, n° 1, janvier 1981, p. 9.

4901. *[ANONYME], « À propos de la poésie de Des Marchais [*Demain d'hier l'antan*] », *Grimoire*, vol. 4, n° 3, mars 1981, p. 17.

4902. *BONENFANT, Joseph, « Notes sur la poésie [*Demain d'hier l'antan*] », *Voix et images*, vol. 6, n° 3, printemps 1981, p. 482.

4903. *GAULIN, André, «*Demain d'hier l'antan*», *Québec français*, n° 42, mai 1981, p. 17.

4904. *BAYARD, Caroline, [*Demain d'hier l'antan*], *University of Toronto Quarterly*, Vol. 50, No. 4, Summer 1981, p. 50-51.

4905. *D'ALFONSO, Antonio, «*Demain d'hier l'antan*», *Nos livres*, vol. 12, août-septembre 1981, n° 334.

DESPAROIS[-DANIS], Lucille [dite Tante Lucille]

4906. B[IRON], H[élène], [*Tante Lucille raconte*], *Des livres et des jeunes*, vol. 1, n° 2, février 1979, p. 33.

4907. *BELLEMARE, Madeleine, «*Tante Lucille raconte*», *Nos livres*, vol. 10, juin-juillet 1979, n° 250.

4908. MAHEUX, Louise, « Tante Lucille à la bibliothèque municipale de Hull », *Panorama*, vol. 2, n° 7, juin 1979, p. 37.

4909. *DURANLEAU-FILION, Ginette, [*Almanach des jeunes*], *Lurelu*, vol. 3, n° 1, printemps 1980, p. 9.

4910. *LAURIN, Michel, «*La Légende des bleuets*», *Nos livres*, vol. 12, janvier 1981, n° 47.

DESROCHERS, Alfred

4911. FRANCOEUR, Pierre, « Quelques Heures avec Alfred DesRochers, [1] », *Les Cahiers du hibou*, [vol. 1], n° 3, [4e trimestre] 1979, p. 35-45.

4912. *LAPRÉS, Raymond, «*À l'ombre de l'Orford*», *Nos livres*, vol. 11, janvier 1980, n° 23.

4913. BRODEUR, Léo-A[rthur], « Alfred DesRochers et Roger Brien », *Grimoire*, vol. 3, n° 3, mars 1980, p. 18-20.

4914. FRANCOEUR, Pierre, « Quelques Heures avec Alfred DesRochers, 2 », *Les Cahiers du hibou*, vol. 1, n⁰ 4-5, 1980, p. 91-101.

DESROCHERS, Clémence

4915. DESROCHERS, Clémence, « Montréal ! Montréal ! Mes coins de rue », *Nous*, vol. 7, n⁰ 7, décembre 1979, p. 31-32.
4916. COUTURE, Luce, « Clémence...[Entrevue] », *L'Estrie*, vol. 2, n⁰ 7, octobre 1980, p. 10-11.
4917. *STANTON, Julie, «*Mousse*. Entre les laveuses et les sécheuses... la fantaisie et le rire ! », *La Gazette des femmes*, vol. 2, n⁰ 7, février 1981, p. 5.
4918. *DIONNE, André, « Le Théâtre qu'on joue : *Mousse* au Théâtre des Voyagements », *Lettres québécoises*, n⁰ 21, printemps 1981, p. 34.
4919. CUSSON, Normand, [*Mousse*], *Clin d'oeil*, n⁰ 12, septembre 1981, p. 16.
4920. *CAMERLAIN, Lorraine, «*Mousse* : 'leurre' humour », *La Vie en rose*, [vol. 2, n⁰ 4], décembre 1981-janvier-février 1982, p. 55.
4921. PEDNEAULT, Hélène, « Chère Clémence... », *La Vie en rose*, juin-juillet-août 1982, p. 16-19.
4922. BERGERON, Raymonde, « 'Clémence Desrochers plus folle que jamais' », *Châtelaine*, vol. 23, n⁰ 12, décembre 1982, p. 44-46, 164.

DES ROCHES, Roger

4923. *WARREN, Louise, «*Les Marionnettes* », *Dérives*, n⁰ 17-18, [2ᵉ trimestre] 1979, p. 101-102.
4924. *CORRIVEAU, Hugues, « Poésie. Des lèvres et des vertiges [*Les Lèvres de n'importe qui*] », *La Nouvelle Barre du jour*, n⁰ 81, septembre 1979, p. 87-89.
4925. *DE BELLEFEUILLE, Normand, « Ouverture pour une lettre d'amour. *Les Lèvres de n'importe qui* », *Spirale*, n⁰ 1, septembre 1979, p. 8.
4926. *BEAUSOLEIL, Claude, «*Tous, corps accessoires* », *Livres et auteurs québécois, 1979*, p. 110-114.
4927. *GIGUÈRE, Richard, «*Les Lèvres de n'importe qui* », *Livres et auteurs québécois, 1979*, p. 105.
4928. NEPVEU, Pierre, « Les Années soixante-dix, du commencement à la fin », *Lettres québécoises*, n⁰ 17, printemps 1980, p. 26-29.
4929. *AQUIN, Pierre-Stéphane, «*Pourvu que ça ait mon nom* », *Le Bulletin Pantoute*, n⁰ 3, septembre-octobre-novembre 1980, p. 8.
4930. *NEPVEU, Pierre, « De l'importance' de la littérature [*Pourvu que ça ait mon nom*] », *Lettres québécoises*, n⁰ 19, automne 1980, p. 30.
4931. *CHAMBERLAND, Roger, «*Tous, corps accessoires...* », *Québec français*, n⁰ 40, décembre 1980, p. 15.
4932. BEAUSOLEIL, Claude, « La Poésie en revues depuis 10 ans », *La Petite Revue de philosophie*, vol. 4, n⁰ 1, automne 1982, p. 115.
4933. *LABINE, Marcel, « Contre la théorie, l'imagination [*L'Imagination laïque*] », *Spirale*, n⁰ 29, novembre 1982, p. 9.
4934. *CORRIVEAU, Hugues, «*L'Imagination laïque* », *Livres et auteurs québécois, 1982*, p. 105-107.

DESROSIERS, Léo-Paul

4935. ROUSSEAU, Guildo, « La Ruée vers l'or en Californie dans le roman et le conte québécois », *Journal of Canadian Fiction*, No. 25-26, 1979, p. 101-104.
4936. *HAECK, Philippe, « Lire la Bible [*L'Ampoule d'or*] », *Spirale*, n⁰ 1, septembre 1979, p. 10.
4937. *BELLEMARE, Madeleine, «*Les Engagés du Grand Portage* », *Nos livres*, vol. 11, juin-juillet 1980, n⁰ 218.
4938. *[ANONYME], «*Les Engagés du Grand Portage* », *Québec Hebdo*, vol. 2, n⁰ 22, 9 juin 1980, p. 4.

4939. Gouin, Jacques, « Les Quinze Années de Léo-Paul Desrosiers dans les pays d'en haut », *Cahiers d'histoire des pays d'en haut*, vol. 3, n⁰ 9, février 1981, p. 41-48.

4940. *Bellemare, Madeleine, «*Nord-Sud* », *Nos livres*, vol. 12, avril 1981, n⁰ 185.

4941. Rousseau, Guildo, « La Mauricie et ses romanciers », *Revue d'histoire littéraire du Québec et du Canada français*, n⁰ 3, hiver-printemps 1982, p. 53.

4942. Rousseau, Guildo et Jean Laprise, « Le Discours du sol dans le roman mauricien de 1850 à 1950 », *Cahiers de géographie du Québec*, vol. 26, n⁰ 67, avril 1982, p. 121-137.

4943. Gouin, Jacques, « Littérature des pays d'en haut. Un épisode dans la vie de Michelle Le Normand (1911-1921) », *Cahiers d'histoire des pays d'en haut*, vol. 4, n⁰ 14, juin 1982, p. 17-36.

4944. Thério, Adrien, « Pourquoi relire *Nord-Sud* de Léo-Paul Desrosiers », *Lettres québécoises*, n⁰ 27, automne 1982, p. 91-92.

DESROSIERS, Sylvie

4945. *Farnham, Lori, «*T'as rien compris, Jacinthe...* », *Livres et auteurs québécois, 1982*, p. 44-45.

DESRUISSEAUX, Pierre

4946. *Bourneuf, Roland, «*Lettres* », *Livres et auteurs québécois, 1979*, p. 115.

4947. *Latraverse, François, «*Le Livre des expressions québécoises* », *Livres et auteurs québécois, 1979*, p. 292-293.

4948. *Bellemare, Madeleine, «*Lettres* », *Nos livres*, vol. 11, mars 1980, n⁰ 82.

4949. *Bonenfant, Joseph, [*Lettres*], *Voix et images*, vol. 5, n⁰ 3, printemps 1980, p. 609.

4950. *De Bellefeuille, Normand, « Du meilleur et du pire [*Lettres*] », *Spirale*, n⁰ 9, mai 1980, p. 6.

4951. *Giguère, Richard, [*Lettres*], *University of Toronto Quarterly*, Vol. 49, No. 4, Summer 1980, p. 365.

4952. *Dionne, André, «*Ici la parole jusqu'à mes yeux* », *Nos livres*, vol. 12, février 1981, n⁰ 68.

4953. *De Bellefeuille, Normand, « Quelques Sens au mot 'moderne', 3 : comme s'il fallait ne plus parler [*Ici la parole jusqu'à mes yeux*] », *Spirale*, n⁰ 16, février 1981, p. 7.

4954. *Bonenfant, Joseph, « Notes sur la poésie [*Ici la parole jusqu'à mes yeux*] », *Voix et images*, vol. 6, n⁰ 3, printemps 1981, p. 482.

4955. *Bayard, Caroline, [*Ici la parole jusqu'à mes yeux*], *University of Toronto Quarterly*, Vol. 50, No. 4, Summer 1981, p. 53.

4956. *Chamberland, Roger, «*Soliloques* », *Québec français*, n⁰ 44, décembre 1981, p. 13.

4957. *Saint-Amour, Robert, «*Soliloques* », *Livres et auteurs québécois, 1981*, p. 109-110.

DESSAULLES, Henriette [pseud. : Fadette]

4958. Imbert, Patrick, « Fadette, *Journal d'Henriette Dessaulles (1874-1880)* ou l'Ambivalence vécue », *Lettres québécoises*, n⁰ 24, hiver 1981-1982, p. 70-72.

DÉSY, Yves

4959. *Giguère, Richard, « L'Emploi d'écrire [*Le coeur signe le souffle*] », *Lettres québécoises*, n⁰ 19, automne 1980, p. 35.

4960. *Bergeron, Bertrand, «*Le coeur signe le souffle* », *Livres et auteurs québécois, 1980*, p. 94-95.

DÉZIEL-HUPÉ, Gabrielle [pseud. : Gaby Déziel-Hupé]

4961. *Lapointe, Roger, «*Franchir le seuil aller et retour* », *Bulletin du Centre de recherche en civilisation canadienne-française*, n⁰ 23, décembre 1981, p. 26-32.

DÉZIEL-HUPÉ, Gaby [pseud. de Gabrielle Déziel-Hupé]

4962. *LAPOINTE, Roger, «*Franchir le seuil* aller et retour », *Bulletin du Centre de recherche en civilisation canadienne-française*, n° 23, décembre 1981, p. 26-32.

DICKSON, Robert

4963. TRUAX, Denise, « Des poètes se prononcent », *Liaison*, vol. 3, n° 13, décembre 1980, p. 22.
4964. *HAENTJENS, Brigitte, « La Poésie sur la place publique [*Or(é)alité — Une bonne trentaine*] », *Liaison*, n° 23, août-septembre 1982, p. 19-21.
4965. BRUNET-LAMARCHE, Anita, « Prise de parole, 1972-1982. Auteurs et oeuvres. Biobibliographie », *Revue du Nouvel Ontario*, n° 4, 1982, p. 28.

DION, André

4966. *SAUVÉ, Élaine, «*Le Retour de l'oiseau bleu* », *Lurelu*, vol. 5, n° 3, hiver 1982, p. 16.

DION, Jean-Noël

4967. *[ANONYME], «*Le Petit Désordre* », *CEAD. Dramaturgies nouvelles*, vol. 3, n° 1, septembre 1981, p. 7.

DION, Marie-Louise

4968. *PELLETIER, Francine, [*Où en est le miroir ?*], *Jeu*, n° 16, [3e trimestre] 1980, p. 223.

DION, Serge

4969. *THÉRIAULT, Serge-A., «*Décors d'amour* de Serge Dion », *Lettres québécoises*, n° 13, février 1979, p. 28.
4970. *BOUVIER, Luc, «*Décors d'amour — Mon pays a la chaleur et l'hiver faciles* », *Livres et auteurs québécois, 1979*, p. 117-119.
4971. *BONENFANT, Joseph, « Notes sur la poésie [*Océane ou les Asperges du matin*] », *Voix et images*, vol. 6, n° 3, printemps 1981, p. 482.
4972. *D'ALFONSO, Antonio, «*Écarts* », *Nos livres*, vol. 13, juin-juillet 1982, n° 255.
4973. *DE BELLEFEUILLE, Normand, « Attention. Contre-courant ! [*Écarts*] », *Spirale*, n° 26, juin 1982, p. 4.
4974. *CORMIER, Jean-Marc, [*Écarts*], *Urgences*, n° 5, 3e trimestre 1982, p. 93-94.
4975. *CORRIVEAU, Hugues, «*Écarts* », *Livres et auteurs québécois, 1982*, p. 143-144.

DION-LÉVESQUE, Rosaire

4976. DION-LÉVESQUE, Rosaire, « Une rencontre qui perdure au-delà du temps. Correspondance, 1928 à 1944 [avec Louis Dantin] », *Écrits du Canada français*, n° 44-45, 1982, p. 275-321.

DIONNE, René

4977. *SAVARD, Pierre, [*Antoine Gérin-Lajoie, homme de lettres*], *Revue de l'Université d'Ottawa/University of Ottawa Quarterly*, vol. 49, n° 1-2, janvier-avril 1979, p. 119-120.
4978. *SAVARD, Pierre, [*Anthologie de la littérature québécoise, t. 2 : La Patrie littéraire*], *Revue de l'Université d'Ottawa/University of Ottawa Quarterly*, vol. 49, n° 1-2, janvier-avril 1979, p. 117-118.
4979. *[ANONYME], «*Anthologie de la littérature québécoise, t. 2 : La Patrie littéraire* », *Le Québec en bref*, vol. 13, n° 2-3, février-mars 1979, p. 17.

4980. SMITH, Donald, « Gilles Marcotte, René Dionne et Gabrielle Poulin, trois auteurs de l'*Anthologie de la littérature québécoise* », *Lettres québécoises*, n° 15, août-septembre 1979, p. 51-52, 57-61.

4981. *HAYNE, David M., [*Antoine Gérin-Lajoie, homme de lettres*], *Relations*, vol. 39, n° 451, septembre 1979, p. 253-254.

4982. *SAVARD, Pierre, [*Antoine Gérin-Lajoie, homme de lettres*], *Histoire littéraire du Québec*, n° 1, 1979, p. 119-120.

4983. *SAVARD, Pierre, [*Anthologie de la littérature québécoise*, t. 2 : *La Patrie littéraire*], *Histoire littéraire du Québec*, n° 1, 1979, p. 117-118.

4984. [ANONYME], [Le Prix de *la Presse*], *Grimoire*, vol. 3, n° 1, janvier 1980, p. 3.

4985. [ANONYME], « Le Prix littéraire de *la Presse* », *Lettres québécoises*, n° 17, printemps 1980, p. 7.

4986. *[ANONYME], [*Anthologie de la littérature québécoise*, t. 4 : *L'Âge de l'interrogation, 1937-1952*], *L'Atulu*, vol. 2, n° 5, mai 1980, p. 3.

4987. *LEMIRE, Maurice, [*Antoine Gérin-Lajoie, homme de lettres*], *Recherches sociographiques*, vol. 21, n° 3, septembre-décembre 1980, p. 391-393.

4988. *THÉRIO, Adrien, «*Anthologie de la littérature québécoise*, t. 4 : *L'Âge de l'interrogation, 1937-1952*, de René Dionne et Gabrielle Poulin », *Lettres québécoises*, n° 19, automne 1980, p. 78.

4989. *GIGUÈRE, Richard, « [*Anthologie de la littérature québécoise*, t. 4 :] *L'Âge de l'interrogation* », *Livres et auteurs québécois, 1980*, p. 189-192.

4990. *A[LLARD], J[acques], «*Anthologie de la littérature québécoise*, t. 4 : *L'Âge de l'interrogation, 1937-1952* », *Voix et images*, vol. 6, n° 2, hiver 1981, p. 348.

4991. [ANONYME], « Prix Champlain 198[0] », *Lettres québécoises*, n° 23, automne 1981, p. 10.

4992. *SYLVESTRE, Paul-François, «*Propos sur la littérature outaouaise et franco-ontarienne, III* », *Livres et auteurs québécois, 1981*, p. 210-212.

4993. *MARCHILDON, Daniel, « Des progrès dans l'outillage littéraire [*Propos sur la littérature outaouaise et franco-ontarienne — Bibliographie de la littérature outaouaise et franco-ontarienne*] », *Liaison*, n° 20, février-mars 1982, p. 30.

4994. [ANONYME], « Prix Champlain 1980 », *Écriture française dans le monde*, vol. 4, n° 1, août 1982, p. 64.

DOC, Vieux [pseud. de Edmond Grignon]

4995. GOUIN, Jacques, « Littérature des pays d'en haut. Edmond Grignon (Vieux Doc) (1861-1939) », *Cahiers d'histoire des pays d'en haut*, vol. 4, n° 15, septembre 1982, p. 32-35.

DOMBROWSKI, Josée

4996. *DAVID, Carole, «*La Grande Mascarade* », *Livres et auteurs québécois, 1981*, p. 244.

DOR, Georges [né Doré]

4997. *BELLEMARE, Madeleine, «*Poèmes et chansons*, t. 4 », *Nos livres*, vol. 11, octobre 1980, n° 294.

4998. *BAYARD, Caroline, [*Poèmes et chansons*], *University of Toronto Quarterly*, Vol. 50, No. 4, Summer 1981, p. 47.

4999. *BELLEMARE, Madeleine, «*Du sang bleu dans les veines* », *Nos livres*, vol. 12, août-septembre 1981, n° 335.

5000. *LE BEL, Michel, «*Du sang bleu dans les veines* », *Livres et auteurs québécois, 1981*, p. 168-169.

5001. *CANTIN, Léonce, «*Du sang bleu dans les veines* », *Québec français*, n° 45, mars 1982, p. 15.

5002. *Lewis, Jocelyne, «*Les Moineau chez les Pinson*», *Nos livres*, vol. 13, décembre 1982, n⁰ 455.

5003. *Croft[-Mercier], Esther, «*Les Moineau chez les Pinson*», *Québec français*, n⁰ 48, décembre 1982, p. 5-6.

5004. *Ripley, John, «*Du sang bleu dans les veines*», *Canadian Literature*, No. 95, Winter 1982, p. 140.

5005. *Cantin, Léonce, «*Les Moineau chez les Pinson*», *Livres et auteurs québécois, 1982*, p. 163-164.

DORAIS, Fernand

5006. *Dickson, Robert, [*Lignes-Signes*], *Revue du Nouvel Ontario*, n⁰ 4, 1982, p. 48.

DORÉ, Isabelle

5007. *Daoust, Jean-Paul, « Hyperréalisme [*Sont-ce les effets du Southern Comfort ?*] », *Spirale*, n⁰ 19, mai 1981, p. 15.

5008. *Dionne, André, « Le Théâtre qu'on joue : *Sont-ce les effets du Southern Comfort ?* », *Lettres québécoises*, n⁰ 22, été 1981, p. 46.

DORÉ, Marc

5009. *Robert, Lucie, «*Kamikwakushit*», *Québec français*, n⁰ 35, octobre 1979, p. 13.

5010. *Bourque, Paul-André, «*Kamikwakushit*», *Livres et auteurs québécois, 1979*, p. 192-193.

5011. *Dumont, Martine, «*Kamikwakushit*», *Jeu*, n⁰ 18, 1er trimestre 1981, p. 122-124.

DORÉ-JOYAL, Yvette

5012. *Beaudoin, Léo, «*J'avais oublié que l'amour fût si beau*», *Nos livres*, vol. 10, avril 1979, n⁰ 128.

5013. [Anonyme], [*J'avais oublié que l'amour fût si beau*], *Points*, vol. 3, n⁰ 2, été 1979, p. 15.

5014. *[Anonyme], «*J'avais oublié que l'amour fût si beau*», *Le Babillard*, vol. 2, n⁰ 2, novembre 1979, p. 12.

DORGE, Claude

5015. *Lafortune, Aline, «*Le Roitelet*», *Nos livres*, vol. 11, décembre 1980, n⁰ 380.

5016. *Harvey, Benoît, «*Le Roitelet*», *Livres et auteurs québécois, 1980*, p. 157-158.

5017. *Meadwell, Kenneth W., «*Le Roitelet*», *Bulletin du Centre d'études franco-canadiennes de l'Ouest*, n⁰ 7, février 1981, p. 20-21.

5018. *Filteau, Louise, «*Le Roitelet*», *Canadian Theatre Review*, No. 30, Spring 1981, p. 123-124.

5019. *Filteau, Louise, «*Le Roitelet*», *Jeu*, n⁰ 20, 3e trimestre 1981, p. 129-130.

5020. *Knutson, Simone P., «*Le Roitelet*», *Canadian Literature*, No. 91, Winter 1981, p. 153-155.

5021. Osachoff, Margaret Gail, « Riel on Stage [*Le Roitelet*] », *Canadian Drama/L'Art dramatique canadien*, Vol. 8, No. 2, [Fall] 1982, p. 140-142.

DOSTIE, Gaëtan

5022. [Anonyme], « Gaëtan Dostie », *Grimoire*, vol. 3, n⁰ 6, juin 1980, p. 19.

5023. *Miron, Gaston, « Dostie. Poésie et liberté [*Poing commun* suivi de *Courir la galipote*] », *Grimoire*, vol. 3, n⁰ 6, juin 1980, p. 18.

DOUCET, Paul

5024. *GAGNON, Odette, «*L'Histoire d'une tragédie ou la Mesure humaine*», *Liaison*, vol. 3, n⁰ 10, [mai] 1980, p. 12.
5025. *THIBODEAU, Guy, «*L'autre jour... j'ai rêvé*», *Liaison*, vol. 3, n⁰ 13, décembre 1980, p. 36.
5026. LAROCHELLE, Lucie, « Mise en commun pour mise en valeur. Paul Doucet, le silence d'une tragédie... ou la Mesure humaine», *Liaison*, n⁰ 14, février 1981, p. 32-33.
5027. *THÉBERGE, Mariette, «*La Mesure humaine...* Événement de chez nous à la mesure de notre histoire », *Liaison*, n⁰ 15, avril 1981, p. 35-36.
5028. *[ANONYME], «*L'autre jour j'ai rêvé... d'une journée plus claire*», *CEAD. Dramaturgies nouvelles*, vol. 3, n⁰ 3, avril 1982, [s.p.].

DOUTRE, Joseph

5029. HATHORN, Ramon, « Angles on Saxons : A Study of the Anglo-Saxon in Québec Fiction », *Journal of Canadian Fiction*, No. 25-26, 1979, p. 265-266.
5030. RICHARD, Robert, « Le Discours de M. Doutre dans 'l'Affaire Guibord' de 1870 », *Incidences*, vol. 4, n⁰ 1, janvier-avril 1980, p. 37-49.
5031. *HATHORN, Ramon, [*Les Fiancés de 1812*], *Voix et images*, vol. 6, n⁰ 1, automne 1980, p. 97-99.
5032. SÉNÉCAL, André, « L'Autorité du sentiment dans *les Fiancés de 1812* », *Voix et images*, vol. 7, n⁰ 1, automne 1981, p. 169-175.

DOYON-FERLAND, Madeleine

5033. *THOMAS, Gerald, «*Jeux, rythmes et divertissements traditionnels*», *Canadian Literature*, No. 92, Spring 1982, p. 130-131.

DROLET, Bruno

5034. *HÉBERT, Bruno, « Bruno Drolet et le bois de lune [*Le Bois de lune*] », *Les Cahiers de Cap-Rouge*, vol. 8, n⁰ 3, juillet-septembre 1980, p. 72-74.
5035. *[ANONYME], «*Le Bois de lune*», *Vie française*, vol. 34, n⁰ 10-11-12, octobre-novembre-décembre 1980, p. 46.
5036. *LAPRÉS, Raymond, «*Le Bois de lune*», *Nos livres*, vol. 11, novembre 1980, n⁰ 341.

DROPAÔTT, Papartchu [pseud. de François-Marie Gérin-Lajoie]

5037. GÉRIN-LAJOIE, François-Marie, « Gérin-Lajoie contre Papartchu ? », *Lettres québécoises*, n⁰ 26, été 1982, p. 59-60.

DROUIN, Marc

5038. *DIONNE, André, « Le Théâtre qu'on joue : *Petit bateau deviendra grand* et *Un cercueil à la dérive* au Théâtre d'Aujourd'hui », *Lettres québécoises*, n⁰ 17, printemps 1980, p. 38.
5039. *CUSSON, Normand, « Pour l'amour du théâtre [*Pied de poule*] », *Clin d'oeil*, n⁰ 20, mai 1982, p. [70].
5040. *LEFEBVRE, Paul, «*Pied de poule*», *Jeu*, n⁰ 24, 3ᵉ trimestre 1982, p. 116-117.
5041. *DIONNE, André, « Le Théâtre qu'on joue : *Pied de poule* », *Lettres québécoises*, n⁰ 27, automne 1982, p. 50.
5042. *CUSSON, Normand, « Théâtre pour tous les goûts [*Pied de poule*] », *Clin d'oeil*, n⁰ 26, novembre 1982, p. [65].

DUBÉ, Gérard-Adéodat

5043. *LANGLAIS, Lise, «*Contes roses*», *Lurelu*, vol. 2, n⁰ 2, été 1979, p. 11.
5044. *GRÉGOIRE, Madeleine, «*Contes verts*», *Lurelu*, vol. 2, n⁰ 3, automne 1979, p. 8.

DUBÉ, Jeannine D.

5045. *[ANONYME], «*Cheminement*», *Écriture française dans le monde*, vol. 3, n⁰ 2-3, décembre 1981, p. 114.

DUBÉ, Laurent

5046. *DESJARDINS, Normand, «*La Mariakèche*», *Nos livres*, vol. 12, novembre 1981, n⁰ 435.
5047. BASTIN, Agnès, « Laurent Dubé », *Grimoire*, vol. 5, n⁰ 4, avril 1982, p. 8-9.
5048. *BELLEMARE, Yvon, «*La Mariakèche*», *Canadian Literature*, No. 95, Winter 1982, p. 114-115.

DUBÉ, Marcel

5049. DUBÉ, Marcel, « Naître à l'écriture pour accéder à ses appartenances et reculer les frontières de la mort », *Forces*, n⁰ 46-47, 1er-2e trimestres 1979, p. 58-75.
5050. COLLET, Paulette, « La Quarantaine, âge de l'abdication ou du renouveau pour la femme dans le théâtre de Marcel Dubé », *Canadian Drama/L'Art dramatique canadien*, Vol. 5, No. 2, Autumn 1979, p. 144-163.
5051. [GERMAIN, Jean-Claude], Gilbert David et Francine NOËL, « Entretiens, 1 : théâtre/histoire », *Jeu*, n⁰ 13, automne 1979, p. 9-31.
5052. *[ANONYME], «*Entre midi et soir*», *Quill and Quire*, Vol. 45, No. 13, November 1979, p. 3.
5053. *HAYNE, David M., «*Octobre*», *Canadian Literature*, No. 85, Summer 1980, p. 129.
5054. BOIVIN, Aurélien et André GAULIN, « Une interview de Marcel Dubé », *Québec français*, n⁰ 39, octobre 1980, p. 33-35.
5055. BOIVIN, Aurélien, « Bibliographie », *Québec français*, n⁰ 39, octobre 1980, p. 40.
5056. BOIVIN, Aurélien, « Biographie », *Québec français*, n⁰ 39, octobre 1980, p. 40.
5057. DUBÉ, Cécile, « Lire, voir *Zone* », *Québec français*, n⁰ 39, octobre 1980, p. 38-39.
5058. LE BLANC, Alonzo, « Marcel Dubé, le sorcier solitaire », *Québec français*, n⁰ 39, octobre 1980, p. 36-37.
5059. FRANCOEUR, Louis, « Théâtre, culture et sémiotique », *Études littéraires*, vol. 14, n⁰ 1, avril 1981, p. 173-180, 189.
5060. *BELLEMARE, Madeleine, «*Un simple soldat*», *Nos livres*, vol. 12, août-septembre 1981, n⁰ 336.
5061. DUBÉ, Marcel, « À ceux qui ont envie d'écrire... Des gens sont destinés à l'écriture, d'autres pas », *Acte 1*, [n⁰ 3], [septembre 1981], p. 5.
5062. DUBÉ, Marcel, « C'est comme ça que j'ai eu le goût d'écrire... Les pièces du Gesù m'ont fasciné », *Acte 1*, [n⁰ 3], [septembre 1981], p. 3.
5063. DUBÉ, Marcel, « Quand j'écris une pièce... L'Art de raccourcir », *Acte 1*, [n⁰ 3], [septembre 1981], p. 4.
5064. COLLET, Paulette, « Le Théâtre de Marcel Dubé, un univers de portes closes », *Incidences*, vol. 6, n⁰ 1-2, janvier-août 1982, p. 47-58.
5065. NARDOCCHIO, Elaine F., « Espace scénique et société québécoise. De Gratien Gélinas à Denise Boucher », *Incidences*, vol. 6, n⁰ 1-2, janvier-août 1982, p. 39-46.
5066. ABRATE, Jayne Halsne, « Le Thème de l'inconscience dans *les Beaux Dimanches* et *les Belles-Soeurs* », *Présence francophone*, n⁰ 24, printemps 1982, p. [139]-145.

DUBOIS, Marie-France

5067. *BONENFANT, Yvon, «*Les Animots en fuite*», *Nos livres*, vol. 10, mars 1979, n⁰ 93.

DUBOIS, René-Daniel

5068. *DAOUST, Jean-Paul, «*Panique à Longueuil*», *Jeu*, n⁰ 17, [4e trimestre] 1980, p. 111-114.

5069. *ROBERT, Lucie, «*Panique à Longueuil*», *Québec français*, n⁰ 40, décembre 1980, p. 12, 14.

5070. *DIONNE, André, « Le Théâtre qu'on joue : *Panique à Longueuil* de René-Daniel Dubois », *Lettres québécoises*, n⁰ 20, hiver 1980-1981, p. 36.

5071. *PELLERIN, Gilles, «*Panique à Longueuil*», *Livres et auteurs québécois, 1980*, p. 159-160.

5072. *H[ERBEUVAL], M[onique], « Le Théâtre qui s'écrit : *Panique à Longueuil*», *Voix et images*, vol. 6, n⁰ 2, hiver 1981, p. 349.

5073. *CUSSON, Normand, «*Panique à Longueuil*», *Clin d'oeil*, n⁰ 8, mai 1981, p. 107.

5074. *[ANONYME], «*Adieu, Docteur Münch*», *CEAD. Dramaturgies nouvelles*, vol. 3, n⁰ 2, décembre 1981, p. 10.

5075. *WEISS, Jonathan M., «*Panique à Longueuil*», *Canadian Literature*, No. 92, Spring 1982, p. 143-146.

5076. *LAPOINTE, Gilles, «*Adieu, docteur Münch...* », *Jeu*, n⁰ 24, 3ᵉ trimestre 1982, p. 119-120.

5077. *DESJARDINS, Normand, «*Adieu, docteur Münch...* », *Nos livres*, vol. 13, octobre 1982, n⁰ 369.

5078. *LAVOIE, Pierre, «*Adieu, docteur Münch...* », *Livres et auteurs québécois, 1982*, p. 164-165.

DUBUC, Carl

5079. PELLETIER, Lorraine, « [Présentation de sa thèse de maîtrise], Carl Dubuc et son oeuvre », *Revue d'histoire littéraire du Québec et du Canada français*, n⁰ 3, hiver-printemps 1982, p. 148-150.

DUCHARME, Réjean

5080. *RIÈSE, Laure, «*Ines Pérée et Inat Tendu*», *Canadian Theatre Review*, No. 22, Spring 1979, p. 114.

5081. LA BOSSIÈRE, Camille-R., « Of Unity and Equivocation : Jean Le Moyne's *Convergences* », *Essays on Canadian Writing*, No. 15, Summer 1979, p. 61-64.

5082. IMBERT, Patrick, « Révolution culturelle et clichés chez Réjean Ducharme », *Journal of Canadian Fiction*, No. 25-26, 1979, p. 227-236.

5083. VAILLANCOURT, Pierre-Louis, « L'Offensive Ducharme », *Voix et images*, vol. 5, n⁰ 1, automne 1979, p. 177-185.

5084. LEDUC-PARK, Renée, «*La Fille de Christophe Colomb*. La Rouerie et les rouages du texte », *Voix et images*, vol. 5, n⁰ 2, hiver 1980, p. 319-332.

5085. *BENJAMIN, Dominique, « Francis Mankiewicz, *Les Bons Débarras* », *24 Images*, n⁰ 6, septembre-octobre 1980, p. 68-69.

5086. MARCOTTE, Gilles, « La Dialectique de l'ancien et du nouveau chez Marie-Claire Blais, Jacques Ferron et Réjean Ducharme », *Voix et images*, vol. 6, n⁰ 1, automne 1980, p. 63-73.

5087. PAVLOVIC, Myrianne, « L'Affaire Ducharme », *Voix et images*, vol. 6, n⁰ 1, automne 1980, p. 75-95.

5088. LEDUC-PARK, Renée, « L'Écriture de la folie, Réjean Ducharme », *Signum*, no spécial 3, 1981, p. 393-417.

5089. LÉARD, Jean-Marcel, « Du sémantique au sémiotique en littérature. La Modernité romanesque au Québec », *Études littéraires*, vol. 14, n⁰ 1, avril 1981, p. 41-49.

5090. [ANONYME], « Réjean Ducharme », *Jeu*, n⁰ 21, 4ᵉ trimestre 1981, p. 50.

5091. RONFARD, Jean-Pierre, « Monter Gauvreau, Ducharme, Vézina », *Jeu*, n⁰ 21, 4ᵉ trimestre 1981, p. 87-94.

5092. [ANONYME], « Conférences internationales », *Littérature du Québec*, n⁰ 1, [1ᵉʳ semestre] 1982, p. 5.

5093. LA BOSSIÈRE, Camille-R., « Of Renaissance and Solitude in Quebec : A Recollection of the Sixties », *Studies in Canadian Literature*, Vol. 7, No. 1, Spring 1982, p. 113-114.

5094. CHOUL, Jean-Claude, « Exploitation et utilisation des paramètres. Ducharme, Thériault », *Voix et images*, vol. 7, n⁰ 3, printemps 1982, p. 571-579.

5095. VAILLANCOURT, Pierre-Louis, « Sémiologie de l'ironie. L'Exemple Ducharme », *Voix et images*, vol. 7, n° 3, printemps 1982, p. 513-522.

5096. SMART, Patricia, « Culture, Revolution and Politics in Quebec », *The Canadian Forum*, Vol. 62, No. 718, May 1982, p. 7-10.

5097. BLOUIN, Jean et Jean-Pierre MYETTE, « À la recherche de Réjean Ducharme », *L'Actualité*, vol. 7, n° 7, juillet 1982, p. 44-49, 55.

5098. *BOURASSA, André-G[illes], [*Ha ha !...*], *Lettres québécoises*, n° 27, automne 1982, p. 46-47.

5099. *BOIVIN, Aurélien, « La Littérature du Québec entre le 'Folio' et le 'Point' [*L'Avalée des avalés*] », *Québec français*, n° 48, décembre 1982, p. 14.

5100. *BOURASSA, André-G[illes], «*Ha ha !...* », *Lettres québécoises*, n° 28, hiver 1982-1983, p. 52-53.

5101. *LAMARCHE, Linda, «*Ha ha !...* », *Livres et auteurs québécois, 1982*, p. 165-167.

DUCHASTEL, Jules

5102. *LAURIN, Michel, «*Marcel Rioux. Entre l'utopie et la raison* », *Nos livres*, vol. 12, juin-juillet 1981, n° 280.

5103. *VACHER, Laurent-Michel, « Parole contre récit [*Marcel Rioux. Entre l'utopie et la raison*] », *Spirale*, [n° 20], juin 1981, p. 6.

5104. *[ANONYME], «*Marcel Rioux. Entre l'utopie et la raison* », *Écriture française dans le monde*, vol. 3, n° 2-3, décembre 1981, p. 114.

5105. *NADEAU, Vincent, «*Marcel Rioux. Entre l'utopie et la raison* », *Livres et auteurs québécois, 1981*, p. 276-277.

DUCHESNE, Christiane

5106. *PILON, Marie, «*Le Serpent vert* », *Lurelu*, vol. 2, n° 1, printemps 1979, p. 8.

5107. *WARREN, Louise, «*Le Loup, l'oiseau et le violoncelle* », *Dérives*, n° 17-18, [2e trimestre] 1979, p. 99.

5108. *WARREN, Louise, «*Lazaros Olibrius — Le Triste Dragon — Le Serpent vert* », *Dérives*, n° 17-18, [2e trimestre] 1979, p. 95-96.

5109. PARAMSKAS, Dana, [*Le Loup, l'oiseau et le violoncelle*], *Canadian Children's Literature*, No. 15-16, 1980, p. 82-83.

5110. RUDEL-TESSIER, Danièle, « Une fée pour nos enfants », *L'Actualité*, vol. 5, n° 4, avril 1980, p. 86.

5111. *CIMON, Marie, [*Le Triste Dragon*], *Des livres et des jeunes*, vol. 2, n° 6, juin 1980, p. 35.

5112. *DAVID, Carole, «*L'Enfant de la maison folle* », *Livres et auteurs québécois, 1980*, p. 217.

5113. *LEFEBVRE, Louise, «*L'Enfant de la maison folle* », *Lurelu*, vol. 4, n° 3, automne 1981, p. 9.

DUCHESNE, Errol

5114. *GODIN, Jean-Cléo et Marie-Claude LEFEBVRE, «*Noces* [production de l'Eskabel] », *Jeu*, n° 20, 3e trimestre 1981, p. 105-107.

DUFRESNE, Guy

5115. *BEAUCHEMIN, Louise, [*Le Cri de l'engoulevent*], *Grimoire*, vol. 3, n° 3, mars 1980, p. 9-11.

DUGAS, Georges

5116. *TH[ÉRIO], A[drien], «*Un voyageur des pays d'en haut* de Georges Dugas », *Lettres québécoises*, n° 22, été 1981, p. 79.

5117. *[ANONYME], « *Un voyageur des pays d'en haut* », Écriture française dans le monde, vol. 3, no 2-3, décembre 1981, p. 115.

DUGAS, Marcel

5118. BLAIS, Jacques, « Problématique d'une recherche sur le groupe des poètes artistes (1910-1930) », *Revue d'histoire littéraire du Québec et du Canada français,* no 2, 1980-1981, p. 60-66.

DUGRÉ, Adélard

5119. ROUSSEAU, Guildo, « La Mauricie et ses romanciers », *Revue d'histoire littéraire du Québec et du Canada français,* no 3, hiver-printemps 1982, p. 51.
5120. ROUSSEAU, Guildo et Jean LAPRISE, « Le Discours du sol dans le roman mauricien de 1850 à 1950 », *Cahiers de géographie du Québec,* vol. 26, no 67, avril 1982, p. 121-137.

DUGUAY, Calixte

5121. MAILLET, Marguerite, « La Poésie acadienne contemporaine et la contestation », *Revue d'histoire littéraire du Québec et du Canada français,* no 3, hiver-printemps 1982, p. 118-120.

DUGUAY, Raôul [pseud. : Luôar Yaugud]

5122. ROBERGE, Françoy, « Raôul Duguay. L'Obsession de la lumière... à la radio 'pirate' de Radio-Canada », *Le Babillard,* vol. 2, no 2, novembre 1979, p. 4-5, 20.
5123. *GIROUX, Robert, «*Chansons d'Ô* », Livres et auteurs québécois, 1981, p. 94-96.
5124. *MONETTE, Pierre, «*Les Saisons* », Livres et auteurs québécois, 1981, p. 240.
5125. *BELLEMARE, Madeleine, «*Les Saisons* », Nos livres, vol. 13, janvier 1982, no 11.
5126. *PILON, Marie, «*Les Saisons* », Lurelu, vol. 5, no 1, printemps-été 1982, p. 11.
5127. *GERMAIN, Georges-Hébert, « La Vie dans les livres [*Chansons d'Ô*] », Clin d'oeil, no 20, mai 1982, p. 8.
5128. PETROWSKI, Nathalie, « Raôul Duguay nous revient, mais il est retombé sur terre », *L'Actualité,* vol. 7, no 6, juin 1982, p. 111.
5129. *BAYARD, Caroline, « La Lettre et l'Ô, vertige et utopie. *Au coeur de la lettre* et *Chansons d'Ô* », Lettres québécoises, no 26, été 1982, p. 37-40.
5130. *BAYARD, Caroline, [*Chansons d'Ô*], University of Toronto Quarterly, Vol. 51, No. 4, Summer 1982, p. 364-365.
5131. CUSSON, Normand, « Le Nouveau Raôul Duguay », *Clin d'oeil,* no 24, septembre 1982, p. 148-149.

DUHAIME, André

5132. *BOUVIER, Luc, «*Peau de fleur* », Livres et auteurs québécois, 1979, p. 116-117.
5133. *GIGUÈRE, Richard, « En d'autres lieux (de poésie) [*Peau de fleur*] », Lettres québécoises, no 17, printemps 1980, p. 30.
5134. *SOUMIS, Richard, «*Haïkus d'ici* », Nos livres, vol. 12, août-septembre 1981, no 337.
5135. *NEPVEU, Pierre, « Feu la modernité? [*Haïkus d'ici*] », Lettres québécoises, no 23, automne 1981, p. 30.

DUHAMEL, Roger

5136. *BERTHIAUME, Pierre, «*Le Choix de Roger Duhamel dans l'oeuvre de Roger Duhamel* », Livres et auteurs québécois, 1981, p. 207.
5137. *BELLEMARE, Madeleine, «*Le Choix de Roger Duhamel dans l'oeuvre de Roger Duhamel* », Nos livres, vol. 13, octobre 1982, no 370.

DUMAS, Evelyn

5138. *GODBOUT, Jacques, [*Un événement de mes octobres*], *L'Actualité*, vol. 4, n° 5, mai 1979, p. 94.
5139. *BEAUDOIN, Léo, «*Un événement de mes octobres*», *Nos livres*, vol. 10, mai 1979, n° 175.
5140. *OUELLETTE-MICHALSKA, Madeleine, [*Un événement de mes octobres*], *Châtelaine*, vol. 20, n° 6, juin 1979, p. 6.
5141. *CORRIVEAU, Hugues, « Le Biocreux, où l'écriture se livre [*Un événement de mes octobres*] », *La Nouvelle Barre du jour*, n° 82, octobre 1979, p. 88-90.
5142. *MAJOR, Robert, «*Un événement de mes octobres*», *Livres et auteurs québécois, 1979*, p. 39-41.
5143. *GAUVIN, Lise, [*Un événement de mes octobres*], *University of Toronto Quarterly*, Vol. 49, No. 4, Summer 1980, p. 339.
5144. *MAISONNEUVE, Lise, « Trois Romans d'octobre [*Un événement de mes octobres*] », *Prétexte*, vol. 2, n° 1, 4e trimestre 1980, p. 16-23.

DUMESNIL, Thérèse

5145. *VACHER, Laurent-Michel, « Parole contre récit [*Pierre Dansereau. L'Écologiste aux pieds nus*] », *Spirale*, [n° 20], juin 1981, p. 6.
5146. *[ANONYME], «*Pierre Dansereau. L'Écologiste aux pieds nus*», *Écriture française dans le monde*, vol. 3, n° 2-3, décembre 1981, p. 114.
5147. *L'HÉRAULT, Pierre, «*Pierre Dansereau. L'Écologiste aux pieds nus*», *Livres et auteurs québécois, 1981*, p. 278-279.

DUMONT, Fernand

5148. ATALA, Charles, [Parti pris], *Libre Magazine*, n° 5, juin 1980, p. 32.
5149. [ANONYME], « Prix Esdras-Minville », *Lettres québécoises*, n° 19, automne 1980, p. 9.
5150. DESJARDINS, Fernand et Astrid GAGNON, « Culture et communication. Une rencontre avec Fernand Dumont », *Antennes*, vol. 5, n° 20, 4e trimestre 1980, p. 4-9.
5151. [ANONYME], « Prix et mentions. Prix Esdras-Minville », *Union des écrivains québécois*, vol. 1, n° 4, octobre 1980, p. [3].
5152. *CHARPENTIER, Gilles, «*L'Anthropologie en l'absence de l'homme*», *Livres et auteurs québécois, 1981*, p. 279-283.
5153. *BOUCHARD, Martial, «*L'Anthropologie en l'absence de l'homme*», *Nuit blanche*, n° 6, printemps-été 1982, p. 18-19.
5154. *CHARPENTIER, Gilles, «*Imaginaire social et représentations collectives*», *Livres et auteurs québécois, 1982*, p. 278-280.

DUMONT, Gabriel

5155. ANCTIL, Pierre, « Les Lettres de Gabriel Dumont au major Edmond Mallet », *Recherches amérindiennes au Québec*, vol. 10, n° 1-2, [avril] 1980, p. 53-66.

DUMOULIN-TESSIER, Françoise

5156. *L'HÉRAULT, Pierre, «*Le Salon vert*», *Livres et auteurs québécois, 1980*, p. 36-37.
5157. *DUBÉ, Cécile, «*Le Salon vert*», *Québec français*, n° 41, mars 1981, p. 12.
5158. [ANONYME], « Le Prix Esso du Cercle du Livre de France, Françoise Dumoulin-Tessier », *Lettres québécoises*, n° 21, printemps 1981, p. 10.
5159. *CANTIN, Léonce, «*Visions d'amour*», *Québec français*, n° 43, octobre 1981, p. 13.

DUPONT, Jean-Claude

5160. *[ANONYME], «*Contes de bûcherons*», *L'Atulu*, vol. 2, n° 4, avril 1980, p. 3.

5161. *FERRON, Madeleine, [*Le Légendaire de la Beauce*], *Recherches sociographiques*, vol. 21, n⁰ 3, septembre-décembre 1980, p. 388-389.

5162. *LAURIN, Michel, «*Contes de bûcherons*», *Nos livres*, vol. 12, avril 1981, n⁰ 187.

DUPRÉ, Louise

5163. *LAPLANTE-L'HÉRAULT, Juliette, «*Si Cendrillon pouvait mourir*», *Canadian Women's Studies/Les Cahiers de la femme*, Vol. 3, No. 2, 1981, p. 117-118.

DUPUIS, Gilbert

5164. *GAULIN, André, «*La Tête dans le crin*», *Québec français*, n⁰ 45, mars 1982, p. 16.

5165. *BROCHU, André, « Rétrospectives et prospectives [*La Tête dans le crin*] », *Voix et images*, vol. 7, n⁰ 3, printemps 1982, p. 590.

5166. *LESSARD, Lise, «*La Tête dans le crin*», *Urgences*, n⁰ 4, 2ᵉ trimestre 1982, p. 87-89.

5167. *[ANONYME], «*Les Transporteurs de monde*», *CEAD. Dramaturgies nouvelles*, vol. 4, n⁰ 1, novembre 1982, [s.p.].

DUPUIS, Louis-René

5168. *CHAMBERLAND, Roger, [*Kamarade Marlène*], *Livres et auteurs québécois, 1980*, p. 122-123.

5169. *JANOËL, André, «*Kamarade Marlène*», *Nos livres*, vol. 12, mars 1981, n⁰ 127.

5170. *BONENFANT, Joseph, « Notes sur la poésie [*Kamarade Marlène*] », *Voix et images*, vol. 6, n⁰ 3, printemps 1981, p. 483.

DUPUIS, Raymond

5171. GOUANVIC, Jean-Marc, « Raymond Dupuis, un jour dans le système solaire... », *Imagine*, vol. 3, n⁰ 2, hiver 1981, p. 90-91.

DUQUETTE, Jean-Pierre

5172. *LAVALLÉE, Gérard, «*Fernand Leduc*», *Nos livres*, vol. 11, août-septembre 1980, n⁰ 246.

5173. *ÉTHIER-BLAIS, Jean, «*Fernand Leduc*», *Vie des arts*, n⁰ 100, automne 1980, p. 74-75.

5174. DUQUETTE, Jean-Pierre, « À propos de Leduc [*Fernand Leduc*] », *Lettres québécoises*, n⁰ 21, printemps 1981, p. 66.

5175. PAYANT, René, [Lettre ouverte à J.-P. Duquette], *Lettres québécoises*, n⁰ 21, printemps 1981, p. 66.

DURAND, André

5176. *[ANONYME], «*Une aventure magique*», *L'Écrilu*, vol. 2, n⁰ 2, septembre 1982, p. 5.

DURAND, Lucile [pseud. : Louky Bersianik]

5177. [ANONYME], [Présentation de *l'Euguélionne*], *Canadian Women's Studies/Les Cahiers de la femme*, Vol. 1, No. 3, Spring 1979, p. 71-75.

5178. FORSYTH, Louise [H.], « L'Écriture au féminin. *L'Euguélionne* de Louky Bersianik, *L'Absent aigu* de Geneviève Amyot, *L'Amèr* de Nicole Brossard », *Journal of Canadian Fiction*, No. 25-26, 1979, p. 199-211.

5179. [ANONYME], « Basile, Jean, Bersianik, Louky, Blais, Marie-Claire, Chamberland, Paul, Navarre, Yves participent pour *le Berdache* à une table ronde : 'Y a-t-il une écriture homosexuelle ?' », *Le Berdache*, n⁰ 5, novembre 1979, p. 25-39.

5180. *FRÉMONT, Gabrielle, «*Le Pique-Nique sur l'Acropole. Cahiers d'Ancyl* », *Livres et auteurs québécois, 1979*, p. 283-285.

5181. CLOUTIER, Cécile, «L'Euguélionne. Texte et significations», Revue de l'Université d'Ottawa/University of Ottawa Quarterly, vol. 50, n° 1, janvier-mars 1980, p. 95-98.

5182. *THÉORET, France, « Entre l'excès du verbe et de la communication [Le Pique-Nique sur l'Acropole] », Spirale, n° 6, février 1980, p. 7.

5183. *MARCOTTE, Gilles, « Un romancier à nu et des dames entre elles [Le Pique-Nique sur l'Acropole] », L'Actualité, vol. 5, n° 3, mars 1980, p. 76.

5184. *OUELLETTE-MICHALSKA, Madeleine, [Le Pique-Nique sur l'Acropole], Châtelaine, vol. 21, n° 3, mars 1980, p. 36.

5185. *VANDENDORPE, Christian, «Le Pique-Nique sur l'Acropole», Québec français, n° 37, mars 1980, p. 8.

5186. *V[ALLIÈRES], C[arole], [Le Pique-Nique sur l'Acropole], Le Temps fou, n° 9, mars-avril-mai 1980, p. 64.

5187. VANASSE, André, « Du politique. L'Affrontement d'Henri Lamoureux et le Pique-Nique sur l'Acropole de Louky Bersianik », Lettres québécoises, n° 17, printemps 1980, p. 18-22.

5188. AHMED, Maroussia, « 'Transgresser, c'est progresser' », Incidences, vol. 4, n° 2-3, mai-décembre 1980, p. 119-127.

5189. *GAUVIN, Lise, [Le Pique-Nique sur l'Acropole], University of Toronto Quarterly, Vol. 49, No. 4, Summer 1980, p. 343.

5190. *WAELTI-WALTERS, Jennifer, « The Food of Love : Plato's Banquet and Bersianik's Picnic [Le Pique-Nique sur l'Acropole — L'Euguélionne] », Atlantis, Vol. 6, No. 1, Fall 1980, p. 96-103.

5191. BERSIANIK, Louky, « Mon engagement féministe », Canadian Women's Studies/Les Cahiers de la femme, Vol. 2, No. 4, 1980, p. 14.

5192. *PAYEUR-MINOT, Gaétane, «Le Pique-Nique sur l'Acropole», Nos livres, vol. 11, novembre 1980, n° 323.

5193. *FRÉMONT, Gabrielle, «Maternative. Les Pré-Ancyl», Livres et auteurs québécois, 1980, p. 254-255.

5194. *RANCOURT, Guy, «Maternative. Les Pré-Ancyl», Livres et auteurs québécois, 1980, p. 90-94.

5195. *KRÖLLER, Eva-Marie, « Looking at L'Euguélionne », Room of One's Own, Vol. 6, No. 1-2, 1981, p. 111-113.

5196. OUVRARD, Hélène, « Poème/Gravure. Les Éditions de la Maison », Cahiers des arts visuels du Québec, vol. 3, n° 9, printemps 1981, p. 12-13.

5197. *MERIVALE, Patricia, «Le Pique-Nique sur l'Acropole», Canadian Literature, No. 88, Spring 1981, p. 130-131.

5198. *MARTEL, Claude, «Le Pique-Nique sur l'Acropole», Focus, n° 40, avril 1981, p. 53.

5199. *BAYARD, Caroline, [Maternative], University of Toronto Quarterly, Vol. 50, No. 4, Summer 1981, p. 52.

5200. ESCOMEL, Gloria, « Louky Bersianik. Interview », Féminin pluriel, vol. 1, n° 3, novembre 1981, p. 43-45.

5201. [ANONYME], « Expositions en janvier », Parallelogramme, Vol. 7, No. 2, December 1981-January 1982, p. 44-45.

5202. *WILSON, Paul, « Life after Man [The Euguelionne : A Triptych Novel] », Books in Canada, Vol. 11, No. 2, February 1982, p. 11, 13.

5203. *ÉMOND, Ariane, «Les Agénésies du vieux monde», La Vie en rose, mars-avril-mai 1982, p. 66.

5204. SMART, Patricia, « Culture, Revolution and Politics in Quebec », The Canadian Forum, Vol. 62, No. 718, May 1982, p. 7-10.

5205. *DUPRÉ, Louise, « La Mémoire longue [Les Agénésies du vieux monde] », Spirale, n° 25, mai 1982, p. 4.

5206. DURAND, Lucile, « Lucile Durand interviewe Louky Bersianik », Lettres québécoises, n° 26, été 1982, p. 53-55.

5207. *O'CONNOR, John J., [The Euguelionne], University of Toronto Quarterly, Vol. 51, No. 4, Summer 1982, p. 402-403.

5208. SMITH, Donald, « Louky Bersianik et la mythologie du futur. De la théorie-fiction à l'émergence de la femme positive », *Lettres québécoises*, n° 27, automne 1982, p. 60-69.

5209. BERSIANIK, Louky, « Pourquoi j'écris », *Québec français*, n° 47, octobre 1982, p. 30.

DURAND-LUTZY, Nicole

5210. *LONGPRÉ, Anselme, «*Saint-Denys Garneau. La Couleur de Dieu* », *L'Église canadienne*, vol. 14, n° 18, 14 mai 1981, p. 575.

DUSSAULT, Louisette

5211. *CAMPEAU, Nicole, «*Moman* de Louisette Dussault », *Bulletin du CSF*, vol. 6, n° 5, été 1979, p. 5.

5212. *DIONNE, André, « Le Théâtre qu'on joue : *Moman* », *Lettres québécoises*, n° 15, août-septembre 1979, p. 32.

5213. TEXIER, Catherine, « La Belle Trajectoire de Louisette Dussault », *Châtelaine*, vol. 21, n° 4, avril 1980, p. 46-48, 53-54, 56.

5214. ANDRÈS, Bernard et Yves LACROIX, « Une performance de conteuse et de comédienne », *Jeu*, n° 17, [4e trimestre] 1980, p. 97-104.

5215. ANDRÈS, Bernard, Yves Lacroix et Lorraine HÉBERT, «*Moman. Itinéraire pour une moman*, entretien-montage avec Louisette Dussault », *Jeu*, n° 17, [4e trimestre] 1980, p. 84-95.

5216. *AUBRY, Suzanne, «*O solo mio [Moman]* », *Le Pays théâtral*, vol. 5, n° 2, saison 1981-1982, p. [3].

5217. *[ANONYME], «*Moman* », *L'Atulu*, vol. 3, n° 6, juin 1981, p. 4.

5218. *ALMÉRAS, Diane, «*Moman* », *Relations*, vol. 41, n° 474, octobre 1981, p. 278-279.

5219. LA ROCHE, Paule, «*Moman* de Louisette Dussault ou la Fin d'une race de mères », *Journal [CNA]*, vol. 8, n° 2, décembre 1981-janvier-février 1982, p. 5.

5220. LA ROCHE, Paule, « Louisette Dussault et *Moman*. Une longue gestation pour la naissance d'une femme », *Journal [CNA]*, vol. 8, n° 2, décembre 1981-janvier-février 1982, p. 6.

5221. *FÉRAL, Josette, «*Moman* », *Livres et auteurs québécois, 1981*, p. 169-170.

5222. *YANACOPOULO, Andrée, «*Moman* », *Nos livres*, vol. 13, février 1982, n° 61.

5223. *GIRARD, Gilles, [*Moman*], *University of Toronto Quarterly*, Vol. 51, No. 4, Summer 1982, p. 388.

5224. GUÉNETTE, Maryse, « Quatre Comédiennes qui se jouent », *Châtelaine*, vol. 23, n° 7, juillet 1982, p. 78-84.

DUVAL, Étienne-F.

5225. *JANOËL, André, «*Anthologie thématique du théâtre québécois au XIXe siècle* », *Nos livres*, vol. 10, mars 1979, n° 94.

5226. *BOIVIN, Aurélien, «*Anthologie thématique du théâtre québécois au XIXe siècle* », *Québec français*, n° 33, mars 1979, p. 12.

5227. *LE BLANC, Alonzo, «*Anthologie thématique du théâtre québécois au XIXe siècle* », *Jeu*, n° 11, printemps 1979, p. 100-101.

5228. *ROBERT, Lucie, «*Anthologie thématique du théâtre québécois au XIXe siècle* », *Recherches sociographiques*, vol. 20, n° 2, mai-août 1979, p. 287.

5229. *GIRARD, Gilles, [*Anthologie thématique du théâtre québécois au XIXe siècle*], *University of Toronto Quarterly*, Vol. 48, No. 4, Summer 1979, p. 378.

5230. *HAYNE, David M., [*Anthologie thématique du théâtre québécois au XIXe siècle*], *Canadian Literature*, No. 85, Summer 1980, p. 118-119.

5231. *FORSYTH, Louise [H.], «*Anthologie thématique du théâtre québécois au XIXe siècle — Le Jeu de l'histoire et de la société dans le théâtre québécois, 1900-1950* », *Theatre History in Canada/Histoire du théâtre au Canada*, Vol. 3, No. 2, Fall 1982, p. 201-205.

DUVAL, Thérèse

5232. *MARANDA, Jeanne, «Sacré boss !», Livres et auteurs québécois, 1981, p. 283-284.

EL HADJ-MOUSSA, Toufik

5233. *LAPRÉS, Raymond, «Le Passage suivi de Errances», Nos livres, vol. 12, avril 1981, n⁰ 188.

5234. *JANELLE, Claude, « Plus près du merveilleux que du fantastique [Le Passage] », Solaris, vol. 7, n⁰ 2, avril 1981, p. 8-9.

5235. *JANELLE, Claude, « La magie n'opère plus [Les Collines de l'épouvante] », Solaris, vol. 7, n⁰ 5, octobre 1981, p. 23-24.

ÉLIE, Normande

5236. *DE LAGRAVE, Jean-Paul, [Vertige], Grimoire, vol. 3, n⁰ 5, mai 1980, p. 9.

5237. *[ANONYME], «Vertige», Écriture française dans le monde, vol. 2, n⁰ 1-2, octobre 1980, p. 134.

5238. BASTIN, Agnès, « Normande Élie », Grimoire, vol. 5, n⁰ 7, septembre-octobre 1982, p. 4-5.

ÉLIE, Robert

5239. *GAULIN, André, « Re-découvrir Robert Élie [Oeuvres] », Lettres québécoises, n⁰ 16, hiver 1979-1980, p. 49-50.

5240. *SALETTI, Robert, «Oeuvres», Livres et auteurs québécois, 1979, p. 41-44.

5241. *BROCHU, André, « Une édition monumentale. Oeuvres de Robert Élie », Voix et images, vol. 5, n⁰ 2, hiver 1980, p. 403-405.

ESPINE, Dominique de l' [pseud. de Dominique Lévy-Chédeville]

5242. *DESJARDINS, Normand, «L'Homme aux passions tristes», Nos livres, vol. 13, juin-juillet 1982, n⁰ 283.

5243. *DORION, Gilles, «L'Homme aux passions tristes», Québec français, n⁰ 47, octobre 1982, p. 7.

ÉTHIER-BLAIS, Jean

5244. *MAUGEY, Axel, « Jean Éthier-Blais et Gilles Vigneault au royaume de l'errance [Petits Poèmes presque en prose] », Vie des arts, vol. 24, n⁰ 95, été 1979, p. 60-61.

5245. *PAGÉ, Raymond, [Petits Poèmes presque en prose], Chelsea Journal, Vol. 5, No. 4, July-August 1979, p. 184.

5246. *CIMON, Renée, «Petits Poèmes presque en prose», Nos livres, vol. 10, novembre 1979, n⁰ 349.

5247. *LAMARCHE, Lise, «Autour de Borduas», Livres et auteurs québécois, 1979, p. 293-295.

5248. *BEAUDET, André, « Borduas visité par Groulx [Autour de Borduas] », Spirale, n⁰ 5, janvier 1980, p. 16.

5249. *DUQUETTE, Jean-Pierre, « Deux Borduas... ? [Autour de Borduas] », Voix et images, vol. 5, n⁰ 2, hiver 1980, p. 400-401.

5250. *ROUSSAN, Jacques de, « La Révolution culturelle de Borduas [Autour de Borduas] », Vie des arts, vol. 24, n⁰ 98, printemps 1980, p. 95.

5251. *SAINT-MARTIN, Fernande, «Autour de Borduas», Racar, vol. 8, n⁰ 1, [1er semestre] 1981, p. 83-85.

5252. *SHOULDICE, Larry, «Autour de Borduas», Canadian Literature, No. 89, Summer 1981, p. 162-165.

5253. *POTEET, Maurice, «Les Pays étrangers», Livres et auteurs québécois, 1982, p. 45-47.

ÉTIENNE, Gérard

5254. *PARATTE, Henri-Dominique, «*Un ambassadeur macoute à Montréal*», *Présence francophone*, n° 20, printemps 1980, p. 188-192.

EVRAIRE, Richard

5255. *HUOT, Gilles, «*Chambre 204*», *Livres et auteurs québécois, 1982*, p. 167.

EYGUN, François-Xavier

5256. *D'ALFONSO, Antonio, «*L'Écharpe d'Iris*», *Nos livres*, vol. 13, décembre 1982, n° 460.
5257. *FRÉCHETTE, Denis, «*L'Écharpe d'Iris*», *Livres et auteurs québécois, 1982*, p. 107.

FADETTE [pseud. de Henriette Dessaulles]

5258. IMBERT, Patrick, « Fadette, *Journal d'Henriette Dessaulles (1874-1880)* ou l'Ambivalence vécue », *Lettres québécoises*, n° 24, hiver 1981-1982, p. 70-72.

FALARDEAU, Jean-Charles

5259. ALLEN, Patrick, « Jean-Charles Falardeau reçoit le prix Esdras-Minville », *L'Action nationale*, vol. 71, n° 3, novembre 1981, p. 388-389.
5260. [ANONYME], « Le Prix Esdras-Minville [à Jean-Charles Falardeau] », *Lettres québécoises*, n° 24, hiver 1981-1982, p. 12.

FAVREAU, Marc [pseud. : Sol]

5261. *BERGERON, Bertrand, «*Les Oeufs limpides*», *Livres et auteurs québécois, 1979*, p. 166-167.
5262. HESBOIS, Laure, « Les Monologues de Sol, une initiation à la langue-moi », *Voix et images*, vol. 7, n° 1, automne 1981, p. 119-129.
5263. *[ANONYME], « Sol, *Je m'égalomane à moi-même... !* », *Reflets*, vol. 4, n° 4, décembre 1982, p. 28.
5264. *FORTIN, Pauline, «*Je m'égalomane à moi-même... !*», *Livres et auteurs québécois, 1982*, p. 186-187.

FELX, Jocelyne

5265. *DIONNE, André, «*Feuillets embryonnaires*», *Nos livres*, vol. 12, février 1981, n° 74.
5266. *DE BELLEFEUILLE, Normand, « Quelques Sens au mot 'moderne', 2-la règle féminine [*Feuillets embryonnaires*] », *Spirale*, n° 16, février 1981, p. 7.
5267. *BONENFANT, Joseph, « Notes sur la poésie [*Feuillets embryonnaires*] », *Voix et images*, vol. 6, n° 3, printemps 1981, p. 483.
5268. *BAYARD, Caroline, [*Feuillets embryonnaires*], *University of Toronto Quarterly*, Vol. 50, No. 4, Summer 1981, p. 53-54.
5269. *NEPVEU, Pierre, « Feu la modernité ? [*Feuillets embryonnaires*] », *Lettres québécoises*, n° 23, automne 1981, p. 31.
5270. *DUPRÉ, Louise, « Du corps et de l'effet [*Orpailleuse*] », *Spirale*, n° 27, septembre 1982, p. 16.
5271. *GIGUÈRE, Richard, «*Orpailleuse*», *Lettres québécoises*, n° 27, automne 1982, p. 37.
5272. *BONENFANT, Joseph, «*Orpailleuse*», *Livres et auteurs québécois, 1982*, p. 108-110.

FERGUSON, Jean

5273. *CÔTÉ, Claire, «*Frère Immondice*», *Le Bulletin Pantoute*, n° 2, juin-juillet-août 1980, p. 7.

5274. *Lasnier, Louis, «*Frère Immondice*», *Nos livres*, vol. 11, juin-juillet 1980, n⁰ 195.

5275. *Labbé, Pierre, «*Contes ardents du pays mauve*», *Québec français*, n⁰ 44, décembre 1981, p. 13.

FERLAND, Marielle

5276. *Cabiac de [Bane], Pierre, [*Fleurs des champs, fleurs de nuit*], *Grimoire*, vol. 2, n⁰ 5, 5 avril 1979, p. 12-13.

FÉRON, Jean [pseud. de Joseph-A. Lebel]

5277. [Anonyme], « Un écrivain francophone de l'Ouest canadien », *Bulletin du Centre d'études franco-canadiennes de l'Ouest*, n⁰ 4, février 1980, p. 14.

5278. Filteau, Claude, « Les Romans historiques de Jean Féron et le messianisme canadien-français », *Voix et images*, vol. 5, n⁰ 3, printemps 1980, p. 545-556.

5279. Saint-Pierre, Annette, « L'Oeuvre de Jean Féron », *Bulletin du Centre d'études franco-canadiennes de l'Ouest*, n⁰ 7, février 1981, p. 16-17.

FERRON, Jacques

5280. Lefebvre, Jean, « L'Université en question. L'Éducation d'un notable », *Éducation Québec*, vol. 9, n⁰ 4, janvier 1979, p. 4-9.

5281. *Kirley, Kevin, « Quebec Novels : *Dr. Cotnoir* », *Chelsea Journal*, Vol. 5, No. 2, March-April 1979, p. 78.

5282. Haeck, Philippe, « Perdre son corps. Une méthodologie pour l'étude du 'corps romanesque'. Une lecture de *l'Amélanchier* », *Présence francophone*, n⁰ 18, printemps 1979, p. 127-133.

5283. [Rubin, Don], « Upfront », *Canadian Theatre Review*, No. 23, Summer 1979, p. 8.

5284. Hathorn, Ramon, « Angles on Saxons : A Study of the Anglo-Saxon in Québec Fiction », *Journal of Canadian Fiction*, No. 25-26, 1979, p. 276.

5285. Smith, Donald, « Jacques Ferron ou la Géographie d'un pays certain », *Journal of Canadian Fiction*, No. 25-26, 1979, p. 175-185.

5286. *Gerson, Carole, [*Quince Jam*], *Canadian Literature*, No. 82, Autumn 1979, p. 116-117.

5287. *Shohet, Linda, « Ferron and Fiction : Jacques Ferron, *Escarmouches — Wild Roses* », *Canadian Literature*, No. 82, Autumn 1979, p. 118-120.

5288. May, Cedric, « Canadian Writing : Beautiful Losers in Presqu'Amérique », *Bulletin of Canadian Studies*, Vol. 3, No. 2, November 1979, p. 13-15.

5289. Dufour, Josée, « Les Amérindiens dans l'oeuvre de Jacques Ferron », *Recherches amérindiennes au Québec*, vol. 10, n⁰ 1-2, [avril] 1980, p. 74.

5290. *Hathorn, Ramon, [*Le Salut de l'Irlande*], *Voix et images*, vol. 6, n⁰ 1, automne 1980, p. 113.

5291. Marcotte, Gilles, « La Dialectique de l'ancien et du nouveau chez Marie-Claire Blais, Jacques Ferron et Réjean Ducharme », *Voix et images*, vol. 6, n⁰ 1, automne 1980, p. 63-73.

5292. Cantin, Pierre, « Nouvelle Contribution à la bibliographie des écrits de Jacques Ferron », *Revue d'histoire littéraire du Québec et du Canada français*, n⁰ 2, 1980-1981, p. 115-135.

5293. Amprimoz, Alexandre L., «*Le Pont* de Jacques Ferron. Structure et génération », *Revue de l'Université de Moncton*, vol. 14, n⁰ 1, janvier-mars 1981, p. 99-107.

5294. Doiron, Normand, « Bestiaire et carnaval dans la fiction ferronienne », *Canadian Literature*, No. 88, Spring 1981, p. 20-30.

5295. Nardocchio, Elaine F., « Dimensions socio-politiques dans *les Grands Soleils* de Jacques Ferron », *Présence francophone*, n⁰ 22, printemps 1981, p. [131]-140.

5296. *LaRue, Monique, « Une histoire de fous [*Rosaire* précédé de *L'Éxécution de Maski*] », *Spirale*, [n⁰ 20], juin 1981, p. 3.

5297. NARDOCCHIO, Elaine F., «*Les Grands Soleils* de Jacques Ferron et la question du Québec», *Mosaic*, Vol. 14, No. 3, Summer 1981, p. 113-117.

5298. *ALMÉRAS, Diane, [*Rosaire* précédé de *L'Exécution de Maski*], *Relations*, vol. 41, n° 472, juillet-août 1981, p. 220.

5299. AMPRIMOZ, Alexandre L., « Sémiotique de l'organisation textuelle d'un conte. 'Les Méchins' de Jacques Ferron », *Présence francophone*, n° 23, automne 1981, p. [131]-141.

5300. *MARCOTTE, Gilles, « Maski (et Ferron) sont bien vivants ! [*Gaspé Mattempa* — *Rosaire* précédé de *L'Exécution de Maski*] », *L'Actualité*, vol. 6, n° 10, octobre 1981, p. 130.

5301. *GAULIN, André, «*Rosaire* précédé de *L'Exécution de Maski*», *Québec français*, n° 44, décembre 1981, p. 8.

5302. *RAOUL, Valérie, «*L'Amélanchier*», *Canadian Literature*, No. 91, Winter 1981, p. 155-157.

5303. *PELLETIER, Jacques, «*Rosaire*», *Livres et auteurs québécois, 1981*, p. 45-48.

5304. KROETSCH, Robert, Tamara J. Palmer et Beverley J. RASPORICH, « Introduction/Ethnicity and Canadian Literature [*Quince Jam* — *The Juneberry Tree*] », *Canadian Ethnic Studies/Études ethniques au Canada*, Vol. 14, No. 1, 1982, p. iii-vii.

5305. LAMONTAGNE, Gilles, « Le Conte dans l'est du Québec. Éléments de bibliographie critique », *Revue d'histoire littéraire du Québec et du Canada français*, n° 3, hiver-printemps 1982, p. 86.

5306. *HANCOCK, Geoff, « Styx and Stones [*The Cart*] », *Books in Canada*, Vol. 11, No. 2, February 1982, p. 14-15.

5307. *BELLEMARE, Madeleine, «*Cotnoir*», *Nos livres*, vol. 13, mars 1982, n° 126.

5308. *BELLEMARE, Madeleine, «*Le Ciel de Québec*», *Nos livres*, vol. 13, mars 1982, n° 125.

5309. *BELLEMARE, Madeleine, «*La Barbe de François Hertel*», *Nos livres*, vol. 13, mars 1982, n° 124.

5310. *MICHON, Jacques, [*Rosaire* précédé de *L'Exécution de Maski*], *University of Toronto Quarterly*, Vol. 51, No. 4, Summer 1982, p. 342-343.

5311. *O'CONNOR, John J., [*The Cart*], *University of Toronto Quarterly*, Vol. 51, No. 4, Summer 1982, p. 399-400.

5312. [ANONYME], « Other Works by Jacques Ferron Available in Translation », *Brick*, No. 16, Fall 1982, p. 47.

5313. E[LLENWOOD], R[ay], « Introduction », *Brick*, No. 16, Fall 1982, p. 4-5.

5314. COGNÉ, Daniel, « Les Fleurs de lys de l'historien Jacques Ferron », *Bulletin du Centre de recherche en civilisation canadienne-française*, n° 25, décembre 1982, p. 17-21.

FERRON, Madeleine

5315. *ALMÉRAS, Diane, [*Histoires édifiantes*], *Relations*, vol. 41, n° 472, juillet-août 1981, p. 220-221.

5316. *COSSETTE, Gilles, « Tranches de vie, tranches de néant. Le Conte et la nouvelle au Québec en 1981 [*Histoires édifiantes*] », *Lettres québécoises*, n° 23, automne 1981, p. 27-28.

5317. *[ANONYME], «*Histoires édifiantes*», *L'Atulu*, vol. 3, n° 9 [*sic*], novembre-décembre 1981, p. 8.

5318. *BEAUDOIN, Réjean, «*Histoires édifiantes*», *Livres et auteurs québécois, 1981*, p. 48-50.

5319. *BOIVIN, Aurélien, «*Histoires édifiantes*», *Québec français*, n° 45, mars 1982, p. 12.

5320. [ANONYME], « Prix des Éditions [*sic*] La Presse », *Lettres québécoises*, n° 25, printemps 1982, p. 15.

5321. *TH[ÉRIO], A[drien], «*La Fin des loups-garous*», *Lettres québécoises*, n° 27, automne 1982, p. 99.

5322. *BELLEMARE, Madeleine, «*La Fin des loups-garous*», *Nos livres*, vol. 13, octobre 1982, n° 380.

FERRON, Yseult

5323. *COUTU, Danielle, «*Bilijou*», *Lurelu*, vol. 5, nº 3, hiver 1982, p. 12.

FIELDEN, Hubert

5324. *TRAN, Évelyne, «*Le Violon magique*», *Livres et auteurs québécois, 1979*, p. 255.
5325. *BELLEMARE, Madeleine, «*Félix Leclerc raconte l'Avare*», *Nos livres*, vol. 11, novembre 1980, nº 345.
5326. *BELLEMARE, Madeleine, «*Félix Leclerc raconte le Violon magique*», *Nos livres*, vol. 11, novembre 1980, nº 346.
5327. *CHARETTE, Christiane, « Contes et légendes du Québec, 1 : les albums [*L'Avare*] », *Lurelu*, vol. 4, nº 1-2, printemps-été 1981, p. 21.
5328. *CHARETTE, Christiane, « Contes et légendes du Québec, 1 : les albums [*Le Violon magique*] », *Lurelu*, vol. 4, nº 1-2, printemps-été 1981, p. 21.

FILIATRAULT, Jean

5329. [ANONYME], « Décès », *Écriture française dans le monde*, vol. 4, nº 2-3, décembre 1982, p. 76-77.

FILION, Jean-Paul

5330. *LAURIN, Michel, «*Cap Tourmente*», *Nos livres*, vol. 11, décembre 1980, nº 388.
5331. *BOIVIN, Aurélien, «*Cap Tourmente*», *Québec français*, nº 40, décembre 1980, p. 12.
5332. *OUELLETTE-MICHALSKA, Madeleine, «*Cap Tourmente*», *Châtelaine*, vol. 22, nº 1, janvier 1981, p. 24.
5333. *ROGERS, David F., «*Cap Tourmente*», *Canadian Literature*, No. 89, Summer 1981, p. 148-149.
5334. LORD, Michel, « La Longue Quête de soi. La Trilogie de Jean-Paul Filion : *Saint-André Avellin... le premier côté du monde — Les Murs de Montréal — Cap Tourmente*», *Lettres québécoises*, nº 22, été 1981, p. 26-28.
5335. *BOURQUE, Paul-André, [*Cap Tourmente*], *University of Toronto Quarterly*, Vol. 50, No. 4, Summer 1981, p. 25-26.

FILION, Pierre

5336. *[ANONYME], «*Juré craché*», *L'Atulu*, vol. 4, nº 5, mai 1982, p. 5.
5337. *ALMÉRAS, Diane, « Défricher l'imaginaire [*Juré craché*] », *Relations*, vol. 42, nº 480, mai 1982, p. 138-139.
5338. *LÉPINE, Stéphane, «*Juré craché*», *Nos livres*, vol. 13, juin-juillet 1982, nº 263.
5339. *LABARTINO, Nancy, « Crise de la parole [*Juré craché*] », *Spirale*, nº 26, juin 1982, p. 10.

FILLION, Jacques

5340. *[ANONYME], «*Il est bien court, le temps des cerises*», *L'Atulu*, vol. 3, nº 5, mai 1981, p. 10.
5341. *DESJARDINS, Normand, «*Il est bien court, le temps des cerises*», *Nos livres*, vol. 12, août-septembre 1981, nº 346.
5342. *LORD, Michel, «*Il est bien court, le temps des cerises*», *Livres et auteurs québécois, 1981*, p. 50-51.
5343. *DORION, Gilles, «*Il est bien court, le temps des cerises*», *Québec français*, nº 46, mai 1982, p. 8.
5344. *COLLET, P[aulette], «*Il est bien court, le temps des cerises*», *Canadian Literature*, No. 93, Summer 1982, p. 122-126.

FISETTE, Jean

5345. *Roy, Raymond, «*Le Texte automatiste. Essai de théorie/pratique de sémiotique textuelle*», *Nos livres*, vol. 10, mars 1979, n° 98.
5346. *Hébert, Pierre, «*Le Texte automatiste. Essai de théorie/pratique de sémiotique textuelle*», *Voix et images*, vol. 4, n° 3, avril 1979, p. 551-553.
5347. *Good, Graham, [*Le Texte automatiste. Essai de théorie/pratique de sémiotique textuelle*], *Canadian Literature*, No. 82, Autumn 1979, p. 106.
5348. *Imbert, Patrick, «*Le Texte automatiste*», *Recherches sémiotiques/Semiotic Inquiry*, vol. 1, n° 1, [mars] 1981, p. 78-81.

FLAMAND, Jacques

5349. *Chamberland, Roger, [*Ailantes — Été d'aube*], *Livres et auteurs québécois, 1980*, p. 121.
5350. *Janoël, André, «*Été d'aube*», *Nos livres*, vol. 12, mars 1981, n° 133.
5351. Flamand, Jacques, « Traducteur, philosophe, poète, qui est-il ? », *Meta*, vol. 26, n° 4, décembre 1981, p. [350]-358.

FOGLIA, Pierre

5352. *Guindon, Ginette, «*Monsieur Jean-Jules*», *Lurelu*, vol. 5, n° 3, hiver 1982, p. 11.

FOREST, Léonard

5353. [Anonyme], «*Comme en Florence* de Léonard Forest. *Mourir à Scoudouc* de Herménégilde Chiasson *»*, *Lettres québécoises*, n° 17, printemps 1980, p. 63-67.
5354. [Anonyme], « Prix littéraires France-Québec et France-Acadie [*Comme en Florence*] », *Québec Hebdo*, vol. 2, n° 22, 9 juin 1980, p. 3.
5355. [Anonyme], « Prix France-Acadie », *Lettres québécoises*, n° 19, automne 1980, p. 9.

FORTIER, André

5356. *Dionne, André, «*Le Texte et la scène* d'André Fortier », *Lettres québécoises*, n° 18, été 1980, p.38-39.
5357. *Lefebvre, Paul, «*Le Texte et la scène*», *Jeu*, n° 17, [4e trimestre] 1980, p. 132-133.
5358. *Weiss, Jonathan M., «*Le Texte et la scène*», *Canadian Literature*, No. 88, Spring 1981, p. 121-122.
5359. *Nardocchio, Elaine F., «*Le Texte et la scène*», *Canadian Theatre Review*, No. 34, Spring 1982, p. 209-210.
5360. *Doucette, L[éonard] E., [*Le Texte et la scène*], *University of Toronto Quarterly*, Vol. 51, No. 4, Summer 1982, p. 484-485.
5361. Fortier, André, [Lettre à *Jeu* sur *le Texte et la scène*], *Jeu*, n° 24, 3e trimestre 1982, p. 154-155.

FORTIN, Célyne

5362. *Bayard, Caroline, [*Femme fragmentée*], *University of Toronto Quarterly*, Vol. 51, No. 4, Summer 1982, p. 369-370.
5363. *Giguère, Richard, «*Femme fragmentée*», *Lettres québécoises*, n° 27, automne 1982, p. 36.
5364. *Chamberland, Roger, «*Femme fragmentée*», *Québec français*, n° 47, octobre 1982, p. 11-12.
5365. *Duquette, Jean-Pierre, « Voyages intérieurs [*L'Envers de la marche*] », *Vie des arts*, vol. 27, n° 109, décembre 1982-janvier-février 1983, p. 69-70.
5366. *Cotnoir, Louise, «*Femme fragmentée*», *Estuaire*, n° 26, hiver 1982, p. 90-91.

5367. *MARTIN, Raymond, «*Femme fragmentée*», *Livres et auteurs québécois, 1982*, p. 110.

FORTIN, Lionel

5368. *CIMON, Renée, «*Félix-Gabriel Marchand*», *Nos livres*, vol. 10, novembre 1979, n° 350.
5369. *ROY, Jean-Louis, «*Félix-Gabriel Marchand*», *Livres et auteurs québécois, 1979*, p. 296.
5370. *TH[ÉRIO], A[drien], «*Félix-Gabriel Marchand* de Lionel Fortin», *Lettres québécoises*, n° 17, printemps 1980, p. 85.

FORTIN, Réal

5371. *JANOËL, André, «*Le Diable à quatre*», *Nos livres*, vol. 12, février 1981, n° 75.
5372. *CANTIN, Léonce, «*Le Diable à quatre*», *Québec français*, n° 41, mars 1981, p. 12.

FOURNIER, Alain

5373. *[ANONYME], «*Les Veuves*», *CEAD. Dramaturgies nouvelles*, vol. 3, n° 3, avril 1982, [s.p.].

FOURNIER, Georges-Vincent [pseud. : Georges Vincenthier]

5374. *DORION, Gilles, «*Une idéologie québécoise. De Louis-Joseph Papineau à Pierre Vallières*», *Québec français*, n° 36, décembre 1979, p. 12.
5375. *DIONNE, René, « Vie passe idéologie [*Une idéologie québécoise. De Louis-Joseph Papineau à Pierre Vallières*] », *Lettres québécoises*, n° 16, hiver 1979-1980, p. 41-42.
5376. *VIDRICAIRE, André et Normand PICHÉ, «*Une idéologie québécoise. De Louis-Joseph Papineau à Pierre Vallières*», *Livres et auteurs québécois, 1979*, p. 338-340.
5377. *CHARTIER, Monique, «*Une idéologie québécoise. De Louis-Joseph Papineau à Pierre Vallières*», *Nos livres*, vol. 12, janvier 1981, n° 50.

FOURNIER, Roger

5378. *[ANONYME], «*Les Caprices de Marianne*», *Ici Radio-Canada. Télévision*, vol. 13, n° 5, 27 janvier-2 février 1979, p. 8-9.
5379. THÉRIO, Adrien, « L'Esclavage ou la Libération des femmes selon Roger Fournier et Danielle Beaulieu », *Lettres québécoises*, n° 17, printemps 1980, p. 23-25.
5380. MICHON, Jacques, « Fonctions et historicité des formes romanesques », *Études littéraires*, vol. 14, n° 1, avril 1981, p. 66-69.
5381. LAMONTAGNE, Gilles, « Le Conte dans l'est du Québec. Éléments de bibliographie critique », *Revue d'histoire littéraire du Québec et du Canada français*, n° 3, hiver-printemps 1982, p. 86.

FRANCOEUR, Lucien

5382. PETROWSKI, Nathalie, « Interview. Lucien Francoeur », *Le Compositeur canadien/The Canadian Composer*, n° 139, mars 1979, p. 12-19.
5383. [ANONYME], « Lucien Francoeur, un poète du rock », *Le Compositeur canadien/The Canadian Composer*, n° 154, octobre 1980, p. 37.
5384. *STUEWE, Paul, « Exploring a Labyrinth of Tongues : From the Folklore of Quebec to a Trenchant Analysis of Soviet Society [*Neons in the Night*] », *Books in Canada*, Vol. 10, No. 8, October 1981, p. 28-29.
5385. *REYTO, Martin, « Vehicule Voices [*Neons in the Night*] », *Matrix*, No. 14, Winter 1982, p. 71.
5386. [ANONYME], « Lucien Francoeur », *Arcade*, [vol. 1], n° 1, printemps 1982, p. 9.
5387. *DE BELLEFEUILLE, Normand, « Attention. Contre-courant ! [*Des images pour une gitane*] », *Spirale*, n° 26, juin 1982, p. 4.

5388. *VILLEMAIRE, Yolande, « Quand dieu était une femme [*Des images pour une gitane — À propos de l'été du serpent*] », *Lettres québécoises*, no 26, été 1982, p. 80-81.

5389. BEAUSOLEIL, Claude, « La Poésie en revues depuis 10 ans », *La Petite Revue de philosophie*, vol. 4, no 1, automne 1982, p. 118-119.

5390. *POZIER, Bernard, *«Les Rockeurs sanctifiés»*, *Livres et auteurs québécois, 1982*, p. 111-112.

FRANCOEUR, Pierre

5391. *BASTIN, Agnès, [*Fragments noirs*], *Grimoire*, vol. 2, no 11, octobre 1979, p. 18.

5392. *BERGERON, Bertrand, *«Thermostats»*, *Livres et auteurs québécois, 1980*, p. 106-107.

FRANÇOISE [pseud. de Robertine Barry]

5393. LAMONTAGNE, Gilles, « Le Conte dans l'est du Québec. Éléments de bibliographie critique », *Revue d'histoire littéraire du Québec et du Canada français*, no 3, hiver-printemps 1982, p. 83.

FRAPPIER, Georges

5394. *BEAUCHEMIN, Louise, [*Malu*], *Grimoire*, vol. 3, no 3, mars 1980, p. 9-11.

FRÉCHETTE, Louise

5395. *CORRIVEAU, Hugues, *«L'Insurgée»*, *Lettres québécoises*, no 27, automne 1982, p. 40-41.

5396. *TROTTIER, Sylvie, *«L'Insurgée»*, *Québec français*, no 47, octobre 1982, p. 6.

5397. *STANTON, Julie, *«L'Insurgée»*, *La Gazette des femmes*, vol. 4, no 5, novembre-décembre 1982, p. 4.

5398. *HOGUE[-LEBEUF], Jacqueline, *«L'Insurgée»*, *Nos livres*, vol. 13, décembre 1982, no 463.

5399. *DORION, Hélène, *«L'Insurgée»*, *Livres et auteurs québécois, 1982*, p. 48-49.

FRÉCHETTE, Louis-Honoré [pseud. : Cyprien]

5400. FRÉCHETTE, Denis, « Poèmes », *Les Cahiers nicolétains*, vol. 1, no 4, décembre 1979, p. 21-50.

5401. FRÉCHETTE, Denis, *«Change pour change»*, *Les Cahiers nicolétains*, vol. 1, no 4, décembre 1979, p. 51-53.

5402. MORIN, Michel, « Louis-Honoré Fréchette, nicolétain », *Les Cahiers nicolétains*, vol. 1, no 4, décembre 1979, p. 6-19.

5403. *BELLEMARE, Madeleine, *«La Noël au Canada»*, *Nos livres*, vol. 12, mars 1981, no 134.

5404. GOBIN, Pierre [B.], « Le *Papineau* de Fréchette : absence de tête, absence de chef, absence de pays », *Canadian Drama/L'Art dramatique canadien*, Vol. 7, No. 1, Spring 1981, p. 12-18.

5405. DE LA FONTAINE, Gilles, « Le Mythe de l'Iroquoise dans le conte écrit de la Mauricie », *Revue d'histoire littéraire du Québec et du Canada français*, no 3, hiver-printemps 1982, p. 66.

5406. BLAIS, Jacques, « Une lettre inédite de Louis Fréchette à Albert Mérat », *Revue d'histoire littéraire du Québec et du Canada français*, no 4, été-automne 1982, p. 107-112.

FRÉGAULT, Guy

5407. *BEAUDOIN, Léo, *«Lionel Groulx tel qu'en lui-même»*, *Nos livres*, vol. 10, février 1979, no 5.

5408. *BRUNET, Michel, *«Lionel Groulx tel qu'en lui-même»*, *Nos livres*, vol. 10, février 1979, no 49.

5409. *Dussault, Gilles, [*Lionel Groulx tel qu'en lui-même*], *Recherches sociographiques*, vol. 20, n° 3, septembre-décembre 1979, p. 415-416.

5410. *Falardeau, Jean-Charles, « L'Oeuvre de Guy Frégault », *Revue d'histoire de l'Amérique française*, vol. 35, n° 1, juin 1981, p. 55-68.

FRÉMONT, Donatien

5411. *Comeault, Gilbert-L., « Hélène Chaput, *Donatien Frémont, journaliste de l'Ouest canadien* », *Canadian Ethnic Studies/Études ethniques au Canada*, Vol. 11, No. 1, 1979, p. 169-170.

5412. *Gallays, François, «*Les Français dans l'Ouest canadien* », *Lettres québécoises*, n° 21, printemps 1981, p. 60-61.

5413. *Knutson, Simone P., «*Donatien Frémont, journaliste de l'Ouest canadien* », *Canadian Literature*, No. 90, Autumn 1981, p. 164-166.

5414. *Knutson, Simone P., «*Les Français dans l'Ouest canadien* », *Canadian Literature*, No. 90, Autumn 1981, p. 164-166.

FRIGON, Jean

5415. *[Anonyme], «*La Cour des miracles* », *L'Atulu*, vol. 2, n° 4, avril 1980, p. 10.

5416. [Anonyme], « Le réalisme n'est pas mort. Jean Frigon nous le prouve avec *la Cour des miracles* [Entrevue] », *Lettres québécoises*, n° 18, été 1980, p. 72-75.

FUGÈRE, Jean-Paul

5417. *[Anonyme], «*En quatre journées* », *Québec Hebdo*, vol. 4, n° 24, 5 juillet 1982, p. 4.

5418. *Laprés, Raymond, «*En quatre journées* », *Nos livres*, vol. 13, octobre 1982, n° 381.

5419. *Laprés, Raymond, « Notre choix. *En quatre journées* », *Nos livres*, vol. 13, octobre 1982, [s.p.].

5420. *Marcotte, Gilles, « Des personnages guère doués pour l'amour [*En quatre journées*] », *L'Actualité*, vol. 7, n° 11, novembre 1982, p. 129.

5421. *L[amontagne], C[hristian], [*En quatre journées*], *Le Temps fou*, n° 23, novembre-décembre 1982, p. 67.

GABOURY, Serge

5422. *Lacroix, Yves, «*Le Mangeur d'étoiles* », *Livres et auteurs québécois, 1982*, p. 226-227.

GAGNÉ, Marc

5423. *Larouche, Irma, «*Gilles Vigneault. Bibliographie descriptive et critique, discographie, filmographie, chronologie* », *Papers of the Bibliographical Society of Canada/Cahiers de la Société bibliographique du Canada*, Vol. 18, 1979, p. 95-96.

GAGNON, Alain

5424. *[Anonyme], [*La Damnation au quotidien*], *L'Atulu*, vol. 1, n° 1, février 1979, p. 2.

5425. *[Thério, Adrien], «*La Damnation au quotidien* », *Lettres québécoises*, n° 16, hiver 1979-1980, p. 74.

5426. *Renaud, Normand, [*Il n'y a pas d'hiver à Kingston*], *Livres et auteurs québécois, 1982*, p. 25-26.

GAGNON, Cécile

5427. [Sévigny, Marc], « Profil d'un auteur », *Éducation Québec*, vol. 9, n° 6, avril 1979, p. 16-17.

5428. *GUILLEMETTE-LABORY, Louise, «L'Épouvantail et le champignon», Lurelu, vol. 2, n° 2, été 1979, p. 7.
5429. ROBIN, Marie-Jeanne, « Rencontre avec Cécile Gagnon », Lurelu, vol. 2, n° 2, été 1979, p. 12.
5430. *CHARTIER, Monique, «L'Épouvantail et le champignon», Nos livres, vol. 10, août-septembre 1979, n° 283.
5431. *LEDOUX, Danielle, «Le Parapluie rouge — Les Boutons perdus — La Chemise qui s'ennuyait», Lurelu, vol. 2, n° 3, automne 1979, p. 10.
5432. *CLAUDE, Pierre, [L'Épouvantail et le champignon], Vidéo-Presse, vol. 9, n° 7, mars 1980, p. 48-49.
5433. *LAURIN, Michel, «Plumeneige», Nos livres, vol. 11, avril 1980, n° 142.
5434. *BIRON, Hélène, [Plumeneige], Des livres et des jeunes, vol. 2, n° 6, juin 1980, p. 40-41.
5435. *BÉLISLE, Alvine, [Alfred dans le métro], Des livres et des jeunes, vol. 3, n° 7, automne 1980, p. 36-37.
5436. CROTEAU, Marcellin, « Nos prix littéraires [Prix ACELF 1980] », Des livres et des jeunes, vol. 3, n° 7, automne 1980, p. 49.
5437. *CHARTIER, Monique, «Alfred dans le métro», Nos livres, vol. 11, décembre 1980, n° 389.
5438. *GÉLINAS, Michèle, [Alfred dans le métro], Lurelu, vol. 3, n° 4, hiver 1980, p. 9.
5439. *GÉLINAS, Michèle, [Plumeneige], Lurelu, vol. 3, n° 4, hiver 1980, p. 13.
5440. *LAMARRE, André, [L'Échelon de minuit — Lucienne — Une nuit chez le lièvre], Livres et auteurs québécois, 1980, p. 230.
5441. *LARUE, Monique, «Alfred dans le métro», Livres et auteurs québécois, 1980, p. 223-225.
5442. *COUTU, Danielle, «L'Édredon de minuit — Une nuit chez le lièvre — Lucienne », Lurelu, vol. 4, n° 1-2, printemps-été 1981, p. 13.
5443. *RUDEL-TESSIER, Danièle, « ... et pour les enfants [Le Pierrot de Monsieur Autrefois] », L'Actualité, vol. 6, n° 12, décembre 1981, p. 138.
5444. *PROVOST, Michelle, «Le Roi de Novilande», Livres et auteurs québécois, 1981, p. 241.
5445. *SAUVÉ, Élaine, «Le Pierrot de Monsieur Autrefois», Lurelu, vol. 5, n° 2, automne 1982, p. 10.
5446. *ALLARD, Diane, «Le Roi de Novilande», Lurelu, vol. 5, n° 3, hiver 1982, p. 12.
5447. *RUEL, Ginette, «Blé d'Inde, le lutin», Lurelu, vol. 5, n° 3, hiver 1982, p. 10.

GAGNON, Charles

5448. *CHAGNON, Gilles, «Le Fil d'Ariane», Livres et auteurs québécois, 1980, p. 107-108.
5449. *GAULIN, André, «Le Fil d'Ariane», Québec français, n° 41, mars 1981, p. 15.

GAGNON, Daniel

5450. *ARGUIN, Maurice, «King Wellington», Québec français, n° 35, octobre 1979, p. 10.
5451. *GAUTHIER, Louis, [King Wellington], Grimoire, vol. 3, n° 3, mars 1980, p. 22.
5452. *TANGUAY, Anne-Lynne, «King Wellington. Un autre son de cloche », Grimoire, vol. 3, n° 4, avril 1980, p. 6.
5453. *YERGEAU, Robert, « Critique-Fiction à propos de King Wellington », Grimoire, vol. 3, n° 6, juin 1980, p. 7-8.

GAGNON, Denys

5454. *CANTIN, Léonce, «Le Village et la ville », Québec français, n° 43, octobre 1981, p. 13.
5455. *PELLERIN, Gilles, «Le Village et la ville — Haute et profonde la nuit », Livres et auteurs québécois, 1982, p. 49-51.

GAGNON, Dominique

5456. *DIONNE, André, «À ma mère, à ma mère, à ma mère, à ma voisine», Nos livres, vol. 11, juin-juillet 1980, n° 219.

5457. *LAMARRE, André, « Force et colère des femmes [*À ma mère, à ma mère, à ma mère, à ma voisine*] », *Spirale*, n° 11, septembre 1980, p. 12.

5458. *ALONZO, Anne-Marie, « Voilà la culture ! *À ma mère, à ma mère, à ma mère, à ma voisine* », *La Gazette des femmes*, vol. 2, n° 6, janvier 1981, p. 4.

GAGNON, François-Marc

5459. *[ANONYME], «*Paul-Émile Borduas. Biographie critique et analyse de l'oeuvre* », *Le Québec en bref*, vol. 13, n° 2-3, février-mars 1979, p. 19.

5460. *[ANONYME], «*Paul-Émile Borduas. Biographie critique et analyse de l'oeuvre* », *Parachute*, n° 14, printemps 1979, p. 50.

5461. *DAIGNEAULT, Gilles, « Un événement attendu : *Paul-Émile Borduas. Biographie critique et analyse de l'oeuvre* », *Vie des arts*, vol. 23, n° 94, printemps 1979, p. 86-87.

5462. [ANONYME], « Les Prix du gouverneur général 1979. Essais », *Lettres québécoises*, n° 14, avril-mai 1979, p. 57.

5463. *VANDENDORPE, Christian, «*Paul-Émile Borduas. Biographie critique et analyse de l'oeuvre* », *Québec français*, n° 34, mai 1979, p. 10.

5464. *HAMELIN, Pierre, «*Paul-Émile Borduas. Biographie critique et analyse de l'oeuvre* », *Recherches sociographiques*, vol. 20, n° 2, mai-août 1979, p. 288-290.

5465. *ELLENWOOD, Ray, «*Paul-Émile Borduas. Biographie critique et analyse de l'oeuvre* », *Arts Canada*, No. 228-229, August-September 1979, p. 55-56.

5466. *PAYANT, René, «*Paul-Émile Borduas. [Biographie critique et analyse de l'oeuvre]* de François-Marc Gagnon », *Lettres québécoises*, n° 15, août-septembre 1979, p. 63-65.

5467. *PAYANT, René, «*Paul-Émile Borduas (1905-1960). Biographie critique et analyse de l'oeuvre* », *Journal of Canadian Art History/Annales d'histoire de l'art canadien*, Vol. 5, No. 1, 1980, p. 56-66.

GAGNON, Germain

5468. *CIMON, Renée, «*Le Chant de l'espoir* », *Nos livres*, vol. 10, mars 1979, n° 108.

GAGNON, Jean

5469. *A[NDRÈS], B[ernard], « Le Théâtre qu'on publie : *Les vaches sont de braves types* », *Voix et images*, vol. 7, n° 1, automne 1981, p. 206.

5470. *LEFEBVRE, Paul, «*Les vaches sont de braves types* (et autres pièces) », *Jeu*, n° 21, 4ᵉ trimestre 1981, p. 205-206.

5471. *HUOT, Gilles, «*Les vaches sont de braves types* », *Livres et auteurs québécois, 1981*, p. 170-171.

5472. *MOSS, Jane, «*Les vaches sont de braves types* et trois autres pièces », *Canadian Literature*, No. 92, Spring 1982, p. 124-125.

GAGNON, Jean Chapdelaine

5473. *GIGUÈRE, Richard, [*'L' dites lames*], *Livres et auteurs québécois, 1980*, p. 126-127.

5474. *CHAMBERLAND, Roger, «*'L' dites lames* », *Québec français*, n° 41, mars 1981, p. 15.

5475. *BONENFANT, Joseph, « Notes sur la poésie [*'L' dites lames*] », *Voix et images*, vol. 6, n° 3, printemps 1981, p. 483.

GAGNON, Jeanne

5476. [ANONYME], « L'Écriture, cette sonde ultrasensible », *L'Écrilu*, vol. 1, n° 3, novembre 1981, p. 3.

5477. [ANONYME], [L'Écriture, cette sonde ultrasensible. Entrevue] *L'Écrilu*, vol. 1, n° 4, janvier 1982, p. 12.

5478. *D'ALFONSO, Antonio, «*Clair-Obscur* », *Nos livres*, vol. 13, janvier 1982, n° 18.

5479. [ANONYME], [L'Écriture, cette sonde ultrasensible. Entrevue], *L'Écrilu*, vol. 1, n° 5, mars 1982, p. 15.

GAGNON, Madeleine

5480. *BETTINOTI, Julia, « Madeleine Gagnon, *Antre* », *Voix et images*, vol. 4, n° 3, avril 1979, p. 543-545.

5481. *VANASSE, André, « Nouveaux Romans ? Madeleine Gagnon [*Lueur*] », *Lettres québécoises*, n° 15, août-septembre 1979, p. 14-16.

5482. *OUELLETTE-MICHALSKA, Madeleine, [*Lueur*], *Châtelaine*, vol. 20, n° 9, septembre 1979, p. 8.

5483. *LAREAU, Danielle, [*Lueur*], *La Gazette des femmes*, vol. 1, n° 1, septembre 1979, p. 5.

5484. *CORRIVEAU, Hugues, « Des lueurs aveugles [*Lueur*] », *Spirale*, n° 1, septembre 1979, p. 9.

5485. *BONENFANT, Joseph, « De l'autre côté de la métaphore [*Lueur*] », *La Nouvelle Barre du jour*, n° 83, octobre 1979, p. 82-84.

5486. *ÉMOND, Maurice, «*Lueur* », *Québec français*, n° 35, octobre 1979, p. 10, 12.

5487. *LAPIERRE, René, « Du meilleur et du pire. Autour de *Lueur* de Madeleine Gagnon », *Liberté*, vol. 21, n° 6, novembre-décembre 1979, p. 128-134.

5488. *CHAMBERLAND, Roger, «*Lueur* », *Livres et auteurs québécois, 1979*, p. 44-46.

5489. *DUQUETTE, Jean-Pierre, [*Lueur*], *Livres et auteurs québécois, 1979*, p. 19.

5490. ROY, Monique, « Madeleine Gagnon : 'Je ne suis pas un oracle' », *La Gazette des femmes*, vol. 1, n° 3, janvier 1980, p. 17-18.

5491. DANIS, Mariette, Daniel Marchand et Estelle MAGNY, « Entrevue avec Madeleine Gagnon », *L'Écritoire*, vol. 2, n° 2, mars 1980, p. 14-17.

5492. *DUFOUR, Esther, «*Lueur*. Roman archéologique de Madeleine Gagnon », *Focus*, n° 33, avril 1980, p. 40.

5493. *GAUVIN, Lise, [*Lueur*], *University of Toronto Quarterly*, Vol. 49, No. 4, Summer 1980, p. 342-343.

5494. *GIROUX, Robert, «*Au coeur de la lettre* », *Livres et auteurs québécois, 1981*, p. 86-87.

5495. *HAECK, Philippe, «*Au coeur de la lettre* », *Livres et auteurs québécois, 1981*, p. 129-131.

5496. LAMONTAGNE, Gilles, « Le Conte dans l'est du Québec. Éléments de bibliographie critique », *Revue d'histoire littéraire du Québec et du Canada français*, n° 3, hiver-printemps 1982, p. 86-87.

5497. *COTNOIR, Louise, « Une écriture traversière [*Au coeur de la lettre*] », *Spirale*, n° 23, mars 1982, p. 5.

5498. *D'ALFONSO, Antonio, «*Au coeur de la lettre* », *Nos livres*, vol. 13, avril 1982, n° 160.

5499. SMART, Patricia, « Culture, Revolution and Politics in Quebec », *The Canadian Forum*, Vol. 62, No. 718, May 1982, p. 7-10.

5500. *BAYARD, Caroline, « La Lettre et l'Ô, vertige et utopie. *Au coeur de la lettre* et *Chansons d'Ô* », *Lettres québécoises*, n° 26, été 1982, p. 37-40.

5501. *BAYARD, Caroline, [*Au coeur de la lettre*], *University of Toronto Quarterly*, Vol. 51, No. 4, Summer 1982, p. 362.

5502. *GIGUÈRE, Richard, «*Au coeur de la lettre* », *Lettres québécoises*, n° 27, automne 1982, p. 38.

5503. [ANONYME], « Bibliographie de Madeleine Gagnon », *Voix et images*, vol. 8, n° 1, automne 1982, p. 53-58.

5504. BOULANGER, Madeleine, « Madeleine Gagnon. Les Constantes d'une écriture », *Voix et images*, vol. 8, n° 1, automne 1982, p. 45-51.

5505. DESJARDINS, Louise, « La Lettre de l'amour et la crise du coeur », *Voix et images*, vol. 8, n° 1, automne 1982, p. 35-43.

5506. FRÉMONT, Gabrielle, « Madeleine Gagnon. Du politique à l'intime », *Voix et images*, vol. 8, n° 1, automne 1982, p. 23-34.

5507. ROBERT, Lucie et Ruth MAJOR, « Percer le mur du son du sens. Une entrevue avec Madeleine Gagnon », *Voix et images*, vol. 8, n° 1, automne 1982, p. 5-21.

5508. *CHAMBERLAND, Roger, «*Au coeur de la lettre*», *Québec français*, n⁰ 47, octobre 1982, p. 12.

5509. GAGNON, Madeleine, « Pourquoi j'écris », *Québec français*, n⁰ 47, octobre 1982, p. 32.

5510. *CLOUTIER, Guy, «*Autographie*», *Livres et auteurs québécois, 1982*, p. 112-114.

GAGNON, Maurice

5511. *WARREN, Louise, «*Unipax intervient — Les Savants réfractaires — Le Trésor de la Santissima Trinidad — Une aventure d'Ajax — Opération Tanga — Alerte dans le Pacifique — Un complot à Washington*», *Lurelu*, vol. 2, n⁰ 1, printemps 1979, p. 14.

5512. *CIMON, Renée, «*Simon*», *Nos livres*, vol. 11, avril 1980, n⁰ 143.

GAGNON, Odette

5513. *CAMERLAIN, Lorraine, «*La Nef des sorcières* », *Jeu*, n⁰ 16, [3ᵉ trimestre] 1980, p. 216-217.

5514. [ANONYME], « Cinq Dramaturges ontaroises présentent *Parcours, paroles et femmes*», *Liaison*, n⁰ 19, décembre 1981-janvier 1982, p. 38-39.

5515. *FILTEAU, Louise, [*Faut pas s'laisser faire*], *Canadian Children's Literature*, No. 25, [1rst Trimester] 1982, p. 65.

5516. *FILTEAU, Louise, «*Faut pas s'laisser faire* », *Canadian Theatre Review*, No. 34, Spring 1982, p. 204.

5517. *CHARETTE, Christiane, [*Faut pas s'laisser faire*], *Lurelu*, vol. 5, n⁰ 1, printemps-été 1982, p. 17.

GAGNON, Serge

5518. *VOISINE, Nive, [*L'Église et le village au Québec, 1850-1930*], *Recherches sociographiques*, vol. 22, n⁰ 1, janvier-avril 1981, p. 139-140.

GALARNEAU, Claude

5519. SYLVAIN, Philippe, « Présentation de M. Claude Galarneau », *Société royale du Canada. Présentation*, n⁰ 35, 1979-1980, p. 99-108.

GALLANT, Melvin

5520. *RENAUD, Normand, [*Le Chant des grenouilles*], *Livres et auteurs québécois, 1982*, p. 25.

5521. *WARREN, Louise, «*Caprice à la campagne* », *Livres et auteurs québécois, 1982*, p. 227.

GAMACHE, Marcel

5522. *CUSSON, Normand, « Théâtres d'été [*Les Buttes en train*] », *Clin d'oeil*, n⁰ 23, août 1982, p. 102.

GARIÉPY, Marc

5523. *CHAMBERLAND, Roger, [*L'Inlassable Errance*], *Livres et auteurs québécois, 1980*, p. 121-122.

GARNEAU, François-Xavier

5524. MORLEY, William F.E., « Bibliographical Aspects of Bell's Translation of Garneau's *Histoire du Canada* », *Papers of the Bibliographical Society of Canada/Cahiers de la Société bibliographique du Canada*, Vol. 18, 1979, p. 79-85.

5525. WYCZYNSKI, Paul, « François-Xavier Garneau. Aspects bibliographiques », *Papers of the Bibliographical Society of Canada/Cahiers de la Société bibliographique du Canada*, Vol. 18, 1979, p. 55-77.

5526. SAVARD, Pierre, « Ancien et Nouveau Monde dans *le Voyage* de F.-X. Garneau », *Revue d'histoire littéraire du Québec et du Canada français*, n° 2, 1980-1981, p. 108-114.

GARNEAU, Hector de Saint-Denys

5527. RISER, Georges, « Le Paysage métaphysique de Saint-Denys Garneau », *Incidences*, vol. 2-3, n° 1, janvier-avril 1979, p. 5-22.

5528. PERRON, Paul, « Essai d'analyse sémiotique d'un poème de Saint-Denys Garneau », *Voix et images*, vol. 4, n° 3, avril 1979, p. 479-491.

5529. VIGNEAULT, Robert, « The Québec Essay : The Birth of Indigenous Thought », *Essays on Canadian Writing*, No. 15, Summer 1979, p. 37-39.

5530. HAECK, Philippe, « Pour Saint-Denys Garneau », *La Nouvelle Barre du jour*, n° 83, octobre 1979, p. 60-70.

5531. *BELLEMARE, Madeleine, «*Poèmes choisis* », *Nos livres*, vol. 10, novembre 1979, n° 376.

5532. RISER, Georges, « Saint-Denys Garneau. La Parole et le poète », *Voix et images*, vol. 5, n° 2, hiver 1980, p. 291-306.

5533. *BONENFANT, Joseph, [*Poèmes choisis*], *Voix et images*, vol. 5, n° 3, printemps 1980, p. 608.

5534. *[ANONYME], «*Poèmes choisis* », *Québec Hebdo*, vol. 2, n° 22, 9 juin 1980, p. 4.

5535. RIVARD, Yvon, « Qui a tué Saint-Denys Garneau ? », *Liberté*, vol. 24, n° 1, janvier-février 1982, p. 73-85.

5536. LA BOSSIÈRE, Camille-R., « Of Renaissance and Solitude in Quebec : A Recollection of the Sixties », *Studies in Canadian Literature*, Vol. 7, No. 1, Spring 1982, p. 112.

5537. SMOJE, Dujka, « Lorsque le verbe se fait musique. Saint-Denys Garneau », *Études littéraires*, vol. 15, n° 1, avril 1982, p. 69-95.

5538. BLAIS, Jacques, « Propos sur l'édition critique des *Oeuvres* de Saint-Denys Garneau », *Revue d'histoire littéraire du Québec et du Canada français*, n° 4, été-automne 1982, p. 79-82.

5539. LACROIX, Benoît, « L'Édition des *Oeuvres* de Saint-Denys Garneau. Démarches et méthodologie (1950-1970) », *Revue d'histoire littéraire du Québec et du Canada français*, n° 4, été-automne 1982, p. 66-78.

5540. FILTEAU, Claude, « Saint-Denys Garneau et Gauvreau, bègues ventriloques », *Voix et images*, vol. 8, n° 1, automne 1982, p. 127-133.

GARNEAU, Jacques

5541. *[ANONYME], [*Les Difficiles Lettres d'amour*], *Points*, vol. 3, n° 2, été 1979, p. 6.

5542. *VANASSE, André, « Nouveaux Romans ? Jacques Garneau [*Les Difficiles Lettres d'amour*] », *Lettres québécoises*, n° 15, août-septembre 1979, p. 16-17.

5543. *OUELLETTE-MICHALSKA, Madeleine, [*Les Difficiles Lettres d'amour*], *Châtelaine*, vol. 20, n° 9, septembre 1979, p. 8.

5544. *ÉMOND, Maurice, «*Les Difficiles Lettres d'amour* », *Québec français*, n° 35, octobre 1979, p. 12.

5545. *CHARTIER, Monique, «*Les Difficiles Lettres d'amour* », *Nos livres*, vol. 10, novembre 1979, n° 375.

5546. *PAUL, Raymond, «*Les Difficiles Lettres d'amour* », *Livres et auteurs québécois, 1979*, p. 46-47.

5547. *CORMIER, Gilles, [*Les Difficiles Lettres d'amour*], *Le Bulletin des agriculteurs*, vol. 63, février 1980, p. 88.

5548. GARNEAU, Jacques, « Lettre de Jacques Garneau », *Union des écrivains québécois*, vol. 1, n° 2, 15 février 1980, p. [2].

5549. *RAOUL, Valérie, «*Les Difficiles Lettres d'amour* », *Canadian Literature*, No. 88, Spring 1981, p. 107-108.

GARNEAU, Michel

5550. *ROUSSEAU, Pierre, «*Pour travailler ensemble*», *Jeu*, n° 10, hiver 1979, p. 126-130.

5551. ANDRÈS, Bernard et Paul LEFEBVRE, «*Macbeth*. Théâtre de la Manufacture », *Jeu*, n° 11, printemps 1979, p. 80-88.

5552. *BELLEMARE, Madeleine, «*Quatre à quatre*», *Nos livres*, vol. 10, mai 1979, n° 194.

5553. *LE BLANC, Alonzo, «*Quatre à quatre*», *Jeu*, n° 12, été 1979, p. 188-189.

5554. *GIRARD, Gilles, [*Macbeth*], *University of Toronto Quarterly*, Vol. 48, No. 4, Summer 1979, p. 376-377.

5555. FORSYTH, Louise [H.], « First Person Feminine Singular : Monologue by Women in Several Modern Québec Plays », *Canadian Drama/L'Art dramatique canadien*, Vol. 5, No. 2, Autumn 1979, p. 196-197.

5556. *LEFEBVRE, Paul, «*Quatre à quatre — Abriés désabriés* suivi de *L'Usage du coeur dans le domaine réel*», *Livres et auteurs québécois, 1979*, p. 193-194.

5557. *SAVARD, Michel, «*Élégie au génocide des nasopodes*», *Livres et auteurs québécois, 1979*, p. 121.

5558. *GIRARD, Gilles, [*L'Usage du coeur dans le domaine réel*], *University of Toronto Quarterly*, Vol. 49, No. 4, Summer 1980, p. 380-381.

5559. NOËL, Francine, « Plaidoyer pour mon image », *Jeu*, n° 16, [3e trimestre] 1980, p. 34-36, 39-40.

5560. *DIONNE, André, « Le Théâtre qu'on joue : *Nasopodes et autres bêtes merveilleuses*», *Lettres québécoises*, n° 19, automne 1980, p. 40.

5561. *CHARBONNEAU, Danielle, «*Neiges* de Michel Garneau. Tel que présenté par le Théâtre d'la vieille 17 », *Liaison*, vol. 3, n° 13, décembre 1980, p. 38.

5562. B[ONENFANT], J[oseph], « Avant-Propos », *Ellipse*, n° 27-28, 1981, p. 3-5.

5563. YERGEAU, Robert, « Michel Garneau : The Life is the Work », *Ellipse*, n° 27-28, 1981, p. 38-45.

5564. *NADEAU, Vincent, «*Émilie ne sera plus jamais cueillie par l'anémone* », *Livres et auteurs québécois, 1981*, p. 172-173.

5565. *CHASSAY, Jean-François, «*Émilie ne sera plus jamais cueillie par l'anémone* », *Jeu*, n° 22, 1er trimestre 1982, p. 120-122.

5566. *BELLEMARE, Madeleine, «*Sur le matelas*», *Nos livres*, vol. 13, janvier 1982, n° 19.

5567. *LE BLANC, Alonzo, «*Sur le matelas*», *Québec français*, n° 45, mars 1982, p. 13, 15.

5568. *DIONNE, André, « Le Théâtre qu'on joue : *Émilie ne sera plus jamais cueillie par l'anémone* », *Lettres québécoises*, n° 25, printemps 1982, p. 50.

5569. ROY, Maurice, « Entrevue. Michel Garneau », *Le Temps fou*, n° 20, avril-mai 1982, p. 47-50.

5570. *BOURASSA, André-G[illes], [*Émilie ne sera plus jamais cueillie par l'anémone*], *Lettres québécoises*, n° 26, été 1982, p. 46-47.

5571. *GIRARD, Gilles, [*Émilie ne sera plus jamais cueillie par l'anémone*], *University of Toronto Quarterly*, Vol. 51, No. 4, Summer 1982, p. 385-386.

5572. *CROFT[-MERCIER], Esther, «*Petitpetant et le monde* suivi de *Le Groupe*», *Québec français*, n° 48, décembre 1982, p. 5.

5573. *BOURASSA, André-G[illes], «*Petitpetant et le monde* suivi de *Le Groupe*», *Lettres québécoises*, n° 28, hiver 1982-1983, p. 53-54.

5574. *MAILHOT, Laurent, «*Petitpetant et le monde* suivi de *Le Groupe*», *Livres et auteurs québécois, 1982*, p. 168-169.

GAUDET-SMET, Françoise

5575. *PAINCHAUD, Clotilde T.-L., « Le Doux Temps des sucres [*Célébration de l'érable*] », *Grimoire*, vol. 3, n° 3, mars 1980, p. 6-7.

GAUDREAULT-LABRECQUE, Madeleine

5576. *CIMON, Renée, «*Vol à bord du Concordia*», *Nos livres*, vol. 11, août-septembre 1980, n° 253.
5577. *CIMON, Renée, «*Alerte ce soir à 22 heures*», *Nos livres*, vol. 11, août-septembre 1980, n° 252.
5578. *MONETTE, Pierre, «*Vol à bord du Concordia — Alerte ce soir à 22 heures*», *Livres et auteurs québécois, 1980*, p. 225-226.
5579. *CHARETTE, Christiane, « Les Romans policiers [*Vol à bord du Concordia — Alerte ce soir à 22 heures*] », *Lurelu*, vol. 4, n° 4, hiver 1981, p. 20-21.
5580. *ALMÉRAS, Diane, «*Le Mystère du grenier*», *Relations*, vol. 42, n° 483, septembre 1982, p. 236-237.
5581. *PÉRUSSE, France, «*Le Mystère du grenier*», *Nuit blanche*, n° 7, automne 1982, p. 10.
5582. *LORD, Michel, «*Le Mystère du grenier*», *Lurelu*, vol. 5, n° 3, hiver 1982, p. 14.
5583. *L'ÉCUYER, Johanne, «*Le Mystère du grenier*», *Livres et auteurs québécois, 1982*, p. 227-228.

GAULIN, André

5584. *BOIVIN, Aurélien, «*Entre la neige et le feu. Pierre Baillargeon, écrivain montréalais*», *Québec français*, n° 39, octobre 1980, p. 12.
5585. *LAPRÉS, Raymond, «*Entre la neige et le feu. Pierre Baillargeon écrivain montréalais*», *Nos livres*, vol. 11, décembre 1980, n° 390.
5586. *GIGUÈRE, Richard, «*Entre la neige et le feu. [Pierre Baillargeon, écrivain montréalais]* », *Livres et auteurs québécois, 1980*, p. 192-194.
5587. *DIONNE, René, « Le Feu sous la neige ou Pierre Baillargeon revu par André Gaulin [*Entre la neige et le feu. Pierre Baillargeon, écrivain montréalais]* », *Lettres québécoises*, n° 21, printemps 1981, p. 56-57.
5588. *[ANONYME], «*Entre la neige et le feu. Pierre Baillargeon, écrivain montréalais*», *Écriture française dans le monde*, vol. 3, n° 2-3, décembre 1981, p. 117.
5589. *EDWARDS, Mary Jane, «*Entre la neige et le feu. Pierre Baillargeon, écrivain montréalais*», *Canadian Literature*, No. 93, Summer 1982, p. 161-163.

GAUTHIER, Bertrand

5590. *WARREN, Louise, «*Hou Ilva — Dou Ilvien*», *Dérives*, n° 17-18, [2e trimestre] 1979, p. 101.
5591. *C[ATALANO], P[ierre], [*Dou Ilvien*], *Des livres et des jeunes*, vol. 1, n° 3, mai 1979, p. 27.
5592. *BOUCHER, Ginette et Raymonde BOUCHER, «*Dou Ilvien* », *Lurelu*, vol. 2, n° 2, été 1979, p. 9.
5593. *BERGERON-CHOQUETTE, Louisette, [*Étoifilan*], *Des livres et des jeunes*, vol. 2, n° 6, juin 1980, p. 35.
5594. *ROBERGE, Hélène, [*Hou Ilva — Dou Ilvien*], *Des livres et des jeunes*, vol. 2, n° 6, juin 1980, p. 35.
5595. *GUAY, Claude, «*Hébert Luée* », *Le Bulletin Pantoute*, n° 4, décembre 1980-janvier-février 1981, p. 42.
5596. *PROVOST, Michelle, «*Hébert Luée* », *Livres et auteurs québécois, 1980*, p. 226-227.
5597. *CHARTIER, Monique, «*Hébert Luée* », *Nos livres*, vol. 12, février 1981, n° 77.
5598. *FOURNIER, Pierre, [*Hébert Luée*], *Intervention*, n° 10-11, mars 1981, p. 83.
5599. [ANONYME], « Prix de littérature de jeunesse [Lauréats du Conseil des arts] », *Grimoire*, vol. 4, n° 5, mai 1981, p. 17.
5600. [ANONYME], « Canada Council Awards and Prizes », *Quill and Quire*, Vol. 47, No. 7, July 1981, p. 50.
5601. [ANONYME], « Prix de littérature de jeunesse », *Lettres québécoises*, n° 23, automne 1981, p. 13.
5602. *TERROUX, Diane, «*Hébert Luée* », *Lurelu*, vol. 4, n° 3, automne 1981, p. 8.

5603. *Laurin, Michel, «*Un jour d'été à Fleurdepeau*», *Nos livres*, vol. 12, décembre 1981, nᵒ 489.

5604. Robin, Marie-Jeanne, « Bertrand Gauthier [Entrevue] », *Lurelu*, vol. 4, nᵒ 4, hiver 1981, p. 18-19.

5605. *LaRue, Monique, «*Un jour d'été à Fleurdepeau*», *Livres et auteurs québécois, 1981*, p. 242.

5606. *Guillemette-Labory, Louise, «*Un jour d'été à Fleurdepeau*», *Lurelu*, vol. 5, nᵒ 1, printemps-été 1982, p. 14.

5607. *L[atreille]-H[uvelin], F[rance], [*Un jour d'été à Fleurdepeau*], *Des livres et des jeunes*, vol. 5, nᵒ 13, automne 1982, p. 35.

5608. *Cliche, Mireille, «*Les Amantures*», *Livres et auteurs québécois, 1982*, p. 51-52.

GAUTHIER, Gabriel

5609. *[Anonyme], «*Un Noël à colorer*», *CEAD. Dramaturgies nouvelles*, vol. 3, nᵒ 1, septembre 1981, p. 8.

GAUTHIER, Gilles

5610. [Anonyme], «*On n'est pas des enfants d'école*», *CEAD. En bref*, vol. 1, nᵒ 1, novembre 1979, p. [6].

GAUTHIER, Jacques

5611. *Laprés, Raymond, «*À la rencontre de moi*», *Nos livres*, vol. 10, août-septembre 1979, nᵒ 258.

5612. *Chamberland, Roger, «*L'Oraison des saisons — Dégel en noir et blanc — À la rencontre de moi*», *Livres et auteurs québécois, 1979*, p. 122-123.

5613. *Laprés, Raymond, «*Les Heures en feu*», *Nos livres*, vol. 13, avril 1982, nᵒ 161.

GAUTHIER, Louis

5614. *Vanasse, André, « Un bestiaire, quelques bananes et un journal qui s'écrit à l'envers [*Souvenir de San Chiquita*] », *Lettres québécoises*, nᵒ 14, avril-mai 1979, p. 15-16.

5615. Roy, Michèle et Claire Côté, « F(r)ictions(?) », *Le Bulletin Pantoute*, nᵒ 3, septembre-octobre-novembre 1980, p. [33].

5616. Vasseur, François, [Louis Gauthier], *Le Bulletin Pantoute*, nᵒ 3, septembre-octobre-novembre 1980, p. [33].

GAUTHIER-CHASSÉ, Hélène

5617. *[Anonyme], «*À diable-vent*», *L'Atulu*, vol. 3, nᵒ 7, juillet 1981, p. 5.

5618. *Laurin, Michel, «*À diable-vent*», *Nos livres*, vol. 12, août-septembre 1981, nᵒ 349.

5619. *Lessard, Lise, «*À diable-vent*», *Urgences*, nᵒ 3, 4ᵉ trimestre 1981, p. 92-93.

5620. L[évesque], G[aëtan], «*À diable-vent* de Hélène Gauthier-Chassé », *Lettres québécoises*, nᵒ 24, hiver 1981-1982, p. 95.

5621. *[Anonyme], «*À diable-vent. Légendaire du Bas-Saint-Laurent et de la Vallée de la Matapédia*», *Revue d'histoire du Bas-Saint-Laurent*, vol. 8, nᵒ 1, janvier-mars 1982, p. 27.

5622. *[Anonyme], «*À diable-vent*», *Revue d'histoire du Bas-Saint-Laurent*, vol. 8, nᵒ 1, janvier-mars 1982, p. 27.

5623. Lamontagne, Gilles, « Le Conte dans l'est du Québec. Éléments de bibliographie critique [*À diable-vent. Légendaire du Bas-Saint-Laurent et de la Vallée de la Matapédia*] », *Revue d'histoire littéraire du Québec et du Canada français*, nᵒ 3, hiver-printemps 1982, p. 80-81.

GAUVIN, Lise

5624. *BELLEMARE, Madeleine, «*Guide culturel du Québec*», *Nos livres*, vol. 13, mai 1982, n⁰ 201.

5625. *[ANONYME], «*Guide culturel du Québec*», *Universités*, vol. 3, n⁰ 2, mai-juillet 1982, p. 56.

5626. *LEFEBVRE, Paul, «*Guide culturel du Québec*», *Jeu*, n⁰ 24, 3e trimestre 1982, p. 132-134.

5627. *GAULIN, André, «*Guide culturel du Québec*», *Livres et auteurs québécois, 1982*, p. 285-287.

GAUVREAU, Charles-Arthur

5628. LAMONTAGNE, Gilles, « Le Conte dans l'est du Québec. Éléments de bibliographie critique », *Revue d'histoire littéraire du Québec et du Canada français*, n⁰ 3, hiver-printemps 1982, p. 81-82, 84.

GAUVREAU, Claude

5629. *CHAURETTE, Normand, « Lire. Écrire. *Beauté baroque* », *Versance*, vol. 1, n⁰ 1, avril 1979, p. 7-12.

5630. BOURASSA, André-G[illes], « A Special Night », *Essays on Canadian Writing*, No. 15, Summer 1979, p. 120-138.

5631. [ANONYME], «*Le Cygne*», *Réseau*, vol. 11, n⁰ 2, octobre 1979, p. 23.

5632. NOËL, Francine, « Plaidoyer pour mon image », *Jeu*, n⁰ 16, [3e trimestre] 1980, p. 30.

5633. THÉORET, France, « La Loi comme noeud dans *Les oranges sont vertes* de Claude Gauvreau », *La Nouvelle Barre du jour*, n⁰ 94, septembre 1980, p. 58-79.

5634. *DUMONT, Martine, « Du paroxysme au paradoxe [*Beauté baroque*] », *Spirale*, n⁰ 17, mars 1981, p. 16.

5635. GIROUX, Robert et Hélène DAME, « Les Critères de poéticité dans l'histoire de la poésie québécoise (sémiotique littéraire) », *Études littéraires*, vol. 14, n⁰ 1, avril 1981, p. 147-154.

5636. DUMONT, Martine et Simon HAREL, « Du corps et de la voix dans *la Charge de l'orignal épormyable* », *Jeu*, n⁰ 21, 4e trimestre 1981, p. 171-177.

5637. RONFARD, Jean-Pierre, « Monter Gauvreau, Ducharme, Vézina », *Jeu*, n⁰ 21, 4e trimestre 1981, p. 87-94.

5638. GERVAIS, André, « L'Écriture et l'institution. À propos des inédits de Nelligan, Gauvreau et Borduas », *Lettres québécoises*, n⁰ 24, hiver 1981-1982, p. 88.

5639. MAISONNEUVE, Lise, «*Refus global*. Borduas et Gauvreau », *Prétexte*, vol. 3, n⁰ 2, 2e trimestre 1982, p. 73-80.

5640. *O'CONNOR, John J., [*Entrails*], *University of Toronto Quarterly*, Vol. 51, No. 4, Summer 1982, p. 398-399.

5641. FILTEAU, Claude, « Saint-Denys Garneau et Gauvreau, bègues ventriloques », *Voix et images*, vol. 8, n⁰ 1, automne 1982, p. 133-142.

GAY, Marie-Louise

5642. ROBIN, Marie-Jeanne, « Marie-Louise Gay », *Lurelu*, vol. 5, n⁰ 1, printemps-été 1982, p. 20-21.

5643. *TRANCHEMONTAGNE, Ginette, «*De zéro à minuit*», *Lurelu*, vol. 5, n⁰ 1, printemps-été 1982, p. 10.

5644. *LARIVIÈRE, Marie, «*De zéro à minuit*», *Livres et auteurs québécois, 1982*, p. 228-229.

GAY, Michel

5645. *MONETTE, Pierre, « D'une pierre, trois coups. *La Nouvelle Barre du jour* édite [*L'Implicite / Le Filigrane*] », *Lettres québécoises*, n⁰ 13, février 1979, p. 25-27.

5646. *NEPVEU, Pierre, « Feu la modernité ? [*Métal mental*] », *Lettres québécoises*, n° 23, automne 1981, p. 32.

5647. *CHAMBERLAND, Roger, «*Métal mental*», *Québec français*, n° 44, décembre 1981, p. 15.

5648. GERVAIS, André, « S'y notent au 'lieu dit de la pensée'. Sur deux recueils de Michel Gay [*Plaque tournante — Métal mental*] », *Lettres québécoises*, n° 24, hiver 1981-1982, p. 39-40.

5649. *ANDRÈS, Bernard, «*Métal mental — Plaque tournante*», *Livres et auteurs québécois, 1981*, p. 144-145.

5650. *LÉPINE, Stéphane, «*Plaque tournante*», *Nos livres*, vol. 13, janvier 1982, n° 20.

5651. *BROCHU, André, « En état de poésie [*Plaque tournante*] », *Voix et images*, vol. 8, n° 1, automne 1982, p. 164.

5652. *HAECK, Philippe, «*Éclaboussures*», *Livres et auteurs québécois, 1982*, p. 114-115.

GÉLINAS, Gratien

5653. GODIN, Jean-Cléo, « Les Gaietés montréalaises. Sketches, revues », *Études françaises*, vol. 15, n° 1-2, avril 1979, p. 143-158.

5654. GÉLINAS, Gratien, « Le Credo professionnel d'un homme de théâtre », *University of Toronto Quarterly*, Vol. 50, No. 1, Fall 1980, p. 81-89.

5655. *LE BLANC, Alonzo, «*Les Fridolinades, 1945 et 1946*», *Livres et auteurs québécois, 1980*, p. 160-162.

5656. *[ANONYME], « Le Théâtre porté à l'écran [*Tit-Coq*] », *L'Archiviste*, vol. 8, n° 1, janvier-février 1981, p. 6.

5657. *BOURASSA, André-G[illes], « Les Ruptures du temps. *Fridolinades* et *Monologues québécois*», *Lettres québécoises*, n° 21, printemps 1981, p. 32-33.

5658. *USMIANI, Renate, «*Les Fridolinades, 1945 et 1946*», *Theatre History in Canada/Histoire du théâtre au Canada*, Vol. 2, No. 1, Spring 1981, p. 76-78.

5659. *GIRARD, Gilles, [*Les Fridolinades, 1945 et 1946*], *University of Toronto Quarterly*, Vol. 50, No. 4, Summer 1981, p. 68.

5660. *DAVID, Gilbert, «*Les Fridolinades 1943 et 1944 — 1945 et 1946*», *Jeu*, n° 20, 3ᵉ trimestre 1981, p. 123-128.

5661. GÉLINAS, Gratien, [Souvenirs de carrière], *Acte 1*, [n° 3], [septembre 1981], p. 22-25.

5662. GÉLINAS, Gratien, « Quand j'écris une pièce... Comme le menuisier », *Acte 1*, [n° 3], [septembre 1981], p. 4.

5663. GÉLINAS, Gratien, « C'est comme ça que j'ai eu le goût d'écrire... Il a voulu se rasseoir et je n'ai pas voulu », *Acte 1*, [n° 3], [septembre 1981], p. 3.

5664. [ANONYME], « Revoir *Tit-Coq* », *Châtelaine*, vol. 22, n° 10, octobre 1981, p. 17.

5665. *ROBERT, Lucie, «*Les Fridolinades, 1943-1945*», *Québec français*, n° 43, octobre 1981, p. 14.

5666. *DIONNE, André, « Le Théâtre qu'on joue : *Tit-Coq* », *Lettres québécoises*, n° 24, hiver 1981-1982, p. 45.

5667. *LEROUX, Normand, «*Les Fridolinades, 1941 et 1942 — 1943 et 1944*», *Livres et auteurs québécois, 1981*, p. 173-175.

5668. NARDOCCHIO, Elaine F., « Espace scénique et société québécoise. De Gratien Gélinas à Denise Boucher », *Incidences*, vol. 6, n° 1-2, janvier-août 1982, p. 39-46.

5669. *LAVOIE, Chantal, «*Tit-Coq*», *Jeu*, n° 22, 1ᵉʳ trimestre 1982, p. 117-119.

5670. BONNEVILLE, Léo, « Rencontre avec Gratien Gélinas », *Séquences*, n° 107, janvier 1982, p. 4-8.

5671. *[ANONYME], «*Les Fridolinades, 1941 et 1942*», *L'Atulu*, vol. 4, n° 3, mars 1982, p. 16.

5672. *GIRARD, Gilles, [*Les Fridolinades, 1943 et 1944 — 1941 et 1942*], *University of Toronto Quarterly*, Vol. 51, No. 4, Summer 1982, p. 384.

5673. USMIANI, Renate, « The Playwright as Historiographer : New Views of the Past in Contemporary Quebecois Drama », *Canadian Drama/L'Art dramatique canadien*, Vol. 8, No. 2, [Fall] 1982, p. 119-120.

GEMME, Gilles

5674. *Desjardins, Normand, «*En plein hiver, des mannes à plein ciel* », *Nos livres*, vol. 13, janvier 1982, n° 21.

GENDRON, Cécile

5675. *Janoël, André, «*Le Grand Retour* », *Nos livres*, vol. 13, mars 1982, n° 130.

GENDRON, François

5676. [Anonyme], [Le Prix Biguet de l'Académie française], *Écriture française dans le monde*, vol. 3, n° 1, mai 1981, p. 97.

GENDRON, Marc

5677. *[Anonyme], «*Louise ou la Nouvelle Julie* », *L'Atulu*, vol. 3, n° 8 [*sic*], octobre 1981, p. 11-12.
5678. *Chamberland, Roger, «*Louise ou la Nouvelle Julie* », *Québec français*, n° 43, octobre 1981, p. 10.
5679. *Desjardins, Normand, «*Louise ou la Nouvelle Julie* », *Nos livres*, vol. 13, décembre 1982, n° 466.
5680. *Desjardins, Normand, «*Les Espaces glissants* », *Nos livres*, vol. 13, décembre 1982, n° 467.
5681. *Lord, Michel, «*Les Espaces glissants* », *Livres et auteurs québécois, 1982*, p. 52-53.

GENUIST, Monique

5682. *[Anonyme], «*Languirand et l'absurde* », *L'Écrilu*, vol. 2, n° 2, septembre 1982, p. 5.
5683. *Figueiredo, Euridice, «*Languirand et l'absurde* », *Livres et auteurs québécois, 1982*, p. 203-204.

GÉRIN, Micheline

5684. *Dionne, André, « Le Théâtre qu'on joue : *Juste un petit souvenir* », *Lettres québécoises*, n° 26, été 1982, p. 50.

GÉRIN, Pierre

5685. *Chiasson, Zénon, «*L'Opération Méduse* », *Si que*, n° 5, printemps 1982, p. 143-146.
5686. *Landry, Kenneth, «*Marichette. Lettres acadiennes, 1895-1898* », *Livres et auteurs québécois, 1982*, p. 294-295.

GÉRIN, Pierre-Marie

5687. *Landry, Kenneth, «*Marichette. Lettres acadiennes, 1895-1898* », *Livres et auteurs québécois, 1982*, p. 294-295.

GÉRIN-LAJOIE, Antoine

5688. Dionne, René, « De l'humeur à l'humour ou la Métamorphose d'une lettre. D'Antoine Gérin-Lajoie à Raphaël Bellemare (11 mars 1845) », *Revue de l'Université d'Ottawa/ University of Ottawa Quarterly*, vol. 49, n° 1-2, janvier-avril 1979, p. 108-116.
5689. Dionne, René, « De l'humeur à l'humour ou la Métamorphose d'une lettre. D'Antoine Gérin-Lajoie à Raphaël Bellemare (11 mars 1845) », *Histoire littéraire du Québec*, n° 1, 1979, p. 108-116.

5690. Dubé, Martin, «*Jean Rivard, le défricheur,* récit de la vie réelle ? », *Incidences,* vol. 4, nᵒ 1, janvier-avril 1980, p. 19-36.

5691. Lennox, John W., [*Jean Rivard, le défricheur*], *Studies in Canadian Literature,* Vol. 5, No. 1, Spring 1980, p. 51-52.

5692. *Hathorn, Ramon, [*Jean Rivard, le défricheur*], *Voix et images,* vol. 6, nᵒ 1, automne 1980, p. 103.

5693. Rousseau, Guildo et Jean Laprise, « Le Discours du sol dans le roman mauricien de 1850 à 1950 », *Cahiers de géographie du Québec,* vol. 26, nᵒ 67, avril 1982, p. 121-137.

5694. [Anonyme], « Un Canadien errant », *Cahiers d'histoire des pays d'en haut,* vol. 4, nᵒ 16, décembre 1982, p. 23-25.

GÉRIN-LAJOIE, François-Marie [pseud. : Papartchu Dropaôtt]

5695. Gérin-Lajoie, François-Marie, « Gérin-Lajoie contre Papartchu ? », *Lettres québécoises,* nᵒ 26, été 1982, p. 59-60.

GERMAIN, Doric

5696. *[Anonyme], [*La Vengeance de l'orignal*], *Liaison,* vol. 3, nᵒ 13, décembre 1980, p. 45.

5697. *Desjardins, Normand, «*La Vengeance de l'orignal* », *Nos livres,* vol. 12, mai 1981, nᵒ 234.

5698. *Vanasse, André, «*La Vengeance de l'orignal* de Doric Germain ou les Nouveaux Chercheurs de trésors », *Lettres québécoises,* nᵒ 22, été 1981, p. 41.

5699. *Marchildon, Daniel, «*Le Trappeur de Kabi.* De nombreux pièges », *Liaison,* nᵒ 22, juin-juillet 1982, p. 40-41.

5700. *Desjardins, Normand, «*Le Trappeur de Kabi* », *Nos livres,* vol. 13, juin-juillet 1982, nᵒ 266.

5701. *Runte, Hans R., «*La Vengeance de l'orignal* », *Canadian Literature,* No. 94, Autumn 1982, p. 144-145.

5702. *Renaud, Normand, [*Le Trappeur de Kabi*], *Livres et auteurs québécois, 1982,* p. 25.

5703. Brunet-Lamarche, Anita, « Prise de parole, 1972-1982. Auteurs et oeuvres. Biobibliographie », *Revue du Nouvel Ontario,* nᵒ 4, 1982, p. 28-29.

5704. *Dickson, Robert, [*La Vengeance de l'orignal — Le Trappeur de Kabi*], *Revue du Nouvel Ontario,* nᵒ 4, 1982, p. 75.

GERMAIN, Jean-Claude [pseud. : Claude-Jean Magnier]

5705. *Dionne, André, « Le Théâtre qu'on joue : *Mamours et conjugat* », *Lettres québécoises,* nᵒ 13, février 1979, p. 31.

5706. [Anonyme], « L'Auteur : Jean-Claude Germain », *Théâtre/Le Trident,* nᵒ 14, 1979, p. [2].

5707. *Le Blanc, Alonzo, «*Dédé Mesure* », *Jeu,* nᵒ 12, été 1979, p. 189-191.

5708. *Dionne, André, « Le Théâtre qu'on joue : *A Canadian Play/Une plaie canadienne* », *Lettres québécoises,* nᵒ 15, août-septembre 1979, p. 31.

5709. Forsyth, Louise [H.], « First Person Feminine Singular : Monologue of Women in Several Modern Québec Plays », *Canadian Drama/L'Art dramatique canadien,* Vol. 5, No. 2, Autumn 1979, p. 198-201.

5710. Audet, Noël, « Un théâtre de coulisses », *Jeu,* nᵒ 13, automne 1979, p. 82-91.

5711. Bessette, Émile, «*Le Pays théâtral* », *Jeu,* nᵒ 13, automne 1979, p. 101-104.

5712. David, Gilbert, « Productions Jean-Claude Germain (au Théâtre d') Aujourd'hui. Histoires et rêves », *Jeu,* nᵒ 13, automne 1979, p. 5-6.

5713. David, Gilbert et Francine Noël, « Entretiens, 2 : un Théâtre d'Aujourd'hui », *Jeu,* nᵒ 13, automne 1979, p. 32-57.

5714. Lavoie, Pierre, « Biobibliographie », *Jeu,* nᵒ 13, automne 1979, p. 105-141.

5715. MAILHOT, Laurent, « Jean-Claude Germain, critique », *Jeu*, n⁰ 13, automne 1979, p. 92-100.

5716. *CHARTIER, Monique, «*L'École des rêves*», *Nos livres*, vol. 10, novembre 1979, n⁰ 351.

5717. GERMAIN, Jean-Claude, « Montréal ! Montréal ! L'Étrange Métier d'écrivain montréalais », *Nous*, vol. 7, n⁰ 7, décembre 1979, p. 31.

5718. [ANONYME], « Notre théâtre à l'étranger », *Lettres québécoises*, n⁰ 16, hiver 1979-1980, p. 7.

5719. *LE BLANC, Alonzo, «*Mamours et conjugat*», *Livres et auteurs québécois, 1979*, p. 196-197.

5720. *LE BLANC, Alonzo, «*L'École des rêves*», *Livres et auteurs québécois, 1979*, p. 195-196.

5721. *BOURASSA, André-G[illes], «*L'École des rêves*», *Jeu*, n⁰ 14, [1ᵉʳ trimestre] 1980, p. 175-176.

5722. *ANDRÈS, Bernard, « Théâtre d'hier et d'aujourd'hui [*Les Nuits de l'Indiva*] », *Spirale*, n⁰ 7, mars 1980, p. 1, 4.

5723. *ROBERT, Lucie, «*L'École des rêves — Mamours et conjugat*», *Québec français*, n⁰ 38, mai 1980, p. 13.

5724. *CÔTÉ, Claire, «*L'École des rêves*», *Le Bulletin Pantoute*, n⁰ 2, juin-juillet-août 1980, p. 22.

5725. [ANONYME], « Quebec : When Suffering Was Real », *Canadian Theatre Review*, No. 27, Summer 1980, p. 118-120.

5726. *DIONNE, André, « Le Théâtre qu'on joue : *Les Nuits de l'Indiva* au Théâtre d'Aujourd'hui », *Lettres québécoises*, n⁰ 18, été 1980, p. 35.

5727. *GIRARD, Gilles, [*Mamours et conjugat — L'École des rêves*], *University of Toronto Quarterly*, Vol. 49, No. 4, Summer 1980, p. 379-380.

5728. NOËL, Francine, « Plaidoyer pour mon image », *Jeu*, n⁰ 16, [3ᵉ trimestre] 1980, p. 40-41.

5729. *FORSYTH, Louise [H.], [Three Moments in Quebec Theatre History : *Les Faux Brillants* by Félix-Gabriel Marchand and by Jean-Claude Germain], *Association for Canadian Theatre History/Association d'histoire du théâtre au Canada*, Vol. 4, No. 1, September 1980, p. 12-13.

5730. ANDRÈS, Bernard, Yves Lacroix et Lorraine HÉBERT, «*Moman*. Itinéraire pour une moman, entretien-montage avec Louisette Dussault », *Jeu*, n⁰ 17, [4ᵉ trimestre] 1980, p. 87-90.

5731. ANDRÈS, Bernard et Yves LACROIX, « Jean-Claude Germain, au Théâtre d'Aujourd'hui [Entretien] », *Voix et images*, vol. 6, n⁰ 2, hiver 1981, p. 169-187.

5732. GERMAIN, Jean-Claude et Roseline VAILLANCOURT, « Bibliographie », *Voix et images*, vol. 6, n⁰ 2, hiver 1981, p. 189-204.

5733. GOBIN, Pierre [B.], « La Sottie démultipliée », *Voix et images*, vol. 6, n⁰ 2, hiver 1981, p. 205-220.

5734. VIGEANT, Louise, «*Les Hauts et les bas d'la vie d'une diva*. Exercice de lecture sémiologique », *Voix et images*, vol. 6, n⁰ 2, hiver 1981, p. 221-233.

5735. FORSYTH, Louise [H.], « Three Moments in Quebec Theatre History : *Les Faux Brillants* by Félix-Gabriel Marchand and by Jean-Claude Germain », *Theatre History in Canada/ Histoire du théâtre au Canada*, Vol. 2, No. 1, Spring 1981, p. 3-18.

5736. FRANCOEUR, Louis, « Théâtre, culture et sémiotique », *Études littéraires*, vol. 14, n⁰ 1, avril 1981, p. 173-178.

5737. *DIONNE, André, « Le Théâtre qu'on joue : *Le Sot d'Ostie* », *Lettres québécoises*, n⁰ 24, hiver 1981-1982, p. 44.

5738. GERMAIN, Jean-Claude, « Le Couché, le debout et le francophone », *Le Pays théâtral*, vol. 6, n⁰ 1, saison 1982-1983, p. [1-4].

5739. *DUMAS, Hélène et René GINGRAS, « Carrefour-Festival du théâtre d'amateurs ou le Vrai Théâtre vs la vraie vie [*Diguidi, diguidi, ha ! ha ! ha !*] », *Jeu*, n⁰ 24, 3ᵉ trimestre 1982, p. 38-39.

5740. USMIANI, Renate, « The Playwright as Historiographer : New Views of the Past in Contemporary Quebecois Drama », *Canadian Drama/L'Art dramatique canadien*, Vol. 8, No. 2, [Fall] 1982, p. 118-127.

GERMAIN, Paul

5741. *GAULIN, André, «*À corps et à cris*», *Québec français*, n° 42, mai 1981, p. 17.
5742. *GIGUÈRE, Richard, « La Poésie acadienne et ontarienne de langue française. Un pari pour la vie [*À corps et à cris*] », *Lettres québécoises*, n° 22, été 1981, p. 34.

GÉRÔME, Madeleine

5743. *RUSSELL, D.W., «*Jouer sa vie*, surtout au lit », *Journal of Canadian Fiction*, No. 25-26, 1979, p. 290-293.

GERVAIS, Albert

5744. ROUSSEAU, Guildo, « La Mauricie et ses romanciers », *Revue d'histoire littéraire du Québec et du Canada français*, n° 3, hiver-printemps 1982, p. 54-55.

GERVAIS, Guy

5745. *D'ALFONSO, Antonio, «*Gravité, poèmes 1967-1973*», *Nos livres*, vol. 13, août-septembre 1982, n° 335.

GERVAIS, Jean

5746. *[ANONYME], «*Charivari* [Le Théâtre de l'Avant-Pays] », *CEAD. Dramaturgies nouvelles*, vol. 3, n° 3, avril 1982, [s.p.].

GÉVRY, Gérard

5747. *MAUREL, Dominique, «*L'Homme sous vos pieds*», *Nos livres*, vol. 13, août-septembre 1982, n° 336.

GHALEM, Nadia

5748. *WHITFIELD, Agnès, «*Les Jardins de cristal*», *Livres et auteurs québécois, 1981*, p. 51-52.
5749. *COSSETTE, Gilles, «*L'Oiseau de fer*», *Lettres québécoises*, n° 26, été 1982, p. 29.

GIGUÈRE, Denis

5750. *[ANONYME], «*Attachez vos rêves, on vous emmène !*», *CEAD. Dramaturgies nouvelles*, vol. 4, n° 1, novembre 1982, [s.p.].

GIGUÈRE, Diane

5751. *GODARD, Barbara, «*Wings in the Wind*», *Waves*, Vol. 7, No. 3, Spring 1979, p. 76-79.
5752. *GRADY, Wayne, « Toothless Dragon, Aimless Flight : *Wings in the Wind*», *Books in Canada*, Vol. 8, No. 4, April 1979, p. 8.
5753. *MINNI, C.D., «*Wings in the Wind*», *Canadian Author and Bookman*, Vol. 54, No. 4, August 1979, p. 33.
5754. *STRATFORD, Philip, « Existential Vertigo [*Wings in the Wind*] », *Essays on Canadian Writing*, No. 16, Fall-Winter 1979, p. 213-218.
5755. COLLET, Paulette, « Les Romancières québécoises des années 60 face à la maternité », *Atlantis*, Vol. 5, No. 2, Spring 1980, p. 131-141.
5756. *O'CONNOR, John J., [*Wings in the Wind*], *University of Toronto Quarterly*, Vol. 49, No. 4, Summer 1980, p. 388-390.
5757. CHOUL, Jean-Claude et Michel de SMET, [*Le Temps des jeux*], *Voix et images*, vol. 6, n° 1, automne 1980, p. 131-134.

5758. VERDUYN, Christl, « Looking Back to Lot's Wife [*Whirlpool*] », *Atlantis*, Vol. 6, No. 2, Spring 1981, p. 38, 44-45.

GIGUÈRE, Georges-Émile

5759. *DUSSAULT, Gilles, «*Lionel Groulx. Une biographie* », *Recherches sociographiques*, vol. 20, n⁰ 3, septembre-décembre 1979, p. 417.

GIGUÈRE, Richard

5760. *MOISAN, Clément, «*Réception critique de textes littéraires québécois* », *Livres et auteurs québécois, 1982*, p. 204-205.

GIGUÈRE, Roland

5761. LEMAIRE, Michel, « Multiple Giguère [*Forêt vierge folle*] », *Lettres québécoises*, n⁰ 13, février 1979, p. 17-18.
5762. HÉBERT, François, « Roland Giguère », *Liberté*, vol. 21, n⁰ 2, mars-avril 1979, p. 124-127.
5763. FISETTE, Jean, « Qu'est-ce que lire ? Sinon l'entreprise illusoire de colmater les brèches », *Voix et images*, vol. 4, n⁰ 3, avril 1979, p. 506-530.
5764. *PONTBRIAND, Jean-Noël, «*Forêt vierge folle* », *Québec français*, n⁰ 34, mai 1979, p. 9.
5765. *BONENFANT, Yvon, «*Forêt vierge folle* », *Nos livres*, vol. 10, juin-juillet 1979, n⁰ 215.
5766. *GIGUÈRE, Richard, [*Forêt vierge folle*], *University of Toronto Quarterly*, Vol. 48, No. 4, Summer 1979, p. 354-355.
5767. *CLOUTIER, Guy, « Pour nourrir tes oiseaux il faut faire son propre pain [*Forêt vierge folle*] », *La Nouvelle Barre du jour*, n⁰ 81, septembre 1979, p. 82-86.
5768. *MARTIN, André, « De l'âge de la parole à l'âge de l'image [*Forêt vierge folle*] », *Vie des arts*, vol. 24, n⁰ 97, hiver 1979-1980, p. 89.
5769. *ALMÉRAS, Diane, « Folie de poète [*Forêt vierge folle*] », *Relations*, vol. 40, n⁰ 465, décembre 1980, p. 343.
5770. *KRÖLLER, Eva-Marie, «*Forêt vierge folle* », *Canadian Literature*, No. 87, Winter 1980, p. 132-134.
5771. *GIGUÈRE, Richard, [*Le Coeur dans l'aile*], *Livres et auteurs québécois, 1980*, p. 128-129.
5772. BEAUSOLEIL, Claude, « Roland Giguère. Les Textes de l'oeil », *La Petite Revue de philosophie*, vol. 2, n⁰ 2, printemps 1981, p. 37-40.
5773. HÉBERT, François, « Les Falaises de l'oeil », *Liberté*, vol. 24, n⁰ 1, janvier-février 1982, p. 34-37.
5774. MALENFANT, Paul-Chanel, « [Présentation de sa thèse de doctorat], La Partie et le tout. Parcours de lecture chez Fernand Ouellette et Roland Giguère », *Revue d'histoire littéraire du Québec et du Canada français*, n⁰ 3, hiver-printemps 1982, p. 146-148.
5775. *CHAMBERLAND, Roger, «*À l'orée de l'oeil* », *Québec français*, n⁰ 45, mars 1982, p. 16-17.
5776. *DAIGNEAULT, Gilles, « À la gloire de la main. *À l'orée de l'oeil* », *Vie des arts*, vol. 27, n⁰ 107, été 1982, p. 87.

GILLIOT, Geneviève

5777. LAMARCHE, Jacques, « Geneviève Gilliot vit dans nos livres », *Lettres québécoises*, n⁰ 16, hiver 1979-1980, p. 9.

GINGRAS, René

5778. *[ANONYME], «*Syncope* », *CEAD. Dramaturgies nouvelles*, vol. 3, n⁰ 3, avril 1982, [s.p.].

GIRARD, Gilles

5779. *LAFON[-WEISS], Dominique, «*L'Univers du théâtre* », *Jeu*, n⁰ 10, hiver 1979, p. 131-134.

5780. *GODIN, Jean-Cléo, «L'Univers du théâtre», Québec français, n⁰ 34, mai 1979, p. 9-10.

5781. *WILSON, W.D., «L'Univers du théâtre», Canadian Drama/L'Art dramatique canadien, Vol. 5, No. 2, Autumn 1979, p. 227-230.

5782. *FÉRAL, Josette, «L'Univers du théâtre», Études littéraires, vol. 13, n⁰ 3, décembre 1980, p. 569-571.

GIRARD, Marie-Rose

5783. LEPAGE, Yvan-G., « Le Cas des Mémoires de Marie-Rose Girard », Revue d'histoire littéraire du Québec et du Canada français, n⁰ 4, été-automne 1982, p. 100-106.

GIRARD, Rémi

5784. *BORDELEAU, Christian, « Sors-moi donc ! [La Déprime] », Le Berdache, n⁰ 27, février 1982, p. 63.

GIRARD, Rodolphe

5785. SHEK, Ben-Zion, «Marie Calumet (1904) Revisited (1973) : The Ups and Downs of 'Modernism' », Essays on Canadian Writing, No. 15, Summer 1979, p. 111-119.

5786. *BELLEMARE, Madeleine, «Marie Calumet», Nos livres, vol. 11, février 1980, n⁰ 39.

5787. DE LA FONTAINE, Gilles, « Le Mythe de l'Iroquoise dans le conte écrit de la Mauricie », Revue d'histoire littéraire du Québec et du Canada français, n⁰ 3, hiver-printemps 1982, p. 67-68.

5788. ROUSSEAU, Guildo, « La Mauricie et ses romanciers », Revue d'histoire littéraire du Québec et du Canada français, n⁰ 3, hiver-printemps 1982, p. 51-52.

GIROUARD, Laurent

5789. MICHON, Jacques, « Fonctions et historicité des formes romanesques », Études littéraires, vol. 14, n⁰ 1, avril 1981, p. 72-74.

GIROUX, Aline

5790. *JANOËL, André, «Laconies», Nos livres, vol. 12, août-septembre 1981, n⁰ 351.

GIROUX, André

5791. *BELLEMARE, Madeleine, «Au delà des visages», Nos livres, vol. 10, octobre 1979, n⁰ 309.

5792. *PAUL, Raymond, «Au delà des visages», Livres et auteurs québécois, 1979, p. 47.

5793. MICHON, Jacques, « Fonctions et historicité des formes romanesques », Études littéraires, vol. 14, n⁰ 1, avril 1981, p. 70-72.

GIROUX, Robert

5794. *BONENFANT, Joseph, « Notes sur la poésie [L'Appel d'air] », Voix et images, vol. 6, n⁰ 3, printemps 1981, p. 483.

5795. *CIVIL, Jean, « Afin que la parole demeure [L'Appel d'air] », Grimoire, vol. 4, n⁰ 4, avril 1981, p. 10.

5796. *GALLAYS, François, «Sémiotique de la poésie québécoise», Livres et auteurs québécois, 1981, p. 204-205.

5797. BASTIN, Agnès, « Robert Giroux », Grimoire, vol. 5, n⁰ 2, février 1982, p. 10-11.

5798. *MUIR, Michel, «L'Oeuf sans jaune, itinéraire poético-existentiel d'un enfant issu du ciel phrasé ! », Grimoire, vol. 5, n⁰ 9, décembre 1982, p. 6-7.

5799. *BOUVIER, Luc, «L'Oeuf sans jaune », Livres et auteurs québécois, 1982, p. 115-116.

GOBIN, Pierre [B.]

5800. *LE BLANC, Alonzo, «*Le Fou et ses doubles. Figures de la dramaturgie québécoise*», *Québec français*, n⁰ 33, mars 1979, p. 12.

5801. *MICHON, Jacques, «*Le Fou et ses doubles. Figures de la dramaturgie québécoise*», *Lettres québécoises*, n⁰ 14, avril-mai 1979, p. 31-33.

5802. *ANDRÈS, Bernard, «*Le Fou et ses doubles. Figures de la dramaturgie québécoise*», *University of Toronto Quarterly*, Vol. 48, No. 4, Summer 1979, p. 459-460.

5803. *GIRARD, Gilles, [*Le Fou et ses doubles. Figures de la dramaturgie québécoise*], *University of Toronto Quarterly*, Vol. 48, No. 4, Summer 1979, p. 378.

5804. *USMIANI, Renate, [*Le Fou et ses doubles. Figures de la dramaturgie québécoise*], *Canadian Review of Comparative Literature/Revue canadienne de littérature comparée*, Vol. 7, No. 1, Winter 1980, p. 133-137.

5805. *FORSYTH, Louise H., [*Le Fou et ses doubles. Figures de la dramaturgie québécoise*], *Theatre History in Canada/Histoire du théâtre au Canada*, Vol. 1, No. 1, Spring 1980, p. 72-75.

5806. *RUSSELL, D.W., «*Le Fou et ses doubles. Figures de la dramaturgie québécoise*», *Canadian Literature*, No. 85, Summer 1980, p. 130-131.

5807. *ANDRÈS, Bernard, «*Le Fou et ses doubles. Figures de la dramaturgie québécoise*», *Jeu*, n⁰ 17, [4ᵉ trimestre] 1980, p. 124-126.

GODBOUT, Jacques

5808. *GRADY, Wayne, « Toothless Dragon, Aimless Flight : *Dragon Island*», *Books in Canada*, Vol. 8, No. 4, April 1979, p. 8.

5809. GODBOUT, Jacques, « Pre-Election Dragon », *Books in Canada*, Vol. 8, No. 6, June-July 1979, p. 32.

5810. GRADY, Wayne, « Wayne Grady Replies », *Books in Canada*, Vol. 8, No. 6, June-July 1979, p. 32.

5811. HATHORN, Ramon, « Angles on Saxons : A Study of the Anglo-Saxons in Québec Fiction », *Journal of Canadian Fiction*, No. 25-26, 1979, p. 274-275.

5812. JUÉRY, René, « Étude du discours dans *Salut Galarneau* », *Journal of Canadian Fiction*, No. 25-26, 1979, p. 237-253.

5813. BABY, François, Louise Milot et Denis SAINT-JACQUES, « Jacques Godbout rencontre *IXE-13* ou Du texte au film, quelles transformations », *Études littéraires*, vol. 12, n⁰ 2, août 1979, p. 285-302.

5814. CHÉHADÉ, Bichara, « À Jacques Godbout », *L'Actualité*, vol. 4, n⁰ 9, septembre 1979, p. 2.

5815. JUÉRY, René, « Le Discours de Galarneau », *Voix et images*, vol. 5, n⁰ 1, automne 1979, p. 33-49.

5816. RENAUD, André, « Entrevue avec Jacques Godbout », *Voix et images*, vol. 5, n⁰ 1, automne 1979, p. 17-32.

5817. R[ENAUD], A[ndré], « Jacques Godbout romancier. Le Voyage, le dragon et l'Amérique », *Voix et images*, vol. 5, n⁰ 1, automne 1979, p. 5-15.

5818. RACINE, Benoît-André, « De stériles chinoiseries d'écriture », *L'Actualité*, vol. 4, n⁰ 10, octobre 1979, p. 4.

5819. MAY, Cedric, « Canadian Writing : Beautiful Losers in Presqu'Amérique », *Bulletin of Canadian Studies*, Vol. 3, No. 2, November 1979, p. 11-13, 15.

5820. STEUR, W.R., « Des critères paroissiaux », *L'Actualité*, vol. 4, n⁰ 12, décembre 1979, p. 2.

5821. *O'CONNOR, John J., [*Dragon Island*], *University of Toronto Quarterly*, Vol. 49, No. 4, Summer 1980, p. 393.

5822. *MEZEI, Kathy, [*Dragon Island*], *Canadian Literature*, No. 86, Autumn 1980, p. 119-121.

5823. *HATHORN, Ramon, [*Le Couteau sur la table*], *Voix et images*, vol. 6, n⁰ 1, automne 1980, p. 101, 103, 111-112.

5824. *V[ANASSE], A[ndré], «*Salut Galarneau* en livre de poche », *Lettres québécoises*, n° 20, hiver 1980-1981, p. 104.

5825. BOND, David J., « Jacques Godbout and the Nature of Reality », *Journal of Canadian Fiction*, No. 31-32, 1981, p. 203-217.

5826. PELLETIER, Jacques, « La Problématique nationaliste dans l'oeuvre romanesque de Jacques Godbout », *Voix et images*, vol. 6, n° 3, printemps 1981, p. 435-451.

5827. MICHON, Jacques, « Fonctions et historicité des formes romanesques », *Études littéraires*, vol. 14, n° 1, avril 1981, p. 72-74.

5828. *PELLETIER, Jacques, «*Les Têtes à Papineau* », *Livres et auteurs québécois, 1981*, p. 52-53.

5829. *MARCOTTE, Gilles, « Jacques Godbout. Un tête-à-tête avec Papineau [*Les Têtes à Papineau*] », *L'Actualité*, vol. 7, n° 1, janvier 1982, p. 67.

5830. [ANONYME], « Deux Portraits d'écrivains », *Littérature du Québec*, n° 1, [1er semestre] 1982, p. 7.

5831. *DORION, Gilles, «*Les Têtes à Papineau* », *Québec français*, n° 45, mars 1982, p. 10.

5832. SMITH, Donald, « Jacques Godbout et la transformation de la réalité », *Lettres québécoises*, n° 25, printemps 1982, p. 52-61.

5833. *MAUGEY, Axel, «*Les Têtes à Papineau* », *Relations*, vol. 42, n° 479, avril 1982, p. 107.

5834. SMART, Patricia, « Culture, Revolution and Politics in Quebec », *The Canadian Forum*, Vol. 62, No. 718, May 1982, p. 7-10.

5835. *MICHON, Jacques, [*Les Têtes à Papineau*], *University of Toronto Quarterly*, Vol. 51, No. 4, Summer 1982, p. 339-340.

5836. *BÉLISLE, Jacques, «*Les Têtes à Papineau* de Jacques Godbout », *L'Écrilu*, vol. 2, n° 1, juillet 1982, p. 15.

5837. [ANONYME], « Salut Jacques Godbout... en deux cahiers d'écoliers », *Acte 1 [NCT]*, [n° 2], 20 septembre 1982, p. 14-17.

5838. BELLEMARE, Yvon, « La 'Cosmogonie' romanesque de Jacques Godbout », *Écriture française dans le monde*, vol. 4, n° 2-3, décembre 1982, p. 7-10.

5839. *BOIVIN, Aurélien, « La Littérature du Québec entre le 'Folio' et le 'Point' [*Salut Galarneau !*] », *Québec français*, n° 48, décembre 1982, p. 14.

GODIN, Gérald

5840. BENARROSH, Penny et Victor TEBOUL, « Gérald Godin : 'Il y a 80 nations au Québec' », *Jonathan*, n° 2, décembre 1981, p. 8.

GODIN, Jean-Cléo

5841. *AUBIN, Anne-Marie, « Reflet de dix ans d'activités théâtrales au Québec [*Théâtre québécois*, t. 2 : *Nouveaux Auteurs, autres spectacles*] », *Trajectoires*, n° 7, 1er mars-1er avril 1980, p. 14-15.

5842. *RUSSELL, D.W., «*Théâtre québécois*, t. 2 : *Nouveaux Auteurs, autres spectacles* », *Canadian Drama/L'Art dramatique canadien*, Vol. 6, No. 2, Fall 1980, p. 324-326.

5843. *GOBIN, Pierre [B.], «*Théâtre québécois*, t. 2 : *Nouveaux Auteurs, autres spectacles* », *Jeu*, n° 17, [4e trimestre] 1980, p. 123-124.

5844. *ROBERT, Lucie, «*Théâtre québécois*, t. 2 : *Nouveaux Auteurs, autres spectacles* », *Québec français*, n° 39, octobre 1980, p. 12.

5845. *LORD, Michel, «*Théâtre québécois*, t. 2 : [*Nouveaux Auteurs, autres spectacles*] », *Lettres québécoises*, n° 20, hiver 1980-1981, p. 40-41.

5846. *ROBERT, Lucie, «*Théâtre québécois*, t. 2 : [*Nouveaux Auteurs, autres spectacles*] », *Livres et auteurs québécois, 1980*, p. 194-197.

5847. *BOURASSA, André-G[illes], «*Théâtre québécois*, t. 2 : *Nouveaux Auteurs, autres spectacles* », *Revue d'histoire littéraire du Québec et du Canada français*, n° 2, 1980-1981, p. 162-165.

5848. *WEISS, Jonathan M., «*Théâtre québécois*, t. 2 : [*Nouveaux Auteurs, autres spectacles*] », *Canadian Literature*, No. 88, Spring 1981, p. 119-121.

5849. *BEAULNE, Guy, «*Théâtre québécois*, t. 2 : *Nouveaux Auteurs, autres spectacles* », *Theatre History in Canada/Histoire du théâtre au Canada*, Vol. 2, No. 1, Spring 1981, p. 59-63.

5850. *DOUCETTE, L[éonard] E., [*Théâtre québécois*, t. 2 : *Nouveaux Auteurs, autres spectacles*], *University of Toronto Quarterly*, Vol. 50, No. 4, Summer 1981, p. 182-183.

5851. *GIRARD, Gilles, [*Théâtre québécois*, t. 2 : *Nouveaux Auteurs, autres spectacles*], *University of Toronto Quarterly*, Vol. 50, No. 4, Summer 1981, p. 74-75.

5852. *MOISAN, Clément, «*Lectures européennes de la littérature québécoise* », *Livres et auteurs québécois, 1982*, p. 201-203.

GODIN, Marcel

5853. *CANTIN, Léonce, «*Confettis* », *Livres et auteurs québécois, 1980*, p. 37-39.

GODIN, Pierre

5854. *[ANONYME], [*La Lutte pour l'information*], *Québec Hebdo*, vol. 3, n⁰ 47, 7 décembre 1981, p. 4.

5855. *SAUVAGEAU, Florian, «*La Lutte pour l'information* », *Livres et auteurs québécois, 1981*, p. 284-285.

5856. *[ANONYME], [*La Lutte pour l'information. Histoire de la presse écrite au Québec*], *Reflets*, vol. 3, n⁰ 5, janvier 1982, p. 20.

GOSSELIN, Louis

5857. *[ANONYME], «*Clan-Radio bonjour !* », *CEAD. Dramaturgies nouvelles*, vol. 3, n⁰ 1, septembre 1981, p. 7.

GOUANVIC, Jean-Marc

5858. [ANONYME], « J[ean]-M[arc] Gouanvic. Entrevue avec le directeur de la revue *Imagine...* », *Infos*, n⁰ 3, printemps 1981, p. [5-8].

5859. CARPENTIER, André, « 'Qui suis-je qui me nourris du pain des oiseaux ?' [Entrevue] », *Imagine*, vol. 3, n⁰ 3, printemps 1982, p. 47-50.

5860. GOUANVIC, Jean-Marc, « L'Uchronie, histoire alternative et science-fiction. Rencontre avec Marc Angenot, Darko Suvin et Jean-Marc Gouanvic (animateur) », *Imagine*, vol. 4, n⁰ 1, automne 1982, p. 28-34.

GOUIN, Suzanne

5861. *LAMARRE, André, «*Le Ciel amoureux* », *Livres et auteurs québécois, 1980*, p. 228-229.

GOULET, Pierre

5862. *BELLEMARE, Madeleine, «*Les Lois de la pesanteur* », *Nos livres*, vol. 10, février 1979, n⁰ 55.

5863. *GIRARD, Gilles, [*Les Lois de la pesanteur*], *University of Toronto Quarterly*, Vol. 48, No. 4, Summer 1979, p. 378.

5864. *RIPLEY, John, «*Les Lois de la pesanteur* », *Canadian Literature*, No. 85, Summer 1980, p. 114-116.

5865. [ANONYME], « Gros Plan sur l'homme », *Acte 1*, [n⁰ 3], [septembre 1981], p. 18-20.

5866. [ANONYME], « Les Premières Armes d'un jeune auteur, Pierre Goulet », *Acte 1*, [n⁰ 3], [septembre 1981], p. 18-19.

5867. [ANONYME], «*Pontiac* superstar », *Châtelaine*, vol. 23, n⁰ 4, avril 1982, p. 25.

5868. *GRUSLIN, Adrien, « Quand les textes dramatiques laissent à désirer [*Pontiac*] », *Spirale*, n⁰ 26, juin 1982, p. 11.

5869. *DAVID, Gilbert, «*Pontiac* », *Jeu*, n⁰ 24, 3ᵉ trimestre 1982, p. 117.

5870. *LÉPINE, Stéphane, «*Pontiac*», *Nos livres*, vol. 13, octobre 1982, n° 385.

GOULET-COURCHAINE, Marie-Thérèse [pseud. : Manie-Tobie]

5871. *LAPRÉS, Raymond, [*Manie-Tobie, femme du Manitoba*], *Nos livres*, vol. 11, mars 1980, n° 88.

GOUPIL, Laval

5872. MAILHOT, Laurent, « Laval Goupil, fabulateur et fabuliste, jeune et vieux renard », *Si que*, n° 4, automne 1979, p. 47-55.

GOYETTE, Jocelyne

5873. *STANTON, Julie, «*Ma p'tite vache a mal aux pattes*», *La Gazette des femmes*, vol. 2, n° 8, mars 1981, p. 5.
5874. *AUBRY, Suzanne, «*O solo mio [Ma p'tite vache a mal aux pattes]*», *Le Pays théâtral*, vol. 5, n° 2, saison 1981-1982, p. [3].
5875. HÉBERT, Lorraine, « Les Risques du close-up [*Ma p'tite vache a mal aux pattes*] », *La Vie en rose*, [vol. 2, n° 2], juin-juillet-août 1981, p. 49.
5876. KING, Deirdre, « Domination and Resistance : Women Playwrights in Québec », *The Canadian Forum*, Vol. 61, No. 712, September-October 1981, p. 44.
5877. *JEAN, André, «*Ma p'tite vache a mal aux pattes*», *Livres et auteurs québécois, 1981*, p. 175-176.
5878. *MICHAUD, Ginette, «*Ma p'tite vache a mal aux pattes*»,·*Jeu*, n° 22, 1er trimestre 1982, p. 142-144.
5879. *GIRARD, Gilles, [*Ma p'tite vache a mal aux pattes*], *University of Toronto Quarterly*, Vol. 51, No. 4, Summer 1982, p. 388.
5880. GUÉNÉTTE, Maryse, « Quatre Comédiennes qui se jouent [*Ma p'tite vache a mal aux pattes*] », *Châtelaine*, vol. 23, n° 7, juillet 1982, p. 70-74.

GRANDBOIS, Alain

5881. GALLAYS, François, «*Les Îles de la nuit*. Prestiges d'un titre », *Incidences*, vol. 2-3, n° 1, janvier-avril 1979, p. 23-35.
5882. GALLAYS, François, « Louis Jolliet vu par Alain Grandbois ou l'Histoire au service du mythe », *Voix et images*, vol. 5, n° 1, automne 1979, p. 65-86.
5883. *BELLEMARE, Madeleine, «*Les Voyages de Marco Polo*», *Nos livres*, vol. 10, octobre 1979, n° 310.
5884. *LEMAIRE, Michel, «*Poèmes*», *Livres et auteurs québécois, 1979*, p. 123-125.
5885. *N[EPVEU], P[ierre], [*Poèmes*], *Lettres québécoises*, n° 17, printemps 1980, p. 86.
5886. *[ANONYME], «*Poèmes*», *Québec Hebdo*, vol. 2, n° 32, 1er septembre 1980, p. 4.
5887. *LEMAIRE, M[ichel], « Inédits d'Alain Grandbois [*Délivrance du jour et autres inédits*] », *Lettres québécoises*, n° 20, hiver 1980-1981, p. 104.
5888. GARNEAU, René, « Valeur et dimension du silence chez Grandbois », *Écrits du Canada français*, n° 43, 1981, p. 9-18.

GRANDBOIS, Madeleine

5889. IMBERT, Patrick, «*Marie de l'hospice* de Madeleine Grandbois », *Lettres québécoises*, n° 19, automne 1980, p. 67-68.

GRAND'MAISON, Jacques

5890. *JANOËL, André, «*Quelle société ?*», *Nos livres*, vol. 10, avril 1979, n° 131.
5891. *LAPRÉS, Raymond, «*Quel homme ?*», *Nos livres*, vol. 10, mai 1979, n° 179.

5892. *CARTIER, Éric, « Pour l'amour du Québec [*La Nouvelle Classe et l'avenir du Québec*] », *Antennes*, vol. 4, n° 15-16, 3e-4e trimestres 1979, p. 63.

5893. *DUMAIS, Alfred, «*Au seuil d'un âge critique* », *Livres et auteurs québécois, 1979*, p. 303-304.

5894. *LAURIN-FRENETTE, Nicole, «*La Nouvelle Classe et l'avenir du Québec* », *Recherches sociographiques*, vol. 21, n° 1-2, janvier-août 1980, p. 151-162.

5895. *BONENFANT, Joseph, [*Une foi ensouchée dans ce pays*], *Voix et images*, vol. 5, n° 3, printemps 1980, p. 608.

5896. *[ANONYME], «*Le Roc et la source* », *L'Atulu*, vol. 2, n° 6, juin 1980, p. 5.

5897. *[ANONYME], [*Le Roc et la source*], *Le Médecin du Québec*, vol. 15, n° 7, juillet 1980, p. 25.

5898. *BERGERON, Henri-Paul, «*La Nouvelle Classe et l'avenir du Québec* », *Nos livres*, vol. 11, décembre 1980, n° 39.

5899. *DUMAIS, Alfred, «*Un nouveau contrat social* », *Livres et auteurs québécois, 1980*, p. 264-265.

5900. *BERGERON, Henri-Paul, «*De quel droit ?*, t. 2 : la Pratique sociale* », *Nos livres*, vol. 12, janvier 1981, n° 23.

5901. *BERGERON, Henri-Paul, «*De quel droit ?*, t. 1 : les Fondements critiques* », *Nos livres*, vol. 12, janvier 1981, n° 22.

5902. *MELANSON, Brian et Alain PRONKIN, «*Un nouveau contrat social* », *Nos livres*, vol. 12, février 1981, n° 60.

5903. *RACINE, Jacques, «*Un nouveau contrat social* », *L'Église canadienne*, vol. 14, n° 11, 5 février 1981, p. 351.

5904. *SUTHERLAND, Ronald, «*Une foi ensouchée dans ce pays* », *Canadian Literature*, No. 88, Spring 1981, p. 92-93.

5905. *LEROUX, Georges, «*De quel droit ?* », *Voix et images*, vol. 6, n° 3, printemps 1981, p. 501-504.

5906. *[ANONYME], «*La Révolution affective et l'homme d'ici* », *L'Atulu*, vol. 4, n° 6, juin 1982, p. 18.

5907. *[ANONYME], «*La Révolution affective et l'homme d'ici* », *Québec Hebdo*, vol. 4, n° 23, 28 juin 1982, p. 4.

5908. *OUELLETTE-MICHALSKA, Madeleine, «*La Révolution affective et l'homme d'ici* », *Châtelaine*, vol. 23, n° 10, octobre 1982, p. 12.

5909. *LAPRÉS, Raymond, «*La Révolution affective et l'homme d'ici* », *Nos livres*, vol. 13, octobre 1982, n° 386.

5910. *BERNIER, Christiane, «*La Révolution affective et l'homme d'ici* », *Perception*, vol. 6, n° 2, novembre-décembre 1982, p. 30.

5911. *VERTHUY, Maïr, «*La Révolution affective et l'homme d'ici* », *Livres et auteurs québécois, 1982*, p. 296-297.

GRAND-MAISON, Roseline

5912. *PAINCHAUD, Clotilde T.-L., «*Où est le trou du rocher Percé ?* », *Grimoire*, vol. 4, n° 9, décembre 1981, p. 8.

5913. *DUPUIS, Gilbert, «*Où est le trou du rocher Percé ?* », *Urgences*, n° 4, 2e trimestre 1982, p. 89-91.

5914. *COSTISELLA, Robert, «*Où est le trou du rocher Percé ?* », *Gaspésie*, vol. 20, n° 3, juillet-septembre 1982, p. 42.

GRAND-PÈRE CAILLOUX [pseud. de André Cailloux]

5915. *WARREN, Louise, «*Je te laisse une caresse — Mon petit lutin s'endort* », *Dérives*, n° 17-18, [2e trimestre] 1979, p. 97.

5916. *ROBERGE, Hélène, «*Lune en or — Mon grand-père a un jardin — Fleurs et Frimas* », *Livres et auteurs québécois, 1979*, p. 255-257.

5917. *CHARTIER, Monique, «*Fleurs et Frimas*», *Nos livres*, vol. 11, février 1980, n⁰ 54.

5918. *LEDOUX, Danielle, [*Lune en or — Mon grand-père a un jardin*], *Lurelu*, vol. 3, n⁰ 1, printemps 1980, p. 8.

5919. *DOSTALER, Henriette, [*Mon grand-père a un jardin*], *Des livres et des jeunes*, vol. 2, n⁰ 6, juin 1980, p. 40.

5920. *ROBERGE, Hélène, [*Je te laisse une caresse — Mon petit lutin s'endort — Comptines traditionnelles du Canada français — La Poulette grise*], *Des livres et des jeunes*, vol. 2, n⁰ 6, juin 1980, p. 38-39.

5921. *LECLERC, Rachel, [*Lune en or — Mon grand-père a un jardin*], *Le Temps fou*, n⁰ 10, juin-juillet-août 1980, p. 61.

5922. *LARUE, Monique, «*Les Aventures de Frizelis*», *Livres et auteurs québécois, 1980*, p. 224-225.

5923. *C[ORRIVEAU], B[ernadette], [*Les Aventures de Frizelis*], *Des livres et des jeunes*, vol. 3, n⁰ 8, hiver 1981, p. 42.

5924. *CHARTIER, Monique, «*Les Aventures de Frizelis*», *Nos livres*, vol. 12, janvier 1981, n⁰ 6.

5925. *LEDOUX, Danielle, «*Les Aventures de Frizelis*», *Lurelu*, vol. 4, n⁰ 3, automne 1981, p. 9.

5926. *CHARETTE, Christiane, [*Tombé des étoiles*], *Lurelu*, vol. 5, n⁰ 1, printemps-été 1982, p. 16.

GREFFARD, Madeleine

5927. *BOURASSA, André-G[illes], « Le Lourd Passif des hommes. *Passé dû* de Madeleine Greffard », *Lettres québécoises*, n⁰ 19, automne 1980, p. 36-38.

5928. KING, Deirdre, « Domination and Resistance : Women Playwrights in Québec », *The Canadian Forum*, Vol. 61, No. 712, September-October 1981, p. 44, 46.

5929. *[ANONYME], «*Pour toi je changerai le monde*», *CEAD. Dramaturgies nouvelles*, vol. 3, n⁰ 1, septembre 1981, p. 8.

GRÉGOIRE, Henriette

5930. *LÉVESQUE, Gaëtan, «*L'Homme du pire-vire*», *Lettres québécoises*, n⁰ 27, automne 1982, p. 98.

5931. *JANOËL, André, «*L'Homme du pire-vire*», *Nos livres*, vol. 13, octobre 1982, n⁰ 387.

5932. *BOIVIN, Aurélien, «*L'Homme du pire-vire*», *Québec français*, n⁰ 47, octobre 1982, p. 7.

GRÉGOIR [pseudonyme]

5933. *SAUVÉ, Élaine, «*Le Pays enchanté ou les Sept Jours d'Élizébar*», *Lurelu*, vol. 5, n⁰ 1, printemps-été 1982, p. 9.

GRENIER, Armand [pseud. : Florent Laurin]

5934. *JANELLE, Claude, « Science-Fiction et fantastique au Québec. Le Salut par le Nord [*Erres boréales*] », *Solaris*, vol. 8, n⁰ 5, septembre-octobre 1982, p. 22-23.

GRIGNON, Claude-Henri

5935. *CORMIER, Gilles, «*Le Déserteur et autres récits de la terre*», *Le Bulletin des agriculteurs*, vol. 61, février 1979, p. 59.

5936. *BEAUDOIN, Léo, «*Le Déserteur et autres récits de la terre*», *Nos livres*, vol. 10, février 1979, n⁰ 56.

5937. [ANONYME], « Les Insolences de Claude-Henri Grignon », *Ici Radio-Canada. Télévision*, vol. 13, n⁰ 9, 24 février-2 mars 1979, p. 7.

5938. *BOIVIN, Aurélien, «*Le Déserteur et autres récits de la terre*», *Québec français*, n⁰ 34, mai 1979, p. 6-7.

5939. *P[AGÉ], J[ocelyn], «*Le Déserteur et autres récits de la terre*», *Focus*, n° 23, juin 1979, p. 59.

5940. [ANONYME], «*Un homme et son péché*», *Lettres québécoises*, n° 17, printemps 1980, p. 8.

5941. *O'CONNOR, John J., [*The Woman and the Miser*], *University of Toronto Quarterly*, Vol. 49, No. 4, Summer 1980, p. 396.

5942. *O[UIMET], L[ucile], [*Un homme et son péché — Les Belles Histoires des pays d'en haut*], *Vie des arts*, vol. 25, n° 99, été 1980, p. 83.

5943. GOUIN, Jacques, «Littérature des pays d'en haut», *Cahiers d'histoire des pays d'en haut*, vol. 3, n° 12, novembre 1981, p. 30-37.

5944. ROUXEL, Pierre, «L'Oeuvre écrite de Claude-Henri Grignon. Brève Description d'un corpus», *Bulletin du Centre de recherche en civilisation canadienne-française*, n° 23, décembre 1981, p. 21-25.

5945. GOUIN, Jacques, «Claude-Henri Grignon (1894-1976). En marge du cinquantenaire de *Un homme et son péché*», *Cahiers d'histoire des pays d'en haut*, vol. 4, n° 16, décembre 1982, p. 19-22.

GRIGNON, Edmond [pseud. : Vieux Doc, Paschal]

5946. GOUIN, Jacques, «Littérature des pays d'en haut. Edmond Grignon (Vieux Doc) (1861-1939)», *Cahiers d'histoire des pays d'en haut*, vol. 4, n° 15, septembre 1982, p. 32-35.

GRIMARD, Hélène

5947. *D'ALFONSO, Antonio, «*Haute Tension*», *Nos livres*, vol. 12, décembre 1981, n° 493.

5948. *BONENFANT, Joseph, «*Haute Tension*», *Livres et auteurs québécois, 1981*, p. 120-121.

GRISÉ, Yolande

5949. *MARCHILDON, Daniel, «Pour mieux se connaître, l'*Anthologie de textes littéraires franco-ontariens*», *Liaison*, n° 23, août-septembre 1982, p. 44.

5950. *LAURIN, Michel, «*Les Yeux en fête*», *Nos livres*, vol. 13, août-septembre 1982, n° 338.

5951. *LAURIN, Michel, «*Parli, parlo, parlons*», *Nos livres*, vol. 13, août-septembre 1982, n° 337.

5952. *LAURIN, Michel, «*Des mots pour se connaître*», *Nos livres*, vol. 13, août-septembre 1982, n° 339.

5953. *BOISSONNAULT, Pierre, «*Pour se faire un nom*», *Québec français*, n° 47, octobre 1982, p. 12.

GROLEAU, Mireille

5954. *MARCHILDON, Daniel, «La souche repousse [*La Relève*]», *Liaison*, n° 24, octobre-novembre 1982, p. 41.

GROULX, Lionel

5955. ALLEN, Patrick, «L'Actualité sur le vif. Lionel Groulx, à Québec, en 1978, comme en 1937», *L'Action nationale*, vol. 68, n° 6, février 1979, p. 505.

5956. GIGUÈRE, Georges-Émile, «Lionel Groulx. Bilan d'appréciations», *L'Action nationale*, vol. 68, n° 6, février 1979, p. 467-490.

5957. RIOUX, Albert, «René Chaloult et Lionel Groulx», *L'Action nationale*, vol. 68, n° 6, février 1979, p. 443-445.

5958. GUAY, Jean-Pierre, «*Journal d'un écrivain*», *La Nouvelle Barre du jour*, n° 78, mai 1979, p. 48-62.

5959. SENESE, P.M., «Catholique d'abord! Catholicism and Nationalism in the Thought of Lionel Groulx», *The Canadian Historical Review*, Vol. 60, No. 2, June 1979, p. 154-177.

5960. LUSIGNAN, Serge, « Chronique de la recherche. L'Édition critique de Lionel Groulx et l'ordinateur », *Revue d'histoire de l'Amérique française*, vol. 33, n° 1, juin 1979, p. 144-146.

5961. HATHORN, Ramon, « Angles on Saxons : A Study of the Anglo-Saxon in Québec Fiction », *Journal of Canadian Fiction*, No. 25-26, 1979, p. 270-272.

5962. WOODCOCK, George, « The Servants of Clio. Notes on Creighton and Groulx », *Canadian Literature*, No. 83, Winter 1979, p. 131-141.

5963. ATALA, Charles, « Charles Maurras et Lionel Groulx », *Libre Magazine*, n° 4, mai 1980, p. 9-11.

5964. BERGERON, Réjean et Yves DROLET, « Les Questions internationales dans les premiers inédits de Lionel Groulx (1895-1909) », *Revue d'histoire de l'Amérique française*, vol. 34, n° 2, septembre 1980, p. 245-255.

5965. *HATHORN, Ramon, [*L'Appel de la race*], *Voix et images*, vol. 6, n° 1, automne 1980, p. 107-110, 113-114.

5966. *LAURIN, Michel, «*Au cap Blomidon* », *Nos livres*, vol. 11, octobre 1980, n° 301.

5967. LACROIX, Benoît, « Édition critique de Groulx », *Revue d'histoire de l'Amérique française*, vol. 34, n° 3, décembre 1980, p. 502-504.

5968. *RICARD, François, «*Au cap Blomidon* », *Livres et auteurs québécois, 1980*, p. 39.

5969. MOCQUAIS, Pierre-Yves, «*L'Appel de la race*. Masques narratifs et contre-masques idéologiques », *Voix et images*, vol. 6, n° 2, hiver 1981, p. 245-260.

5970. BERGERON, Réjean, « Édition critique de Groulx, 7 : concordance des inédits de Groulx, son utilisation », *Revue d'histoire de l'Amérique française*, vol. 34, n° 4, mars 1981, p. 655-657.

5971. *LEPAGE, Françoise, «*Au cap Blomidon* », *Lurelu*, vol. 4, n° 1-2, printemps-été 1981, p. 11.

5972. GIGUÈRE, Georges-Émile, « Lionel Groulx, historien national », *Vidéo-Presse*, vol. 10, n° 8, avril 1981, p. 38-39.

5973. LUSIGNAN, Serge, « Édition critique de Groulx, 8 : le Journal de jeunesse de Lionel Groulx, un témoin d'une mutation culturelle », *Revue d'histoire de l'Amérique française*, vol. 35, n° 1, juin 1981, p. 152-154.

5974. HUOT, Giselle, « Édition critique de Groulx, 9 : le Journal de Lionel Groulx, structures et formes », *Revue d'histoire de l'Amérique française*, vol. 35, n° 3, décembre 1981, p. 464-467.

5975. CHARRON, François, « D'une conception utilitariste de la littérature », *Les Herbes rouges*, n° 99-100, janvier 1982, p. 21-35.

5976. BERGERON, Réjean, « Édition critique de Groulx, 10 : les premières sources intellectuelles de Lionel Groulx », *Revue d'histoire de l'Amérique française*, vol. 35, n° 4, mars 1982, p. 629-631.

5977. DESAULNIERS, Robert, « Un catalogue général des manuscrits de Lionel Groulx », *Revue d'histoire de l'Amérique française*, vol. 36, n° 1, juin 1982, p. 155-157.

5978. RÉMILLARD, Juliette, « Édition critique de Lionel Groulx, 11 : la correspondance de Lionel Groulx », *Revue d'histoire de l'Amérique française*, vol. 36, n° 3, décembre 1982, p. 474-475.

GRUSLIN, Adrien

5979. *BEAUBIEN, Paul, «*Le Théâtre et l'État au Québec* », *Livres et auteurs québécois, 1981*, p. 286-287.

5980. *[ANONYME], «*Le Théâtre et l'État au Québec* », *L'Atulu*, vol. 4, n° 1, janvier 1982, p. 5-6.

5981. *COLBERT, François, «*Le Théâtre et l'État au Québec* », *Jeu*, n° 22, 1er trimestre 1982, p. 152-154.

5982. *LE BLANC, Alonzo, «*Le Théâtre et l'État au Québec* », *Québec français*, n° 45, mars 1982, p. 17.

5983. *VIGEANT, Louise, «*Le Théâtre et l'État au Québec* », *Nos livres*, vol. 13, avril 1982, n° 162.

5984. *FÉRAL, Josette, « Les Coulisses de l'État. *Le Théâtre et l'État au Québec* », *Lettres québécoises*, n⁰ 26, été 1982, p. 51-52.

5985. *DOUCETTE, L[éonard] E., [*Le Théâtre et l'État au Québec*], *University of Toronto Quarterly*, Vol. 51, No. 4, Summer 1982, p. 481-483.

5986. *GIRARD, Gilles, [*Le Théâtre et l'État au Québec*], *University of Toronto Quarterly*, Vol. 51, No. 4, Summer 1982, p. 390-391.

GUAY, Claude [pseud. : Nelcya]

5987. *LAURIN, Michel, «*Nogard ou le Dragon qui voulait apprendre à vivre* », *Nos livres*, vol. 12, décembre 1981, n⁰ 512.

5988. *GUINDON, Ginette, «*Nogard [ou le Dragon qui voulait apprendre à vivre]* », *Lurelu*, vol. 4, n⁰ 4, hiver 1981, p. 14.

5989. *WARREN, Louise, «*Nogard ou le Dragon qui voulait apprendre à vivre* », *Livres et auteurs québécois, 1981*, p. 251-252.

GUAY, Jacques

5990. *JANOËL, André, «*Gudule... ou le Temps béni des collèges classiques* », *Nos livres*, vol. 11, juin-juillet 1980, n⁰ 221.

GUAY, Jean-Pierre

5991. *DORION, Gilles, «*Le Bonheur de Christian Dagenais* », *Québec français*, n⁰ 42, mai 1981, p. 12.

GUAY, Jean-René

5992. *D'ALFONSO, Antonio, «*Transparence terne du temps* », *Nos livres*, vol. 13, mars 1982, n⁰ 134.

GUAY, Marie-Louise

5993. *DAVID, Carole, «*De zéro à minuit* », *Livres et auteurs québécois, 1981*, p. 244-245.

GUÉNETTE, Denise

5994. THIBAULT, Michèle, « Denise Guénette », *Châtelaine*, vol. 20, n⁰ 5, mai 1979, p. 92-93, 122, 126, 132.

5995. *GUÈVREMONT, Lise, «*La Vie...des fois* », *Livres et auteurs québécois, 1980*, p. 108-109.

5996. *ALONZO, Anne-Marie, [*La Vie ... des fois*], *La Gazette des femmes*, vol. 2, n⁰ 7, février 1981, p. 4.

5997. *STANTON, Julie, «*Mousse. Entre les laveuses et les sécheuses... la fantaisie et le rire !* », *La Gazette des femmes*, vol. 2, n⁰ 7, février 1981, p. 5.

5998. *DIONNE, André, « Le Théâtre qu'on joue : *Mousse* au Théâtre des Voyagements », *Lettres québécoises*, n⁰ 21, printemps 1981, p. 34.

5999. *PAYEUR-MINOT, Gaétane, «*La Vie... des fois* », *Nos livres*, vol. 12, juin-juillet 1981, n⁰ 286.

6000. CUSSON, Normand, [*Mousse*], *Clin d'oeil*, n⁰ 12, septembre 1981, p. 16.

6001. *CAMERLAIN, Lorraine, «*Mousse* : 'leurre' humour », *La Vie en rose*, [vol. 2, n⁰ 4], décembre 1981-janvier-février 1982, p. 55.

6002. *GADBOIS, Vital, «*La Vie... des fois* », *Québec français*, n⁰ 46, mai 1982, p. 8-9.

GUÉRIN, Michelle

6003. *Dorion, Gilles, «*En importunant la dame*», *Québec français*, n° 36, décembre 1979, p. 9.
6004. *Verduyn, Christl, « Looking Back to Lot's Wife [*Le Sentier de la louve*] », *Atlantis*, Vol. 6, No. 2, Spring 1981, p. 44.

GUERTIN-GATIEN, Gisèle

6005. [Anonyme], « Pour les amateurs de poésie... [*Givre d'été*] », *L'Esplumoir*, vol. 1, n° 8, janvier 1980, p. [13].

GUÈVREMONT, Germaine

6006. *D[ostaler], H[enriette], [*En pleine terre*], *Des livres et des jeunes*, vol. 1, n° 3, mai 1979, p. 26.
6007. Herlan, James, « L'Adaptation radiophonique du *Survenant*. Structure dramatique », *Essays on Canadian Writing*, No. 15, Summer 1979, p. 69-85.
6008. Green, Mary Jean, « Gabrielle Roy et Germaine Guèvremont : Quebec's Daughters Face a Changing World », *Journal of Women's Studies in Literature*, Vol. 1, No. 3, Summer 1979, p. 243-257.
6009. *Khouzam, Monique, «*En pleine terre*», *Lurelu*, vol. 2, n° 3, automne 1979, p. 8.
6010. Collet, Paulette, « Les Romancières québécoises des années 60 face à la maternité », *Atlantis*, Vol. 5, No. 2, Spring 1980, p. 131-141.
6011. Léard, Jean-Marcel, « Du sémantique au sémiotique en. littérature. La Modernité romanesque au Québec », *Études littéraires*, vol. 14, n° 1, avril 1981, p. 17-40.
6012. Michon, Jacques, « Fonctions et historicité des formes romanesques », *Études littéraires*, vol. 14, n° 1, avril 1981, p. 64-65.
6013. Gouin, Jacques, « Littérature des pays d'en haut », *Cahiers d'histoire des pays d'en haut*, vol. 3, n° 12, novembre 1981, p. 30-37.
6014. *Bellemare, Madeleine, «*Le Survenant*», *Nos livres*, vol. 13, octobre 1982, n° 388.
6015. Thério, Adrien, «*Le Survenant*», *Lettres québécoises*, n° 28, hiver 1982-1983, p. 25-28.

GUILBAULT, Nicole

6016. *Laurin, Michel, «*Henri Julien et la tradition orale*», *Nos livres*, vol. 12, mars 1981, n° 138.
6017. *Lacroix, Benoît, [*Henri Julien et la tradition orale*], *Revue d'histoire de l'Amérique française*, vol. 35, n° 3, décembre 1981, p. 419.

GUILBEAULT, Luce

6018. *Camerlain, Lorraine, «*La Nef des sorcières*», *Jeu*, n° 16, [3e trimestre] 1980, p. 216-217.

GUIMOND, Daniel

6019. *Beausoleil, Claude, [*Faim plastique*], *Spirale*, n° 2, octobre 1979, p. 10.

GUIMONT, Madeleine

6020. *Chamberland, Roger, «*Fileuse d'embruns*», *Québec français*, n° 38, mai 1980, p. 13.

GUINARD, Joseph-Étienne

6021. *Major, Jean-Louis, [*Mémoires d'un simple missionnaire*], *Lettres québécoises*, n° 20, hiver 1980-1981, p. 50-52.

6022. Thério, Adrien, « Édulcorés, dénaturés, dévertébrés », *Lettres québécoises*, n⁰ 20, hiver 1980-1981, p. 56-62.

GUITARD, Agnès

6023. *Chamberland, Roger, «*Les Corps communicants*», *Québec français*, n⁰ 43, octobre 1981, p. 10.
6024. *Genuist, Monique, «*Les Corps communicants*», *Canadian Literature*, No. 92, Spring 1982, p. 112-113.
6025. *G[ouanvic], J[ean]-M[arc], « Lorsque les corps 'communiquent'... [*Les Corps communicants*] », *Imagine*, vol. 3, n⁰ 3, printemps 1982, p. 66-67.

GURIK, Robert

6026. *Robert, Lucie, «*La Baie des Jacques*», *Québec français*, n⁰ 33, mars 1979, p. 10.
6027. *Janoël, André, «*La Baie des Jacques*», *Nos livres*, vol. 10, avril 1979, n⁰ 156.
6028. *Girard, Gilles, [*Le Champion*], *University of Toronto Quarterly*, Vol. 48, No. 4, Summer 1979, p. 377.
6029. *Lafortune, Aline, «*Jeune Délinquant*», *Nos livres*, vol. 12, janvier 1981, n⁰ 25.
6030. *Runte, Hans R., «*Jeune Délinquant*», *Canadian Literature*, No. 91, Winter 1981, p. 124-125.

HACHÉ, Louis

6031. [Anonyme], [Le Prix France-Acadie à Louis Haché], *Écriture française*, vol. 1, n⁰ 2, 1979, p. 62.
6032. *Gallant, Melvin, «*Adieu, p'tit Chipagan*», *Si que*, n⁰ 4, automne 1979, p. 193-199.
6033. [Anonyme], « Le Prix France-Acadie », *Lettres québécoises*, n⁰ 16, hiver 1979-1980, p. 11.
6034. *Thério, Adrien, [*Adieu p'tit Chipagan*], *Spirale*, n⁰ 7, mars 1980, p. 12.
6035. Thério, Adrien, « À la recherche des ancêtres. Émery Leblanc, *Les Entretiens du village* [et] Louis Haché, *Adieu, p'tit Chipagan* », *Lettres québécoises*, n⁰ 17, printemps 1980, p. 60-62.
6036. Gallant, Melvin, « Les Nouveaux Romanciers acadiens et le retour aux sources », *Revue d'histoire littéraire du Québec et du Canada français*, n⁰ 3, hiver-printemps 1982, p. 106-111.

HAECK, Philippe

6037. Nepveu, Pierre, « Philippe Haeck : 'Une poéthique de la naïveté' [*Polyphonie. Roman d'apprentissage*] », *Lettres québécoises*, n⁰ 13, février 1979, p. 22-24.
6038. Giguère, Richard, [*Polyphonie. Roman d'apprentissage*], *University of Toronto Quarterly*, Vol. 48, No. 4, Summer 1979, p. 357-358.
6039. *Vigeant, Louise, «*Naissances. De l'écriture québécoise*», *Nos livres*, vol. 10, août-septembre 1979, n⁰ 260.
6040. *Nepveu, Pierre, «*Naissances. De l'écriture québécoise*», *Livres et auteurs québécois, 1979*, p. 213-215.
6041. Gervais, André, « Pour l'appeau éthique. De la juxtaposition », *La Nouvelle Barre du jour*, n⁰ 96, novembre 1980, p. 69-76.
6042. Audet, Noël et Jean Fisette, « Philippe Haeck. Les Mots du vécu [Entrevue] », *Voix et images*, vol. 6, n⁰ 3, printemps 1981, p. 353-371.
6043. Gagnon, Madeleine, « Lecture de *Naissances. De l'écriture québécoise* », *Voix et images*, vol. 6, n⁰ 3, printemps 1981, p. 393-396.
6044. H[aeck], P[hilippe], « Bibliographie. Philippe Haeck, 1969-1980 », *Voix et images*, vol. 6, n⁰ 3, printemps 1981, p. 373-380.
6045. Roy, Max, « Une esthétique de la lutte. L'Écriture de Philippe Haeck », *Voix et images*, vol. 6, n⁰ 3, printemps 1981, p. 381-392.

6046. *BLANCHARD, François, «*La Parole verte*», *Livres et auteurs québécois, 1981*, p. 132-133.
6047. *LABINE, Marcel, « Le Jour et la nuit [*La Parole verte*] », *Spirale*, [n⁰ 22], février 1982, p. 15.
6048. *CHAMBERLAND, Roger, «*La Parole verte*», *Québec français*, n⁰ 45, mars 1982, p. 16.
6049. *ALMÉRAS, Diane, « Entre l'écrire et le vivre [*La Parole verte*] », *Relations*, vol. 42, n⁰ 478, mars 1982, p. 75-76.
6050. NEPVEU, Pierre, « Haeck et Charron. Travailler à ne pas s'appartenir », *Lettres québécoises*, n⁰ 25, printemps 1982, p. 36-37, 39.
6051. *D'ALFONSO, Antonio, «*La Parole verte*», *Nos livres*, vol. 13, avril 1982, n⁰ 163.
6052. D'ALFONSO, Antonio, « Notre choix. La Parole verte de Philippe Haeck [Entrevue] », *Nos livres*, vol. 13, avril 1982, [s.p.].
6053. *LETOURNEUX, J[oseph]-H[enri], « Du noir dans la parole verte », *Spirale*, n⁰ 24, avril 1982, p. 15.
6054. SMART, Patricia, « Culture, Revolution and Politics in Quebec », *The Canadian Forum*, Vol. 62, No. 718, May 1982, p. 7-10.
6055. *BAYARD, Caroline, [*La Parole verte*], *University of Toronto Quarterly*, Vol. 51, No. 4, Summer 1982, p. 357, 359-360.
6056. *DORION, Hélène, «*La Parole verte*», *Estuaire*, n⁰ 25, automne 1982, p. 84-86.
6057. CÔTÉ, Jacques, « Prix littéraires du *Journal de Montréal* », *Grimoire*, vol. 5, n⁰ 8, novembre 1982, p. 9.
6058. [ANONYME], « Finalistes du Grand Prix littéraire du *Journal de Montréal* », *Lettres québécoises*, n⁰ 28, hiver 1982-1983, p. 12.

HAENTJENS, Brigitte

6059. *RICHARD, Alain-Martin, «*Strip*», *Intervention*, n⁰ 14, février 1982, p. 12, 13-14.
6060. *COQUEREAU, Patrice, «*Hawkesbury Blues*, un spectacle surprenant », *Liaison*, n⁰ 21, avril-mai 1982, p. 37.
6061. *[ANONYME], « Théâtre de l'Île, volet femmes. Strip », *La Gazette des femmes*, vol. 4, n⁰ 4, octobre 1982, p. 4.
6062. *NADEAU, Vincent, «*Hawkesbury Blues*», *Livres et auteurs québécois, 1982*, p. 169-171.
6063. *DICKSON, Robert, [*Hawkesbury Blues*], *Revue du Nouvel Ontario*, n⁰ 4, 1982, p. 59.

HALLAL, Jean

6064. *D'ALFONSO, Antonio, «*Le Décalage*», *Nos livres*, vol. 13, janvier 1982, n⁰ 23.

HALLÉE, André

6065. *CÔTÉ, Jacques, [*Entre l'hiver et l'été*], *Grimoire*, vol. 3, n⁰ 4, avril 1980, p. 6-7.

HAMEL, Charles

6066. IMBERT, Patrick, «*Prix David* de Charles Hamel ou Du plagiat à l'intertexte », *Lettres québécoises*, n⁰ 23, automne 1981, p. 66-68.

HAMEL, Réginald

6067. *SAVARD, Pierre, [*Gaëtane de Montreuil*], *Revue de l'Université d'Ottawa/University of Ottawa Quarterly*, vol. 49, n⁰ 1-2, janvier-avril 1979, p. 120.
6068. [ANONYME], « Le Motard lettré », *L'Actualité*, vol. 4, n⁰ 3, mars 1979, p. 70.

HAMELIN, Eddie

6069. ROUSSEAU, Guildo, « La Mauricie et ses romanciers », *Revue d'histoire littéraire du Québec et du Canada français*, n⁰ 3, hiver-printemps 1982, p. 54.

HAMELIN, Francine

6070. *Bélisle, Marie, «*Intérieur des jours*», *Livres et auteurs québécois, 1979*, p. 126-127.

HAMELIN, Jean

6071. *Rutherford, Paul, «*La Presse québécoise des origines à nos jours*, t. 3 : *1880-1895*», *The Canadian Historical Review*, Vol. 60, No. 1, March 1979, p. 87.
6072. *Hayne, David M., «*La Presse québécoise des origines à nos jours*, t. 3 : *1880-1895*», *Papers of the Bibliographical Society of Canada/Cahiers de la Société bibliographique du Canada*, Vol. 18, 1979, p. 103-105.
6073. *Désilets, Andrée, «*La Presse québécoise des origines à nos jours*», *Revue d'histoire de l'Amérique française*, vol. 36, n⁰ 3, décembre 1982, p. 427.
6074. *Hayne, David M., «*La Presse québécoise des origines à nos jours*, t. 5 : *1911-1919*», *Papers of the Bibliographical Society of Canada/Cahiers de la Société bibliographique du Canada*, Vol. 21, 1982, p. 87-88.

HAMILTON, Reina

6075. *Payeur-Minot, Gaétane, «*Lettres d'amoure de femmes*», *Nos livres*, vol. 12, juin-juillet 1981, n⁰ 288.
6076. *Vanasse, André, « De la marginalité [*Lettre d'amoure de femmes*] », *Voix et images*, vol. 7, n⁰ 3, printemps 1982, p. [597].

HARDY, René

6077. *Voisine, Nive, [*L'Église et le village au Québec, 1850-1930*], *Recherches sociographiques*, vol. 22, n⁰ 1, janvier-avril 1981, p. 139-140.

HARE, John Ellis

6078. *Savard, Pierre, [*Anthologie de la poésie québécoise du xixᵉ siècle (1790-1890)*], *Revue de l'Université d'Ottawa/University of Ottawa Quarterly*, vol. 49, n⁰ 1-2, janvier-avril 1979, p. 118.
6079. *[Anonyme], «*Anthologie de la poésie québécoise du xixᵉ siècle (1790-1890)*», *Lettres québécoises*, n⁰ 14, avril-mai 1979, p. 65.
6080. *Bellemare, Madeleine, «*Anthologie de la poésie québécoise du xixᵉ siècle (1790-1890)*», *Nos livres*, vol. 10, mai 1979, n⁰ 181.
6081. *[Anonyme], [*Anthologie de la poésie québécoise du xixᵉ siècle (1790-1890)*], *Points*, vol. 3, n⁰ 2, été 1979, p. 8.
6082. *Savard, Pierre, [*Anthologie de la poésie québécoise du xixᵉ siècle (1790-1890)*], *Histoire littéraire du Québec*, n⁰ 1, 1979, p. 118.
6083. *Lamontagne, Gilles, «*Anthologie de la poésie québécoise du xixᵉ siècle (1790-1890)*», *Livres et auteurs québécois, 1979*, p. 127-129.
6084. *[Anonyme], [*Anthologie de la poésie québécoise du xixᵉ siècle (1790-1890)*], *Voix et images*, vol. 5, n⁰ 2, hiver 1980, p. 421.
6085. *Gaulin, André, [*Anthologie de la poésie québécoise du xixᵉ siècle (1790-1890)*], *Recherches sociographiques*, vol. 21, n⁰ 3, septembre-décembre 1980, p. 393-394.

HAROU, Lise

6086. *Théoret, France, « La Crise et le désir [*Chroniques souterraines*] », *Spirale*, [n⁰ 21], septembre 1981, p. 7.
6087. *Ouellette-Michalska, Madeleine, « Les Tumultes de l'amour [*Chroniques souterraines*] », *Châtelaine*, vol. 22, n⁰ 10, octobre 1981, p. 26.

6088. *WHITFIELD, Agnès, «*Chroniques souterraines*», *Livres et auteurs québécois, 1981*, p. 53-54.

6089. CÔTÉ, Claire, «*Chroniques souterraines*», *Nuit blanche*, n° 6, printemps-été 1982, p. 6.

6090. *HAECK, Philippe, «*Chroniques souterraines*», *Dérives*, n° 33, 2ᵉ trimestre 1982, p. 63-65.

HARVEY, Azade

6091. LAMONTAGNE, Gilles, « Le Conte dans l'est du Québec. Éléments de bibliographie critique », *Revue d'histoire littéraire du Québec et du Canada français*, n° 3, hiver-printemps 1982, p. 87.

HARVEY, Jean-Charles

6092. *HATHORN, Ramon, [*Marcel Faure*], *Voix et images*, vol. 6, n° 1, automne 1980, p. 105-106.

HARVEY, Pauline

6093. *DAVID, Carole, « Saisir la vie [*Le Deuxième Monopoly des précieux*] », *Spirale*, [n° 22], février 1982, p. 6.

6094. *ESCOMEL, Gloria, «*Le Deuxième Monopoly des précieux*», *Féminin pluriel*, vol. 2, n° 2, avril 1982, p. 31.

6095. *HOGUE[-LEBEUF], Jacqueline, «*Le Deuxième Monopoly des précieux*», *Nos livres*, vol. 13, juin-juillet 1982, n° 272.

6096. *ALMÉRAS, Diane, « Un vaste jeu de monopoly [*Le Deuxième Monopoly des précieux*] », *Relations*, vol. 42, n° 481, juin 1982, p. 171.

6097. BEAUSOLEIL, Claude, « La Poésie en revues depuis 10 ans », *La Petite Revue de philosophie*, vol. 4, n° 1, automne 1982, p. 119-120.

6098. CÔTÉ, Jacques, « Prix littéraires du *Journal de Montréal* », *Grimoire*, vol. 5, n° 8, novembre 1982, p. 9.

6099. *L[EPAGE], J[ocelyne], « De la renaissance à la rue Duluth [*La Ville aux gueux*] », *La Vie en rose*, novembre-décembre 1982, p. 67.

6100. [ANONYME], « Finalistes au prix des jeunes écrivains du *Journal de Montréal* », *Lettres québécoises*, n° 28, hiver 1982-1983, p. 12.

6101. *BÉDARD, Nicole, «*La Ville aux gueux*», *Livres et auteurs québécois, 1982*, p. 53-54.

HARVEY, Robert

6102. *MICHON, Jacques, «*'Kamouraska' d'Anne Hébert, une écriture de la passion* suivi de *Pour un nouveau 'Torrent'* », *Lettres québécoises*, n° 27, automne 1982, p. 77.

6103. *[ANONYME], «*'Kamouraska' d'Anne Hébert, une écriture de la passion* suivi de *Pour un nouveau 'Torrent'* », *L'Écrilu*, vol. 2, n° 3, novembre 1982, p. 7.

6104. *ÉMOND, Maurice, «*'Kamouraska' d'Anne Hébert, une écriture de la passion*, suivi de *Pour un nouveau 'Torrent'* de Robert Harvey », *Québec français*, n° 48, décembre 1982, p. 5.

6105. *MELANÇON, Joseph, «*'Kamouraska' d'Anne Hébert, une écriture de la passion* suivi de *Pour un nouveau 'Torrent'* », *Livres et auteurs québécois, 1982*, p. 206-209.

HÉBERT, Anne

6106. [ANONYME], « Les Cinq Gagnants des prix du Québec. Anne Hébert, Prix David », *Le Québec en bref*, vol. 13, n° 2-3, février-mars 1979, p. 10.

6107. *KIRLEY, Kevin, « Québec Novels : The Torrent », *Chelsea Journal*, Vol. 5, No. 2, March-April 1979, p. 78-79.

6108. MACCABÉE-IQBAL, Françoise, «*Kamouraska*, 'la fausse représentation démasquée' », *Voix et images*, vol. 4, n° 3, avril 1979, p. 461-478.

6109. LAMÉRAND, Raymond, « Pour les adolescents, le roman littéraire [*Kamouraska*] », *Des livres et des jeunes*, vol. 1, n⁰ 3, mai 1979, p. 21-22.

6110. WEIR, Lorraine, « 'Fauna of Mirrors' : The Poetry of Hébert and Atwood », *Ariel*, Vol. 10, No. 3, July 1979, p. 99-113.

6111. ROY-HEWITSON, Lucille, « Anne Hébert. L'Os et la pierre d'eau », *Écriture française*, vol. 1, n⁰ 2, 1979, p. 6-7.

6112. BENSON, Renate, « Aspects of Lore in Anne Hébert's Short Stories », *Journal of Canadian Fiction*, No. 25-26, 1979, p. 160-174.

6113. COUILLARD, Marie, « La Femme : d'objet mythique à sujet parlant », *Atlantis*, Vol. 5, No. 1, Autumn 1979, p. 42-45.

6114. PÉPIN, Fernande, « La Femme dans l'espace imaginaire de la dramatique d'Anne Hébert. *Le Temps sauvage* », *Canadian Drama/L'Art dramatique canadien*, Vol. 5, No. 2, Autumn 1979, p. 164-178.

6115. AMPRIMOZ, Alexandre L., « Sémiotique de la segmentation d'un texte narratif. 'La Mort de Stella' d'Anne Hébert », *Présence francophone*, n⁰ 19, automne 1979, p. 97-105.

6116. BOLDUC, Yves, « La Comparaison dans l'oeuvre poétique d'A[nne] Hébert », *Si que*, n⁰ 4, automne 1979, p. 123-142.

6117. PATERSON, Janet M., « Bibliographie critique des études consacrées aux romans d'Anne Hébert », *Voix et images*, vol. 5, n⁰ 1, automne 1979, p. 187-192.

6118. MAY, Cedric, « Canadian Writing : Beautiful Losers in Presqu'Amérique », *Bulletin of Canadian Studies*, Vol. 3, No. 2, November 1979, p. 8-9.

6119. [ANONYME], « Doctorats d'honneur », *Québec Hebdo*, vol. 1, n⁰ 42, 3 décembre 1979, p. 4.

6120. [ANONYME], « Une clôture éloquente de l'année du dixième anniversaire », *Réseau*, vol. 11, n⁰ 5, janvier 1980, p. 20.

6121. COUILLARD, Marie, « La Femme et le sacré dans quelques romans québécois contemporains », *Revue de l'Université d'Ottawa/University of Ottawa Quarterly*, vol. 50, n⁰ 1, janvier-mars 1980, p. 74-81.

6122. PATERSON, Janet M., « L'Écriture de la jouissance dans l'oeuvre romanesque d'Anne Hébert », *Revue de l'Université d'Ottawa/University of Ottawa Quarterly*, vol. 50, n⁰ 1, janvier-mars 1980, p. 69-73.

6123. SMART, Patricia, « La Poésie d'Anne Hébert. Une perspective féminine », *Revue de l'Université d'Ottawa/University of Ottawa Quarterly*, vol. 50, n⁰ 1, janvier-mars 1980, p. 62-68.

6124. VAILLANCOURT, Pierre-Louis, « Sémiologie d'un ange. Étude de 'L'Ange de Dominique' d'Anne Hébert », *Voix et images*, vol. 5, n⁰ 2, hiver 1980, p. 353-363.

6125. *[ANONYME], «*Héloïse* », *L'Atulu*, vol. 2, n⁰ 3, mars 1980, p. 10.

6126. COLLET, Paulette, « Les Romancières québécoises des années 60 face à la maternité », *Atlantis*, Vol. 5, No. 2, Spring 1980, p. 131-141.

6127. BENSON, Renate, « Character and Symbol in Anne Hébert's *Les Invités au procès* », *Canadian Drama/L'Art dramatique canadien*, Vol. 6, No. 1, Spring 1980, p. 22-29.

6128. [ANONYME], « Doctorat honorifique à Anne Hébert », *Lettres québécoises*, n⁰ 17, printemps 1980, p. 8.

6129. RUBINGER, Catherine, « Actualité de deux contes-témoins. 'Le Torrent' d'Anne Hébert et *Un jardin au bout du monde* de Gabrielle Roy », *Présence francophone*, n⁰ 20, printemps 1980, p. 121-126.

6130. RYAN, Marie-Laure, « 'Neige' d'Anne Hébert. Un dialogue avec Saint-John-Perse », *Présence francophone*, n⁰ 20, printemps 1980, p. 127-135.

6131. LENNOX, John W., [*Le Torrent*], *Studies in Canadian Literature*, Vol. 5, No. 1, Spring 1980, p. 59-62.

6132. AHMED, Maroussia, « 'Transgresser, c'est progresser' », *Incidences*, vol. 4, n⁰ 2-3, mai-décembre 1980, p. 119-127.

6133. COUILLARD, Marie, «*Les Enfants du sabbat* d'Anne Hébert. Un récit de subversion fantastique », *Incidences*, vol. 4, n⁰ 2-3, mai-décembre 1980, p. 77-83.

6134. PASCAL, Gabrielle, « Soumission et révolte dans les romans d'Anne Hébert », *Incidences*, vol. 4, n⁰ 2-3, mai-décembre 1980, p. 59-75.

6135. *MARCOTTE, Gilles, « Anne Hébert et la sirène du métro [*Héloïse*] », *L'Actualité*, vol. 5, n⁰ 6, juin 1980, p. 82-83.

6136. *CLOUTIER, Guy, «*Héloïse*», *Le Bulletin Pantoute*, n⁰ 2, juin-juillet-août 1980, p. 5.

6137. *JUNEAU, Normande, « Salut, Anne Hébert ! [*Héloïse*] », *Châtelaine*, vol. 21, n⁰ 6, juin 1980, p. 26.

6138. *BELLEMARE, Madeleine, «*Héloïse*», *Nos livres*, vol. 11, juin-juillet 1980, n⁰ 198.

6139. *LAMY, Suzanne, « Le Pouvoir des noms propres [*Héloïse*] », *Spirale*, n⁰ 10, juin 1980, p. 1, 6.

6140. *O[UIMET], D[aniel], [*Héloïse*], *Le Temps fou*, n⁰ 10, juin-juillet-août 1980, p. 53.

6141. *OUELLETTE-MICHALSKA, Madeleine, [*Héloïse*], *Châtelaine*, vol. 21, n⁰ 7, juillet 1980, p. 8.

6142. *JANELLE, Claude, [*Héloïse*], *Solaris*, vol. 6, n⁰ 4, septembre 1980, p. 12-13.

6143. *ÉMOND, Maurice, «*Héloïse*», *Québec français*, n⁰ 39, octobre 1980, p. 10.

6144. *MORITZ, Albert, « Hébert with Anglo-Saxon Flair [*Poems*] », *Books in Canada*, Vol. 9, No. 9, November 1980, p. 20.

6145. SMITH, Donald, « Entrevue. Anne Hébert et les eaux troubles de l'imaginaire », *Lettres québécoises*, n⁰ 20, hiver 1980-1981, p. 64-73.

6146. *OUELLETTE, G[abriel]-P[ierre], «*Héloïse*», *Livres et auteurs québécois, 1980*, p. 40-42.

6147. PATERSON, Janet [M.], « Anne Hébert », *The Canadian Modern Language Review/La Revue canadienne des langues vivantes*, Vol. 37, No. 2, January 1981, p. [207]-211.

6148. BACKÈS, Jean-Louis, « Le Système de l'identification dans l'oeuvre romanesque d'Anne Hébert », *Voix et images*, vol. 6, n⁰ 2, hiver 1981, p. 269-277.

6149. VERDUYN, Christl, « Looking Back to Lot's Wife [*Les Enfants du sabbat*] », *Atlantis*, Vol. 6, No. 2, Spring 1981, p. 44.

6150. *FERRY, Jacqueline, « Héloïse dans le métro. Propos sur *Héloïse* de Anne Hébert », *Lettres québécoises*, n⁰ 21, printemps 1981, p. 24-25.

6151. ENGLISH, Judith et Jacqueline VISWANATHAN, « Deux Dames du Précieux-Sang. À propos des *Enfants du Sabbat* », *Présence francophone*, n⁰ 22, printemps 1981, p. [111]-119.

6152. GIROUX, Robert et Hélène DAME, « Les Critères de poéticité dans l'histoire de la poésie québécoise (sémiotique littéraire) », *Études littéraires*, vol. 14, n⁰ 1, avril 1981, p. 136-141.

6153. MICHON, Jacques, « Fonctions et historicité des formes romanesques », *Études littéraires*, vol. 14, n⁰ 1, avril 1981, p. 66-69.

6154. BERKHAUT, Denise, « Héloïse dans le métro », *Lettres québécoises*, n⁰ 22, été 1981, p. 10.

6155. *BOURQUE, Paul-André, [*Héloïse*], *University of Toronto Quarterly*, Vol. 50, No. 4, Summer 1981, p. 22-23.

6156. *O'CONNOR, John J., [*Poems*], *University of Toronto Quarterly*, Vol. 50, No. 4, Summer 1981, p. 89-90.

6157. LEMIEUX-MICHAUD, Denise, « Religion et littérature. Littérature et imaginaire religieux. Une coexistence insolite [*Les Enfants du sabbat*] », *Critère*, n⁰ 32, automne 1981, p. 186-187.

6158. DA SILVA, Edson Rosa, « La Régénération du cosmos dans un poème d'Anne Hébert ['Printemps sur la ville'] », *Présence francophone*, n⁰ 23, automne 1981, p. [163]-175.

6159. CHARRON, Ghyslain, « Le Sabbat, fantasme et mythe », *Protée*, vol. 9, n⁰ 3, automne 1981, p. 50-58.

6160. *WEIR, Lorraine, «*Héloïse*», *Canadian Literature*, No. 91, Winter 1981, p. 134-136.

6161. JONES, Grahame C., «*Alexandre Chenevert* et *Kamouraska*. Une lecture australienne », *Voix et images*, vol. 7, n⁰ 2, hiver 1982, p. 329-341.

6162. ALMEIDA, Lilian Pestre de, «*Héloïse*. La Mort dans cette chambre », *Voix et images*, vol. 7, n⁰ 3, printemps 1982, p. 471-481.

6163. JACQUES, Henri-Paul, « Un probable souvenir-écran chez Anne Hébert », *Voix et images*, vol. 7, n⁰ 3, printemps 1982, p. 449-458.

6164. MAJOR, Ruth, «*Kamouraska* et les *Enfants du sabbat*. Faire jouer la transparence », *Voix et images*, vol. 7, n⁰ 3, printemps 1982, p. 459-470.

6165. PATERSON, Janet [M.], « Bibliographie d'Anne Hébert », *Voix et images*, vol. 7, n⁰ 3, printemps 1982, p. 505-510.

6166. Roy[-Hewitson], Lucille, « Anne Hébert ou le Désert du monde », *Voix et images*, vol. 7, nᵒ 3, printemps 1982, p. 483-503.

6167. Vanasse, André, « L'Écriture et l'ambivalence. Entrevue avec Anne Hébert », *Voix et images*, vol. 7, nᵒ 3, printemps 1982, p. 441-448.

6168. Amprimoz, Alexandre L., « Survival Disguised as Metaphysics : Anne Hébert's *Héloïse* », *Waves*, Vol. 10, No. 4, Spring 1982, p. 73-75.

6169. Amprimoz, Alexandre L., « Sémiosis du tactile. Exemples de *Kamouraska* », *Incidences*, vol. 6, nᵒ 3, septembre-décembre 1982, p. 81-88.

6170. *Côté, Claire, «*Les Fous de Bassan* », *Nuit blanche*, nᵒ 7, automne 1982, p. 8.

6171. *Marcotte, Gilles, «*Les Fous de Bassan*, le grand roman de la rentrée », *L'Actualité*, vol. 7, nᵒ 10, octobre 1982, p. 129.

6172. *Costisella, Robert, «*Les Fous de Bassan* », *Gaspésie*, vol. 20, nᵒ 4, octobre-décembre 1982, p. 43.

6173. Downes, Gwladys, « Women Poets in Quebec Society », *Malahat Review*, No. 63, October 1982, p. 106-107.

6174. *Lévesque, Gaëtan, « De très beaux fous de Bassan [*Les Fous de Bassan*] », *L'Écrilu*, vol. 2, nᵒ 3, novembre 1982, p. 3.

6175. *Lamy, Suzanne, « Le Roman de l'irresponsabilité [*Les Fous de Bassan*] », *Spirale*, nᵒ 29, novembre 1982, p. 3.

6176. *De Guise, Anne, «*Les Fous de Bassan* », *La Vie en rose*, novembre-décembre 1982, p. 64.

6177. *Ouellette-Michalska, Madeleine, «*Les Fous de Bassan* », *Châtelaine*, vol. 23, nᵒ 12, décembre 1982, p. 14.

6178. [Anonyme], « À l'honneur », *Écriture française dans le monde*, vol. 4, nᵒ 2-3, décembre 1982, p. 65.

6179. *Boivin, Aurélien, « La Littérature du Québec entre le 'Folio' et le 'Point' [*Kamouraska*] », *Québec français*, nᵒ 48, décembre 1982, p. 15.

6180. *Émond, Maurice, « Un nouveau roman d'Anne Hébert [*Les Fous de Bassan*] », *Québec français*, nᵒ 48, décembre 1982, p. 13.

6181. Righton, Barbara, [Anne Hébert, Prix Fémina], *Maclean's*, Vol. 95, No. 49, December 6, 1982, p. 30.

6182. [Anonyme], [Le Prix Fémina 1982 à Anne Hébert], *Québec Hebdo*, vol. 4, nᵒ 40, 6 décembre 1982, p. 4.

6183. Poulin, Gabrielle, « L'Écriture enchantée. *Les Fous de Bassan* d'Anne Hébert », *Lettres québécoises*, nᵒ 28, hiver 1982-1983, p. 15-18.

6184. *Brochu, André, «*Les Fous de Bassan* », *Livres et auteurs québécois, 1982*, p. 54-56.

HÉBERT, Bernar [sic]

6185. *Larocque, Pierre-A., «*À partir d'une métaphore (I, II, III)* », *Jeu*, nᵒ 22, 1ᵉʳ trimestre 1982, p. 123-128.

HÉBERT, Carole [pseud. : Carole Massé]

6186. *David, Carole, «*Dieu. La Mise en scène d'une histoire désuante* », *Spirale*, nᵒ 4, décembre 1979, p. 7.

6187. *Larose, Jean, «*Dieu* », *Livres et auteurs québécois, 1979*, p. 64-65.

6188. *Gauvin, Lise, [*Dieu*], *University of Toronto Quarterly*, Vol. 49, No. 4, Summer 1980, p. 346.

HÉBERT, Chantal

6189. *Michaud, Ginette, «*Le Burlesque au Québec, un divertissement populaire* », *Livres et auteurs québécois, 1981*, p. 290-292.

6190. *[Anonyme], «*Le Burlesque au Québec, un divertissement populaire* », *L'Atulu*, vol. 4, nᵒ 1, janvier 1982, p. 6.

6191. *FORSYTH, Louise [H.], «Le Burlesque au Québec, un divertissement populaire», Association for Canadian Theatre History/Association d'histoire du théâtre au Canada, Vol. 5, No. 2, March 1982, p. 18-20.

6192. *GODIN, Jean-Cléo, «Le Burlesque au Québec, un divertissement populaire», Jeu, nº 23, 2ᵉ trimestre 1982, p. 158-159.

6193. *BOURASSA, André-G[illes], «Le Burlesque au Québec, un divertissement populaire», Lettres québécoises, nº 26, été 1982, p. 90.

6194. *GIRARD, Gilles, [Le Burlesque au Québec, un divertissement populaire], University of Toronto Quarterly, Vol. 51, No. 4, Summer 1982, p. 388-389.

6195. *MCEWEN, Barbara, «Le Burlesque au Québec, un divertissement populaire», Theatre History in Canada/Histoire du théâtre au Canada, Vol. 3, No. 2, Fall 1982, p. 197-199.

HÉBERT, François

6196. *[ANONYME], [Triptyque de la mort], Points, vol. 3, nº 1, hiver 1979, p. 28.

6197. V[IDAL], J[ean]-P[ierre], « En attendant Hébert », Voix et images, vol. 4, nº 3, avril 1979, p. 355-356.

6198. *GODBOUT, Jacques, [Holyoke], L'Actualité, vol. 4, nº 8, août 1979, p. 58.

6199. *VANASSE, André, « Nouveaux Romans ? François Hébert [Holyoke] », Lettres québécoises, nº 15, août-septembre 1979, p. 18.

6200. *CORMIER, Gilles, «Anthologie de la littérature québécoise, t. 3 : Vaisseau d'or et croix du chemin», Le Bulletin des agriculteurs, vol. 62, décembre 1979, p. 46.

6201. *BEAUDOIN, Réjean, «Holyoke», Livres et auteurs québécois, 1979, p. 48-49.

6202. *DUQUETTE, Jean-Pierre, [Holyoke], Livres et auteurs québécois, 1979, p. 17-19.

6203. *GIROUX, Robert, «Anthologie de la littérature québécoise, t. 3 : Vaisseau d'or et croix du chemin», Livres et auteurs québécois, 1979, p. 237-241.

6204. [ANONYME], [Le Prix de la Presse], Grimoire, vol. 3, nº 1, janvier 1980, p. 3.

6205. *[ANONYME], [Anthologie de la littérature québécoise, t. 3 : Vaisseau d'or et croix du chemin, 1895-1935], Voix et images, vol. 5, nº 2, hiver 1980, p. 421.

6206. [ANONYME], « Le Prix littéraire de la Presse », Lettres québécoises, nº 17, printemps 1980, p. 7.

6207. *CHARTIER, Monique, «Anthologie de la littérature québécoise, t. 3 : Vaisseau d'or et croix du chemin, 1895-1935 », Nos livres, vol. 11, octobre 1980, nº 311.

6208. *BEAUDOIN, Réjean, «Le Rendez-Vous», Livres et auteurs québécois, 1980, p. 42-44.

6209. *MARCOTTE, Gilles, « Un suspense et une vie en rose [Le Rendez-Vous] », L'Actualité, vol. 6, nº 2, février 1981, p. 70-71.

6210. *BROCHU, André, «Le Rendez-Vous», Voix et images, vol. 6, nº 3, printemps 1981, p. 487-489.

6211. *BOISSONNAULT, Pierre, «Le Rendez-Vous», Québec français, nº 42, mai 1981, p. 12.

6212. *BOURQUE, Paul-André, [Le Rendez-Vous], University of Toronto Quarterly, Vol. 50, No. 4, Summer 1981, p. 26-27.

6213. *DESJARDINS, Normand, «Le Rendez-Vous», Nos livres, vol. 13, avril 1982, nº 164.

HÉBERT, Louis-Philippe

6214. BOURQUE, Ghislain, « La Manufacture de machines de L.-P. Hébert, une machination du texte dans ses effets », Voix et images, vol. 4, nº 3, avril 1979, p. 407-435.

6215. MORENCY, Robert, « La Fiction illimitée », Voix et images, vol. 4, nº 3, avril 1979, p. 357-371.

6216. VIDAL, Jean-Pierre, «Le Roi Jaune ou le Rat des livres et la folle du logis », Voix et images, vol. 4, nº 3, avril 1979, p. 395-406.

6217. LAPIERRE, René, « Littérature québécoise. Jouer à ne pas être sûr [Manuscrit trouvé dans une valise] », Liberté, vol. 21, nº 4-5, juillet-octobre 1979, p. 239-242.

6218. *VANASSE, André, « Nouveaux Romans ? Louis-Philippe Hébert [Manuscrit trouvé dans une valise] », Lettres québécoises, nº 15, août-septembre 1979, p. 17-18.

6219. *JANOËL, André, «*Manuscrit trouvé dans une valise*», *Nos livres*, vol. 10, octobre 1979, n⁰ 338.

6220. *DE BELLEFEUILLE, Normand, «*Manuscrit trouvé dans une valise*. Grandes Machines et petites vues», *Spirale*, n⁰ 2, octobre 1979, p. 5.

6221. *CHAMBERLAND, Roger, «*Manuscrit trouvé dans une valise*», *Livres et auteurs québécois, 1979*, p. 49-50.

6222. *JANELLE, Claude, [*Récits des temps ordinaires — Manuscrit trouvé dans une valise*], *Solaris*, vol. 6, n⁰ 2, avril 1980, p. 30-31, 33.

6223. [ANONYME], « Conférences internationales. L.-P. Hébert, l'écrivain automate », *Littérature du Québec*, n⁰ 2, [2ᵉ semestre] 1982, p. 4-5.

HÉBERT, Madeleine

6224. *GERMAIN, Georges-Hébert, «*Ainsi disent-elles*», *Clin d'oeil*, n⁰ 24, septembre 1982, p. 16.

HÉBERT, Marie-Francine

6225. *BERGERON-CHOQUETTE, Louisette, «*Abécédaire*», *Livres et auteurs québécois, 1979*, p. 257-258.

6226. *ROBERT, Lucie, «*Cé tellement 'cute' des enfants*», *Livres et auteurs québécois, 1980*, p. 162-163.

6227. *DIONNE, André, «*Cé tellement 'cute' des enfants*», *Nos livres*, vol. 12, février 1981, n⁰ 79.

6228. *SOULIÈRES, Robert, « Un peu de théâtre...et de musique ! [*Cé tellement 'cute' des enfants*] », *Lurelu*, vol. 4, n⁰ 1-2, printemps-été 1981, p. 19.

6229. *GIRARD, Gilles, [*Une lune entre deux maisons*], *University of Toronto Quarterly*, Vol. 50, No. 4, Summer 1981, p. 73.

6230. *MARÉCHAL, André, « Jeux et enjeux du théâtre pour enfants [*Cé tellement 'cute' des enfants*] », *Lettres québécoises*, n⁰ 24, hiver 1981-1982, p. 84.

6231. *FILTEAU, Louise, [*Cé tellement 'cute' des enfants*], *Canadian Children's Literature*, No. 25, [1rst Trimester] 1982, p. 63-64.

6232. *FILTEAU, Louise, «*Cé tellement 'cute' des enfants*», *Canadian Theatre Review*, No. 34, Spring 1982, p. 204.

6233. *CHARETTE, Christiane, [*Une ligne blanche au jambon*], *Lurelu*, vol. 5, n⁰ 1, printemps-été 1982, p. 16.

6234. *CHARETTE, Christiane, [*Cé tellement 'cute' des enfants*], *Lurelu*, vol. 5, n⁰ 1, printemps-été 1982, p. 17.

HÉMON, Louis

6235. LABONTÉ, René, « Essai d'analyse sémiologique de *Maria Chapdelaine* », *Présence francophone*, n⁰ 18, printemps 1979, p. 135-158.

6236. [ANONYME], [*Maria Chapdelaine*], *Ici Radio-Canada. Télévision*, vol. 13, n⁰ 15, 7-13 avril 1979, p. 4.

6237. TROTTIER, Denis, « La Petite Histoire de Péribonka », *Focus*, n⁰ 24-25, juillet-août 1979, p. 86-89.

6238. ALLARD, Jacques, « L'Idéologie du pays dans le roman québécois contemporain. *Il n'y a pas de pays sans grand-père* et l'intertexte national », *Voix et images*, vol. 5, n⁰ 1, automne 1979, p. 117-132.

6239. *LACOMBE, François, «*Maria Chapdelaine*», *Liaison*, n⁰ 8, décembre 1979-janvier 1980, p. 5.

6240. TALBOT, Émile[-J.], « Les Incarnations d'un texte nationaliste : Hémon, Savard, Carrier », *Présence francophone*, n⁰ 20, printemps 1980, p. 137-145.

6241. LENNOX, John W., [*Maria Chapdelaine*], *Studies in Canadian Literature*, Vol. 5, No. 1, Spring 1980, p. 51-52.

6242. LÉVESQUE, Gilbert, « Un centenaire fêté en France et au Québec. Louis Hémon, 1880-1980 », *Neuve-France*, vol. 5, n° 4, juillet 1980, p. 9, 12.

6243. MORIN, Jeanne, « Nomades et sédentaires. À l'assaut des forces hostiles du pays », *Revue d'ethnologie du Québec*, vol. 6, n° 2, 1980, p. 21-37.

6244. [ANONYME], « Centenaire Louis Hémon », *Québec Hebdo*, vol. 2, n° 31, 25 août 1980, p. 4.

6245. BOIVIN, Aurélien, « À la découverte de Louis Hémon », *Québec français*, n° 39, octobre 1980, p. 57-60.

6246. [ANONYME], « Deux Nouvelles Éditions de *Maria Chapdelaine* », *Québec Hebdo*, vol. 2, n° 40, 27 octobre 1980, p. 4.

6247. *GUAY, Jacques, «*Maria Chapdelaine* », *Le Bulletin Pantoute*, n° 4, décembre 1980-janvier-février 1981, p. [12].

6248. MATTEAU, Robert, « Rencontre avec... Louis Hémon », *Grimoire*, vol. 3, n° 10, décembre 1980, p. 10-12.

6249. BOIVIN, Aurélien, «*Maria Chapdelaine*. Les Éditions 'intégrales' et les autres », *Québec français*, n° 40, décembre 1980, p. 62-64.

6250. BOURGAULT, Raymond, «*Maria Chapdelaine* démystifiée ? », *Relations*, vol. 40, n° 465, décembre 1980, p. 341-342.

6251. [ANONYME], « Pour le centenaire Louis Hémon », *Lettres québécoises*, n° 20, hiver 1980-1981, p. 12-13.

6252. *PAUL, Raymond, «*Maria Chapdelaine* », *Livres et auteurs québécois, 1980*, p. 44-45.

6253. *OUELLET, Réal, « Entre l'héroïsme et la stérilité. *Maria Chapdelaine* de Louis Hémon, édition préparée par N[icole] Deschamps et Ghislaine Legendre », *Lettres québécoises*, n° 21, printemps 1981, p. 43, 45-46.

6254. DIONNE, René, «*Maria Chapdelaine* : un roman à thèse ? », *Bulletin du Centre de recherche en civilisation canadienne-française*, n° 22, avril 1981, p. 14-17.

6255. *CHARTRAND, Georges-A., [Normand Cormier et autres, '*Maria Chapdelaine*'. *Évolution de l'édition, 1913-1980*], *Documentation et bibliothèques*, vol. 27, n° 2, juin 1981, p. 81-82.

6256. *SHEK, Ben-Zion, [*Maria Chapdelaine*], *University of Toronto Quarterly*, Vol. 50, No. 4, Summer 1981, p. 188-189.

6257. LANGDON-LEMIEUX, Bernard, « La Mort et l'inhumation de Louis Hémon », *Canadian Literature*, No. 90, Autumn 1981, p. 174-179.

6258. [ANONYME], « Louis Hémon, l'homme et l'oeuvre. Le Centenaire de sa naissance », *Écriture française dans le monde*, vol. 3, n° 2-3, décembre 1981, p. 64-65.

6259. ROUSSEAU, Guildo, « La Mauricie et ses romanciers », *Revue d'histoire littéraire du Québec et du Canada français*, n° 3, hiver-printemps 1982, p. 52.

6260. HÉBERT, Pierre, « Un problème de sémiotique diachronique. Norme coloniale et évolution des formes romanesques québécoises [*Maria Chapdelaine*] », *Recherches sémiotiques/ Semiotic Inquiry*, vol. 2, n° 3, septembre 1982, p. 232.

6261. *THÉRIO, Adrien, «*Récits sportifs*, un inédit de Louis Hémon », *Lettres québécoises*, n° 27, automne 1982, p. 94.

6262. LAFLÈCHE, Guy, « L'Édition critique de *Maria Chapdelaine* par Ghislaine Legendre », *Voix et images*, vol. 8, n° 1, automne 1982, p. 61-82.

6263. *CHAMBERLAND, Roger, «*Récits sportifs* », *Québec français*, n° 47, octobre 1982, p. 10.

6264. *BÉRUBÉ, Renald, «*Récits sportifs* », *Livres et auteurs québécois, 1982*, p. 57-59.

6265. WHITEMAN, Bruce, « The Publication of *Maria Chapdelaine* in English », *Papers of the Bibliographical Society of Canada/Cahiers de la Société bibliographique du Canada*, Vol. 21, 1982, p. 52-59.

HENRYVONNE [pseud. de Henri Beaudet]

6266. *JANOËL, André, «*Glanures* », *Nos livres*, vol. 11, janvier 1980, n° 26.

HERBIET, Jean

6267. *Bourque, Paul-André, «*La Rose rôtie*», *Livres et auteurs québécois, 1979*, p. 198-199.
6268. *A[ndrès], B[ernard], [*La Rose rôtie*], *Voix et images*, vol. 5, n⁰ 3, printemps 1980, p. 623.
6269. *Moreau, Jean-Marie, «*La Rose rôtie*», *Nos livres*, vol. 11, mai 1980, n⁰ 162.

HÉROUX, Joseph

6270. De La Fontaine, Gilles, « Le Mythe de l'Iroquoise dans le conte écrit de la Mauricie », *Revue d'histoire littéraire du Québec et du Canada français*, n⁰ 3, hiver-printemps 1982, p. 69-71.

HÉROUX, Raymonde

6271. *[Anonyme], «*Le Mythe de Maria Chapdelaine*», *Québec Hebdo*, vol. 2, n⁰ 40, 27 octobre 1980, p. 4.
6272. *Boivin, Aurélien, «*Le Mythe de Maria Chapdelaine*», *Québec français*, n⁰ 40, décembre 1980, p. 16.
6273. *Lafon[-Weiss], Dominique, «*Le Mythe de Maria Chapdelaine*», *Livres et auteurs québécois, 1980*, p. 187-189.
6274. *Czarnecki, Mark, « Struggling Free of an Old Yoke [*Le Mythe de Maria Chapdelaine*] », *Maclean's*, Vol. 94, No. 11, March 16, 1981, p. 52-53.
6275. *Boynard-Frot, Janine, «*Le Mythe de Maria Chapdelaine* de Deschamps, Héroux, Villeneuve », *Lettres québécoises*, n⁰ 21, printemps 1981, p. 40, 42-43.
6276. *Shek, Ben-Zion, [*Le Mythe de Maria Chapdelaine*], *University of Toronto Quarterly*, Vol. 50, No. 4, Summer 1981, p. 185-188.
6277. *[Anonyme], «*Le Mythe de Maria Chapdelaine*», *Écriture française dans le monde*, vol. 3, n⁰ 2-3, décembre 1981, p. 113.
6278. *Rochette, Lise, «*Le Mythe de Maria Chapdelaine*», *Canadian Literature*, No. 92, Spring 1982, p. 94-95.

HOGUE, Jacqueline

6279. *Bélanger, Georges, «*Aube*», *Livres et auteurs québécois, 1982*, p. 59-60.

HOUDE, Frédéric

6280. Rousseau, Guildo, « La Mauricie et ses romanciers », *Revue d'histoire littéraire du Québec et du Canada français*, n⁰ 3, hiver-printemps 1982, p. 51.

HOULE, Denise

6281. *Cimon, Renée, «*Lune de neige*», *Nos livres*, vol. 10, décembre 1979, n⁰ 411.
6282. *Pineault, Chantale, «*Contes québécois*», *Gaspésie*, vol. 19, n⁰ 3, été 1981, p. 41-42.
6283. *Grégoire, Madeleine, «*Contes québécois*», *Lurelu*, vol. 4, n⁰ 4, hiver 1981, p. 10.

HOULE, Richard

6284. *Gaulin, André, «*Matins*», *Québec français*, n⁰ 35, octobre 1979, p. 14.

HOULE-DACCACHE, Ruth

6285. *Giguère, Richard, « En d'autres lieux (de poésie) [*Mon coeur mis à nu*] », *Lettres québécoises*, n⁰ 17, printemps 1980, p. 34.

HOUSTON, James

6286. *B[ÉLISLE], A[lvine], [*Tikta'Likta*], *Des livres et des jeunes*, vol. 1, n⁰ 2, février 1979, p. 32.

HUBERT, Manon

6287. *LAPRÉS, Raymond, «*Ballades d'aujourd'hui sur un air de jadis*», *Nos livres*, vol. 12, mars 1981, n⁰ 139.

6288. *LEWIS, Jocelyne, «*D'éphémères et de vent...* », *Nos livres*, vol. 13, mars 1982, n⁰ 136.

HUSTON, James

6289. *HAYNE, David M., «*Répertoire national*», *Livres et auteurs québécois, 1982*, p. 297-300.

IMBERT, Patrick

6290. [ANONYME], « Prix de l'Association des professeurs de français des universités canadiennes », *Lettres québécoises*, n⁰ 19, automne 1980, p. 8.

ISIDORE, Guy

6291. *BONENFANT, Joseph, « Notes sur la poésie [*Trois Poèmes sans légende*] », *Voix et images*, vol. 6, n⁰ 3, printemps 1981, p. 483.

6292. *JANOËL, André, «*Trois Poèmes sans légende*», *Nos livres*, vol. 12, avril 1981, n⁰ 194.

ISSENHUTH, Jean-Pierre

6293. *NEPVEU, Pierre, « Feu la modernité ? [*Entretien d'un autre temps*] », *Lettres québécoises*, n⁰ 23, automne 1981, p. 30-31.

6294. *DESRUISSEAUX, Pierre, «*Entretien d'un autre temps*», *Livres et auteurs québécois, 1981*, p. 96-97.

6295. *D'ALFONSO, Antonio, «*Entretien d'un autre temps*», *Nos livres*, vol. 13, janvier 1982, n⁰ 25.

6296. *MÉLANÇON, Robert, «*Entretien d'un autre temps*», *Liberté*, vol. 24, n⁰ 3, mai-juin 1982, p. 120.

6297. *BROCHU, André, « En état de poésie [*Entretien d'un autre temps*] », *Voix et images*, vol. 8, n⁰ 1, automne 1982, p. 165-166.

JACOB, Louis

6298. *HAECK, Philippe, «*Double Tram* », *Livres et auteurs québécois, 1979*, p. 169.

6299. *LABINE, Marcel, « Une écriture qui retarde [*Double Tram*] », *Spirale*, n⁰ 6, février 1980, p. 10.

6300. *TROTTIER, Benoît, [*Double Tram*], *Voix et images*, vol. 5, n⁰ 3, printemps 1980, p. 603-605.

JACOB, Pierre

6301. *VEILLEUX, Évangéline, «*Lettre à mes enfants* », *Nos livres*, vol. 12, mars 1981, n⁰ 140.

JACOB, Suzanne

6302. *OUELLETTE-MICHALSKA, Madeleine, [*La Survie*], *Châtelaine*, vol. 20, n⁰ 6, juin 1979, p. 6.

6303. PETROWSKI, Nathalie, « Suzanne Jacob prend la vie du bon côté », *Le Compositeur canadien/The Canadian Composer*, n⁰ 142, juin 1979, p. 4-7.

6304. *MUNGER, Martin, «*La Survie* », *Focus*, n⁰ 23, juin 1979, p. 52.

6305. *VIGEANT, Louise, «La Survie», Nos livres, vol. 10, juin-juillet 1979, n° 220.
6306. *GAUVIN, Lise, [Flore Cocon], University of Toronto Quarterly, Vol. 48, No. 4, Summer 1979, p. 336-337.
6307. *CORRIVEAU, Hugues, « Le Biocreux : où l'écriture se livre [La Survie] », La Nouvelle Barre du jour, n° 82, octobre 1979, p. 85-88.
6308. *BEAULIEU, Benoît, «La Survie», Livres et auteurs québécois, 1979, p. 50-51.
6309. *DUQUETTE, Jean-Pierre, [La Survie], Livres et auteurs québécois, 1979, p. 18-19.
6310. *HURTUBISE, Susane, «Flore Cocon», Le Bulletin Pantoute, n° 1, avril 1980, p. 25.
6311. *BOIVIN, Aurélien, «La Survie», Québec français, n° 38, mai 1980, p. 12.
6312. JACOB, Suzanne, « Autoportrait. Suzanne Jacob», Québec français, n° 38, mai 1980, p. 70-71.
6313. *GAUVIN, Lise, [La Survie], University of Toronto Quarterly, Vol. 49, No. 4, Summer 1980, p. 337-338.
6314. CUSSON, Normand, « Suzanne Jacob», Clin d'oeil, n° 3, novembre 1980, p. 6.
6315. *DUPRÉ, Louise, «[Poèmes, 1 :] Gémellaires. Le Chemin de Damas», Livres et auteurs québécois, 1980, p. 109-110.
6316. *COTNOIR, Louise, « Paroles et petits blasphèmes [Poèmes, 1 : Gémellaires. Le Chemin de Damas] », Spirale, n° 16, février 1981, p. 9-10.
6317. *GAULIN, André, «Poèmes, 1 [: Gémellaires. Le Chemin de Damas] », Québec français, n° 41, mars 1981, p. 15.
6318. *GAULIN, André, «Poèmes, 1 [: Gémellaires. Le Chemin de Damas] », Québec français, n° 41, mars 1981, p. 15.
6319. *BONENFANT, Joseph, « Notes sur la poésie [Poèmes, 1 : Gémellaires. Le Chemin de Damas] », Voix et images, vol. 6, n° 3, printemps 1981, p. 483.
6320. *D'ALFONSO, Antonio, «Poèmes, 1 : Gémellaires. Le Chemin de Damas», Nos livres, vol. 12, juin-juillet 1981, n° 290.

JACQUES, Maurice

6321. *LAPRÉS, Raymond, «L'Ange du diable», Nos livres, vol. 10, novembre 1979, n° 378.
6322. *JANOËL, André, «Les Voix closes», Nos livres, vol. 12, mars 1981, n° 141.
6323. *BONENFANT, Joseph, « Notes sur la poésie [Les Voix closes] », Voix et images, vol. 6, n° 3, printemps 1981, p. 484.
6324. *BAYARD, Caroline, [Les Voix closes], University of Toronto Quarterly, Vol. 50, No. 4, Summer 1981, p. 51.

JAMES, Jesse [pseud. de J.-Roger Léveillé]

6325. *BELLEMARE, Madeleine, «Oeuvre de la première mort», Nos livres, vol. 11, mars 1980, n° 105.
6326. *ARCAND, Tatiana, « L'Éloquence des marges [Le Livre des marges] », Bulletin du Centre d'études franco-canadiennes de l'Ouest, n° 9, octobre 1981, p. 24-27.
6327. *CLÉMENT, Michel, «Le Livre des marges», Livres et auteurs québécois, 1981, p. 120.

JASMIN, Claude

6328. *KIRLEY, Kevin, « Québec Novels : Ethel and the Terrorist», Chelsea Journal, Vol. 5, No. 2, March-April 1979, p. 78-79.
6329. LEBLOND, Jean-Claude, « Claude Jasmin — Éloge du loisir créateur», Vie des arts, vol. 24, n° 96, automne 1979, p. 85.
6330. *CORRIVEAU, Hugues, « L'Écriture populaire [La Sablière] », Spirale, n° 2, octobre 1979, p. 6.
6331. *FERRON, Jacques, « Jasmin s'en va-t-en guerre [La Sablière] », Le Babillard, vol. 2, n° 2, novembre 1979, p. 11.
6332. *BELLEMARE, Madeleine, «La Sablière», Nos livres, vol. 10, novembre 1979, n° 353.

6333. *[ANONYME], «La Sablière», Quill and Quire, Vol. 45, No. 13, November 1979, p. 3.

6334. *ROY, Jean-Philippe, « Un vide égocentrique [La Sablière] », Trajectoires, n° 5, 20 novembre-20 décembre 1979, p. 6.

6335. GINGRAS, Pierre, [La Sablière], Informag, vol. 1, n° 2, décembre 1979, p. 27.

6336. JASMIN, Claude, « Montréal! Montréal! La Bohème à sens unique », Nous, vol. 7, n° 7, décembre 1979, p. 26.

6337. *MOUFFE, «La Sablière», Nous, vol. 7, n° 7, décembre 1979, p. 62.

6338. *DUQUETTE, Jean-Pierre, [La Sablière], Livres et auteurs québécois, 1979, p. 19.

6339. *L'HÉRAULT, Pierre, «La Sablière», Livres et auteurs québécois, 1979, p. 52-54.

6340. *OUELLETTE-MICHALSKA, Madeleine, [La Sablière], Châtelaine, vol. 21, n° 1, janvier 1980, p. 6.

6341. *DORION, Gilles, «La Sablière», Québec français, n° 37, mars 1980, p. 9.

6342. CHOUL, Jean-Claude et Michel de SMET, [La Corde au cou], Voix et images, vol. 6, n° 1, automne 1980, p. 139-141.

6343. *BELLEMARE, Madeleine, «Le veau dort», Nos livres, vol. 11, novembre 1980, n° 352.

6344. *LAMARRE, André, «Les Contes du Sommet-Bleu», Livres et auteurs québécois, 1980, p. 235-236.

6345. LE BEL, Michel, «Le veau dort», Livres et auteurs québécois, 1980, p. 165-167.

6346. *BELLEMARE, Madeleine, «Délivrez-nous du mal», Nos livres, vol. 12, février 1981, n° 81.

6347. *CHARTIER, Monique, «Les Contes du Sommet-Bleu», Nos livres, vol. 12, février 1981, n° 80.

6348. *KRÖLLER, Eva-Marie, «La Sablière», Canadian Literature, No. 88, Spring 1981, p. 93-95.

6349. [ANONYME], « Prix Duvernay 1981. Prix France-Canada 1981 », Lettres québécoises, n° 22, été 1981, p. 13.

6350. *GIRARD, Gilles, [Le veau dort], University of Toronto Quarterly, Vol. 50, No. 4, Summer 1981, p. 72.

6351. *CHAMPAGNE-BOULAIS, Danielle, [Les Contes du Sommet-Bleu], Des livres et des jeunes, vol. 4, n° 10, automne 1981, p. 32.

6352. *GUILLEMETTE-LABORY, Louise, «Les Contes du Sommet-Bleu», Lurelu, vol. 4, n° 3, automne 1981, p. 12.

6353. *STUEWE, Paul, « A Date Is Missing. Perhaps the Publisher Doesn't Want Us to Know That his New Book Is Already 21 Years Old [The Rest Is Silence] », Books in Canada, Vol. 10, No. 10, December 1981, p. 27-28.

6354. *C[HAMPAGNE]-B[OULAIS], D[anielle], [Les Contes du Sommet-Bleu], Des livres et des jeunes, vol. 4, n° 11, printemps 1982, p. 32.

6355. *[ANONYME], «L'Armoire de Pantagruel», Québec Hebdo, vol. 4, n° 21, 14 juin 1982, p. 4.

6356. *O'CONNOR, John J., [The Rest Is Silence], University of Toronto Quarterly, Vol. 51, No. 4, Summer 1982, p. 392.

6357. *MARCOTTE, Gilles, « Pantagruel et Anna. Meurtres et cauchemar éveillé [L'Armoire de Pantagruel] », L'Actualité, vol. 7, n° 8, août 1982, p. 67.

6358. *LORD, Michel, «L'Armoire de Pantagruel», Lettres québécoises, n° 27, automne 1982, p. 33-34.

6359. *DORION, Gilles, «L'Armoire de Pantagruel», Québec français, n° 47, octobre 1982, p. 8.

6360. *THÉORET, France, « Le Goût de tuer ? [L'Armoire de Pantagruel] », Spirale, n° 28, octobre 1982, p. 6.

6361. *DICKSON, Robert, «L'Armoire de Pantagruel — Maman-Paris. Maman-la-France », Livres et auteurs québécois, 1982, p. 60-62.

JEAN, Guy

6362. *TRUDEL, Serge, «Paroles d'Acadie et d'après », Nos livres, vol. 13, décembre 1982, n° 469.

JEANNOTTE, Monique

6363. *RENAUD, Normand, [*Le vent n'a pas d'écho*], *Livres et auteurs québécois, 1982*, p. 25.

JOACHIM, Sébastien

6364. *LAROCHE, Maximilien, «*Le Nègre dans le roman blanc. Lecture sémiotique et idéologique de romans français et canadiens, 1945-1977*», *Québec français*, n⁰ 39, octobre 1980, p. 13.

6365. *IMBERT, Patrick, «*Le Nègre dans le roman blanc* ou la Tentative de civiliser les Blancs», *Lettres québécoises*, n⁰ 20, hiver 1980-1981, p. 45-47.

6366. *CHARTIER, Monique, «*Le Nègre dans le roman blanc. Lecture sémiotique et idéologique de romans français et canadiens, 1945-1977*», *Nos livres*, vol. 12, janvier 1981, n⁰ 27.

6367. *ANGENOT, Marc, «*Le Nègre dans le roman blanc. Lecture sémiotique et idéologique de romans français et canadiens, 1945-1977*», *Voix et images*, vol. 7, n⁰ 1, automne 1981, p. 183-186.

6368. *[ANONYME], «*Le Nègre dans le roman blanc. Lecture sémiotique et idéologique de romans français et canadiens, 1945-1977*», *Écriture française dans le monde*, vol. 3, n⁰ 2-3, décembre 1981, p. 119.

JOBIN, Edgar

6369. *CHAMBERLAND, Roger, [*Stratosphère* suivi de *Magnétosphère*], *Livres et auteurs québécois, 1980*, p. 122.

JOLICOEUR, Catherine

6370. *LAURIN, Michel, «*Les Plus Belles Légendes acadiennes*», *Nos livres*, vol. 12, août-septembre 1981, n⁰ 359.

6371. *[ANONYME], «*Les Plus Belles Légendes acadiennes*», *L'Atulu*, vol. 3, n⁰ 9 [*sic*], novembre-décembre 1981, p. 24-25.

6372. *LÉGER, Lauraine, «*Les Plus Belles Légendes acadiennes*», *Livres et auteurs québécois, 1981*, p. 293-295.

JOLY, Richard

6373. *FISETTE, Jean, «*Notre démocratie d'ignorants instruits*», *Livres et auteurs québécois, 1981*, p. 295-298.

6374. PAINCHAUD, Clotilde T.-L., «Un mardi littéraire avec Richard Joly», *Grimoire*, vol. 5, n⁰ 5, mai-juin 1982, p. 12.

6375. VIGNEAULT, Robert, «À vin nouveau, outres neuves! *Notre démocratie d'ignorants instruits* de Richard Joly», *Lettres québécoises*, n⁰ 28, hiver 1982-1983, p. 70-73.

JOMPHE, Roland

6376. *GAULIN, André, «*De l'eau salée dans les veines*», *Québec français*, n⁰ 33, mars 1979, p. 10.

6377. *CORMIER, Gilles, [*De l'eau salée dans les veines*], *Le Bulletin des agriculteurs*, vol. 62, juin 1979, p. 79.

JUÉRY, René

6378. *GAGNON, Jean-Claude, «*Approches structurales des textes*», *Québec français*, n⁰ 40, décembre 1980, p. 16.

6379. *PERRON, Paul, [*Approches structurales des textes*], *University of Toronto Quarterly*, Vol. 50, No. 4, Summer 1981, p. 192-195.

6380. *[ANONYME], «*Initiation à l'analyse textuelle*», *Réseau*, vol. 13, n⁰ 6, février 1982, p. 27.

6381. *GAGNON, Jean-Claude, «*Initiation à l'analyse textuelle*», *Québec français*, nᵒ 47, octobre 1982, p. 12.

JULIEN, Bernard

6382. *BRISEBOIS, Michel, «*Le Roman canadien-français. Évolution, témoignages, bibliographie*», *Papers of the Bibliographical Society of Canada/Cahiers de la Société bibliographique du Canada*, Vol. 18, 1979, p. 106-107.

JUNEAU, Marie

6383. *JANOËL, André, «*J'ai mal à son coeur*», *Nos livres*, vol. 11, février 1980, nᵒ 64.

JURY, Pierre-Justin

6384. *HAECK, Philippe, «*Topographies 1*», *Livres et auteurs québécois, 1979*, p. 169-170.

JUTRAS, Jeanne d'Arc

6385. *OUELLETTE-MICHALSKA, Madeleine, [*Georgie*], *Châtelaine*, vol. 20, nᵒ 2, février 1979, p. 12.
6386. BLONDIN, Yves, « Jeanne d'Arc Jutras au 1ᵉʳ Festival de créations des femmes », *Le Berdache*, nᵒ 12, juillet 1980, p. 11.
6387. ROSENFELD, Marthe, « Textes lesbiens. Langage et vision utopique des nouvelles écrivaines du Québec », *Le Berdache*, nᵒ 19, avril 1981, p. 40-44.
6388. LAFLÈCHE, Sylvie, « Jeanne d'Arc Jutras. L'Estime de soi avant tout », *Le Berdache*, nᵒ 28, mars 1982, p. 32.

KARAMÉ, Antoine

6389. *CHAMBERLAND, Roger, [*La Voix de l'immigrant*], *Livres et auteurs québécois, 1980*, p. 122.
6390. *LAFORTUNE, Aline, «*La Voix de l'immigrant*», *Nos livres*, vol. 12, juin-juillet 1981, nᵒ 291.

KARCH, Pierre-Paul

6391. *MARCHILDON, Daniel, « Pour une lecture 'écoeurante' [*Nuits blanches*] », *Liaison*, nᵒ 20, février-mars 1982, p. 27.
6392. *A[PRIL], J[ean]-P[ierre], «*Nuits blanches*», *Imagine*, vol. 3, nᵒ 3, printemps 1982, p. 71-72.
6393. COSSETTE, Gilles, «*Nuits blanches*», *Lettres québécoises*, nᵒ 25, printemps 1982, p. 32.
6394. *LEWIS, Jocelyne, «*Nuits blanches*», *Nos livres*, vol. 13, avril 1982, nᵒ 165.
6395. *JANELLE, Claude, « Pas de nuits blanches en perspective [*Nuits blanches*] », *Solaris*, vol. 8, nᵒ 3, juin-juillet 1982, p. 37.
6396. BRUNET-LAMARCHE, Anita, « Prise de parole, 1972-1982. Auteurs et oeuvres. Biobibliographie », *Revue du Nouvel Ontario*, nᵒ 4, 1982, p. 31.

KATTAN, Naïm

6397. [ANONYME], « Our only Arab-Jewish-French-Canadian Author », *Saturday Night*, Vol. 94, No. 1, January-February 1979, p. 9.
6398. *[ANONYME], [*Le Rivage*], *Points*, vol. 3, nᵒ 2, été 1979, p. 6.
6399. *MOREAU, Jean-Marie, «*Le Rivage*», *Nos livres*, vol. 10, août-septembre 1979, nᵒ 263.
6400. *CZARNECKI, Mark, « Stale Baguettes and Love Affairs in Paris [*Paris Interlude*] », *Maclean's*, Vol. 92, No. 43, October 22, 1979, p. 58.

6401. *OUELLETTE-MICHALSKA, Madeleine, [*Le Rivage*], *Châtelaine*, vol. 20, n⁰ 11, novembre 1979, p. 10.

6402. *SCOBIE, Stephen, « Far From the Ayes of Night : Paris Interlude », *Books in Canada*, Vol. 8, No. 10, December 1979, p. 8.

6403. *BENAZON, Michael, « An Iraqi in Paris : Paris Interlude », *The Canadian Forum*, Vol. 59, No. 695, December 1979-January 1980, p. 40-41.

6404. *BEAULIEU, Benoît, «*Le Rivage* », *Livres et auteurs québécois, 1979*, p. 54-55.

6405. *[ANONYME], « The Editors Recommend [*Paris Interlude*] », *Books in Canada*, Vol. 9, No. 1, January 1980, p. 25.

6406. *GROSSKURTH, Phyllis, « The Young Who Wanted to Love [*Paris Interlude*] », *Saturday Night*, Vol. 95, No. 1, January-February 1980, p. 50.

6407. *DORSINVILLE, Max, [*Les Fruits arrachés*], *Canadian Literature*, No. 84, Spring 1980, p. 87-90.

6408. DEY, Olga, « Naïm Kattan : Writer », *Canadian Author and Bookman*, Vol. 55, No. 4/Vol. 56, No. 1, Summer/Fall 1980, p. 24-25.

6409. *O'CONNOR, John J., [*Paris Interlude*], *University of Toronto Quarterly*, Vol. 49, No. 4, Summer 1980, p. 386.

6410. *JACQUES, André, «*Écrivains des Amériques*, t. 3 : *L'Amérique latine* », *Livres et auteurs québécois, 1980*, p. 197-199.

6411. [ANONYME], « Naïm Kattan : 'Canada Deals With its Contradictions by Expressing Them Loudly' [Entrevue] », *Quill and Quire*, Vol. 47, No. 5, May 1981, p. 9-11.

6412. *HODGSON, Richard-G., «*Le Rivage* », *Canadian Literature*, No. 90, Autumn 1981, p. 151-152.

6413. *BOIVIN, Aurélien, «*Le Sable de l'île* », *Québec français*, n⁰ 43, octobre 1981, p. 12-13.

6414. *BOIVIN, Aurélien, «*Le Sable de l'île* », *Livres et auteurs québécois, 1981*, p. 54-55.

6415. *SOUCY, Jean-Yves, « Naïm Kattan. La Grande Aventure de la quotidienneté [*Le Sable de l'île*] », *Reflets*, vol. 3, n⁰ 5, janvier 1982, p. 24.

6416. *GAUER, Stephen, «*The Neighbour and Other Stories* », *Quill and Quire*, Vol. 48, No. 4, April 1982, p. 26, 28.

6417. *GRADY, Wayne, « The Other Canadian Though Cosmopolitan in Content, Naïm Kattan's Short Stories Explore a Familiar Canadian Duality : The Plight of the Stranger in His Own Land [*The Neighbour and Other Stories*] », *Books in Canada*, Vol. 11, No. 5, May 1982, p. 9-11.

KATTINI-MALOUF, Pierre

6418. DAVID, Gilbert, « Un discours scénique de la modernité », *Jeu*, n⁰ 10, hiver 1979, p. 121-126.

6419. KATTINI-MALOUF, Pierre, «*Gertrude Laframboise, agitatrice* », *Jeu*, n⁰ 10, hiver 1979, p. 103-105.

6420. MARTINEAU, Bernard, «*Notes de mise en scène* », *Jeu*, n⁰ 10, hiver 1979, p. 106-109.

6421. PELLAND, Johanne, « Un propos dissimulé », *Jeu*, n⁰ 10, hiver 1979, p. 110-116.

6422. KATTINI-MALOUF, Pierre, « Plaidoyer pour mon droit de parole ou Pourriez-vous refaire votre image sans maculer la mienne ? », *Jeu*, n⁰ 19, 2ᵉ trimestre 1981, p. 168-170.

6423. NOËL, Francine, « Les bonnes intentions suffisent-elles ? [*Gertrude Laframboise, agitatrice*] », *Jeu*, n⁰ 19, 2ᵉ trimestre 1981, p. 170-171.

6424. MACDUFF, Pierre, « Pierre Kattini-Malouf », *Jeu*, n⁰ 21, 4ᵉ trimestre 1981, p. 65-68.

6425. *[ANONYME], «*Les Danseurs de la fin du monde* », *CEAD. Dramaturgies nouvelles*, vol. 3, n⁰ 2, décembre 1981, p. 10.

6426. *[ANONYME], «*Femmes d'attente* », *CEAD. Dramaturgies nouvelles*, vol. 4, n⁰ 1, novembre 1982, [s.p.].

LABBÉ, Gustave

6427. *BASTIN, Agnès, [*Fleurs de sang* précédé de *Litanie des sources*], *Grimoire*, vol. 2, n° 11, octobre 1979, p. 17.

6428. *[THÉRIO, Adrien], «*Fleurs de sang* précédé de *Litanie des sources*», *Lettres québécoises*, n° 16, hiver 1979-1980, p. 74.

LABBÉ, Josette

6429. *GODIN, Madeleine, «*Jean-Pierre, mon homme, ma mère*», *Livres et auteurs québécois*, *1982*, p. 62-63.

LABERGE, Albert

6430. *LEITH, Linda, [*Bitter Bread*], *Canadian Literature*, No. 82, Autumn 1979, p. 120-122.

6431. [ANONYME], «*La Scouine* à la Salle Fred-Barry [La NCT] », *Le Babillard*, vol. 2, n° 1, octobre 1979, p. 9.

6432. *ANDRÈS, Bernard, «*La Collection de Madame Suzanne* [de François Beaulieu] — *La Scouine* [d'Albert Laberge] : deux conceptions du théâtre », *Spirale*, n° 3, novembre 1979, p. 3.

6433. *DIONNE, André, « Le Théâtre qu'on joue : *La Scouine* », *Lettres québécoises*, n° 16, hiver 1979-1980, p. 30.

6434. LENNOX, John W., «*La Scouine* : Influences and Significance », *Studies in Canadian Literature*, Vol. 5, No. 1, Spring 1980, p. 47-62.

6435. *ANDRÈS, Bernard, « L'Adaptation théâtrale : recours obligé ? [La NCT présente *la Scouine* d'Albert Laberge] », *Voix et images*, vol. 5, n° 3, printemps 1980, p. 589-590.

LABERGE, Fernand

6436. *JANOËL, André, «*Deux Jours en hiver* suivi de *Le Cri* », *Nos livres*, vol. 12, mars 1981, n° 142.

LABERGE, Marie [dramaturge]

6437. *HARDY, Joceline, «*Profession, je t'aime* », *Jeu*, n° 12, été 1979, p. 141-143.

6438. [ANONYME], «*Éva et Évelyne* », *CEAD. En bref*, vol. 1, n° 1, novembre 1979, p. [5].

6439. [ANONYME], «*Éva et Évelyne* », *CEAD. En bref*, vol. 1, n° 1, novembre 1979, p. 5.

6440. BEAUDIN, Pauline, Marie-José Des Rivières et Chantal HÉBERT, « Rare au féminin », *Jeu*, n° 16, [3e trimestre] 1980, p. 116-118.

6441. NOËL, Francine, « Plaidoyer pour mon image », *Jeu*, n° 16, [3e trimestre] 1980, p. 52-54.

6442. *NANTEL, Louise, «*C'était avant la guerre à l'Anse-à-Gilles* », *La Vie en rose*, [vol. 2, n° 1], mars-avril-mai 1981, p. 51.

6443. *BOURGET, Élizabeth, « Les Lectures du CEAD. *Jocelyne Trudelle trouvée morte dans ses larmes* », *CEAD. Dramaturgies nouvelles*, vol. 2, n° 4, avril 1981, p. 5-6.

6444. *ARMSTRONG, Lise, « [...], *C'était avant la guerre à l'Anse-à-Gilles*. Ces héroïnes du passé », *Jeu*, n° 19, 2e trimestre 1981, p. 121-127.

6445. *STANTON, Julie, «*C'était avant la guerre à l'Anse-à-Gilles* », *La Gazette des femmes*, vol. 2, n° 9, mai 1981, p. 5.

6446. BOURASSA, André-G[illes], « Le Temps d'un reel. [...] *C'était avant la guerre à l'Anse-à-Gilles* de Marie Laberge », *Lettres québécoises*, n° 22, été 1981, p. 37-38.

6447. *DIONNE, André, « Le Théâtre qu'on joue : *C'était avant la guerre à l'Anse-à-Gilles* », *Lettres québécoises*, n° 22, été 1981, p. 44.

6448. KING, Deirdre, « Domination and Resistance : Women Playwrights in Québec », *The Canadian Forum*, Vol. 61, No. 712, September-October 1981, p. 44.

6449. *CUSSON, Normand, [*C'était avant la guerre à l'Anse-à-Gilles*], *Clin d'oeil*, n° 12, septembre 1981, p. 16.

6450. DAVID, Gilbert et Pierre LAVOIE, « Marie Laberge », *Jeu*, n⁰ 21, 4ᵉ trimestre 1981, p. 51-63.

6451. *LAPRÉS, Raymond, «*C'était avant la guerre à l'Anse-à-Gilles* », *Nos livres*, vol. 12, octobre 1981, n⁰ 384.

6452. *CANTIN, Léonce, «*C'était avant la guerre à l'Anse-à-Gilles* », *Québec français*, n⁰ 43, octobre 1981, p. 14.

6453. CANTIN, Léonce, « Repères biographiques », *Québec français*, n⁰ 44, décembre 1981, p. 33.

6454. LABERGE, Marie, « Autoportrait. L'Enfant derrière la porte », *Québec français*, n⁰ 44, décembre 1981, p. 32-33.

6455. *CANTIN, Léonce, «*C'était avant la guerre à l'Anse-à-Gilles* », *Livres et auteurs québécois, 1981*, p. 176-178.

6456. *LE BLANC, Alonzo, «*Ils étaient venus pour...* », *Livres et auteurs québécois, 1981*, p. 178-180.

6457. DIONNE, André, « Marie Laberge, dramaturge. Entrevue », *Lettres québécoises*, n⁰ 25, printemps 1982, p. 62-66.

6458. *MICHAUD, Ginette, «*Ils étaient venus pour...* », *Jeu*, n⁰ 23, 2ᵉ trimestre 1982, p. 153-155.

6459. *ALMÉRAS, Diane, « Ce que ces gens avaient à dire [*Ils étaient venus pour...*] », *Relations*, vol. 42, n⁰ 479, avril 1982, p. 106-107.

6460. *DESJARDINS, Normand, «*Avec l'hiver qui s'en vient* », *Nos livres*, vol. 13, mai 1982, n⁰ 209.

6461. *GIRARD, Gilles, [*Ils étaient venus pour... — C'était avant la guerre à l'Anse-à-Gilles — Avec l'hiver qui s'en vient*], *University of Toronto Quarterly*, Vol. 51, No. 4, Summer 1982, p. 388.

6462. [ANONYME], « Prix littéraires du Gouverneur général 1981 », *Grimoire*, vol. 5, n⁰ 6, août-septembre 1982, p. 19.

6463. [ANONYME], « Prix du Gouverneur général 198[1] », *Lettres québécoises*, n⁰ 27, automne 1982, p. 15.

6464. BOURASSA, André-G[illes], [*Ils étaient venus pour... — Avec l'hiver qui s'en vient*], *Lettres québécoises*, n⁰ 27, automne 1982, p. 46-47.

LABERGE, Marie-Josée

6465. *DAVID, Carole, «*Le Géant bleu* », *Livres et auteurs québécois, 1981*, p. 243-244.

LABERGE, Marie [poète]

6466. *PONTBRIAND, Jean-Noël, «*Les Chants de l'épervière* », *Livres et auteurs québécois, 1979*, p. 129-130.

6467. *ABRASSART, Jean-Claude, « Ni fleur ni oiseau mais songe [*Les Chants de l'épervière*] », *Trajectoires*, n⁰ 6, 15 janvier-15 février 1980, p. 15-16.

6468. *GAULIN, André, «*Les Chants de l'épervière* », *Québec français*, n⁰ 37, mars 1980, p. 10.

6469. *BONENFANT, Joseph, [*Les Chants de l'épervière*], *Voix et images*, vol. 5, n⁰ 3, printemps 1980, p. 607.

6470. *D'ALFONSO, Antonio, «*Les Chants de l'épervière* », *Nos livres*, vol. 12, août-septembre 1981, n⁰ 361.

6471. *BOUVIER, Luc, «*Aux mouvances du temps* », *Livres et auteurs québécois, 1982*, p. 117-119.

LABERGE, Pierre

6472. *PONTBRIAND, Jean-Noël et Micheline SIMARD, « Nous rencontrons Pierre Laberge », *Poésie*, vol. 18, hiver 1979, p. 53-57.

6473. *NEPVEU, Pierre, « Du corps et de quelques poètes [*Vue du corps* précédé de *Au lieu de mourir*] », *Lettres québécoises*, n⁰ 16, hiver 1979-1980, p. 22.

6474. *GAULIN, André, «*Vue du corps* précédé de *Au lieu de mourir* », *Livres et auteurs québécois, 1979*, p. 131-132.

6475. ROBITAILLE, Claude, « Pierre Laberge, intimiste », *Le Bulletin Pantoute*, n⁰ 3, septembre-octobre-novembre 1980, p. 35.
6476. VASSEUR, François et Claude ROBITAILLE, « Un entretien avec Pierre Laberge », *Le Bulletin Pantoute*, n⁰ 3, septembre-octobre-novembre 1980, p. 35.
6477. *D'ALFONSO, Antonio, «*Vue du corps*», *Nos livres*, vol. 12, août-septembre 1981, n⁰ 362.
6478. *BEAUSOLEIL, Claude, «*Vivres*», *Livres et auteurs québécois, 1981*, p. 115-116.
6479. *THOMAS, Réjean, «*Vivres*», *Nos livres*, vol. 13, mars 1982, n⁰ 137.
6480. *GAULIN, André, «*Vivres*», *Québec français*, n⁰ 45, mars 1982, p. 16.
6481. *SAILLANT, Francine, «*Vivres*», *Dérives*, n⁰ 35, 4e trimestre 1982, p. 69-70.

LABINE, Marcel

6482. *GIGUÈRE, Richard, «*Les Allures de ma mort*», *Livres et auteurs québécois, 1979*, p. 106.
6483. *LAMARRE, André, « Videz la classe [*La Marche de la dictée*] », *Spirale*, n⁰ 14, décembre 1980, p. 10.
6484. *LAMARRE, André, «*La Marche de la dictée*», *Livres et auteurs québécois, 1980*, p. 135-137.
6485. *CHAMBERLAND, Roger, «*La Marche de la dictée — Des trous dans l'anecdote*», *Québec français*, n⁰ 42, mai 1981, p. 17.
6486. *DES ROCHES, Roger, « La Parole et la résistance [*Des trous dans l'anecdote*] », *Spirale*, [n⁰ 20], juin 1981, p. 4-5.
6487. NEPVEU, Pierre, « Petites Misères du masculin singulier [*Des trous dans l'anecdote*] », *Lettres québécoises*, n⁰ 22, été 1981, p. 29-31.
6488. *DIONNE, André, «*Les Proses graduelles*», *Livres et auteurs québécois, 1981*, p. 55-56.
6489. *GAUDREAU, Liette, «*Des trous dans l'anecdote*», *Livres et auteurs québécois, 1981*, p. 91-92.

LABROSSE, Darcia

6490. *LACOSTE, Francine, «*Où est le chat ?*», *Lurelu*, vol. 5, n⁰ 3, hiver 1982, p. 9.

LACASSE, Lise

6491. [ANONYME], « Prix Benson & Hedges », *Lettres québécoises*, n⁰ 15, août-septembre 1979, p. 6.
6492. BASTIN, Agnès, « Lise Lacasse », *Grimoire*, vol. 3, n⁰ 10, décembre 1980, p. 18-19.
6493. PAINCHAUD, Clotilde T.-L., « Lancement estrien de *la Facilité du jour* », *Grimoire*, vol. 4, n⁰ 9, décembre 1981, p. 12.
6494. *PAINCHAUD, Clotilde T.-L., « Réflexions sur *la Facilité du jour* », *Grimoire*, vol. 5, n⁰ 2, février 1982, p. 5.
6495. POULIN, Gabrielle, « Fragile et invincible Julia. *La Facilité du jour* », *Lettres québécoises*, n⁰ 25, printemps 1982, p. 18-20.
6496. *DESJARDINS, Normand, «*La Facilité du jour*», *Nos livres*, vol. 13, avril 1982, n⁰ 167.
6497. BÉGIN, Jean-Jacques, « Jeudi 14 octobre, journée des auteurs estriens [Prix Alfred-DesRochers] », *Grimoire*, vol. 5, n⁰ 8, novembre 1982, p. 7.

LACELLE-BOURDON, Andrée

6498. *CHAMBERLAND, Roger, «*Au soleil du souffle*», *Livres et auteurs québécois, 1979*, p. 145.
6499. BRUNET-LAMARCHE, Anita, « Prise de parole, 1972-1982. Auteurs et oeuvres. Biobibliographie », *Revue du Nouvel Ontario*, n⁰ 4, 1982, p. 31-32.
6500. *DICKSON, Robert, [*Au soleil du souffle*], *Revue du Nouvel Ontario*, n⁰ 4, 1982, p. 71.

LACHANCE, Jeanne

6501. *WARREN, Louise, «*Le Voyage de Lapin noir*», *Lurelu*, vol. 2, n⁰ 1, printemps 1979, p. 14.

LACOMBE, Patrice

6502. *BELLEMARE, Madeleine, «*La Terre paternelle*», *Nos livres*, vol. 12, août-septembre 1981, n° 363.

6503. NADEAU, Jean-Guy, « Joseph-Charles Taché. Quelques Aspects de sa contribution à l'histoire littéraire du Québec », *Revue d'histoire littéraire du Québec et du Canada français*, n° 3, hiver-printemps 1982, p. 91-92.

LA CORNE, Luc de

6504. HARE, John E[llis], «*Journal du voyage de M. Saint-Luc de La Corne dans le navire l'"Auguste" en l'an 1761.* Édition critique», *Revue d'histoire littéraire du Québec et du Canada français*, n° 2, 1980-1981, p. 136-143.

LACOURCIÈRE, Luc

6505. DIONNE, René, « Hommage à Luc Lacourcière », *Lettres québécoises*, n° 13, février 1979, p. 53-54.

6506. THÉRIO, Adrien, « Luc Lacourcière, professeur de lettres canadiennes-françaises », *Lettres québécoises*, n° 13, février 1979, p. 55-59.

6507. LACOURCIÈRE, Luc, « La Réception de Monseigneur le Vicomte d'Argenson par toutes les nations du païs de Canada à son entrée au gouvernement de la Nouvelle-France. Nouvelle Édition suivie d'un commentaire historique et littéraire », *Les Cahiers des Dix*, n° 42, 1979, p. 175-199.

LACROIX, Benoît

6508. *LAURIN, Michel, «*Folklore de la mer et religion*», *Nos livres*, vol. 11, décembre 1980, n° 396.

6509. *VOISINE, Nive, «*Folklore de la mer et religion*», *Revue d'histoire de l'Amérique française*, vol. 35, n° 1, juin 1981, p. 118.

6510. *LAURIN, Michel, «*Le P'tit Train*», *Nos livres*, vol. 12, août-septembre 1981, n° 364.

6511. *CIMON, Renée, «*Quelque Part en Bellechasse*», *Nos livres*, vol. 12, décembre 1981, n° 502.

6512. *THOMAS, Gerald, «*Folklore de la mer et religion*», *Canadian Literature*, No. 92, Spring 1982, p. 131.

LACROIX, Georgette

6513. *LACROIX, Georgette, « Québec et sa poésie », *Bulletin de la Société des écrivains canadiens*, vol. 10, n° 1, juin 1979, p. 10.

6514. *VILLEMURE, Pierre, «*Québec*», *Lettres québécoises*, n° 15, août-septembre 1979, p. 73.

LADOUCEUR, François

6515. *CHARTIER, Monique, «*Mado, la commode*», *Nos livres*, vol. 10, novembre 1979, n° 381.

6516. *CHARTIER, Monique, «*Jules, le petit camion rouge*», *Nos livres*, vol. 10, novembre 1979, n° 380.

6517. *CHARTIER, Monique, «*Le Petit Chaperon rouge*», *Nos livres*, vol. 11, août-septembre 1980, n° 256.

LAFLAMME, Jean

6518. *JANOËL, André, «*Anthologie thématique du théâtre québécois au XIXᵉ siècle*», *Nos livres*, vol. 10, mars 1979, n° 94.

6519. *BOIVIN, Aurélien, «*Anthologie thématique du théâtre québécois au XIXᵉ siècle*», *Québec français*, n° 33, mars 1979, p. 12.

6520. *Le Blanc, Alonzo, «*Anthologie thématique du théâtre québécois au XIXe siècle*», *Jeu*, n⁰ 11, printemps 1979, p. 100-101.

6521. *Robert, Lucie, «*Anthologie thématique du théâtre québécois au XIXe siècle*», *Recherches sociographiques*, vol. 20, n⁰ 2, mai-août 1979, p. 287.

6522. *Girard, Gilles, [*Anthologie thématique du théâtre québécois au XIXe siècle*], *University of Toronto Quarterly*, Vol. 48, No. 4, Summer 1979, p. 378.

6523. *Camerlain, Lorraine, «*L'Église et le théâtre au Québec*», *Livres et auteurs québécois, 1979*, p. 217-219.

6524. *Le Blanc, Alonzo, «*L'Église et le théâtre au Québec*», *Québec français*, n⁰ 37, mars 1980, p. 10, 13.

6525. *Hayne, David M., [*Anthologie thématique du théâtre québécois au XIXe siècle*], *Canadian Literature*, No. 85, Summer 1980, p. 118-119.

6526. *Hathorn, Ramon, [*L'Église et le théâtre au Québec*], *Theatre History in Canada/ Histoire du théâtre au Canada*, Vol. 1, No. 2, Fall 1980, p. 151-155.

6527. *Gruslin, Adrien, «*L'Église et le théâtre au Québec*», *Jeu*, n⁰ 17, [4e trimestre] 1980, p. 126-128.

6528. *Lord, Michel, «*L'Église et le théâtre au Québec*», *Lettres québécoises*, n⁰ 20, hiver 1980-1981, p. 39-40.

6529. Beaudry, Pauline, « Une ample comédie à cent actes divers... *L'Église et le théâtre au Québec*», *Réseau*, vol. 12, n⁰ 9, mai 1981, p. 20-22.

6530. *Lajeunesse, Marcel, «*L'Église et le théâtre au Québec*», *Revue d'histoire de l'Amérique française*, vol. 35, n⁰ 1, juin 1981, p. 108-111.

6531. *Doucette, L[éonard] E., [*L'Église et le théâtre au Québec*], *University of Toronto Quarterly*, Vol. 50, No. 4, Summer 1981, p. 181-182.

6532. *Hathorn, Ramon, «*L'Église et le théâtre au Québec*», *Revue d'histoire littéraire du Québec et du Canada français*, n⁰ 3, hiver-printemps 1982, p. 142-145.

6533. *Forsyth, Louise [H.], «*Anthologie thématique du théâtre québécois au XIXe siècle — Le Jeu de l'histoire et de la société dans le théâtre québécois, 1900-1950*», *Theatre History in Canada/Histoire du théâtre au Canada*, Vol. 3, No. 2, Fall 1982, p. 201-205.

LAFLÈCHE, Guy

6534. Block, Haskell M., «*Petit Manuel des études littéraires. Pour une science générale de la littérature*», *Canadian Review of Comparative Literature/Revue canadienne de littérature comparée*, Vol. 6, No. 1, Winter 1979, p. 82-84.

6535. *Rigault, Claude, « L'Édition en marge [*La Vie du Père Paul Ragueneau, de Jacques Bigot*, édition critique] », *Lettres québécoises*, n⁰ 14, avril-mai 1979, p. 36-37.

6536. *Berthiaume, Pierre, «*La Vie du Père Paul Ragueneau, de Jacques Bigot*, édition critique », *Livres et auteurs québécois, 1979*, p. 219-221.

6537. *Vigneault, Robert, « Deux Recueils importants sur la vitalité littéraire et culturelle du Québec. [...] *Dix Ans de recherche québécoise sur la littérature française*», *Lettres québécoises*, n⁰ 22, été 1981, p. 61-63.

LAFLEUR, Jacques

6538. *Civil, Jean, [*Décors à l'envers*], *Grimoire*, vol. 4, n⁰ 5, mai 1981, p. 7.

6539. Bastin, Agnès, « Jacques Lafleur [Entrevue] », *Grimoire*, vol. 4, n⁰ 6, juin-juillet 1981, p. 18-19.

6540. *Dionne, André, «*Décors à l'envers*», *Livres et auteurs québécois, 1981*, p. 56-57.

6541. *Laprés, Raymond, «*Décors à l'envers*», *Nos livres*, vol. 13, janvier 1982, n⁰ 26.

LAFLEUR, Marie

6542. *Ouellette-Michalska, Madeleine, [*Mélano*], *Châtelaine*, vol. 20, n⁰ 12, décembre 1979, p. 26.

6543. *Théoret, France, « Une littérature de bon ton. *Mélano* », *Spirale*, n⁰ 4, décembre 1979, p. 5.
6544. *Dionne, André, *«Mélano»*, *Livres et auteurs québécois, 1979*, p. 55-56.
6545. *Corriveau, Hugues, [*Mélano*], *La Nouvelle Barre du jour*, n⁰ 90-91, mai 1980, p. 198-200.
6546. *Vasseur, François, *«Mélano»*, *Le Bulletin Pantoute*, n⁰ 2, juin-juillet-août 1980, p. 5.

LAFLEUR, Tristan [pseudonyme]

6547. *Bourassa, André-Gilles, [*Hermaphrodites*], *Liaison*, n⁰ 5-6, mai 1979, p. 19.
6548. Brunet-Lamarche, Anita, « Prise de parole, 1972-1982. Auteurs et oeuvres. Biobibliographie », *Revue du Nouvel Ontario*, n⁰ 4, 1982, p. 32.

LAFOND, Guy

6549. *Recurt, Myriam, « L'Âme et l'absolu. *Les Cloches d'autres mondes* », *Canadian Literature*, No. 80, Spring 1979, p. 98.

LAFONTAINE, Yvan

6550. *Michaud, Ginette, *«Rétroviseurs»*, *Livres et auteurs québécois, 1982*, p. 76-78.

LAFOREST, Jean-Richard

6551. *Laprés, Raymond, *«Le Divan des alternances»*, *Nos livres*, vol. 10, avril 1979, n⁰ 159.

LAFORTE, Conrad

6552. *[Anonyme], *«Menteries drôles et merveilleuses»*, *L'Atulu*, vol. 2, n⁰ 7, juillet 1980, p. 4.
6553. *Laurin, Michel, *«Menteries drôles et merveilleuses. Contes traditionnels du Saguenay»*, *Nos livres*, vol. 12, avril 1981, n⁰ 195.
6554. *[Anonyme], *«Survivances médiévales dans la chanson folklorique»*, *Québec Hebdo*, vol. 4, n⁰ 12, 5 avril 1982, p. 4.
6555. *Laurin, Michel, *«Survivances médiévales dans la chanson folklorique. Poétique de la chanson en laisse»*, *Nos livres*, vol. 13, juin-juillet 1982, n⁰ 278.
6556. Laurin, Michel, « Notre choix. *Survivances médiévales dans la chanson folklorique* [Entrevue] », *Nos livres*, vol. 13, juin-juillet 1982, [s.p.].
6557. Lacourcière, Luc, « Présentation de M. Conrad Laforte », *Société royale du Canada. Présentation*, n⁰ 38, 1982-1983, p. 139-143.

LAFORTUNE, Ambroise

6558. *Hesse, M.G., « Contes et légendes canadiens [*Le Pays d'où je viens*] », *Canadian Children's Literature*, No. 13, 1979, p. 86-87.
6559. *Monière, Denis, *«Heureux qui comme Ambroise»*, *Canadian Journal of Political Science/Revue canadienne de science politique*, Vol. 15, No. 2, June 1982, p. 390-391.

LA FRANCE, Henri

6560. *[Anonyme], *«À l'aube du Verseau»*, *Reflets*, vol. 2, n⁰ 8, avril 1981, p. 28.
6561. *Janelle, Claude, « Science-Fiction et fantastique au Québec. Le Salut par le Nord [*À l'aube du Verseau*] », *Solaris*, vol. 8, n⁰ 5, septembre-octobre 1982, p. 23.

LA FRANCE, Micheline

6562. *Mouffe, *«Denise Pelletier ou la Folie du théâtre»*, *Nous*, vol. 6, n⁰ 12, mai 1979, p. 16-17.

6563. *OUELLETTE-MICHALSKA, Madeleine, [*Denise Pelletier ou la Folie du théâtre*], *Châtelaine*, vol. 20, n⁰ 8, août 1979, p. 6.
6564. *FORSYTH, Louise H., [*Denise Pelletier ou la Folie du théâtre*], *Theatre History in Canada/Histoire du théâtre au Canada*, Vol. 1, No. 2, Fall 1980, p. 155-160.
6565. *DOUCETTE, L[éonard] E., [*Denise Pelletier ou la Folie du théâtre*], *University of Toronto Quarterly*, Vol. 51, No. 4, Summer 1982, p. 483-484.

LAFRENIÈRE, Joseph

6566. *[ANONYME], «*Carolie printemps*», *Lettres québécoises*, n⁰ 13, février 1979, p. 73.
6567. *BEAUDOIN, Léo, «*Carolie printemps*», *Nos livres*, vol. 10, février 1979, n⁰ 57.
6568. *OUELLETTE-MICHALSKA, Madeleine, [*Carolie printemps*], *Châtelaine*, vol. 20, n⁰ 3, mars 1979, p. 8.
6569. *CIMON, Renée, «*Le Bibliotrain*», *Nos livres*, vol. 10, avril 1979, n⁰ 160.
6570. *VAILLANCOURT, Pierre-Louis, « Narcissisme et premier roman », *Journal of Canadian Fiction*, No. 25-26, 1979, p. 254-263.
6571. *CLAUDE, Pierre, [*Chantale*], *Vidéo-Presse*, vol. 9, n⁰ 6, février 1980, p. 49.

LAGASSÉ, Roger

6572. *JOUBERT, Ingrid, « Trois Livres d'enfants [*La Petite Jument blanche*] », *Bulletin du Centre d'études franco-canadiennes de l'Ouest*, n⁰ 9, octobre 1981, p. 20-23.

LAGASSÉ, Yvonne

6573. *JOUBERT, Ingrid, « Trois Livres d'enfants [*La Petite Jument blanche*] », *Bulletin du Centre d'études franco-canadiennes de l'Ouest*, n⁰ 9, octobre 1981, p. 20-23.

LAHAISE, Guillaume [pseud. : Guy Delahaye]

6574. BOUCHER, Yvon, « Hommage à Guy Delahaye », *Journal of Canadian Fiction*, No. 25-26, 1979, p. 95-98.
6575. BLAIS, Jacques, « Problématique d'une recherche sur le groupe des poètes artistes (1910-1930) », *Revue d'histoire littéraire du Québec et du Canada français*, n⁰ 2, 1980-1981, p. 60-66.

LAHALLE, Bruno-André

6576. *SIROIS, Antoine, «*Jules Verne et le Québec (1837-1889) : 'Famille-sans-nom'*», *Livres et auteurs québécois, 1979*, p. 222-223.
6577. *V[ANASSE], A[ndré], « Jules Verne chez les patriotes [*Jules Verne et le Québec (1837-1889) : 'Famille-sans-nom'*] », *Lettres québécoises*, n⁰ 17, printemps 1980, p. 86.
6578. *A[LLARD], J[acques], «*Jules Verne et le Québec (1837-1889) [: 'Famille-sans-nom'*] », *Voix et images*, vol. 6, n⁰ 2, hiver 1981, p. 345.

LAHAYE, Louise

6579. *CHARETTE, Christiane, [*Trois Petits Contes*], *Lurelu*, vol. 5, n⁰ 1, printemps-été 1982, p. 17.
6580. *CUSSON, Chantale, «*Trois Petits Contes*», *Jeu*, n⁰ 24, 3ᵉ trimestre 1982, p. 142.

LALIBERTÉ, Alfred

6581. *BAZIN, Jules, «*Mes souvenirs*», *Vie des arts*, vol. 23, n⁰ 94, printemps 1979, p. 81-82.

LALONDE, Jean

6582. *Dickson, Robert, [*Lignes-Signes*], *Revue du Nouvel Ontario*, n° 4, 1982, p. 46.

LALONDE, Michèle

6583. *Bonenfant, Joseph, «*Défense et illustration de la langue québécoise* suivi de *Prose et poèmes*», *Livres et auteurs québécois, 1979*, p. 132-135.

6584. *Dostie, Gaétan, «*Défense et illustration de la langue québécoise* suivi de *Prose et poèmes*», *Livres et auteurs québécois, 1979*, p. 308-310.

6585. Hébert, François, « Des dazibaos à Outremont ? », *Liberté*, vol. 22, n° 1, janvier-février 1980, p. 95-99.

6586. *[Anonyme], [*Défense et illustration de la langue québécoise* suivi de *Prose et poèmes*], *Le Médecin du Québec*, vol. 15, n° 1, janvier 1980, p. 16.

6587. *Lamarre, André, « Lalonde et la langue [*Défense et illustration de la langue québécoise* suivi de *Prose et poèmes*] », *Spirale*, n° 5, janvier 1980, p. 1-4.

6588. Faye, Jean-Pierre, « La *Défense* de Michèle Lalonde et le goût de Pot-Laid-Mickey », *Liberté*, vol. 22, n° 3, mai-juin 1980, p. 91-97.

6589. Hébert, François, « Michèle Lalonde en-faye-rouapée », *Liberté*, vol. 22, n° 3, mai-juin 1980, p. 98-100.

6590. Cloutier, Guy, « Revenir à Michèle Lalonde », *La Nouvelle Barre du jour*, n° 90-91, mai 1980, p. 207-209.

6591. [Anonyme], « Le Prix Duvernay à Michèle Lalonde », *Union des écrivains québécois*, vol. 1, n° 3, mai 1980, p. [7].

6592. *Hayne, David M., «*Dernier Recours de Baptiste à Catherine*», *Canadian Literature*, No. 85, Summer 1980, p. 129-130.

6593. [Anonyme], « Michèle Lalonde, Prix Duvernay 1980 », *Lettres québécoises*, n° 18, été 1980, p. 14.

6594. *Giguère, Richard, [*Défense et illustration de la langue québécoise*], *University of Toronto Quarterly*, Vol. 49, No. 4, Summer 1980, p. 360.

6595. [Anonyme], « Michèle Lalonde, Prix Duvernay 1980 », *Québec Hebdo*, vol. 2, n° 25, 30 juin 1980, p. 4.

6596. Lalonde, Michèle, « Petit Testament », *University of Toronto Quarterly*, Vol. 50, No. 1, Fall 1980, p. 66-68.

6597. *Merivale, Patricia, «*Défense et illustration de la langue québécoise* suivi de *Prose et poèmes*», *Canadian Literature*, No. 88, Spring 1981, p. 130-131.

6598. Charron, François, « Les Devoirs de l'écrivain », *Les Herbes rouges*, n° 99-100, janvier 1982, p. 36-48.

6599. *Ricard, François, « La Grande Mission de notre petite culture [*Cause commune*] », *Liberté*, vol. 24, n° 2, mars-avril 1982, p. 3-10.

6600. *R[icard], F[rançois], «*Petit Testament*», *Liberté*, vol. 24, n° 2, mars-avril 1982, p. 105-106.

6601. [Anonyme], « John Reeves 'Literary Portraits' », *Canadian Fiction Magazine*, No. 43, 1982, p. [54-55].

6602. *Maugey, Axel, «*Cause commune*», *Relations*, vol. 42, n° 479, avril 1982, p. 107.

6603. *Lefebvre, Gordon, « Avatars du nationalisme [*Cause commune*] », *Spirale*, n° 24, avril 1982, p. 5.

6604. Smart, Patricia, « Culture, Revolution and Politics in Quebec », *The Canadian Forum*, Vol. 62, No. 718, May 1982, p. 7-10.

6605. Downes, Gwladys, « Women Poets in Quebec Society », *Malahat Review*, No. 63, October 1982, p. 108-109.

6606. *Villemaire, Yolande, « Speak White E. T. Lecture co(s)mique en couleurs de *Speak White* de Michèle Lalonde », *Possibles*, vol. 7, n° 1, [4e trimestre] 1982, p. 161-163.

6607. Lalonde, Michèle, « Régionalisme-internationalisme. Un rapport de forces [Débat] », *Possibles*, vol. 7, n° 1, [4e trimestre] 1982, p. 50-52, 54-57, 59-66, 70-75.

LALONDE, Robert [né en 1947]

6608. [ANONYME], « Les Lectures publiques », *CEAD. En bref*, vol. 1, n⁰ 1, novembre 1979, p. 3.

6609. *MARCOTTE, Gilles, « Une sacrée bonne année littéraire [*La Belle Épouvante*] », *L'Actualité*, vol. 6, n⁰ 8, août 1981, p. 58.

6610. *DESJARDINS, Normand, «*La Belle Épouvante* », *Nos livres*, vol. 12, août-septembre 1981, n⁰ 365.

6611. *[ANONYME], «*Comme chien et chat*», *CEAD. Dramaturgies nouvelles*, vol. 3, n⁰ 1, septembre 1981, p. 8.

6612. *ALMÉRAS, Diane, «*La Belle Épouvante* », *Relations*, vol. 41, n⁰ 473, septembre 1981, p. 251-252.

6613. *LARUE, Monique, « Fausse Représentation [*La Belle Épouvante* (Prix Robert-Cliche)] », *Spirale*, [n⁰ 21], septembre 1981, p. 3.

6614. [ANONYME], « Robert Lalonde, Prix Robert-Cliche », *Lettres québécoises*, n⁰ 23, automne 1981, p. 10.

6615. *VANASSE, André, « Les Prix littéraires. [...], un amoureux pour Robert-Cliche [*La Belle Épouvante*] », *Lettres québécoises*, n⁰ 23, automne 1981, p. 21-23.

6616. *OUELLETTE-MICHALSKA, Madeleine, « Les Tumultes de l'amour [*La Belle Épouvante*] », *Châtelaine*, vol. 22, n⁰ 10, octobre 1981, p. 26.

6617. *CHAMBERLAND, Roger, «*La Belle Épouvante* », *Québec français*, n⁰ 43, octobre 1981, p. 11.

6618. *VANASSE, André, « Turgeon, Beauchemin, Tremblay et les autres... [*La Belle Épouvante*] », *Voix et images*, vol. 7, n⁰ 2, hiver 1982, p. 418.

6619. *[ANONYME], «*La Belle Épouvante* », *L'Atulu*, vol. 4, n⁰ 3, mars 1982, p. 7.

6620. *MICHON, Jacques, [*La Belle Épouvante*], *University of Toronto Quarterly*, Vol. 51, No. 4, Summer 1982, p. 343.

6621. *CÔTÉ, Claire, «*Le Dernier Été des Indiens* », *Nuit blanche*, n⁰ 7, automne 1982, p. 8-9.

6622. *MARCOTTE, Gilles, [*Le Dernier Été des Indiens*], *L'Actualité*, vol. 7, n⁰ 10, octobre 1982, p. 129.

6623. *KOTDER, Joseph, «*Sweet Madness* », *Quill and Quire*, Vol. 48, No. 10, October 1982, p. 32.

6624. *DESJARDINS, Normand, «*Le Dernier Été des Indiens* », *Nos livres*, vol. 13, novembre 1982, n⁰ 422.

6625. *LABINE, Marcel, « Pourquoi pas le dernier des Mohicans ? [*Le Dernier Été des Indiens*] », *Spirale*, n⁰ 29, novembre 1982, p. 5.

6626. *CHAMBERLAND, Roger, «*Le Dernier Été des Indiens* », *Québec français*, n⁰ 48, décembre 1982, p. 21.

6627. LALONDE, Robert, « Autoportrait », *Québec français*, n⁰ 48, décembre 1982, p. 21.

6628. *BELLEMARE, Yvon, «*La Belle Épouvante* », *Canadian Literature*, No. 95, Winter 1982, p. 113-115.

LAMARCHE, Claude

6629. *BEAUDOIN, Léo, «*De rien autour à rien en dedans* », *Nos livres*, vol. 10, avril 1979, n⁰ 135.

LAMARCHE, Gustave

6630. *JANOËL, André, «*Titres de nuit* », *Nos livres*, vol. 10, mai 1979, n⁰ 197.

6631. *JANOËL, André, «*Ta parole me réveille* », *Nos livres*, vol. 10, juin-juillet 1979, n⁰ 240.

6632. LASNIER, Marie, « L'Influence de Paul Claudel dans l'oeuvre dramatique de Gustave Lamarche », *Les Cahiers de Cap-Rouge*, vol. 7, n⁰ 4, 1979, p. 61-82.

LAMARCHE, Jacques

6633. [ANONYME], « Prix Jean-Béraud-Molson », *Québec Hebdo*, vol. 1, n⁰ 41, 26 novembre 1979, p. 4.

6634. *[ANONYME], [*La Dynastie des Lanthier*, t. 3 : *La Saison des feuilles mortes*], *L'Atulu*, vol. 1, n⁰ 8, décembre 1979, p. 8.

6635. [ANONYME], « Prix Jean-Béraud-Molson du Cercle du Livre de France », *Lettres québécoises*, n⁰ 17, printemps 1980, p. 8.

6636. *OUELLETTE-MICHALSKA, Madeleine, [*La Traversée du temps perdu*], *Châtelaine*, vol. 21, n⁰ 4, avril 1980, p. 12.

6637. *[ANONYME], «*La Saison des glaïeuls en fleurs* », *L'Écrilu*, vol. 2, n⁰ 2, septembre 1982, p. 5.

LAMIRANDE, Claire de

6638. *NOLIN, Jacques, «*L'Opération fabuleuse* », *Nos livres*, vol. 10, janvier 1979, n⁰ 40.

6639. *[ANONYME], «*Papineau ou l'Épée à double tranchant* », *L'Atulu*, vol. 2, n⁰ 3, mars 1980, p. 10.

6640. *[ANONYME], [*Papineau ou l'Épée à double tranchant*], *Le Médecin du Québec*, vol. 15, n⁰ 5, mai 1980, p. 21.

6641. LAPRÉS, Raymond, [Entrevue], *Nos livres*, vol. 11, mai 1980, [p. 4-5].

6642. *LAPRÉS, Raymond, «*Papineau ou l'Épée à double tranchant* », *Nos livres*, vol. 11, mai 1980, n⁰ 167.

6643. *MARCOTTE, Gilles, « Papineau, de Gaulle et le vieil espion [*Papineau ou l'Épée à double tranchant*] », *L'Actualité*, vol. 5, n⁰ 7, juillet 1980, p. 58.

6644. *CANTIN, Léonce, «*Papineau ou l'Épée à double tranchant* », *Québec français*, n⁰ 39, octobre 1980, p. 8, 10.

6645. *PELLERIN, Gilles, «*Papineau ou l'Épée à double tranchant* », *Livres et auteurs québécois, 1980*, p. 45-47.

6646. LAMIRANDE, Claire de, « Claire de Lamirande et son dernier roman, *l'Occulteur* », *Lettres québécoises*, n⁰ 26, été 1982, p. 55-56.

6647. *POULIN, Gabrielle, « Un roman hypothétique. *L'Occulteur* de Claire de Lamirande », *Lettres québécoises*, n⁰ 27, automne 1982, p. 24-26.

6648. *JANOËL, André, «*L'Occulteur* », *Nos livres*, vol. 13, novembre 1982, n⁰ 423.

6649. *DORION, Gilles, «*L'Occulteur* », *Québec français*, n⁰ 48, décembre 1982, p. 3.

LAMOUREUX, Henri

6650. *CORMIER, Gilles, [*L'Affrontement*], *Le Bulletin des agriculteurs*, vol. 63, janvier 1980, p. 105.

6651. VANASSE, André, « Du politique. *L'Affrontement* d'Henri Lamoureux et *le Pique-Nique sur l'Acropole* de Louky Bersianik », *Lettres québécoises*, n⁰ 17, printemps 1980, p. 18-22.

6652. *DUPUIS, Gilbert, «*L'Affrontement* », *Offensives*, vol. 1, n⁰ 2, janvier-février-mars 1981, p. 40.

6653. *LAURIN, Michel, «*Contes de la forêt* », *Nos livres*, vol. 13, janvier 1982, n⁰ 30.

6654. *RENAUD, Jasmine, «*Contes de la forêt* », *Lurelu*, vol. 5, n⁰ 1, printemps-été 1982, p. 9.

6655. *LACOSTE, Francine, «*Le Fils du sorcier* », *Lurelu*, vol. 5, n⁰ 3, hiver 1982, p. 14.

LAMY, Mario-Gabriel

6656. *NEPVEU, Pierre, « Feu la modernité ? [*La Chauve-Souris l'albinos, vilaine race d'ambigus*] », *Lettres québécoises*, n⁰ 23, automne 1981, p. 31.

LAMY, Suzanne

6657. *CHAPUT, Sylvie, «*D'elles* », *Le Bulletin Pantoute*, n⁰ 1, avril 1980, p. 11.

6658. *LARUE, Monique, « Celles qui parlent [*D'elles*] », *Spirale*, n⁰ 9, mai 1980, p. 7.

6659. *OUELLETTE-MICHALSKA, Madeleine, [*D'elles*], *Châtelaine*, vol. 21, n⁰ 7, juillet 1980, p. 8.

6660. *WEIR, Lorraine, «*D'elles* », *Canadian Literature*, No. 88, Spring 1981, p. 126-127.

6661. *PAYEUR-MINOT, Gaétane, «*D'elles* », *Nos livres*, vol. 12, novembre 1981, n⁰ 443.

LANCTÔT, Jacques

6662. *Cossette, Gilles, «*Rupture de ban*, de Jacques Lanctôt», *Lettres québécoises*, n° 15, août-septembre 1979, p. 27-28.
6663. *Lefebvre, Gordon, « Retour au pays moins incertain. *Rupture de ban* », *Spirale*, n° 1, septembre 1979, p. 11.
6664. *Bellemare, Madeleine, «*Rupture de ban, paroles d'exil et d'amour* », *Nos livres*, vol. 10, octobre 1979, n° 311.
6665. *Corriveau, Hugues, «*Rupture de ban, paroles d'exil et d'amour* », *Livres et auteurs québécois, 1979*, p. 135-137.
6666. *Giguère, Richard, [*Rupture de ban, paroles d'exil et d'amour*], *University of Toronto Quarterly*, Vol. 49, No. 4, Summer 1980, p. 362.
6667. *Thério, Adrien, «*Affaires courantes* de Jacques Lanctôt», *Lettres québécoises*, n° 27, automne 1982, p. 96.
6668. *De Bellefeuille, Normand, « Deux Textes d'hommes [*Affaires courantes*] », *Spirale*, n° 29, novembre 1982, p. 8.
6669. *Haeck, Philippe, «*Affaires courantes* », *Livres et auteurs québécois, 1982*, p. 120-121.

LANCTÔT, Louise

6670. *Pelletier, Jacques, «*Une sorcière comme les autres* », *Livres et auteurs québécois, 1981*, p. 299-300.

LANDRY, Louis

6671. *Laurin, Michel, «*La Véritable Histoire du grand manitou algonquin, 1 : Glausgab, créateur du monde ; 2 : Glausgab, le protecteur* », *Nos livres*, vol. 12, août-septembre 1981, n° 367.
6672. *Bélanger, Ghislaine, «*Glausgab, créateur du monde — Glausgab, le protecteur* », *Lurelu*, vol. 4, n° 4, hiver 1981, p. 11.
6673. *Boudreau, Solange, «*Glausgab, créateur du monde — Glausgab, le protecteur* », *Livres et auteurs québécois, 1981*, p. 245-246.
6674. *Lafrenière, Joseph, «*Glausgab* », *Vidéo-Presse*, vol. 11, n° 6, février 1982, p. 47.

LANGEVIN, André

6675. *Mitcham, Allison, «*L'Élan d'Amérique — Une chaîne dans le parc* », *Canadian Fiction Magazine*, No. 32-33, 1979-1980, p. 172-177.
6676. Renaud, Benoît, «*L'Élan de Langevin. De l'eau et du feu* », *Parallèles et convergences*, n° 2, novembre 1979, p. 81-105.
6677. Hodgson, Richard-G., « Time and Space in André Langevin's *L'Élan d'Amérique* », *Canadian Literature*, No. 88, Spring 1981, p. 31-38.
6678. Hébert, Pierre, « La Rupture formelle du roman québécois vers 1960. Jalons d'étude [*Poussière sur la ville*] », *Études littéraires*, vol. 14, n° 1, avril 1981, p. 84-88, 95-98.
6679. Michon, Jacques, « Fonctions et historicité des formes romanesques », *Études littéraires*, vol. 14, n° 1, avril 1981, p. 64-65.
6680. Hébert, Pierre, « Un problème de sémiotique diachronique. Norme coloniale et évolution des formes romanesques québécoises », *Recherches sémiotiques/Semiotic Inquiry*, vol. 2, n° 3, septembre 1982, p. 233.

LANGEVIN, Gilbert

6681. [Anonyme], « Les Prix du gouverneur général 1979. Poésie », *Lettres québécoises*, n° 14, avril-mai 1979, p. 57.
6682. *A[lméras], D[iane], «*Le Fou solidaire* », *Relations*, vol. 41, n° 466, janvier 1981, p. 27-28.

6683. *BAYARD, Caroline, [Le Fou solidaire], University of Toronto Quarterly, Vol. 50, No. 4, Summer 1981, p. 47.

6684. *DIONNE, André, «Issue de secours», Nos livres, vol. 12, décembre 1981, n° 503.

6685. LEMAIRE, Michel, « Gilbert Langevin. La Tête du poète », Lettres québécoises, n° 24, hiver 1981-1982, p. 36-38.

6686. *BRETON, Gaétan, «Issue de secours», Livres et auteurs québécois, 1981, p. 97-98.

6687. *CLÉMENT, Michel, «Le Fou solidaire», Livres et auteurs québécois, 1981, p. 99-100.

6688. D'ALFONSO, Antonio, « Notre choix. Le Fou solidaire, poèmes [Entrevue] », Nos livres, vol. 13, janvier 1982, [s.p.].

6689. *D'ALFONSO, Antonio, «Le Fou solidaire», Nos livres, vol. 13, janvier 1982, n° 31.

6690. *BROCHU, André, « Rétrospectives et prospectives [Le Fou solidaire et Issue de secours] », Voix et images, vol. 7, n° 3, printemps 1982, p. 589.

LANGLOIS, Jean-Pierre

6691. *GUINDON, Ginette, «Automne», Lurelu, vol. 4, n° 4, hiver 1981, p. 12.

LAPALME, Marguerite

6692. *[ANONYME], [Éperdument], Liaison, vol. 3, n° 13, décembre 1980, p. 44-45.

6693. *BÉLAND, Daniel, [Éperdument], Liaison, vol. 3, n° 13, décembre 1980, p. 19.

6694. *D'ALFONSO, Antonio, «Éperdument», Nos livres, vol. 12, juin-juillet 1981, n° 292.

6695. *GIGUÈRE, Richard, « La Poésie acadienne et ontarienne de langue française. Un pari pour la vie [Éperdument] », Lettres québécoises, n° 22, été 1981, p. 34-35.

6696. BRUNET-LAMARCHE, Anita, « Prise de parole, 1972-1982. Auteurs et oeuvres. Biobibliographie », Revue du Nouvel Ontario, n° 4, 1982, p. 32.

6697. *DICKSON, Robert, [Éperdument], Revue du Nouvel Ontario, n° 4, 1982, p. 62.

LAPIERRE, Pierre

6698. *LAURIN, Michel, «Chasse-Galerie», Nos livres, vol. 13, novembre 1982, n° 425.

LAPIERRE, René

6699. IMBERT, Patrick, «Les Masques du récit de René Lapierre ou l'Aléatoire du texte », Lettres québécoises, n° 18, été 1980, p. 58-59.

6700. *A[LLARD], J[acques], «Les Masques du récit, lecture de 'Prochain Épisode' d'Hubert Aquin», Voix et images, vol. 6, n° 2, hiver 1981, p. 345.

6701. *MACCABÉE-IQBAL, Françoise, « Les Formes chez Aquin [Les Masques du récit] », Canadian Literature, No. 88, Spring 1981, p. 105-106.

6702. *LASNIER, Louis, «L'Imaginaire captif. Hubert Aquin», Nos livres, vol. 12, mai 1981, n° 238.

6703. *LABINE, Marcel, « Une capture d'Aquin [L'Imaginaire captif. Hubert Aquin] », Spirale, [n° 20], juin 1981, p. 5.

6704. *BOYER, Bernard, «L'Imaginaire captif. Hubert Aquin », Québec français, n° 44, décembre 1981, p. 16-17.

6705. *GALLAYS, François, «L'Imaginaire captif. Hubert Aquin », Livres et auteurs québécois, 1981, p. 215-218.

6706. *MICHON, Jacques, « Hubert Aquin et le théâtre au XIXᵉ [L'Imaginaire captif] », Voix et images, vol. 7, n° 2, hiver 1982, p. 405-406.

LAPLANTE, Germaine

6707. *[DUMONT-]JOHNSON, Micheline, «Une journaliste intemporelle, Germaine Bernier», Revue d'histoire de l'Amérique française, vol. 32, n° 4, mars 1979, p. 636-637.

LAPOINTE, Claude

6708. [ANONYME], « Cinq Dramaturges ontaroises présentent *Parcours, paroles et femmes* », *Liaison*, n° 19, décembre 1981-janvier 1982, p. 38-39.
6709. *MORIN, Marie-Thé, « De la coécriture à son meilleur [*Amour à vendre : s'adresser à* — *Laurent et Mille-Feuilles*] », *Liaison*, n° 20, février-mars 1982, p. 7.
6710. *MATTE, Louise, « Pour de nouveaux rapports amoureux [*Amour à vendre : s'adresser à*] », *Liaison*, n° 21, avril-mai 1982, p. 37-38.

LAPOINTE, Gatien

6711. *DIONNE, André, «*Arbre-Radar* », *Nos livres*, vol. 11, juin-juillet 1980, n° 201.
6712. DIONNE, André, [Entrevue], *Nos livres*, vol. 11, juin-juillet 1980, [p. 4-8].
6713. LEMAIRE, Michel, « Gatien Lapointe. Du pays à l'écriture », *Lettres québécoises*, n° 18, été 1980, p. 24-26.
6714. *CORRIVEAU, Hugues, « Des voix plurielles [*Arbre-Radar*] », *Spirale*, n° 12, octobre 1980, p. 12.
6715. *GAULIN, André, «*Arbre-Radar* », *Québec français*, n° 40, décembre 1980, p. 14.
6716. *LAMONTAGNE, Gilles, «*Arbre-Radar* », *Livres et auteurs québécois, 1980*, p. 111-113.
6717. *BONENFANT, Joseph, « Notes sur la poésie [*Arbre-Radar*] », *Voix et images*, vol. 6, n° 3, printemps 1981, p. 484.
6718. *L[AFOND], G[uy], «*Arbre-Radar* », *Liberté*, vol. 23, n° 3, mai-juin 1981, p. 93-94.
6719. *DIONNE, André, «*Québec* », *Nos livres*, vol. 12, juin-juillet 1981, n° 299.
6720. *BAYARD, Caroline, [*Arbre-Radar*], *University of Toronto Quarterly*, Vol. 50, No. 4, Summer 1981, p. 48.
6721. *THÉRIO, Adrien, « Le *Québec* de Mia et Klaus précédé de 'Chorégraphie d'un pays' de Gatien Lapointe », *Lettres québécoises*, n° 23, automne 1981, p. 82.
6722. GUILMETTE, Armand, « Une poésie du geste [*Arbre-Radar*] », *Vie des arts*, vol. 26, n° 104, automne 1981, p. 86-87.
6723. [ANONYME], « Éditer, c'est donner la parole [Écrits des Forges] », *L'Écrilu*, vol. 1, n° 3, novembre 1981, p. 7.
6724. *DORION, Hélène, «*Corps et graphies* », *Estuaire*, n° 22, hiver 1981, p. 89-91.
6725. SMITH, Donald, « Le corps est aussi un absolu [Entrevue] », *Lettres québécoises*, n° 24, hiver 1981-1982, p. [52]-63.
6726. *DÉRY, Pierre-Justin, «*Barbare inouï* », *Livres et auteurs québécois, 1981*, p. 141-142.
6727. [ANONYME], « Gatien Lapointe », *Arcade*, [vol. 1], n° 1, printemps 1982, p. 11.
6728. *BROCHU, André, « Rétrospectives et prospectives [*Arbre-Radar*] », *Voix et images*, vol. 7, n° 3, printemps 1982, p. 587-588.
6729. *DIONNE, André, «*Barbare inouï* », *Nos livres*, vol. 13, avril 1982, n° 168.
6730. *BAYARD, Caroline, « Gatien Lapointe. Le Sens, le paradoxe pragmatique et le visiteur du soir [*Barbare inouï* — *Corps et graphies*] », *Lettres québécoises*, n° 27, automne 1982, p. 44-45.
6731. *CHAMBERLAND, Roger, «*Québec*, Mia et Klaus ['Chorégraphie d'un pays'] », *Québec français*, n° 48, décembre 1982, p. 10.

LAPOINTE, Louise [pseud. : Louise Portal]

6732. VÉZINA, Marie-Odile, « Louise Portal », *Châtelaine*, vol. 21, n° 5, mai 1980, p. 52-54, 59-62.
6733. *PELLETIER, Francine, [*Où en est le miroir ?*], *Jeu*, n° 16, [3e trimestre] 1980, p. 223.
6734. *[ANONYME], «*Jeanne Janvier* », *Québec Hebdo*, vol. 3, n° 45, 23 novembre 1981, p. 4.
6735. THÉRIO, Adrien, « L'Éternelle Amoureuse ou *Jeanne Janvier* », *Lettres québécoises*, n° 25, printemps 1982, p. 25-26.
6736. *[ANONYME], «*Jeanne Janvier* », *L'Atulu*, vol. 4, n° 4, avril 1982, p. 7.
6737. *BOIVIN, Aurélien, «*Jeanne Janvier* », *Québec français*, n° 46, mai 1982, p. 7.

LAPOINTE, Marcel

6738. [ANONYME], « Décès », *Écriture française dans le monde*, vol. 3, n° 1, mai 1981, p. 106-107.

LAPOINTE, Maurice

6739. *ASSELIN, Olivier, « Recueil de poésie. *La Souche*. Je suis poète », *Liaison*, n° 16, juin 1981, p. 9.

LAPOINTE, Paul-Marie

6740. RICHARD, Robert, « 'J'écris arbre' : système fractal », *Incidences*, vol. 2-3, n° 1, janvier-avril 1979, p. 59-75.

6741. FISETTE, Jean, « Qu'est-ce que lire ? Sinon l'entreprise illusoire de colmater les brèches », *Voix et images*, vol. 4, n° 3, avril 1979, p. 506-530.

6742. BOURASSA, André-G[illes], « A Special Night », *Essays on Canadian Writing*, No. 15, Summer 1979, p. 120-138.

6743. BOURASSA, André-G[illes], « Une nuit particulière », *Études françaises*, vol. 16, n° 2, avril 1980, p. [29]-46.

6744. LAPOINTE, Paul-Marie et Robert MÉLANÇON, « L'Injustifiable Poésie », *Études françaises*, vol. 16, n° 2, avril 1980, p. [81]-102.

6745. NEPVEU, Pierre, « La Tombée du temps », *Études françaises*, vol. 16, n° 2, avril 1980, p. [47]-63.

6746. RICHARD, Robert, « La poésie pense », *Études françaises*, vol. 16, n° 2, avril 1980, p. [65]-80.

6747. *AQUIN, Pierre-Stéphane, «*Écritures*, t. 1 », *Le Bulletin Pantoute*, n° 3, septembre-octobre-novembre 1980, p. 6.

6748. *NEPVEU, Pierre, « De l'"importance' de la littérature [*Écritures*] », *Lettres québécoises*, n° 19, automne 1980, p. 28-29.

6749. *CORRIVEAU, Hugues, « Mots croisés [*Écritures*] », *Spirale*, n° 13, novembre 1980, p. 3.

6750. *BOUVIER, Luc, «*Écritures* », *Livres et auteurs québécois, 1980*, p. 113-115.

6751. HÉBERT, François, « Paul-Marie Lapointe. Le Pyromane du vierge », *Liberté*, vol. 23, n° 1, janvier-février 1981, p. 86-90.

6752. [ANONYME], « Le Grand Prix littéraire de *la Presse* », *Lettres québécoises*, n° 21, printemps 1981, p. 11.

6753. MAJOR, Robert, « Paul-Marie Lapointe, le combinateur et le jazzman », *Voix et images*, vol. 6, n° 3, printemps 1981, p. 397-408.

6754. GIROUX, Robert et Hélène DAME, « Les Critères de poéticité dans l'histoire de la poésie québécoise (sémiotique littéraire) », *Études littéraires*, vol. 14, n° 1, avril 1981, p. 141-147.

6755. [ANONYME], « Profils », *Écriture française dans le monde*, vol. 3, n° 1, mai 1981, p. 73.

6756. *BAYARD, Caroline, [*Écritures*], *University of Toronto Quarterly*, Vol. 50, No. 4, Summer 1981, p. 52-53.

LAPRADE, Louise

6757. *DIONNE, André, «*À ma mère, à ma mère, à ma mère, à ma voisine* », *Nos livres*, vol. 11, juin-juillet 1980, n° 219.

6758. *LAMARRE, André, « Force et colère des femmes [*À ma mère, à ma mère, à ma mère, à ma voisine*] », *Spirale*, n° 11, septembre 1980, p. 12.

6759. *ALONZO, Anne-Marie, « Voilà la culture ! *À ma mère, à ma mère, à ma mère, à ma voisine* », *La Gazette des femmes*, vol. 2, n° 6, janvier 1981, p. 4.

LAQUERRE, Dominique

6760. *I[SSALYS], L[iette], [*Oscar, le cheval à la queue tressée*], *Des livres et des jeunes*, vol. 3, n° 8, hiver 1981, p. 43.

6761. *CHARTIER, Monique, «*Oscar, le cheval à la queue tressée*», *Nos livres*, vol. 12, février 1981, n° 83.

6762. *LACOSTE, Francine, «*Oscar, le cheval à la queue tressée*», *Lurelu*, vol. 4, n° 3, automne 1981, p. 12.

LAQUERRE, Raymond

6763. *[ANONYME], «*Répertoire analytique de l'activité théâtrale au Québec, [1978-1979]*», *Association for Canadian Theatre History/Association d'histoire du théâtre au Canada*, Vol. 5, No. 2, March 1982, p. 17.

6764. *WAGNER, Anton, [*Répertoire analytique de l'activité théâtrale au Québec, 1978-1979*], *Canadian Theatre Review*, No. 34, Spring 1982, p. 61-62.

6765. *A[NDRÈS], B[ernard], «*Répertoire analytique de l'activité théâtrale au Québec, [1978-1979]*», *Voix et images*, vol. 7, n° 3, printemps 1982, p. 618.

6766. *MACDUFF, Pierre, «*Répertoire analytique de l'activité théâtrale au Québec, [1978-1979]*», *Jeu*, n° 23, 2ᵉ trimestre 1982, p. 162-163.

6767. *BOURASSA, André-G[illes], «*Répertoire analytique de l'activité théâtrale au Québec, 1978-1979*», *Lettres québécoises*, n° 26, été 1982, p. 91.

6768. *ROBERT, Lucie, «*Répertoire analytique de l'activité théâtrale au Québec, [1978-1979]*», *Livres et auteurs québécois*, 1982, p. 171-172.

LARCHE, Renée

6769. *CANTIN, Léonce, «*Éthel, souris-moi...*», *Livres et auteurs québécois*, 1981, p. 57-58.

6770. LÉPINE, Stéphane, «Notre choix. *Éthel, souris-moi...* [Entrevue]», *Nos livres*, vol. 13, février 1982, [s.p.].

6771. *LÉPINE, Stéphane, «*Éthel, souris-moi...*», *Nos livres*, vol. 13, février 1982, n° 67.

6772. *CHAMBERLAND, Roger, «*Éthel, souris-moi...*», *Québec français*, n° 45, mars 1982, p. 10-11.

6773. *DAVID, Carole, «La Vertu nécessaire [*Éthel, souris-moi...*]», *Spirale*, n° 24, avril 1982, p. 10.

6774. *THÉRIO, Adrien, [*Éthel, souris-moi...*], *Lettres québécoises*, n° 26, été 1982, p. 84-85.

L'ARCHEVÊQUE-DUGUAY, Jeanne

6775. BENOIT, Suzanne, «Entrevue avec Jeanne L'Archevêque-Duguay», *Les Cahiers nicolétains*, vol. 3, n° 4, décembre 1981, p. 179-185.

LARIVIÈRE, Jean-Marc

6776. *DICKSON, Robert, «Une entreprise publique/privée de poésie [*Ouvertures*]», *Liaison*, n° 19, décembre 1981-janvier 1982, p. 39.

LAROCHE, Armand

6777. *BORDELEAU, Christian, «*Nelligan blanc*», *Le Berdache*, n° 23, septembre 1981, p. 3.

6778. *[ANONYME], «*Nelligan blanc*», *CEAD. Dramaturgies nouvelles*, vol. 3, n° 2, décembre 1981, p. 10.

6779. *DIONNE, André, «Le Théâtre qu'on joue : *Nelligan blanc*», *Lettres québécoises*, n° 24, hiver 1981-1982, p. 45.

LAROCHE, Gaëtan

6780. *DAVID, Carole, «*Où sont les ballons ?*», *Livres et auteurs québécois, 1981,* p. 244.

LAROCHE, Madeleine

6781. *MEADWELL, Kenneth W., [*Les Va-nu-pieds*], *Bulletin du Centre d'études franco-canadiennes de l'Ouest,* n° 6, octobre 1980, p. 22-23.

LAROCQUE, Gilbert

6782. *BELLEMARE, Madeleine, «*Le Refuge*», *Nos livres,* vol. 10, juin-juillet 1979, n° 221.

6783. SUGDEN, Leonard W., « Québec's Revolutionary Novels », *Canadian Literature,* No. 82, Autumn 1979, p. 135-137.

6784. *TÉTU DE LABSADE, Françoise, «*Le Refuge*», *Livres et auteurs québécois, 1979,* p. 199-201.

6785. *[ANONYME], «*Les Masques*», *Nous,* vol. 8, n° 3, décembre 1980, p. 38.

6786. *BOUCHER, Marc, «*Les Masques*», *Livres et auteurs québécois, 1980,* p. 47-48.

6787. *BESSETTE, Gérard, «*Les Masques*», *Voix et images,* vol. 6, n° 2, hiver 1981, p. 319-321.

6788. *LASNIER, Louis, «*Les Masques*», *Nos livres,* vol. 12, février 1981, n° 84.

6789. *DORION, Gilles, «*Les Masques*», *Québec français,* n° 41, mars 1981, p. 10-11.

6790. *LARUE, Monique, « Une écriture liquide [*Les Masques*] », *Spirale,* n° 17, mars 1981, p. 8.

6791. *OUELLETTE-MICHALSKA, Madeleine, « Voyageries intérieures [*Les Masques*] », *Châtelaine,* vol. 22, n° 4, avril 1981, p. 32.

6792. [ANONYME], « 1980 Governor General's Literary Awards », *Parallelogramme,* Vol. 6, No. 5, May-June 1981, p. 33.

6793. VANASSE, André, « La Femme à la bouche rouge. À propos des *Masques* de Gilbert LaRocque », *Lettres québécoises,* n° 22, été 1981, p. 23-24.

6794. *VANASSE, André, « Turgeon, Beauchemin, Tremblay et les autres... [*Les Masques*] », *Voix et images,* vol. 7, n° 2, hiver 1982, p. [417].

6795. [ANONYME], « Grand Prix littéraire du *Journal de Montréal* et Prix littéraire Canada-Suisse », *Lettres québécoises,* n° 25, printemps 1982, p. 15.

6796. [ANONYME], « Prix littéraire Canada-Suisse », *Écriture française dans le monde,* vol. 4, n° 1, août 1982, p. 66-67.

6797. BOIVIN, Aurélien, « Biographie et bibliographie », *Québec français,* n° 48, décembre 1982, p. 31.

6798. BOIVIN, Aurélien et Gilles DORION, « Entrevue. Gilbert LaRocque », *Québec français,* n° 48, décembre 1982, p. 24-27.

6799. DORION, Gilles, « Écrire pour arracher les masques », *Québec français,* n° 48, décembre 1982, p. 28-31.

LAROCQUE, Pierre-A.

6800. LEFEBVRE, Paul, «*Requiem* et l'*Usage des corps* dans 'la Dame aux camélias'. Opéra-Fête », *Jeu,* n° 20, 3ᵉ trimestre 1981, p. 118-120.

6801. DUMONT, Martine, « Un théâtre de la dépossession. L'*Usage des corps* dans 'la Dame aux camélias' d'Opéra-Fête », *Jeu,* n° 25, 4ᵉ trimestre 1982, p. 235-250.

LA ROQUE, Robert [pseud. : Robert de Roquebrune]

6802. *GUINDON, Ginette, «*Les Habits rouges*», *Lurelu,* vol. 2, n° 3, automne 1979, p. 12.

6803. MAJOR, Jean-Louis, « 'Une sorte d'éternité heureuse'. *Testament de mon enfance* de Robert de Roquebrune », *Lettres québécoises,* n° 16, hiver 1979-1980, p. 43-46.

6804. *BEAUDOIN, Réjean, «*Testament de mon enfance*», *Livres et auteurs québécois, 1979,* p. 80-81.

6805. WARREN, Louise, « Des romans historiques », *Lurelu,* vol. 3, n° 3, automne 1980, p. 13.

6806. *CHARTIER, Monique, «*Quartier Saint-Louis*», *Nos livres*, vol. 13, mai 1982, n⁰ 232.

LAROSE, Céline [née Beauregard]

6807. *TRAN, Évelyne, «*Petit Soulier*», *Livres et auteurs québécois, 1979*, p. 258.
6808. *TRUDEL, Marie-Josée, «*Une tomate inquiète*», *Livres et auteurs québécois, 1979*, p. 259.
6809. *M[ARTEL], J[ean]-G[uy], [*Une tomate inquiète*], *Des livres et des jeunes*, vol. 2, n⁰ 5, février 1980, p. 41.
6810. *L'ÉCUYER, Diane, [*Une tomate inquiète*], *Lurelu*, vol. 3, n⁰ 1, printemps 1980, p. 9.
6811. *GOULET-THIBAULT, Carole, [*Petit Soulier*], *Des livres et des jeunes*, vol. 2, n⁰ 6, juin 1980, p. 41.

LAROSE, Jean

6812. MICHON, Jacques, « Nelligan faux-monnayeur? [*Le Mythe de Nelligan*] », *Lettres québécoises*, n⁰ 23, automne 1981, p. 58-59.
6813. *GAULIN, André, «*Le Mythe de Nelligan*», *Québec français*, n⁰ 43, octobre 1981, p. 16.
6814. *BLAIS, Jacques, «*Le Mythe de Nelligan*», *Livres et auteurs québécois, 1981*, p. 218-220.

LAROSE, Louise

6815. *JACOB, Louis, «*Ouvrages*», *Livres et auteurs québécois, 1982*, p. 121-122.

LAROUCHE, Georges .

6816. LANGEVIN, Gilbert, « Connaissance du pays littéraire. Georges Larouche ou l'Extase baroque », *Résistances*, n⁰ 2, été-automne 1982, p. 41-43.

LARRUE, Jean-Marc

6817. *ROBERT, Lucie, «*Le Théâtre à Montréal à la fin du XIXe siècle*», *Jeu*, n⁰ 21, 4e trimestre 1981, p. 201-203.
6818. *BELLEMARE, Madeleine, «*Le Théâtre à Montréal à la fin du XIXe siècle*», *Nos livres*, vol. 12, novembre 1981, n⁰ 444.
6819. L[ÉVESQUE], G[aëtan], «*Le Théâtre à Montréal à la fin du XIXe siècle* de Jean-Marc Larrue », *Lettres québécoises*, n⁰ 24, hiver 1981-1982, p. 95.
6820. *DAVID, Gilbert, «*Le Théâtre à Montréal à la fin du XIXe siècle*», *Livres et auteurs québécois, 1981*, p. 220-222.
6821. *MICHON, Jacques, « Hubert Aquin et le théâtre au XIXe [*Le Théâtre à Montréal à la fin du XIXe siècle*] », *Voix et images*, vol. 7, n⁰ 2, hiver 1982, p. 405-406.
6822. *GIRARD, Gilles, [*Le Théâtre à Montréal à la fin du XIXe siècle*], *University of Toronto Quarterly*, Vol. 51, No. 4, Summer 1982, p. 389.
6823. *NARDOCCHIO, Elaine F., «*Le Théâtre à Montréal à la fin du XIXe siècle*», *Theatre History in Canada/Histoire du théâtre au Canada*, Vol. 3, No. 2, Fall 1982, p. 199-201.

LA RUE, François-Alexandre-Hubert

6824. LAMONTAGNE, Gilles, « Le Conte dans l'est du Québec. Éléments de bibliographie critique », *Revue d'histoire littéraire du Québec et du Canada français*, n⁰ 3, hiver-printemps 1982, p. 82-83.

LARUE, Monique

6825. *OUELLETTE-MICHALSKA, Madeleine, [*La Cohorte fictive*], *Châtelaine*, vol. 20, n⁰ 12, décembre 1979, p. 26.

6826. *OUELLETTE-MICHALSKA, Madeleine, «La Cohorte fictive», Livres et auteurs québécois, 1979, p. 56-58.

6827. *BEAUSOLEIL, Claude, « Entre maternité et écriture [La Cohorte fictive] », Spirale, nº 5, janvier 1980, p. 10.

6828. *LAPRÉS, Raymond, «La Cohorte fictive», Nos livres, vol. 11, février 1980, nº 41.

6829. *OUELLETTE-MICHALSKA, Madeleine, [La Cohorte fictive], Spirale, nº 7, mars 1980, p. 12-13.

6830. *ROY, Michèle, «La Cohorte fictive», Le Bulletin Pantoute, nº 2, juin-juillet-août 1980, p. 7.

6831. *CHARTIER, Monique, « Notre choix. Les Faux-Fuyants de Monique LaRue [Entrevue] », Nos livres, vol. 13, août-septembre 1982, [s.p.].

6832. *CHARTIER, Monique, «Les Faux-Fuyants», Nos livres, vol. 13, août-septembre 1982, nº 343.

6833. *M[ARCHESSAULT], J[ovette], «Les Faux-Fuyants», La Vie en rose, septembre-octobre 1982, p. 62.

6834. *MAILHOT, Michèle, «Les Faux-Fuyants», Lettres québécoises, nº 27, automne 1982, p. 20-22.

6835. *LÉVESQUE, Gaëtan, « Regards lucides sur la société [Les Faux-Fuyants] », Voix et images, vol. 8, nº 1, automne 1982, p. 155-156.

6836. *CHAMBERLAND, Roger, «Les Faux-Fuyants», Québec français, nº 47, octobre 1982, p. 6.

6837. *MARCOTTE, Gilles, « Des personnages guère doués pour l'amour [Les Faux-Fuyants] », L'Actualité, vol. 7, nº 11, novembre 1982, p. 129-130.

6838. *OUELLETTE-MICHALSKA, Madeleine, «Les Faux-Fuyants», Châtelaine, vol. 23, nº 12, décembre 1982, p. 14.

6839. [ANONYME], « Finalistes au prix des jeunes écrivains du Journal de Montréal », Lettres québécoises, nº 28, hiver 1982-1983, p. 12.

6840. *LAFOREST, Marty, «Les Faux-Fuyants», Livres et auteurs québécois, 1982, p. 63-64.

LARUE, Suzanne

6841. *STANTON, Julie, «De temps en temps», La Gazette des femmes, vol. 3, nº 7, mars-avril 1982, p. 4-5.

LASNIER, Louis

6842. *BLAIS, Jacques, «La Magie de Charles Amand. Imaginaire et alchimie dans 'le Chercheur de trésors' de Philippe Aubert de Gaspé », Livres et auteurs québécois, 1980, p. 199-201.

6843. *JANOËL, André, «La Magie de Charles Amand. Imaginaire et alchimie dans le Chercheur de trésors de Philippe Aubert de Gaspé », Nos livres, vol. 13, août-septembre 1982, nº 344.

LASNIER, Rina

6844. VAILLANCOURT, Pierre-Louis, « La poésie est un temple... Le Thème des oiseaux chez Rina Lasnier », Incidences, vol. 2-3, nº 1, janvier-avril 1979, p. 37-53.

6845. *GAULIN, André, «Matin d'oiseaux — Paliers de paroles», Québec français, nº 33, mars 1979, p. 10.

6846. *GIGUÈRE, Richard, [Matin d'oiseaux — Paliers de paroles], University of Toronto Quarterly, Vol. 48, No. 4, Summer 1979, p. 360.

6847. *O'CONNOR, John J., [Ellipse, nº 22, 1978], University of Toronto Quarterly, Vol. 48, No. 4, Summer 1979, p. 382-384.

6848. *BAYARD, Caroline, «Paliers de paroles», Fireweed, No. 5-6, Winter 1979-1980, p. 197.

6849. *NEPVEU, Pierre, « Feu la modernité ? [Entendre l'ombre] », Lettres québécoises, nº 23, automne 1981, p. 32.

6850. *SICOTTE, Sylvie, «Le Choix de Rina Lasnier dans l'oeuvre de Rina Lasnier», Livres et auteurs québécois, 1981, p. 123-124.

6851. *Sɪᴄᴏᴛᴛᴇ, Sylvie, «*Entendre l'ombre*», *Livres et auteurs québécois, 1981*, p. 104-105.
6852. *Sɪᴄᴏᴛᴛᴇ, Sylvie, «*Voir la nuit*», *Livres et auteurs québécois, 1981*, p. 103-104.
6853. *Bʀᴏᴄʜᴜ, André, « Rétrospectives et prospectives [*Entendre l'ombre — Voir la nuit*] », *Voix et images*, vol. 7, n⁰ 3, printemps 1982, p. [583].
6854. Dᴏᴡɴᴇs, Gwladys, « Women Poets in Quebec Society », *Malahat Review*, No. 63, October 1982, p. 105-106.
6855. *Bᴇʟʟᴇᴍᴀʀᴇ, Madeleine, «*Le Choix de Rina Lasnier dans l'oeuvre de Rina Lasnier*», *Nos livres*, vol. 13, octobre 1982, n⁰ 390.

LATHION, Gilbert-Bernard

6856. *Bᴇᴀᴜᴄʜᴇᴍɪɴ, Louise, [*Alpha-Omega*], *Grimoire*, vol. 3, n⁰ 3, mars 1980, p. 9-11.

LATOUCHE, Daniel

6857. *Oᴜᴇʟʟᴇᴛ, Réal, « L'Entreprise anthologique [*Le Manuel de la parole. Manifestes québécois*, t. 1 : *1760-1899*] », *Lettres québécoises*, n⁰ 24, hiver 1981-1982, p. 77-79.

LATOUR, Christine

6858. *[Aɴᴏɴʏᴍᴇ], «*Le Mauvais Frère*», *L'Atulu*, vol. 2, n⁰ 7, juillet 1980, p. 13.
6859. *Dᴏʀɪᴏɴ, Gilles, «*Le Mauvais Frère*», *Québec français*, n⁰ 39, octobre 1980, p. 7.
6860. *Pᴇʟʟᴇʀɪɴ, Gilles, «*Tout le portrait de sa mère*», *Livres et auteurs québécois, 1981*, p. 59-60.
6861. *Dᴇsᴊᴀʀᴅɪɴs, Normand, «*Tout le portrait de sa mère*», *Nos livres*, vol. 13, janvier 1982, n⁰ 32.

LATOUR, Omer

6862. *Hᴏᴜʟᴇ, Guy, «*Une bande de caves* ou... Notre misérabilisme collectif », *Liaison*, n⁰ 21, avril-mai 1982, p. 39.
6863. *Tʜᴇ́ʀɪᴏ, Adrien, [*Une bande de caves*], *Lettres québécoises*, n⁰ 26, été 1982, p. 83-84.

LATOUR-BÉRUBÉ, Francine

6864. Lᴀᴜʀɪɴ, Michel, «*Saugrenu et le champignon allergique* [Entrevue] », *Nos livres*, vol. 12, mars 1981, [s.p.].
6865. *Lᴀᴜʀɪɴ, Michel, «*Saugrenu et le champignon allergique*», *Nos livres*, vol. 12, mars 1981, n⁰ 143.
6866. *Cʜᴀʀᴇᴛᴛᴇ, Christiane, «*Saugrenu et le champignon allergique*», *Lurelu*, vol. 4, n⁰ 3, automne 1981, p. 10.

LAURIN, Florent [pseud. de Armand Grenier]

6867. *Jᴀɴᴇʟʟᴇ, Claude, « Science-Fiction et fantastique au Québec. Le Salut par le Nord [*Erres boréales*] », *Solaris*, vol. 8, n⁰ 5, septembre-octobre 1982, p. 22-23.

LAURIN, Jacques

6868. *Lᴀᴘʀᴇ́s, Raymond, «*Notre français et ses pièges*», *Nos livres*, vol. 10, mai 1979, n⁰ 184.

LAUZIER, Margot

6869. *Bᴏɴᴇɴғᴀɴᴛ, Joseph, «*Soleil volcanique* ou Écrire ses passions », *Grimoire*, vol. 4, n⁰ 4, avril 1981, p. 8-9.
6870. *Jᴜʟɪᴇɴ, Jacques, « Un coup de *Soleil volcanique* ébranle la bénévole », *Grimoire*, vol. 4, n⁰ 4, avril 1981, p. 7.

6871. *PAQUET, Michel, « Margot 'volcanique' Lauzier [*Soleil volcanique*] », *Grimoire*, vol. 5, n⁰ 9, décembre 1982, p. 9.

LAUZON, Réjean

6872. *D'ALFONSO, Antonio, *«Séjours»*, *Nos livres*, vol. 13, août-septembre 1982, n⁰ 345.

LAVALLÉ, Marcel

6873. *PAGÉ, Raymond, [*Journal d'un prisonnier*], *Chelsea Journal*, Vol. 5, No. 5, September-October 1979, p. 234.

LAVALLÉE, Robert

6874. *BEAUDOIN, Léo, *«Évadé d'un an»*, *Nos livres*, vol. 10, février 1979, n⁰ 58.

LAVIGNE, Louis-Dominique

6875. *LAGRANDEUR, Benoît, *«Où est-ce qu'elle est ma gang?»*, *Jeu*, n⁰ 19, 2ᵉ trimestre 1981, p. 132-133.
6876. *MARÉCHAL, André, « Jeux et enjeux du théâtre pour enfants [*On est capable*] », *Lettres québécoises*, n⁰ 24, hiver 1981-1982, p. 86.
6877. *BARRETT, Caroline, *«On est capable»*, *Livres et auteurs québécois, 1981*, p. 161.
6878. *[ANONYME], *«On est capable»*, *L'Atulu*, vol. 4, n⁰ 1, janvier 1982, p. 7.
6879. *FILTEAU, Louise, [*On est capable*], *Canadian Children's Literature*, No. 25, [1rst Trimester] 1982, p. 63-64.
6880. *CUSSON, Chantale, *«On est capable»*, *Jeu*, n⁰ 22, 1ᵉʳ trimestre 1982, p. 139-140.
6881. *FILTEAU, Louise, *«On est capable»*, *Canadian Theatre Review*, No. 34, Spring 1982, p. 204.
6882. *CHARETTE, Christiane, [*On est capable*], *Lurelu*, vol. 5, n⁰ 1, printemps-été 1982, p. 17.
6883. *CUSSON, Chantale, *«Où est-ce qu'elle est ma gang?»*, *Jeu*, n⁰ 23, 2ᵉ trimestre 1982, p. 133-134.

LAVOIE, Charles-Auguste

6884. *BÉDARD, Christian, *«À deux contre la nuit»*, *Le Berdache*, n⁰ 9, avril 1980, p. 45.
6885. *LASNIER, Louis, *«À deux contre la nuit»*, *Nos livres*, vol. 11, juin-juillet 1980, n⁰ 202.
6886. *VISWANATHAN, Jacqueline, *«À deux contre la nuit»*, *Canadian Literature*, No. 88, Spring 1981, p. 123-124.
6887. *DESJARDINS, Normand, *«C'est pour quand demain?»*, *Nos livres*, vol. 12, août-septembre 1981, n⁰ 369.
6888. *TROTTIER, Sylvie, *«C'est pour quand demain?»*, *Livres et auteurs québécois, 1981*, p. 60-61.

LAVOIE, Pierre

6889. *[ANONYME], *«Répertoire analytique de l'activité théâtrale au Québec, [1978-1979]»*, *Association for Canadian Theatre History/Association d'histoire du théâtre au Canada*, Vol. 5, No. 2, March 1982, p. 17.
6890. *WAGNER, Anton, [*Répertoire analytique de l'activité théâtrale au Québec, 1978-1979*], *Canadian Theatre Review*, No. 34, Spring 1982, p. 61-62.
6891. *A[NDRÈS], B[ernard], *«Répertoire analytique de l'activité théâtrale au Québec, [1978-1979]»*, *Voix et images*, vol. 7, n⁰ 3, printemps 1982, p. 618.
6892. *MACDUFF, Pierre, *«Répertoire analytique de l'activité théâtrale au Québec, [1978-1979]»*, *Jeu*, n⁰ 23, 2ᵉ trimestre 1982, p. 162-163.

6893. *BOURASSA, André-G[illes], «*Répertoire analytique de l'activité théâtrale au Québec, 1978-1979*», *Lettres québécoises*, n° 26, été 1982, p. 91.

6894. *ROBERT, Lucie, «*Répertoire analytique de l'activité théâtrale au Québec, [1978-1979]* », *Livres et auteurs québécois, 1982*, p. 171-172.

LEBEAU, Pierre

6895. [ANONYME], «*Bonne nuit Monsieur Gingras*», *CEAD. En bref*, vol. 1, n° 1, novembre 1979, p. [4].

6896. CUSSON, Normand, « Théâtre. Le Drame sans l'anecdote [*Stand-By*] », *Clin d'oeil*, n° 7, avril 1981, p. 93-94.

6897. *DIONNE, André, « Le Théâtre qu'on joue : *Stand-By*», *Lettres québécoises*, n° 23, automne 1981, p. 40.

6898. *[ANONYME], «*Stand-By*», *CEAD. Dramaturgies nouvelles*, vol. 3, n° 2, décembre 1981, p. 9.

LEBEAU, Suzanne

6899. *ROBERT, Lucie, «*Une lune entre deux maisons*», *Livres et auteurs québécois, 1980*, p. 163-164.

6900. *DIONNE, André, «*Une lune entre deux maisons*», *Nos livres*, vol. 12, février 1981, n° 85.

6901. *SOULIÈRES, Robert, « Un peu de théâtre...et de musique ! [*Une lune entre deux maisons*]*», *Lurelu*, vol. 4, n° 1-2, printemps-été 1981, p. 19.

6902. *COTNOIR, Diane, «*Une lune entre deux maisons*», *Jeu*, n° 19, 2e trimestre 1981, p. 152-153.

6903. *GIRARD, Gilles, [*Une lune entre deux maisons*], *University of Toronto Quarterly*, Vol. 50, No. 4, Summer 1981, p. 73.

6904. *PAQUIN, Louise-Odile, «*La couleur chante un pays*», *Nos livres*, vol. 12, août-septembre 1981, n° 343.

6905. *DESROCHERS-BRAZEAU, Aline, «*Une lune entre deux maisons*», *Québec français*, n° 44, décembre 1981, p. 60.

6906. *MARÉCHAL, André, « Jeux et enjeux du théâtre pour enfants [*Une lune entre deux maisons*]*», *Lettres québécoises*, n° 24, hiver 1981-1982, p. 84.

6907. *MARÉCHAL, André, « Jeux et enjeux du théâtre pour enfants [*La couleur chante un pays*]*», *Lettres québécoises*, n° 24, hiver 1981-1982, p. 84.

6908. *BARRETT, Caroline, «*La couleur chante un pays*», *Livres et auteurs québécois, 1981*, p. 162-163.

6909. *FILTEAU, Louise, [*La couleur chante un pays*], *Canadian Children's Literature*, No. 25, [1rst Trimester] 1982, p. 65-66.

6910. *FILTEAU, Louise, « Une collection consacrée aux textes dramatiques pour enfants [*Une lune entre deux maisons*]*», *Canadian Children's Literature*, No. 25, [1rst Trimester] 1982, p. 61-62.

6911. *GRUSLIN, Adrien, «*La couleur chante un pays* ou l'Histoire de la peinture québécoise », *Jeu*, n° 22, 1er trimestre 1982, p. 145-146.

6912. *FILTEAU, Louise, «*La couleur chante un pays*», *Canadian Theatre Review*, No. 34, Spring 1982, p. 205.

6913. *FILTEAU, Louise, «*Une lune entre deux maisons*», *Canadian Theatre Review*, No. 34, Spring 1982, p. 203.

6914. *CHARETTE, Christiane, [*Une lune entre deux maisons*], *Lurelu*, vol. 5, n° 1, printemps-été 1982, p. 17.

6915. *[ANONYME], «*La couleur chante un pays*», *CEAD. Dramaturgies nouvelles*, vol. 3, n° 3, avril 1982, [s.p.].

6916. *CUSSON, Chantale, «*Les Petits Pouvoirs*», *Jeu*, n° 24, 3e trimestre 1982, p. 105-106.

LEBEL, Andrée

6917. *Astous, Luc d', «*Petite Histoire des grands maîtres de la fraude*», *Nos livres*, vol. 11, février 1980, n° 44.

6918. *H[erbeuval], M[onique], «*La Corriveau*», *Voix et images*, vol. 7, n° 1, automne 1981, p. 205.

6919. *Boivin, Aurélien, «*La Corriveau*», *Québec français*, n° 43, octobre 1981, p. 12.

LEBEL, Carole

6920. *Dubois, Michelle, « Du pays du Saguenay-Lac-Saint-Jean [*Curriculum vidé*] », *Urgences*, n° 6, 4e trimestre 1982, p. 94-95.

LEBEL, Céline

6921. *[Anonyme], «*Héli et Roméo* et *Moijepik*», *Réseau*, vol. 13, n° 1, septembre 1981, p. 27.

LEBEL, Joseph-A. [pseud. : Jean Féron]

6922. [Anonyme], « Un écrivain francophone de l'Ouest canadien », *Bulletin du Centre d'études franco-canadiennes de l'Ouest*, n° 4, février 1980, p. 14.

6923. Filteau, Claude, « Les Romans historiques de Jean Féron et le messianisme canadien-français », *Voix et images*, vol. 5, n° 3, printemps 1980, p. 545-556.

6924. Saint-Pierre, Annette, « L'Oeuvre de Jean Féron », *Bulletin du Centre d'études franco-canadiennes de l'Ouest*, n° 7, février 1981, p. 16-17.

LEBEL, Maurice

6925. Desautels, Jacques, « Maurice Lebel », *Bulletin de la Société des écrivains canadiens*, vol. 10, n° 1, juin 1979, p. 4-5.

LE BEL, Michel

6926. *Dorion, Gilles, «*Le Québec par ses textes littéraires, (1534-1976)* », *Québec français*, n° 35, octobre 1979, p. 13-14.

6927. *Berthiaume, Pierre, [*Le Québec par ses textes littéraires, (1534-1976)*], *Recherches sociographiques*, vol. 21, n° 1-2, janvier-août 1980, p. 210-212.

6928. *Brossard, Luce, [*Le Québec par ses textes littéraires, (1534-1976)*], *Vie pédagogique*, n° 6, février 1980, p. 31.

6929. *A[llard], J[acques], [*Le Québec par ses textes littéraires, (1534-1976)*], *Voix et images*, vol. 5, n° 3, printemps 1980, p. 621.

6930. *Chartier, Monique, «*Le Québec par ses textes littéraires, (1534-1976)* », *Nos livres*, vol. 11, octobre 1980, n° 307.

6931. *Camerlain, Lorraine, «*Le Québec par ses textes littéraires, (1534-1976)* », *Livres et auteurs québécois, 1980*, p. 201-202.

LEBLANC, Bertrand-B.

6932. *[Anonyme], [*Les Trottoirs de bois*], *L'Atulu*, vol. 1, n° 1, février 1979, p. 6.

6933. *Vanasse, André, « Le Chroniqueur de la ville et le chroniqueur des champs [*Les Trottoirs de bois*] », *Lettres québécoises*, n° 13, février 1979, p. 10-13.

6934. *Beaudoin, Léo, «*Les Trottoirs de bois*», *Nos livres*, vol. 10, février 1979, n° 59.

6935. Émond, Maurice, « Portrait critique de Bertrand-B. Leblanc », *Québec français*, n° 33, mars 1979, p. 68.

6936. Leblanc, Bertrand-B., « Autoportrait », *Québec français*, n° 33, mars 1979, p. 67-70.

6937. *Dionne, André, « Le Théâtre qu'on joue : *Moi, Ovide Leblanc, j'ai pour mon dire* », *Lettres québécoises*, n° 15, août-septembre 1979, p. 32.

6938. *L'HÉRAULT, Pierre, «*Y sont fous le grand monde*», *Livres et auteurs québécois, 1979*, p. 58-59.

6939. *LAPRÉS, Raymond, «*Y sont fous le grand monde*», *Nos livres*, vol. 11, avril 1980, n⁰ 125.

6940. *BOIVIN, Aurélien, «*Y sont fous le grand monde*», *Québec français*, n⁰ 38, mai 1980, p. 10.

6941. *HAYNE, David M., «*Joseph-Philémon Sanschagrin, ministre*», *Canadian Literature*, No. 85, Summer 1980, p. 129.

6942. *MARCOTTE, Gilles, [*Les Trottoirs de bois*], *Canadian Literature*, No. 86, Autumn 1980, p. 93-99.

6943. *DESJARDINS, Normand, «*Horace ou l'Art de porter la redingote*», *Nos livres*, vol. 11, novembre 1980, n⁰ 354.

6944. *HODGSON, Richard-G., «*Y sont fous le grand monde !*», *Canadian Literature*, No. 88, Spring 1981, p. 97-98.

6945. *LAPRÉS, Raymond, «*Faut divorcer !*», *Nos livres*, vol. 12, octobre 1981, n⁰ 386.

6946. *ROBERT, Lucie, «*Faut divorcer !*», *Québec français*, n⁰ 44, décembre 1981, p. 15.

6947. *LAZAR, Hélène, «*Faut divorcer !*», *Livres et auteurs québécois, 1981*, p. 181-183.

6948. *DIONNE, André, « Le Théâtre qu'on joue : *Faut divorcer !*», *Lettres québécoises*, n⁰ 27, automne 1982, p. 49-50.

6949. *LAPRÉS, Raymond, «*Tit-Cul Lavoie*», *Nos livres*, vol. 13, novembre 1982, n⁰ 426.

6950. *RIPLEY, John, «*Faut divorcer !*», *Canadian Literature*, No. 95, Winter 1982, p. 139-140.

6951. *BOURASSA, André-G[illes], «*Tit-Cul Lavoie*», *Lettres québécoises*, n⁰ 28, hiver 1982-1983, p. 52.

6952. *LACASSE, Alain, «*Ti-Cul Lavoie*», *Livres et auteurs québécois, 1982*, p. 172-173.

LEBLANC, Émery

6953. THÉRIO, Adrien, « À la recherche des ancêtres. Émery Leblanc, *Les Entretiens du village* [et] Louis Haché, *Adieu, p'tit Chipagan*», *Lettres québécoises*, n⁰ 17, printemps 1980, p. 60-62.

LEBLANC, Émilie C. [pseud. : Marichette]

6954. GÉRIN, Pierre et Pierre-M. GÉRIN, « Éléments de la morphologie d'un parler franco-acadien. Remarques sur la langue de Marichette », *Si que*, n⁰ 4, automne 1979, p. 79-110.

LEBLANC, Gérard

6955. *DIONNE, René, « Une anthologie de la littérature acadienne [*Anthologie de textes littéraires acadiens, 1606-1975*] », *Relations*, vol. 39, n⁰ 450, août 1979, p. 220-222.

6956. *GAULIN, André, «*Anthologie de textes littéraires acadiens, 1606-1975*», *Québec français*, n⁰ 35, octobre 1979, p. 13.

6957. *TH[ÉRIO], A[drien], «*Anthologie de textes littéraires acadiens, 1606-1975*», *Lettres québécoises*, n⁰ 16, hiver 1979-1980, p. 74.

6958. *GÉRIN, Pierre-M., «*Anthologie de textes littéraires acadiens, 1606-1975*», *Livres et auteurs québécois, 1979*, p. 229-230.

6959. COSSETTE, Gilles, «*Anthologie de textes littéraires acadiens* de Marguerite Maillet, Gérard LeBlanc et Bernard Émont », *Lettres québécoises*, n⁰ 17, printemps 1980, p. 67-68.

6960. *A[LLARD], J[acques], [*Anthologie de textes littéraires acadiens, 1606-1975*], *Voix et images*, vol. 5, n⁰ 3, printemps 1980, p. 621.

LE BLANC, Huguette

6961. *CHARTIER, Monique, «*Bernadette Dupuis ou la Mort apprivoisée*», *Nos livres*, vol. 12, février 1981, n⁰ 86.

6962. *CHAMBERLAND, Roger, «*Bernadette Dupuis ou la Mort apprivoisée*», *Québec français*, n⁰ 41, mars 1981, p. 12.

6963. *BOURQUE, Paul-André, [*Bernadette Dupuis ou la Mort apprivoisée*], *University of Toronto Quarterly*, Vol. 50, No. 4, Summer 1981, p. 24.

6964. *CHAMBERLAND, Roger, «*Bernadette Dupuis ou la Mort apprivoisée* », *Livres et auteurs québécois, 1981*, p. 61-62.

6965. *RUNTE, Hans R., «*Bernadette Dupuis ou la Mort apprivoisée* », *Canadian Literature*, No. 94, Autumn 1982, p. 144-145.

6966. LE BLANC, Huguette, « Pourquoi j'écris », *Québec français*, nᵒ 47, octobre 1982, p. 32.

LEBLANC, Léopold

6967. *LEMIRE, Maurice, «*Anthologie de la littérature québécoise, t. 1 : Écrits de la Nouvelle-France* », *Recherches sociographiques*, vol. 20, nᵒ 1, janvier-avril 1979, p. 136-167.

6968. [ANONYME], [Le Prix de *la Presse*], *Grimoire*, vol. 3, nᵒ 1, janvier 1980, p. 3.

6969. [ANONYME], « Le Prix littéraire de *la Presse* », *Lettres québécoises*, nᵒ 17, printemps 1980, p. 7.

6970. *OUELLET, Réal, « L'Entreprise anthologique [*Anthologie de la littérature québécoise, t. 1 : Écrits de la Nouvelle-France*] », *Lettres québécoises*, nᵒ 24, hiver 1981-1982, p. 77-79.

6971. *BOURASSA, André-G[illes], [*Anthologie de la littérature québécoise, t. 1 : Écrits de la Nouvelle-France*], *Lettres québécoises*, nᵒ 26, été 1982, p. 47.

LEBLANC, Pierre

6972. *DESCÔTEUX, Jean-Marc, « Un show de gais au Nelligan [*Tout seul comme deux*] », *Le Berdache*, nᵒ 4, octobre 1979, p. 42.

6973. *VILLEMAIRE, Yolande, «*Tout seul comme deux* [de Pierre Le Blanc et Claude Poissant]. Une démarche peu courante », *Spirale*, nᵒ 3, novembre 1979, p. 3.

LEBLANC, Raymond

6974. MAILLET, Marguerite, « La Poésie acadienne contemporaine et la contestation », *Revue d'histoire littéraire du Québec et du Canada français*, nᵒ 3, hiver-printemps 1982, p. 115-118.

LE BOUTHILLIER, Claude

6975. ÉTIENNE, Gérard, «*L'Acadien reprend son pays* », *Si que*, nᵒ 4, automne 1979, p. 199-202.

6976. COSSETTE, Gilles, «*Isabelle-sur-mer* de Claude Le Bouthillier », *Lettres québécoises*, nᵒ 19, automne 1980, p. 69-70.

6977. *BOUDREAU, Raoul, «*Isabelle-sur-mer* », *Canadian Literature*, No. 91, Winter 1981, p. 170.

6978. GALLANT, Melvin, « Les Nouveaux Romanciers acadiens et le retour aux sources », *Revue d'histoire littéraire du Québec et du Canada français*, nᵒ 3, hiver-printemps 1982, p. 106-111.

LECAVALIER, Nicole

6979. *DIONNE, André, «*À ma mère, à ma mère, à ma mère, à ma voisine* », *Nos livres*, vol. 11, juin-juillet 1980, nᵒ 219.

6980. *LAMARRE, André, « Force et colère des femmes [*À ma mère, à ma mère, à ma mère, à ma voisine*] », *Spirale*, nᵒ 11, septembre 1980, p. 12.

6981. *ALONZO, Anne-Marie, « Voilà la culture ! *À ma mère, à ma mère, à ma mère, à ma voisine* », *La Gazette des femmes*, vol. 2, nᵒ 6, janvier 1981, p. 4.

LECLERC, Claude

6982. *Janelle, Claude, « Un fantastique étouffé par la tradition [*Le Maître des ténèbres*] », *Solaris*, vol. 7, n⁰ 6, décembre 1981, p. 27.

6983. *Gouanvic, Jean-Marc, «*Le Maître des ténèbres*», *Imagine*, vol. 3, n⁰ 2, hiver 1981, p. 52-53.

LECLERC, Félix

6984. Taschereau, Yves, « Le Refus de vieillir », *L'Actualité*, vol. 4, n⁰ 2, février 1979, p. 7, 11-12.

6985. Boivin, Aurélien et Autres, « Félix Leclerc, entrevue », *Québec français*, n⁰ 33, mars 1979, p. 39-40.

6986. Boivin, Aurélien, « Bibliographie », *Québec français*, n⁰ 33, mars 1979, p. 44.

6987. Dubé, Cécile, « Pistes de lecture », *Québec français*, n⁰ 33, mars 1979, p. 41.

6988. Gaulin, André, « Il faut imaginer Félix heureux », *Québec français*, n⁰ 33, mars 1979, p. 43-44.

6989. [Anonyme], « Félix Leclerc vu par les Français », *Ici Radio-Canada. Télévision*, vol. 13, n⁰ 26, 23-29 juin 1979, p. 5.

6990. [Anonyme], « Une journée nationale pour Félix Leclerc », *Québec Hebdo*, vol. 2, n⁰ 3, 28 janvier 1980, p. 4.

6991. [Anonyme], « Célébration de la Journée Félix Leclerc », *Le Compositeur canadien/The Canadian Composer*, n⁰ 149, mars 1980, p. 39.

6992. Bergeron, Colette, « L'Aventure poétique de Félix Leclerc », *Des livres et des jeunes*, vol. 2, n⁰ 6, juin 1980, p. 11-14.

6993. *Cimon, Renée, «*Chansons pour tes yeux*», *Nos livres*, vol. 11, juin-juillet 1980, n⁰ 222.

6994. *Guindon, Ginette, [*Le Violon magique — L'Avare*], *Lurelu*, vol. 3, n⁰ 2, été 1980, p. 10.

6995. *Guay, Claude, «*Les Gens de mon pays — Le Fou de l'île* », *Le Bulletin Pantoute*, n⁰ 4, décembre 1980-janvier-février 1981, p. 42-43.

6996. *Bellemare, Madeleine, «*Le Fou de l'île* », *Nos livres*, vol. 11, décembre 1980, n⁰ 399.

6997. *Bellemare, Madeleine, «*Dialogues d'hommes et de bêtes* », *Nos livres*, vol. 11, décembre 1980, n⁰ 398.

6998. *L[évesque], G[aëtan], «*Le Fou de l'île* », *Lettres québécoises*, n⁰ 20, hiver 1980-1981, p. 103.

6999. *Dubé, Cécile, «*Le Tour de l'île*», *Livres et auteurs québécois, 1980*, p. 228.

7000. *B[ergeron], C[olette], [*Le Tour de l'île*], *Des livres et des jeunes*, vol. 3, n⁰ 8, hiver 1981, p. 49.

7001. *Laurin, Michel, «*Le Tour de l'île*», *Nos livres*, vol. 12, février 1981, n⁰ 87.

7002. *Pilon, Marie, «*Le Tour de l'île*», *Lurelu*, vol. 4, n⁰ 1-2, printemps-été 1981, p. 9.

7003. *Dionne, Robert, « La Vigile de l'indépendance [*Qui est le père ?*] », *Fuites*, 1981, p. 32-36.

7004. Allen, Patrick, « Félix Leclerc, pas de politique, mais du patriotisme ! », *L'Action nationale*, vol. 71, n⁰ 6, février 1982, p. 694.

7005. [Anonyme], « L'Université du Québec remet un doctorat *honoris causa* à Félix Leclerc », *Universités*, vol. 3, n⁰ 3-4, août-décembre 1982, p. 50.

LECOR, Paul [pseud. : Tex Lecor]

7006. *Laprés, Raymond, «*Au nord du soleil*», *Nos livres*, vol. 11, février 1980, n⁰ 43.

LECOR, Tex [pseud. de Paul Lecor]

7007. *Laprés, Raymond, «*Au nord du soleil*», *Nos livres*, vol. 11, février 1980, n⁰ 43.

L'ÉCUYER, Eugène

7008. *IMBERT, Patrick, «La Fille du brigand d'Eugène L'Écuyer ou le Romantisme trahi », Lettres québécoises, n° 26, été 1982, p. 63-65.

LEDOUX, Lucie

7009. *DORION, Lucie, «La 8ᵉ Merveille », Livres et auteurs québécois, 1979, p. 259-260.
7010. *CIMON, Renée, «La 8ᵉ Merveille », Nos livres, vol. 11, février 1980, n° 65.
7011. *LAMOTHE, Jacques, «Le Voyage à la recherche du temps », Livres et auteurs québécois, 1981, p. 249-250.
7012. *SAUVÉ, Élaine, «Le Voyage à la recherche du temps », Lurelu, vol. 5, n° 2, automne 1982, p. 11.

LEDUC, Fernand

7013. *PAYANT, René, «Vers les îles de la lumière », Livres et auteurs québécois, 1981, p. 263-265.

LEDUC, Jean

7014. [ANONYME], « Bibliographie de Jean Leduc », Hobo-Québec, n° 43, hiver 1980-1981, p. 66.
7015. [ANONYME], « Interview avec Jean Leduc », Hobo-Québec, n° 43, hiver 1980-1981, p. 52-62.
7016. BEAUSOLEIL, Claude, « Sur Jean Leduc », Hobo-Québec, n° 43, hiver 1980-1981, p. 63-64.
7017. FISETTE, Alain, « Du Dr. au M. en passant par Jekyll et Hyde », Hobo-Québec, n° 43, hiver 1980-1981, p. 65.
7018. HARVEY, Pauline, « Parler de Leduc », Hobo-Québec, n° 43, hiver 1980-1981, p. 65.

LEFAIVRE, Neil

7019. *ASSELIN, Olivier, « Recueil de poésie. La Souche. Je suis poète », Liaison, n° 16, juin 1981, p. 9.

LEFÈBVRE, Reynald

7020. *CHARBONNEAU, Hélène, «Les Voyageurs du temps », Lurelu, vol. 2, n° 1, printemps 1979, p. 9.
7021. *BELLEMARE, Madeleine, «Les Voyageurs du temps », Nos livres, vol. 10, octobre 1979, n° 312.

LE FRANC, Marie

7022. LORENT, Maurice, « La Double Appartenance de Marie Le Franc, écrivain breton et québécois », Écriture française, vol. 1, n° 1, 1979, p. 24-25.
7023. *VOLDENG, É[velyne], « La Quête de l'absolu [Grand-Louis l'Innocent] », Journal of Canadian Fiction, No. 25-26, 1979, p. 286-289.
7024. THÉRIO, Adrien, « Le Centenaire de Marie Le Franc 1879 [Entrevue avec Madeleine Ducrocq-Poirier] », Lettres québécoises, n° 18, été 1980, p. 62-68.
7025. LORENT, Maurice, « Sur un livre de Madame Ducrocq-Poirier. Marie Le Franc. Au-delà de son personnage... ou en-deçà ? », Lettres québécoises, n° 24, hiver 1981-1982, p. 64-66.
7026. *SIMARD, Sylvain, « Madeleine Ducrocq-Poirier, Marie Le Franc. Au-delà de son personnage », Livres et auteurs québécois, 1981, p. 206.
7027. *BOIVIN, Aurélien, [Madeleine Ducrocq-Poirier, Marie Le Franc. Au-delà de son personnage], Recherches sociographiques, vol. 23, n° 3, septembre-décembre 1982, p. 443.

7028. *M[ARCHESSAULT], J[ovette], « Madeleine Ducrocq-Poirier, *Marie Le Franc. Au-delà de son personnage* », *La Vie en rose*, septembre-octobre 1982, p. 62.

LEGAGNEUR, Serge

7029. *BONENFANT, Yvon, «*Textes en croix* », *Nos livres*, vol. 10, février 1979, n⁰ 60.

LEGAL, Roger

7030. *LEVESQUE, Julien, «*Les Manigances d'une bru* », *Bulletin du Centre d'études franco-canadiennes de l'Ouest*, n⁰ 11, mai 1982, p. 26-27.
7031. *LÉPINE, Stéphane, «*Les Manigances d'une bru* », *Nos livres*, vol. 13, juin-juillet 1982, n⁰ 281.

LÉGARÉ, Clément

7032. *IMBERT, Patrick, « Sémiotique et contes populaires. *Contes populaires de la Mauricie* », *Lettres québécoises*, n⁰ 14, avril-mai 1979, p. 41-42.
7033. *[ANONYME], «*La Bête à sept têtes et autres contes de la Mauricie* », *L'Atulu*, vol. 2, n⁰ 5, mai 1980, p. 4.
7034. *LAURIN, Michel, «*La Bête à sept têtes et autres contes de la Mauricie* », *Nos livres*, vol. 12, avril 1981, n⁰ 200.
7035. *LAURIN, Michel, «*Pierre la Fève et autres contes de la Mauricie suivi de Le Statut sémiotique du motif en ethnolittérature* », *Nos livres*, vol. 13, juin-juillet 1982, n⁰ 282.
7036. *[ANONYME], «*Pierre la Fève et autres contes de la Mauricie suivi de Le Statut sémiotique du motif en ethnolittérature* », *Réseau*, vol. 14, n⁰ 1, septembre 1982, p. 27.
7037. *IMBERT, Patrick, «*Pierre la Fève et autres contes de la Mauricie suivi de Le Statut sémiotique du motif en ethnolittérature* », *Lettres québécoises*, n⁰ 27, automne 1982, p. 74-75.
7038. *BRÉMOND, Claude, «*Sémiotique générale de 'Pierre la Fève', version québécoise du conte type 563, in La Bête à sept têtes et autres contes de la Mauricie - Le Statut sémiotique du motif en ethnolittérature. Application à 'Pierre la Fève', version du conte type AT 563, in 'Pierre la Fève et autres contes de la Mauricie'* », *Recherches sémiotiques/Semiotic Inquiry*, vol. 2, n⁰ 4, décembre 1982, p. 405-423.

LÉGARÉ, Gilles

7039. [ANONYME], « Gilles Légaré », *Grimoire*, vol. 4, n⁰ 2, février 1981, p. 19.

LÉGARÉ, Huguette

7040. *BONENFANT, Yvon, «*Le Ciel végétal* », *Nos livres*, vol. 10, juin-juillet 1979, n⁰ 241.
7041. *PÉRONNET, Louise, «*Le Ciel végétal* », *Si que*, n⁰ 4, automne 1979, p. 202-205.
7042. *D'ALFONSO, Antonio, «*Brun marine* », *Nos livres*, vol. 13, octobre 1982, n⁰ 391.
7043. *RINFRET, Marie-Josée, «*Brun marine* », *Lettres québécoises*, n⁰ 28, hiver 1982-1983, p. 43, 46.
7044. *THIBAUX, Hélène, «*Brun marine* », *Livres et auteurs québécois, 1982*, p. 122-123.

LÉGARÉ, Romain

7045. BLAIS, Hervé, « Romain Légaré, 1904-1979 », *L'Église canadienne*, vol. 12, n⁰ 20, 14 juin 1979, p. 633.
7046. [ANONYME], « Romain Légaré [nécrologie] », *Lettres québécoises*, n⁰ 18, été 1980, p. 14.

LEGAULT, Émile

7047. Demers, Anne-Marie, « Témoignages d'hier à aujourd'hui », *Théâtre [CNA]*, vol. 6, n° 4, avril-mai 1980, p. 5.

LEGAULT, Raymond

7048. *Bordeleau, Christian, « Sors-moi donc! [*La Déprime*] », *Le Berdache*, n° 27, février 1982, p. 63.

LÉGER, Dyane

7049. [Anonyme], « Prix France-Acadie », *Lettres québécoises*, n° 23, automne 1981, p. 13.
7050. *Gagnon, Claire, «*Graines de fées*», *Si que*, n° 5, printemps 1982, p. 147-149.
7051. *Bayard, Caroline, [*Graines de fées*], *University of Toronto Quarterly*, Vol. 51, No. 4, Summer 1982, p. 369.

LÉGER, Pierre [pseud. : Pierrot (le fou)]

7052. *Giguère, Richard, [*Si vous saviez d'où je reviens*], *Livres et auteurs québécois, 1980*, p. 127.
7053. *Bonenfant, Joseph, « Notes sur la poésie [*Si vous saviez d'où je reviens*] », *Voix et images*, vol. 6, n° 3, printemps 1981, p. 484.
7054. *Chamberland, Roger, «*Si vous saviez d'où je reviens*», *Québec français*, n° 42, mai 1981, p. 17.
7055. *D'Alfonso, Antonio, «*Si vous saviez d'où je reviens*», *Nos livres*, vol. 12, juin-juillet 1981, n° 296.

LEGRIS, Isabelle

7056. *Major, Robert, «*Le Sceau de l'ellipse*», *Livres et auteurs québécois, 1979*, p. 137-141.
7057. *Gaulin, André, «*Le Sceau de l'ellipse*», *Québec français*, n° 38, mai 1980, p. 13.
7058. *D'Alfonso, Antonio, «*Le Sceau de l'ellipse*», *Nos livres*, vol. 12, août-septembre 1981, n° 370.

LEGRIS, Renée

7059. *Hayne, David M., [*Robert Choquette, romancier et dramaturge de la radio-télévision*], *Canadian Literature*, No. 85, Summer 1980, p. 118-119.
7060. Ouellet, Réal, «*Le Comique et l'humour à la radio québécoise par Pierre Pagé et Renée Legris*», *Lettres québécoises*, n° 19, automne 1980, p. 64-66.
7061. *Russell, D.W., « Du théâtre à la radio et de la radio au théâtre [*Le Comique et l'humour à la radio québécoise*] », *Canadian Drama/L'Art dramatique canadien*, Vol. 7, No. 1, Spring 1981, p..
7062. *Doucette, L[éonard] E., [*Robert Choquette, romancier et dramaturge de la radio-télévision*], *University of Toronto Quarterly*, Vol. 50, No. 4, Summer 1981, p. 179.
7063. *Doucette, L[éonard] E., [*Répertoire des oeuvres de la littérature radiophonique québécoise, 1930-1970*], *University of Toronto Quarterly*, Vol. 50, No. 4, Summer 1981, p. 178.
7064. *Doucette, L[éonard] E., [*Le Comique et l'humour à la radio québécoise*], *University of Toronto Quarterly*, Vol. 50, No. 4, Summer 1981, p. 180-181.
7065. *Doucette, L[éonard] E., [*Répertoire des dramatiques québécoises à la télévision, 1952-1977*], *University of Toronto Quarterly*, Vol. 50, No. 4, Summer 1981, p.180.
7066. *Bellemare, Madeleine, «*Dictionnaire des auteurs du radio-feuilleton québécois*», *Nos livres*, vol. 12, août-septembre 1981, n° 371.

7067. *BOIVIN, Aurélien, [*Dictionnaire des auteurs du radio-feuilleton québécois*], *Recherches sociographiques*, vol. 22, n° 3, septembre-décembre 1981, p. 438-439.

7068. *L'HÉRAULT, Pierre, «*Propagande de guerre et nationalisme dans le radio-feuilleton (1939-1955)*», *Livres et auteurs québécois, 1981*, p. 304-306.

7069. *MICHON, Jacques, [*Propagande de guerre et nationalisme dans le radio-feuilleton, 1939-1955*], *Lettres québécoises*, n° 26, été 1982, p. 66-67.

LELIÈVRE, Jean[-Marie]

7070. *BÉDARD, Christian, « Travestisme et hermaphrodisme [*Meurtre pour la joie*] », *Le Berdache*, n° 16, décembre 1980-janvier 1981, p. 46-47.

7071. BOURASSA, André-G[illes], « La Naissance d'une écriture. *Meurtre pour la joie* de Jean-Marie Lelièvre », *Lettres québécoises*, n° 20, hiver 1980-1981, p. 31-33.

7072. *DIONNE, André, « Le Théâtre qu'on joue : *Meurtre pour la joie* de Jean-Marie Lelièvre », *Lettres québécoises*, n° 20, hiver 1980-1981, p. 34.

7073. *HUOT, Gilles, «*Meurtre pour la joie*», *Livres et auteurs québécois, 1980*, p. 167-168.

7074. *DIONNE, André, «*Meurtre pour la joie*», *Nos livres*, vol. 12, février 1981, n° 89.

7075. *CAMBRON, Micheline, «*Meurtre pour la joie*», *Jeu*, n° 19, 2e trimestre 1981, p. 145-147.

7076. *LAGRANDEUR, Benoît, «*Trois Livraisons*», *Jeu*, n° 19, 2e trimestre 1981, p. 130-131.

7077. *LANGLOIS, Michelle, «*Meurtre pour la joie*», *Québec français*, n° 45, mars 1982, p. 13.

LEMAIRE, Michel

7078. *BELLEMARE, Madeleine, «*L'Envers des choses*», *Nos livres*, vol. 10, février 1979, n° 79.

LEMAY, Francine

7079. *COSTISELLA, Robert, «*Évagabonde*», *Gaspésie*, vol. 20, n° 3, juillet-septembre 1982, p. 41.

LE MAY, Léon-Pamphile

7080. *[ANONYME], «*Contes vrais*», *Écriture française dans le monde*, vol. 3, n° 2-3, décembre 1981, p. 120.

7081. HAYNE, David M., «*The Golden Dog* and *Le Chien d'or* : Le May's French Translation of Kirby's Novel », *Papers of the Bibliographical Society of Canada/Cahiers de la Société bibliographique du Canada*, Vol. 20, 1981, p. 50-62.

LEMELIN, Roger

7082. THOMAS, David, « Roger Lemelin : The Cap Rouge Gadfly », *Maclean's*, Vol. 92, No. 25, June 18, 1979, p. 4-6.

7083. GAULIN, André, « Roger Lemelin, toujours hanté par la Haute-Ville », *Québec français*, n° 35, octobre 1979, p. 58-59.

7084. *[ANONYME], [*Les Voies de l'espérance*], *L'Atulu*, vol. 1, n° 8, décembre 1979, p. 5.

7085. LEMELIN, Roger, « Montréal ! Montréal ! La Ville à l'envers », *Nous*, vol. 7, n° 7, décembre 1979, p. 29-31.

7086. *LATRAVERSE, François, «*Les Voies de l'espérance*», *Livres et auteurs québécois, 1979*, p. 312-315.

7087. COLLET, Paulette, « Les Romancières québécoises des années 60 face à la maternité », *Atlantis*, Vol. 5, No. 2, Spring 1980, p. 131-141.

7088. LENNOX, John W., [*Au pied de la pente douce*], *Studies in Canadian Literature*, Vol. 5, No. 1, Spring 1980, p. 57-59.

7089. BILLY, Hélène de, «*Les Plouffe*, exhumation d'un certain folklore », *Antennes*, vol. 5, n° 20, 4e trimestre 1980, p. 32-35.

7090. *MAILHOT, Laurent, «*Les Voies de l'espérance*», *Canadian Literature*, No. 88, Spring 1981, p. 112-114.

7091. THOMAS, David, « Vive les Plouffe libres ! », *Maclean's*, Vol. 94, No. 13, March 30, 1981, p. 21-23.

7092. PÉRUSSE, Daniel et Yves TASCHEREAU, « Gilles Carle : 1940, 1981, même combat [*Les Plouffe*] », *L'Actualité*, vol. 6, n⁰ 4, avril 1981, p. 13-18.

7093. *GRIGSBY, Wayne, « The Fine Art of Telling the Truth [*Les Plouffe* (film)] », *Maclean's*, Vol. 94, No. 16, April 20, 1981, p. 65.

7094. G[RIGSBY], W[ayne], « Going Down that Road Once More [*Les Plouffe* (film)] », *Maclean's*, Vol. 94, No. 16, April 20, 1981, p. 65-66.

7095. *ROY, André, « Une affaire de cinéastes. Quarante Ans en arrière [*Les Plouffe*] », *Spirale*, [n⁰ 20], juin 1981, p. 16.

7096. MAJOR, Jean-Louis, « Roger Lemelin au sommet de la pente douce. *La Culotte en or* », *Lettres québécoises*, n⁰ 22, été 1981, p. 56-58.

7097. *POUPART, Jean-Marie, « Rêver le quotidien et vivre le rêve [*Les Plouffe*] », *L'Actualité*, vol. 6, n⁰ 7, juillet 1981, p. 71.

7098. [ANONYME], « M. Roger Lemelin prépare une suite aux *Plouffe* », *Québec Hebdo*, vol. 3, n⁰ 37, 28 septembre 1981, p. 4.

7099. *THÉRIEN, Gilles, « La Réussite et l'échec. Lemelin, Aquin », *Voix et images*, vol. 7, n⁰ 2, hiver 1982, p. 409-411.

7100. *[ANONYME], «*Ovide Plouffe*», *Québec Hebdo*, vol. 4, n⁰ 5, 15 février 1982, p. 4.

7101. [ANONYME], «*Les Plouffe*», *Copie Zéro*, n⁰ 13, 4ᵉ trimestre 1982, p. 31.

7102. TURBIDE, Diane, « Lemelin Papers to National Library », *Quill and Quire*, Vol. 48, No. 11, November 1982, p. 21.

7103. [ANONYME], « ETR, le E.T. de l'édition », *Livre d'ici*, vol. 8, n⁰ 2, décembre 1982, p. 4.

7104. *TASCHEREAU, Yves, «*Les Plouffe* 2, un plaisir agaçant [*Le Crime d'Ovide Plouffe*] », *Livre d'ici*, vol. 8, n⁰ 2, décembre 1982, p. 17.

7105. *BARRETT, Caroline, «*Le Crime d'Ovide Plouffe*», *Livres et auteurs québécois, 1982*, p. 21-22.

LEMIEUX, Germain

7106. *HESSE, M.G., « Contes et légendes canadiens [*Contes de mon pays*, t. 9] », *Canadian Children's Literature*, No. 13, 1979, p. 87-89.

7107. *BELLEMARE, Madeleine, «*Les vieux m'ont conté*, t. 11 », *Nos livres*, vol. 10, février 1979, n⁰ 80.

7108. *BELLEMARE, Madeleine, «*Les vieux m'ont conté*, t. 12 », *Nos livres*, vol. 10, juin-juillet 1979, n⁰ 242.

7109. *LAURIN, Michel, «*Les vieux m'ont conté*, t. 14 », *Nos livres*, vol. 11, novembre 1980, n⁰ 356.

7110. *CHARTIER, Monique, «*Contes de mon pays*», *Nos livres*, vol. 12, janvier 1981, n⁰ 31.

7111. *LAURIN, Michel, «*Les vieux m'ont conté*, t. 15 », *Nos livres*, vol. 12, avril 1981, n⁰ 201.

7112. *CHARETTE, Christiane, « Contes et légendes du Québec, 2 : les recueils [*Les vieux m'ont conté*, t. 1] », *Lurelu*, vol. 4, n⁰ 3, automne 1981, p. 19.

7113. *CHARETTE, Christiane, « Contes et légendes du Québec, 2 : les recueils [*Contes de mon pays*] », *Lurelu*, vol. 4, n⁰ 3, automne 1981, p. 18.

7114. *LAURIN, Michel, «*Les vieux m'ont conté*, t. 16 », *Nos livres*, vol. 12, novembre 1981, n⁰ 445.

7115. [ANONYME], «*Contes de mon pays*», *Écriture française dans le monde*, vol. 3, n⁰ 2-3, décembre 1981, p. 120.

7116. MARCHAND, Micheline, « Un travailleur acharné », *Liaison*, n⁰ 19, décembre 1981-janvier 1982, p. 7-8.

7117. *MARCHILDON, Daniel, «*Les vieux m'ont conté*, un outil concret », *Liaison*, n⁰ 19, décembre 1981-janvier 1982, p. 9-10, 34.

7118. GRISÉ, Yolande, « La Saga du Nouvel Ontario », *Revue d'histoire littéraire du Québec et du Canada français*, n⁰ 3, hiver-printemps 1982, p. 17-23.

7119. *[ANONYME], «*Les vieux m'ont conté*. Répertoire d'Alfred Simard », *L'Atulu*, vol. 4, n⁰ 2, février 1982, p. 7.

7120. *BELLEMARE, Madeleine, «*Les vieux m'ont conté*, t. 1 », *Nos livres*, vol. 13, février 1982, n⁰ 69.

7121. *BELLEMARE, Madeleine, «*Les vieux m'ont conté*, t. 17 », *Nos livres*, vol. 13, février 1982, n⁰ 68.

7122. *BELLEMARE, Madeleine, «*Les vieux m'ont conté*, t. 2 », *Nos livres*, vol. 13, février 1982, n⁰ 70.

7123. *PICHETTE, Jean-Pierre, « Renouer avec le four à pain ancestral [*Le Four de glaise*] », *Liaison*, n⁰ 23, août-septembre 1982, p. 41-42.

7124. *LAURIN, Michel, «*Le Four de glaise* », *Nos livres*, vol. 13, novembre 1982, n⁰ 427.

7125. BRUNET-LAMARCHE, Anita, « Prise de parole, 1972-1982. Auteurs et oeuvres. Biobibliographie », *Revue du Nouvel Ontario*, n⁰ 4, 1982, p. 33.

LEMIEUX, Marie-Josée

7126. *LAURIN, Michel, «*Micmac, le caneton* », *Nos livres*, vol. 11, juin-juillet 1980, n⁰ 223.

LEMIEUX, Pierre-Hervé

7127. *BONENFANT, Joseph, « La Poésie québécoise. Trois Lectures autrement dites de Hugues Corriveau, Pierre-Hervé Lemieux et Jean-Louis Major [*Entre songe et parole. Structure du 'Tombeau des rois' d'Anne Hébert*] », *Lettres québécoises*, n⁰ 13, février 1979, p. 40-43.

7128. *BLAIS, Jacques, «*Entre songe et parole. Structure du 'Tombeau des rois' d'Anne Hébert* », *Livres et auteurs québécois, 1979*, p. 224-226.

LEMIRE, Maurice

7129. *CHABOT, Jean-Pierre, «*Dictionnaire des oeuvres littéraires du Québec*, t. 1 : *Des origines à 1900* », *Documentation et bibliothèques*, vol. 25, n⁰ 1, mars 1979, p. 53-56.

7130. *RIOUX, Gilles, « La Fin de la complaisance bénisseuse et de l'indifférence dédaigneuse [*Dictionnaire des oeuvres littéraires du Québec*, t. 1 : *Des origines à 1900*] », *Vie des arts*, vol. 24, n⁰ 95, été 1979, p. 75-76.

7131. *[ANONYME], «*Dictionnaire des oeuvres littéraires du Québec* », *Québec Hebdo*, vol. 2, n⁰ 21, 2 juin 1980, p. 4.

7132. *BELLEMARE, Madeleine, «*Dictionnaire des oeuvres littéraires du Québec*, t. 2 : *1900 à 1939* », *Nos livres*, vol. 11, août-septembre 1980, n⁰ 249.

7133. *FALARDEAU, Jean-Charles, [*Dictionnaire des oeuvres littéraires du Québec*, t. 2 : *1900-1939*], *Recherches sociographiques*, vol. 21, n⁰ 3, septembre-décembre 1980, p. 373-375.

7134. *GINGRAS-AUDET, Jeanne-Marie, [*Dictionnaire des oeuvres littéraires du Québec*, t. 1 : *Des origines à 1900* ; t. 2 : *1900-1939*], *Revue des sciences de l'éducation*, vol. 6, n⁰ 3, automne 1980, p. 629-632.

7135. VANDENDORPE, Christian, « Un nouveau regard sur notre passé littéraire. Le *D.O.L.Q.* », *Québec français*, n⁰ 39, octobre 1980, p. 52-53.

7136. *GALLAYS, François, «*Dictionnaire des oeuvres littéraires du Québec*, t. 2 : *1900-1939* », *Lettres québécoises*, n⁰ 20, hiver 1980-1981, p. 85-87.

7137. *VIDRICAIRE, André, «*Dictionnaire des oeuvres littéraires du Québec*, t. 2 : [*1900-1939*] », *Livres et auteurs québécois, 1980*, p. 298-300.

7138. LEMIRE, Maurice, « Les Difficultés d'écrire l'histoire littéraire au Québec », *Revue d'histoire littéraire du Québec et du Canada français*, n⁰ 2, 1980-1981, p. 29-32.

7139. *SHEK, Ben-Zion, [*Dictionnaire des oeuvres littéraires du Québec*, t. 1 : *Des origines à 1900* ; t. 2 : *1900-1939*], *University of Toronto Quarterly*, Vol. 50, No. 4, Summer 1981, p. 171-174.

7140. *GODIN, Jean-Cléo, «*DOLQ*, [t. 2 :] *1900-1939*. Le Corpus théâtral », *Jeu*, n⁰ 21, 4e trimestre 1981, p. 194-199.

7141. *BELLEMARE, Madeleine, «*Introduction à la littérature québécoise (1900-1939)* », *Nos livres*, vol. 12, octobre 1981, n⁰ 389.

7142. *CANTIN, Léonce, «*Introduction à la littérature québécoise (1900-1939)* », *Québec français*, n⁰ 43, octobre 1981, p. 15-16.

7143. *[ANONYME], «*Dictionnaire des oeuvres littéraires du Québec*, t. 1 : *Des origines à 1900* », *Écriture française dans le monde*, vol. 3, n⁰ 2-3, décembre 1981, p. 114.

7144. *[ANONYME], «*Dictionnaire des oeuvres littéraires du Québec*, t. 2 : *1900-1939* », *Écriture française dans le monde*, vol. 3, n⁰ 2-3, décembre 1981, p. 114.

7145. *GOUIN, Jacques, « Littérature québécoise et poésie française [*Dictionnaire des oeuvres littéraires du Québec*] », *Cahiers d'histoire des pays d'en haut*, vol. 4, n⁰ 15, septembre 1982, p. 48-49.

7146. *[ANONYME], «*Dictionnaire des oeuvres littéraires du Québec*, t. 3 : *1940-1959* », *Québec Hebdo*, vol. 4, n⁰ 34, 18 octobre 1982, p. 4.

7147. *LÉVESQUE, Gaëtan, «*DOLQ*, t. 3 : *1940-1959*. Un panorama littéraire imposant », *L'Écrilu*, vol. 2, n⁰ 3, novembre 1982, p. 3.

7148. *THÉRIAULT, Jacques, « Les Grandes Explorations de notre littérature [*Dictionnaire des oeuvres littéraires du Québec*, t. 3 : *1940-1959*] », *Livre d'ici*, vol. 8, n⁰ 1, novembre 1982, p. 13.

7149. *BELLEMARE, Madeleine, «*Dictionnaire des oeuvres littéraires du Québec*, t. 3 : *1940-1959* », *Nos livres*, vol. 13, novembre 1982, n⁰ 419.

7150. *ANDRÈS, Bernard, « La Troisième Pierre de la cathédrale. Le *DOLQ* 1981 [t. 3 : *1940-1959*] », *Québec français*, n⁰ 48, décembre 1982, p. 22-23.

7151. *GALLAYS, François, «*Dictionnaire des oeuvres littéraires du Québec*, t. 3 : *1940-1959* », *Lettres québécoises*, n⁰ 28, hiver 1982-1983, p. 73-75.

7152. *GODIN, Jean-Cléo, «*Dictionnaire des oeuvres littéraires du Québec*, t. 3 : *1940-1959* », *Livres et auteurs québécois, 1982*, p. 198-201.

LEMOINE, Wilfrid [pseud. : Camille Bilodeau]

7153. *BAYARD, Caroline, «*The Rope-Dancer* », *Quill and Quire*, Vol. 45, No. 8, July 1979, p. 50.

7154. *OUELLETTE-MICHALSKA, Madeleine, [*Une ombre derrière le coeur*], *Châtelaine*, vol. 20, n⁰ 9, septembre 1979, p. 8.

7155. *ROY, Jean-Philippe, « Ces ombres du passé [*Une ombre derrière le coeur*] », *Trajectoires*, n⁰ 4, 20 septembre-20 octobre 1979, p. 8-9.

7156. *GODARD, Barbara, «*The Rope-Dancer* », *The Fiddlehead*, No. 123, Fall 1979, p. 116-117.

7157. *ÉMOND, Maurice, «*Une ombre derrière le coeur* », *Québec français*, n⁰ 35, octobre 1979, p. 12.

7158. *CHARTIER, Monique, «*Une ombre derrière le coeur* », *Nos livres*, vol. 10, novembre 1979, n⁰ 370.

7159. *TH[ÉRIO], A[drien], «*Une ombre derrière le coeur* », *Lettres québécoises*, n⁰ 16, hiver 1979-1980, p. 73.

7160. *L'HÉRAULT, Pierre, «*Une ombre derrière le coeur* », *Livres et auteurs québécois, 1979*, p. 26.

7161. *BRAULT, Jacques, [*Une ombre derrière le coeur*], *Spirale*, n⁰ 7, mars 1980, p. 13.

LE MOYNE, Jean

7162. LA BOSSIÈRE, Camille-R., « Of Unity and Equivocation : Jean Le Moyne's *Convergences* », *Essays on Canadian Writing*, No. 15, Summer 1979, p. 51-68.

7163. *CIMON, Renée, «*Convergences* », *Nos livres*, vol. 10, décembre 1979, n⁰ 414.

LE NORMAND, Michelle [pseud. de Marie-Antoinette Tardif]

7164. GOUIN, Jacques, « Littérature des pays d'en haut. Un épisode dans la vie de Michelle Le Normand (1911-1921) », *Cahiers d'histoire des pays d'en haut*, vol. 4, n⁰ 14, juin 1982, p. 17-36.

LEPAGE, Rachel

7165. *[ANONYME], «*Julie des hivers* », *CEAD. Dramaturgies nouvelles*, vol. 3, n⁰ 2, décembre 1981, p. 10.

LEPAGE, Roland

7166. *[ANONYME], « Pièce québécoise honorée au Canada anglais [*Le Temps d'une vie*] », *Québec Hebdo*, vol. 1, n⁰ 24, 30 juillet 1979, p. 4.

7167. [ANONYME], «*Icare* », *CEAD. En bref*, vol. 1, n⁰ 1, novembre 1979, p. [6].

7168. [ANONYME], «*Icare* », *CEAD. En bref*, vol. 1, n⁰ 1, novembre 1979, p. 6.

7169. *LAURIN, Michel, «*Icare* », *Nos livres*, vol. 11, avril 1980, n⁰ 126.

7170. *ANDRÈS, Bernard, « Trop de lamenti ! [*La Complainte des hivers rouges*] », *Spirale*, n⁰ 8, avril 1980, p. 14.

7171. *CHARETTE, Christiane, [*Icare*], *Lurelu*, vol. 3, n⁰ 4, hiver 1980, p. 10.

7172. *ARMSTRONG, Lise, «*Le Temps d'une vie*, [...]. Ces héroïnes du passé », *Jeu*, n⁰ 19, 2ᵉ trimestre 1981, p. 121-127.

7173. *THOMPSON, M[ary] A[lice], «*Le Temps d'une vie* », *Newest Review*, Vol. 6, No. 10, June 1981, p. 15 et 18.

7174. *CHARETTE, Christiane, [*Icare*], *Lurelu*, vol. 5, n⁰ 1, printemps-été 1982, p. 16.

LEROUX, Jean-Pierre

7175. *CHAGNON, Gilles, «*Dans l'intervalle* », *Livres et auteurs québécois, 1979*, p. 141-142.

7176. *BONENFANT, Joseph, [*Dans l'intervalle*], *Voix et images*, vol. 5, n⁰ 3, printemps 1980, p. 608.

7177. *CLOUTIER, Guy, «*Dans l'intervalle* », *Le Bulletin Pantoute*, n⁰ 1, avril 1980, p. 24.

7178. *DIONNE, André, «*Dans l'intervalle* », *Nos livres*, vol. 11, avril 1980, n⁰ 127.

7179. *MONETTE, Pierre, « Ici et ailleurs [*Dans l'intervalle*] », *Spirale*, n⁰ 9, mai 1980, p. 6.

7180. *D'ALFONSO, Antonio, «*Pour simplifier* », *Nos livres*, vol. 13, novembre 1982, n⁰ 428.

7181. *PARADIS, Suzanne, «*Pour simplifier* », *Livres et auteurs québécois, 1982*, p. 123-125.

LESAGE, Alain-René

7182. *RUNTE, Roseann, « Une parodie picaresque. *Les Aventures de [Robert Chevalier dit] de Beauchêne, [capitaine de flibustier dans la Nouvelle-France]* », *Revue de l'Université Sainte-Anne*, 1982, p. 3-7.

LE SAGE, Siméon

7183. TRÉPANIER, Pierre et Lise TRÉPANIER, « L'Historien et le choix d'un sujet. Étude d'un cas tiré de la correspondance Rameau-Le Sage », *Les Cahiers de la Société historique acadienne*, vol. 10, n⁰ 2, juin 1979, p. 77-84.

LESCARBOT, Marc

7184. FOURNIER, Hannah, « Lescarbot's 'Théâtre de Neptune' : New World Pageant, Old World Polemic », *Canadian Drama/L'Art dramatique canadien*, Vol. 7, No. 1, Spring 1981, p. 3-11.

LESPÉRANCE, John Talon

7185. ROUSSEAU, Guildo, « La Mauricie et ses romanciers », *Revue d'histoire littéraire du Québec et du Canada français*, n° 3, hiver-printemps 1982, p. 49.

LETENDRE, Paule-B.

7186. *LAPLANTE-L'HÉRAULT, Juliette, «Si Cendrillon pouvait mourir», *Canadian Women's Studies/Les Cahiers de la femme*, Vol. 3, No. 2, 1981, p. 117-118.

LÉTOURNEAU, Louis-Philippe

7187. *DORION, Gilles, «*Québec vécu — Dîner à la croque au sel — Ce village où tu étais si belle*», *Québec français*, n° 37, mars 1980, p. 13.

7188. [ANONYME], «*Dîner à la croque au sel*», *Écriture française dans le monde*, vol. 3, n° 2-3, décembre 1981, p. 120.

LÉTOURNEAU-BELLAVANCE, Anne

7189. *[ANONYME], «*Frédéric*», *Grimoire*, vol. 4, n° 2, février 1981, p. 18.

LETOURNEUX, Joseph-Henri

7190. *CORRIVEAU, Hugues, «*Pylônes*», *Livres et auteurs québécois, 1979*, p. 142-144.

7191. *DIONNE, André, «*Pylônes*», *Nos livres*, vol. 11, mai 1980, n° 170.

7192. *HAECK, Philippe, « De l'amnésie [*Pylônes*] », *La Nouvelle Barre du jour*, n° 90-91, mai 1980, p. 221-222.

7193. *CHAMBERLAND, Roger, «*Pylônes*», *Québec français*, n° 38, mai 1980, p. 13.

7194. *BONENFANT, Joseph, « Notes sur la poésie [*Pylônes*] », *Voix et images*, vol. 6, n° 3, printemps 1981, p. 484.

LÉVEILLÉ, J.-Roger [pseud. : Jesse James]

7195. *BELLEMARE, Madeleine, «*Oeuvre de la première mort*», *Nos livres*, vol. 11, mars 1980, n° 105.

7196. *ARCAND, Tatiana, « L'Éloquence des marges [*Le Livre des marges*] », *Bulletin du Centre d'études franco-canadiennes de l'Ouest*, n° 9, octobre 1981, p. 24-27.

7197. *CLÉMENT, Michel, «*Le Livre des marges*», *Livres et auteurs québécois, 1981*, p. 120.

LÉVESQUE, Albert

7198. [ANONYME], « Albert Lévesque, pionnier de l'édition québécoise », *Lettres québécoises*, n° 14, avril-mai 1979, p. 64.

7199. [ANONYME], « Mort d'Albert Lévesque, écrivain et éditeur », *Québec Hebdo*, vol. 1, n° 8, 9 avril 1979, p. 4.

LÉVESQUE, Anne

7200. *BOUDREAU, Raoul, «*Les Jongleries*», *Si que*, n° 5, printemps 1982, p. 150-151.

LÉVESQUE, Claude-Philippe

7201. *BÉLANGER, Ginette, «*La Légende de Madame Bleu* », *Lurelu*, vol. 5, n⁰ 2, automne 1982, p. 12.

LÉVESQUE, Gilbert

7202. *SHEK, Ben-Zion, [*Louis Hémon : aventurier ou philosophe ?*], *University of Toronto Quarterly*, Vol. 50, No. 4, Summer 1981, p. 189.
7203. *ROCHETTE, Lise, «*Louis Hémon : aventurier ou philosophe ?* », *Canadian Literature*, No. 92, Spring 1982, p. 95.

LÉVESQUE, Léo

7204. *LAGRANDEUR, Benoît, «*...Quand j'y ai dit ça, à parti à rire...* », *Jeu*, n⁰ 19, 2ᵉ trimestre 1981, p. 131-132.
7205. *PERCHE, Jean du, « Incarcération. ... *Quand j'y ai dit ça, à parti à rire...* », *Le Berdache*, n⁰ 27, février 1982, p. 61.
7206. *DAOUST, Jean-Paul, «... *Quand j'y ai dit ça, à parti à rire...* », *Jeu*, n⁰ 23, 2ᵉ trimestre 1982, p. 136-137.
7207. *THÉORET, France, « Un feu roulant [... *Quand j'y ai dit ça, à parti à rire...*] », *Spirale*, n⁰ 24, avril 1982, p. 15.
7208. *JANOËL, André, «... *Quand j'y ai dit ça, à parti à rire...* », *Nos livres*, vol. 13, mai 1982, n⁰ 213.
7209. *NOËL, Louis-Michel, «... *Quand j'y ai dit ça, à parti à rire...* », *Livres et auteurs québécois, 1982*, p. 173-174.

LÉVESQUE, Richard [pseud. : Joseph Rilev]

7210. *ARGUIN, Maurice, «*Le Vieux du Bas-du-Fleuve* », *Québec français*, n⁰ 39, octobre 1980, p. 10.
7211. *BOIVIN, Aurélien, «*Les Yeux d'orage* », *Québec français*, n⁰ 39, octobre 1980, p. 10.
7212. BOIVIN, A[urélien], « Biographie », *Québec français*, n⁰ 39, octobre 1980, p. 61.
7213. LEVESQUE, Richard, « Autoportrait. Richard Lévesque », *Québec français*, n⁰ 39, octobre 1980, p. 60-61.
7214. LAMONTAGNE, Gilles, « Le Conte dans l'est du Québec. Éléments de bibliographie critique », *Revue d'histoire littéraire du Québec et du Canada français*, n⁰ 3, hiver-printemps 1982, p. 87.
7215. *CHARTIER, Monique, «*Le Vieux du Bas-du-Fleuve* », *Nos livres*, vol. 13, avril 1982, n⁰ 172.
7216. *CHARTIER, Monique, «*Les Yeux d'orage* », *Nos livres*, vol. 13, avril 1982, n⁰ 173.

LÉVESQUE, Solange

7217. *OUELLETTE-MICHALSKA, Madeleine, [*Les Cloisons*], *Châtelaine*, vol. 20, n⁰ 12, décembre 1979, p. 26.
7218. *THÉORET, France, « Une littérature de bon ton [*Les Cloisons*] », *Spirale*, n⁰ 4, décembre 1979, p. 5.
7219. *LAROSE, Jean, «*Les Cloisons* », *Livres et auteurs québécois, 1979*, p. 59.
7220. BOILY, Solange, « Entrevue avec Solange Lévesque », *L'Écritoire*, vol. 2, n⁰ 2, mars 1980, p. 50-51.
7221. *BLAIN, Danièle, [*Les Cloisons*], *Spirale*, n⁰ 7, mars 1980, p. 11.
7222. *CORRIVEAU, Hugues, [*Les Cloisons*], *La Nouvelle Barre du jour*, n⁰ 90-91, mai 1980, p. 197-199.
7223. *GILBERT, Bernard, «*L'Amour, langue morte* », *Nuit blanche*, n⁰ 7, automne 1982, p. 9-10.

7224. *Desjardins, Normand, «*L'Amour, langue morte*», *Nos livres*, vol. 13, octobre 1982, n° 393.

7225. *Théoret, France, « Somewhere over the Rainbow [*L'Amour, langue morte*] », *Spirale*, n° 28, octobre 1982, p. 3.

7226. Mailhot, Michèle, «*L'Amour, langue morte*», *Lettres québécoises*, n° 28, hiver 1982-1983, p. 21-22.

7227. *René, Michel, «*L'Amour, langue morte*», *Livres et auteurs québécois, 1982*, p. 64-65.

LÉVY-CHÉDEVILLE, Dominique [pseud. : Aliocha, Dominique de l'Espine]

7228. *Desjardins, Normand, «*L'Homme aux passions tristes*», *Nos livres*, vol. 13, juin-juillet 1982, n° 283.

7229. *Dorion, Gilles, «*L'Homme aux passions tristes*», *Québec français*, n° 47, octobre 1982, p. 7.

L'HÉRAULT, Pierre

7230. *Corriveau, Hugues, « L'Incomparable Réalité du conte. *Jacques Ferron, cartographe de l'imaginaire*», *Lettres québécoises*, n° 19, automne 1980, p. 54-55.

7231. *Le Blanc, Alonzo, «*Jacques Ferron, cartographe de l'imaginaire*», *Québec français*, n° 39, octobre 1980, p. 12-13.

7232. *Laroche, Maximilien, «*Jacques Ferron, cartographe de l'imaginaire*», *Livres et auteurs québécois, 1980*, p. 206-209.

7233. *[Anonyme], «*Jacques Ferron, cartographe de l'imaginaire*», *Écriture française dans le monde*, vol. 3, n° 2-3, décembre 1981, p. 121.

7234. *Raoul, Valérie, «*Jacques Ferron, cartographe de l'imaginaire*», *Canadian Literature*, No. 91, Winter 1981, p. 157.

7235. *Shek, Ben-Z[ion], [*Jacques Ferron, cartographe de l'imaginaire*], *University of Toronto Quarterly*, Vol. 51, No. 4, Summer 1982, p. 475-476.

L'HEUREUX, Christine

7236. *Bellemare, Madeleine, «*Raôul Duguay ou le Poète à la voix d'ô*», *Nos livres*, vol. 10, octobre 1979, n° 308.

7237. *Giguère, Richard, «*Raôul Duguay ou le Poète à la voix d'ô*», *Livres et auteurs québécois, 1979*, p. 212-213.

L'HEUREUX-BLOUIN, Michèle

7238. *Gadbois, Vital, «*Du Saint-Laurent au Nil*», *Québec français*, n° 44, décembre 1981, p. 9.

7239. *Laprés, Raymond, «*Du Saint-Laurent au Nil*», *Nos livres*, vol. 13, janvier 1982, n° 34.

LIZOTTE, Guy

7240. *Dickson, Robert, « Le Roux, le blond et la dame blanche [*La Dame blanche*] », *Liaison*, n° 20, février-mars 1982, p. 28.

7241. Brunet-Lamarche, Anita, « Prise de parole, 1972-1982. Auteurs et oeuvres. Biobibliographie », *Revue du Nouvel Ontario*, n° 4, 1982, p. 33-34.

7242. *Dickson, Robert, [*Cicatrices*], *Revue du Nouvel Ontario*, n° 4, 1982, p. 61.

LONGCHAMPS, Renaud

7243. *Cloutier, Guy, « À St-Ephrem, les anges boivent de la grosse [*Babelle, 1 : Après le déluge*] », *Nuit blanche*, n° 6, printemps-été 1982, p. 8.

7244. *THÉORET, France, « Corps et violence [*Babelle, 1 : Après le déluge*] », *Spirale*, [n⁰ 22], février 1982, p. 4.

7245. *LÉPINE, Stéphane, «*Babelle, 1 : Après le déluge*», *Nos livres*, vol. 13, mars 1982, n⁰ 141.

7246. *DE BELLEFEUILLE, Normand, « Pour lire l'univers [*Le Désir de la production*] », *Spirale*, n⁰ 23, mars 1982, p. 4.

7247. *LÉPINE, Stéphane, «*Le Désir de la production*», *Nos livres*, vol. 13, avril 1982, n⁰ 174.

7248. *LABERGE, Pierre, «*Le Désir de la production*», *Estuaire*, n⁰ 25, automne 1982, p. 83-84.

7249. *CORRIVEAU, Hugues, «*Le Désir de la production*», *Lettres québécoises*, n⁰ 27, automne 1982, p. 42-43.

7250. *CHAMBERLAND, Roger, «*Le Désir de la production*», *Livres et auteurs québécois*, 1982, p. 125-126.

7251. *CHASSÉ, Dominique, «*Babelle, 1 : Après le déluge*», *Livres et auteurs québécois*, 1982, p. 70-73.

LORANGER, Francine [Francine Mathieu-Loranger]

7252. *BELLEMARE, Madeleine, «*La Vieille Armoire*», *Nos livres*, vol. 10, juin-juillet 1979, n⁰ 243.

7253. ROBIN, Marie-Jeanne, « Rencontre avec Francine Loranger », *Lurelu*, vol. 2, n⁰ 3, automne 1979, p. 14-16.

7254. *CIMON, Renée, «*L'École enchantée*», *Nos livres*, vol. 11, février 1980, n⁰ 42.

7255. *GUÉRETTE, Charlotte, [*Tourbillon, le lutin de la Côte-Nord*], *Des livres et des jeunes*, vol. 2, n⁰ 6, juin 1980, p. 35-36.

7256. *COUTU, Danielle, [*L'École enchantée*], *Lurelu*, vol. 3, n⁰ 2, été 1980, p. 8.

7257. *LAFRENIÈRE, Joseph, «*Chansons pour un ordinateur*», *Vidéo-Presse*, vol. 10, n⁰ 1, septembre 1980, p. 46.

7258. *DOSTALER, Henriette, [*Chansons pour un ordinateur*], *Des livres et des jeunes*, vol. 3, n⁰ 7, automne 1980, p. 42.

7259. *LEDOUX, Danielle, [*Chansons pour un ordinateur*], *Lurelu*, vol. 3, n⁰ 3, automne 1980, p. 7.

7260. *PROVOST, Michelle, «*Chansons pour un ordinateur*», *Livres et auteurs québécois*, 1980, p. 229.

7261. *F[ERGUSON], J[ean], [*Chansons pour un ordinateur*], *Imagine*, vol. 2, n⁰ 3, mars 1981, p. 61.

7262. *CHARETTE, Christiane, « Les Romans policiers [*Le Renard rose*] », *Lurelu*, vol. 4, n⁰ 4, hiver 1981, p. 20.

7263. *[ANONYME], «*Les Bâtisseurs*», *Québec Hebdo*, vol. 4, n⁰ 2, 25 janvier 1982, p. 4.

7264. *[THÉRIAULT-]HOULE, Mariette, «*Les Mémoires de Jean Talon*», *Lurelu*, vol. 5, n⁰ 2, automne 1982, p. 13.

LORANGER, Françoise

7265. COLLET, Paulette, « Les Romancières québécoises des années 60 face à la maternité », *Atlantis*, Vol. 5, No. 2, Spring 1980, p. 131-141.

7266. FRANCOEUR, Louis, « Théâtre, culture et sémiotique », *Études littéraires*, vol. 14, n⁰ 1, avril 1981, p. 165-170, 181-186, 189.

7267. *BEAUPRÉ, Christiane, «*Double Jeu* : haletant, drôle et superficiel », *Liaison*, n⁰ 15, avril 1981, p. 37.

7268. SMITH, André, « Théâtre au féminin. *Encore cinq minutes* et *Les fées ont soif* », *Voix et images*, vol. 7, n⁰ 2, hiver 1982, p. 351-365.

7269. *USMIANI, Renate, [*Médium saignant*], *Canadian Drama/L'Art dramatique canadien*, Vol. 8, No. 2, [Fall] 1982, p. 126.

LORANGER, Jean-Aubert

7270. *Ouellet, Réal, « Les *Contes* de Jean-Aubert Loranger », *Lettres québécoises*, n° 13, février 1979, p. 43-46.

7271. *Bourassa, André-G[illes], « Entre l'espace et le temps [*Terra Nova*] », *Lettres québécoises*, n° 14, avril-mai 1979, p. 19-20.

7272. *Fisette, Jean, « Le Quotidien ironisé. Les *Contes* de Jean-Aubert Loranger », *Voix et images*, vol. 4, n° 3, avril 1979, p. 550-551.

7273. *Boivin, Aurélien, «*Contes* de Jean-Aubert Loranger », *Québec français*, n° 34, mai 1979, p. 54-55.

7274. *[Anonyme], « Le Prix France-Québec », *Lettres québécoises*, n° 15, août-septembre 1979, p. 5.

7275. Guilmette, Bernadette, « L'Oeuvre poétique de Jean-Aubert Loranger. Sur les chemins d'une édition », *Revue d'histoire littéraire du Québec et du Canada français*, n° 4, été-automne 1982, p. 54-65.

LORENZO, Charles [pseud. de Wilfrid Paquin]

7276. *Langlois, Michelle, «*Contes et récits* de Charles Lorenzo. Une pseudo-littérature morbide », *Québec français*, n° 45, mars 1982, p. 80-81.

7277. Lorenzo, Charles, « Réponse à Michelle Langlois », *Québec français*, n° 46, mai 1982, p. 19.

LORINT, Florica

7278. *Langlais, Lise, «*Les Contes de Petit Nain* », *Lurelu*, vol. 2, n° 3, automne 1979, p. 10.

LORTIE, Alain [pseud. : Daniel Sernine]

7279. *Spehner, Norbert, [*Les Contes de l'ombre*], *Requiem*, vol. 5, n° 2, avril 1979, p. 14-15.

7280. *Jahjah, Maher, «*Les Contes de l'ombre* », *Pour ta belle gueule d'ahuri*, vol. 1, n° 2, [1979], p. 37.

7281. *Spehner, Norbert, « Trois Voyages dans l'imaginaire [*Les Contes de l'ombre*] », *Lettres québécoises*, n° 15, août-septembre 1979, p. 47-48.

7282. *Roberge, Hélène, «*Organisation Argus* », *Livres et auteurs québécois, 1979*, p. 264-265.

7283. Sernine, Daniel, « Écrire pour son plaisir », *Solaris*, vol. 6, n° 1, février 1980, p. 14-15.

7284. *[Anonyme], «*Légendes du vieux manoir* », *L'Atulu*, vol. 2, n° 3, mars 1980, p. 7.

7285. *Lortie, Alain et Luc Bernier, [*Organisation Argus*], *Solaris*, vol. 6, n° 2, avril 1980, p. 43.

7286. *Bellemare, Madeleine, «*Organisation Argus* », *Nos livres*, vol. 11, mai 1980, n° 177.

7287. *Lafrenière, Joseph, «*Organisation Argus* », *Vidéo-Presse*, vol. 10, n° 2, octobre 1980, p. 46-47.

7288. *Monette, Pierre, «*Le Trésor du scorpion* », *Livres et auteurs québécois, 1980*, p. 233.

7289. *Laurin, Michel, «*Le Trésor du scorpion* », *Nos livres*, vol. 12, mars 1981, n° 159.

7290. *Lamoureux, Michèle, «*Le Trésor du scorpion* », *Lurelu*, vol. 4, n° 4, hiver 1981, p. 9.

7291. *Janelle, Claude, « Science-Fiction et fantastique au Québec [*Le Vieil Homme et l'espace*] », *Solaris*, vol. 8, n° 1, janvier-février 1982, p. 10-11.

7292. *G[ouanvic], J[ean]-M[arc], «*Le Vieil Homme et l'espace* », *Imagine*, vol. 3, n° 3, printemps 1982, p. 75-77.

7293. *Dell'Olio, Vesna, [*Le Vieil Homme et l'espace*], *Offensives*, vol. 2, n° 2, avril-mai-juin-juillet 1982, p. 47.

7294. *Laurin, Michel, «*L'Épée Arhapal* », *Nos livres*, vol. 13, juin-juillet 1982, n° 303.

7295. *Moreau, Jean-Marie, «*Le Vieil Homme et l'espace* », *Nos livres*, vol. 13, juin-juillet 1982, n° 304.

7296. Bernard, Évelyne, « Spécificité nationale de la science-fiction », *Protée*, vol. 10, n° 2, été 1982, p. 70.

7297. *LAMOUREUX, Michèle, «L'Épée Arhapal», Lurelu, vol. 5, n° 2, automne 1982, p. 14.

7298. ROBIN, Marie-Jeanne, « Daniel Sernine », Lurelu, vol. 5, n° 2, automne 1982, p. 16-17.

7299. *GADBOIS, Vital, «Le Vieil Homme et l'espace», Québec français, n° 47, octobre 1982, p. 8.

7300. [ANONYME], « Daniel Sernine. Notes biobibliographiques », Solaris, vol. 8, n° 6, novembre-décembre 1982, p. 30.

7301. *LORD, Michel, « De l'aventure. Le Vieil Homme et l'espace », Lettres québécoises, n° 28, hiver 1982-1983, p. 37.

7302. *LAMOUREUX, Michèle, «La Cité inconnue», Lurelu, vol. 5, n° 3, hiver 1982, p. 14.

LORTIE-PAQUETTE, Michelyne

7303. *CHARTIER, Monique, «Moi, je suis moi», Nos livres, vol. 12, février 1981, n° 92.

7304. *LAURIN, Michel, «Des jouets cherchent des enfants», Nos livres, vol. 12, février 1981, n° 91.

7305. *LEDOUX, Michelyne, «Moi, je suis moi — Des jouets cherchent des enfants», Lurelu, vol. 4, n° 1-2, printemps-été 1981, p. 10.

LORY, Stéphane

7306. GUÉNETTE, Maryse, « Quatre Comédiennes qui se jouent [Le Poisson bleu] », Châtelaine, vol. 23, n° 7, juillet 1982, p. 84-86.

LOUIS, Salmador Michel

7307. *GUÈVREMONT, Lise, «Pour la germination des graines», Livres et auteurs québécois, 1982, p. 136.

LOUIS-SEIZE, Suzie

7308. *LAMOUREUX, Michèle, «Au pays des cubes-à-pattes», Lurelu, vol. 4, n° 4, hiver 1981, p. 10.

LOZEAU, Albert

7309. GOUIN, Jacques, « Littérature des pays d'en haut. Un épisode dans la vie de Michelle Le Normand (1911-1921) », Cahiers d'histoire des pays d'en haut, vol. 4, n° 14, juin 1982, p. 17-36.

LUSSIER, Doris

7310. *[ANONYME], «Le Père Gédéon, son histoire et ses histoires», L'Atulu, vol. 2, n° 5, mai 1980, p. 5.

7311. *CHARTIER, Monique, «Le Père Gédéon, son histoire et ses histoires», Nos livres, vol. 11, octobre 1980, n° 308.

7312. *LÉPINE, Ginette, «Le Père Gédéon, son histoire ses histoires», Livres et auteurs québécois, 1980, p. 300-303.

7313. *[ANONYME], «Viens faire l'humour», Reflets, vol. 4, n° 2, octobre 1982, p. 25.

LUSSIER, Marie-Christine

7314. *STANTON, Julie, «Mousse. Entre les laveuses et les sécheuses... la fantaisie et le rire !», La Gazette des femmes, vol. 2, n° 7, février 1981, p. 5.

7315. *DIONNE, André, « Le Théâtre qu'on joue : Mousse au Théâtre des Voyagements », Lettres québécoises, n° 21, printemps 1981, p. 34.

7316. CUSSON, Normand, [Mousse], Clin d'oeil, n° 12, septembre 1981, p. 16.

7317. *CAMERLAIN, Lorraine, «*Mousse* : 'leurre' humour », *La Vie en rose*, [vol. 2, n⁰ 4], décembre 1981-janvier-février 1982, p. 55.

MACCABÉE-IQBAL, Françoise

7318. *MELANÇON, Joseph, «*Hubert Aquin, romancier*», *University of Toronto Quarterly*, Vol. 48, No. 4, Summer 1979, p. 460-463.
7319. *VISWANATHAN, Jacqueline, [*Hubert Aquin, romancier*], *Canadian Literature*, No. 88, Spring 1981, p. 109-110.

MAC DUFF, Claude

7320. *[ANONYME], [*La Mort... de toutes façons*], *L'Atulu*, vol. 1, n⁰ 2, mars 1979, p. 5.
7321. *SPEHNER, Norbert, [*La Mort... de toutes façons*], *Requiem*, vol. 5, n⁰ 2, avril 1979, p. 16.
7322. *JAHJAH, Maher, «*La Mort... de toutes façons*», *Pour ta belle gueule d'ahuri*, vol. 1, n⁰ 2, [1979], p. 37.
7323. *MOREAU, Jean-Marie, «*1986. Mission fantastique*», *Nos livres*, vol. 11, novembre 1980, n⁰ 357.
7324. *GOUANVIC, Jean-Marc, « Les Machines infernales de Claude Mac Duff [*La Mort... de toutes façons — 1986. Mission fantastique*] », *Imagine*, vol. 2, n⁰ 3, mars 1981, p. 87-90.
7325. [ANONYME], « Questionnaire-interview avec l'auteur... Claude Mac Duff », *Infos*, n⁰ 3, printemps 1981, p. [18-20].
7326. *PETTIGREW, Jean, « Petit Journal trouvé dans l'ailleurs [*1986. Mission fantastique*] », *Imagine*, vol. 2, n⁰ 4, été 1981, p. 124-125.

MACKENZIE, Nadine

7327. *CANTIN, Léonce, «*Le Prix du silence*», *Québec français*, n⁰ 40, décembre 1980, p. 12.
7328. H[UDON], [Michèle], [*Le Prix du silence*], *Des livres et des jeunes*, vol. 3, n⁰ 9, printemps 1981, p. 34-35.
7329. *LE MANAC'H, Gaétane, «*Le Prix du silence*», *Lurelu*, vol. 4, n⁰ 1-2, printemps-été 1981, p. 12.
7330. *JOUBERT, Ingrid, « Trois Livres d'enfants [*Le Petit Dinosaure d'Alberta*] », *Bulletin du Centre d'études franco-canadiennes de l'Ouest*, n⁰ 9, octobre 1981, p. 20-23.

MAGE, Gaspard le [pseud. de Joseph-Charles Taché]

7331. LAMONTAGNE, Gilles, « Le Conte dans l'est du Québec. Éléments de bibliographie critique », *Revue d'histoire littéraire du Québec et du Canada français*, n⁰ 3, hiver-printemps 1982, p. 81-82.
7332. NADEAU, Jean-Guy, «Joseph-Charles Taché. Quelques Aspects de sa contribution à l'histoire littéraire du Québec», *Revue d'histoire littéraire du Québec et du Canada français*, n⁰ 3, hiver-printemps 1982, p. 88-100.
7333. *BELLEMARE, Madeleine, «*Forestiers et voyageurs*», *Nos livres*, vol. 13, juin-juillet 1982, n⁰ 308.

MAGNAN, Jean-Charles

7334. ALLAIRE-B[OIVIN], Émilia, « Jean-Charles Magnan », *Bulletin de la Société des écrivains canadiens*, vol. 10, n⁰ 1, juin 1979, p. 19.

MAGNIER, Claude-Jean [pseud. de Jean-Claude Germain]

7335. *DIONNE, André, « Le Théâtre qu'on joue : *Mamours et conjugat* », *Lettres québécoises*, n⁰ 13, février 1979, p. 31.

7336. [ANONYME], « L'Auteur : Jean-Claude Germain », *Théâtre/Le Trident*, n° 14, 1979, p. [2].

7337. *LE BLANC, Alonzo, «*Dédé Mesure*», *Jeu*, n° 12, été 1979, p. 189-191.

7338. *DIONNE, André, « Le Théâtre qu'on joue : *A Canadian Play/Une plaie canadienne* », *Lettres québécoises*, n° 15, août-septembre 1979, p. 31.

7339. FORSYTH, Louise [H.], « First Person Feminine Singular : Monologue of Women in Several Modern Québec Plays », *Canadian Drama/L'Art dramatique canadien*, Vol. 5, No. 2, Autumn 1979, p. 198-201.

7340. AUDET, Noël, « Un théâtre de coulisses », *Jeu*, n° 13, automne 1979, p. 82-91.

7341. BESSETTE, Émile, «*Le Pays théâtral*», *Jeu*, n° 13, automne 1979, p. 101-104.

7342. DAVID, Gilbert, « Productions Jean-Claude Germain (au Théâtre d') Aujourd'hui. Histoires et rêves », *Jeu*, n° 13, automne 1979, p. 5-6.

7343. DAVID, Gilbert et Francine NOËL, « Entretiens, 2 : un Théâtre d'Aujourd'hui », *Jeu*, n° 13, automne 1979, p. 32-57.

7344. LAVOIE, Pierre, « Biobibliographie », *Jeu*, n° 13, automne 1979, p. 105-141.

7345. MAILHOT, Laurent, « Jean-Claude Germain, critique », *Jeu*, n° 13, automne 1979, p. 92-100.

7346. *CHARTIER, Monique, «*L'École des rêves*», *Nos livres*, vol. 10, novembre 1979, n° 351.

7347. GERMAIN, Jean-Claude, « Montréal ! Montréal ! L'Étrange Métier d'écrivain montréalais », *Nous*, vol. 7, n° 7, décembre 1979, p. 31.

7348. [ANONYME], « Notre théâtre à l'étranger », *Lettres québécoises*, n° 16, hiver 1979-1980, p. 7.

7349. *LE BLANC, Alonzo, «*L'École des rêves*», *Livres et auteurs québécois, 1979*, p. 195-196.

7350. *LE BLANC, Alonzo, «*Mamours et conjugat*», *Livres et auteurs québécois, 1979*, p. 196-197.

7351. *BOURASSA, André-G[illes], «*L'École des rêves*», *Jeu*, n° 14, [1er trimestre] 1980, p. 175-176.

7352. *ANDRÈS, Bernard, « Théâtre d'hier et d'aujourd'hui [*Les Nuits de l'Indiva*] », *Spirale*, n° 7, mars 1980, p. 1, 4.

7353. *ROBERT, Lucie, «*L'École des rêves — Mamours et conjugat*», *Québec français*, n° 38, mai 1980, p. 13.

7354. *CÔTÉ, Claire, «*L'École des rêves*», *Le Bulletin Pantoute*, n° 2, juin-juillet-août 1980, p. 22.

7355. [ANONYME], « Quebec : When Suffering Was Real », *Canadian Theatre Review*, No. 27, Summer 1980, p. 118-120.

7356. *DIONNE, André, « Le Théâtre qu'on joue : *Les Nuits de l'Indiva* au Théâtre d'Aujourd'hui », *Lettres québécoises*, n° 18, été 1980, p. 35.

7357. *GIRARD, Gilles, [*Mamours et conjugat — L'École des rêves*], *University of Toronto Quarterly*, Vol. 49, No. 4, Summer 1980, p. 379-380.

7358. NOËL, Francine, « Plaidoyer pour mon image », *Jeu*, n° 16, [3e trimestre] 1980, p. 40-41.

7359. *FORSYTH, Louise [H.], [Three Moments in Quebec Theatre History : *Les Faux Brillants* by Félix-Gabriel Marchand and by Jean-Claude Germain], *Association for Canadian Theatre History/Association d'histoire du théâtre au Canada*, Vol. 4, No. 1, September 1980, p. 12-13.

7360. ANDRÈS, Bernard, Yves Lacroix et Lorraine HÉBERT, «*Moman. Itinéraire pour une moman*, entretien-montage avec Louisette Dussault », *Jeu*, n° 17, [4e trimestre] 1980, p. 87-90.

7361. ANDRÈS, Bernard et Yves LACROIX, « Jean-Claude Germain, au Théâtre d'Aujourd'hui [Entretien] », *Voix et images*, vol. 6, n° 2, hiver 1981, p. 169-187.

7362. GERMAIN, Jean-Claude et Roseline VAILLANCOURT, « Bibliographie », *Voix et images*, vol. 6, n° 2, hiver 1981, p. 189-204.

7363. GOBIN, Pierre [B.], « La Sottie démultipliée », *Voix et images*, vol. 6, n° 2, hiver 1981, p. 205-220.

7364. VIGEANT, Louise, «*Les Hauts et les bas d'la vie d'une diva*. Exercice de lecture sémiologique », *Voix et images*, vol. 6, n° 2, hiver 1981, p. 221-233.

7365. FORSYTH, Louise [H.], « Three Moments in Quebec Theatre History : *Les Faux Brillants* by Félix-Gabriel Marchand and by Jean-Claude Germain », *Theatre History in Canada/ Histoire du théâtre au Canada*, Vol. 2, No. 1, Spring 1981, p. 3-18.

7366. FRANCOEUR, Louis, « Théâtre, culture et sémiotique », *Études littéraires*, vol. 14, n° 1, avril 1981, p. 173-178.

7367. *DIONNE, André, « Le Théâtre qu'on joue : *Le Sot d'Ostie* », *Lettres québécoises*, n° 24, hiver 1981-1982, p. 44.

7368. GERMAIN, Jean-Claude, « Le Couché, le debout et le francophone », *Le Pays théâtral*, vol. 6, n° 1, saison 1982-1983, p. [1-4].

7369. *DUMAS, Hélène et René GINGRAS, « Carrefour-Festival du théâtre d'amateurs ou le Vrai Théâtre vs la vraie vie [*Diguidi, diguidi, ha ! ha ! ha !*] », *Jeu*, n° 24, 3e trimestre 1982, p. 38-39.

7370. USMIANI, Renate, « The Playwright as Historiographer : New Views of the Past in Contemporary Quebecois Drama », *Canadian Drama/L'Art dramatique canadien*, Vol. 8, No. 2, [Fall] 1982, p. 118-127.

MAHEU, Gilles

7371. *LAPLANTE, Benoît, «*L'Homme rouge* », *Jeu*, n° 24, 3e trimestre 1982, p. 107-109.

MAHEU, Pierre

7372. B., A., « Pierre Maheu », *Lettres québécoises*, n° 16, hiver 1979-1980, p. 9.

7373. CHAMBERLAND, Paul, « Accomplir le monde », *Spirale*, n° 9, mai 1980, p. 16.

MAHEUX-FORCIER, Louise

7374. *OUELLETTE-MICHALSKA, Madeleine, [*Appassionata*], *Châtelaine*, vol. 20, n° 1, janvier 1979, p. 6.

7375. *POULIN, Gabrielle, « Des 'filles du feu' aux 'chimères' », *Lettres québécoises*, n° 13, février 1979, p. 7-9.

7376. *[ANONYME], [*Appassionata*], *L'Atulu*, vol. 1, n° 2, mars 1979, p. 1.

7377. *DORION, Gilles, «*Appassionata* », *Québec français*, n° 33, mars 1979, p. 8.

7378. ROUSSEAU, Normand, « La Poétique de l'espace dans *Une forêt pour Zoé* », *Journal of Canadian Fiction*, No. 25-26, 1979, p. 212-226.

7379. COUILLARD, Marie, « La Femme et le sacré dans quelques romans québécois contemporains », *Revue de l'Université d'Ottawa/University of Ottawa Quarterly*, vol. 50, n° 1, janvier-mars 1980, p. 74-81.

7380. COLLET, Paulette, « Les Romancières québécoises des années 60 face à la maternité », *Atlantis*, Vol. 5, No. 2, Spring 1980, p. 131-141.

7381. CHOUL, Jean-Claude et Michel de SMET, [*Amadou*], *Voix et images*, vol. 6, n° 1, automne 1980, p. 134-136.

7382. *DORION, Gilles, «*En toutes lettres* », *Québec français*, n° 40, décembre 1980, p. 14.

7383. *DORION, Gilles, «*En toutes lettres* », *Livres et auteurs québécois, 1980*, p. 48-50.

7384. *ALONZO, Anne-Marie, [*En toutes lettres*], *La Gazette des femmes*, vol. 2, n° 7, février 1981, p. 4.

7385. VERDUYN, Christl, « Looking Back to Lot's Wife », *Atlantis*, Vol. 6, No. 2, Spring 1981, p. 44-45.

7386. *OUELLETTE-MICHALSKA, Madeleine, « Voyageries intérieures [*En toutes lettres*] », *Châtelaine*, vol. 22, n° 4, avril 1981, p. 32.

7387. *MARCOTTE, Gilles, « Trois Femmes à prendre aux mots [*En toutes lettres*] », *L'Actualité*, vol. 6, n° 7, juillet 1981, p. 64.

7388. *COSSETTE, Gilles, « Tranches de vie, tranches de néant. Le Conte et la nouvelle au Québec en 1981 [*En toutes lettres*] », *Lettres québécoises*, n° 23, automne 1981, p. 28-29.

7389. *Dorion, Hélène, «*Arioso* suivi de *Le Papier d'Arménie* », *Livres et auteurs québécois, 1981*, p. 180-181.

7390. Jutras, Jeanne d'Arc, « Lettre ouverte à Madame Louise Maheux-Forcier, auteure d'*Arioso* », *Le Berdache*, n⁰ 28, mars 1982, p. 13.

7391. *Bellemare, Madeleine, «*Arioso* suivi de *Le Papier d'Arménie* », *Nos livres*, vol. 13, avril 1982, n⁰ 175.

7392. *Cantin, Léonce, «*Arioso* », *Québec français*, n⁰ 46, mai 1982, p. 11.

7393. *Girard, Gilles, [*Arioso* suivi de *Le Papier d'Arménie*], *University of Toronto Quarterly*, Vol. 51, No. 4, Summer 1982, p. 388.

7394. Noël, Lise, «*Arioso* ou le Scandale qui n'a pas eu lieu », *Liberté*, vol. 24, n⁰ 4, juillet-août 1982, p. 84-87.

7395. *[Anonyme], «*Arioso* », *L'Écrilu*, vol. 2, n⁰ 3, novembre 1982, p. 7.

7396. *Dorion, Hélène, «*Un parc en automne* », *Livres et auteurs québécois, 1982*, p. 174-175.

MAILHOT, Laurent

7397. *Thério, Adrien, « Un homme venu du dix-neuvième. Arthur Buies [*Anthologie d'Arthur Buies*] », *Lettres québécoises*, n⁰ 13, février 1979, p. 67-68.

7398. *[Anonyme], «*Anthologie d'Arthur Buies* », *Le Québec en bref*, vol. 13, n⁰ 2-3, février-mars 1979, p. 19.

7399. *Aubin, Anne-Marie, « Reflet de dix ans d'activités théâtrales au Québec [*Théâtre québécois*, t. 2 : *Nouveaux Auteurs, autres spectacles*] », *Trajectoires*, n⁰ 7, 1er mars-1er avril 1980, p. 14-15.

7400. *Russell, D.W., «*Théâtre québécois*, t. 2 : *Nouveaux Auteurs, autres spectacles* », *Canadian Drama/L'Art dramatique canadien*, Vol. 6, No. 2, Fall 1980, p. 324-326.

7401. *Gobin, Pierre [B.], «*Théâtre québécois*, t. 2 : *Nouveaux Auteurs, autres spectacles* », *Jeu*, n⁰ 17, [4e trimestre] 1980, p. 123-124.

7402. *Robert, Lucie, «*Théâtre québécois*, t. 2 : *Nouveaux Auteurs, autres spectacles* », *Québec français*, n⁰ 39, octobre 1980, p. 12.

7403. *Bellemare, Madeleine, «*Le Québec en textes, 1940-1980* », *Nos livres*, vol. 11, novembre 1980, n⁰ 325.

7404. *Guay, Jacques, «*Le Québec en textes, [1940-1980]* », *Le Bulletin Pantoute*, n⁰ 4, décembre 1980-janvier-février 1981, p. 10.

7405. *Lord, Michel, «*Théâtre québécois*, t. 2 : [*Nouveaux Auteurs, autres spectacles*] », *Lettres québécoises*, n⁰ 20, hiver 1980-1981, p. 40-41.

7406. *Le Blanc, Alonzo, «*Monologues québécois, 1890-1980* », *Livres et auteurs québécois, 1980*, p. 168-170.

7407. *Robert, Lucie, «*Théâtre québécois*, t. 2 : [*Nouveaux Auteurs, autres spectacles*] », *Livres et auteurs québécois, 1980*, p. 194-197.

7408. *Bourassa, André-G[illes], «*Théâtre québécois*, t. 2 : *Nouveaux Auteurs, autres spectacles* », *Revue d'histoire littéraire du Québec et du Canada français*, n⁰ 2, 1980-1981, p. 162-165.

7409. *Boivin, Aurélien, «*Monologues québécois, 1890-1980* », *Québec français*, n⁰ 41, mars 1981, p. 18.

7410. *Weiss, Jonathan M., «*Théâtre québécois*, t. 2 : [*Nouveaux Auteurs, autres spectacles*] », *Canadian Literature*, No. 88, Spring 1981, p. 119-121.

7411. *Bourassa, André-G[illes], « Les Ruptures du temps. [...] *Monologues québécois* », *Lettres québécoises*, n⁰ 21, printemps 1981, p. 32-33.

7412. *Beaulne, Guy, «*Théâtre québécois*, t. 2 : *Nouveaux Auteurs, autres spectacles* », *Theatre History in Canada/Histoire du théâtre au Canada*, Vol. 2, No. 1, Spring 1981, p. 59-63.

7413. *G[ermain], J[ean]-C[laude], « Monologue or not Monologue [*Monologues québécois, 1890-1980*] », *Le Pays théâtral*, vol. 5, n⁰ 2, saison 1981-1982, p. [2].

7414. Mailhot, Laurent, « À propos de *Monologues québécois, 1890-1980* », *Lettres québécoises*, n⁰ 22, été 1981, p. 10.

7415. *DOUCETTE, L[éonard] E., [*Théâtre québécois*, t. 2 : *Nouveaux Auteurs, autres spectacles*], *University of Toronto Quarterly*, Vol. 50, No. 4, Summer 1981, p. 182-183.

7416. *GIRARD, Gilles, [*Monologues québécois, 1890-1980*], *University of Toronto Quarterly*, Vol. 50, No. 4, Summer 1981, p. 68-70.

7417. *GIRARD, Gilles, [*Théâtre québécois*, t. 2 : *Nouveaux Auteurs, autres spectacles*], *University of Toronto Quarterly*, Vol. 50, No. 4, Summer 1981, p. 74-75.

7418. *SAVARD, Pierre, «*Le Québec en textes, 1940-1980*», *Revue d'histoire de l'Amérique française*, vol. 35, n⁰ 2, septembre 1981, p. 273-274.

7419. *BLAIS, Jacques, «*La Poésie québécoise, des origines à nos jours*», *Lettres québécoises*, n⁰ 23, automne 1981, p. 42-44.

7420. *HESBOIS, Laure, «*Monologues québécois, 1890-1980*», *Voix et images*, vol. 7, n⁰ 1, automne 1981, p. 189-190.

7421. *CHAMBERLAND, Roger et André GAULIN, «*La Poésie québécoise, des origines à nos jours*», *Québec français*, n⁰ 43, octobre 1981, p. 18.

7422. *G[OUIN], J[acques], «*Monologues québécois, 1890-1980*», *Cahiers d'histoire des pays d'en haut*, vol. 3, n⁰ 12, novembre 1981, p. 51.

7423. *MÉLANÇON, Robert, [*La Poésie québécoise, des origines à nos jours*], *Liberté*, vol. 23, n⁰ 6, novembre-décembre 1981, p. 95-101.

7424. *[ANONYME], «*La Poésie québécoise, des origines à nos jours*», *Réseau*, vol. 13, n⁰ 3, novembre 1981, p. 27.

7425. *LA BOSSIÈRE, Camille-R., «*Monologues québécois, 1890-1980*», *Canadian Literature*, No. 91, Winter 1981, p. 167-169.

7426. *OUELLET, Réal, « L'Entreprise anthologique [*La Poésie québécoise, des origines à nos jours*] », *Lettres québécoises*, n⁰ 24, hiver 1981-1982, p. 77-79.

7427. *OUELLET, Réal, « L'Entreprise anthologique [*Le Québec en textes, 1940-1980*] », *Lettres québécoises*, n⁰ 24, hiver 1981-1982, p. 77-79.

7428. *LAROCHE, Pierre-Yvan, « Une anthologie indispensable [*La Poésie québécoise, des origines à nos jours*] », *Vie des arts*, vol. 26, n⁰ 105, hiver 1981-1982, p. 82-83.

7429. *GIROUX, Robert, «*La Poésie québécoise, des origines à nos jours*», *Livres et auteurs québécois, 1981*, p. 87-88.

7430. *BESSETTE, Émile, «*Monologues québécois, 1890-1980*», *Jeu*, n⁰ 22, 1er trimestre 1982, p. 134-135.

7431. *FISETTE, Jean, « '...Les Objets du trésor...'[*La Poésie québécoise, des origines à nos jours*] », *Voix et images*, vol. 7, n⁰ 2, hiver 1982, p. 413-416.

7432. *GIGUÈRE, Richard, «*La Poésie québécoise, des origines à nos jours*», *Estuaire*, n⁰ 23, printemps 1982, p. 113-116.

7433. [ANONYME], « Prix France-Canada », *Lettres québécoises*, n⁰ 25, printemps 1982, p. 17.

7434. *McEWEN, Barbara, «*Monologues québécois, 1890-1980*», *Theatre History in Canada/ Histoire du théâtre au Canada*, Vol. 3, No. 1, Spring 1982, p. 86-89.

7435. [ANONYME], « Prix France-Canada 1981 », *Bulletin de la Société de philosophie du Québec*, vol. 8, n⁰ 1, avril 1982, p. 6.

7436. *BELLEMARE, Madeleine, «*Guide culturel du Québec*», *Nos livres*, vol. 13, mai 1982, n⁰ 201.

7437. *[ANONYME], «*Guide culturel du Québec*», *Universités*, vol. 3, n⁰ 2, mai-juillet 1982, p. 56.

7438. *LEBEL, Maurice, «*Le Québec en textes, 1940-1980*», *Canadian Literature*, No. 93, Summer 1982, p. 135-136.

7439. *SHEK, Ben-Z[ion], [*La Poésie québécoise, des origines à nos jours*], *University of Toronto Quarterly*, Vol. 51, No. 4, Summer 1982, p. 478-480.

7440. *LEFEBVRE, Paul, «*Guide culturel du Québec*», *Jeu*, n⁰ 24, 3e trimestre 1982, p. 132-134.

7441. [ANONYME], « Prix France-Canada 1981 », *Écriture française dans le monde*, vol. 4, n⁰ 1, août 1982, p. 64-65.

7442. *GAULIN, André, «*Guide culturel du Québec*», *Livres et auteurs québécois, 1982*, p. 285-287.

MAILLET, Andrée

7443. COLLET, Paulette, « Les Romancières québécoises des années 60 face à la maternité », *Atlantis*, Vol. 5, No. 2, Spring 1980, p. 131-141.
7444. VERDUYN, Christl, « Looking Back to Lot's Wife », *Atlantis*, Vol. 6, No. 2, Spring 1981, p. 41-42.

MAILLET, Antonine

7445. *MITCHAM, Allison, «*Les Cordes-de-bois* », *Canadian Fiction Magazine*, No. 30-31, 1979, p. 217-220.
7446. *RIÈSE, Laure, «*Gapi* », *Canadian Theatre Review*, No. 21, Winter 1979, p. 142-143.
7447. *DIONNE, André, « Le Théâtre qu'on joue : *Emmanuel à Joseph à Dâvit* », *Lettres québécoises*, n° 13, février 1979, p. 31-32.
7448. *SUTHERLAND, Ronald, « Acadian Tribute : *Les Cordes-de-bois* », *Canadian Literature*, No. 80, Spring 1979, p. 76-78.
7449. *GIRARD, Gilles, [*Le Bourgeois Gentleman*], *University of Toronto Quarterly*, Vol. 48, No. 4, Summer 1979, p. 377.
7450. *GODARD, Barbara, «*La Sagouine* », *Quill and Quire*, Vol. 45, No. 8, July 1979, p. 47-48.
7451. *PAGÉ, Raymond, [*Les Cordes-de-bois*], *Chelsea Journal*, Vol. 5, No. 5, September-October 1979, p. 234.
7452. GODARD[-THOMPSON], Barbara, « The Tale of a Narrative : Antonine Maillet's *Don l'Orignal* », *Atlantis*, Vol. 5, No. 1, Autumn 1979, p. 51-69.
7453. FORSYTH, Louise [H.], « First Person Feminine Singular : Monologue by Women in Several Modern Quebec Plays », *Canadian Drama/L'Art dramatique canadien*, Vol. 5, No. 2, Autumn 1979, p. 189-203, 190-192.
7454. GODIN, Jean-Cléo, « L'Évangéline selon Antonine », *Si que*, n° 4, automne 1979, p. 23-46.
7455. RUNTE, Hans R., « Nécrologie de la Sagouine », *Si que*, n° 4, automne 1979, p. 57-63.
7456. *[ANONYME], [*Pélagie-la-Charrette*], *L'Atulu*, vol. 1, n° 7, novembre 1979, p. 9.
7457. *BELLEMARE, Madeleine, «*Pélagie-la-Charrette* », *Nos livres*, vol. 10, novembre 1979, n° 355.
7458. BELLEMARE, Madeleine, « Notre choix : *Pélagie-la-Charrette* d'Antonine Maillet », *Nos livres*, vol. 10, novembre 1979, [s.p.].
7459. *[ANONYME], «*Pélagie-la-Charrette* », *Quill and Quire*, Vol. 45, No. 13, November 1979, p. 3.
7460. *ROY, Jean-Philippe, « Des symboles et des hommes [*Pélagie-la-Charrette*] », *Trajectoires*, n° 5, 20 novembre-20 décembre 1979, p. 5-6.
7461. *[ANONYME], « Antonine Maillet, Prix Goncourt », *Québec Hebdo*, vol. 1, n° 41, 26 novembre 1979, p. 2.
7462. *GODBOUT, Jacques, [*Pélagie-la-Charrette*], *L'Actualité*, vol. 4, n° 12, décembre 1979, p. 94.
7463. GINGRAS, Pierre, [*Pélagie-la-Charrette*], *Informag*, vol. 1, n° 2, décembre 1979, p. 27.
7464. *CZARNECKI, Mark, « Forward to Fame — on her Knees [*La Sagouine*] », *Maclean's*, Vol. 92, No. 49, December 1979, p. 48b-48d.
7465. *BELLEMARE, Madeleine, «*On a mangé la dune* », *Nos livres*, vol. 10, décembre 1979, n° 416.
7466. *TALBOT, Émile-J., «*Pélagie-la-Charrette* », *Quill and Quire*, Vol. 45, No. 14, December 1979, p. 29-30.
7467. *CORRIVEAU, Hugues, «*Pélagie-la-Charrette*. La Pélagie d'un peuple », *Spirale*, n° 4, décembre 1979, p. 1, 12.
7468. *RUNTE, Hans R., «*Pélagie-la-Charrette* », *Dalhousie Review*, Vol. 59, No. 4, Winter 1979-1980, p. 764-765.
7469. *VANASSE, André, « Un jupon dans les ridelles. Antonine Maillet, *Pélagie-la-Charrette* », *Lettres québécoises*, n° 16, hiver 1979-1980, p. 13-15.
7470. *GODIN, Jean-Cléo, «*Pélagie-la-Charrette* », *Livres et auteurs québécois, 1979*, p. 59-63.

7471. ALLEN, Patrick, « À Antonine Maillet, le prix Goncourt 1979 », *L'Action nationale*, vol. 69, n° 5, janvier 1980, p. 409-410.

7472. *CORMIER, Gilles, [*Pélagie-la-Charrette*], *Le Bulletin des agriculteurs*, vol. 63, janvier 1980, p. 105.

7473. *OUELLETTE-MICHALSKA, Madeleine, [*Pélagie-la-Charrette*], *Châtelaine*, vol. 21, n° 1, janvier 1980, p. 6.

7474. *LAPIERRE, René, [*Pélagie-la-Charrette*], *Liberté*, vol. 22, n° 1, janvier-février 1980, p. 91-94.

7475. W[ALKER], S[usan], « Maillet Wins Prix Goncourt », *Quill and Quire*, Vol. 46, No. 1, January 1980, p. 1, 13.

7476. *CATANOY, Nicholas, [*Pélagie-la-Charrette*], *Waves*, Vol. 8, No. 2, Winter 1980, p. 83.

7477. [ANONYME], « Antonine Maillet. Un succès sans précédent », *Québec Hebdo*, vol. 2, n° 3, 28 janvier 1980, p. 4.

7478. [ANONYME], [Antonine Maillet, Prix Goncourt], *The Canadian Reader*, Vol. 21, No. 2, [February] 1980, p. [13-14].

7479. SHEK, Ben-Z[ion], « Antonine Maillet and the Prix Goncourt », *The Canadian Modern Language Review/La Revue canadienne des langues vivantes*, Vol. 36, No. 3, March 1980, p. [392]-396.

7480. *ARSENEAU, Rose-Marie, « Voyage au pays de mon Arcadie perdue [*Pélagie-la-Charrette*] », *L'Écritoire*, vol. 2, n° 2, mars 1980, p. 48-49.

7481. *MOUFFE, [*Pélagie-la-Charrette*], *Nous*, vol. 7, n° 9, mars 1980, p. 31.

7482. *BOUVIER, Luc, «*Pélagie-la-Charrette*», *Parallèles et convergences*, n° 3, mars 1980, p. 91-95.

7483. ÉMOND, Maurice, «*Pélagie-la-Charrette*», *Québec français*, n° 37, mars 1980, p. 8.

7484. *BELLEMARE, Madeleine, [*Pélagie-la-Charrette*], *Reflets*, vol. 1, n° 7, mars 1980, p. 30.

7485. *MÉLANÇON, Robert, [*Pélagie-la-Charrette*], *Spirale*, n° 7, mars 1980, p. 12.

7486. *KAHAN, Marcy, « Salt-Caked Irrepressible [*La Sagouine*] », *Books in Canada*, Vol. 9, No. 4, April 1980, p. 13-14.

7487. *MAY, Cedric, « Acadie adieu. Antonine Maillet, *Pélagie-la-Charrette* », *Bulletin of Canadian Studies*, Vol. 4, No. 1, April 1980, p. 75-83.

7488. PRÉVOS, André, «*Pélagie-la-Charrette*, prix Goncourt », *Journal of Canadian Fiction*, No. 28-29, 1980, p. 204-206.

7489. *GOSSELIN, Paul-É., « Mieux qu'Évangéline [*Pélagie-la-Charrette*] », *Vie française*, vol. 34, n° 4-5-6, avril-mai-juin 1980, p. 60-61.

7490. MAILLET, Antonine, « Un mot de l'auteur [à propos de *la Sagouine*] », *Prélude*, vol. 2, n° 5, mai-juin 1980, p. 3.

7491. *REID, Malcolm, « Carting Home the History of Acadia », *Saturday Night*, Vol. 95, No. 4, May 1980, p. 23-27.

7492. *CZARNECKI, Mark, « A Prophet in Her Own Country — Acadia [*Pélagie-la-Charrette*] », *Maclean's*, Vol. 93, No. 18, May 5, 1980, p. 58-62.

7493. [ANONYME], « L'Oeuvre d'Antonine Maillet à l'écran [*Pélagie-la-Charrette*] », *Québec Hebdo*, vol. 2, n° 22, 9 juin 1980, p. 3.

7494. *[ANONYME], « Antonine Maillet et Rabelais [*Rabelais et les traditions populaires en Acadie*] », *Québec Hebdo*, vol. 2, n° 23, 16 juin 1980, p. 4.

7495. *HAYNE, David M., «*La Veuve enragée*», *Canadian Literature*, No. 85, Summer 1980, p. 129.

7496. *GAUVIN, Lise, [*Pélagie-la-Charrette*], *University of Toronto Quarterly*, Vol. 49, No. 4, Summer 1980, p. 340-341.

7497. *O'CONNOR, John J., [*La Sagouine — The Tale of Don l'Orignal*], *University of Toronto Quarterly*, Vol. 49, No. 4, Summer 1980, p. 391-392.

7498. *VANHEE-NELSON, Louise, «*The Tale of Don l'Orignal*», *Room of One's Own*, Vol. 5, No. 3, 1980, p. 74-76.

7499. CZARNECKI, Mark, « Players in a One-Man Band [*La Sagouine*] », *Maclean's*, Vol. 93, No. 32, August 11, 1980, p. 52.

7500. *DAVIES, Gillian, «*La Sagouine*», *Brick*, No. 10, Fall 1980, p. 23-24.

7501. SMITH, Donald, « L'Acadie, pays de la ruse et du conte. Entrevue avec Antonine Maillet », *Lettres québécoises*, n⁰ 19, automne 1980, p. 44-53.

7502. [ANONYME], « Médaille Lorne Pierce », *Proceedings of the Royal Society of Canada/ Délibérations de la Société royale du Canada*, Fourth Series, Vol. 18, 1980, p. 26.

7503. DAVIES, Gillian, «*La Sagouine*», *Brick*, No. 12, Spring 1981, p. 70-71.

7504. SMITH, Donald, « Maillet & the Prix Goncourt », *Canadian Literature*, No. 88, Spring 1981, p. 157-161.

7505. *RUNTE, Hans R., «*Cent Ans dans les bois*», *Dalhousie Review*, Vol. 61, No. 3, Autumn 1981, p. 583-584.

7506. *GUÉRETTE, Charlotte, [*Christophe Cartier de la Noisette, dit Nounours*], *Des livres et des jeunes*, vol. 4, n⁰ 10, automne 1981, p. 32.

7507. *DIONNE, André, « Le Théâtre qu'on joue : *La Contrebandière* », *Lettres québécoises*, n⁰ 23, automne 1981, p. 41.

7508. *CANTIN, Léonce, «*La Contrebandière*», *Québec français*, n⁰ 43, octobre 1981, p. 13.

7509. [ANONYME], « Antonine Maillet à la Bibliothèque de Québec », *L'Atulu*, vol. 3, n⁰ 9 [sic], novembre-décembre 1981, p. 1.

7510. *JANOËL, André, «*La Contrebandière*», *Nos livres*, vol. 12, novembre 1981, n⁰ 447.

7511. *MARCOTTE, Gilles, « Un Nounours d'Acadie [*Christophe Cartier de la Noisette, dit Nounours*] », *L'Actualité*, vol. 6, n⁰ 12, décembre 1981, p. 138.

7512. [ANONYME], « Le Message d'Antonine Maillet », *Écriture française dans le monde*, vol. 3, n⁰ 2-3, décembre 1981, p. 35.

7513. CRECELIUS, Kathryn J., « L'Histoire et son double dans *Pélagie-la-Charrette* », *Studies in Canadian Literature*, Vol. 6, No. 1 [sic], Winter 1981, p. 211-220.

7514. *BÉRUBÉ, Georges-L., «*La Contrebandière*», *Livres et auteurs québécois, 1981*, p. 183-185.

7515. *GODIN, Jean-Cléo, «*Cent Ans dans les bois*», *Livres et auteurs québécois, 1981*, p. 62-65.

7516. *LAMARRE, André, «*Christophe Cartier de la Noisette, dit Nounours*», *Livres et auteurs québécois, 1981*, p. 248.

7517. *LAPOINTE, Gilles, «*La Contrebandière*», *Jeu*, n⁰ 22, 1er trimestre 1982, p. 146-148.

7518. *MARCOTTE, Gilles, « Maillet et Beaulieu, deux auteurs au long cours [*Cent Ans dans les bois*] », *L'Actualité*, vol. 7, n⁰ 3, mars 1982, p. 95.

7519. *OUELLETTE-MICHALSKA, Madeleine, « Toutes les amours s'écrivent [*Cent Ans dans les bois*] », *Châtelaine*, vol. 23, n⁰ 3, mars 1982, p. 14.

7520. *HOSKINS, Cathleen, « The Fall Tales of a Heartside Saga. *Pélagie : The Return to a Homeland* », *Maclean's*, Vol. 95, No. 9, March 1, 1982, p. 57.

7521. *LORD, Michel, «*Cent Ans dans les bois*», *Québec français*, n⁰ 45, mars 1982, p. 10.

7522. *COOK, Ramsay, « Acadian Odyssey : *Pélagie* », *Saturday Night*, Vol. 97, No. 3, March 1982, p. 54-56.

7523. *CORRIVEAU, Hugues, « De Goncourt en Goncourt [*Cent Ans dans les bois*] », *Spirale*, n⁰ 23, mars 1982, p. 14.

7524. *G[UÉRETTE], C[harlotte], [*Christophe Cartier de la Noisette, dit Nounours*], *Des livres et des jeunes*, vol. 4, n⁰ 11, printemps 1982, p. 32.

7525. LORD, Michel, « La Saga de la parole. *Cent Ans dans les bois* », *Lettres québécoises*, n⁰ 25, printemps 1982, p. 27-29.

7526. *GUINDON, Ginette, «*Christophe Cartier de la Noisette, dit Nounours*», *Lurelu*, vol. 5, n⁰ 1, printemps-été 1982, p. 14.

7527. *BOLDUC, Yves, «*Pélagie-la-Charrette*», *Si que*, n⁰ 5, printemps 1982, p. 152-153.

7528. *BELLEMARE, Madeleine, «*Christophe Cartier de la Noisette, dit Nounours*», *Nos livres*, vol. 13, avril 1982, n⁰ 176.

7529. *CLARK, Matthew, «*Pélagie : The Return to a Homeland*», *Quill and Quire*, Vol. 48, No. 4, April 1982, p. 28.

7530. SLOPEN, Beverley, « The Literary Oscar... Is the Affair of Fawcett Major ? », *Quill and Quire*, Vol. 48, No. 4, April 1982, p. 21.

7531. COWAN, Doris, « Antonine Maillet Charts the Long Journey That Transformed the Acadians from a People in Exile into a Cultural Asset [Interview] », *Books in Canada*, Vol. 11, No. 5, May 1982, p. 24-26.

7532. *KAHAN, Marcy, « The Gift of the Gab. Antonine Maillet's Acadian Odyssey Is a Triumph of Story-Telling, an Affirmation, above All, of the Vitality and Signifiance of the Spoken Word [*Pélagie : The Return to a Homeland*] », *Books in Canada*, Vol. 11, No. 5, May 1982, p. 17, 20.

7533. *NOWLAN, Michael O., [*Pélagie : The Return to a Homeland*], *The Atlantic Advocate*, Vol. 72, No. 10, June 1982, p. 58.

7534. *GIRARD, Gilles, [*La Contrebandière*], *University of Toronto Quarterly*, Vol. 51, No. 4, Summer 1982, p. 388.

7535. *MICHON, Jacques, [*Cent Ans dans les bois*], *University of Toronto Quarterly*, Vol. 51, No. 4, Summer 1982, p. 334-336.

7536. *CZARNECKI, Mark, « Entertaining the Two Solitudes [*La Joyeuse Criée — La Sagouine*] », *Maclean's*, Vol. 95, No. 30, July 26, 1982, p. 54.

7537. TASCHEREAU, Yves, « L'Année Maillet », *Châtelaine*, vol. 23, nº 9, septembre 1982, p. 16.

7538. *GERSON, Mark, [*La Joyeuse Criée — La Sagouine*], *Performing Arts in Canada*, Vol. 19, No. 3, Fall 1982, p. 36-37.

7539. BEAULIEU, Janick, «*Gapi* [Le Film] », *Séquences*, nº 110, octobre 1982, p. 18.

7540. *KRÖLLER, Eva-Marie, «*Cent Ans dans les bois*», *Canadian Literature*, No. 95, Winter 1982, p. 173-174.

7541. *RIPLEY, John, «*La Contrebandière*», *Canadian Literature*, No. 95, Winter 1982, p. 137-139.

7542. *CHARETTE, Christiane et Ginette GUINDON, [*Christophe Cartier de la Noisette, dit Nounours*], *Lurelu*, vol. 5, nº 3, hiver 1982, p. 21.

MAILLET, Marguerite

7543. *DIONNE, René, « Une anthologie de la littérature acadienne [*Anthologie de textes littéraires acadiens, 1606-1975*] », *Relations*, vol. 39, nº 450, août 1979, p. 220-222.

7544. *GAULIN, André, «*Anthologie de textes littéraires acadiens, 1606-1975* », *Québec français*, nº 35, octobre 1979, p. 13.

7545. *TH[ÉRIO], A[drien], «*Anthologie de textes littéraires acadiens, 1606-1975*», *Lettres québécoises*, nº 16, hiver 1979-1980, p. 74.

7546. *GÉRIN, Pierre-M., «*Anthologie de textes littéraires acadiens, 1606-1975* », *Livres et auteurs québécois, 1979*, p. 229-230.

7547. COSSETTE, Gilles, «*Anthologie de textes littéraires acadiens* de Marguerite Maillet, Gérard LeBlanc et Bernard Émont », *Lettres québécoises*, nº 17, printemps 1980, p. 67-68.

7548. *A[LLARD], J[acques], [*Anthologie de textes littéraires acadiens, 1606-1975*], *Voix et images*, vol. 5, nº 3, printemps 1980, p. 621.

MAISONNEUVE, Jean-Pierre

7549. *TRUDEL, Jeannot, «*Allo la terre ! Allo la terre !* », *Liaison*, nº 19, décembre 1981-janvier 1982, p. 19, 21.

MAJOR, André

7550. POULIN, Gabrielle, « Aux confins des 'deux royaumes' », *Lettres québécoises*, nº 15, août-septembre 1979, p. 35-37.

7551. *RUSSELL, D.W., « Recent Quebec Books in Translation : André Major, *The Scarecrows of Saint-Emmanuel*», *Journal of Canadian Studies/Revue d'études canadiennes*, Vol. 14, No. 3, Autumn 1979, p. 142-144.

7552. POULIN, Gabrielle, « Pour saluer la réédition de *l'Épouvantail* d'André Major », *Lettres québécoises*, nº 18, été 1980, p. 79-80.

7553. *BELLEMARE, Madeleine, «*L'Épouvantail*», *Nos livres*, vol. 11, octobre 1980, n⁰ 310.

7554. *BEDDOES, Julie, « Punishment Without Crime [*Inspector Therrien*] », *Books in Canada*, Vol. 10, No. 1, January 1981, p. 13.

7555. PELLETIER, Jacques, « André Major et langagement. Les *Histoires de déserteurs* (1970-1976) », *Canadian Literature*, No. 88, Spring 1981, p. 61-70.

7556. *PETERMAN, Michael A., «*The Scarecrows of Saint-Emmanuel*», *Canadian Literature*, No. 88, Spring 1981, p. 100-102.

7557. MICHON, Jacques, « Fonctions et historicité des formes romanesques », *Études littéraires*, vol. 14, n⁰ 1, avril 1981, p. 66, 73.

7558. *BELLEMARE, Madeleine, «*L'Épidémie. Histoires de déserteurs, 2* », *Nos livres*, vol. 12, avril 1981, n⁰ 203.

7559. BOIVIN, Aurélien, « Bibliographie », *Québec français*, n⁰ 42, mai 1981, p. 54.

7560. BOIVIN, Aurélien, « Biographie », *Québec français*, n⁰ 42, mai 1981, p. 54.

7561. CANTIN, Léonce et André GAULIN, « Entrevue avec André Major », *Québec français*, n⁰ 42, mai 1981, p. 43-47.

7562. DUBÉ, Cécile, « Lire *le Vent du diable* et son auteur, André Major », *Québec français*, n⁰ 42, mai 1981, p. 50-51.

7563. RICARD, François, « André Major ou l'Extase prosaïque », *Québec français*, n⁰ 42, mai 1981, p. 48-49.

7564. *O'CONNOR, John J., [*Inspector Therrien*], *University of Toronto Quarterly*, Vol. 50, No. 4, Summer 1981, p. 84-85.

7565. *[ANONYME], «*La Folle d'Elvis*», *Québec Hebdo*, vol. 3, n⁰ 41, 26 octobre 1981, p. 4.

7566. *MARCOTTE, Gilles, « La Très Humble Voix de la misère et de l'espoir [*La Folle d'Elvis*] », *L'Actualité*, vol. 6, n⁰ 12, décembre 1981, p. 140.

7567. *BELLEMARE, Madeleine, «*Les Rescapés. Histoires de déserteurs, 3* », *Nos livres*, vol. 12, décembre 1981, n⁰ 506.

7568. *CANTIN, Léonce, «*La Folle d'Elvis*», *Québec français*, n⁰ 44, décembre 1981, p. 13.

7569. *CANTIN, Léonce, «*La Folle d'Elvis*», *Livres et auteurs québécois*, *1981*, p. 65-67.

7570. *B[EAUDOIN], R[éjean], [*La Folle d'Elvis*], *Liberté*, vol. 24, n⁰ 1, janvier-février 1982, p. 121.

7571. *FERRON, Jacques, « Above the Urban Jungle [*La Folle d'Elvis*] », *Books in Canada*, Vol. 11, No. 2, February 1982, p. 15.

7572. *LARUE, Monique, « Le Travail de la représentation [*La Folle d'Elvis*] », *Spirale*, [n⁰ 22], février 1982, p. 10, 2.

7573. COSSETTE, Gilles, «*La Folle d'Elvis*», *Lettres québécoises*, n⁰ 25, printemps 1982, p. 30-31.

7574. SMART, Patricia, « Culture, Revolution and Politics in Quebec », *The Canadian Forum*, Vol. 62, No. 718, May 1982, p. 7-10.

7575. *MÉLANÇON, Robert, «*La Folle d'Elvis*», *Liberté*, vol. 24, n⁰ 4, juillet-août 1982, p. 80-82.

7576. *[ANONYME], «*La Folle d'Elvis*», *Moebius*, n⁰ 15, automne 1982, p. [69].

7577. [ANONYME], « Finalistes du Grand Prix littéraire du *Journal de Montréal* », *Lettres québécoises*, n⁰ 28, hiver 1982-1983, p. 12.

7578. *COSSETTE, Gilles, «*Fuites et poursuites*», *Lettres québécoises*, n⁰ 28, hiver 1982-1983, p. 32-33.

MAJOR, Henriette

7579. *CHARTIER, Monique, «*Une fleur m'a dit* », *Nos livres*, vol. 10, août-septembre 1979, n⁰ 285.

7580. *CHARTIER, Monique, «*Élise et l'oncle riche* », *Nos livres*, vol. 10, août-septembre 1979, n⁰ 286.

7581. *CHARETTE, Christiane, «*Une fleur m'a dit* », *Lurelu*, vol. 2, n⁰ 3, automne 1979, p. 9.

7582. *LEDOUX, Danielle, «*Kapuk — Les 5 Frères — Doudou les assiettes* », *Lurelu*, vol. 2, n⁰ 3, automne 1979, p. 10.

7583. *C[ATALANO], P[ierre], [*Élise et l'oncle riche*], *Des livres et des jeunes*, vol. 2, n⁰ 4, novembre 1979, p. 32.

7584. *CHARBONNEAU, Hélène, «*Élise et l'oncle riche*», *Lurelu*, vol. 2, n° 4, hiver 1979, p. 10.

7585. *HUDON, Michèle, «*Élise et l'oncle riche*», *Livres et auteurs québécois, 1979*, p. 260-261.

7586. *CLAUDE, Pierre, [*Élise et l'oncle riche*], *Vidéo-Presse*, vol. 9, n° 5, janvier 1980, p. 49.

7587. *BOUDREAU, Solange, [*Les Contes de l'arc-en-ciel*], *Des livres et des jeunes*, vol. 2, n° 6, juin 1980, p. 36.

7588. ROBIN, Marie-Jeanne, « Rencontre avec Henriette Major », *Lurelu*, vol. 3, n° 2, été 1980, p. 14-15.

7589. *LAMARRE, André, [*Le Crayon magique — Madeleine la vilaine*], *Livres et auteurs québécois, 1980*, p. 230.

7590. *R[OCHON], E[sther], «*Contes de nulle part et d'ailleurs*», *Imagine*, vol. 2, n° 3, mars 1981, p. 52.

7591. *COUTU, Danielle, «*Le Crayon magique — Madeleine la vilaine*», *Lurelu*, vol. 4, n° 1-2, printemps-été 1981, p. 13.

7592. *LAURIN, Michel, «*J'aime lire*, n° 48 : 'La Motoneige rouge'», *Nos livres*, vol. 12, avril 1981, n° 205.

7593. *PERSAUD, Micheline, « Co-éditions dépassant le cadre canadien [*J'étais enfant en Nouvelle-France*] », *Canadian Children's Literature*, No. 23-24, [3rd and 4th Trimesters] 1981, p. 92.

7594. *MALTAIS, André, «*J'étais enfant en Nouvelle-France*», *Lurelu*, vol. 4, n° 4, hiver 1981, p. 14.

7595. *LAMARRE, André, «*J'étais enfant en Nouvelle-France*», *Livres et auteurs québécois, 1981*, p. 246-247.

7596. *LAMOTHE, Jacques, «*François d'Assise*», *Livres et auteurs québécois, 1981*, p. 250-251.

7597. *CHARTIER, Monique, «*J'étais enfant en Nouvelle-France*», *Nos livres*, vol. 13, janvier 1982, n° 35.

7598. *BOUCHER, Ginette, «*François d'Assise*», *Lurelu*, vol. 5, n° 1, printemps-été 1982, p. 12.

7599. *GRÉGOIRE, Madeleine, «*L'Ogre de Niagara*», *Lurelu*, vol. 5, n° 1, printemps-été 1982, p. 10.

7600. *D[OSTALER], H[enriette], [*François d'Assise*], *Des livres et des jeunes*, vol. 4, n° 12, été 1982, p. 45.

7601. *LAURIN, Michel, «*Les Boucaniers d'eau douce*», *Nos livres*, vol. 13, octobre 1982, n° 395.

7602. *LAURIN, Michel, «*Les Boucaniers et le vagabond*», *Nos livres*, vol. 13, octobre 1982, n° 396.

7603. *LAURIN, Michel, «*Les Découvertes des boucaniers*», *Nos livres*, vol. 13, octobre 1982, n° 397.

7604. *LE BRUN, Claire, « La SF aux éditions Héritage. Trois Auteures pour jeunes [*La Ville fabuleuse*] », *Imagine*, vol. 4, n° 2, hiver 1982, p. 91.

7605. *RUEL, Ginette, «*La Fanfare*», *Lurelu*, vol. 5, n° 3, hiver 1982, p. 10.

7606. *AUBIN, Denis, «*La Ville fabuleuse*», *Livres et auteurs québécois, 1982*, p. 230-231.

MAJOR, Jean-Louis

7607. *BONENFANT, Joseph, « La Poésie. Trois Lectures autrement dites de Hugues Corriveau, Pierre-Hervé Lemieux et Jean-Louis Major [*Paul-Marie Lapointe : la Nuit incendiée*] », *Lettres québécoises*, n° 13, février 1979, p. 40-42.

7608. *BELLEMARE, Madeleine, «*Radiguet, Cocteau, 'Les Jours en feu'*», *Nos livres*, vol. 10, mars 1979, n° 110.

7609. *BROCHU, André, «*Paul-Marie Lapointe : la Nuit incendiée*, de Jean-Louis Major », *Voix et images*, vol. 4, n° 3, avril 1979, p. 547-549.

7610. *BAYARD, Caroline, «*La Nuit incendiée*», *University of Toronto Quarterly*, Vol. 48, No. 4, Summer 1979, p. 465-467.

7611. *[ANONYME], «*Paul-Marie Lapointe : la Nuit incendiée*», *Éducation Québec*, vol. 10, n° 2, octobre 1979, p. 35.

7612. *SMITH, André, «*Le Jeu en étoile*», *Livres et auteurs québécois, 1979*, p. 230-232.

MAJOR, Robert

7613. *MICHON, Jacques, « Le *Parti pris* de Robert Major [*Parti pris. Idéologies et littérature*] », *Lettres québécoises*, n° 16, hiver 1979-1980, p. 39-40.
7614. *ROY, Max, «*Parti pris. Idéologies et littérature*», *Livres et auteurs québécois, 1979*, p. 232-235.
7615. *LEFEBVRE, Gordon, « L'Héritage de Parti pris [*Parti pris. Idéologies et littérature*] », *Spirale*, n° 5, janvier 1980, p. 12.
7616. *[ANONYME], [*Parti pris. Idéologies et littérature*], *Voix et images*, vol. 5, n° 2, hiver 1980, p. 422.
7617. [ANONYME], « Prix littéraire France-Québec Jean-Hamelin », *Union des écrivains québécois*, vol. 1, n° 2, 15 février 1980, p. [4].
7618. *ARGUIN, Maurice, «*Parti pris. Idéologies et littérature*», *Québec français*, n° 38, mai 1980, p. 14.
7619. [ANONYME], « Prix littéraires France-Québec et France-Acadie [*Parti pris. Idéologies et littérature*] », *Québec Hebdo*, vol. 2, n° 22, 9 juin 1980, p. 3.
7620. *SHEK, Ben-Z[ion], [*Parti pris. Idéologies et littérature*], *University of Toronto Quarterly*, Vol. 49, No. 4, Summer 1980, p. 465-468.
7621. [ANONYME], « Prix France-Québec Jean-Hamelin », *Lettres québécoises*, n° 19, automne 1980, p. 9.
7622. *VILLENEUVE, Lucie, [*Parti pris. Idéologies et littérature*], *Canadian Journal of Political Science/Revue canadienne de science politique*, Vol. 13, No. 4, December 1980, p. 798-800.
7623. *HUTCHISON, Linda, «*Parti pris. Idéologies et littérature*», *Canadian Literature*, No. 87, Winter 1980, p. 148-150.
7624. [ANONYME], [Prix littéraire France-Québec Jean-Hamelin], *Écriture française dans le monde*, vol. 3, n° 1, mai 1981, p. 97.

MALENFANT, Paul-Chanel

7625. *DE BELLEFEUILLE, Normand, «*Le Mot à mot*», *Livres et auteurs québécois, 1982*, p. 126-128.

MALLET, Marilú

7626. [ANONYME], [Biographie, filmographie], *Copie Zéro*, n° 6, 2e trimestre 1980, p. 54.
7627. *CHASSÉ, Dominique, «*Les Compagnons de l'horloge-pointeuse*», *Livres et auteurs québécois, 1981*, p. 67-68.
7628. COSSETTE, Gilles, «*Les Compagnons de l'horloge-pointeuse*», *Lettres québécoises*, n° 25, printemps 1982, p. 33-34.
7629. *C[ACCIA], F[ulvio], «*Les Compagnons de l'horloge-pointeuse*», *Moebius*, n° 14, printemps 1982, p. 56.
7630. *GODBOUT, Jacques, [*Les Compagnons de l'horloge-pointeuse*], *L'Actualité*, vol. 7, n° 4, avril 1982, p. 119.
7631. *MARCHAND, Daniel, [*Les Compagnons de l'horloge-pointeuse*], *Offensives*, vol. 2, n° 2, avril-mai-juin-juillet 1982, p. 44.
7632. *M[ÉLANÇON], R[obert], «*Les Compagnons de l'horloge-pointeuse*», *Liberté*, vol. 24, n° 4, juillet-août 1982, p. 95-96.
7633. [ANONYME], « Viva Mexico ! », *Littérature du Québec*, n° 2, [2e semestre] 1982, p. 5.
7634. *D'ALFONSO, Antonio, «*Les Compagnons de l'horloge-pointeuse*», *Nos livres*, vol. 13, octobre 1982, n° 398.

MANIE-TOBIE [pseud. de Marie-Thérèse Goulet-Courchaine]

7635. *LAPRÉS, Raymond, [*Manie-Tobie, femme du Manitoba*], *Nos livres*, vol. 11, mars 1980, n° 88.

MARCEL, Jean [pseud. de Jean-Marcel Paquette]

7636. *DORION, Gilles, «*Le Québec par ses textes littéraires (1534-1976)*», *Québec français*, nº 35, octobre 1979, p. 13-14.

7637. *BERTHIAUME, Pierre, [*Le Québec par ses textes littéraires, (1534-1976)*], *Recherches sociographiques*, vol. 21, nº 1-2, janvier-août 1980, p. 210-212.

7638. *BROSSARD, Luce, [*Le Québec par ses textes littéraires, (1534-1976)*], *Vie pédagogique*, nº 6, février 1980, p. 31.

7639. *A[LLARD], J[acques], [*Le Québec par ses textes littéraires, (1534-1976)*], *Voix et images*, vol. 5, nº 3, printemps 1980, p. 621.

7640. *CHARTIER, Monique, «*Le Québec par ses textes littéraires, (1534-1976)*», *Nos livres*, vol. 11, octobre 1980, nº 307.

7641. *CAMERLAIN, Lorraine, «*Le Québec par ses textes littéraires, (1534-1976)*», *Livres et auteurs québécois, 1980*, p. 201-202.

7642. *TOUSIGNANT, Claude, «*Le Joual de Troie*», *Livres et auteurs québécois, 1982*, p. 215-216.

MARCHAND, Alain-Bernard

7643. *YERGEAU, Robert, «*Entre l'oeil et l'espace. Le Geste et le cri*», *Livres et auteurs québécois, 1982*, p. 128-129.

MARCHAND, Clément

7644. GIROUX, Robert, « Notion et/ou fonctions de la littérature (québécoise nationale) au xxᵉ siècle », *Voix et images*, vol. 5, nº 1, automne 1979, p. 93-96.

MARCHAND, Félix-Gabriel

7645. *FORSYTH, Louise [H.], [Three Moments in Quebec Theatre History : *Les Faux Brillants* by Félix-Gabriel Marchand and by Jean-Claude Germain], *Association for Canadian Theatre History/Association d'histoire du théâtre au Canada*, Vol. 4, No. 1, September 1980, p. 12-13.

7646. FORSYTH, Louise [H.], « Three Moments in Quebec Theatre History : *Les Faux Brillants* by Félix-Gabriel Marchand and by Jean-Claude Germain », *Theatre History in Canada/ Histoire du théâtre au Canada*, Vol. 2, No. 1, Spring 1981, p. 3-18.

MARCHAND, Jacques

7647. MICHON, Jacques, « Gauvreau, le dernier poète maudit [*Claude Gauvreau, poète et mythocrate*] », *Lettres québécoises*, nº 15, août-septembre 1979, p. 44-46.

7648. *LEFEBVRE, Paul, «*Claude Gauvreau, poète et mythocrate*», *Jeu*, nº 13, automne 1979, p. 151-153.

7649. *FISETTE, Jean, « Le Troublant Gauvreau. *Claude Gauvreau, poète et mythocrate* », *Voix et images*, vol. 5, nº 1, automne 1979, p. 205-207.

7650. *GAULIN, André, «*Claude Gauvreau, poète et mythocrate*», *Québec français*, nº 35, octobre 1979, p. 14.

7651. *THÉORET, France, «*Claude Gauvreau, poète et mythocrate*», *Livres et auteurs québécois, 1979*, p. 235-237.

MARCHAND, Micheline

7652. *MARCHILDON, Daniel, « La souche repousse [*La Relève*] », *Liaison*, nº 24, octobre-novembre 1982, p. 41.

MARCHESSAULT, Jovette

7653. FEMAN ORENSTEIN, Gloria, « The Telluric Woman of Jovette Marchessault », *Fireweed*, No. 5-6, Winter 1979-1980, p. 164.

7654. [ANONYME], « Notre théâtre à l'étranger », *Lettres québécoises*, n° 16, hiver 1979-1980, p. 7.

7655. *OUELLETTE-MICHALSKA, Madeleine, [*La Mère des herbes*], *Châtelaine*, vol. 21, n° 5, mai 1980, p. 8.

7656. *THÉORET, France, « Un livre impatient [*La Mère des herbes*] », *Spirale*, n° 10, juin 1980, p. 1, 6.

7657. *ALONZO, Anne-Marie, «*La Mère des herbes* », *La Gazette des femmes*, vol. 2, n° 3, juillet-août 1980, p. 4.

7658. MARCHESSAULT, Jovette, « Il m'est encore impossible de chanter, mais j'écris », *Jeu*, n° 16, [3e trimestre] 1980, p. 207-210.

7659. CHAREST, Luc, « Le Lesbianisme de Jovette Marchessault : 'écrire son existence hors de la culture de la mort' », *Le Berdache*, n° 14, octobre 1980, p. 28-30.

7660. KLEIN, Jean-Claude et Pierre BOILEAU, « Entendre ma naissance [Entrevue] », *Le Berdache*, n° 14, octobre 1980, p. [18]-23.

7661. *J., C., [*Triptyque lesbien*], *Le Temps fou*, n° 12, décembre 1980-janvier-février 1981, p. 61.

7662. COSSETTE, Gilles, «*La Mère des herbes* de Jovette Marchessault », *Lettres québécoises*, n° 20, hiver 1980-1981, p. 18-20.

7663. *DIONNE, André, «*Triptyque lesbien* », *Livres et auteurs québécois, 1980*, p. 51-52.

7664. *L'HÉRAULT, Pierre, «*La Mère des herbes* », *Livres et auteurs québécois, 1980*, p. 50-51.

7665. *R[OCHON], E[sther], [*La Mère des herbes*], *Imagine*, vol. 2, n° 3, mars 1981, p. 59-60.

7666. ROSENFELD, Marthe, « Textes lesbiens. Langage et vision utopique des nouvelles écrivaines du Québec », *Le Berdache*, n° 19, avril 1981, p. 40-44.

7667. *CUSSON, Normand, «*La Saga des poules mouillées* », *Clin d'oeil*, n° 8, mai 1981, p. 107.

7668. STANTON, Julie, « Pour Jovette Marchessault, ç'a été : 'Tu crées ou tu crèves' », *Châtelaine*, vol. 22, n° 6, juin 1981, p. 110-120.

7669. *DUMONT, Martine, « Une filiation d'écriture [*La Saga des poules mouillées*] », *Spirale*, [n° 20], juin 1981, p. 19.

7670. THÉORET, France, « Répercuter les premiers mots. Interview avec Jovette Marchessault », *Spirale*, [n° 20], juin 1981, p. 18.

7671. *V[ALLIÈRES], C[arole], «*La Saga des poules mouillées* », *Le Temps fou*, n° 15, juin-juillet-août 1981, p. 63.

7672. *MAROIS, Thérèse, « Mythes féministes. *La Saga des poules mouillées* au TNM », *Jeu*, n° 20, 3e trimestre 1981, p. 52-56.

7673. KING, Deirdre, « Domination and Resistance : Women Playwrights in Québec », *The Canadian Forum*, Vol. 61, No. 712, September-October 1981, p. 44.

7674. *STANTON, Julie, «*La Saga des poules mouillées* », *La Gazette des femmes*, vol. 3, n° 3, septembre 1981, p. 4.

7675. BOURASSA, André-G[illes], « Le Théâtre qu'on publie : poules d'eau et vaches de nuit [*La Saga des poules mouillées — Tryptiques lesbiens*] », *Lettres québécoises*, n° 23, automne 1981, p. 37-38.

7676. *DIONNE, André, « Le Théâtre qu'on joue : *La Saga des poules mouillées* », *Lettres québécoises*, n° 23, automne 1981, p. 39.

7677. *DE GROSBOIS, Robert, «*La terre est trop courte, Violette Leduc* de Jovette Marchessault », *Le Berdache*, n° 25, novembre 1981, p. 53.

7678. LAFLÈCHE, Sylvie et MARIE-MICHÈLE, « La Parole et l'image. J. Marchessault lesbienne féministe radicale, écrivain, peintre et sculpteur », *Le Berdache*, n° 26, décembre 1981, p. 48-50.

7679. *MARIE-MICHÈLE, « On brûle toujours les sorcières, Violette Leduc ! [*La terre est trop courte, Violette Leduc*] », *Le Berdache*, n° 26, décembre 1981, p. 50-52.

7680. QUESNEL, Pierre, « Violette, Hermine, Simone et les autres [*La terre est trop courte, Violette Leduc*] », *Le Berdache*, n° 26, décembre 1981, p. 52-53.

7681. PELLETIER, Francine, « La terre s'allonge, Violette Leduc », *La Vie en rose*, [vol. 2, n° 4], décembre 1981-janvier-février 1982, p. 45-47.

7682. *FRÉMONT, Gabrielle, «*La Saga des poules mouillées* », *Livres et auteurs québécois, 1981*, p. 185-187.

7683. BASTIN, Agnès, « Jovette Marchessault », *Grimoire*, vol. 5, n° 1, janvier 1982, p. 12-13.

7684. MARIE-MICHÈLE et Sylvie LAFLÈCHE, « Jovette Marchessault, déterreuse de l'hystoire [*sic*] des femmes », *Le Berdache*, n° 28, mars 1982, p. 28-29é.

7685. *DIONNE, André, « Le Théâtre qu'on joue : Les Faiseuses d'anges », *Lettres québécoises*, n° 25, printemps 1982, p. 50.

7686. ESCOMEL, Gloria, « Jovette Marchessault. Interview », *Féminin pluriel*, vol. 2, n° 2, avril 1982, p. 32-33.

7687. *HOGUE[-LEBEUF], Jacqueline, «*La Saga des poules mouillées* », *Nos livres*, vol. 13, juin-juillet 1982, n° 285.

7688. *BOURASSA, André-G[illes], [*La Saga des poules mouillées — La terre est trop courte, Violette Leduc*], *Lettres québécoises*, n° 26, été 1982, p. 47.

7689. *GIRARD, Gilles, [*La Saga des poules mouillées*], *University of Toronto Quarterly*, Vol. 51, No. 4, Summer 1982, p. 387-388.

7690. *MICHAUD, Ginette, «*La terre est trop courte, Violette Leduc* », *Jeu*, n° 24, 3ᵉ trimestre 1982, p. 124-125.

7691. SMITH, Donald, « Jovette Marchessault. De la femme tellurique à la démythification sociale », *Lettres québécoises*, n° 27, automne 1982, p. [52]-58.

7692. *CROFT[-MERCIER], Esther, «*La terre est trop courte, Violette Leduc* », *Québec français*, n° 47, octobre 1982, p. 11.

7693. MARCHESSAULT, Jovette, « Pourquoi j'écris », *Québec français*, n° 47, octobre 1982, p. 33.

7694. *P[ELLETIER], F[rancine], «*Lettre de Californie* », *La Vie en rose*, novembre-décembre 1982, p. 69.

7695. *LEWIS, Jocelyne, «*Lettre de Californie* », *Nos livres*, vol. 13, décembre 1982, n° 475.

7696. *FRÉMONT, Gabrielle, «*La terre est trop courte, Violette Leduc* », *Livres et auteurs québécois, 1982*, p. 175-177.

MARCOTTE, Gilles

7697. SMITH, Donald, « Gilles Marcotte, René Dionne et Gabrielle Poulin, trois auteurs de l'*Anthologie de la littérature québécoise* », *Lettres québécoises*, n° 15, août-septembre 1979, p. 51-57.

7698. *CORMIER, Gilles, [*Anthologie de la littérature québécoise, t. 3 : Vaisseau d'or et croix du chemin, 1895-1935*], *Le Bulletin des agriculteurs*, vol. 62, décembre 1979, p. 76.

7699. [ANONYME], « Le Prix de *la Presse* », *Québec Hebdo*, vol. 1, n° 42, 3 décembre 1979, p. 4.

7700. *GIROUX, Robert, «*Anthologie de la littérature québécoise, t. 3 : Vaisseau d'or et croix du chemin, 1895-1935* », *Livres et auteurs québécois, 1979*, p. 237-241.

7701. [ANONYME], [Le Prix de *la Presse*], *Grimoire*, vol. 3, n° 1, janvier 1980, p. 3.

7702. *[ANONYME], [*Anthologie de la littérature québécoise, t. 3 : Vaisseau d'or et croix du chemin, 1895-1935*], *Voix et images*, vol. 5, n° 2, hiver 1980, p. 421.

7703. [ANONYME], « Le Prix littéraire de *la Presse* », *Lettres québécoises*, n° 17, printemps 1980, p. 7.

7704. LEBEL, Maurice, «*Anthologie de la littérature québécoise* », *L'Action nationale*, vol. 69, n° 8, avril 1980, p. 645-650.

7705. HOPKINS, Thomas, [Governor General's Literary Award], *Maclean's*, Vol. 93, No. 20, May 19, 1980, p. 61.

7706. ATALA, Charles, [Parti pris], *Libre Magazine*, n° 5, juin 1980, p. 32.

7707. BONENFANT, Joseph, « Gilles Marcotte ou la Pensée critique de l'inachèvement », *Voix et images*, vol. 6, n° 1, automne 1980, p. 51-61.

7708. BROCHU, André, « Gilles Marcotte, critique et romancier [Entrevue] », *Voix et images*, vol. 6, no 1, automne 1980, p. 5-34.

7709. PELLETIER, Louise, « Bibliographie. Gilles Marcotte, 1955-1979 », *Voix et images*, vol. 6, no 1, automne 1980, p. 35-49.

7710. *GODBOUT, Jacques, «*La Littérature et le reste* », *L'Actualité*, vol. 5, no 10, octobre 1980, p. 110.

7711. *CHARTIER, Monique, «*Anthologie de la littérature québécoise, t. 3 : Vaisseau d'or et croix du chemin, 1895-1935* », *Nos livres*, vol. 11, octobre 1980, no 311.

7712. *CHABOT, Marc, «*La Littérature et le reste* », *Le Bulletin Pantoute*, no 4, décembre 1980-janvier-février 1981, p. 9.

7713. POULIN, Gabrielle, « Mais où sont les lettres d'antan. *La Littérature et le reste* d'André Brochu/Gilles Marcotte », *Lettres québécoises*, no 20, hiver 1980-1981, p. 81-83.

7714. *LAFON[-WEISS], Dominique, «*La Littérature et le reste* », *Livres et auteurs québécois, 1980*, p. 183-186.

7715. *CALABRESE, Giovanni, « La Voie du dialogue [*La Littérature et le reste*] », *Spirale*, no 15, janvier 1981, p. 12.

7716. *A[LLARD], J[acques], «*La Littérature et le reste* », *Voix et images*, vol. 6, no 2, hiver 1981, p. 345.

7717. *ALMÉRAS, Diane, «*La Littérature et le reste* », *Relations*, vol. 41, no 468, mars 1981, p. 90-91.

7718. *MICHON, Jacques, [*La Littérature et le reste*], *University of Toronto Quarterly*, Vol. 50, No. 4, Summer 1981, p. 175-176.

7719. [ANONYME], « Prix Vincent. M. Gilles Marcotte », *Bulletin de l'ACFAS*, vol. 4, no 1, été 1982, p. 3.

MARICHETTE [pseud. de Émilie C. Leblanc]

7720. GÉRIN, Pierre et Pierre-M. GÉRIN, « Éléments de la morphologie d'un parler franco-acadien. Remarques sur la langue de Marichette », *Si que*, no 4, automne 1979, p. 79-110.

MARIE-VICTORIN, Frère [né Conrad Kirouac]

7721. GUÉDON, Jean-Claude, « Du bon usage de la vulgarisation. Le Cas de Marie-Victorin », *Questions de culture*, no 1, 4e trimestre 1981, p. [81]-111.

7722. *BÉLISLE, Jacques, «*Croquis laurentiens* », *Lettres québécoises*, no 27, automne 1982, p. 96-97.

7723. *MAISONNEUVE, Lise, « Les *Croquis laurentiens* », *Livres et auteurs québécois, 1982*, p. 65-66.

MARILINE [pseud. de Aline Séguin Le Guiller]

7724. *MARCHILDON, Daniel, « Le *Trente Arpents* de l'Ontario [*Le Flambeau sacré*] », *Liaison*, no 23, août-septembre 1982, p. 42-43.

7725. *RENAUD, Normand, [*Le Flambeau sacré*], *Livres et auteurs québécois, 1982*, p. 25.

7726. *DICKSON, Robert, [*Le Flambeau sacré*], *Revue du Nouvel Ontario*, no 4, 1982, p. 75.

MARINIER, Robert

7727. *LEGAULT, François et Lise GAGNÉ, «*La Tante* par Robert Marinier, critique sociale subtile », *Liaison*, no 14, février 1981, p. 40.

7728. *LAPRÉS, Raymond, «*La Tante* », *Nos livres*, vol. 12, décembre 1981, no 507.

7729. *DES RIVIÈRES, Marie-José, «*La Tante* », *Jeu*, no 22, 1er trimestre 1982, p. 148-149.

7730. *CARBONNEAU, Marc, « Du théâtre déguisé [*La Tante*] », *Liaison*, no 20, février-mars 1982, p. 26.

7731. BRUNET-LAMARCHE, Anita, « Prise de parole, 1972-1982. Auteurs et oeuvres. Biobibliographie », *Revue du Nouvel Ontario*, no 4, 1982, p. 34-35.

7732. *DICKSON, Robert, [*La Tante*], *Revue du Nouvel Ontario*, n° 4, 1982, p. 57-58.

MARION, Séraphin

7733. MARION, Séraphin, « Un octogénaire franco-ontarien se raconte », *Bulletin du Centre de recherche en civilisation canadienne-française*, n° 22, avril 1981, p. 21-29.
7734. [ANONYME], « À l'honneur », *Écriture française dans le monde*, vol. 3, n° 1, mai 1981, p. 97-98.
7735. *CHARTIER, Monique, «*Initiation littéraire* », *Nos livres*, vol. 13, avril 1982, n° 177.

MARMETTE, Joseph

7736. *HATHORN, Ramon, [*François de Bienville — La Fiancée du rebelle*], *Voix et images*, vol. 6, n° 1, automne 1980, p. 100-101.
7737. ROUSSEAU, Guildo, « La Mauricie et ses romanciers », *Revue d'histoire littéraire du Québec et du Canada français*, n° 3, hiver-printemps 1982, p. 49.

MAROIS, Serge

7738. *[ANONYME], «*Victoire de mon coeur* », *CEAD. Dramaturgies nouvelles*, vol. 3, n° 2, décembre 1981, p. 10.

MARTEAU, Robert

7739. *LAVALLÉE, Gérard, «*L'Oeil ouvert* », *Nos livres*, vol. 10, février 1979, n° 62.
7740. *AMPRIMOZ, Alexandre L., [*L'Oeil ouvert*], *Brick*, No. 7, Fall 1979, p. 52.
7741. *LEROUX, Georges, «*Ce qui vient* », *Livres et auteurs québécois, 1979*, p. 315-316.
7742. *AUDET, Noël, « Essais. D'une vision du monde à l'autre [*Ce qui vient*] », *Voix et images*, vol. 5, n° 3, printemps 1980, p. 591-592.
7743. *MARCOTTE, Gilles, « Trois Complaintes du mal de vivre... [*Ce qui vient*] », *L'Actualité*, vol. 5, n° 4, avril 1980, p. 94.
7744. *CHABOT, Marc, «*Ce qui vient* », *Le Bulletin Pantoute*, n° 1, avril 1980, p. 25-26.
7745. *CONWAY, Rosalind, « March on, mes enfants [*Pentecost*] », *Books in Canada*, Vol. 9, No. 6, June-July 1980, p. 9.
7746. *HAECK, Philippe, [*Ce qui vient*], *Spirale*, n° 10, juin 1980, p. 12.
7747. *MORITZ, Albert, « The Agony and the Ecstasy [*Atlante — The Agonized Life*] », *Books in Canada*, Vol. 10, No. 2, February 1981, p. 16-17.
7748. *O'CONNOR, John J., [*Treatise on White and Tincture — Atlante — Pentecost*], *University of Toronto Quarterly*, Vol. 50, No. 4, Summer 1981, p. 80-83.
7749. O'CONNOR, John J., [*Salamander : Selected Poems of Robert Marteau*], *University of Toronto Quarterly*, Vol. 50, No. 4, Summer 1981, p. 79-80.
7750. *D'ALFONSO, Antonio, «*Entre Temps* », *Nos livres*, vol. 12, décembre 1981, n° 508.
7751. *GODARD, Barbara, « Visionary [*Atlante — Traité du blanc et des teintures*] », *Brick*, No. 14, Winter 1982, p. 48-49.
7752. *MARCOTTE, Gilles, « Parlez-moi d'un mont... Royal ! [*Mont-Royal*] », *L'Actualité*, vol. 7, n° 2, février 1982, p. 85.
7753. *STUEWE, Paul, « An Austere Account of the Fall of Man Sete the Stage for Cries of Anti-Fascist Anguish, but There Is Still Room for Days of Greatness [*Treatise on White and Tincture*] », *Books in Canada*, Vol. 11, No. 3, March 1982, p. 22.
7754. *RUSSELL, D.W., «*Traité du blanc et des teintures/Treatise on White and Tincture — Atlante* », *Queen's Quarterly*, Vol. 89, No. 1, Spring 1982, p. 219-220.
7755. *PAVEL, Thomas, «*Mont-Royal* », *Lettres québécoises*, n° 26, été 1982, p. 89.

MARTEL, François

7756. *HAECK, Philippe, «*De la contradiction de deux étreintes*, furieusement jeune », *Spirale*, no 3, novembre 1979, p. 7.

7757. *NEPVEU, Pierre, « Du corps et de quelques poètes [*De la contradiction de deux étreintes*] », *Lettres québécoises*, no 16, hiver 1979-1980, p. 22-23.

7758. *ROUSSAN, Wanda de, «*De la contradiction de deux étreintes* », *Livres et auteurs québécois, 1979*, p. 143-144.

7759. *BEAUSOLEIL, Claude, [*De la contradiction de deux étreintes*], *La Nouvelle Barre du jour*, no 86, janvier 1980, p. 75-76.

7760. *GIGUÈRE, Richard, [*De la contradiction de deux étreintes*], *University of Toronto Quarterly*, Vol. 49, No. 4, Summer 1980, p. 362.

7761. *HAECK, Philippe, «*Le Jeu enthousiaste de ce qu'oublier peut concevoir* », *Livres et auteurs québécois, 1981*, p. 133-135.

7762. *D'ALFONSO, Antonio, «*Le Jeu enthousiaste de ce qu'oublier peut concevoir* », *Nos livres*, vol. 13, février 1982, no 74.

7763. *BAYARD, Caroline, [*Le Jeu enthousiaste de ce qu'oublier peut concevoir*], *University of Toronto Quarterly*, Vol. 51, No. 4, Summer 1982, p. 370.

MARTEL, Suzanne

7764. *WARREN, Louise, «*Titralak, cadet de l'espace* », *Lurelu*, vol. 2, no 1, printemps 1979, p. 14.

7765. *[ANONYME], [*À la découverte du Gotal*], *Québec Hebdo*, vol. 1, no 41, 26 novembre 1979, p. 4.

7766. FLAMAND, Jacques, « Le Conte aujourd'hui. En marge du Prix littéraire Air-Canada 1979 », *Écriture française*, vol. 1, no 2, 1979, p. 64-65.

7767. EVANS, Gwyneth, « 'Nothing Odd Ever Happens Here' : Landscape in Canadian Fantasy [*The City Underground*] », *Canadian Children's Literature*, No. 15-16, 1980, p. 15-30.

7768. MARTEL, Suzanne, « La Famille dans le mur », *Canadian Women's Studies/Les Cahiers de la femme*, Vol. 2, No. 1, 1980, p. 78-80.

7769. *[ANONYME], [*Premières Armes*], *Québec Hebdo*, vol. 2, no 2, 21 janvier 1980, p. 4.

7770. *JANOËL, André, «*Les Montcorbier, t. 2 : Premières Armes-1918* », *Nos livres*, vol. 11, février 1980, no 46.

7771. *JANOËL, André, «*Les Montcorbier, t. 1 : L'Apprentissage d'Arahé-1910* », *Nos livres*, vol. 11, février 1980, no 45.

7772. *CIMON, Renée, «*Titralak, cadet de l'espace* », *Nos livres*, vol. 11, avril 1980, no 149.

7773. *CIMON, Renée, «*Pi-oui* », *Nos livres*, vol. 11, avril 1980, no 148.

7774. *DOSTALER, Henriette, [*Pi-oui*], *Des livres et des jeunes*, vol. 2, no 6, juin 1980, p. 41.

7775. *GOULET-THIBAULT, Carole, [*Titralak, cadet de l'espace*], *Des livres et des jeunes*, vol. 2, no 6, juin 1980, p. 41.

7776. WARREN, Louise, « Des romans historiques », *Lurelu*, vol. 3, no 3, automne 1980, p. 13.

7777. *SMITH, Mary Ainslie, «*The King's Daughter* », *Books in Canada*, Vol. 9, No. 10, December 1980, p. 21.

7778. R[OY]-G[RÉGOIRE], C[onstance], [*Surréal 3000*], *Des livres et des jeunes*, vol. 3, no 8, hiver 1981, p. 46-47.

7779. *L., D., [*Nos amis robots*], *Des livres et des jeunes*, vol. 3, no 9, printemps 1981, p. 35.

7780. *[ANONYME], «*Nos amis robots* », *L'Atulu*, vol. 3, no 4, avril 1981, p. 14.

7781. *McGRATH, Joan, «*The King's Daughter* », *Quill and Quire*, Vol. 47, No. 4, April 1981, p. 34-35.

7782. *LAFORTUNE, Aline, «*Menfou Carcajou, 1 : Ville-Marie — 2 : La Baie du Nord* », *Nos livres*, vol. 12, mai 1981, no 240.

7783. *MOREAU, Jean-Marie, «*Nos amis les robots — Surréal 3000* », *Nos livres*, vol. 12, mai 1981, no 242.

7784. *H[ERBEUVAL], M[onique], «*Menfou Carcajou*», *Voix et images*, vol. 7, n⁰ 1, automne 1981, p. 204-205.

7785. *MITCHAM, Allison, «*Menfou Carcajou*, 1 : *Ville-Marie* — 2 : *La Baie du Nord*», *Canadian Literature*, No. 91, Winter 1981, p. 161-162.

7786. *GÉLINAS, Michèle, «*Nos amis robots*», *Lurelu*, vol. 4, n⁰ 4, hiver 1981, p. 13.

7787. *MACKAY, Claire, «*Peewee*», *Cross-Canada Writers' Quarterly*, Vol. 4, No. 2-3, [Spring-Summer] 1982, p. 47.

7788. TURBIDE, Diane, « Hughues, Martel Top Children's Writers », *Quill and Quire*, Vol. 48, No. 6, June 1982, p. 25.

7789. [ANONYME], « Prix de littérature de jeunesse du Conseil des arts du Canada », *Grimoire*, vol. 5, n⁰ 6, août-septembre 1982, p. 19.

7790. [ANONYME], « Prix du Conseil des arts du Canada », *Lurelu*, vol. 5, n⁰ 2, automne 1982, p. 23.

7791. *LE BRUN, Claire, « La SF aux éditions Héritage. Trois Auteures pour jeunes [*Surréal 3000* — *Titralak, cadet de l'espace* — *Nos amis robots*] », *Imagine*, vol. 4, n⁰ 2, hiver 1982, p. 89-90.

MARTIN, Claire [pseud. de Claire Montreuil-Faucher]

7792. [MACCABÉE-]IQBAL, Françoise et Gilles DORION, « Claire Martin. Une interview », *Canadian Literature*, No. 82, Autumn 1979, p. 59-77.

7793. COLLET, Paulette, « Les Romancières québécoises des années 60 face à la maternité », *Atlantis*, Vol. 5, No. 2, Spring 1980, p. 131-141.

7794. KAYE, Françoise, « Claire Martin ou le 'Je' aboli », *Incidences*, vol. 4, n⁰ 2-3, mai-décembre 1980, p. 49-58.

MARTIN, Danielle

7795. [ANONYME], [Danielle Martin], *Liaison*, n⁰ 4, février 1979, p. 10.

7796. *CHAMBERLAND, Roger, «*À perce-poche*», *Livres et auteurs québécois, 1979*, p. 144.

7797. MARTIN, Danielle, « Des poètes se prononcent », *Liaison*, vol. 3, n⁰ 13, décembre 1980, p. 20.

7798. CHARLEBOIS, Renée-Lyne, [Lettre à Louise T. Gallant], *Liaison*, n⁰ 14, février 1981, p. 7.

7799. *CROFT, Esther, «*Monologueries*», *Livres et auteurs québécois, 1982*, p. 177-178.

7800. BRUNET-LAMARCHE, Anita, « Prise de parole, 1972-1982. Auteurs et oeuvres. Biobibliographie », *Revue du Nouvel Ontario*, n⁰ 4, 1982, p. 35.

7801. *DICKSON, Robert, [*À perce-poche*], *Revue du Nouvel Ontario*, n⁰ 4, 1982, p. 72.

MARTIN, P.

7802. LAMONTAGNE, Gilles, « Le Conte dans l'est du Québec. Éléments de bibliographie critique », *Revue d'histoire littéraire du Québec et du Canada français*, n⁰ 3, hiver-printemps 1982, p. 83.

MARTIN, Réjean

7803. *[ANONYME], «*Les Brochettes au charcoal*», *CEAD. Dramaturgies nouvelles*, vol. 3, n⁰ 1, septembre 1981, p. 8.

MARTIN, Yves

7804. *CHARPENTIER, Gilles, «*Imaginaire social et représentations collectives*», *Livres et auteurs québécois, 1982*, p. 278-280.

MASSÉ, Carole [pseud. de Carole Hébert]

7805. *DAVID, Carole, «*Dieu*. La Mise en scène d'une histoire désuante », *Spirale*, nº 4, décembre 1979, p. 7.
7806. *LAROSE, Jean, «*Dieu* », *Livres et auteurs québécois, 1979*, p. 64-65.
7807. *GAUVIN, Lise, [*Dieu*], *University of Toronto Quarterly*, Vol. 49, No. 4, Summer 1980, p. 346.

MASSICOTTE, Édouard-Zotique

7808. WYCZYNSKI, Paul, « Louis-Joseph Béliveau », *Bulletin du Centre de recherche en civilisation canadienne-française*, nº 23, décembre 1981, p. 3.

MASSIE, Jeannette

7809. *LÉPINE, Stéphane, «*Les Amants d'hier. Roman d'amour* », *Nos livres*, vol. 13, octobre 1982, nº 400.

MASSON, Jean-Pierre

7810. *BÉLANGER, Ghislaine, «*Jean-Jean Dumuseau* », *Lurelu*, vol. 5, nº 3, hiver 1982, p. 11.
7811. *LECLAIR, Julie, «*Jean-Jean Dumuseau* », *Livres et auteurs québécois, 1982*, p. 231-232.

MATAGAN, Alcide [pseud. de Ubald Paquin]

7812. IMBERT, Patrick, «*Jules Faubert* d'Ubald Paquin et le roman populaire », *Lettres québécoises*, nº 17, printemps 1980, p. 44-45.

MATHIEU, André

7813. *[ANONYME], [*Complot*], *L'Atulu*, vol. 1, nº 3, avril 1979, p. 10.
7814. *BEAUDOIN, Léo, «*Complot* », *Nos livres*, vol. 10, août-septembre 1979, nº 264.
7815. *LAPRÉS, Raymond, «*Un amour éternel* », *Nos livres*, vol. 12, juin-juillet 1981, nº 297.
7816. MATHIEU, André, « André Mathieu et le double métier de romancier et d'éditeur », *Lettres québécoises*, nº 26, été 1982, p. 57-58.

MATHIEU-LORANGER, Francine [Francine Loranger]

7817. *BELLEMARE, Madeleine, «*La Vieille Armoire* », *Nos livres*, vol. 10, juin-juillet 1979, nº 243.
7818. ROBIN, Marie-Jeanne, « Rencontre avec Francine Loranger », *Lurelu*, vol. 2, nº 3, automne 1979, p. 14-16.
7819. *CIMON, Renée, «*L'École enchantée* », *Nos livres*, vol. 11, février 1980, nº 42.
7820. *GUÉRETTE, Charlotte, [*Tourbillon, le lutin de la Côte-Nord*], *Des livres et des jeunes*, vol. 2, nº 6, juin 1980, p. 35-36.
7821. *COUTU, Danielle, [*L'École enchantée*], *Lurelu*, vol. 3, nº 2, été 1980, p. 8.
7822. *LAFRENIÈRE, Joseph, «*Chansons pour un ordinateur* », *Vidéo-Presse*, vol. 10, nº 1, septembre 1980, p. 46.
7823. *DOSTALER, Henriette, [*Chansons pour un ordinateur*], *Des livres et des jeunes*, vol. 3, nº 7, automne 1980, p. 42.
7824. *LEDOUX, Danielle, [*Chansons pour un ordinateur*], *Lurelu*, vol. 3, nº 3, automne 1980, p. 7.
7825. *PROVOST, Michelle, «*Chansons pour un ordinateur* », *Livres et auteurs québécois, 1980*, p. 229.
7826. *F[ERGUSON], J[ean], [*Chansons pour un ordinateur*], *Imagine*, vol. 2, nº 3, mars 1981, p. 61.

7827. *CHARETTE, Christiane, « Les Romans policiers [*Le Renard rose*] », *Lurelu*, vol. 4, n° 4, hiver 1981, p. 20.

7828. *[ANONYME], «*Les Bâtisseurs*», *Québec Hebdo*, vol. 4, n° 2, 25 janvier 1982, p. 4.

7829. *[THÉRIAULT-]HOULE, Mariette, «*Les Mémoires de Jean Talon*», *Lurelu*, vol. 5, n° 2, automne 1982, p. 13.

MATTEAU, Robert

7830. CIVIL, Jean, « Réflexions sur... », *Grimoire*, vol. 2, n° 8, 7 juin 1979, p. 18-21.

7831. *BASTIN, Agnès, [*Dires et figures*], *Grimoire*, vol. 2, n° 11, octobre 1979, p. 17.

7832. GAGNON, Daniel, « Contes, romans et poésie d'ici », *L'Estrie*, vol. 2, n° 1, novembre 1979, p. 21.

7833. *BÉLANGER, Christian, «*Un cri de loin*», *Livres et auteurs québécois, 1979*, p. 146.

7834. PIERRE-GILLES, Élie, [*Un cri de loin*], *Grimoire*, vol. 3, n° 1, janvier 1980, p. 5-7.

7835. *BONENFANT, Joseph, « Du profond de l'Estrie. [*Un cri de loin*] », *Grimoire*, vol. 3, n° 2, février 1980, p. 6.

7836. *GIGUÈRE, Richard, « En d'autres lieux (de poésie) [*Un cri de loin*] », *Lettres québécoises*, n° 17, printemps 1980, p. 34.

7837. *GONZALO-FRANCOLI, Yvette, [*Un cri de loin*], *Voix et images*, vol. 5, n° 3, printemps 1980, p. 599-601.

7838. [ANONYME], « Robert Matteau et Robert Yergeau honorés [Prix Alfred-DesRochers] », *Grimoire*, vol. 3, n° 9, octobre-novembre 1980, p. 11-12.

7839. *[ANONYME], «*Un cri de loin*», *Les Cahiers du hibou*, vol. 1, n° 4-5, 1980, p. 116.

7840. *CIVIL, Jean, « Réflexions sur...*Dires et figures* de Robert Matteau », *Les Cahiers du hibou*, vol. 1, n° 4-5, 1980, p. 105-109.

7841. [ANONYME], « Le Prix Alfred-DesRochers 1980 », *Lettres québécoises*, n° 21, printemps 1981, p. 10.

7842. *BONENFANT, Joseph, « Notes sur la poésie [*Un cri de loin*] », *Voix et images*, vol. 6, n° 3, printemps 1981, p. 484.

7843. *MINOT, René, «*Dires et figures. Contes et portraits de l'Estrie*», *Nos livres*, vol. 12, avril 1981, n° 206.

MAURICE, Marie-Thérèse

7844. *MARCHILDON, Daniel, « La souche repousse [*La Relève*] », *Liaison*, n° 24, octobre-novembre 1982, p. 41.

MAXINE [pseud. de M.-C.-A. Bouchette-Taschereau-Fortier]

7845. *LAURIN, Michel, «*L'Ogre du Niagara*», *Nos livres*, vol. 12, décembre 1981, n° 509.

7846. *L[ATREILLE]-H[UVELIN], F[rance], [*L'Ogre du Niagara*], *Des livres et des jeunes*, vol. 4, n° 12, été 1982, p. 49.

MAZEL, Thomas-Olivier

7847. *LAPRÉS, Raymond, «*La Sève de la vie*», *Nos livres*, vol. 10, novembre 1979, n° 357.

MCCOMBER, Joseph-Edmond

7848. *A[LLARD], J[acques], «*Mémoires d'un bourgeois de Montréal (1874-1949)*», *Voix et images*, vol. 6, n° 2, hiver 1981, p. 347.

7849. *LINTEAU, Paul-André, «*Mémoires d'un bourgeois de Montréal (1874-1949)*», *Voix et images*, vol. 6, n° 3, printemps 1981, p. 493-494.

MCFARLAND, Michael Ekim

7850. *Stratford, Marcelle et Gaston-James Stratford, « Lancement de *Éros s'est fait cher* », *Grimoire*, vol. 4, n⁰ 9, décembre 1981, p. 9.

MCLEOD-ARNOPOULOS, Sheila

7851. [Anonyme], « Prix littéraire[s] du Gouverneur général », *Union des écrivains québécois*, vol. 1, n⁰ 3, mai 1980, p. [7].
7852. [Anonyme], « Prix du Gouverneur général 19[79] », *Lettres québécoises*, n⁰ 19, automne 1980, p. 7.
7853. *[Anonyme], «*Le Fait anglais au Québec*», *Écriture française dans le monde*, vol. 2, n⁰ 1-2, octobre 1980, p. 133.
7854. [Anonyme], « Quatre Écrivains québécois consacrés au Canada [Prix du Gouverneur général] », *Écriture française dans le monde*, vol. 2, n⁰ 1-2, octobre 1980, p. 101.
7855. *Renaud, Normand, «*Hors du Québec, point de salut ?*», *Livres et auteurs québécois, 1982*, p. 250-251.

MELANÇON, Claude

7856. Lamontagne, Gilles, « Le Conte dans l'est du Québec. Éléments de bibliographie critique », *Revue d'histoire littéraire du Québec et du Canada français*, n⁰ 3, hiver-printemps 1982, p. 84-85.

MÉLANÇON, Robert

7857. Nepveu, Pierre, « La Nouvelle Poésie, Robert Mélançon [*Peinture aveugle*] », *Lettres québécoises*, n⁰ 14, avril-mai 1979, p. 22-23.
7858. *Marchand, Jacques, «*Peinture aveugle*», *Livres et auteurs québécois, 1979*, p. 147.
7859. *Chamberland, Roger, «*Peinture aveugle*», *Québec français*, n⁰ 37, mars 1980, p. 10.
7860. [Anonyme], « Quatre Écrivains québécois consacrés au Canada », *Québec Hebdo*, vol. 2, n⁰ 16, 28 avril 1980, p. 4.
7861. [Anonyme], [Governor General's Literary Awards. *Peinture aveugle*], *Quill and Quire*, Vol. 46, No. 5, May 1980, p. 1.
7862. [Anonyme], « Prix littéraire[s] du Gouverneur général », *Union des écrivains québécois*, vol. 1, n⁰ 3, mai 1980, p. [7].
7863. Hopkins, Thomas, [Governor General's Literary Award], *Maclean's*, Vol. 93, No. 20, May 19, 1980, p. 61.
7864. *Giguère, Richard, [*Peinture aveugle*], *University of Toronto Quarterly*, Vol. 49, No. 4, Summer 1980, p. 361-362.
7865. [Anonyme], « Prix du Gouverneur général 19[79] », *Lettres québécoises*, n⁰ 19, automne 1980, p. 7.
7866. [Anonyme], « Quatre Écrivains québécois consacrés au Canada [Prix du Gouverneur général] », *Écriture française dans le monde*, vol. 2, n⁰ 1-2, octobre 1980, p. 101.
7867. *D'Alfonso, Antonio, «*Territoire*», *Nos livres*, vol. 12, juin-juillet 1981, n⁰ 298.
7868. *Aquin, Pierre-Stéphane, «*Territoire*», *Estuaire*, n⁰ 20, été 1981, p. 121-122.
7869. *Nepveu, Pierre, « Feu la modernité ? [*Territoire*] », *Lettres québécoises*, n⁰ 23, automne 1981, p. 32.
7870. *Gaulin, André, «*Territoire*», *Québec français*, n⁰ 43, octobre 1981, p. 15.
7871. *Giroux, Robert, «*Territoire*», *Livres et auteurs québécois, 1981*, p. 135-137.

MELANSON, Laurier

7872. *Germain, Georges-Hébert, « La Vie dans les livres [*Zélika à Cochon Vert*] », *Clin d'oeil*, n⁰ 20, mai 1982, p. 8.
7873. *Landry, Kenneth, «*Zélika à Cochon Vert*», *Québec français*, n⁰ 46, mai 1982, p. 7-8.

7874. *Thério, Adrien, [*Zélika à Cochon Vert*], *Lettres québécoises*, n⁰ 26, été 1982, p. 86-87.
7875. *Renaud, Normand, [*Otto de la veuve Hortense*], *Livres et auteurs québécois, 1982*, p. 24.

MELOCHE, Suzanne

7876. *A[lonzo], A[nne]-M[arie], «*Les Aurores fulminantes*», *La Gazette des femmes*, vol. 2, n⁰ 5, octobre 1980, p. 4.
7877. *Beausoleil, Claude, «*Les Aurores fulminantes*», *Livres et auteurs québécois, 1980*, p. 119-120.
7878. *Bayard, Caroline, [*Les Aurores fulminantes*], *University of Toronto Quarterly*, Vol. 50, No. 4, Summer 1981, p. 45.

MÉNARD, Guy

7879. *Gaulin, André, «*Fragments*», *Québec français*, n⁰ 35, octobre 1979, p. 14.
7880. *Sivry, Jean-Michel, « Guy Ménard et André Roy, poètes amoureux des hommes... [*Fragments*] », *Le Berdache*, n⁰ 6, décembre 1979-janvier 1980, p. 41-42.
7881. *Rancourt, Guy, «*Fragments*», *Livres et auteurs québécois, 1979*, p. 148-150.

MÉNARD, Jean

7882. *Brisebois, Michel, «*Le Roman canadien-français. Évolution, témoignages, bibliographie*», *Papers of the Bibliographical Society of Canada/Cahiers de la Société bibliographique du Canada*, Vol. 18, 1979, p. 106-107.

MÉNARD, Jean-François

7883. Roy, Pierrette, « Comme écrivain, je n'ai jamais senti que mes personnages m'échappaient », *Grimoire*, vol. 2, n⁰ 9, juillet 1979, p. 13.

MÉNARD, Lucie

7884. *Cotnoir, Louise, «*L'Outre-Mesure*», *Livres et auteurs québécois, 1979*, p. 97-101.
7885. Nepveu, Pierre, « La Poésie entre le nouveau et l'ancien [*L'Outre-Mesure*] », *Lettres québécoises*, n⁰ 18, été 1980, p. 28-29.

MERCIER, Serge

7886. Noël, Francine, « Plaidoyer pour mon image », *Jeu*, n⁰ 16, [3ᵉ trimestre] 1980, p. 32-33.

MERCURE, Marthe

7887. *Ouaknine, Serge, «*Triptyque*», *Jeu*, n⁰ 12, été 1979, p. 222-223.
7888. *Boutin, Richard, «*Le Navire Médée*», *Spirale*, n⁰ 19, mai 1981, p. 14.
7889. *Laporte, Michel, «*Médée* par le Kaléidoscope », *Pratiques théâtrales*, n⁰ 14-15, hiver-printemps 1982, p. 32-36.

MESSIER, Rita

7890. Civil, Jean, « Trouvaille [Entrevue] », *Grimoire*, vol. 2, n⁰ 4, 15 mars 1979, p. 8-9.
7891. Bastin, Agnès, « Rita Messier [Entrevue] », *Grimoire*, vol. 4, n⁰ 4, avril 1981, p. 19-21.

MEUNIER, Claude

7892. *Tousignant, André, «*Broue*», *Le Babillard*, vol. 2, n⁰ 2, novembre 1979, p. 15.
7893. *Descôteux, Jean-Marc, « Une bonne broue phallocrate et misogyne... [*Broue*] », *Le Berdache*, n⁰ 5, novembre 1979, p. 44.

7894. *Dionne, André, « Le Théâtre qu'on joue : *Broue* », *Lettres québécoises*, n° 16, hiver 1979-1980, p. 31.

7895. *Dionne, André, « Le Théâtre qu'on joue : *Appelez-moi Stéphane* au Théâtre des Voyagements », *Lettres québécoises*, n° 18, été 1980, p. 37.

7896. [Cloutier, Raymond], « Claude Meunier et Louis Saïa », *Théâtre/Le Trident*, n° 18, [septembre 1980], p. 9.

7897. *Dionne, André, « Le Théâtre qu'on joue : *Les Voisins* », *Lettres québécoises*, n° 22, été 1981, p. 44.

7898. *Richard, Alain-Martin, «*Broue*», *Intervention*, n° 14, février 1982, p. 12, 13-14.

7899. *Cusson, Normand, [*Monogamy*], *Clin d'oeil*, n° 21, juin 1982, p. 48.

7900. *Desjardins, Normand, «*Les Voisins*», *Nos livres*, vol. 13, juin-juillet 1982, n° 291.

7901. *Lépine, Stéphane, «*Appelez-moi Stéphane*», *Nos livres*, vol. 13, juin-juillet 1982, n° 290.

7902. *Dionne, André, « Le Théâtre qu'on joue : *Monogamy* », *Lettres québécoises*, n° 27, automne 1982, p. 49.

7903. *Cusson, Normand, « La Rentrée au théâtre [*Brew*] », *Clin d'oeil*, n° 25, octobre 1982, p. 121.

7904. *Bourassa, André-G[illes], «*Appelez-moi Stéphane* et *les Voisins*», *Lettres québécoises*, n° 28, hiver 1982-1983, p. 82.

7905. *Henry, Chantal, «*Les Voisins*», *Livres et auteurs québécois, 1982*, p. 178-179.

MEUNIER, Pierre

7906. *Bellavance, Diane, [*Moi le nu sur terre*], *Grimoire*, vol. 3, n° 3, mars 1980, p. 6.

MEUNIER, Roger

7907. *Yergeau, Robert, « La Présence du poète [*La Présence du songe*] », *Grimoire*, vol. 4, n° 2, février 1981, p. 7.

7908. *Laplante, Michèle de, « Un songe à définir [*La Présence du songe*] », *Grimoire*, vol. 4, n° 4, avril 1981, p. 9.

MEUNIER-TARDIF, Ghislaine

7909. *[Anonyme], «*Vies de femmes*», *Québec Hebdo*, vol. 3, n° 13, 13 avril 1981, p. 4.

MICHAUD, Jacques

7910. *Bouvier, Luc, «*Vingt Fois cinq*», *Livres et auteurs québécois, 1979*, p. 117.

7911. *Giguère, Richard, « En d'autres lieux (de poésie) [*Vingt Fois cinq*] », *Lettres québécoises*, n° 17, printemps 1980, p. 31.

7912. *Gaulin, André, «*La Terre qui ne commence pas*», *Québec français*, n° 45, mars 1982, p. 16.

7913. [Anonyme], « Le Prix littéraire de l'Outaouais », *Lettres québécoises*, n° 26, été 1982, p. 13.

7914. *Cormier, Jean-Marc, [*La Terre qui ne commence pas*], *Urgences*, n° 5, 3e trimestre 1982, p. 90-91.

MICHAUD, Joseph-Phydime

7915. *Major, Jean-Louis, «*Kamouraska de mémoire* de Jos-Phydime Michaud », *Lettres québécoises*, n° 26, été 1982, p. 61-62.

MICHAUD, Josette

7916. *B[élisle], A[lvine], [*Montréal, ma grand'ville*], *Des livres et des jeunes*, vol. 2, n° 4, novembre 1979, p. 32-33.

7917. *Maisonneuve, Nicole, «*Montréal, ma grand'ville* », *Lurelu*, vol. 2, n° 4, hiver 1979, p. 8.

MICHAUD-LATRÉMOUILLE, Alice

7918. *Thomas, Gerald, «*Chansons de Grand'Mère* », *Canadian Literature*, No. 92, Spring 1982, p. 132.

MICHEL, Pauline

7919. *Nolin, Jacques, «*Mirage* », *Nos livres*, vol. 10, janvier 1979, n° 42.
7920. *Chartier, Monique, «*Mirage* », *Nos livres*, vol. 10, mars 1979, n° 102.
7921. *Chartier, Monique, «*Les Yeux d'eau* », *Nos livres*, vol. 10, avril 1979, n° 164.
7922. *Pokorny, Amy, « Michel's *Mirage* : How to Self-Destruct », *Journal of Canadian Fiction*, No. 31-32, 1981, p. 238-240.

MICHON, Jacques

7923. *Shek, Ben-Z[ion], [*Structure, idéologie et réception du roman québécois de 1940 à 1960*], *University of Toronto Quarterly*, Vol. 49, No. 4, Summer 1980, p. 468-470.
7924. Bastin, Agnès, « Jacques Michon [Entrevue] », *Grimoire*, vol. 4, n° 8, novembre 1981, p. 16-18.

MICONE, Marco

7925. *C[accia], F[ulvio], «*Gens du silence* », *Moebius*, n° 14, printemps 1982, p. 56.

MIGNAULT, Guy

7926. *Issalys, Liette, «*Bonjour, Monsieur de La Fontaine* », *Livres et auteurs québécois, 1982*, p. 179-180.

MILAINE-BRAULT, André

7927. *Marchildon, Daniel, « La souche repousse [*La Relève*] », *Liaison*, n° 24, octobre-novembre 1982, p. 41.

MIRON, Gaston

7928. Roberto, Eugène, «*Courtepointes* », *Incidences*, vol. 2-3, n° 1, janvier-avril 1979, p. 55-57.
7929. [Anonyme], « Hommage à Gaston Miron », *Ici Radio-Canada. Télévision*, vol. 13, n° 9, 24 février-2 mars 1979, p. 3.
7930. Roy, Raoul, « Entrevue avec M. Gaston Miron », *La Revue indépendantiste*, n° 8-9-10, automne 1979, p. 22-34.
7931. Beaulieu, Michel, « Miron, the Publisher-Poet », *Quill and Quire*, Vol. 45, No. 13, November 1979, p. 8.
7932. Brossard, Nicole et Roger Soublière, « De notre écriture en sa résistance », *Ellipse*, n° 23-24, 1979, p. 20-26.
7933. *Mathews, Robin, [*The Agonized Life*], *The Canadian Forum*, Vol. 60, No. 704, November 1980, p. 35.
7934. Bigras, Julien, « Note du directeur », *Interprétation*, n° 24, [janvier 1981], p. 1.
7935. *Dansereau, Estelle, « Gaston Miron. *The Agonized Life* », *Quarry*, Vol. 30, No. 1, Winter 1981, p. 79-82.
7936. *Moritz, Albert, « The Agony and the Ecstasy [*Atlante — The Agonized Life*] », *Books in Canada*, Vol. 10, No. 2, February 1981, p. 16-17.

7937. [ANONYME], « Gaston Miron, Prix Apollinaire 1981 », *Québec Hebdo*, vol. 3, n⁰ 20, 1er juin 1981, p. 4.

7938. *BAYARD, Caroline, [*Femme sans fin*], *University of Toronto Quarterly*, Vol. 50, No. 4, Summer 1981, p. 49-50.

7939. *O'CONNOR, John J., [*The Agonized Life*], *University of Toronto Quarterly*, Vol. 50, No. 4, Summer 1981, p. 90.

7940. [ANONYME], « Gaston Miron, Prix Apollinaire de l'Académie des beaux-arts française », *Lettres québécoises*, n⁰ 23, automne 1981, p. 11.

7941. *RUSSELL, D.W., «*The Agonized Life*», *Queen's Quarterly*, Vol. 89, No. 1, Spring 1982, p. 217-219.

7942. SMART, Patricia, « Culture, Revolution and Politics in Quebec », *The Canadian Forum*, Vol. 62, No. 718, May 1982, p. 7-10.

MOINEAU, Guy

7943. *HAECK, Philippe, [*La Fuite et la conversation*], *Dérives*, n⁰ 19, [3e trimestre] 1979, p. 49-51.

MOISAN, Clément

7944. CHAMBERLAND, Roger, «*Poésie des frontières*», *Québec français*, n⁰ 36, décembre 1979, p. 12.

7945. *GIGUÈRE, Richard, «*Poésie des frontières*», *Livres et auteurs québécois, 1979*, p. 241-243.

7946. *SIROIS, Antoine, «*Poésie des frontières*», *Voix et images*, vol. 5, n⁰ 2, hiver 1980, p. 413-414.

7947. *[ANONYME], «*A Poetry of Frontiers : Comparative Essays on Quebec and Canadian Poetry*», *Quill and Quire*, Vol. 46, No. 3, March 1980, p. 24.

7948. VAILLANCOURT, Pierre-Louis, « Poésie limitrop(h)e, à propos de *Poésie des frontières* de Clément Moisan », *Lettres québécoises*, n⁰ 17, printemps 1980, p. 48-50.

7949. *BAYARD, Caroline, [*Poésie des frontières*], *University of Toronto Quarterly*, Vol. 49, No. 4, Summer 1980, p. 473-475.

7950. *AMPRIMOZ, Alexandre L., [*Poésie des frontières*], *Canadian Ethnic Studies/Études ethniques au Canada*, Vol. 12, No. 3, 1980, p. 152-153.

7951. *HUTCHISON, Linda, «*Poésie des frontières*», *Canadian Literature*, No. 87, Winter 1980, p. 145-147.

7952. GALARNEAU, Claude, « Présentation de M. Clément Moisan », *Société royale du Canada. Présentation*, n⁰ 36, 1980-1981, p. 61-62.

7953. MOISAN, Clément, « Réponse de M. Clément Moisan. Enseigner la poésie », *Société royale du Canada. Présentation*, n⁰ 36, 1980-1981, p. 63-70.

MONAST, Serge

7954. MONAST, Serge, « Communiqué spécial », *Grimoire*, vol. 2, n⁰ 12, novembre 1979, p. 20.

7955. *CIVIL, Jean, « Des *Cris intimes* à la création irrécupérable », *Grimoire*, vol. 4, n⁰ 4, avril 1981, p. 10.

MONDOLONI, Roger

7956. *[ANONYME], [*Le Grand Midi*], *L'Atulu*, vol. 1, n⁰ 1, février 1979, p. 2.

MONET-CHARTRAND, Simonne

7957. TREMBLAY, Gisèle, « '... et je signe Simonne Monet-Chartrand' [Entrevue] », *La Vie en rose*, [vol. 2, n⁰ 2], juin-juillet-août 1981, p. 10-12.

7958. *DENIS, Claire, «*Ma vie comme rivière*, [récit autobiographique, t. 1 : 1919-1942] », *La Gazette des femmes*, vol. 3, n⁰ 2, juillet-août 1981, p. 4.

7959. Bellemare, Madeleine, «*Ma vie comme rivière*, [récit autobiographique, t. 1 : 1919-1942] de... [Entrevue]», *Nos livres*, vol. 12, novembre 1981, [s.p.].

7960. *Bellemare, Madeleine, «*Ma vie comme rivière*, récit autobiographique, [t. 1 : 1919-1942]», *Nos livres*, vol. 12, novembre 1981, n° 448.

7961. *Verthuy, Maïr, «*Ma vie comme rivière*, [récit autobiographique, t. 1 : 1919-1942]», *Livres et auteurs québécois, 1981*, p. 307-310.

7962. *Major, Jean-Louis, « Aux sources d'un engagement. *Ma vie comme rivière*, [récit autobiographique, t. 1 : 1919-1942]», *Lettres québécoises*, n° 25, printemps 1982, p. 74-75.

7963. *Monière, Denis, «*Ma vie comme rivière*, [récit autobiographique,] t. 1 : 1919-1942», *Canadian Journal of Political Science/Revue canadienne de science politique*, Vol. 15, No. 2, June 1982, p. 390-391.

7964. *Frémont, Gabrielle, «*Ma vie comme rivière*, t. 2 : *1939-1949*», *Livres et auteurs québécois, 1982*, p. 268-270.

MONETTE, Madeleine

7965. *[Anonyme], «*Le Double Suspect* », *L'Atulu*, vol. 2, n° 5, mai 1980, p. 11.

7966. *Labine, Marcel, « L'Effet réaliste [*Le Double Suspect*] », *Spirale*, n° 10, juin 1980, p. 13.

7967. *Ouellette-Michalska, Madeleine, [*Le Double Suspect*], *Châtelaine*, vol. 21, n° 7, juillet 1980, p. 8.

7968. *Robillard, Monic, [*Le Double Suspect*], *Clin d'oeil*, n° 2, octobre 1980, p. 90.

7969. [Anonyme], « À l'honneur [Prix Robert-Cliche] », *Écriture française dans le monde*, vol. 2, n° 1-2, octobre 1980, p. 99.

7970. *Dubé, Cécile, «*Le Double Suspect* », *Québec français*, n° 39, octobre 1980, p. 7-8.

7971. [Anonyme], « Prix et mentions. Prix Robert-Cliche », *Union des écrivains québécois*, vol. 1, n° 4, octobre 1980, p. [3].

7972. *Alméras, Diane, [*Le Double Suspect*], *Relations*, vol. 40, n° 464, novembre 1980, p. 315-316.

7973. Vaillancourt, Pierre-Louis, « Simple Suspicion envers *le Double Suspect* de Madeleine Monette, Prix Robert-Cliche 1980 », *Lettres québécoises*, n° 20, hiver 1980-1981, p. 21-23.

7974. *Vanasse, André, «*Le Double Suspect* », *Livres et auteurs québécois, 1980*, p. 52-53.

7975. *Bourque, Paul-André, [*Le Double Suspect*], *University of Toronto Quarterly*, Vol. 50, No. 4, Summer 1981, p. 24.

7976. *[Anonyme], «*Le Double Suspect* », *Écriture française dans le monde*, vol. 3, n° 2-3, décembre 1981, p. 122.

7977. *Dansereau, Estelle, «*Le Double Suspect* », *Canadian Literature*, No. 92, Spring 1982, p. 84-85.

7978. *Bélanger, Reine, «*Petites Violences* », *Livres et auteurs québécois, 1982*, p. 68-69.

MONETTE, Pierre

7979. *Haeck, Philippe, [*Traduit du jour le jour*], *Dérives*, n° 19, [3ᵉ trimestre] 1979, p. 51-52.

7980. *Giguère, Richard, «*Temps supplémentaire* », *Livres et auteurs québécois, 1979*, p. 106.

7981. *Chamberland, Roger, «*Ajustements qu'il faut* », *Québec français*, n° 42, mai 1981, p. 17.

7982. Nepveu, Pierre, « Petites Misères du masculin singulier [*Ajustements qu'il faut*] », *Lettres québécoises*, n° 22, été 1981, p. 29-31.

7983. *Bayard, Caroline, [*Ajustements qu'il faut*], *University of Toronto Quarterly*, Vol. 50, No. 4, Summer 1981, p. 44.

MONIÈRE, Denis

7984. *Savard, Pierre, [*Le Développement des idéologies au Québec des origines à nos jours*], *Revue de l'Université d'Ottawa/University of Ottawa Quarterly*, vol. 49, nº 1-2, janvier-avril 1979, p. 120.

7985. *Ouellette, Fernand, «*Le Développement des idéologies au Québec des origines à nos jours*», *Histoire sociale/Social History*, vol. 12, nº 23, mai 1979, p. 219-224.

7986. Trépanier, Pierre, « Réflexion après la lecture », *L'Action nationale*, vol. 69, nº 2, octobre 1979, p. 131-144.

7987. *Savard, Pierre, [*Le Développement des idéologies au Québec des origines à nos jours*], *Histoire littéraire du Québec*, nº 1, 1979, p. 120.

7988. *Gagnon, Nicole, [*Le Développement des idéologies au Québec des origines à nos jours*], *Recherches sociographiques*, vol. 21, nº 1-2, janvier-août 1980, p. 193-198.

7989. *Legaré, Anne, [*Les Enjeux du référendum*], *Canadian Journal of Political Science/Revue canadienne de science politique*, Vol. 13, No. 3, September 1980, p. 618-619.

7990. *[Anonyme], «*Les Idéologies au Québec*», *Écriture française dans le monde*, vol. 3, nº 1, mai 1981, p. 123.

7991. *Ricard, François, « La Grande Mission de notre petite culture [*Cause commune*] », *Liberté*, vol. 24, nº 2, mars-avril 1982, p. 3-10.

7992. *Maugey, Axel, «*Cause commune*», *Relations*, vol. 42, nº 479, avril 1982, p. 107.

7993. *Lefebvre, Gordon, « Avatars du nationalisme [*Cause commune*] », *Spirale*, nº 24, avril 1982, p. 5.

7994. *[Anonyme], «*Pour la suite de l'Histoire*», *L'Atulu*, vol. 4, nº 6, juin 1982, p. 14.

MONTCOMBROUX, Geneviève

7995. *Joubert, Ingrid, « Trois Livres d'enfants [*Touti le moineau*] », *Bulletin du Centre d'études franco-canadiennes de l'Ouest*, nº 9, octobre 1981, p. 20-23.

MONTPETIT, Doris-Michel

7996. *Le Blanc, Alonzo, «*Monologues québécois, 1890-1980*», *Livres et auteurs québécois, 1980*, p. 168-170.

7997. *Boivin, Aurélien, «*Monologues québécois, 1890-1980*», *Québec français*, nº 41, mars 1981, p. 18.

7998. *Bourassa, André-G[illes], « Les Ruptures du temps. [...] *Monologues québécois*», *Lettres québécoises*, nº 21, printemps 1981, p. 32-33.

7999. Mailhot, Laurent, « À propos de *Monologues québécois, 1890-1980*», *Lettres québécoises*, nº 22, été 1981, p. 10.

8000. *Girard, Gilles, [*Monologues québécois, 1890-1980*], *University of Toronto Quarterly*, Vol. 50, No. 4, Summer 1981, p. 68-70.

8001. *Hesbois, Laure, «*Monologues québécois, 1890-1980*», *Voix et images*, vol. 7, nº 1, automne 1981, p. 189-190.

8002. *G[ouin], J[acques], «*Monologues québécois, 1890-1980*», *Cahiers d'histoire des pays d'en haut*, vol. 3, nº 12, novembre 1981, p. 51.

8003. *La Bossière, Camille-R., «*Monologues québécois, 1890-1980*», *Canadian Literature*, No. 91, Winter 1981, p. 167-169.

8004. *Bessette, Émile, «*Monologues québécois, 1890-1980*», *Jeu*, nº 22, 1er trimestre 1982, p. 134-135.

8005. *McEwen, Barbara, «*Monologues québécois, 1890-1980*», *Theatre History in Canada/Histoire du théâtre au Canada*, Vol. 3, No. 1, Spring 1982, p. 86-89.

MONTPETIT, Édouard

8006. Lavallée, Alain, « Édouard Montpetit (1881-1954) », *La Petite Revue de philosophie*, vol. 4, nº 1, automne 1982, p. 181-189.

MONTREUIL-FAUCHER, Claire [pseud. : Claire Martin]

8007. [MACCABÉE-]IQBAL, Françoise et Gilles DORION, « Claire Martin. Une interview », *Canadian Literature*, No. 82, Autumn 1979, p. 59-77.

8008. COLLET, Paulette, « Les Romancières québécoises des années 60 face à la maternité », *Atlantis*, Vol. 5, No. 2, Spring 1980, p. 131-141.

8009. KAYE, Françoise, « Claire Martin ou le 'Je' aboli », *Incidences*, vol. 4, n⁰ 2-3, mai-décembre 1980, p. 49-58.

MOORE, Céline

8010. *[ANONYME], «*L'Arrache-Coeur* », *CEAD. Dramaturgies nouvelles*, vol. 4, n⁰ 1, novembre 1982, [s.p.].

MOORE, Gilbert

8011. [ANONYME], « Entrevue avec Gilbert Moore. L'Inspiration ? là où se trouve ma machine à écrire ! », *L'Écrilu*, vol. 1, n⁰ 2, septembre 1981, p. [1]-2.

MOREAU, Gérald

8012. *LABONTÉ, René, « Un Québécois bien rangé en pays étranger [*Le Commis*] », *Journal of Canadian Fiction*, No. 25-26, 1979, p. 301-304.

MORENCY, Pierre

8013. *BOURASSA, André-G[illes], « Entre l'espace et le temps [*Torrentiel*] », *Lettres québécoises*, n⁰ 14, avril-mai 1979, p. 18-19, 21.

8014. *PONTBRIAND, Jean-Noël, «*Torrentiel* », *Québec français*, n⁰ 34, mai 1979, p. 8.

8015. *RIÈSE, Laure, «*Les Passeuses* », *Canadian Theatre Review*, No. 24, Fall 1979, p. 132.

8016. *RIPLEY, John, «*Les Écoles de Bon Bazou* », *Canadian Literature*, No. 85, Summer 1980, p. 117-118.

8017. *RIPLEY, John, «*Tournebire et le malin Frigo* », *Canadian Literature*, No. 85, Summer 1980, p. 117-118.

8018. PONTBRIAND, Jean-Noël, « La Poésie de Pierre Morency », *Le Bulletin Pantoute*, n⁰ 3, septembre-octobre-novembre 1980, p. 17.

8019. *KRÖLLER, Eva-Marie, «*Torrentiel* », *Canadian Literature*, No. 87, Winter 1980, p. 133-134.

8020. *CHARETTE, Christiane, [*Les Écoles de Bon Bazou*], *Lurelu*, vol. 5, n⁰ 1, printemps-été 1982, p. 16.

8021. *CHARETTE, Christiane, [*Tournebire et le Malin Frigo*], *Lurelu*, vol. 5, n⁰ 1, printemps-été 1982, p. 16.

8022. *CHARETTE, Christiane, [*Marlot dans les merveilles*], *Lurelu*, vol. 5, n⁰ 1, printemps-été 1982, p. 16.

MORENCY, Robert

8023. MORENCY, Robert, « Esquisse de description d'un paysage anodin », *Focus*, n⁰ 24-25, juillet-août 1979, p. 30-32.

MORIN, Marie

8024. OUELLET, Réal, « 'Une si chétive historienne' ? Marie Morin, les *Annales de l'Hôtel-Dieu de Montréal* », *Lettres québécoises*, n⁰ 18, été 1980, p. 53-55.

8025. *LEBEL, Maurice, «*Histoire simple et véritable (les Annales de l'Hôtel-Dieu de Montréal, 1659-1725)* », *Canadian Literature*, No. 90, Autumn 1981, p. 133-135.

MORIN, Marie-Thé

8026. *HAENTJENS, Marc, «*Si mes parents savaient... !* par la Troupe 'Entre Guillemets' », *Liaison*, vol. 3, n⁰ 11, août 1980, p. 18.

8027. *MELOCHE, Daniel, « Le Théâtre du Cabano joue... [*Si mes parents savaient... !*] », *Liaison*, vol. 3, n⁰ 13, décembre 1980, p. 35.

8028. *MATTE, Louise, « Un spectacle divertissant [*Du camping chez ma tante Burt*] », *Liaison*, n⁰ 24, octobre-novembre 1982, p. 42.

MORIN, Michel

8029. *JANOËL, André, «*Le Territoire imaginaire de la culture* », *Nos livres*, vol. 10, novembre 1979, n⁰ 358.

8030. *TURGEON, Marc, «*Le Territoire imaginaire de la culture* », *Livres et auteurs québécois, 1979*, p. 285-287.

8031. *LÉVY, Bernard, « Espace, imagination : culture [*Le Territoire imaginaire de la culture*] », *Vie des arts*, vol. 25, n⁰ 100, automne 1980, p. 78-79.

8032. *HUTCHISON, Linda, «*Le Territoire imaginaire de la culture* », *Canadian Literature*, No. 87, Winter 1980, p. 147-148.

8033. PAQUETTE, Jean-Marcel, « De l'Ordre souverain de Malte [*Le Territoire imaginaire de la culture*] », *Liberté*, vol. 23, n⁰ 1, janvier-février 1981, p. 15-20.

8034. RICARD, François, « L'Autre Phase de notre cyclothymie [*Le Territoire imaginaire de la culture*] », *Liberté*, vol. 23, n⁰ 1, janvier-février 1981, p. 21-29.

8035. *FISETTE, Jean, «*L'Amérique du Nord et la culture. Le Territoire imaginaire de la culture* », *Livres et auteurs québécois, 1982*, p. 266-268.

MORIN, Paul

8036. BLAIS, Jacques, « Problématique d'une recherche sur le groupe des poètes artistes (1910-1930) », *Revue d'histoire littéraire du Québec et du Canada français*, n⁰ 2, 1980-1981, p. 60-66.

MORIN-GUIMOND, Béatrice

8037. *LAURIN, Michel, «*Contes populaires de la Mauricie* », *Nos livres*, vol. 10, mars 1979, n⁰ 95.

MORISSEAU, Roland

8038. *SAVARD, Michel, «*La Chanson de Roland* », *Livres et auteurs québécois, 1980*, p. 130-131.

MORISSET, Louis

8039. *EDDIE, Christine, « Le Théâtre qu'on publie : Quand le texte de télévision devient livre [*Rue des Pignons*] », *Lettres québécoises*, n⁰ 14, avril-mai 1979, p. 29-31.

8040. *GIRARD, Gilles, [*Rue des Pignons*], *University of Toronto Quarterly*, Vol. 48, No. 4, Summer 1979, p. 378.

8041. EDDIE, Christine, « L'Évolution de l'image de la femme à travers le téléroman *Rue des Pignons* », *Communication information*, vol. 3, n⁰ 1, automne 1979, p. 109-111.

MORVAN-MAHER, Florentine

8042. MAJOR, Jean-Louis, « Un crépuscule où l'aube se mêle. *Florentine raconte...* de Florentine Morvan-Maher », *Lettres québécoises*, n⁰ 19, automne 1980, p. 58-61.

MUIR, Michel

8043. YERGEAU, Robert, « Sur Michel Muir, le vagabond [*Rieuse. Rêveries d'un vagabond*] », *Grimoire*, vol. 3, n° 1, janvier 1980, p. 7.

8044. MUIR, Michel, « Mon opinion sur la poésie », *Grimoire*, vol. 3, n° 2, février 1980, p. 2.

8045. *BONENFANT, Joseph, [*Rieuse. Rêveries d'un vagabond*], *Voix et images*, vol. 5, n° 3, printemps 1980, p. 608.

8046. MUIR, Michel, « Propos de Michel Muir à l'occasion du lancement de son dernier ouvrage *J'adresse aux oiseaux* le 21 juin 1980, au Café du Palais, en réponse à la présentation faite par Robert Matteau », *Grimoire*, vol. 3, n° 7, juillet-août 1980, p. 4.

8047. *YERGEAU, Robert, [*J'adresse aux oiseaux*], *Grimoire*, vol. 4, n° 1, janvier 1981, p. 8-9.

8048. *JANOËL, André, «*J'adresse aux oiseaux* », *Nos livres*, vol. 12, janvier 1981, n° 35.

8049. MUIR, Michel, « Deux Titres en un volume », *Grimoire*, vol. 4, n° 3, mars 1981, p. 10.

8050. YERGEAU, Robert, « Lancement du livre de Michel Muir [*Le Magicien* et *À ma belle*] », *Grimoire*, vol. 4, n° 3, mars 1981, p. 10.

8051. *BONENFANT, Joseph, « Notes sur la poésie [*J'adresse aux oiseaux*] », *Voix et images*, vol. 6, n° 3, printemps 1981, p. 484.

MUNGER, Léo [pseudonyme]

8052. *ROBERT, Lucie, «*Le Fleuve au coeur* », *Jeu*, n° 21, 4ᵉ trimestre 1981, p. 203-204.

8053. *BELLEMARE, Madeleine, «*Le Fleuve au coeur* », *Nos livres*, vol. 12, novembre 1981, n° 433.

8054. *CANTIN, Léonce, «*Le Fleuve au coeur* », *Québec français*, n° 44, décembre 1981, p. 15.

8055. *COURCY, Blanche, «*Le Fleuve au coeur* », *Livres et auteurs québécois*, *1981*, p. 159-160.

8056. *GIRARD, Gilles, [*Le Fleuve au coeur*], *University of Toronto Quarterly*, Vol. 51, No. 4, Summer 1982, p. 388.

8057. *USMIANI, Renate, «*Le Fleuve au coeur* », *Canadian Literature*, No. 95, Winter 1982, p. 158-159.

MURRAY, Suzie

8058. *LABARTINO, Nancy, « Dramatisation au féminin [*La Mère morte*] », *Spirale*, n° 24, avril 1982, p. 8.

8059. *LEWIS, Jocelyne, «*La Mère morte* », *Nos livres*, vol. 13, mai 1982, n° 222.

8060. *CANTIN, Léonce, «*La Mère morte* », *Québec français*, n° 46, mai 1982, p. 7.

8061. KRÖLLER, Eva-Marie, «*La Mère morte* », *Canadian Literature*, No. 95, Winter 1982, p. 172-173.

NAAMAN, Antoine

8062. *AMPRIMOZ, Alexandre L., [*Répertoire des thèses littéraires canadiennes de 1921 à 1976*], *Canadian Literature*, No. 84, Spring 1980, p. 97-98.

8063. [ANONYME], « Antoine Naaman honoré », *Grimoire*, vol. 4, n° 4, avril 1981, p. 6-7.

NADEAU, Marcel

8064. *JANOËL, André, «*Astrolabe* », *Nos livres*, vol. 10, mars 1979, n° 114.

8065. *LAVALLÉE, Gérard, «*Géodésiques — Poèmes pour Niska* suivi de *Niska, l'art et l'homme* », *Nos livres*, vol. 11, mars 1980, n° 90.

8066. [ANONYME], « Profils », *Écriture française dans le monde*, vol. 3, n° 1, mai 1981, p. 73.

NADEAU, Vincent

8067. [ANONYME], « La Petite Histoire d'une production... [*Cardinal, Cardinal, Cardinal et Cie*] », *Le Pays théâtral*, vol. 6, n° 3, saison 1982-1983, p. [2-4].

NAMIAN, Alexandre

8068. *CHAMBERLAND, Roger, [*Mon pays éventré*], *Livres et auteurs québécois, 1980*, p. 123.
8069. *LAPRÉS, Raymond, «*Mon pays éventré*», *Nos livres*, vol. 12, avril 1981, n° 207.
8070. *BAYARD, Caroline, [*Mon pays éventré*], *University of Toronto Quarterly*, Vol. 50, No. 4, Summer 1981, p. 51.

NANTEL, Adolphe

8071. ROUSSEAU, Guildo, « La Mauricie et ses romanciers », *Revue d'histoire littéraire du Québec et du Canada français*, n° 3, hiver-printemps 1982, p. 53.
8072. ROUSSEAU, Guildo et Jean LAPRISE, « Le Discours du sol dans le roman mauricien de 1850 à 1950 », *Cahiers de géographie du Québec*, vol. 26, n° 67, avril 1982, p. 121-137.

NAUBERT, Yvette

8073. *[ANONYME], [*Traits et portraits*], *L'Atulu*, vol. 1, n° 2, mars 1979, p. 1.
8074. *ÉMOND, Maurice, «*Traits et portraits*», *Québec français*, n° 34, mai 1979, p. 7.
8075. *OUELLETTE-MICHALSKA, Madeleine, [*Traits et portraits*], *Châtelaine*, vol. 20, n° 11, novembre 1979, p. 10.
8076. *BEAVER, John, «*Tales of Solitude*», *Quill and Quire*, Vol. 45, No. 14, December 1979, p. 26.
8077. *BEAULIEU, Benoît, «*Traits et portraits*», *Livres et auteurs québécois, 1979*, p. 65-66.
8078. *MILLER, Jeff, «*Tales of Solitude*», *Books in Canada*, Vol. 9, No. 1, January 1980, p. 15-16.
8079. MONTAUT, Annie, «*L'Été de la cigale*. La Mutation noire », *Voix et images*, vol. 5, n° 2, hiver 1980, p. 341-352.
8080. *MERIVALE, Patricia, «*Tales of Solitude*», *Canadian Literature*, No. 88, Spring 1981, p. 127-128.
8081. *O'CONNOR, John J., [*Tales of Solitude*], *University of Toronto Quarterly*, Vol. 50, No. 4, Summer 1981, p. 76-77.

NAUD, Marie-George

8082. BASTIN, Agnès, « Marie-George Naud [*L'Étrange Planète des champignons*] », *Grimoire*, vol. 5, n° 9, décembre 1982, p. 4-5.

NELCYA [pseud. de Claude Guay]

8083. *LAURIN, Michel, «*Nogard ou le Dragon qui voulait apprendre à vivre*», *Nos livres*, vol. 12, décembre 1981, n° 512.
8084. *GUINDON, Ginette, «*Nogard [ou le Dragon qui voulait apprendre à vivre]*», *Lurelu*, vol. 4, n° 4, hiver 1981, p. 14.
8085. *WARREN, Louise, «*Nogard ou le Dragon qui voulait apprendre à vivre*», *Livres et auteurs québécois, 1981*, p. 251-252.

NELLIGAN, Émile

8086. MEZEI, Kathy, « Lampman and Nelligan : Dream Landscapes », *Canadian Review of Comparative Literature/Revue canadienne de littérature comparée*, Vol. 6, No. 2, Spring 1979, p. 151-165.
8087. BOULANGER, Daniel, « Lettre à Émile Nelligan », *Québec français*, n° 34, mai 1979, p. 50-51.
8088. GAULIN, André, « Nelligan, Émile : 24 décembre 1879 », *Québec français*, n° 36, décembre 1979, p. 16.

8089. [ANONYME], « Il y a cent ans naissait Émile Nelligan », *Reflets*, vol. 1, n⁰ 4, décembre 1979, p. 18.

8090. LEBLANC, Jean-Guy, « Nelligan méritait mieux... », *L'Esplumoir*, vol. 1, n⁰ 8, janvier 1980, p. [13].

8091. MICHON, Jacques, « La Perte du corps certain. Analyse du 'Vaisseau d'or' de Nelligan », *Incidences*, vol. 4, n⁰ 1, janvier-avril 1980, p. 67-77.

8092. WYCZYNSKI, Paul, « Il y a cent ans naissait Émile Nelligan... », *Bulletin du Centre de recherche en civilisation canadienne-française*, n⁰ 20, avril 1980, p. 14-16.

8093. *BELLEMARE, Madeleine, *«Poèmes choisis»*, *Nos livres*, vol. 11, juin-juillet 1980, n⁰ 225.

8094. *[ANONYME], *«Poèmes choisis»*, *Québec Hebdo*, vol. 2, n⁰ 22, 9 juin 1980, p. 4.

8095. [ANONYME], [Profil], *Écriture française dans le monde*, vol. 2, n⁰ 1-2, octobre 1980, p. 80-81.

8096. MEZEI, Kathy, « Émile Nelligan : A Dreamer Passing By », *Canadian Literature*, No. 87, Winter 1980, p. 81-99.

8097. MICHON, Jacques, « La Réécriture des poèmes d'Émile Nelligan dans les carnets d'hôpital », *Signum*, no spécial 2, 1981, p. 363-377.

8098. DUDEK, Louis, « On Getting to Know Nelligan », *Open Letter*, Fourth Series, No. 8-9, Spring-Summer 1981, p. [305]-307.

8099. GIROUX, Robert et Hélène DAME, « Les Critères de poéticité dans l'histoire de la poésie québécoise (sémiotique littéraire) », *Études littéraires*, vol. 14, n⁰ 1, avril 1981, p. 126-136.

8100. BEAUDET, André, « Nelligan's Fake », *La Nouvelle Barre du jour*, n⁰ 104, juin 1981, p. 89-104.

8101. WYCZYNSKI, Paul, « Louis-Joseph Béliveau », *Bulletin du Centre de recherche en civilisation canadienne-française*, n⁰ 23, décembre 1981, p. 3-5.

8102. GERVAIS, André, « L'Écriture et l'institution. À propos des inédits de Nelligan, Gauvreau et Borduas », *Lettres québécoises*, n⁰ 24, hiver 1981-1982, p. 87-88.

8103. SAVARD, Pierre, « Autobiographie inédite de Denis Lanctôt (1878-1903). Le 'Meilleur Ami de Nelligan' », *Revue d'histoire littéraire du Québec et du Canada français*, n⁰ 3, hiver-printemps 1982, p. 139-141.

8104. [ANONYME], « Nelligan était-il vraiment fou ? », *Le Berdache*, n⁰ 27, février 1982, p. 59.

8105. VAL, Pierre, « À propos de 'Remembrance' », *Le Berdache*, n⁰ 28, mars 1982, p. 47-49, 51.

8106. VAL, Pierre, « Ce qui de Nelligan fut le dernier écrit », *Le Berdache*, n⁰ 29, avril 1982, p. 37-39.

8107. *MICHON, Jacques, « Une bibliothèque imaginaire [*31 Poèmes autographes*] », *Spirale*, n⁰ 27, septembre 1982, p. 9.

8108. *DIONNE, André, *«31 Poèmes autographes»*, *Nos livres*, vol. 13, novembre 1982, n⁰ 433.

8109. LAPOINTE, Gatien, « Nelligan vers tel qu'en lui-même [*31 Poèmes autographes*] », *Lettres québécoises*, n⁰ 28, hiver 1982-1983, p. 65-69.

8110. *GAULIN, André, *«31 Poèmes autographes»*, *Livres et auteurs québécois, 1982*, p. 129-131.

NEPVEU, Pierre

8111. *[ANONYME], [*Les Mots à l'écoute*], *Points*, vol. 3, n⁰ 2, été 1979, p. 7.

8112. *CHAMBERLAND, Roger, *«Les Mots à l'écoute»*, *Québec français*, n⁰ 36, décembre 1979, p. 10-12.

8113. *GALLAYS, François, *«Les Mots à l'écoute»*, *Lettres québécoises*, n⁰ 16, hiver 1979-1980, p. 68.

8114. *FISETTE, Jean, *«Les Mots à l'écoute»*, *Livres et auteurs québécois, 1979*, p. 243-245.

8115. *LEMAIRE, Michel, « Pierre Nepveu, Les Mots à l'écoute. *Poésie et silence chez Fernand Ouellette, Gaston Miron et Paul-Marie Lapointe* », *Voix et images*, vol. 5, n⁰ 2, hiver 1980, p. 407-409.

8116. *CLOUTIER, Cécile, [*Les Mots à l'écoute. Poésie et silence chez Fernand Ouellette, Gaston Miron et Paul-Marie Lapointe*], *University of Toronto Quarterly*, Vol. 49, No. 4, Summer 1980, p. 475-476.

8117. *AQUIN, Pierre-Stéphane, «*Couleur chair*», *Le Bulletin Pantoute*, nº 3, septembre-octobre-novembre 1980, p. 6.

8118. *GIGUÈRE, Richard, [*Les Mots à l'écoute. Poésie et silence chez Fernand Ouellette, Gaston Miron et Paul-Marie Lapointe*], *Canadian Literature*, No. 86, Autumn 1980, p. 106-108.

8119. *GALLAYS, François, «*Couleur chair*», *Lettres québécoises*, nº 20, hiver 1980-1981, p. 98.

8120. *FADIN, Max, «*Couleur chair*», *Livres et auteurs québécois, 1980*, p. 124-126.

8121. *BONENFANT, Joseph, « Notes sur la poésie [*Couleur chair*] », *Voix et images*, vol. 6, nº 3, printemps 1981, p. 484-485.

8122. *BOUCHARD, Christian, «*Couleur chair*», *Estuaire*, nº 20, été 1981, p. 122-123.

8123. *BAYARD, Caroline, [*Couleur chair*], *University of Toronto Quarterly*, Vol. 50, No. 4, Summer 1981, p. 48.

8124. *BLAIS, Jacques, «*La Poésie québécoise, des origines à nos jours*», *Lettres québécoises*, nº 23, automne 1981, p. 42-44.

8125. *CHAMBERLAND, Roger et André GAULIN, «*La Poésie québécoise, des origines à nos jours*», *Québec français*, nº 43, octobre 1981, p. 18.

8126. *MÉLANÇON, Robert, [*La Poésie québécoise, des origines à nos jours*], *Liberté*, vol. 23, nº 6, novembre-décembre 1981, p. 95-101.

8127. *[ANONYME], «*La Poésie québécoise, des origines à nos jours*», *Réseau*, vol. 13, nº 3, novembre 1981, p. 27.

8128. *OUELLET, Réal, « L'Entreprise anthologique [*La Poésie québécoise, des origines à nos jours*] », *Lettres québécoises*, nº 24, hiver 1981-1982, p. 77-79.

8129. *LAROCHE, Pierre-Yvan, « Une anthologie indispensable [*La Poésie québécoise, des origines à nos jours*] », *Vie des arts*, vol. 26, nº 105, hiver 1981-1982, p. 82-83.

8130. *GIROUX, Robert, «*La Poésie québécoise, des origines à nos jours*», *Livres et auteurs québécois, 1981*, p. 87-88.

8131. *FISETTE, Jean, « '...Les Objets du trésor...'[*La Poésie québécoise, des origines à nos jours*] », *Voix et images*, vol. 7, nº 2, hiver 1982, p. 413-416.

8132. *GIGUÈRE, Richard, «*La Poésie québécoise, des origines à nos jours*», *Estuaire*, nº 23, printemps 1982, p. 113-116.

8133. NEPVEU, Pierre, « L'écriture ne se raconte pas », *Estuaire*, nº 23, printemps 1982, p. 108-112.

8134. [ANONYME], « Prix France-Canada », *Lettres québécoises*, nº 25, printemps 1982, p. 17.

8135. *BROCHU, André, « Rétrospectives et prospectives [*Couleur chair*] », *Voix et images*, vol. 7, nº 3, printemps 1982, p. 588-589.

8136. [ANONYME], « Prix France-Canada 1981 », *Bulletin de la Société de philosophie du Québec*, vol. 8, nº 1, avril 1982, p. 6.

8137. *SHEK, Ben-Z[ion], [*La Poésie québécoise, des origines à nos jours*], *University of Toronto Quarterly*, Vol. 51, No. 4, Summer 1982, p. 478-480.

8138. [ANONYME], « Prix France-Canada 1981 », *Écriture française dans le monde*, vol. 4, nº 1, août 1982, p. 64-65.

NÉRON, Denys

8139. *BOURNEUF, Roland, «*L'Équation sensible*», *Livres et auteurs québécois, 1979*, p. 150-152.

8140. *HÉBERT, François, « Denys Néron. Une poésie de science sûre [*L'Équation sensible*] », *Liberté*, vol. 22, nº 2, mars-avril 1980, p. 82-84.

8141. *MÉLANÇON, Robert, [*L'Équation sensible*], *Spirale*, nº 7, mars 1980, p. 12.

8142. *BONENFANT, Joseph, [*L'Équation sensible*], *Voix et images*, vol. 5, nº 3, printemps 1980, p. 609.

8143. *DE BELLEFEUILLE, Normand, « Du meilleur et du pire [*L'Équation sensible*] », *Spirale*, nº 9, mai 1980, p. 6.

8144. *Aquin, Pierre-Stéphane, «*L'Équation sensible*», *Le Bulletin Pantoute*, n⁰ 2, juin-juillet-août 1980, p. 6-7.

8145. Nepveu, Pierre, «La Poésie entre le nouveau et l'ancien [*L'Équation sensible*]», *Lettres québécoises*, n⁰ 18, été 1980, p. 29.

NEVERS, Edmond de [pseud. de Edmond Boisvert]

8146. Trépanier, Pierre, «Le Québec en Amérique : Edmond de Nevers ou la Quête d'une raison d'être», *L'Action nationale*, vol. 69, n⁰ 4, décembre 1979, p. 278-292.

8147. Simard, Sylvain, «L'Essai québécois au xixᵉ siècle», *Voix et images*, vol. 6, n⁰ 2, hiver 1981, p. 266-267.

NOËL, Michel

8148. *Laurin, Michel, «*Les Oiseaux d'été*», *Nos livres*, vol. 13, janvier 1982, n⁰ 38.

8149. *B[ricault], C[amille], [*Les Oiseaux d'été*], *Des livres et des jeunes*, vol. 5, n⁰ 13, automne 1982, p. 38.

NORMAND, Jacques [pseud. de Raymond Chouinard]

8150. *Lépine, Ginette, «*De Québec à Tizi-Ouzon*», *Livres et auteurs québécois*, *1980*, p. 305-307.

NORMAND, Pascal

8151. *[Anonyme], [*La Chanson québécoise, miroir d'un peuple*], *Québec Hebdo*, vol. 3, n⁰ 23, 22 juin 1981, p. 4.

8152. *Gaulin, André, «*La Chanson québécoise, miroir d'un peuple*», *Livres et auteurs québécois, 1981*, p. 311-313.

NORMAND-HUDON, Corinne

8153. *Lacoste, Francine, «*Pohénégamook*», *Lurelu*, vol. 5, n⁰ 1, printemps-été 1982, p. 7.

8154. *L[atreille]-H[uvelin], F[rance], [*Pohénégamook*], *Des livres et des jeunes*, vol. 5, n⁰ 13, automne 1982, p. 39.

OHL, Paul

8155. *[Anonyme], [*Knockout Inc.*], *L'Atulu*, vol. 1, n⁰ 2, mars 1979, p. 5.

8156. *Beaudoin, Léo, «*Knockout Inc.* », *Nos livres*, vol. 10, juin-juillet 1979, n⁰ 223.

8157. Thério, Adrien, «*Knockout Inc.* de Paul Ohl ou l'Intérieur du ring», *Lettres québécoises*, n⁰ 15, août-septembre 1979, p. 69-70.

8158. *Janoël, André, «*Le Dieu sauvage*», *Nos livres*, vol. 11, août-septembre 1980, n⁰ 265.

OLIER, Moïsette [pseud. de Corinne P. Beauchemin-Garceau]

8159. Rousseau, Guildo, «La Mauricie et ses romanciers», *Revue d'histoire littéraire du Québec et du Canada français*, n⁰ 3, hiver-printemps 1982, p. 53.

OLIVIER, Estelle

8160. Brodeur, Léo-A[rthur], «Entrevue. Estelle Olivier», *Grimoire*, vol. 2, n⁰ 1, 11 janvier 1979, p. 6-8.

O'NEIL, Jean

8161. *Provencher, Jean, «*Cap-aux-Oies*», *Le Bulletin Pantoute*, n⁰ 4, décembre 1980-janvier-février 1981, p. 9-10.
8162. *Marcotte, Gilles, « L'Évangile selon Jean O'Neil [*Cap-aux-Oies*] », *L'Actualité*, vol. 6, n⁰ 1, janvier 1981, p. 63.
8163. *Chartier, Monique, «*Cap-aux-Oies*», *Nos livres*, vol. 12, janvier 1981, n⁰ 36.
8164. *Chamberland, Roger, «*Cap-aux-Oies*», *Québec français*, n⁰ 42, mai 1981, p. 15-16.

OTIS, Gaston

8165. *Bellemare, Madeleine, «*Le Tabacinium*», *Nos livres*, vol. 10, octobre 1979, n⁰ 316.
8166. *Bellemare, Madeleine, «*Via Mirabel*», *Nos livres*, vol. 11, mai 1980, n⁰ 172.
8167. *Charette, Christiane, « Les Romans policiers [*Via Mirabel*] », *Lurelu*, vol. 4, n⁰ 4, hiver 1981, p. 21.

OUELLET, Lise

8168. *LaMothe, Jacques, «*Zoupic*», *Livres et auteurs québécois, 1981*, p. 249-250.

OUELLET, Réal

8169. *Lafon[-Weiss], Dominique, «*L'Univers du théâtre*», *Jeu*, n⁰ 10, hiver 1979, p. 131-134.
8170. *Godin, Jean-Cléo, «*L'Univers du théâtre*», *Québec français*, n⁰ 34, mai 1979, p. 9-10.
8171. *Féral, Josette, «*L'Univers du théâtre*», *Études littéraires*, vol. 13, n⁰ 3, décembre 1980, p. 569-571.

OUELLETTE, Fernand

8172. Ricard, François, « Amende honorable à Monsieur V. », *Liberté*, vol. 21, n⁰ 1, janvier-février 1979, p. 118-123.
8173. Gervais, Josane, « On nous écrit », *Lettres québécoises*, n⁰ 13, février 1979, p. 75.
8174. *Ouellette-Michalska, Madeleine, [*Tu regardais intensément Geneviève*], *Châtelaine*, vol. 20, n⁰ 3, mars 1979, p. 8.
8175. *Gauvin, Lise, [*Tu regardais intensément Geneviève*], *University of Toronto Quarterly*, Vol. 48, No. 4, Summer 1979, p. 338.
8176. *Laprés, Raymond, «*Écrire en notre temps*», *Nos livres*, vol. 10, octobre 1979, n⁰ 317.
8177. *Roy, Max, «*À découvert*», *Livres et auteurs québécois, 1979*, p. 153-156.
8178. *Amprimoz, Alexandre L., « Notes sur l'énonciation de *Tu regardais intensément Geneviève* de Fernand Ouellette », *Revue de l'Université de Moncton*, vol. 13, n⁰ 1-2, janvier-mai 1980, p. 125-127.
8179. *Bonenfant, Joseph, « Des désirs contre l'histoire [*Écrire en notre temps — À découvert*] », *Relations*, vol. 40, n⁰ 456, février 1980, p. 59-62.
8180. [Anonyme], « Fernand Ouellette. La Lumière sous l'abîme », *Voix et images*, vol. 5, n⁰ 3, printemps 1980, p. 483-495.
8181. Audet, Noël, « L'Irradiation poétique. Entretien avec Fernand Ouellette », *Voix et images*, vol. 5, n⁰ 3, printemps 1980, p. 435-475.
8182. Déry, Pierre-Justin, « Sur le trajet poétique de Fernand Ouellette », *Voix et images*, vol. 5, n⁰ 3, printemps 1980, p. 497-513.
8183. *Maugey, Axel, « Le Jardin secret de Fernand Ouellette [*À découvert*] », *Vie des arts*, vol. 25, n⁰ 99, été 1980, p. 81.
8184. *Marcotte, Gilles, « Ouellette et le peintre, Irving et l'écrivain [*La Mort vive*] », *L'Actualité*, vol. 5, n⁰ 8, août 1980, p. 60.
8185. Poulin, Gabrielle, « Le 'Saint', le 'Bon Sauvage' et le 'Chevalier' », *Lettres québécoises*, n⁰ 19, automne 1980, p. 18-22.

8186. *LABINE, Marcel, « Et la vraie mort, bordel ! [*La Mort vive*] », *Spirale*, n⁰ 12, octobre 1980, p. 13.

8187. ALMÉRAS, Diane, [*La Mort vive*], *Relations*, vol. 40, n⁰ 464, novembre 1980, p. 315.

8188. *LEBEL, Maurice, «*Écrire en notre temps*», *Canadian Literature*, No. 87, Winter 1980, p. 124-125.

8189. *NADEAU, Vincent, «*La Mort vive*», *Livres et auteurs québécois, 1980*, p. 53-56.

8190. *RENAUD, Normand, «*Écrire en notre temps*», *Livres et auteurs québécois, 1980*, p. 307-310.

8191. *BOURQUE, Paul-André, [*La Mort vive*], *University of Toronto Quarterly*, Vol. 50, No. 4, Summer 1981, p. 24-25.

8192. *DE BELLEFEUILLE, Normand, [*En la nuit, la mer*], *Spirale*, [n⁰ 21], septembre 1981, p. 4-5.

8193. *NEPVEU, Pierre, « Feu la modernité ? [*En la nuit, la mer*] », *Lettres québécoises*, n⁰ 23, automne 1981, p. 32.

8194. *LÉPINE, Stéphane, «*En la nuit, la mer*», *Nos livres*, vol. 12, novembre 1981, n⁰ 449.

8195. *[ANONYME], «*La Mort vive*», *Écriture française dans le monde*, vol. 3, n⁰ 2-3, décembre 1981, p. 123.

8196. *CLÉMENT, Michel, «*En la nuit, la mer*», *Livres et auteurs québécois, 1981*, p. 100-101.

8197. MALENFANT, Paul-Chanel, « [Présentation de sa thèse de doctorat], La Partie et le tout. Parcours de lecture chez Fernand Ouellette et Roland Giguère », *Revue d'histoire littéraire du Québec et du Canada français*, n⁰ 3, hiver-printemps 1982, p. 146-148.

8198. *ALMÉRAS, Diane, « Entre l'écrire et le vivre [*En la nuit, la mer*] », *Relations*, vol. 42, n⁰ 478, mars 1982, p. 75.

8199. *BROCHU, André, « Rétrospectives et prospectives [*En la nuit, la mer*] », *Voix et images*, vol. 7, n⁰ 3, printemps 1982, p. 584-585.

8200. *BAYARD, Caroline, [*En la nuit, la mer*], *University of Toronto Quarterly*, Vol. 51, No. 4, Summer 1982, p. 366.

OUELLETTE, Michel

8201. *LAROCQUE, Pierre-A., «*À partir d'une métaphore (I, II, III)* », *Jeu*, n⁰ 22, 1ᵉʳ trimestre 1982, p. 123-128.

OUELLETTE-MICHALSKA, Madeleine

8202. *DIONNE, André, «*Le Plat de lentilles*», *Livres et auteurs québécois, 1979*, p. 67-68.

8203. *DIONNE, André, «*La Femme de sable*», *Livres et auteurs québécois, 1979*, p. 66-67.

8204. *HAECK, Philippe, « Blessures [*Le Plat de lentilles*] », *Spirale*, n⁰ 6, février 1980, p. 15, 2.

8205. *CORRIVEAU, Hugues, [*Le Plat de lentilles*], *La Nouvelle Barre du jour*, n⁰ 90-91, mai 1980, p. 202-203.

8206. OUELLETTE-MICHALSKA, Madeleine, « Échange autour d'un plat de lentilles », *Lettres québécoises*, n⁰ 18, été 1980, p. 70-72.

8207. THÉRIO, Adrien, « Lettre à Madeleine Ouellette-Michalska. Sujet : *Le Plat de lentilles* », *Lettres québécoises*, n⁰ 18, été 1980, p. 69-70.

8208. *GAUVIN, Lise, [*Le Plat de lentilles*], *University of Toronto Quarterly*, Vol. 49, No. 4, Summer 1980, p. 338.

8209. *ALONZO, Anne-Marie, «*La Femme de sable — Le Plat de lentilles*», *La Gazette des femmes*, vol. 2, n⁰ 5, octobre 1980, p. 4.

8210. *DORION, Gilles, «*La Femme de sable*», *Québec français*, n⁰ 41, mars 1981, p. 11.

8211. *VOLDENG, Évelyne, «*Le Plat de lentilles*», *Dérives*, n⁰ 28, 2ᵉ trimestre 1981, p. 61-63.

8212. OUELLETTE-MICHALSKA, Madeleine, « Pourquoi elles écrivent », *Québec français*, n⁰ 42, mai 1981, p. 36-37.

8213. *PAYEUR-MINOT, Gaétane, «*La Femme de sable*», *Nos livres*, vol. 12, juin-juillet 1981, n⁰ 303.

8214. *R[oss], J[ules], «L'Échappée des discours de l'Oeil», Focus, n° 43-44, juillet-août 1981, p. 73.

8215. Haeck, Philippe, « Autour de l'origine. Entrevue avec Madeleine Ouellette-Michalska sur l'Échappée des discours de l'Oeil», Lettres québécoises, n° 23, automne 1981, p. 73-76.

8216. *Louthood, Louise, «L'Échappée des discours de l'Oeil», Dérives, n° 29-30, 4ᵉ trimestre 1981, p. 104-106.

8217. *Escomel, Gloria, «L'Échappée des discours de l'Oeil», Féminin pluriel, vol. 1, n° 2, octobre 1981, p. 47.

8218. *Corriveau, Hugues, « L'Oeil légal [L'Échappée des discours de l'Oeil] », La Nouvelle Barre du jour, n° 107, novembre 1981, p. 90-92.

8219. *Corriveau, Hugues, «Entre le souffle et l'aine», Livres et auteurs québécois, 1981, p. 117-118.

8220. *L'Hérault, Pierre, «L'Échappée des discours de l'Oeil», Livres et auteurs québécois, 1981, p. 313-316.

8221. *Gaudet, Gérald, « Une archéologie de l'écriture [L'Échappée des discours de l'Oeil] », Grimoire, vol. 5, n° 1, janvier 1982, p. 5.

8222. *Thomas, Réjean, «Entre le souffle et l'aine», Nos livres, vol. 13, mars 1982, n° 142.

8223. *Dubé, Cécile, «L'Échappée des discours de l'Oeil», Québec français, n° 45, mars 1982, p. 13.

8224. *De Bellefeuille, Normand, « Pour lire l'univers [Entre le souffle et l'aine] », Spirale, n° 23, mars 1982, p. 4.

8225. *Giguère, Richard, [L'Échappée des discours de l'Oeil — Entre le souffle et l'aine], Lettres québécoises, n° 25, printemps 1982, p. 40-41.

8226. Vigneault, Robert, « Du règne de Phallus à l'avènement d'une humanité intégrale. Un grand essai ironique, subversif, troublant de Madeleine Ouellette-Michalska : l'Échappée des discours de l'Oeil», Lettres québécoises, n° 25, printemps 1982, p. 79-81.

8227. *Audet, Noël, «L'Échappée des discours de l'Oeil», Voix et images, vol. 7, n° 3, printemps 1982, p. 591-593.

8228. *Voldeng, Évelyne, «Entre le souffle et l'aine», Dérives, n° 33, 2ᵉ trimestre 1982, p. 65-67.

8229. *Bayard, Caroline, [Entre le souffle et l'aine], University of Toronto Quarterly, Vol. 51, No. 4, Summer 1982, p. 363.

8230. [Anonyme], « Profils », Écriture française dans le monde, vol. 4, n° 1, août 1982, p. 54.

8231. [Anonyme], « Prix littéraires du Gouverneur général 1981 », Grimoire, vol. 5, n° 6, août-septembre 1982, p. 19.

8232. Homel, David [Toby], « Quebec G. G. Winner : Utopian Feminist Among the Phallocrats », Quill and Quire, Vol. 48, No. 8, August 1982, p. 29.

8233. [Anonyme], « Prix du Gouverneur général 198[1] », Lettres québécoises, n° 27, automne 1982, p. 15.

8234. *Brochu, André, « En état de poésie [Entre le souffle et l'aine] », Voix et images, vol. 8, n° 1, automne 1982, p. 162-163.

OUVRARD, Hélène

8235. Collet, Paulette, « Les Romancières québécoises des années 60 face à la maternité », Atlantis, Vol. 5, No. 2, Spring 1980, p. 131-141.

8236. *Dorion, Gilles, «La Noyante», Livres et auteurs québécois, 1980, p. 56-57.

8237. *Lasnier, Louis, «L'Herbe et le varech», Nos livres, vol. 12, février 1981, n° 95.

8238. *Stanton, Julie, « Voilà la culture ! [La Noyante] », La Gazette des femmes, vol. 2, n° 8, mars 1981, p. 4.

8239. *Corriveau, Hugues, « Quand les romans ont de la culture [La Noyante] », Spirale, n° 17, mars 1981, p. 8-9.

8240. Ouvrard, Hélène, « Poème/Gravure. Les Éditions de la Maison », Cahiers des arts visuels du Québec, vol. 3, n° 9, printemps 1981, p. 12-13.

8241. *Bettinoti, Julia, «La Noyante», Voix et images, vol. 6, n° 3, printemps 1981, p. 491-492.

8242. *OUELLETTE-MICHALSKA, Madeleine, « Voyageries intérieures [*La Noyante*] », *Châtelaine*, vol. 22, n⁰ 4, avril 1981, p. 32.

8243. [ANONYME], « 1980 Governor General's Literary Awards », *Parallelogramme*, Vol. 6, No. 5, May-June 1981, p. 33.

8244. [ANONYME], [Biographie — Bibliographie], *Nos livres*, vol. 12, juin-juillet 1981, [s.p.].

8245. DESJARDINS, Normand, «*La Noyante* d'H. Ouvrard [Entrevue] », *Nos livres*, vol. 12, juin-juillet 1981, [s.p.].

8246. *DESJARDINS, Normand, «*La Noyante*», *Nos livres*, vol. 12, juin-juillet 1981, n⁰ 304.

8247. LORD, Michel, « L'Espace du rêve ou les Romans d'Hélène Ouvrard », *Lettres québécoises*, n⁰ 24, hiver 1981-1982, p. 25-28.

8248. [ANONYME], [Prix du 10ᵉ Concours d'oeuvres dramatiques radiophoniques de Radio-Canada], *Lettres québécoises*, n⁰ 27, automne 1982, p. 16.

8249. OUVRARD, Hélène, « Pourquoi j'écris », *Québec français*, n⁰ 47, octobre 1982, p. 33.

PAGÉ, Pierre

8250. *NADEAU, Vincent, «*Le Comique et l'humour à la radio québécoise*, vol. 2 », *Livres et auteurs québécois, 1979*, p. 246-247.

8251. *HAYNE, David M., [*Répertoire des dramatiques québécoises à la télévision, 1952-1977*], *Canadian Literature*, No. 85, Summer 1980, p. 118-119.

8252. OUELLET, Réal, «*Le Comique et l'humour à la radio québécoise* par Pierre Pagé et Renée Legris », *Lettres québécoises*, n⁰ 19, automne 1980, p. 64-66.

8253. *RUSSELL, D.W., « Du théâtre à la radio et de la radio au théâtre [*Le Comique et l'humour à la radio québécoise*] », *Canadian Drama/L'Art dramatique canadien*, Vol. 7, No. 1, Spring 1981, p..

8254. *WEISS, Jonathan M., «*Le Comique et l'humour à la radio québécoise*», *Canadian Literature*, No. 88, Spring 1981, p. 122.

8255. *DOUCETTE, L[éonard] E., [*Répertoire des dramatiques québécoises à la télévision, 1952-1977*], *University of Toronto Quarterly*, Vol. 50, No. 4, Summer 1981, p.180.

8256. *DOUCETTE, L[éonard] E., [*Répertoire des oeuvres de la littérature radiophonique québécoise, 1930-1970*], *University of Toronto Quarterly*, Vol. 50, No. 4, Summer 1981, p. 178.

8257. *DOUCETTE, L[éonard] E., [*Le Comique et l'humour à la radio québécoise*], *University of Toronto Quarterly*, Vol. 50, No. 4, Summer 1981, p. 180-181.

PAGEAU, René

8258. *GIGUÈRE, Richard, «*Rencontres avec Simone Routier* suivies des *Lettres d'Alain Grandbois*», *Livres et auteurs québécois, 1979*, p. 247-248.

PAIEMENT, André

8259. BOURASSA, André-G[illes], « Prendre la parole pour se (faire) connaître », *Liaison*, n⁰ 5-6, mai 1979, p. 19.

8260. BRUNET-LAMARCHE, Anita, « Prise de parole, 1972-1982. Auteurs et oeuvres. Biobibliographie », *Revue du Nouvel Ontario*, n⁰ 4, 1982, p. 36.

8261. *DICKSON, Robert, [*La Vie et les temps de Médéric Boileau — Lavalléville*], *Revue du Nouvel Ontario*, n⁰ 4, 1982, p. 54-57.

PANNETON, Danièle

8262. *DIONNE, André, « Le Théâtre qu'on joue : *Stand-By*», *Lettres québécoises*, n⁰ 23, automne 1981, p. 40.

8263. *[ANONYME], «*Stand-By*», *CEAD. Dramaturgies nouvelles*, vol. 3, n⁰ 2, décembre 1981, p. 9.

PANNETON, Philippe [pseud. : Ringuet]

8264. HATHORN, Ramon, « Angles on Saxons : A Study of the Anglo-Saxon in Québec Fiction », *Journal of Canadian Fiction*, No. 25-26, 1979, p. 273.

8265. IMBERT, Patrick, *«Trente Arpents* ou le Pastiche masqué ? », *Lettres québécoises*, n⁰ 15, août-septembre 1979, p. 40-41.

8266. LEMIRE, Maurice, « Le Roman québécois des moeurs urbaines », *Québec français*, n⁰ 36, décembre 1979, p. 56-57.

8267. SOCKEN, Paul, « The Narrative Structure of *Trente Arpents* », *Canadian Literature*, No. 86, Autumn 1980, p. 152-156.

8268. *HATHORN, Ramon, [*Trente Arpents*], *Voix et images*, vol. 6, n⁰ 1, automne 1980, p. 109-110.

8269. R[ICARD], F[rançois], « Petite Histoire scandaleuse », *Liberté*, vol. 24, n⁰ 2, mars-avril 1982, p. 104-105.

8270. ROUSSEAU, Guildo et Jean LAPRISE, « Le Discours du sol dans le roman mauricien de 1850 à 1950 », *Cahiers de géographie du Québec*, vol. 26, n⁰ 67, avril 1982, p. 121-137.

PAPILLON, Adolphe

8271. *LAPRÉS, Raymond, *«Gustave, je...* », *Nos livres*, vol. 10, mai 1979, n⁰ 202.

PAPINEAU, Amédée

8272. *BEAUDOIN, Léo, *«Journal d'un fils de la liberté réfugié aux États-Unis, par suite de l'Insurrection canadienne, en 1837,* t. 3 », *Nos livres*, vol. 10, janvier 1979, n⁰ 15.

PAQUETTE, Jean-Marcel [pseud. : Jean Marcel]

8273. *DORION, Gilles, *«Le Québec par ses textes littéraires (1534-1976)* », *Québec français*, n⁰ 35, octobre 1979, p. 13-14.

8274. *BERTHIAUME, Pierre, [*Le Québec par ses textes littéraires, (1534-1976)*], *Recherches sociographiques*, vol. 21, n⁰ 1-2, janvier-août 1980, p. 210-212.

8275. *BROSSARD, Luce, [*Le Québec par ses textes littéraires, (1534-1976)*], *Vie pédagogique*, n⁰ 6, février 1980, p. 31.

8276. *A[LLARD], J[acques], [*Le Québec par ses textes littéraires, (1534-1976)*], *Voix et images*, vol. 5, n⁰ 3, printemps 1980, p. 621.

8277. *CHARTIER, Monique, *«Le Québec par ses textes littéraires, (1534-1976)* », *Nos livres*, vol. 11, octobre 1980, n⁰ 307.

8278. *CAMERLAIN, Lorraine, *«Le Québec par ses textes littéraires, (1534-1976)* », *Livres et auteurs québécois, 1980*, p. 201-202.

8279. *TOUSIGNANT, Claude, *«Le Joual de Troie* », *Livres et auteurs québécois, 1982*, p. 215-216.

PAQUIN, Elzéar

8280. OSACHOFF, Margaret Gail, « Riel on Stage [*Riel*] », *Canadian Drama/L'Art dramatique canadien*, Vol. 8, No. 2, [Fall] 1982, p. 132-133.

PAQUIN, Ubald [pseud. : Prosper Brisebois, Alcide Matagan]

8281. IMBERT, Patrick, *«Jules Faubert* d'Ubald Paquin et le roman populaire », *Lettres québécoises*, n⁰ 17, printemps 1980, p. 44-45.

PAQUIN, Wilfrid [pseud. : Charles Lorenzo]

8282. *LANGLOIS, Michelle, *«Contes et récits* de Charles Lorenzo. Une pseudo-littérature morbide », *Québec français*, n⁰ 45, mars 1982, p. 80-81.

8283. LORENZO, Charles, « Réponse à Michelle Langlois », *Québec français*, n° 46, mai 1982, p. 19.

PARADIS, Suzanne

8284. *[ANONYME], [*Miss Charlie*], *L'Atulu*, vol. 1, n° 8, décembre 1979, p. 9.

8285. BOURQUE, Paul-André, « Suzanne Paradis, poète, romancier et critique. Vingt Ans d'écriture », *Lettres québécoises*, n° 16, hiver 1979-1980, p. 59-61, 63-65.

8286. *GUÈVREMONT, Lise, *«Les Chevaux de verre»*, *Livres et auteurs québécois, 1979*, p. 157-158.

8287. *JANOËL, André, *«Les Chevaux de verre»*, *Nos livres*, vol. 11, mars 1980, n° 91.

8288. *OUELLETTE-MICHALSKA, Madeleine, [*Miss Charlie*], *Châtelaine*, vol. 21, n° 4, avril 1980, p. 12.

8289. *LAPRÉS, Raymond, *«Miss Charlie»*, *Nos livres*, vol. 11, avril 1980, n° 130.

8290. LAPRÉS, Raymond, [Entrevue], *Nos livres*, vol. 11, avril 1980, [p. 4-9].

8291. *DORION, Gilles, *«Miss Charlie»*, *Québec français*, n° 38, mai 1980, p. 10.

8292. *GAULIN, André, *«Les Chevaux de verre»*, *Québec français*, n° 38, mai 1980, p. 13.

8293. BOURASSA, André-G[illes], « Rapprochements », *Lettres québécoises*, n° 18, été 1980, p. 30-32.

8294. BOURQUE, Paul-André, « Qui êtes-vous Miss Charlie ? », *Lettres québécoises*, n° 18, été 1980, p. 16-18.

8295. *GAUVIN, Lise, [*Miss Charlie*], *University of Toronto Quarterly*, Vol. 49, No. 4, Summer 1980, p. 341.

8296. *OUELLETTE-MICHALSKA, Madeleine, [*Les Chevaux de verre*], *Châtelaine*, vol. 21, n° 7, juillet 1980, p. 8.

8297. CÔTÉ, Claire et François VASSEUR, « Atteindre la simplicité de l'irréel et de l'impossible », *Le Bulletin Pantoute*, n° 3, septembre-octobre-novembre 1980, p. 30-31.

8298. *DORION, Gilles, *«Miss Charlie»*, *Livres et auteurs québécois, 1980*, p. 57-59.

8299. *CHAMBERLAND, Roger, « Entrevue. Suzanne Paradis », *Québec français*, n° 41, mars 1981, p. 41-43.

8300. CHAMBERLAND, Roger, « Aux sources d'une écriture poétique », *Québec français*, n° 41, mars 1981, p. 45-46.

8301. DORION, Gilles, « L'Univers romanesque. La Difficile Quête du bonheur », *Québec français*, n° 41, mars 1981, p. 46-48.

8302. DUBÉ, Cécile, « Lire la poésie. Découvrir *Miss Charlie* de Suzanne Paradis », *Québec français*, n° 41, mars 1981, p. 44.

8303. VERDUYN, Christl, « Looking Back to Lot's Wife [*Emmanuelle en noir*] », *Atlantis*, Vol. 6, No. 2, Spring 1981, p. 44.

8304. *VISWANATHAN, Jacqueline, [*Adrienne Choquette lue par Suzanne Paradis*], *Canadian Literature*, No. 88, Spring 1981, p. 108-109.

8305. *LAFORTUNE, Aline, *«Il ne faut pas sauver les hommes»*, *Nos livres*, vol. 12, décembre 1981, n° 513.

8306. *MERLER, Grazia, *«Miss Charlie»*, *Canadian Literature*, No. 91, Winter 1981, p. 120-122.

8307. *MILOT, Louise, *«Les Hauts Cris»*, *Livres et auteurs québécois, 1981*, p. 68-70.

8308. *MILOT, Louise, *«Il ne faut pas sauver les hommes»*, *Livres et auteurs québécois, 1981*, p. 70-72.

8309. *LÉPINE, Stéphane, *«Les Hauts Cris»*, *Nos livres*, vol. 13, février 1982, n° 77.

8310. *L[ÉVESQUE], G[aëtan], *«Les Hauts Cris»*, *Lettres québécoises*, n° 25, printemps 1982, p. 94.

8311. *TURCOTTE, Jeanne, *«Les Hauts Cris»*, *Québec français*, n° 47, octobre 1982, p. 9.

8312. *JANOËL, André, *«Emmanuelle en noir»*, *Nos livres*, vol. 13, novembre 1982, n° 434.

8313. *BELLEMARE, Yvon, *«Les Hauts Cris»*, *Canadian Literature*, No. 95, Winter 1982, p. 113-115.

8314. *L[ÉVESQUE], G[aëtan], «*Emmanuelle en noir*», *Lettres québécoises*, n° 28, hiver 1982-1983, p. 83.

8315. *MILOT, Louise, «*Emmanuelle en noir*», *Livres et auteurs québécois, 1982*, p. 69-71.

PARATTE, Henri-Dominique

8316. [ANONYME], « Quelques Nouvelles d'Acadie. [Prix littéraire du Canton de Berne, Suisse] », *Union des écrivains québécois*, vol. 1, n° 3, mai 1980, p. [4].

PARÉ, Paul

8317. *JANOËL, André, «*L'Antichambre et autres métastases*», *Nos livres*, vol. 10, mars 1979, n° 115.

8318. *MUNGER, Martin, «*Comme un cheval sur la soupe*», *Focus*, n° 23, juin 1979, p. 52.

8319. *PAGÉ, Raymond, [*L'Improbable Autopsie*], *Chelsea Journal*, Vol. 5, No. 5, September-October 1979, p. 232.

8320. *CORRIVEAU, Hugues, « Le Biocreux : où l'écriture se livre [*Comme un cheval sur la soupe*] », *La Nouvelle Barre du jour*, n° 82, octobre 1979, p. 90-92.

8321. *DIONNE, André, «*Comme un cheval sur la soupe — Les Fables de l'entonnoir*», *Livres et auteurs québécois, 1979*, p. 68-69.

8322. *OUELLETTE-MICHALSKA, Madeleine, [*Les Fables de l'entonnoir*], *Châtelaine*, vol. 21, n° 3, mars 1980, p. 36.

8323. *CORRIVEAU, Hugues, [*Les Fables de l'entonnoir*], *La Nouvelle Barre du jour*, n° 90-91, mai 1980, p. 200-202.

8324. *LEROUX, Georges, «*Ils. Essai-fiction suivi de Les Entretiens de patience différée*», *Livres et auteurs québécois, 1980*, p. 310-311.

8325. *DIONNE, André, «*Ils suivi de Les Entretiens de patience différée*», *Nos livres*, vol. 12, janvier 1981, n° 37.

8326. *MINOT, René, «*Comme un cheval sur la soupe*», *Nos livres*, vol. 12, mai 1981, n° 248.

8327. *DESJARDINS, Normand, «*La Vengeance du couteau à mastic*», *Nos livres*, vol. 12, juin-juillet 1981, n° 305.

PARÉ, Yvon

8328. *[ANONYME], [*Le Violoneux*], *L'Atulu*, vol. 1, n° 3, avril 1979, p. 10.

8329. *MUNGER, Martin, «*Le Violoneux*», *Focus*, n° 24-25, juillet-août 1979, p. 111.

8330. PARÉ, Yvon, « Un village rien qu'à soi, dans sa tête », *Focus*, n° 24-25, juillet-août 1979, p. 21-23.

8331. *DORION, Gilles, «*Le Violoneux*», *Québec français*, n° 35, octobre 1979, p. 9-10.

8332. PARÉ, Yvon, « Autoportrait », *Québec français*, n° 36, décembre 1979, p. 54-55.

8333. *DORION, Gilles, «*Le Violoneux*», *Livres et auteurs québécois, 1979*, p. 70-71.

8334. BOURGEOIS, Jean-Marc, « Prix littéraire de la Bibliothèque centrale de prêt du Saguenay-Lac-Saint-Jean », *Nouvelles de l'ASTED*, n° 125, mars-avril-mai-juin 1980, p. 42-43.

8335. *DESJARDINS, Normand, «*La Mort d'Alexandre*», *Nos livres*, vol. 13, juin-juillet 1982, n° 295.

8336. PAGÉ, Jocelyn, « L'écrivain doit se mettre à la recherche de son peuple comme un être responsable [Entrevue] », *Résistances*, n° 2, été-automne 1982, p. 20-23, 29-30.

8337. *BOIVIN, Aurélien, «*La Mort d'Alexandre*», *Québec français*, n° 47, octobre 1982, p. 6.

8338. *CORRIVEAU, Hugues, « Du pire et du meilleur [*La Mort d'Alexandre*] », *Spirale*, n° 29, novembre 1982, p. 6.

8339. *CHASSÉ, Dominique, «*La Mort d'Alexandre*», *Livres et auteurs québécois, 1982*, p. 70-73.

PARENT, Étienne

8340. SIMARD, Sylvain, « L'Essai québécois au XIXᵉ siècle », *Voix et images*, vol. 6, n° 2, hiver 1981, p. 262-263.

PARENT, Gail

8341. MOUFFE, [*Le Fils-Mère*], *Nous*, vol. 7, n° 4, septembre 1979, p. 86-87.

PARENTEAU, Suzanne

8342. *[ANONYME], [*Les petits matins pluvieux racontent*], *Grimoire*, vol. 3, n° 2, février 1980, p. 15.
8343. *YERGEAU, Robert, « Suzanne Parenteau raconte [*Les petits matins pluvieux racontent*] », *Grimoire*, vol. 3, n° 2, février 1980, p. 7.

PARIZEAU, Alice [née Poznanska]

8344. *LIGONDÉ, Paultre, [*L'Envers de l'enfance*], *Revue des sciences de l'éducation*, vol. 6, n° 2, printemps 1980, p. 416-420.
8345. *CANTIN, Léonce, «*Les lilas fleurissent à Varsovie* », *Livres et auteurs québécois, 1981*, p. 72-74.
8346. *GUAY, Jacques, «*Les lilas fleurissent à Varsovie* », *Nuit blanche*, n° 6, printemps-été 1982, p. 18.
8347. *GODBOUT, Jacques, « La Pologne d'Alice Parizeau, d'une libération à l'autre [*Les lilas fleurissent à Varsovie*] », *L'Actualité*, vol. 7, n° 4, avril 1982, p. 118-119.
8348. *OUELLETTE-MICHALSKA, Madeleine, «*Les lilas fleurissent à Varsovie* », *Châtelaine*, vol. 23, n° 6, juin 1982, p. 12.
8349. [ANONYME], «*Les lilas fleurissent à Varsovie* [Prix européen 1982 de l'Association des écrivains de langue française] », *Québec Hebdo*, vol. 4, n° 25, 12 juillet 1982, p. 4.
8350. [ANONYME], [Prix européen de l'Association des écrivains de langue française], *Lettres québécoises*, n° 27, automne 1982, p. 16.
8351. MCKAY, Shona, [Alice Parizeau], *Maclean's*, Vol. 95, No. 46, November 15, 1982, p. 50.
8352. *ALMÉRAS, Diane, « Écrivains de la liberté [*Les lilas fleurissent à Varsovie*] », *Relations*, vol. 42, n° 486, décembre 1982, p. 337-338.
8353. *SCHWARTZWALD, Robert, «*La Charge des sangliers* », *Livres et auteurs québécois, 1982*, p. 73-75.

PARIZEAU, Gérard

8354. *NOMERENGE, Anne de, «*La Chronique des Fabre* », *Relations*, vol. 39, n° 445, février 1979, p. 63.
8355. *BERNARD, Jean-Paul, «*Les Dessaulles, seigneurs de Saint-Hyacinthe. Chronique maskoutaine du XIXᵉ siècle* », *Revue d'histoire de l'Amérique française*, vol. 33, n° 2, septembre 1979, p. 272-273.
8356. *CANTIN, Léonce, «*La Vie studieuse et obstinée de Denis-Benjamin Viger* », *Québec français*, n° 41, mars 1981, p. 16.

PASCAL, Gabrielle

8357. *LAFLÈCHE, Guy, [*Le Défi d'Albert Laberge — La Quête de l'identité chez André Langevin*], *The Canadian Modern Language Review/La Revue canadienne des langues vivantes*, Vol. 36, No. 1, October 1979, p. 125-126.
8358. *SHEK, Ben-Z[ion], [*La Quête de l'identité chez André Langevin — Le Défi d'Albert Laberge*], *University of Toronto Quarterly*, Vol. 49, No. 4, Summer 1980, p. 471-472.

PASCHAL [pseud. de Edmond Grignon]

8359. GOUIN, Jacques, « Littérature des pays d'en haut. Edmond Grignon (Vieux Doc) (1861-1939) », *Cahiers d'histoire des pays d'en haut*, vol. 4, n° 15, septembre 1982, p. 32-35.

PASQUET, Jacques

8360. *C[HAMPAGNE]-B[OULAIS], D[anielle], [*Des animaux pour rire*], *Des livres et des jeunes*, vol. 5, n⁰ 13, automne 1982, p. 39.

8361. *LEDOUX, Danielle, «*Des animaux pour rire*», *Lurelu*, vol. 5, n⁰ 3, hiver 1982, p. 10.

PATAR, Benoît

8362. *LAPRÉS, Raymond, «*Papiers spirituels*», *Nos livres*, vol. 13, juin-juillet 1982, n⁰ 296.

PAUL, Marie-Virginie

8363. *STANTON, Julie, «*De temps en temps*», *La Gazette des femmes*, vol. 3, n⁰ 7, mars-avril 1982, p. 4-5.

PAVEL, Thomas

8364. *AMPRIMOZ, Alexandre L., « The Possible Worlds of Thomas Pavel [*Le Miroir persan*] », *Event*, Vol. 8, No. 2, 1979, p. 147-149.

8365. *RUBINGER, Catherine, [*Le Miroir persan*], *Canadian Literature*, No. 84, Spring 1980, p. 118-120.

8366. *BÉLIL, Michel, « Une chausse-trappe savante [*Le Miroir persan*] », *Imagine*, vol. 3, n⁰ 4, été 1982, p. 114-116.

PAVOT, Henri

8367. *LÉPINE, Stéphane, «*Le Chant du romarin*», *Nos livres*, vol. 13, février 1982, n⁰ 78.

PAYETTE, Lise

8368. *[ANONYME], «*Le Pouvoir? Connais pas!*», *Québec Hebdo*, vol. 4, n⁰ 16, 10 mai 1982, p. 4.

8369. *FABIANI, Christiane, «*Le Pouvoir? Connais pas!*», *Féminin pluriel*, vol. 2, n⁰ 3, juin 1982, p. 31, 45.

8370. *BELLEMARE, Madeleine, «*Le Pouvoir? Connais pas!*», *Nos livres*, vol. 13, juin-juillet 1982, n⁰ 297.

8371. *YANACOPOULO, Andrée, « Le Scandale de l'innocence [*Le Pouvoir? Connais pas !*] », *Spirale*, n⁰ 27, septembre 1982, p. 3.

8372. *MAJOR, Jean-Louis, « Des images au mirage, aller et retour. *Le Pouvoir? Connais pas !* », *Lettres québécoises*, n⁰ 27, automne 1982, p. 79-80.

PELLERIN, Gilles

8373. *VONARBURG, Élisabeth, «*Les Sporadiques Aventures de Guillaume Untel*», *Solaris*, vol. 8, n⁰ 2, mars-avril 1982, p. 7.

8374. *COSSETTE, Gilles, «*Les Sporadiques Aventures de Guillaume Untel*», *Lettres québécoises*, n⁰ 27, automne 1982, p. 29-30.

8375. *D'ALFONSO, Antonio, «*Les Sporadiques Aventures de Guillaume Untel*», *Nos livres*, vol. 13, décembre 1982, n⁰ 478.

8376. *CHASSAY, J[ean]-F[rançois], «*Les Sporadiques Aventures de Guillaume Untel*», *Livres et auteurs québécois, 1982*, p. 75-76.

PELLERIN, Jean

8377. *[ANONYME], «*Au pays de Pépé Moustache*», *Québec Hebdo*, vol. 3, n⁰ 6, 23 février 1981, p. 4.

8378. *LAURIN, Michel, «*Au pays de Pépé Moustache*», *Nos livres*, vol. 12, mai 1981, n⁰ 249.

354

8379. *[Anonyme], «*Au pays de Pépé Moustache*», *L'Atulu*, vol. 3, n° 7 [*sic*], août-septembre 1981, p. 7.
8380. *[Anonyme], «*Au pays de Pépé Moustache*», *Écriture française dans le monde*, vol. 3, n° 2-3, décembre 1981, p. 123.

PELLETIER, Aimé [pseud. : Bertrand Vac]

8381. Choul, Jean-Claude et Michel de Smet, [*Histoires galantes*], *Voix et images*, vol. 6, n° 1, automne 1980, p. 136-139.
8382. Rousseau, Guildo, « La Mauricie et ses romanciers », *Revue d'histoire littéraire du Québec et du Canada français*, n° 3, hiver-printemps 1982, p. 53.

PELLETIER, Albert

8383. Giroux, Robert, « Notion et/ou fonctions de la littérature (nationale québécoise) au XXᵉ siècle », *Voix et images*, vol. 5, n° 1, automne 1979, p. 87-116, p. 90-91.

PELLETIER, Denis

8384. *[Anonyme], «*L'Arc-en-soi*», *Québec Hebdo*, vol. 3, n° 29, 3 août 1981, p. 4.
8385. Vigneault, Robert, « Pour un ressourcement psychique. *L'Arc-en-soi* de Denis Pelletier », *Lettres québécoises*, n° 24, hiver 1981-1982, p. 73-76.

PELLETIER, Denise

8386. *Legris, Nadia, «*Vous n'étiez qu'un mirage*», *Nos livres*, vol. 12, mars 1981, n° 149.

PELLETIER, Jean-Jacques

8387. [Anonyme], « Prix Robert-Cliche », *Bulletin de la Société de philosophie du Québec*, vol. 8, n° 2, septembre 1982, p. 5.

PELLETIER, Louise

8388. *La Mothe, Jacques, «*J'aime Claire — Pipi dans le pot — Dors petit ours — Mes cheveux*», *Livres et auteurs québécois*, 1982, p. 224.

PELLETIER, Mario

8389. [Anonyme], «*Ariane pour sortir du temps*», *Lettres québécoises*, n° 17, printemps 1980, p. 9.

PELLETIER, Maryse

8390. *Dionne, André, « Le Théâtre qu'on joue : *À qui le p'tit coeur après neuf heures et demie ?* au Théâtre d'Aujourd'hui », *Lettres québécoises*, n° 18, été 1980, p. 36.
8391. *Stanton, Julie, «*Mousse*. Entre les laveuses et les sécheuses... la fantaisie et le rire ! », *La Gazette des femmes*, vol. 2, n° 7, février 1981, p. 5.
8392. *Dionne, André, « Le Théâtre qu'on joue : *Mousse* au Théâtre des Voyagements », *Lettres québécoises*, n° 21, printemps 1981, p. 34.
8393. Cusson, Normand, [*Mausse*], *Clin d'oeil*, n° 12, septembre 1981, p. 16.
8394. *Camerlain, Lorraine, «*Mousse* : 'leurre' humour », *La Vie en rose*, [vol. 2, n° 4], décembre 1981-janvier-février 1982, p. 55.
8395. *Richard, Alain-Martin, «*À qui le p'tit coeur après neuf heures et demie ?* », *Intervention*, n° 14, février 1982, p. 13-14.
8396. *Gruslin, Adrien, « Quand les textes dramatiques laissent à désirer [*Du poil aux pattes comme les cwacs*] », *Spirale*, n° 26, juin 1982, p. 11.

8397. *Dionne, André, « Le Théâtre qu'on joue : *Du poil aux pattes comme les cwacs* », *Lettres québécoises*, n⁰ 26, été 1982, p. 48.

8398. *Dionne, André, « Le Théâtre qu'on joue : *Léda ou le Cheval qui rêve* », *Lettres québécoises*, n⁰ 27, automne 1982, p. 49.

8399. *[Anonyme], « Théâtre de l'Île, volet femmes. *Du poil aux pattes comme les cwacs* », *La Gazette des femmes*, vol. 4, n⁰ 4, octobre 1982, p. 4.

8400. *[Anonyme], «*À qui le p'tit coeur après neuf heures et demie ?* — *Du poil aux pattes comme les cwacs* », *CEAD. Dramaturgies nouvelles*, vol. 4, n⁰ 1, novembre 1982, [s.p.].

8401. *Andrès, Bernard, « Mon homme, quel homme ? [*Mon homme*] », *Spirale*, n⁰ 29, novembre 1982, p. 11.

8402. *Dionne, André, « Le Théâtre qu'on joue : *Mon homme* », *Lettres québécoises*, n⁰ 28, hiver 1982-1983, p. 54.

PELLETIER, Pierre

8403. *Plamondon, Gaétan, «*Temps de vies* », *Livres et auteurs québécois, 1979*, p. 158-159.

8404. *Béland, Daniel, « Pelletier, [...]. L'Émouvante Inhérence du temps [*Temps de vies*] », *Liaison*, n⁰ 14, février 1981, p. 35.

8405. *Giguère, Richard, « La Poésie acadienne et ontarienne de langue française. Un pari pour la vie [*Temps de vies*] », *Lettres québécoises*, n⁰ 22, été 1981, p. 32-33.

8406. Gendron, Marc, « Quand la critique se veut créatrice », *Liaison*, n⁰ 18, octobre-novembre 1981, p. 19-21.

8407. *Marchildon, Daniel, « Les Couleurs de *Victor Blanc* », *Liaison*, n⁰ 18, octobre-novembre 1981, p. 40.

8408. *Carrier, Anne, «*Victor Blanc* », *Livres et auteurs québécois, 1981*, p. 187-188.

8409. *Bourassa, André-G[illes], [*Victor Blanc*], *Lettres québécoises*, n⁰ 27, automne 1982, p. 46.

PELLETIER, Pol

8410. *Dionne, André, «*À ma mère, à ma mère, à ma mère, à ma voisine* », *Nos livres*, vol. 11, juin-juillet 1980, n⁰ 219.

8411. Gormley, Joanne, « Talking to Pol Pelletier », *Fireweed*, No. 7, Summer 1980, p. 88-96.

8412. *Camerlain, Lorraine, «*La Nef des sorcières* », *Jeu*, n⁰ 16, [3ᵉ trimestre] 1980, p. 216-217.

8413. *Lamarre, André, « Force et colère des femmes [*À ma mère, à ma mère, à ma mère, à ma voisine*] », *Spirale*, n⁰ 11, septembre 1980, p. 12.

8414. *Alonzo, Anne-Marie, « Voilà la culture ! *À ma mère, à ma mère, à ma mère, à ma voisine* », *La Gazette des femmes*, vol. 2, n⁰ 6, janvier 1981, p. 4.

8415. *De Grosbois, Robert, « L'Étape historique de la convulsion [*La Lumière blanche*] », *Le Berdache*, n⁰ 21, juin 1981, p. 53-54.

8416. *Michaud, Ginette, «*La Lumière blanche*. Théâtre expérimental des femmes », *Jeu*, n⁰ 20, 3ᵉ trimestre 1981, p. 112-114.

8417. [Anonyme], « Expositions en janvier », *Parallelogramme*, Vol. 7, No. 2, December 1981-January 1982, p. 44-45.

8418. Pelletier, Francine, « La terre s'allonge, Violette Leduc », *La Vie en rose*, [vol. 2, n⁰ 4], décembre 1981-janvier-février 1982, p. 45-47.

PÉLOQUIN, Claude

8419. *De Bellefeuille, Normand, «*L'Autopsie merveilleuse* », *Livres et auteurs québécois, 1979*, p. 159-160.

8420. *Dionne, André, «*L'Autopsie merveilleuse* », *Nos livres*, vol. 11, novembre 1980, n⁰ 358.

PÉLOQUIN, Gaston

8421. *Beaupré, Madeleine, «*Fanfan le lièvre rusé* », *Lurelu*, vol. 2, n⁰ 2, été 1979, p. 8.

PÉOTTI, Francine [née Tremblay]

8422. OUELLETTE-MICHALSKA, Madeleine, « Raconter sa vie au fil de l'encre », *Châtelaine*, vol. 20, n⁰ 7, juillet 1979, p. 10.

8423. *CORRIVEAU, Hugues, « Le Biocreux : où l'écriture se livre [*La Phallaise (prose sédimentaire)*] », *La Nouvelle Barre du jour*, n⁰ 82, octobre 1979, p. 92-95.

8424. *DUPRÉ, Louise, « [*Poèmes, 1 :] Passeport blasphématoire pour l'hiver québécois* », *Livres et auteurs québécois, 1980*, p. 110-111.

8425. *COTNOIR, Louise, « Paroles et petits blasphèmes [*Poèmes, 1 : Passeport blasphématoire pour l'hiver québécois*] », *Spirale*, n⁰ 16, février 1981, p. 9-10.

8426. *BONENFANT, Joseph, « Notes sur la poésie [*Poèmes, 1 : Passeport blasphématoire pour l'hiver québécois*] », *Voix et images*, vol. 6, n⁰ 3, printemps 1981, p. 485.

8427. *D'ALFONSO, Antonio, «*Poèmes, 1 : Passeport blasphématoire pour l'hiver québécois* », *Nos livres*, vol. 12, juin-juillet 1981, n⁰ 307.

PERRAULT, Jean-Baptiste

8428. *MARCIL, Claude, «*Jean-Baptiste Perrault marchand voyageur, [parti de Montréal le 28ᵉ de mai 1783]* », *Le Bulletin Pantoute*, n⁰ 3, septembre-octobre-novembre 1980, p. 8.

PERRAULT, Martine

8429. *BISSONNETTE, Reine, «*Le Secret de mon enfance* », *Livres et auteurs québécois, 1982*, p. 232-233.

PERRAULT, Pierre

8430. *PARENT, Lise, « Pierre Perrault, un certain état d'urgence », *Trajectoires*, n⁰ 2, juin-juillet-août 1979, p. 27-29.

8431. BOIVIN, Aurélien, « Biographie/Bibliographie », *Québec français*, n⁰ 38, mai 1980, p. 46.

8432. DUBÉ, Cécile, « Voir les films, lire la poésie de Pierre Perrault », *Québec français*, n⁰ 38, mai 1980, p. 47-48.

8433. PERRAULT, Pierre, « Pierre Perrault par lui-même », *Québec français*, n⁰ 38, mai 1980, p. 38-42.

8434. WARREN, Paul, « Pierre Perrault et la conquête de notre espace cinématographique », *Québec français*, n⁰ 38, mai 1980, p. 43-46.

8435. BOULAIS, Stéphane-Albert, « Lettre à Pierre Perrault, poète hérétique », *Parallèles et convergences*, n⁰ 5, décembre 1980, p. 123-129.

PERREAULT, Céline

8436. *LAPRÉS, Raymond, «*Partir. J'avais peur. Je l'aimais. Je l'ai suivi* », *Nos livres*, vol. 12, février 1981, n⁰ 97.

PESANT, Ghislaine

8437. *STANTON, Julie, «*Outre-Mère* », *La Gazette des femmes*, vol. 3, n⁰ 7, mars-avril 1982, p. 5.

8438. *GAULIN, André, «*Outre-Mère* », *Québec français*, n⁰ 46, mai 1982, p. 12.

PESOT, Jurgen

8439. *[ANONYME], «*Silence, on parle. [Introduction à la sémiotique]* », *Écriture française dans le monde*, vol. 2, n⁰ 1-2, octobre 1980, p. 137.

8440. *BOUCHARD, Guy, « L'ABC de la sémiologie [*Silence, on parle. Introduction à la sémiotique*] », *Philosophiques*, vol. 7, n⁰ 2, octobre 1980, p. 321-375.

PETIT, Jean-Pierre [pseud. : Jean-Pierre Petits]

8441. *[ANONYME], «La Terrasse du Roi lépreux», L'Écrilu, vol. 2, n° 3, novembre 1982, p. 7.
8442. *D'ALFONSO, Antonio, «La Terrasse du Roi lépreux», Nos livres, vol. 13, décembre 1982, n° 479.

PETITCLAIR, Pierre

8443. NOËL, Jean-Claude, « Le Cas Pierre Petitclair », Bulletin du Centre de recherche en civilisation canadienne-française, n° 19, décembre 1979, p. 27-29.
8444. NOËL, Jean-Claude, « Notre premier auteur comique, Pierre Petitclair (1813-1860) », Voix et images, vol. 6, n° 1, automne 1980, p. 117-126.

PETITJEAN, Léon

8445. *VILLENEUVE, Rodrigue, «Aurore, l'enfant martyre», Livres et auteurs québécois, 1982, p. 180-183.

PETITS, Jean-Pierre [pseud. de Jean-Pierre Petit]

8446. *[ANONYME], «La Terrasse du Roi lépreux», L'Écrilu, vol. 2, n° 3, novembre 1982, p. 7.
8447. *D'ALFONSO, Antonio, «La Terrasse du Roi lépreux», Nos livres, vol. 13, décembre 1982, n° 479.

PÉTRIE, Juliette

8448. *BEAUCHAMP[-RANK], Hélène, «Quand on revoit tout ça ! », Jeu, n° 11, printemps 1979, p. 106-107.

PÉTRIN, Léa

8449. *[ANONYME], [Les Intrus], L'Atulu, vol. 1, n° 3, avril 1979, p. 10.
8450. *BEAUDOIN, Léo, «Les Intrus», Nos livres, vol. 10, août-septembre 1979, n° 268.

PHELPS, Anthony

8451. *SAVARD, Michel, «La Bélière caraïbe», Livres et auteurs québécois, 1980, p. 129-130.
8452. *BELLEMARE, Madeleine, «La Bélière caraïbe», Nos livres, vol. 12, mars 1981, n° 150.

PHILIP, Michel

8453. *[ANONYME], «Fils du soleil», CEAD. Dramaturgies nouvelles, vol. 4, n° 1, novembre 1982, [s.p.].

PICARD, Claudette

8454. CANTIN, Léonce, «Les Confidences d'une femme froide», Grimoire, vol. 4, n° 3, mars 1981, p. 17.
8455. *CANTIN, Léonce, «Les Confidences d'une femme froide», Québec français, n° 41, mars 1981, p. 12, 14.
8456. *LAPLANTE, Michèle de, « Une femme à la recherche d'elle-même [Les Confidences d'une femme froide] », Grimoire, vol. 4, n° 6, juin-juillet 1981, p. 6.

PICHÉ, Alphonse

8457. *GAULIN, André, «Dernier Profil», Québec français, n° 48, décembre 1982, p. 7.

8458. *GIGUÈRE, Richard, « La Mour, l'amort. Jean Charlebois et Alphonse Piché [*Dernier Profil*] », *Lettres québécoises*, n⁰ 28, hiver 1982-1983, p. 48-49.

8459. *GAULIN, André, «*Dernier Profil* », *Livres et auteurs québécois, 1982*, p. 131-132.

PICHETTE, François

8460. *R[IVEST], L[ina], [*Drames à Valcartier*], *Des livres et des jeunes*, vol. 2, n⁰ 4, novembre 1979, p. 33-34.

8461. PICHETTE, François, « Écrire un roman à quinze ans », *Québec français*, n⁰ 36, décembre 1979, p. 58-59.

PICHETTE, Jean-Pierre

8462. *[ANONYME], «*Le Guide raisonné des jurons. Langue, littérature, histoire et dictionnaire des jurons* », *L'Atulu*, vol. 3, n⁰ 6, juin 1981, p. 9.

8463. *WOOLDRIDGE, Terence Russon, [*Le Guide raisonné des jurons. Langue, littérature, histoire et dictionnaire des jurons*], *University of Toronto Quarterly*, Vol. 50, No. 4, Summer 1981, p. 199-200.

8464. *BIBEAU, Gilles, « Sacrées affaires de jurons ! Jean-Pierre Pichette, *Le Guide raisonné des jurons. Langue, littérature, histoire et dictionnaire des jurons* », *Québec français*, n⁰ 43, octobre 1981, p. 19.

PIERRE, Claude

8465. *CORMIER, Jean-Marc, [*Coucou rouge*], *Urgences*, n⁰ 5, 3ᵉ trimestre 1982, p. 91.

PIERROT (LE FOU) [pseud. de Pierre Léger]

8466. *GIGUÈRE, Richard, [*Si vous saviez d'où je reviens*], *Livres et auteurs québécois, 1980*, p. 127.

8467. *BONENFANT, Joseph, « Notes sur la poésie [*Si vous saviez d'où je reviens*] », *Voix et images*, vol. 6, n⁰ 3, printemps 1981, p. 484.

8468. *CHAMBERLAND, Roger, «*Si vous saviez d'où je reviens* », *Québec français*, n⁰ 42, mai 1981, p. 17.

8469. *D'ALFONSO, Antonio, «*Si vous saviez d'où je reviens* », *Nos livres*, vol. 12, juin-juillet 1981, n⁰ 296.

PIETTE, Robert

8470. *[ANONYME], «*Le Cheval du Nord* », *Réseau*, vol. 12, n⁰ 3, novembre 1980, p. 27.

8471. *ROBERGE, Hélène, «*Le Cheval du Nord — La Grange aux lutins* », *Livres et auteurs québécois, 1980*, p. 221-222.

8472. *CHARETTE, Christiane, « Contes et légendes du Québec, 1 : les albums [*Oscar, le cheval à la queue tressée*] », *Lurelu*, vol. 4, n⁰ 1-2, printemps-été 1981, p. 21.

8473. *CHARETTE, Christiane, « Contes et légendes du Québec, 1 : les albums [*Le Cheval du Nord*] », *Lurelu*, vol. 4, n⁰ 1-2, printemps-été 1981, p. 20.

8474. *LACOSTE, Francine, «*La Grange aux lutins* », *Lurelu*, vol. 4, n⁰ 1-2, printemps-été 1981, p. 12.

8475. *LACOSTE, Francine, «*Le Cheval du Nord* », *Lurelu*, vol. 4, n⁰ 1-2, printemps-été 1981, p. 8.

8476. *LAVIGNE, Michèle, «*La Sirène de Percé* », *Lurelu*, vol. 4, n⁰ 4, hiver 1981, p. 9.

PIETTE, Suzanne

8477. *ROBERGE, Hélène, «*Le Noël de Savarin* », *Livres et auteurs québécois, 1980*, p. 221-222.

8478. *CHARETTE, Christiane, « Contes et légendes du Québec, 1 : les albums [*Le Noël de Savarin*] », *Lurelu*, vol. 4, no 1-2, printemps-été 1981, p. 21.
8479. *ALLARD, Diane, «*Le Chien d'or*», *Lurelu*, vol. 5, no 1, printemps-été 1982, p. 8.

PILON, Jean-Guy

8480. [ANONYME], « Jean-Guy Pilon à l'Académie canadienne-française », *Lettres québécoises*, no 22, été 1981, p. 13.

PILON-QUIVIGER, Andrée

8481. *DUMAIS, Monique, «*L'Éden éclaté*», *Livres et auteurs québécois, 1981*, p. 318-319.
8482. *MOISAN, Thérèse, «*L'Éden éclaté*», *L'Église canadienne*, vol. 15, no 9, 7 janvier 1982, p. 287.
8483. *VIGNEAULT, Robert, « Mère ou Mante religieuse ? Une femme conjure littérairement sa peur de la maternité. *L'Éden éclaté* », *Lettres québécoises*, no 27, automne 1982, p. 81-83.

PINTAL, Lorraine

8484. *LEFEBVRE, Paul, «*Pourquoi s'mett' tout nus* », *Jeu*, no 19, 2e trimestre 1981, p. 119-121.

PLANTE, Jean-Pierre

8485. *TOUSIGNANT, André, «*Broue*», *Le Babillard*, vol. 2, no 2, novembre 1979, p. 15.
8486. *DESCÔTEUX, Jean-Marc, « Une bonne broue phallocrate et misogyne... [*Broue*] », *Le Berdache*, no 5, novembre 1979, p. 44.
8487. DEMERS, Anne-Marie et Louise LÉPINE, « Entrevue avec Jean-Pierre Plante et Francine Ruel. *Broue* dans le théâtre québécois », *Journal [CNA]*, vol. 8, no 1, septembre-octobre-novembre 1981, p. 2-3.
8488. DEMERS, Anne-Marie, « À propos de *Broue* et de l'Homo Tavernensis », *Journal [CNA]*, vol. 8, no 1, septembre-octobre-novembre 1981, p. 4.
8489. *RICHARD, Alain-Martin, «*Broue*», *Intervention*, no 14, février 1982, p. 12, 13-14.
8490. *CUSSON, Normand, « La Rentrée au théâtre [*Brew*] », *Clin d'oeil*, no 25, octobre 1982, p. 121.

PLANTE, Marie

8491. *JANOËL, André, «*Innocarbure à l'enjeu* », *Nos livres*, vol. 10, mai 1979, no 203.
8492. *LORTIE, Alain et Luc BERNIER, [*La Barrière du temps*], *Solaris*, vol. 6, no 2, avril 1980, p. 42-43.

PLANTE, Raymond

8493. *B[IRON], H[élène], [*Une fenêtre dans ma tête*], *Des livres et des jeunes*, vol. 1, no 3, mai 1979, p. 27.
8494. *RUEL, Ginette, «*Une fenêtre dans ma tête* », *Lurelu*, vol. 2, no 3, automne 1979, p. 12.
8495. *L[ECLERC], R[achel], [*Une fenêtre dans ma tête*], *Le Temps fou*, no 10, juin-juillet-août 1980, p. 52.
8496. *PAQUIN, Louise-Odile, «*La couleur chante un pays* », *Nos livres*, vol. 12, août-septembre 1981, no 343.
8497. *MARÉCHAL, André, « Jeux et enjeux du théâtre pour enfants [*La couleur chante un pays*] », *Lettres québécoises*, no 24, hiver 1981-1982, p. 84.
8498. *BARRETT, Caroline, «*La couleur chante un pays* », *Livres et auteurs québécois, 1981*, p. 162-163.
8499. *PROVOST, Michelle, «*Monsieur Genou* », *Livres et auteurs québécois, 1981*, p. 254.

8500. *Filteau, Louise, [*La couleur chante un pays*], *Canadian Children's Literature*, No. 25, [1rst Trimester] 1982, p. 65-66.

8501. *Gruslin, Adrien, «*La couleur chante un pays* ou l'Histoire de la peinture québécoise», *Jeu*, n⁰ 22, 1er trimestre 1982, p. 145-146.

8502. *Filteau, Louise, «*La couleur chante un pays*», *Canadian Theatre Review*, No. 34, Spring 1982, p. 205.

8503. *Renaud, Jasmine, «*Monsieur Genou*», *Lurelu*, vol. 5, n⁰ 1, printemps-été 1982, p. 8.

8504. *[Anonyme], «*La couleur chante un pays*», *CEAD. Dramaturgies nouvelles*, vol. 3, n⁰ 3, avril 1982, [s.p.].

8505. Bélisle, Alvine, « Prix ACELF 1982 », *Des livres et des jeunes*, vol. 5, n⁰ 13, automne 1982, p. 44.

8506. *C[hampagne]-B[oulais], D[anielle], [*Monsieur Genou*], *Des livres et des jeunes*, vol. 5, n⁰ 13, automne 1982, p. 40.

8507. [Anonyme], « Prix belgo-québécois », *Lurelu*, vol. 5, n⁰ 2, automne 1982, p. 23.

8508. *Laurin, Michel, «*La Machine à beauté*», *Nos livres*, vol. 13, octobre 1982, n⁰ 405.

8509. *L[évesque], G[aëtan], «*La Machine à beauté*», *Lettres québécoises*, n⁰ 28, hiver 1982-1983, p. 82.

8510. *Martel, Réginald, «*La Machine à beauté*», *Livres et auteurs québécois, 1982*, p. 233-234.

POGGI, Marie-Anne

8511. *Lépine, Stéphane, «*Les Maux de renaissance* [de Marie-Anne Poggi] suivi de *L'Obsidienne* [de Sylvie Baille] », *Nos livres*, vol. 12, novembre 1981, n⁰ 452.

POIRIER, Gérard

8512. *Cusson, Normand, « Théâtres d'été [*Berthe et Rose en Floride*] », *Clin d'oeil*, n⁰ 23, août 1982, p. 102.

POIRIER, Léonie [Léonie Comeau-Poirier]

8513. Paratte, Henri-Dominique, « Acadie menacée, symbolique théâtrale et conscience d'autrui. Léonie Poirier et son théâtre dans le contexte néo-écossais », *Présence francophone*, n⁰ 20, printemps 1980, p. 107-120.

POIRIER, Michèle

8514. *Paquin, Louise-Odile, «*La couleur chante un pays*», *Nos livres*, vol. 12, août-septembre 1981, n⁰ 343.

8515. *Maréchal, André, « Jeux et enjeux du théâtre pour enfants [*La couleur chante un pays*] », *Lettres québécoises*, n⁰ 24, hiver 1981-1982, p. 84.

8516. *Barrett, Caroline, «*La couleur chante un pays*», *Livres et auteurs québécois, 1981*, p. 162-163.

8517. *Filteau, Louise, [*La couleur chante un pays*], *Canadian Children's Literature*, No. 25, [1rst Trimester] 1982, p. 65-66.

8518. *Gruslin, Adrien, «*La couleur chante un pays* ou l'Histoire de la peinture québécoise », *Jeu*, n⁰ 22, 1er trimestre 1982, p. 145-146.

8519. *Filteau, Louise, «*La couleur chante un pays*», *Canadian Theatre Review*, No. 34, Spring 1982, p. 205.

8520. *[Anonyme], «*La couleur chante un pays*», *CEAD. Dramaturgies nouvelles*, vol. 3, n⁰ 3, avril 1982, [s.p.].

POISSANT, Alain

8521. *CHAMBERLAND, Roger, «*Dehors, les enfants !* », *Québec français*, n⁰ 40, décembre 1980, p. 14.
8522. *L'HÉRAULT, Pierre, «*Dehors, les enfants !* », *Livres et auteurs québécois, 1980*, p. 59-60.
8523. *CHARTIER, Monique, «*Dehors, les enfants !* », *Nos livres*, vol. 12, janvier 1981, n⁰ 38.

POISSANT, Claude

8524. *DESCÔTEUX, Jean-Marc, « Un show de gais au Nelligan [*Tout seul comme deux*] », *Le Berdache*, n⁰ 4, octobre 1979, p. 42.
8525. VILLEMAIRE, Yolande, «*Tout seul comme deux*. Une démarche peu courante [de Pierre Leblanc et Claude Poissant] », *Spirale*, n⁰ 3, novembre 1979, p. 3.
8526. *[ANONYME], «*Tournez la plage* », *CEAD. Dramaturgies nouvelles*, vol. 3, n⁰ 1, septembre 1981, p. 8.
8527. *LEFEBVRE, Paul, «*Tournez la plage* », *Jeu*, n⁰ 21, 4ᵉ trimestre 1981, p. 187-189.

POISSANT, Marc-André [pseud. : Brigitte Saint-Clair]

8528. *CHARTIER, Monique, «*Le Divorcé ou la Naissance d'un comédien* », *Nos livres*, vol. 12, janvier 1981, n⁰ 39.
8529. *CANTIN, Léonce, «*Le Divorcé ou la Naissance d'un comédien* », *Québec français*, n⁰ 41, mars 1981, p. 14.
8530. *[ANONYME], «*L'Anniversaire de mariage* », *L'Atulu*, vol. 3, n⁰ 4, avril 1981, p. 14.
8531. *DESJARDINS, Normand, «*L'Anniversaire de mariage* », *Nos livres*, vol. 12, juin-juillet 1981, n⁰ 308.

POISSON, Louis-Philippe

8532. *FORTIN, Marcel, «*Les Compagnons de Notre-Dame ou 50 Ans de théâtre* », *Jeu*, n⁰ 21, 4ᵉ trimestre 1981, p. 199-201.

POLANSKY, Iva

8533. *MINASSIAN, Chaké, «*Au pays des chiffres* », *Livres et auteurs québécois, 1980*, p. 231.

POLIQUIN, Daniel

8534. *RENAUD, Normand, [*Le Temps pascal*], *Livres et auteurs québécois, 1982*, p. 25.

POLIQUIN-BOURASSA, Diane

8535. *OUELLET, Réal, « L'Entreprise anthologique [*Le Manuel de la parole. Manifestes québécois, t. 1 : 1760-1899*] », *Lettres québécoises*, n⁰ 24, hiver 1981-1982, p. 77-79.

POLLENDER, Raymond

8536. *[ANONYME], «*Les Conscrits* », *CEAD. Dramaturgies nouvelles*, vol. 3, n⁰ 1, septembre 1981, p. 8.

POMMINVILLE, Louise

8537. *B[ÉLISLE], A[lvine], [*Pitatou et la neige*], *Des livres et des jeunes*, vol. 1, n⁰ 2, février 1979, p. 32.
8538. *GUINDON, Ginette, «*Pitatou et la neige* », *Lurelu*, vol. 2, n⁰ 4, hiver 1979, p. 10.
8539. *SIMARD, Claude, «*L'Abécédaire de Pitatou* », *Livres et auteurs québécois, 1979*, p. 261.

8540. PARAMSKAS, Dana, [*Pitatou et le printemps*], *Canadian Children's Literature*, No. 15-16, 1980, p. 83.

8541. *PERRAS, Nicole, [*Pitatou et le printemps — Pitatou et les pommiers — Pitatou et la Gaspésie*], *Des livres et des jeunes*, vol. 2, nᵒ 6, juin 1980, p. 36.

8542. *PERRAS, Nicole, [*Pitatou et le sport amateur — Pitatou et la neige*], *Des livres et des jeunes*, vol. 2, nᵒ 6, juin 1980, p. 36.

8543. *LEFEBVRE, Louise, [*L'Abécédaire de Pitatou*], *Lurelu*, vol. 3, nᵒ 3, automne 1980, p. 11.

8544. *MILLETTE, Céline, «*Pitatou et le bon mangeur*», *Livres et auteurs québécois, 1982*, p. 234-235.

PONTAUT, Alain

8545. *RUBINGER, Catherine, [*La Sainte Alliance*], *Canadian Literature*, No. 84, Spring 1980, p. 118-120.

PONTBRIAND, Jean-Noël

8546. *JANOËL, André, «*Transgressions*», *Nos livres*, vol. 10, décembre 1979, nᵒ 419.

8547. *GAULIN, André, «*Transgressions*», *Québec français*, nᵒ 36, décembre 1979, p. 10.

8548. *NEPVEU, Pierre, « Du corps et de quelques poètes [*Transgressions*] », *Lettres québécoises*, nᵒ 16, hiver 1979-1980, p. 23.

8549. *GAUDET, Gérald, «*Transgressions*», *Livres et auteurs québécois, 1979*, p. 160-161.

8550. *GIROUX, Robert, «*Éphémérides* précédé de *Débris* », *Livres et auteurs québécois, 1982*, p. 132-133.

PORTAL, Louise [pseud. de Louise Lapointe]

8551. VÉZINA, Marie-Odile, « Louise Portal », *Châtelaine*, vol. 21, nᵒ 5, mai 1980, p. 52-54, 59-62.

8552. *PELLETIER, Francine, [*Où en est le miroir ?*], *Jeu*, nᵒ 16, [3ᵉ trimestre] 1980, p. 223.

8553. *[ANONYME], «*Jeanne Janvier*», *Québec Hebdo*, vol. 3, nᵒ 45, 23 novembre 1981, p. 4.

8554. THÉRIO, Adrien, « L'Éternelle Amoureuse ou *Jeanne Janvier* », *Lettres québécoises*, nᵒ 25, printemps 1982, p. 25-26.

8555. *[ANONYME], «*Jeanne Janvier*», *L'Atulu*, vol. 4, nᵒ 4, avril 1982, p. 7.

8556. *BOIVIN, Aurélien, «*Jeanne Janvier*», *Québec français*, nᵒ 46, mai 1982, p. 7.

PORTER, David Lord

8557. *B[RICAULT], C[amille], [*Histoire de l'ô*], *Des livres et des jeunes*, vol. 5, nᵒ 13, automne 1982, p. 36.

POULAIN, André

8558. POULAIN, André, « Ratures », *Grimoire*, vol. 2, nᵒ 5, 5 avril 1979, p. 2-3.

8559. *CIVIL, Jean, [*L'Audition*], *Grimoire*, vol. 3, nᵒ 3, mars 1980, p. 14-16.

8560. *PERRON, Suzanne, «*L'Île des heures*, pièce jouée au Thé des Bois », *Grimoire*, vol. 5, nᵒ 6, août-septembre 1982, p. 10.

POULIN, Andrée

8561. BÉLISLE, Alvine, « Prix ACELF 1982 », *Des livres et des jeunes*, vol. 5, nᵒ 13, automne 1982, p. 44.

POULIN, Gabrielle

8562. *[ANONYME], [*Cogne la caboche*], *L'Atulu*, vol. 1, nᵒ 3, avril 1979, p. 10.

8563. *LAPRÉS, Raymond, «Cogne la caboche», Nos livres, vol. 10, juin-juillet 1979, n° 225.

8564. *BONENFANT, Joseph, «Cogne la caboche de Gabrielle Poulin, la courbe d'une route fascinante», Relations, vol. 39, n° 449, juin 1979, p. 186-188.

8565. *OUELLETTE-MICHALSKA, Madeleine, [Cogne la caboche], Châtelaine, vol. 20, n° 8, août 1979, p. 6.

8566. SMITH, Donald, « Gilles Marcotte, René Dionne et Gabrielle Poulin, trois auteurs de l'Anthologie de la littérature québécoise», Lettres québécoises, n° 15, août-septembre 1979, p. 51-52, 59-61.

8567. *VANASSE, André, « Gabrielle Poulin publie son premier roman, Cogne la caboche», Lettres québécoises, n° 15, août-septembre 1979, p. 70.

8568. *BOIVIN, Aurélien, «Cogne la caboche», Québec français, n° 36, décembre 1979, p. 8-9.

8569. *BOIVIN, Aurélien, «Cogne la caboche», Livres et auteurs québécois, 1979, p. 71-73.

8570. *DUQUETTE, Jean-Pierre, [Cogne la caboche], Livres et auteurs québécois, 1979, p. 19.

8571. [ANONYME], [Le Prix de la Presse], Grimoire, vol. 3, n° 1, janvier 1980, p. 3.

8572. POULIN, Gabrielle, « Au ban des lettres. Hors-texte et robe-prétexte», Voix et images, vol. 5, n° 2, hiver 1980, p. 381-393.

8573. *VANASSE, André, [Cogne la caboche], Spirale, n° 7, mars 1980, p. 13.

8574. [ANONYME], « Le Prix littéraire de la Presse», Lettres québécoises, n° 17, printemps 1980, p. 7.

8575. *[ANONYME], [Anthologie de la littérature québécoise, t. 4 : L'Âge de l'interrogation, 1937-1952], L'Atulu, vol. 2, n° 5, mai 1980, p. 3.

8576. [ANONYME], « Bourses du Conseil des arts du Canada», Union des écrivains québécois, vol. 1, n° 3, mai 1980, p. [3].

8577. *GAUVIN, Lise, [Cogne la caboche], University of Toronto Quarterly, Vol. 49, No. 4, Summer 1980, p. 345.

8578. *SYLVESTRE, Roger, «Romans du pays, 1968-1979», Relations, vol. 40, n° 461, juillet-août 1980, p. 221.

8579. [ANONYME], « Le Prix Champlain 1979. Cogne la caboche de Gabrielle Poulin», Vie française, vol. 34, n° 7-8-9, juillet-août-septembre 1980, p. 24.

8580. *THÉRIO, Adrien, «Anthologie de la littérature québécoise, t. 4 : L'Âge de l'interrogation, 1937-1952, de René Dionne et Gabrielle Poulin», Lettres québécoises, n° 19, automne 1980, p. 78.

8581. *VANASSE, André, «Romans du pays, 1968-1979 de Gabrielle Poulin», Lettres québécoises, n° 19, automne 1980, p. 80.

8582. *PRÉMONT, Laurent, « Gabrielle Poulin. Romans du pays [Romans du pays, 1968-1979] », Les Cahiers de Cap-Rouge, vol. 8, n° 4, octobre-décembre 1980, p. 72-74.

8583. *BOIVIN, Aurélien, «Romans du pays, 1968-1979», Québec français, n° 40, décembre 1980, p. 15-16.

8584. *BOIVIN, Aurélien, «Un cri trop grand», Livres et auteurs québécois, 1980, p. 60-62.

8585. *GIGUÈRE, Richard, « [Anthologie de la littérature québécoise, t. 4 :] L'Âge de l'interrogation», Livres et auteurs québécois, 1980, p. 189-192.

8586. *A[LLARD], J[acques], «Romans du pays», Voix et images, vol. 6, n° 2, hiver 1981, p. 345.

8587. *A[LLARD], J[acques], «Anthologie de la littérature québécoise, t. 4 : L'Âge de l'interrogation, 1937-1952», Voix et images, vol. 6, n° 2, hiver 1981, p. 348.

8588. JONES, Grahame C., « Cogne la caboche et s'ouvre la vie », Voix et images, vol. 6, n° 2, hiver 1981, p. 279-291.

8589. *[ANONYME], «Un cri trop grand», Québec Hebdo, vol. 3, n° 4, 2 février 1981, p. 4.

8590. *THÉRIO, Adrien, «Un cri trop grand de Gabrielle Poulin ou le Difficile Détachement de l'enfance», Lettres québécoises, n° 21, printemps 1981, p. 51.

8591. MAUGEY, Axel, « Gabrielle Poulin. Du songe au désir féminin [Entrevue] », Relations, vol. 41, n° 469, avril 1981, p. 123-124.

8592. *[ANONYME], «Romans du pays, 1968-1979», Écriture française dans le monde, vol. 3, n° 1, mai 1981, p. 124.

8593. *BOIVIN, Aurélien, «Un cri trop grand», Québec français, n° 42, mai 1981, p. 15.

8594. *DESJARDINS, Normand, «Un cri trop grand», Nos livres, vol. 12, juin-juillet 1981, n° 309.

8595. *Marcotte, Gilles, « Trois Femmes à prendre aux mots [*Un cri trop grand*] », *L'Actualité*, vol. 6, n⁰ 7, juillet 1981, p. 64.

8596. Boivin, Aurélien, « Bibliographie. Repères bibliographiques », *Québec français*, n⁰ 43, octobre 1981, p. 37.

8597. Poulin, Gabrielle, « Autoportrait. Miroir, dis-moi... », *Québec français*, n⁰ 43, octobre 1981, p. 36-37.

POULIN, Jacques

8598. [Anonyme], « Les Prix du gouverneur général 1979. Roman », *Lettres québécoises*, n⁰ 14, avril-mai 1979, p. 57.

8599. Boivin, Aurélien, « Bibliographie », *Québec français*, n⁰ 34, mai 1979, p. 40.

8600. Boivin, Aurélien, « Biographie », *Québec français*, n⁰ 34, mai 1979, p. 40.

8601. Bourque, Paul-André, « L'Art de communiquer l'incommunicabilité », *Québec français*, n⁰ 34, mai 1979, p. 38-39.

8602. Dorion, Gilles et Cécile Dubé, « Entrevue. Jacques Poulin », *Québec français*, n⁰ 34, mai 1979, p. 33-40.

8603. Dubé, Cécile, « Pistes de lecture », *Québec français*, n⁰ 34, mai 1979, p. 36-37.

8604. *Gauvin, Lise, [*Les Grandes Marées*], *University of Toronto Quarterly*, Vol. 48, No. 4, Summer 1979, p. 331.

8605. *Pagé, Raymond, [*Les Grandes Marées*], *Chelsea Journal*, Vol. 5, No. 5, September-October 1979, p. 232-233.

8606. *Renaud, André, «*Les Grandes Marées* », *Voix et images*, vol. 5, n⁰ 1, automne 1979, p. 193-195.

8607. Girard, Marie-Claire, « La Page du lecteur », *Lettres québécoises*, n⁰ 16, hiver 1979-1980, p. 66.

8608. *Grady, Wayne, «*The Jimmy Trilogy* », *Books in Canada*, Vol. 9, No. 1, January 1980, p. 14-15.

8609. *Garebian, Keith, «*The Jimmy Trilogy* », *Quill and Quire*, Vol. 46, No. 4, April 1980, p. 34.

8610. *Chaput, Sylvie, «*Les Grandes Marées* », *Le Bulletin Pantoute*, n⁰ 2, juin-juillet-août 1980, p. 24.

8611. *O'Connor, John J., [*The Jimmy Trilogy*], *University of Toronto Quarterly*, Vol. 49, No. 4, Summer 1980, p. 384-385.

8612. Roy, Michèle et Louis Gauthier, « Conversation avec Jacques Poulin », *Le Bulletin Pantoute*, n⁰ 3, septembre-octobre-novembre 1980, p. 22-23.

8613. [Anonyme], [Profil], *Écriture française dans le monde*, vol. 2, n⁰ 1-2, octobre 1980, p. 81.

8614. *Merivale, Patricia, «*The Jimmy Trilogy* », *Canadian Literature*, No. 88, Spring 1981, p. 128-129.

POUPART, Jean-Marie

8615. *[Anonyme], «*Ruches* », *Quill and Quire*, Vol. 45, No. 3, February-March, 1979, p. 21-22.

8616. *Chamberland, Roger, «*Ruches* », *Québec français*, n⁰ 33, mars 1979, p. 7.

8617. *Moreau, Jean-Marie, «*Ruches* », *Nos livres*, vol. 10, juin-juillet 1979, n⁰ 226.

8618. *Gauvin, Lise, [*Ruches*], *University of Toronto Quarterly*, Vol. 48, No. 4, Summer 1979, p. 335-336.

8619. *Godbout, Jacques, [*Ruches*], *L'Actualité*, vol. 4, n⁰ 8, août 1979, p. 58.

8620. Poupart, Jean-Marie, « Lettre ouverte à mes éditeurs ! », *Union des écrivains québécois*, vol. 1, n⁰ 1, 15 décembre 1979, p. 1-2.

8621. *L'Hérault, Pierre, «*Terminus* », *Livres et auteurs québécois, 1979*, p. 73-75.

8622. *Bellemare, Madeleine, «*Terminus* », *Nos livres*, vol. 11, février 1980, n⁰ 47.

8623. *Chamberland, Roger, «*Terminus* », *Québec français*, n⁰ 37, mars 1980, p. 8.

8624. *Vasseur, François, [*Terminus*], *Spirale*, n⁰ 7, mars 1980, p. 14.

8625. *BEAULIEU, Michel, «*Terminus*», *Le Bulletin Pantoute*, n⁰ 1, avril 1980, p. 25.

8626. *MICHON, Jacques, « Un discours classique [*Terminus*] », *Spirale*, n⁰ 9, mai 1980, p. 5.

8627. *GAUVIN, Lise, [*Terminus*], *University of Toronto Quarterly*, Vol. 49, No. 4, Summer 1980, p. 341-342.

8628. *MARCOTTE, Gilles, [*Ruches*], *Canadian Literature*, No. 86, Autumn 1980, p. 93-99.

8629. *DESJARDINS, Normand, «*Angoisse play*», *Nos livres*, vol. 11, novembre 1980, n⁰ 359.

8630. *CHAMBERLAND, Roger, «*Le Champion de cinq heures moins dix*», *Québec français*, n⁰ 40, décembre 1980, p. 12.

8631. *BEAUDOIN, Réjean, «*Le Champion de cinq heures moins dix — Angoisse play*», *Livres et auteurs québécois, 1980*, p. 62-64.

8632. *LAPRÉS, Raymond, «*Le Champion de cinq heures moins dix*», *Nos livres*, vol. 12, janvier 1981, n⁰ 41.

8633. *CORRIVEAU, Hugues, « Jeunes Filles et coureur [*Le Champion de cinq heures moins dix*] », *Spirale*, n⁰ 15, janvier 1981, p. 12-13.

8634. *MAJOR, Jean-Louis, « Du goguenard comme écriture. *Le Champion de cinq heures moins dix* de Jean-Marie Poupart », *Lettres québécoises*, n⁰ 21, printemps 1981, p. 33-54.

8635. *ROGERS, David F., «*Le Champion de cinq heures moins dix*», *Canadian Literature*, No. 89, Summer 1981, p. 148.

8636. *BOURQUE, Paul-André, [*Le Champion de cinq heures moins dix*], *University of Toronto Quarterly*, Vol. 50, No. 4, Summer 1981, p. 26.

8637. *LÉVESQUE, Gaëtan, «*Le Champion de cinq heures moins dix*», *Voix et images*, vol. 7, n⁰ 1, automne 1981, p. 187-188.

8638. *LAURIN, Michel, «*Une journée dans la vie de Craquelin 1ᵉʳ, roi de Soupe-au-lait*», *Nos livres*, vol. 12, décembre 1981, n⁰ 515.

8639. *PROVOST, Michelle, «*Une journée dans la vie de Craquelin 1ᵉʳ, roi de Soupe-au-lait*», *Livres et auteurs québécois, 1981*, p. 254-255.

8640. *ALLARD, Diane, «*Une journée dans la vie de Craquelin 1ᵉʳ, roi de Soupe-au-lait*», *Lurelu*, vol. 5, n⁰ 1, printemps-été 1982, p. 13.

8641. *LAURIN, Michel, «*Nuits magiques*», *Nos livres*, vol. 13, décembre 1982, n⁰ 481.

8642. *FILION, Marie, «*Drôle de pique-nique pour le roi Craquelin*», *Livres et auteurs québécois, 1982*, p. 235-236.

8643. *MICHAUD, Ginette, «*Rétroviseurs*», *Livres et auteurs québécois, 1982*, p. 76-78.

POURBAIX, Joël

8644. *BERGERON, Bertrand, «*Séquences initiales*», *Livres et auteurs québécois, 1980*, p. 131-133.

8645. *BÉLAND, Daniel, « [...], Pourbaix. L'Émouvante Inhérence du temps [*Séquences initiales*] », *Liaison*, n⁰ 14, février 1981, p. 35.

8646. *GIGUÈRE, Richard, « La Poésie acadienne et ontarienne de langue française. Un pari pour la vie [*Séquences initiales*] », *Lettres québécoises*, n⁰ 22, été 1981, p. 33-34.

POZIER, Bernard

8647. *HAECK, Philippe, «*Double Tram*», *Livres et auteurs québécois, 1979*, p. 169.

8648. *LABINE, Marcel, « Une écriture qui retarde [*Double Tram*] », *Spirale*, n⁰ 6, février 1980, p. 10.

8649. *TROTTIER, Benoît, [*Double Tram*], *Voix et images*, vol. 5, n⁰ 3, printemps 1980, p. 603-605.

8650. *DIONNE, André, «*Tête de lecture*», *Nos livres*, vol. 12, février 1981, n⁰ 100.

8651. *DE BELLEFEUILLE, Normand, « Quelques Sens au mot 'moderne', 1 : carte ou calque ? [*Tête de lecture*] », *Spirale*, n⁰ 16, février 1981, p. 7.

8652. *GIGUÈRE, Richard, « La Relève de la poésie québécoise ? [*Tête de lecture*] », *Lettres québécoises*, n⁰ 21, printemps 1981, p. 29-31.

8653. *BONENFANT, Joseph, « Notes sur la poésie [*Tête de lecture*] », *Voix et images*, vol. 6, n° 3, printemps 1981, p. 485.
8654. *BAYARD, Caroline, [*Tête de lecture*], *University of Toronto Quarterly*, Vol. 50, No. 4, Summer 1981, p. 54.
8655. *CACCIA, Fulvio, «*Platines déphasées*», *Livres et auteurs québécois, 1981*, p. 127.
8656. *DÉRY, Pierre-Justin, «*45 Tours* », *Livres et auteurs québécois, 1981*, p. 140-141.
8657. *GILBERT, Bernard, «*45 Tours* », *Québec français*, n° 45, mars 1982, p. 15-16.
8658. [ANONYME], « Bernard Pozier », *Arcade*, [vol. 1], n° 1, printemps 1982, p. 13.
8659. *DIONNE, André, «*45 Tours* », *Nos livres*, vol. 13, mai 1982, n° 228.
8660. *BAYARD, Caroline, [*Platines déphasées*], *University of Toronto Quarterly*, Vol. 51, No. 4, Summer 1982, p. 372.
8661. *BROCHU, André, « En état de poésie [*45 tours — Platines déphasées*] », *Voix et images*, vol. 8, n° 1, automne 1982, p. 159-160.

PRATTE, Josette

8662. *CHARTIER, Monique, «*Félicien, le fantôme* », *Nos livres*, vol. 12, février 1981, n° 63.
8663. *GRAHAM, Mary, « Entre deux âges [*Félicien, le fantôme*] », *Canadian Children's Literature*, No. 23-24, [3rd and 4th Trimesters] 1981, p. 129-133.
8664. *PELLERIN, Gilles, «*Et je pleure* », *Livres et auteurs québécois, 1981*, p. 74-75.

PRÉFONTAINE, Yves

8665. *BASTI[N], Agnès, «*Nuaison* », *Livres et auteurs québécois, 1981*, p. 101-102.
8666. *LÉPINE, Stéphane, «*Nuaison* », *Nos livres*, vol. 13, mai 1982, n° 229.
8667. *CORRIVEAU, Hugues, «*Nuaison* », *Lettres québécoises*, n° 26, été 1982, p. 41-42.
8668. *BROCHU, André, « En état de poésie [*Nuaison — Les Temples effondrés*] », *Voix et images*, vol. 8, n° 1, automne 1982, p. 166-167.

PRÉGENT, Sylvie

8669. [ANONYME], «*Blanche* », *CEAD. En bref*, vol. 1, n° 1, novembre 1979, p. [4].
8670. [ANONYME], «*Blanche* », *CEAD. En bref*, vol. 1, n° 1, novembre 1979, p. 4.
8671. *LE BEL, Michel, «*Eh ! qu'mon chum est platte !* », *Livres et auteurs québécois, 1979*, p. 187-188.
8672. *P[AGÉ], C[laire], «*Eh ! qu'mon chum est platte !* », *Focus*, n° 33, avril 1980, p. 46-47.
8673. *ROBERT, Lucie, « Le Théâtre qu'on publie. *Eh ! qu'mon chum est platte !* d'André Boulanger et Sylvie Prégent », *Lettres québécoises*, n° 18, été 1980, p. 33-34.
8674. *BELLEMARE, Madeleine, «*Eh ! qu'mon chum est platte !* », *Nos livres*, vol. 11, août-septembre 1980, n° 241.

PRÉVOST, Walter

8675. [ANONYME], [Le Prix littéraire de la Fondation de la Vocation à Walter Prévost], *Lettres québécoises*, n° 13, février 1979, p. 64.

PRINCE-LACHANCE, Catherine

8676. *LÉPINE, Stéphane, «*Le Rire de Saraï* », *Nos livres*, vol. 13, février 1982, n° 79.
8677. D'ALFONSO, Antonio, «*Itinéraire du phallus à l'esprit à travers les sacrifices rituels d'hier à demain* », *Nos livres*, vol. 13, mai 1982, n° 230.

PROULX, Jean-Baptiste

8678. *LEDOUX, Danielle, «*L'Enfant perdu et retrouvé ou Pierre Cholet* », *Lurelu*, vol. 2, n° 2, été 1979, p. 11.

PROULX, Michèle

8679. *GAULIN, André, «*Le Cri durable*», *Québec français,* n⁰ 43, octobre 1981, p. 14.
8680. *BRETON, Gaétan, «*Le Cri durable*», *Livres et auteurs québécois, 1981,* p. 105-106.
8681. *GAUDET, Gérald, «*Le Cri durable*», *Estuaire,* n⁰ 24, été 1982, p. 81-82.
8682. *MATTEAU, Robert, «*Le Cri durable*», *Nos livres,* vol. 13, août-septembre 1982, n⁰ 349.

PROULX, Monique

8683. *RICHARD, Alain-Martin, «*Vie et mort des souris vertes*», *Intervention,* n⁰ 14, février 1982, p. 12, 13-14.

PRUD'HOMME, Louis-Arthur

8684. MAYES, H[ubert] G., « Louis-Arthur Prud'Homme », *Bulletin du Centre d'études franco-canadiennes de l'Ouest,* n⁰ 2, mai 1979, p. 14.

QUESNEL, Joseph

8685. HARE, John E[llis], « Les Difficultés techniques de l'édition québécoise au début du XIXᵉ siècle. Joseph Quesnel et l'impression de la musique de *Colas et Colinette* (1808) », *Revue de l'Université d'Ottawa/University of Ottawa Quarterly,* vol. 49, n⁰ 1-2, janvier-avril 1979, p. 104-107.
8686. HARE, John E[llis], « Les Difficultés techniques de l'édition québécoise au début du XIXᵉ siècle. Joseph Quesnel et l'impression de la musique de *Colas et Colinette* (1808) », *Histoire littéraire du Québec,* n⁰ 1, 1979, p. 104-107.
8687. HARE, John E[llis], « Les Oeuvres littéraires et musicales de Joseph Quesnel (1746-1809). Étude critique », *Revue d'histoire littéraire du Québec et du Canada français,* n⁰ 4, été-automne 1982, p. 22-38.

QUINTAL, Patrick

8688. *ROBERT, Lucie, « Du théâtre de recherche au Dansepartout [*Mouvages*] », *Jeu,* n⁰ 23, 2ᵉ trimestre 1982, p. 13.

RACINE, Clermont

8689. *DUBOIS, Michelle, « Du pays du Saguenay-Lac-Saint-Jean [*C'est le printemps sur nos culs de satin — L'Homme dézippé* suivi de *L'Homme tendresse*] », *Urgences,* n⁰ 6, 4ᵉ trimestre 1982, p. 96.

RACINE, Jean-E.

8690. *RECURT, Myriam, « L'Âme et l'absolu. *Poèmes posthumes* », *Canadian Literature,* No. 80, Spring 1979, p. 98-100.

RACINE, Luc

8691. *GAULIN, André, «*L'Enfant des mages* », *Québec français,* n⁰ 46, mai 1982, p. 11-12.
8692. *D'ALFONSO, Antonio, «*L'Enfant des mages* », *Nos livres,* vol. 13, juin-juillet 1982, n⁰ 298.
8693. *DE BELLEFEUILLE, Normand, « Attention. Contre-courant ! [*L'Enfant des mages*] », *Spirale,* n⁰ 26, juin 1982, p. 4.

RADISSON, Pierre-Esprit

8694. *[ANONYME], «*Journal 1682-1683* », *Québec Hebdo,* vol. 1, n⁰ 42, 3 décembre 1979, p. 4.

RAJIC, Négovan

8695. *Cormier, Gilles, «Les Hommes-Taupes», Le Bulletin des agriculteurs, vol. 61, janvier 1979, p. 51.

8696. *Berthiaume, Pierre, « Prix Esso du Cercle du Livre de France et Prix Jean-Béraud-Molson, Les Hommes-Taupes de Négovan Rajic et l'Enfant et les hommes de Francis Bossus », Lettres québécoises, nº 13, février 1979, p. 13-15.

8697. *[Anonyme], «Les Hommes-Taupes», Le Québec en bref, vol. 13, nº 2-3, février-mars 1979, p. 19.

8698. *Gauvin, Lise, [Les Hommes-Taupes], University of Toronto Quarterly, Vol. 48, No. 4, Summer 1979, p. 332-333.

8699. *Janelle, Claude, [Les Hommes-Taupes], Solaris, vol. 5, nº 4, septembre 1979, p. 15-16.

8700. *[Anonyme], «The Mole Men», Quill and Quire, Vol. 46, No. 3, March 1980, p. 14.

8701. *Gasparini, Len, « Tunnel Visions [The Mole Men] », Books in Canada, Vol. 9, No. 6, June-July 1980, p. 14-15.

8702. *Drabek, Jan, «The Mole Men», Quill and Quire, Vol. 46, No. 8, August 1980, p. 28.

8703. *O'Connor, John J., [The Mole Men], University of Toronto Quarterly, Vol. 50, No. 4, Summer 1981, p. 86-87.

RANCOURT, Jacques

8704. *Dionne, André, «Poésie de l'identité québécoise suivi de Les Voix nouvelles », Lettres québécoises, nº 28, hiver 1982-1983, p. 84.

RATELLE-DESNOYERS, Suzanne

8705. *Laprés, Raymond, «Le Printemps, cette année-là », Nos livres, vol. 12, février 1981, nº 101.

RAVINEL, Hubert de

8706. *Janoël, André, «Les Enfants du bout de la vie », Nos livres, vol. 11, avril 1980, nº 117.

8707. *Hodgson, Richard-G., «Les Enfants du bout de la vie », Canadian Literature, No. 88, Spring 1981, p. 96-97.

RAYMOND, Gérard

8708. Gagnon, Claude-Marie, « Littérature populaire religieuse. Esquisse sociopsychanalytique d'un héros : Gérard Raymond », Voix et images, vol. 6, nº 3, printemps 1981, p. 465-472.

RAYMOND, Gilles

8709. *Pourcel, Gérard, «Un moulin, un village, un pays », Focus, nº 46-47, décembre 1981-janvier 1982, p. 83.

8710. *Laurin, Michel, «Un moulin, un village, un pays », Nos livres, vol. 13, janvier 1982, nº 41.

8711. *Marchand, Daniel, [Un moulin, un village, un pays], Offensives, vol. 2, nº 2, avril-mai-juin-juillet 1982, p. 44-45.

8712. *Théoret, France, « Les Bonnes Intentions [Un moulin, un village, un pays] », Spirale, nº 24, avril 1982, p. 4.

8713. *Boucher, Bernard, «Un moulin, un village, un pays », Urgences, nº 5, 3e trimestre 1982, p. 83-85.

8714. *Arguin, Maurice, «Un moulin, un village, un pays », Québec français, nº 47, octobre 1982, p. 9.

RAYMOND, Joseph-Sabin

8715. PROVOST, Guy, « Conception de la littérature chez Joseph-Sabin Raymond », *Revue d'histoire de l'Amérique française*, vol. 32, n⁰ 4, mars 1979, p. 585-602.

RAYMOND, Michel

8716. *BARIL, Jean-Paul, «*Terre compromise... patrie d'un autre sexe* », *Le Berdache*, n⁰ 9, avril 1980, p. 42.

RENAUD, Alix

8717. *[ANONYME], «*Le Mari* », *Écriture française dans le monde*, vol. 2, n⁰ 1-2, octobre 1980, p. 138.
8718. *VANDENDORPE, Christian, «*Le Mari* », *Québec français*, n⁰ 40, décembre 1980, p. 14.
8719. *CANTIN, Léonce, «*Le Mari* », *Livres et auteurs québécois, 1980*, p. 64-65.
8720. *JANOËL, André, «*Le Mari* », *Nos livres*, vol. 12, avril 1981, n⁰ 211.

RENAUD, Bernadette

8721. *B[ÉLISLE], A[lvine], [*Le Chat de l'oratoire*], *Des livres et des jeunes*, vol. 1, n⁰ 2, février 1979, p. 32-33.
8722. *JANOËL, André, «*Le Chat de l'oratoire* », *Nos livres*, vol. 10, février 1979, n⁰ 84.
8723. *GUILLEMETTE-LABORY, Louise, «*Le Chat de l'oratoire* », *Lurelu*, vol. 2, n⁰ 1, printemps 1979, p. 8.
8724. *KHOUZAM, Monique, «*Émilie, la baignoire à pattes* », *Lurelu*, vol. 2, n⁰ 1, printemps 1979, p. 10.
8725. *WARREN, Louise, «*Le Chat de l'oratoire* », *Dérives*, n⁰ 17-18, [2ᵉ trimestre] 1979, p. 101.
8726. *HUDON, Michèle, «*La Révolte de la courtepointe* », *Livres et auteurs québécois, 1979*, p. 261-262.
8727. *DOSTALER, Henriette, [*La Révolte de la courtepointe*], *Des livres et des jeunes*, vol. 2, n⁰ 5, février 1980, p. 43.
8728. *CIMON, Renée, «*La Révolte de la courtepointe* », *Nos livres*, vol. 11, février 1980, n⁰ 69.
8729. *CIMON, Renée, «*La Maison tête de pioche* », *Nos livres*, vol. 11, février 1980, n⁰ 68.
8730. *GÉLINAS, Michèle, [*La Maison tête de pioche*], *Lurelu*, vol. 3, n⁰ 1, printemps 1980, p. 8.
8731. *BOUDREAU, Solange, [*Émilie, la baignoire à pattes*], *Des livres et des jeunes*, vol. 2, n⁰ 6, juin 1980, p. 37.
8732. *GAGNON, André, « Une baignoire, des légumes et des animaux [*Émilie, la baignoire à pattes*] », *Canadian Children's Literature*, No. 17, 1980, p. 69-73.
8733. *G., C., [*La Maison tête de pioche*], *Des livres et des jeunes*, vol. 3, n⁰ 7, automne 1980, p. 43.
8734. *GÉLINAS, Michèle, [*La Révolte de la courtepointe*], *Lurelu*, vol. 3, n⁰ 3, automne 1980, p. 11.
8735. *VICTORRI, Anne, [*La Révolte de la courtepointe*], *Revue des sciences de l'éducation*, vol. 6, n⁰ 3, automne 1980, p. 628-629.
8736. *CHARTIER, Monique, «*Une boîte magique très embêtante* », *Nos livres*, vol. 13, février 1982, n⁰ 80.
8737. *BELLEMARE, Madeleine, «*La Dépression de l'ordinateur* », *Nos livres*, vol. 13, août-septembre 1982, n⁰ 350.
8738. *GÉLINAS, Michèle, «*La Dépression de l'ordinateur* », *Lurelu*, vol. 5, n⁰ 2, automne 1982, p. 15.
8739. *GUILLEMETTE-LABORY, Louise, «*Une boîte magique très embêtante* », *Lurelu*, vol. 5, n⁰ 2, automne 1982, p. 13.
8740. *MONETTE, Pierre, «*La Dépression de l'ordinateur* », *Livres et auteurs québécois, 1982*, p. 236.

RENAUD, Jacques

8741. RENAUD, Jacques, « Rectificatif », *Lettres québécoises*, n⁰ 13, février 1979, p. 75.

8742. *VAILLANCOURT, Pierre-Louis, « Jacques Renaud déhiscent [*Le Cycle du scorpion*] », *Lettres québécoises*, n⁰ 16, hiver 1979-1980, p. 24-25.

8743. *VANASSE, André, *«La Colombe et la brisure éternité »*, *Livres et auteurs québécois, 1979*, p. 76-77.

8744. *BELLEMARE, Madeleine, *«La Colombe et la brisure éternité »*, *Nos livres*, vol. 11, janvier 1980, n⁰ 14.

8745. BELLEMARE, Madeleine, [Entrevue], *Nos livres*, vol. 11, janvier 1980, [p. 3-6].

8746. FILTEAU, Claude, *«Le Cassé* de Jacques Renaud. Un certain parti pris sur le vernaculaire français québécois », *Voix et images*, vol. 5, n⁰ 2, hiver 1980, p. 271-289.

8747. *BLONDEAU, Dominique, [*La Colombe et la brisure éternité*], *Nous*, vol. 7, n⁰ 11, mai 1980, p. 48, 50.

8748. REID, Malcolm, « Jacques Renaud. Du *Cassé* à *Clandestine(s)* [*ou la Tradition du couchant*] », *Le Bulletin Pantoute*, n⁰ 2, juin-juillet-août 1980, p. 12-13.

8749. *S[AVARD], A[ndrée], *«Clandestine(s) ou la Tradition du couchant »*, *Focus*, n⁰ 36-37, juillet-août 1980, p. 74-75.

8750. *BROCHU, André, *«Clandestine(s)* [*ou la Tradition du couchant*] », *Livres et auteurs québécois, 1980*, p. 65-67.

8751. *MERIVALE, Patricia, *«Clandestine(s) ou la Tradition du couchant »*, *Canadian Literature*, No. 91, Winter 1981, p. 157-159.

8752. *C[ACCIA], F[ulvio], [*Par la main du soleil — Les Saisons du Saphir*], *Moebius*, n⁰ 14, printemps 1982, p. 55.

RENAUD[-LEDUC], Thérèse

8753. *OUELLETTE-MICHALSKA, Madeleine, [*Une mémoire déchirée*], *Châtelaine*, vol. 20, n⁰ 1, janvier 1979, p. 6.

8754. *BAYARD, Caroline, [*Une mémoire déchirée*], *Fireweed*, No. 5-6, Winter 1979-1980, p. 197.

8755. *RECURT, Myriam, [*Une mémoire déchirée*], *Canadian Literature*, No. 84, Spring 1980, p. 115-116.

8756. *STANTON, Julie, *«Plaisirs immobiles »*, *La Gazette des femmes*, vol. 3, n⁰ 3, septembre 1981, p. 5.

8757. *THOMAS, Réjean, *«Plaisirs immobiles »*, *Nos livres*, vol. 12, décembre 1981, n⁰ 516.

8758. *CORRIVEAU, Hugues, *«Plaisirs immobiles »*, *Livres et auteurs québécois, 1981*, p. 118.

8759. *CHAMBERLAND, Roger, « Trois Fois le Noroît [*Plaisirs immobiles*] », *Estuaire*, n⁰ 24, été 1982, p. 79.

RHÉAULT, Nicole-Marie

8760. *LAURIN, Michel, *«Histoire de Julie qui avait une ombre de garçon »*, *Nos livres*, vol. 13, août-septembre 1982, n⁰ 329.

RHÉAUME, Daniel

8761. *ASSELIN, Olivier, « Recueil de poésie. *La Souche*. Je suis poète », *Liaison*, n⁰ 16, juin 1981, p. 9.

RICARD, André

8762. *BELLEMARE, Madeleine, *«Le Casino voleur »*, *Nos livres*, vol. 10, février 1979, n⁰ 64.

8763. *DIONNE, André, « Le Théâtre qu'on joue : *Le Casino voleur* », *Lettres québécoises*, n⁰ 14, avril-mai 1979, p. 28.

8764. *GIRARD, Gilles, [*Le Casino voleur*], *University of Toronto Quarterly*, Vol. 48, No. 4, Summer 1979, p. 375-376.

8765. *RIPLEY, John, «*Le Casino voleur*», *Canadian Literature*, No. 85, Summer 1980, p. 113-114.

8766. MILLAIRE, Albert, « André Ricard », *Le Bulletin Pantoute*, no 3, septembre-octobre-novembre 1980, p. 24.

8767. [CLOUTIER, Raymond], « André Ricard », *Théâtre/Le Trident*, no 18, [septembre 1980], p. 6.

8768. *RICARD, André, [*Les Sept Péchés québécois*], *Théâtre/Le Trident*, no 18, [septembre 1980], p. 6.

RICARD, François

8769. THÉRIO, Adrien, « Le Frère André de la littérature québécoise », *Lettres québécoises*, no 26, été 1982, p. 15.

8770. *THÉRIO, Adrien, [*L'Incroyable Odyssée*], *Lettres québécoises*, no 26, été 1982, p. 87.

RICHARD, François

8771. [CLOUTIER, Raymond], « François Richard », *Théâtre/Le Trident*, no 18, [septembre 1980], p. 6.

8772. *RICHARD, François, [*Les Sept Péchés québécois*], *Théâtre/Le Trident*, no 18, [septembre 1980], p. 6.

RICHARD, Jean-Jules

8773. *HATHORN, Ramon, [*Le Feu dans l'amiante*], *Voix et images*, vol. 6, no 1, automne 1980, p. 106-107.

RICHER, Louise

8774. *DAOUST, Jean-Paul, « Hyperréalisme [*Sont-ce les effets du Southern Comfort ?*] », *Spirale*, no 19, mai 1981, p. 15.

8775. *DIONNE, André, « Le Théâtre qu'on joue : *Sont-ce les effets du Southern Comfort ?* », *Lettres québécoises*, no 22, été 1981, p. 46.

RIDDEZ[-MORISSET], Mia

8776. EDDIE, Christine, « Le Théâtre qu'on publie : Quand le texte de télévision devient livre [*Rue des Pignons*] », *Lettres québécoises*, no 14, avril-mai 1979, p. 29-31.

8777. *GIRARD, Gilles, [*Rue des Pignons*], *University of Toronto Quarterly*, Vol. 48, No. 4, Summer 1979, p. 378.

8778. EDDIE, Christine, « L'Évolution de l'image de la femme à travers le téléroman *Rue des Pignons* », *Communication information*, vol. 3, no 1, automne 1979, p. 109-111.

RIEL, Louis-David

8779. SWAINSON, Donald, « It's the Riel Thing », *Books in Canada*, Vol. 8, No. 5, May 1979, p. 14-15.

8780. MARTEL, Gilles, « Une fresque peu historique... Louis Riel à la télé », *Relations*, vol. 39, no 448, mai 1979, p. 154-155.

8781. OWEN, I.M., « Louis Riel as Religious Prophet », *Saturday Night*, Vol. 94, No. 5, June 1979, p. 53-54.

8782. *[ANONYME], [Janet Rosenstock, Dennis Adair et Ray Moore, *Louis Riel*], *L'Atulu*, vol. 1, no 7, novembre 1979, p. 11.

8783. STANLEY, George F.G., « Le Projet Riel », *Revue d'histoire de l'Amérique française*, vol. 33, n⁰ 3, décembre 1979, p. 447-450.

8784. *NESMITH, Tom, *«Louis 'David' Riel : 'Prophet of the New World'* [de Thomas Flanagan] », *Archivaria*, No. 9, Winter 1979-1980, p. 256-257.

8785. *SAVOIE, Paul, [*Poésies religieuses et poétiques*], *Bulletin du Centre d'études franco-canadiennes de l'Ouest*, n⁰ 5, mai 1980, p. 14-16.

8786. *BELLEMARE, Madeleine, «*Poésies religieuses et politiques* », *Nos livres*, vol. 11, octobre 1980, n⁰ 316.

8787. *[ANONYME], «*Poésies religieuses et politiques* », *Écriture française dans le monde*, vol. 3, n⁰ 1, mai 1981, p. 125.

8788. *CAMPBELL, Glen, «*Poésies religieuses et politiques* », *Canadian Ethnic Studies/Études ethniques au Canada*, Vol. 13, No. 2, 1981, p. 168-170.

8789. ANCTIL, Pierre, « L'Exil américain de Louis Riel, 1874-1884 », *Recherches amérindiennes au Québec*, vol. 11, n⁰ 3, 4ᵉ trimestre 1981, p. 239-249.

8790. *KNUTSON, Simone P., « [Mary Jordan], *De ta soeur, Sara Riel* », *Canadian Literature*, No. 91, Winter 1981, p. 152-153.

8791. *KNUTSON, Simone P., «*Poésies religieuses et politiques* », *Canadian Literature*, No. 91, Winter 1981, p. 151.

8792. SPENCER, Nigel, « Louis Riel and Norman Bethune : A Critical Bibliography », *Moosehead Review*, Vol. 3, No. 1, 1981, p. 48-60.

8793. *ANCTIL, Pierre, «*Poésies religieuses et politiques* », *Recherches amérindiennes au Québec*, vol. 12, n⁰ 1, [1ᵉʳ trimestre] 1982, p. 73.

8794. OWRAM, Douglas, « The Myth of Louis Riel », *The Canadian Historical Review*, Vol. 63, No. 3, September 1982, p. 315-336.

RIGAULT, Claude

8795. *LAFON[-WEISS], Dominique, «*L'Univers du théâtre* », *Jeu*, n⁰ 10, hiver 1979, p. 131-134.

8796. *GODIN, Jean-Cléo, «*L'Univers du théâtre* », *Québec français*, n⁰ 34, mai 1979, p. 9-10.

8797. *WILSON, W.D., «*L'Univers du théâtre* », *Canadian Drama/L'Art dramatique canadien*, Vol. 5, No. 2, Autumn 1979, p. 227-230.

8798. *FÉRAL, Josette, «*L'Univers du théâtre* », *Études littéraires*, vol. 13, n⁰ 3, décembre 1980, p. 569-571.

RILEV, Joseph [pseud. de Richard Lévesque]

8799. *ARGUIN, Maurice, «*Le Vieux du Bas-du-Fleuve* », *Québec français*, n⁰ 39, octobre 1980, p. 10.

8800. BOIVIN, A[urélien], « Biographie », *Québec français*, n⁰ 39, octobre 1980, p. 61.

8801. *BOIVIN, Aurélien, «*Les Yeux d'orage* », *Québec français*, n⁰ 39, octobre 1980, p. 10.

8802. LEVESQUE, Richard, « Autoportrait. Richard Lévesque », *Québec français*, n⁰ 39, octobre 1980, p. 60-61.

8803. LAMONTAGNE, Gilles, « Le Conte dans l'est du Québec. Éléments de bibliographie critique », *Revue d'histoire littéraire du Québec et du Canada français*, n⁰ 3, hiver-printemps 1982, p. 87.

8804. *CHARTIER, Monique, «*Le Vieux du Bas-du-Fleuve* », *Nos livres*, vol. 13, avril 1982, n⁰ 172.

8805. *CHARTIER, Monique, «*Les Yeux d'orage* », *Nos livres*, vol. 13, avril 1982, n⁰ 173.

RINGUET [pseud. de Philippe Panneton]

8806. HATHORN, Ramon, « Angles on Saxons : A Study of the Anglo-Saxon in Québec Fiction », *Journal of Canadian Fiction*, No. 25-26, 1979, p. 273.

8807. IMBERT, Patrick, «*Trente Arpents* ou le Pastiche masqué ? », *Lettres québécoises*, n⁰ 15, août-septembre 1979, p. 40-41.

8808. LEMIRE, Maurice, « Le Roman québécois des moeurs urbaines », *Québec français*, n° 36, décembre 1979, p. 56-57.
8809. SOCKEN, Paul, « The Narrative Structure of *Trente Arpents* », *Canadian Literature*, No. 86, Autumn 1980, p. 152-156.
8810. *HATHORN, Ramon, [*Trente Arpents*], *Voix et images*, vol. 6, n° 1, automne 1980, p. 109-110.
8811. R[ICARD], F[rançois], « Petite Histoire scandaleuse », *Liberté*, vol. 24, n° 2, mars-avril 1982, p. 104-105.
8812. ROUSSEAU, Guildo et Jean LAPRISE, « Le Discours du sol dans le roman mauricien de 1850 à 1950 », *Cahiers de géographie du Québec*, vol. 26, n° 67, avril 1982, p. 121-137.

RIOUX, Hélène

8813. *DORION, Gilles, «*J'Elle* », *Québec français*, n° 34, mai 1979, p. 6.
8814. *OUELLETTE-MICHALSKA, Madeleine, « Raconter sa vie au fil de l'encre », *Châtelaine*, vol. 20, n° 7, juillet 1979, p. 10.
8815. *DORION, Gilles, «*J'Elle* », *Livres et auteurs québécois, 1979*, p. 77-78.
8816. *PAYEUR-MINOT, Gaétane, «*J'Elle* », *Nos livres*, vol. 11, juin-juillet 1980, n° 208.

RIOUX, Jean-Eudes

8817. *CHARTIER, Monique, «*Le Fonctionnaire* », *Nos livres*, vol. 11, août-septembre 1980, n° 269.

RIOUX, Marcel

8818. *VACHER, Laurent-Michel, « La Haine du réel [*Deux Pays pour vivre. Un plaidoyer*] », *Spirale*, n° 15, janvier 1981, p. 15.
8819. *VACHER, Laurent-Michel, « Parole contre récit [Jules Duchastel, *Marcel Rioux. Entre l'utopie et la raison*] », *Spirale*, [n° 20], juin 1981, p. 6.
8820. *NADEAU, Vincent, «*Pour prendre publiquement congé de quelques salauds* », *Livres et auteurs québécois, 1981*, p. 320-321.
8821. *GAULIN, André, «*Pour prendre publiquement congé de quelques salauds* », *Québec français*, n° 45, mars 1982, p. 12-13.
8822. *GUAY, Jacques, [*Pour prendre publiquement congé de quelques salauds*], *Nuit blanche*, n° 6, printemps-été 1982, p. 14.
8823. *LEFEBVRE, Gordon, « Avatars du nationalisme [*Pour prendre publiquement congé de quelques salauds*] », *Spirale*, n° 24, avril 1982, p. 5.

RIOUX, René

8824. *WARREN, Louise, «*Cléo* », *Dérives*, n° 17-18, [2e trimestre] 1979, p. 96.
8825. *CIMON, Marie, [*Cléo*], *Des livres et des jeunes*, vol. 2, n° 6, juin 1980, p. 37.

RIVARD, Gilles

8826. *GÉLINAS, Michèle, «*La Planète Guenille* », *Lurelu*, vol. 4, n° 1-2, printemps-été 1981, p. 7.

RIVARD, Michel

8827. *BORDELEAU, Christian, « Avril en théâtre [*Bachelor*] », *Le Berdache*, n° 19, avril 1981, p. [56-57].
8828. *DE GROSBOIS, Robert, « La Décoratrice chauve [*Bachelor*] », *Le Berdache*, n° 22, juillet-août 1981, p. 53-54.
8829. *RENÉ, Michel, «*Bachelor* », *Livres et auteurs québécois, 1981*, p. 188-190.

8830. *Usmiani, Renate, «*Bachelor*», *Canadian Literature*, No. 95, Winter 1982, p. 157.

RIVARD, Yvon

8831. *[Anonyme], [*L'Ombre et le double*], *L'Atulu*, vol. 1, n° 7, novembre 1979, p. 10.
8832. *Dupré, Nicole, «*L'Ombre et le double* ou la Quête incessante d'un pays », *Le Babillard*, vol. 2, n° 2, novembre 1979, p. 10.
8833. *Lasnier, Louis, «*L'Ombre et le double* », *Nos livres*, vol. 10, décembre 1979, n° 400.
8834. *Dorion, Gilles, «*L'Ombre et le double* », *Québec français*, n° 36, décembre 1979, p. 9.
8835. [Anonyme], «*Choix du libraire* », *Québec Hebdo*, vol. 1, n° 44, 17 décembre 1979, p. 4.
8836. Michaud, Jacques, « Se perdre, au centre de la terre, au coeur de l'écriture. *L'Ombre et le double* d'Yvon Rivard », *Lettres québécoises*, n° 16, hiver 1979-1980, p. 16-19.
8837. *Bonenfant, Joseph, «*L'Ombre et le double* », *Livres et auteurs québécois, 1979*, p. 78-80.
8838. *Duquette, Jean-Pierre, [*L'Ombre et le double*], *Livres et auteurs québécois, 1979*, p. 19-20.
8839. *Michon, Jacques, « L'Ombre des mots [*L'Ombre et le double*] », *Spirale*, n° 5, janvier 1980, p. 6.
8840. *Roy, Jean-Philippe, « L'Ombre d'un roman [*L'Ombre et le double*] », *Trajectoires*, n° 6, 15 janvier-15 février 1980, p. 4-5.
8841. *[Anonyme], [*L'Ombre et le double*], *Québec Hebdo*, vol. 2, n° 5, 11 février 1980, p. 4.
8842. *Ouellette-Michalska, Madeleine, [*L'Ombre et le double*], *Châtelaine*, vol. 21, n° 3, mars 1980, p. 36.
8843. *Brault, Jacques, [*L'Ombre et le double*], *Spirale*, n° 7, mars 1980, p. 13.
8844. *Gauvin, Lise, [*L'Ombre et le double*], *University of Toronto Quarterly*, Vol. 49, No. 4, Summer 1980, p. 344-345.
8845. Pascal, Gabrielle, « L'Idéalisme d'Yvon Rivard », *Voix et images*, vol. 6, n° 3, printemps 1981, p. 473-480.

RIVIÈRE, Sylvain

8846. *Pomerleau, Gervais, « Sylvain Rivière, poète [*De saumure et d'eau douce*] », *Gaspésie*, vol. 20, n° 1, janvier-mars 1982, p. 13.

ROBERGE-BLANCHET, Sylvie

8847. *Desrosiers, Évelyne, «*La Naissance des étoiles* », *Livres et auteurs québécois, 1982*, p. 236-237.

ROBERT, Guy

8848. Duciaume, Jean-Marcel, « Guy Robert. Vingt-Cinq Ans de métier », *Lettres québécoises*, n° 14, avril-mai 1979, p. 49-56.
8849. Dionne, René, « À propos d'une histoire de la peinture au Québec », *Relations*, vol. 39, n° 448, mai 1979, p. 157-159.
8850. *Ellenwood, Ray, «*Borduas ou le Dilemme culturel québécois* », *Arts Canada*, No. 228-229, August-September 1979, p. 56.

ROBERT, Johanne

8851. *L[atreille]-H[uvelin], F[rance], [*Le Départ de Béatrice — La Fée qui fait fuir le fantôme — Le Devoir ma pelle*], *Des livres et des jeunes*, vol. 5, n° 13, automne 1982, p. 36.
8852. *Ruel, Ginette, «*Le Départ de Béatrice — Le Devoir ma pelle — La Fée qui fait fuir le fantôme* », *Lurelu*, vol. 5, n° 2, automne 1982, p. 9.

ROBERT, Lucie

8853. *Michon, Jacques, «*Discours critique et discours historique dans le 'Manuel d'histoire de la littérature canadienne de langue française' de Mgr Camille Roy*», *Lettres québécoises*, n⁰ 27, automne 1982, p. 76-77.

8854. *Mailhot, Laurent, «*Discours critique et discours historique dans le 'Manuel d'histoire de la littérature canadienne de langue française' de Mgr Camille Roy*», *Revue d'histoire de l'Amérique française*, vol. 36, n⁰ 3, décembre 1982, p. 438-439.

8855. *Bolduc, Yves, «*Discours critique et discours historique dans le 'Manuel d'histoire de la littérature canadienne de langue française' de Mgr Camille Roy*», *Livres et auteurs québécois, 1982*, p. 316-317.

ROBERT, Michel

8856. *[Anonyme], «*Avec l'envie soudaine d'une nuit blanche*», *CEAD. Dramaturgies nouvelles*, vol. 3, n⁰ 2, décembre 1981, p. 9.

ROBERT, Suzanne

8857. *Lapierre, René, « Ouvrir le mystère [*Les Trois Soeurs de personne*] », *Liberté*, vol. 22, n⁰ 3, mai-juin 1980, p. 101-104.

8858. *Chaput, Sylvie, «*Les Trois Soeurs de personne*», *Le Bulletin Pantoute*, n⁰ 3, septembre-octobre-novembre 1980, p. 8.

8859. *Ouellette-Michalska, Madeleine, [*Les Trois Soeurs de personne*], *Châtelaine*, vol. 21, n⁰ 9, septembre 1980, p. 22.

8860. *Labine, Marcel, « Et la vraie mort, bordel ! [*Les Trois Soeurs de personne*] », *Spirale*, n⁰ 12, octobre 1980, p. 13-14.

8861. *Beaudoin, Réjean, «*Les Trois Soeurs de personne*», *Livres et auteurs québécois, 1980*, p. 67-68.

8862. *Desjardins, Normand, «*Les Trois Soeurs de personne*», *Nos livres*, vol. 12, mars 1981, n⁰ 154.

ROBERTO, Eugène

8863. *Ferry, Jacqueline, «*Structures de l'imaginaire dans 'Courtepointes' de Miron*», *Lettres québécoises*, n⁰ 18, été 1980, p. 76-78.

ROBIDOUX, Louis-Philippe

8864. Sirois, Antoine, « L'Un de nos rares moralistes, Louis-Philippe Robidoux », *Grimoire*, vol. 3, n⁰ 6, juin 1980, p. 15.

ROBIDOUX, Réjean

8865. *Brisebois, Michel, «*Le Roman canadien-français. Évolution, témoignages, bibliographie*», *Papers of the Bibliographical Society of Canada/Cahiers de la Société bibliographique du Canada*, Vol. 18, 1979, p. 106-107.

8866. Major, Jean-Louis, « Présentation de M. Réjean Robidoux », *Société royale du Canada. Présentation*, n⁰ 36, 1980-1981, p. 27-31.

8867. Robidoux, Réjean, « Réponse de M. Réjean Robidoux. Praticien de la littérature », *Société royale du Canada. Présentation*, n⁰ 36, 1980-1981, p. 33-39.

8868. *Gaulin, André, «*Crémazie et Nelligan*», *Québec français*, n⁰ 43, octobre 1981, p. 16.

ROBITAILLE, Gérald

8869. *[Anonyme], «*Pays perdu et retrouvé*», *Québec Hebdo*, vol. 2, n⁰ 34, 15 septembre 1980, p. 4.

8870. Moreau, Jean-Marie, «*Pays perdu et retrouvé* [Entrevue]», *Nos livres*, vol. 12, janvier 1981, [s.p.].

8871. *Moreau, Jean-Marie, «*Pays perdu et retrouvé*», *Nos livres*, vol. 12, janvier 1981, no 44.

ROCHELEAU, Corinne

8872. De La Fontaine, Gilles, « Le Mythe de l'Iroquoise dans le conte écrit de la Mauricie », *Revue d'histoire littéraire du Québec et du Canada français*, no 3, hiver-printemps 1982, p. 71-72.

ROCHER, Suzanne

8873. *Laframboise, Yvon, «*Les Cailloux voient du pays*», *Livres et auteurs québécois, 1980*, p. 232-233.

ROCHON, Claire

8874. *Yergeau, Robert, «*Entre l'oeil et l'espace. Le Geste et le cri*», *Livres et auteurs québécois, 1982*, p. 128-129.

ROCHON, Esther

8875. Escomel, Gloria, « La Science-Fiction. Sois bionique et tais-toi », *Châtelaine*, vol. 20, no 7, juillet 1979, p. 36-38, 90-95.

ROCHON, Gaétan

8876. *Brisson, Pierre, «*Politique et contre-culture*. La Contre-Culture entre l'aube et le crépuscule», *Spirale*, no 4, décembre 1979, p. 1, 4.

8877. *Malouin, Harel, «*Politique et contre-culture*», *Livres et auteurs québécois, 1979*, p. 331-333.

RODIER, Pierre

8878. *Matte, Louise, « Un spectacle divertissant [*Du camping chez ma tante Burt*] », *Liaison*, no 24, octobre-novembre 1982, p. 42.

ROLLIN, Henri

8879. *Villeneuve, Rodrigue, «*Aurore, l'enfant martyre*», *Livres et auteurs québécois, 1982*, p. 180-183.

RONDEAU, Georgette

8880. *Robert, Lucie, «*Une lune entre deux maisons*», *Livres et auteurs québécois, 1980*, p. 163-164.

8881. *Dionne, André, «*Une lune entre deux maisons*», *Nos livres*, vol. 12, février 1981, no 85.

8882. *Soulières, Robert, « Un peu de théâtre...et de musique ! [*Une lune entre deux maisons*] », *Lurelu*, vol. 4, no 1-2, printemps-été 1981, p. 19.

8883. *Cotnoir, Diane, «*Une lune entre deux maisons*», *Jeu*, no 19, 2e trimestre 1981, p. 152-153.

8884. *Girard, Gilles, [*Une lune entre deux maisons*], *University of Toronto Quarterly*, Vol. 50, No. 4, Summer 1981, p. 73.

8885. *Desrochers-Brazeau, Aline, «*Une lune entre deux maisons*», *Québec français*, no 44, décembre 1981, p. 60.

8886. *Maréchal, André, « Jeux et enjeux du théâtre pour enfants [*Une lune entre deux maisons*] », *Lettres québécoises*, no 24, hiver 1981-1982, p. 84.

8887. *FILTEAU, Louise, « Une collection consacrée aux textes dramatiques pour enfants [*Une lune entre deux maisons*] », *Canadian Children's Literature*, No. 25, [1rst Trimester] 1982, p. 61-62.

8888. *FILTEAU, Louise, «*Une lune entre deux maisons* », *Canadian Theatre Review*, No. 34, Spring 1982, p. 203.

8889. *CHARETTE, Christiane, [*Une lune entre deux maisons*], *Lurelu*, vol. 5, nº 1, printemps-été 1982, p. 17.

RONFARD, Alice

8890. *CHAREST, Luc, « Les Tréteaux de la fantaisie [*Les Trapézistes*] », *Vie des arts*, vol. 27, nº 107, été 1982, p. 78.

RONFARD, Jean-Pierre

8891. *FÉRAL, Josette, «*Vie et mort du Roi Boiteux*. Un texte en délire », *Pratiques théâtrales*, nº 13, automne 1981, p. 32-39.

8892. LAPORTE, M[ichel], « Gérer la création », *Pratiques théâtrales*, nº 13, automne 1981, p. 40-58.

8893. LEFEBVRE, Paul, « Notes sur *Vie et mort du Roi Boiteux* de Jean-Pierre Ronfard », *Jeu*, nº 21, 4e trimestre 1981, p. 105-114.

8894. *DESJARDINS, Normand, «*Vie et mort du Roi Boiteux*, t. 2 », *Nos livres*, vol. 12, novembre 1981, nº 455.

8895. *DESJARDINS, Normand, «*Vie et mort du Roi Boiteux*, t. 1 », *Nos livres*, vol. 12, novembre 1981, nº 454.

8896. *CUSSON, Normand, « Le Roi Boiteux, l'événement de l'année au théâtre [*Vie et mort du Roi Boiteux*] », *Clin d'oeil*, nº 15, décembre 1981, p. 114.

8897. BOURASSA, André[-Gilles], « Le Théâtre qu'on publie : tête d'or et pieds d'argile. Un cycle de six pièces de Jean-Pierre Ronfard [*Vie et mort du Roi Boiteux*] », *Lettres québécoises*, nº 24, hiver 1981-1982, p. 42-43.

8898. *FÉRAL, Josette, «*Vie et mort du Roi Boiteux* », *Livres et auteurs québécois, 1981*, p. 190-192.

8899. *ANDRÈS, Bernard, « Clopin-Clopant dans l'épopée. Le Nouveau Théâtre expérimental de Montréal [*Vie et mort du Roi Boiteux*] », *Voix et images*, vol. 7, nº 2, hiver 1982, p. 397-400.

8900. *GRUSLIN, Adrien, « La fête théâtrale bat son plein [*Vie et mort du Roi Boiteux*] », *Spirale*, [nº 22], février 1982, p. 8.

8901. *BOUCHARD, Christian, «*Vie et mort du Roi Boiteux* », *Québec français*, nº 46, mai 1982, p. 9-11.

8902. *GIRARD, Gilles, [*Vie et mort du Roi Boiteux*], *University of Toronto Quarterly*, Vol. 51, No. 4, Summer 1982, p. 384-385.

8903. *CZARNECKI, Mark, « Entertaining the Two Solitudes [*Vie et mort du Roi Boiteux*] », *Maclean's*, Vol. 95, No. 30, July 26, 1982, p. 54.

8904. *GERSON, Mark, [*Vie et mort du Roi Boiteux*], *Performing Arts in Canada*, Vol. 19, No. 3, Fall 1982, p. 36.

8905. *KING, Deirdre, «*Vie et mort du Roi Boiteux* », *The Canadian Forum*, Vol. 62, No. 723, November 1982, p. 41.

8906. *USMIANI, Renate, «*Vie et mort du Roi Boiteux* », *Canadian Literature*, No. 95, Winter 1982, p. 159.

8907. *LE BLANC, Alonzo, «*La Mandragore* », *Livres et auteurs québécois, 1982*, p. 183-184.

ROQUEBRUNE, Robert de [pseud. de Robert La Roque]

8908. *GUINDON, Ginette, «*Les Habits rouges* », *Lurelu*, vol. 2, nº 3, automne 1979, p. 12.

8909. MAJOR, Jean-Louis, « 'Une sorte d'éternité heureuse'. *Testament de mon enfance* de Robert de Roquebrune », *Lettres québécoises*, nᵒ 16, hiver 1979-1980, p. 43-46.

8910. *BEAUDOIN, Réjean, «*Testament de mon enfance*», *Livres et auteurs québécois, 1979*, p. 80-81.

8911. WARREN, Louise, « Des romans historiques », *Lurelu*, vol. 3, nᵒ 3, automne 1980, p. 13.

8912. *CHARTIER, Monique, «*Quartier Saint-Louis*», *Nos livres*, vol. 13, mai 1982, nᵒ 232.

ROUILLARD, Jacques

8913. *BELLEMARE, Madeleine, «*Le Québec en textes, 1940-1980*», *Nos livres*, vol. 11, novembre 1980, nᵒ 325.

8914. *GUAY, Jacques, «*Le Québec en textes, [1940-1980]*», *Le Bulletin Pantoute*, nᵒ 4, décembre 1980-janvier-février 1981, p. 10.

8915. [ANONYME], « Le Prix Lionel-Groulx 1980 », *Lettres québécoises*, nᵒ 21, printemps 1981, p. 10.

8916. *SAVARD, Pierre, «*Le Québec en textes, 1940-1980*», *Revue d'histoire de l'Amérique française*, vol. 35, nᵒ 2, septembre 1981, p. 273-274.

8917. *OUELLET, Réal, « L'Entreprise anthologique [*Le Québec en textes, 1940-1980*] », *Lettres québécoises*, nᵒ 24, hiver 1981-1982, p. 77-79.

8918. *LEBEL, Maurice, «*Le Québec en textes, 1940-1980*», *Canadian Literature*, No. 93, Summer 1982, p. 135-136.

ROULEAU, Charles-Edmond

8919. LAMONTAGNE, Gilles, « Le Conte dans l'est du Québec. Éléments de bibliographie critique », *Revue d'histoire littéraire du Québec et du Canada français*, nᵒ 3, hiver-printemps 1982, p. 83-84.

ROUSSEAU, Guildo

8920. *CIVIL, Jean, [*L'Image des États-Unis dans la littérature québécoise (1775-1930)*], *Grimoire*, vol. 4, nᵒ 5, mai 1981, p. 7.

8921. *[ANONYME], «*L'Image des États-Unis dans la littérature québécoise (1775-1930)*», *Réseau*, vol. 13, nᵒ 2, octobre 1981, p. [27].

8922. *SIMARD, Sylvain, «*L'Image des États-Unis dans la littérature québécoise (1775-1930)*», *Livres et auteurs québécois, 1981*, p. 226-227.

8923. *B[EAUDOIN], R[éjean], [*L'Image des États-Unis dans la littérature québécoise (1775-1930)*], *Liberté*, vol. 24, nᵒ 1, janvier-février 1982, p. 122-123.

8924. *MICHON, Jacques, « Les États-Unis de notre petite bourgeoisie de 1800 à 1930 [*L'Image des États-Unis dans la littérature québécoise (1775-1930)*] », *Lettres québécoises*, nᵒ 25, printemps 1982, p. 72-73.

8925. *POTEET, Maurice, «*L'Image des États-Unis dans la littérature québécoise (1775-1930)*», *Voix et images*, vol. 7, nᵒ 3, printemps 1982, p. 594-596.

8926. *SAVARD, Pierre, «*L'Image des États-Unis dans la littérature québécoise (1775-1930)*», *Revue d'histoire de l'Amérique française*, vol. 36, nᵒ 1, juin 1982, p. 123-126.

8927. *BENSON, Mark, «*L'Image des États-Unis dans la littérature québécoise (1775-1930)*», *Canadian Literature*, No. 93, Summer 1982, p. 147-149.

8928. *[ANONYME], «*Contes et récits de la Mauricie, 1850-1950. Essai de bibliographie régionale*», *Réseau*, vol. 14, nᵒ 2, octobre 1982, p. 27.

ROUSSEAU, Normand

8929. *PAGÉ, Raymond, [*À l'ombre des tableaux noirs*], *Chelsea Journal*, Vol. 5, No. 5, September-October 1979, p. 233.

8930. *[ANONYME], [*Les Jardins secrets*], *L'Atulu*, vol. 1, nᵒ 8, décembre 1979, p. 10.

8931. [ANONYME], « Le Prix Esso », *Québec Hebdo*, vol. 1, nᵒ 44, 17 décembre 1979, p. 3.

8932. [ANONYME], « Prix Esso du Cercle du Livre de France 1979 », *Lettres québécoises*, n° 16, hiver 1979-1980, p. 11.

8933. *BOIVIN, Aurélien, «*Les Jardins secrets* », *Québec français*, n° 37, mars 1980, p. 8-9.

8934. *[ANONYME], [*Les Jardins secrets*], *Le Médecin du Québec*, vol. 15, n° 4, avril 1980, p. 25.

8935. *VANASSE, André, «*Les Jardins secrets* », *Relations*, vol. 40, n° 458, avril 1980, p. 124-126.

8936. *DESJARDINS, Normand, «*Le Déluge blanc* », *Nos livres*, vol. 12, mai 1981, n° 408.

8937. *DORION, Gilles, «*Le Déluge blanc* », *Québec français*, n° 44, décembre 1981, p. 8.

8938. *COSSETTE, Gilles, « Science-Fiction et fantastique. Des écrivains d'ici en savent long sur le sujet [*Le Déluge blanc*] », *Lettres québécoises*, n° 24, hiver 1981-1982, p. 32-33.

8939. *VANASSE, André, «*Le Déluge blanc* », *Livres et auteurs québécois, 1981*, p. 75-76.

8940. *JANELLE, Claude et Élisabeth VONARBURG, « Science-Fiction et fantastique au Québec. Un combat mythique entre un homme et un rat [*Le Déluge blanc*] », *Solaris*, vol. 8, n° 2, mars-avril 1982, p. 6-8.

8941. *B[ÉLIL], M[ichel], « Une lutte à finir [*Le Déluge blanc*] », *Imagine*, vol. 3, n° 3, printemps 1982, p. 68-69.

8942. *ROCHETTE, Lise, «*Le Déluge blanc* », *Canadian Literature*, No. 94, Autumn 1982, p. 159-160.

ROUSSEAU-LÉGER, Denise

8943. *LAURIN, Michel, «*Prunelle dans le noir* », *Nos livres*, vol. 11, juin-juillet 1980, n° 226.

8944. *LAURIN, Michel, «*Prunelle et Ondine* », *Nos livres*, vol. 11, juin-juillet 1980, n° 227.

ROUSSIN, Claude

8945. FORSYTH, Louise [H.], « First Person Feminine Singular : Monologue by Women in Several Modern Quebec Plays », *Canadian Drama/L'Art dramatique canadien*, Vol. 5, No. 2, Autumn 1979, p. 189-205, p. 193-195.

ROUTIER, Simone

8946. *SICOTTE, Sylvie, «*Le Choix de Simone Routier dans l'oeuvre de Simone Routier* », *Livres et auteurs québécois, 1981*, p. 123.

8947. ROUTIER, Simone, « La Ferveur d'une débutante en poésie. Correspondance, 1929 à 1941 [avec Louis Dantin] », *Écrits du Canada français*, n° 44-45, 1982, p. 211-274.

ROUX, Jean-Louis

8948. DUFRESNE, Jean-V., « Jean-Louis Roux. Pour un théâtre plus humain... », *L'Actualité*, vol. 7, n° 2, février 1982, p. 17-20.

8949. BEAULNE, Guy, « Présentation de M. Jean-Louis Roux », *Société royale du Canada. Présentation*, n° 38, 1982-1983, p. 61-65.

ROY, Albert

8950. *GIGUÈRE, Richard, « La Poésie acadienne et ontarienne de langue française. Un pari pour la vie [*Fouillis d'un Brayon*] », *Lettres québécoises*, n° 22, été 1981, p. 34.

ROY, André

8951. *LABINE, Marcel, « Les Passions rigoureuses [*Les Passions du samedi*] », *Spirale*, n° 2, octobre 1979, p. 7.

8952. *SIVRY, Jean-Michel, « Guy Ménard et André Roy, poètes amoureux des hommes... [*Les Passions du samedi*] », *Le Berdache*, n° 6, décembre 1979-janvier 1980, p. 41-42.

8953. *NEPVEU, Pierre, « Du corps et de quelques poètes [*Les Passions du samedi*] », *Lettres québécoises*, n° 16, hiver 1979-1980, p. 21-22.

8954. *CORRIVEAU, Hugues, «Les Passions du samedi», Livres et auteurs québécois, 1979, p. 161-163.

8955. *BONENFANT, Joseph, [Les Passions du samedi], Spirale, n° 7, mars 1980, p. 11.

8956. *VASSEUR, François, «Le Sens apparent — Les Passions du samedi», Le Bulletin Pantoute, n° 2, juin-juillet-août 1980, p. 8-9.

8957. *GIGUÈRE, Richard, [Les Passions du samedi], University of Toronto Quarterly, Vol. 49, No. 4, Summer 1980, p. 363.

8958. *BEAUSOLEIL, Claude, «Petit Supplément aux passions», Livres et auteurs québécois, 1980, p. 120.

8959. *DE BELLEFEUILLE, Normand, «Petit Supplément aux passions», Livres et auteurs québécois, 1980, p. 133.

8960. BONENFANT, Joseph et Richard GIGUÈRE, « Les Passions de l'écriture. Interview avec André Roy », Lettres québécoises, n° 22, été 1981, p. 49-55.

8961. NEPVEU, Pierre, « Petites Misères du masculin singulier [Monsieur Désir] », Lettres québécoises, n° 22, été 1981, p. 29-31.

8962. *BAYARD, Caroline, [Le Petit Supplément aux passions], University of Toronto Quarterly, Vol. 50, No. 4, Summer 1981, p. 44-45.

8963. *GAUDREAU, Liette, «Monsieur Désir», Livres et auteurs québécois, 1981, p. 92-93.

8964. [ANONYME], « André Roy », Arcade, [vol. 1], n° 1, printemps 1982, p. 15.

8965. *BAYARD, Caroline, [Monsieur Désir], University of Toronto Quarterly, Vol. 51, No. 4, Summer 1982, p. 366-367.

8966. BEAUSOLEIL, Claude, « La Poésie en revues depuis 10 ans », La Petite Revue de philosophie, vol. 4, n° 1, automne 1982, p. 114-115.

ROY, Bruno

8967. *LAURIN, Michel, «Et cette Amérique chante en québécois», Nos livres, vol. 10, août-septembre 1979, n° 369.

8968. *GAULIN, André, «Et cette Amérique chante en québécois», Québec français, n° 35, octobre 1979, p. 15.

8969. *LALIBERTÉ, Aline, « Unifiante ? [Et cette Amérique chante en québécois] », L'Écritoire, vol. 2, n° 2, mars 1980, p. 52-53.

ROY, Camille

8970. GIROUX, Robert, « Notion et/ou fonctions de la littérature (nationale québécoise) au XXe siècle », Voix et images, vol. 5, n° 1, automne 1979, p. 89-90.

8971. ROBERT, Lucie, « Histoire et critique dans le Manuel de Camille Roy », Revue d'histoire littéraire du Québec et du Canada français, n° 2, 1980-1981, p. 53-59.

ROY, Carmen

8972. LAMONTAGNE, Gilles, « Le Conte dans l'est du Québec. Éléments de bibliographie critique », Revue d'histoire littéraire du Québec et du Canada français, n° 3, hiver-printemps 1982, p. 77-78.

8973. *[ANONYME], «Littérature orale en Gaspésie», Québec Hebdo, vol. 4, n° 1, 18 janvier 1982, p. 4.

8974. *DESCHÊNES, Donald, «Littérature orale en Gaspésie», Gaspésie, vol. 20, n° 2, avril-juin 1982, p. 43.

8975. *SCHMITZ, Nancy, «Littérature orale en Gaspésie», Lettres québécoises, n° 26, été 1982, p. 68-69.

8976. *M[ICHON], J[acques], «Littérature orale en Gaspésie», Voix et images, vol. 8, n° 1, automne 1982, p. 178.

8977. *THOMAS, Gerald, «Littérature orale en Gaspésie», Canadian Literature, No. 95, Winter 1982, p. 164-165.

8978. *CHOUINARD, Yvan, «*Littérature orale en Gaspésie*», *Livres et auteurs québécois, 1982*, p. 317-318.

ROY, Daniel

8979. CIVIL, Jean, « Médaille d'argent à Daniel Roy », *Grimoire*, vol. 2, n⁰ 1, 11 janvier 1979, p. 14.
8980. CIVIL, Jean, « Entrevue. Daniel Roy, poète non conformiste », *Grimoire*, vol. 2, n⁰ 3, 22 février 1979, p. 8-9, 18-19.
8981. CIVIL, Jean, « Daniel Roy. Le Poète des 'pouceux' et des 'zigonneux' », *Les Cahiers du hibou*, [vol. 1], n⁰ 3, [4ᵉ trimestre] 1979, p. 29-34.
8982. *BEAUSOLEIL, Claude, [*La Douce Paysanne*], *Spirale*, n⁰ 2, octobre 1979, p. 10.
8983. GAGNON, Daniel, « Contes, romans et poésie d'ici », *L'Estrie*, vol. 2, n⁰ 1, novembre 1979, p. 29.
8984. *BEAUSOLEIL, Claude, [*Les enfants décollent*], *Grimoire*, vol. 3, n⁰ 3, mars 1980, p. 22.
8985. *GIGUÈRE, Richard, « En d'autres lieux (de poésie) [*Les enfants décollent*] », *Lettres québécoises*, n⁰ 17, printemps 1980, p. 33.
8986. *JANOËL, André, «*Saudite Pluie*», *Nos livres*, vol. 11, novembre 1980, n⁰ 360.
8987. *CIVIL, Jean, «*Banane brousse*», *Grimoire*, vol. 4, n⁰ 5, mai 1981, p. 6-7.
8988. *[ANONYME], « Daniel Roy [*Banane brousse*] », *Grimoire*, vol. 4, n⁰ 6, juin-juillet 1981, p. 5-6.
8989. [ANONYME], « Daniel Roy à l'Évidence », *Grimoire*, vol. 5, n⁰ 5, mai-juin 1982, p. 7.

ROY, Gabrielle

8990. GODBOUT, Jacques, « Gabrielle Roy : Notre-Dame des Bouleaux », *L'Actualité*, vol. 4, n⁰ 1, janvier 1979, p. 30-34.
8991. MITCHAM, Allison, « Gabrielle Roy's *Children* », *The Antigonish Review*, No. 36, Winter 1979, p. 94-99.
8992. ROY, Gabrielle, « Saint-Henri Revisited », *Journal of Canadian Fiction*, No. 24, 1979, p. 79-88.
8993. URBAS, Jeannette et Lin WILSON, « Gabrielle Roy : Introduction [to] Saint-Henri Revisited », *Journal of Canadian Fiction*, No. 24, 1979, p. 78-79.
8994. *NOLIN, Jacques, «*La Montagne secrète*», *Nos livres*, vol. 10, janvier 1979, n⁰ 46.
8995. ABLEY, Mark, « Less Is More [*Children of my Heart*] », *Maclean's*, Vol. 92, No. 11, March 12, 1979, p. 58.
8996. *MITCHAM, Allison, « The Novelist as Reporter : Gabrielle Roy's *Fragiles Lumières de la terre* », *Dalhousie Review*, Vol. 59, No. 1, Spring 1979, p. 180-183.
8997. *URBAS, Jeannette, «*Ces enfants de ma vie*», *Fireweed*, No. 2, Spring 1979, p. 80-81.
8998. LEWIS, Paula Gilbert, «*Street of Riches* and The World of Gabrielle Roy », *Journal of Women's Studies in Literature*, Vol. 1, No. 2, Spring 1979, p. 133-141.
8999. *HIND-SMITH, Joan, «*Children of my Heart*», *Quill and Quire*, Vol. 45, No. 5, April 1979, p. 29.
9000. *FISCHMAN, Sheila, « In Praise of Younger Men : *Children of my Heart*», *Books in Canada*, Vol. 8, No. 5, May 1979, p. 17-18.
9001. *WOODCOCK, George, «Gabrielle Roy at the Height of her Form [*Children of my Heart*] », *Saturday Night*, Vol. 94, No. 4, May 1979, p. 50-52.
9002. *BEAUDOIN, Léo, «*Cet été qui chantait*», *Nos livres*, vol. 10, juin-juillet 1979, n⁰ 248.
9003. *RUSSELL, D.W., «*Garden in the Wind — Children of my Heart*», *The Fiddlehead*, No. 122, Summer 1979, p. 143-144.
9004. GREEN, Mary Jean, « Gabrielle Roy et Germaine Guèvremont : Quebec's Daughters Face a Changing World », *Journal of Women's Studies in Literature*, Vol. 1, No. 3, Summer 1979, p. 243-257.
9005. ROY, Gabrielle, « Lettre de Gabrielle Roy à ses amis de l'ALCQ », *Studies in Canadian Literature*, Vol. 4, No. 2, Summer 1979, p. 101-104.

9006. *HESBOIS, Laure, « Trop de miracles [Ces enfants de ma vie] », Journal of Canadian Fiction, No. 25-26, 1979, p. 284-285.

9007. SCHOEMPERLEN, Diane, « The Role of the House in Canadian Fiction », Malahat Review, No. 51, July 1979, p. 17-32.

9008. *SOCKEN, Paul, « Completing the Circle [Children of my Heart] », The Canadian Forum, Vol. 59, No. 691, August 1979, p. 29.

9009. *KAVANAGH, Carol, «Children of my Heart », Chelsea Journal, Vol. 5, No. 5, September-October 1979, p. 223-224.

9010. *PAGÉ, Raymond, [Ces enfants de ma vie], Chelsea Journal, Vol. 5, No. 5, September-October 1979, p. 233.

9011. *GERSON, Carole, [Garden in the Wind], Canadian Literature, No. 82, Autumn 1979, p. 117-118.

9012. PASCAL, Gabrielle, « La Condition féminine dans l'oeuvre de Gabrielle Roy », Voix et images, vol. 5, no 1, automne 1979, p. 143-163.

9013. FIAND, Barbara, « Gabrielle Roy's The Hidden Mountain : A Poetic Expression of Existential Thought », Malahat Review, No. 52, October 1979, p. 77-85.

9014. MAY, Cedric, « Canadian Writing : Beautiful Losers in Presqu'Amerique », Bulletin of Canadian Studies, Vol. 3, No. 2, November 1979, p. 10.

9015. *CIMON, Renée, «Alexandre Chenevert», Nos livres, vol. 10, novembre 1979, no 38.

9016. *[ANONYME], [La Rivière sans repos], L'Atulu, vol. 1, no 8, décembre 1979, p. 11.

9017. BOIVIN, Aurélien, « Biographie », Québec français, no 36, décembre 1979, p. 40.

9018. DORION, Gilles et Maurice ÉMOND, « Gabrielle Roy », Québec français, no 36, décembre 1979, p. 33-35.

9019. DUBÉ, Cécile, « Lire la description dans l'oeuvre de Gabrielle Roy », Québec français, no 36, décembre 1979, p. 36-37.

9020. KUSHNER, Eva, « De la représentation à la vision du monde », Québec français, no 36, décembre 1979, p. 38-40.

9021. LEMIRE, Maurice, « Le Roman québécois de moeurs urbaines », Québec français, no 36, décembre 1979, p. 56-57.

9022. BOILEAU, Marthe, « Gabrielle Roy et son oeuvre », Les Cahiers de la Société d'étude et de conférences, no 2, 1979, p. 103-111.

9023. *BERGENS, Andrée, «Alexandre Chenevert», Livres et auteurs québécois, 1979, p. 81-82.

9024. SIROIS, Antoine, « Costume, maquillage et bijoux dans Bonheur d'occasion », Présence francophone, no 18, printemps 1979, p. 159-164.

9025. *COOKE, Linda, [Children of my Heart], Quarry, Vol. 29, No. 1, Winter 1980, p. 92-96.

9026. PASCAL, Gabrielle, « La Femme dans l'oeuvre de Gabrielle Roy », Revue de l'Université d'Ottawa/University of Ottawa Quarterly, vol. 50, no 1, janvier-mars 1980, p. 55-61.

9027. *CATALANO, Pierre, [Courte-Queue], Des livres et des jeunes, vol. 2, no 5, février 1980, p. 44.

9028. *BELLEMARE, Madeleine, «Courte-Queue», Nos livres, vol. 11, février 1980, no 72.

9029. *CIMON, Renée, «La Rivière sans repos précédé de Trois Nouvelles esquimaudes», Nos livres, vol. 11, février 1980, no 73.

9030. *[ANONYME], [Courte-Queue], Québec Hebdo, vol. 2, no 5, 11 février 1980, p. 4.

9031. *[ANONYME], «Children of my Heart », Quill and Quire, Vol. 46, No. 3, March 1980, p. 18.

9032. COLLET, Paulette, « Les Romancières québécoises des années 60 face à la maternité », Atlantis, Vol. 5, No. 2, Spring 1980, p. 131-141.

9033. BLODGETT, E.D., «Gardens at the World's End or Gone West in French [Un jardin au bout du monde] », Essays on Canadian Writing, No. 17, Spring 1980, p. 113-126.

9034. RUBINGER, Catherine, « Actualité de deux contes-témoins. 'Le Torrent' d'Anne Hébert et Un jardin au bout du monde de Gabrielle Roy », Présence francophone, no 20, printemps 1980, p. 121-126.

9035. GALLAYS, François, « À propos de quelques recensions des Enfants de ma vie de Gabrielle Roy », Incidences, vol. 4, no 2-3, mai-décembre 1980, p. 7-47.

9036. *QUIGLEY, Theresa, « Two Great Novels of Social Concern : John Steinbeck's *The Grapes of Wrath* and Gabrielle Roy's *Bonheur d'occasion* », *Humanist in Canada*, Vol. 13, No. 2, Summer 1980, p. 36-38.

9037. *GUINDON, Ginette, [*Courte-Queue*], *Lurelu*, vol. 3, no 2, été 1980, p. 12.

9038. *O'CONNOR, John J., [*Children of my Heart*], *University of Toronto Quarterly*, Vol. 49, No. 4, Summer 1980, p. 390-391.

9039. *BELLEMARE, Madeleine, «*Rue Deschambault* », *Nos livres*, vol. 11, août-septembre 1980, no 272.

9040. LAFLEUR, Jacques, « Gabrielle Roy », *Écriture française dans le monde*, vol. 2, no 1-2, octobre 1980, p. 74-77.

9041. *SMITH, Mary Ainslie, «*Cliptail* », *Books in Canada*, Vol. 9, No. 10, December 1980, p. 18.

9042. *STUEWE, Paul, « How Brilliant Atwood and Charming Roy Move our Critic to Transports of Joie [*Children of my Heart*] », *Books in Canada*, Vol. 9, No. 10, December 1980, p. 28.

9043. *JOHNSTON, Ann, [*Cliptail*], *Maclean's*, Vol. 93, No. 50, December 15, 1980, p. 54, 56.

9044. COUILLARD, Marie, « La Femme écrivain canadienne-française et québécoise face aux idéologies de son temps », *Canadian Ethnic Studies/Études ethniques au Canada*, Vol. 13, No. 1, 1981, p. 47-49.

9045. JUÉRY, René, « Interprétation de quelques formes des discours de Gabrielle Roy », *Voix et images*, vol. 6, no 2, hiver 1981, p. 293-317.

9046. *BELLEMARE, Madeleine, «*La Petite Poule d'eau* », *Nos livres*, vol. 12, février 1981, no 103.

9047. [ANONYME], [Biographie de Gabrielle Roy], *Reflets*, vol. 2, no 7, mars 1981, p. 8.

9048. AMPRIMOZ, Alexandre L., « L'Homme-Arbre de *la Montagne secrète* », *Canadian Literature*, No. 88, Spring 1981, p. 166-171.

9049. LACOMBE, Michèle, « The Origins of *the Hidden Mountain* », *Canadian Literature*, No. 88, Spring 1981, p. 164-166.

9050. MITCHAM, Allison, « Roy's West », *Canadian Literature*, No. 88, Spring 1981, p. 161-163.

9051. *MAESER, Angelika M., « Cat Lives : He and She [*Cliptail*] », *Canadian Children's Literature*, No. 22, [2nd Trimester] 1981, p. 45-46.

9052. LÉARD, Jean-Marcel, « Du sémantique au sémiotique en littérature. La Modernité romanesque au Québec », *Études littéraires*, vol. 14, no 1, avril 1981, p. 17-40.

9053. MICHON, Jacques, « Fonctions et historicité des formes romanesques », *Études littéraires*, vol. 14, no 1, avril 1981, p. 64-65, 69.

9054. [ANONYME], « À l'honneur », *Écriture française dans le monde*, vol. 3, no 1, mai 1981, p. 98.

9055. IMBERT, Patrick, « Gabrielle Roy en livre de poche chez Stanké », *Lettres québécoises*, no 22, été 1981, p. 64-66.

9056. *O'CONNOR, John J., [*The Tin Flute*], *University of Toronto Quarterly*, Vol. 50, No. 4, Summer 1981, p. 92-94.

9057. LEMIEUX-MICHAUD, Denise, « Religion et littérature. Littérature et imaginaire religieux. Une coexistence insolite [*Un jardin au bout du monde*] », *Critère*, no 32, automne 1981, p. 186.

9058. NOVELLI, Novella, « Concomitances et coïncidences dans *Bonheur d'occasion* », *Voix et images*, vol. 7, no 1, automne 1981, p. 131-146.

9059. MAY, Cedric, « The Flickering Lights of Planet Earth ; the Presentation of Manitoba in the Work of Gabrielle Roy », *Bulletin of Canadian Studies*, Vol. 5, No. 2, October 1981, p. 38-47.

9060. LEWIS, Paula Gilbert, « Unsuccessful Couples, Shameful Sex, and Infrequent Love in the Fictional World of Gabrielle Roy », *The Antigonish Review*, No. 48, Winter 1982, p. 49-55.

9061. [ANONYME], « Deux Portraits d'écrivains », *Littérature du Québec*, no 1, [1er semestre] 1982, p. 7.

9062. BOURBONNAIS, Nicole, « La Symbolique de l'espace dans les récits de Gabrielle Roy », *Voix et images*, vol. 7, n° 2, hiver 1982, p. 367-384.

9063. JONES, Grahame C., *«Alexandre Chenevert et Kamouraska*. Une lecture australienne », *Voix et images*, vol. 7, n° 2, hiver 1982, p. 329-341.

9064. AMPRIMOZ, Alexandre L., « Fonction gestuelle. *Bonheur d'occasion* de Gabrielle Roy », *Présence francophone*, n° 24, printemps 1982, p. [123]-137.

9065. LABONTÉ, René, « Gabrielle Roy journaliste. Au fil de ses reportages (1939-1945) », *Studies in Canadian Literature*, Vol. 7, No. 1, Spring 1982, p. 90-108.

9066. [ANONYME], « John Reeves 'Literary Portraits' », *Canadian Fiction Magazine*, No. 43, 1982, p. [50-51].

9067. *WOODCOCK, George, « Between Ourselves Gabrielle Roy's Collected Essays Reflect the Same Concern for the Human Future That Made Her Our Most Popular French-Canadian Writer [*The Fragile Lights of Earth : Articles and Memoirs, 1942-1970*] », *Books in Canada*, Vol. 11, No. 6, June-July 1982, p. 19, 21.

9068. ROBERT, Véronique, *«Bonheur d'occasion* [Le film] », *L'Actualité*, vol. 7, n° 8, août 1982, p. 27-33.

9069. HÉBERT, Pierre, « Un problème de sémiotique diachronique. Norme coloniale et évolution des formes romanesques québécoises », *Recherches sémiotiques/Semiotic Inquiry*, vol. 2, n° 3, septembre 1982, p. 233.

9070. HARVEY, Carol J., « Les Collines et la plaine. L'Héritage manitobain de Gabrielle Roy », *Bulletin du Centre d'études franco-canadiennes de l'Ouest*, n° 12, octobre 1982, p. 22-27.

9071. TASCHEREAU, Yves, « Silence, on tape ! Le cinéma devient-il une 'mine d'or' pour les écrivains et les éditeurs ? », *Livre d'ici*, vol. 8, n° 1, novembre 1982, p. 1, 15.

9072. *CHARETTE, Christiane et Ginette GUINDON, [*Courte-Queue*], *Lurelu*, vol. 5, n° 3, hiver 1982, p. 21.

ROY, Jean-Louis

9073. *RACINE, Gaétan, *«Terre féconde»*, *Livres et auteurs québécois, 1979*, p. 163-164.

9074. *DIONNE, André, *«Terre féconde»*, *Nos livres*, vol. 11, avril 1980, n° 134.

ROY, Jean-Yves

9075. *THÉRIAULT-HOULE, Mariette, *«Au clair de la lune»*, *Lurelu*, vol. 4, n° 4, hiver 1981, p. 13.

ROY, Lise

9076. *P[AUZÉ], Jean, *«Avec l'envie soudaine d'une nuit blanche»*, *Le Berdache*, n° 11, juin 1980, p. 31.

9077. BORDELEAU, Christian, [Entrevue], *Le Berdache*, n° 15, novembre 1980, p. 54-56.

9078. *SIGOUIN, Gérald, *«La Création collective vécue par des troupes de théâtre et des groupes populaires»*, *Jeu*, n° 20, 3e trimestre 1981, p. 144-145.

9079. *[ANONYME], *«Avec l'envie soudaine d'une nuit blanche»*, *CEAD. Dramaturgies nouvelles*, vol. 3, n° 2, décembre 1981, p. 9.

ROY, Lise L.

9080. [ANONYME], « Cinq Dramaturges ontaroises présentent *Parcours, paroles et femmes* », *Liaison*, n° 19, décembre 1981-janvier 1982, p. 38-39.

9081. *MORIN, Marie-Thé, « De la coécriture à son meilleur [*Amour à vendre : s'adresser à — Laurent et Mille-Feuilles*] », *Liaison*, n° 20, février-mars 1982, p. 7.

9082. *MATTE, Louise, « Pour de nouveaux rapports amoureux [*Amour à vendre : s'adresser à*] », *Liaison*, n° 21, avril-mai 1982, p. 37-38.

ROY, Louise

9083. *DESCÔTEUX, Jean-Marc, « La Vie dans un *Bachelor* », *Le Berdache*, n° 2, juillet-août 1979, p. 45.

9084. *DIONNE, André, « Le Théâtre qu'on joue : *Bachelor* », *Lettres québécoises*, n° 15, août-septembre 1979, p. 31-32.

9085. DIONNE, André, « Entrevue. Louis Saïa et Louise Roy », *Lettres québécoises*, n° 16, hiver 1979-1980, p. 33-38.

9086. *CANTIN, Léonce, «*Une amie d'enfance* », *Livres et auteurs québécois, 1980*, p. 170-171.

9087. *STANTON, Julie, «*Mousse*. Entre les laveuses et les sécheuses... la fantaisie et le rire ! », *La Gazette des femmes*, vol. 2, n° 7, février 1981, p. 5.

9088. *DIONNE, André, «*Une amie d'enfance* », *Nos livres*, vol. 12, mars 1981, n° 155.

9089. *DIONNE, André, « Le Théâtre qu'on joue : *Mousse* au Théâtre des Voyagements », *Lettres québécoises*, n° 21, printemps 1981, p. 34.

9090. *BORDELEAU, Christian, « Avril en théâtre [*Bachelor*] », *Le Berdache*, n° 19, avril 1981, p. [56-57].

9091. *COTNOIR, Diane, «*Une amie d'enfance* », *Jeu*, n° 19, 2e trimestre 1981, p. 147-148.

9092. *CANTIN, Léonce, «*Une amie d'enfance* », *Québec français*, n° 42, mai 1981, p. 16.

9093. *GIRARD, Gilles, [*Une amie d'enfance*], *University of Toronto Quarterly*, Vol. 50, No. 4, Summer 1981, p. 72-73.

9094. *DE GROSBOIS, Robert, « La Décoratrice chauve [*Bachelor*] », *Le Berdache*, n° 22, juillet-août 1981, p. 53-54.

9095. *CHAURETTE, Normand, «*Bachelor* », *Jeu*, n° 20, 3e trimestre 1981, p. 132-136.

9096. ROY, Louise, « Quand j'écris une pièce... en collaboration », *Acte 1*, [n° 3], [septembre 1981], p. 5.

9097. ROY, Louise, « À ceux qui ont envie d'écrire... Partir de ce que chacun rêve d'écrire », *Acte 1*, [n° 3], [septembre 1981], p. 5.

9098. ROY, Louise, « C'est comme ça que j'ai eu le goût d'écrire... Le français à l'école était ma matière préférée », *Acte 1*, [n° 3], [septembre 1981], p. 4.

9099. CUSSON, Normand, [*Mousse*], *Clin d'oeil*, n° 12, septembre 1981, p. 16.

9100. *DIONNE, André, « Le Théâtre qu'on joue : *Les Dernières Chaleurs* et *Transport en commun* », *Lettres québécoises*, n° 23, automne 1981, p. 39.

9101. *A[NDRÈS], B[ernard], « Le Théâtre qu'on publie : *Une amie d'enfance* », *Voix et images*, vol. 7, n° 1, automne 1981, p. 205.

9102. [ANONYME], « Louise Roy », *Jeu*, n° 21, 4e trimestre 1981, p. 69.

9103. *LE BLANC, Alonzo, «*Bachelor* », *Québec français*, n° 44, décembre 1981, p. 15-16.

9104. *CAMERLAIN, Lorraine, «*Mousse* : 'leurre' humour », *La Vie en rose*, [vol. 2, n° 4], décembre 1981-janvier-février 1982, p. 55.

9105. *RENÉ, Michel, «*Bachelor* », *Livres et auteurs québécois, 1981*, p. 188-190.

9106. *DUMAS, Hélène et René GINGRAS, [*Une amie d'enfance*], *Jeu*, n° 24, 3e trimestre 1982, p. 38.

9107. *USMIANI, Renate, «*Bachelor* », *Canadian Literature*, No. 95, Winter 1982, p. 157.

ROY, Marcelle

9108. *LÉPINE, Stéphane, «*Traces* », *Nos livres*, vol. 13, novembre 1982, n° 437.

9109. *CHAMBERLAND, Roger, «*Traces* », *Québec français*, n° 48, décembre 1982, p. 6.

9110. *LABINE, Marcel, « Chercher l'intense [*Traces*] », *Spirale*, n° 30, décembre 1982, p. 14.

9111. [ANONYME], « Finalistes au prix des jeunes écrivains du *Journal de Montréal* », *Lettres québécoises*, n° 28, hiver 1982-1983, p. 12.

9112. *POZIER, Bernard, «*Traces* », *Livres et auteurs québécois, 1982*, p. 134-135.

ROY, Michel

9113. OUELLET, Réal, «*L'Acadie perdue* de Michel Roy », *Lettres québécoises*, n° 17, printemps 1980, p. 72-73.

ROYER, Jean

9114. *ROUSSAN, Wanda de, «*Les Heures nues*», *Livres et auteurs québécois, 1979*, p. 164-165.
9115. *LAPRÉS, Raymond, «*Les Heures nues*», *Nos livres*, vol. 11, mars 1980, n⁰ 108.
9116. BOURASSA, André-G[illes], « Rapprochements », *Lettres québécoises*, n⁰ 18, été 1980, p. 30-32.
9117. *OUELLETTE-MICHALSKA, Madeleine, [*Les Heures nues*], *Châtelaine*, vol. 21, n⁰ 7, juillet 1980, p. 8.
9118. *BELLEMARE, Madeleine, «*Faim souveraine*», *Nos livres*, vol. 11, août-septembre 1980, n⁰ 273.
9119. *CORRIVEAU, Hugues, « Des voix plurielles [*Faim souveraine*] », *Spirale*, n⁰ 12, octobre 1980, p. 12.
9120. *BOURNEUF, Roland, «*Faim souveraine*», *Livres et auteurs québécois, 1980*, p. 134-135.
9121. *BONENFANT, Joseph, « Notes sur la poésie [*Faim souveraine*] », *Voix et images*, vol. 6, n⁰ 3, printemps 1981, p. 485.
9122. *BAYARD, Caroline, [*Faim souveraine*], *University of Toronto Quarterly*, Vol. 50, No. 4, Summer 1981, p. 47.
9123. *DESJARDINS, Normand, «*Écrivains contemporains. Entretiens, 1 : 1976-1979*», *Nos livres*, vol. 13, novembre 1982, n⁰ 438.
9124. *HAECK, Philippe, « Savoir entendre [*Écrivains contemporains. Entretiens, 1 : 1976-1979*] », *Spirale*, n⁰ 29, novembre 1982, p. 10.
9125. *LANDRY, Kenneth, «*Écrivains contemporains. Entretiens, 1 : 1976-1979*», *Québec français*, n⁰ 48, décembre 1982, p. 9.

ROY[-HEWITSON], Lucille

9126. *[ANONYME], [*L'Impasse*], *Écriture française dans le monde*, vol. 2, n⁰ 1-2, octobre 1980, p. 139.
9127. *[ANONYME], «*Harmonies d'un songe*», *Écriture française dans le monde*, vol. 2, n⁰ 1-2, octobre 1980, p. 138-139.
9128. *LAFORTUNE, Aline, «*L'Impasse*», *Nos livres*, vol. 12, mars 1981, n⁰ 156.

RUEL, Francine

9129. *TOUSIGNANT, André, «*Broue*», *Le Babillard*, vol. 2, n⁰ 2, novembre 1979, p. 15.
9130. *DESCÔTEUX, Jean-Marc, « Une bonne broue phallocrate et misogyne... [*Broue*] », *Le Berdache*, n⁰ 5, novembre 1979, p. 44.
9131. DEMERS, Anne-Marie, « À propos de *Broue* et de l'Homo Tavernensis », *Journal [CNA]*, vol. 8, n⁰ 1, septembre-octobre-novembre 1981, p. 4.
9132. DEMERS, Anne-Marie et Louise LÉPINE, « Entrevue avec Jean-Pierre Plante et Francine Ruel. *Broue* dans le théâtre québécois », *Journal [CNA]*, vol. 8, n⁰ 1, septembre-octobre-novembre 1981, p. 2-3.
9133. *RICHARD, Alain-Martin, «*Broue*», *Intervention*, n⁰ 14, février 1982, p. 12, 13-14.
9134. *DUCHARME, André, «*Les Trois Grâces*», *Jeu*, n⁰ 24, 3ᵉ trimestre 1982, p. 122-123.
9135. BOURASSA, André-G[illes], [*Les Trois Grâces*], *Lettres québécoises*, n⁰ 27, automne 1982, p. 46, 48.
9136. *CUSSON, Normand, « La Rentrée au théâtre [*Brew*] », *Clin d'oeil*, n⁰ 25, octobre 1982, p. 121.
9137. *CARRIER, Anne, «*Les Trois Grâces*», *Livres et auteurs québécois, 1982*, p. 185-186.

RUEST, Paul

9138. *LEVESQUE, Julien, «*Les Manigances d'une bru*», *Bulletin du Centre d'études franco-canadiennes de l'Ouest*, n⁰ 11, mai 1982, p. 26-27.
9139. *LÉPINE, Stéphane, «*Les Manigances d'une bru*», *Nos livres*, vol. 13, juin-juillet 1982, n⁰ 281.

RUKALSKI, Sigmund

9140. *M[ÉLANÇON], R[obert], «Solitudes», Liberté, vol. 24, n⁰ 3, mai-juin 1982, p. 126-128.
9141. *SCHWARTZWALD, Robert, «Au-delà de la vie», Livres et auteurs québécois, 1982, p. 73-75.

RUNTE, Roseann

9142. *GUÈVREMONT, Lise, «Brumes bleues», Livres et auteurs québécois, 1982, p. 135-136.

SABOURIN, Marcel

9143. *BERGERON, Bertrand, «Chansons», Livres et auteurs québécois, 1979, p. 165-166.
9144. *LAMARRE, André, « Hommage à un oeuf boeuf [Chansons] », Spirale, n⁰ 7, mars 1980, p. 10.
9145. *CUSSON, Chantale, «Pleurer pour rire», Jeu, n⁰ 19, 2ᵉ trimestre 1981, p. 127-129.
9146. *D'ALFONSO, Antonio, «Chansons», Nos livres, vol. 12, juin-juillet 1981, n⁰ 312.

SABOURIN, Pascal

9147. *LAPRÉS, Raymond, «Quand il pleut sur la ville», Nos livres, vol. 13, février 1982, n⁰ 86.

SAGARD, Gabriel [baptisé Théodat]

9148. GAGNON, François-Marc, «Experientia est rerum magistra. Savoir empirique et culture savante chez les premiers voyageurs au Canada », Questions de culture, n⁰ 1, 4ᵉ trimestre 1981, p. 58-59.

SAÏA, Louis

9149. *DESCÔTEUX, Jean-Marc, « La Vie dans un Bachelor », Le Berdache, n⁰ 2, juillet-août 1979, p. 45.
9150. *DIONNE, André, « Le Théâtre qu'on joue : Bachelor », Lettres québécoises, n⁰ 15, août-septembre 1979, p. 31-32.
9151. *TOUSIGNANT, André, «Broue», Le Babillard, vol. 2, n⁰ 2, novembre 1979, p. 15.
9152. *DESCÔTEUX, Jean-Marc, « Une bonne broue phallocrate et misogyne... [Broue] », Le Berdache, n⁰ 5, novembre 1979, p. 44.
9153. DIONNE, André, « Entrevue. Louis Saïa et Louise Roy », Lettres québécoises, n⁰ 16, hiver 1979-1980, p. 33-38.
9154. *DIONNE, André, « Le Théâtre qu'on joue : Broue», Lettres québécoises, n⁰ 16, hiver 1979-1980, p. 31.
9155. *DIONNE, André, « Le Théâtre qu'on joue : Appelez-moi Stéphane au Théâtre des Voyagements », Lettres québécoises, n⁰ 18, été 1980, p. 37.
9156. [CLOUTIER, Raymond], « Claude Meunier et Louis Saïa », Théâtre/Le Trident, n⁰ 18, [septembre 1980], p. 9.
9157. MEUNIER, Claude, [Louis Saïa], Théâtre/Le Trident, n⁰ 18, [septembre 1980], p. 10.
9158. *CANTIN, Léonce, «Une amie d'enfance», Livres et auteurs québécois, 1980, p. 170-171.
9159. *DIONNE, André, «Une amie d'enfance», Nos livres, vol. 12, mars 1981, n⁰ 155.
9160. *BORDELEAU, Christian, « Avril en théâtre [Bachelor] », Le Berdache, n⁰ 19, avril 1981, p. [56-57].
9161. CUSSON, Normand, « Théâtre. Le Drame sans l'anecdote [Bachelor] », Clin d'oeil, n⁰ 7, avril 1981, p. 94.
9162. *COTNOIR, Diane, «Une amie d'enfance», Jeu, n⁰ 19, 2ᵉ trimestre 1981, p. 147-148.
9163. *CANTIN, Léonce, «Une amie d'enfance», Québec français, n⁰ 42, mai 1981, p. 16.
9164. *DIONNE, André, « Le Théâtre qu'on joue : Les Voisins», Lettres québécoises, n⁰ 22, été 1981, p. 44.

9165. *GIRARD, Gilles, [*Une amie d'enfance*], *University of Toronto Quarterly*, Vol. 50, No. 4, Summer 1981, p. 72-73.

9166. *DE GROSBOIS, Robert, « La Décoratrice chauve [*Bachelor*] », *Le Berdache*, n° 22, juillet-août 1981, p. 53-54.

9167. *CHAURETTE, Normand, «*Bachelor*», *Jeu*, n° 20, 3ᵉ trimestre 1981, p. 132-136.

9168. CUSSON, Normand, « Louis Saïa », *Clin d'oeil*, n° 11, août 1981, p. 78.

9169. *A[NDRÈS], B[ernard], « Le Théâtre qu'on publie : *Une amie d'enfance* », *Voix et images*, vol. 7, n° 1, automne 1981, p. 205.

9170. LEFEBVRE, Paul, « Louis Saïa », *Jeu*, n° 21, 4ᵉ trimestre 1981, p. 71-79.

9171. *LE BLANC, Alonzo, «*Bachelor*», *Québec français*, n° 44, décembre 1981, p. 15-16.

9172. *RENÉ, Michel, «*Bachelor*», *Livres et auteurs québécois, 1981*, p. 188-190.

9173. *RICHARD, Alain-Martin, «*Broue*», *Intervention*, n° 14, février 1982, p. 12, 13-14.

9174. *CUSSON, Normand, [*Monogamy*], *Clin d'oeil*, n° 21, juin 1982, p. 48.

9175. *DESJARDINS, Normand, «*Les Voisins*», *Nos livres*, vol. 13, juin-juillet 1982, n° 291.

9176. *LÉPINE, Stéphane, «*Appelez-moi Stéphane* », *Nos livres*, vol. 13, juin-juillet 1982, n° 290.

9177. *DUMAS, Hélène et René GINGRAS, [*Une amie d'enfance*], *Jeu*, n° 24, 3ᵉ trimestre 1982, p. 38.

9178. *DIONNE, André, « Le Théâtre qu'on joue : *Monogamy* », *Lettres québécoises*, n° 27, automne 1982, p. 49.

9179. *CUSSON, Normand, « La Rentrée au théâtre [*Brew*] », *Clin d'oeil*, n° 25, octobre 1982, p. 121.

9180. *USMIANI, Renate, «*Bachelor*», *Canadian Literature*, No. 95, Winter 1982, p. 157.

9181. *BOURASSA, André-G[illes], «*Appelez-moi Stéphane* et *les Voisins* », *Lettres québécoises*, n° 28, hiver 1982-1983, p. 82.

9182. *HENRY, Chantal, «*Les Voisins* », *Livres et auteurs québécois, 1982*, p. 178-179.

SAILLANT, Francine

9183. *DUPRÉ, Louise, « Un texte nomade [*Ruptures*] », *Spirale*, n° 24, avril 1982, p. 9.

SAINT-CLAIR, Brigitte [pseud. de Marc-André Poissant]

9184. *CHARTIER, Monique, «*Le Divorcé ou la Naissance d'un comédien* », *Nos livres*, vol. 12, janvier 1981, n° 39.

9185. *CANTIN, Léonce, «*Le Divorcé ou la Naissance d'un comédien* », *Québec français*, n° 41, mars 1981, p. 14.

9186. *[ANONYME], «*L'Anniversaire de mariage* », *L'Atulu*, vol. 3, n° 4, avril 1981, p. 14.

9187. *DESJARDINS, Normand, «*L'Anniversaire de mariage* », *Nos livres*, vol. 12, juin-juillet 1981, n° 308.

SAINT-DENIS, Janou

9188. *[ANONYME], «*Place aux poètes* », *Lettres québécoises*, n° 13, février 1979, p. 73.

9189. *CHAMBERLAND, Roger, «*Claude Gauvreau le cygne* », *Québec français*, n° 33, mars 1979, p. 12.

9190. *[ANONYME], «*Claude Gauvreau le cygne* », *Lettres québécoises*, n° 15, août-septembre 1979, p. 72.

9191. *LEFEBVRE, Paul, «*Claude Gauvreau le cygne* », *Jeu*, n° 13, automne 1979, p. 151-153.

9192. *LAROSE, Jean, «*Claude Gauvreau le cygne* », *Voix et images*, vol. 5, n° 1, automne 1979, p. 203-204.

9193. *CHAMBERLAND, Roger, «*Les Carnets de l'audace* », *Livres et auteurs québécois, 1981*, p. 122.

9194. CHAMBERLAND, Paul, « Janou Saint-Denis, *Les Carnets de l'audace* », *Lettres québécoises*, n° 25, printemps 1982, p. 44-45.

9195. *D'ALFONSO, Antonio, «*Poème à l'anti-gang et l'escouade vlimeuse*», *Nos livres*, vol. 13, mai 1982, n⁰ 236.

9196. *D'ALFONSO, Antonio, «*Dollars désormais*», *Nos livres*, vol. 13, mai 1982, n⁰ 235.

9197. *D'ALFONSO, Antonio, «*Mise à part*», *Nos livres*, vol. 13, mai 1982, n⁰ 237.

9198. *LEPAGE, Jocelyne, «*Les Carnets de l'audace*», *La Vie en rose*, juin-juillet-août 1982, p. 68.

9199. *BROCHU, André, « En état de poésie [*Les Carnets de l'audace*] », *Voix et images*, vol. 8, n⁰ 1, automne 1982, p. 161-162.

SAINT-DENIS, Jocelyne

9200. *WEISS, Jonathan M., [*Québécoise à vendre ou la Revanche de Petit Canada*], *Voix et images*, vol. 6, n⁰ 1, automne 1980, p. 155-157.

SAINT-JULES, Denis

9201. *DICKSON, Robert, [*Lignes-Signes*], *Revue du Nouvel Ontario*, n⁰ 4, 1982, p. 47-48.

SAINT-MARTIN, Fernande

9202. KATTAN, Naïm, « Présentation de Madame Fernande Saint-Martin », *Société royale du Canada. Présentation*, n⁰ 38, 1982-1983, p. 73-76.

SAINT-ONGE, Paule

9203. *OUELLETTE-MICHALSKA, Madeleine, [*La Vie défigurée*], *Châtelaine*, vol. 21, n⁰ 4, avril 1980, p. 12.

9204. MAJOR, Jean-Louis, « 'Une toute petite vie'. *La Vie défigurée* de Paule St-Onge », *Lettres québécoises*, n⁰ 18, été 1980, p. 51-52.

SAINT-PIERRE, Annette

9205. *MACDONNELL, Alan, [*Le rideau se lève au Manitoba*], *Bulletin du Centre d'études franco-canadiennes de l'Ouest*, n⁰ 6, octobre 1980, p. 19-21.

9206. *AMPRIMOZ, Alexandre L., «*Le rideau se lève au Manitoba*», *Canadian Drama/L'Art dramatique canadien*, Vol. 7, No. 1, Spring 1981, p. 111-112.

9207. *DOUCETTE, Léonard E., «*Le rideau se lève au Manitoba*», *Canadian Theatre Review*, No. 30, Spring 1981, p. 127-129.

9208. *KLEMENTOWICZ, Michael, «*Le rideau se lève au Manitoba*», *Theatre History in Canada/ Histoire du théâtre au Canada*, Vol. 2, No. 1, Spring 1981, p. 67-71.

9209. *ROBERT, Lucie, «*Le rideau se lève au Manitoba*», *Québec français*, n⁰ 42, mai 1981, p. 17.

9210. *DOUCETTE, L[éonard] E., [*Le rideau se lève au Manitoba*], *University of Toronto Quarterly*, Vol. 50, No. 4, Summer 1981, p. 183-184.

9211. *FILTEAU, Louise, «*Le rideau se lève au Manitoba*», *Jeu*, n⁰ 20, 3e trimestre 1981, p. 140-143.

9212. *RENAUD, Normand, [*La Fille bègue*], *Livres et auteurs québécois, 1982*, p. 25.

SAINT-PIERRE, Louise

9213. *LEFEBVRE, Paul, «*Pourquoi s'mett' tout nus*», *Jeu*, n⁰ 19, 2e trimestre 1981, p. 119-121.

SAINT-YVES, Alain

9214. *RASTOUL, Pierre, «*Cahier brouillon*», *Gaspésie*, vol. 19, n⁰ 1, hiver 1981, p. 68.

SAINT-YVES, Denis [pseud. : Denuis Saint-Yves]

9215. *HAECK, Philippe, «*Mourir s'attendre quelque part*», *Livres et auteurs québécois, 1979*, p. 167-168.

9216. *LABINE, Marcel, « Une écriture qui retarde [*Mourir s'attendre quelque part*] », *Spirale*, n° 6, février 1980, p. 10.

9217. *TROTTIER, Benoît, [*Mourir s'attendre quelque part*], *Voix et images*, vol. 5, n° 3, printemps 1980, p. 603-605.

9218. *DÉRY, Pierre-Justin, «*Parler ne s'entend pas*», *Livres et auteurs québécois, 1981*, p. 143-144.

9219. *DIONNE, André, «*Parler ne s'entend pas*», *Nos livres*, vol. 13, juin-juillet 1982, n° 302.

9220. *COSSETTE, Jean, «*Parler ne s'entend pas*», *Urgences*, n° 6, 4e trimestre 1982, p. 87-89.

SAINT-YVES, Denuis [pseud. de Denis Saint-Yves]

9221. *HAECK, Philippe, «*Mourir s'attendre quelque part*», *Livres et auteurs québécois, 1979*, p. 167-168.

9222. *LABINE, Marcel, « Une écriture qui retarde [*Mourir s'attendre quelque part*] », *Spirale*, n° 6, février 1980, p. 10.

9223. *TROTTIER, Benoît, [*Mourir s'attendre quelque part*], *Voix et images*, vol. 5, n° 3, printemps 1980, p. 603-605.

9224. *DÉRY, Pierre-Justin, «*Parler ne s'entend pas*», *Livres et auteurs québécois, 1981*, p. 143-144.

9225. *DIONNE, André, «*Parler ne s'entend pas*», *Nos livres*, vol. 13, juin-juillet 1982, n° 302.

9226. *COSSETTE, Jean, «*Parler ne s'entend pas*», *Urgences*, n° 6, 4e trimestre 1982, p. 87-89.

SALES LATERRIÈRE, Pierre de

9227. *BELLEMARE, Madeleine, «*Mémoires de Pierre de Sales Laterrière et de ses traverses*», *Nos livres*, vol. 12, avril 1981, n° 197.

SAMSON, Bruno

9228. SAMSON, Bruno, « Autoportrait. L'Épervier de Charette », *Québec français*, n° 35, octobre 1979, p. 60.

SARAULT, Thérèse

9229. *[ANONYME], «*De retour à cinq heures*», *Québec Hebdo*, vol. 3, n° 13, 13 avril 1981, p. 4.

SAUREL, Pierre [pseud. de Pierre Daignault]

9230. BABY, François, Louise Milot et Denis SAINT-JACQUES, « Jacques Godbout rencontre IXE-13 ou Du texte au film : quelles transformations ? », *Études littéraires*, vol. 12, n° 2, août 1979, p. 285-302.

9231. BARRETT, Caroline, «*IXE-13*, un roman sentimental ? », *Études littéraires*, vol. 12, n° 2, août 1979, p. 235-243.

9232. BOUCHARD, Guy, « Qu'arrivera-t-il à notre héros ? », *Études littéraires*, vol. 12, n° 2, août 1979, p. 143-183.

9233. DES RIVIÈRES, Marie-José et Claude-Marie GAGNON, « Résumé du corpus », *Études littéraires*, vol. 12, n° 2, août 1979, p. 137-142.

9234. DES RIVIÈRES, Marie-José, « Ni Mata Hari, ni Modesty Blaise : Gisèle », *Études littéraires*, vol. 12, n° 2, août 1979, p. 203-234.

9235. GAGNON, Claude-Marie, «*IXE-13* et le mystère de l'Oedipe », *Études littéraires*, vol. 12, n° 2, août 1979, p. 245-267.

9236. MILOT, Louise, « Claude Lévi-Strauss avait-il tout compris de la transformation ? », *Études littéraires*, vol. 12, n° 2, août 1979, p. 185-202.

9237. NADEAU, Vincent et Michel RENÉ, « Vingt Ans de commerce et d'industrie culturelle. Jalons pour situer l'importance du tirage des *Aventures étranges de l'agent IXE-13* », *Études littéraires*, vol. 12, n° 2, août 1979, p. 269-284.

9238. RENÉ, Michel, « Notice biobibliographique », *Études littéraires*, vol. 12, n° 2, août 1979, p. 133-135.

9239. SAINT-JACQUES, Denis, «*IXE-13* Is Alive and Well and Living in *Photo-Police* », *Études littéraires*, vol. 12, n° 2, août 1979, p. 127-132.

9240. GAGNON, Claude-Marie, « Littérature populaire québécoise. L'Incursion interplanétaire dans *les Aventures étranges de l'agent IXE-13, l'as des espions canadiens* », *Présence francophone*, n° 19, automne 1979, p. 133-142.

9241. MILOT, Louise, «*L'Imposteur* ou Comment la transformation sauve IXE-13 », *Canadian Journal of Research in Semiotics/Journal canadien de recherche sémiotique*, Vol. 7, No. 2, Winter 1979-1980, p. 81-87.

9242. MICHON, Jacques, « Le Retour d'1XE-13 », *Lettres québécoises*, n° 17, printemps 1980, p. 41-43.

9243. *MOREAU, Jean-Marie, «*Le Manchot. La mort frappe deux fois* », *Nos livres*, vol. 12, février 1981, n° 104.

9244. *MOREAU, Jean-Marie, «*Le Manchot. La Chasse à l'héritière* », *Nos livres*, vol. 12, février 1981, n° 105.

9245. *[ANONYME], « Une nouvelle série policière. *Le Manchot* », *Reflets*, vol. 2, n° 7, mars 1981, p. 28.

9246. *[ANONYME], «*Oeil pour oeil* », *L'Atulu*, vol. 4, n° 1, janvier 1982, p. 16.

SAUVÉ, François

9247. *BOUDREAU, Solange, «*Comment donner un titre à ça ?* », *Livres et auteurs québécois, 1979*, p. 263.

SAVARD, Félix-Antoine

9248. *DIONNE, René, «*Carnet du soir intérieur 1* », *Relations*, vol. 39, n° 446, mars 1979, p. 94.

9249. *MAJOR, Jean-Louis, « Présence de Félix-Antoine Savard [*Journal et souvenirs*, t. 1 et t. 2 — *Carnet du soir intérieur*] », *Lettres québécoises*, n° 14, avril-mai 1979, p. 38-40.

9250. VANHEE-NELSON, Louise, « Trois Versions de *Menaud, maître-draveur* », *Essays on Canadian Writing*, No. 15, Summer 1979, p. 86-110.

9251. THÉRIO, Adrien, « Son anniversaire, Mgr Félix », *Lettres québécoises*, n° 15, août-septembre 1979, p. 71.

9252. SUGDEN, Leonard W., « Québec's Revolutionary Novels », *Canadian Literature*, No. 82, Autumn 1979, p. 133-141, p. 134.

9253. ALLARD, Jacques, « L'Idéologie du pays dans le roman québécois contemporain. *Il n'y a pas de pays sans grand-père* et l'intertexte national », *Voix et images*, vol. 5, n° 1, automne 1979, p. 117-132.

9254. *BOUVIER, Luc, «*Carnet du soir intérieur* », *Livres et auteurs québécois, 1979*, p. 170-172.

9255. TALBOT, Émile[-J.], « Les Incarnations d'un texte nationaliste : Hémon, Savard, Carrier », *Présence francophone*, n° 20, printemps 1980, p. 137-145.

9256. TRÉPANIER, Claire, « Un diplôme fait à la main », *Réseau*, vol. 11, n° 9, mai 1980, p. 6.

9257. MORIN, Jeanne, « Nomades et sédentaires. À l'assaut des forces hostiles du pays », *Revue d'ethnologie du Québec*, vol. 6, n° 2, 1980, p. 21-37.

9258. *HATHORN, Ramon, [*Menaud, maître-draveur*], *Voix et images*, vol. 6, n° 1, automne 1980, p. 106.

9259. [ANONYME], « À l'honneur [Doctorat honorifique de l'Université du Québec à Chicoutimi] », *Écriture française dans le monde*, vol. 2, n° 1-2, octobre 1980, p. 100.

9260. *Bellemare, Madeleine, «*Menaud, maître-draveur*», *Nos livres*, vol. 13, avril 1982, n⁰ 180.

9261. *Th[ério], A[drien], «*Menaud, maître-draveur* de Félix-Antoine Savard», *Lettres québécoises*, n⁰ 26, été 1982, p. 93.

9262. Tessier, Jules, « Le Mythe des trois versions de *Menaud, maître-draveur*», *Revue d'histoire littéraire du Québec et du Canada français*, n⁰ 4, été-automne 1982, p. 83-90.

9263. Tessier, Jules, « Les Deux Versions de *l'Abatis*, un phénomène passé inaperçu », *Revue d'histoire littéraire du Québec et du Canada français*, n⁰ 4, été-automne 1982, p. 91-99.

9264.˙ [Anonyme], « Un départ », *Littérature du Québec*, n⁰ 2, [2e semestre] 1982, p. 4.

9265. [Anonyme], « Décès de Mgr Félix-Antoine Savard », *Québec Hebdo*, vol. 4, n⁰ 31, 7 septembre 1982, p. 3-4.

9266. Gaulin, André, « Félix-Antoine Savard, au revoir », *Québec français*, n⁰ 47, octobre 1982, p. 5.

9267. Vachon, André, « Hommage à Mgr Félix-Antoine Savard », *Vie française*, vol. 36, n⁰ 10-11-12, octobre-novembre-décembre 1982, p. 36-40.

9268. Thério, Adrien, « Félix-Antoine Savard, homme de filiation », *Lettres québécoises*, n⁰ 28, hiver 1982-1983, p. 9.

SAVARD, Marie

9269. *Frémont, Gabrielle, «*Bien à moi*», *Livres et auteurs québécois, 1979*, p. 201-202.

9270. *Villemaire, Yolande, « Être une héroïne [*Bien à moi*] », *Spirale*, n⁰ 5, janvier 1980, p. 10.

9271. *Alonzo, Anne-Marie, «*Bien à moi*», *La Gazette des femmes*, vol. 2, n⁰ 1, [mars] 1980, p. 5.

9272. *Bonenfant, Joseph, [*Bien à moi*], *Voix et images*, vol. 5, n⁰ 3, printemps 1980, p. 607.

9273. *Dumouchel, Thérèse, [*Bien à moi*], *Canadian Women's Studies/Les Cahiers de la femme*, Vol. 2, No. 2, 1980, p. 99.

9274. *Payeur-Minot, Gaétane, «*Bien à moi*», *Nos livres*, vol. 12, novembre 1981, n⁰ 458.

9275. *Dionne, André, « Le Théâtre qu'on joue : *Journal d'une folle* », *Lettres québécoises*, n⁰ 25, printemps 1982, p. 50.

SAVARD, Michel

9276. *Roy, Max, «*Forages*», *Livres et auteurs québécois, 1982*, p. 137-138.

SAVARD, Pierre

9277. *Voisine, Nive, [*Aspects du catholicisme canadien-français au XIXe siècle*], *Recherches sociographiques*, vol. 22, n⁰ 1, janvier-avril 1981, p. 141.

9278. *L[évesque], G[aëtan], «*Guy Frégault (1918-1977)* », *Lettres québécoises*, n⁰ 23, automne 1981, p. 87.

9279. *Laprés, Raymond, «*Guy Frégault (1918-1977). Actes du colloque tenu au CRCCF de l'Université d'Ottawa le 7 novembre 1980* », *Nos livres*, vol. 12, novembre 1981, n⁰ 437.

SAVOIE, Calixte-F.

9280. Major, Jean-Louis, « Portrait d'un minoritaire. *Mémoires d'un nationaliste acadien* », *Lettres québécoises*, n⁰ 17, printemps 1980, p. 69-71.

9281. *Robichaud, Anne-Marie, «*Mémoires d'un nationaliste acadien* », *Si que*, n⁰ 5, printemps 1982, p. 139-143.

SAVOIE, Jacques

9282. Allaire, Georges, «*Raconte-moi Massabielle*», *L'Action nationale*, vol. 69, n⁰ 8, avril 1980, p. 661-664.

9283. COSSETTE, Gilles, «*Raconte-moi Massabielle* de Jacques Savoie», *Lettres québécoises*, nº 19, automne 1980, p. 70-71.

9284. *BOUDREAU, Raoul, «*Raconte-moi Massabielle*», *Canadian Literature*, No. 91, Winter 1981, p. 169-170.

9285. GALLANT, Melvin, « Les Nouveaux Romanciers acadiens et le retour aux sources », *Revue d'histoire littéraire du Québec et du Canada français*, nº 3, hiver-printemps 1982, p. 106-111.

SAVOIE, Paul

9286. SOUFI, Taïb, « Le Verbe des Prairies », *Bulletin du Centre d'études franco-canadiennes de l'Ouest*, nº 3, octobre 1979, p. 23-32.

9287. *BOUVIER, Luc, «*La Maison sans murs*», *Livres et auteurs québécois, 1979*, p. 119.

9288. *GIGUÈRE, Richard, « En d'autres lieux (de poésie) [*La Maison sans murs*] », *Lettres québécoises*, nº 17, printemps 1980, p. 30-31.

9289. AMPRIMOZ, Alexandre L., « Paul Savoie's Eternal Laughter [*Nahanni*] », *Essays on Canadian Writing*, No. 18-19, Summer/Fall 1980, p. 125-130.

SAVOIE, Roméo

9290. *LÉGARÉ, Huguette, «*Duo de démesure* de Roméo Savoie. Aller de l'intolérable jusqu'à la force », *Lettres québécoises*, nº 26, été 1982, p. 77-79.

SCALABRINI, Rita

9291. *PAINCHAUD, Clotilde T.-L., « Le Doux Temps des sucres [*La Famille Citrouillard au temps des sucres*] », *Grimoire*, vol. 3, nº 3, mars 1980, p. 6-7.

SEERS, Eugène [pseud. : Louis Dantin]

9292. BEAULIEU, Paul, « Présence aux autres », *Écrits du Canada français*, nº 44-45, 1982, p. 21-31.

9293. BEAULIEU, Paul, « Situation de Louis Dantin », *Écrits du Canada français*, nº 44-45, 1982, p. 7-11.

9294. BEAULIEU, Paul, « Trois Correspondants contemporains de Louis Dantin », *Écrits du Canada français*, nº 44-45, 1982, p. 33-146.

9295. CHOQUETTE, Robert, « Un dialogue littéraire sous le signe de l'amitié. Correspondance, 1927 à 1933 [avec Louis Dantin] », *Écrits du Canada français*, nº 44-45, 1982, p. 147-209.

9296. DION-LÉVESQUE, Rosaire, « Une rencontre qui perdure au-delà du temps. Correspondance, 1928 à 1944 [avec Louis Dantin] », *Écrits du Canada français*, nº 44-45, 1982, p. 275-321.

9297. GARNEAU, René, « Dantin aujourd'hui », *Écrits du Canada français*, nº 44-45, 1982, p. 13-19.

9298. ROUTIER, Simone, « La Ferveur d'une débutante en poésie. Correspondance, 1929 à 1941 [avec Louis Dantin] », *Écrits du Canada français*, nº 44-45, 1982, p. 211-274.

9299. *DUQUETTE, Jean-Pierre, « Les 'Nouveaux' *Écrits du Canada français* », *Voix et images*, vol. 8, nº 1, automne 1982, p. 149-151.

9300. IMBERT, Patrick, «*Gloses critiques* de Louis Dantin ou Du texte à l'idéologie », *Lettres québécoises*, nº 28, hiver 1982-1983, p. 61-63.

9301. *MICHON, Jacques, « La Correspondance de Louis Dantin [*Écrits du Canada français*, 44-45] », *Lettres québécoises*, nº 28, hiver 1982-1983, p. 58-60.

SÉGUIN, Pierre

9302. *DORSINVILLE, Max, [*Caliban*], *Canadian Literature*, No. 84, Spring 1980, p. 89-90.

SÉGUIN LE GUILLER, Aline [pseud. : Mariline]

9303. *MARCHILDON, Daniel, « Le *Trente Arpents* de l'Ontarie [*Le Flambeau sacré*] », *Liaison*, nᵒ 23, août-septembre 1982, p. 42-43.

9304. *RENAUD, Normand, [*Le Flambeau sacré*], *Livres et auteurs québécois, 1982*, p. 25.

9305. *DICKSON, Robert, [*Le Flambeau sacré*], *Revue du Nouvel Ontario*, nᵒ 4, 1982, p. 75.

SERNINE, Daniel [pseud. de Alain Lortie]

9306. *SPEHNER, Norbert, [*Les Contes de l'ombre*], *Requiem*, vol. 5, nᵒ 2, avril 1979, p. 14-15.

9307. *JAHJAH, Maher, «*Les Contes de l'ombre*», *Pour ta belle gueule d'ahuri*, vol. 1, nᵒ 2, [1979], p. 37.

9308. *SPEHNER, Norbert, « Trois Voyages dans l'imaginaire [*Les Contes de l'ombre*] », *Lettres québécoises*, nᵒ 15, août-septembre 1979, p. 47-48.

9309. *ROBERGE, Hélène, «*Organisation Argus* », *Livres et auteurs québécois, 1979*, p. 264-265.

9310. SERNINE, Daniel, « Écrire pour son plaisir », *Solaris*, vol. 6, nᵒ 1, février 1980, p. 14-15.

9311. *[ANONYME], «*Légendes du vieux manoir* », *L'Atulu*, vol. 2, nᵒ 3, mars 1980, p. 7.

9312. *LORTIE, Alain et Luc BERNIER, [*Organisation Argus*], *Solaris*, vol. 6, nᵒ 2, avril 1980, p. 43.

9313. *BELLEMARE, Madeleine, «*Organisation Argus* », *Nos livres*, vol. 11, mai 1980, nᵒ 177.

9314. *LAFRENIÈRE, Joseph, «*Organisation Argus* », *Vidéo-Presse*, vol. 10, nᵒ 2, octobre 1980, p. 46-47.

9315. *MONETTE, Pierre, «*Le Trésor du scorpion* », *Livres et auteurs québécois, 1980*, p. 233.

9316. *LAURIN, Michel, «*Le Trésor du scorpion* », *Nos livres*, vol. 12, mars 1981, nᵒ 159.

9317. *LAMOUREUX, Michèle, «*Le Trésor du scorpion* », *Lurelu*, vol. 4, nᵒ 4, hiver 1981, p. 9.

9318. *JANELLE, Claude, « Science-Fiction et fantastique au Québec [*Le Vieil Homme et l'espace*] », *Solaris*, vol. 8, nᵒ 1, janvier-février 1982, p. 10-11.

9319. *G[OUANVIC], J[ean]-M[arc], «*Le Vieil Homme et l'espace* », *Imagine*, vol. 3, nᵒ 3, printemps 1982, p. 75-77.

9320. *DELL'OLIO, Vesna, [*Le Vieil Homme et l'espace*], *Offensives*, vol. 2, nᵒ 2, avril-mai-juin-juillet 1982, p. 47.

9321. *LAURIN, Michel, «*L'Épée Arhapal* », *Nos livres*, vol. 13, juin-juillet 1982, nᵒ 303.

9322. *MOREAU, Jean-Marie, «*Le Vieil Homme et l'espace* », *Nos livres*, vol. 13, juin-juillet 1982, nᵒ 304.

9323. BERNARD, Évelyne, « Spécificité nationale de la science-fiction », *Protée*, vol. 10, nᵒ 2, été 1982, p. 70.

9324. *LAMOUREUX, Michèle, «*L'Épée Arhapal* », *Lurelu*, vol. 5, nᵒ 2, automne 1982, p. 14.

9325. ROBIN, Marie-Jeanne, « Daniel Sernine », *Lurelu*, vol. 5, nᵒ 2, automne 1982, p. 16-17.

9326. *GADBOIS, Vital, «*Le Vieil Homme et l'espace* », *Québec français*, nᵒ 47, octobre 1982, p. 8.

9327. [ANONYME], « Daniel Sernine. Notes biobibliographiques », *Solaris*, vol. 8, nᵒ 6, novembre-décembre 1982, p. 30.

9328. *LORD, Michel, « De l'aventure. *Le Vieil Homme et l'espace* », *Lettres québécoises*, nᵒ 28, hiver 1982-1983, p. 37.

9329. *LAMOUREUX, Michèle, «*La Cité inconnue* », *Lurelu*, vol. 5, nᵒ 3, hiver 1982, p. 14.

SÉVIGNY, Marc

9330. *DURANLEAU-FILION, Ginette, «*Barbapusse* », *Lurelu*, vol. 2, nᵒ 1, printemps 1979, p. 9.

9331. *B[ÉLISLE], A[lvine], [*Barbapusse*], *Des livres et des jeunes*, vol. 1, nᵒ 3, mai 1979, p. 27.

9332. PARAMSKAS, Dana, [*Barbapusse*], *Canadian Children's Literature*, No. 15-16, 1980, p. 84.

SICOTTE, Louise

9333. *[ANONYME], «*Les Saisons d'arbrisseau* », *CEAD. Dramaturgies nouvelles*, vol. 3, nᵒ 1, septembre 1981, p. 8.

SICOTTE, Sylvie

9334. *Savard, Michel, « Sur la pointe des dents », *Livres et auteurs québécois, 1979,* p. 172-174.

9335. *Bonenfant, Joseph, [*Sur la pointe des dents*], *Voix et images,* vol. 5, nᵒ 3, printemps 1980, p. 607-608.

SIGOUIN, Gérald

9336. *Vigeant, Louise, «*Théâtre en lutte : le Théâtre Euh !* », *Nos livres,* vol. 13, décembre 1982, nᵒ 486.

9337. *Lamarche, Linda, «*Théâtre en lutte : le Théâtre Euh !* », *Québec français,* nᵒ 48, décembre 1982, p. 7.

SIMARD, André

9338. [Cloutier, Raymond], « André Simard », *Théâtre/Le Trident,* nᵒ 18, [septembre 1980], p. 5.

9339. *Simard, André, [*Les Sept Péchés québécois*], *Théâtre/Le Trident,* nᵒ 18, [septembre 1980], p. 5.

SIMARD, Bertrand

9340. *Monette, Pierre, «*La Montagne des disparus* », *Livres et auteurs québécois, 1982,* p. 237-238.

SIMARD, Christiane

9341. *Lamoureux, Michèle, «*La Journée d'une chenille* », *Lurelu,* vol. 4, nᵒ 4, hiver 1981, p. 10.

SIMARD, Daniel

9342. *Lefebvre, Paul, «*Pourquoi s'mett' tout nus* », *Jeu,* nᵒ 19, 2ᵉ trimestre 1981, p. 119-121.

SIMARD, Jean

9343. Simard, Jean, « La Pure Vérité », *Écrits du Canada français,* nᵒ 42, 1979, p. 93-106.

9344. *Hathorn, Ramon, [*Les Sentiers de la nuit*], *Voix et images,* vol. 6, nᵒ 1, automne 1980, p. 110-111.

SIMARD, Jean-Paul

9345. *[Anonyme], «*Rituel et langage chez Yves Thériault* », *Le Babillard,* vol. 2, nᵒ 1, octobre 1979, p. 30.

9346. *Émond, Maurice, «*Rituel et langage chez Yves Thériault* », *Québec français,* nᵒ 36, décembre 1979, p. 12.

9347. *V[anasse], A[ndré], « Du nouveau sur Thériault [*Rituel et langage chez Yves Thériault*] », *Lettres québécoises,* nᵒ 17, printemps 1980, p. 85.

9348. *F[isette], J[ean], [*Rituel et langage chez Yves Thériault*], *Voix et images,* vol. 5, nᵒ 3, printemps 1980, p. 619.

9349. * Dansereau, Estelle, «*Rituel et langage chez Yves Thériault* », *Canadian Literature,* No. 88, Spring 1981, p. 115-116.

SIMARD, Louise

9350. *Dionne, André, «*Un trop long hiver* », *Nos livres,* vol. 11, juin-juillet 1980, nᵒ 211.

9351. *Viswanathan, Jacqueline, «*Un trop long hiver*», *Canadian Literature*, No. 88, Spring 1981, p. 122-123.

SIMONEAU, Jean

9352. *Dion, Gilbert, « Une liberté déculottée [*Laissez venir à moi les petits gars*] », *Le Berdache*, n⁰ 21, juin 1981, p. 50-52.

SIROIS, Serge

9353. *Garneau, Gilles, « Deux Pièces gaies à l'affiche [*Les Pommiers en fleurs*] », *Le Berdache*, n⁰ 17, février 1981, p. 54.

9354. *Bordeleau, Christian, « Avril en théâtre [*Les Pommiers en fleurs*] », *Le Berdache*, n⁰ 19, avril 1981, p. [56-57].

9355. *Bédard, Christian, « Confession d'un ogre. *Les Pommiers en fleurs* de Serge Sirois », *Le Berdache*, n⁰ 20, mai 1981, p. 57-58.

9356. *Robert, Lucie, «*Les Pommiers en fleurs*», *Québec français*, n⁰ 42, mai 1981, p. 13.

9357. *Dumont, Martine, « Expier son amour [*Les Pommiers en fleurs*] », *Spirale*, n⁰ 19, mai 1981, p. 16.

9358. *Dionne, André, « Le Théâtre qu'on joue : *Les Pommiers en fleurs* », *Lettres québécoises*, n⁰ 22, été 1981, p. 45.

9359. Gruslin, Adrien, « Serge Sirois », *Jeu*, n⁰ 21, 4ᵉ trimestre 1981, p. 81-86.

9360. *Le Blanc, Alonzo, «*Les Pommiers en fleurs*», *Livres et auteurs québécois, 1981*, p. 192-193.

SMITH, André

9361. *Maugey, Axel, «*L'Univers romanesque de Jacques Godbout*», *Journal of Canadian Fiction*, No. 25-26, 1979, p. 294-296.

9362. *Laflèche, Guy, [*L'Univers romanesque de Jacques Godbout*], *The Canadian Modern Language Review/La Revue canadienne des langues vivantes*, Vol. 36, No. 1, October 1979, p. 125-126.

SOLOMON, Michel-M.

9363. [Anonyme], « Profils », *Écriture française dans le monde*, vol. 3, n⁰ 1, mai 1981, p. 74.

SOL [pseud. de Marc Favreau]

9364. *Bergeron, Bertrand, «*Les Oeufs limpides*», *Livres et auteurs québécois, 1979*, p. 166-167.

9365. Hesbois, Laure, « Les Monologues de Sol, une initiation à la langue-moi », *Voix et images*, vol. 7, n⁰ 1, automne 1981, p. 119-129.

9366. *[Anonyme], « Sol, *Je m'égalomane à moi-même...* ! », *Reflets*, vol. 4, n⁰ 4, décembre 1982, p. 28.

9367. *Fortin, Pauline, «*Je m'égalomane à moi-même...* ! », *Livres et auteurs québécois, 1982*, p. 186-187.

SOMCYNSKY, Jean-François

9368. Gouanvic, Jean-Marc, « Rencontre avec Jean-François Somcynsky », *Imagine*, vol. 2, n⁰ 2, décembre 1980, p. 53-64.

9369. Gouanvic, Jean-Marc, « L'Utopie érotique de Jean-François Somcynsky », *Imagine*, vol. 2, n⁰ 2, décembre 1980, p. 45-51.

9370. *G[ouanvic], J[ean]-M[arc], [*Les Incendiaires*], *Imagine*, vol. 2, n⁰ 3, mars 1981, p. 57.

9371. *Boivin, Aurélien, «*Les Incendiaires*», *Québec français*, n⁰ 42, mai 1981, p. 13.

9372. *VONARBURG, Élisabeth, «*Peut-être à Tokyo*», *Solaris*, vol. 7, n° 4, septembre 1981, p. 28-29.

9373. *[ANONYME], «*Les Incendiaires*», *Écriture française dans le monde*, vol. 3, n° 2-3, décembre 1981, p. 125.

9374. [ANONYME], « Jean-François Somcynsky. Notes biographiques », *Solaris*, vol. 7, n° 6, décembre 1981, p. 26.

9375. *GOUANVIC, Jean-Marc, « Jean-François Somcynsky, le voyageur amoureux [*Peut-être à Tokyo*] », *Imagine*, vol. 3, n° 2, hiver 1981, p. 74-76.

9376. [ANONYME], « Le Prix Solaris 1981 », *L'Écrilu*, vol. 1, n° 4, janvier 1982, p. 18.

9377. *DESJARDINS, Normand, «*Peut-être à Tokyo*», *Nos livres*, vol. 13, janvier 1982, n° 46.

9378. [ANONYME], « Le Prix Solaris », *Lettres québécoises*, n° 25, printemps 1982, p. 16.

9379. COSSETTE, Gilles, «*Peut-être à Tokyo*», *Lettres québécoises*, n° 25, printemps 1982, p. 35.

9380. *D'ALFONSO, Antonio, «*Trois Voyages*», *Nos livres*, vol. 13, juin-juillet 1982, n° 306.

9381. [ANONYME], « Prix Solaris 1981 », *Écriture française dans le monde*, vol. 4, n° 1, août 1982, p. 66.

9382. [ANONYME], « Jean-François Somcynsky [Entrevue] », *Solaris*, vol. 8, n° 6, novembre-décembre 1982, p. 12-14.

9383. *FRÉCHETTE, Denis, «*Trois Voyages*», *Livres et auteurs québécois, 1982*, p. 138-139.

SOTIROPOULOU-PAPALÉONIDAS, Irène

9384. *SALESSE, Michèle, «*Jacques Brault. Théorie et pratique de la traduction. Nouvelle Approche de la problématique de la traduction poétique*», *Lettres québécoises*, n° 26, été 1982, p. 92.

SOUCIE-DUBÉ, Andrée

9385. *LANGLAIS, Lise, «*Contes roses*», *Lurelu*, vol. 2, n° 2, été 1979, p. 11.

9386. *GRÉGOIRE, Madeleine, «*Contes verts*», *Lurelu*, vol. 2, n° 3, automne 1979, p. 8.

SOUCY, Camille

9387. *MONETTE, Pierre, «*Le Pigeon et l'autruche*», *Livres et auteurs québécois, 1982*, p. 237.

SOUCY, Charles

9388. *[ANONYME], [*Chroniques des saisons gaspésiennes*], *L'Atulu*, vol. 1, n° 1, février 1979, p. 2.

9389. LAMONTAGNE, Gilles, « Le Conte dans l'est du Québec. Éléments de bibliographie critique », *Revue d'histoire littéraire du Québec et du Canada français*, n° 3, hiver-printemps 1982, p. 87.

SOUCY, Jean-Yves

9390. SOUCY, Jean-Yves, « Autoportrait », *Québec français*, n° 34, mai 1979, p. 56.

9391. *GRADY, Wayne, « Budding Breasts, Brooding Beasts : Creatures of the Chase », *Books in Canada*, Vol. 8, No. 9, November 1979, p. 10.

9392. *COHEN, Matt, « Gambolling in the Québec Wilderness [*Creatures of the Chase*] », *Saturday Night*, Vol. 94, No. 9, November 1979, p. 48-49.

9393. *ANCTIL, Pierre, [*Un dieu chasseur*], *Recherches amérindiennes au Québec*, vol. 9, n° 4, [janvier] 1980, p. 364-365.

9394. *CZARNECKI, Mark, « More Comic than Mork's Egg [*Creatures of the Chase*] », *Maclean's*, Vol. 93, No. 6, February 11, 1980, p. 50-51.

9395. *[ANONYME], «*Les Chevaliers de la nuit*», *L'Atulu*, vol. 2, n° 4, avril 1980, p. 11.

9396. *MORISSET, Jean, « Le Dieu-Chasseur et la Femme-Chassée [*Un dieu chasseur*] », *Recherches amérindiennes au Québec*, vol. 10, n° 1-2, [avril] 1980, p. 128-129.

9397. *O'CONNOR, John J., [*Creatures of the Chase*], *University of Toronto Quarterly*, Vol. 49, No. 4, Summer 1980, p. 395-396.

9398. *MARCOTTE, Gilles, [*Les Chevaliers de la nuit*], *L'Actualité*, vol. 5, n° 8, août 1980, p. 60.

9399. POULIN, Gabrielle, « Le 'Saint', le 'Bon Sauvage' et le 'Chevalier' », *Lettres québécoises*, n° 19, automne 1980, p. 18-22.

9400. [ANONYME], « Prix et mentions. Le Choix du libraire », *Union des écrivains québécois*, vol. 1, n° 4, octobre 1980, p. [3].

9401. *DIONNE, André, «*Les Chevaliers de la nuit*», *Nos livres*, vol. 11, novembre 1980, n° 363.

9402. *CORMIER, Gilles, [*Les Chevaliers de la nuit*], *Le Bulletin des agriculteurs*, vol. 63, décembre 1980, p. 68.

9403. *DORION, Gilles, «*Les Chevaliers de la nuit*», *Québec français*, n° 40, décembre 1980, p. 10, 12.

9404. *VANASSE, André, «*Les Chevaliers de la nuit*», *Livres et auteurs québécois, 1980*, p. 68-69.

9405. *CORMIER, Gilles, «*L'Étranger au ballon rouge*», *Le Bulletin des agriculteurs*, vol. 64, mai 1981, p. 83.

9406. *LAURIN, Michel, «*L'Étranger au ballon rouge*», *Nos livres*, vol. 12, mai 1981, n° 253.

9407. *[ANONYME], «*L'Étranger au ballon rouge*», *Reflets*, vol. 2, n° 9, mai 1981, p. 28.

9408. BÉLIL, Michel, « Jean-Yves Soucy, explorateur du quotidien [Entrevue] », *Imagine*, vol. 2, n° 4, été 1981, p. 104-111.

9409. *BÉLIL, Michel, « L'Incontestable Réussite de 'M. Thouin' [*L'Étranger au ballon rouge*] », *Imagine*, vol. 2, n° 4, été 1981, p. 101-103.

9410. [ANONYME], « Voici ce que quelques écrivains... écrivent... au sujet de l'écriture et de la lecture... », *L'Écrilu*, vol. 1, n° 2, septembre 1981, p. 11.

9411. *COSSETTE, Gilles, « Tranches de vie, tranches de néant. Le Conte et la nouvelle au Québec en 1981 [*L'Étranger au ballon rouge*] », *Lettres québécoises*, n° 23, automne 1981, p. 26-27.

9412. *DORION, Gilles, «*L'Étranger au ballon rouge*», *Québec français*, n° 43, octobre 1981, p. 10-11.

9413. *BÉLIL, Michel, «*Les Chevaliers de la nuit*», *Imagine*, vol. 3, n° 2, hiver 1981, p. 52.

9414. *VANASSE, André, «*L'Étranger au ballon rouge*», *Livres et auteurs québécois, 1981*, p. 76-77.

SOULIÈRES, Robert

9415. *WARREN, Louise, «*Max le magicien*», *Livres et auteurs québécois, 1979*, p. 266-267.

9416. *WARREN, Louise, «*Le Bal des chenilles*», *Livres et auteurs québécois, 1979*, p. 265-266.

9417. *GUINDON, Ginette, [*Max le magicien*], *Lurelu*, vol. 3, n° 1, printemps 1980, p. 10.

9418. *BIRON, Hélène, [*Le Bal des chenilles*], *Des livres et des jeunes*, vol. 2, n° 6, juin 1980, p. 42.

9419. *DOSTALER, Henriette, [*Max le magicien*], *Des livres et des jeunes*, vol. 2, n° 6, juin 1980, p. 42.

9420. *L'ÉCUYER, Diane, [*Le Bal des chenilles*], *Lurelu*, vol. 3, n° 3, automne 1980, p. 9.

9421. *BIRON, Hélène, «*Une bien mauvaise grippe*», *Livres et auteurs québécois, 1980*, p. 233-234.

9422. *WARREN, Louise, «*Le Visiteur du soir*», *Livres et auteurs québécois, 1980*, p. 234-235.

9423. *I[SSALYS], L[iette], [*Ma tante Marie-Blanche*], *Des livres et des jeunes*, vol. 3, n° 8, hiver 1981, p. 44.

9424. *LAURIN, Michel, «*Ma tante Marie-Blanche*», *Nos livres*, vol. 12, février 1981, n° 107.

9425. *TRANCHEMONTAGNE, Ginette, «*Une bien mauvaise grippe*», *Lurelu*, vol. 4, n° 1-2, printemps-été 1981, p. 11.

9426. *LÉVESQUE, Gaëtan, «*Le Visiteur du soir* de Robert Soulières », *Lettres québécoises*, n° 22, été 1981, p. 79-80.

9427. *LATREILLE-HUVELIN, France, [*Le Visiteur du soir*], *Des livres et des jeunes*, vol. 4, n° 10, automne 1981, p. 33.

9428. *COUTU, Danielle, «*Ma tante Marie-Blanche*», *Lurelu*, vol. 4, n° 3, automne 1981, p. 11.

9429. *CHARETTE, Christiane, « Les Romans policiers [*Le Visiteur du soir*] », *Lurelu*, vol. 4, n° 4, hiver 1981, p. 21.

9430. *RUEL, Ginette, «*Le Visiteur du soir* », *Lurelu*, vol. 4, n° 4, hiver 1981, p. 15.

9431. [ANONYME], « Les Jeunes, un public motivant ! », *L'Écrilu*, vol. 1, n° 4, janvier 1982, p. 3.

9432. [ANONYME], « Prix Alvine-Bélisle 1981 (ASTED) », *L'Écrilu*, vol. 1, n° 5, mars 1982, p. 17.

9433. *L[ATREILLE]-H[UVELIN], F[rance], [*Le Visiteur du soir*], *Des livres et des jeunes*, vol. 4, n° 11, printemps 1982, p. 33.

9434. [ANONYME], « Prix Alvine-Bélisle », *Lettres québécoises*, n° 25, printemps 1982, p. 16.

9435. *L[ÉVESQUE], G[aëtan], «*Un été sur le Richelieu* », *Lettres québécoises*, n° 28, hiver 1982-1983, p. 82.

9436. *RUEL, Ginette, «*Le Voyage de monsieur Fernand* », *Lurelu*, vol. 5, n° 3, hiver 1982, p. 10.

9437. *MARTEL, Réginald, «*Un été sur le Richelieu* », *Livres et auteurs québécois, 1982*, p. 238.

SPEHNER, Norbert

9438. BERNARD, Évelyne, « Spécificité nationale de la science-fiction », *Protée*, vol. 10, n° 2, été 1982, p. 64, 70.

STANKÉ, Alain

9439. *[ANONYME], «*Des barbelés dans ma mémoire* », *Québec Hebdo*, vol. 3, n° 40, 19 octobre 1981, p. 4.

STANTON, Julie

9440. BILLY, Hélène de, «*Je n'ai plus de cendre dans la bouche* », *La Gazette des femmes*, vol. 2, n° 2, 2ᵉ trimestre 1980, p. 6-7.

9441. *GUÈVREMONT, Lise, «*Je n'ai plus de cendre dans la bouche* », *Livres et auteurs québécois, 1980*, p. 109.

9442. *LA PALME-REYES, Marie, «*Je n'ai plus de cendre dans la bouche* », *Canadian Women's Studies/Les Cahiers de la femme*, Vol. 3, No. 2, 1981, p. 116.

9443. *BILLY, Hélène de, «*Ma fille comme une amante* », *La Gazette des femmes*, vol. 3, n° 2, juillet-août 1981, p. 4.

9444. *[ANONYME], «*Ma fille comme une amante* », *L'Atulu*, vol. 3, n° 7 [*sic*], août-septembre 1981, p. 17.

9445. *OUELLETTE-MICHALSKA, Madeleine, « Agir ou Pleurer sur ses malheurs [*Ma fille comme une amante*] », *Châtelaine*, vol. 22, n° 9, septembre 1981, p. 8.

9446. *LABARTINO, Nancy, « Un récit tout petit [*Ma fille comme une amante*] », *Spirale*, [n° 21], septembre 1981, p. 6.

9447. *C[ADORET], D[iane], «*Ma fille comme une amante* », *Le Temps fou*, n° 16, septembre-octobre 1981, p. 59.

9448. *ALMÉRAS, Diane, «*Ma fille comme une amante* », *Relations*, vol. 41, n° 474, octobre 1981, p. 280.

9449. *DIONNE, André, «*Ma fille comme une amante* », *Livres et auteurs québécois, 1981*, p. 77-78.

9450. *VANASSE, André, « Turgeon, Beauchemin, Tremblay et les autres... [*Ma fille comme une amante*] », *Voix et images*, vol. 7, n° 2, hiver 1982, p. 418-419.

9451. *MICHON, Jacques, [*Ma fille comme une amante*], *University of Toronto Quarterly*, Vol. 51, No. 4, Summer 1982, p. 343.

9452. *LECLERC, Marie, «*La Nomade* », *La Gazette des femmes*, vol. 4, n° 2, juillet-août 1982, p. 4.

9453. *GIGUÈRE, Richard, «*La Nomade* », *Lettres québécoises*, n° 27, automne 1982, p. 35-36.

9454. *HOGUE[-LEBEUF], Jacqueline, «*La Nomade* », *Nos livres*, vol. 13, décembre 1982, n° 487.

9455. *COTNOIR, Louise, «*La Nomade*», *Livres et auteurs québécois,* 1982, p. 139-140.

STEBEN, Claude

9456. *LEWIN, Louise, [*Josué*], *Canadian Children's Literature,* No. 17, 1980, p. 58-61.

STEVENS, Paul

9457. ROUSSEAU, Guildo, « La Ruée vers l'or en Californie dans le roman et le conte québécois », *Journal of Canadian Fiction,* No. 25-26, 1979, p. 106.

STRARAM, Patrick [pseud. : le Bison ravi]

9458. HAECK, Philippe, « Poéthique des *Herbes rouges* », *Dérives,* nº 19, [3e trimestre] 1979, p. 39-53, p. 49.

9459. *JANELLE, Claude, [*La Faim de l'énigme*], *Solaris,* vol. 5, nº 5, octobre-novembre 1979, p. 6-7.

9460. THÉORET, France, « Qu'est-ce qu'écouter ? [Entrevue] », *Spirale,* nº 2, octobre 1979, p. 3, 15.

9461. STRARAM, Patrick, « Blues clair. Demande d'emploi. Aux quatre coins », *Estuaire,* nº 21, automne 1981, p. 66-71.

STRATFORD, Gaston-James

9462. MARTEL, Ronald, « Entrevue », *Les Cahiers du hibou,* [vol. 1], nº 1-2, avril 1979, p. 85-89.

9463. LAPLANTE, Michèle de, « Vivre par la poésie », *Grimoire,* vol. 2, nº 12, novembre 1979, p. 2-3, 6.

9464. *BEAUCHEMIN, Louise, [*Le bonheur n'est pas pour demain ou Mes deux fesses* suivi de *La Mort à dix-neuf ans*], *Grimoire,* vol. 3, nº 3, mars 1980, p. 9-11.

9465. *GONZALO-FRANCOLI, Yvette, [*Le temps s'en va* dans *les Cahiers du hibou,* nº 1-2, avril 1979 et nº 3, 1979], *Voix et images,* vol. 5, nº 3, printemps 1980, p. 599-601.

9466. *CÔTÉ, Jacques, « Recette de bonheur [*Le bonheur n'est pas pour demain ou Mes deux fesses* suivi de *La Mort à dix-neuf ans*] », *Grimoire,* vol. 4, nº 3, mars 1981, p. 7-8.

9467. *JANOËL, André, «*Le bonheur n'est pas pour demain ou Mes deux fesses* suivi de *La Mort à dix-neuf ans* », *Nos livres,* vol. 12, avril 1981, nº 216.

9468. BASTIN, Agnès, « Gaston-J. Stratford », *Grimoire,* vol. 5, nº 3, mars 1982, p. 8-9.

SULTE, Benjamin [pseud. : Joseph Amusart]

9469. DÉBIEN, Johanne, «*Le Diable gris* de Benjamin Sulte », *Revue d'ethnologie du Québec,* vol. 5, nº 1, 1979, p. 72-81.

SYLVESTRE, Guy

9470. [ANONYME], « Sylvestre Named to Order of Canada », *Quill and Quire,* Vol. 48, No. 8, August 1982, p. 25.

SYLVESTRE, Paul-François

9471. [ANONYME], « Rencontre avec Paul-François Sylvestre », *Le Berdache,* nº 2, juillet-août 1979, p. 18-19.

9472. *BÉDARD, Christian, «*Amour, délice et orgie* », *Le Berdache,* nº 9, avril 1980, p. 40-41.

9473. *JANOËL, André, «*Amour, délice et orgie* », *Nos livres,* vol. 11, juin-juillet 1980, nº 228.

9474. BRUNET-LAMARCHE, Anita, « Prise de parole, 1972-1982. Auteurs et oeuvres. Biobibliographie », *Revue du Nouvel Ontario,* nº 4, 1982, p. 37-38.

SZUCSANY, Désirée

9475. *OUELLETTE-MICHALSKA, Madeleine, « Les Tumultes de l'amour [*La Passe*] », *Châtelaine*, vol. 22, n⁰ 10, octobre 1981, p. 26.

9476. *DESJARDINS, Normand, «*La Passe*», *Nos livres*, vol. 12, octobre 1981, n⁰ 416.

9477. *OUELLETTE-MICHALSKA, Madeleine, « Désirée Szucsany. Envoûter par le chant [*La Passe*] », *Lettres québécoises*, n⁰ 24, hiver 1981-1982, p. 48.

9478. ESCOMEL, Gloria, « Désirée Szucsany. Interview », *Féminin pluriel*, vol. 2, n⁰ 1, février 1982, p. 46-47.

9479. *DESJARDINS, Normand, «*Le Violon*», *Nos livres*, vol. 13, avril 1982, n⁰ 183.

9480. *CORRIVEAU, Hugues, « Une critique positive [*Le Violon*] », *Spirale*, n⁰ 24, avril 1982, p. 4.

9481. *M[ÉLANÇON], R[obert], «*Le Violon — La Passe*», *Liberté*, vol. 24, n⁰ 4, juillet-août 1982, p. 91.

TACHÉ, Joseph-Charles [pseud. : Gaspard le Mage]

9482. LAMONTAGNE, Gilles, « Le Conte dans l'est du Québec. Éléments de bibliographie critique », *Revue d'histoire littéraire du Québec et du Canada français*, n⁰ 3, hiver-printemps 1982, p. 81-82.

9483. NADEAU, Jean-Guy, « Joseph-Charles Taché. Quelques Aspects de sa contribution à l'histoire littéraire du Québec », *Revue d'histoire littéraire du Québec et du Canada français*, n⁰ 3, hiver-printemps 1982, p. 88-100.

9484. *BELLEMARE, Madeleine, «*Forestiers et voyageurs*», *Nos livres*, vol. 13, juin-juillet 1982, n⁰ 308.

TALBOT, Raynald

9485. *BEAUCHAMP[-RANK], Hélène, « À quand l'écriture de textes dramatiques d'enfants ? [*Place au théâtre — Fanfreluches*] », *Canadian Children's Literature*, No. 17, 1980, p. 64-65.

TANGUAY, Jean

9486. *LAPLANTE, Michèle de, [*Dièse et Bémol*], *Grimoire*, vol. 3, n⁰ 8, septembre 1980, p. 13.

TANTE LUCILLE [pseud. de Lucille Desparois-Danis]

9487. B[IRON], H[élène], [*Tante Lucille raconte*], *Des livres et des jeunes*, vol. 1, n⁰ 2, février 1979, p. 33.

9488. *BELLEMARE, Madeleine, «*Tante Lucille raconte*», *Nos livres*, vol. 10, juin-juillet 1979, n⁰ 250.

9489. MAHEUX, Louise, « Tante Lucille à la bibliothèque municipale de Hull », *Panorama*, vol. 2, n⁰ 7, juin 1979, p. 37.

9490. *DURANLEAU-FILION, Ginette, [*Almanach des jeunes*], *Lurelu*, vol. 3, n⁰ 1, printemps 1980, p. 9.

9491. *LAURIN, Michel, «*La Légende des bleuets*», *Nos livres*, vol. 12, janvier 1981, n⁰ 47.

TARDIF, Marie-Antoinette [pseud. : Michelle Le Normand]

9492. GOUIN, Jacques, « Littérature des pays d'en haut. Un épisode dans la vie de Michelle Le Normand (1911-1921) », *Cahiers d'histoire des pays d'en haut*, vol. 4, n⁰ 14, juin 1982, p. 17-36.

TARDIVEL, Jules-Paul

9493. HATHORN, Ramon, « Angles on Saxons : A Study of the Anglo-Saxon in Quebec Fiction », *Journal of Canadian Fiction*, No. 25-26, 1979, p. 264-279, p. 268-269.
9494. SUGDEN, Leonard W., « Quebec's Revolutionary Novels », *Canadian Literature*, No. 82, Autumn 1979, p. 133-141, p. 134.

TARRAB, Gilbert

9495. [ANONYME], « Prix et mentions. Le Choix du libraire », *Union des écrivains québécois*, vol. 1, no 4, octobre 1980, p. [3].

TÉTREAU, François

9496. *DESRUISSEAUX, Pierre, «*L'Architecture pressentie*», *Livres et auteurs québécois, 1981*, p. 102-103.
9497. *LÉPINE, Stéphane, «*L'Architecture pressentie*», *Nos livres*, vol. 13, janvier 1982, no 49.
9498. *LÉPINE, Stéphane, «*L'Architecture pressentie*», *Nos livres*, vol. 13, février 1982, no 87.
9499. *BAYARD, Caroline, [*L'Architecture pressentie*], *University of Toronto Quarterly*, Vol. 51, No. 4, Summer 1982, p. 371.

TÉTREAU, Jean

9500. *BEAUDOIN, Léo, «*Prémonitions*», *Nos livres*, vol. 10, juin-juillet 1979, no 228.
9501. *JANELLE, Claude, [*Les Nomades — Prémonitions*], *Solaris*, vol. 6, no 5, octobre-novembre 1980, p. 11-13.
9502. *PETTIGREW, Jean, « Petit Journal trouvé dans l'ailleurs [*Les Nomades*] », *Imagine*, vol. 2, no 4, été 1981, p. 123-124.

THÉBERGE, Jean-Yves

9503. *NEPVEU, Pierre, « La Jeune Poésie. Jean-Yves Théberge [*De temps en temps*] », *Lettres québécoises*, no 14, avril-mai 1979, p. 24-25.
9504. *BONENFANT, Yvon, «*De temps en temps*», *Nos livres*, vol. 10, mai 1979, no 189.
9505. *GAULIN, André, «*De temps en temps*», *Québec français*, no 34, mai 1979, p. 9.
9506. *BEAUSOLEIL, Claude, [*De temps en temps*], *Spirale*, no 2, octobre 1979, p. 10.
9507. *GAULIN, André, «*De temps en temps*», *Livres et auteurs québécois, 1979*, p. 174-176.

THÉBERGE, Mariette

9508. [ANONYME], « Cinq Dramaturges ontaroises présentent *Parcours, paroles et femmes* », *Liaison*, no 19, décembre 1981-janvier 1982, p. 38-39.

THÉORET, France

9509. *GIGUÈRE, Richard, [*Une voix pour Odile*], *University of Toronto Quarterly*, Vol. 48, No. 4, Summer 1979, p. 359.
9510. *CORRIVEAU, Hugues, « Poésie. Des lèvres et des vertiges [*Vertiges*] », *La Nouvelle Barre du jour*, no 81, septembre 1979, p. 89-90.
9511. *HAECK, Philippe, «*Vertiges*. La Souffrance infinie », *Spirale*, no 1, septembre 1979, p. 11.
9512. *GIGUÈRE, Richard, «*Vertiges*», *Livres et auteurs québécois, 1979*, p. 105-106.
9513. THÉORET, France, « Des fragments levés à même le tissu quotidien », *La Nouvelle Barre du jour*, no 88, mars 1980, p. 96-107.
9514. *CAMERLAIN, Lorraine, «*La Nef des sorcières*», *Jeu*, no 16, [3e trimestre] 1980, p. 216-217.
9515. *GAULIN, André, «*Nécessairement putain*», *Québec français*, no 40, décembre 1980, p. 15.
9516. NEPVEU, Pierre, « Nicole Brossard et France Théoret. La Pensée/l'impensable », *Lettres québécoises*, no 20, hiver 1980-1981, p. 24-27.

9517. *HAECK, Philippe, «*Nécessairement putain* », *Livres et auteurs québécois, 1980*, p. 98-100.

9518. *LAMARRE, André, «*Nécessairement putain* », *Livres et auteurs québécois, 1980*, p. 135-136.

9519. THÉORET, France, « Quand la mémoire dérive trop », *Estuaire*, n⁰ 18, hiver 1981, p. 121-130.

9520. *BAYARD, Caroline, [*Nécessairement putain*], *University of Toronto Quarterly*, Vol. 50, No. 4, Summer 1981, p. 44.

9521. [ANONYME], « France Théoret », *Parallelogramme*, Vol. 7, No. 2, December 1981-January 1982, p. 45.

9522. BEAUSOLEIL, Claude, « La Poésie en revues depuis 10 ans », *La Petite Revue de philosophie*, vol. 4, n⁰ 1, automne 1982, p. 115-116.

9523. THÉORET, France, « Prendre la parole quand on est femme », *Québec français*, n⁰ 47, octobre 1982, p. 36-37.

9524. *HAYWARD, Annette, «*Nous parlerons comme on écrit* », *Québec français*, n⁰ 48, décembre 1982, p. 3.

9525. SALESSE, Michèle, «*Nous parlerons comme on écrit* », *Lettres québécoises*, n⁰ 28, hiver 1982-1983, p. 23-24.

9526. *DORION, Hélène, «*Nous parlerons comme on écrit* », *Livres et auteurs québécois, 1982*, p. 79-80.

THÉRIAULT, Adrien [pseud. : Adrien Thério]

9527. POULIN, Gabrielle, « Rivières-Berceaux et rivières berçantes. *C'est ici que le monde a commencé* d'Adrien Thério », *Relations*, vol. 39, n⁰ 446, mars 1979, p. 92-94.

9528. *BEAUDOIN, Léo, «*C'est ici que le monde a commencé* », *Nos livres*, vol. 10, avril 1979, n⁰ 142.

9529. *BOIVIN, Aurélien, «*C'est ici que le monde a commencé* », *Québec français*, n⁰ 34, mai 1979, p. 6.

9530. *BOURQUE, Paul-André, «*Le Roi d'Aragon* », *Livres et auteurs québécois, 1979*, p. 202-203.

9531. *FOURNIER, R.-J., «*Le Roi d'Aragon* », *Canadian Drama/L'Art dramatique canadien*, Vol. 6, No. 2, Fall 1980, p. 326-330.

9532. PROVENCHER, Louise-Marie, « Bibliographie. Adrien Thério », *Voix et images*, vol. 7, n⁰ 1, automne 1981, p. 57-76.

9533. ROBIDOUX, Réjean, « D'un animateur littéraire (esquisse historique) », *Voix et images*, vol. 7, n⁰ 1, automne 1981, p. 27-34.

9534. SMITH, Donald, « Adrien Thério, critique littéraire, animateur polémiste et romancier », *Voix et images*, vol. 7, n⁰ 1, automne 1981, p. 7-26.

9535. VANASSE, André, « Du Chemin Taché à la Vallée de Jonathan », *Voix et images*, vol. 7, n⁰ 1, automne 1981, p. 35-43.

9536. LAMONTAGNE, Gilles, « Le Conte dans l'est du Québec. Éléments de bibliographie critique », *Revue d'histoire littéraire du Québec et du Canada français*, n⁰ 3, hiver-printemps 1982, p. 86.

9537. BOIVIN, Aurélien, « Adrien Thério. Entre l'exil et le royaume », *Québec français*, n⁰ 46, mai 1982, p. 52-53.

THÉRIAULT, Marie-José

9538. *VANASSE, André, « Un bestiaire, quelques bananes et un journal qui s'écrit à l'envers [*La Cérémonie*] », *Lettres québécoises*, n⁰ 14, avril-mai 1979, p. 14-15.

9539. *SPEHNER, Norbert, [*La Cérémonie*], *Requiem*, vol. 5, n⁰ 2, avril 1979, p. 14.

9540. *AUDET, Noël, « Au sujet d'une lettre d'amour en poésie. Marie-José Thériault [*Lettera amorosa*] », *Voix et images*, vol. 4, n⁰ 3, avril 1979, p. 542-543.

9541. *CORMIER, Gilles, «*La Cérémonie* », *Le Bulletin des agriculteurs*, vol. 62, mai 1979, p. 67.

9542. *GAULIN, André, «*Lettera amorosa* », *Québec français*, n⁰ 36, décembre 1979, p. 6.

9543. Duquette, Jean-Pierre, « Sous bénéfice d'inventaire [La Cérémonie] », Livres et auteurs québécois, 1979, p. 20.

9544. *Ouellette, Gabriel-Pierre, «La Cérémonie», Livres et auteurs québécois, 1979, p. 82-84.

9545. Thériault, Marie-José, « Autoportrait », Québec français, n° 37, mars 1980, p. 60-61.

9546. *Amprimoz, Alexandre L., « A New Singular Voice in Quebec Letters [La Cérémonie] », The Antigonish Review, No. 42, Summer 1980, p. 88-90.

9547. *Moorhead, Andrea, « Marie-José Thériault, The Ceremony », Quarry, Vol. 30, No. 1, Winter 1981, p. 86-88.

9548. *Simon, Sherry, « Pitiless Women, Desperate Men [The Umbrella Pines — The Ceremony] », Books in Canada, Vol. 10, No. 5, May 1981, p. 24-25.

9549. *O'Connor, John J., [The Ceremony], University of Toronto Quarterly, Vol. 50, No. 4, Summer 1981, p. 87-88.

9550. *Cossette, Gilles, «Agnès et le singulier bestiaire», Lettres québécoises, n° 28, hiver 1982-1983, p. 83.

9551. *Cotnoir, Louise, «Invariance suivi de Célébration du Prince», Livres et auteurs québécois, 1982, p. 140-141.

THÉRIAULT, Serge-A.

9552. *Gagnon, Jean-Claude, «Approches structurales des textes», Québec français, n° 40, décembre 1980, p. 16.

9553. *Giroux, Robert, «La Quête d'équilibre dans l'oeuvre romanesque d'Anne Hébert», Lettres québécoises, n° 20, hiver 1980-1981, p. 42-44.

9554. *Émond, Maurice, «La Quête d'équilibre dans l'oeuvre romanesque d'Anne Hébert», Québec français, n° 42, mai 1981, p. 16-17.

9555. *Perron, Paul, [La Quête d'équilibre dans l'oeuvre romanesque d'Anne Hébert], University of Toronto Quarterly, Vol. 50, No. 4, Summer 1981, p. 191-192.

9556. *Perron, Paul, [Approches structurales des textes], University of Toronto Quarterly, Vol. 50, No. 4, Summer 1981, p. 192-195.

THÉRIAULT, Yves

9557. *Woodcock, George, « Short Day's Journey into Night : Agoak », Books in Canada, Vol. 8, No. 5, May 1979, p. 15-16.

9558. *B[iron], H[élène], [Le Ru d'Ikoué], Des livres et des jeunes, vol. 1, n° 3, mai 1979, p. 25.

9559. *Czarnecki, Mark, « More Banners than Babies [Agoak, l'héritage d'Agaguk] », Maclean's, Vol. 92, No. 20, May 14, 1979, p. 52.

9560. *Talbot, Émile-J., «Agoak», Quill and Quire, Vol. 45, No. 7, June 1979, p. 36-37.

9561. Hathorn, Ramon, « Angles on Saxons : A Study of the Anglo-Saxon in Quebec Fiction », Journal of Canadian Fiction, No. 25-26, 1979, p. 274-275.

9562. [Anonyme], « Roman traduit [Agoak] », Québec Hebdo, vol. 1, n° 28, 27 août 1979, p. 4.

9563. *Vanhee-Nelson, Louise, « Thériault's Agoak », Canadian Literature, No. 82, Autumn 1979, p. 128-130.

9564. [Anonyme], « Les Cinq Lauréats des prix du gouvernement [Prix Athanase-David] », Québec Hebdo, vol. 1, n° 36, 22 octobre 1979, p. 3.

9565. May, Cedric, « Canadian Writing : Beautiful Losers in Presqu'Amérique », Bulletin of Canadian Studies, Vol. 3, No. 2, November 1979, p. 9.

9566. *B[iron], H[élène], [Les Aventures d'Ori d'Or], Des livres et des jeunes, vol. 2, n° 4, novembre 1979, p. 34.

9567. *Chartier, Monique, «Agoak, l'héritage d'Agaguk », Nos livres, vol. 10, novembre 1979, n° 387.

9568. *Claude, Pierre, «Les Aventures d'Ori d'Or», Vidéo-Presse, vol. 9, n° 3, novembre 1979, p. 48-49.

9569. *[Anonyme], «Agoak, l'héritage d'Agaguk», Québec Hebdo, vol. 1, n° 42, 3 décembre 1979, p. 4.

9570. THÉRIO, Adrien, « Yves Thériault, Prix David 1979 », *Lettres québécoises,* n° 16, hiver 1979-1980, p. 69-70.

9571. *ÉMOND, Maurice, *«L'Appelante — Kesten »,* Livres et auteurs québécois, 1979,* p. 84-86.

9572. *BELYEA, Barbara, [*Agoak : the Legacy of Agaguk*], *Canadian Ethnic Studies/Études ethniques au Canada,* Vol. 12, No. 1, 1980, p. 123-124.

9573. BÉRUBÉ, Renald, « 35 Ans de vie littéraire. Yves Thériault se raconte [Entrevue] », *Voix et images,* vol. 5, n° 2, hiver 1980, p. 223-243.

9574. LACROIX, Yves, « Lecture d'*Agaguk* », *Voix et images,* vol. 5, n° 2, hiver 1980, p. 245-269.

9575. WARWICK, Jack, « Yves Thériault and the Prix David », *The Canadian Modern Language Review/La Revue canadienne des langues vivantes,* Vol. 36, No. 3, March 1980, p. [383]-391.

9576. *[ANONYME], *«Agoak : the Legacy of Agaguk* », *Quill and Quire,* Vol. 46, No. 3, March 1980, p. 18.

9577. SMITH, Donald, « Yves Thériault, Prix David 1979. Entrevue », *Lettres québécoises,* n° 17, printemps 1980, p. 51-59.

9578. *KHOUZAM, Monique, [*Les Aventures d'Ori d'Or*], *Lurelu,* vol. 3, n° 1, printemps 1980, p. 11.

9579. ROBIN, Marie-Jeanne, « Rencontre avec Yves Thériault », *Lurelu,* vol. 3, n° 1, printemps 1980, p. 14.

9580. [ANONYME], « Dialogue avec Yves Thériault [sur les romans Harlequin] », *L'Actualité,* vol. 5, n° 5, mai 1980, p. 54.

9581. *[ANONYME], *«La Quête de l'ourse* », *L'Atulu,* vol. 2, n° 5, mai 1980, p. 14.

9582. *GRIFFIN, Martin, [*Agoak : the Legacy of Agaguk*], *The Antigonish Review,* No. 42, Summer 1980, p. 104-105.

9583. *O'CONNOR, John J., [*Agoak : the Legacy of Agaguk*], *University of Toronto Quarterly,* Vol. 49, No. 4, Summer 1980, p. 394-395.

9584. *OUELLETTE-MICHALSKA, Madeleine, [*La Quête de l'ourse*], *Châtelaine,* vol. 21, n° 8, août 1980, p. 22.

9585. POULIN, Gabrielle, « Le 'Saint', le 'Bon Sauvage' et le 'Chevalier' », *Lettres québécoises,* n° 19, automne 1980, p. 18-22.

9586. *LE MANAC'H, Gaétane, [*Cajetan et la taupe*], *Lurelu,* vol. 3, n° 3, automne 1980, p. 10.

9587. *[ANONYME], [*La Quête de l'ourse*], *Écriture française dans le monde,* vol. 2, n° 1-2, octobre 1980, p. 139.

9588. [ANONYME], [Profil], *Écriture française dans le monde,* vol. 2, n° 1-2, octobre 1980, p. 81.

9589. *ÉMOND, Maurice, *«La Quête de l'ourse* », *Québec français,* n° 39, octobre 1980, p. 8.

9590. *MARCOTTE, Gilles, « Une virtuosité à la Updike... et une qualité à la Thériault [*La Quête de l'ourse*] », *L'Actualité,* vol. 5, n° 11, novembre 1980, p. 131-132.

9591. *CHARTIER, Monique, *«Les Aventures d'Ori d'Or* », *Nos livres,* vol. 11, décembre 1980, n° 404.

9592. *CHARTIER, Monique, *«Cajetan et la taupe* », *Nos livres,* vol. 11, décembre 1980, n° 403.

9593. *CORRIVEAU, Hugues, « La Fleur et l'animale [*La Quête de l'ourse*] », *Spirale,* n° 14, décembre 1980, p. 11-12.

9594. *DIONNE, André, *«Le Partage de minuit* », *Livres et auteurs québécois, 1980,* p. 69-70.

9595. *DUMOULIN-TESSIER, Françoise, *«La Quête de l'ourse* », *Livres et auteurs québécois, 1980,* p. 70-71.

9596. *LAMARRE, André, *«Popok, le petit Esquimau* », *Livres et auteurs québécois, 1980,* p. 235-236.

9597. *CHARTIER, Monique, *«Popok, le petit Esquimau* », *Nos livres,* vol. 12, février 1981, n° 111.

9598. *BORDELEAU, Christian, « Amour, délices et gaieté [*Le Partage de minuit* — Oeuvre de chair] », *Le Berdache,* n° 18, mars 1981, p. 58-59.

9599. *I[SSALYS], L[iette], [*Popok, le petit Esquimau*], *Des livres et des jeunes,* vol. 3, n° 9, printemps 1981, p. 33.

9600. *[ANONYME], [Biographie d'Yves Thériault], *Reflets,* vol. 2, n° 8, avril 1981, p. 8.

9601. [ANONYME], « Réédition de deux ouvrages d'Yves Thériault : *La Rose de pierre* et *L'Île introuvable* », *Québec Hebdo*, vol. 3, n⁰ 15, 27 avril 1981, p. 4.

9602. *DESJARDINS, Normand, «*La Rose de pierre* », *Nos livres*, vol. 12, juin-juillet 1981, n⁰ 316.

9603. *ALMÉRAS, Diane, «*La Femme Anna et autres contes* », *Relations*, vol. 41, n⁰ 473, septembre 1981, p. 251.

9604. *THÉRIO, Adrien, « Un Thériault presque inédit. *La Femme Anna et autres contes* », *Lettres québécoises*, n⁰ 23, automne 1981, p. 81-82.

9605. *TH[ÉRIO], A[drien], «*Ashini* de Yves Thériault », *Lettres québécoises*, n⁰ 23, automne 1981, p. 86.

9606. *GUILLEMETTE-LABORY, Louise, «*Popok, le petit Esquimau* », *Lurelu*, vol. 4, n⁰ 3, automne 1981, p. 13.

9607. *[ANONYME], «*Amour au goût de mer* », *Québec Hebdo*, vol. 3, n⁰ 39, 12 octobre 1981, p. 4.

9608. *[ANONYME], «*Ashini* », *Écriture française dans le monde*, vol. 3, n⁰ 2-3, décembre 1981, p. 126.

9609. *ÉMOND, Maurice, «*La Femme Anna et autres contes* », *Québec français*, n⁰ 44, décembre 1981, p. 13.

9610. *[ANONYME], «*Valère et le grand canot* », *Québec Hebdo*, vol. 3, n⁰ 49, 21 décembre 1981, p. 4.

9611. *DUMOULIN-TESSIER, Françoise, «*Amour au goût de mer* », *Livres et auteurs québécois, 1981*, p. 78.

9612. *DUMOULIN-TESSIER, Françoise, «*La Femme Anna et autres contes* », *Livres et auteurs québécois, 1981*, p. 79-80.

9613. *VALETTE, Rebecca M., «*La Montagne creuse, une aventure de Volpek* », *The Canadian Modern Language Review/La Revue canadienne des langues vivantes*, Vol. 38, No. 2, Winter 1982, p. 345.

9614. *BELLEMARE, Madeleine, «*La Femme Anna et autres contes* », *Nos livres*, vol. 13, janvier 1982, n⁰ 48.

9615. LAMONTAGNE, Gilles, « Le Conte dans l'est du Québec. Éléments de bibliographie critique », *Revue d'histoire littéraire du Québec et du Canada français*, n⁰ 3, hiver-printemps 1982, p. 85.

9616. *BELLEMARE, Madeleine, «*Valère et le grand canot* », *Nos livres*, vol. 13, février 1982, n⁰ 88.

9617. *ÉMOND, Maurice, «*Valère et le grand canot* », *Québec français*, n⁰ 45, mars 1982, p. 11-12.

9618. [ANONYME], « La Fête Yves Thériault chez VLB éditeur », *Lettres québécoises*, n⁰ 25, printemps 1982, p. 94.

9619. CHOUL, Jean-Claude, « Exploitation et utilisation des paramètres. Ducharme, Thériault », *Voix et images*, vol. 7, n⁰ 3, printemps 1982, p. 571-579.

9620. *CORRIVEAU, Hugues, « Une critique positive [*Valère et le grand canot*] », *Spirale*, n⁰ 24, avril 1982, p. 4.

9621. *GERMAIN, Georges-Hébert, « La Vie dans les livres [*Kuanuten, vent d'est*] », *Clin d'oeil*, n⁰ 20, mai 1982, p. 8.

9622. *[ANONYME], «*Valère et le grand canot* », *L'Atulu*, vol. 4, n⁰ 6, juin 1982, p. 16.

9623. TEBOUL, Victor, « Pour saluer Monsieur Thériault », *Jonathan*, n⁰ 7, juin 1982, p. 3.

9624. TEBOUL, Victor, « Yves Thériault. Écrire *Aaron* », *Jonathan*, n⁰ 7, juin 1982, p. 15-18.

9625. *LAURIN, Michel, «*Kuanuten, vent d'est* », *Nos livres*, vol. 13, juin-juillet 1982, n⁰ 309.

9626. *COSSETTE, Gilles, «*Valère et le grand canot* », *Lettres québécoises*, n⁰ 26, été 1982, p. 27-28.

9627. *LAFRENIÈRE, Joseph, «*Kuanuten, vent d'est* », *Vidéo-Presse*, vol. 12, n⁰ 1, septembre 1982, p. 54-55.

9628. *LE MANAC'H, Gaétane, «*Kuanuten, vent d'est* », *Lurelu*, vol. 5, n⁰ 2, automne 1982, p. 12.

THÉRIO, Adrien [pseud. de Adrien Thériault]

9629. POULIN, Gabrielle, « Rivières-Berceaux et rivières berçantes. *C'est ici que le monde a commencé* d'Adrien Thério », *Relations*, vol. 39, n⁰ 446, mars 1979, p. 92-94.

9630. *BEAUDOIN, Léo, «*C'est ici que le monde a commencé*», *Nos livres*, vol. 10, avril 1979, n⁰ 142.

9631. *BOIVIN, Aurélien, «*C'est ici que le monde a commencé*», *Québec français*, n⁰ 34, mai 1979, p. 6.

9632. *BOURQUE, Paul-André, «*Le Roi d'Aragon* », *Livres et auteurs québécois*, 1979, p. 202-203.

9633. *FOURNIER, R.-J., «*Le Roi d'Aragon* », *Canadian Drama/L'Art dramatique canadien*, Vol. 6, No. 2, Fall 1980, p. 326-330.

9634. PROVENCHER, Louise-Marie, « Bibliographie. Adrien Thério », *Voix et images*, vol. 7, n⁰ 1, automne 1981, p. 57-76.

9635. ROBIDOUX, Réjean, « D'un animateur littéraire (esquisse historique) », *Voix et images*, vol. 7, n⁰ 1, automne 1981, p. 27-34.

9636. SMITH, Donald, « Adrien Thério, critique littéraire, animateur polémiste et romancier », *Voix et images*, vol. 7, n⁰ 1, automne 1981, p. 7-26.

9637. VANASSE, André, « Du Chemin Taché à la Vallée de Jonathan », *Voix et images*, vol. 7, n⁰ 1, automne 1981, p. 35-43.

9638. LAMONTAGNE, Gilles, « Le Conte dans l'est du Québec. Éléments de bibliographie critique », *Revue d'histoire littéraire du Québec et du Canada français*, n⁰ 3, hiver-printemps 1982, p. 86.

9639. BOIVIN, Aurélien, « Adrien Thério. Entre l'exil et le royaume », *Québec français*, n⁰ 46, mai 1982, p. 52-53.

THERRIAULT, Jacques

9640. *ROY, André, «*Homosexualité et vie à deux* », *Livres et auteurs québécois*, 1981, p. 325-326.

THIBEAULT, Fabienne

9641. [ANONYME], « Fabienne Thibeault publie un conte [*La Larme magique*] », *Le Compositeur canadien/The Canadian Composer*, n⁰ 169, mars 1982, p. 39.

9642. *BOUCHER, Ginette, «*La Larme magique* », *Lurelu*, vol. 5, n⁰ 3, hiver 1982, p. 9.

THISDEL, Jacques

9643. *BELLEMARE, Madeleine, «*Soit dit en marchant...* », *Nos livres*, vol. 12, octobre 1981, n⁰ 419.

9644. *CORRIVEAU, Hugues, «*Soit dit en marchant...* », *Livres et auteurs québécois*, 1981, p. 115.

9645. *BROCHU, André, « Rétrospectives et prospectives [*Soit dit en marchant...*] », *Voix et images*, vol. 7, n⁰ 3, printemps 1982, p. 590.

9646. *CHAMBERLAND, Roger, « Trois Fois le Noroît [*Soit dit en marchant...*] », *Estuaire*, n⁰ 24, été 1982, p. 79-80.

TISSOT, Georges

9647. TISSOT, Georges, « Des poètes se prononcent », *Liaison*, vol. 3, n⁰ 13, décembre 1980, p. 20.

9648. GENDRON, Marc, « Quand la critique se veut créatrice », *Liaison*, n⁰ 18, octobre-novembre 1981, p. 19-21.

TONNEROVA, Maria

9649. *ROBERGE, Hélène, «*Les Contes du tsar* », *Livres et auteurs québécois*, 1979, p. 267-268.

9650. *CHARTIER, Monique, «*Les Contes du tsar*», *Nos livres*, vol. 12, janvier 1981, n⁰ 48.

9651. *SAUVÉ, Élaine, «*Contes de Bohême*», *Lurelu*, vol. 5, n⁰ 1, printemps-été 1982, p. 11.

TOUGAS, Francine

9652. *AUBRY, Suzanne, «*O solo mio* [*Histoire de fantômes*] », *Le Pays théâtral*, vol. 5, n⁰ 2, saison 1981-1982, p. [3].

9653. HÉBERT, Lorraine, « Les Risques du close-up [*Histoire de fantômes*] », *La Vie en rose*, [vol. 2, n⁰ 2], juin-juillet-août 1981, p. 49.

9654. *DIONNE, André, « Le Théâtre qu'on joue : *Histoire de fantômes* », *Lettres québécoises*, n⁰ 22, été 1981, p. 44.

9655. KING, Deirdre, « Domination and Resistance : Women Playwrights in Québec », *The Canadian Forum*, Vol. 61, No. 712, September-October 1981, p. 44.

9656. GUÉNETTE, Maryse, « Quatre Comédiennes qui se jouent [*Histoire de fantômes*] », *Châtelaine*, vol. 23, n⁰ 7, juillet 1982, p. 74-78.

9657. *LEPAGE, Jocelyne, «*Grandir ou les Confessions d'une maman à la page* », *La Vie en rose*, novembre-décembre 1982, p. 62.

TOUGAS, Gérard

9658. DIONNE, René, « La Puissance du lecteur. Réflexion sur le dernier livre de Gérard Tougas [*Puissance littéraire des États-Unis*] », *Lettres québécoises*, n⁰ 18, été 1980, p. 60-61.

9659. *[ANONYME], «*Destin littéraire du Québec*», *Québec Hebdo*, vol. 4, n⁰ 37, 15 novembre 1982, p. 4.

9660. *DORION, Gilles, «*Destin littéraire du Québec*», *Livres et auteurs québécois, 1982*, p. 216-218.

TOURANGEAU, Rémi

9661. *CAMERLAIN, Lorraine, «*L'Église et le théâtre au Québec*», *Livres et auteurs québécois, 1979*, p. 217-218.

9662. *LE BLANC, Alonzo, «*L'Église et le théâtre au Québec*», *Québec français*, n⁰ 37, mars 1980, p. 10, 13.

9663. *GRUSLIN, Adrien, «*L'Église et le théâtre au Québec*», *Jeu*, n⁰ 17, [4ᵉ trimestre] 1980, p. 126-128.

9664. *LORD, Michel, «*L'Église et le théâtre au Québec*», *Lettres québécoises*, n⁰ 20, hiver 1980-1981, p. 39-40.

9665. BEAUDRY, Pauline, « Une ample comédie à cent actes divers... *L'Église et le théâtre au Québec*», *Réseau*, vol. 12, n⁰ 9, mai 1981, p. 20-22.

9666. *LAJEUNESSE, Marcel, «*L'Église et le théâtre au Québec*», *Revue d'histoire de l'Amérique française*, vol. 35, n⁰ 1, juin 1981, p. 108-111.

9667. *DOUCETTE, L[éonard] E., [*L'Église et le théâtre au Québec*], *University of Toronto Quarterly*, Vol. 50, No. 4, Summer 1981, p. 181-182.

9668. *HATHORN, Ramon, «*L'Église et le théâtre au Québec*», *Revue d'histoire littéraire du Québec et du Canada français*, n⁰ 3, hiver-printemps 1982, p. 142-145.

9669. *LEFEBVRE, Paul, «*Bibliographie du théâtre en Mauricie — Tables provisoires du théâtre de Drummondville*», *Jeu*, n⁰ 23, 2ᵉ trimestre 1982, p. 164-167.

TREMBLAY, Gaston

9670. *MOISAN, Clément, «*Souvenances*», *Livres et auteurs québécois, 1979*, p. 92.

9671. BOURASSA, André[-Gilles], « Parole donnée aux Éditions Prise de parole [*Souvenances*] », *Lettres québécoises*, n⁰ 17, printemps 1980, p. 83.

9672. BRUNET-LAMARCHE, Anita, « Prise de parole, 1972-1982. Auteurs et oeuvres. Biobibliographie », *Revue du Nouvel Ontario*, n⁰ 4, 1982, p. 39-40.

9673. *DICKSON, Robert, [*En attendant — Souvenances*], *Revue du Nouvel Ontario*, n° 4, 1982, p. 61.

9674. *DICKSON, Robert, [*Lignes-Signes*], *Revue du Nouvel Ontario*, n° 4, 1982, p. 47-48.

TREMBLAY, Gérald

9675. *BERTRAND, Pierre, «*Le Départ du grand hibou blanc*», *Urgences*, n° 2, 3ᵉ trimestre 1981, p. 86-89.

TREMBLAY, Ghislain

9676. *CUSSON, Normand, « Théâtres d'été [*Vendredi soir*] », *Clin d'oeil*, n° 23, août 1982, p. 102.

9677. *CUSSON, Normand, «*Vendredi soir*, une pièce qui dure», *Clin d'oeil*, n° 24, septembre 1982, p. [149].

TREMBLAY, Michel

9678. *REYTO, Martin, « Unholy Fantasies : Stories for Late Night Drinkers », *Matrix*, No. 8, Winter 1979, p. 68.

9679. MOUFFE, «*La grosse femme d'à côté est enceinte*», *Nous*, vol. 6, n° 8, janvier 1979, p. 12.

9680. *GODBOUT, Jacques, «*La grosse femme d'à côté est enceinte*», *L'Actualité*, vol. 4, n° 2, février 1979, p. 59.

9681. *VANASSE, André, « Le Chroniqueur de la ville et le chroniqueur des champs [*La grosse femme d'à côté est enceinte*] », *Lettres québécoises*, n° 13, février 1979, p. 10-12.

9682. *LAPRÉS, Raymond, «*La grosse femme d'à côté est enceinte*», *Nos livres*, vol. 10, février 1979, n° 65.

9683. *DORION, Gilles, «*La grosse femme d'à côté est enceinte*», *Québec français*, n° 33, mars 1979, p. 6-7.

9684. *AUBIE, Walter, «*La grosse femme d'à côté est enceinte*», *Performing Arts in Canada*, Vol. 16, No. 1, Spring 1979, p. 52.

9685. [ANONYME], «*Le soleil se lève en retard*», *Ici Radio-Canada. Télévision*, vol. 13, n° 14, 31 mars-6 avril 1979, p. 10.

9686. *LE DAIN, Anne, «*L'Impromptu d'Outremont*», *L'Envers du décor*, vol. 11, n° 6, avril 1979, p. [15].

9687. *BEAVER, John, «*La grosse femme d'à côté est enceinte*», *Quill and Quire*, Vol. 45, No. 5, April 1979, p. 34.

9688. *ALLARD, Jacques, « Montréal, le samedi 2 mai 1942. *La grosse femme d'à côté est enceinte*, de Michel Tremblay », *Voix et images*, vol. 4, n° 3, avril 1979, p. 537-540.

9689. *CZARNECKI, Mark, « Of Fat Cats and Fates and Quebec's Moby Dick [*La grosse femme d'à côté est enceinte*] », *Maclean's*, Vol. 92, No. 14, April 2, 1979, p. 42-44.

9690. [ANONYME], « Une nouvelle pièce de Michel Tremblay [*Les Anciennes Odeurs*] », *Québec Hebdo*, vol. 1, n° 8, 9 avril 1979, p. 4.

9691. *MILLS, John, «*Stories for Late Night Drinkers*», *West Coast Review*, Vol. 14, No. 1, June 1979, p. 47-48.

9692. *DUMONT, Martine, «*En pièces détachées*», *Jeu*, n° 12, été 1979, p. 203-206.

9693. *SOCKEN, Paul, «*Les Belles-Soeurs — Forever Yours Marie-Lou*», *Queen's Quarterly*, Vol. 86, No. 2, Summer 1979, p. 365-366.

9694. *GAUVIN, Lise, [*La grosse femme d'à côté est enceinte*], *University of Toronto Quarterly*, Vol. 48, No. 4, Summer 1979, p. 335.

9695. *CHAREST, Luc, «*La Duchesse de Langeais* à Québec », *Le Berdache*, n° 3, septembre 1979, p. 30.

9696. *DESCÔTEUX, Jean-Marc, « Une grosse femme attachante [*La grosse femme d'à côté est enceinte*] », *Le Berdache*, n° 3, septembre 1979, p. 35.

9697. *LAVIGNE, Christian, « Quand le roman remplace le théâtre. *La grosse femme d'à côté est enceinte* », *L'Écritoire*, vol. 2, n° 1, septembre 1979, p. 22.

9698. FORSYTH, Louise [H.], « First Person Feminine Singular : Monologue by Women in Several Modern Quebec Plays », *Canadian Drama/L'Art dramatique canadien*, Vol. 5, No. 2, Autumn 1979, 189-203.

9699. RUBIN, Don, « Michel Tremblay Casebook : Introduction », *Canadian Theatre Review*, No. 24, Fall 1979, p. 10-11.

9700. RUBIN, Don, « John Van Burek : Tremblay in Translation », *Canadian Theatre Review*, No. 24, Fall 1979, p. 42-46.

9701. RUSSELL, D.W., « Biographical Check List : Michel Tremblay », *Canadian Theatre Review*, No. 24, Fall 1979, p. 47-51.

9702. USMIANI, Renate, « André Brassard : Discovering the Nuances », *Canadian Theatre Review*, No. 24, Fall 1979, p. 38-41.

9703. USMIANI, Renate, « Where to Begin the Accusation », *Canadian Theatre Review*, No. 24, Fall 1979, p. 26-37.

9704. USMIANI, Renate, « The Tremblay Opus : Unity in Diversity », *Canadian Theatre Review*, No. 24, Fall 1979, p. 12-25.

9705. *JOHNSTON, Kevin, «*La grosse femme d'à côté est enceinte* », *Quarry*, Vol. 28, No. 4, Autumn 1979, p. 92-94.

9706. *[ANONYME], «*La grosse femme d'à côté est enceinte* », *Quill and Quire*, Vol. 45, No. 13, November 1979, p. 3.

9707. DUMAS, Carmel, « Tremblay's Main Is a Moveable Feast », *Quill and Quire*, Vol. 45, No. 13, November 1979, p. 15.

9708. [ANONYME], « Un grand tour d'Europe pour *À toi pour toujours, ta Marie-Lou* », *Lettres québécoises*, n° 16, hiver 1979-1980, p. 6.

9709. *THOMPSON, Mary Alice, « Surprise. Surprise », *Newest Review*, Vol. 5, No. 7, March 1980, p. 15.

9710. *DIONNE, André, « Le Théâtre qu'on joue : *La Duchesse de Langeais* au Quat'Sous-Bar », *Lettres québécoises*, n° 17, printemps 1980, p. 39.

9711. TASCHEREAU, Yves, « Michel Tremblay. Une société qui s'éveille... [entrevue] », *L'Actualité*, vol. 5, n° 4, avril 1980, p. 13-17.

9712. [ANONYME], « L'Oeuvre de Michel Tremblay [Bibliographie] », *L'Envers du décor*, vol. 12, n° 6, avril 1980, p. [10].

9713. [ANONYME], « André Brassard. À propos des *Quatre Soeurs...* », *L'Envers du décor*, vol. 12, n° 6, avril 1980, p. [9].

9714. [ANONYME], « Michel Tremblay... après trois ans de silence », *L'Envers du décor*, vol. 12, n° 6, avril 1980, p. [3-4].

9715. TREMBLAY, Michel, « Quelques Mots de Michel Tremblay sur 'ses' personnages... [*L'Impromptu d'Outremont*] », *Prélude*, vol. 2, n° 5, mai-juin 1980, p. 4-5.

9716. *ANDRÈS, Bernard, « Le Cycle d'outre-tombe [*L'Impromptu d'Outremont*] », *Spirale*, n° 9, mai 1980, p. 1, 4, 2.

9717. TREMBLAY, Michel, «*L'Impromptu d'Outremont* ou On nous a volé la culture ! », *Théâtre [CNA]*, vol. 6, n° 5, mai-juin 1980, p. 5.

9718. *THOMPSON, Mary Alice, «*Les Belles-Soeurs* », *Newest Review*, Vol. 5, No. 10, June 1980, p. 12.

9719. RIPLEY, John, « From Alienation to Transcendence. *The Quest for Selfhood in Michel Tremblay's Plays* », *Canadian Literature*, No. 85, Summer 1980, p. 44-59.

9720. NOËL, Francine, « Plaidoyer pour mon image », *Jeu*, n° 16, [3e trimestre] 1980, p. 41-44.

9721. *CHARTIER, Monique, «*L'Impromptu d'Outremont* », *Nos livres*, vol. 11, août-septembre 1980, n° 278.

9722. DE GROSBOIS, Robert et Christian BÉDARD, « Il était une fois dans... Outremont », *Le Berdache*, n° 13, septembre 1980, p.26-34.

9723. *LENEY, Jane, «*Stories for Late Night Drinkers* », *Brick*, No. 10, Fall 1980, p. 9.

9724. NUNN, Robert C., « Michel Tremblay's *Hosanna* and Pirandello's *'teatro dello speccio'* », *Canadian Drama/L'Art dramatique canadien*, Vol. 6, No. 2, Fall 1980, p. 201-212.

9725. USMIANI, Renate, « The Musical Comedies of Michel Tremblay : A Lighter Side of Alienation and Identity Crisis », *Canadian Drama/L'Art dramatique canadien*, Vol. 6, No. 2, Fall 1980, p. 192-200.

9726. *MARCOTTE, Gilles, [*La grosse femme d'à côté est enceinte*], *Canadian Literature*, No. 86, Autumn 1980, p. 93-99.

9727. *DIONNE, André, « Le Théâtre qu'on joue : *L'Impromptu d'Outremont* de Michel Tremblay », *Lettres québécoises*, n° 19, automne 1980, p. 41.

9728. [ANONYME], « Michel Tremblay à Broadway », *Québec Hebdo*, vol. 2, n° 36, 29 septembre 1980, p. 4.

9729. *GILBERT, Francine, [*La grosse femme d'à côté est enceinte*], *Offensives communautaires et culturelles*, vol. 1, n° 1, octobre-novembre-décembre 1980, p. 42-43.

9730. *ROBERT, Lucie, «*L'Impromptu d'Outremont* », *Québec français*, n° 39, octobre 1980, p. 11-12.

9731. *[ANONYME], « Le Dernier Roman de Michel Tremblay [*Thérèse et Pierrette à l'école des Saints-Anges*] », *Québec Hebdo*, vol. 2, n° 40, 27 octobre 1980, p. 4.

9732. [ANONYME], «*Bonjour là, bonjour*. Une longue route », *L'Envers du décor*, vol. 13, n° 2, novembre-décembre 1980, p. 8-9.

9733. [ANONYME], « L'Oeuvre de Michel Tremblay [Bibliographie] », *L'Envers du décor*, vol. 13, n° 2, novembre-décembre 1980, p. 10.

9734. [ANONYME], « Brassard, chef d'orchestre [*Bonjour là, bonjour*] », *L'Envers du décor*, vol. 13, n° 2, novembre-décembre 1980, p. 6-7.

9735. NARDOCCHIO, Elaine F., «*Les Belles-soeurs* et la révolution tranquille », *L'Action nationale*, vol. 70, n° 4, décembre 1980, p. 342-351.

9736. *BROUILLET, Chrystine, «*Thérèse et Pierrette à l'école des Saints-Anges* », *Le Bulletin Pantoute*, n° 4, décembre 1980-janvier-février 1981, p. 6-7.

9737. [ANONYME], « Les Chroniques de Michel Tremblay », *Le Compositeur canadien/The Canadian Composer*, n° 156, décembre 1980, p. 41.

9738. *DORION, Gilles, «*Thérèse et Pierrette à l'école des Saints-Anges* », *Québec français*, n° 40, décembre 1980, p. 10.

9739. [ANONYME], «*Bonjour là, bonjour* de Michel Tremblay », *Lettres québécoises*, n° 20, hiver 1980-1981, p. 14.

9740. *DIONNE, André, «*Thérèse et Pierrette à l'école des Saints-Anges* », *Livres et auteurs québécois, 1980*, p. 72-75.

9741. *GODIN, Jean-Cléo, «*L'Impromptu d'Outremont* », *Livres et auteurs québécois, 1980*, p. 173-174.

9742. *MARCOTTE, Gilles, « Thérèse, Pierrette et les autres [*Thérèse et Pierrette à l'école des Saints-Anges*] », *L'Actualité*, vol. 6, n° 1, janvier 1981, p. 63.

9743. *TURBIDE, Roch, «*Bonjour, là, bonjour* », *Jeu*, n° 18, 1er trimestre 1981, p. 11-13.

9744. *ALMÉRAS, Diane, « Michel Tremblay, romancier [*La grosse femme d'à côté est enceinte — Thérèse et Pierrette à l'école des Saints-Anges*] », *Relations*, vol. 41, n° 466, janvier 1981, p. 26-27.

9745. *CORRIVEAU, Hugues, « Jeunes Filles et coureur [*Thérèse et Pierrette à l'école des Saints-Anges*] », *Spirale*, n° 15, janvier 1981, p. 12-13.

9746. DE GROSBOIS, Robert, « Cher Papa, *Bonjour, là, bonjour* », *Le Berdache*, n° 17, février 1981, p. 53-54.

9747. CUSSON, Normand, « La Dernière Pièce de Michel Tremblay [*L'Impromptu d'Outremont*] », *Clin d'oeil*, n° 5, février 1981, p. 22.

9748. *ÉTHIER, Jean-René, «*Bonjour, là, bonjour !* », *Relations*, vol. 41, n° 468, mars 1981, p. 92-93.

9749. *KRÖLLER, Eva-Marie, «*Thérèse et Pierrette à l'école des Saints-Anges* », *Canadian Literature*, No. 88, Spring 1981, p. 118-119.

9750. *DIONNE, André, « Le Théâtre qu'on joue : *Bonjour, là, bonjour* de Michel Tremblay au TNM », *Lettres québécoises*, n° 21, printemps 1981, p. 34.

9751. FRANCOEUR, Louis, « Théâtre, culture et sémiotique », *Études littéraires*, vol. 14, n° 1, avril 1981, p. 189.

9752. POULIN, Gabrielle, « Musique de chambre vs concert symphonique. *Thérèse et Pierrette à l'école des Saints-Anges* de Michel Tremblay », *Lettres québécoises*, n⁰ 22, été 1981, p. 17-19.

9753. DESROSIERS, Yvon, « Structures du sacré dans le théâtre de Michel Tremblay », *Studies in Religion/Sciences religieuses*, Vol. 10, No. 3, Summer 1981, p. 303-309.

9754. *BOURQUE, Paul-André, [*Thérèse et Pierrette à l'école des Saints-Anges*], *University of Toronto Quarterly*, Vol. 50, No. 4, Summer 1981, p. 27.

9755. *GIRARD, Gilles, [*L'Impromptu d'Outremont*], *University of Toronto Quarterly*, Vol. 50, No. 4, Summer 1981, p. 70-71.

9756. CARRIÈRE, Daniel, « Les Préoccupations divines d'un metteur en scène », *Le Berdache*, n⁰ 22, juillet-août 1981, p. 52-53.

9757. TREMBLAY, Michel, « À ceux qui ont envie d'écrire... Écrire ne s'apprend pas à l'école », *Acte 1*, [n⁰ 3], [septembre 1981], p. 5.

9758. TREMBLAY, Michel, « Quand j'écris une pièce... Un tronc d'arbre peu de feuillages, mais des feuillages très prononcés », *Acte 1*, [n⁰ 3], [septembre 1981], p. 4-5.

9759. TREMBLAY, Michel, « C'est comme ça que j'ai eu le goût d'écrire... Me cacher derrière du monde pour écrire », *Acte 1*, [n⁰ 3], [septembre 1981], p. 3.

9760. CUSSON, Normand, [*Les Grandes Vacances*], *Clin d'oeil*, n⁰ 12, septembre 1981, p. 16.

9761. LEMIEUX-MICHAUD, Denise, « Religion et littérature. Littérature et imaginaire religieux. Une coexistence insolite », *Critère*, n⁰ 32, automne 1981, p. 186-188.

9762. [ANONYME], « La Duchesse censurée [*La Duchesse de Langeais*] », *Lettres québécoises*, n⁰ 23, automne 1981, p. 11.

9763. [ANONYME], « Prix France-Québec », *Lettres québécoises*, n⁰ 23, automne 1981, p. 11.

9764. SMITH, Donald, « Michel Tremblay et la mémoire collective [Entrevue] », *Lettres québécoises*, n⁰ 23, automne 1981, p. 49-56.

9765. [ANONYME], « Michel Tremblay at Concordia », *Performing Arts in Canada*, Vol. 18, No. 3, Fall 1981, p. 18.

9766. LAFON[-WEISS], Dominique, « Dramaturgie et écriture romanesque chez Tremblay. La Généalogie d'un autre lyrisme », *Jeu*, n⁰ 21, 4ᵉ trimestre 1981, p. 95-103.

9767. PRINCE, Jean-Guy, « Rencontre avec Michel Tremblay », *Le Berdache*, n⁰ 25, novembre 1981, p. 30-31.

9768. [ANONYME], « Remise du prix France-Québec-Jean-Hamelin 1981 à M. Michel Tremblay », *Québec Hebdo*, vol. 3, n⁰ 45, 23 novembre 1981, p. 4.

9769. *BLONDIN, Yves, « Les Mauvaises Odeurs de Michel Tremblay [*Les Anciennes Odeurs*] », *Le Berdache*, n⁰ 26, décembre 1981, p. 58.

9770. *LEROUX, Paul, «*Hosanna* à Londres. Acclamations et huées », *Le Berdache*, n⁰ 26, décembre 1981, p. 26.

9771. *MORIN-MARCEAU, Marcel, «*Les Anciennes Odeurs*, un bien beau reportage... », *Le Berdache*, n⁰ 26, décembre 1981, p. 57-58.

9772. *KING, Deirdre, «*L'Impromptu d'Outremont* », *The Canadian Forum*, Vol. 61, No. 714, December 1981-January 1982, p. 44.

9773. [ANONYME], « Michel Tremblay à l'Université Concordia », *Le Compositeur canadien/ The Canadian Composer*, n⁰ 166, décembre 1981, p. 43.

9774. BOIVIN, Aurélien, « Biographie », *Québec français*, n⁰ 44, décembre 1981, p. 48.

9775. BOIVIN, Aurélien, « Bibliographie », *Québec français*, n⁰ 44, décembre 1981, p. 48.

9776. CANTIN, Léonce, « Quand Michel Tremblay se fait narrateur », *Québec français*, n⁰ 44, décembre 1981, p. 45-47.

9777. LE BLANC, Alonzo, « Michel Tremblay, l'enfant de Jocaste », *Québec français*, n⁰ 44, décembre 1981, p. 41-44.

9778. LE BLANC, Alonzo et Léonce CANTIN, « Entrevue avec Michel Tremblay », *Québec français*, n⁰ 44, décembre 1981, p. 37-40.

9779. BÉLIL, Michel, « Chroniques du Plateau Mont-Royal. Quatre Femmes énigmatiques », *Imagine*, vol. 3, n⁰ 2, hiver 1981, p. 145.

9780. *DIONNE, André, « Le Théâtre qu'on joue : *Les Grandes Vacances* », *Lettres québécoises*, n⁰ 24, hiver 1981-1982, p. 44.

9781. GERSON, Mark, « The Indelible Mark of Michel Tremblay's Theatre [Entrevue] », *Performing Arts in Canada*, Vol. 18, No. 4, Winter 1981, p. 25-27.

9782. *LE BLANC, Alonzo, «*Les Anciennes Odeurs*», *Livres et auteurs québécois, 1981*, p. 194-196.

9783. HIESTER, Jeanine, « La Structure classique des *Belles-Soeurs* de Michel Tremblay », *Incidences*, vol. 6, n° 1-2, janvier-août 1982, p. 59-67.

9784. NARDOCCHIO, Elaine F., « Espace scénique et société québécoise. De Gratien Gélinas à Denise Boucher », *Incidences*, vol. 6, n° 1-2, janvier-août 1982, p. 39-46.

9785. *NEPVEU, Pierre, «*Hosanna* au pays d'Élizabeth », *Jeu*, n° 22, 1er trimestre 1982, p. 113-114.

9786. LAVOIE, Pierre, « Bibliographie commentée », *Voix et images*, vol. 7, n° 2, hiver 1982, p. 225-306.

9787. SIROIS, Antoine, « Délégués du Panthéon au plateau Mont-Royal. Sur deux romans de Michel Tremblay », *Voix et images*, vol. 7, n° 2, hiver 1982, p. 319-326.

9788. TURBIDE, Roch, « Michel Tremblay. Du texte à la représentation », *Voix et images*, vol. 7, n° 2, hiver 1982, p. 213-224.

9789. TURBIDE, Roch, «*Hosanna* ou la Quête d'une territorialité », *Voix et images*, vol. 7, n° 2, hiver 1982, p. 307-318.

9790. *VANASSE, André, « Turgeon, Beauchemin, Tremblay et les autres... [*Thérèse et Pierrette à l'école des Saints-Anges*] », *Voix et images*, vol. 7, n° 2, hiver 1982, p. 418.

9791. BANKS, John, «*Les Anciennes Odeurs* (suite) », *Le Berdache*, n° 27, février 1982, p. 5.

9792. *BÉDARD, Christian, «*Les Anciennes Odeurs*», *Le Berdache*, n° 27, février 1982, p. 61-62.

9793. LAVOIE, Alain, «*Les Anciennes Odeurs* (suite) », *Le Berdache*, n° 27, février 1982, p. 5.

9794. *HILL, Douglas, « The Fat and Thin of It : From Tremblay's Neighbourhood Pregnancies to an Underfed Plot That Unwinds Like Spaghetti [*The Fat Woman Next Door Is Pregnant*] », *Books in Canada*, Vol. 11, No. 2, February 1982, p. 28-29.

9795. *STRATFORD, Philip, «*The Fat Woman Next Door Is Pregnant* », *Quill and Quire*, Vol. 48, No. 2, February 1982, p. 38.

9796. *CANTIN, Léonce, «*Les Anciennes Odeurs*», *Québec français*, n° 45, mars 1982, p. 13.

9797. [ANONYME], « Prix France-Québec », *Lettres québécoises*, n° 25, printemps 1982, p. 15.

9798. *BOURASSA, André-G[illes], « Impromptu-Tremblay [*L'Impromptu d'Outremont — Les Anciennes Odeurs*] », *Lettres québécoises*, n° 25, printemps 1982, p. 46-47.

9799. *DIONNE, André, « Le Théâtre qu'on joue : *Les Anciennes Odeurs* », *Lettres québécoises*, n° 25, printemps 1982, p. 48.

9800. BROUILLET, Chrystine, « Michel Tremblay [Entrevue] », *Nuit blanche*, n° 6, printemps-été 1982, p. 10-12.

9801. BROUILLET, Chrystine, «*Les Anciennes Odeurs* », *Nuit blanche*, n° 6, printemps-été 1982, p. 6-7.

9802. ABRATE, Jayne Halsne, « Le Thème de l'inconscience dans *les Beaux Dimanches* et *les Belles-Soeurs* », *Présence francophone*, n° 24, printemps 1982, p. [139]-145.

9803. *PLANT, Richard, « Precious Blood. The Year's Drama Publications Range from a Humorous Portrayal of Lizzie Borden to a Perceptive Portrait of MacKenzie King [*Sainte-Carmen of the Main — Damnée Manon, sacrée Sandra — The Impromptu of Outremont*] », *Books in Canada*, Vol. 11, No. 4, April 1982, p. 9.

9804. *MCCARTHY, Gerry, «*Les Belles-Soeurs — Hosanna — Bonjour là, bonjour — Forever Yours, Marie-Lou — La Duchesse de Langeais, and Other Plays — En pièces détachées* », *Bulletin of Canadian Studies*, Vol. 6, No. 1, April 1982, p. 54-64.

9805. MILJOURS, Diane, « Lire *la Grosse Femme* avec Brossard. Entretien avec Jean Archambault, Anne Dandurand et Francine Ruel », *Jeu*, n° 23, 2e trimestre 1982, p. 27-44.

9806. NEIL, Boyd, « Canadian Plays Lacking Ideas and Critics », *Quill and Quire*, Vol. 48, No. 4, April 1982, p. 29.

9807. *ALMÉRAS, Diane, « L'Odeur de la tendresse [*Les Anciennes Odeurs*] », *Relations*, vol. 42, n° 479, avril 1982, p. 106.

9808. *McNamara, Tim, « Michel Tremblay, *Sainte-Carmen of the Main — Damnée Manon, sacrée Sandra — The Impromptu of Outremont* », *Quarry*, Vol. 31, No. 3, Summer 1982, p. 111-115.

9809. *Girard, Gilles, [*Les Anciennes Odeurs*], *University of Toronto Quarterly*, Vol. 51, No. 4, Summer 1982, p. 386-387.

9810. *O'Connor, John J., [*The Fat Woman Next Door Is Pregnant — The Impromptu of Outremont — Sainte-Carmen of the Main — Damnée Manon, sacrée Sandra*], *University of Toronto Quarterly*, Vol. 51, No. 4, Summer 1982, p. 395-398.

9811. *King, Deirdre, «*Michel Tremblay* [de Renate Usmiani] », *Quill and Quire*, Vol. 48, No. 9, September 1982, p. 58.

9812. *Rubin, Don, «*Michel Tremblay* [de Renate Usmiani] », *Canadian Theatre Review*, No. 36, Fall 1982, p. 124-125.

9813. *Ross, Sally, «*Michel Tremblay* [de Renate Usmiani] », *Dalhousie Review*, Vol. 62, No. 3, Autumn 1982, p. 509-510.

9814. *Brouillet, Chrystine, «*La Duchesse et le roturier* », *Nuit blanche*, n° 7, automne 1982, p. 9.

9815. *Taschereau, Yves, « Pour saluer Michel Tremblay [*La Duchesse et le roturier*] », *Livre d'ici*, vol. 8, n° 1, novembre 1982, p. 13.

9816. *[Anonyme], «*La Duchesse et le roturier* », *Québec Hebdo*, vol. 4, n° 35, 1er novembre 1982, p. 4.

9817. *Germain, Georges-Hébert, «*La Duchesse et le roturier* », *Clin d'oeil*, n° 27, décembre 1982, p. 9.

9818. *Dorion, Gilles, «*La Duchesse et le roturier* », *Livres et auteurs québécois, 1982*, p. 80-82.

TREMBLAY, Victor

9819. [Anonyme], « Mgr Victor Tremblay », *Lettres québécoises*, n° 15, août-septembre 1979, p. 6.

TROTTIER, Pierre

9820. *Gaulin, André, «*Un pays baroque* », *Québec français*, n° 35, octobre 1979, p. 15.

TRUDEL, Marcel

9821. [Anonyme], [Le Prix Molson], *Écriture française dans le monde*, vol. 3, n° 2-3, décembre 1981, p. 69.

9822. Rousseau, Guildo, « La Mauricie et ses romanciers », *Revue d'histoire littéraire du Québec et du Canada français*, n° 3, hiver-printemps 1982, p. 53.

TRUDEL, Sylvie

9823. *Charbonneau, Danielle, « Place au théâtre à Porquis Junction [*Porquis Junction*] », *Liaison*, vol. 3, n° 10, [mai] 1980, p. 15.

9824. *[Anonyme], [*Porquis Junction*], *Liaison*, vol. 3, n° 13, décembre 1980, p. 44.

9825. *Féral, Josette, «*Porquis Junction* », *Livres et auteurs québécois, 1980*, p. 174-175.

9826. *Lapointe, Claude, «*Couleur ou Noir et blanc ?...* », *Liaison*, n° 14, février 1981, p. 41.

9827. *Robert, Lucie, «*Porquis Junction ou Des rêves perdus dans le no-where* », *Jeu*, n° 20, 3e trimestre 1981, p. 131-132.

9828. *Richard, Alain-Martin, «*Strip* », *Intervention*, n° 14, février 1982, p. 12, 13-14.

9829. *[Anonyme], « Théâtre de l'Île, volet femmes. *Strip* », *La Gazette des femmes*, vol. 4, n° 4, octobre 1982, p. 4.

9830. Brunet-Lamarche, Anita, « Prise de parole, 1972-1982. Auteurs et oeuvres. Biobibliographie », *Revue du Nouvel Ontario*, n° 4, 1982, p. 40.

9831. *Dickson, Robert, [*Porquis Junction ou Des rêves perdus dans le no-where*], *Revue du Nouvel Ontario*, n° 4, 1982, p. 57.

TURCOTTE, Élise

9832. *BRETON, Gaétan, «La Mer à boire», Livres et auteurs québécois, 1981, p. 107.
9833. *CHAMBERLAND, Roger, «Dans le delta de la nuit», Québec français, nº 48, décembre 1982, p. 6-7.
9834. *DUPRÉ, Louise, « Deux Accents de mémoire [Dans le delta de la nuit] », Spirale, nº 30, décembre 1982, p. 11.
9835. *CORRIVEAU, Hugues, «Dans le delta de la nuit», Livres et auteurs québécois, 1982, p. 141-142.

TURCOTTE-DELISLE, Monique

9836. *LAMOUREUX, Michèle, «Abécédaire», Lurelu, vol. 5, nº 1, printemps-été 1982, p. 12.

TURGEON, Pierre

9837. *MARCOTTE, Gilles, « Un thriller québécois superbe et effrayant [La Première Personne] », L'Actualité, vol. 6, nº 3, mars 1981, p. 88.
9838. *LAPIERRE, René, « Roman noir et poussières cathodiques. Pierre Turgeon enquête [La Première Personne] », Liberté, vol. 23, nº 2, mars-avril 1981, p. 131-133.
9839. *CORRIVEAU, Hugues, « Quand les romans ont de la culture [La Première Personne] », Spirale, nº 17, mars 1981, p. 8-9.
9840. *OUELLETTE-MICHALSKA, Madeleine, « Voyageries intérieures [La Première Personne] », Châtelaine, vol. 22, nº 4, avril 1981, p. 32.
9841. *DESJARDINS, Normand, «La Première Personne», Nos livres, vol. 12, mai 1981, nº 256.
9842. [ANONYME], « 1980 Governor General's Literary Awards », Parallelogramme, Vol. 6, No. 5, May-June 1981, p. 33.
9843. [ANONYME], « Governor General's Award Winners », Quill and Quire, Vol. 47, No. 6, June 1981, p. 19.
9844. [ANONYME], « Prix du Gouverneur général 198[0] », Lettres québécoises, nº 22, été 1981, p. 71.
9845. *VANASSE, André, « Les Prix littéraires. Un détective pour le Gouverneur [...], [La Première Personne] », Lettres québécoises, nº 23, automne 1981, p. 21-23.
9846. *BEAUSOLEIL, Claude, « Le Roman de la fin [La Première Personne] », La Nouvelle Barre du jour, nº 106, octobre 1981, p. [90]-93.
9847. *BEAUDOIN, Réjean, «La Première Personne», Livres et auteurs québécois, 1981, p. 80-81.
9848. *VANASSE, André, « Turgeon, Beauchemin, Tremblay et les autres... [La Première Personne] », Voix et images, vol. 7, nº 2, hiver 1982, p. [417].

TURP, Gilbert

9849. *DIONNE, André, « Le Théâtre qu'on joue : La Saint-Jean du p'tit monde de Gilbert Turp », Lettres québécoises, nº 21, printemps 1981, p. 35.
9850. *BOURGET, Élizabeth, « Les Lectures du CEAD : Les Cauchemars du grand monde », CEAD. Dramaturgies nouvelles, vol. 2, nº 4, avril 1981, p. 6.

UGUAY, Marie

9851. *BENOÎT, Monique, «L'Outre-Vie», Livres et auteurs québécois, 1979, p. 176-178.
9852. NEPVEU, Pierre, « Les Années soixante-dix, du commencement à la fin », Lettres québécoises, nº 17, printemps 1980, p. 26-29.
9853. *MONETTE, Pierre, « Ici et ailleurs [L'Outre-Vie] », Spirale, nº 9, mai 1980, p. 6.
9854. [ANONYME], « The Air Canada Award », Canadian Author and Bookman, Vol. 56, No. 4, Summer 1981, p. 20.
9855. [ANONYME], « Marie Uguay », Lettres québécoises, nº 24, hiver 1981-1982, p. 24.

9856. Lévesque, Gaëtan, « À la découverte de Marie Uguay, poète... », *Lettres québécoises*, n⁰ 26, été 1982, p. 18.

9857. [Anonyme], [Le Film *Marie Uguay* de Jean-Claude Labrecque], *Québec Hebdo*, vol. 4, n⁰ 36, 8 novembre 1982, p. 4.

9858. *Dupré, Louise, « Deux Accents de mémoire [*Autoportraits*] », *Spirale*, n⁰ 30, décembre 1982, p. 11.

9859. *Paradis, Suzanne, «*Autoportraits*», *Livres et auteurs québécois, 1982*, p. 144-146.

VAC, Bertrand [pseud. de Aimé Pelletier]

9860. Choul, Jean-Claude et Michel de Smet, [*Histoires galantes*], *Voix et images*, vol. 6, n⁰ 1, automne 1980, p. 136-139.

9861. Rousseau, Guildo, « La Mauricie et ses romanciers », *Revue d'histoire littéraire du Québec et du Canada français*, n⁰ 3, hiver-printemps 1982, p. 53.

VACHER, André

9862. *Larocque, Robert, [*La Louve de Kaniapiskau*], *Recherches amérindiennes au Québec*, vol. 10, n⁰ 3, [juillet] 1980, p. 214.

9863. *[Anonyme], «*La Louve de Kaniapiskau*», *L'Atulu*, vol. 2, n⁰ 8, août 1980, p. 14.

VACHON, G[eorges]-André

9864. *Bellemare, Madeleine, «*Esthétique pour Patricia*, et *Un écrit de Patricia B.* », *Nos livres*, vol. 11, décembre 1980, n⁰ 406.

9865. *Brochu, André, « Éloge de l'écriture. *Esthétique pour Patricia* de G.-André Vachon », *Lettres québécoises*, n⁰ 20, hiver 1980-1981, p. 49.

9866. Michaud, Ginette, « 'Je est une autre'. [*Esthétique pour Patricia* suivi d'*Un Écrit de Patricia B.*] », *Voix et images*, vol. 6, n⁰ 2, hiver 1981, p. 333-335.

9867. *[Anonyme], «*Esthétique pour Patricia* suivi d'*Un Écrit de Patricia B.* », *Écriture française dans le monde*, vol. 3, n⁰ 1, mai 1981, p. 126.

9868. *Michon, Jacques, [*Esthétique pour Patricia* suivi d'*Un Écrit de Patricia B.*], *University of Toronto Quarterly*, Vol. 50, No. 4, Summer 1981, p. 174-175.

9869. *Hodgson, Richard-G., «*Esthétique pour Patricia* suivi d'*Un écrit de Patricia B.* », *Canadian Literature*, No. 95, Winter 1982, p. 154.

VACHON, Monique

9870. *Savard, Pierre, [*Chansons politiques du Québec*, t. 1 : *1765-1833*], *Revue de l'Université d'Ottawa/University of Ottawa Quarterly*, vol. 49, n⁰ 1-2, janvier-avril 1979, p. 118-119.

9871. *Savard, Pierre, [*Chansons politiques du Québec*, t. 1 : *1765-1833*], *Histoire littéraire du Québec*, n⁰ 1, 1979, p. 118-119.

9872. *Champagne, Édith, [*Chansons politiques du Québec*, t. 2 : *1834-1858*], *Revue d'histoire de l'Amérique française*, vol. 35, n⁰ 2, septembre 1981, p. 274-275.

VADEBONCOEUR, Pierre

9873. Ricard, François, « L'Amitié critique ou la Demi-Métamorphose (MVL, VLB, PV) », *Liberté*, vol. 21, n⁰ 2, mars-avril 1979, p. 113-123.

9874. [Anonyme], « Le Grand Prix littéraire de la Ville de Montréal », *Lettres québécoises*, n⁰ 14, avril-mai 1979, p. 60.

9875. [Anonyme], « Grand Prix littéraire de Montréal à Pierre Vadeboncoeur », *Québec Hebdo*, vol. 1, n⁰ 10, 23 avril 1979, p. 4.

9876. Janoël, André, « Notre choix. *Les Deux Royaumes* de Pierre Vadeboncoeur », *Nos livres*, vol. 10, mai 1979, [s.p.].

9877. *Gaulin, André, «*Les Deux Royaumes* », *Québec français*, n⁰ 34, mai 1979, p. 8.

9878. POULIN, Gabrielle, « Aux confins des 'deux royaumes' », *Lettres québécoises*, n⁰ 15, août-septembre 1979, p. 35-37.

9879. *BEAUDOIN, Léo, «*Chaque jour, l'indépendance...* », *Nos livres*, vol. 10, août-septembre 1979, n⁰ 271.

9880. BLOUIN, Jean, « L'Indépendance à coeur perdu », *L'Actualité*, vol. 4, n⁰ 10, octobre 1979, p. 70-79.

9881. BEAUDOIN, Réjean, « Le Livre d'un lecteur. L'Espace critique », *Liberté*, vol. 21, n⁰ 6, novembre-décembre 1979, p. 40-46.

9882. CELLARD, Jacques, « Une réflexion sur notre temps », *Liberté*, vol. 21, n⁰ 6, novembre-décembre 1979, p. 7-11.

9883. PAQUETTE, Jean-Marcel, « Gloses et notules », *Liberté*, vol. 21, n⁰ 6, novembre-décembre 1979, p. 19-23.

9884. RICARD, François, « Où est le deuxième royaume ? », *Liberté*, vol. 21, n⁰ 6, novembre-décembre 1979, p. 33-39.

9885. RIVARD, Yvon, « La Mort des dieux analogiques », *Liberté*, vol. 21, n⁰ 6, novembre-décembre 1979, p. 47-58.

9886. ROY, Jean-Yves, « Les Deux Regards », *Liberté*, vol. 21, n⁰ 6, novembre-décembre 1979, p. 24-32.

9887. TROTTIER, Pierre, « Baroque et trinité », *Liberté*, vol. 21, n⁰ 6, novembre-décembre 1979, p. 12-18.

9888. VADEBONCOEUR, Pierre, « Postface », *Liberté*, vol. 21, n⁰ 6, novembre-décembre 1979, p. 59-66.

9889. *PAGEAU, René, [*Les Deux Royaumes*], *Les Cahiers de Cap-Rouge*, vol. 8, n⁰ 2, avril-juin 1980, p. 78-80.

9890. *GAULIN, André, «*To Be or Not to Be That Is the Question* », *Québec français*, n⁰ 40, décembre 1980, p. 15.

9891. VIGNEAULT, Robert, « Pierre Vadeboncoeur. L'Énonciation dans l'écriture de l'essai », *Voix et images*, vol. 7, n⁰ 3, printemps 1982, p. 531-552.

VAILLANCOURT, Lise

9892. *BOUDREAU, Solange, «*Les Greseaux* », *Livres et auteurs québécois, 1979*, p. 268-269.

9893. *CIMON, Renée, «*Les Greseaux* », *Nos livres*, vol. 11, février 1980, n⁰ 76.

9894. *GUILLEMETTE-LABORY, Louise, «*Les Greseaux* », *Lurelu*, vol. 4, n⁰ 1-2, printemps-été 1981, p. 8.

VAILLANCOURT, Madeleine

9895. *DESJARDINS, Normand, «*Ottawa ma chère !* », *Nos livres*, vol. 13, novembre 1982, n⁰ 444.

9896. *BARRETT, Caroline, «*Ottawa ma chère !* », *Livres et auteurs québécois, 1982*, p. 22.

VAILLANCOURT, Marie-Claire

9897. *COTNOIR, Louise, «*Déjà son geste* », *Livres et auteurs québécois, 1979*, p. 97-101.

9898. *CLOUTIER, Guy, «*Déjà son geste* », *Le Bulletin Pantoute*, n⁰ 1, avril 1980, p. 24.

9899. *NEPVEU, Pierre, « La Poésie entre le nouveau monde et l'ancien [*Déjà son geste*] », *Lettres québécoises*, n⁰ 18, été 1980, p. 28-29.

VAÏS, Michel

9900. *GROSSVOGEL, David I., «*L'Écrivain scénique* », *Canadian Review of Comparative Literature/Revue canadienne de littérature comparée*, Vol. 8, No. 1, Winter 1981, p. 139-144.

VALAIS, Gilles [pseud. de Rossel Vien]

9901. *ANNANDALE, Éric, «*Les Deux Frères*», *Bulletin du Centre d'études franco-canadiennes de l'Ouest*, n⁰ 12, octobre 1982, p. 35-37.
9902. *RENAUD, Normand, [*Les Deux Frères*], *Livres et auteurs québécois, 1982*, p. 24.

VALIQUETTE, Yolande

9903. *LAURIN, Michel, «*Le Temps du plastique*», *Nos livres*, vol. 11, octobre 1980, n⁰ 318.

VALLÉE, Manon

9904. *ROBERT, Lucie, «*Le Fleuve au coeur*», *Jeu*, n⁰ 21, 4ᵉ trimestre 1981, p. 203-204.
9905. *BELLEMARE, Madeleine, «*Le Fleuve au coeur*», *Nos livres*, vol. 12, novembre 1981, n⁰ 433.
9906. *CANTIN, Léonce, «*Le Fleuve au coeur*», *Québec français*, n⁰ 44, décembre 1981, p. 15.
9907. *COURCY, Blanche, «*Le Fleuve au coeur*», *Livres et auteurs québécois, 1981*, p. 159-160.
9908. *GIRARD, Gilles, [*Le Fleuve au coeur*], *University of Toronto Quarterly*, Vol. 51, No. 4, Summer 1982, p. 388.
9909. *USMIANI, Renate, «*Le Fleuve au coeur*», *Canadian Literature*, No. 95, Winter 1982, p. 158-159.

VALLÉE, Mireille

9910. *LÉPINE, Stéphane, «*Le Trille rouge*», *Nos livres*, vol. 12, novembre 1981, n⁰ 459.
9911. *CORMIER, Jean-Marc, [*Le Trille rouge*], *Urgences*, n⁰ 5, 3ᵉ trimestre 1982, p. 91-92.

VALLIÈRES, Anne

9912. *WARREN, Louise, «*Ouram*», *Dérives*, n⁰ 17-18, [2ᵉ trimestre] 1979, p. 96.
9913. *CHAMPAGNE-BOULAIS, Danielle, [*Ouram*], *Des livres et des jeunes*, vol. 2, n⁰ 6, juin 1980, p. 37.

VALLIÈRES, Pierre

9914. LÉVESQUE, Robert, «*La Liberté en friche*. Le Drap de Vallières », *Spirale*, n⁰ 1, septembre 1979, p. 1, 6.
9915. *VANDENDORPE, Christian, «*La Liberté en friche — La Démocratie ingouvernable*», *Québec français*, n⁰ 35, octobre 1979, p. 15.

VANASSE, André

9916. RICARD, François, « Amende honorable à Monsieur V. », *Liberté*, vol. 21, n⁰ 1, janvier-février 1979, p. 118-123.
9917. *ROBERT, Lucie, «*La Saga des Lagacé*», *Livres et auteurs québécois, 1980*, p. 75-77.
9918. *A[MPRIMOZ], A[lexandre] L., « L'Impressionisme fantastique d'André Vanasse [*La Saga des Lagacé*] », *Imagine*, vol. 2, n⁰ 3, mars 1981, p. 50-51.
9919. *JANOËL, André, «*La Saga des Lagacé*», *Nos livres*, vol. 12, mars 1981, n⁰ 161.
9920. *BOIVIN, Aurélien, «*La Saga des Lagacé*», *Québec français*, n⁰ 41, mars 1981, p. 11.
9921. *CORRIVEAU, Hugues, « Quand les romans ont de la culture [*La Saga des Lagacé*] », *Spirale*, n⁰ 17, mars 1981, p. 8-9.
9922. *[ANONYME], « André Vanasse. Un premier roman sous le signe de l'humour [*La Saga des Lagacé*] », *Lettres québécoises*, n⁰ 21, printemps 1981, p. 13.
9923. *THÉRIO, Adrien, «*La Saga des Lagacé* d'André Vanasse ou l'Éclatement des anciens tabous », *Lettres québécoises*, n⁰ 21, printemps 1981, p. 67.
9924. *ALMÉRAS, Diane, [*La Saga des Lagacé*], *Relations*, vol. 41, n⁰ 472, juillet-août 1981, p. 219-220.

VANHEE-NELSON, Louise

9925. *DORION, Lucie, «Le Roi Biz», Livres et auteurs québécois, 1979, p. 269.
9926. *LAURIN, Michel, «Le Roi Biz», Nos livres, vol. 11, mai 1980, n° 182.

VANIER, Denis

9927. *CIMON, Renée, «Comme la peau d'un rosaire», Nos livres, vol. 10, mars 1979, n° 118.
9928. *BOURASSA, André-G[illes], « Entre l'espace et le temps [L'Odeur d'un athlète] », Lettres québécoises, n° 14, avril-mai 1979, p. 20.
9929. *CORRIVEAU, Hugues, «Oeuvres poétiques complètes, t. 2 : (1965-1979) », Livres et auteurs québécois, 1980, p. 137-140.
9930. *LAMARRE, André, « Révolte jusqu'à l'honneur [Oeuvres poétiques complètes, t. 1 : 1965-1979] », Spirale, n° 16, février 1981, p. 8.
9931. *ROBITAILLE, Claude, « Les Oeuvres poétiques complètes, t. 1, de Denis Vanier. Un événement en 'soie' », Estuaire, n° 19, printemps 1981, p. 107-109.
9932. DIONNE, André, « Denis Vanier. Poète », Lettres québécoises, n° 21, printemps 1981, p. 47-50.
9933. *NEPVEU, Pierre, « L'Écriture à la première personne. Vanier [...] [Oeuvres poétiques complètes, t. 1 : 1965-1979] », Lettres québécoises, n° 21, printemps 1981, p. 26-27.
9934. ROBITAILLE, Claude, «Oeuvres poétiques complètes, t. 1 », Le Berdache, n° 19, avril 1981, p. [49].
9935. *BAYARD, Caroline, [Oeuvres poétiques complètes, t. 1 : 1965-1979], University of Toronto Quarterly, Vol. 50, No. 4, Summer 1981, p. 52.
9936. *DÉRY, Pierre-Justin, «Koréphilie », Livres et auteurs québécois, 1981, p. 142-143.
9937. *DESGENT, Jean-Marc, «Koréphilie», Le Berdache, n° 28, mars 1982, p. 54-56.
9938. *DIONNE, André, «Koréphilie», Nos livres, vol. 13, juin-juillet 1982, n° 312.
9939. BEAUSOLEIL, Claude, « La Poésie en revues depuis 10 ans », La Petite Revue de philosophie, vol. 4, n° 1, automne 1982, p. 117.
9940. *BROCHU, André, « En état de poésie [Koréphilie] », Voix et images, vol. 8, n° 1, automne 1982, p. 160-161.
9941. *DIONNE, André, «Koréphilie», Lettres québécoises, n° 28, hiver 1982-1983, p. 80.

VAN SCHENDEL, Michel

9942. *BOURASSA, André-G[illes], « Entre l'espace et le temps [Veiller ne plus veiller] », Lettres québécoises, n° 14, avril-mai 1979, p. 20-21.
9943. *DUPRÉ, Louise, « Figure de grève. Veiller ne plus veiller », Voix et images, vol. 5, n° 3, printemps 1980, p. 597-598.
9944. *GIGUÈRE, Richard, « L'Emploi d'écrire [De l'oeil et de l'écoute] », Lettres québécoises, n° 19, automne 1980, p. 32-33.
9945. *CORRIVEAU, Hugues, « Des voix plurielles [De l'oeil et de l'écoute] », Spirale, n° 12, octobre 1980, p. 12.
9946. *BOUVIER, Luc, «De l'oeil et de l'écoute», Livres et auteurs québécois, 1980, p. 141-143.
9947. [ANONYME], « 1980 Governor General's Literary Awards », Parallelogramme, Vol. 6, No. 5, May-June 1981, p. 33.
9948. [ANONYME], « Governor General's Award Winners », Quill and Quire, Vol. 47, No. 6, June 1981, p. 19.
9949. [ANONYME], « Prix du Gouverneur général 198[0] », Lettres québécoises, n° 22, été 1981, p. 71.
9950. *BAYARD, Caroline, [De l'oeil et de l'écoute], University of Toronto Quarterly, Vol. 50, No. 4, Summer 1981, p. 48-49.
9951. [ANONYME], « Le Poète Van Schendel, Prix du Gouverneur général », Réseau, vol. 13, n° 1, septembre 1981, p. 6.
9952. *PARADIS, Suzanne, «De l'oeil et de l'écoute», Estuaire, n° 22, hiver 1981, p. 88-89.

9953. *Brochu, André, « Rétrospectives et prospectives [*De l'oeil et de l'écoute*] », *Voix et images*, vol. 7, n⁰ 3, printemps 1982, p. 584.

VEGMAU, Jean

9954. Vegmau, Jean, « L'Instant du poème », *L'Esplumoir*, vol. 1, n⁰ 1, février 1979, p. 5.

VERNE, Jules

9955. Delabroy, Jean, « Sang dessus dessous. Lecture du roman 'québécois' de Jules Verne *Famille-sans-nom* », *Voix et images*, vol. 4, n⁰ 3, avril 1979, p. 436-459.

VERREAULT-MILOT, Colette

9956. *[Anonyme], «*Tante Anna* », *L'Atulu*, vol. 2, n⁰ 11, novembre 1980, p. 13.
9957. *Bellemare, Madeleine, «*Tante Anna* », *Nos livres*, vol. 12, mars 1981, n⁰ 162.
9958. *Paquet, Michel, « Qu'enfin parle Tante Anna! [*Tante Anna*] », *Grimoire*, vol. 5, n⁰ 7, septembre-octobre 1982, p. 7.

VÉZINA, France

9959. [Anonyme], «*L'Hippocanthrope* », *CEAD. En bref*, vol. 1, n⁰ 1, novembre 1979, p. [5].
9960. [Anonyme], « Qui est France Vézina ? », *L'Envers du décor*, vol. 12, n⁰ 2, novembre 1979, p. [3].
9961. [Anonyme], « Marc Béland, Danielle Proulx et *l'Hippocanthrope* ou le Théâtre en famille », *L'Envers du décor*, vol. 12, n⁰ 2, novembre 1979, p. [4-5].
9962. [Anonyme], «*L'Hippocanthrope* », *L'Envers du décor*, vol. 12, n⁰ 2, novembre 1979, p. [1-5].
9963. Ronfard, Jean-Pierre, « N'expliquons pas, rêvons », *L'Envers du décor*, vol. 12, n⁰ 2, novembre 1979, p. [4].
9964. Vézina, France, « À propos de la pièce », *L'Envers du décor*, vol. 12, n⁰ 2, novembre 1979, p. [4].
9965. *Côté, Claire, «*L'Hippocanthrope* », *Livres et auteurs québécois, 1979*, p. 205-206.
9966. *Dupré, Louise, «*Slingshot* », *Livres et auteurs québécois, 1979*, p. 178-179.
9967. *Janoël, André, «*L'Hippocanthrope* », *Nos livres*, vol. 11, mars 1980, n⁰ 113.
9968. *J., C., [*Slingshot ou la Petite Gargantua*], *Le Temps fou*, n⁰ 9, mars-avril-mai 1980, p. 62-63.
9969. *Dionne, André, « Le Théâtre qu'on joue : *L'Hippocanthrope* au Théâtre du Nouveau Monde », *Lettres québécoises*, n⁰ 17, printemps 1980, p. 39.
9970. *Alonzo, Anne-Marie, [*Slingshot ou la Petite Gargantua*], *La Gazette des femmes*, vol. 2, n⁰ 2, 2ᵉ trimestre 1980, p. 4-5.
9971. *Gaulin, André, «*Slingshot ou la Petite Gargantua* », *Québec français*, n⁰ 38, mai 1980, p. 13.
9972. Gallays, François, «*Slingshot ou la Petite Gargantua* », *Lettres québécoises*, n⁰ 18, été 1980, p. 22-23.
9973. *Giguère, Richard, [*Slingshot ou la Petite Gargantua*], *University of Toronto Quarterly*, Vol. 49, No. 4, Summer 1980, p. 366.
9974. Ronfard, Jean-Pierre, « Monter Gauvreau, Ducharme, Vézina », *Jeu*, n⁰ 21, 4ᵉ trimestre 1981, p. 87-94.

VIEN, Rossel [pseud. : Gilles Valais]

9975. *Annandale, Éric, «*Les Deux Frères* », *Bulletin du Centre d'études franco-canadiennes de l'Ouest*, n⁰ 12, octobre 1982, p. 35-37.
9976. *Renaud, Normand, [*Les Deux Frères*], *Livres et auteurs québécois, 1982*, p. 24.

VIGNEAULT, Gilles

9977. *TREMBLAY, Danielle, « Quand un poète écrit aux enfants [*Les Quatre Saisons de Piquot*] », *Points*, vol. 3, n° 2, été 1979, p. 9-11.

9978. *MAUGEY, Axel, « Jean-Éthier Blais et Gilles Vigneault au royaume de l'errance [*Silences. Poèmes, 1957-1977*] », *Vie des arts*, vol. 24, n° 95, été 1979, p. 60-61.

9979. NADEAU, Pierre, « Gilles Vigneault lui-même... », *L'Actualité*, vol. 4, n° 9, septembre 1979, p. 9-12.

9980. *GUILLEMETTE-LABORY, Louise, «*Les Quatre Saisons de Piquot* », *Lurelu*, vol. 2, n° 3, automne 1979, p. 9.

9981. C[ATALANO], P[ierre], [*Les Quatre Saisons de Piquot*], *Des livres et des jeunes*, vol. 2, n° 4, novembre 1979, p. 34.

9982. *CLAUDE, Pierre, «*Les Quatre Saisons de Piquot* », *Vidéo-Presse*, vol. 9, n° 4, décembre 1979, p. 49.

9983. *GUÉRETTE, Charlotte, «*Les Quatre Saisons de Piquot* », *Livres et auteurs québécois, 1979*, p. 270-271.

9984. [ANONYME], « Nouvelles Oeuvres de Vigneault », *Le Compositeur canadien/The Canadian Composer*, n° 148, février 1980, p. 43.

9985. BOIVIN, Aurélien, [Bibliographie], *Québec français*, n° 37, mars 1980, p. 44.

9986. BOIVIN, Aurélien, « Biographie », *Québec français*, n° 37, mars 1980, p. 44.

9987. DUBÉ, Cécile, « Lire et écouter l'écriture poétique », *Québec français*, n° 37, mars 1980, p. 41-42.

9988. *DUBÉ, Cécile, James Rousselle et Christian VANDENDORPE, « Entretien avec Gilles Vigneault », *Québec français*, n° 37, mars 1980, p. 37-39.

9989. FRANCOEUR-BELLAVANCE, Suzanne, « Des contes pour enfants », *Québec français*, n° 37, mars 1980, p. 40-41.

9990. GAULIN, André, « Discographie », *Québec français*, n° 37, mars 1980, p. 44.

9991. PONTBRIAND, Jean-Noël, « Il était une fois... », *Québec français*, n° 37, mars 1980, p. 43-44.

9992. *GIGUÈRE, Richard, [*Silences. Poèmes, 1957-1977*], *University of Toronto Quarterly*, Vol. 49, No. 4, Summer 1980, p. 361.

9993. *OUELLETTE-MICHALSKA, Madeleine, [*La Petite Heure*], *Châtelaine*, vol. 21, n° 7, juillet 1980, p. 8.

9994. [ANONYME], [*La Petite Heure*], *Écriture française dans le monde*, vol. 2, n° 1-2, octobre 1980, p. 139.

9995. *GUAY, Claude, «*Les Gens de mon pays — Le Fou de l'île* », *Le Bulletin Pantoute*, n° 4, décembre 1980-janvier-février 1981, p. 42-43.

9996. *DUBÉ, Cécile, «*Les Gens de mon pays* », *Livres et auteurs québécois, 1980*, p. 236-237.

9997. MUIR, Michel, « Gilles Vigneault... instituteur cosmique ? », *Grimoire*, vol. 4, n° 2, février 1981, p. 15-16.

9998. *LAURIN, Michel, «*Les Gens de mon pays* », *Nos livres*, vol. 12, mars 1981, n° 163.

9999. *DOSTALER, Henriette, [*Quelques Pas dans l'univers d'Éva*], *Des livres et des jeunes*, vol. 4, n° 10, automne 1981, p. 33-34.

10000. *GUINDON, Ginette, «*Quelques Pas dans l'univers d'Éva* », *Lurelu*, vol. 4, n° 3, automne 1981, p. 10.

10001. *LANGLAIS, Lise, «*Les Gens de mon pays* », *Lurelu*, vol. 4, n° 3, automne 1981, p. 7.

10002. VIGNEAULT, Gilles, « Un Noël de Gilles Vigneault », *L'Actualité*, vol. 6, n° 12, décembre 1981, p. 60-63.

10003. *D[OSTALER], H[enriette], [*Quelques Pas dans l'univers d'Éva*], *Des livres et des jeunes*, vol. 4, n° 11, printemps 1982, p. 33-34.

10004. CUSSON, Normand, « Vigneault, prophète et 'showman' », *Clin d'oeil*, n° 24, septembre 1982, p. 148.

10005. [ANONYME], « Prix Molson du Conseil des arts du Canada », *Lettres québécoises*, n° 28, hiver 1982-1983, p. 12.

10006. *CHARETTE, Christiane et Ginette GUINDON, [*Les Saisons de Piquot — Quelques Pas dans l'univers d'Éva*], *Lurelu*, vol. 5, n⁰ 3, hiver 1982, p. 20.

VIGNEAULT, Réjean

10007. *HARDY, Joceline, «*Cheval de fer*», *Jeu*, n⁰ 12, été 1979, p. 143-144.

VIGNEAULT, Robert

10008. SHOULDICE, Larry, « [Introduction to] The Quebec Essay : The Birth of Indigenous Thought», *Essays on Canadian Writing*, No. 15, Summer 1979, p. 33-34.
10009. *SHEK, Ben-Z[ion], [*Langue, littérature, culture au Canada français*], *University of Toronto Quarterly*, Vol. 49, No. 4, Summer 1980, p. 470.

VILLEMAIRE, Yolande

10010. *LARUE, Monique, « Le Texte derviche [*La Vie en prose*] », *Spirale*, n⁰ 13, novembre 1980, p. 4.
10011. VILLEMAIRE, Yolande, « Astéroïde 823 », *La Nouvelle Barre du jour*, n⁰ 97, décembre 1980, p. 38-79.
10012. *CHAMBERLAND, Roger, «*La Vie en prose*», *Livres et auteurs québécois, 1980*, p. 77-78.
10013. *LAPIERRE, René, « Rose c'est la vie [*La Vie en prose*] », *Liberté*, vol. 23, n⁰ 1, janvier-février 1981, p. 83-85.
10014. MAISONNEUVE, Lise, « Entrevue avec Yolande Villemaire », *Prétexte*, vol. 2, n⁰ 2, 1er trimestre 1981, p. 9-17.
10015. *MARCOTTE, Gilles, « Un suspense et une vie en rose [*La Vie en prose*] », *L'Actualité*, vol. 6, n⁰ 2, février 1981, p. 71-72.
10016. *BEAUSOLEIL, Claude, « Écritures de villes [*La Vie en prose*] », *La Nouvelle Barre du jour*, n⁰ 99, février 1981, p. 76-77.
10017. *ALMÉRAS, Diane, «*La Vie en prose*», *Relations*, vol. 41, n⁰ 467, février 1981, p. 60-61.
10018. *DUMONT, Monique, «*La Vie en prose*», *La Vie en rose*, [vol. 2, n⁰ 1], mars-avril-mai 1981, p. 46.
10019. [ANONYME], « Les Prix littéraires du *Journal de Montréal*», *Lettres québécoises*, n⁰ 21, printemps 1981, p. 11.
10020. STRARAM, Patrick, « Yolande Villemaire, *La Vie en prose*. Un bison ravi à l'écoute d'écritures », *Lettres québécoises*, n⁰ 21, printemps 1981, p. 38-39.
10021. *STANTON, Julie, «*La Vie en prose*», *La Gazette des femmes*, vol. 2, n⁰ 9, mai 1981, p. 4.
10022. *CHAMBERLAND, Roger, «*La Vie en prose*», *Québec français*, n⁰ 42, mai 1981, p. 15.
10023. *BAYARD, Caroline, [*La Vie en prose*], *University of Toronto Quarterly*, Vol. 50, No. 4, Summer 1981, p. 44.
10024. *BOURQUE, Paul-André, [*La Vie en prose*], *University of Toronto Quarterly*, Vol. 50, No. 4, Summer 1981, p. 23-24.
10025. [ANONYME], « Voici ce que quelques écrivains... écrivent... au sujet de l'écriture et de la lecture... », *L'Écrilu*, vol. 1, n⁰ 2, septembre 1981, p. 11.
10026. [ANONYME], « Yolande Villemaire », *Arcade*, [vol. 1], n⁰ 1, printemps 1982, p. 17.
10027. *SALESSE, Michèle, « Yolande Villemaire et le dieu Ptah. *Du côté hiéroglyphe de ce qu'on appelle le réel* et *Ange amazone* », *Lettres québécoises*, n⁰ 27, automne 1982, p. 87.
10028. *GILBERT, Bernard, «*Ange amazone* », *Nuit blanche*, n⁰ 7, automne 1982, p. 10.
10029. BEAUSOLEIL, Claude, « La Poésie en revues depuis 10 ans », *La Petite Revue de philosophie*, vol. 4, n⁰ 1, automne 1982, p. 116.
10030. VILLEMAIRE, Yolande, « Pourquoi j'écris », *Québec français*, n⁰ 47, octobre 1982, p. 33.
10031. *DAVID, Carole, « Le Corps blessé de Wonder Woman [*Ange amazone*] », *Spirale*, n⁰ 28, octobre 1982, p. 6.
10032. VILLEMAIRE, Yolande, « Régionalisme-internationalisme. Un rapport de forces [Débat] », *Possibles*, vol. 7, n⁰ 1, [4e trimestre] 1982, p. 53-54, 56, 60-62, 64, 66-71.

10033. *CHAMBERLAND, Roger, «*Du côté hiéroglyphe de ce que l'on appelle le réel — Ange amazone — Adrénaline*», *Québec français*, n⁰ 48, décembre 1982, p. 6.

10034. *MALENFANT, Paul-Chanel, «*Du côté hiéroglyphe de ce que l'on appelle le réel — Ange amazone*», *Livres et auteurs québécois, 1982*, p. 83-84.

10035. *NEPVEU, Pierre, «*Adrénaline*», *Livres et auteurs québécois, 1982*, p. 146-148.

VILLENEUVE, Jocelyne

10036. *BOURASSA, André-G[illes], [*Des gestes seront posés*], *Liaison*, n⁰ 5-6, mai 1979, p. 19.

10037. *CHARETTE, Christiane, «*Contes des quatre saisons*», *Lurelu*, vol. 2, n⁰ 2, été 1979, p. 9.

10038. *B[IRON], H[élène], [*Contes des quatre saisons*], *Des livres et des jeunes*, vol. 2, n⁰ 4, novembre 1979, p. 34.

10039. *CHARTIER, Monique, «*Contes des quatre saisons*», *Nos livres*, vol. 11, mars 1980, n⁰ 109.

10040. *CHAMBERLAND, Roger, [*La Saison des papillons* suivi de *Propos sur le 'haïkai'*], *Livres et auteurs québécois, 1980*, p. 123.

10041. *LAPRÉS, Raymond, «*La Saison des papillons*», *Nos livres*, vol. 12, mars 1981, n⁰ 164.

10042. *BAYARD, Caroline, [*La Saison des papillons*], *University of Toronto Quarterly*, Vol. 50, No. 4, Summer 1981, p. 51.

10043. *MARCHILDON, Daniel, «*Nanna Bijou*, [*le géant endormi*]. À la découverte d'une mythologie», *Liaison*, n⁰ 20, février-mars 1982, p. 29.

10044. BRUNET-LAMARCHE, Anita, « Prise de parole, 1972-1982. Auteurs et oeuvres. Biobibliographie», *Revue du Nouvel Ontario*, n⁰ 4, 1982, p. 40-42.

10045. *PARÉ, François, [*Des gestes seront posés — Contes des quatre saisons — Le Coffre — Nanna Bijou, le géant endormi*], *Revue du Nouvel Ontario*, n⁰ 4, 1982, p. 91-94.

VILLENEUVE, Normand

10046. *[ANONYME], «*Le Mythe de Maria Chapdelaine*», *Québec Hebdo*, vol. 2, n⁰ 40, 27 octobre 1980, p. 4.

10047. *BOIVIN, Aurélien, «*Le Mythe de Maria Chapdelaine*», *Québec français*, n⁰ 40, décembre 1980, p. 16.

10048. *LAFON[-WEISS], Dominique, «*Le Mythe de Maria Chapdelaine*», *Livres et auteurs québécois, 1980*, p. 187-189.

10049. *CZARNECKI, Mark, « Struggling Free of an Old Yoke [*Le Mythe de Maria Chapdelaine*] », *Maclean's*, Vol. 94, No. 11, March 16, 1981, p. 52-53.

10050. *BOYNARD-FROT, Janine, «*Le Mythe de Maria Chapdelaine* de Deschamps, Héroux, Villeneuve», *Lettres québécoises*, n⁰ 21, printemps 1981, p. 40, 42-43.

10051. *SHEK, Ben-Zion, [*Le Mythe de Maria Chapdelaine*], *University of Toronto Quarterly*, Vol. 50, No. 4, Summer 1981, p. 185-188.

10052. *[ANONYME], «*Le Mythe de Maria Chapdelaine*», *Écriture française dans le monde*, vol. 3, n⁰ 2-3, décembre 1981, p. 113.

10053. *ROCHETTE, Lise, «*Le Mythe de Maria Chapdelaine*», *Canadian Literature*, No. 92, Spring 1982, p. 94-95.

VILLENEUVE, Paul

10054. SUGDEN, Leonard W., « Quebec's Revolutionary Novels », *Canadian Literature*, No. 82, Autumn 1979, p. 137-140.

VINCENT, Julie

10055. *BORDELEAU, Christian, « Sors-moi donc ! [*La Déprime*] », *Le Berdache*, n⁰ 27, février 1982, p. 63.

VINCENTHIER, Georges [pseud. de Georges-Vincent Fournier]

10056. *DORION, Gilles, «*Une idéologie québécoise. De Louis-Joseph Papineau à Pierre Vallières*», *Québec français*, n° 36, décembre 1979, p. 12.

10057. *DIONNE, René, « Vie passe idéologie [*Une idéologie québécoise. De Louis-Joseph Papineau à Pierre Vallières*] », *Lettres québécoises*, n° 16, hiver 1979-1980, p. 41-42.

10058. *VIDRICAIRE, André et Normand PICHÉ, «*Une idéologie québécoise. De Louis-Joseph Papineau à Pierre Vallières*», *Livres et auteurs québécois, 1979*, p. 338-340.

10059. *CHARTIER, Monique, «*Une idéologie québécoise. De Louis-Joseph Papineau à Pierre Vallières*», *Nos livres*, vol. 12, janvier 1981, n° 50.

VOIDY, Jeanne [pseud. de Louise Demers-Laroche]

10060. L[ANTHIER], B[enoît], «*Les Contes de la source perdue*», *Focus*, n° 21, avril 1979, p. 54-55.

10061. *LAPRÉS, Raymond, «*Lectures brèves pour le métro*», *Nos livres*, vol. 10, mai 1979, n° 207.

10062. *MEZEI, Kathy, [*Les Contes de la source perdue*], *Canadian Literature*, No. 86, Autumn 1980, p. 119-121.

VOLDENG, Évelyne

10063. *GODARD, Barbara, «*Femme plurielle*», *Canadian Author and Bookman*, Vol. 57, No. 1, Fall 1981, p. 34-35.

VONARBURG, Élisabeth

10064. CÔTÉ, Louise, « Une femme auteur au septième ciel », *Châtelaine*, vol. 20, n° 2, février 1979, p. 14.

10065. [ANONYME], « Prix Dagon 1978 [à Élisabeth Vonarburg] », *Lettres québécoises*, n° 13, février 1979, p. 64.

10066. VONARBURG, Élisabeth, « Écrire de la S-F, 1 : où allez-vous chercher tout ça ? », *Solaris*, vol. 6, n° 2, avril 1980, p. 27-29.

10067. VONARBURG, Élisabeth, « Écrire de la fiction, 2 : raconte-moi une histoire », *Solaris*, vol. 6, n° 3, juin 1980, p. 17-18.

10068. VONARBURG, Élisabeth, « Écrire de la fiction, 3 », *Solaris*, vol. 6, n° 4, septembre 1980, p. 17-19.

10069. VONARBURG, Élisabeth, « Écrire de la fiction, 4 », *Solaris*, vol. 6, n° 5, octobre-novembre 1980, p. 22-23.

10070. VONARBURG, Élisabeth, « Écrire de la fiction, 5 », *Solaris*, vol. 6, n° 6, décembre 1980, p. 26-29.

10071. *JANELLE, Claude, « Science-Fiction et fantastique au Québec [*L'Oeil de la nuit*] », *Solaris*, vol. 7, n° 1, février 1981, p. 14-17.

10072. *GOUANVIC, Jean-Marc, «*L'Oeil de la nuit*», *Imagine*, vol. 2, n° 3, mars 1981, p. 80-82.

10073. [ANONYME], « Élisabeth Vonarburg, auteur », *Infos*, n° 3, printemps 1981, p. [32-33].

10074. *GADBOIS, Vital, «*L'Oeil de la nuit*», *Québec français*, n° 43, octobre 1981, p. 12.

10075. *MOREAU, Jean-Marie, «*L'Oeil de la nuit*», *Nos livres*, vol. 12, décembre 1981, n° 523.

10076. *COSSETTE, Gilles, « Science-Fiction et fantastique. Des écrivains d'ici en savent long sur le sujet [*L'Oeil de la nuit*] », *Lettres québécoises*, n° 24, hiver 1981-1982, p. 33-34.

10077. *JANELLE, Claude et Daniel SERNINE, « Science-Fiction et fantastique au Québec [*Le Silence de la Cité*] », *Solaris*, vol. 8, n° 1, janvier-février 1982, p. 10-11.

10078. *PETTIGREW, Jean, « Petit Journal trouvé dans l'ailleurs (3) [*Le Silence de la Cité*] », *Imagine*, vol. 3, n° 3, printemps 1982, p. 63-64.

10079. *ROUSSEAU, Claude, «*Le Silence de la Cité*», *Nuit blanche*, n° 6, printemps-été 1982, p. 48-49.

10080. *DELL'OLIO, Vesna, [*L'Oeil de la nuit*], *Offensives*, vol. 2, n° 2, avril-mai-juin-juillet 1982, p. 46.

10081. BERNARD, Évelyne, « Spécificité nationale de la science-fiction », *Protée*, vol. 10, n° 2, été 1982, p. 63, 64, 67-70.

10082. *LÉVESQUE, Hélène, « Science-Fiction. Émanciper la blonde du savant [*Le Silence de la Cité*] », *La Gazette des femmes*, vol. 4, n° 2, juillet-août 1982, p. 13.

10083. DAGENAIS-LORD, Monique, « Bravo Élisabeth Vonarburg », *Châtelaine*, vol. 23, n° 9, septembre 1982, p. 9.

10084. [ANONYME], « Élisabeth Vonarburg », *Lettres québécoises*, n° 27, automne 1982, p. 15.

10085. *GADBOIS, Vital, «*Le Silence de la Cité*», *Québec français*, n° 47, octobre 1982, p. 9.

10086. *LORD, Michel, « De l'utopie. *Le Silence de la Cité* », *Lettres québécoises*, n° 28, hiver 1982-1983, p. 34-35.

10087. *CÔTÉ, Denis, «*Le Silence de la Cité*», *Livres et auteurs québécois, 1982*, p. 84-85.

VOYER, Pierre

10088. *ROY, André, «*Le Rock et le rôle*», *Livres et auteurs québécois, 1981*, p. 326-327.

VUJOVIC, Slobodan

10089. *NOLIN, Jacques, «*La Vallée du néant* suivi de *Vouksar* », *Nos livres*, vol. 10, mars 1979, n° 120.

WALLOT, Hubert

10090. *D'ALFONSO, Antonio, «*Intermèdes (poésie et prose)*», *Nos livres*, vol. 13, avril 1982, n° 187.

10091. *CÔTÉ, Jacques, « Nos médecins publient. *Intermèdes* », *La Vie médicale au Canada français*, vol. 11, n° 4, avril 1982, p. 254.

WHISSELL-TREGONNING, Marguerite

10092. BRUNET-LAMARCHE, Anita, « Prise de parole, 1972-1982. Auteurs et oeuvres. Biobibliographie », *Revue du Nouvel Ontario*, n° 4, 1982, p. 42-43.

10093. *DICKSON, Robert, [*Kitty, le gai pinson*], *Revue du Nouvel Ontario*, n° 4, 1982, p. 75.

WILSCAM, Linda

10094. *LARUE, Monique, «*Les Mots...de Picotine*», *Livres et auteurs québécois, 1980*, p. 224-225.

10095. *CHARTIER, Monique, «*Les Mots... de Picotine*», *Nos livres*, vol. 12, janvier 1981, n° 51.

WILSON, Serge

10096. *GÉLINAS, Michèle, «*Marie-Mardi. Le Secret d'Anthime*», *Lurelu*, vol. 2, n° 2, été 1979, p. 10.

10097. *BELLEMARE, Madeleine, «*Marie-Mardi. Le Secret d'Anthime*», *Nos livres*, vol. 10, aoûtseptembre 1979, n° 294.

10098. *BOUDREAU, Solange, «*Marie-Mardi. Le Secret d'Anthime*», *Livres et auteurs québécois, 1979*, p. 271-272.

10099. *GUÉRETTE, Charlotte, [*Ti-Jean et le gros roi*], *Des livres et des jeunes*, vol. 2, n° 6, juin 1980, p. 38.

10100. ROBIN, Marie-Jeanne, « Rencontre avec Serge Wilson », *Lurelu*, vol. 3, n° 4, hiver 1980, p. 16-17.

10101. *LARUE, Monique, «*Fend-le-vent et le visiteur mystérieux*», *Livres et auteurs québécois, 1980*, p. 237.

10102. *C[ORRIVEAU], B[ernadette], [*Fend-le-vent et le visiteur mystérieux*], *Des livres et des jeunes*, vol. 3, n° 9, printemps 1981, p. 36-37.

10103. *CHARBONNEAU, Hélène, «*Fend-le-vent et le visiteur mystérieux*», *Lurelu*, vol. 4, n° 1-2, printemps-été 1981, p. 9.
10104. *CHARETTE, Christiane, « Contes et légendes du Québec, 2 : les recueils [*Ti-Jean et le gros roi*] », *Lurelu*, vol. 4, n° 3, automne 1981, p. 19.
10105. *CHARETTE, Christiane, « Les Romans policiers [*Fend-le-vent et le visiteur mystérieux*] », *Lurelu*, vol. 4, n° 4, hiver 1981, p. 20.
10106. *CIMON, Renée, «*Mimi Finfouin et la Mère Crochu*», *Nos livres*, vol. 13, août-septembre 1982, n° 358.
10107. *CIMON, Renée, «*Fend-le-vent et le visiteur mystérieux*», *Nos livres*, vol. 13, août-septembre 1982, n° 357.
10108. *D[OSTALER], H[enriette], [*Mimi Finfouin et la Mère Crochu*], *Des livres et des jeunes*, vol. 5, n° 13, automne 1982, p. 37.
10109. *LÉVESQUE, Gaëtan, « Histoire de revenants [*Fend-le-vent et le visiteur mystérieux*] », *Lettres québécoises*, n° 27, automne 1982, p. 98.
10110. *LORD, Michel, «*Mimi Finfouin et la Mère Crochu*», *Lurelu*, vol. 5, n° 3, hiver 1982, p. 13.
10111. *AUBIN, Denis, «*Fend-le-vent et le sabre de Tokayama*», *Livres et auteurs québécois, 1982*, p. 240.
10112. *VIOLA, Sylvie, «*Mimi Finfouin et la Mère Crochu*», *Livres et auteurs québécois, 1982*, p. 240-241.

WILSON, Victor

10113. *CIMON, Renée, «*Aquanamo. Légende arrawack*», *Nos livres*, vol. 10, août-septembre 1979, n° 295.

WYCZYNSKI, Paul

10114. *BRISEBOIS, Michel, «*Le Roman canadien-français. Évolution, témoignages, bibliographie*», *Papers of the Bibliographical Society of Canada/Cahiers de la Société bibliographique du Canada*, Vol. 18, 1979, p. 106-107.
10115. BÉLISLE, Alvine, « Premières Lectures », *Des livres et des jeunes*, vol. 3, n° 8, hiver 1981, p. 39.
10116. *GAULIN, André, «*Crémazie et Nelligan*», *Québec français*, n° 43, octobre 1981, p. 16.

WYL, Jean-Michel

10117. *BLONDEAU, Dominique, [*À l'été des Indiens*], *Nous*, vol. 7, n° 11, mai 1980, p. 48.
10118. *DORION, Gilles, «*À l'été des Indiens*», *Québec français*, n° 39, octobre 1980, p. 7.
10119. *DIONNE, André, «*À l'été des Indiens*», *Nos livres*, vol. 11, novembre 1980, n° 366.
10120. *CHARTIER, Monique, «*Quand meurent les dauphins*», *Nos livres*, vol. 12, janvier 1981, n° 52.
10121. [ANONYME], « Jean-Michel Wyl », *Lettres québécoises*, n° 21, printemps 1981, p. 12.
10122. DESROCHES, Antoine, « Gérard Bessette [*Les Anthropoïdes*] et Jean-Michel Wyl [*L'Exil*] », *Lettres québécoises*, n° 22, été 1981, p. 11.

YAUGUD, Luôar [pseud. de Raôul Duguay]

10123. ROBERGE, Françoy, « Raôul Duguay. L'Obsession de la lumière... à la radio 'pirate' de Radio-Canada », *Le Babillard*, vol. 2, n° 2, novembre 1979, p. 4-5, 20.
10124. *GIROUX, Robert, «*Chansons d'Ô*», *Livres et auteurs québécois, 1981*, p. 94-96.
10125. *MONETTE, Pierre, «*Les Saisons*», *Livres et auteurs québécois, 1981*, p. 240.
10126. *BELLEMARE, Madeleine, «*Les Saisons*», *Nos livres*, vol. 13, janvier 1982, n° 11.
10127. *PILON, Marie, «*Les Saisons*», *Lurelu*, vol. 5, n° 1, printemps-été 1982, p. 11.
10128. *GERMAIN, Georges-Hébert, « La Vie dans les livres [*Chansons d'Ô*] », *Clin d'oeil*, n° 20, mai 1982, p. 8.

10129. Petrowski, Nathalie, « Raôul Duguay nous revient, mais il est retombé sur terre », *L'Actualité*, vol. 7, n⁰ 6, juin 1982, p. 111.

10130. *Bayard, Caroline, « La Lettre et l'Ô, vertige et utopie. *Au coeur de la lettre* et *Chansons d'Ô* », *Lettres québécoises*, n⁰ 26, été 1982, p. 37-40.

10131. *Bayard, Caroline, [*Chansons d'Ô*], *University of Toronto Quarterly*, Vol. 51, No. 4, Summer 1982, p. 364-365.

10132. Cusson, Normand, « Le Nouveau Raôul Duguay », *Clin d'oeil*, n⁰ 24, septembre 1982, p. 148-149.

YERGEAU, Robert

10133. [Anonyme], « Robert Matteau et Robert Yergeau honorés [Prix Gaston-Gouin] », *Grimoire*, vol. 3, n⁰ 9, octobre-novembre 1980, p. 11-12.

10134. [Anonyme], « Le Prix Gaston-Gouin », *Lettres québécoises*, n⁰ 22, été 1981, p. 12.

10135. Muir, Michel, « Lancement de *l'Oralité de l'émeute* », *Grimoire*, vol. 4, n⁰ 7, septembre-octobre 1981, p. 8.

10136. *Lafrance, Hélène, «*L'Oralité de l'émeute* », *Livres et auteurs québécois, 1981*, p. 110-111.

10137. *Muir, Michel, « L'Homme, animal distinctif [*L'Oralité de l'émeute*] », *Grimoire*, vol. 5, n⁰ 2, février 1982, p. 6-7.

10138. *Giguère, Richard, [*Présence unanime*], *Lettres québécoises*, n⁰ 25, printemps 1982, p. 43.

10139. *Bonenfant, Joseph, « Sur une poésie proliférante [*Présence unanime*] », *Grimoire*, vol. 5, n⁰ 4, avril 1982, p. 6-7.

10140. *Marchildon, Daniel, « La Parole corporelle [*Présence unanime*] », *Liaison*, n⁰ 21, avril-mai 1982, p. 38-39.

10141. *D'Alfonso, Antonio, «*L'Oralité de l'émeute* », *Nos livres*, vol. 13, avril 1982, n⁰ 188.

10142. Côté, Jacques, «*Déchirure de l'ombre.* Lancement dans la clarté », *Grimoire*, vol. 5, n⁰ 5, mai-juin 1982, p. 6-7.

10143. *De Bellefeuille, Normand, « Histoire et anamorphose [*Déchirure de l'ombre*] », *Spirale*, n⁰ 28, octobre 1982, p. 5.

YVON, Josée

10144. *Vasseur, François, «*Travesties-Kamikaze* », *Le Bulletin Pantoute*, n⁰ 3, septembre-octobre-novembre 1980, p. 7.

10145. *Lanctôt, Jacques, « Un texte polaroïd couleur [*Travesties-Kamikaze*] », *Spirale*, n⁰ 11, septembre 1980, p. 12.

10146. Boileau, Pierre, « Enfance travestie [Entrevue] », *Le Berdache*, n⁰ 14, octobre 1980, p. [24]-28.

10147. Giguère, Richard, « L'un chante, l'autre pas », *Lettres québécoises*, n⁰ 20, hiver 1980-1981, p. 28-30.

10148. *Beausoleil, Claude, « Écritures de villes [*Travesties-Kamikaze*] », *La Nouvelle Barre du jour*, n⁰ 99, février 1981, p. 75-76.

10149. *Déry, Pierre-Justin, «*Koréphilie* », *Livres et auteurs québécois, 1981*, p. 142-143.

10150. *Desgent, Jean-Marc, «*Koréphilie* », *Le Berdache*, n⁰ 28, mars 1982, p. 54-56.

10151. *Dionne, André, «*Koréphilie* », *Nos livres*, vol. 13, juin-juillet 1982, n⁰ 312.

10152. Beausoleil, Claude, « La Poésie en revues depuis 10 ans », *La Petite Revue de philosophie*, vol. 4, n⁰ 1, automne 1982, p. 118.

10153. *Brochu, André, « En état de poésie [*Koréphilie*] », *Voix et images*, vol. 8, n⁰ 1, automne 1982, p. 160-161.

10154. *Dionne, André, «*Koréphilie* », *Lettres québécoises*, n⁰ 28, hiver 1982-1983, p. 80.

ZIOLKO, Caroline

10155. *WARREN, Louise, «*Les Oiseaux couleur d'arc-en-ciel* », *Livres et auteurs québécois, 1980*, p. 238.

10156. *TRANCHEMONTAGNE, Ginette, «*Les Oiseaux couleur d'arc-en-ciel* », *Lurelu*, vol. 4, n⁰ 1-2, printemps-été 1981, p. 10.

4 INDEX DES AUTEURS D'ARTICLES

436

DUSSAULT, Gilles, 419, 5409, 5759.
DUSSAULT, Jean-Claude, 579, 580.
DUTIL, Christian, 1757.
DUVAL, Monique, 826.

E

EDDIE, Christine, 56, 2258, 2259, 8039, 8041, 8776, 8778.
EDWARDS, Mary Jane, 3461, 3467, 5589.
ELLENWOOD, Ray, 3713, 5313, 5465, 8850.
ÉMOND, Ariane, 3394, 5203.
ÉMOND, Maurice, 2470, 3499, 4163, 5486, 5544, 6104, 6143, 6180, 6935, 7157, 7483, 8074, 9018, 9346, 9554, 9571, 9589, 9609, 9617.
ENGLISH, Judith, 6151.
ENGUEHARD, René, 997.
ESCOMEL, Gloria, 20, 2183, 2404, 2466, 2780, 3391, 3408, 3580, 3720, 5200, 6094, 7686, 8217, 8875, 9478.
ÉTHIER, Jean-René, 1831, 1946, 1947, 1948, 2061, 3755, 9748.
ÉTHIER-BLAIS, Jean, 5173.
ÉTIENNE, Gérard, 902, 6975.
EVANS, Gwyneth, 2966, 7767.

F

FABIANI, Christiane, 8369.
FADIN, Max, 1063, 2700, 8120.
FALARDEAU, Jean-Charles, 799, 1006, 2423, 3045, 5410, 7133.
FALCON, Marie-Hélène, 1967.
FARNHAM, Lori, 4945.
FAUSSURIER, Alain, 1101.
FAYE, Jean-Pierre, 6588.
FECTEAU, Hélène, 113.
FEMAN ORENSTEIN, Gloria, 7653.
FÉRAL, Jeanine, 4191.
FÉRAL, Josette, 532, 1645, 1704, 2273, 3364, 5221, 5782, 5984, 8171, 8798, 8891, 8898, 9825.
FERGUSON, Jean, 7261, 7826.
FERRON, Jacques, 6331, 7571.
FERRON, Madeleine, 5161.
FERRON-GODIN, Lysanne, 2830, 2831.
FERRY, Jacqueline, 6150, 8863.
FIAND, Barbara, 9013.
FIGUEIREDO, Euridice, 5683.
FILION, Marie, 8642.
FILTEAU, Claude, 5278, 5540, 5641, 6923, 8746.
FILTEAU, Louise, 2071, 2076, 2169, 2170, 2171, 2197, 2198, 2199, 2268, 3739, 3741, 5018, 5019, 5515, 5516, 6231, 6232, 6879, 6881, 6909, 6910, 6912, 6913, 8500, 8502, 8517, 8519, 8887, 8888, 9211.

FISCHMAN, Sheila, 9000.
FISETTE, Alain, 7017.
FISETTE, Jean, 774, 1476, 3951, 4390, 5763, 6042, 6373, 6741, 7272, 7431, 7649, 8035, 8114, 8131, 9348.
FISETTE, Serge, 3537.
FLAMAND, Jacques, 215, 515, 1494, 2301, 5351, 7766.
FLEURY, Hélène, 1866, 1933.
FOGEL, Stan, 4240.
FOLCH-RIBAS, Jacques, 492, 581, 582, 641, 1381.
FORSYTH, Louise H., 1632, 2808, 3369, 3775, 3948, 4003, 5178, 5231, 5555, 5709, 5729, 5735, 5805, 6191, 6533, 6564, 7339, 7359, 7365, 7453, 7645, 7646, 8945, 9698.
FORTIER, André, 5361.
FORTIN, Andrée, 1017, 2597, 2638, 2715.
FORTIN, Claude, 2725.
FORTIN, Jean-Louis, 2502.
FORTIN, Marcel, 1789, 8532.
FORTIN, Pauline, 5264, 9367.
FORTIN, Suzanne, 1061.
FOURNIER, Claude, 3803.
FOURNIER, Hannah, 7184.
FOURNIER, Louis, 2366, 2371, 2378, 2382.
FOURNIER, Marcel, 951, 986, 1007.
FOURNIER, Pierre, 2837, 2838, 5598.
FOURNIER, R.-J., 9531, 9633.
FRANCOEUR, Louis, 561, 1735, 3038, 3785, 5059, 5736, 7266, 7366, 9751.
FRANCOEUR, Lucien, 725, 737, 1458, 4757.
FRANCOEUR, Pierre, 2357, 4911, 4914.
FRANCOEUR-BELLAVANCE, Suzanne, 1052, 2309, 2737, 9989.
FRASER, Graham, 1117.
FRASER, Marian, 4353.
FRÉCHETTE, Denis, 4638, 4639, 5257, 5400, 5401, 9383.
FRÉMONT, Claude, 1221, 1222.
FRÉMONT, Gabrielle, 163, 3153, 3371, 3384, 3586, 5180, 5193, 5506, 7682, 7696, 7964, 9269.
FRENCH, William, 2322.
FRENETTE, Yves, 2471.

G

G., C., 8733.
GADBOIS, Vital, 67, 435, 444, 1053, 1072, 1073, 2607, 2646, 2858, 3483, 6002, 7238, 7299, 9326, 10074, 10085.
GAGNÉ, Gilles, 856.
GAGNÉ, Jean, 916.
GAGNÉ, Lise, 7727.
GAGNÉ, Pierre, 3516.
GAGNON, André, 8732.
GAGNON, Astrid, 5150.
GAGNON, Camille, 2392, 2648.

450

PERRAS, Nicole, 4829, 8541, 8542.
PERRAULT, Pierre, 1468, 8433.
PERREAULT, Claude-Élizabeth, 2850, 4533.
PERRIER, Alain, 1107.
PERRON, Paul, 5528, 6379, 9555, 9556.
PERRON, Suzanne, 8560.
PERSAUD, Micheline, 7593.
PERSON, A.D., 1474.
PÉRUSSE, Daniel, 7092.
PÉRUSSE, France, 5581.
PÉRUSSE, Michèle, 1829.
PETERMAN, Michael A., 3228, 7556.
PETERSON, Maureen, 1779.
PETITAT, André, 2503.
PETRENKO, Daniel, 1881, 1882.
PETROWSKI, Nathalie, 2022, 2304, 5128, 5382, 6303, 10129.
PETTIGREW, Jean, 3301, 7326, 9502, 10078.
PHILIPPONNEAU, Catherine, 905.
PHILP, Ruth, 2614.
PICHÉ, Normand, 5376, 10058.
PICHETTE, François, 8461.
PICHETTE, Jean-Pierre, 7123.
PIERRE-GILLES, Élie, 4460, 7834.
PIGEON, Monique, 2843.
PILON, Marie, 4884, 5106, 5126, 7002, 10127.
PINEAULT, Chantale, 2064, 6282.
PINTAL, Lorraine, 1883.
PIOU, Nanie, 797.
PIVATO, Joseph, 412, 1442.
PLAMONDON, Gaétan, 4513, 8403.
PLANT, Richard, 9803.
PLESSIS-BÉLAIR, Ginette, 1052, 2309, 2737.
POIRIER, Alain, 2086, 2225.
POIRIER, Claude, 901, 925.
POIRIER, Jacques, 2765.
POISSANT, Claude, 1620.
POISSANT, Louise, 3919.
POKORNY, Amy, 7922.
POLIQUIN-BOURASSA, Diane, 50.
POLLOCK, Zailig, 411, 1373.
POMERLEAU, Gervais, 8846.
PONTBRIAND, Jean-Noël, 1449, 1484, 2806, 2811, 5764, 6466, 6472, 8014, 8018, 9991.
POPOVIC, Pierre, 1284.
PORCHER, Louis, 513.
PORTAL, Marcel, 517.
POTEET, Maurice, 3129, 3130, 5253, 8925.
POTEET, Susan H., 1987, 3780.
POTVIN, Claude, 1354.
POULAIN, André, 8558.
POULET, Denis, 937.
POULIN, Gabrielle, 710, 1411, 2851, 2995, 3082, 3196, 3207, 3230, 3235, 3563, 3926, 3936, 4125, 4443, 4534, 6183, 6495, 6647, 7375, 7550, 7552, 7713, 8185, 8572, 8597, 9399, 9527, 9585, 9629, 9752, 9878.
POULIN, Monique, 2253.

POUPART, Jean-Marie, 762, 1127, 7097, 8620.
POURCEL, Gérard, 8709.
POZIER, Bernard, 5390, 9112.
PRAIRIE, Michel, 892, 893.
PRÉGENT, Sylvie, 1692.
PRÉMONT, Laurent, 1716, 8582.
PRÉVOS, André, 247, 7488.
PRÉVOST, Francine, 2789.
PRINCE, Jean-Guy, 9767.
PRITCHARD, James, 414.
PRONKIN, Alain, 3907, 5902.
PROULX, Danielle, 1693.
PROVENCHER, Jean, 8161.
PROVENCHER, Louise-Marie, 9532, 9634.
PROVOST, Guy, 3638, 3640, 8715.
PROVOST, Michelle, 784, 1030, 1202, 1339, 1344, 1355, 1360, 1361, 2491, 5444, 5596, 7260, 7825, 8499, 8639.
PROVOST, Sylvie, 94, 1273, 2706.
PRUD'HOMME, Johanne, 3840.
PRUDHOMME, Roland, 4036.
PURCELL, J.M., 3735.

Q

QUESNEL, Pierre, 2204, 7680.
QUIGLEY, Theresa, 9036.
QUINTIN, Claude, 882, 1002.

R

R., G., 2429.
RACINE, Benoît-André, 5818.
RACINE, Gaétan, 9073.
RACINE, Jacques, 3908, 5903.
RACINE, Louis, 990.
RACINE, Robert, 1629.
RANCOURT, Guy, 3385, 5194, 7881.
RANGER, Claire, 1846.
RAOUL, Valérie, 3355, 3693, 4133, 5302, 5549, 7234.
RASPORICH, Beverley J., 81, 5304.
RASTOUL, Pierre, 9214.
RAUDSEPP, Enn, 2961.
REANEY, James, 2957.
RECURT, Myriam, 4049, 4892, 6549, 8690, 8755.
RÉDACTION, La, 285, 688, 783, 1198, 1199, 2602, 2608, 2629.
REICHENBACH, Olivier, 1830.
REID, Malcolm, 1118, 7491, 8748.
RÉMILLARD, Juliette, 5978.
RÉMI-MAURE, 3367, 3411.
RENAUD, André, 5816, 5817, 8606.
RENAUD, Benoît, 6676.
RENAUD, Jacques, 8741.

U

V

5 INDEX DES REVUES DÉPOUILLÉES

2

24 Images 1471, 2523, 5085.

3

Le 30 1951, 2366, 2367, 2371, 2372, 2382, 2383, 2390, 2391, 2412, 2417, 2552, 2690, 3404, 3405.

A

Acadiensis 125.
Acte 1 5061, 5062, 5063, 5661, 5662, 5663, 5865, 5866, 9096, 9097, 9098, 9757, 9758, 9759.
Acte 1 [NCT] 5837.
L'Action nationale 223, 231, 334, 572, 796, 832, 846, 879, 909, 973, 989, 993, 1013, 1014, 2418, 2905, 3660, 5259, 5955, 5956, 5957, 7004, 7471, 7704, 7986, 8146, 9282, 9735.
L'Actualité 8, 11, 116, 351, 666, 763, 805, 808, 811, 812, 819, 820, 824, 858, 1138, 1142, 1362, 1398, 1721, 1895, 2043, 2044, 2344, 2346, 2360, 2361, 2365, 2778, 2873, 2919, 2933, 2979, 3054, 3062, 3078, 3085, 3116, 3190, 3233, 3237, 3245, 3374, 3418, 3429, 3440, 3473, 3475, 3488, 3549, 3595, 3800, 3924, 4021, 4121, 4137, 4145, 4189, 4214, 4242, 4293, 4807, 5097, 5110, 5128, 5138, 5183, 5300, 5420, 5443, 5814, 5818, 5820, 5829, 6068, 6135, 6171, 6198, 6209, 6357, 6609, 6622, 6643, 6837, 6984, 7092, 7097, 7387, 7462, 7511, 7518, 7566, 7630, 7710, 7743, 7752, 8162, 8184, 8347, 8595, 8619, 8948, 8990, 9068, 9398, 9580, 9590, 9680, 9711, 9742, 9837, 9880, 9979, 10002, 10015, 10129.
Antennes 1151, 1183, 2362, 2375, 2376, 2442, 2486, 2565, 5150, 5892, 7089.
Anthropologie et sociétés 803, 912.
The Antigonish Review 3735, 4182, 4230, 8991, 9060, 9546, 9582.
Arcade 725, 736, 737, 738, 3275, 4105, 4760, 5386, 6727, 8658, 8964, 10026.
Archivaria 1178, 8784.
Archives 714, 715, 1231, 1232.
L'Archiviste 2028, 2029, 2260, 5656.
Ariel 1624, 6110.
Arts Canada 3700, 5465, 8850.

Association for Canadian Theatre History/ Association d'histoire du théâtre au CaNADA 176, 1700, 1810, 1896, 1897, 5729, 6191, 6763, 6889, 7359, 7645.
The ATA Magazine 956.
The Atlantic Advocate 1800, 7533.
Atlantis 126, 1395, 3381, 3530, 3545, 3572, 3719, 3721, 3774, 4414, 5190, 5755, 5758, 6004, 6010, 6113, 6126, 6149, 7087, 7265, 7380, 7385, 7443, 7444, 7452, 7793, 8008, 8235, 8303, 9032.
L'Atulu 862, 2280, 2369, 2771, 3076, 3120, 3242, 3438, 3485, 3489, 3799, 3934, 4031, 4047, 4142, 4181, 4211, 4221, 4246, 4450, 4690, 4808, 4986, 5160, 5217, 5317, 5336, 5340, 5415, 5424, 5617, 5671, 5677, 5896, 5906, 5980, 6125, 6190, 6371, 6552, 6619, 6634, 6639, 6736, 6858, 6878, 6932, 7033, 7084, 7119, 7284, 7310, 7320, 7376, 7456, 7509, 7780, 7813, 7956, 7965, 7994, 8073, 8155, 8284, 8328, 8379, 8449, 8462, 8530, 8555, 8562, 8575, 8782, 8831, 8930, 9016, 9186, 9246, 9311, 9388, 9395, 9444, 9581, 9622, 9863, 9956.
L'Avenir 64, 883, 2608, 3312.

B

Le Babillard 1603, 1854, 1910, 1916, 4120, 5014, 5122, 6331, 6431, 7892, 8485, 8832, 9129, 9151, 9345, 10123.
Le Berdache 179, 318, 648, 721, 1192, 1254, 1255, 1552, 1808, 1852, 2045, 2046, 2068, 2099, 2146, 2189, 2204, 2242, 2590, 2603, 2610, 2635, 2672, 2780, 3069, 3279, 3280, 3370, 3470, 3533, 3537, 3574, 3589, 3734, 3898, 3899, 3958, 3975, 4305, 4313, 4344, 4345, 4523, 4525, 4761, 5179, 5784, 6386, 6387, 6388, 6777, 6884, 6972, 7048, 7070, 7205, 7390, 7659, 7660, 7666, 7677, 7678, 7679, 7680, 7684, 7880, 7893, 8104, 8105, 8106, 8415, 8486, 8524, 8716, 8827, 8828, 8952, 9076, 9077, 9083, 9090, 9094, 9130, 9149, 9152, 9160, 9166, 9352, 9353, 9354, 9355, 9471, 9472, 9598, 9695, 9696, 9722, 9746, 9756, 9767, 9769, 9770, 9771, 9791, 9792, 9793, 9934, 9937, 10055, 10146, 10150.
Books in Canada 9, 10, 87, 412, 431, 433, 940, 1095, 1591, 2318, 2717, 2869, 2900, 2925, 3393, 3519, 3526, 3534, 3582, 4198, 4247,

C

458

The Canadian Journal of Linguistics/La Revue canadienne de linguistique 877, 920.

Canadian Journal of Political Science/Revue canadienne de science politique 446, 2579, 6559, 7622, 7963, 7989.

Canadian Journal of Research in Semiotics/ Journal canadien de recherche sémiotiqUE 513, 1404, 1645, 2879, 4685, 9241.

Canadian Library Journal 1233, 1234, 1235.

Canadian Literature 16, 29, 65, 95, 166, 286, 428, 1385, 1419, 1440, 1674, 2451, 2651, 2744, 2749, 2757, 2774, 2846, 2889, 2890, 2942, 2998, 3042, 3070, 3074, 3088, 3131, 3194, 3226, 3227, 3228, 3239, 3289, 3307, 3323, 3325, 3328, 3355, 3388, 3415, 3461, 3462, 3467, 3515, 3573, 3650, 3659, 3693, 3733, 3843, 3913, 3938, 4049, 4063, 4080, 4133, 4168, 4183, 4225, 4226, 4258, 4259, 4288, 4310, 4330, 4353, 4403, 4433, 4529, 4565, 4659, 4735, 4741, 4824, 4832, 4879, 4892, 5004, 5020, 5033, 5048, 5053, 5075, 5197, 5230, 5252, 5286, 5287, 5294, 5302, 5333, 5344, 5347, 5358, 5413, 5414, 5472, 5549, 5589, 5701, 5770, 5806, 5822, 5848, 5864, 5904, 5962, 6024, 6030, 6160, 6257, 6278, 6348, 6407, 6412, 6430, 6512, 6525, 6549, 6592, 6597, 6628, 6660, 6677, 6701, 6783, 6886, 6941, 6942, 6944, 6950, 6965, 6977, 7059, 7090, 7203, 7234, 7319, 7410, 7425, 7438, 7448, 7495, 7504, 7540, 7541, 7555, 7556, 7623, 7785, 7792, 7918, 7951, 7977, 8003, 8007, 8016, 8017, 8019, 8025, 8032, 8057, 8061, 8062, 8080, 8096, 8118, 8188, 8251, 8254, 8267, 8304, 8306, 8313, 8365, 8545, 8614, 8628, 8635, 8690, 8707, 8751, 8755, 8765, 8790, 8791, 8809, 8830, 8906, 8918, 8927, 8942, 8977, 9011, 9048, 9049, 9050, 9107, 9180, 9252, 9284, 9302, 9349, 9351, 9494, 9563, 9719, 9726, 9749, 9869, 9909, 10053, 10054, 10062.

The Canadian Modern Language Review/La Revue canadienne des langues vivantes 236, 237, 821, 6147, 7479, 8357, 9362, 9575, 9613.

CANADIAN ORAL HISTORY ASSOCIATION/ SOCIÉTÉ CANADIENNE D'HISTOIRE ORALE. Journal 1569.

Canadian Poetry 421.

The Canadian Reader 234, 7478.

Canadian Review of Comparative Literature/ Revue canadienne de littérature comparÉE 1, 12, 13, 14, 37, 89, 410, 450, 458, 755, 756, 757, 1371, 1372, 1473, 1547, 2865, 4557, 5804, 6534, 8086, 9900.

Canadian Theatre Review 935, 1647, 1783, 1784, 1785, 1855, 1926, 2063, 2197, 2198, 2199, 2264, 3037, 3229, 3741, 3753, 4117, 5018, 5080, 5283, 5359, 5516, 5725, 6232, 6764, 6881, 6890, 6912, 6913, 7355, 7446, 8015,

8502, 8519, 8888, 9207, 9699, 9700, 9701, 9702, 9703, 9704, 9812.

Canadian Women's Studies/Les Cahiers de la femme 1418, 1661, 1952, 1953, 2428, 2783, 2809, 3368, 3382, 3879, 3942, 4607, 5163, 5177, 5191, 7186, 7768, 9273, 9442.

Carrefour 615, 936, 979.

CEAD. Dramaturgies nouvelles 299, 1730, 1731, 1732, 1733, 1734, 1746, 1795, 2124, 2125, 2126, 2127, 2147, 2148, 2149, 2150, 2151, 2152, 2205, 2287, 2971, 2973, 3159, 3281, 3282, 3742, 3743, 3744, 3745, 3900, 4496, 4653, 4722, 4793, 4967, 5028, 5074, 5167, 5373, 5609, 5746, 5750, 5778, 5857, 5929, 6425, 6426, 6443, 6611, 6778, 6898, 6915, 7165, 7738, 7803, 8010, 8263, 8400, 8453, 8504, 8520, 8526, 8536, 8856, 9079, 9333, 9850.

CEAD. En bref 1911, 1912, 3278, 3777, 5610, 6438, 6439, 6608, 6895, 7167, 7168, 8669, 8670, 9959.

Châtelaine 20, 145, 1363, 1582, 1917, 2022, 2206, 2247, 2358, 2512, 2980, 3003, 3119, 3231, 3375, 3460, 3496, 3552, 3616, 3618, 4017, 4034, 4048, 4077, 4122, 4152, 4339, 4922, 5140, 5184, 5213, 5224, 5332, 5482, 5543, 5664, 5867, 5880, 5908, 5994, 6087, 6137, 6141, 6177, 6302, 6340, 6385, 6401, 6542, 6563, 6568, 6616, 6636, 6659, 6732, 6791, 6825, 6838, 7154, 7217, 7306, 7374, 7386, 7473, 7519, 7537, 7655, 7668, 7967, 8075, 8174, 8242, 8288, 8296, 8322, 8348, 8422, 8551, 8565, 8753, 8814, 8842, 8859, 8875, 9117, 9203, 9445, 9475, 9584, 9656, 9840, 9993, 10064, 10083.

Chelsea Journal 115, 425, 1384, 1488, 1625, 3202, 3433, 3528, 3946, 4129, 4195, 4834, 5245, 5281, 6107, 6328, 6873, 7451, 8319, 8605, 8929, 9009, 9010.

Clin d'oeil 2007, 2008, 2047, 2054, 2055, 2056, 2070, 2094, 2190, 2191, 2222, 2231, 2250, 2781, 2788, 2822, 2912, 2934, 3039, 3051, 3115, 3157, 3243, 3291, 3336, 3350, 3351, 3359, 3420, 3864, 3868, 3872, 4143, 4150, 4726, 4919, 5039, 5042, 5073, 5127, 5131, 5522, 6000, 6224, 6314, 6449, 6896, 7316, 7667, 7872, 7899, 7903, 7968, 8393, 8490, 8512, 8896, 9099, 9136, 9161, 9168, 9174, 9179, 9621, 9676, 9677, 9747, 9760, 9817, 10004, 10128, 10132.

Communauté chrétienne 3767.

Communication information 53, 2258, 2259, 2356, 2363, 2364, 2373, 2397, 2398, 2399, 2415, 2452, 2693, 8041, 8778.

Le Compositeur canadien/The Canadian Composer 2304, 5382, 5383, 6303, 6991, 9641, 9737, 9773, 9984.

Considérations 942, 958, 1536, 2868.

J

L

462

8960, 8961, 8975, 8985, 9055, 9084, 9085, 9089, 9100, 9111, 9113, 9116, 9135, 9150, 9153, 9154, 9155, 9164, 9178, 9181, 9188, 9190, 9194, 9204, 9242, 9249, 9251, 9261, 9268, 9275, 9278, 9280, 9283, 9288, 9290, 9300, 9301, 9308, 9328, 9347, 9358, 9378, 9379, 9384, 9399, 9411, 9426, 9434, 9435, 9453, 9477, 9503, 9516, 9525, 9538, 9550, 9553, 9570, 9577, 9585, 9604, 9605, 9618, 9626, 9654, 9658, 9664, 9671, 9681, 9708, 9710, 9727, 9739, 9750, 9752, 9762, 9763, 9764, 9780, 9797, 9798, 9799, 9819, 9844, 9845, 9849, 9852, 9855, 9856, 9865, 9874, 9878, 9899, 9922, 9923, 9928, 9932, 9933, 9941, 9942, 9944, 9949, 9969, 9972, 10005, 10019, 10020, 10027, 10050, 10057, 10065, 10076, 10084, 10086, 10109, 10121, 10122, 10130, 10134, 10138, 10147, 10154.

Liaison 76, 672, 735, 786, 787, 788, 911, 915, 977, 1020, 1021, 1022, 1087, 1100, 1156, 1170, 1171, 1172, 1190, 1213, 1478, 1599, 1600, 1641, 1644, 1671, 1672, 1698, 1699, 1707, 1711, 1712, 1722, 1723, 1736, 1738, 1761, 1781, 1782, 1793, 1797, 1798, 1825, 1826, 1827, 1850, 1851, 1907, 1908, 1918, 1919, 1920, 1972, 1973, 1974, 1975, 1976, 1977, 1978, 1979, 1980, 1981, 1982, 1983, 1995, 1996, 1997, 1998, 1999, 2000, 2001, 2012, 2013, 2014, 2015, 2023, 2024, 2048, 2049, 2050, 2051, 2082, 2083, 2084, 2085, 2086, 2087, 2088, 2100, 2101, 2102, 2103, 2104, 2105, 2106, 2107, 2108, 2121, 2122, 2123, 2137, 2138, 2154, 2155, 2156, 2157, 2158, 2216, 2223, 2224, 2225, 2240, 2241, 2283, 2405, 2406, 2407, 2408, 2594, 2637, 2755, 2765, 3748, 3861, 3935, 4692, 4695, 4698, 4701, 4702, 4704, 4706, 4708, 4860, 4861, 4866, 4890, 4891, 4893, 4963, 4964, 4993, 5024, 5025, 5026, 5027, 5514, 5561, 5696, 5699, 5949, 5954, 6060, 6239, 6391, 6547, 6692, 6693, 6708, 6709, 6710, 6739, 6776, 6862, 7019, 7116, 7117, 7123, 7240, 7267, 7549, 7652, 7724, 7727, 7730, 7795, 7797, 7798, 7844, 7927, 8026, 8027, 8028, 8259, 8404, 8406, 8407, 8645, 8761, 8878, 9080, 9081, 9082, 9303, 9508, 9647, 9648, 9823, 9824, 9826, 10036, 10043, 10140.

Liberté 60, 61, 62, 284, 285, 476, 480, 481, 482, 489, 490, 491, 492, 493, 494, 495, 496, 497, 498, 499, 500, 501, 502, 503, 504, 505, 506, 507, 508, 509, 510, 511, 529, 575, 576, 577, 578, 579, 580, 581, 582, 583, 584, 585, 586, 587, 588, 589, 590, 591, 592, 593, 594, 595, 596, 597, 598, 599, 600, 605, 639, 640, 641, 642, 643, 644, 645, 646, 647, 654, 655, 656, 657, 658, 676, 685, 686, 687, 688, 689, 705, 706, 754, 758, 759, 760, 761, 762, 781, 782, 783, 809, 810, 847, 962, 991, 1037, 1038, 1039,

1047, 1195, 1196, 1197, 1198, 1199, 1200, 1381, 1402, 1426, 1427, 1448, 1472, 1511, 1515, 1516, 1517, 1518, 1519, 1520, 1521, 1522, 1523, 1537, 1626, 2381, 2468, 2582, 2675, 2877, 2894, 2932, 3093, 3112, 3176, 3191, 3335, 3416, 3417, 3442, 3731, 3888, 3891, 3940, 4139, 4500, 4646, 5487, 5535, 5762, 5773, 6217, 6296, 6585, 6588, 6589, 6599, 6600, 6718, 6751, 7394, 7423, 7474, 7570, 7575, 7632, 7991, 8033, 8034, 8126, 8140, 8172, 8269, 8811, 8857, 8923, 9140, 9481, 9838, 9873, 9881, 9882, 9883, 9884, 9885, 9886, 9887, 9888, 9916, 10013.

Liberté-Magazine 4854.

Libre Magazine 174, 175, 830, 833, 2507, 2508, 2509, 2511, 4855, 5148, 5963, 7706.

Littérature du Québec 184, 1246, 1270, 1271, 2237, 2661, 2702, 2703, 2816, 2999, 3094, 3990, 4521, 5092, 5830, 6223, 7633, 9061, 9264.

Livre d'ici 396, 751, 1291, 1292, 1293, 1294, 1295, 1296, 1297, 1298, 1299, 1435, 2720, 3097, 3098, 7103, 7104, 7148, 9071, 9815.

LIVRES ET AUTEURS QUÉBÉCOIS, 1979 34, 35, 230, 653, 765, 1046, 1133, 1134, 1319, 1393, 1500, 1501, 1560, 1925, 2335, 2336, 2485, 2777, 2792, 3027, 3125, 3160, 3206, 3207, 3263, 3283, 3295, 3371, 3413, 3436, 3437, 3502, 3541, 3614, 3662, 3688, 3689, 3694, 3828, 3837, 3854, 4029, 4037, 4083, 4100, 4199, 4368, 4459, 4485, 4492, 4513, 4558, 4559, 4662, 4857, 4926, 4927, 4946, 4947, 4970, 5010, 5132, 5142, 5180, 5240, 5247, 5261, 5324, 5369, 5376, 5488, 5489, 5546, 5556, 5557, 5612, 5719, 5720, 5792, 5884, 5893, 5916, 6040, 6070, 6083, 6187, 6201, 6202, 6203, 6221, 6225, 6267, 6298, 6308, 6309, 6338, 6339, 6384, 6404, 6466, 6474, 6482, 6498, 6523, 6536, 6544, 6576, 6583, 6584, 6665, 6784, 6804, 6807, 6808, 6826, 6938, 6958, 7009, 7056, 7086, 7128, 7160, 7175, 7190, 7219, 7237, 7282, 7349, 7350, 7470, 7546, 7585, 7612, 7614, 7651, 7700, 7741, 7758, 7796, 7806, 7833, 7858, 7881, 7884, 7910, 7945, 7980, 8030, 8077, 8114, 8139, 8177, 8202, 8203, 8250, 8258, 8286, 8321, 8333, 8403, 8419, 8539, 8549, 8569, 8570, 8621, 8647, 8671, 8726, 8743, 8815, 8837, 8838, 8877, 8910, 8954, 9023, 9073, 9114, 9143, 9215, 9221, 9247, 9254, 9269, 9287, 9309, 9334, 9364, 9415, 9416, 9507, 9512, 9530, 9543, 9544, 9571, 9632, 9649, 9661, 9670, 9851, 9892, 9897, 9925, 9965, 9966, 9983, 10058, 10098.

LIVRES ET AUTEURS QUÉBÉCOIS, 1980 673, 774, 839, 1181, 1182, 1332, 1333, 1414, 1530, 1531, 1532, 1714, 2273, 2274, 2275, 2340, 2562, 2833, 2923, 2924, 2985, 3002, 3129,

O

P

9991, 10022, 10030, 10033, 10047, 10056, 10074, 10085, 10116, 10118.

Québec Hebdo 63, 188, 209, 221, 222, 224, 225, 226, 227, 248, 259, 261, 281, 310, 320, 333, 338, 339, 352, 370, 371, 398, 399, 838, 923, 954, 955, 968, 1103, 1112, 1121, 1126, 1212, 1230, 1253, 1833, 1834, 1915, 2140, 2145, 2227, 2396, 2446, 2450, 2492, 2534, 2578, 2609, 2649, 2927, 2928, 3095, 3244, 3316, 3333, 3353, 3458, 3542, 3543, 3551, 3593, 3603, 3627, 3793, 3878, 4132, 4308, 4333, 4367, 4872, 4938, 5354, 5417, 5534, 5854, 5886, 5907, 6119, 6182, 6244, 6246, 6271, 6355, 6554, 6595, 6633, 6734, 6990, 7098, 7100, 7131, 7146, 7166, 7199, 7263, 7461, 7477, 7493, 7494, 7565, 7619, 7699, 7765, 7769, 7828, 7860, 7909, 7937, 8094, 8151, 8349, 8368, 8377, 8384, 8553, 8589, 8694, 8835, 8841, 8869, 8931, 8973, 9030, 9229, 9265, 9439, 9562, 9564, 9569, 9601, 9607, 9610, 9659, 9690, 9728, 9731, 9768, 9816, 9857, 9875, 10046.

Queen's Quarterly 442, 2266, 2278, 2880, 3321, 3546, 4240, 7754, 7941, 9693.

Questions de culture 101, 137, 138, 995, 1006, 1007, 1008, 1009, 1010, 2657, 3798, 4272, 4328, 7721, 9148.

Quill and Quire 27, 233, 250, 251, 311, 319, 365, 366, 378, 413, 445, 969, 1114, 1115, 1116, 1117, 1118, 1119, 1120, 1124, 1125, 1137, 1153, 1162, 1176, 1177, 1265, 1356, 1794, 2520, 2522, 2704, 2866, 2940, 2964, 3495, 3525, 3558, 3578, 3596, 3701, 3765, 3954, 4070, 4094, 4124, 4130, 4136, 4204, 4228, 4348, 4351, 4863, 5052, 5600, 6333, 6411, 6416, 6623, 7102, 7153, 7450, 7459, 7466, 7475, 7529, 7530, 7781, 7788, 7861, 7931, 7947, 8076, 8232, 8609, 8615, 8700, 8702, 8999, 9031, 9470, 9560, 9576, 9687, 9706, 9707, 9795, 9806, 9811, 9843, 9948.

R

Racar 3698, 3704, 5251.

Recherches amérindiennes au Québec 42, 665, 1509, 1822, 2321, 2621, 4271, 5155, 5289, 8789, 8793, 9393, 9396, 9862.

Recherches sémiotiques/Semiotic Inquiry 573, 601, 1434, 5348, 6260, 6680, 7038, 9069.

Recherches sociographiques 404, 419, 469, 607, 608, 609, 860, 861, 919, 978, 1431, 2423, 2625, 3045, 4987, 5161, 5228, 5409, 5464, 5518, 5759, 5894, 6077, 6085, 6521, 6927, 6967, 7027, 7067, 7133, 7637, 7988, 8274, 9277.

Reflets 1900, 1914, 1938, 1943, 1945, 1971, 1984, 1985, 2002, 2017, 2020, 2025, 2041, 2053, 2060, 2092, 2098, 2139, 2143, 2161, 2181, 2188, 2192, 2219, 2402, 2663, 3597, 4200, 4245, 4262, 4263, 4689, 5263, 5856, 6415, 6560, 7313, 7484, 8089, 9047, 9245, 9366, 9407, 9600.

Relations 110, 117, 405, 825, 850, 938, 939, 949, 1029, 1412, 1580, 1816, 1831, 1946, 1947, 1948, 2021, 2061, 2144, 2193, 2389, 2445, 2915, 3077, 3225, 3319, 3449, 3474, 3690, 3754, 3755, 3756, 3930, 4125, 4140, 4197, 4542, 4981, 5218, 5298, 5315, 5337, 5580, 5769, 5833, 6049, 6096, 6250, 6459, 6602, 6612, 6682, 6955, 7543, 7717, 7972, 7992, 8179, 8187, 8198, 8352, 8354, 8564, 8578, 8591, 8780, 8849, 8935, 9248, 9448, 9527, 9603, 9629, 9744, 9748, 9807, 9924, 10017.

Requiem 2776, 3342, 4165, 7279, 7321, 9306, 9539.

Réseau 102, 321, 565, 752, 900, 2042, 2392, 2424, 2550, 2648, 2664, 2688, 2946, 3317, 3732, 4044, 5631, 6120, 6380, 6529, 6921, 7036, 7424, 8127, 8470, 8921, 8928, 9256, 9665, 9951.

Résistances 6816, 8336.

La Revue 2322.

La Revue canadienne du droit d'auteur 678, 679, 680, 695, 696, 697, 711, 724, 1187, 1188, 1189, 1207, 1208, 1209, 1226, 1260.

Revue d'ethnologie du Québec 45, 2303, 2802, 6243, 9257, 9469.

Revue d'histoire de l'Amérique française 182, 409, 449, 890, 2471, 2743, 2745, 2746, 3136, 3648, 4179, 4365, 4756, 5410, 5960, 5964, 5967, 5970, 5973, 5974, 5976, 5977, 5978, 6017, 6073, 6509, 6530, 6707, 7418, 8355, 8715, 8783, 8854, 8916, 8926, 9666, 9872.

Revue d'histoire du Bas-Saint-Laurent 1777, 2665, 2685, 2747, 5621, 5622.

Revue d'histoire du comté de Shefford 2738.

Revue d'histoire littéraire du Québec et du Canada français 54, 84, 85, 86, 92, 93, 133, 134, 135, 139, 140, 141, 185, 186, 437, 624, 775, 776, 777, 778, 779, 780, 792, 899, 1057, 1058, 1250, 1251, 1268, 1415, 1416, 1432, 1533, 1534, 1545, 1546, 2315, 2316, 2563, 2564, 2748, 2944, 2953, 2962, 3000, 3044, 3068, 3073, 3100, 3505, 3641, 3727, 4273, 4422, 4427, 4428, 4538, 4635, 4643, 4644, 4804, 4805, 4811, 4842, 4894, 4941, 5079, 5118, 5119, 5121, 5292, 5305, 5381, 5393, 5405, 5406, 5496, 5526, 5538, 5539, 5623, 5628, 5744, 5774, 5783, 5787, 5788, 5847, 6036, 6069, 6091, 6259, 6270, 6280, 6503, 6504, 6532, 6575, 6824, 6974, 6978, 7118, 7138, 7185, 7214, 7275, 7331, 7332, 7408, 7737, 7802, 7856, 8036, 8071, 8103, 8159, 8197, 8382, 8687, 8803, 8872, 8919, 8971, 8972, 9262, 9263, 9285, 9389, 9482, 9483, 9536, 9615, 9638, 9668, 9822, 9861.

U

V

W

6 INDEX DES ANNÉES

3196, 3197, 3198, 3199, 3200, 3201, 3202, 3203, 3204, 3205, 3206, 3207, 3260, 3263, 3278, 3283, 3294, 3295, 3325, 3342, 3343, 3344, 3345, 3348, 3352, 3353, 3356, 3368, 3369, 3370, 3371, 3412, 3413, 3418, 3419, 3426, 3427, 3428, 3429, 3430, 3431, 3432, 3433, 3434, 3435, 3436, 3437, 3470, 3495, 3496, 3497, 3498, 3499, 3500, 3501, 3502, 3504, 3506, 3507, 3508, 3518, 3519, 3520, 3521, 3522, 3523, 3524, 3525, 3526, 3527, 3528, 3529, 3530, 3531, 3532, 3533, 3534, 3535, 3536, 3537, 3538, 3539, 3540, 3541, 3614, 3637, 3639, 3651, 3652, 3660, 3662, 3679, 3680, 3681, 3682, 3683, 3684, 3685, 3686, 3687, 3688, 3689, 3694, 3696, 3697, 3698, 3699, 3700, 3701, 3718, 3725, 3746, 3747, 3753, 3754, 3755, 3756, 3757, 3758, 3759, 3760, 3761, 3762, 3763, 3764, 3765, 3766, 3767, 3768, 3769, 3770, 3771, 3772, 3773, 3774, 3775, 3776, 3777, 3778, 3779, 3780, 3799, 3800, 3801, 3802, 3803, 3810, 3814, 3815, 3821, 3828, 3832, 3833, 3834, 3835, 3836, 3837, 3841, 3842, 3852, 3853, 3854, 3878, 3886, 3901, 3902, 3903, 3922, 3923, 3939, 3940, 3941, 3942, 3943, 3944, 3945, 3946, 3947, 3948, 3949, 3950, 3951, 4016, 4024, 4025, 4026, 4027, 4028, 4029, 4030, 4031, 4032, 4033, 4034, 4035, 4036, 4037, 4047, 4048, 4051, 4052, 4070, 4076, 4077, 4078, 4079, 4082, 4083, 4094, 4096, 4098, 4099, 4100, 4112, 4113, 4114, 4120, 4121, 4122, 4123, 4124, 4125, 4126, 4127, 4128, 4129, 4130, 4161, 4162, 4163, 4164, 4165, 4166, 4167, 4177, 4178, 4180, 4181, 4182, 4183, 4184, 4185, 4186, 4187, 4188, 4189, 4190, 4191, 4192, 4193, 4194, 4195, 4196, 4197, 4198, 4199, 4269, 4270, 4277, 4284, 4285, 4286, 4287, 4303, 4304, 4305, 4329, 4344, 4347, 4348, 4354, 4355, 4366, 4367, 4368, 4392, 4394, 4395, 4411, 4412, 4420, 4423, 4424, 4425, 4429, 4430, 4437, 4457, 4459, 4474, 4482, 4483, 4484, 4485, 4490, 4491, 4492, 4512, 4513, 4514, 4529, 4535, 4536, 4554, 4555, 4556, 4557, 4558, 4559, 4571, 4572, 4573, 4574, 4575, 4576, 4577, 4578, 4613, 4614, 4615, 4616, 4617, 4623, 4631, 4632, 4636, 4637, 4638, 4639, 4640, 4645, 4646, 4647, 4648, 4660, 4661, 4662, 4674, 4675, 4676, 4677, 4678, 4679, 4680, 4681, 4682, 4683, 4684, 4685, 4691, 4778, 4779, 4785, 4786, 4806, 4807, 4810, 4812, 4821, 4822, 4823, 4825, 4826, 4827, 4828, 4830, 4831, 4833, 4834, 4852, 4853, 4857, 4886, 4892, 4895, 4896, 4897, 4898, 4906, 4907, 4908, 4911, 4915, 4923, 4924, 4925, 4926, 4927, 4935, 4936, 4946, 4947, 4969, 4970, 4977, 4978, 4979, 4980, 4981, 4982, 4983, 5009, 5010, 5012, 5013, 5014, 5029, 5043, 5044, 5049, 5050, 5051, 5052, 5067, 5080, 5081, 5082, 5083, 5106, 5107, 5108, 5122, 5132, 5138, 5139, 5140, 5141, 5142, 5177, 5178, 5179, 5180, 5211, 5212, 5225, 5226, 5227, 5228, 5229, 5239, 5240, 5244, 5245, 5246, 5247, 5261, 5276, 5280, 5281, 5282, 5283, 5284, 5285, 5286, 5287, 5288, 5324, 5345, 5346, 5347, 5368, 5369, 5374, 5375,

5376, 5378, 5382, 5391, 5400, 5401, 5402, 5407, 5408, 5409, 5411, 5423, 5424, 5425, 5427, 5428, 5429, 5430, 5431, 5450, 5459, 5460, 5461, 5462, 5463, 5464, 5465, 5466, 5468, 5480, 5481, 5482, 5483, 5484, 5485, 5486, 5487, 5488, 5489, 5511, 5519, 5524, 5525, 5527, 5528, 5529, 5530, 5531, 5541, 5542, 5543, 5544, 5545, 5546, 5550, 5551, 5552, 5553, 5554, 5555, 5556, 5557, 5590, 5591, 5592, 5610, 5611, 5612, 5614, 5629, 5630, 5631, 5645, 5653, 5688, 5689, 5705, 5706, 5707, 5708, 5709, 5710, 5711, 5712, 5713, 5714, 5715, 5716, 5717, 5718, 5719, 5720, 5743, 5751, 5752, 5753, 5754, 5759, 5761, 5762, 5763, 5764, 5765, 5766, 5767, 5768, 5777, 5779, 5780, 5781, 5785, 5791, 5792, 5800, 5801, 5802, 5803, 5808, 5809, 5810, 5811, 5812, 5813, 5814, 5815, 5816, 5817, 5818, 5819, 5820, 5862, 5863, 5872, 5881, 5882, 5883, 5884, 5890, 5891, 5892, 5893, 5915, 5916, 5935, 5936, 5937, 5938, 5939, 5955, 5956, 5957, 5958, 5959, 5960, 5961, 5962, 5994, 6003, 6006, 6007, 6008, 6009, 6019, 6026, 6027, 6028, 6031, 6032, 6033, 6037, 6038, 6039, 6040, 6067, 6068, 6070, 6071, 6072, 6078, 6079, 6080, 6081, 6082, 6083, 6106, 6107, 6108, 6109, 6110, 6111, 6112, 6113, 6114, 6115, 6116, 6117, 6118, 6119, 6186, 6187, 6196, 6197, 6198, 6199, 6200, 6201, 6202, 6203, 6214, 6215, 6216, 6217, 6218, 6219, 6220, 6221, 6225, 6235, 6236, 6237, 6238, 6239, 6267, 6281, 6284, 6286, 6298, 6302, 6303, 6304, 6305, 6306, 6307, 6308, 6309, 6321, 6328, 6329, 6330, 6331, 6332, 6333, 6334, 6335, 6336, 6337, 6338, 6339, 6376, 6377, 6382, 6384, 6385, 6397, 6398, 6399, 6400, 6401, 6402, 6403, 6404, 6418, 6419, 6420, 6421, 6427, 6428, 6430, 6431, 6432, 6433, 6437, 6438, 6439, 6466, 6472, 6473, 6474, 6482, 6491, 6498, 6501, 6505, 6506, 6507, 6513, 6514, 6515, 6516, 6518, 6519, 6520, 6521, 6522, 6523, 6534, 6535, 6536, 6542, 6543, 6544, 6547, 6549, 6551, 6558, 6562, 6563, 6566, 6567, 6568, 6569, 6570, 6574, 6576, 6581, 6583, 6584, 6608, 6629, 6630, 6631, 6632, 6633, 6634, 6638, 6662, 6663, 6664, 6665, 6675, 6676, 6681, 6707, 6740, 6741, 6742, 6782, 6783, 6784, 6802, 6803, 6804, 6807, 6808, 6825, 6826, 6844, 6845, 6846, 6847, 6848, 6868, 6873, 6874, 6895, 6925, 6926, 6932, 6933, 6934, 6935, 6936, 6937, 6938, 6954, 6955, 6956, 6957, 6958, 6967, 6972, 6973, 6975, 6984, 6985, 6986, 6987, 6988, 6989, 7009, 7020, 7021, 7022, 7023, 7029, 7032, 7040, 7041, 7045, 7056, 7078, 7082, 7083, 7084, 7085, 7086, 7106, 7107, 7108, 7127, 7128, 7129, 7130, 7153, 7154, 7155, 7156, 7157, 7158, 7159, 7160, 7162, 7163, 7166, 7167, 7168, 7175, 7183, 7190, 7198, 7199, 7217, 7218, 7219, 7236, 7237, 7252, 7253, 7270, 7271, 7272, 7273, 7274, 7278, 7279, 7280, 7281, 7282, 7318, 7320, 7321, 7322, 7334, 7335, 7336, 7337, 7338, 7339, 7340, 7341, 7342, 7343, 7344, 7345, 7346, 7347, 7348, 7349, 7350, 7372, 7374, 7375, 7376, 7377,

7378, 7397, 7398, 7445, 7446, 7447, 7448, 7449,
7450, 7451, 7452, 7453, 7454, 7455, 7456, 7457,
7458, 7459, 7460, 7461, 7462, 7463, 7464, 7465,
7466, 7467, 7468, 7469, 7470, 7543, 7544, 7545,
7546, 7550, 7551, 7579, 7580, 7581, 7582, 7583,
7584, 7585, 7607, 7608, 7609, 7610, 7611, 7612,
7613, 7614, 7636, 7644, 7647, 7648, 7649, 7650,
7651, 7653, 7654, 7697, 7698, 7699, 7700, 7720,
7739, 7740, 7741, 7756, 7757, 7758, 7764, 7765,
7766, 7792, 7795, 7796, 7805, 7806, 7813, 7814,
7817, 7818, 7830, 7831, 7832, 7833, 7847, 7857,
7858, 7879, 7880, 7881, 7882, 7883, 7884, 7887,
7890, 7892, 7893, 7894, 7910, 7916, 7917, 7919,
7920, 7921, 7928, 7929, 7930, 7931, 7932, 7943,
7944, 7945, 7954, 7956, 7979, 7980, 7984, 7985,
7986, 7987, 8007, 8012, 8013, 8014, 8015, 8023,
8029, 8030, 8037, 8039, 8040, 8041, 8064, 8073,
8074, 8075, 8076, 8077, 8086, 8087, 8088, 8089,
8111, 8112, 8113, 8114, 8139, 8146, 8155, 8156,
8157, 8160, 8165, 8169, 8170, 8172, 8173, 8174,
8175, 8176, 8177, 8202, 8203, 8250, 8258, 8259,
8264, 8265, 8266, 8271, 8272, 8273, 8284, 8285,
8286, 8317, 8318, 8319, 8320, 8321, 8328, 8329,
8330, 8331, 8332, 8333, 8341, 8354, 8355, 8357,
8364, 8383, 8403, 8419, 8421, 8422, 8423, 8430,
8443, 8448, 8449, 8450, 8460, 8461, 8485, 8486,
8491, 8493, 8494, 8524, 8525, 8537, 8538, 8539,
8546, 8547, 8548, 8549, 8558, 8562, 8563, 8564,
8565, 8566, 8567, 8568, 8569, 8570, 8598, 8599,
8600, 8601, 8602, 8603, 8604, 8605, 8606, 8607,
8615, 8616, 8617, 8618, 8619, 8620, 8621, 8647,
8669, 8670, 8671, 8675, 8678, 8684, 8685, 8686,
8690, 8694, 8695, 8696, 8697, 8698, 8699, 8715,
8721, 8722, 8723, 8724, 8725, 8726, 8741, 8742,
8743, 8753, 8754, 8762, 8763, 8764, 8776, 8777,
8778, 8779, 8780, 8781, 8782, 8783, 8784, 8795,
8796, 8797, 8806, 8807, 8808, 8813, 8814, 8815,
8824, 8831, 8832, 8833, 8834, 8835, 8836, 8837,
8838, 8848, 8849, 8850, 8865, 8875, 8876, 8877,
8908, 8909, 8910, 8929, 8930, 8931, 8932, 8945,
8951, 8952, 8953, 8954, 8967, 8968, 8970, 8979,
8980, 8981, 8982, 8983, 8990, 8991, 8992, 8993,
8994, 8995, 8996, 8997, 8998, 8999, 9000, 9001,
9002, 9003, 9004, 9005, 9006, 9007, 9008, 9009,
9010, 9011, 9012, 9013, 9014, 9015, 9016, 9017,
9018, 9019, 9020, 9021, 9022, 9023, 9024, 9073,
9083, 9084, 9085, 9114, 9129, 9130, 9143, 9149,
9150, 9151, 9152, 9153, 9154, 9188, 9189, 9190,
9191, 9192, 9215, 9221, 9228, 9230, 9231, 9232,
9233, 9234, 9235, 9236, 9237, 9238, 9239, 9240,
9241, 9247, 9248, 9249, 9250, 9251, 9252, 9253,
9254, 9269, 9286, 9287, 9306, 9307, 9308, 9309,
9330, 9331, 9334, 9343, 9345, 9346, 9361, 9362,
9364, 9385, 9386, 9388, 9390, 9391, 9392, 9415,
9416, 9457, 9458, 9459, 9460, 9462, 9463, 9469,
9471, 9487, 9488, 9489, 9493, 9494, 9500, 9503,
9504, 9505, 9506, 9507, 9509, 9510, 9511, 9512,
9527, 9528, 9529, 9530, 9538, 9539, 9540, 9541,

9542, 9543, 9544, 9557, 9558, 9559, 9560, 9561,
9562, 9563, 9564, 9565, 9566, 9567, 9568, 9569,
9570, 9571, 9629, 9630, 9631, 9632, 9649, 9661,
9670, 9678, 9679, 9680, 9681, 9682, 9683, 9684,
9685, 9686, 9687, 9688, 9689, 9690, 9691, 9692,
9693, 9694, 9695, 9696, 9697, 9698, 9699, 9700,
9701, 9702, 9703, 9704, 9705, 9706, 9707, 9708,
9819, 9820, 9851, 9870, 9871, 9873, 9874, 9875,
9876, 9877, 9878, 9879, 9880, 9881, 9882, 9883,
9884, 9885, 9886, 9887, 9888, 9892, 9897, 9912,
9914, 9915, 9916, 9925, 9927, 9928, 9942, 9954,
9955, 9959, 9960, 9961, 9962, 9963, 9964, 9965,
9966, 9977, 9978, 9979, 9980, 9981, 9982, 9983,
10007, 10008, 10036, 10037, 10038, 10054, 10056,
10057, 10058, 10060, 10061, 10064, 10065, 10089,
10096, 10097, 10098, 10113, 10114, 10123.

1980

37, 38, 39, 40, 41, 42, 43, 44, 45, 46, 47, 48, 49, 50,
51, 52, 53, 54, 55, 123, 124, 125, 126, 127, 128,
129, 130, 131, 132, 133, 134, 135, 172, 173, 174,
175, 176, 177, 178, 231, 232, 233, 234, 235, 236,
237, 238, 239, 240, 241, 242, 243, 244, 245, 246,
247, 248, 249, 250, 251, 252, 253, 254, 255, 256,
257, 258, 259, 260, 261, 262, 263, 264, 265, 266,
267, 268, 269, 270, 271, 272, 273, 274, 275, 276,
277, 278, 279, 280, 281, 282, 283, 425, 426, 427,
428, 429, 430, 431, 432, 433, 434, 435, 436, 437,
529, 530, 531, 532, 533, 534, 535, 536, 537, 538,
539, 540, 541, 542, 543, 544, 545, 546, 547, 548,
549, 550, 551, 552, 553, 554, 555, 556, 557, 654,
655, 656, 657, 658, 659, 660, 661, 662, 663, 664,
665, 666, 667, 668, 669, 670, 671, 672, 673, 766,
767, 768, 769, 770, 771, 772, 773, 774, 775, 776,
777, 778, 779, 780, 830, 831, 832, 833, 834, 835,
836, 837, 838, 839, 840, 841, 842, 972, 973, 974,
975, 976, 977, 978, 979, 980, 981, 982, 983, 984,
985, 986, 1047, 1048, 1049, 1050, 1051, 1052,
1053, 1054, 1055, 1056, 1057, 1058, 1136, 1137,
1138, 1139, 1140, 1141, 1142, 1143, 1144, 1145,
1146, 1147, 1148, 1149, 1150, 1151, 1152, 1153,
1154, 1155, 1156, 1157, 1158, 1159, 1160, 1161,
1162, 1163, 1164, 1165, 1166, 1167, 1168, 1169,
1170, 1171, 1172, 1173, 1174, 1175, 1176, 1177,
1178, 1179, 1180, 1181, 1182, 1320, 1321, 1322,
1323, 1324, 1325, 1326, 1327, 1328, 1329, 1330,
1331, 1332, 1333, 1394, 1395, 1396, 1397, 1398,
1399, 1400, 1401, 1402, 1403, 1404, 1405, 1406,
1407, 1408, 1409, 1410, 1411, 1412, 1413, 1414,
1415, 1416, 1441, 1502, 1503, 1504, 1505, 1506,
1507, 1508, 1509, 1510, 1511, 1512, 1513, 1514,
1515, 1516, 1517, 1518, 1519, 1520, 1521, 1522,
1523, 1524, 1525, 1526, 1527, 1528, 1529, 1530,
1531, 1532, 1533, 1534, 1647, 1648, 1649, 1650,
1651, 1652, 1653, 1654, 1655, 1656, 1657, 1658,
1659, 1660, 1661, 1662, 1663, 1664, 1665, 1666,

1667, 1668, 1669, 1670, 1671, 1672, 1673, 1674,
1675, 1676, 1677, 1678, 1679, 1680, 1681, 1682,
1683, 1684, 1685, 1686, 1687, 1688, 1689, 1690,
1691, 1692, 1693, 1694, 1695, 1696, 1697, 1698,
1699, 1700, 1701, 1702, 1703, 1704, 1705, 1706,
1707, 1708, 1709, 1710, 1711, 1712, 1713, 1714,
1926, 1927, 1928, 1929, 1930, 1931, 1932, 1933,
1934, 1935, 1936, 1937, 1938, 1939, 1940, 1941,
1942, 1943, 1944, 1945, 1946, 1947, 1948, 1949,
1950, 1951, 1952, 1953, 1954, 1955, 1956, 1957,
1958, 1959, 1960, 1961, 1962, 1963, 1964, 1965,
1966, 1967, 1968, 1969, 1970, 1971, 1972, 1973,
1974, 1975, 1976, 1977, 1978, 1979, 1980, 1981,
1982, 1983, 1984, 1985, 1986, 1987, 1988, 1989,
1990, 1991, 1992, 1993, 1994, 1995, 1996, 1997,
1998, 1999, 2000, 2001, 2002, 2003, 2004, 2005,
2006, 2007, 2008, 2009, 2010, 2011, 2012, 2013,
2014, 2015, 2016, 2017, 2018, 2019, 2020, 2021,
2022, 2023, 2024, 2025, 2026, 2027, 2269, 2270,
2271, 2272, 2273, 2274, 2275, 2276, 2309, 2310,
2311, 2312, 2320, 2337, 2338, 2339, 2340, 2360,
2361, 2362, 2363, 2364, 2365, 2366, 2367, 2368,
2369, 2370, 2371, 2372, 2373, 2374, 2486, 2487,
2488, 2489, 2490, 2491, 2492, 2493, 2494, 2495,
2496, 2497, 2498, 2499, 2500, 2501, 2502, 2503,
2504, 2505, 2506, 2507, 2508, 2509, 2510, 2511,
2512, 2513, 2514, 2515, 2516, 2517, 2518, 2519,
2520, 2521, 2522, 2523, 2524, 2525, 2526, 2527,
2528, 2529, 2530, 2531, 2532, 2533, 2534, 2535,
2536, 2537, 2538, 2539, 2540, 2541, 2542, 2543,
2544, 2545, 2546, 2547, 2548, 2549, 2550, 2551,
2552, 2553, 2554, 2555, 2556, 2557, 2558, 2559,
2560, 2561, 2562, 2563, 2564, 2737, 2738, 2739,
2740, 2765, 2778, 2779, 2780, 2793, 2794, 2809,
2810, 2811, 2818, 2819, 2830, 2831, 2832, 2833,
2847, 2848, 2874, 2875, 2876, 2877, 2878, 2879,
2880, 2881, 2882, 2883, 2884, 2885, 2886, 2887,
2888, 2903, 2904, 2908, 2909, 2917, 2918, 2919,
2920, 2921, 2922, 2923, 2924, 2941, 2950, 2952,
2958, 2959, 2960, 2961, 2962, 2966, 2979, 2980,
2981, 2982, 2983, 2984, 2985, 3002, 3028, 3029,
3030, 3031, 3032, 3033, 3034, 3035, 3036, 3070,
3075, 3103, 3110, 3122, 3126, 3127, 3128, 3129,
3138, 3139, 3145, 3148, 3149, 3150, 3151, 3152,
3161, 3162, 3163, 3164, 3165, 3166, 3167, 3168,
3169, 3181, 3208, 3209, 3210, 3211, 3212, 3213,
3214, 3215, 3216, 3217, 3218, 3219, 3220, 3221,
3222, 3223, 3261, 3264, 3265, 3266, 3267, 3268,
3284, 3285, 3289, 3290, 3296, 3316, 3317, 3318,
3319, 3320, 3321, 3322, 3326, 3327, 3346, 3354,
3362, 3363, 3364, 3372, 3373, 3374, 3375, 3376,
3377, 3378, 3379, 3380, 3381, 3382, 3383, 3384,
3385, 3414, 3415, 3438, 3439, 3440, 3441, 3442,
3443, 3444, 3445, 3446, 3447, 3448, 3449, 3450,
3451, 3452, 3453, 3454, 3455, 3456, 3457, 3458,
3459, 3471, 3472, 3473, 3474, 3475, 3476, 3477,
3503, 3517, 3542, 3543, 3544, 3545, 3546, 3547,
3548, 3549, 3550, 3551, 3552, 3553, 3554, 3555,

3556, 3557, 3558, 3559, 3560, 3561, 3562, 3563,
3564, 3565, 3566, 3567, 3568, 3569, 3606, 3607,
3611, 3615, 3616, 3617, 3646, 3647, 3663, 3664,
3672, 3674, 3690, 3691, 3692, 3695, 3702, 3703,
3704, 3719, 3720, 3728, 3729, 3730, 3731, 3735,
3748, 3781, 3782, 3783, 3784, 3792, 3811, 3816,
3817, 3818, 3819, 3829, 3830, 3831, 3838, 3839,
3843, 3844, 3846, 3850, 3855, 3856, 3857, 3858,
3859, 3860, 3861, 3862, 3863, 3887, 3888, 3898,
3899, 3904, 3905, 3906, 3909, 3910, 3911, 3912,
3914, 3924, 3925, 3926, 3927, 3938, 3952, 3953,
3954, 3955, 3956, 3957, 3958, 3959, 3960, 3961,
3962, 3963, 3964, 3965, 3966, 3967, 3968, 4038,
4049, 4067, 4071, 4072, 4075, 4084, 4085, 4086,
4087, 4088, 4089, 4095, 4101, 4102, 4106, 4107,
4108, 4109, 4115, 4116, 4131, 4132, 4159, 4160,
4168, 4200, 4201, 4202, 4203, 4204, 4205, 4206,
4207, 4208, 4209, 4210, 4211, 4212, 4213, 4214,
4215, 4216, 4217, 4218, 4219, 4220, 4268, 4271,
4280, 4281, 4282, 4283, 4288, 4306, 4307, 4308,
4309, 4327, 4331, 4337, 4338, 4339, 4340, 4341,
4342, 4345, 4349, 4350, 4356, 4357, 4358, 4369,
4370, 4371, 4372, 4373, 4374, 4375, 4393, 4398,
4399, 4413, 4414, 4415, 4416, 4418, 4426, 4428,
4431, 4432, 4433, 4434, 4438, 4439, 4440, 4441,
4442, 4443, 4444, 4449, 4450, 4458, 4460, 4461,
4462, 4463, 4464, 4467, 4468, 4469, 4475, 4476,
4477, 4478, 4479, 4480, 4486, 4487, 4493, 4494,
4495, 4506, 4507, 4508, 4528, 4530, 4531, 4553,
4560, 4561, 4562, 4563, 4564, 4579, 4580, 4581,
4582, 4583, 4584, 4585, 4591, 4592, 4593, 4594,
4595, 4598, 4618, 4619, 4620, 4649, 4650, 4663,
4664, 4665, 4666, 4667, 4673, 4686, 4701, 4715,
4774, 4777, 4797, 4798, 4799, 4808, 4811, 4824,
4829, 4832, 4835, 4836, 4837, 4840, 4841, 4844,
4845, 4846, 4847, 4848, 4854, 4855, 4858, 4859,
4860, 4872, 4873, 4874, 4890, 4909, 4912, 4913,
4914, 4916, 4928, 4929, 4930, 4931, 4937, 4938,
4948, 4949, 4950, 4951, 4959, 4960, 4963, 4968,
4984, 4985, 4986, 4987, 4988, 4989, 4997, 5015,
5016, 5022, 5023, 5024, 5025, 5030, 5031, 5034,
5035, 5036, 5038, 5053, 5054, 5055, 5056, 5057,
5058, 5068, 5069, 5070, 5071, 5084, 5085, 5086,
5087, 5109, 5110, 5111, 5112, 5115, 5118, 5133,
5143, 5144, 5148, 5149, 5150, 5151, 5155, 5156,
5160, 5161, 5168, 5172, 5173, 5181, 5182, 5183,
5184, 5185, 5186, 5187, 5188, 5189, 5190, 5191,
5192, 5193, 5194, 5213, 5214, 5215, 5230, 5236,
5237, 5241, 5248, 5249, 5250, 5254, 5273, 5274,
5277, 5278, 5289, 5290, 5291, 5292, 5325, 5326,
5330, 5331, 5349, 5353, 5354, 5355, 5356, 5357,
5370, 5379, 5383, 5392, 5394, 5415, 5416, 5432,
5433, 5434, 5435, 5436, 5437, 5438, 5439, 5440,
5441, 5448, 5451, 5452, 5453, 5456, 5457, 5467,
5473, 5490, 5491, 5492, 5493, 5512, 5513, 5523,
5526, 5532, 5533, 5534, 5547, 5548, 5558, 5559,
5560, 5561, 5575, 5576, 5577, 5578, 5584, 5585,
5586, 5593, 5594, 5595, 5596, 5615, 5616, 5632,

5633, 5654, 5655, 5690, 5691, 5692, 5696, 5721, 5722, 5723, 5724, 5725, 5726, 5727, 5728, 5729, 5730, 5755, 5756, 5757, 5769, 5770, 5771, 5782, 5786, 5804, 5805, 5806, 5807, 5821, 5822, 5823, 5824, 5841, 5842, 5843, 5844, 5845, 5846, 5847, 5853, 5861, 5864, 5871, 5885, 5886, 5887, 5889, 5894, 5895, 5896, 5897, 5898, 5899, 5917, 5918, 5919, 5920, 5921, 5922, 5927, 5940, 5941, 5942, 5963, 5964, 5965, 5966, 5967, 5968, 5990, 5995, 6005, 6010, 6018, 6020, 6021, 6022, 6034, 6035, 6041, 6065, 6084, 6085, 6092, 6120, 6121, 6122, 6123, 6124, 6125, 6126, 6127, 6128, 6129, 6130, 6131, 6132, 6133, 6134, 6135, 6136, 6137, 6138, 6139, 6140, 6141, 6142, 6143, 6144, 6145, 6146, 6188, 6204, 6205, 6206, 6207, 6208, 6222, 6226, 6240, 6241, 6242, 6243, 6244, 6245, 6246, 6247, 6248, 6249, 6250, 6251, 6252, 6266, 6268, 6269, 6271, 6272, 6273, 6285, 6290, 6299, 6300, 6310, 6311, 6312, 6313, 6314, 6315, 6325, 6340, 6341, 6342, 6343, 6344, 6345, 6364, 6365, 6369, 6378, 6383, 6386, 6389, 6405, 6406, 6407, 6408, 6409, 6410, 6434, 6435, 6440, 6441, 6467, 6468, 6469, 6475, 6476, 6483, 6484, 6492, 6504, 6508, 6517, 6524, 6525, 6526, 6527, 6528, 6545, 6546, 6552, 6564, 6571, 6575, 6577, 6585, 6586, 6587, 6588, 6589, 6590, 6591, 6592, 6593, 6594, 6595, 6596, 6635, 6636, 6639, 6640, 6641, 6642, 6643, 6644, 6645, 6650, 6651, 6657, 6658, 6659, 6666, 6692, 6693, 6699, 6711, 6712, 6713, 6714, 6715, 6716, 6732, 6733, 6743, 6744, 6745, 6746, 6747, 6748, 6749, 6750, 6757, 6758, 6781, 6785, 6786, 6805, 6809, 6810, 6811, 6827, 6828, 6829, 6830, 6842, 6856, 6858, 6859, 6884, 6885, 6899, 6917, 6922, 6923, 6927, 6928, 6929, 6930, 6931, 6939, 6940, 6941, 6942, 6943, 6953, 6959, 6960, 6968, 6969, 6976, 6979, 6980, 6990, 6991, 6992, 6993, 6994, 6995, 6996, 6997, 6998, 6999, 7006, 7007, 7010, 7014, 7015, 7016, 7017, 7018, 7024, 7033, 7046, 7047, 7052, 7057, 7059, 7060, 7070, 7071, 7072, 7073, 7087, 7088, 7089, 7109, 7126, 7131, 7132, 7133, 7134, 7135, 7136, 7137, 7138, 7161, 7169, 7170, 7171, 7176, 7177, 7178, 7179, 7187, 7191, 7192, 7193, 7195, 7210, 7211, 7212, 7213, 7220, 7221, 7222, 7230, 7231, 7232, 7254, 7255, 7256, 7257, 7258, 7259, 7260, 7265, 7283, 7284, 7285, 7286, 7287, 7288, 7310, 7311, 7312, 7323, 7327, 7351, 7352, 7353, 7354, 7355, 7356, 7357, 7358, 7359, 7360, 7373, 7379, 7380, 7381, 7382, 7383, 7399, 7400, 7401, 7402, 7403, 7404, 7405, 7406, 7407, 7408, 7443, 7471, 7472, 7473, 7474, 7475, 7476, 7477, 7478, 7479, 7480, 7481, 7482, 7483, 7484, 7485, 7486, 7487, 7488, 7489, 7490, 7491, 7492, 7493, 7494, 7495, 7496, 7497, 7498, 7499, 7500, 7501, 7502, 7547, 7548, 7552, 7553, 7586, 7587, 7588, 7589, 7615, 7616, 7617, 7618, 7619, 7620, 7621, 7622, 7623, 7626, 7635, 7637, 7638, 7639, 7640, 7641, 7645, 7655, 7656, 7657, 7658, 7659, 7660, 7661, 7662, 7663, 7664, 7701, 7702, 7703, 7704, 7705, 7706, 7707, 7708, 7709, 7710, 7711, 7712, 7713, 7714, 7736, 7742, 7743, 7744, 7745, 7746, 7759, 7760, 7767, 7768, 7769, 7770, 7771, 7772, 7773, 7774, 7775, 7776, 7777, 7793, 7794, 7797, 7807, 7812, 7819, 7820, 7821, 7822, 7823, 7824, 7825, 7834, 7835, 7836, 7837, 7838, 7839, 7840, 7851, 7852, 7853, 7854, 7859, 7860, 7861, 7862, 7863, 7864, 7865, 7866, 7876, 7877, 7885, 7886, 7895, 7896, 7906, 7911, 7923, 7933, 7946, 7947, 7948, 7949, 7950, 7951, 7952, 7953, 7965, 7966, 7967, 7968, 7969, 7970, 7971, 7972, 7973, 7974, 7988, 7989, 7996, 8008, 8009, 8016, 8017, 8018, 8019, 8024, 8026, 8027, 8031, 8032, 8036, 8038, 8042, 8043, 8044, 8045, 8046, 8062, 8065, 8068, 8078, 8079, 8090, 8091, 8092, 8093, 8094, 8095, 8096, 8115, 8116, 8117, 8118, 8119, 8120, 8140, 8141, 8142, 8143, 8144, 8145, 8150, 8158, 8161, 8166, 8171, 8178, 8179, 8180, 8181, 8182, 8183, 8184, 8185, 8186, 8187, 8188, 8189, 8190, 8204, 8205, 8206, 8207, 8208, 8209, 8235, 8236, 8251, 8252, 8267, 8268, 8274, 8275, 8276, 8277, 8278, 8281, 8287, 8288, 8289, 8290, 8291, 8292, 8293, 8294, 8295, 8296, 8297, 8298, 8316, 8322, 8323, 8324, 8334, 8342, 8343, 8344, 8358, 8365, 8381, 8389, 8390, 8410, 8411, 8412, 8413, 8420, 8424, 8428, 8431, 8432, 8433, 8434, 8435, 8439, 8440, 8444, 8451, 8466, 8470, 8471, 8477, 8492, 8495, 8513, 8521, 8522, 8533, 8540, 8541, 8542, 8543, 8545, 8551, 8552, 8559, 8571, 8572, 8573, 8574, 8575, 8576, 8577, 8578, 8579, 8580, 8581, 8582, 8583, 8584, 8585, 8608, 8609, 8610, 8611, 8612, 8613, 8622, 8623, 8624, 8625, 8626, 8627, 8628, 8629, 8630, 8631, 8644, 8648, 8649, 8672, 8673, 8674, 8700, 8701, 8702, 8706, 8716, 8717, 8718, 8719, 8727, 8728, 8729, 8730, 8731, 8732, 8733, 8734, 8735, 8744, 8745, 8746, 8747, 8748, 8749, 8750, 8755, 8765, 8766, 8767, 8768, 8771, 8772, 8773, 8785, 8786, 8798, 8799, 8800, 8801, 8802, 8809, 8810, 8816, 8817, 8825, 8839, 8840, 8841, 8842, 8843, 8844, 8857, 8858, 8859, 8860, 8861, 8863, 8864, 8866, 8867, 8869, 8873, 8880, 8911, 8913, 8914, 8933, 8934, 8935, 8943, 8944, 8955, 8956, 8957, 8958, 8959, 8969, 8971, 8984, 8985, 8986, 9025, 9026, 9027, 9028, 9029, 9030, 9031, 9032, 9033, 9034, 9035, 9036, 9037, 9038, 9039, 9040, 9041, 9042, 9043, 9074, 9076, 9077, 9086, 9113, 9115, 9116, 9117, 9118, 9119, 9120, 9126, 9127, 9144, 9155, 9156, 9157, 9158, 9200, 9203, 9204, 9205, 9216, 9217, 9222, 9223, 9242, 9255, 9256, 9257, 9258, 9259, 9270, 9271, 9272, 9273, 9280, 9282, 9283, 9288, 9289, 9291, 9302, 9310, 9311, 9312, 9313, 9314, 9315, 9332, 9335, 9338, 9339, 9344, 9347, 9348, 9350, 9368, 9369, 9393, 9394, 9395, 9396, 9397, 9398, 9399, 9400, 9401, 9402, 9403, 9404, 9417, 9418, 9419, 9420, 9421, 9422, 9440, 9441, 9456, 9464, 9465, 9472, 9473, 9485, 9486, 9490, 9495, 9501, 9513, 9514, 9515, 9516, 9517, 9518, 9531, 9545, 9546,

9552, 9553, 9572, 9573, 9574, 9575, 9576, 9577, 9578, 9579, 9580, 9581, 9582, 9583, 9584, 9585, 9586, 9587, 9588, 9589, 9590, 9591, 9592, 9593, 9594, 9595, 9596, 9633, 9647, 9658, 9662, 9663, 9664, 9671, 9709, 9710, 9711, 9712, 9713, 9714, 9715, 9716, 9717, 9718, 9719, 9720, 9721, 9722, 9723, 9724, 9725, 9726, 9727, 9728, 9729, 9730, 9731, 9732, 9733, 9734, 9735, 9736, 9737, 9738, 9739, 9740, 9741, 9823, 9824, 9825, 9852, 9853, 9860, 9862, 9863, 9864, 9865, 9889, 9890, 9893, 9898, 9899, 9903, 9913, 9917, 9926, 9929, 9943, 9944, 9945, 9946, 9956, 9967, 9968, 9969, 9970, 9971, 9972, 9973, 9984, 9985, 9986, 9987, 9988, 9989, 9990, 9991, 9992, 9993, 9994, 9995, 9996, 10009, 10010, 10011, 10012, 10039, 10040, 10046, 10047, 10048, 10062, 10066, 10067, 10068, 10069, 10070, 10094, 10099, 10100, 10101, 10117, 10118, 10119, 10133, 10144, 10145, 10146, 10147, 10155.

1981

56, 57, 58, 59, 60, 61, 62, 63, 64, 65, 66, 67, 68, 69, 70, 71, 72, 73, 74, 75, 76, 77, 78, 79, 80, 136, 137, 138, 179, 180, 181, 182, 284, 285, 286, 287, 288, 289, 290, 291, 292, 293, 294, 295, 296, 297, 298, 299, 300, 301, 302, 303, 304, 305, 306, 307, 308, 309, 310, 311, 312, 313, 314, 315, 316, 317, 318, 319, 320, 321, 322, 323, 324, 325, 326, 327, 328, 329, 330, 331, 332, 333, 334, 335, 336, 337, 338, 339, 340, 341, 342, 343, 344, 345, 346, 347, 438, 439, 440, 441, 442, 443, 444, 445, 446, 447, 448, 449, 450, 451, 452, 558, 559, 560, 561, 562, 563, 564, 565, 566, 567, 568, 569, 570, 571, 572, 573, 574, 575, 576, 577, 578, 579, 580, 581, 582, 583, 584, 585, 586, 587, 588, 589, 590, 591, 592, 593, 594, 595, 596, 597, 598, 599, 600, 601, 602, 603, 604, 605, 606, 674, 675, 676, 677, 678, 679, 680, 681, 682, 683, 684, 685, 686, 687, 688, 689, 690, 691, 692, 693, 694, 695, 696, 697, 698, 699, 700, 701, 702, 703, 704, 705, 706, 707, 708, 709, 710, 711, 712, 713, 714, 715, 716, 717, 781, 782, 783, 784, 785, 786, 787, 788, 789, 790, 843, 844, 845, 846, 847, 848, 849, 850, 851, 852, 853, 854, 855, 856, 857, 858, 859, 860, 861, 862, 863, 864, 865, 866, 867, 868, 869, 870, 871, 872, 873, 874, 875, 876, 877, 878, 879, 880, 881, 882, 883, 884, 885, 886, 887, 888, 889, 890, 891, 892, 893, 894, 987, 988, 989, 990, 991, 992, 993, 994, 995, 996, 997, 998, 999, 1000, 1001, 1002, 1003, 1004, 1005, 1006, 1007, 1008, 1009, 1010, 1011, 1059, 1060, 1061, 1062, 1063, 1064, 1065, 1066, 1067, 1068, 1069, 1070, 1071, 1183, 1184, 1185, 1186, 1187, 1188, 1189, 1190, 1191, 1192, 1193, 1194, 1195, 1196, 1197, 1198, 1199, 1200, 1201, 1202, 1203, 1204, 1205, 1206, 1207, 1208, 1209, 1210, 1211, 1212, 1213, 1214, 1215, 1216, 1217, 1218, 1219, 1220, 1221, 1222, 1223, 1224, 1225, 1226, 1227,

1228, 1229, 1230, 1231, 1232, 1233, 1234, 1235, 1236, 1237, 1238, 1239, 1240, 1241, 1242, 1243, 1244, 1334, 1335, 1336, 1337, 1338, 1339, 1340, 1341, 1342, 1343, 1344, 1345, 1346, 1347, 1417, 1418, 1419, 1420, 1421, 1422, 1423, 1424, 1425, 1426, 1427, 1428, 1429, 1430, 1442, 1443, 1535, 1536, 1537, 1538, 1539, 1540, 1541, 1542, 1543, 1544, 1561, 1562, 1563, 1564, 1715, 1716, 1717, 1718, 1719, 1720, 1721, 1722, 1723, 1724, 1725, 1726, 1727, 1728, 1729, 1730, 1731, 1732, 1733, 1734, 1735, 1736, 1737, 1738, 1739, 1740, 1741, 1742, 1743, 1744, 1745, 1746, 1747, 1748, 1749, 1750, 1751, 1752, 1753, 1754, 1755, 1756, 1757, 1758, 1759, 1760, 1761, 1762, 1763, 1764, 2028, 2029, 2030, 2031, 2032, 2033, 2034, 2035, 2036, 2037, 2038, 2039, 2040, 2041, 2042, 2043, 2044, 2045, 2046, 2047, 2048, 2049, 2050, 2051, 2052, 2053, 2054, 2055, 2056, 2057, 2058, 2059, 2060, 2061, 2062, 2063, 2064, 2065, 2066, 2067, 2068, 2069, 2070, 2071, 2072, 2073, 2074, 2075, 2076, 2077, 2078, 2079, 2080, 2081, 2082, 2083, 2084, 2085, 2086, 2087, 2088, 2089, 2090, 2091, 2092, 2093, 2094, 2095, 2096, 2097, 2098, 2099, 2100, 2101, 2102, 2103, 2104, 2105, 2106, 2107, 2108, 2109, 2110, 2111, 2112, 2113, 2114, 2115, 2116, 2117, 2118, 2119, 2120, 2121, 2122, 2123, 2124, 2125, 2126, 2127, 2128, 2129, 2130, 2131, 2132, 2133, 2134, 2135, 2136, 2137, 2138, 2139, 2140, 2141, 2142, 2143, 2144, 2145, 2146, 2147, 2148, 2149, 2150, 2151, 2152, 2153, 2154, 2155, 2156, 2157, 2158, 2159, 2160, 2161, 2162, 2163, 2164, 2165, 2166, 2167, 2168, 2260, 2261, 2262, 2277, 2278, 2279, 2313, 2314, 2321, 2341, 2342, 2375, 2376, 2377, 2378, 2379, 2380, 2381, 2382, 2383, 2384, 2385, 2386, 2387, 2388, 2389, 2390, 2391, 2392, 2393, 2394, 2395, 2396, 2397, 2398, 2399, 2400, 2401, 2565, 2566, 2567, 2568, 2569, 2570, 2571, 2572, 2573, 2574, 2575, 2576, 2577, 2578, 2579, 2580, 2581, 2582, 2583, 2584, 2585, 2586, 2587, 2588, 2589, 2590, 2591, 2592, 2593, 2594, 2595, 2596, 2597, 2598, 2599, 2600, 2601, 2602, 2603, 2604, 2605, 2606, 2607, 2608, 2609, 2610, 2611, 2612, 2613, 2614, 2615, 2616, 2617, 2618, 2619, 2620, 2621, 2622, 2623, 2624, 2625, 2626, 2627, 2628, 2629, 2630, 2631, 2632, 2633, 2634, 2635, 2636, 2637, 2638, 2639, 2640, 2641, 2642, 2643, 2644, 2645, 2646, 2647, 2648, 2649, 2650, 2651, 2652, 2653, 2654, 2655, 2656, 2657, 2741, 2742, 2743, 2744, 2745, 2746, 2760, 2761, 2762, 2763, 2764, 2769, 2770, 2771, 2772, 2773, 2775, 2781, 2782, 2783, 2784, 2785, 2786, 2787, 2795, 2796, 2797, 2798, 2799, 2817, 2820, 2821, 2822, 2823, 2824, 2834, 2835, 2836, 2837, 2838, 2839, 2840, 2849, 2850, 2851, 2853, 2854, 2855, 2856, 2857, 2858, 2859, 2860, 2889, 2890, 2891, 2892, 2893, 2894, 2895, 2896, 2910, 2911, 2912, 2913, 2925, 2926, 2927, 2928, 2929, 2930, 2931, 2945, 2946, 2951, 2967, 2968, 2969, 2972, 2977, 2978,

2986, 2987, 2988, 2989, 2990, 2991, 3001, 3003, 3004, 3005, 3006, 3037, 3038, 3042, 3043, 3047, 3051, 3052, 3053, 3054, 3055, 3056, 3057, 3076, 3077, 3078, 3079, 3080, 3081, 3082, 3083, 3084, 3085, 3086, 3101, 3104, 3105, 3106, 3107, 3111, 3112, 3113, 3114, 3115, 3116, 3117, 3118, 3130, 3132, 3140, 3141, 3153, 3170, 3171, 3172, 3182, 3183, 3184, 3185, 3224, 3225, 3226, 3227, 3228, 3229, 3230, 3231, 3232, 3233, 3234, 3235, 3236, 3237, 3238, 3239, 3240, 3258, 3259, 3269, 3270, 3271, 3272, 3273, 3274, 3279, 3280, 3281, 3287, 3300, 3301, 3302, 3303, 3304, 3305, 3310, 3311, 3312, 3313, 3314, 3315, 3323, 3328, 3329, 3330, 3331, 3332, 3333, 3334, 3340, 3347, 3355, 3357, 3358, 3359, 3360, 3365, 3366, 3367, 3386, 3387, 3388, 3389, 3390, 3391, 3392, 3401, 3402, 3403, 3404, 3405, 3406, 3407, 3411, 3416, 3417, 3420, 3421, 3422, 3460, 3461, 3462, 3463, 3464, 3465, 3466, 3467, 3478, 3479, 3480, 3481, 3484, 3485, 3509, 3510, 3511, 3512, 3513, 3516, 3570, 3571, 3572, 3573, 3574, 3575, 3576, 3577, 3578, 3579, 3580, 3581, 3582, 3583, 3584, 3585, 3586, 3587, 3608, 3609, 3610, 3612, 3613, 3618, 3619, 3620, 3621, 3622, 3623, 3624, 3626, 3627, 3628, 3629, 3630, 3636, 3638, 3640, 3642, 3648, 3649, 3653, 3654, 3655, 3656, 3657, 3658, 3661, 3665, 3666, 3667, 3673, 3675, 3676, 3677, 3678, 3693, 3705, 3706, 3707, 3708, 3709, 3710, 3711, 3712, 3713, 3714, 3721, 3732, 3736, 3737, 3738, 3749, 3751, 3752, 3785, 3786, 3793, 3794, 3795, 3798, 3804, 3812, 3820, 3826, 3851, 3864, 3865, 3866, 3867, 3879, 3889, 3890, 3891, 3892, 3893, 3897, 3900, 3907, 3908, 3913, 3928, 3929, 3930, 3931, 3934, 3935, 3936, 3969, 3970, 3971, 3972, 3973, 3974, 3975, 3976, 3977, 3978, 3979, 3980, 3981, 3982, 3983, 3984, 3985, 3986, 3987, 3988, 4039, 4040, 4041, 4042, 4043, 4053, 4054, 4055, 4056, 4057, 4058, 4064, 4066, 4069, 4073, 4074, 4080, 4090, 4091, 4092, 4103, 4104, 4110, 4111, 4117, 4133, 4134, 4135, 4136, 4137, 4138, 4139, 4140, 4141, 4142, 4143, 4144, 4145, 4146, 4147, 4148, 4149, 4175, 4179, 4221, 4222, 4223, 4224, 4225, 4226, 4227, 4228, 4229, 4230, 4231, 4232, 4233, 4234, 4235, 4236, 4237, 4238, 4239, 4240, 4241, 4272, 4274, 4278, 4289, 4290, 4300, 4301, 4302, 4310, 4311, 4312, 4313, 4314, 4315, 4316, 4317, 4318, 4319, 4320, 4328, 4330, 4332, 4333, 4336, 4346, 4351, 4352, 4353, 4359, 4360, 4361, 4376, 4377, 4378, 4396, 4400, 4401, 4417, 4421, 4435, 4436, 4451, 4452, 4453, 4465, 4466, 4472, 4473, 4481, 4488, 4496, 4497, 4498, 4499, 4515, 4516, 4517, 4523, 4524, 4525, 4526, 4532, 4533, 4534, 4537, 4540, 4548, 4565, 4566, 4567, 4568, 4586, 4587, 4588, 4596, 4597, 4599, 4602, 4603, 4607, 4608, 4611, 4621, 4624, 4625, 4628, 4629, 4630, 4633, 4641, 4642, 4651, 4653, 4654, 4657, 4658, 4668, 4669, 4670, 4671, 4687, 4688, 4689, 4692, 4693, 4694, 4702, 4703, 4704, 4705, 4714, 4716, 4720, 4721, 4722, 4726, 4727, 4728, 4729, 4730, 4731, 4732, 4743, 4744, 4745, 4757, 4758, 4775, 4780, 4781, 4782, 4787, 4790, 4791, 4792, 4793, 4800, 4802, 4803, 4809, 4813, 4814, 4815, 4816, 4817, 4818, 4819, 4838, 4839, 4849, 4850, 4851, 4856, 4861, 4875, 4876, 4877, 4878, 4882, 4887, 4891, 4900, 4901, 4902, 4903, 4904, 4905, 4910, 4917, 4918, 4919, 4920, 4939, 4940, 4952, 4953, 4954, 4955, 4956, 4957, 4958, 4961, 4962, 4967, 4971, 4990, 4991, 4992, 4996, 4998, 4999, 5000, 5007, 5008, 5011, 5017, 5018, 5019, 5020, 5026, 5027, 5032, 5045, 5046, 5059, 5060, 5061, 5062, 5063, 5072, 5073, 5074, 5088, 5089, 5090, 5091, 5102, 5103, 5104, 5105, 5113, 5114, 5116, 5117, 5123, 5124, 5134, 5135, 5136, 5145, 5146, 5147, 5152, 5157, 5158, 5159, 5162, 5163, 5169, 5170, 5171, 5174, 5175, 5195, 5196, 5197, 5198, 5199, 5200, 5201, 5210, 5216, 5217, 5218, 5219, 5220, 5221, 5232, 5233, 5234, 5235, 5251, 5252, 5258, 5259, 5260, 5262, 5265, 5266, 5267, 5268, 5269, 5275, 5279, 5293, 5294, 5295, 5296, 5297, 5298, 5299, 5300, 5301, 5302, 5303, 5315, 5316, 5317, 5318, 5327, 5328, 5332, 5333, 5334, 5335, 5340, 5341, 5342, 5348, 5350, 5351, 5358, 5371, 5372, 5377, 5380, 5384, 5403, 5404, 5410, 5412, 5413, 5414, 5442, 5443, 5444, 5449, 5454, 5458, 5469, 5470, 5471, 5474, 5475, 5476, 5494, 5495, 5514, 5518, 5549, 5562, 5563, 5564, 5579, 5587, 5588, 5597, 5598, 5599, 5600, 5601, 5602, 5603, 5604, 5605, 5609, 5617, 5618, 5619, 5620, 5634, 5635, 5636, 5637, 5638, 5646, 5647, 5648, 5649, 5656, 5657, 5658, 5659, 5660, 5661, 5662, 5663, 5664, 5665, 5666, 5667, 5676, 5677, 5678, 5697, 5698, 5731, 5732, 5733, 5734, 5735, 5736, 5737, 5741, 5742, 5748, 5758, 5772, 5789, 5790, 5793, 5794, 5795, 5796, 5825, 5826, 5827, 5828, 5840, 5848, 5849, 5850, 5851, 5854, 5855, 5857, 5858, 5865, 5866, 5873, 5874, 5875, 5876, 5877, 5888, 5900, 5901, 5902, 5903, 5904, 5905, 5912, 5923, 5924, 5925, 5928, 5929, 5943, 5944, 5947, 5948, 5969, 5970, 5971, 5972, 5973, 5974, 5979, 5987, 5988, 5989, 5991, 5993, 5996, 5997, 5998, 5999, 6000, 6001, 6004, 6011, 6012, 6013, 6016, 6017, 6023, 6029, 6030, 6042, 6043, 6044, 6045, 6046, 6066, 6075, 6077, 6086, 6087, 6088, 6147, 6148, 6149, 6150, 6151, 6152, 6153, 6154, 6155, 6156, 6157, 6158, 6159, 6160, 6189, 6209, 6210, 6211, 6212, 6227, 6228, 6229, 6230, 6253, 6254, 6255, 6256, 6257, 6258, 6274, 6275, 6276, 6277, 6282, 6283, 6287, 6291, 6292, 6293, 6294, 6301, 6316, 6317, 6318, 6319, 6320, 6322, 6323, 6324, 6326, 6327, 6346, 6347, 6348, 6349, 6350, 6351, 6352, 6353, 6366, 6367, 6368, 6370, 6371, 6372, 6373, 6379, 6387, 6390, 6411, 6412, 6413, 6414, 6422, 6423, 6424, 6425, 6436, 6442, 6443, 6444, 6445, 6446, 6447, 6448, 6449, 6450, 6451, 6452, 6453, 6454, 6455, 6456, 6465, 6470, 6477, 6478, 6485, 6486, 6487, 6488, 6489, 6493, 6502, 6509, 6510, 6511, 6529,

6530, 6531, 6537, 6538, 6539, 6540, 6553, 6560,
6572, 6573, 6578, 6597, 6609, 6610, 6611, 6612,
6613, 6614, 6615, 6616, 6617, 6652, 6656, 6660,
6661, 6670, 6671, 6672, 6673, 6677, 6678, 6679,
6682, 6683, 6684, 6685, 6686, 6687, 6691, 6694,
6695, 6700, 6701, 6702, 6703, 6704, 6705, 6708,
6717, 6718, 6719, 6720, 6721, 6722, 6723, 6724,
6725, 6726, 6734, 6738, 6739, 6751, 6752, 6753,
6754, 6755, 6756, 6759, 6760, 6761, 6762, 6769,
6775, 6776, 6777, 6778, 6779, 6780, 6787, 6788,
6789, 6790, 6791, 6792, 6793, 6800, 6812, 6813,
6814, 6817, 6818, 6819, 6820, 6849, 6850, 6851,
6852, 6857, 6860, 6864, 6865, 6866, 6869, 6870,
6875, 6876, 6877, 6886, 6887, 6888, 6896, 6897,
6898, 6900, 6901, 6902, 6903, 6904, 6905, 6906,
6907, 6908, 6918, 6919, 6921, 6924, 6944, 6945,
6946, 6947, 6961, 6962, 6963, 6964, 6970, 6977,
6981, 6982, 6983, 7000, 7001, 7002, 7003, 7011,
7013, 7019, 7025, 7026, 7034, 7039, 7049, 7053,
7054, 7055, 7058, 7061, 7062, 7063, 7064, 7065,
7066, 7067, 7068, 7074, 7075, 7076, 7080, 7081,
7090, 7091, 7092, 7093, 7094, 7095, 7096, 7097,
7098, 7110, 7111, 7112, 7113, 7114, 7115, 7116,
7117, 7139, 7140, 7141, 7142, 7143, 7144, 7165,
7172, 7173, 7184, 7186, 7188, 7189, 7194, 7196,
7197, 7202, 7204, 7233, 7234, 7238, 7243, 7261,
7262, 7266, 7267, 7289, 7290, 7303, 7304, 7305,
7308, 7314, 7315, 7316, 7317, 7319, 7324, 7325,
7326, 7328, 7329, 7330, 7361, 7362, 7363, 7364,
7365, 7366, 7367, 7384, 7385, 7386, 7387, 7388,
7389, 7409, 7410, 7411, 7412, 7413, 7414, 7415,
7416, 7417, 7418, 7419, 7420, 7421, 7422, 7423,
7424, 7425, 7426, 7427, 7428, 7429, 7444, 7503,
7504, 7505, 7506, 7507, 7508, 7509, 7510, 7511,
7512, 7513, 7514, 7515, 7516, 7549, 7554, 7555,
7556, 7557, 7558, 7559, 7560, 7561, 7562, 7563,
7564, 7565, 7566, 7567, 7568, 7569, 7590, 7591,
7592, 7593, 7594, 7595, 7596, 7624, 7627, 7646,
7665, 7666, 7667, 7668, 7669, 7670, 7671, 7672,
7673, 7674, 7675, 7676, 7677, 7678, 7679, 7680,
7681, 7682, 7715, 7716, 7717, 7718, 7721, 7727,
7728, 7733, 7734, 7738, 7747, 7748, 7749, 7750,
7761, 7778, 7779, 7780, 7781, 7782, 7783, 7784,
7785, 7786, 7798, 7803, 7808, 7815, 7826, 7827,
7841, 7842, 7843, 7845, 7848, 7849, 7850, 7867,
7868, 7869, 7870, 7871, 7878, 7888, 7891, 7897,
7907, 7908, 7909, 7922, 7924, 7934, 7935, 7936,
7937, 7938, 7939, 7940, 7955, 7957, 7958, 7959,
7960, 7961, 7975, 7976, 7981, 7982, 7983, 7990,
7995, 7997, 7998, 7999, 8000, 8001, 8002, 8003,
8011, 8025, 8033, 8034, 8047, 8048, 8049, 8050,
8051, 8052, 8053, 8054, 8055, 8063, 8066, 8069,
8070, 8080, 8081, 8083, 8084, 8085, 8097, 8098,
8099, 8100, 8101, 8102, 8121, 8122, 8123, 8124,
8125, 8126, 8127, 8128, 8129, 8130, 8147, 8151,
8152, 8162, 8163, 8164, 8167, 8168, 8191, 8192,
8193, 8194, 8195, 8196, 8210, 8211, 8212, 8213,
8214, 8215, 8216, 8217, 8218, 8219, 8220, 8237,
8238, 8239, 8240, 8241, 8242, 8243, 8244, 8245,
8246, 8247, 8253, 8254, 8255, 8256, 8257, 8262,
8263, 8299, 8300, 8301, 8302, 8303, 8304, 8305,
8306, 8307, 8308, 8325, 8326, 8327, 8340, 8345,
8356, 8377, 8378, 8379, 8380, 8384, 8385, 8386,
8391, 8392, 8393, 8394, 8404, 8405, 8406, 8407,
8408, 8414, 8415, 8416, 8417, 8418, 8425, 8426,
8427, 8436, 8452, 8454, 8455, 8456, 8462, 8463,
8464, 8467, 8468, 8469, 8472, 8473, 8474, 8475,
8476, 8478, 8480, 8481, 8484, 8487, 8488, 8496,
8497, 8498, 8499, 8511, 8514, 8515, 8516, 8523,
8526, 8527, 8528, 8529, 8530, 8531, 8532, 8535,
8536, 8553, 8586, 8587, 8588, 8589, 8590, 8591,
8592, 8593, 8594, 8595, 8596, 8597, 8614, 8632,
8633, 8634, 8635, 8636, 8637, 8638, 8639, 8645,
8646, 8650, 8651, 8652, 8653, 8654, 8655, 8656,
8662, 8663, 8664, 8665, 8679, 8680, 8703, 8705,
8707, 8708, 8709, 8720, 8751, 8756, 8757, 8758,
8761, 8774, 8775, 8787, 8788, 8789, 8790, 8791,
8792, 8818, 8819, 8820, 8826, 8827, 8828, 8829,
8845, 8856, 8862, 8868, 8870, 8871, 8881, 8882,
8883, 8884, 8885, 8886, 8891, 8892, 8893, 8894,
8895, 8896, 8897, 8898, 8915, 8916, 8917, 8920,
8921, 8922, 8936, 8937, 8938, 8939, 8946, 8950,
8960, 8961, 8962, 8963, 8987, 8988, 9044, 9045,
9046, 9047, 9048, 9049, 9050, 9051, 9052, 9053,
9054, 9055, 9056, 9057, 9058, 9059, 9075, 9078,
9079, 9080, 9087, 9088, 9089, 9090, 9091, 9092,
9093, 9094, 9095, 9096, 9097, 9098, 9099, 9100,
9101, 9102, 9103, 9104, 9105, 9121, 9122, 9128,
9131, 9132, 9145, 9146, 9148, 9159, 9160, 9161,
9162, 9163, 9164, 9165, 9166, 9167, 9168, 9169,
9170, 9171, 9172, 9184, 9185, 9186, 9187, 9193,
9206, 9207, 9208, 9209, 9210, 9211, 9213, 9214,
9218, 9224, 9227, 9229, 9243, 9244, 9245, 9274,
9277, 9278, 9279, 9284, 9316, 9317, 9333, 9341,
9342, 9349, 9351, 9352, 9353, 9354, 9355, 9356,
9357, 9358, 9359, 9360, 9363, 9365, 9370, 9371,
9372, 9373, 9374, 9375, 9405, 9406, 9407, 9408,
9409, 9410, 9411, 9412, 9413, 9414, 9423, 9424,
9425, 9426, 9427, 9428, 9429, 9430, 9439, 9442,
9443, 9444, 9445, 9446, 9447, 9448, 9449, 9461,
9466, 9467, 9475, 9476, 9477, 9491, 9496, 9502,
9508, 9519, 9520, 9521, 9532, 9533, 9534, 9535,
9547, 9548, 9549, 9554, 9555, 9556, 9597, 9598,
9599, 9600, 9601, 9602, 9603, 9604, 9605, 9606,
9607, 9608, 9609, 9610, 9611, 9612, 9634, 9635,
9636, 9637, 9640, 9643, 9644, 9648, 9650, 9652,
9653, 9654, 9655, 9665, 9666, 9667, 9675, 9742,
9743, 9744, 9745, 9746, 9747, 9748, 9749, 9750,
9751, 9752, 9753, 9754, 9755, 9756, 9757, 9758,
9759, 9760, 9761, 9762, 9763, 9764, 9765, 9766,
9767, 9768, 9769, 9770, 9771, 9772, 9773, 9774,
9775, 9776, 9777, 9778, 9779, 9780, 9781, 9782,
9821, 9826, 9827, 9832, 9837, 9838, 9839, 9840,
9841, 9842, 9843, 9844, 9845, 9846, 9847, 9849,
9850, 9854, 9855, 9866, 9867, 9868, 9872, 9894,
9900, 9904, 9905, 9906, 9907, 9910, 9918, 9919,

480

9920, 9921, 9922, 9923, 9924, 9930, 9931, 9932, 9933, 9934, 9935, 9936, 9947, 9948, 9949, 9950, 9951, 9952, 9957, 9974, 9997, 9998, 9999, 10000, 10001, 10002, 10013, 10014, 10015, 10016, 10017, 10018, 10019, 10020, 10021, 10022, 10023, 10024, 10025, 10041, 10042, 10049, 10050, 10051, 10052, 10059, 10063, 10071, 10072, 10073, 10074, 10075, 10076, 10088, 10095, 10102, 10103, 10104, 10105, 10115, 10116, 10120, 10121, 10122, 10124, 10125, 10134, 10135, 10136, 10148, 10149, 10156.

1982

81, 82, 83, 84, 85, 86, 87, 88, 89, 90, 91, 92, 93, 94, 95, 96, 97, 98, 99, 100, 101, 102, 103, 104, 105, 106, 107, 108, 109, 139, 140, 141, 142, 143, 144, 183, 184, 185, 186, 187, 188, 189, 190, 191, 192, 193, 194, 195, 348, 349, 350, 351, 352, 353, 354, 355, 356, 357, 358, 359, 360, 361, 362, 363, 364, 365, 366, 367, 368, 369, 370, 371, 372, 373, 374, 375, 376, 377, 378, 379, 380, 381, 382, 383, 384, 385, 386, 387, 388, 389, 390, 391, 392, 393, 394, 395, 396, 397, 398, 399, 400, 401, 402, 403, 453, 454, 455, 456, 457, 458, 459, 460, 461, 462, 463, 464, 465, 466, 467, 468, 469, 470, 471, 472, 473, 474, 475, 607, 608, 609, 610, 611, 612, 613, 614, 615, 616, 617, 618, 619, 620, 621, 622, 623, 624, 625, 626, 627, 628, 629, 630, 631, 632, 633, 718, 719, 720, 721, 722, 723, 724, 725, 726, 727, 728, 729, 730, 731, 732, 733, 734, 735, 736, 737, 738, 739, 740, 741, 742, 743, 744, 745, 746, 747, 748, 749, 750, 751, 752, 791, 792, 793, 794, 795, 895, 896, 897, 898, 899, 900, 901, 902, 903, 904, 905, 906, 907, 908, 909, 910, 911, 912, 913, 914, 915, 916, 917, 918, 919, 920, 921, 922, 923, 924, 925, 926, 927, 928, 929, 930, 931, 932, 933, 1012, 1013, 1014, 1015, 1016, 1017, 1018, 1019, 1020, 1021, 1022, 1023, 1024, 1025, 1026, 1027, 1028, 1029, 1030, 1072, 1073, 1074, 1075, 1076, 1077, 1078, 1079, 1080, 1081, 1245, 1246, 1247, 1248, 1249, 1250, 1251, 1252, 1253, 1254, 1255, 1256, 1257, 1258, 1259, 1260, 1261, 1262, 1263, 1264, 1265, 1266, 1267, 1268, 1269, 1270, 1271, 1272, 1273, 1274, 1275, 1276, 1277, 1278, 1279, 1280, 1281, 1282, 1283, 1284, 1285, 1286, 1287, 1288, 1289, 1290, 1291, 1292, 1293, 1294, 1295, 1296, 1297, 1298, 1299, 1300, 1301, 1302, 1303, 1348, 1349, 1350, 1351, 1352, 1353, 1354, 1355, 1356, 1357, 1358, 1359, 1360, 1361, 1362, 1363, 1364, 1365, 1366, 1431, 1432, 1433, 1434, 1435, 1436, 1437, 1438, 1444, 1545, 1546, 1547, 1548, 1549, 1550, 1551, 1552, 1553, 1554, 1555, 1556, 1557, 1565, 1566, 1567, 1765, 1766, 1767, 1768, 1769, 1770, 1771, 1772, 1773, 1774, 1775, 1776, 1777, 1778, 1779, 1780, 1781, 1782, 1783, 1784, 1785, 1786, 1787, 1788, 1789, 1790, 1791, 1792, 1793, 1794, 1795, 1796, 1797, 1798, 1799, 1800, 1801, 1802,

1803, 1804, 1805, 1806, 1807, 1808, 1809, 1810, 1811, 1812, 1813, 1814, 1815, 1816, 1817, 2169, 2170, 2171, 2172, 2173, 2174, 2175, 2176, 2177, 2178, 2179, 2180, 2181, 2182, 2183, 2184, 2185, 2186, 2187, 2188, 2189, 2190, 2191, 2192, 2193, 2194, 2195, 2196, 2197, 2198, 2199, 2200, 2201, 2202, 2203, 2204, 2205, 2206, 2207, 2208, 2209, 2210, 2211, 2212, 2213, 2214, 2215, 2216, 2217, 2218, 2219, 2220, 2221, 2222, 2223, 2224, 2225, 2226, 2227, 2228, 2229, 2230, 2231, 2232, 2233, 2234, 2235, 2236, 2237, 2238, 2239, 2240, 2241, 2242, 2243, 2244, 2245, 2246, 2247, 2248, 2249, 2250, 2251, 2252, 2253, 2254, 2255, 2280, 2281, 2282, 2283, 2284, 2285, 2286, 2287, 2288, 2289, 2290, 2291, 2315, 2316, 2317, 2322, 2323, 2324, 2325, 2343, 2402, 2403, 2404, 2405, 2406, 2407, 2408, 2409, 2410, 2411, 2412, 2413, 2414, 2415, 2416, 2417, 2658, 2659, 2660, 2661, 2662, 2663, 2664, 2665, 2666, 2667, 2668, 2669, 2670, 2671, 2672, 2673, 2674, 2675, 2676, 2677, 2678, 2679, 2680, 2681, 2682, 2683, 2684, 2685, 2686, 2687, 2688, 2689, 2690, 2691, 2692, 2693, 2694, 2695, 2696, 2697, 2698, 2699, 2700, 2701, 2702, 2703, 2704, 2705, 2706, 2707, 2708, 2709, 2710, 2711, 2712, 2713, 2714, 2715, 2716, 2717, 2718, 2719, 2720, 2721, 2722, 2723, 2724, 2725, 2726, 2727, 2728, 2729, 2730, 2731, 2747, 2748, 2749, 2750, 2751, 2752, 2753, 2754, 2755, 2756, 2757, 2758, 2759, 2766, 2767, 2774, 2788, 2789, 2790, 2800, 2801, 2812, 2813, 2814, 2815, 2816, 2841, 2842, 2843, 2844, 2845, 2852, 2861, 2862, 2897, 2898, 2899, 2900, 2901, 2902, 2932, 2933, 2934, 2935, 2936, 2937, 2938, 2939, 2940, 2942, 2943, 2944, 2947, 2949, 2953, 2954, 2963, 2970, 2971, 2973, 2974, 2975, 2992, 2993, 2994, 2995, 2996, 2997, 2998, 2999, 3000, 3007, 3039, 3044, 3048, 3058, 3059, 3060, 3061, 3062, 3063, 3064, 3065, 3066, 3067, 3068, 3073, 3087, 3088, 3089, 3090, 3091, 3092, 3093, 3094, 3095, 3096, 3097, 3098, 3099, 3100, 3108, 3109, 3119, 3120, 3121, 3123, 3124, 3131, 3133, 3136, 3137, 3146, 3147, 3154, 3155, 3156, 3157, 3158, 3159, 3173, 3174, 3175, 3176, 3177, 3178, 3179, 3180, 3186, 3187, 3188, 3241, 3242, 3243, 3244, 3245, 3246, 3247, 3248, 3249, 3250, 3251, 3252, 3253, 3254, 3255, 3256, 3257, 3262, 3275, 3276, 3277, 3282, 3286, 3288, 3291, 3292, 3293, 3297, 3298, 3299, 3306, 3307, 3308, 3309, 3324, 3335, 3336, 3337, 3338, 3339, 3341, 3349, 3350, 3351, 3361, 3393, 3394, 3395, 3396, 3397, 3398, 3399, 3400, 3408, 3409, 3410, 3423, 3424, 3425, 3468, 3469, 3482, 3483, 3486, 3487, 3488, 3489, 3490, 3491, 3492, 3493, 3494, 3505, 3514, 3515, 3588, 3589, 3590, 3591, 3592, 3593, 3594, 3595, 3596, 3597, 3598, 3599, 3600, 3601, 3602, 3603, 3604, 3605, 3625, 3631, 3632, 3633, 3634, 3635, 3641, 3643, 3644, 3645, 3650, 3659, 3668, 3669, 3670, 3671, 3715, 3716, 3717, 3722, 3723, 3724, 3726, 3727, 3733, 3734, 3739, 3740,

3741, 3742, 3743, 3744, 3745, 3750, 3787, 3788,
3789, 3790, 3791, 3796, 3797, 3805, 3806, 3807,
3808, 3809, 3813, 3822, 3823, 3824, 3825, 3827,
3840, 3845, 3847, 3848, 3849, 3868, 3869, 3870,
3871, 3872, 3873, 3874, 3875, 3876, 3877, 3880,
3881, 3882, 3883, 3884, 3885, 3894, 3895, 3896,
3915, 3916, 3917, 3918, 3919, 3920, 3921, 3932,
3933, 3937, 3989, 3990, 3991, 3992, 3993, 3994,
3995, 3996, 3997, 3998, 3999, 4000, 4001, 4002,
4003, 4004, 4005, 4006, 4007, 4008, 4009, 4010,
4011, 4012, 4013, 4014, 4015, 4017, 4018, 4019,
4020, 4021, 4022, 4023, 4044, 4045, 4046, 4050,
4059, 4060, 4061, 4062, 4063, 4065, 4068, 4081,
4093, 4097, 4105, 4118, 4119, 4150, 4151, 4152,
4153, 4154, 4155, 4156, 4157, 4158, 4169, 4170,
4171, 4172, 4173, 4174, 4176, 4242, 4243, 4244,
4245, 4246, 4247, 4248, 4249, 4250, 4251, 4252,
4253, 4254, 4255, 4256, 4257, 4258, 4259, 4260,
4261, 4262, 4263, 4264, 4265, 4266, 4267, 4273,
4275, 4276, 4279, 4291, 4292, 4293, 4294, 4295,
4296, 4297, 4298, 4299, 4321, 4322, 4323, 4324,
4325, 4326, 4334, 4335, 4343, 4362, 4363, 4364,
4365, 4379, 4380, 4381, 4382, 4383, 4384, 4385,
4386, 4387, 4388, 4389, 4390, 4391, 4397, 4402,
4403, 4404, 4405, 4406, 4407, 4408, 4409, 4410,
4419, 4422, 4427, 4445, 4446, 4447, 4448, 4454,
4455, 4456, 4470, 4471, 4489, 4500, 4501, 4502,
4503, 4504, 4505, 4509, 4510, 4511, 4518, 4519,
4520, 4521, 4522, 4527, 4538, 4539, 4541, 4542,
4543, 4544, 4545, 4546, 4547, 4549, 4550, 4551,
4552, 4569, 4570, 4589, 4590, 4600, 4601, 4604,
4605, 4606, 4609, 4610, 4612, 4622, 4626, 4627,
4634, 4635, 4643, 4644, 4652, 4655, 4656, 4659,
4672, 4690, 4695, 4696, 4697, 4698, 4699, 4700,
4706, 4707, 4708, 4709, 4710, 4711, 4712, 4713,
4717, 4718, 4719, 4723, 4724, 4725, 4733, 4734,
4735, 4736, 4737, 4738, 4739, 4740, 4741, 4742,
4746, 4747, 4748, 4749, 4750, 4751, 4752, 4753,
4754, 4755, 4756, 4759, 4760, 4761, 4762, 4763,
4764, 4765, 4766, 4767, 4768, 4769, 4770, 4771,
4772, 4773, 4776, 4783, 4784, 4788, 4789, 4794,
4795, 4796, 4801, 4804, 4805, 4820, 4842, 4843,
4862, 4863, 4864, 4865, 4866, 4867, 4868, 4869,
4870, 4871, 4879, 4880, 4881, 4883, 4884, 4885,
4888, 4889, 4893, 4894, 4899, 4921, 4922, 4932,
4933, 4934, 4941, 4942, 4943, 4944, 4945, 4964,
4965, 4966, 4972, 4973, 4974, 4975, 4976, 4993,
4994, 4995, 5001, 5002, 5003, 5004, 5005, 5006,
5021, 5028, 5033, 5037, 5039, 5040, 5041, 5042,
5047, 5048, 5064, 5065, 5066, 5075, 5076, 5077,
5078, 5079, 5092, 5093, 5094, 5095, 5096, 5097,
5098, 5099, 5100, 5101, 5119, 5120, 5121, 5125,
5126, 5127, 5128, 5129, 5130, 5131, 5137, 5153,
5154, 5164, 5165, 5166, 5167, 5176, 5202, 5203,
5204, 5205, 5206, 5207, 5208, 5209, 5222, 5223,
5224, 5231, 5238, 5242, 5243, 5253, 5255, 5256,
5257, 5263, 5264, 5270, 5271, 5272, 5304, 5305,
5306, 5307, 5308, 5309, 5310, 5311, 5312, 5313,

5314, 5319, 5320, 5321, 5322, 5323, 5329, 5336,
5337, 5338, 5339, 5343, 5344, 5352, 5359, 5360,
5361, 5362, 5363, 5364, 5365, 5366, 5367, 5373,
5381, 5385, 5386, 5387, 5388, 5389, 5390, 5393,
5395, 5396, 5397, 5398, 5399, 5405, 5406, 5417,
5418, 5419, 5420, 5421, 5422, 5426, 5445, 5446,
5447, 5455, 5472, 5477, 5478, 5479, 5496, 5497,
5498, 5499, 5500, 5501, 5502, 5503, 5504, 5505,
5506, 5507, 5508, 5509, 5510, 5515, 5516, 5517,
5520, 5521, 5522, 5535, 5536, 5537, 5538, 5539,
5540, 5565, 5566, 5567, 5568, 5569, 5570, 5571,
5572, 5573, 5574, 5580, 5581, 5582, 5583, 5589,
5606, 5607, 5608, 5613, 5621, 5622, 5623, 5624,
5625, 5626, 5627, 5628, 5639, 5640, 5641, 5642,
5643, 5644, 5650, 5651, 5652, 5668, 5669, 5670,
5671, 5672, 5673, 5674, 5675, 5679, 5680, 5681,
5682, 5683, 5684, 5685, 5686, 5687, 5693, 5694,
5695, 5699, 5700, 5701, 5702, 5703, 5704, 5738,
5739, 5740, 5744, 5745, 5746, 5747, 5749, 5750,
5760, 5773, 5774, 5775, 5776, 5778, 5783, 5784,
5787, 5788, 5797, 5798, 5799, 5829, 5830, 5831,
5832, 5833, 5834, 5835, 5836, 5837, 5838, 5839,
5852, 5856, 5859, 5860, 5867, 5868, 5869, 5870,
5878, 5879, 5880, 5906, 5907, 5908, 5909, 5910,
5911, 5913, 5914, 5926, 5930, 5931, 5932, 5933,
5934, 5945, 5946, 5949, 5950, 5951, 5952, 5953,
5954, 5975, 5976, 5977, 5978, 5980, 5981, 5982,
5983, 5984, 5985, 5986, 5992, 6002, 6014, 6015,
6024, 6025, 6036, 6047, 6048, 6049, 6050, 6051,
6052, 6053, 6054, 6055, 6056, 6057, 6058, 6059,
6060, 6061, 6062, 6063, 6064, 6069, 6073, 6074,
6076, 6089, 6090, 6091, 6093, 6094, 6095, 6096,
6097, 6098, 6099, 6100, 6101, 6102, 6103, 6104,
6105, 6161, 6162, 6163, 6164, 6165, 6166, 6167,
6168, 6169, 6170, 6171, 6172, 6173, 6174, 6175,
6176, 6177, 6178, 6179, 6180, 6181, 6182, 6183,
6184, 6185, 6190, 6191, 6192, 6193, 6194, 6195,
6213, 6223, 6224, 6231, 6232, 6233, 6234, 6259,
6260, 6261, 6262, 6263, 6264, 6265, 6270, 6278,
6279, 6280, 6288, 6289, 6295, 6296, 6297, 6354,
6355, 6356, 6357, 6358, 6359, 6360, 6361, 6362,
6363, 6374, 6375, 6380, 6381, 6388, 6391, 6392,
6393, 6394, 6395, 6396, 6415, 6416, 6417, 6426,
6429, 6457, 6458, 6459, 6460, 6461, 6462, 6463,
6464, 6471, 6479, 6480, 6481, 6490, 6494, 6495,
6496, 6497, 6499, 6500, 6503, 6512, 6532, 6533,
6541, 6548, 6550, 6554, 6555, 6556, 6557, 6559,
6561, 6565, 6579, 6580, 6582, 6598, 6599, 6600,
6601, 6602, 6603, 6604, 6605, 6606, 6607, 6618,
6619, 6620, 6621, 6622, 6623, 6624, 6625, 6626,
6627, 6628, 6637, 6646, 6647, 6648, 6649, 6653,
6654, 6655, 6667, 6668, 6669, 6674, 6680, 6688,
6689, 6690, 6696, 6697, 6698, 6706, 6709, 6710,
6727, 6728, 6729, 6730, 6731, 6735, 6736, 6737,
6763, 6764, 6765, 6766, 6767, 6768, 6770, 6771,
6772, 6773, 6774, 6794, 6795, 6796, 6797, 6798,
6799, 6801, 6806, 6815, 6816, 6821, 6822, 6823,
6824, 6831, 6832, 6833, 6834, 6835, 6836, 6837,

6838, 6839, 6840, 6841, 6843, 6853, 6854, 6855,
6861, 6862, 6863, 6867, 6871, 6872, 6878, 6879,
6880, 6881, 6882, 6883, 6889, 6890, 6891, 6892,
6893, 6894, 6909, 6910, 6911, 6912, 6913, 6914,
6915, 6916, 6920, 6948, 6949, 6950, 6951, 6952,
6965, 6966, 6971, 6974, 6978, 7004, 7005, 7008,
7012, 7027, 7028, 7030, 7031, 7035, 7036, 7037,
7038, 7042, 7043, 7044, 7048, 7050, 7051, 7069,
7077, 7079, 7099, 7100, 7101, 7102, 7103, 7104,
7105, 7118, 7119, 7120, 7121, 7122, 7123, 7124,
7125, 7145, 7146, 7147, 7148, 7149, 7150, 7151,
7152, 7164, 7174, 7180, 7181, 7182, 7185, 7200,
7201, 7203, 7205, 7206, 7207, 7208, 7209, 7214,
7215, 7216, 7223, 7224, 7225, 7226, 7227, 7228,
7229, 7235, 7239, 7240, 7241, 7242, 7244, 7245,
7246, 7247, 7248, 7249, 7250, 7251, 7263, 7264,
7268, 7269, 7275, 7276, 7277, 7291, 7292, 7293,
7294, 7295, 7296, 7297, 7298, 7299, 7300, 7301,
7302, 7306, 7307, 7309, 7313, 7331, 7332, 7333,
7368, 7369, 7370, 7371, 7390, 7391, 7392, 7393,
7394, 7395, 7396, 7430, 7431, 7432, 7433, 7434,
7435, 7436, 7437, 7438, 7439, 7440, 7441, 7442,
7517, 7518, 7519, 7520, 7521, 7522, 7523, 7524,
7525, 7526, 7527, 7528, 7529, 7530, 7531, 7532,
7533, 7534, 7535, 7536, 7537, 7538, 7539, 7540,
7541, 7542, 7570, 7571, 7572, 7573, 7574, 7575,
7576, 7577, 7578, 7597, 7598, 7599, 7600, 7601,
7602, 7603, 7604, 7605, 7606, 7625, 7628, 7629,
7630, 7631, 7632, 7633, 7634, 7642, 7643, 7652,
7683, 7684, 7685, 7686, 7687, 7688, 7689, 7690,
7691, 7692, 7693, 7694, 7695, 7696, 7719, 7722,
7723, 7724, 7725, 7726, 7729, 7730, 7731, 7732,
7735, 7737, 7751, 7752, 7753, 7754, 7755, 7762,
7763, 7787, 7788, 7789, 7790, 7791, 7799, 7800,
7801, 7802, 7804, 7809, 7810, 7811, 7816, 7828,
7829, 7844, 7846, 7855, 7856, 7872, 7873, 7874,
7875, 7889, 7898, 7899, 7900, 7901, 7902, 7903,
7904, 7905, 7912, 7913, 7914, 7915, 7918, 7925,
7926, 7927, 7941, 7942, 7962, 7963, 7964, 7977,
7978, 7991, 7992, 7993, 7994, 8004, 8005, 8006,
8010, 8020, 8021, 8022, 8028, 8035, 8056, 8057,
8058, 8059, 8060, 8061, 8067, 8071, 8072, 8082,
8103, 8104, 8105, 8106, 8107, 8108, 8109, 8110,
8131, 8132, 8133, 8134, 8135, 8136, 8137, 8138,
8148, 8149, 8153, 8154, 8159, 8197, 8198, 8199,
8200, 8201, 8221, 8222, 8223, 8224, 8225, 8226,
8227, 8228, 8229, 8230, 8231, 8232, 8233, 8234,
8248, 8249, 8260, 8261, 8269, 8270, 8279, 8280,
8282, 8283, 8309, 8310, 8311, 8312, 8313, 8314,
8315, 8335, 8336, 8337, 8338, 8339, 8346, 8347,
8348, 8349, 8350, 8351, 8352, 8353, 8359, 8360,
8361, 8362, 8363, 8366, 8367, 8368, 8369, 8370,
8371, 8372, 8373, 8374, 8375, 8376, 8382, 8387,
8388, 8395, 8396, 8397, 8398, 8399, 8400, 8401,
8402, 8409, 8429, 8437, 8438, 8441, 8442, 8445,
8446, 8447, 8453, 8457, 8458, 8459, 8465, 8479,
8482, 8483, 8489, 8490, 8500, 8501, 8502, 8503,
8504, 8505, 8506, 8507, 8508, 8509, 8510, 8512,

8517, 8518, 8519, 8520, 8534, 8544, 8550, 8554,
8555, 8556, 8557, 8560, 8561, 8640, 8641, 8642,
8643, 8657, 8658, 8659, 8660, 8661, 8666, 8667,
8668, 8676, 8677, 8681, 8682, 8683, 8687, 8688,
8689, 8691, 8692, 8693, 8704, 8710, 8711, 8712,
8713, 8714, 8736, 8737, 8738, 8739, 8740, 8752,
8759, 8760, 8769, 8770, 8793, 8794, 8803, 8804,
8805, 8811, 8812, 8821, 8822, 8823, 8830, 8846,
8847, 8851, 8852, 8853, 8854, 8855, 8872, 8874,
8878, 8879, 8887, 8888, 8889, 8890, 8899, 8900,
8901, 8902, 8903, 8904, 8905, 8906, 8907, 8912,
8918, 8919, 8923, 8924, 8925, 8926, 8927, 8928,
8940, 8941, 8942, 8947, 8948, 8949, 8964, 8965,
8966, 8972, 8973, 8974, 8975, 8976, 8977, 8978,
8989, 9060, 9061, 9062, 9063, 9064, 9065, 9066,
9067, 9068, 9069, 9070, 9071, 9072, 9081, 9082,
9106, 9107, 9108, 9109, 9110, 9111, 9112, 9123,
9124, 9125, 9133, 9134, 9135, 9136, 9137, 9138,
9139, 9140, 9141, 9142, 9147, 9173, 9174, 9175,
9176, 9177, 9178, 9179, 9180, 9181, 9182, 9183,
9194, 9195, 9196, 9197, 9198, 9199, 9201, 9202,
9212, 9219, 9220, 9225, 9226, 9246, 9260, 9261,
9262, 9263, 9264, 9265, 9266, 9267, 9268, 9275,
9276, 9281, 9285, 9290, 9292, 9293, 9294, 9295,
9296, 9297, 9298, 9299, 9300, 9301, 9303, 9304,
9305, 9318, 9319, 9320, 9321, 9322, 9323, 9324,
9325, 9326, 9327, 9328, 9329, 9336, 9337, 9340,
9366, 9367, 9376, 9377, 9378, 9379, 9380, 9381,
9382, 9383, 9384, 9387, 9389, 9431, 9432, 9433,
9434, 9435, 9436, 9437, 9438, 9450, 9451, 9452,
9453, 9454, 9455, 9468, 9470, 9474, 9478, 9479,
9480, 9481, 9482, 9483, 9484, 9492, 9497, 9498,
9499, 9522, 9523, 9524, 9525, 9526, 9536, 9537,
9550, 9551, 9613, 9614, 9615, 9616, 9617, 9618,
9619, 9620, 9621, 9622, 9623, 9624, 9625, 9626,
9627, 9628, 9638, 9639, 9641, 9642, 9645, 9646,
9651, 9656, 9657, 9659, 9660, 9668, 9669, 9672,
9673, 9674, 9676, 9677, 9783, 9784, 9785, 9786,
9787, 9788, 9789, 9790, 9791, 9792, 9793, 9794,
9795, 9796, 9797, 9798, 9799, 9800, 9801, 9802,
9803, 9804, 9805, 9806, 9807, 9808, 9809, 9810,
9811, 9812, 9813, 9814, 9815, 9816, 9817, 9818,
9822, 9828, 9829, 9830, 9831, 9833, 9834, 9835,
9836, 9848, 9856, 9857, 9858, 9859, 9861, 9869,
9891, 9895, 9896, 9901, 9902, 9908, 9909, 9911,
9937, 9938, 9939, 9940, 9941, 9953, 9958, 9975,
9976, 10003, 10004, 10005, 10006, 10026, 10027,
10028, 10029, 10030, 10031, 10032, 10033, 10034,
10035, 10043, 10044, 10045, 10053, 10055, 10077,
10078, 10079, 10080, 10081, 10082, 10083, 10084,
10085, 10086, 10087, 10090, 10091, 10092, 10093,
10106, 10107, 10108, 10109, 10110, 10111, 10112,
10126, 10127, 10128, 10129, 10130, 10131, 10132,
10137, 10138, 10139, 10140, 10141, 10142, 10143,
10150, 10151, 10152, 10153, 10154.

7 LISTE DES REVUES DÉPOUILLÉES

A

Acadiensis (Fredericton, N.B., 1979-1982)
Acte 1 (Montréal, Qué., 1979-1981)
Acte 1 [NCT] (Montréal, Qué., 1981-1982)
L'Action nationale (Montréal, Qué., 1979-1982)
L'Actualité (Montréal, Qué., 1979-1982)
The Alchemist (Lasalle, Qué., 1979-1982)
Alive (Guelph, Ont., 1979)
Amphora (Richmond, B.C., 1979-1982)
Antennes (Québec, Qué., 1979-1981)
Anthropologie et sociétés (Québec, Qué., 1979-1982)
The Antigonish Review (Antigonish, N.S., 1979-1982)
Arcade (Montréal, Qué., 1982)
Archivaria (Ottawa, Ont., 1979-1982)
Archives (Québec, Qué., 1979-1982)
L'Archiviste/The Archivist (Ottawa, Ont., 1981-1982)
Ariel (Calgary, Alta, 1979-1982)
Artmagazine (Toronto, Ont., 1979-1982)
Arts Canada (Toronto, Ont., 1979-1982)
Association for Canadian Theatre History/ Association d'histoire du théâtre au Canada (Willowdale, Ont., 1979-1982)
Asticou (Hull, Qué., 1979-1982)
The ATA Magazine (Edmonton, Alta., 1979-1982)
The Atlantic Advocate (Fredericton, N.B., 1979-1982)
Atlantis (Wolfville, N.S., 1979-1982)
L'Atulu (Québec, Qué., 1979-1982)
L'Avenir (Saint-Jérôme, Qué., 1981-1982)

B

Le Babillard (Montréal, Qué., 1979)
BC Studies (Vancouver, B.C., 1979-1982)
The Beaver (Winnipeg, Man., 1979-1982)
Le Berdache (Montréal, Qué., 1979-1982)
Books in Canada (Toronto, Ont., 1979-1982)
Brick (London, Ont., 1979-1982)

Bulletin de l'ACFAS (Montréal, Qué., 1979-1982)
Bulletin de l'ACLA/Bulletin of the CAAL (Montréal, Qué., 1979 ; 1981-1982)
Bulletin de la Société de philosophie du Québec (Trois-Rivières, Qué., 1979-1982)
Bulletin de la Société des écrivains canadiens (Chicoutimi, Qué., 1979)
Bulletin de l'EDAQ (Montréal, Qué., 1982)
Le Bulletin des agriculteurs (Montréal, Qué., 1979-1982)
Bulletin du Centre d'études franco-canadiennes de l'Ouest (Saint-Boniface, Man., 1979-1982)
Bulletin du Centre de recherche en civilisation canadienne-française (Ottawa, Ont., 1979-1982)
Bulletin du Cercle juif (Montréal, Qué., 1979 ; 1981-1982)
Bulletin du CSF (Québec, Qué., 1979)
Bulletin of Canadian Studies (Edinburgh, Scotland, 1979-1982)
Le Bulletin Pantoute (Québec, Qué., 1980-1981 ; voir Nuit blanche)

C

Cahier de linguistique (Montréal, Qué., 1979-1982)
Cahiers (Montréal, Qué., 1979)
Les Cahiers d'arts et lettres du Québec (Montréal, Qué., 1980-1982)
Cahiers d'histoire (Montréal, Qué., 1981-1982)
Cahiers d'histoire de l'Université Laval (Québec, Qué., 1979-1981)
Les Cahiers d'histoire de la Société d'histoire de Beloeil-Mont-Saint-Hilaire (Beloeil, Qué., 1980-1982)
Cahiers d'histoire de la Société d'histoire de Québec (Québec, Qué., 1979-1982)
Cahiers d'histoire des pays d'en haut (Saint-Sauveur-des-Monts, Qué., 1979 ; 1981-1982 ; voir Société d'histoire des Pays d'en haut. Cahiers)

Cahiers de bibliologie (Québec, Qué., 1980)
Les Cahiers de Cap-Rouge (Cap-Rouge, Qué., 1979-1982)
Cahiers de géographie du Québec (Québec, Qué., 1979-1982)
Les Cahiers de la Nouvelle Compagnie théâtrale (Montréal, Qué., 1979)
Les Cahiers de la Société d'étude et de conférences (Chicoutimi, Qué., 1979)
Cahiers de la Société historique acadienne (Moncton, N.B., 1979-1982)
Cahiers des arts visuels du Québec (Montréal, Qué., 1979-1982)
Les Cahiers des Dix (Montréal, Qué., 1979)
Les Cahiers du CRSR (Québec, Qué., 1980 ; 1982)
Les Cahiers du hibou (Sherbrooke, Qué., 1979-1980)
Les Cahiers du psychologue québécois (Montréal, Qué., 1979-1982)
Les Cahiers du socialisme (Montréal, Qué., 1979-82)
Les Cahiers nicolétains (Nicolet, Qué., 1979-1982)
Caledonian (Prince George, B.C., 1979-1980 ; 1982)
Canadian Annual Review of Politics and Public Affairs (Toronto, Ont., 1979-1980)
The Canadian Author and Bookman (Niagara-on-the-Lake, Ont., 1979-1982)
Canadian Children's Literature (Guelph, Ont., 1979-1982)
Canadian Dimension (Winnipeg, Man., 1979-1982)
Canadian Drama/L'Art dramatique canadien (Waterloo, Ont., 1979-1982)
Canadian Ethnic Studies/Etudes ethniques au Canada (Calgary, Alta, 1979-1982)
Canadian Fiction Magazine (Vancouver, B.C., 1979-1982)
The Canadian Forum (Toronto, Ont., 1979-1982)
The Canadian Geographer/Le Géographe canadien (Toronto, Ont., 1979-1982)
Canadian Heritage (Toronto, Ont., 1980-1982 ; voir Heritage Canada)
The Canadian Historical Review (Toronto, Ont., 1979-1982)
The Canadian Journal of Linguistics/La Revue canadienne de linguistique (Toronto, Ont., 1979-1982)

Canadian Journal of Philosophy (Edmonton, Alta, 1979-1982)
Canadian Journal of Political Science/Revue canadienne de science politique (Waterloo, Ont., 1979-1982)
Canadian Journal of Research in Semiotics/Journal canadien de recherche sémiotique (Edmonton, Alta, 1979-1980 ; voir Recherches sémiotiques/Semiotic Inquiry)
Canadian Journal of Sociology/Cahiers canadiens de sociologie (Toronto, Ont., 1979-1982)
Canadian Library Journal (Brampton, Ont., 1979-1982)
The Canadian Literary Review (Scarborough, Ont., 1982)
Canadian Literature (Vancouver, B.C., 1979-1982)
The Canadian Modern Language Review/La Revue canadienne des langues vivantes (Welland, Ont., 1979-1982)
Canadian Notes and Queries/Questions et réponses canadiennes (Kingston, Ont., 1979-1982)
Canadian Oral History Association/Société canadienne d'histoire orale. Journal (Ottawa, Ont., 1979-1982)
Canadian Poetry (London, Ont., 1979-1982)
Canadian Printer and Publisher (Toronto, Ont., 1981-1982)
Canadian Reader (Toronto, Ont., 1979-1980)
Canadian Review (Ottawa, Ont., 1979)
The Canadian Review of American Studies (Winnipeg, Man., 1979-1980)
Canadian Review of Comparative Literature/Revue canadienne de littérature comparée (Edmonton, Alta, 1979-1982)
The Canadian Review of Sociology and Anthropology/La Revue canadienne de sociologie et d'anthropologie (Montréal, Qué., 1979-1982)
Canadian Theatre Review (Downsview, Ont., 1979-1982)
Canadian Woman Studies/Les Cahiers de la femme (Scarborough, Ont., 1979-1982)
Capilano Review (Vancouver, B.C., 1979-1982)
Carrefour (Ottawa, Ont., 1979-1982)
CEAD. Dramaturgies nouvelles (Montréal, Qué., 1981-1982)

Grimoire (Saint-Élie d'Orford, Qué., 1979-1982)

H

Les Herbes rouges (Montréal, Qué., 1979-1982)

Heritage Canada (Toronto, Ont., 1979 ; voir Canadian Heritage)

L'Histoire au pays de Matane (Matane, Qué., 1979-1982)

Histoire littéraire du Québec (Ottawa, Ont., 1979 ; voir Revue d'histoire littéraire du Québec et du Canada français)

Histoire sociale/Social History (Ottawa, Ont., 1979-1982)

Historical Reflections/Réflexions historiques (Waterloo, Ont., 1979-1982)

Hobo-Québec (Montréal, Qué., 1979-1980)

Humanist in Canada (Victoria, B.C., 1979-1982)

Humanities Association of Canada Newsletter/Bulletin de l'Association canadienne des humanités (Sackville, N.-B., 1980-1982)

The Humanities Association Review (Kingston, Ont., 1979-1980)

I

Ici Radio-Canada. Télévision (Montréal, Qué., 1979)

Imagine (Montréal, Qué., 1979-1982)

Impulse (Toronto, Ont., 1979-1982)

Incidences (Ottawa, Ont., 1979-1982)

Informag (Montréal, Qué., 1979)

Infos (Hull, Qué., 1981)

L'Ingénieur (Montréal, Qué., 1979)

Inscape (Ottawa, Ont., 1980)

Interprétation (Montréal, Qué., 1981)

Intervention (Québec, Qué., 1979-1982)

Intrinsic (Toronto, Ont., 1979)

J

Jeu (Montréal, Qué., 1979-1982)

Jonathan (Montréal, Qué., 1981-1982)

Journal [CNA] (Ottawa, Ont., 1981-1982 ; voir Théâtre [CNA])

Journal of Canadian Art History/Annales d'histoire de l'art canadien (Montréal, Qué., 1980-1982)

Journal of Canadian Fiction (Montréal, Qué., 1979-1981)

Journal of Canadian Poetry (Ottawa, Ont., 1979-1981)

Journal of Canadian Studies/Revue d'études canadiennes (Peterborough, Ont., 1979-1982)

Journal of Women's Studies in Literature (Montréal, Qué., 1979)

L

Langue et société/Language and Society (Ottawa, Ont., 1979-1982)

Langues et linguistique (Québec, Qué., 1980-1982)

The Last Post (Toronto, Ont., 1979-1980)

Laurentian University Review/Revue de l'Université Laurentienne (Sudbury, Ont., 1979-1982)

Lettres québécoises (Montréal, Qué., 1979-1982)

Liaison (Ottawa, Ont., 1979-1982)

Liberté (Montréal, Qué., 1979-1982)

Liberté-Magazine (Montréal, Qué., 1980 ; voir Libre Magazine)

Libre Magazine (Montréal, Qué., 1980)

Littérature du Québec (Montréal, Qué., 1982 ; voir Union des écrivains québécois)

Livre d'ici (Montréal, Qué., 1982)

Livres et auteurs québécois (Montréal, Qué., 1979-1982)

Loisir plus (Montréal, Qué., 1979 ; voir Loisirs et sports)

Loisirs et sports (Montréal, Qué., 1979-1981 ; voir Loisir plus)

Longueur d'onde (Montréal, Qué., 1981)

Lurelu (Montréal, Qué., 1979-1982)

M

Maclean's (Toronto, Ont., 1979-1982)

Magazine Ovo (Montréal, Qué., 1979)

Malahat Review (Victoria, B.C., 1979-1982)

Material History Bulletin/Bulletin d'histoire de la culture matérielle (Ottawa, Ont., 1979 ; 1981-1982)

Matrix (Lennoxville, Qué., 1979-1982)

Le Médecin du Québec (Montréal, Qué., 1979-1982)

Meta (Montréal, Qué., 1979-1982)

Mimésis (Lauzon, Qué., 1981)

Modernist Studies : Literature & Culture, 1920-1940 (Edmonton, Alta, 1979 ; 1982)

Moebius (Montréal, Qué., 1979-1982)

Les Moissons (Saskatoon, Sask., 1981)

Moosehead Review (Québec, Qué., 1979 ; 1981-1982)

Mosaic (Winnipeg, Man., 1979-1982)

Multiculturalism (Toronto, Ont., 1979-1982)

N

Nebula (North Bay, Ont., 1979-1982)

Neuve-France (Québec, Qué., 1979-1982)

Newest Review (Edmonton, Alta, 1979-1982)

New Literature and Ideologies (Toronto, Ont., 1979)

Northern Light (Winnipeg, Man., 1980-1981)

Northward Journal (Moonbeam, Ont., 1979–1982)

Nos livres (Montréal, Qué., 1979-1982)

Nous (Montréal, Qué., 1979-1980)

La Nouvelle Barre du jour (Montréal, Qué., 1979-1982)

Nouvelles de l'ASTED (Montréal, Qué., 1979-1982)

Nuit blanche (Québec, Qué., 1982 ; voir Le Bulletin Pantoute)

O

Offensives (Montréal, Qué., 1981-1982)

Offensives communautaires et culturelles (Montréal, Qué., 1980-1982)

Ontario Geography (Waterloo, Ont., 1979-1982)

Ontario History (Toronto, Ont., 1979-1982)

The Ontario Review (Windsor, Ont., 1979-1982)

Open Letter (Toronto, Ont., 1979-1982)

P

Pacific Northwest Quarterly (Seattle, Wash., U.S.A., 1979-1982)

Panorama (Hull, Qué., 1979)

Papers of the Bibliographical Society of Canada/Cahiers de la Société bibliographique du Canada (Toronto, Ont., 1979-1982)

Parachute (Montréal, Qué., 1979-1982)

Parallèles et convergences (Hull, Qué., 1979-1981)

Parallelogramme (Montréal, Qué., 1979 ; 1981-1982)

Le Pays théâtral (Montréal, Qué., 1981-1982)

Perception (Ottawa, Ont., 1979-1982)

Performing Arts in Canada (Toronto, Ont., 1979-1982)

Periodics (Vancouver, B.C., 1979 ; 1981)

La Petite Revue de philosophie (Longueuil, Qué., 1981-1982)

Phi-Zéro (Montréal, Qué., 1981-1982)

Philocritique (Montréal, Qué., 1981)

Philosophiques (Montréal, Qué., 1979-1982)

Philosophy of the Social Sciences (Waterloo, Ont., 1979-1982)

Poésie (Québec, Qué., 1979)

Poetry Toronto (Toronto, Ont., 1981-1982)

Points (Montréal, Qué., 1979)

Polyphony (Toronto, Ont., 1979 ; 1981-1982)

Possibles (Montréal, Qué., 1979-1982)

The Pottersfield Portfolio (Porters Lake, N.S., 1979-1982)

Pour ta belle gueule d'ahuri (Québec, Qué., 1979)

Pratiques théâtrales (Montréal, Qué., 1981-1982 ; voir La Grande Réplique)

Prélude (Ottawa, Ont., 1979-1982)

Présence francophone (Sherbrooke, Qué., 1979-1982)

Prétexte (Montréal, Qué., 1980-1982 ; voir Versance)

Prism International (Vancouver, B.C., 1979-1982)

Proceedings and Transactions of the Royal Society of Canada/Délibérations et mémoires de la Société royale du Canada (Ottawa, Ont., 1981)

Proceedings of the Royal Society of Canada/Délibérations de la Société royale du Canada (Ottawa, Ont., 1979, 1980, 1982)

Prosepectus (Ottawa, Ont., 1979 ; 1981)

Prospectives (Montréal, Qué., 1979-1982)

Protée (Chicoutimi, Qué., 1979-1982)

Q

Quarry (Kingston, Ont., 1979-1982)

Le Québec en bref (Québec, Qué., 1979 ; voir Québec Hebdo)

Québec français (Québec, Qué., 1979-1982)

Québec Hebdo (Québec, Qué., 1979-1982 ; voir Le Québec en bref)

Queen's Quarterly (Kingston, Ont., 1979-1982)

Questions de culture (Québec, Qué., 1981-1982)

Quill and Quire (Toronto, Ont., 1979-1982)

R

Racar (Ottawa, Ont., 1979-1982)

Raincoast Chronicles (Madeira Park, B.C., 1979 ; 1981)

Recherches amérindiennes au Québec (Québec, Qué., 1979-1982)

Recherches sémiotiques/Semiotic Inquiry (Edmonton, Alta, 1981-1982 ; voir Canadian Journal of Research in Semiotics/Journal canadien de recherche sémiotique)

Recherches sociographiques (Québec, Qué., 1979-1982)

Reenbou (Ottawa, Ont., 1979)

Reflets (Pierrefonds, Qué., 1979-1982)

Relations (Montréal, Qué., 1979-1982)

Repository (Prince George, B.C., 1979-1981)

Requiem (Longueuil, Qué., 1979 ; voir Solaris)

Réseau (Montréal, Qué., 1979-1982)

Résistances (Jonquière, Qué., 1982)

La Revue (Montréal, Qué., 1981-1982 ; voir Revue de la Compagnie pétrolière impériale)

La Revue canadienne du droit d'auteur (Montréal, Qué., 1981-1982)

Revue d'ethnologie du Québec (Montréal, Qué., 1979-1980)

Revue d'histoire de l'Amérique française (Montréal, Qué., 1979-1982)

Revue d'histoire du Bas-Saint-Laurent (Rimouski, Qué., 1979 ; 1981-1982)

Revue d'histoire du comté de Shefford (Granby, Qué., 1980-1982)

Revue d'histoire littéraire du Québec et du Canada français (Ottawa, Ont., 1980-1982 ; voir Histoire littéraire du Québec)

Revue de l'ACELF (Québec, Qué., 1979-1982)

Revue de l'Université d'Ottawa/University of Ottawa Quarterly (Ottawa, Ont., 1979-1982)

Revue de l'Université de Moncton (Moncton, N.-B., 1979-1982)

Revue de l'Université Sainte-Anne (Church Point, N.S., 1979-1982)

Revue de la Compagnie pétrolière impériale (Montréal, Qué., 1979-1980 ; voir La Revue)

Revue des sciences de l'éducation (Montréal, Qué., 1979-1982)

Revue du Nouvel Ontario (Sudbury, Ont., 1979 ; 1981-1982)

La Revue indépendantiste (Montréal, Qué., 1979-1981)

Revue québécoise de linguistique (Sherbrooke, Qué., 1981)

Revue québécoise de psychologie (Montréal, Qué., 1980-1982)

La Revue scolaire (Sainte-Foy, Qué., 1979-1980)

Rikka (Toronto, Ont., 1979-1981)

Room of One's Own (Vancouver, B.C., 1979-1982)

Rune (Toronto, Ont., 1980)

S

Saturday Night (Toronto, Ont., 1979-1982)

Scholarly Publishing (Toronto, Ont., 1979-1982)

Séquences (Montréal, Qué., 1979-1982)

Signum (Kingston, Ont., 1979 ; 1982)

Si que (Moncton, N.-B., 1979 ; 1982)

Société d'histoire des pays d'en haut (Saint-Sauveur-des-Monts, Qué., 1980 ; voir Cahiers d'histoire des pays d'en haut)

Société royale du Canada. Présentation (Ottawa, Ont., 1979-1982)

Sociologie et sociétés (Montréal, Qué., 1979-1982)

Solaris (Longueuil, Qué., 1979-1982 ; voir Requiem)

The Sphinx (Regina, Sask., 1979-1982)

Spindrift (Sydney, N.S., 1980-1982)

Spirale (Montréal, Qué., 1979-1982)

Studies in Canadian Literature (Fredericton, N.B., 1979-1982)

Studies in Religion/Sciences religieuses (Toronto, Ont., 1979-1982)

Sub-Stance (Madison, Wis., U.S.A., 1979-1982)

T

Take One (Montréal, Qué., 1979)

The Tamarack Review (Toronto, Ont., 1979-1982)

Le Témiscouata (Cabano, Qué., 1980-1982)

Le Temps fou (Montréal, Qué., 1979-1982)

Les Têtes de pioche (Montréal, Qué., 1979)

Théâtre [CNA] (Ottawa, Ont., 1979-1981 ; voir Journal [CNA]

Theatre History in Canada/Histoire du théâtre au Canada (Kingston, Ont., 1980-1982)

Théâtre/Le Trident (Québec, Qué., 1979-1980)

This Magazine (Toronto, Ont., 1979-1982)

Trajectoires (Dollard-des-Ormeaux, Qué., 1979-1980)

Transactions of the Royal Society of Canada/Mémoires de la Société royale du Canada (Ottawa, Ont., 1979-1982)

Le 30 (Montréal, Qué., 1980-1982)

36 Manières (Hull, Qué., 1979)

U

Union des écrivains québécois (Montréal, Qué., 1979-1980 ; voir Littérature du Québec)

L'Union médicale du Canada français (Montréal, Qué., 1979 ; 1981)

Universités (Montréal, Qué., 1980-1982)

University of Toronto Quarterly (Toronto, Ont., 1979-1982)

The University of Windsor Review (Windsor, Ont., 1979 ; 1981-1982)

Urban History Review/Revue d'histoire urbaine (Ottawa, Ont., (1979-1980)

Urgences (Rimouski, Qué., 1981-1982)

V

Versance (Montréal, Qué., 1979 ; voir Prétexte)

Vidéo-Presse (Montréal, Qué., 1979-1982)

Vie des arts (Québec, Qué., 1979-1982)

La Vie en rose (Montréal, Qué., 1980-1982)

Vie française (Québec, Qué., 1979-1982)

La Vie médicale au Canada français (Québec, Qué., 1979-1982)

Vie pédagogique (Montréal, Qué., 1979-1982)

24 Images (Longueuil, Qué., 1979-1982)

Voix et images (Montréal, Qué., 1979-1982)

W

Wascana Review (Regina, Sask., 1979-1982)

Waves (Toronto, Ont., 1979-1982)

Wee Giant (Hamilton, Ont., 1979)

West Coast Review (Vancouver, B.C., 1979-1982)

Writ (Toronto, Ont., 1979-1982)

8 LISTE DES NUMÉROS NON DÉPOUILLÉS

L'Archiviste (Ottawa, Ont., 1979-1980)

L'Avenir (Saint-Jérôme, Qué., vol. 1, n° 2 ; vol. 2, n° 2, 1980)

Le Berdache (Montréal, Qué., n° 32, 1982)

Bulletin de l'ACLA/Bulletin of the CAAL (Montréal, Qué., 1980)

Bulletin du Cercle juif (Montréal, Qué., 1980)

Le Bulletin Pantoute (Québec, Qué., n° 5, 1981)

Cahiers d'histoire (Montréal, Qué., vol. 1, n°s 1 et 2, 1980)

Cahiers d'histoire de l'Université Laval (Québec, Qué., n° 26, 1982)

Cahiers de bibliologie (Québec, Qué., 1981-1982)

Les Cahiers de la Société d'étude et de conférences (Chicoutimi, Qué., 1980-1982)

Canadian Annual Review of Politics and Public Affairs (Toronto, Ont., 1981-1982)

Canadian Children's Literature (Guelph, Ont., Nos. 18, 19, 20, 1980)

Canadian Dimension (Winnipeg, Man., Vol. 15, Nos. 1, 2, 3, 1980)

The Canadian Modern Language Review/La Revue canadienne des langues vivantes (Welland, Ont., Vol. 39, No. 1, 1982)

Canadian Oral History Association/Société canadienne d'histoire orale. Bulletin (Ottawa, Ont., Vol. 5, No. 2, 1982)

CEAD. Dramaturgies nouvelles (Montréal, Qué., 1980)

Clin d'oeil (Montréal, Qué., n°s 1 et 4, 1980)

Continuité (Québec, Qué., 1979-1981)

Cross-Canada Writers' Quarterly (Toronto, Ont., 1980)

CVII : Contemporary Verse Two (Winnipeg, Man., Vol. 7, No. 1, 1982)

L'Ecrilu (Montréal, Qué., vol. 1, n° 1, 1981)

Entre nous (Ottawa, Ont., vol. 12, n° 1, 1979 ; vol. 13, n° 5, 1981)

L'Envers du décor (Montréal, Qué., vol. 12, n° 5, 1980)

L'Esplumoir (Montréal, Qué., vol. 1, n°s 2, 3, 4, 5, 6, 7, 1979)

La Francisation en marche (Québec, Qué., 1980-1981)

Fuse (Toronto, Ont., 1979-1980)

Gaspésie (Gaspé, Qué., vol. 18, n° 72, 1980)

La Gazette des femmes (Québec, Qué., vol. 2, n° 4, 1980)

La Grande Réplique (Montréal, Qué., n°s 8 et 9, 1980)

Humanities Association of Canada Newsletter/Bulletin de l'Association canadienne des humanités (Sackville, N.-B., 1979)

Infos (Hull, Qué., n° 1, 1980)

Liaison (Ottawa, Ont., n° 9, 1980)

Livre d'ici (Montréal, Qué., 1979-1981)

Material History Bulletin/Bulletin d'histoire de la culture matérielle (Ottawa, Ont., Nos. 10, 11, 1980)

Neuve-France (Québec, Qué., vol. 4, n° 1, 1979 ; vol. 5, n° 2, 1980)

Newest Review (Edmonton, Alta, Vol. 5, Nos. 9, 10, 1979)

Parallelogramme (Montréal, Qué., 1980)

Le Pays théâtral (Montréal, Qué., vol. 5, n° 3, 1981)

Performing Arts in Canada (Toronto, Ont., Vol. 19, No. 4, 1982)

La Petite Revue de philosophie (Longueuil, Qué., 1980)

Phi-Zéro (Montréal, Qué., 1979-1980)

Poetry Toronto (Toronto, Ont., 1979-1980)

Prélude (Ottawa, Ont., vol. 5, n° 2, 1982)

Québec Hebdo (Québec, Qué., vol. 4, n°s 13, 14, 19, 1982)

La Revue canadienne du droit d'auteur (Montréal, Qué., vol. 1, n° 1, 1981)

Revue d'histoire du comté de Shefford (Granby, Qué., vol. 1, n° 3, 1980)

Société d'histoire des pays d'en haut. Cahiers (Saint-Sauveur-des-Monts, Qué., vol. 2, n°s 5, 7, 8, 1980)

Le 30 (Montréal, Qué., 1979 et vol. 4, n°s 1, 3, 5, 6, 7, 8, 1980)

9 LISTE DES REVUES QUI ONT CESSÉ DE PARAÎTRE OU QUI N'ONT PAS PARU EN

1979

Cahiers de l'Académie canadienne-française (Montréal, Qué.)
Les Cahiers du CRSR (Québec, Qué.)
Cahiers pédagogiques (Montréal, Qué.)
Chroniques (Montréal, Qué.)
Cinéma Québec (Montréal, Qué.)
Cross Country (Montréal, Qué.)
Inscape (Ottawa, Ont.)
Interprétation (Montréal, Qué.)
Journal of Canadian Art History/Annales d'histoire de l'art canadien (Montréal, Qué.)
Jubilee (Wingham, Ont.)
Mainmise/Rezo (Montréal, Qué.)
Makara (Vancouver, B.C.)
Mille Plumes (Montréal, Qué.)
National Arts Center/Centre national des arts. Bulletin (Ottawa, Ont.)
Northern Light (Winnipeg, Man.)
Nouvelles Recherches québécoises (Montréal, Qué.)
Rune (Toronto, Ont.)
Trac (Montréal, Qué.)
Vient de paraître (Montréal, Qué.)
Zone libre (Montréal, Qué.)

1980

Alive (Guelph, Ont.)
Le Babillard (Montréal, Qué.)
Bulletin du CSF (Québec, Qué.)
Cahiers de l'Académie canadienne-française (Montréal, Qué.)
Cahiers d'histoire de l'Université Laval (Québec, Qué.)
Cahiers pédagogiques (Montréal, Qué.)
Canadian Review (Ottawa, Ont.)
Chroniques (Montréal, Qué.)
Cinéma Québec (Montréal, Qué.)
Comparative Literature in Canada/Littérature comparée au Canada (Edmonton, Alta)
Cross Country (Montréal, Qué.)

Da Vinci (Montréal, Qué.)
Écrits du Canada français (Montréal, Qué.)
Four Decades of Poetry, 1890-1930 (Toronto, Ont.)
Gasoline Rainbow (Edmonton, Alta)
Ici Radio-Canada. Télévision (Montréal, Qué.)
Informag (Montréal, Qué.)
L'Ingénieur (Montréal, Qué.)
Interprétation (Montréal, Qué.)
Intrinsic (Toronto, Ont.)
Journal of Women's Studies in Literature (Montréal, Qué.)
Jubilee (Wingham, Ont.)
Mainmise/Rezo (Montréal, Qué.)
Makara (Vancouver, B.C.)
Modernist Studies : Literature & Culture, 1920-1940 (Edmonton, Alta)
Moosehead Review (Québec, Qué.)
National Arts Center/Centre national des arts. Bulletin (Ottawa, Ont.)
New Literature and Ideologies (Toronto, Ont.)
Nouvelles Recherches québécoises (Montréal, Qué.)
Panorama (Hull, Qué.)
Periodics (Vancouver, B.C.)
Poésie (Québec, Qué.)
Points (Montréal, Qué.)
Polyphony (Toronto, Ont.)
Pour ta belle gueule d'ahuri (Québec, Qué.)
Raincoast Chronicles (Madeira Park, B.C.)
Reenbou (Ottawa, Ont.)
Revue d'histoire du Bas Saint-Laurent (Rimouski, Qué.)
Revue de Nouvel Ontario (Sudbury, Ont.)
Signum (Kingston, Ont.)
Si que (Moncton, N.-B.)
Take One (Montréal, Qué.)
Les Têtes de pioche (Montréal)
Trac (Montréal, Qué.)
36 Manières (Hull, Qué.)
University of Windsor Review (Windsor, Ont.)
Vient de paraître (Montréal, Qué.)

Wee Giant (Hamilton, Ont.)
Zone libre (Montréal, Qué.)

1981

Alive (Guelph, Ont.)
Le Babillard (Montréal, Qué.)
Bulletin du CSF (Québec, Qué.)
Cahiers de l'Académie canadienne-française (Montréal, Qué.)
Cahiers d'histoire de la Société d'histoire de Québec (Québec, Qué.)
Les Cahiers du CRSR (Québec, Qué.)
Les Cahiers du hibou (Sherbrooke, Qué.)
Cahiers pédagogiques (Montréal, Qué.)
Caledonian (Prince George, B.C.)
The Canadian Reader (Toronto, Ont.)
Canadian Review (Ottawa, Ont.)
The Canadian Review of American Studies (Winnipeg, Man.)
Chelsea Journal (Saskatoon, Sask.)
Chroniques (Montréal, Qué.)
Cinéma Québec (Montréal, Qué.)
Cross Country (Montréal, Qué.)
Culture and Tradition (St John's, N.F.D.)
Da Vinci (Montréal, Qué.)
L'Écritoire (Montréal, Qué.)
Écrits (New Richmond)
L'Envers du décor (Montréal, Qué.)
L'Esplumoir (Montréal, Qué.)
L'Estrie (Sherbrooke, Qué.)
Four Decades of Poetry, 1890-1930 (Toronto, Ont.)
Gasoline Rainbow (Edmonton, Alta)
Hobo-Québec (Montréal, Qué.)
Humanities Association Review (Vancouver, B.C.)
Ici Radio-Canada. Télévision (Montréal, Qué.)
Informag (Montréal, Qué.)
L'Ingénieur (Montréal, Qué.)
Inscape (Ottawa, Ont.)
Intrinsic (Toronto, Ont.)
Journal of Women's Studies in Literature (Montréal, Qué.)
Jubilee (Wingham, Ont.)
The Last Post (Toronto, Ont.)
Libre Magazine (Montréal, Qué.)
Mainmise/Rezo (Montréal, Qué.)
Makara (Vancouver, B.C.)

Modernist Studies : Literature & Culture, 1920-1940 (Edmonton, Alta)
National Arts Center/Centre national des arts. Bulletin (Ottawa, Ont.)
New Literature and Ideologies (Toronto, Ont.)
Nous (Montréal, Qué.)
Nouvelles Recherches québécoises (Montréal, Qué.)
Panorama (Hull, Qué.)
Poésie (Québec, Qué.)
Points (Montréal, Qué.)
Pour ta belle gueule d'ahuri (Québec, Qué.)
Reenbou (Ottawa, Ont.)
Revue d'ethnologie du Québec (Montréal, Qué.)
Revue d'histoire littéraire du Québec et du Canada français (Ottawa, Ont.)
La Revue scolaire (Sainte-Foy, Qué.)
Rune (Toronto, Ont.)
Si que (Moncton, N.-B.)
Take One (Montréal, Qué.)
Les Têtes de pioche (Montréal, Qué.)
Théâtre/Le Trident (Québec, Qué.)
Trac (Montréal, Qué.)
Trajectoires (Dollard-des-Ormeaux, Qué.)
36 Manières (Hull, Qué.)
Union des écrivains québécois (Montréal, Qué.)
Urban History Review/Revue d'histoire urbaine (Ottawa, Ont.)
Vient de paraître (Montréal, Qué.)
Wee Giant (Hamilton, Ont.)
Zone libre (Montréal, Qué.)

1982

Alive (Guelph, Ont.)
Antennes (Québec, Qué.)
Le Babillard (Montréal, Qué.)
Bulletin du CSF (Québec, Qué.)
Cahiers de l'Académie canadienne-française (Montréal, Qué.)
Les Cahiers du hibou (Sherbrooke, Qué.)
Cahiers pédagogiques (Montréal, Qué.)
The Canadian Reader (Toronto, Ont.)
Canadian Review (Ottawa, Ont.)
The Canadian Review of American Studies (Winnipeg, Man.)
Chelsea Journal (Saskatoon, Sask.)
Chroniques (Montréal, Qué.)

Achevé d'imprimer
en avril 1991 sur les presses
de Logidec inc. à Montréal (Québec)